Werner Krommes

Handbuch Jahresabschlussprüfung

Werner Krommes

Handbuch Jahresabschlussprüfung

Ziele | Technik | Nachweise –
Wegweiser zum sicheren Prüfungsurteil

Bibliografische Information Der Deutschen Bibliothek
Die Deutsche Bibliothek verzeichnet diese Publikation in der Deutschen Nationalbibliografie;
detaillierte bibliografische Daten sind im Internet über <http://dnb.ddb.de> abrufbar.

Dr. Werner Krommes verfügt über jahrzehntelange Erfahrung in der nationalen und internationalen Wirtschaftsprüfung einer großen und renommierten WP-Gesellschaft. Seine langjährigen Erfahrungen in der Aus- und Fortbildung des beruflichen Nachwuchses u. a. beim Institut der Wirtschaftsprüfer (IDW) fließen in das Werk ein.

Onlineservice: http://www.gabler.de/krommes

1. Auflage November 2005

Alle Rechte vorbehalten
© Betriebswirtschaftlicher Verlag Dr. Th. Gabler/GWV Fachverlage GmbH, Wiesbaden 2005

Lektorat: Dr. Riccardo Mosena

Der Gabler Verlag ist ein Unternehmen von Springer Science+Business Media.
www.gabler.de

Das Werk einschließlich aller seiner Teile ist urheberrechtlich geschützt. Jede Verwertung außerhalb der engen Grenzen des Urheberrechtsgesetzes ist ohne Zustimmung des Verlags unzulässig und strafbar. Das gilt insbesondere für Vervielfältigungen, Übersetzungen, Mikroverfilmungen und die Einspeicherung und Verarbeitung in elektronischen Systemen.

Die Wiedergabe von Gebrauchsnamen, Handelsnamen, Warenbezeichnungen usw. in diesem Werk berechtigt auch ohne besondere Kennzeichnung nicht zu der Annahme, dass solche Namen im Sinne der Warenzeichen- und Markenschutz-Gesetzgebung als frei zu betrachten wären und daher von jedermann benutzt werden dürften.

Grafik und Buchgestaltung: Felix Blandl·Graphik-Design, München
Umschlaggestaltung: Regine Zimmer, Dipl.-Designerin, Frankfurt am Main
Druck und buchbinderische Verarbeitung: Wilhelm & Adam, Heusenstamm
Gedruckt auf säurefreiem und chlorfrei gebleichtem Papier
Printed in Germany

ISBN 3-409-14253-3

***Risiko** ist ein vergleichsweise moderner Begriff. Das Wort kommt in der gesamten Literatur der Antike und des Mittelalters noch nicht vor. Wie viele andere Erkenntnisse ... erscheint dieser Begriff erstmals in der italienischen Renaissance. Seefahrer wagten sich über die bekannten Gewässer des Mittelmeeres hinaus und brachten das Wort „resciare" in Umlauf. Damals hieß das soviel wie „eine schwierige Strömung durchqueren."*

Benedikt Köhler

(„Rechnen mit dem Unvorhergesehenen")

Vorwort

Die Anforderungen an den Abschlussprüfer nehmen zu: Die Jahresabschlüsse werden komplexer, der Zeitdruck größer und der Blick der Öffentlichkeit kritischer.

Im Gegensatz dazu ist die bislang zur Verfügung stehende Literatur äußerst abstrakt. Schrifttum und Praxis sind weit voneinander entfernt. Es fehlen anschauliche Beispiele und vor allem Erläuterungen, *warum* bestimmte Kenntnisse erforderlich und *warum* es ganz bestimmte Ziele sind, die die einzelnen Prüfungshandlungen bestimmen. Mit anderen Worten, es fehlt an *Wegweisern*, die den Prüfungspfad markieren und klar benennen, welche Ziele man auf diesem Weg, dem Weg zum Prüfungsurteil, erreichen muss und wie diese zu gewichten sind.

Das vorliegende Handbuch – verfasst vor dem Hintergrund verschiedener Unternehmensbilder – hilft Ihnen

- die *Gesetzmäßigkeiten* einer Abschlussprüfung zu verstehen,
- die *Eigenarten* eines Unternehmens (seiner Geschäftsvorfälle und seiner Risiken) in Kategorien des Jahresabschlusses umzusetzen und
- die *Meilensteine* zu erkennen, die bei der Prüfung von Jahresabschlussposten zu passieren sind, um eine anforderungsgerechte Arbeit zu gewährleisten.

Das *Besondere am Revisionsgeschäft* besteht darin, dass man – vergleichbar mit Tätigkeiten im Vertrieb – schon sehr früh gezwungen ist, Kontakte zu Mitarbeitern des Mandanten herzustellen. Man muss vom ersten Tage an Unterlagen besorgen, sich Dokumente erläutern, Sachverhalte beschreiben und Buchungssätze erklären lassen. Dies gilt – mit unterschiedlichem Schwierigkeitsgrad – für die ganze Hierarchie des Prüfungsteams.

Obwohl man Mitglied einer Gruppe ist, bringt es das Tagesgeschäft (für Prüfungsassistenten eine besondere Herausforderung) mit sich, dass man seine Arbeiten häufig alleine verrichten muss und dass man deshalb schon sehr früh kritischen Blicken seiner Gesprächspartner ausgesetzt ist. Es gehört also viel Energie dazu, seine Aufgaben „an der Front" ordentlich zu erfüllen.

Von Abschlussprüfern nicht entdeckte *Bilanzmanipulationen* und die damit verbundene Krise in unserem Berufsstand haben zu einer ernsthaften Besinnung geführt. Wirtschaftsprüfer und vereidigte Buchprüfer – vom Bilanzrechtsreformgesetz, vom Bilanzkontrollgesetz und vom Abschlussprüferaufsichtsgesetz in die Pflicht genommen – sehen sich deutlich höheren Anforderungen gegenüber, die u.a. in der Einrichtung, Durchsetzung und Überwachung eines *Qualitätssicherungssystems* zum Ausdruck kommen. Es ist damit zu rechnen, dass dieses System auch Regelungen zur *Auftragsabwicklung* enthalten muss. Wesentlicher Bestandteil dieser Regelungen wird dann auch eine *Anleitung des Prüfungsteams* sein, um sicherzustellen, dass die richtigen Maßnahmen zum richtigen Zeitpunkt getroffen werden.

Das Handbuch soll dem ganzen Team einen sicheren *Einstieg* ermöglichen und es bei seiner Arbeit begleiten. Das einzelne Teammitglied soll zu jeder Zeit in der Lage sein, sich darüber zu informieren, *was* es machen muss und *warum* bestimmte Prüfungsschritte erforderlich sind. Je früher der Einzelne den Weg zum *Prüfungsurteil* erkennt, desto eher wird er begreifen, wie wichtig gerade *sein* Beitrag zu einer effektiven Teamarbeit ist. Dass damit auch zugleich wesentliche Voraussetzungen für eine erfolgreiche *Qualitätskontrolle* erfüllt werden, bedarf keiner weiteren Erläuterung.

Der von Vielen geäußerte Wunsch, nachschlagen zu können, wie ein Rahmen für eine Abschlussprüfung auszusehen hat und was man ganz konkret tun muss, wenn es gilt, eine bestimmte Jahresabschlussposition zu prüfen, hat mich bewogen, dieses Handbuch zu schreiben. Es ist auf die Wirtschaftsbereiche „Industrie und Handel" beschränkt. Themen des Steuerrechts werden nicht behandelt.

Es gibt wohl kaum einen Beruf, in dem man sich mit so vielen *Charakteren* und unterschiedlichen *Eigenschaften* auseinanderzusetzen hat wie im Bereich der Wirtschaftsprüfung: Bildung, Kreativität, Fachkenntnis, Fleiß, Ausdauer, Loyalität, Disziplin und Seriosität einerseits und Flachheit, Interessenlosigkeit, Unkenntnis, Faulheit, Lethargie, Bindungslosigkeit, Rüpelhaftigkeit, Spekulantentum, Täuschung und Betrug andererseits.

Um dem Prüfungsteam das notwendige Rüstzeug mitzugeben, werden deshalb in diesem Handbuch auch Anregungen gegeben, wie man durch *diplomatisches* Verhalten, durch geschickte *Fragestellung* bei Gesprächen und vor allem durch *Bestimmtheit* im Auftreten sein Ziel (in der Regel ein „Prüfungsziel") am besten erreichen kann.

Zur weiteren Unterstützung seiner Arbeit erhält es darüber hinaus die Möglichkeit, das Schema bestimmter Anlagen, die sich mit der

- Erfassung unternehmerischer Geschäfts- und Kontrolldaten,
- Prüfung des internen Kontrollsystems im Anlagengeschäft und der
- Qualität von Arbeitspapieren

beschäftigen, im Rahmen eines zusätzlichen kostenlosen Online-Services unter www.gabler.de/krommes zu nutzen.

Die Arbeit des verantwortungsvollen Abschlussprüfers ist eingebettet in ein Konzept, das zur Schaffung von *Vertrauen* überzeugend und zur Beherrschung von *Risiken* wirkungsvoll sein muss. Das vorliegende Handbuch soll dazu das entsprechende *Instrumentarium* liefern.

München, im Mai 2005

Dr. Werner Krommes

Inhaltsverzeichnis

I	Grundlagen	1

1		Entwicklung und Lage des Berufstandes	1
1.1		Die Aufgaben der Abschlussprüfung	1
1.2		Das Berufsrecht, die Stellung des Wirtschaftsprüfers und die Rolle seines Urteils	5
	1.2.1	Die Entwicklung des Berufsrechtes	5
	1.2.2	Das Berufsbild und die Aufgaben des Wirtschaftsprüfers	6
	1.2.3	Berufspflichten	6
	1.2.4	Berufsaufsicht und Berufsgerichtsbarkeit	11
1.3		Qualitätssicherung als zentrales Thema	12
1.4		Die Bedeutung der Eigenverantwortlichkeit	12
	1.4.1	Die Eigenverantwortlichkeit als „Prima inter Pares"	12
	1.4.2	Der Stellenwert des Vertrauens auf Prüfung und Testat	13

2		Die Einschätzung des Prüfungsauftrages vor dem Hintergrund der beruflichen Anforderungen	16
2.1		Die Komplexität unternehmerischer Betätigung	16
2.2		Das Prüfungsrisiko und seine Komponenten	17
	2.2.1	Allgemeines	17
	2.2.2	Das inhärente Risiko	18
	2.2.2.1	Die Anfälligkeit von Bilanzpositionen	18
	2.2.2.2	Das inhärente Risiko beeinflussende Faktoren	23
	2.2.3	Das Kontrollrisiko	28
	2.2.4	Das Entdeckungsrisiko	29
	2.2.5	Die Bedrohung des Jahresabschlusses	33

3		Das Konzept einer risikoorientierten Abschlussprüfung	35
3.1		Die Phasen der Abschlussprüfung und ihre konstituierenden Elemente	35
	3.1.1	Die Analyse der Geschäftstätigkeit	35
	3.1.1.1	Bestimmungsfaktoren für die Bedeutung von Geschäftsvorfällen	35
	3.1.1.2	Die Aufklärungsarbeit des Abschlussprüfers	42
	3.1.1.3	Unternehmensziele und Unternehmensrisiken	45
	3.1.2	Die Analyse unternehmerischer Kontrollen	46
	3.1.2.1	Das Okavango-Phänomen	46
	3.1.2.2	Die Auffächerung des generellen Prüfungsziels	49
	3.1.3	Die verbleibenden aussagebezogenen Prüfungshandlungen	51
	3.1.4	Der Bestätigungsvermerk als abschließendes Urteil	51
3.2		Die Leitfunktion des "Business Understanding"	53
3.3		Unternehmensbilder : Branchen, Märkte, Länder	55
3.4		Die Rolle des Prüfungsassistenten im Prüfungsteam	62

II		Die Felder der Risikoorientierung	66

1		Die Analyse der Geschäftstätigkeit und des Umfeldes der Unternehmung	66
1.1		Segmente des Business Understanding	56
	1.1.1	Auf den Markt gerichtete Aktivitäten	56
	1.1.1.1	Die Erfassung abschlussrelevanter Daten	66
	1.1.1.2	Die Identifikation von Geschäftsvorfällen und von Geschäftsprozessen	74
	1.1.2	Die Elemente des Innenlebens einer Unternehmung	82
	1.1.2.1	Bestandteile des Management-Prozesses	82
	1.1.2.2	Die Problematik des „Financial Reporting Environment"	85
1.2		Die Geschäftsrisiken und ihr Einfluss auf den Jahresabschluss	88
	1.2.1	Die Risikoidentifikation	88
	1.2.2	Die Bestimmung des Risikoeinflusses	90

2		Die Analyse der unternehmerischen Kontrollen	98
2.1		Die Entstehungsgeschichte einer Bilanzposition (Die genetische Prägung)	99
	2.1.1	Das Denken in Prozessen	99
	2.1.2	Kontrollen zur Sicherung der Abschlussaussagen	102
2.2		Ziele und Regeln des Internen Kontrollsystems	105
	2.2.1	Die Aufgaben des Internen Kontrollsystems	105
	2.2.2	Die Auswahl von Kontrollstellen	108
2.3		Die Ausrichtung von Geschäftsprozessen	110
	2.3.1	Die Kennzeichen eines Prozesses	110
	2.3.1.1	Rahmenbedingungen	110
	2.3.1.2	Prozess-Ziele	111
	2.3.1.3	Prozess-Verrichtungen	114
	2.3.1.4	Leistungskennziffern als Maßstab für den Prozess-Erfolg	114
	2.3.1.5	Informationstechnologie	118
	2.3.2	Die Entwicklung von Prüfungszielen aus der Systematik unternehmerischer Kontrollen	120
2.4		Testen unternehmerischer Kontrollen	125
	2.4.1	Die Abschlussaussagen als Basis (Das VEBBAG-Konzept)	125
	2.4.2	Die 2-Stufen-Regelung : Design-Test und Funktionstest	126
	2.4.3	Die Arten von Kontrollen	127
	2.4.4	Kursbestimmung durch die Leitfunktion des Business Understanding	130
	2.4.5	Die Behandlung von Fehlern	135

3		Datenbeschaffung und Kommunikation	137
3.1		Informationsquellen	137
	3.1.1	Datensammlung des Abschlussprüfers	137
	3.1.2	Erläuterungen des Managements und Mandantenunterlagen	140
	3.1.3	Öffentlich zugängliche Informationen	141
	3.1.4	Aussagen von Branchen- oder Rechtsexperten	141
3.2		Gespräche und Befragungen	142
	3.2.1	Psychologische Aspekte	142
	3.2.1.1	Gegenstand und Inhalt des Gespräches	143
	3.2.1.2	Der Zugang zu einer Person	144
	3.2.1.3	Die Beziehung zu einer Person	146
	3.2.2	Typologie der Fragen	147
	3.2.3	Fallstudie (Prüfung von Auslandsforderungen)	149
	3.2.4	Der Grundsatz der Bestimmtheit	152
3.3		Präsentationen	154
	3.3.1	Varianten und Aspekte	154
	3.3.2	Die Vermittlung des Prüfungskonzeptes	156

4		**Sicherheit als Basis für die Urteilsbildung**	**157**
4.1		Das Reglement von Prüfungsprogrammen	157
	4.1.1	Der Reifeprozess	157
	4.1.2	Die Aufgaben des Prüfungsprogrammes	158
4.2		Fassung und Gewicht von Prüfungszielen	161
	4.2.1	Die Einstellung zu den Abschlussaussagen	161
	4.2.1.1	Der VEBBAG-Komplex	161
	4.2.1.2	Entscheidende und schwerwiegende Prüfungsziele (Critical Audit Objectives)	162
	4.2.2	Die Dokumentation von Prüfungszielen	164
	4.2.3	Die Zusammenfassung von Prüfungszielen	166
5		**Prüfungsnachweise und Dokumentation**	**168**
5.1		Zwingende Informationen als Basis für das Prüfungsurteil	168
	5.1.1	Wirkungsfelder und Begriff	168
	5.1.2	Anforderungen an die Aussagekraft (Fallstudien)	171
	5.1.2.1	Zu den Eigenschaften „ausreichend" und „angemessen"	171
	5.1.2.2	Ausschöpfung der Prüfungstechnik	174
	5.1.2.3	Die Problematik der Scheingenauigkeit	177
	5.1.3	Die berufliche Skepsis	183
	5.1.4	Prüfungsdifferenzen : Ihre organisatorische, buchhalterische und psychologische Behandlung	185
5.2		Sachgerechte Dokumentation als wesentlicher Bestandteil des Risikomanagements	189
	5.2.1	Bedeutung, Begriff und Zweck der Arbeitspapiere	189
	5.2.2	Prinzipien und Struktur der Arbeitspapiere	190
	5.2.2.1	Form und Inhalt der Arbeitspapiere	190
	5.2.2.2	Dauerakten und laufende Arbeitspapiere	191
	5.2.2.3	Referenzierung und Deckblätter	192
	5.2.2.4	Prüfungshandlungen und Prüfungsergebnis	196
	5.2.2.5	Die Nachschau	197
	5.2.3	Das Bekenntnis zum Prüfungsziel	198
5.3		Kriterien für die Qualität von Arbeitspapieren	199
	5.3.1	Die sachliche Dimension : Genauigkeit der Darstellung	199
	5.3.1.1	Der Einfluss des Business Understanding	199
	5.3.1.2	Die Verknüpfung der Arbeitspapiere	201
	5.3.2	Die zeitliche Dimension : Die Abschlussprüfung als permanente Aufgabe	201
5.4		Die Sicherungs- und Schutzfunktion ordnungsgemäß erstellter Arbeitspapiere	204
6		**Verbleibende aussagebezogene Prüfungshandlungen**	**207**
6.1		Einsatz	207
	6.1.1	Der Stellenwert der verbleibenden Prüfungshandlungen	207
	6.1.2	Themenkatalog für die Mustermandanten	207
6.2		Substantive Procedures	209
	6.2.1	Inhalt und strategische Bedeutung	209
	6.2.2	Analytische Prüfungshandlungen	211
	6.2.2.1	Begriff und Beispiele	211
	6.2.2.2	Die wesentlichen Kennzeichen	214
	6.2.2.3	Die Eignung	215
	6.2.3	Einzelfallprüfungen	216
	6.2.3.1	Prüfungstechnik und Postenauswahl	216
	6.2.3.2	Planung und Aufbereitung von ergänzenden Unterlagen zum Jahresabschluss	218
	6.2.3.3	Dokumentation der Prüfungshandlungen (Art, Umfang, Zeitpunkt und Ergebnis)	219
6.3		Prüfungsziel und Prüfungsstrategie	220
6.4		Das Beweismaterial (Audit Evidence)	221

III		Die Prüfung von Jahresabschluss und Lagebericht	223

1			Einführung	223
1.1			Schwerpunkte	223
1.2			Aufgabenkatalog für den Prüfungsassistenten	223
	1.2.1		Allgemeine Anforderungen	223
	1.2.2		Hinweise zu den Leitfäden und zu ihrer strategischen Konzeption	224
1.3			Allgemeine Bewertungsgrundsätze	229
2			Prüfung der Forderungen (Schwerpunkt : Forderungen aus Lieferungen und Leistungen)	230
2.1			Wegweiser	230
2.2			Regelungen im HGB und die Auftragsabwicklung als zuständiger Geschäftsprozess	232
	2.2.1		Zum Inhalt der Forderungen	232
	2.2.2		Die Prägung der Forderungen	232
2.3			Aussagebezogene Prüfungshandlungen	233
	2.3.1		Die strategischen Voraussetzungen	233
	2.3.2		Die Prüfung des Bestandes	234
	2.3.3		Die Prüfung der Bewertung	237
	2.3.4		Die Entwicklung eines Prüfungsprogramms	241
	2.3.5		Saldenbestätigungen	246
	2.3.6		Sonstige Prüfungshandlungen (Alternativen, Abgrenzungen, Habensalden)	250
2.4			Arbeitsrahmen	252
	2.4.1		Schrittfolge (Die 4 Kapitel-These)	254
	2.4.2		Prüfungshandlungen nach Prüfungszielen	255
	2.4.3		Prüfung bei angespannter Ertragslage	258
	2.4.4		Prüfung von Ausgangsrechnungen	262
	2.4.5		Kriterien für die Strukturierung einer Saldenliste	263
3			Prüfung des Anlagevermögens (Schwerpunkt : Sachanlagen)	265
3.1			Wegweiser	265
3.2			Regelungen im HGB und das Investitionsmanagement als zuständiger Geschäftsprozess	267
	3.2.1		Zum Inhalt der Sachanlagen	267
	3.2.2		Die Prägung der Sachanlagen	272
3.3			Aussagebezogene Prüfungshandlungen	273
	3.3.1		Die Bedeutung strategischer Aspekte	273
		3.3.1.1	Die Aufbauprüfung des Internen Kontrollsystems	273
		3.3.1.2	Die Prüfung der Bewertung	276
	3.3.2		Die Ausrichtung der Prüfungshandlungen	279
	3.3.3		Die Verknüpfung der Prüffelder	281
	3.3.4		Die Informationsaufgabe des Abschlussprüfers	282
3.4			Arbeitsrahmen	284
	3.4.1		Schrittfolge (Die 4 Kapitel-These)	286
	3.4.2		Prüfungshandlungen nach Prüfungszielen	286
	3.4.3		Prüfung bei angespannter Ertragslage	289
	3.4.4		Die Prüfung von Abgängen	291
	3.4.5		Prüfung von Eingangsrechnungen	292

4		**Prüfung der Vorräte (Schwerpunkt : Rohstoffe und Handelswaren)**	**294**
4.1		Wegweiser	294
4.2		Regelungen im HGB und das Lagermanagement als zuständiger Geschäftsprozess	295
	4.2.1	Zum Inhalt der Vorräte	295
	4.2.2	Die Prägung der Vorräte	299
4.3		Aussagebezogene Prüfungshandlungen	300
	4.3.1	Die Prüfung der Inventur	300
	4.3.1.1	Begriff und Arten der Inventur	300
	4.3.1.2	Prozess-Ziele	302
	4.3.1.3	Inventurrichtlinien	303
	4.3.1.4	Inventurbeobachtung	304
	4.3.2	Die Prüfung der Vorratsbewertung	313
	4.3.2.1	Die Prüfung der Anschaffungs- und Herstellungskosten	313
	4.3.2.2	Die Prüfung der Wertberichtigungen (Abschreibungen)	320
	4.3.2.3	Die Bedeutung von Kennzahlen	327
4.4		Arbeitsrahmen	328
	4.4.1	Schrittfolge (Die 4 Kapitel-These)	330
	4.4.2	Prüfungshandlungen nach Prüfungszielen	331
	4.4.3	Prüfung bei angespannter Ertragslage	334
	4.4.4	Prüfung von Eingangsrechnungen	336
	4.4.5	Kriterien für die Strukturierung einer Inventurliste	338
5		**Prüfung der Verbindlichkeiten (Schwerpunkt : Verbindlichkeiten L+L)**	**339**
5.1		Wegweiser	339
5.2		Regelungen im HGB und der Einkauf als zuständiger Geschäftsprozess	340
	5.2.1	Zum Inhalt der Verbindlichkeiten	340
	5.2.2	Die Prägung der Verbindlichkeiten	342
	5.2.3	Querverbindungen vom Kreditoren-Kontokorrent zu anderen Jahresabschlussposten	343
5.3		Aussagebezogene Prüfungshandlungen	344
	5.3.1	Fragenkatalog zum Internen Kontrollsystem (VEBBAG-Struktur)	344
	5.3.2	Die Suche nach ungebuchten Verbindlichkeiten	349
5.4		Arbeitsrahmen	357
	5.4.1	Schrittfolge (Die 4-Kapitel-These)	359
	5.4.2	Prüfungshandlungen nach Prüfungszielen	359
	5.4.3	Prüfung bei angespannter Ertragslage	361
	5.4.4	Die Prüfung von Eingangsrechnungen	365
6		**Zur Problematik der Bilanzpolitik**	**366**
6.1		Schwierige Strömungen	366
6.2		Herausforderungen für den Abschlussprüfer	369
6.3		Engpass-Kalkulation	373
7		**Prüfung des Anhangs**	**374**
7.1		Allgemeine Fragen	374
7.2		Fragen zu den Bilanzierungs- und Bewertungsmethoden	375
8		**Die Prüfung des Lageberichtes**	**376**
8.1		Die Kenntnisse über die Geschäftstätigkeit als „conditio sine qua non"	376
8.2		Die Spielregeln für das Prüfungsteam	381
8.3		Vorgänge nach Schluss des Geschäftsjahres und die voraussichtliche Entwicklung	381
9		**Analysen und Lösungswege in Aktenvermerken**	**382**
9.1		Psychologische Aspekte im Verhältnis „Schreiber-Leser"	382
9.2		Strategische Aspekte im Rahmen des Risiko-Managements	386
10		**Die Vorbereitung der Berichterstattung**	**387**
11		**Die Chancen eines neuen Zeitmanagements**	**388**

Inhaltsverzeichnis

IV		Gravierende Fälle falscher Angaben in der Rechnungslegung als Zeichen einer krisenhaften Entwicklung	390
1		Der Prüfungsstandard 210 des IDW „Zur Aufdeckung von Unregelmäßigkeiten im Rahmen der Abschlussprüfung"	390
2		Aktuelle Fälle von Unrichtigkeiten und Verstößen	391
2.1		Beispiele aus der jüngsten Vergangenheit	391
2.2		Die Securities & Exchange Commission (SEC) als „Frühwarnsystem"	398
2.3		Zusammenfassung	399
3		Unzuverlässige Prüfungskonzepte und Voraussetzungen für eine Verbesserung der Facharbeit	399
3.1		Die Problematik des Fehlverhaltens	399
3.2		Besinnung auf die Kernaufgaben zur Abwendung öffentlicher Kritik	402
3.3		Neue gesetzliche Regelungen	404
V		**Der Prüfungsbericht**	**405**
1		Verwendung, Kommentierung und Platzierung von Zahlen zum Jahresabschluss	405
2		Die Berichtspflicht des Abschlussprüfers	406
2.1		Die Struktur des Prüfungsberichtes	406
	2.1.1	Der Vorweg-Bericht (§ 321 Abs. 1 HGB)	406
	2.1.2	Der Hauptteil des Prüfungsberichtes (§ 321 Abs. 2 HGB)	408
	2.1.3	Besondere Abschnitte (§ 321 Abs. 3 und 4 HGB)	409
	2.1.4	Der Bestätigungsvermerk: Elemente eines Urteils	409
2.2		Stellungnahme des IDW zu den Grundsätzen ordnungsmäßiger Berichterstattung	412
VI		**Prüfungs-„Standards" und „Sonder"-Programme als Bausteine für ein tragfähiges Prüfungskonzept**	**413**
1		Die Bedeutung der Fachsprache	413
2		Die Prüfungsstandards des Instituts der Wirtschaftsprüfer	413
2.1		Die prägende Rolle von Richtlinien	414
	2.1.1	Die Eigenverantwortlichkeit des Abschlussprüfers	414
	2.1.2	„Urteil" und „beurteilen" als Kernbegriffe der Prüfungsstandards	417
	2.1.3	Anforderungen der Qualitätskontrolle in der Wirtschaftsprüferpraxis	421
	2.1.4	ISA-Transformation: Auswirkungen auf die Erarbeitung von Prüfungsstandards in Deutschland	423
2.2		Einordnung von Textstellen in das Arbeitsspektrum des Abschlussprüfers	425
	2.2.1	Aufgabe und Inhalt der Abschlussprüfung	425
	2.2.2	Das Prüfungskonzept	426
	2.2.3	Das Prüfungsrisiko	427
	2.2.4	Analyse der Geschäftstätigkeit (Strategieanalyse)	428
	2.2.5	Analyse unternehmerischer Kontrollen (Prozessanalyse)	428
	2.2.6	Aussagebezogene Prüfungshandlungen und Prüfungsnachweise	429
	2.2.7	Dokumentation	430
	2.2.8	Berichterstattung und Bestätigungsvermerk	431
	2.2.9	Risikomanagement	432

2.3		Kommentare und Erläuterungen zu einzelnen Textstellen	434
2.4		Terminologische Spannungen	438
	2.4.1	Sprachbarrieren	438
	2.4.1.1	Zur Qualität von Prüfungsnachweisen	438
	2.4.1.2	Zur kritischen Grundhaltung	440
	2.4.1.3	Zu den aussagebezogenen Prüfungshandlungen	443
	2.4.2	Pädagogische Aspekte	443
	2.4.2.1	Logik zwischen Prüfungsziel und Prüfungsstrategie	443
	2.4.2.2	Anwendungskomfort	444
	2.4.2.3	Abstraktion	445
	2.4.2.4	Abschirmungen	446
2.5		Stichwortregister	447
3		**Der Einsatz spezieller Prüfungsprogramme zur Absicherung von Prüfungsaussagen**	**447**
3.1		Das industrielle Anlagengeschäft	448
3.2		Das Bau- und Bauträgergeschäft	449
4		**Digitale Arbeitshilfen**	**449**
4.1		Phasen der Abschlussprüfung	449
4.2		Prüfung von Jahresabschlussposten	450
5		**Kontrollfragen**	**451**
VII		**Zusammenfassung : Stationen und Leitgedanken**	**452**
1		**Knotenpunkte**	**452**
1.1		Das Prüfungskonzept	452
1.2		Die Strategie-Analyse	458
1.3		Die Prozess-Analyse	460
1.4		Verbleibende Prüfungshandlungen und Berichterstattung	462
2		**Zwölf Thesen zur risikoorientierten Jahresabschlussprüfung**	**464**

Anlagen	**467**
Literaturverzeichnis	**654**
Stichwortverzeichnis	**666**

Abbildungsverzeichnis

Abbildung 1:	Elemente der risikoorientierten Abschlussprüfung	33
Abbildung 2:	Leitfunktion des „Business Understanding"	37
Abbildung 3:	Die Analyse der Geschäftstätigkeit als Aufklärungsarbeit des Abschlussprüfers	43
Abbildung 4:	Okavango – der Fluss der nie das Meer erreicht	47
Abbildung 5:	Gewinnung von Informationen (Teil 1)	30
Abbildung 6:	Gewinnung von Informationen (Teil 2)	96
Abbildung 7:	Gewinnung von Informationen (Teil 3)	123
Abbildung 8:	Die Logik verknüpfter Prüfungshandlungen	133
Abbildung 9:	Die Entwicklung von Prüfungszielen	135
Abbildung 10:	Die Gewinnung und Beurteilung von Informationen (Objektgeschäft)	154
Abbildung 11:	Die Gewinnung und Beurteilung von Informationen (Rückstellungen)	175
Abbildung 12:	Die Gewinnung und Beurteilung von Informationen (Verbindlichkeiten)	179
Abbildung 13:	Fokussierung der Arbeitspapiere	203
Abbildung 14:	Verbleibende Prüfungshandlungen	209
Abbildung 15:	Die Gewinnung und Beurteilung von Informationen (ausländische Kunden)	245
Abbildung 16:	Entwicklung des Prüfungsprogramms	246
Abbildung 17:	Die Gewinnung und Beurteilung von Informationen (Sachanlagen)	276
Abbildung 18:	Die Gewinnung und Beurteilung von Informationen (Fertigerzeugnisse)	309
Abbildung 19:	Die Gewinnung und Beurteilung von Informationen (Rohstoffe)	314
Abbildung 20:	Die Gewinnung und Beurteilung von Informationen (Verbindlichkeiten)	355

Anlagenverzeichnis

Thema	Anlage
Komplexitätsgrade unternehmerischer Betätigung (Dargestellt an Eintragungen im Handelsregister)	1
„Mode wechselt im Takt von Monaten" (Konturen eines Textil-Unternehmens)	2
„Wir suchen ein neues Geschäftsfeld" (Konturen eines industriellen Mischkonzerns)	3
„Wir sind nicht mehr der Anbieter nur für die unteren Einkommensklassen" (Konturen eines Schuh-Einzelhandelsunternehmens)	4
„Wir können es uns nicht leisten, das Mittelmaß zu pflegen" (Konturen eines Möbelherstellers)	5
„Fair gibt's nicht im Geschäftsleben" (Konturen einer Brauerei)	6
Zu den Risiken einer Bauträger-Unternehmung (Checkliste für Projekte)	7
Komponenten von Geschäftsmodellen (Externe und interne Einflussfaktoren auf den Jahresabschluss)	8
Unternehmensziele	9
Risiken	10
Die Bedeutung von Geschäftsvorfällen (Dargestellt am Beispiel eines Bau-Unternehmens)	11
Länderbericht Brasilien	12
Erfassung von Unternehmens- und Marktdaten (Relevante Aspekte im Zusammenhang mit den Kenntnissen über die Geschäftstätigkeit)	13
Geschäftsfelder (Spektrum, Heterogenität, Marktposition und Parallelität von Produktbereichen)	14
Allianzen und Kooperationen (Zur prozessualen, grenzüberschreitenden und komplexen Bedeutung einer Zusammenarbeit zwischen Unternehmen)	15
„Das Minus im deutschen Autohandel macht mich nicht nervös" (Konturen eines Autohauses)	16
Erfassung von Unternehmens- und Marktdaten (KoBu-Doc I „WELOS")	17
Geschäftsvorfälle und ihr Einfluss auf den Jahresabschluss (KoBu-Doc II „WELOS")	18
Der persönliche Eindruck (Einschätzungen und Beurteilungen)	19
Geschäftsrisiken und ihr Einfluss auf den Jahresabschluss (KoRi-Doc „WELOS")	20
Abwicklungsstufen (Kontrollkategorien im Verkaufsprozess WELOS)	21
Stützung von Abschlussaussagen durch wirksame Kontrollen (Verkaufsprozess WELOS)	22

Anlagenverzeichnis

Thema	Anlage
Kennzahlen (Zu branchentypischen Maßstäben für Geschäftsentwicklung, Leistung und Erfolg)	23
Unternehmerische Kontrollen und ihr Einfluss auf den Jahresabschluss (KoCo-Doc „WELOS")	24
Risiken auf Prozess-Ebene (Prüffeldspezifische Risiken im Verkaufsprozess WELOS)	25
Unternehmerische Kontrollen und ihr Einfluss auf den Jahresabschluss KoCo-Docs für Einkauf (WAKON), Produktion (BRATO), Anlagenmanagement (DEICES) und Personal (TAIHAM)	26
Schwachstellen im Internen Kontrollsystem (Mangelhafte Überwachung, insbesondere ein fehlendes Projekt-Controlling als wesentliche Verlustursachen)	27
Abwicklungsstufen (Kontrollkategorien im Verkaufsprozess WELOS)	28
Vorbeugende und aufdeckende Kontrollen (Verkaufsprozess WELOS)	29
Der Korridoreffekt (Leitgedanken bei der Prüfung der Forderungen aus Lieferungen und Leistungen)	30
Branchentypische Jahresabschluss-Themen (Auswertung der Unternehmergespräche)	31
Branchentypische Querverbindungen	32
Maßnahmenkatalog innerhalb des Internen Kontrollsystems	33
Aktuelle betriebswirtschaftliche Themen (Wege zum Gesprächspartner des Abschlussprüfers)	34
Eintragungen im Handelsregister (Informationen über das wirtschaftliche und rechtliche Umfeld von Unternehmen)	35
Der Einfluss von Gesetzgebung und Rechtsprechung (Die zunehmende Bedeutung des rechtlichen Umfeldes der Unternehmung)	36
Externe Informationsquellen - Stütze für die Qualität von Prüfungsnachweisen	37
Länderbericht Indien	38
Länderbericht China	39
Länderbericht Türkei	40
Länderbericht Tschechische Republik	41
Fallstudie „Burdsch Al Arab" (Prüfungsnachweise)	42
Die Wegweiserfunktion der Pflichtdokumente (KoBu-Docs und KoRi-Doc „WAKON")	43
Programm für die Prüfung der Forderungen aus Lieferungen und Leistungen (Objektgeschäft Ausland) (KoP-Doc/Bewertung „WAKON")	44
Programm für die Prüfung der Sonstigen Rückstellungen (Gewährleistungsrisiken) (KoP-Doc/Vollständigkeit „Immo")	45
Katalog der Prüfungstechnik (Das Instrumentarium „VA BENE")	46

Prüfungsdifferenzen 47
(KoDi-Docs „Immo" und „Alpha One")

Kriterien für die Qualität von Arbeitspapieren 48
(Hinweise auf mögliche Schwachstellen)

Das Deckblatt 49
(Identifikation, Genehmigung, Dokumentation und Kontrolle)

Programm für die Prüfung der Forderungen aus Lieferungen und Leistungen 50
(KoP-Doc/Bewertung „TAIHAM")

Die Verknüpfung der Arbeitspapiere – Gesamtschau der Kontrolldokumente 51
(KoCo-Docs „BRATO")

Erläuterung wesentlicher Begriffe 52
(Spezifika einer risikoorientierten Abschlussprüfung)

Verzeichnis und Quelle wichtiger Stichworte in den Prüfungsstandards des IDW 53

Zur Qualität des Internen Kontrollsystems 54
(Checkliste zur Bearbeitung industrieller Anlagengeschäfte)

Wesentliche Aspekte bei der Prüfung von Bau-Unternehmen 55

Kontroll- und Wiederholungsfragen 56

Abkürzungsverzeichnis

Abs.	Absatz	HGB	Handelsgesetzbuch
AICPA	American Institut of Certified Public Accountants	HK	Herstellungskosten
		IASB	International Accounting Standard Board
AK	Anschaffungskosten		
AktG	Aktiengesetz	IDW	Institut der Wirtschaftsprüfer
ArbPap	Arbeitspapiere	i.S.	im Sinne
APH	Analytische Prüfungshandlungen	i.d.R.	in der Regel
APr	Abschlussprüfer	IKS	Internes Kontrollsystem
BBK	Beck'scher Bilanz-Kommentar	ISA	International Standards on Auditing
		ISQC	International Standard on Quality Control
BGA	Betriebs- und Geschäftsausstattung		
BGB	Bürgerliches Gesetzbuch	JA	Jahresabschluss
BH	Buchhaltung	KLR	Kosten- und Leistungsrechnung
BIP	Bruttoinlandsprodukt	KonTraG	Gesetz zur Kontrolle und Transparenz im Unternehmensbereich
Bj	Berichtsjahr		
BMP	Business Measurement Process	KPMG	Klynfeld Peat Marwick Goerdeler
Bs	Bestand	LB	Lagebericht
bspw.	beispielsweise	L+L	Lieferungen und Leistungen
Bw	Bewertung	LSt	Lohnsteuer
bwl	betriebswirtschaftlich	LV	Leistungsverzeichnis
bzw.	beziehungsweise	Mafo	Marktforschung
CAAT	Computer Aided Audit Technic	NL	Niederlassung
EH	Einfamilienhaus	PS	Prüfungsstandard des IDW
EPS	Entwurf eines IDW-Prüfungsstandards	RH	Reihenhaus
ETW	Eigentumswohnung	RL	Rechnungslegung
EU	Europäische Union	RW	Rechnungswesen
EuGH	Europäischer Gerichtshof	TG	Tiefgarage
E-VO	Entwurf zu einer Verordnung	ThuPdWPg	Theorie und Praxis der Wirtschaftsprüfung
EZB	Europäische Zentralbank		
FN	Fachnachrichten	u.a.	unter anderem
F & E	Forschung und Entwicklung	u.b.B.	unter besonderer Berücksichtigung
GF	Geschäftsführung	Ug	Unternehmung
GFZ	Geschossflächenziffer	UL	unverrechnete Lieferungen und Leistungen
GK	Gemeinkosten		
GJ	Geschäftsjahr	vBP	vereidigter Buchprüfer
GoA	Grundsätze ordnungsmäßiger Abschlussprüfung	VFE-Lage	Vermögens-, Finanz- und Ertragslage
		Vj	Vorjahr
GoB	Grundsätze ordnungsmäßiger Buchführung	VO	Verordnung
		WEG	Wohnungseigentums-Gesetz
GU	General-Unternehmer	WP	Wirtschaftsprüfer
HdRuP	Handwörterbuch der Rechnungslegung und Prüfung	WPK	Wirtschaftsprüferkammer
		WB	Wertberichtigungen
Hervorh. d.d. Verf.	Hervorhebung durch den Verfasser		

I Grundlagen

Wer sich mit den *Eigenarten* einer Jahresabschlussprüfung auseinandersetzen will, der muss sich zunächst mit der Entwicklung des Berufsstandes, den Erwartungen der Öffentlichkeit, den eigentlichen Aufgaben der Abschlussprüfung und den hohen *Anforderungen* beschäftigen, die die Berufssatzung an ihre Mandatsträger stellt. Bei Würdigung des breiten Spektrums der Berufspflichten ist dann zu erkennen, dass man der *Eigenverantwortlichkeit* - zu Recht vom Institut der Wirtschaftsprüfer bei jedem Prüfungsstandard (PS) betont - in Anbetracht der schwierigen Situation unseres Berufsstandes die Position einer „prima inter pares" zubilligen muss. Daraus ergibt sich dann auch die Verpflichtung, das Know-how eines Teams rechtzeitig auf die *Komplexität* eines Prüfungsauftrages einzustellen und jede Prüfung nach einem risikoorientierten *Drei-Phasen-Konzept* auszurichten. Dabei kommt den Kenntnissen über die Geschäftstätigkeit eine zentrale Bedeutung zu.

1 Entwicklung und Lage des Berufsstandes

Entwicklung und Lage des Berufsstandes sind durch die Vorbehaltsaufgabe zur Vornahme von Abschlussprüfungen, durch zyklische Erschütterungen des öffentlichen Vertrauens in die Zuverlässigkeit der Facharbeit und insbesondere daran zu erkennen, dass der *Qualitätssicherung* eine zunehmende Bedeutung beigemessen wird. Wurde ein (quasi-)externer Review der internen Organisation und der Arbeitspapiere bislang hauptsächlich von größeren Gesellschaften praktiziert, ist mit der Einführung einer *gesetzlichen* Qualitätskontrolle ein entscheidender Wandel eingetreten, auf den sich insbesondere die kleinen und mittelgroßen Gesellschaften einstellen müssen.

1.1 Die Aufgaben der Abschlussprüfung

Es gehört zu den *wichtigsten* Aufgaben des Wirtschaftsprüfers, Jahresabschlüsse (financial statements) zu prüfen. Wir werden uns also mit der Frage beschäftigen müssen: Was ist eigentlich eine Prüfung? Und wir werden dann die wichtige Frage nachschieben müssen, welchem Zweck dient eigentlich eine Jahresabschlussprüfung?

Zunächst geht es also um den Begriff und das Wesen der Prüfung.

Zum *Begriff* führen Marten/Quick/Ruhnke unter Zitierung eines Buches von Ulrich Leffson (Wirtschaftsprüfung) aus : „Prüfung lässt sich definieren als ein Prozess zur Gewinnung eines vertrauenswürdigen Urteils durch den Vergleich eines vom Prüfer nicht selbst herbeigeführten Ist-Objektes mit einem vorgegebenen oder zu ermittelnden Soll-Objekt und anschließender Urteilsbildung und der Urteilsmitteilung an diejenigen, die auf Grund der Prüfung Entscheidungen fällen."[1]

---

1 K.U. Marten / R. Quick / K. Ruhnke : Wirtschaftsprüfung (Grundlagen des betriebswirtschaftlichen Prüfungswesens nach nationalen und internationalen Normen), 2. Aufl., Schäffer-Poeschel Verlag 2003, S. 238 (Zitierweise : Wirtschaftsprüfung)

Diese Definition ist deshalb von Bedeutung, weil Leffson - geradezu visionär - auf die *Urteils- und Vertrauensbildung* großen Wert gelegt hat.

Zum *Wesen* lassen sich nach Ballwieser *prozessuale, funktionale und institutionelle* Gesichtspunkte unterscheiden. „Nach dem ersten Aspekt sind Prüfungen Vorgänge, in denen Sachverhalte, Eigenschaften von Objekten oder Aussagen über eines von beiden mit geeigneten Bezugsgrößen verglichen werden. Kurz gesagt spricht man von einem Soll-Ist-Vergleich. Funktional dienen Soll-Ist-Vergleiche dazu, eine Übereinstimmung oder Abweichung der verglichenen Größen zu ermitteln. Abweichungsermittlungen und -beurteilungen dienen dem Zweck der Entscheidungsfundierung und der Verhaltenssteuerung. Institutionell sind Prüfungen als Einrichtungen zum Schutz der Interessen von gegenwärtigen und potenziellen Vertragspartnern sowie einer weit verstandenen Öffentlichkeit anzusehen, deren historische Entwicklung, ökonomische Effizienz und Substitutionsmöglichkeiten durch andere Schutzinstrumente interessieren." [2]

Wir werden den drei Aspekten im weiteren Verlauf unserer Überlegungen noch häufig begegnen, dem *prozessualen* Aspekt im Wesentlichen bei der Analyse des Internen Kontrollsystems, dem *funktionalen* Aspekt hauptsächlich bei der Formulierung und Verfolgung von Prüfungszielen und dem *institutionellen* Aspekt insbesondere bei der Auseinandersetzung mit der Bilanzmanipulation.

Zur richtigen Beantwortung der Frage, welchem Zweck eine Prüfung eigentlich dient, simulieren wir jetzt eine Gesprächsrunde, in der ganz unterschiedliche Berufsgruppen repräsentiert sind. Auf die Frage des moderierenden Wirtschaftsprüfers : „Was ist die Aufgabe einer Abschlussprüfung ?" antworten :

- der *Theologe* : „Als Ergebnis der Prüfung wird eine Meinung darüber zum Ausdruck gebracht, dass der Jahresabschluss wahrheitsgetreu ist."
- der *Kriminalbeamte* : „Eine Prüfung hat dafür zu sorgen, dass Betrugsfälle aufgedeckt werden."
- der *Ministerialbeamte* : „Als Ergebnis der Prüfung wird eine Meinung darüber zum Ausdruck gebracht, dass der Jahresabschluss in allen wesentlichen Belangen korrekt ist und in Übereinstimmung mit den Grundsätzen über die Finanzberichterstattung erstellt wurde."
- der *Mathematiker* : „Eine Prüfung bestätigt, dass der Jahresabschluss exakt aufgestellt ist."
- der *Rechtsanwalt* : „Ein Prüfer ist nicht verpflichtet, alle Betrugsfälle aufzudecken. Er hat allerdings die Aufgabe, wesentliche Verzerrungen, die auf Betrug oder Fehlern beruhen, festzustellen."
- der *Pädagoge* : „Mit einer Prüfung ist die Beseitigung aller Fehler in einem Jahresabschluss verbunden."
- der *Mechaniker* : „Eine Prüfung beschäftigt sich hauptsächlich damit, alle Kontrollen im Unternehmen zu analysieren und sich davon zu überzeugen, dass sie ordnungsgemäß arbeiten."

---

2 *W. Ballwieser : Prüfungslehre, in : HdRuP 3. Aufl., Schäffer-Poeschel Verlag Stuttgart 2002, Sp. 1825*

Kriminalbeamter und Mathematiker repräsentieren sozusagen die öffentliche Meinung, die davon überzeugt ist, dass Abschlussprüfer die Aufgabe haben, Betrügereien aufzudecken und für genaue Zahlen zu sorgen. Pädagoge und Mechaniker konzentrieren sich einseitig auf Fehler und Kontrollen. Theologe, Ministerialbeamter und Rechtsanwalt sind auf der richtigen Spur, weil sie sich vom Gedanken der *Wahrheit* und vom Prinzip der *Wesentlichkeit* leiten lassen.

Von welcher Seite können wir uns nun der Antwort auf die Frage, was eine Abschlussprüfung ist bzw. was sie bezweckt, am besten nähern? Wir greifen dazu auf den Prüfungsstandard 200 des IDW zurück.[3] Dort heißt es unter TZ 8 :

„Durch die Abschlussprüfung soll die Verlässlichkeit der in Jahresabschluss und Lagebericht enthaltenen Informationen bestätigt und insoweit deren Glaubhaftigkeit erhöht werden."[4]

Bitte prägen Sie sich diese Formulierung ein. Sie gehört zu einigen wenigen Passagen, die bei Ihnen jederzeit abrufbereit sein müssen, damit Sie nach außen überzeugend auftreten können. Sie werden immer wieder gefragt werden, *warum* Sie bestimmte Dinge tun. Wenn Sie dann keine präzise Antwort parat haben, machen Sie einen schlechten Eindruck ! (vgl. Kapitel VII. mit Leitsätzen)

Das IDW fährt im PS 200 TZ 8 fort - und hier taucht jetzt zum ersten Mal der Aspekt der *Adressaten* des Jahresabschlusses auf :

„Die Verlässlichkeit dieser Informationen schließt auch deren Ordnungsmäßigkeit ein, da diese von den Adressaten bei ihrer Interpretation mit herangezogen wird. Die Adressaten des Bestätigungsvermerkes sowie die Adressaten des Prüfungsberichtes, insbesondere die Aufsichtsorgane, können die Ergebnisse der Abschlussprüfung bei ihren Entscheidungen berücksichtigen ... ."[5]

Jahresabschluss und Lagebericht sollen dem Adressaten ein Verständnis dafür vermitteln, wie, d.h. mit welchem Erfolg oder Misserfolg das Unternehmen im abgelaufenen Jahr gearbeitet hat und wie sich die Vermögens-, Finanz- und Ertragslage darstellt. Es sind insbesondere die Gesellschafter bzw. die Aktionäre, die wissen wollen, wie das von ihnen eingesetzte Kapital gearbeitet hat und wie die zukünftige Entwicklung zu beurteilen ist. In diesem Sinne ist auch ISA 100 zu verstehen, in dem unter TZ 4 ausgeführt wird (Hervorh.d.d.Verf.) :

"The objective of an assurance engagement is for a professional accountant to evaluate or measure a subject matter that is the responsibility of another party against identified suitable criteria, and to express a conclusion that provides the intended user with a level of assurance about that subject matter. Assurance engagements performed by professio-

---

[3] Hervorhebungen in PS, ISA, Gesetzestexten etc. durch Kursiv- oder Fettschrift beruhen grundsätzlich auf einer bewussten Kenntlichmachung durch den Verfasser.
[4] Ziele und allgemeine Grundsätze der Durchführung von Abschlussprüfungen, in : Bd.1 IDW PS / IDW PH (Stand Oktober 2004)
[5] In seiner Dissertation „Risikoberichterstattung" (Eine ökonomische Analyse) weist Michael Dobler auf Folgendes hin : „Entscheidungsrelevanz von Informationen knüpft an deren Verlässlichkeit an. Ein rationaler Entscheider muss Nachrichten ignorieren, die er als unglaubwürdig einstuft." (S. 3 des im Peter Lang Europäischer Verlag der Wissenschaften im Jahre 2004 erschienenen Werkes)

*nal accountants are intended to enhance the **credibility** of information about a subject matter by evaluating whether the subject matter conforms in all **material** respects with suitable criteria, thereby improving the likelihood that the information will meet the needs of an intended user. In this regard, the level of assurance provided by the professional accountant's conclusion conveys the **degree of confidence** that the intended user may place in the credibility of the subject matter."* [6]

Was ist nun Gegenstand der Jahresabschlussprüfung ? Dazu sagt der PS 200 in TZ 12 :

„Der Gegenstand der Jahresabschlussprüfung schließt neben dem aus Bilanz, Gewinn- und Verlustrechnung und ggf. Anhang bestehenden Jahresabschluss die zugrundeliegende Buchführung und ggf. den Lagebericht mit ein und erstreckt sich darauf, ob die für die Rechnungslegung geltenden gesetzlichen Vorschriften einschließlich der Grundsätze ordnungsmäßiger Buchführung und sie ergänzende Bestimmungen des Gesellschaftsvertrages oder der Satzung beachtet sind."

Wenn der PS 200 von gesetzlichen Vorschriften spricht, welche Vorschriften sind damit gemeint ? Dazu sagt der PS 201 in TZ 6 folgendes aus :

„Die gesetzlichen Vorschriften, deren Einhaltung im Rahmen der Abschlussprüfung festzustellen ist, umfassen insbesondere die Vorschriften des HGB über die Buchführung und das Inventar (§§ 238-241 HGB), über den Ansatz, die Bewertung und die Gliederung der Posten des Jahresabschlusses (§§ 242-283 HGB) sowie über die Angaben im Anhang und Lagebericht (§§ 284-289 HGB)." [7]

Zur Einhaltung der gesetzlichen Vorschriften trifft der PS 200, sozusagen im Vorgriff auf PS 201 folgende interessante Aussage in seiner TZ 12 :

„Zur Einhaltung der gesetzlichen Vorschriften gehört insbesondere, dass die Buchführung nachvollziehbar, unveränderlich, vollständig, richtig, zeitgerecht und geordnet vorgenommen wird, dass der Jahresabschluss klar, übersichtlich und vollständig in der vorgeschriebenen Form mit den vorgeschriebenen Angaben aufgestellt ist und dass alle Posten zutreffend ausgewiesen sowie die Vermögensgegenstände und Schulden sämtlich richtig bewertet worden sind."

Zu den Themen der Vollständigkeit, des richtigen Ausweises und der richtigen Bewertung werden an späterer Stelle weitere Ausführungen folgen !

Wenn der Grundsatz lautet : „Durch die Abschlussprüfung soll die Verlässlichkeit der in Jahresabschluss und Lagebericht enthaltenen Informationen bestätigt und insofern deren Glaubwürdigkeit erhöht werden", dann ist das in unsere Arbeit gesetzte *Vertrauen* außerordentlich groß ! Es drängt sich dann auch die Frage auf, warum wir uns zur Zeit in ganz besonderer Weise auf die *Qualität* unserer Facharbeit besinnen müssen.

---

6 ISA 100 : Assurance Engagements, in : International Standards on Auditing (ISAs) (Internationale Prüfungsgrundsätze, Autorisierte Übersetzung der Verlautbarungen der IFAC, Stand : Juni 2002), Schaeffer-Pöschel Verlag Stuttgart 2003
7 PS 201 : Rechnungslegungs- und Prüfungsgrundsätze für die Abschlussprüfung

1 Entwicklung und Lage des Berufsstandes

Es sind von Berufsangehörigen mehr oder minder schwere Fehler begangen worden. Jeder Sachverhalt ist zwar anders, aber es ist zu erkennen, dass Fehler im Wesentlichen darauf beruhten, dass man zu sehr auf die Aussagen und Angaben des Managements vertraut hat, ohne diese Informationen durch aussagefähige *Prüfungsnachweise* abzusichern. Dies hat auch dazu geführt, dass nationale und internationale WP-Gesellschaften mit *Schadensersatzansprüchen* konfrontiert sind, die hauptsächlich darauf beruhen, dass ein uneingeschränktes Testat zu einem Jahresabschluss gegeben wurde, der aufgrund betrügerischer Machenschaften in wesentlichen Belangen falsch war.

Es ist ein weites Feld, auf dem sich *Betrug* z.B. in Form von *Scheingeschäften*, Verletzung des *Realisationsprinzips* und unzulässigen *Aktivierungen* abspielt. Wenn das Management „die Notbremse zieht", um mittels Bilanzmanipulationen das Erreichen bestimmter Ziele (z.B. Umsatz, Ergebnis, Rendite) vorzutäuschen, nachdem es erkannt hat, dass das Unternehmen diese Ziele mit regulären Mitteln nicht mehr erreichen kann, dann ist dies u.a. darauf zurückzuführen, dass man nicht zugeben will,

- wichtige Ziele verfehlt zu haben und damit bestimmte
- Erwartungen des Marktes (Investoren, Analysten) nicht erfüllen konnte.

Gründe können auch darin liegen, dass man Reaktionen von Banken, Gesellschaftern und sonstigen Interessenten fürchtet oder aufgrund eines besonderen Eigeninteresses (z.B. wegen der finanziellen Vorteile eines Bonusprogrammes) den Rückgang des Aktienkurses unter allen Umständen verhindern will. Welche dieser spektakulären Fälle sind Ihnen in Erinnerung geblieben?

Ich möchte die Problematik „Betrug" hier nicht weiter vertiefen. Wir werden diesen Aspekt später wieder aufgreifen *(vgl. Kapitel IV.)*, wenn der Leser bereits nachvollziehen kann, wie unsere Arbeit, an der er ja u.U. schon mitwirkt, ausgerichtet sein muss, um zu verhindern, dass wir vom sogenannten *Prüfungsrisiko*, d.h. der Abgabe eines falschen Testates, voll getroffen werden.

In Zeiten rückläufiger Konjunktur ist auf jeden Fall erhöhte Vorsicht geboten!

1.2 Das Berufsrecht, die Stellung des Wirtschaftsprüfers und die Rolle seines Urteils

Nachdem von einem besonderen Vertrauen in unseren Berufsstand und von hohen Anforderungen an die Qualität unserer Facharbeit die Rede war, müssen wir uns kurz auf die Entwicklung unseres Berufsstandes, die Rolle des Wirtschaftsprüfers und die Bedeutung seines Urteils besinnen.

1.2.1 Die Entwicklung des Berufsrechtes

Im Zuge der Weltwirtschaftskrise der 30er Jahre wurden Aktiengesellschaften und Unternehmen anderer Rechtsform kraft Gesetzes einer Abschlussprüfung durch qualifizierte und unabhängige Prüfer unterworfen. Die erste Verordnung des Reichspräsidenten vom 15.12.1931 zur Durchführung der aktienrechtlichen Vorschriften bestimmte, dass die Befähigung zur Ausübung der Tätigkeit als Bilanzprüfer nur öffentlich bestellte Wirtschaftsprüfer (WP) bzw. Wirtschaftsprüfungsgesellschaften (WPG) besitzen. Das damit geschaffene erste Berufsrecht beabsichtigte eine Auslese persönlich und fachlich geeigneter Personen für den WP-Beruf. Die Aufstellung von strengen Berufsgrundsätzen und die Einrichtung einer Berufsgerichtsbarkeit gewährleisten gleichzeitig die Einhaltung der Berufspflichten.

In der Wirtschaftsprüferordnung (WPO), die insbesondere die *Eigenverantwortlichkeit* des WP betont, sind die eben erwähnten Berufsgrundsätze und u.a. die Voraussetzungen für die Berufsausübung, Rechte und Pflichten der WPs und die Organisation des Berufes geregelt.

Die WPO trat in ihrer ersten Fassung 1961 in Kraft und ist seither mehrfach geändert und ergänzt worden. Änderungen waren insbesondere zur Angleichung an das Europäische Recht erforderlich. Das 4. Gesetz zur Änderung der WPO befasste sich mit der Einführung einer externen Qualitätssicherung für Abschlussprüfer. (siehe auch Kap. IV.3.3.)

1.2.2 Das Berufsbild und die Aufgaben des Wirtschaftsprüfers

Die berufliche Tätigkeit des WP wird maßgeblich durch die *Vorbehaltsaufgabe* geprägt, die durch Gesetz vorgeschriebene Prüfung der Jahresabschlüsse bestimmter Unternehmen durchzuführen und Bestätigungsvermerke über die Vornahme und das Ergebnis solcher Prüfungen zu erteilen bzw. zu versagen.

Wegen der besonderen Befähigung zum gesetzlichen Abschlussprüfer werden Wirtschaftsprüfern regelmäßig auch die so genannten freiwilligen, d.h. nicht gesetzlich vorgeschriebenen Prüfungen von Jahresabschlüssen übertragen.

Zu den beruflichen Vorbehaltsaufgaben, die ebenfalls das Berufsbild maßgeblich kennzeichnen, zählt auch die unbeschränkte (geschäftsmäßige) Hilfeleistung in Steuersachen, also die Steuerberatung. Darüber hinaus sind WPs beratend tätig in den Bereichen Rechnungswesen und Personal (Überprüfung von Bewerbern, die im Rechnungswesen, in der Finanzabteilung oder in der Steuerabteilung arbeiten wollen) und erfüllen Aufgaben als Treuhänder. (Zitate im Kap. 1.2.3. aus WP-Handbuch 2000 A 228 ff.)

1.2.3 Berufspflichten

Die WPO enthält im dritten Teil die wesentlichen Rechte und Pflichten der Wirtschaftsprüfer. Im vierten Teil der WPO (§ 57 Abs. 3 WPO) wird der Wirtschaftsprüferkammer (WPK) das Recht eingeräumt, eine Satzung über die Rechte und Pflichten bei der Ausübung der Berufe des Wirtschaftsprüfers und des vereidigten Buchprüfers (Berufssatzung) zu erlassen.

Die Berufssatzung der WPK, die jedem Mitarbeiter zu Beginn seiner Tätigkeit auszuhändigen ist, konkretisiert einzelne dieser Berufspflichten. Seit 1995 gibt es zusätzlich noch die gemeinsame Stellungnahme der WPK und des IDW über die Qualitätssicherung in Wirtschaftsprüferpraxen und seit 2005 dazu einen neuen Entwurf (VO 1/95).

Unabhängigkeit
„Unter Unabhängigkeit versteht § 2 der Berufssatzung der WPK die Freiheit von Bindungen, die die berufliche Entscheidungsfreiheit beeinträchtigen oder beeinträchtigen könnten, weshalb sie das Eingehen solcher Bindungen verbietet." „Unabhängigkeit in einem umfassenden Sinne bedeutet, dass der WP in objektiver und subjektiver Hinsicht seine Feststellungen unbeeinflusst von sachfremden Erwägungen und ohne Rücksichtnahme auf eigene Belange oder auf Interessen Dritter treffen kann."

1 Entwicklung und Lage des Berufsstandes

Unbefangenheit
„Insbesondere die Funktion des Abschlussprüfers verlangt, dass der WP bei seinen Feststellungen, Beurteilungen und Entscheidungen frei von Einflüssen, Bindungen und Rücksichten ist, und zwar gleichgültig, ob sie persönlicher, wirtschaftlicher oder rechtlicher Natur sind." (Zur Vielfalt der Beurteilungen vgl. Kapitel VI. 2.) „Er muss alles vermeiden, was bei objektiver Betrachtung Misstrauen in seine unabhängige und neutrale Stellung begründet." Demgemäß bestimmt die WPO, „dass der WP seine Tätigkeit zu versagen hat, wenn die Besorgnis der Befangenheit bei der Durchführung seines Auftrages besteht."

Besorgnis der Befangenheit
Ist der WP auch als Berater tätig, liegt nach Ansicht des BGH eine unschädliche Beratung so lange vor, „wie sich der Prüfer in seiner Rolle als Berater darauf beschränkt, Handlungsmöglichkeiten und Konsequenzen aufzuzeigen, während die Entscheidung dem Mandanten selbst vorbehalten bleibt." Stellt das so beratene Unternehmen den Jahresabschluss in eigener Verantwortung und Entscheidungszuständigkeit selbst auf, bleibt die Prüfungsbefugnis des Abschlussprüfers selbst dann erhalten, wenn der Mandant seinem Rat folgt. „Da der Rat des WP nur eine Entscheidungshilfe darstellt, wird bei der nachfolgenden Prüfung des Jahresabschlusses eine fremde Leistung und Entscheidung und nicht die eigene überprüft."

Unparteilichkeit
Unparteilichkeit ist ein „Gebot, das vom WP in seiner Funktion als Prüfer oder Gutachter unbedingte Neutralität verlangt. Auch wenn er dabei widerstreitenden Interessen ausgesetzt ist, darf er einzelnen Interessen nicht verpflichtet sein."

Verschwiegenheit
„Die Pflicht zur Verschwiegenheit bildet das Fundament für das *Vertrauen*, das dem WP entgegengebracht wird. Ohne dieses Vertrauen wäre die Erfüllung der beruflichen Aufgaben, vor allem in kritischen Phasen, nicht möglich." Verschwiegenheit ist zeitlich *unbegrenzt* und gegenüber jedermann, auch gegenüber Berufskollegen, zu bewahren. Durch die Pflicht zur Verschwiegenheit wird der WP auch gehindert, geschützte Kenntnisse eigener oder fremder Vermögensdispositionen für sich auszunutzen. Insofern enthält das Berufsrecht bereits das Verbot der Verwertung sogenannter *Insiderkenntnisse* für Entscheidungen, die das eigene Vermögen betreffen.

Gewissenhaftigkeit
Die WP „sind bei der Durchführung ihrer Aufgaben an das Gesetz gebunden und haben die für die Berufsausübung geltenden Bestimmungen sowie die gesetzlichen Regeln zu beachten." Was sind die *wesentlichen Vorschriften* zur Erstellung eines Jahresabschlusses und zur Durchführung einer Abschlussprüfung?

- Gesetze, insbesondere das HGB für alle Unternehmen, zusätzlich das AktG (für Aktiengesellschaften), das Kreditwesengesetz (für Banken) und das Versicherungsaufsichtsgesetz (für Versicherungen),
- die Grundsätze ordnungsmäßiger Buchführung und die Grundsätze ordnungsmäßiger Speicherbuchführung,
- Verlautbarungen der Berufsorganisation IDW : Prüfungsstandards, Stellungnahmen des Hauptfachausschusses,
- Deutsche Rechnungslegungsstandards des DRSC.

Zur Gewissenhaftigkeit gehört auch, dass Mandate nur übernommen werden dürfen, wenn der WP über die dafür erforderliche *Sachkunde* und die zur Bearbeitung erforderliche *Zeit* verfügt.

Wenn Sie die in Anlage 1 dargestellten Handelsregistereintragungen und den dort jeweils formulierten *Gegenstand* des Unternehmens studieren, dann werden Sie schnell feststellen, welches Unternehmen relativ geringe und welches sehr hohe *Anforderungen* an einen Abschlussprüfer stellen wird. Ich habe das dritte Beispiel (Fluggesellschaft „SPANAIR S.A.") aus zwei Gründen aufgeführt : Erstens wird dem Leser mit ungewöhnlicher Deutlichkeit klar, über welche *Fachkenntnisse* ein für diese Gesellschaft zuständiger Abschlussprüfer verfügen muss und wie groß das Risiko ist, eine *wesentliche Fehlaussage* im Jahresabschluss zu übersehen. Zweitens zeichnet sich diese Handelsregistereintragung dadurch aus, dass in ihr wesentliche Geschäftsvorfälle der SPANAIR bereits aufgelistet sind.

Ein solcher Katalog ist besonders gut geeignet, sich eine erste Vorstellung davon zu machen, in welcher Weise *Geschäftsvorfälle* und *Geschäftsrisiken*, über die noch eingehend zu sprechen sein wird, einen Jahresabschluss nachhaltig prägen können. Natürlich ist die Reihenfolge :

Tannen-Paradies
Medical-Bio Care
SPANAIR

bewusst gewählt, um unterschiedliche Komplexitäts- und damit Schwierigkeitsgrade sichtbar zu machen.[8] Wenn Sie aber darüber nachdenken, was Sie als Abschlussprüfer der Tannen-Paradies GmbH alles beachten müssten, werden Sie überrascht sein, auf welche Probleme Sie stoßen. Versuchen Sie es doch einfach mal !

Die *Komplexität* bekommt neben dem Geschäftsumfang einen besonderen Akzent, wenn man als Abschlussprüfer (z.B. im Rahmen der Zusammenarbeit mit ausländischen Kollegen) feststellen muss, dass der Gegenstand eines in Deutschland befindlichen Unternehmens - stark geprägt durch *fremdes* Recht - auf ein komplexes Niveau hochgeschleust wird [9] oder wenn man auf Personen trifft, die (u.U. sogar in betrügerischer Absicht) ein großes Interesse daran haben, die Transparenz des betrieblichen Geschehens durch taktische Maßnahmen auf ein ganz niedriges Niveau zu drosseln. Der Abschlussprüfer steht dann vor der schwierigen Frage, ob er unter diesen Bedingungen einen Auftrag annehmen bzw. seine Arbeiten mit einem uneingeschränkten Bestätigungsvermerk abschließen kann.

---

8 Bei seinen Überlegungen zum "inhärenten Risiko" hat Dörner u.a. auf folgendes hingewiesen : " Im Hinblick auf die Determinanten dieser Risikokomponente gilt, dass die Fehlerwahrscheinlichkeit mit der Komplexität des Systems bzw. der zugrunde liegenden Sachverhalte steigt." (D. Dörner : Risikoorientierter Prüfungsansatz, in : HdRuP, Sp. 1746)
9 Siehe dazu den Gegenstand der "Long Life Technologies Limited (Zweigniederlassung Berlin) unter Punkt 4 der Anlage I.1.

1 Entwicklung und Lage des Berufsstandes

Zur *Problematik verweigerter Transparenz* der folgende Fall :

Das Investitions-Tableau
oder
Das Geheimnis des Waschbärmantels

Eine WPG erhielt von einem Gewerbebau-Projektierungs-Unternehmen (GPU) kurzfristig den Auftrag zur Prüfung des Jahresabschlusses zum 31. Dezember 20xx. Zwecks gegenseitiger Information über den Gegenstand des Unternehmens und zu erwartende Prüfungsschwerpunkte traf man sich Mitte Februar im Büro der WPG. Der Geschäftsführer der GPU (der mit einem Waschbärmantel bekleidet war und schulterlanges blondes Haar trug), erläuterte Organisation und Betrieb seiner Gesellschaft wie folgt : Gegenstand des GPU ist die Entwicklung, Herstellung und Vermarktung von Gewerbezentren. GPU erwirbt baureife Grundstücke und beauftragt einen (aus einem Wettbewerb als Sieger hervorgegangenen) Architekten mit der detaillierten Konzeption für Gebäude und Infrastruktur. (Zu diesem Zeitpunkt beginnt bereits die Suche nach einem Investor.) Nach Genehmigung des Konzeptes durch die Geschäftsleitung erfolgt auf Basis eines Leistungsverzeichnisses eine entsprechende Ausschreibung der Bauleistungen und im Anschluss daran - unter Bevorzugung von Generalunternehmern - die Auftragsvergabe. Die letzte Stufe des Projektes ist der Verkauf des Gewerbezentrums an einen Investor.

Dem zuständigen WP wurden die mit einem uneingeschränkten Bestätigungsvermerk versehenen Prüfungsberichte der beiden Vorjahre ausgehändigt, damit er sich auf die bevorstehenden Arbeiten, die Anfang März beginnen sollten, vorbereiten konnte. Als grobe Zeitplanung waren vor Ort 6-Mann-Wochen (3-Mann-Team, 2 Wochen) vorgesehen. Des Weiteren wurde ihm der Entwurf eines Jahresabschlusses übergeben, der ein ausgeglichenes Ergebnis aufwies.

Die ersten Warnzeichen erhielt der Wirtschaftsprüfer bereits beim Studium von Prüfungsberichten der Vorjahre, in denen nur sehr knappe Ausführungen zur Zusammensetzung und Bewertung wesentlicher Bilanzposten gemacht wurden. Besonders auffällig war die Formulierung, dass die Vorräte (unbebaute und bebaute Grundstücke) *„nach Angaben der Geschäftsleitung werthaltig"* seien. [10] Die so geweckte Skepsis steigerte sich, als sich herausstellte, dass die erforderlichen Unterlagen (u.a.) :

- Standortanalysen,
- Verträge über den Erwerb der Grundstücke, die Zusammenarbeit mit Architekt und Generalunternehmer und den Verkauf von bebauten Grundstücken,
- Projektkalkulationen,
- Abrechnung von Bauarbeiten, Leistung von Abschlagszahlungen und Abnahmeprotokolle,
- Vereinbarungen über Nachträge

nur sehr langsam oder überhaupt nicht beigebracht werden konnten, immer wieder mit der Begründung, der Geschäftsführer, der sich die Aushändigung wichtiger Dokumente vorbehalten

---

[10] Es bedarf wohl keiner näheren Erläuterung, dass eine solche Einstellung nicht im geringsten mit den Berufsgrundsätzen in Einklang zu bringen war.

habe, sei für einige Tage verreist. Gezwungen, sich selbst eine gewisse Transparenz zu verschaffen, versuchte der Abschlussprüfer die Vorräte nach *Reifegraden* zu unterteilen, indem er die folgenden Stufen wählte :

- unbebautes Grundstück,
- bebautes, aber noch nicht marktreifes Grundstück,
- bebautes und marktreifes Grundstück
  - noch ohne Interessenten,
  - im Verhandlungsstadium, aber ohne Investorvertrag,
  - mit Investorvertrag.

Der enorme Zeitaufwand für diese Arbeiten (mit denen eine umfangreiche Bereinigung nicht aktivierungsfähiger Kosten verbunden war und die in dieser Phase der Prüfung bereits einen erheblichen Jahresverlust des GPU signalisierten) veranlasste die WPG, einen detaillierten Anforderungskatalog, der auch andere Bilanzpositionen einbezog, an die Buchhaltung bzw. die Geschäftsleitung zu richten und um die Vorlage einer ganzen Reihe noch fehlender Belege zu bitten.

Nachdem die Unterlagen erneut verspätet und unvollständig vorgelegt wurden, nahm der Wirtschaftsprüfer den Sachverhalt zum Anlass, seine Arbeiten (soweit überhaupt möglich) zügig zu beenden und den Bestätigungsvermerk gemäß § 322 Abs. 4 i.V.m. § 321 Abs. 2 S.1 HGB zu versagen. [11]

Eigenverantwortlichkeit

Es wird auf den neugefassten § 322 Abs. 3 HGB verwiesen. (Siehe auch Kapitel V. 2.1.4.) :

„In einem uneingeschränkten Bestätigungsvermerk ... hat der Abschlussprüfer zu erklären, dass die von ihm nach § 317 durchgeführte Prüfung zu keinen Einwendungen geführt hat und dass der ... Jahresabschluss auf Grund der bei der Prüfung gewonnenen Erkenntnisse des Abschlussprüfers nach seiner Beurteilung den gesetzlichen Vorschriften entspricht ... ."

Worin kommt die Eigenverantwortlichkeit zum Ausdruck ? Dazu heißt es im WP-Handbuch (2000 Bd. 1 TZ 289) : Der WP „hat sein Handeln in *eigener* Verantwortung zu bestimmen, sich selbst ein Urteil zu bilden und seine Entscheidungen *selbst* zu treffen. Er muss die Tätigkeit seiner Mitarbeiter so überblicken und beurteilen können, dass er sich selbst eine auf Kenntnis beruhende eigene fachliche *Überzeugung* bilden kann." *(Hervorhebung d.d. Verf.)* Der WP darf keinen fachlichen Weisungen unterliegen, die ihn verpflichten, insbesondere Prüfungsberichte und Gutachten auch dann zu unterzeichnen, wenn sich ihr Inhalt nicht mit seiner Überzeugung deckt.

---

11 Fälle dieser Art hat das IDW im Auge, wenn es im PS 400 (Grundsätze für die ordnungsgemäße Erteilung von Bestätigungsvermerken bei Abschlussprüfungen) in TZ 65 erklärt : "Gelangt der Abschlussprüfer zu dem Prüfungsurteil, dass wesentliche Beanstandungen gegen den Jahresabschluss zu erheben sind, die sich auf diesen als Ganzen auswirken und so bedeutend oder zahlreich sind, dass nach der Beurteilung des Abschlussprüfers eine Einschränkung des Bestätigungsvermerkes nicht mehr angemessen ist, ... hat er diese negative Gesamtaussage im Rahmen eines Versagungsvermerkes zu treffen." Mit der Neufassung des § 322 HGB würde jetzt dessen Absatz 5 zur Anwendung kommen: "Der Bestätigungsvermerk ist auch dann zu versagen, wenn der Abschlussprüfer nach Ausschöpfung aller angemessenen Möglichkeiten zur Klärung des Sachverhaltes nicht in der Lage ist, ein Prüfungsurteil abzugeben ..."

1 Entwicklung und Lage des Berufsstandes

Die Eigenverantwortlichkeit erhält immer dann einen besonderen Stellenwert, wenn der WP der Meinung ist, *kein* uneingeschränktes Testat geben zu können, und sich für eine „eingeschränkt positive Gesamtaussage" oder sogar für eine „Versagung des Testates" entscheidet (vgl. § 322 Abs. 4 und 5 HGB).

In seinen Überlegungen zur „Eigenverantwortlichkeit" hat Peemüller von den *„drei Dimensionen der Eigenverantwortung"* gesprochen. „Zunächst bezieht sie sich auf den Berufsträger selbst. Er kann die Verantwortung für sein Handeln nur übernehmen, wenn es ihm gelingt, gemäß seinen persönlichen Anforderungen an die Arbeit, die Tätigkeit durchzuführen. ... Die zweite Dimension...tritt beim Einsatz von Mitarbeitern bzw. Prüfungsassistenten in Erscheinung. Durch die personelle Trennung der Entscheidung und Anordnung von den Ausführungen entsteht eine Fremdverantwortung für die Führungspersonen. ... Die dritte Dimension...bezieht sich auf die Übernahme von Ergebnissen Dritter. In diesem Fall sind zwei Beurteilungen erforderlich. Die erste bezieht sich auf die Qualifikation des 'Dritten', die zweite auf die Qualität der Arbeit." [12]

Berufswürdiges Verhalten

„Der WP hat sich sowohl innerhalb als auch außerhalb der Berufstätigkeit des Vertrauens und der Achtung würdig zu erweisen, die der Beruf erfordert, und sich der besonderen Berufspflichten bewusst zu sein, die ihm aus der Befugnis erwachsen, gesetzlich vorgeschriebene Bestätigungsvermerke zu erteilen."

Zu beachten ist u.a. : Verbot der Provisionszahlung für die Auftragsvermittlung, Unterrichtung des Mandanten über Gesetzesverstöße, Sachlichkeitsgebot.

1.2.4 Berufsaufsicht und Berufsgerichtsbarkeit

Zu den wichtigsten Aufgaben einer berufsständischen Kammer wie der WPK gehört es, die Erfüllung der ihren Mitgliedern obliegenden Pflichten zu überwachen. Das berufsgerichtliche Verfahren ist ein Disziplinarverfahren.

Die Berufsgerichtsbarkeit ist wie folgt aufgebaut :

- 1. Instanz : Kammer für WP-Sachen beim Landgericht-Berlin
- 2. Instanz : Senat für WP-Sachen beim Kammergericht-Berlin
- 3. Instanz : Senat für WP-Sachen beim Bundesgerichtshof.

Berufsgerichtliche Maßnahmen gemäß der WPO sind :

- die Warnung,
- der Verweis,
- die Geldbuße,
- die Ausschließung aus dem Beruf.

Zu den neuen gesetzlichen Regelungen siehe Kapitel IV. 3.3.

---

12 *V.H. Peemüller : Eigenverantwortlichkeit, in : HdRuP, Sp. 611*

1.3 Qualitätssicherung als zentrales Thema

Qualitätssicherung in der WP-Praxis als Grundlage
Alle Berufsangehörigen sind verpflichtet, ihre WP-Praxen so zu organisieren, dass die Einhaltung der Berufspflichten mit hinreichender Sicherheit gewährleistet ist. Anforderungen an die Einrichtung eines internen Qualitätssicherungssystems (QSS) finden sich in der Berufssatzung der WPK und in der gemeinsamen Stellungnahme der WPK und des IDW : Zur Qualitätssicherung in der WP-Praxis (VO 1/1995). Die Anforderungen dieser VO an die Einrichtung eines internen QSS beziehen sich auf die folgenden Bereiche :

QS bei der Organisation der WP-Praxis
- Unabhängigkeit, Unparteilichkeit und Besorgnis der Befangenheit,
- Auftragsannahme und -fortführung,
- Gesamtplanung aller Aufträge,
- Fachliche und organisatorische Anweisungen und Hilfsmittel.

QS bei der Abwicklung einzelner Aufträge
- Prüfungsplanung,
- Prüfungsanweisungen,
- Überwachung des Prüfungsablaufes,
- Durchsicht der Prüfungsergebnisse.

Einführung einer Qualitätskontrolle in Deutschland
Bei Qualitätskontrollen handelt es sich um die Prüfung des Internen QSS von WP-Praxen durch einen anderen Berufsangehörigen (Peer Review) oder durch Angestellte einer für das Verfahren verantwortlichen Organisation (Monitoring). (Zu weiteren Einzelheiten siehe Kapitel IV. 3.3)

1.4 Die Bedeutung der Eigenverantwortlichkeit

1.4.1 Die Eigenverantwortlichkeit als „Prima inter Pares"

Alle Berufspflichten sind von besonderer Bedeutung. Sie eignen sich eigentlich nicht für eine Rangordnung, weil damit die Gefahr verbunden ist, dass man bestimmte Pflichten für wichtig, andere dagegen für weniger wichtig, möglicherweise sogar für zweitrangig hält. Wenn ich dennoch eine *Rangordnung* bilden sollte, würde ich die „Eigenverantwortlichkeit" an die erste Stelle setzen. [13]

Eigenverantwortlichkeit
Unabhängigkeit
Gewissenhaftigkeit
Unparteilichkeit
Unbefangenheit
Verschwiegenheit
Berufswürdiges Verhalten

---

13 Siehe dazu auch die detaillierten Ausführungen in Kapitel VI. 2.1.1.

1 Entwicklung und Lage des Berufsstandes

Die „Eigenverantwortlichkeit" ist sozusagen eine „Prima inter Pares", weil sich diese Pflicht mit besonderem Nachdruck wie ein roter Faden durch die gesamte Abschlussprüfung zieht. [14] Ich betone dies auch deshalb mit so großem Nachdruck, weil der Leser selbst u.U. schon in Kürze an diesen roten Faden gebunden sein wird und sich seiner Bedeutung stets bewusst sein muss.

Im Kapitel III werden Leitfäden für die Tagesarbeit vorgestellt. Wenn Sie bestimmte Dinge prüfen, seien es Gegenstände des Anlagevermögens oder die Forderungen aus Lieferungen und Leistungen, dann müssen Sie sich Ihrer Eigenverantwortlichkeit stets bewusst sein. Sie selbst tragen ein erhebliches Maß an Verantwortung, auch wenn Sie von älteren Kollegen begleitet und unterstützt werden. Möglicherweise sind Sie bereits in den Prozess der Urteilsbildung eingebunden?! Doch es ist ja gerade die Beteiligung am *Urteil*, die den Reiz unseres Berufes ausmacht. Dieses Handbuch soll dazu beitragen, dass Sie Ihren Beruf lieben !

1.4.2 Der Stellenwert des Vertrauens auf Prüfung und Testat

Der Aspekt der Eigenverantwortlichkeit bekommt ein besonderes Gewicht, wenn man sich klar macht, welche Personen, Organisationen, Institutionen und Gruppen sich auf einen geprüften und uneingeschränkt testierten Jahresabschluss verlassen. [15] Gleichzeitig muss die Frage gestellt werden, welche *Konsequenzen mit einem falschen Jahresabschluss* verbunden sein können.

Für welche *Gruppen* (auch Stakeholder genannt) ist die Zuverlässigkeit des Jahresabschlusses von besonderer Bedeutung ? (Die Stakeholder bilden einen weitaus größeren Rahmen als die engere Gruppe der "Shareholder".) Welche Aspekte spielen für die einzelnen Gruppen eine besondere Rolle und welche Auswirkungen können sich für das Unternehmen daraus ergeben ? Sie finden in Anlage 2 die Darstellung eines Unternehmens (Tom Tailor AG, Hamburg). Machen Sie sich mit diesem Unternehmen vertraut und denken Sie darüber nach, welche *Konsequenzen* sich für die Geschäftsführung, die Gesellschafter, die Kreditinstitute, die Mitarbeiter, Lieferanten, Wettbewerber, Medien, Finanzverwaltung, Regierung etc. ergeben könnten, falls sich (und dies ist natürlich ein rein hypothetischer Fall) herausstellen würde, dass ein uneingeschränkt testierter Jahresabschluss in wesentlichen Belangen falsch ist (material misstated). [16]

---

14 Im Rahmen der Industriebetriebslehre entwickelte Kosten-Nutzen-Funktionen sollten nicht am Beginn von Überlegungen zum „Prüfungsprozess" stehen. „Demnach ist das Wirtschaftlichkeitsprinzip bei der Prüfung dann erreicht, wenn das Urteil über die Ordnungsmäßigkeit des Jahresabschlusses mit der verlangten Mindestqualität bei minimalem Verbrauch an Prüferzeiten gefällt wird." (K.U. Marten/R.Quick/K.Ruhnke : Wirtschaftsprüfung, a.a.O. S. 202/203) Für den verantwortungsbewussten Wirtschaftsprüfer gilt immer noch die alte Regel, dass das „Dienen" wichtiger ist als das „V e r dienen".

15 Zur Bedeutung des Vertrauens stellt Wiedmann fest : Die „Dienstleistungen (der Wirtschaftsprüfer) beruhen insbesondere auf dem Vertrauen, das die Öffentlichkeit in die Arbeit des Berufsstandes setzt, so dass der Reputation des Wirtschaftsprüfers eine hohe Bedeutung beizumessen ist. Zur Sicherstellung dieses Vertrauens sind hohe Anforderungen an das Qualitätsmanagement einer Wirtschaftsprüfungsgesellschaft zu stellen." (H. Wiedmann : Risikomanagement der Prüfungsgesellschaft, in : HdRuP, Sp. 2066)

16 Wenn wir im weiteren Verlauf unserer Überlegungen über Themen eines Textilunternehmens und über mögliche Probleme seiner Bilanzierung und Jahresabschlussprüfung nachdenken, werden wir die Firmenbezeichnung „TAIHAM" verwenden.

Stellen Sie sich bei dieser Gelegenheit auch vor, Sie müssten die von Ihnen festgestellten Konsequenzen einem größeren *Zuhörerkreis* erläutern. Seien Sie immer darauf gefasst, *unvorbereitet* bestimmte Themen präsentieren zu müssen. (vgl. dazu auch Kapitel II. 3)

Gruppe	Aspekte und Auswirkungen
Management	JA-Zahlen werden als Basis für Budgets, Cash-Flow-Berechnungen und zur Bestimmung neuer Strategien verwendet. Aufgrund falscher JA-Zahlen werden falsche unternehmerische Entscheidungen getroffen – u.U. mit schwerwiegenden Folgen.
Gesellschafter, Investoren	Entscheidungen über eine Aufstockung oder Reduzierung des Engagements erscheinen in einem neuen Licht. Es entsteht ein erhebliches Maß an Unsicherheit, ob man die Stellung als Gesellschafter oder Gläubiger beibehalten soll. Ein Wechsel im Gesellschafterkreis bedeutet für das Unternehmen u.U. völlig neue Rahmenbedingungen.
Kreditinstitute	Neueinschätzung der Kreditwürdigkeit, ggf. Reduzierung von Kreditlinien oder Aufstockung der Zinsen. Die Fähigkeit der Unternehmung, ihr Geschäft angemessen zu finanzieren, kann dadurch (erheblich) beeinträchtigt werden.
Mitarbeiter	Falsche JA-Zahlen können Ansprüche auf Lohn- u. Gehaltserhöhungen bzw. auf (weitere) Dotierungen des Pensionsfonds auslösen. Sie können aber auch dazu führen, dass Mitarbeiter entweder freiwillig oder aufgrund von Kündigungen das Unternehmen verlassen. Die gesellschaftspolitische Verantwortung des Managements ist betroffen.
Lieferanten	Lieferanten werden ihre Kunden neu einschätzen, ggf. ihr Engagement reduzieren oder Zahlungsbedingungen verschärfen. Dies könnte das Unternehmen in seiner Lieferbereitschaft und Liquidität belasten. Zu positive Zahlen könnten die Lieferanten mit Hinweis auf erhöhte Bruttogewinne des Kunden veranlassen, ihre Preise zu erhöhen.
Wettbewerber	Akquisitionsbestrebungen werden verstärkt oder gebremst. Kooperationen werden in Anbetracht unzuverlässiger Zahlen zurückgestellt oder reduziert.
Medien	Falsche Berichterstattung in den Medien führt u.U. zu falschen Anlageentscheidungen. Fehlerhafte JA führen zu einer Verschlechterung des Image.
Finanzverwaltung	Verschärfung steuerlicher Außenprüfungen. Risiko überhöhter Vorauszahlungen.
Regierung	Überprüfung von Fördermaßnahmen, Verdacht auf Falschdarstellungen und Einbuße an Image.

Die hier aufgelisteten Punkte, die keinen Anspruch auf Vollständigkeit erheben, zeigen, von welch großer Bedeutung ein *zuverlässiger Jahresabschluss* ist. Sie haben auch deutlich werden lassen, wie groß das Vertrauen ist, das einem uneingeschränkt testierten Jahresabschluss entgegengebracht wird und welch wichtige Rolle die Abschlussprüfer in diesem Zusammenhang spielen. Ganz bewusst weist deshalb das IDW in seinem PS 400 (Grundsätze für die ordnungsmäßige Erteilung von Bestätigungsvermerken bei Abschlussprüfungen) in TZ 22 auf Folgendes hin :

1 Entwicklung und Lage des Berufsstandes

„Der Bestätigungsvermerk beinhaltet das nicht nur für den Auftraggeber, sondern auch für einen größeren Personenkreis, in vielen Fällen die Öffentlichkeit, bestimmte Ergebnis der Jahresabschlussprüfung."

Und es ist wohl auch - insbesondere durch die Berichterstattung in der Wirtschaftspresse der vergangenen Monate - klar geworden, welch *verheerende* Auswirkungen sich ergeben können, wenn sich herausstellt, dass ein uneingeschränkt testierter Jahresabschluss in wesentlichen Belangen falsch ist.

Wer trägt nun die *Verantwortung* für einen ordnungsgemäß erstellten Jahresabschluss? Das Management hat dafür Sorge zu tragen, dass Fehler von vornherein verhindert werden bzw. wenn sie auftreten, dass sie erkannt und rechtzeitig korrigiert werden. Es ist also die Aufgabe des Managements, im Unternehmen ein *Internes Kontrollsystem* (IKS) zu installieren und seine Funktionsfähigkeit zu überwachen.

Demgegenüber ist es *Aufgabe* des Abschlussprüfers, seine Prüfung so zu planen und so einzurichten, dass er mit hinreichender Sicherheit ein *Urteil* über die Qualität des Jahresabschlusses abgeben, d.h. im Falle eines uneingeschränkten Testates erklären kann, dass der Jahresabschluss frei von wesentlichen Fehlaussagen ist.

Voraussetzung für Sicherheit ist nicht nur die Erkenntnis, dass die „Feststellung und Einschätzung qualitätsgefährdender Risiken" einen „kontinuierlichen Prozess" darstellen, sondern auch das Bewusstsein, dass die Erklärung des Abschlussprüfers ausreichend und angemessen durch Dokumente unterlegt sein muss. „Audit documentation represents the record of audit objectives to be achieved, procedures selected and performed to achieve those objectives (including risk assessment procedures and procedures responding to those risks), audit evidence obtained from those procedures, and conclusions drawn from the evidence in relation to the achievement of the audit objectives." [17]

---

17 Vgl. dazu TZ 16 des Entwurfes einer Gemeinsamen Stellungnahme der WPK und des IDW: Anforderungen an die Qualitätssicherung in der Wirtschaftsprüferpraxis (Entwurf VO 1/2005; Zitierweise E-VO 1/05), in : FN-IDW 4/2005, S. 153 und die Stellungnahme des IDW gegenüber dem IASB (Comment Letter on the Exposure Draft of the Proposed Pronouncements on Audit Documentation ISA 230 (Revised) "Audit Documentation", Amendment to ISA 330 "The Auditor's Procedures in Response to Assessed Risks" and Amendment to ISQC 1 "Quality Control for Firms that Perform Audit and Reviews of Historical Financial Information and Other Assurance and Related Services"), in : FN-IDW 3/2005, S. 134

2 Die Einschätzung des Prüfungsauftrages vor dem Hintergrund der beruflichen Anforderungen

Es ist unverkennbar, dass die *Komplexität* der unternehmerischen Betätigung in den vergangenen Jahren deutlich zugenommen hat. Dies ist nicht nur auf grenzüberschreitende Vorgänge, sondern auch darauf zurückzuführen, dass sich Unternehmen verstärkt *Dienstleistungs- und Systemgeschäften* zuwenden. Mit einer Änderung ihrer Geschäftsstruktur ist dann auch eine Änderung der Risikostruktur verbunden.

Der Abschlussprüfer muss sich angesichts dieser Entwicklung darüber Gedanken machen, welche Komponenten sein Risiko bestimmen (Prüfungsrisiko) und welche Maßnahmen er treffen muss, um dieses Risiko (die Abgabe eines falschen Testates) mit *hinreichender* Sicherheit so klein wie möglich zu halten. Seine Kenntnisse über die Geschäftstätigkeit wird er dann nutzen können, um die *Anfälligkeit* von Bilanzpositionen für wesentliche Fehlaussagen richtig zu verstehen.

2.1 Die Komplexität unternehmerischer Betätigung

Wir haben es uns zum Ziel gesetzt, Ihnen eine Reihe von Unternehmensbildern vorzustellen. Diese sollen Ihnen verdeutlichen, dass Jahresabschluss und Lagebericht nicht nur aus vielen Zahlen und Informationen bestehen, sondern dass in ihnen Geschäftsvorfälle und Geschäftsrisiken einerseits und Einschätzungen des Managements andererseits ihren Niederschlag finden. Sie wissen bereits, dass der Jahresabschluss unter Beachtung der Grundsätze ordnungsmäßiger Buchführung ein den tatsächlichen Verhältnissen entsprechendes Bild der Vermögens-, Finanz- und Ertragslage vermitteln soll. Je komplexer und vielschichtiger also die Geschäfte sind, die ein Unternehmen abwickelt, desto schwieriger wird es für den Abschlussprüfer, ein *Urteil* darüber abzugeben, ob ein solches Bild auch *tatsächlich* vermittelt wird.

Interessanterweise hat der Gesetzgeber das Stichwort „Komplexität" aufgegriffen und dieses im Rahmen des Bilanzrechtsreformgesetzes in den stark geänderten § 289 HGB (Lagebericht) eingefügt. (Hervorh. d.d. Verf.)

Neue Fassung (Abs. 1)	Alte Fassung (Abs. 1)
(1) Im Lagebericht sind der Geschäftsverlauf einschließlich des Geschäftsergebnisses und die Lage der Kapitalgesellschaft so darzustellen, dass ein den tatsächlichen Verhältnissen entsprechendes Bild vermittelt wird. (2) Er hat eine ausgewogene und umfassende, dem Umfang und der **Komplexität** der Geschäftstätigkeit entsprechende Analyse des Geschäftsverlaufs und der Lage der Gesellschaft zu enthalten. (3) In die Analyse sind die für die Geschäftstätigkeit bedeutsamsten finanziellen Leistungsindikatoren einzubeziehen und unter Bezugnahme auf die im Jahresabschluss ausgewiesenen Beträge und Angaben zu erläutern. (4) Ferner ist im Lagebericht die voraussichtliche Entwicklung mit ihren Chancen und Risiken zu beurteilen und zu erläutern; zugrunde liegende Annahmen sind anzugeben.	Im Lagebericht sind zumindest der Geschäftsverlauf und die Lage der Kapitalgesellschaft so darzustellen, dass ein den tatsächlichen Verhältnissen entsprechendes Bild vermittelt wird; dabei ist auch auf die Risiken der künftigen Entwicklung einzugehen.

2 Die Einschätzung des Prüfungsauftrages

In Anlage 3 wird ein industrieller Mischkonzern, die Possehl-Gruppe, vorgestellt. Bitte lesen Sie diesen Artikel sorgfältig durch und denken Sie darüber nach, wodurch sich die *Komplexität* unternehmerischer Betätigung im Einzelnen auszeichnet und auf welche Aspekte ein Abschlussprüfer besonders achten müsste. [18] (Bitte nehmen Sie sich dafür einige Minuten Zeit, bevor Sie weiterlesen!)

Die herausragenden Aspekte bei Possehl sind folgende:

- die Breite und Heterogenität des Produktspektrums,
- das Portfolio der Beteiligungen,
- das Auslandsengagement, darunter auch China,
- eine Stiftung als alleinige Inhaberin.

Angesichts eines solchen *Anforderungsprofils* müsste sich der zuständige Abschlussprüfer darüber klar sein, dass mit seiner Arbeit Risiken, u.U. *erhebliche Risiken* verbunden sind. Wir müssen also jetzt über ein sehr wichtiges Thema sprechen, über das Prüfungsrisiko.

2.2 Das Prüfungsrisiko und seine Komponenten

2.2.1 Allgemeines

Welche *Fehler* kann ein Abschlussprüfer machen? Da wären u.a. zu nennen:

- Die Arbeit, die er verrichtet, ist *unangemessen*, d.h. sie ist weder ausreichend (Umfang) noch *sachgerecht* (Prüfungsziele),
- er übersieht wesentliche *Betrugsfälle* bei seinem Mandanten,
- er gibt falsche Hinweise oder falsche Ratschläge auf Gebieten, auf denen er keine *Erfahrung* besitzt oder
- er verrichtet Arbeiten, die gar nicht *Gegenstand* seines Auftrages sind.

Worin liegt aber der größte Fehler, den er machen kann? Erinnern Sie sich bitte an die *Aufgaben* der Abschlussprüfung! Mit seinem Bestätigungsvermerk erklärt der Abschlussprüfer, dass der Jahresabschluss unter Beachtung der Grundsätze ordnungsmäßiger Buchführung ein den *tatsächlichen* Verhältnissen entsprechendes *Bild* der Vermögens-, Finanz- und Ertragslage des Unternehmens vermittelt.

Worin besteht dann für ihn das entscheidende Risiko? Es besteht darin, dass er ein uneingeschränktes Testat zu einem Jahresabschluss erteilt, der in wesentlichen Belangen falsch ist („material misstated", wie die Angelsachsen sagen würden). Dieses Risiko wird als *Prüfungsrisiko* bezeichnet!

Wesentliche Fehlaussagen – auf Arbeitsfehlern, Systemschwächen oder Täuschungen beruhend – wirken sich in der Regel auf das Jahresergebnis und damit auf das Eigenkapital aus. Das von uns verwendete *Logo*, das ein T-Konto symbolisiert und rechts oben (dort wo in der Bilanz grundsätzlich das *Eigenkapital* steht) einen dunklen Punkt trägt, soll auf diese Problematik aufmerksam machen.

---

18 Wenn wir im weiteren Verlauf unserer Überlegungen über Themen eines industriellen Mischkonzerns und über mögliche Probleme seiner Bilanzierung und Jahresabschlussprüfung nachdenken, werden wir die Firmenbezeichnung „POSKI" verwenden.

Das IDW weist in seinem PS 260 TZ 23 mit großem Nachdruck auf Folgendes hin : [19]

„Der Abschlussprüfer muss die einzelnen Komponenten des Prüfungsrisikos kennen und analysieren. Eine solche Analyse unter ergänzender Berücksichtigung der Unternehmensrisiken ist Voraussetzung für die Entwicklung einer risikoorientierten Prüfungsstrategie und eines daraus abzuleitenden Prüfungsprogramms."

Um das Prüfungsrisiko richtig verstehen zu können, muss man wissen, dass es – und dies ist im PS 260 des IDW dargestellt – aus den folgenden *Komponenten* besteht : Aus dem „Fehlerrisiko" und dem „Entdeckungsrisiko". Das Fehlerrisiko setzt sich seinerseits aus dem „inhärenten Risiko" und dem „Kontrollrisiko" zusammen.

Prüfungsrisiko	
Fehlerrisiko	Entdeckungsrisiko
Inhärentes Risiko | Kontrollrisiko	

2.2.2 Das inhärente Risiko

Was ist das inhärente Risiko? Dazu bringt das IDW in seinem Prüfungsstandard Nr. 260 TZ 24 die folgende Erläuterung (Abkürz. u. Hervorh. d.d. Verf.) :

„Mit dem inhärenten Risiko wird die Anfälligkeit eines Prüffeldes für das Auftreten von Fehlern bezeichnet, die für sich oder zusammen mit Fehlern in anderen Prüffeldern wesentlich sind ohne Berücksichtigung des IKS. Die inhärenten Risiken stellen zugleich einen Bestandteil der Unternehmensrisiken dar, die vom Unternehmen im Rahmen der Risikobeurteilungen im IKS festgestellt und untersucht werden müssen."

Es gibt eine andere, ähnliche Definition des inhärenten Risikos : Als innewohnendes Risiko wird das Risiko bezeichnet, dass gewollt oder ungewollt *signifikante Fehlaussagen* auftreten können; dabei bleibt die Wirksamkeit der internen Kontrollen, die solche Fehler verhüten bzw. entdecken und korrigieren sollen, außer Betracht.

2.2.2.1 Die Anfälligkeit von Bilanzpositionen

Um noch besser zu verstehen, was mit „inhärentem Risiko" gemeint ist, greifen wir zunächst auf den Originaltext der ISA zurück. Dort heißt es in ISA 400 :

„ 'Inherent risk' is the susceptibility of an account balance or class of transactions to misstatement that could be material, individually or when aggregated with misstatements in other balances or classes, assuming that there were no internal controls." [20]

Zunächst sei darauf hingewiesen, dass hier von der *Anfälligkeit* für wesentliche *Fehlaussagen* (misstatements) gesprochen wird und nicht nur von der Anfälligkeit für *Fehler*. Der Begriff

---

19 PS 260 : Das interne Kontrollsystem im Rahmen der Abschlussprüfung
20 ISA 400 : Risk Assessment and Internal Control (TZ 4), a.a.O.

2 Die Einschätzung des Prüfungsauftrages

„misstatement" hat ein ganz anderes Gewicht als „mistakes". Letzterer beinhaltet lediglich „Arbeitsfehler" oder „Irrtümer", (man könnte ihn deshalb auch als „eindimensional" bezeichnen), während ersterer in mehrdimensionaler Weise den Raum öffnet für „Strategie" und „Politik". Das ist ein feiner, aber ungemein wichtiger Unterschied! [21]

Außerdem fällt der Begriff „*class of transactions*". Damit ist eine Gruppe von (den Jahresabschluss ggf. prägenden) Geschäftsvorfällen mit ähnlichen Merkmalen gemeint. Hier bietet sich z.B. die Unterscheidung zwischen einem reinen *Liefergeschäft* und einem (systemorientierten) *Anlagengeschäft* an.

Darüber hinaus ist es unbedingt erforderlich, die Struktur des Begriffes „*susceptibility*" freizulegen. Ein Lexikon [22] liefert hier folgende Erläuterungen:

Begriff	Erklärung
susceptibility	Beeindruckbarkeit
susceptibility to something	Empfänglichkeit für etwas, Ausgesetztsein gegenüber etwas, Anfälligkeit für etwas
their susceptibility to trickery	Ihre Gutgläubigkeit
susceptible (impressionable)	beindruckbar, leicht zu beeindrucken

susceptible to something
   to attack
   to rheumatism, colds
   to kindness, suggestion, influence
   to charms, flattery
	einer Sache **ausgesetzt**
	für etwas **anfällig**
	einer Sache **zugänglich**
	für etwas **empfänglich**

to be susceptible to trickery	sich leicht täuschen lassen, gutgläubig sein

Was muss man sich nun ganz konkret unter der *Anfälligkeit* einer Bilanzposition für *wesentliche* Fehlaussagen vorstellen? Der Zusammenhang wird klar, wenn man ihn an einigen Beispielen verdeutlicht:

I Forderungen aus Lieferungen und Leistungen

1. Bei rückläufiger Konjunktur besteht die Gefahr, dass Kunden in Liquiditätsschwierigkeiten geraten und ihre Verpflichtungen gegenüber dem bilanzierenden Unternehmen nicht mehr oder erst nach (erheblicher) zeitlicher Verzögerung erfüllen können (Kreditrisiko). Der Wert einer Forderung ist also einem *Liquiditätsengpass* der Kunden *ausgesetzt*.

---

21 Hier zeichnet sich bereits das Problem der Übersetzung ausländischer Begriffe und Texte ab. Darauf wird später noch ausführlich einzugehen sein.
22 PONS Wörterbuch für Schule und Studium, 3. Aufl., Ernst Klett Verlag Stuttgart-Düsseldorf-Leipzig 1998, S. 1220 (Zitierweise: PONS)

2. Ergänzt ein Unternehmen, das bislang nur das reine *Liefergeschäft* (Kaufverträge) betrieben hat, sein Spektrum durch das *Anlagengeschäft* (Werkverträge), dann besteht die Gefahr, dass mit einer Auslieferung bereits eine Umsatz- und Gewinnrealisation verbunden wird, obwohl sie nur einen *Teil* des Vertrages ausmacht und der Lieferant seine Verpflichtungen gegenüber dem Kunden de jure noch gar nicht erfüllt hat. Die Buchung von Forderungen ist also *anfällig* dafür, dass die *Auftragsabwicklung* wie bisher, d.h. in „eingefahrener Routine" erfolgt und den *veränderten* Geschäftsgrundlagen keine Rechnung getragen wird.

3. „Susceptible" will aber auch zum Ausdruck bringen, dass Bilanzpositionen der *Strategie* des Managements *ausgesetzt* sind. Und – das ist von besonderer Bedeutung - Strategie kann auch *Bilanzpolitik* oder *Bilanzmanipulation* bedeuten. Manche Positionen eignen sich gut, manche weniger gut für solche „Attacken".

Das hängt dann auch von den Zielen (den Prozess-Zielen) ab, die die Unternehmensleitung den einzelnen Abteilungen vorgegeben hat. Es ist Aufgabe des Abschlussprüfers, Eignungen zu erkennen und entsprechende (häufig unzulässige) Maßnahmen aufzudecken.

Macht man sich die Vielfalt der obigen Definitionen zunutze, so könnte man aus der Sicht der Geschäftsleitung auch sagen, sie ist es, die – in einer ganz bestimmten Situation und aus ganz bestimmten Gründen – für die *Beeinflussung* der Forderungen aus Lieferungen und Leistungen besonders *zugänglich* ist.

Geht man jetzt noch einen Schritt weiter bis hin zum Kontrollrisiko (über das im Anschluss zu sprechen sein wird), so müsste man doch sagen, dass ein Internes Kontrollsystem – oder in unserem konkreten Falle : das Credit-Controlling – mangelhaft ist, wenn Sachbearbeiter *gutgläubig* den Versprechungen säumiger Kunden vertrauen und sich *leichtfertig* über deren wahre Liquiditätslage täuschen lassen.

II Sachanlagen

1. In einer sehr innovativen Branche besteht die Gefahr, dass Produkte und die entsprechenden Fertigungseinrichtungen bereits nach kurzer Zeit veraltet sind. Ein auf die geplante betriebsgewöhnliche Nutzungsdauer abgestellter Abschreibungssatz erweist sich dann als zu klein. Der Restbuchwert einer Anlage (Anlagengruppe) ist also dem technologischen Fortschritt *ausgesetzt*.

So berichtete z.B. die Epcos AG im Juli 2001 : Es seien per 30. Juni „Sonderabschreibungen auf Fertigungsgeräte" erforderlich gewesen, „die möglicherweise nicht mehr für die Herstellung der nächsten Produktgeneration verwendet werden können." [23]

2. Mit Erweiterungsinvestitionen sind in einem Industrieunternehmen ggf. auch Erwerb und Installation einer großen Fertigungsanlage verbunden. Eine Installation (in ungewohnter Größenordnung) dauert mehrere Wochen, da die einzelnen Aggregate und Module angeliefert, eingebaut und zu einer Einheit zusammengefügt werden müssen. Bevor die Anlage in Betrieb genommen werden kann, sind Probeläufe mit entsprechenden Auswertungen u.a. in zeitlicher und technischer Hinsicht (Durchlaufzeit, Produktqualität) erforderlich.

---

23 o.V. : *Epcos erwartet einen Verlust im laufenden Quartal*, in : FAZ 27.7.01, Nr. 172, S. 16

2 Die Einschätzung des Prüfungsauftrages

Da die Anlieferung von Einzelteilen kontinuierlich erfolgt, müssen die Anschaffungskosten dieser Gegenstände zunächst auf ein Zwischenkonto (Anlagen im Bau) gebucht werden, auf dem sie so lange verbleiben, bis von der im Betrieb zuständigen Stelle signalisiert wird, dass die Anlage (als Einheit) zur Fertigung „freigegeben" ist. Diese Fertigstellungsmeldung gibt den Anlass für die Umbuchung auf das individuelle Anlagenkonto und für den Start der Abschreibung.

Der prozessabhängige Beginn der Abschreibung ist demnach *anfällig* dafür, dass die Anschaffungskosten der einzelnen Anlagengegenstände ohne Einschaltung eines Zwischenkontos direkt auf ein spezielles Anlagenkonto gebucht werden und mit der Abschreibung zu früh begonnen wird.

3. Im Hinblick auf das oben erwähnte Problem der Beeinflussung von Bilanzpositionen könnte man sich eine Situation vorstellen, in der die Geschäftsleitung im Rahmen ihrer Bilanzpolitik für den Gedanken *zugänglich* ist, den Abschreibungsbeginn unter Vortäuschung falscher Tatsachen auf das folgende Geschäftsjahr zu verschieben. Es sind aber auch Fälle denkbar, in denen – eine Fehlinvestition vertuschend – auf eine ergebniswirksame Ausbuchung der kumulierten Anschaffungskosten (Anlagen im Bau) so lange wie möglich verzichtet wird.

III Vorräte

1. Bestimmte Branchen zeichnen sich durch extreme Schwankungen der Verkaufspreise aus. So wurde z.B. über die Infineon Technology AG (Bilanzstichtag 30.9.) im April 2003 berichtet : „Von Januar bis Februar ist der Marktpreis für einen 256-Megabit-Chip von 6 auf weniger als 3 Dollar gefallen. Zur Zeit liegt er bei 3,30 Dollar. Die Vollkosten verringerte Infineon im zweiten Quartal durchschnittlich auf 5,40 Dollar je Chip von 6,10 Dollar im ersten Abschnitt." [24]

Sind die Selbstkosten höher als der Verkaufspreis, ist eine Abschreibung von Vorräten erforderlich. Der grundsätzlich zu Herstellungskosten bewertete Buchwert von Fertigerzeugnissen ist also einem *Verfall* der Verkaufspreise *ausgesetzt*.

2. Zur Verbesserung ihrer wirtschaftlichen Situation entscheiden immer mehr Unternehmen, ihr Angebot zu ergänzen und in das ertragreichere Dienstleistungsgeschäft einzusteigen. Da Dienstleistungen für einen bestimmten Zeitraum erbracht werden oder ein bestimmtes Leistungsergebnis geschuldet wird, müssen bis zur Erfüllung des Vertrages erbrachte, aber noch nicht an den Kunden abrechenbare Leistungen erfasst, bewertet und im Rahmen der handelsrechtlichen Bestimmungen im Quartals- oder Jahresabschluss als Vorräte (Unverrechnete Leistungen) ausgewiesen werden. Die (zunächst ungewohnte) prozessabhängige *Erfassung* und *Abrechnung* von Dienstleistungen ist also *anfällig* dafür, dass erbrachte Leistungen nicht aktiviert werden, dass bei Abrechnungen zwar Umsatz gebucht, aber der entsprechende *Aufwand unvollständig* ist oder dass Leistungen *verfrüht* dem Kunden unter Realisierung von Umsatz und Gewinn in Rechnung gestellt werden.

---

24 o.V. : Preisverfall der Speicherchips wirft Infineon weit zurück, in : FAZ 23.4.03, Nr. 94, S. 16

3. Bemüht man auch in diesem Zusammenhang das Problem der unzulässigen Beeinflussung einer Bilanzposition, so sind Fälle denkbar, in denen die Geschäftsleitung für den Gedanken *zugänglich* ist, Arbeiten bereits zu einem Zeitpunkt an den Kunden *abzurechnen*, in dem die Verpflichtungen aus dem Dienstleistungsvertrag *noch gar nicht erfüllt* sind.

Zusammenfassend lässt sich feststellen :

> Die „Anfälligkeit" einer Bilanzposition ist entweder darauf zurückzuführen, dass sie aufgrund ihrer *Marktnähe* wertbeeinflussenden Impulsen *ausgesetzt* ist oder sie beruht darauf, dass sie aufgrund ihrer *Natur* eine gewisse *Anziehungskraft* dafür besitzt, durch Abläufe oder Eingriffe (durch interne *Prozesse* also) geprägt, verzerrt oder in anderer Weise gestaltet zu werden, so dass unter bestimmten (noch näher zu klärenden) Bedingungen Zweifel darüber bestehen können, ob sie *existieren*, zutreffend *nominiert* und exakt *ermittelt* wurden oder ob man nicht Teile überhaupt ganz *vergessen* hat. Aus der Sicht des Abschlussprüfers bringt eine solche „Veranlagung", die einem „labilen Gesundheitszustand" gleicht, aber auch die Gefahr mit sich, dass das Bild, das eine Bilanzposition vermittelt, aus welchen Gründen auch immer, *nicht* der Realität entspricht.

Der *Grad* der Anfälligkeit richtet sich nach der *Verfassung* des Marktes (Form, Wettbewerb, technischer Fortschritt etc.) und der *Fähigkeit* des Unternehmens (seiner Führung und seiner Mannschaft), sich unter diesen Bedingungen zu behaupten. (Man kann diesen Zusammenhang nur dann verstehen, wenn man sich der Verzahnung von Volks- und Betriebswirtschaftslehre einerseits und Wirtschaftsprüfung andererseits voll bewusst ist.) [25]

Damit ist der Gang der *weiteren* Überlegungen bereits vorgezeichnet :

Die Anfälligkeit von Bilanzpositionen muss – wenn man sie aus der Natur der Sache heraus auch nicht ganz beseitigen kann – durch entsprechende Maßnahmen erkannt, überwacht und soweit wie möglich eingedämmt werden. Dies ist Aufgabe des internen Kontrollsystems. Treten in diesem System Mängel auf, die zu wesentlichen Fehlaussagen führen können, ergibt sich für das Unternehmen ein *Kontrollrisiko*. Der Abschlussprüfer setzt nun seinerseits ein bestimmtes Instrumentarium ein, um den Jahresabschluss prüfen und einen Bestätigungsvermerk erteilen zu können. Ist sein Instrumentarium mangelhaft, könnte er wesentliche Fehlaussagen übersehen. Das ist dann sein *Entdeckungsrisiko*.

Zunächst müssen wir aber noch (auch anhand einiger Beispiele) bei den Faktoren verweilen, die das inhärente Risiko beeinflussen.

---

25 Über die Bedeutung so genannter PEST- und SWAT-Analysen wird später noch zu berichten sein.

2.2.2.2 Das inhärente Risiko beeinflussende Faktoren

Inhärente Risiken, und das wird auch noch bildlich darzustellen sein, stellen eine Bedrohung für den Jahresabschluss dar. Welche Faktoren wirken auf diese Art von Risiko ein ?

Unternehmensweite Faktoren	Unternehmensspezifische Faktoren
Beispiele	Beispiele
Branche (z.B. zyklische Nachfrageentwicklung mit unberechenbaren Preisausschlägen; vgl. Bauelemente)	*Komplexität* von Geschäftsvorfällen
Konjunkturentwicklung	*Komplexität* von Kalkulationen
Einfluss von Stakeholdern (z.B. Banken und Analysten)	*Größe* und *Struktur* von Einzelposten, die eine Jahresabschlussposition bilden.
	Kompetenz des für das Rechnungswesen zuständigen Personals
	Rolle von *Schätzungen* bei der Ermittlung von Bilanzposten
	Art und Umfang von Geschäften mit (ausländischen) Gesellschafte(r)n
	Alter der DV-Systeme
	Umfang *manueller* Eingriffe bei der Erfassung, Verarbeitung und Zusammenfassung von Daten
	Herkunft der erworbenen Software und die Qualität der Unterstützung bei der Implementierung
	Umfang und Signifikanz von *Prüfungsdifferenzen* in früheren Jahren

Abschlussprüfer mit einigen Jahren Berufserfahrung können sich sehr wohl etwas unter „Komplexität" vorstellen. Es sei hier nur an den Erwerb der sogenannten UMTS-Lizenzen erinnert. [26]

Prüfungsassistenten können allerdings nur ahnen, was sich hinter „Komplexität", einem „verwickelten" Zusammenhang also, verbirgt. Es ist aber völlig klar, dass sie noch keine konkreten Vorstellungen davon haben können, was mit der „Komplexität von Geschäftsvorfällen" bzw. mit der „Komplexität von Kalkulationen" eigentlich gemeint ist. Deshalb die folgenden Hinweise : Wenn von inhärenten Risiken gesprochen wird, dann steht regelmäßig das *Unbestimmte*, das *Ungewisse*, das *Unerkannte* oder das *Ungewöhnliche* im Raum.

Darauf muss sich ein Unternehmen und natürlich auch der Abschlussprüfer einstellen.

Dazu einige Beispiele:

---

26 vgl. W. Mussler : Unter der Last der Lizenzkosten (Die Zukunftschiffre UMTS), in : FAZ 28.3.02, Nr. 74, S. 17

Kennzeichen	Sachverhalt
Unbestimmte Kostenstruktur	Immer häufiger handelt es sich bei Ausschreibungen von Bauherren um sogenannte „Funktionalausschreibungen", bei denen die durchzuführenden Arbeiten erst später zu Leistungspaketen im Sinne eines Leistungsverzeichnisses zusammengestellt werden, um eine rechtliche und technische Basis für die Vergabe von Arbeiten an Subunternehmer zu erhalten. Das spätere Ergebnis der Auftragsvergabe an Subunternehmer kann also in seiner Summe mehr oder minder stark vom bindenden Angebot abweichen, das dem Bauherren bereits unterbreitet wurde. Damit ist ein erhebliches Verlustrisiko verbunden.
Ungewisse Produktivitätsentwicklung	Bei der Kalkulation von Großaufträgen (z.B. der Herstellung von 25 Lokomotiven) arbeitet man mit sogenannten „Lernkurven". Diese ergeben sich, wenn auf einer horizontalen Stückzahl-Achse und auf einer vertikalen Stundenachse eingetragen wird, wie viel Zeit für die Herstellung der einzelnen Lokomotiven voraussichtlich aufgewendet werden muss. Aufgrund von geplanten „Übungserfolgen" wird eine sinkende Fertigungszeit je Lokomotive erwartet. Wenn sich Lerneffekte verzögern, ist nicht auszuschließen, dass der zu Beginn aufgetretene Mehraufwand nicht mehr durch spätere Rationalisierungserfolge aufgefangen werden kann. Damit ist ein erhebliches Verlustrisiko verbunden.
Unerkannte Vergütungsansprüche	Wenn Unternehmensbereiche, Geschäftsfelder oder Beteiligungen verkauft werden, müssen i.d.R. Zustimmungen eingeholt, notarielle Verträge abgeschlossen, der für die Gewinnrealisation notwendige Übertragungszeitpunkt eingehalten und Rückstellungen für Garantien, Abfindungen und Restrukturierung gebildet werden. Wird übersehen, dass leitende Angestellte am Veräußerungserlös beteiligt sind (weil eine solche Regelung Bestandteil ihres Anstellungsvertrages ist oder man ihnen einen solchen Anspruch kurzfristig zugesichert hat), könnte sich im Jahresabschluss eine wesentliche Fehlaussage ergeben, wenn für diese Ansprüche keine bilanzielle Vorsorge getroffen wurde.
Unerwartete Arbeitsbedingungen	Tiefbauunternehmen benötigen Bodengutachten, um ihre Kosten einigermaßen exakt kalkulieren zu können. Gutachten beruhen auf Stichproben, völlige Sicherheit bieten sie also nicht. Stößt man bei den Bauarbeiten z.B. auf eine Granitader (eine Gesteinsschicht, die auch von Experten an dieser Stelle nicht erwartet wurde), kann die Bearbeitung dieser Schicht zu einer gravierenden Kostenerhöhung führen, die je nach Vertragsgestaltung nicht an den Auftraggeber weiterverrechnet werden kann.

Schon immer haben Unternehmer *Komplexität* als Herausforderung empfunden. Wer sie annimmt, benötigt ein angemessenes Gegengewicht : *die Kontrolle.*

Um Funktionalausschreibungen beherrschbar, Lernkurven nachvollziehbar, Ansprüche erkennbar und Arbeitsbedingungen tolerierbar, kurz Komplexität *überwindbar* zu machen, ist Kontrolle erforderlich. Sie schafft Transparenz und ermöglicht gezielte Korrekturen. Kontrolle bildet im Übrigen eine wesentliche Voraussetzung für einen ordnungsgemäßen *Jahresabschluss.*

Behalten Sie die obigen Beispiele in Erinnerung, damit Sie gedanklich darauf zurückgreifen können, wenn wir darüber sprechen, wann und wie „Prüfungsziele" formuliert werden und welche „Prüfungsnachweise" erforderlich sind, um dokumentieren zu können, dass man die-

2 Die Einschätzung des Prüfungsauftrages

se Ziele erreicht hat. Ich kann aber die Prüfungsassistenten beruhigen : Es wird in der ersten Zeit Ihrer Berufstätigkeit nicht Ihre Aufgabe sein, schwierige Aufgaben unter komplexen Bedingungen zu lösen. Sie müssen aber rechtzeitig ein Gespür für inhärente Risiken entwickeln und in der Lage sein, deren Einfluss auf den Jahresabschluss richtig einzuschätzen.

Zu diesem Zweck verweise ich Sie auf die Anlagen 4 bis 6. Dort werden drei Unternehmen : ein Schuheinzelhändler, ein Möbelhersteller und eine Brauerei vorgestellt. [27] Machen Sie sich mit ihnen vertraut und skizzieren Sie für jedes Unternehmen mindestens zwei inhärente Risiken.

Unternehmen	Inhärentes Risiko (2 Beispiele)
DEICES (Schuh-Einzelhandel)	1. Die Nachfrage nach DEICES-Produkten entwickelt sich aufgrund rückläufiger *Einkommen* nicht planmäßig. 2. Durch zunehmende *internationale Konkurrenz* wird der Markt mit Billigprodukten überschwemmt.
WAKON (Möbelfabrikation)	1. Das *Objektgeschäft* für Designer-Möbel leidet langfristig unter Sparprogrammen von Unternehmen und Institutionen. 2. Die Zusammenarbeit mit internationalen *Designern* entwickelt sich nicht planmäßig.
BRATO (Brauerei)	1. Veränderte *Trinkgewohnheiten* beeinträchtigen Wachstum und Ergebnis. 2. *Politische* Einflüsse (z.B. die Einführung des Dosenpfandes) belasten die Ertragslage.

Ich bringe diese Beispiele deshalb, damit Sie rechtzeitig spüren, dass *solide Kenntnisse über die Geschäftstätigkeit* und das wirtschaftliche und rechtliche Umfeld der Unternehmung von entscheidender Bedeutung für die *Qualität* der Abschlussprüfung sind. Dies macht auch der PS 260 des IDW deutlich, wenn darin erklärt wird (TZ 28) :

„Bei der Beurteilung der inhärenten Risiken auf Unternehmensebene (man beachte: es wird zwischen *Unternehmens*-Ebene und *Prozess*-Ebene unterschieden! d.Verf.) sind im Rahmen der Entwicklung einer Prüfungsstrategie u.a. die folgenden unternehmens*internen* und unternehmens*externen* Faktoren zu beachten :

- Integrität und Kompetenz der Unternehmensleitung,
- ungünstige Entwicklungen im Unternehmen oder in der Branche,
- Art und Umfang der Geschäftstätigkeit,
- Besonderheiten der Geschäftsentwicklung,

---

[27] Die hier präsentierten Bilder sollen dem Leser einen Eindruck von Lage und Entwicklung von Unternehmen in verschiedenen Branchen vermitteln und ihn - soweit es geht - an die Situation einer Jahresabschlussprüfung heranführen. Um Missverständnisse zu vermeiden, werden wir im weiteren Verlauf unserer Überlegungen neutrale und frei erfundene Firmenbezeichnungen verwenden und zwar für den Schuh-Einzelhandel „DEICES", für die Möbelfabrikation „WAKON" und für die Bierbranche „BRATO". Die in diesem Handbuch vorgetragenen Gedanken insbesondere zur Bilanzierung bei einzelnen Unternehmen sind im Rahmen dieser Firmenbezeichnungen völlig abstrakt. Eventuelle Parallelen zu den präsentierten Unternehmensbildern wären also rein zufällig. Das gilt ebenso für „TAIHAM", „POSKI" und die noch zu präsentierende „WELOS".

- branchenspezifische Faktoren (neue Technologien, Nachfrageänderungen und Konkurrenzentwicklungen),
- neue fachliche Standards,
- fachliche Kompetenz der für die Rechnungslegung zuständigen Mitarbeiter."

In TZ 29 wird ergänzend hervorgehoben :

„Im Rahmen der prüffeldspezifischen Beurteilung der inhärenten Risiken (hier bewegen wir uns also bereits auf der Prozess-Ebene; d.Verf.) sind zur Entwicklung des Prüfprogramms u.a. die folgenden Aspekte von Bedeutung :
- Fehleranfälligkeit von Posten des Jahresabschlusses,
- Komplexität der Geschäftsvorfälle,
- Beurteilungsspielräume bei Ansatz und Bewertung,
- Gefahr von Verlust und Unterschlagung,
- Abschluss ungewöhnlicher oder komplexer Geschäfte, insbesondere gegen Ende des Geschäftsjahres,
- Geschäftsvorfälle, die nicht routinemäßig verarbeitet werden."

Um Ihnen die *Problematik des inhärenten Risikos* vor Augen zu führen, möchte ich Ihnen einen Fall erzählen, der sich bei einem meiner Mandanten zugetragen hat :

Die Ausgleichsforderung.

Ein Bauträger-Unternehmen, dessen Aufgabe darin besteht, Grundstücke zu erwerben, zu bebauen und anschließend zu vermarkten, hatte im Jahre 1994 ein Grundstück gekauft und die Anschaffungskosten ordnungsgemäß aktiviert. Da der damalige Jahresabschluss uneingeschränkt testiert wurde, durfte man annehmen, dass auch dieser Vorgang (der Grundstückserwerb) in die Abschlussprüfung eingebunden war, so dass eigentlich kein Grund bestand, den damaligen Anschaffungsvorgang in dem Jahr, in dem das zwischenzeitlich bebaute Grundstück vermarktet wurde, erneut in die Abschlussprüfung einzubeziehen.

Im Jahre 2000 wurde das bebaute Grundstück verkauft. Gegenstand unserer Jahresabschlussprüfung zum 31.12.2000 waren im Wesentlichen (das o.a. bebaute Grundstück betreffend) :

- Ordnungsmäßigkeit von *Umsatz- und Gewinnrealisation,*
- Vollständigkeit und Richtigkeit der *Rückstellungen* für
  - fehlende Rechnungen für Bau- und Erschließungskosten,
  - Gewährleistungen,
- Vollständigkeit und Richtigkeit des Materialaufwandes (Ausbuchung der bis dahin aktivierten Anschaffungs- und Herstellungskosten für Grundstück und Gebäude).

Zu diesem Zeitpunkt schien die Abschlussprüfung ordnungsgemäß abgewickelt zu sein. Dem Gedanken des „Business Understanding" folgend, haben wir dann vorsichtshalber doch noch den *notariellen* Vertrag aus dem Jahre 1994 über den *Erwerb* des Grundstücks eingesehen und festgestellt, dass darin zwischen dem Verkäufer des unbebauten Grundstücks und dem Bauträger-Unternehmen als Käufer folgendes vereinbart worden war :

2 Die Einschätzung des Prüfungsauftrages

Wenn sich vom Zeitpunkt des Kaufes (1994) bis zum Zeitpunkt der Vermarktung die für das Grundstück festgelegte GFZ (Geschossflächenziffer) mit einem bestimmten Betrag erhöht, erklärt sich der Käufer (das Bauträger-Unternehmen) bereit, an den Verkäufer des Grundstückes einen bestimmten *Ausgleichsbetrag* zu zahlen. Diese Voraussetzungen waren zum 31.12.2000 erfüllt, so dass das Bauträger-Unternehmen verpflichtet war, eine entsprechende Rückstellung zu bilden. *Ohne* diese Rückstellung wäre der Jahresabschluss in einem *wesentlichen* Punkt falsch gewesen und wir hätten zu Unrecht ein uneingeschränktes Testat erteilt.

Was war in dem hier vorgestellten Bauträger-Unternehmen seit 1994 geschehen? Das Thema „latente Zahlungsverpflichtung" wurde zwar 1994 von den zuständigen Fachabteilungen erkannt und diskutiert, offensichtlich aber nicht ernst genug genommen und darum nicht schriftlich registriert. Es geriet schließlich – *gleichsam im Sande personeller Fluktuation und abnehmender Wachsamkeit versickernd* – gänzlich in Vergessenheit.

Wir haben diese Problematik, bei der das „inhärente Risiko" besonders deutlich wird, zum Anlass genommen, eine *Checkliste für Projekte* zu entwickeln, die jährlich ergänzt wird und im Sinne des „Business Understanding" eine wesentliche Stütze unserer Jahresabschlussprüfung bildet, weil sie – nach Themenkreisen geordnet – das gesamte Know How über dieses Bauträger-Unternehmen enthält. (vgl. Anlage 7)

Bedenken Sie bitte folgendes : Mit der Vorlage des Jahresabschlusses war u.a. die *Aussage* der Geschäftsleitung verbunden, dass der Jahresabschluss *vollständig* ist. Das bedeutete auch die *Behauptung* , dass bei den Rückstellungen der Grundsatz der Vollständigkeit beachtet wurde. Wenn wir – aus welchen Gründen auch immer – darauf verzichtet hätten, den notariellen Vertrag aus dem Jahre 1994 (!) einzusehen (und dieser Vertrag war der *entscheidende* Prüfungsnachweis), dann hätten wir zu einem Jahresabschluss mit zu niedrigen Rückstellungen einen uneingeschränkten Bestätigungsvermerk erteilt. Hätte es nicht nahe gelegen zu sagen : „Es wird schon stimmen !" ?

Inhärente Risiken ergeben sich aus der *Anfälligkeit* einer Bilanzposition für das Auftreten von Fehlern. Sie sind vergleichbar mit dem, was die Arbeitsrechtler unter „gefahrengeneigter" Arbeit verstehen. Man kann bestimmte Gefahren und Gefahrenquellen aufzählen, aber *abschließend* ist ein solcher Katalog nie ! Inhärente Risiken beruhen auf der *Natur bestimmter Geschäfte*, ohne dass man sie immer im vorhinein beschreiben, erfassen und im Rahmen eines Internen Kontrollsystems steuern kann. In der Regel ist es die (technische, juristische, soziale) Komplexität bestimmter Vorfälle, in der inhärente Risiken *verborgen* sind und in der *völlig unerwartet* Risiken geweckt werden, die man bislang für ausgeschlossen hielt.

Erinnern Sie sich bitte an das Unternehmensbild der POSKI-Gruppe ! Sie hat ein ganz kleines Geschäftsfeld, den sogenannten „Spezialbau" mit einem Anteil am Gesamtumsatz von nur 4%. Dieses Geschäftsfeld beschäftigt sich mit der *Oberflächenbeschichtung von Start- und Landebahnen*. Jedem ist klar, dass in einem solchen Geschäft enorme Risiken stecken können, die der Unternehmer kennen und auch beherrschen muss. Glauben Sie, man könnte sich als Abschlussprüfer mit dem Hinweis exkulpieren, es sei nicht unsere Aufgabe, sich um die Eigenart von Geschäften zu kümmern ? Das können wir eben nicht ! Leider haben das aber viele noch gar nicht begriffen! Nur wenn man sich mit den *Eigenarten* der einzelnen Geschäfte auseinandersetzt, wird man auch die Fehleranfälligkeit bestimmter Jahresabschlussposten *beurteilen* und Maßnahmen ergreifen können, die sicherstellen, dass man falsche Aussagen im Jahresabschluss „mit hinreichender Sicherheit" erkennen kann. [28] Ich lege großen Wert auf die Feststellung, dass ich hier von *„beurteilen"* gesprochen habe. Für ein *Urteil* braucht man Erfahrung, und man muss rechtzeitig beginnen, diese Erfahrung zu sammeln.

Kehren wir zurück zum *Prüfungsrisiko*! Wir hatten festgestellt, dass es aus dem „Fehlerrisiko" und dem „Entdeckungsrisiko" besteht und dass sich das Fehlerrisiko seinerseits aus dem „inhärenten Risiko" und dem „Kontrollrisiko" zusammensetzt.

2.2.3 Das Kontrollrisiko

Das Kontrollrisiko stellt – wie es im PS 260 formuliert wird – die Gefahr dar, dass Fehler in einer Bilanzposition bzw. in einer Gruppe von Geschäftsvorfällen, die in Bezug auf ein Prüffeld oder zusammen mit Fehlern aus anderen Prüffeldern wesentlich sind, durch das Interne Kontrollsystem des Unternehmens nicht verhindert oder aufgedeckt und korrigiert werden. Studieren Sie bitte erneut die Anlagen 4 bis 6 und skizzieren Sie für jedes Unternehmen mindestens 2 Kontrollrisiken.

Unternehmen	Inhärentes Risiko (fiktive Beispiele)	Kontrollrisiko (fiktive Beispiele)
DEICES (Schuh-Einzelhandel)	1. Die Nachfrage nach DEICES-Produkten entwickelt sich aufgrund rückläufiger Einkommen nicht planmäßig. 2. Durch zunehmende internationale Konkurrenz wird der Markt mit Billigprodukten überschwemmt.	1. Die Kontrolle der *vertikalen Struktur* (Design, Herstellung, Vertrieb) ist nicht zeitnah. 2. Es fehlt eine zentrale Kontrolle der *Lagerumschlagshäufigkeiten* bei den einzelnen Sortimenten.
WAKON (Möbelfabrikation)	1. Das Objektgeschäft leidet langfristig unter Sparprogrammen von Unternehmen und Institutionen. 2. Die Zusammenarbeit mit internationalen Designern entwickelt sich nicht planmäßig.	1. Die *Kreditkontrolle* (insbesondere im internationalen Geschäft) arbeitet nicht ordnungsgemäß. 2. Das Objektgeschäft wird ohne eine wirksame *Projektstruktur* abgewickelt und ist schlecht kalkuliert.
BRATO (Brauerei)	1. Veränderte Trinkgewohnheiten beeinträchtigen Wachstum und Ergebnis. 2. Politische Einflüsse (z.B. die Einführung des Dosenpfandes) belasten die Ertragslage.	1. Unzureichende *Marktstudien* führen zu falschen Produktentscheidungen. 2. *Fehleinschätzungen* der politischen Entwicklung führen zu falschen Investitionsentscheidungen.

Auch hier ist zu erkennen, dass wir die Bedeutung von *unternehmerischen* Kontrollen nur dann richtig einschätzen können, wenn wir uns vorher mit den *inhärenten* Risiken auseinandergesetzt haben. Außerdem ist zu beachten, dass man die beiden *Arten*, inhärente Risiken und Kontrollrisiken, streng voneinander *trennen* muss. Die Gefahr ist groß, dass man ein Risiko als inhärentes Risiko bezeichnet und sich dann bei näherer Analyse herausstellt, dass es sich in Wirklichkeit um ein Kontrollrisiko handelt.

---

[28] Wer mit einem Unternehmen und seiner Branche vertraut ist, wird auch die „inhärenten Risiken" relativ gut abschätzen können. (vgl. dazu die Überlegungen zu Geschäftsmodellen in der Anlage 8) Insofern kann man R. Hömberg nicht mehr zustimmen, der 1998 noch erklärt hat: „Das inhärente Risiko ist zumeist nur vage aus Indikatoren schätzbar, etwa der Art der Buchungsposten, dem Kenntnis- und Ausbildungsstand der Bearbeiter oder der wirtschaftlichen Lage des Unternehmens." (R. Hömberg: Zur Urteilsbildung in der Abschlussprüfung, in: ThuPdWPg II, S. 250)

2.2.4 Das Entdeckungsrisiko

Das Entdeckungsrisiko ist das Risiko, dass es dem Abschlussprüfer nicht gelingt, mit Hilfe seiner Prüfungshandlungen eine *wesentliche* Fehlaussage im Jahresabschluss zu entdecken. Das Entdeckungsrisikos wird von uns durch einen breiten *Pfeil* symbolisiert werden, der in die Mitte des *Jahresabschlusses* geschossen wird und diesen gleichsam *torpediert*. (Siehe dazu Kapitel I.2.2.5) Wenn oben von den verheerenden Auswirkungen eines Fehltestates die Rede war, dann kann man diese Aussage nunmehr erst richtig verstehen.

Was ist eine *wesentliche Fehlaussage*? Eine wesentliche Fehlaussage liegt vor, wenn in einem Jahresabschluss Sachverhalte falsch dargestellt werden oder wenn in ihm wichtige Informationen entweder überhaupt nicht oder nur unzureichend verarbeitet sind, so dass der Leser dieses Jahresabschlusses zu falschen Erkenntnissen verleitet wird. (Und falsche *Erkenntnisse* können auch zu falschen *Entscheidungen* führen.) Wesentliche Fehlaussagen können auf Fehlern bzw. auf Irrtümern beruhen, sie können aber auch auf Betrug zurückzuführen sein. Eine wesentliche Fehlaussage kann entweder auf „einem großen" Fehler oder auf der „Summe mehrerer kleiner" Fehler beruhen. Was „wesentlich" ist, ergibt sich aus der Beurteilung des Jahresabschlusses als Ganzen. Dazu die folgenden *fiktiven Beispiele*:

Das Entdeckungsrisiko im Spannungsfeld von inhärenten Risiken und Kontrollrisiken

Unternehmen	Inhärentes Risiko (fiktive Beispiele)	Kontrollrisiko (fiktive Beispiele)	Entdeckungsrisiko (fiktive Beispiele)
DEICES (Schuh-Einzelhandel)	1. Die Nachfrage nach DEICES-Produkten entwickelt sich aufgrund rückläufiger Einkommen nicht planmäßig. 2. Durch zunehmende internationale Konkurrenz wird der Markt mit Billigprodukten überschwemmt.	1. Die Kontrolle der *vertikalen Struktur* (Design, Herstellung, Vertrieb) ist nicht zeitnah. 2. Es fehlt eine zentrale Kontrolle der *Lagerumschlagshäufigkeiten* bei den einzelnen Sortimenten.	Es wird übersehen, dass die Wertberichtigungen auf Vorräte zu niedrig sind. Eine Nachbuchung fehlender Wertberichtigungen würde das Jahresergebnis wesentlich verändern.
WAKON (Möbelfabrikation)	1. Das Objektgeschäft leidet langfristig unter Sparprogrammen von Unternehmen und Institutionen. 2. Die Zusammenarbeit mit internationalen Designern entwickelt sich nicht planmäßig.	1. Die *Kreditkontrolle* (insbesondere im internationalen Geschäft) arbeitet nicht ordnungsgemäß. 2. Das Objektgeschäft wird ohne eine wirksame *Projektstruktur* abgewickelt und ist schlecht kalkuliert.	1. Es wird übersehen, dass die Wertberichtigungen auf Forderungen an ausländische Kunden zu niedrig sind. Eine Nachbuchung fehlender Wertberichtigungen würde das Jahresergebnis wesentlich verändern. 2. Es wird übersehen, dass die Selbstkosten einiger Projekte höher sein werden als mit dem Kunden vereinbarte Preis. Eine Abwertung der aktivierten Vorräte bzw. die Bildung von Rückstellungen für drohende Verluste würden das Jahresergebnis wesentlich verändern.
BRATO (Brauerei)	1. Veränderte Trinkgewohnheiten beeinträchtigen Wachstum und Ergebnis. 2. Politische Einflüsse (z.B. die Einführung des Dosenpfandes) belasten die Ertragslage.	1. Unzureichende *Marktstudien* führen zu falschen Produktentscheidungen. 2. *Fehleinschätzungen* der politischen Entwicklung führen zu falschen Investitionsentscheidungen.	Es wird übersehen, dass die wirtschaftliche Nutzungsdauer von Maschinen (z.B. von Abfüllanlagen) deutlich kürzer sein wird als von der Geschäftsleitung angenommen. Außerplanmäßige Abschreibungen würden das Jahresergebnis wesentlich verändern.

In Anbetracht der Tragweite von inhärenten Risiken und Kontrollrisiken, die wir zusammenbetrachten müssen, um *Prüfungsziele* sachgerecht formulieren zu können, müssen wir ein *risikoorientiertes Prüfungskonzept* entwickeln, damit es uns gelingt, wesentliche Fehlaussagen mit hinreichender Sicherheit zu erkennen. Wie ist dieses *Konzept* aufgebaut ? Unternehmen müssen Geschäftsvorfälle abwickeln und sind einer Reihe von Risiken – internen und externen – ausgesetzt. Damit verbundene Fehleinschätzungen können zu wesentlichen Fehlern im Jahresabschluss führen.

Wie bereits betont, besteht das Risiko des Abschlussprüfers darin, dass er zu einem Jahresabschluss, der eine wesentliche Fehlaussage enthält, einen uneingeschränkten Bestätigungsvermerk erteilt. Dieses Risiko ist so klein wie möglich zu halten. Der Abschlussprüfer muss also das geschäftliche Umfeld der Unternehmen kennen lernen, um Art und Umfang ihrer Geschäfte und ihrer Risiken beurteilen zu können, denen sie ausgesetzt sind. Der *Erwerb dieser Kenntnisse* bildet die *1. Phase* des Prüfungsablaufes. Sie werden in entsprechenden *Dokumenten*, die sich mit der Geschäftstätigkeit und mit ihren Risiken beschäftigen, abgebildet. Dazu werden wir später noch detailliert Stellung nehmen.

Die Unternehmen sind sich ihrer Risiken in der Regel bewusst und haben *interne Kontrollen* eingerichtet, die verhindern sollen, dass Risiken den Gang ihrer Geschäfte beeinflussen oder sich negativ auf die Qualität des Jahresabschlusses auswirken.

Welche *Arten* von internen *Kontrollen* gibt es ?

Vorbeugende Kontrollen : Mit ihrer Hilfe soll erreicht werden, dass von vornherein gar keine Fehler gemacht werden.
Aufdeckende Kontrollen : Es ist Aufgabe dieser Kontrollen, Fehler zu entdecken und zu korrigieren.
So ist auch das oben erwähnte Kontrollrisiko zu verstehen : Es besteht darin, dass eine wesentliche Fehlaussage weder verhindert noch entdeckt und zeitnah korrigiert wird. Je schwächer also die internen Kontrollen sind, desto mehr Fehler werden sich im Jahresabschluss niederschlagen. Es muss also auch die Aufgabe des Abschlussprüfers sein, die Kontrollen zu identifizieren und zu beurteilen. Die *Beschäftigung mit den Kontrollen*, d.h. Identifikation und Beurteilung der Kontrollen, geschieht in der *2. Phase* der Prüfung und wird in entsprechenden *Arbeitspapieren* dokumentiert.

Um also das *Risiko der wesentlichen Fehlaussage* einschätzen zu können – und eine Aussage umfasst eine Reihe von Aspekten - müssen wir uns sowohl mit dem *Geschäft* des Mandanten als auch mit den im Unternehmen installierten Kontrollen kritisch auseinandergesetzt haben. Wenn wir also das Geschäft nur oberflächlich kennen bzw. uns nicht darum bemühen, unser Business Understanding regelmäßig zu aktualisieren, werden wir auch nicht in der Lage sein, Kontrollen zu identifizieren, weil wir gar nicht *wissen*, wonach wir fragen müssen. Das bedeutet – um auf die Textilindustrie zurückzukommen – wir müssen uns u.a. mit der Problematik des *Moderisikos* und ganz konkret mit der Frage beschäftigen, inwieweit die Lagerkontrolle dem *Kollektionsrhythmus* gerecht wird. (vgl. dazu Anlage 8/5)

Nur wenn wir die Kontrollen wirklich verstanden haben – und Verständnis bedeutet, die *Eigenart und Effektivität* der Kontrollen beurteilen zu können -, sind wir auch in der Lage, die restlichen Arbeiten sachgerecht planen und durchführen zu können. Damit ist auch schon die *3. Phase* der Prüfung abgesteckt. In ihr werden unter besonderer Berücksichtigung der gewonnenen Kenntnisse über die Geschäftstätigkeit und über die Qualität der internen Kontrollen die dann noch *verbleibenden aussagebezogenen Prüfungshandlungen* und die *Berichterstattung* durchgeführt. Unter aussagebezogenen Prüfungshandlungen [29] versteht man sowohl *analytische* Prüfungshandlungen als auch *Detailtests*.

Wenn wir feststellen, dass gar kein sinnvolles Internes Kontrollsystem besteht, d.h. gar nicht verhindert werden kann, dass Fehler bis in den Jahresabschluss durchlaufen und dort unerkannt stehen bleiben, dann werden wir auf eine Prüfung dieses „sogenannten IKS" verzichten, das Risiko der wesentlichen Fehlaussage *hoch* einschätzen und alle Prüfungsnachweise mit Hilfe aussagebezogener Prüfungshandlungen beschaffen müssen. Es würde also keinen Sinn machen, die speziellen Lagerkontrollen z.B. bei TAIHAM konkret nachzuvollziehen, wenn man feststellen würde, dass das Problem des Kollektionsrhythmusses im Kontrollsystem überhaupt nicht angesprochen wird. (Vermeidung unnötiger Arbeit!)

Stellen wir fest, dass die Kontrollen vernünftig aufgebaut sind, d.h. wenig Fehler durchlassen, dann werden wir das Risiko der wesentlichen Fehlaussage als *mittel* einschätzen, die Funktionsfähigkeit der Kontrollen testen und darüber hinaus noch aussagebezogene Prüfungshandlungen durchführen. Sind wir der Meinung, dass die Kontrollen exzellent aufgebaut sind, d.h. höchstwahrscheinlich wesentliche Fehler ausschalten, dann werden wir das Risiko der wesentlichen Fehlaussage als *niedrig* einschätzen, aber dennoch die effektive Arbeitsweise der Kontrollen ganz konkret prüfen. Übrig bleiben dann in der Regel nur noch geringfügige *Plausibilitätsprüfungen* und Arbeiten zur Aufbereitung des Erläuterungsteiles unseres Prüfungsberichtes.

Dazu werden wir aber noch detailliert Stellung nehmen.

Beachten Sie bitte Folgendes :
- *Absolut sichere Kontrollen* gibt es nicht, d.h. es wird immer erforderlich sein, einige Nachweise über restliche aussagebezogene Prüfungshandlungen zu beschaffen.
- Es gibt kein standardisiertes Verhältnis zwischen den sogenannten „Funktionstests" bei Kontrollen und den sogenannten „aussagebezogenen Prüfungshandlungen". Es kommt immer auf die *individuelle* Risiko- und Kontrollsituation des Mandanten an. Es ist in die *Eigenverantwortlichkeit* des Abschlussprüfers gestellt, hier ein ausgewogenes Verhältnis zu schaffen, das sicherstellt, dass das Prüfungsrisiko möglichst klein gehalten wird.

Wo *dokumentieren* wir Funktionstests und übrige aussagebezogene Prüfungshandlungen? Die *Dokumentation* erfolgt in speziellen Prüfungsprogrammen, in denen – nach *Prüfungszielen* geordnet – die einzelnen Prüfungsschritte vor dem Hintergrund des Risikos der wesentlichen Fehlaussage beschrieben und ihre Art und ihr Umfang begründet werden.

Eine *aussagebezogene Prüfungshandlung* ist also die *logische Konsequenz* aus der Kenntnis der *Geschäftstätigkeit* und aus dem Verständnis der *Internen Kontrollen*. Prüfungshandlungen,

---

[29] Zur Terminologie wird im Kapitel VI. 2.4.1.3. ausführlich Stellung genommen.

bei denen diese *Verknüpfung* nicht zu erkennen ist, entsprechen nicht den Grundsätzen risikoorientierter Abschlussprüfung.

Noch ein paar abschließende Worte zum „Entdeckungsrisiko" : Gestützt auf unsere Kenntnis der Geschäftstätigkeit bzw. das Verständnis der Internen Kontrollen führen wir in der *3. Phase* der Prüfung aussagebezogene Prüfungshandlungen in der Weise durch, wie es unsere *Einschätzung* des Risikos der wesentlichen Fehlaussage gebietet. Diese Einschätzung muss also in Art und Umfang der restlichen Prüfungshandlungen erkennbar sein. Wenn wir also z.B. zum Ausdruck gebracht haben, dass die Kontrollen im Zusammenhang mit dem Währungsrisiko unzureichend sind, dann müssen - bei Abgabe eines uneingeschränkten Testates - unsere *aussagebezogenen* Prüfungshandlungen den *Nachweis* liefern, dass Währungsrisiken im Jahresabschluss richtig behandelt wurden.

Auch wenn wir später noch Themen unseres eigenen Risikomanagements vertiefen werden (es wird uns dann der Begriff RADARR begegnen), möchte ich Ihnen an dieser Stelle schon Folgendes mit auf den Weg geben :

Wenn Sie Ihre Prüfungsarbeiten durchführen :
- Seien Sie *sorgfältig*, indem Sie stets *kritisch* sind !
- Lassen Sie sich nicht durch *scheinbar* „klare und eindeutige" Informationen beeindrucken, verfolgen Sie die Dinge weiter, bis Sie wirklich *sicher* sind, dass bestimmte Aussagen zutreffen. Es ist auch *Ihr Urteil*, auf das es ankommt.
- Seien Sie *risikobewusst* und auf der Hut vor Risiken !
- Auch wenn Ihnen Dinge klar zu sein scheinen, *vergewissern* Sie sich bei Ihren (älteren) Kollegen, ob Sie mit Ihrer Auffassung richtig liegen !
- Stellen Sie sicher, ob Sie auch *verstehen, warum* man bestimmte Prüfungsschritte von Ihnen verlangt !
- *Dokumentieren* Sie Ihre Arbeit sorgfältig und zwar so, dass man Art, Umfang und Ergebnis Ihrer Prüfungshandlungen nachvollziehen kann.

Die für unsere Arbeit so wichtige *kritische Grundhaltung* bringt das IDW in seinem PS 200 in TZ 17 wie folgt zum Ausdruck :

> *„Die Abschlussprüfung ist mit einer kritischen Grundhaltung zu planen und durchzuführen ; die erlangten Prüfungsnachweise sind kritisch zu würdigen. Der Abschlussprüfer muss sich stets darüber im Klaren sein, dass Umstände (Fehler, Täuschungen, Vermögensschädigungen oder sonstige Gesetzesverstöße) existieren können, aufgrund derer der Jahresabschluss und der Lagebericht wesentliche falsche Aussagen enthalten. Er kann daher nicht ohne Weiteres im Vertrauen auf die Glaubwürdigkeit der gesetzlichen Vertreter beispielsweise von der Richtigkeit ihrer Auskünfte ausgehen, sondern muss sich diese belegen lassen und die Überzeugungskraft dieser Nachweise würdigen."*

Wir werden die Problematik der kritischen Grundhaltung später noch genauer behandeln.

2.2.5 Die Bedrohung des Jahresabschlusses

Derjenige, der es nicht für nötig hält, sich an das *Konzept* einer risikoorientierten Jahresabschlussprüfung zu halten, hat folgenden Zusammenhang noch nicht verstanden : So wie Viren gelegentlich in der Lage sind, ein Immunsystem zu unterlaufen oder es kollabieren zu lassen, haben Risiken offensichtlich die elementare Fähigkeit, sich den „Zutritt" zu einem Unternehmen zu verschaffen. Werden sie durch Kontrollen nicht aufgehalten, setzen ihnen die zuständigen Stellen keinen erfolgreichen Widerstand entgegen (in der Medizin gibt es den Begriff der „cellulären Immunität") oder wird den entsprechenden Instanzen ihre Kontrollfunktion entzogen, werden sie sich den Weg durch das gesamte Rechenwerk bahnen, ihre Spuren im Jahresabschluss hinterlassen und dort unerkannt so lange „wirken", bis sie entdeckt werden.

Der Einfluss der „inhärenten Risiken" auf den Jahresabschluss oder besser gesagt : die Bedrohung des Jahresabschlusses durch Risiken oder Manipulation soll durch die folgende Abbildung verdeutlicht werden :

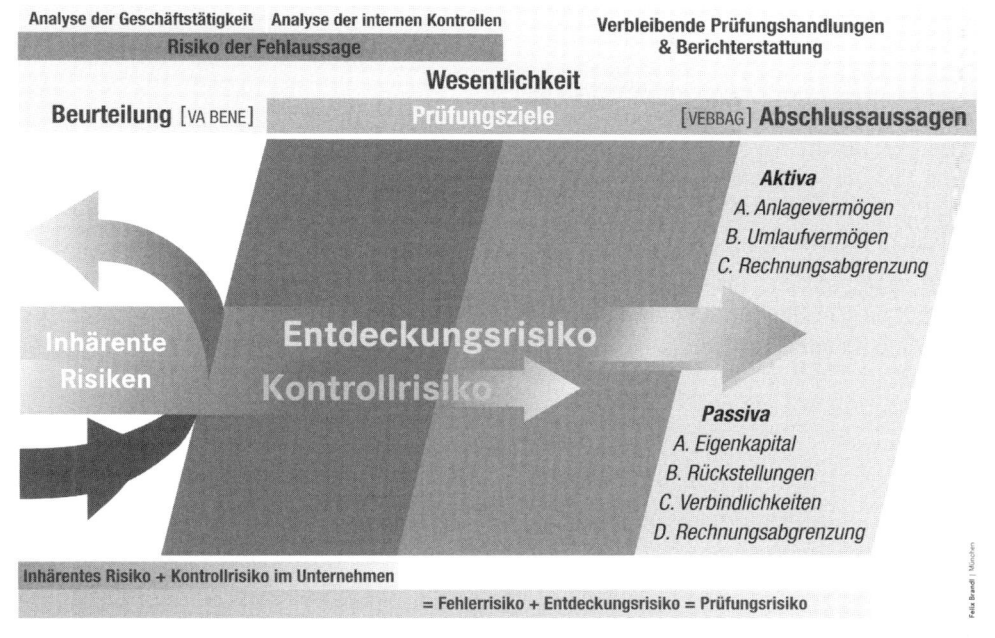

Abbildung 1 : Elemente der risikoorientierten Abschlussprüfung

Durch wesentliche Fehlaussagen wird ein Jahresabschluss *in seinem Mark getroffen*. Werden sie zu spät entdeckt (möglicherweise erst zu einem Zeitpunkt, in dem bereits ein uneingeschränktes Testat erteilt wurde) entstehen völlig neue Bedingungen, unter denen unternehmerische Entscheidungen überdacht werden müssen. Dies kann auch dazu führen, dass ein ganzes Unternehmen in Frage gestellt wird. Und die Praxis hat gezeigt, dass in diese Fragestellung auch die *Existenz des zuständigen Wirtschaftsprüfers* einbezogen wird. [30]

---

30 vgl. o.V. : Massiver Bilanzbetrug bei Worldcom, in : FAZ 27.6.02, Nr. 146, S. 17

Wir haben uns in diesem Kapitel mit der *Komplexität* unternehmerischer Aktivitäten beschäftigt und daraus die Erkenntnis gewonnen, wie groß das Risiko ist, dass der Abschlussprüfer wesentliche Fehlaussagen *übersieht* und zu Unrecht ein uneingeschränktes Testat erteilt. Wir haben auch erkannt, dass man das *Prüfungsrisiko* nur dadurch *beherrschen* kann, dass man sich – auf der Basis des jeweiligen Geschäftsmodells (siehe Anlage 8) – *gezielt* mit der Tätigkeit des Mandanten bzw. mit seinen Kontrollen beschäftigt und vor dem Hintergrund der Einschätzung des Risikos der wesentlichen Fehlaussage *klar definierte* Prüfungshandlungen vornimmt.

Nur durch ein geschlossenes Konzept – wie es durch die Abbildung verdeutlicht werden soll – kann es gelingen, dass Prüfungsrisiko auf ein vertretbares Maß zu reduzieren. [31]

Wenn man erfährt, dass die Zahl der Schadensfälle und die damit verbundenen *Regressforderungen* seit Mitte der 90er Jahre deutlich zugenommen haben (ein *Seismograph* für die Erschütterungen in unserem Berufsstand !), dann gewinnt man den Eindruck, dass die Qualität der *Facharbeit* nicht mit der gestiegenen *Komplexität* der zu prüfenden Unternehmen Schritt gehalten hat. (Berichte überforderter Prüfungsassistenten bestätigen dieses Bild !)

Qualität der Facharbeit bedeutet :

- Gewissenhafte Prüfungsplanung, die jeden Auftrag als Projekt begreift,
- Einsatz eines organisch gewachsenen Prüfungsteams, in dem Branchenkenntnisse und Erfahrung unter Wahrung der Kontinuität repräsentiert sind und
- ein Prüfungsprogramm, das Prüfungsdauer und Prüfungsintensität eigenverantwortlich auf die in der Unternehmenslandschaft eintretenden Veränderungen rechtzeitig einstellt.

Der Abschlussprüfer muss erkennen, dass sich Marktveränderungen mit erhöhter Geschwindigkeit ereignen und durch ungewohnt strukturelle Einbrüche gekennzeichnet sind, so dass die Arbeit für ihn zu einer besonderen Herausforderung geworden ist. [32]

---

31 Eine Abschlussprüfung muss als „Prozess" verstanden werden, und das IDW hat deshalb zurecht darauf hingewiesen, dass dies auch in den entsprechenden Standards zum Ausdruck kommen muss. „We believe that it may be useful to have an overall 'audit process' standard (or incorporate this into ISA 200), which covers the audit process from engagement acceptance, planning, risk management, etc. to reporting." (IDW-Stellungnahme zum Exposure Draft "Audit Risk", in : FN-IDW Nr. 5/2003, S. 196)
32 vgl. K.P. Naumann : Die Wirtschaftsprüfung unter modernen Kapitalmarktbedingungen, in : FAZ 26.8.02, Nr. 197, S. 20

3 Das Konzept einer risikoorientierten Abschlussprüfung

Dieses Konzept zeichnet sich dadurch aus, dass eine Abschlussprüfung – wenn man einmal von der am Anfang stehenden Projektbestimmung eines Auftrages absieht – *zwingend* aus *drei Phasen* besteht, aus den *beiden* Analysen der Geschäfts- und Kontrolltätigkeit und den *verbleibenden* Prüfungshandlungen einschließlich Berichterstattung. Nur wer die *Eigenarten* eines Unternehmens wirklich versteht, kann auch ihren *Einfluss* auf den Jahresabschluss zuverlässig nachvollziehen. *Jede* Prüfungshandlung lässt sich im Endeffekt auf die in der 1. Phase gewonnenen Erkenntnisse zurückführen. Dort werden mit der Identifikation von *Geschäftsvorfällen* und *Geschäftsrisiken* und mit der Beantwortung der Frage, wo im Unternehmen wesentliche *Kontrollen* stattfinden, bereits die Voraussetzungen für das Setzen von Prüfungszielen geschaffen. Durch die *Auffächerung* des *allgemeinen* Prüfungsziels, die Verlässlichkeit von Informationen zu bestätigen, wird sichtbar, dass die Struktur der *individuellen Prüfungsziele* immer das Pendant zu den *Abschlussaussagen* des Managements darstellt.

3.1 Die Phasen der Abschlussprüfung und ihre konstituierenden Elemente

3.1.1 Die Analyse der Geschäftstätigkeit

3.1.1.1 Bestimmungsfaktoren für die Bedeutung von Geschäftsvorfällen

Bevor wir uns den drei Phasen der Abschlussprüfung, die wir ja bereits kurz skizziert haben, zuwenden, ist es wichtig, sich noch einmal auf unsere ureigene Aufgabe als Abschlussprüfer zu besinnen. Was ist die Hauptaufgabe, das eigentliche *Ziel der Abschlussprüfung*?

> „Durch die Abschlussprüfung soll die Verlässlichkeit der in Jahresabschluss und Lagebericht enthaltenen Informationen bestätigt und insofern deren Glaubhaftigkeit erhöht werden." (PS 200 TZ 8)

Bei allem, was wir tun, müssen wir daran denken, wie groß das *Vertrauen* ist, das man unserer Arbeit und insbesondere unserem Testat entgegenbringt. Wir müssen also – und das ist ja bereits deutlich geworden – unsere Arbeit so organisieren, dass sie *risikoorientiert* ist. Was bedeutet eine solche *Risikoorientierung*?

Risikoorientierung bedeutet, dass ein Testat nur dann qualitativ hochwertig ist, wenn wir *Geschäftsvorfälle* erkennen, die *Risiken*, denen der Mandant ausgesetzt ist, verstehen und ihren *Einfluss* auf den Jahresabschluss richtig einschätzen können. Nur so werden wir in der Lage sein, ein Urteil darüber abzugeben, ob der Jahresabschluss ein den tatsächlichen Verhältnissen entsprechendes Bild der Vermögens-, Finanz- und Ertragslage vermittelt. Erst wenn wir dieses *Urteil* nach allen Seiten hin absichern, wird es uns gelingen, unser *eigenes* Risiko, ein falsches Testat zu erteilen, weitestgehend zu beherrschen. Aus diesem Grunde sprechen wir auch ganz bewusst von der *Leitfunktion des Business Understanding*.

Um Missverständnissen vorzubeugen, sei erwähnt, dass dieser Begriff hier *bewusst* gewählt wurde. Die Wortwahl erfolgte nicht deshalb, weil es modern ist, angelsächsische Begriffe zu verwenden, sondern aus der Erkenntnis heraus, dass jede Sprache über bestimmte *Nischen* verfügt, in denen es gelingt, eine Vielzahl von begrifflichen Elementen zu konzentrieren und in einer besonderen *Dichte* zu verbinden. „Business Understanding" ist ein solcher Begriff, der weit über das hinaus geht, was wir im Deutschen vielleicht mit „Kenntnis" oder „Verständnis" umschreiben würden. Insofern trifft der Titel des Prüfungsstandards Nr. 230 „Kenntnisse über die Geschäftstätigkeit sowie das wirtschaftliche und rechtliche Umfeld des zu prüfenden Unternehmens" nicht annähernd das, was hier in Anlehnung an ISA 310 (Knowledge of the Business) zum Ausdruck gebracht werden soll. Die deutschen Begriffe : „Kenntnisse", „Verständnis", „Begreifen", „Meinung haben",„Einfühlungsvermögen", „Situation durchdringen", „Auffassungsgabe", „Zur Sache kommen" und „Verständigung" bilden sozusagen eine *Klammer* um den angelsächsischen Begriff „Business Understanding" und geben ihm damit eine *außergewöhnliche* Ausdruckskraft, in der nach meinem Verständnis auch die Aufforderung zur „Gewissenhaftigkeit" mitschwingt.

„Business Understanding" charakterisiert zugleich einen kontinuierlichen *Reifeprozess*, in dessen Verlauf man Kenntnisse über das Geschäft im Allgemeinen und über sich in Art und Umfang ständig verändernde Geschäftsvorfälle im Besonderen gewinnen muss, und an dessen (allerdings immer nur vorläufigen) Ende die *Fähigkeit* steht, ein Unternehmen in personeller, kaufmännischer und technischer Hinsicht so einzuordnen, dass man sich ein *Urteil* über die Qualität seines Jahresabschlusses bilden kann. Dies ist auch der Grund dafür, dass ISA 310 den Begriff „Business Understanding" erst an derjenigen Stelle verwendet, an der nach dem *„Obtaining the Knowledge"* (TZ 4-8) auf höherer Ebene das *„Using the Knowledge"* folgt. (TZ 9-12) Auf diese etymologische Steigerung sei an dieser Stelle mit Nachdruck hingewiesen. [33]

Das IDW hat in seinem Prüfungsstandard Nr. 230 einen Katalog von Themen aufgelistet, der von den „Gesamtwirtschaftlichen Rahmenbedingungen" ausgeht und über die „Branchenentwicklung mit Einfluss auf das Unternehmen" bis hin zu den „Unternehmensspezifischen Merkmalen" führt. [34] Dieser Katalog ist außerordentlich vielschichtig und entspricht weitestgehend dem ISA 310. (A. „General economic factors", B. "The industry – important conditions affecting the client's business" und C. "The entity".) Diese Zusammenstellung ist insofern besonders wertvoll, weil sie Anregungen gibt und den Abschlussprüfer veranlasst, immer wieder darüber nachzudenken, ob er nicht bestimmte Aspekte, die insbesondere die Geschäftsvorfälle, die Geschäftsrisiken und ihren Einfluss auf den Jahresabschluss betreffen, übersehen hat.

Die Gesamtschau unternehmerischer Aktivitäten wird in der strategisch ausgerichteten Prüfung („strategic-systems auditing" kurz SSA genannt) wie folgt beschrieben : „SSA is based on the view that external auditors's knowledge-acquisition process should be re-oriented to recognise the increasingly-complex, dynamic and inter-connected world in which business organisations operate. The strategic-systems auditor views the client organisation as part of a complex web of economic activity and carefully assesses and considers risks arising from the client organisation's co-operative and competitive relationships with other entities within that web." [35]

---

33 *Zur Problematik der Übersetzung angelsächsicher Begriffe siehe die beiden Kapitel VI. 2.1.4. und VI. 2.4.1.*
34 *PS 230 : Kenntnisse über die Geschäftstätigkeit sowie das wirtschaftliche und rechtliche Umfeld des zu prüfenden Unternehmens*
35 *J.W. Arricale / T.B. Bell / I. Solomon / S. Wessels : Strategic-Systems Auditing: Systems Viability and Knowledge Acquisition, in : ThuPdWPg II, S. 13 (Zitierweise : Strategic-Systems Auditing)*

3 Das Konzept einer risikoorientierten Abschlussprüfung

Bildlich gesprochen, leuchten also die Kenntnisse über die Geschäftstätigkeit den *Prüfungspfad* dergestalt aus, dass er einen *Korridor* bildet, in dem sich der Abschlussprüfer – von der Analyse der Geschäftstätigkeit über die Prüfung der Internen Kontrollen bis hin zu den verbleibenden aussagebezogenen Prüfungshandlungen und der Berichterstattung – *sicher* bewegen kann.

Die Leitfunktion des Business Understanding, so wie sie nachfolgend dargestellt ist, bedeutet, dass alle Prüfungshandlungen *eindeutig bestimmt* sind.

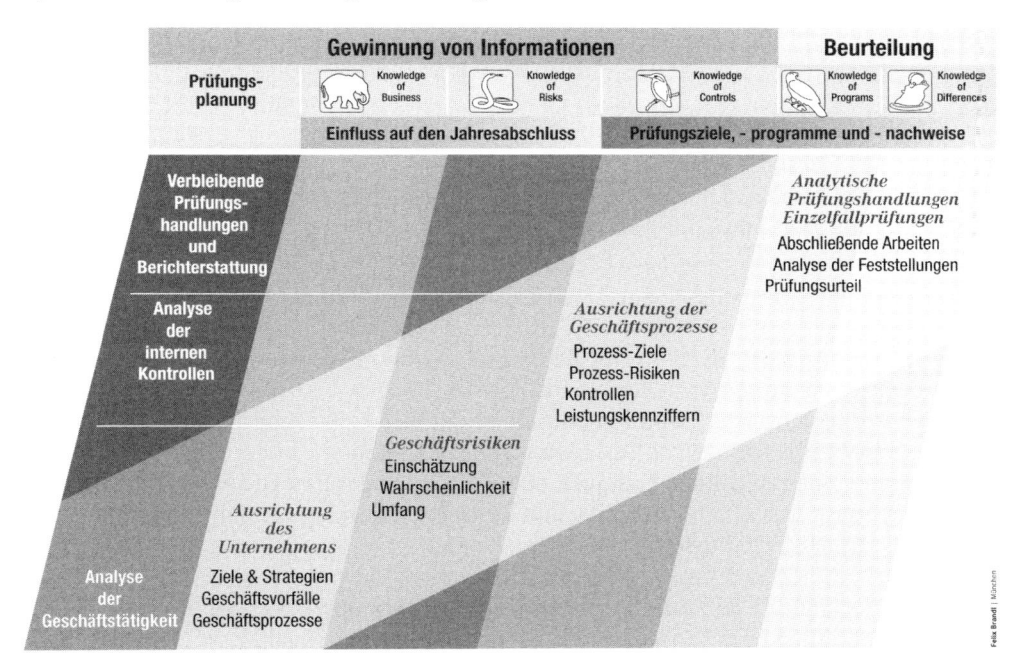

Abbildung 2: Leitfunktion des „Business Understanding"

Die Einhaltung der *drei Phasen* und die Beachtung aller in ihnen ablaufenden Aktivitäten gehört zum Pflichtenkatalog eines Abschlussprüfers. Nur so ist auch der PS 200 in TZ 24 zu verstehen, in dem es heißt:

> „Eine Abschlussprüfung ist darauf auszurichten, dass die Prüfungsaussagen mit hinreichender Sicherheit getroffen werden können."

Wir erreichen diese hinreichende Sicherheit aber nur, wenn wir die Reihenfolge beachten! Wir beginnen mit der Analyse der Geschäftstätigkeit. Es folgt die Analyse der unternehmerischen Kontrollen, und in der dritten und letzten Phase führen wir restliche Prüfungshandlungen durch, die zur Vervollständigung unserer Prüfungsnachweise bzw. für besondere Erläuterungen erforderlich sind. Anschließend erstellen wir unseren Prüfungsbericht. *Diese Reihenfolge ist zwingend!* Ich betone dies deshalb, weil wir es immer wieder erleben, dass die Reihenfolge *umgekehrt* wird. Man prüft den vorgelegten Jahresabschluss, ergänzt diese Prüfung lediglich dadurch, dass man ein paar Fragen zum IKS nachschiebt, und erarbeitet schließlich, wenn die Prüfung längst abgeschlossen ist, ein Dokument zur Geschäftstätigkeit, um den Anforderungen einer *externen* Qualitätsprüfung zu entsprechen. Eine solche Methode ist nicht nur unsinnig, sondern unter dem Gesichtspunkt des *Prüfungsrisikos* auch gefährlich und unverantwortlich !

Den drei Phasen ist eine kleine, aber wichtige Phase vorgeschaltet. Sie besteht darin, dass die wesentlichen Elemente einer Abschlussprüfung, Planung, Durchführung und Kontrolle - unter besonderer Berücksichtigung der Pflege der Mandantenbeziehungen - charakterisiert werden. *Damit erhält jede Prüfung den Stempel eines Projektes.* Auch wenn man - z.B. als Prüfungsassistent - noch nicht explizit in eine solche Projektdefinition eingeschaltet wird, darf man nicht vergessen, dass man in der Regel *Mitglied* eines Projektteams ist. Auf die Voraussetzungen für eine *effektive Team-Arbeit* werden wir noch mehrfach zu sprechen kommen.

Wenden wir uns nun der 1. Phase der Abschlussprüfung zu. Was bedeutet die *Analyse der Geschäftstätigkeit* ? Der *Zweck* der Analyse, die manchmal auch als Strategie-Analyse bezeichnet wird, besteht darin,

- sich mit dem Unternehmen, mit seiner Lage und seiner *Entwicklung* vertraut zu machen,
- die *Art* der Geschäfte, die Geschäftsfelder und das Geschäftsvolumen kennen zu lernen,
- seine *Ziele* und *Strategien* zu verstehen,
- herauszufinden, welche *Risiken* den Erfolg dieser Strategien bedrohen,
- zu begreifen, was *wesentliche* Geschäftsvorfälle sind und
- sich dann - alles zusammenfassend - einen Eindruck darüber zu verschaffen, in welcher Weise sich *Geschäftsvorfälle* und *Geschäftsrisiken* auf den Jahresabschluss bzw. den Lagebericht *auswirken.*

Dies bringt auch der PS 230 des IDW zum Ausdruck, wenn in TZ 5 erklärt wird :

„Der Abschlussprüfer muss über ausreichende Kenntnisse ... verfügen ..., um solche Ereignisse, Geschäftsvorfälle und Gepflogenheiten erkennen und verstehen zu können, die sich nach Einschätzung des Abschlussprüfers wesentlich auf den zu prüfenden Jahresabschluss und Lagebericht, die Abschlussprüfung, den Prüfungsbericht sowie den Bestätigungsvermerk auswirken können."

Was könnten bei DEICES, WAKON und BRATO „Ereignisse" und „Gepflogenheiten" sein ? Was meinen Sie dazu ?

Zu den Kenntnissen wird unter TZ 8 des Weiteren ausgeführt :

„Die Kenntnisse müssen ... dem Abschlussprüfer eine Identifikation
- *der für den Unternehmenserfolg zentralen Einflussfaktoren,*
- *der Unternehmensstrategie,*
- *der den Erfolg der Strategie möglicherweise gefährdenden Geschäftsrisiken und der Reaktionen des Unternehmens auf diese Risiken sowie*
- *der Geschäftsprozesse, ihrer wesentlichen Risiken und der diesbezüglichen Kontrollmechanismen ermöglichen."*

3 Das Konzept einer risikoorientierten Abschlussprüfung

Mit dieser Formulierung wird im Übrigen der *Aufbau* einer Abschlussprüfung bereits festgelegt: Wir bewegen uns zunächst auf der Unternehmensebene, steigen dann in die Prozess-Ebene ein und schließen unsere Prüfung mit restlichen Arbeiten ab.

Was fehlt in der Aufzählung des PS 230? *Die Ziele des Unternehmens!*

Warum muss der Abschlussprüfer auch die Ziele des Unternehmens kennen? Weil *Strategien* dazu dienen, bestimmte *Ziele* (Ergebnisverbesserung, Umsatzsteigerung, Schuldenabbau etc.) zu erreichen. [36] Ohne Kenntnis der Ziele bzw. der Zielhierarchie sind Strategien nicht zu verstehen. (vgl. Anlage 9) Hinzukommt, dass Manager häufig dazu neigen, ihre Ziele sehr früh bekannt zu geben und später unter Druck geraten, wenn sie feststellen müssen, dass sie ihre Ziele „im normalen Gang der Geschäfte" voraussichtlich nicht erreichen werden. Diese Problematik muss der Abschlussprüfer rechtzeitig erkennen. (Daraus erwächst dann häufig eine besondere „*Skepsis*"!)

Die *Zielhierarchie* des Unternehmens bestimmt die *Komplexität* einer Abschlussprüfung. So kann z.B. ein Schuldenabbau leichter nachprüfbar sein als ein Umsatzwachstum. Damit Schulden getilgt werden können, muss in der Regel Geld fließen. Den Nachweis dafür liefern bestätigte Kontenstände. Es kann aber nach Maßgabe umfangreicher Verträge und der damit verbundenen Vertriebslogistik u.U. sehr schwierig sein, festzustellen, ob eine bestimmte Umsatzgrenze (z.B. im Auslandsgeschäft) de jure wirklich erreicht wurde.

Merken Sie sich die logische Kette: *Ziele, Strategien, Risiken!*

Dabei darf man das Umfeld des Unternehmens niemals aus den Augen verlieren. Es lässt sich nach Lindgens [37] anhand der sogenannten PEST-Analyse wie folgt sichtbar machen:

Politisch	Ökonomisch
Internationale Handelsabkommen Wettbewerbsrecht Umweltschutz Verbraucherschutz Politische Entwicklung und Gesetzesvorhaben Einfluss von Verbänden	Bruttosozialprodukt Geldpolitik/Geldmenge Zinsniveau/Inflation Wechselkurse Arbeitslosenquote/Nettoeinkommen Konjunkturphase Energiekosten

Sozial	Technologisch
Bevölkerungswachstum und -entwicklung Gesundheits- und Bildungswesen Soziale Sicherungssysteme Einstellung zu Beruf, Freizeit und Lebensqualität Einstellungen zu technologischem und gesellschaftlichem Wandel Konsumentenverhalten/Lifestyle Trends	Wissenschaftliche Verbesserungen und Innovationen Geschwindigkeit der technologischen Veränderungen und Produkteinführungen Informations- und Kommunikationssysteme Automation und Robotertechnologie Rahmenbedingungen für F&E

Eine solche Analyse sollte durch Gedanken erweitert werden, die Porter mit seiner 5 Forces-Analyse vorgetragen hat. [38]

---

36 Vgl. o.V.: *Philips erhöht das Sparziel*, in: FAZ 19.11.04, Nr. 271, S. 21
37 U. Lindgens: *Der Markt für Prüfungsleistungen – Anmerkungen aus Sicht der Praxis*, ThuPdWPg II, S. 172
38 Vgl. K.U. Marten / R. Quick / K. Ruhnke: *Wirtschaftsprüfung*, S.323

	Potenzielle neue Konkurrenten Bedrohung durch neue Konkurrenten	
Lieferanten Verhandlungsstärke der Lieferanten	**Wettbewerber in der Branche** Rivalität unter den bestehenden Unternehmen	**Abnehmer** Verhandlungsstärke der Abnehmer
	Ersatzprodukte Bedrohung durch Ersatzprodukte	

Aus dem Zusammenspiel aller Kräfte erwachsen die Risiken, denen ein Unternehmen ausgesetzt ist. Im weiteren Gang unserer Überlegungen werden wir den meisten von ihnen wieder begegnen. [39] (siehe auch Anlagen 38 - 41)

Bleiben wir aber zunächst bei der Aufzählung des PS 230. Es ist deutlich zu erkennen, dass nur eine *detaillierte* Kenntnis der Geschäftstätigkeit und des Umfeldes der Unternehmung den Abschlussprüfer auf diejenigen *Spuren* bringt, die ihn zu *wesentlichen* Fehlaussagen führen können. Der Grundsatz der *„Wesentlichkeit"*, der immer wieder angesprochen wird, hat im Zusammenhang mit der Analyse der Geschäftstätigkeit eine besondere Bedeutung. Ohne eine *klare* Vorstellung davon, womit sich der Mandant beschäftigt, ist der Abschlussprüfer gar nicht in der Lage festzulegen, was wesentlich ist. Nur so ist auch der PS 250 in TZ 4 zu verstehen, in dem es heißt :

„Durch die Berücksichtigung des Kriteriums der Wesentlichkeit in der Abschlussprüfung erfolgt eine Konzentration auf entscheidungsrelevante Sachverhalte." [40]

Wenn wir in der Abschlussprüfung über „Sachverhalte" sprechen, dann kreisen unsere Gedanken – wie bereits angedeutet – um zweierlei :

- um Geschäftsvorfälle oder genauer gesagt um „Gruppen von Geschäftsvorfällen" und
- um Risiken oder genauer gesagt um „Geschäftsrisiken".

Haben Sie in Erinnerung, dass sich die *Brauereiwirtschaft* mit dem Problem beschäftigen muss, einen großen *Fuhrpark* in die *Logistik* eines Vertriebes einzubinden und dass man sich in dieser Branche mit dem Problem veränderter *Trinkgewohnheiten* in Deutschland konfrontiert sieht ?

Haben Sie in sich aufgenommen, dass ein Textilhersteller u.U. verschiedene *Kundengruppen* (den traditionellen Bekleidungseinzelhandel, die großen Bekleidungsketten, die Warenhäuser) beliefert und dass die Suche nach *Standorten* für eigene Modegeschäfte in Deutschland mit besonderen Schwierigkeiten verbunden sein kann?

Haben Sie registriert, dass der *Schuheinzelhandel* eine „dramatische Zunahme der *Preissensibilität"* bei den Verbrauchern beklagt ?

Sie sehen, wie unterschiedlich Geschäftsvorfälle und Risiken sein können : Es ist von Inlands- und von Auslandsumsätzen, von „Zuliefer- bzw. Produktgeschäften" und „von System-

---

39 Zum umfangreichen Katalog von Risiken siehe Anlage 10
40 PS 250 : Wesentlichkeit im Rahmen der Abschlussprüfung

3 Das Konzept einer risikoorientierten Abschlussprüfung

bzw. Anlagengeschäften" [41] die Rede. Auf besondere Risiken im Zusammenhang mit Investitionen in China, mit neuen Konsumgewohnheiten in Deutschland und mit weltweit wechselnden Modetrends wurde hingewiesen.

Es sei in diesem Zusammenhang auf zwei Passagen in den ISA aufmerksam gemacht:

> *„In performing an audit of financial statements, the auditor should have or obtain a knowledge of the business sufficient to enable the auditor to identify and understand the events, transactions and practices that, in the auditor's judgement, may have a significant effect on the financial statements or on the examination or audit report."* [42]

> *"In developing the overall audit plan, the auditor should assess inherent risk at the financial statement level. In developing the audit program, the auditor should relate such assessment to material account balances and classes of transactions at the assertion level or assume that inherent risk is high for the assertion."* [43]

Geschäftsvorfälle bringen immer einen Leistungsaustausch zwischen dem Unternehmen und einem Dritten mit sich. (Die Angelsachsen sprechen hier von „transactions".) Dieser Leistungsaustausch, der buchhalterisch korrekt zu erfassen ist, schlägt sich im Jahresabschluss nieder. Wenn wir von Gruppen bedeutender Geschäftsvorfälle sprechen, dann meinen wir Geschäftsvorfälle mit gemeinsamen Merkmalen und Eigenschaften, die einen besonderen Einfluss auf den Jahresabschluss haben.

Die *Bedeutung von Geschäftsvorfällen* kann bestimmt werden durch :

- eine große *Anzahl* von Geschäftsvorfällen während des Jahres
  (z.B. Textillieferungen an Warenhäuser bei TAIHAM),
- den *Umfang* eines bestimmten Geschäftsvorfalles während des Jahres
  (z.B. eine große Maschinenlieferung nach China bei POSKI),
- die Notwendigkeit, Geschäftsvorfälle richtig zu *klassifizieren*
  (z.B. der Anteil des Asien-Umsatzes am gesamten Auslandsumsatz von WAKON),
- Grundsätze für die *Prüfung* von Geschäftsvorfällen (z.B. der Übergang von Nutzen und Lasten beim Erwerb von Grundstücken bei DEICES),
- das *Interesse* bestimmter Gruppen (Management, Mitarbeiter, Banken, Lieferanten etc.) an diesen Geschäftsvorfällen (z.B. Textileinkäufe im Ausland bei TAIHAM)
- *branchenindividuelle* Regelungen zu den Geschäftsvorfällen (z.B. Voraussetzungen für die Fertigstellung und Inbetriebnahme eines Schulungszentrums bei POSKI),
- seine Eignung, (z.B. durch Analysten) in *Kennzahlen* einbezogen zu werden
  (z.B. der Anteil des Bierausstoßes an der gesamten Getränkeproduktion bei BRATO)

Aus dieser Übersicht wird ersichtlich, dass sich die Bedeutung von Geschäftsvorfällen *von Jahr zu Jahr verändern* kann. Wenn sich z.B. TAIHAM entschließt, einige ihrer ausländischen Fertigungsstätten zu schließen, dann werden aller Voraussicht nach Warenbezüge aus dem Ausland nicht mehr zu den wesentlichen Geschäftsvorfällen gehören. Sollte DEICES sein Engagement in Amerika deutlich reduzieren, dann wird man vermutlich Lieferungen in die USA nicht mehr zu den wesentlichen Geschäftsvorfällen rechnen können.

---

41 Systematik nach K. Backhaus : Jeder Kunde ist anders, in : FAZ 28.1.02, Nr. 23, S. 26
42 ISA 310 : Knowledge of the Business, TZ 2
43 ISA 400 : Risk Assessment and Internal Control, TZ 11

Veränderungen kennzeichnen in zunehmendem Maße das Bild unserer Wirtschaft. Mit ihnen müssen der Abschlussprüfer und sein Team vertraut sein, damit sie neue Einflüsse auf den Jahresabschluss *rechtzeitig* erkennen.

„Die Geschäftsprozesse von Unternehmen sind durch einen tiefgreifenden Wandel gekennzeichnet : Statt wie früher Produkte zu bauen und zu vertreiben, den Preis nach Maßgabe von Kosten und Wettbewerbsintensität zu ermitteln, bestimmen mehr und mehr Systemgeschäfte und Servicekonzepte die unternehmerische Wirklichkeit. Nicht eine Maschine wird heute entwickelt, verkauft und vertrieben, sondern dieser Vorgang wird mit einem Strauß von Dienstleistungen verknüpft, bei dem das Produkt bald den kleinsten Teil des Wertschöpfungsprozesses bildet.

Diese Entwicklungen machen auch vor kleinen und mittleren Unternehmen nicht halt. Die Bündelung von Produkten und dazugehörenden Dienstleistungen zu einem Paket (sogenannte „komplexe Produkte") stellt in Zukunft eine der wichtigsten Marktchancen von kleinen und mittleren Unternehmen im Wettbewerb mit Großunternehmen dar." [44]

Bündelungen werden – vor allem im Mittelstand – auch dadurch erzielt, dass Unternehmen im Rahmen von Kooperationen in die Lage versetzt werden, dem Kunden beriebsübergreifende Dienstleistungen zu vermitteln [45] oder als Generalunternehmer aufzutreten.

Wir müssen also unsere Kenntnisse über die Geschäftstätigkeit ständig aktualisieren! Das setzt streng genommen voraus, dass wir unsere Mandanten *während des ganzen Jahres* begleiten. (vgl. Kapitel : II. 5.3.2.)

Größenordnung und Menge prägen den Umfang, Vielschichtigkeit und Zugangshemmnisse prägen die Komplexität der Geschäftstätigkeit. Wir haben auf die Bedeutung von Geschäftsvorfällen schon frühzeitig auch deshalb so großen Wert gelegt, weil im neu gefassten § 289 HGB (wie bereits erwähnt) auf „Umfang" und „Komplexiät" direkt Bezug genommen wird. Der Lagebericht „hat eine ausgewogene und umfassende, den Umfang und die Komplexität der Geschäftstätigkeit entsprechende Analyse des Geschäftsverlaufs und der Lage der Gesellschaft zu enthalten." (Abs. 1, S.2)

Wie will der Abschlussprüfer einen Lagebericht prüfen, wenn er mit den (wechselnden) Eigenarten einer Gesellschaft nicht wirklich vertraut ist ? Er wird dann auch nicht beurteilen können, in welcher Weise bestimmte Geschäftsvorfälle das Geschäftsergebnis beeinflusst haben bzw. welchen Einfluss zukünftige Geschäftsvorfälle haben werden.

Anhand eines Beispieles, das ich für die *Bauindustrie* entwickelt habe, können Sie sich noch einmal klar machen, durch welche Faktoren die Bedeutung von Geschäftsvorfällen bestimmt werden kann. (vgl. Anlage 11)

3.1.1.2. Die Aufklärungsarbeit des Abschlussprüfers

Analyse der Geschäftstätigkeit bedeutet *permanente* Aufklärungsarbeit des Abschlussprüfers. Aus einer Vielzahl von Details müssen diejenigen Themen herausgeschält werden, die den Jahresabschluss maßgeblich bestimmen. Für ein Textilunternehmen mit hohem Ex-

---

[44] M. Heinke/W. Lück : Coopetition : Kooperationsstrategie für den Mittelstand, in : FAZ 30.6.03, Nr. 148, S. 22
[45] vgl. o.V. : Großkooperation im Baustoffhandel, in : FAZ 6.7.04, Nr. 154, S. 15

portanteil, ausländischer Fertigung und eigenen Ladengeschäften könnte sich dabei folgendes Bild ergeben :

	Aktiva	T€	T€		Passiva	T€	T€
Standortrisiken bei Ladengeschäften	A. Anlagevermögen				A. Eigenkapital		
	I. Immaterielle Vermögensgegenstände	250			I. Gezeichnetes Kapital	5.000	
	II. Sachanlagen	5.200			II. Kapitalrücklage	750	
	III. Finanzanlagen	250	5.700		III. Gewinnrücklagen	100	
Kollektionsrisiko					IV. Gewinnvortrag	50	
	B. Umlaufvermögen				V. Jahresüberschuss	750	6.650
	I. Vorräte	7.500						*Gewährleistungsrisiken bei Eigenerzeugnissen*
	II. Forderungen und sonst. Vermögensgegenstände	5.300			B. Rückstellungen		3.500
Kreditrisiken im Liefergeschäft (Ausland)	III. Wertpapiere	250					
	IV. Flüssige Mittel	1.000	14.050		C. Verbindlichkeiten		9.750	*Finanzierungsrisiken im Wachstumsprozess*
	C. Rechnungsabgrenzungsposten		150		D. Rechnungsabgrenzungsposten		0
			19.900				19.900

Abbildung 3: Die Analyse der Geschäftstätigkeit als Aufklärungsarbeit des Abschlussprüfers

Nur wenn Sie die *Eigenart* von Geschäftsvorfällen und die *Ausprägung* von Risiken kennen, werden Sie auch deren *Einfluss* auf den Jahresabschluss verstehen. Nur unter dieser Voraussetzung werden Sie überhaupt in der Lage sein, Ihre Prüfung auf kritische Themen zu lenken. (Ich stelle an dieser Stelle schon einmal das Stichwort „*kritische*" Prüfungsziele in den Raum.)

*Sie können eine **Prüfung nicht mehr korrigieren**, wenn Sie sich **zu spät** mit den geschäftlichen Details Ihres Mandanten beschäftigen !!!*

Dabei ist von entscheidender Bedeutung, dass ein großer Teil der Aufklärungsarbeit (sozusagen der *strategische* Teil) bereits vor Beginn der eigentlichen Abschlussprüfung durchgeführt werden muss, weil eine Prüfungsplanung nur dann das notwendige Gewicht hat, wenn sie *Geschäftsstruktur* und *Lage* des Unternehmens angemessen berücksichtigt. Die Erkundung des Geländes (um einen militärischen Aspekt in die Betrachtungen einfließen zu lassen), obliegt dann der Team-Arbeit im engeren Sinne, deren Aufgabe unter Beachtung der strategischen Vorgaben mehr *operativen* Charakter hat.

Mit der Skizzierung von Geschäftsvorfällen und Risiken, sozusagen einem „*Eröffnungszug*" prüferischer Tätigkeit, werden nicht nur Konturen eines Unternehmens sichtbar, sondern es lassen sich auch in einem ersten Schritt mögliche Problemfelder eines Jahresabschlusses abstecken. Der Zeitpunkt dieser Skizzierung bestimmt entscheidend die Qualität einer Abschlussprüfung. Ist dann aber ein Modell, in dessen Mittelpunkt die Frage steht, welche Geschäftsvorfälle und welche Risiken den Jahresabschluss wesentlich beeinflussen, *uneingeschränkt* anwendbar?

Auf aktuelle Arbeiten angesprochen, erzählte mit vor Kurzem eine junge Kollegin, sie sei bei der Prüfung des Jahresabschlusses eines *Museums* (sozusagen eines *M*useum *of M*odern *A*rt) eingesetzt gewesen. Man habe aber auf den Einsatz eines solchen Modells bewusst verzichtet, weil es in diesem Rahmen ja gar nicht zu verwenden sei!

Diese Aussage hat mich sehr überrascht. War sie möglicherweise darauf zurückzuführen, dass wir zu viel über Industrie- und Handelsunternehmen (und gelegentlich auch über Kreditinstitute) gesprochen hatten und dadurch der Eindruck entstanden war, außerhalb wirtschaftlicher Zonen müsse man ein anderes Instrumentarium einsetzen, um als Abschlussprüfer ordentliche Arbeit zu leisten ?

Wir haben uns in einem größeren Seminarkreis sofort zusammengesetzt, verschiedene Gruppen gebildet, die als Team – so war die Simulation – sich auf die Prüfung eines Museums (Gemälde der modernen Kunst) vorbereiten und sich mit der Frage auseinandersetzen sollten, welche Geschäftsvorfälle und Risiken den Jahresabschluss des Museums voraussichtlich prägen würden. Bereits nach einer halben Stunde (!) wurden die folgenden Themen vorgetragen :

MoMA-Studie

Themenkatalog	Einfluss auf den JA (vereinfachte Darstellung)
I. Geschäftsvorfälle	
1. Erwerb eines bebauten Grundstückes	Sachanlagen / Verbindlichkeiten
2. Erwerb von Gemälden	Sachanlagen / Verbindlichkeiten
3. Installation von Alarm- und Sicherungsanlagen	Sachanlagen / Verbindlichkeiten
4. Installation von Lichtanlagen	Sachanlagen / Verbindlichkeiten
5. Bereitstellung von audiotechnischer Ausrüstung	Sachanlagen / Verbindlichkeiten
6. Erwerb von Einrichtungsgegenständen (z.B. Möbel)	Sachanlagen / Verbindlichkeiten
7. Einrichtung eines Restaurants oder Kaffees	Sachanlagen, / Verbindlichkeiten
	Vorräte / Verbindlichkeiten
8. Einrichtung eines Kiosks	Sachanlagen / Verbindlichkeiten
(Laden, Kataloge, Poster, etc.)	Vorräte / Verbindlichkeiten
9. Verkauf von Eintrittskarten	Umsatz / Kassenbestand
10. Verkauf von Gegenständen und Nahrungsmitteln	Umsatz / Kassenbestand
11. Einstellung und Verwaltung von Personal	Personalaufwand / Verbindlichkeiten
12. Abschluss von Mietverträgen	Sonstige betr. Aufwendungen / Verbindlichkeiten
(z.B. über gemietete Räume)	
13. Abschluss von Leihverträgen (mit anderen Museen)	Sachanlagen (verliehene Bilder)
14. Abschluss von Versicherungsverträgen	Sonstige betr. Aufwendungen / Verbindlichkeiten
15. Vereinnahmung öffentlicher Zuschüsse	Sonstige betriebliche Erträge / Guthaben
16. Reparaturen und Instandsetzung	Sonstige betr. Aufwendungen / Verbindlichkeiten
17. Werbung in Zeitungen u. Zeitschriften	Sonstige betr. Aufwendungen / Verbindlichkeiten
18. Erstellung von Filmmaterial für Werbezwecke	Sachanlagen / Verbindlichkeiten
19. Anschaffung von Kraftfahrzeugen	Sachanlagen / Verbindlichkeiten
20. Durchführung von Sonderveranstaltungen	Umsatz / Kassenbestand
	Sonstige betr. Aufwendungen / Verbindlichkeiten
21. Verkauf von Bildern	Umsatz / Kassenbestand
II. Geschäfts- und Kontrollrisiken	
1. Wertverfall von Gemälden	Sachanlagen / Abschreibungen
2. Kürzung oder Fortfall öffentlicher Zuschüsse	Erträge / Guthaben
3. Wettbewerb durch „Neue Museen"	Umsatz / Kassenbestand
4. Verlust von Standortvorteilen	Sachanlagen / Abschreibungen
	Umsatz / Kassenbestand
5. Unterdeckung beim Versicherungsschutz	Vermögensgegenstände / Ertrag
6. Technischer Fortschritt bei den Sicherungsanlagen	Sachanlagen / Abschreibungen

Wie bei einer Röntgen- oder Ultraschallaufnahme wurden in wenigen Minuten Konturen sichtbar. Und Konturen ermöglichen es, „Positionen" frühzeitig zu bestimmen.

Der obige Katalog muss nicht vollständig sein. Ein Museumsexperte wird keine Mühe haben, weitere Geschäftsvorfälle und Risiken zu nennen. Diese einfache Übung sollte lediglich aufzeigen, wie schnell man in der Lage ist (und eine intensive Diskussion im *Team* ist immer sehr hilfreich), Themen zusammenzustellen und sich gezielt auf eine Prüfung vorzubereiten. Je eher man mit dieser Vorbereitung beginnt, desto besser ist man auch im weitesten Sinne des Wortes „ausgerüstet". Es wird nämlich nicht einfach sein, z.B. die Frage zu beantworten, wer Auskünfte über die Zeitwerte moderner Bilder erteilen und wer veränderte Standortbedingungen solide beurteilen kann. Die Gefahr ist groß, dass man ohne Leitlinie bereits früh in den *Strudel buchhalterischer Zwänge* und der Vielfalt ihrer (häufig belanglosen) Nachbuchungen gerät und dann den wesentlichen Themen nicht mehr die erforderliche Aufmerksamkeit widmen kann.

Gesetzt den Fall, Sie würden an einem Montag Morgen mit der Prüfung beginnen und bei einem Gespräch mit der Direktion die von Ihnen vorher bereits aufgelisteten Fragen systematisch abarbeiten, würden Sie dann nicht ein wohltuendes Gefühl der *Sicherheit* haben? Würden Sie nicht einen guten Eindruck machen und zu erkennen geben, dass Sie sich „um der Sache willen" sorgfältig mit dem Geschäftsbetrieb eines Museums und mit seinem Umfeld beschäftigt haben? Würde Ihnen ein Themenkatalog der oben geschilderten Art nicht ein gutes *Entree* ermöglichen? Schaffen Sie damit nicht eine gute Voraussetzung dafür, Dinge zu erfahren, die Sie noch nicht angeschnitten haben, weil Ihre Gesprächspartner auch mit ihrem Wissen glänzen wollen? Man wird es Ihnen schon sagen, wenn Sie gezielt fragen, ob Ihr Katalog *vollständig* ist!

Möglicherweise ist es strategisch sogar besser, sich mit der Direktion zunächst über ihre persönlichen Erfolge, die kulturellen *Chancen* einer Galerie oder über moderne Gesichtspunkte der Museums-Pädagogik zu unterhalten (Anknüpfungspunkte gibt es doch genug!) und sich dann langsam aber sicher auch zu den Problemen vorzuwagen, die mit Risiken und Geschäftsvorfällen verbunden sind.

Denken Sie aber bei aller Euphorie auch daran, dass die Direktion nicht unbedingt ein Interesse daran haben muss, Ihnen immer die ganze Wahrheit zu sagen! Es ist Ihre Aufgabe herauszufinden, was (bewusst oder unbewusst) nicht erwähnt wurde! Behalten Sie bitte auch in Erinnerung, dass es wichtig ist, möglichst schnell den *Zugang* zu einer Person zu finden! Wir werden uns an späterer Stelle ausgiebig mit Themen der *Gesprächsführung* auseinandersetzen.

3.1.1.3 Unternehmensziele und Unternehmensrisiken

Was versteht man unter *Geschäftsrisiken*? Unter einem Geschäftsrisiko versteht man die Möglichkeit, dass ein Ereignis die Fähigkeit des Unternehmens, seine *Ziele* zu erreichen bzw. seine *Strategien* erfolgreich umzusetzen, ganz oder teilweise beeinträchtigt. Ein Geschäftsrisiko steht also in unmittelbarer Beziehung zu einem oder zu mehreren Zielen. Diese Ziele sind entweder auf der *Unternehmens*ebene, also sagen wir: auf der Ebene der Geschäftsleitung angesiedelt, oder müssen darunter liegenden Ebenen, die wir als *Prozess*-Ebenen bezeichnen, zugeordnet werden.

Welche Ziele und welche Geschäftsrisiken könnten in der Brauereiwirtschaft eine Rolle spielen ? Bei BRATO steht wohl die „Expansion" im Vordergrund. Diese soll im Wesentlichen durch einen höheren Export erreicht werden. Ihr Geschäftsrisiko besteht dann u.a. darin, dass

- sich die Nachfrage auf den Auslandsmärkten z.B. konjunkturbedingt nicht so entwickelt wie geplant ;
- zwar der Auslandsumsatz erhöht werden kann, aber Marktanteile im Inland, z.B. dadurch verloren gehen, weil große Kunden nicht gehalten werden können.

Wir werden uns mit den Unternehmenszielen und den Geschäftsrisiken später noch eingehender befassen !

Kommen wir nun zur 2. Phase der Abschlussprüfung !

3.1.2 Die Analyse unternehmerischer Kontrollen

3.1.2.1 Das Okavango-Phänomen

Was bedeutet die Analyse der unternehmerischen Kontrollen ? Der Zweck der Analyse, die manchmal auch als Prozess-Analyse bezeichnet wird, besteht darin :

- Abläufe zu verstehen, die sich mit der Organisation von Geschäftsvorfällen und der Behandlung spezieller Risiken beschäftigen und
- zu begreifen, wie Geschäftsvorfälle und Risiken kontrolliert werden, damit sie u.a. auch ordnungsgemäß im Jahresabschluss abgebildet werden können.

Wir würden uns also z.B. bei TAIHAM damit beschäftigen, wie die Lieferungen an den traditionellen Bekleidungseinzelhandel abgewickelt werden und was die Gesellschaft unternimmt, damit alle Kunden ihre Rechnungen pünktlich und in vollem Umfang bezahlen. Wir müssen unter Einsatz unserer Kenntnis der Geschäftstätigkeit verstehen, wie der Mandant

- seine (u. U. mannigfaltigen) *Risiken* behandelt, wie er diese Risiken einschätzt und wie sich diese Einschätzung im Jahresabschluss auswirkt und wie er
- *Geschäftsvorfälle* bearbeitet, verarbeitet und damit sicherstellt, dass diese den Jahresabschluss überhaupt *„erreichen"* können.

Die *„Frage nach der Ankunft"* soll durch einen afrikanischen Fluss, den Okavango veranschaulicht werden. Der *Okavango* ist ein Strom, der im Landesinneren von Botswana ein gewaltiges Delta bildet und dort versickert, im Gegensatz zu anderen afrikanischen Flüssen, die nach langer Reise den Indischen Ozean erreichen.

3 Das Konzept einer risikoorientierten Abschlussprüfung

Overall Knowledge About Values And Needs Governing Objectives

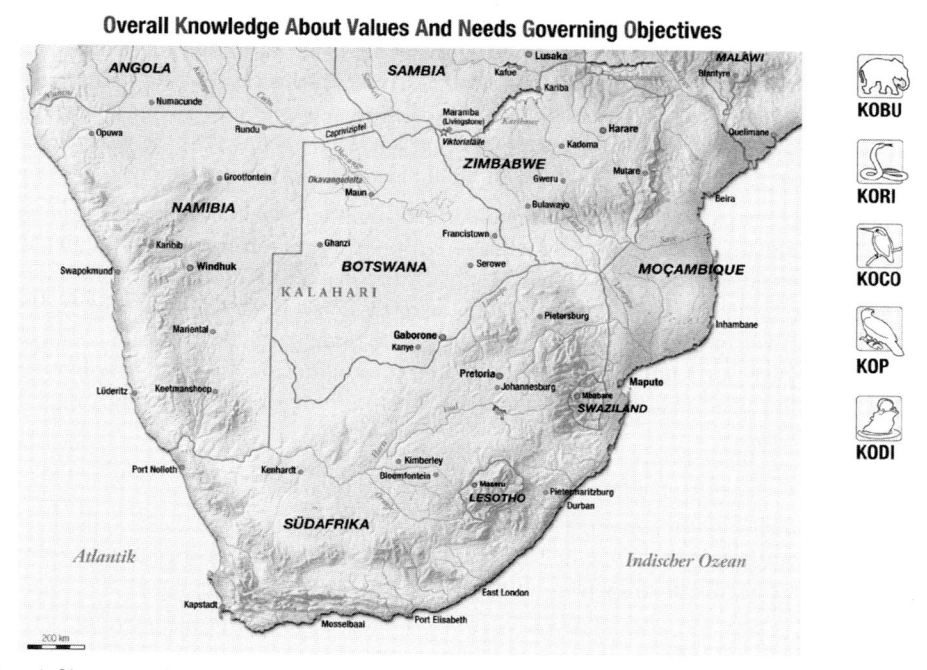

Abbildung 4: Okavango – der Fluss, der nie das Meer erreicht

Das Okavango-Delta zeichnet sich durch eine faszinierende Tierwelt aus. Ranger, die den Touristen dort begleiten, geben den Tieren, mit denen sie vertraut sind, ganz bestimmte Namen. So entwickeln sich dann im Laufe der Zeit Anreden, die auf Zuneigung, aber auch auf Respekt schließen lassen; z.B. für den Elefanten : KOBU, für die Schlange : KORI, für den Eisvogel : KOCO, für den Fischadler: KOP und für das Flusspferd : KODI. (Diese Namen werden wir später wieder aufgreifen und als Piktogramme verwenden.)

Das geologische Phänomen „Okavango" ist für mich ein Symbol für das Problem des Abschlussprüfers, herauszufinden, ob alle wesentlichen Daten und Informationen „nach langer Reise durch das Unternehmen" auch tatsächlich im Jahresabschluss landen oder vorher – gewollt oder ungewollt – in Abteilungen, auf Schreibtischen oder in Köpfen *versickern*.

Aus den Anfangsbuchstaben von **OKAVANGO** lässt sich folgende Zeile bilden, die sich gut als Merkspruch für die Abschlussprüfung eignet :

Overall **K**nowledge **A**bout **V**alues **A**nd **N**eeds **G**overning **O**bjectives

Nur über umfangreiche Kenntnisse der Geschäftstätigkeit kommt man zu sachgerechten Prüfungszielen *(Objectives)*. Nur in einem soliden Testat wird eine Arbeit dokumentiert, die der Mandant als wahre Dienstleistung empfindet *(Needs)*. Wenn es darüber hinaus gelingt, dem Unternehmen Verbesserungsvorschläge zu unterbreiten, dann wird die Arbeit des Abschlussprüfers auch als besonders wertvoll empfunden *(Values)*.

Was bedeutet das *„Problem des Versickerns"* nun ganz konkret? Wie lässt sich feststellen, dass offene *Forderungen* der TAIHAM im Jahresabschluss richtig bewertet sind? Sind *alle* für die Bewertung wesentlichen Informationen so durch das Unternehmen hindurchgelaufen, dass sie im Rahmen des Jahresabschlusses auch eine angemessene Behandlung erfahren? Gelingt es den Informationen überhaupt, bis zum Jahresabschluss vorzudringen oder werden sie aufgehalten oder versickern sie, bevor sie den Jahresabschluss erreicht haben?

Wie lässt sich feststellen, dass *Aufträge* von Einzelhandelsgeschäften ordnungsgemäß von TAIHAM bearbeitet wurden und dass ihre Textillieferungen ordnungsgemäß zu Umsätzen und zu entsprechenden Forderungen an ihre Kunden geführt haben? Woher wissen wir eigentlich, dass alle für eine Umsatzbuchung erforderlichen Informationen vorhanden waren und wer beantwortet die Frage, ob nicht wesentliche Informationen verloren gegangen sind, z.B. mit der Folge, dass notwendige Rechnungen überhaupt nicht erstellt wurden, dass ausgestellte Rechnungen fehlerhaft sind oder dass Wertberichtigungen auf Forderungen fehlen?

Was wird den Abschlussprüfer besonders beschäftigen?
- die *Existenz* der Forderungen?
- die *Bewertung* der Forderungen?
- der *Ausweis* der Forderungen?

Alle Fragen werden im Rahmen der Prozess-Analyse zu beantworten sein. Allgemein gesprochen, werden wir uns im Rahmen der Analyse unternehmerischer Kontrollen (die umfangreich und heterogen sind), mit Folgendem auseinandersetzen: Die Mandanten haben mehr oder weniger wirksame Kontrollen etabliert, die sich mit der *Erfassung* und *Verarbeitung* bzw. mit der Berichterstattung über Geschäftsvorfälle beschäftigen. Wir konzentrieren uns deshalb darauf, die entsprechenden Systeme des Rechnungswesens zu verstehen, angemessene Kontrollen zu identifizieren und den Aufbau dieser Kontrollen zu untersuchen. [46]

In den Unternehmen sind außerdem Kontrollen eingebaut, deren Aufgabe darin besteht, mit den *Geschäftsrisiken* angemessen umzugehen. Da Risiken zukunftsgerichtet sind, ist es schwieriger, sie zu kontrollieren und ihre Behandlung durch das Management zu prüfen.

Wir konzentrieren uns in der *Prozess-Analyse* darauf, den Aufbau, den Charakter, den Stil - kurz gesagt: das Design - dieser Kontrollen zu untersuchen und darüber hinaus im Rahmen eines Funktionstests eine Antwort auf die Frage zu finden, ob diese Kontrollen auch in der Lage sind, wesentliche *Fehlaussagen* zu verhindern bzw. aufzudecken und zu korrigieren.

Wir müssen uns an dieser Stelle darauf besinnen, dass der Mandant mit der Vorlage des Jahresabschlusses ganz bestimmte *Aussagen* verbindet.

---

[46] Wie wird wohl ein Abschlussprüfer reagieren, wenn ihm erklärt wird, das Unternehmen habe zwar den Umsatz deutlich gesteigert, es sei aber nicht gelungen, in die Gewinnzone vorzudringen? In diesem Zusammenhang wurde über die Gardena AG berichtet: „Das letzte Geschäftsjahr 2002/03 (30. September) schloß ... mit einem Umsatzzuwachs von 11 Prozent auf 440 Millionen Euro. Unter dem Strich aber nach Abzug aller Kosten war man im nicht näher bezifferten 'zartrosa' Verlustbereich. 'Wir haben es nicht geschafft, den Umsatz auch in Gerwinn umzumünzen.' "
(o.V.: Umsatz ohne Ertrag bei Gardena, in: FAZ 15.5.04, Nr. 113, S. 17)

3.1.2.2 Die Auffächerung des generellen Prüfungsziels

Welche *Aussagen* macht der Mandant, welche *Behauptungen* stellt er auf? Der Mandant behauptet, dass *alle* Jahresabschlussposten:

V	vollständig sind (Aussage zur **V**ollständigkeit)
E	dem Unternehmen (im rechtlichen bzw. wirtschaftlichen Sinne) gehören (Aussage zum **E**igentum)
B	bestehen, d.h. wirklich existieren (Aussage zum **B**estand)
B	den gesetzlichen Bestimmungen entsprechend richtig bewertet sind (Aussage zur **B**ewertung)
A	den gesetzlichen Bestimmungen entsprechend richtig ausgewiesen sind (Aussage zum **A**usweis)
G	genau ermittelt wurden (Aussage zur **G**enauigkeit)

Die im Unternehmen installierten Kontrollen haben u.a. die Aufgabe, dafür Sorge zu tragen, dass der Mandant diese Aussagen zu recht treffen kann. (Und niemand wird bestreiten, dass diese Aussagen sehr *anspruchsvoll* sind!) Die Aufgabe des Abschlussprüfers besteht dann darin, *Nachweise* dafür zu bekommen, dass die Kontrollen korrekt arbeiten, d.h. wir müssen uns davon überzeugen, dass *alle* Aussagen des Mandanten stimmen. Alle Aussagen? Ja!

Alle Aussagen!

Wir befinden uns jetzt an einem entscheidenden Punkt unserer Überlegungen: In Anbetracht seiner

Verpflichtung, die Verlässlichkeit der in Jahresabschluss und Lagebericht enthaltenen Informationen zu bestätigen,

ist der Abschlussprüfer gezwungen, den *Inhalt* dieses *generellen Prüfungsziels* sichtbar zu machen. Dies geschieht durch Auffächerung.

Die Auffächerung des generellen Prüfungsziels

	Bestand	**B**ewertung	
	Eigentum	**A**usweis	
Vollständigkeit			**G**enauigkeit

Generelles Prüfungsziel
„Die Verlässlichkeit von Informationen bestätigen"

Die Auffächerung des generellen Prüfungszieles ist ein wesentliches Kennzeichen der risikoorientierten Jahresabschlussprüfung, weil die notwendige Gewichtung seiner Elemente die analytische Aufgabe prägt, deren Erfüllung einem Bestätigungsvermerk zugrunde liegt.

Durch die Auffächerung wird ein Ordnungsrahmen geschaffen, in dem *individuelle Prüfungsziele* in der Absicht verfolgt werden, ausreichende und angemessene Nachweise dafür zu bekommen, dass die Aussagen zur Vollständigkeit, zum Eigentum, zum Bestand, zur Bewertung, zum Ausweis und zur Genauigkeit zutreffen. [47]

Sind wir damit nicht überfordert ? Auch hier spielt die *Wesentlichkeit* wieder eine entscheidende Rolle : Von unserer vorläufigen Beurteilung der Unternehmung und ihres Jahresabschlusses wird es abhängen (und ohne eine Analyse der Geschäftstätigkeit werden wir ein Urteil gar nicht fällen können), welche Aussagen wir als *wichtig* und welche Aussagen wir als *unbedeutend* empfinden.

Nach unserem Urteil richten sich also Art und Umfang unserer Prüfung. Wenn wir uns mit dem Design der einzelnen Kontrollen beschäftigen, werden wir Schwerpunkte bilden, d.h. bestimmte Aussagen vorrangig, andere Aussagen wiederum nur am Rande auf ihre Richtigkeit hin untersuchen. Dabei werden wir in der Regel auf sachgerechte, immer wieder aber auch auf unsachgemäße Kontrollen stoßen. Unsachgemäße Kontrollen werden uns veranlassen, *Bedenken* gegen eine bestimmte Aussage des Mandanten zu erheben. Bestehen Bedenken, müssen wir ein entsprechendes Prüfungsziel formulieren, das dann Art und Umfang der weiteren Prüfungsarbeiten bestimmt.

Die Formulierung eines *Prüfungszieles* lautet : Verschaffe Dir ausreichende und angemessene Nachweise darüber, dass eine bestimmte Aussage des Mandanten zutrifft. Prüfungsziele sind immer das Pendant zu den Aussagen oder Behauptungen des Mandanten. Das ist ein ganz komplizierter Zusammenhang und soll an einem Beispiel erläutert werden.

Gesetzt den Fall, wir sollten die Forderungen aus Lieferungen und Leistungen der TAIHAM prüfen, die im abgelaufenen Jahr – dies sei unterstellt - ihr Auslandsgeschäft wesentlich ausgedehnt hat. Wir würden uns dann im Rahmen eines Gespräches und anhand von Richtlinien bzw. von entsprechenden Dokumenten einen Überblick über das *Interne Kontrollsystem* bei *Forderungen* verschaffen. Das IKS hat sowohl die Aufgabe, die Auftragsabwicklung, d.h. die Bestellungen der Kunden korrekt abzuwickeln, als auch sicherzustellen, dass die Kunden die an sie gerichteten Rechnungen pünktlich und vollständig bezahlen.

Gewinnen wir aus den uns zur Verfügung gestellten Unterlagen den Eindruck, dass zwar das Inlandsgeschäft – auch bestätigt durch vorausgegangene Prüfungen - ordnungsgemäß abgewickelt wird, dass es aber offenbar im Auslandsgeschäft Probleme gibt, die sowohl die *Logistik* als auch die *Überwachung* der offenen Forderungen betrifft, dann werden wir uns doch entschließen müssen, die *Wirksamkeit* derjenigen Kontrollen nachzuvollziehen, die die *Vollständigkeit*, die *Existenz* und die *Werthaltigkeit* von Forderungen an ausländische Kunden abdecken. Mit anderen Worten : Wir setzen uns als *Prüfungsziele*, ausreichende und angemessene Prüfungsnachweise dafür zu bekommen, dass die Forderungen an *ausländische* Kunden *vollständig* sind, *existieren* und *richtig bewertet* sind.

Mit der Formulierung dieser Prüfungsziele (ich erinnere an **Governing Objectives**, die beiden letzten Buchstaben im Kürzel OKAVAN**GO**) ist die Einschätzung verbunden, dass bei den Forderungen aus Lieferungen und Leistungen ein *Risiko der wesentlichen Fehlaussage* be-

---

47 Im PS 300 wird unter TZ 7 auch der „Eintritt eines Ereignisses oder Geschäftsvorfalles im Unternehmen im zu prüfenden Geschäftsjahr" erwähnt. Dieses Kriterium ist in der VEBBAG-Struktur entweder im „Bestand" oder in der „Vollständigkeit" enthalten.

steht. Wie hoch wir dieses Risiko einschätzen würden, sei dahingestellt, zumindest schätzen wir es nicht als klein ein.

Der dem Design-Test nachgeschaltete *Funktionstest* dient dazu, die *Wirksamkeit* der einzelnen Kontrollen zu prüfen. Er wird entweder unsere Einschätzung des Risikos der wesentlichen Fehlaussage bestätigen und zu weiteren aussagebezogenen Prüfungen (in der Regel Einzelfallprüfungen) führen oder den Nachweis erbringen, dass entgegen unseren Erwartungen die Kontrollen so gut arbeiten, dass die Aussagen des Mandanten zur Vollständigkeit, zur Existenz und zur Bewertung der Forderungen an ausländische Kunden zutreffen.

3.1.3 Die verbleibenden aussagebezogenen Prüfungshandlungen

Die Phase der restlichen Prüfungsarbeiten, also die 3. Phase unserer Prüfung, beinhaltet die Bildung eines Urteils darüber, ob der Jahresabschluss auch wirklich mit unseren Vorstellungen und Erkenntnissen, die wir aus der Analyse der Geschäftstätigkeit und aus der Analyse der Kontrolltätigkeit gewonnen haben, übereinstimmt und ob wir einen uneingeschränkten Bestätigungsvermerk erteilen können.

Hier spielt insbesondere die Überlegung eine Rolle, inwieweit der Mandant – unter Budgetdruck stehend – „Bilanzpolitik" betreiben und bestimmte Regeln des Internen Kontrollsystems außer Kraft gesetzt hat. Durch den Funktionstest gewonnene Erkenntnisse („das Interne Kontrollsystem arbeitet ordnungsgemäß"), die weitere Prüfungen systembedingt, wenn auch nicht völlig ausschließen, aber doch auf ein Minimum begrenzen würden, können *unvorhergesehen in Frage gestellt* werden. Es kann dann notwendig sein, die restlichen Prüfungsarbeiten, die an sich nur noch einfache Abstimm- und Plausibilitätsprüfungen umfassen sollten, deutlich auszudehnen.

Eine risikoorientierte *Prüfungsplanung* muss dieser Problematik Rechnung tragen und genügend *Zeitreserven* für die 3. Phase der Abschlussprüfung einbauen. Wer aber die Unternehmensziele nicht rechtzeitig erkennt, wird zu spät oder überhaupt nicht in der Lage sein, seine verbleibenden aussagebezogenen Prüfungshandlungen durch konsequent gesetzte Prüfungsziele sachgerecht zu steuern.

3.1.4 Der Bestätigungsvermerk als abschließendes Urteil

Eine wichtige Frage muß noch beantwortet werden : Was ist die treibende und gleichzeitig konstruktive Kraft, die das *3-Phasen-Konzept* einer Jahresabschlussprüfung ordnet und gestaltet ? Es ist der Bestätigungsvermerk, der in seinem Kern aus einem Urteil besteht, und dieses Urteil ist seinem Wesen nach *analytischer Natur*.

Im HGB heißt es im durch das Bilanzrechtsreformgesetz neu gefassten § 322 Abs.2:

„Die *Beurteilung* des Prüfungsergebnisses muss zweifelsfrei ergeben, ob
1. ein uneingeschränkter Bestätigungsvermerk erteilt,
2. ein eingeschränkter Bestätigungsvermerk erteilt,
3. der Bestätigungsvermerk auf Grund von Einwendungen versagt oder
4. der Bestätigungsvermerk deshalb versagt wird, weil der Abschlussprüfer nicht in der Lage ist, ein *Prüfungsurteil* abzugeben.
Die Beurteilung des Prüfungsergebnisses soll allgemein verständlich und *problemorientiert* unter Berücksichtigung des Umstandes erfolgen, dass die gesetzlichen Vertreter den Abschluss zu verantworten haben. Auf *Risiken*, die den Fortbestand des Unternehmens ... *gefährden*, ist gesondert einzugehen ... ."

In Absatz 3 wird dazu ergänzt:

„In einem uneingeschränkten Bestätigungsvermerk ... hat der Abschlussprüfer zu *erklären*, dass die von ihm nach § 317 (HGB) durchgeführte Prüfung zu keinen Einwendungen geführt hat und dass der von den gesetzlichen Vertretern der Gesellschaft aufgestellte Jahres...abschluss auf Grund der bei der Prüfung gewonnenen Erkentnisse des *Abschlussprüfers* nach *seiner* Beurteilung den gesetzlichen Vorschriften entspricht und unter Beachtung der Grundsätze ordnungsmäßiger Buchführung oder sonstiger maßgeblicher Rechnungslegungsgrundsätze ein den *tatsächlichen* Verhältnissen entsprechendes Bild der Vermögens-, Finanz- und Ertragslage des Unternehmens ... vermittelt."

Und in Absatz 6 wird schließlich noch hervorgehoben:

„Die Beurteilung des Prüfungsergebnisses hat sich auch darauf zu erstrecken, ob der Lagebericht ... nach dem *Urteil* des Abschlussprüfers mit dem Jahresabschluss ... in Einklang steht und insgesamt ein zutreffendes Bild von der Lage des Unternehmens ... vermittelt. Dabei ist auch darauf einzugehen, ob die *Chancen und Risiken* der künftigen Entwicklung zutreffend dargestellt sind." (Kursivschrift als Hervorh. d.d. Verf.)

Der Bestätigungsvermerk wird in diesem Handbuch regelmäßig zur Sprache kommen, letztlich im Zusammenhang mit dem *Prüfungsbericht*, weil dieser den Bestätigungsvermerk oder den Vermerk über seine Versagung enthalten muss. Dabei wird dann auch im Einzelnen dargestellt werden, dass es sich bei dem vom Abschlussprüfer abzugebenden *Urteil* im Falle eines uneingeschränkten Bestätigungsvermerkes um eine Erklärung handelt, die - gemessen an der *Form* - eine „bejahende" (Qualität), „besondere" (Quantität), „unbedingte" (Relation) und „versichernde" (Modalität) Funktion hat und - gemessen am *Erkenntniswert* - im Gegensatz zu einer reinen Erläuterung zum Ausdruck bringt, dass hier eine „analytische Aufgabe" zu erfüllen war. (siehe Kapitel V.2.1.4.)

Da wir immer wieder auch die Aufgaben des *Prüfungsteams* behandeln, muss an dieser Stelle mit Nachdruck betont werden, dass *jedes* Mitglied am Zustandekommen des *Prüfungsurteils* beteiligt ist, jeder nach Maßgabe *seiner* Aufgabe und jeder geprägt von *seiner* Verantwortung. (Zur *persönlichen* Verantwortlichkeit der Mitarbeiter für die Gewährleistung einer hohen Qualität der beruflichen Leistungen siehe TZ 13 des E-VO 1/05.)

3.2 Die Leitfunktion des „Business Understanding"

Obwohl wir die einzelnen Phasen einer Abschlussprüfung im weiteren Verlauf unserer Überlegungen noch vertiefen werden, kam es darauf an, Ihnen rechtzeitig vor Augen zu führen, durch welche *Logik* die einzelnen Phasen miteinander verbunden sind. In der Phase, die wir als „Analyse der Geschäftätigkeit" bezeichnet haben, verschaffen wir uns – vor dem Hintergrund der Unternehmensziele und Unternehmensstrategien - ein Verständnis für die *Eigenart* von Geschäftsvorfällen und für die *Ausprägung* von Geschäftsrisiken. Hier stellen wir bereits eine erste wichtige *Weiche*, indem wir – unter besonderer Berücksichtigung des Grundsatzes der Wesentlichkeit - herausfinden, an welcher *Stelle* unternehmerische Kontrollen stattfinden bzw. stattfinden sollten. Über diese Weichenstellung führt der Weg hinein in bestimmte *Prozesse*, deren Aufgabe darin besteht, Geschäftsvorfälle zu bearbeiten bzw. spezielle Geschäftsrisiken zu erkennen und entsprechend zu behandeln.

Wir analysieren diese Prozesse, um herauszufinden, ob die darin enthaltenen Kontrollen in der Lage sind, die Abschlussaussagen des Mandanten zu stützen. Dabei werden wir regelmäßig auf mehr oder minder große Schwachstellen im Internen Kontrollsystem stoßen, die für uns die Verpflichtung auslösen, uns bestimmte *Prüfungsziele* zu setzen.

In Verfolgung dieser Prüfungsziele, die bedeuten, dass wir ausreichende und angemessene *Nachweise* für die Richtigkeit bestimmter Abschlussaussagen beschaffen müssen, werden wir entsprechende *Prüfungshandlungen* durchführen. Es ist von besonderer Bedeutung zu verstehen, dass diese Prüfungshandlungen durch die *Erkenntnisse* bestimmt werden, die wir bereits in der *ersten* Phase der Abschlussprüfung gewonnen haben.

Wir selbst bestimmen den Rahmen, in dem wir uns bewegen. Dieser Rahmen setzt sich aus dem *Verständnis* für wesentliche Geschäftsvorfälle und aus dem Verständnis für wesentliche Geschäftsrisiken zusammen. Insofern ist es irreführend, wenn das IDW in seinem PS 200 TZ 26 erklärt :

> *„Die Grenzen der aus einer Abschlussprüfung zu ziehenden Erkenntnismöglichkeiten werden u.a. bestimmt durch : die Prüfung in Stichproben, die immanenten Grenzen vom internen Kontrollsystem ..., den Umstand, dass Prüfungsnachweise nicht den Tatsachen entsprechen (z.B. bei kollusivem Verhalten), die Tatsache, dass in den meisten Fällen die Prüfungsnachweise eher überzeugend als zwingend sind, sie also Schlussfolgerungen nahe legen, ohne aber einen endgültigen Beweis zu liefern."*

Zu diesen überaus gewagten Behauptungen wird später noch Stellung zu nehmen sein !

Aus der Kenntnis der Geschäftstätigkeit heraus müssen wir *sachgerechte Fragen* stellen. Die Mandanten müssen *wissen*, dass diese Fragen anspruchsvoll und nachhaltig sind und regelmäßig auch von einer erheblichen Portion *Skepsis* getragen werden. Allein schon damit errichten wir ein Bollwerk gegen die Zurückhaltung von Informationen, möglicherweise sogar gegen betrügerische Machenschaften. [48]

---

48 In seinen modelltheoretischen Betrachtungen geht M. Dobler auch der Frage nach, unter welchen Voraussetzungen Informationen zurückgehalten werden, und kommt u.a. zu dem Ergebnis : „Hinreichend skeptische Erwartungen des Kapitalmarktes erzwingen die Offenlegung hingegen selbst dann, wenn relativ niedrige Publizitätskosten anfallen." (Risikoberichterstattung, S. 70)

Ich verweise auf meine Darstellung eines *Korridors* (siehe Abbildung 2 „Leitfunktion"). Sie soll veranschaulichen, dass die aussagebezogenen Prüfungshandlungen in einem Rahmen ablaufen, der bereits durch die *Analyse der Geschäftstätigkeit* gesetzt wird. Wenn diese Analyse *unzureichend* oder *überhaupt nicht vorhanden* ist, fehlt den Prüfungshandlungen jede *Richtung*. Sie werden nicht in der Lage sein, wesentliche Fehlaussagen in Jahresabschluss oder Lagebericht aufzudecken.

Versuchen Sie bei Ihrer Arbeit immer, eine Verbindung zur *Analyse der Geschäftstätigkeit* herzustellen, damit Sie in dem von mir skizzierten Korridor bleiben. Wenn Sie keine Verbindung herstellen können, dann ist Ihre Arbeit sinnlos geworden, und Sie laufen unter dem Aspekt des *Prüfungsrisikos* Gefahr, schwerwiegende Fehler zu begehen. Haben Sie den Korridor aus den Augen verloren, fragen Sie sofort den Prüfungsleiter. (Vielleicht helfen Ihnen aber auch die in Kapitel III. aufgestellten „Wegweiser" !)

Der Korridor symbolisiert einen langen Weg, und es muss deshalb hier die Frage gestellt werden, welche Richtschnur Sie verwenden können, um sich in diesem Korridor sicher zu bewegen. Die bereits mehrfach zitierten *Prüfungsstandards des IDW* weisen einen guten Weg. Ich empfehle insbesondere den Prüfungsassistenten als Einstieg in den Korridor in jedem Fall die folgenden Prüfungsstandards sorgfältig zu studieren :

- Ziele und allgemeine Grundsätze der Durchführung von Abschlussprüfungen (PS 200)
- Rechnungslegungs- und Prüfungsgrundsätze für die Abschlussprüfung (PS 201)
- *Kenntnisse über die Geschäftstätigkeit sowie das wirtschaftliche und rechtliche Umfeld des zu prüfenden Unternehmens im Rahmen der Abschlussprüfung (PS 230)*
- Wesentlichkeit im Rahmen der Abschlussprüfung (PS 250)
- Das Interne Kontrollsystem im Rahmen der Abschlussprüfung (PS 260)
- Prüfungsnachweise im Rahmen der Abschlussprüfung (PS 300)
- Die Prüfung von geschätzten Werten in der Rechnungslegung (PS 314)
- Arbeitspapiere des Abschlussprüfers (PS 460)

Die Prüfungsstandards, mit denen wir uns in Kapitel VI. eingehend beschäftigen werden, sind ein guter Wegweiser. Garantien dafür, dass Berufsanfänger sich nicht verlaufen, geben sie allerdings nicht. Aus diesem Grunde enthält dieses Handbuch in Kapitel III. *Leitfäden* für die Tagesarbeit und ermöglicht es allen Mitgliedern eines Teams, sich an festgelegten Meilensteinen zu orientieren, die sie bei der Prüfung der einzelnen Jahresabschlussposten passieren müssen, damit sie allen Anforderungen gerecht werden und selbst zu einem ausgewogenen *Urteil* kommen können. Es präsentiert ihnen außerdem in Kapitel VI und in der damit verbundenen Anlage 52 einen Katalog von Begriffsbestimmungen und Erläuterungen, der bei ihnen jederzeit abrufbereit sein muss, damit sie ihrer anspruchsvollen Rolle als Mitarbeiter eines Wirtschaftsprüfers gerecht werden.

Die Anlage 8 enthält Hinweise zu Branchen und Unternehmen, und sie sollen den Leser bei seinen Bemühungen unterstützen, sich einen Überblick über *aktuelle* Entwicklungstendenzen in der nationalen und internationalen Wirtschaft zu verschaffen. Sie dienen außerdem dazu, *Denkanstöße* zu geben, wenn man sich mit der Frage beschäftigt, welch aktuelle Themen man in die Unterredungen mit dem Mandanten einflechten kann, um sich als interessierter *Gesprächspartner* zu präsentieren. Damit lässt sich ein Weg einschlagen, der nicht nur vom IDW, sondern von jedem Wirtschaftsprüfer und vereidigten Buchprüfer propagiert wird: Wir müssen uns von den Interessen unserer Mandanten leiten lassen und mit der Abschlussprüfung *Dienstleistungen* verbinden, die als wertvoll empfunden werden.

Dieses Denken in *Wert-Kategorien* [49] läuft auf drei Ebenen ab:

1. Abschlussprüfungen und Bestätigungsvermerke sind ein *vertrauensbildender* Faktor in der Wirtschaft. *(Verlässlichkeit von Informationen bestätigen.)*
2. Wir haben *tiefgehende* Kenntnisse über die einzelnen Unternehmen und müssen dieses Informations-Kapital sinnvoll einsetzen. [50] Als Team sind wir in der Lage, dem Mandanten z.B. wertvolle Hinweise zu Schwachstellen in seinem Internen Kontrollsystem oder zu Verbesserungsmöglichkeiten in seinem System der internen oder externen Berichterstattung zu geben. *(Über das reine Testat hinaus die Abschlussprüfung auch im Sinne des IDW als Dienstleistung darbringen.)*
3. Unsere Kenntnisse über die Geschäftstätigkeit müssen auch diejenigen Überlegungen unserer Mandanten erfassen, in deren Mittelpunkt die Frage steht: Wie kann ich die *Bedürfnisse* unserer Kunden am besten erfüllen. Wenn wir seine Ziele, Strategien und Maßnahmen verstehen und richtig einordnen können, werden wir auch in der Lage sein, *Inhalt und Qualität* seines Jahresabschlusses besser zu begreifen. [51] *(Informationen über ein Unternehmen als Brücke zum Jahresabschluss verwenden.)*

3.3 Unternehmensbilder: Branchen, Märkte, Länder

Wenn man sich mit internen Richtlinien von WP-Gesellschaften oder mit den vom IDW herausgegebenen Prüfungsstandards beschäftigt, dann taucht sofort die Frage auf, wie kann man diesen *nüchternen* und z.T. sehr *abstrakten* Stoff vor allem der jungen Generation nahe bringen. Es ist nicht damit getan, dass sie Titel, Textstellen oder gar Paragraphen auswendig lernt, sondern sie muss möglichst schnell lernen, theoretisches Wissen auf konkrete Situationen anzuwenden. Wie in jedem Beruf gehört dazu nicht nur ein gewisses *Verständnis* für wirtschaftliche Zusammenhänge, sondern vor allem eine große Portion *Leidenschaft*.

Wirtschaftsprüfer sind zur Verschwiegenheit verpflichtet. Wie können sie dann ihre Erfahrungen an ihre Mitarbeiter weitergeben? Hier hilft nur der Blick in die Wirtschaftspresse, in der eine Fülle von Informationen über eine Vielzahl von Branchen enthalten ist. Die Artikelreihe „*Das FAZ-Unternehmergespräch*" eignet sich nach dem Verständnis des Verfassers in hervorragender Weise dafür, sich in die Welt eines Unternehmens hineinzuversetzen und die Ansichten von Unternehmern, ihre *Ziele, Strategien, Risiken* und damit verbundene *Philosophien* kennen und *verstehen* zu lernen.

Im Folgenden werden einige Geschäftsmodelle und Unternehmensbilder auszugsweise wiedergegeben. Sie sollen den Leser zur Besinnung aufrufen und ihn veranlassen, darüber nachzudenken, durch welche *Eigenarten* die einzelnen Unternehmen gekennzeichnet sind und in

---

49 Vgl. U. Lindgens: Qualitätsmanagement, in: HdRuP, Sp. 1959
50 Vgl. D. Hachmeister: Ökonomische Analyse der Governance Struktur von Prüfungsgesellschaften, in: ThuPdWPg III, S. 141
51 Vgl.: Prüfungen im 21. Jahrhundert (Entwicklungen, Probleme, Visionen – Podiums- und Plenardiskussion), in: ThuPdWPg, S. 233

welchen Jahresabschlusspositionen sich bestimmte *Geschäftsvorfälle* und bestimmte *Risiken* vermutlich niederschlagen werden. Damit wird auch eine Formulierung in ISA 310 (Knowledge of the Business) verständlich, in der es unter TZ 12 heißt :

> *"To make effective use of knowledge about the business, the auditor should consider how it affects the financial statements taken as a whole and whether the assertions in the financial statements are consistent with the auditor's knowledge of the business."*

Es ist nebensächlich, ob sich bei den hier vorgestellten Unternehmen in der Zwischenzeit Veränderungen ergeben haben. Die Aufgabe lautet einzig und allein, das hier skizzierte Bild zu analysieren und eine *Brücke zum Jahresabschluss* zu schlagen. Wir haben uns dabei von einem Gedanken leiten lassen, der auf dem zweiten von KPMG und der Universität Potsdam im Jahre 1998 veranstalteten Symposium vorgetragen wurde und der auch in dem entsprechenden Band mit den Langfassungen der gehaltenen Vorträge enthalten ist:

> *"Authoritative audit pronouncements in most countries recognise the importance of understanding the environment in which an organisation operates. In the US, such pronouncements observe that knowledge of the business is used in planning the audit, evaluating the reasonableness of estimates and management representations, and to help the auditor make difficult judgements about the appropriateness of the accounting principles applied by the client. Very little guidance, however, is provided about the nature and depth of knowledge required, nor is there much about the relative importance of this knowledge (e.g., compared to knowledge obtained from sampling and testing individual transactions.)"* [52]

Für den weiteren Gang unserer Überlegungen ist es wichtig, dass Sie sich jetzt einige Minuten Zeit lassen, um anschließend Auskunft geben zu können über zu erwartende :

I. Inhärente Risiken auf der Unternehmensebene
— „Integrität und Kompetenz der Unternehmensleitung sowie Kontinuität in der Zusammensetzung der gesetzlichen Vertreter"
„Ungünstige Entwicklungen im Unternehmen oder in der Branche, die die Unternehmensleitung zur Anwendung fragwürdiger bilanzpolitischer Maßnahmen verleiten könnten."
— „Art und Umfang der Geschäftstätigkeit"
— „Besonderheiten der Geschäftsentwicklung"
— „branchenspezifische Faktoren, z.B. neue Technologien, Nachfrageänderungen und Konkurrenzentwicklungen"

II. Prüffeldspezifische Risiken
— „Fehleranfälligkeit von Posten des Jahresabschlusses"
— „Komplexität von Geschäftsvorfällen"
— „Abschluss ungewöhnlicher oder komplexer Geschäfte"

---

[52] Arricale/Bell/Solomon/Wessels : Strategic-Systems Auditing, a.a.O., S. 17

3 Das Konzept einer risikoorientierten Abschlussprüfung

- „Geschäftsvorfälle, die nicht routinemäßig verarbeitet werden."
- „Beurteilungsspielräume bei Ansatz und Bewertung von Vermögensgegenständen und Schulden"

Diese Übung (mit aus PS 260 des IDW entnommenen Kriterien) soll auch ein Beispiel dafür sein, dass sich Prüfungsteams in rascher Aufeinanderfolge immer wieder *neuen* Aufgaben, unter *großem* Zeitdruck und unter *heterogenen* Bedingungen, widmen müssen. Umstellung muss man lernen, sie kostet viel Zeit !

Autozulieferindustrie (Kirchhoff Automotive)
Wenn Arndt Kirchhoff die Branche beschreibt, dann denkt er an komplexe Beziehungen zwischen Autokonzernen, bedeutenden Zuliefer-Gruppen (z.B. Visteon, Delphi oder Valeo) und den wesentlich kleineren Familienbetrieben. Die Teile-Lieferanten stehen unter einem permanenten Preisdruck der Autokonzerne, die immer mehr Risiken auf Dritte verlagern. Die Kirchhoff-Gruppe erzielte in 2001 „einen Umsatz von rd. 450 Millionen Euro. Sie beschäftigt 2.500 Mitarbeiter, fast drei Viertel im Bereich Automotive. Mit 220 Millionen Euro entfällt knapp die Hälfte auf das Geschäft mit Autoteilen. Größter Kunde ist General Motors (mit Opel), gefolgt von Daimler-Chrysler, der Volkswagen-Gruppe (mit Audi und Seat) sowie Ford."
„Risikominimierung" betreibt die Gruppe „mit ihrem VIA-Projekt, in dem sie mit zahlreichen Firmen etwa auf Gebieten der Oberflächen- und Lasertechnik, der Beratung, Managementsystemen oder beim Einkauf kooperieren. Zu schaffen macht Kirchhoff die Konzentration in der Stahlindustrie und deren Vordringen in das Autogeschäft." [53]

Bauwirtschaft (Ardex GmbH)
Der Bauchemie-Hersteller (Fliesenkleber, Fugenmörtel, Estrich und Bodenspachtelmasse) hat seit 1999 „den Umsatz annähernd verdoppelt und die Zahl seiner Mitarbeiter verdreifacht." Um den Geschäftsrückgang in Deutschland „zu kompensieren, sollte das Auslandsgeschäft kräftig ausgebaut werden." Wie Dieter Gundlach berichtet, wurde im Jahr 2000 „The W.W. Henry Company", der amerikanische Marktführer bei Bodenbelagsklebstoffen gekauft. „Zwei Jahre später folgte die Übernahme der britischen Norcros-Gruppe, eines führenden Anbieters von Flüssigklebstoffen, der mit zehn Fabriken in Asien und Australien vertreten ist." „Wir wollen unser Produktportfolio erweitern und keine Diversifikation betreiben." „Am hohen Standard seiner Produkte macht Ardex auch in Asien keine Abstriche. 'Wir wollen langsam wachsen, über Qualität und Beratung' ... 'Wir wollen nicht in das Massengeschäft, wo nur der Preis zählt.' „Die hohen Aufwendungen für die Entwicklung der Produkte schlagen sich im Preis nieder. 'Wir sind Technologie und Preisführer.' " [54]

Espressomaschinen (Jura Elektroapparate AG)
Nach Angaben von Emanuel Probst nimmt Jura auf dem deutschen Markt hinter der italienischen Saeco-Gruppe den zweiten Platz ein. „'Wir wollen bei den Espressomaschinen sein, was Bang & Olufsen unter den HiFi-Anlagen ist' ... 'Das bedeutet eine Markenphilosophie, die Sachlichkeit, Seriosität und einfache Bedienung garantiert.'" „Dem kontrollierten Wachs-

---

53 Rüdiger Köhn : „Bei den Autokonzernen ist ein Knick in der Logik" (Das Unternehmergespräch mit Arndt Kirchhoff, dem geschäftsführenden Gesellschafter von Kirchhoff Automotive), in : FAZ 29.7.02, Nr. 173, S. 14
54 Christine Scharrenbroch : „Eine Übernahme von 200 bis 300 Millionen Euro ist drin." (Das Unternehmergespräch mit Dieter Gundlach, dem Vorsitzenden der Geschäftsführung der Ardex GmbH), in : FAZ 6.9.04, Nr. 207, S. 18

tum dient auch der selektive Vertrieb, der primär auf den Fachhandel setzt und zu dem eine soeben eingeführte Vertriebsbindung gehört." „Heute stellt Jura die Geräte nicht mehr selbst her, sondern bezieht sie von der Eugster/Frismag AG in Romanshorn (Schweiz), einem der weltweit führenden Produzenten von Kaffee- und Espressomaschinen. Die Elektronik kommt aus Fernost, wird aber in der Jura-Zentrale entwickelt. Ansonsten kümmert sich Jura um Service, Design und Vertrieb." [55]

Fleisch- und Wurstwarenindustrie (H. & E. Reinert)

Die Marktstruktur ist mittelständisch geprägt. Ewald Reinert betont, dass nur zwei Großunternehmen (Nestlé mit seiner Marke „Herta" und Unilever mit seiner Marke „Bifi") sich auf diesem Feld betätigen. „Unser ausgeprägtes Markendenken war der richtige Weg." Das Verbraucherverhalten hat sich stark gewandelt. „Der Wursteinkauf an der Bedienungstheke im Supermarkt oder in der Fleischerei ist ... deutlich zurückgegangen ... . Hingegen haben die Umsätze von verpackter Ware aus der Selbstbedienungstheke, auf der auch die Marke des Produktes viel deutlicher sichtbar ist, zugenommen." „Zu den neuesten Produkten zählen in Tüten verpackte Salami-Chips oder Schinken-Nuggets, mit denen das Unternehmen nicht nur den wachsenden Snack-Markt für sich entdeckt, sondern auch neue Vertriebskanäle wie beispielsweise Tankstellen betreten hat." Die Übernahme der Firma Sickendiek war „vor dem Hintergrund der zunehmenden Bedeutung von Handelsmarken und den wachsenden Marktanteilen der Discounter von großer strategischer Bedeutung." Reinert positioniert sich „als Anbieter gehobener Spezial- und Nischenprodukte, die auch dem Handel auskömmliche Margen versprechen. Die neue Tochtergesellschaft bedient eher den Massenmarkt und ist eine Antwort auf die Verschiebungen in der Handelslandschaft." [56]

Gebäckherstellung (Firmengruppe Lambertz)

Hermann Bühlbecker bekennt, dass Lambertz sich für den Massenmarkt entschieden hat und darauf verzichtet, nur ein kleines „Premiumsegment" zu bedienen. „Anstatt des Fachhandels werden heute alle Vertriebsschienen des Einzelhandels vom Fachgeschäft über den Supermarkt und die SB-Warenhäuser bis zum Discounter und zur Tankstelle beliefert." Neben Saisonartikeln werden in zunehmendem Maße Ganzjahresartikel verkauft, die bereits einen Anteil von 60% am Umsatz aufweisen. Das Wachstum war nicht nur „organisch", sondern es wurden auch immer wieder Unternehmen hinzugekauft (Kinkartz, Weiss, Haeberlein-Metzger oder Otten). „'Wir würden im Ausland gern weiter wachsen und im Inland in neue Geschäftsfelder investieren, darunter in Pralinen', sagt Bühlbecker. International liegt sein Augenmerk vor allem auf Osteuropa..." „Als reiner Hersteller von Nostalgieprodukten sehe er sich ganz und gar nicht. Das Produkt muss sich rechnen und den Veränderungen in der Zeit anpassen." [57]

Getränkeindustrie (Karlsberg Brauerei)

Auf Veränderungen angesprochen, erklärt Richard Weber, dass das Pils durch Biermischgetränke oder weniger herbe Biersorten abgelöst werde. „Die junge Generation sorge noch auf

---

[55] Konrad Mrusek : „Der schnelle Wandel der deutschen Kaffeekultur hat uns überrascht." (Das Unternehmergespräch mit Emanuel Probst, dem Chef des Espressomaschinen-Herstellers Jura), in : FAZ 15.7.02, Nr. 161, S. 16
[56] Brigitte Koch : „Unser ausgeprägtes Markendenken war der richtige Weg." (Das Unternehmergespräch mit Ewald Reinert, dem Vorsitzenden der Geschäftsführung der Westfälischen Privatfleischerei Reinert), in : FAZ 23.6.03, Nr. 142, S. 17
[57] Georg Giersberg : „Markenartikel geraten immer mehr unter Preisdruck." (Das Unternehmergespräch mit Hermann Bühlbecker, dem Alleingesellschafter der Unternehmensgruppe Lambertz), in : FAZ 27.10.03, Nr. 249, S. 14

eine andere Art für den Strukturwandel an der Theke und beim privaten Bierkonsum: Mit dem Ausspruch 'Ich trinke nicht das Bier meines Vaters', grenzten sich Jugendliche ab." „Ähnlich wie sich das Produktangebot der Brauereien ändere, werde sich auch die Gastronomie grundlegend wandeln müssen. Der fehle heute die Frequenz." „Die Restrukturierung der Mineralbrunnen Teinach-Überkingen, die im letzten Jahr mit 11 Millionen Euro Verlust zu Buche schlug, ist weitgehend abgeschlossen. Bei übernommenen Getränkefachgroßhändlern, überwiegend gastronomieorientiert, waren Abschreibungen für einen Verlust verantwortlich und beim französischen Fruchtsaftunternehmen Cidou gingen zwei große Kunden verloren." [58]

Heizungsbranche (Viessmann-Werke)
Nach Aussagen von Martin Viessmann ist die Heizungsbranche durch Konzerne geprägt, „die durch Zukäufe gewachsen sind." Dabei denkt er u.a. an Bosch-Buderus und Vaillant-Hepworth. „Wir wollen bewusst über andere Kriterien als über Zukäufe wachsen." „Organisches Wachstum führe zu einer Weiterentwicklung der eigenen Technik, es führe aber auch zu einem in sich geschlossenen und überschneidungsfreien Produktangebot. Die Folge ist, dass Viessmann heute als drittgrößter Hersteller Europas ... das breiteste Angebot an Heizungen hat: von klein bis groß, für alle Energieträger von Holz über Kohle, Öl, Gas bis zu Sonnen- und anderen regenerativen Energien wie Erdwärme und von Einfachausstattung bis zu Komfortausstattungen." „Organisches Wachstum ist für Viessmann aber nicht nur eine Frage der Betriebswirtschaft (einheitlicher Marktauftritt, Kosteneinsparungen) und der Technik (Plattformtechnik, weniger Ersatzteile). Organisches Wachstum festigt auch den Zusammenhalt im Unternehmen." Das Unternehmen plant, in den kommenden drei bis fünf Jahren den Auslandsanteil, der von 1992- 2003 von rund 10 auf 43 % gewachsen ist, auf über 50 % zu steigern. [59]

Lebensmittelindustrie (Franz Zentis GmbH & Co)
Nach Angaben von Karl-Heinz Johnen stützt sich die Zentis-Gruppe hauptsächlich „auf drei Säulen: Konfitüren und süße Cremes, Süßwaren und das Industriegeschäft mit Molkereien und der Backwarenindustrie. Allgemein bekannt ist der Markenartikler Zentis für seine süßen Brotaufstriche, für Marzipan und Nougat. Doch ist das Industriegeschäft mit Fruchtzubereitungen das weitaus größte, profitabelste und wachstumsstärkste Geschäftsfeld der Gruppe." Fruchtzubereitung erfordert ein hohes technisches Know how. „Man arbeitet unter vollaseptischen Bedingungen, und die frischen Früchte, von denen jährlich rund 200.000 Tonnen angeliefert werden, müssten so schnell und schonend verarbeitet werden, dass sie in Stücken erhalten bleiben und nicht zu einem Brei zusammenfallen." Um weiterhin kreativ zu sein, arbeitet Zentis mit der Rheinisch-Westfälisch-Technischen Hochschule in Aachen zusammen. „Johnen hält sehr viel von strategischen Allianzen. 'Für einen Mittelständler ist das der beste Weg, Synergiepotentiale auszuschöpfen.' ... Jüngstes Beispiel ist ein Gemeinschaftsunternehmen mit dem Mitbewerber Schwartau ... . So ist geplant, künftig bei Produktion und Vertrieb von Marzipan zusammenzuarbeiten, wobei sich Schwartau um das Industriegeschäft kümmern soll und Zentis um das Konsumgeschäft." Die Konfitüren-Sparte, mit der Johnen nicht zufrieden ist, soll in eine Konfitüren GmbH ausgelagert werden. [60]

---

58 Michael Roth : „Dem Pils droht das gleiche Schicksal wie Export-Bier." (Das Unternehmergespräch mit Richard Weber, dem geschäftsführenden Gesellschafter der Karlsberg-Brauerei), in : FAZ 9.2.04, Nr. 33, S. 14
59 Georg Giersberg : „Organisches Wachstum ist langfristig der erfolgreichere Weg." (Das Unternehmergespräch mit Martin Viessmann, dem Inhaber der Viessmann-Werke), in : FAZ 28.6.04, Nr. 47, S. 14
60 Brigitte Koch : „Die Fruchtzubereitung verlangt viel Know-how." (Das Unternehmergespräch mit Karl-Heinz Johnen, Geschäftsführer der Franz Zentis GmbH & Co), in : FAZ 17.3.03, Nr. 64, S. 17

Maschinenbau (Körber AG)

Der Maschinenbau – so stellt es Werner Redeker dar – muss sich mit einem schwierigen Umfeld auseinandersetzen. „Die Unsicherheit auf den Weltmärkten ist groß. Die Nachfrage sinkt, die Währungsrisiken steigen." Körber ist auf seinen angestammten Gebieten (Tabak-, Papier- und Schleifmaschinen) Weltmarktführer. (Ihr Umsatzanteil liegt bei 45 %, 25 % und 25 %.) „Die Zigarettenindustrie zeigt sich derzeit ... nicht sehr investitionsfreudig, die Nachfrage nach Schleifmaschinen ist deutlich zurückgegangen. Dafür hat sich der Auftragseingang nach Papiermaschinen belebt." Das Unternehmen „hofft auf eine Erholung in den Vereinigten Staaten, ist für Deutschland dagegen nicht sehr optimistisch – bei einem Auslandsanteil zwischen 85 und 90 Prozent." Auf dem Weltmarkt tätige Unternehmen müssen „überall präsent oder zumindest flexibel genug sein, um den Kunden bei Werksneubauten oder Verlagerungen überallhin folgen zu können." Mit der Einweihung eines Körber-Hauses in Shanghai hat man entsprechende Signale gesetzt. „China ist nicht nur bedeutender Abnehmer von Papier- und Werkzeugmaschinen. Das Land könne schon bald der wichtigste Kunde der Tabaksparte werden." Seit 2002 ist man auf einem neuen Markt, der Pharmaverpackung tätig. Man hat innerhalb kurzer Zeit drei Unternehmen erworben, die ein Umsatzvolumen von rd. 80 Millionen Euro repräsentieren. „Körber testet hierbei erstmals auch ein neues Geschäftsmodell. Eine Neuerwerbung baut nämlich keine Maschinen, sondern entwickelt und liefert selbst Verpackungen." Nach Angaben von Herrn Redeker beträgt die Umsatzrendite 6 % und die Eigenkapitalquote 57 %. Beide Kennziffern liegen nach seiner Einschätzung über dem Branchendurchschnitt. [61]

Speditionsbranche (Fiege-Gruppe)

Hugo Fiege äußert sich sehr positiv über die wirtschaftliche Lage seiner Gruppe. „Als Hauptgründe für den Erfolg sieht er die Konzentration auf die Kontraktlogistik an. Darunter versteht man – im Gegensatz zur Transportlogistik – vor allem die Übernahme komplexer Logistikaktivitäten von Industrie- und Handelsunternehmen – wie zum Beispiel Lagern, Kommissionieren und Steuern der Güterströme. Die gegenwärtige Konjunkturschwäche bremse das reine Transportgeschäft: 'Es wird nur transportiert, was auch produziert wird', erläutert Fiege; die Kontraktlogistik sei von der Konjunktur weniger abhängig." Wodurch wird diese Entwicklung beeinflusst? Viele Unternehmen haben den Wunsch, Komplexität zu drosseln und sich mehr dem Wachstum ihres Kerngeschäftes zu widmen. „Als jüngstes Beispiel nennt er ein internationales Modeunternehmen, dessen Umsatz jährlich um 20 bis 30 Prozent wachse und das heute zwölf statt bisher sechs Kollektionen im Jahr auf den Markt bringen will." Im Gegensatz dazu gibt es allerdings auch Unternehmen, die aufgrund ihrer angespannten Ertragslage Kosten sparen müssen. „Als Beispiel nennt er Zeitungsverlage, die vor zwei oder drei Jahren, als es ihnen noch sehr gut ging, an eigenen Vertriebsnetzen festgehalten hätten." Aus einem verstärkten Kostenbewusstsein habe sich dann die Nachfrage nach „Medienlogistik" entwickelt. Die damit verbundenen Netze seien „flächendeckend in Deutschland präsent." Die Gruppe hat sich zwar schon vor einigen Jahren von der Transportsparte getrennt, unterhält aber weiterhin einen eigenen Fuhrpark. Dazu erläutert Hugo Fiege: 'Transport bieten wir dort selbst, wo wir ihn nicht billiger einkaufen können oder gar nicht bekommen.' [62]

---

61 Axel Schnorbusch : „Unabhängigkeit ist unser höchstes Gut." (Das Unternehmergespräch mit Reiner Redeker, dem Vorstandsvorsitzenden der Körber AG), in : FAZ 14.4.03, Nr. 88, S. 20
62 Matthias Roeser : „Wir haben auch in Krisenzeiten guten Zuspruch." (Das Unternehmergespräch mit Hugo Fiege, dem geschäftsführenden Gesellschafter der Fiege-Gruppe), in : FAZ 3.3.03, Nr. 52, S. 16

3 Das Konzept einer risikoorientierten Abschlussprüfung

Textilindustrie (Gardeur AG)

Was der Bürger und der private Konsument schon seit Jahren feststellen müssen, wird von Günter Roesner bestätigt : Die alteingessenen Fachhändler können sich im deutschen Bekleidungshandel kaum noch behaupten. „Gewinner dieser Entwicklung waren in den vergangenen Jahren der Versandhandel, Lebensmittelhändler wie Aldi oder Kaffeeröster wie Tchibo und ganz besonders die vor allem aus dem Ausland auf den deutschen Markt drängenden sogenannten vertikalen Anbieter. Das sind die auf klar definierte Zielgruppen fokussierten Ketten wie Hennes & Mauritz, Benetton oder Zara, die ausschließlich Bekleidung ihrer speziellen Marke anbieten." Roesner führt den Erfolg der vertikalen Handelskonzepte darauf zurück, dass der Kunde schnell das Richtige finden möchte („Zeitökonomie") und es begrüßt, wenn ihm in regelmäßigem Wechsel neue Artikel angeboten werden. („Frischeprinzip"). Diesen Bedarfswandel erkennend, hat Gardeur seit 1997 einen neuen Weg beschritten. „Seither setzt das Unternehmen, das immer noch stark auf die Produktion von Damen- und Herrenhosen spezialisiert ist, auf die enge Kooperation mit dem Handel und versteht sich mehr und mehr nicht nur als Lieferant, sondern vor allem als Dienstleister, der den Einzelhändler mit einer Fülle von Angeboten in seinem Marketing unterstützt. Kern der Zusammenarbeit ist ein Flächenbewirtschaftungskonzept, das Gardeur den Partnern im Handel anbietet. 'Wir geben auf diesen Flächen sogar eine Erfolgsgarantie, was Absatz je Quadratmeter und Handelsspanne anbelangt.'" Gardeur macht Vorgaben für die Ausstattung der Verkaufsflächen und hat das Recht, an der Sortimentsgestaltung mitzuwirken. Diese enge Zusammenarbeit bedingt, dass der Einzelhändler seinen Lieferanten Gardeur regelmäßig mit Verkaufszahlen versorgt, damit dieser sich schnell auf Nachfrageveränderungen einstellen kann. Gardeur ist im Zuge dieser Entwicklung zu einem Logistikunternehmen geworden. Im Jahre 2000 wurde in Mönchengladbach für 12 Millionen DM ein Logistikzentrum gebaut. „Dort werden die Sortimente zusammengestellt, und die Ware wird auf Wunsch... mit Kunden-, Preis- und Sicherheitsetiketten ausgestattet." Neben einem Werk in Deutschland wird der größte Teil der Produkte (für eine Herrenhose gibt es 70 verschiedene Größen) in zwei eigenen Werken in Tunesien hergestellt. „Den hohen Anteil an Eigenfertigung begründet (Roesner) damit, dass die Produktion gerade von Hosen besonders anspruchsvoll ist, vor allem wenn sensible Oberstoffe eingesetzt werden." [63]

Unterhaltungselektronik (Pro-Markt-Handels GmbH)

Die Brüder Matthias und Michael Wegert haben im Jahre 2002 die Anteile an der mit Verlusten arbeitenden Gesellschaft von der britischen Kingfisher-Gruppe zum symbolischen Preis von einem Euro zurückgekauft. Sie begründen diesen Entschluss mit der Überzeugung, dass die Gesellschaft profitabel sein kann, wenn sie mit einem anderen Vertriebskonzept arbeitet. Wegert lässt sich nicht von den großen Konkurrenten (Saturn und Media-Markt) abschrecken; im Gegenteil, er empfindet ihr Auftreten als Herausforderung. „Mit einer Strategie, die ebenso wie die Geiz-ist-geil-Kampagne (Saturn) auf Discount-Angebote ausgerichtet ist, könne auch Pro-Markt auf den Wachstumspfad zurückkehren. Unter der Ägide von Kingfisher sei Pro-Markt mit einer ganz anderen – aus Wegerts Sicht vollkommen falschen – Strategie angetreten: nämlich die Kunden mit guter Produktqualität, kompetenter Beratung und dafür aber vergleichsweise hohen Preisen anzusprechen." Die Wegertsche Strategie sieht nun vor,

---

[63] Brigitte Koch : „Wir geben den Händlern sogar eine Erfolgsgarantie." (Das Unternehmergespräch mit Günter Roesner, dem Alleinvorstand des Bekleidungsherstellers Gardeur), in : FAZ 24.9.01, Nr. 222, S. 20

Kosten zu sparen. Dies soll durch Kapazitätsabbau bei Läden und Personal geschehen. Außerdem will man Vermieter bewegen, einer Reduzierung der Miete und Flächenverkleinerungen zuzustimmen. Das Sortiment soll gestrafft werden. „Die fortan 7.500 Artikel (bislang waren es 18.000) sollen zu Tiefstpreisen feilgeboten und in Discounter-Manier... präsentiert werden." Die Branche ist skeptisch, ob es den Wegerts gelingt, sich mit dieser Strategie im überaus harten (von Werbekampagnen geprägten) Wettbewerb zu behaupten. „Wegert räumt ein, dass ihm das Geld für Fernsehwerbung ebenso fehlt wie für teure Sozialpläne und für die Kündigung von Mietverträgen. Eine finanzierende Bank steht der Gruppe auch nicht zur Verfügung. 'Bei Unterzeichnung des Kaufvertrages wurde uns mitgeteilt, dass sämtliche Kreditversicherer gekündigt haben.' " [64] Wegert geht erhebliche Risiken ein ! Auf ihn passt das Bild von der „schwierigen Strömung", die es zu durchqueren gilt besonders gut. Im harten Wettbewerb trifft er u.a. auf die Metro, deren „Wachstumstreiber" u.a. „Media Markt/Saturn" ist. [65]

Nehmen Sie sich bitte die Zeit und skizzieren Sie die einzelnen Risiken auf einem Blatt Papier! Eine Art Auflösung des Rätsels finden Sie dann in Kapitel II. 6.4.

Sollten Sie Gefallen daran gefunden haben, sich mit „inhärenten Risiken auf der Unternehmens-Ebene" und mit „Risiken auf Prozess-Ebene" zu beschäftigen, dann könnte es reizvoll sein, das im *„Länderbericht Brasilien"* (Anlage 12) skizzierte Bild der Unternehmensgruppe „Maggi" zu studieren.

3.4 Die Rolle des Prüfungsassistenten im Prüfungsteam

Vor dem Hintergrund der oben skizzierten Unternehmensbilder soll nun über die Rolle des Prüfungsassistenten gesprochen werden. Mitarbeiter eines Abschlussprüfers müssen sich immer der Tatsache bewusst sein, dass sie in einem Team arbeiten. Die Prüfungsassistenten müssen lernen, sich in dieser Gruppe *aufmerksam, sicher* und *kollegial* zu bewegen.

Was sind die wichtigsten Voraussetzungen für eine effektive Team-Arbeit ?

Dazu einige Thesen :

- Sich an einem gemeinsamen Gruppenziel orientieren
- Aufmerksam zuhören – Neue Sichtweisen akzeptieren
- Das Know-how der Anderen als wertvoll empfinden
- Ungezwungene Kommunikation pflegen
- Unter Druck zusammen an einem Strick ziehen
- Nach Lösungen Ausschau halten und nicht nach Problemen suchen
- Sich einem gemeinsamen Prüfungskonzept gegenüber verpflichtet fühlen
- Dinge energisch angehen
- Team-Geist schaffen
- Erfahrung und Wissen teilen
- Sich gegenseitig helfen

---

64 Johannes Ritter : „Wir wollen die Preise von Saturn und Media-Markt unterbieten." (Das Unternehmergespräch mit Michael Weigert, dem geschäftsführenden Gesellschafter der Pro-Markt Handels GmbH), in: FAZ 19.5.03, Nr. 115, S. 21
65 Vgl. o.V. : Metro erhöht abermals die Meßlatte für Umsatz und Ergebnis, in : FAZ 25.3.04, Nr. 72, S. 18

3 Das Konzept einer risikoorientierten Abschlussprüfung

- Innerhalb klarer Zeitgrenzen arbeiten
- Andere motivieren
- Für Rückkopplung sorgen.

Ein Team wird – in Abhängigkeit von Art und Umfang des Prüfungsauftrages – aus mindestens zwei Personen (z.B. aus einem Assistenten und einem Wirtschaftsprüfer) oder aus mehreren Personen (Assistenten, Prüfungsleiter, Wirtschaftsprüfern) bestehen.

Welche *Anforderungen* werden dabei an den Prüfungsassistenten gestellt?

Er muss die Abschlussprüfung als *Projekt* erkennen. Dabei ist zu beachten, dass mit diesem Projekt ganz bestimmte Ziele verfolgt werden, die in der Regel in der Abgabe eines Prüfungsberichtes und der Erteilung eines Bestätigungsvermerks bestehen.

Er muss seine unmittelbaren *Aufgaben im Team* verstehen und das Prüfungskonzept *überzeugend* erläutern können.

Er muss sich mit der *Geschäftstätigkeit des Mandanten* beschäftigen. Damit er die nötige Sicherheit bekommt, muss er sich möglichst schnell mit dem Mandanten und seinem wirtschaftlichen und rechtlichen Umfeld vertraut machen. Und er sollte sich darauf einstellen, dass diese Zeit, die er dafür aufwendet, nicht unbedingt „weiterverrechenbare Stunden" darstellt! Es ist immer das Beste, Vorgesetzte durch die *Qualität* der Arbeit zu überzeugen und nicht nur dadurch, dass man Fleiß durch Stundenaufschreibung dokumentiert. Prüfungsassistenten können und sollen *kreativ* sein! Je besser sie sich mit den Geschäften des Mandanten auskennen, desto eher werden sie auch in der Lage sein, *anspruchsvolle* Fragen zu stellen, *neue* Prüfungsziele zu formulieren und *verantwortungsvolle* Prüfungsprogramme zu entwickeln. Sie werden auch an Ihrer Kreativität gemessen! Sie müssen lernen, mit Unternehmen und den dort handelnden Personen richtig umzugehen.

Die kurz skizzierten Unternehmensbilder bildeten dafür einen ersten Anfang. Sechs Mustermandanten (DEICES/Schuhe, BRATO/Brauerei, POSKI/Mischkonzern, TAIHAM/Mode, WAKON/Möbel, WELOS/Autohandel) werden uns durch dieses Handbuch begleiten, und wir werden immer wieder auf sie zurückkommen, vor allem wenn es um die Frage geht, was bei einer Prüfung von Jahresabschlussposten vermutlich zu beachten wäre.

Auch Assistenten sind verpflichtet, dazu beizutragen, dass sich das Prüfungsteam stets auf einem hohen *Informationsniveau* bewegt.

Es ist außerdem ihre Aufgabe, mit ihren *Vorgesetzten ständigem Kontakt* zu halten und diese über alle wichtigen Themen zu informieren. Sie müssen das Gespräch mit ihren Vorgesetzten suchen und auf diese Weise sicherstellen, dass ihre Arbeit kontrolliert abläuft.

In diesem Zusammenhang weise ich darauf hin, dass es noch *nicht* ihre Aufgabe ist, mit dem Mandanten über *Stärken und Schwächen* seiner Arbeit zu diskutieren, auch dann nicht, wenn sie z.B. an einer SWAT-Analyse mitgearbeitet haben. Sie sollen lediglich Informationen sammeln und diese im internen Kreis zur Diskussion stellen.

Man kann als *Team* nur dadurch stark sein und Professionalität ausstrahlen, dass man sich gegenseitig abstimmt und nach außen hin als *Einheit* auftritt. Nur auf diese Weise stellt man sicher, dass gemeinsame Arbeit als echte Dienstleistung empfunden wird.

Für die Prüfungsassistenten gilt :

Es ist besonders wichtig, dass Sie „Sinn und Zweck" der Ihnen „übertragenen Aufgaben verstehen." (Siehe TZ 88 des E-VO 1/05) Die in diesem Handbuch vorgestellten Wegweiser sollen Ihnen dabei helfen.

Unterschätzen Sie Ihre Arbeit nicht. Sie sind niemals Handlanger, sondern immer *anerkanntes* und *wertvolles* Mitglied eines Teams.

Seien Sie *risikobewusst* und auf der Hut vor Risiken !

Lassen Sie sich nicht durch *scheinbar* klare und eindeutige Informationen beeindrucken. Verfolgen Sie in Ruhe die Dinge weiter, bis Sie wirklich *sicher* sind, dass bestimmte Abschlussaussagen zutreffen !

Dokumentieren Sie Ihre Arbeit sorgfältig und zwar so, dass man Art, Umfang und Ergebnis Ihrer Prüfungshandlungen jederzeit nachvollziehen kann. Dazu gehört auch die Kenntnis der *Terminologie* ! (vgl. Kapitel VI)

Denken Sie immer daran, dass Ihre Arbeit gut *strukturiert* sein muss. Das erreichen Sie dadurch, dass Sie Ihre Arbeit persönlich *planen* und auch persönlich *überprüfen*, d.h. ihre Arbeit muss immer von einer Planungs- und von einer Kontrollphase flankiert sein. (Dies wird in Kapitel III ausführlich behandelt.)

Sie werden sich aus der Zeit Ihrer Ausbildung (sei es an der Universität bzw. Fachhochschule oder während eines Praktikums) gewiss an Abkürzungen, die sogenannten „Eselsbrücken" erinnern, die dazu beitragen sollten, sich schnell und vollständig bestimmte Begriffe ins Gedächtnis zurückzurufen. Die Juristen unter uns (oder besser gesagt : deren Repetitoren) waren auf diesem Feld immer schon besonders kreativ. Ich denke hier u.a. an den berühmten Hexameter, der alle Bestandteile aufführt, die ein Wechsel haben muss :

Wechselbe**trag**-*Remi***tent**-*Zeit*-**Un***terschrift*-**Da***tum*-**A***dress*ort.

Wir helfen uns hier – auch zur Wahrung einer „hinreichenden Sicherheit" – mit Kürzeln. VEBBAG haben Sie bereits kennen gelernt. (siehe Seite 49). VA BENE und VART werden folgen. Machen Sie sich aber zunächst mit einem System vertraut, dass den Namen „RADARR" trägt.

3 Das Konzept einer risikoorientierten Abschlussprüfung

Insbesondere die Prüfungsassistenten können ihr Aufgabenspektrum und ihre Verpflichtungen jederzeit mit Hilfe dieses Stichwortes rekapitulieren.

Das Kürzel besagt :

R	richtung	Es ist nicht nur erforderlich, die *eigene Richtung* zu kennen, in die man im Rahmen der Abschlussprüfung gehen muss (hier wird der dargestellte „Korridor" wertvolle Hilfe leisten (vgl. Abb. 2), sondern man muss auch den Mut haben, jemanden zu einer kompetenten *Stelle* zu verweisen, wenn man selbst keine Antwort weiß.
A	uftrag	Alle Arbeiten, die wir verrichten, müssen durch einen Auftrag gedeckt sein. Werden wir um *zusätzliche* Arbeiten gebeten, müssen diese – über den Prüfungsleiter – ausdrücklich mit dem Mandanten abgestimmt sein.
D	urchdringung	Wir können uns nur dann ein *eigenes* Urteil bilden, wenn wir über eindeutige Unterlagen verfügen. Diese müssen „ausreichend" und „angemessen" sein. Informationen „Glauben zu schenken", ohne sie sorgfältig unter Abwägung verschiedener Aspekte geprüft zu haben, wäre ein gravierender Verstoß gegen das risikoorientierte Prüfungskonzept, in dessen Mittelpunkt die Kenntnisse über die Geschäftstätigkeit stehen.
A	ufmerksamkeit	Beobachten Sie aufmerksam Ihr *Umfeld* und entwickeln Sie rechtzeitig ein gutes Gespür für *Auffälligkeiten* (bei den Zahlen und bei den Sachbearbeitern). Kontrollieren Sie auch sorgfältig den Fortgang Ihrer eigenen Arbeit und sorgen Sie dafür, dass ein erfahreneres Mitglied des Teams Ihre Arbeitspapiere auf Transparenz, Vollständigkeit und Logik durchschaut.
R	at	Warten Sie nicht zu lange, bis Sie jemanden um Rat fragen. Sie verlieren anderenfalls zu viel *Zeit* und machen unnötige *Fehler*, die nicht nur Ihr eigenes Ansehen beeinträchtigen, sondern auch den guten Ruf des Teams aufs Spiel setzen können. „Rat" beschreibt nicht nur einen „internen" Sachverhalt. Falls erforderlich, ist der Abschlussprüfer gehalten, auch einen „externen" Rat einzuholen.
R	eglement	Studieren Sie regelmäßig die *Prüfungsplanung*, die in einem zentralen Memorandum dargelegten Schwerpunkte der Prüfung und die daraus abgeleiteten *Prüfungsprogramme*. Weichen Sie von den dort skizzierten Meilensteinen nicht ohne Zustimmung des Prüfungsleiters ab. Bedienen Sie sich auch den vom IDW herausgegebenen *Prüfungsstandards*, die für die Bearbeitung bestimmter Themen (Internes Kontrollsystem, Wesentlichkeit, Berichterstattung, Bestätigungsvermerk etc.) eine wertvolle Hilfestellung bieten.

Teams brauchen eine Richtschnur.

Diese Notwendigkeit bekommt dann einen besonderen Reiz, wenn man TEAM als Kürzel für : Top Economic Auditing Methods begreift. Ökonomie wird dann sichtbar werden, wenn wir uns mit Unternehmensdaten, speziellen Kontrollen und mit der Bedeutung von Wegweisern für die Prüfung von Jahresabschlusspositionen beschäftigen. Sie wird dann gefährlich, wenn wir die Abschlussprüfung zu oft in das Korsett von Kosten-/Nutzenfunktionen pressen. Der E-VO 1/05 hat deshalb in TZ 14 mit besonderem Nachdruck darauf hingewiesen, dass „die Beachtung der Qualitätsanforderungen im möglichen Konfliktfall Vorrang vor der Erreichung geschäftlicher Ziele hat."

II Die Felder der Risikoorientierung

Während in Kapitel I nur die Konturen einer Abschlussprüfung skizziert wurden, werden in diesem Kapitel die wesentlichen *Elemente* aller drei Phasen vorgestellt. Das sind in *Phase 1* (Strategieanalyse) die auf den Markt gerichteten Aktivitäten bzw. die Erfassung abschlussrelevanter Daten und der Management-Prozess, in dem Unternehmensziele vorgegeben, Strategien festgelegt und Geschäftsrisiken behandelt werden. Das sind in *Phase 2* (Prozessanalyse) die betrieblichen Abläufe mit den entsprechenden Kontrollen, von deren Qualität es abhängt, ob alle abschlussrelevanten Daten vollständig und korrekt im Jahresabschluss landen. Das sind in *Phase 3* die verbleibenden Prüfungshandlungen, deren Bedeutung als Plausibilitäts- oder Einzelfallprüfung für den Verlauf der gesamten Prüfung abgegrenzt wird. Um den Gang der Arbeiten, in denen *Gespräche* und *Präsentationen* eine wesentliche Rolle spielen, auch der Qualitätskontrolle gegenüber nachweisen zu können, sind die *Quellen* der Information sichtbar zu machen, die *Wahl* der Prüfungsziele zu begründen und das *Ergebnis* der Prüfung durch eine ordnungsgemäße *Dokumentation* festzuhalten.

1 Die Analyse der Geschäftstätigkeit und des Umfeldes der Unternehmung

Der Titel entspricht dem unter der Nr. 230 vom Institut der Wirtschaftsprüfer herausgegebenen Prüfungsstandard. Gemessen an seiner *Bedeutung* gebührt ihm im umfangreichen Katalog dieser Richtlinien eigentlich die Ziffer 1. *Alle* Prüfungshandlungen müssen *letztlich* auf die Kenntnisse über die Geschäftstätigkeit zurückzuführen sein. Eine Prüfung verliert ihren *Sinn*, wenn diese Voraussetzung nicht mehr erfüllt ist. Es werden sowohl die nach *außen* gerichteten Aktivitäten mit ihren korrespondierenden Geschäftsvorfällen und Geschäftsrisiken vorgestellt als auch das *Innenleben* einer Unternehmung behandelt, in dem der so genannte Managementprozess mit Zielsetzung, Strategieentfaltung und Risikobehandlung eine zentrale Rolle spielt. Die *logische* Kette „Ziele-Strategien-Risiken" prägt dann über die entsprechenden Abschlussaussagen auch die Zielsetzung des Abschlussprüfers. Dabei ist die *gefährliche* Rolle des „Financial Reporting Environment" besonders zu beachten.

1.1 Segmente des Business Understanding

1.1.1 Auf den Markt gerichtete Aktivitäten

KOBU   KORI   KOCO   KOP   KODI

1.1.1.1 Die Erfassung abschlussrelevanter Daten

Nachdem wir im vorigen Kapitel kurz die einzelnen Phasen im Überblick vorgestellt haben, werden wir uns jetzt im Detail mit der *ersten Phase* einer Abschlussprüfung beschäftigen. Hierbei geht es um die *Analyse der Geschäftstätigkeit* und des wirtschaftlichen und rechtlichen Umfeldes der Unternehmung. Wir wollen gemeinsam die theoretischen Kenntnisse

1 Die Analyse der Geschäftstätigkeit

anhand von praktischen Beispielen erproben. Um Sie möglichst nahe an die Praxis heranzuführen, greife ich auf die sogenannten „Unternehmergespräche" zurück, die Journalisten der FAZ regelmäßig in ganz unterschiedlichen Branchen führen.

Im Mittelpunkt wird das Autohaus WELOS stehen. Ich habe es als *Muster-Mandanten* aus folgenden Gründen ausgewählt :
- Die *Präsentation* des Auto-Hauses erfolgt über viele Details, die die Entwicklung und die Lage des Unternehmens relativ gut wiederspiegeln ;
- Wir werden sowohl über den *Markt*, d.h. über externe Faktoren, als auch über *unternehmerische Details*, d.h. über interne Faktoren informiert ;
- Die Beschäftigung mit dem Auto-Handel wird die Anwendung unserer theoretischen Kenntnisse und unsere Analysen erleichtern, weil jeder von uns regelmäßig mit dieser Branche zu tun hat und betriebliche Abläufe, die natürlich auch bilanzielle Konsequenzen haben, leichter *nachvollziehen* kann.

Es müsste bereits im vorigen Kapitel deutlich geworden sein, dass der Abschlussprüfer eine Menge Details kennen muss, um das Geschäft des Mandanten richtig zu verstehen. Was muss der Abschlussprüfer in diesem Zusammenhang wissen ? Bitte erinnern Sie sich an den PS 230 ! Dort heißt es in TZ 2 :

> *„Kenntnisse über die Geschäftstätigkeit sowie das wirtschaftliche und rechtliche Umfeld beinhalten grundlegendes Wissen um die allgemeine wirtschaftliche Lage sowie die besonderen Merkmale und Verhältnisse ... der Branche ... Sie umfassen ferner spezifisches Wissen über die Geschäftstätigkeit des Unternehmens, insbesondere :*
> - *die Unternehmensstrategie*
> - *die Geschäftsrisiken*
> - *den Umgang mit den Geschäftsrisiken*
> - *die Abläufe bzw. Geschäftsprozesse im Unternehmen."*

Ich hatte bereits darauf hingewiesen, dass in diesem Katalog ein wichtiges Element fehlt. Was muss der Abschlussprüfer außerdem kennen ? *Die Unternehmensziele !*

In Anbetracht der Vielzahl ganz unterschiedlicher Daten ist es erforderlich, dass der Abschlussprüfer Daten über das Unternehmen *systematisch* erfasst. Dazu verwendet er ein zur sogenannten Dauerakte gehörendes Formular, das ich in Anlehnung an den ISA 310 als das „Knowledge of Business-Document" (kurz : KoBu-Doc) bezeichnen möchte. Dieses Wissen wird durch einen *Elefanten* mit Namen KOBU repräsentiert. KOBU lebt im Okavango-Delta und gilt als Symbol für hohe Energie und gutes Gedächtnis. KoBu-Doc repräsentiert sozusagen unser *Geschäftsbewusstsein*.

Ich habe den Inhalt dieses Dokuments, das sich eng an die Anlage zum PS 230 (Relevante Aspekte bei den Kenntnissen über die Geschäftstätigkeit) anlehnt, ergänzt, in dem ich Mittelstandsthemen (z.B. die Kooperation oder die Finanzierung betreffend) hinzugefügt habe. Schauen Sie sich dieses Dokument in Ruhe an. Es wird für Ihre zukünftige Arbeit eine zentrale Rolle spielen. (vgl. Anlage 13)

Wie ist dieses Dokument gegliedert ? Es hat drei Kapitel :

A. Das Unternehmen
B. Die Branche
C. Gesamtwirtschaftliche Rahmenbedingungen

Es ist interessant, dass ISA 310 für das Wort „Unternehmen" den Begriff „The Entity" verwendet. „Economic Entity" ist die wirtschaftliche Einheit. Wollte man „Entity" übersetzen, müsste man auch vom „Wesen" eines Gebildes sprechen. Ich sage das deshalb, weil es tatsächlich unsere Aufgabe als Abschlussprüfer ist, *das Wesen* des zu prüfenden Unternehmens, das von einem bestimmten Geschäftsmodell geprägt wird (siehe Anlage 8), kennen zu lernen und auszuloten. Ganz bewusst erklärt dem gemäß der PS 230 in TZ 8 :

> *„Der Abschlussprüfer hat die Kenntnisse über die Geschäftstätigkeit sowie das wirtschaftliche und rechtliche Umfeld wirksam zu nutzen, um zu beurteilen, inwieweit sich diese auf den Jahresabschluss und Lagebericht insgesamt auswirken und ob die Darstellung in Jahresabschluss und Lagebericht mit diesen Kenntnissen in Einklang steht."*

Je besser also der Abschlussprüfer auf seine Arbeit vorbereitet ist, desto intensiver wird diese *Erwartungshaltung* sein. (Sie wird dann auch bei Plausibilitätsprüfungen eine gewisse Rolle spielen.)

Das von mir zusammengestellte Formular erhebt keinen Anspruch auf Vollständigkeit. Es ist eine *Orientierungshilfe*, und die Bedeutung der einzelnen Themen kann sich von Jahr zu Jahr verändern. Löschen Sie also keinen der Punkte aus, weil Sie sich sonst der Möglichkeit berauben, das vollständige Formular im Verlaufe Ihrer Arbeit erneut zur Hand nehmen und daraufhin überprüfen zu können, ob Sie nicht ein Thema übersehen oder dessen Bedeutung unterschätzt haben.

Es gibt bestimmte Themen, die *Pflichtbestandteile* sind und die von Ihnen - oder sagen wir besser vom Prüfungsteam – vorrangig bearbeitet werden müssen :

- Lage und Entwicklung des Unternehmens
- Ziele und Strategien
- Produkte und Dienstleistungen (Kunden- und Lieferbeziehungen)
- Wesentliche Gruppen von Geschäftsvorfällen
- Marktverhältnisse

Damit man sich einen kurzen Überblick verschaffen kann, beginnt das KoBu-Doc mit Basisdaten, mit denen – ggf. unter Einbeziehung historischer Komponenten – Gegenstand, Lage und Entwicklung des Unternehmens kurz vorgestellt werden.

Um die Entwicklung des Unternehmen verstehen und die einzelnen Positionen von Jahresabschluss und Lagebericht sachgerecht einordnen zu können (denken Sie bitte an das Thema „Bilanzpolitik" !), müssen wir die Ziele und Strategien des Unternehmens kennen. Wenn man über Ziele und Strategien spricht, dann muss man beachten, dass Strategien bzw. die damit zusammenhängenden Maßnahmen dazu dienen, bestimmte Ziele zu erreichen. Welche *unternehmerischen Ziele* fallen Ihnen ein ?

1 Die Analyse der Geschäftstätigkeit

Ziele können z.B. sein :

- Erhöhung des Jahresüberschusses
- Erhöhung der Rendite (z.B. Umsatzrendite, Eigenkapital-Rentabilität)
- Abbau der Verschuldung
- Wachstum
- Gewinnung oder Sicherung von Marktanteilen
- Erreichung oder Ausbau der Marktführerschaft

Wir benötigen *exakte Angaben*, d.h. wir wollen *genau* wissen, *wie* groß z.B. der Jahresüberschuss zu einem bestimmten Zeitpunkt sein soll oder *welche* Rendite für einen bestimmten Zeitraum geplant wird. (vgl. dazu auch Anlage 9)

Wenn von Renditezielen gesprochen wird, muss z.B. Klarheit darüber bestehen, wie viel Prozent erwirtschaftet werden soll : auf das eingesetzte Kapital, auf das investierte Vermögen oder auf das Gesamtkapital. (Haben Sie den Mut, nachzufragen, wenn über „namenlose" Prozentzahlen gesprochen wird !) Wird mit neuen wertorientierten Erfolgsmesszahlen gearbeitet (z.B. mit ERIC: **E**arnings less **R**isk Free **I**nterest **C**harge), muss erläutert werden, dass die von Velthuis entwickelte Kennzahl von dem Gewinn vor Steuern, aber vor Zinsen ausgeht und dass davon jener Zins abgezogen wird, den man für eine sichere Anlage (bspw. festverzinsliche Wertpapiere) bekommen hätte. „Was dann als Rendite noch übrig bleibt, bezeichnet Velthuis die Risikorendite dafür, dass das Geld in ein Unternehmen investiert worden ist." [66]

Um die gesetzten Ziele zu erreichen, müssen bestimmte Maßnahmen getroffen werden. So kann z.B. der Jahresüberschuss durch eine Umsatzausweitung (ggf. im Auslandsgeschäft) oder durch Kostensenkungsprogramme erhöht werden. Auch hier sind wir auf genaue Angaben angewiesen, um unsere Prüfungshandlungen danach ausrichten zu können d.h. wir wollen z.B. wissen, in welchem *Umfang* das Auslandsgeschäft erweitert werden soll und welche *Länder* hier in Betracht gezogen werden. [67]

Wer sich mit der Zielsetzung eines Unternehmens beschäftigt, darf nicht übersehen, dass Manager immer wieder (z.T. erhebliche) Gewinneinbußen zugunsten der Rückeroberung oder Sicherung des Marktanteils in Kauf nehmen. [68] Die fehlende Koppelung mit bestimmten Gewinnzielen kann also deutliche Auswirkungen auf die Ertragslage haben. [69]

Wenn von *Zielen und Strategien* die Rede ist, dann müssen wir sie *inhaltlich* sorgfältig unterscheiden. Wenn unser Mandant z.B. davon spricht, dass eines seiner „Ziele" darin besteht, Personal abzubauen, dann handelt es sich de facto gar nicht um ein Ziel, sondern um eine Maßnahme (innerhalb einer Strategie), die dazu beitragen soll, ein bestimmtes Ziel zu erreichen.

---

66 o.V. : Eric senkt die Erfolgsschwelle, in : FAZ 6.7.04, Nr. 154, S. U 5
67 So war z.B. von Lindt & Sprüngli in 2004 zu erfahren : „Das Ziel ist, jedes Jahr einen neuen Markt zu erschließen. Nach Großbritannien und Australien blickt (der Konzernchef Ernst) Tanner nun neugierig nach Russland, China und Japan. 'Wir machen daraus neue Wachstumsmotoren, doch diese drei Märkte brauchen eine längere Anlaufphase als Amerika'." (K. Mrusek : „Qualität ist für uns wichtiger als Swissness" (Das FAZ-Gespräch mit Ernst Tanner, dem Konzernchef des Schokoladenherstellers Lindt & Sprügli), in : FAZ 9.12.04, Nr. 288, S. 18)
68 vgl. D. Lauszus / Chr. Moscho : Gewinnorientierung – eine Frage des Marktumfeldes?, in : FAZ 10.1.05, Nr. 7, S. 22
69 So sank z.B. bei Nokia die operative Marge im Mobilfunkgeschäft im dritten Quartal 2004 auf 18,6% im Vergleich zu 28,8% (2003). Mit dem Erreichen eines Marktanteils von 33% „scheint die Strategie von Konzernchef Jorma Ollila aufzugehen, durch massive Preissenkungen und eine Fülle neuer Geräte – darunter erstmals Klapphandys – dem stärkeren Wettbewerb zu trotzen." (o.V. : Nokia zahlt hohen Preis für Steigerung des Marktanteils, in : FAZ 15.10.04, Nr. 241, S. 18

Angesichts des z.Z. schwierigen wirtschaftlichen Umfeldes stehen neben Themen

- des Innovationstempos (Forschung und Entwicklung), [70]
- der Verjüngung der Umsatzstruktur (Vertrieb), [71]
- der Kernpartnerbestimmung (Einkauf) [72] und
- einem allgemeinen Sparprogramm [73]

Fragen der Preispositionierung im Mittelpunkt des strategischen Interesses. „Bei der Preispositionierung geht es (um das Problem), welche Leistung zu welchem Preis anzubieten ist. ... Es ist ebenso ein Irrtum zu glauben, dass es immer der niedrigste Preis ist, der den Ausschlag gibt, wie davon auszugehen, mit zusätzlichem Service oder verbesserten Produkten einen höheren Wert und damit einen höheren Preis erzielen zu können." [74]

Trotz begrifflicher Unterschiede muss man Ziele und Strategien als unternehmerische Einheit sehen, weil aus dieser heraus ein Maßnahmenbündel entwickelt wird. [75] Die damit verbundenen Aktivitäten – geplant und durchgeführt in bestimmten Bereichen des Unternehmens (prägen Sie sich bitte den Begriff „Prozess- Ebene" ein !) – schlagen sich im Jahresabschluss nieder. (Aus diesem Grunde verwenden die Angelsachsen auch den interessanten Terminus „Financial Statement Implications".) Findet ein Ziel- oder Strategiewechsel statt, ergeben sich für den Abschlussprüfer neue Perspektiven, wenn z.B. ein Unternehmen vom Schuldenabbau zum Wachstum übergeht [76] oder sich von alten Geschäftsfeldern trennt. [77] Er ist gut beraten, wenn er seine Prüfungsplanung rechtzeitig auf neue Konstellationen einstellt.

In der nachfolgenden Tabelle sind Ziele und Strategien beispielhaft aufgeführt. Wir verzichten allerdings an dieser Stelle noch darauf, expressis verbis eine *Brücke zum Jahresabschluss* zu schlagen. (Sie sollten es aber bereits versuchen !)

Ziele	Strategien
Erhöhung der Profitabilität	Abschluss von Kooperationsabkommen, Austausch des Managements, Bündelung der Einkaufstätigkeit, Eintritt in bzw. Ausbau des Dienstleistungsgeschäftes, Erwerb von Beteiligungen, Preiskontrolle, Rationalisierung von Arbeitsprozessen in Verwaltung, Herstellung und Vertrieb, Reduzierung der Artikelzahl, Trennung von nicht profitablen Geschäftsfeldern, Verlagerung von Produktionsstätten ins Ausland, Verteilung des F&E-Aufwandes durch Akquisitionen, Übergang ins Systemgeschäft, Werksschließungen.
Wachstum	Angliederung bzw. Eröffnung neuer Geschäftsfelder, Erschließung neuer Märkte, Ausbau des Auslandsgeschäftes, Ergänzung der Kernmärkte, Eröffnung neuer Filialen, Erwerb von Beteiligungen, Erschließung neuer Vertriebswege.
Schuldenabbau	Abbau von Forderungen und Vorräten, Verbesserung des Credit Controlling, Verkauf von Beteiligungen, Verkauf von Immobilien.

---

70 vgl. M. Roth : „Ein echter Schutz vor dem Patentklau ist ein höheres Investitionstempo", in : FAZ 13.9.04, Nr. 213, S. 14
71 vgl. o.V. : „Wir haben eine gesunde Kriegskasse" (Der neue Chef von Heraeus, Helmut Eschwey, will das Produktportfolio des Unternehmens erweitern), in : FAZ 8.3.04, Nr. 57, S. 18
72 vgl. o.V. : Der Philips-Konzern verkleinert seine Lieferantenbasis, in : FAZ 22.6.04, Nr. 142, S. 17
73 vgl. o.V. : Nestlé kann die Schwäche in Europa ausgleichen, in : FAZ 22.10.04, Nr. 247, S. 20
74 K.H. Sebastian / A. Maessen : Preis professionell, in : FAZ 20.10.03, Nr. 243, S. 22
75 Ein Maßnahmenbündel hat immer dann (im Sinne der „financial statement implications") ein besonderes Gewicht, wenn es der Krisenbewältigung dient. (vgl. o.V. : Das Krisenmanagement greift. Thomas Cook legt Flugzeuge still.), in : FAZ 18.6.03, Nr. 139, S. 14)
76 vgl. o.V. : Nach dem Schuldenabbau setzt die Telekom wieder auf Wachstum, in : FAZ 14.11.03, Nr. 265, S. 17
77 vgl. o.V. : WCM steht vor einem Strategiewechsel, in : FAZ 24.11.04, Nr. 275, S. 16

1 Die Analyse der Geschäftstätigkeit

Im Zusammenhang mit der Erhöhung der Profitabilität wird oftmals auch der Begriff „operative Marge" verwendet. Auch hier muss Klarheit über den Terminus und die Höhe herrschen. Was ist damit gemeint : z.B. ein Ergebnis vor Zinsen und Steuern (Ebit : Earnings before interest and taxes) oder ein Ergebnis vor Zinsen, Steuern und Abschreibungen (Ebita : Earnings before interest, taxes and amortization) ?

Wenn Sie das Gefühl haben, dass der Mandant Ziele und Strategien „verwechselt", dann sollten Sie sich nicht täuschen lassen ! Eine *Verwechslung* erfolgt möglicherweise bewusst, weil der Mandant Ihnen seine wahren Ziele gar nicht nennen will.

Wenn das Prüfungsteam weder Ziele noch Strategien kennt, dann muss es sich mit *Diplomatie* und mit *Nachdruck* darum bemühen, diese Informationen zu bekommen. Dabei verkenne ich nicht, dass wir in der Praxis immer wieder vor dem Problem stehen, dass uns das Management bestimmte Informationen gar nicht geben will. Hier ist also auf unserer Seite *Beharrlichkeit* gefragt. (Wir werden im Kapitel „Datenbeschaffung und Kommunikation" noch darauf zurückkommen.) Es macht allerdings keinen Sinn, im KoBu-Doc (wenn auch nur vorübergehend) *Vermutungen* niederzulegen und Informationen mit der Vorstellung „So müsste es eigentlich sein" zurechtzubiegen. Dies kann zu erheblichen Missverständnissen führen und die Aufgabe dieses so wichtigen Dokumentes erheblich beeinträchtigen ! Ich sage das deshalb, weil ich regelmäßig auf Unterlagen gestoßen bin, die nicht die notwendige *Präzision* aufwiesen und wo der Verfasser versucht hat, sich mit allgemeinen Formulierungen aus der Affaire zu ziehen. (vgl. Kapitel II. 5.3.)

Der nächste wichtige Punkt sind die *Produkte und Dienstleistungen*. Wir müssen die Hauptumsatzträger des Unternehmens kennen. Wenn dieser Komplex unter Punkt 1 : Gegenstand, Lage und Entwicklung des Unternehmens bereits angedeutet wurde, dann muss er jetzt präzisiert werden. Dazu gehören auch Informationen darüber, in welcher Art und in welchem Umfang sich das Produkt- und Dienstleistungsspektrum im abgelaufenen Geschäftsjahr *geändert* hat oder ob Veränderungen geplant sind. [78]

Die *Komponenten* des Geschäftes müssen deutlich beschrieben werden.

Es muss klar werden,
- welche Geschäfte der Mandant betreibt (betreibt er z. B. neben dem reinen Produktgeschäft auch ein Anlagengeschäft im Sinne von Werkverträgen ?),
- in welchen Branchen er tätig ist und welche Produkte bzw. Dienstleistungen er verkauft (hat er z.B. begonnen, Dienstleistungen zu Leistungspaketen im Sinne eines Systemgeschäftes zusammenzufassen ?),

---

[78] Im Mai 1999 hatte z.B. Unilever ein Wachstumsprogramm – genannt „Path to Growth" - eingeleitet, dass Ende 2004 ausgelaufen ist. „Mit ihm sollte das Produktprogramm von 1.600 Artikel auf 400 Kernprodukte ... konzentriert werden, mit denen der Konzern mehr als 95 Prozent des Umsatzes erzielen will. Dieses Ziel ist erreicht, nicht aber die damit verbundenen angestrebten Ergebniszahlen. Ursprünglich sollte ... ein jährliches Umsatzwachstum von 5 bis 6 Prozent erreicht werden, der Gewinn je Aktie sollte jährlich um 10 bis 12 Prozent steigen. Dieses Ziel hatte Unilever bereits im Februar auf 3 bis 5 Prozent Umsatzwachstum in den Jahren 2005 bis 2010 zurückgenommen; das Ergebnis sollte danach um 8 – 12 Prozent im Jahr zulegen. Mit dem neuen, noch zu erarbeitenden Konzept stehen nun auch diese auf dem Prüfstand." (o.V. : Unilever überprüft die langfristigen Ziele, in : FAZ 28.10.04, Nr. 252, S. 19)

- von welchen Einflussfaktoren seine Märkte bestimmt werden
  (z.B. durch stark zyklische Ausschläge der Nachfrage) und
- welche Kunden er beliefert. [79]

Diese Beschreibung dient nicht nur dazu, die *Geschäftsstruktur* des Mandanten offen zu legen (es müssen also auch Zahlen und Größenordnungen – nach Möglichkeit mit *Vergleichszahlen* des Vorjahres – genannt werden), sondern sie soll uns auch ein Bild der wesentlichen *Geschäftsvorfälle* und der wesentlichen *Risiken* vermitteln. (vgl. dazu auch Anlage 14, in der Geschäftsfelder vorgestellt werden.)

Mit dem Thema „Produkte und Dienstleistungen" eng verbunden sind die *Geschäftsprozesse*. Sie dienen im wesentlichen dazu, Produkte zu entwickeln, herzustellen und zu verkaufen bzw. im Handel : Waren zu beschaffen, zu präsentieren und zu vermarkten. (In diesem Zusammenhang sind auch „Allianzen" und „Kooperationen" zu sehen : vgl. Anlage 15) Weil diese Prozesse normalerweise im Mittelpunkt des Interesses stehen, werden sie gelegentlich auch als *Kernprozesse* bezeichnet.

Den Geschäftsprozessen werden besondere Aktivitäten zur Seite gestellt. Es sind *flankierende* Maßnahmen, die in der Bereitstellung finanzieller, personeller und technischer Kapazitäten bestehen. Diese Geschäftsprozesse lassen sich auch als *Rahmenprozesse* bezeichnen. Dies ist im Kobu-Doc I unter Punkt A.III. „Geschäftstätigkeiten" im Einzelnen zu entnehmen. Verantwortlich für die In-Gang-Setzung und Steuerung der Geschäftsprozesse ist die Geschäftsleitung. Auf ihre Aufgaben werden wir später noch zu sprechen kommen.

Wenn wir uns damit beschäftigen, welche Geschäftsprozesse in einem Unternehmen ablaufen, dann fördert diese Methode nicht nur die Transparenz der *Aufbau- und der Ablauforganisation*, sondern wir stoßen automatisch auch auf die Frage, welche wesentlichen Geschäftsvorfälle es gibt und welchen *Einfluss* diese Geschäftsvorfälle auf den Jahresabschluss haben werden.

Wir können Ziele und Strategien, Produkte, Dienstleistungen und Geschäftsprozesse nicht richtig verstehen, wenn wir nicht begreifen, in welchem Umfeld die Unternehmung tätig ist und welche Kräfte auf sie einwirken. Aus diesem Grunde müssen wir uns sorgfältig mit den *ökonomischen Bedingungen*, d.h. den Marktverhältnissen auseinandersetzen, unter denen das Unternehmen arbeitet. (s.o. : Die Darstellung der PEST-Analyse) Dies erklärt die wichtigen Punkte B. und C. des KoBu-Doc, in denen zur Branche bzw. zu den gesamtwirtschaftlichen Rahmenbedingungen Stellung zu nehmen ist.

Je präziser die Informationen im KoBu-Doc I sind, um so genauer werden wir auch unsere *Prüfungsziele* formulieren können. Erinnern Sie sich bitte daran, dass mit der Formulierung eines Prüfungszieles ein Vorhaben gemeint war, ausreichende und angemessene Nachweise darüber zu bekommen, dass eine bestimmte Aussage des Mandanten zutrifft. Die im KoBu-Doc niedergelegten Informationen sind also der *Wegweiser für die Jahresabschlussprüfung*. (Siehe dazu auch den in Abbildung 2: „Leitfunktion" dargestellten Korridor !)

---

[79] Bei Tchibo spricht man z.B. von den „drei Dimensionen des Wachstums. So lassen sich die Vertriebskanäle mit 860 Filialen in Deutschland, 160 in Österreich und 34 in Großbritannien, das Geschäft mit Bäckereien und dem Lebensmittelhandel sowie das Katalog- und Internetgeschäft weiter ausbauen. Zweitens will Tchibo mit neuen Produkten und Dienstleistungen und drittens mit der Ausweitung des Auslandsgeschäfts wachsen." (o.V. : Tchibo wächst in Umsatz und Ertrag weiter zweistellig, in : FAZ 14.5.04, Nr. 112, S. 21)

1 Die Analyse der Geschäftstätigkeit

Die Notwendigkeit, im Rahmen der Analyse unternehmerischer Kontrollen Gespräche mit dem Mandanten und ggf. einer Vielzahl seiner Mitarbeiter zu führen, bringt die große Chance mit sich, diese Gespräche zu nutzen, um (weitere) Informationen über Eigenarten und Besonderheiten der vom Mandanten betriebenen Geschäfte zu bekommen und unsere Kenntnisse über die Geschäftstätigkeit des Unternehmens zu vertiefen. Die in diesem Handbuch vorgestellten „Unternehmergespräche" haben also eine nicht zu unterschätzende Bedeutung, weil sie in gewisser Weise auch die Atmosphäre widerspiegeln, in der der Abschlussprüfer und sein Team arbeiten. Dabei müssen wir die Möglichkeit erkennen, dass Sachbearbeiter ggf. eher bereit sind, über (problematische) Details zu sprechen als leitende Angestellte, die ein Interesse daran haben könnten, die Dinge möglichst positiv und nicht unbedingt vollständig darzustellen. (Über das sogenannte „Financial Reporting Environment" wird später noch ausführlich zu sprechen sein.) Zeitpunkt, Art und Umfang dieser *Gespräche* sind *Bestandteil* der Prüfungsplanung.

Die Informationsbeschaffung ist *kein einmaliger Vorgang*. Darauf weist auch der PS 230 in TZ 11 hin:

> *„Kenntnisse über die Geschäftstätigkeit sowie das wirtschaftliche und rechtliche Umfeld erlangt der Abschlussprüfer in einem kontinuierlichen Prozess. Von der Entscheidung über die Auftragsannahme bis zur Beendigung der Abschlussprüfung werden fortlaufend Informationen gesammelt, konkretisiert, erweitert und bewertet."*

Um einen ersten Eindruck davon zu bekommen, was das Sammeln von Informationen bewirkt, verweise ich auf einen Zeitungsartikel, in dem über das bereits erwähnte Autohaus berichtet wird. (vgl. Anlage 16) [80] Wertet man die darin enthaltenen Informationen aus (und so ähnlich – wenn auch abschlussbezogener – könnte ja auch ein Gespräch eines Abschlussprüfers mit seinem Mandanten verlaufen) und trägt sie in das KoBu-Doc ein, dann erhält man ein Dokument, das bereits eine Reihe wichtiger Angaben über das Unternehmen enthält. (vgl. Anlage 17) (Ich hatte oben davon gesprochen, dass das KoBu-Doc auch auf die verschiedenen *Geschäftsprozesse* eingeht. Diese werden wir zu einem späteren Zeitpunkt behandeln.)

Diese Übung diente dazu, Ihnen zu verdeutlichen, dass man sich in relativ kurzer Zeit bereits einen guten Überblick über ein Unternehmen verschaffen kann. Wir haben eine ganze Reihe von Informationen über WELOS gewonnen und diese nach bestimmten Gesichtspunkten sortiert, so wie es das KoBu-Doc-Formular vorsah.

Ich bin aber ganz sicher, dass Sie bereits begonnen haben, weiterzudenken. Welche Gedanken sind Ihnen durch den Kopf gegangen? Wahrscheinlich haben Sie bereits an die *Risiken* gedacht! Erinnern wir uns: Welches Risiko geht der Abschlussprüfer ein? Das *Prüfungsrisiko*! Es besteht darin, dass der Abschlussprüfer ein uneingeschränktes Testat zu einem Jahresabschluss gibt, der in wesentlichen Belangen falsch ist. Eine Abschlussprüfung ist also so zu organisieren, dass dieses Prüfungsrisiko so klein wie möglich gehalten wird. Und ich hatte bereits darauf hingewiesen, dass jedes Mitglied eines Teams an dieser sehr anspruchsvollen Aufgabe tatkräftig mitwirken muss.

---

80 Wenn im Folgenden über Jahresabschlussthemen eines Autohauses gesprochen werden wird, dann wird die frei erfundene Firmenbezeichnung WELOS gewählt. Parallelen zu dem hier präsentierten Autohaus wären also rein zufällig.

Kehren wir zu WELOS zurück! Was haben wir bislang gemacht? Wir haben eine ganze Reihe von Informationen gesammelt und sortiert. Wir gehen aber noch einen Schritt weiter und tasten uns an die Geschäftsvorfälle und Geschäftsrisiken heran. Erinnern Sie sich, was im PS 230 über die Kenntnisse zur Geschäftstätigkeit ausgesagt wird?

„Der Abschlussprüfer muss über ausreichende Kenntnisse ... verfügen ... , um solche Ereignisse, Geschäftsvorfälle und Gepflogenheiten erkennen und verstehen zu können, die sich nach Einschätzung des Abschlussprüfers wesentlich auf den zu prüfenden Jahresabschluss und Lagebericht, die Abschlussprüfung, den Prüfungsbericht sowie den Bestätigungsvermerk auswirken können." (TZ 5)

„Die Kenntnisse müssen ... dem Abschlussprüfer eine Identifikation
- der für den Unternehmenserfolg zentralen Einflussfaktoren,
- der Unternehmensstrategie,
- der den Erfolg der Strategie möglicherweise gefährdenden Geschäftsrisiken und der Reaktionen des Unternehmens auf diese Risiken sowie
- der Geschäftsprozesse, ihrer wesentlichen Risiken und der diesbezüglichen Kontrollmechanismen ermöglichen." (TZ 8)

Die Analyse der Geschäftstätigkeit dient also dazu – und ich wiederhole dies bewusst immer wieder – wesentliche *Geschäftsrisiken* und Gruppen wesentlicher *Geschäftsvorfälle* so zu verstehen, dass deutlich wird, welchen *Einfluss* sie auf den Jahresabschluss haben können.

Um Art und Umfang von Risiken und Geschäftsvorfällen begreifen zu können, müssen wir uns mit den internen Abläufen im Unternehmen, also mit den *Geschäftsprozessen* beschäftigen, in denen sie bearbeitet werden.

1.1.1.2 Die Identifikation von Geschäftsvorfällen und von Geschäftsprozessen

Im ersten Schritt werden wir uns also jetzt mit den wesentlichen Geschäftsvorfällen bei WELOS beschäftigen. Was sind Geschäftsvorfälle? *Geschäftsvorfälle* sind Ereignisse, die auf einem Leistungsaustausch zwischen der Unternehmung und einem Dritten beruhen. Dieser Leistungsaustausch schlägt sich im Jahresabschluss nieder. Ist dieser Einfluss wesentlich, sprechen wir von „wesentlichen" Geschäftsvorfällen, in Anlehnung an ISA 310 also von „significant transactions". Wir verstehen unter Gruppen wesentlicher Geschäftsvorfälle solche, die gemeinsame Merkmale und Eigenschaften besitzen und einen wesentlichen Einfluss auf den Jahresabschluss haben, z.B. Umsätze im industriellen Anlagengeschäft oder Baumwollbezüge eines Textilfabrikanten.

Wenn wir uns also mit wesentlichen Geschäftsvorfällen beschäftigen, dann in erster Linie deshalb, um unser *Prüfungsrisiko* zu minimieren. Oder anders ausgedrückt: Wenn wir den *Katalog* von Geschäftsvorfällen nicht genau kennen oder übersehen, dass sich die *Gewichte* innerhalb dieses Kataloges verlagert haben, dann laufen wir Gefahr, ein *Prüfungsprogramm* zu entwickeln, das der Lage und der Entwicklung des Unternehmens nicht mehr gerecht wird.

Welche Gruppen wesentlicher Geschäftsvorfälle können wir bei WELOS erkennen?
Wir beginnen also, WELOS sozusagen zu durchleuchten.

1 Die Analyse der Geschäftstätigkeit

Das ist die erste Röntgenaufnahme !

- *Verkauf von Personenkraftwagen* (Neuwagen, Gebrauchtwagen)
- *Aufbau und Einrichtung eigener Auto-Häuser* (Erwerb von Grundstücken, Errichtung von Gebäuden, Ausstattung von Gebäuden)
- *Erwerb fremder Autohäuser* (Erwerb eines Unternehmens, Übernahme von Aktiva und Passiva, Übernahme von Personal)
- *Kauf von Personenkraftwagen* (Kauf von Neuwagen, Kauf von Gebrauchtwagen)
- *Service* (Reparaturen, Inspektionen, Ausleihung von Vorführwagen)
- *Einstellung und Beschäftigung von Mitarbeitern* (im Verkauf, in der Verwaltung, in der Werkstatt)
- *Marketing-Aktionen* (Shows, Einladungen etc.)

Obwohl folgende Themen bislang nicht behandelt wurden, ist anzunehmen, dass folgende *Geschäftsvorfälle noch zu berücksichtigen* sind : Aufnahme, Verzinsung und Tilgung von Krediten / Vergabe von Darlehen an Mitarbeiter / Ausgabe von Firmenwagen an Mitarbeiter. Ich verweise auf die bereits besprochenen Punkte, wonach sich die *Bedeutung* eines Geschäftsvorfalles richtet. Sie kann bestimmt werden durch :

- eine große Anzahl von Geschäftsvorfällen während des Jahres ;
- den Umfang eines bestimmten Geschäftsvorfalles ;
- die Notwendigkeit, Geschäftsvorfälle richtig zu klassifizieren ;
- Grundsätze für die Prüfung von Geschäftsvorfällen ;
- das Interesse bestimmter Gruppen an diesen Geschäftsvorfällen ;
- branchenindividuelle Regelungen zu diesen Geschäftsvorfällen ;
- seine Eignung, in Kennzahlen einbezogen zu werden.

Wendet man diesen Katalog von Kriterien auf WELOS an, dann ergibt sich in etwa folgendes Bild :

Kriterium	Beispiele
Große Anzahl von Geschäftsvorfällen	*Verkauf* von Gebrauchtwagen
Umfang eines bestimmten Geschäftsvorfalles	*Aufbau* eines eigenen Auto-Hauses
Notwendigkeit, Geschäftsvorfälle richtig zu klassifizieren	Forderungen an *verbundene* Unternehmen und Forderungen an Dritte sind getrennt auszuweisen.
Grundsätze für die Prüfung von Geschäftsvorfällen	Mit der *Eröffnung* eines eigenen Auto-Hauses beginnen auch die Abschreibungen. *Der Afa-Beginn* bzw. die korrekte *Umbuchung* von Anlagen im Bau sind entsprechend zu prüfen.
Das Interesse bestimmter Gruppen an diesen Geschäftsvorfällen	Wenn WELOS z.B. für den Erwerb eines fremden Auto-Hauses einen Bankkredit aufgenommen hat, dann wird das Kreditinstitut an der *Umsatzentwicklung* z.B. im Bereich der Gebrauchtwagen (der offenbar tragenden Säule des Geschäftes) sehr interessiert sein.
Branchenindividuelle Regelungen zu den Geschäftsvorfällen	Ggf. zu beachtende Gesetze des *Umweltschutzes*
Eignung, in Kennzahlen einbezogen zu werden.	Das *Servicegeschäft* spielt auch bei WELOS vermutlich eine wichtige Rolle. Die dort erzielte *Umsatzrendite* dürfte deshalb für die Geschäftsleitung von großer Bedeutung sein.

Wenn wir einen wesentlichen Geschäftsvorfall identifiziert haben, dann wollen wir wissen, ob er sich richtig *im Jahresabschluss niedergeschlagen* hat. Darüber benötigen wir dann einen entsprechenden Prüfungsnachweis.

Was verbirgt sich dahinter, wenn wir sagen : *„Ein Geschäftsvorfall hat sich im Jahresabschluss niedergeschlagen"* ? Der Mandant hat in seinem Unternehmen Geschäftsprozesse installiert, die nicht nur „eine Abfolge von Tätigkeiten zur Schaffung eines Beitrages zur Wertschöpfung und zum finanziellen Erfolg des Unternehmens" [81] darstellen, sondern deren Aufgabe auch darin besteht, Geschäftsvorfälle so zu behandeln und so zu begleiten, dass sie zum richtigen Zeitpunkt in den Jahresabschluss aufgenommen und dort korrekt ausgewiesen werden. (Merken Sie sich bitte die Formulierung *„zum richtigen Zeitpunkt"* !)

Im Rahmen des Geschäftsprozesses „Vertrieb" löst z.B. der *Verkauf* eines neuen PKW vom Typ Toyota-Corolla *Buchungen* aus, deren *Systematik* wir verstehen müssen, um zu beurteilen, ob der Jahresabschluss korrekt ist. Nach der Übergabe des Wagens an den Käufer wird gebucht : „Per Umsatz und USt an Forderungen." Die Komplexität eines Geschäftsvorfalles ist aber insbesondere daran zu erkennen, dass außerdem gebucht wird : „Per Aufwendungen für bezogene Waren an Vorräte." Erst mit der *zwingenden Koppelung* dieser beiden Buchungen ist die korrekte Darstellung des Verkaufsvorganges sichergestellt.

Wenn der Käufer die Rechnung des Autohauses WELOS durch Banküberweisung bezahlt, findet in den Büchern der Gesellschaft ein Aktivtausch statt, d.h. die Forderung wird durch ein Bankguthaben ersetzt. Fasst man den Geschäftsprozess noch weiter, müsste man den Einkauf des Toyota in die Buchungssystematik mit einbeziehen.

Jedes Element einer Bilanzposition hat sozusagen eine *Entwicklungsgeschichte* hinter sich, d.h. es hat in der Regel vor und nach dem Eintritt in das Unternehmen eine Reihe von Meilensteinen, mit anderen Worten „Kontrollstellen", passieren müssen, die in den jeweiligen Geschäftsprozessen installiert sind. Die Kontrollstellen übernehmen also auch die Verantwortung dafür, dass die verschiedenen *Aussagen* des Mandanten zu den einzelnen Posten des Jahresabschlusses zutreffen. Damit wird auch verständlich, warum wir uns im Rahmen der Analyse der Geschäftstätigkeit dafür interessieren müssen, welche Geschäftsprozesse es im Einzelnen gibt.

Damit keine Missverständnisse aufkommen : Wir beschäftigen uns noch nicht damit, *wie* die einzelnen Kontrollen arbeiten (das wird im nächsten Kapitel behandelt), sondern wir stellen hier nur die Frage, *welche Arten* von Geschäftsprozessen wir überhaupt unterscheiden müssen. Schlagen Sie bitte noch einmal das Formular auf, das als KoBu-Doc bezeichnet wurde ! (Anlage 17) Sie erkennen dort unter Punkt A „Das Unternehmen" drei große Blöcke :

      A. II. 2 : Leitung
      A. III. 2 : Produkte / Dienstleistungen
      A. III. 6-8 : Personal, Finanzierung, Informationstechnologie

Damit sind die *drei Arten von Geschäftsprozessen* unterschieden :

- Steuerungsprozess
- Wertschöpfungsprozesse
- Rahmenprozesse

---

81 *A.W. Scheer / Th. Feld / S. Zang : Vitamin C für Unternehmen – Collaborative Business, in : FAZ 4.3.02, Nr. 53, S. 25*

1 Die Analyse der Geschäftstätigkeit

Jeder Prozess ist stets eingebunden in einen mehr oder minder starken Wettbewerb, in dem sich das ganze Unternehmen bewähren muss. [82]

Im *Steuerungsprozess* legt die Geschäftsführung fest, welche Richtung die Unternehmung einschlagen muss, d.h. es werden Ziele formuliert und Strategien festgelegt. [83] Bei WELOS wurden als Ziele *Wachstum* und *Erhöhung der Umsatzrendite* vorgegeben. Um diese Ziele erreichen zu können, soll das *Produkt-Portfolio ergänzt*, das *Vertriebsnetz ausgedehnt* und weitere *Auto-Häuser erworben* werden. Jede Maßnahme wird sich im Jahresabschluss niederschlagen. Als Abschlussprüfer muss man wissen, ob dies ordnungsgemäß geschieht. Es müsste für uns aber auch von Interesse sein, festzustellen, ob WELOS seine *Ziele erreichen* und was ggf. unternommen wird, wenn sich abzeichnet, dass diese *Ziele voraussichtlich verfehlt* werden.

Es ist außerdem Aufgabe des Steuerungsprozesses, die *Geschäftsrisiken* zu identifizieren und zu überwachen. (Hier liegt das Bild nahe vom Kapitän, dessen Aufgabe darin besteht, ein Schiff ggf. auch durch „schwierige Strömungen" zu steuern.) Zu diesem Zweck werden entsprechende Kontrollen im Unternehmen eingebaut. Ein solches System bezeichnen wir als *Internes Kontrollsystem*, kurz IKS genannt.

Wertschöpfungsprozesse sind grundsätzlich für die Entwicklung, die Herstellung und den Verkauf von Produkten und Dienstleistungen zuständig. Im Wertschöpfungsprozess wird die Ertragskraft des Unternehmens gestaltet. Ihm gilt dem gemäß auch unsere besondere Aufmerksamkeit. Bei WELOS liegt der Wertschöpfungsprozess im *Handel mit Kraftfahrzeugen* und damit zusammenhängenden Dienstleistungen.

Dieser Prozess hat vermutlich eine Reihe von *Subprozessen*, die von den Bereichen Einkauf (Beschaffung, Lagerhaltung), Werkstatt (Teileverwaltung, Reparaturbetrieb) und Vertrieb (Marketing, Verkauf, Auftragsabwicklung) gebildet werden.

Zu den *Rahmenprozessen*, die die Wertschöpfungsprozesse ordnungsgemäß ausstatten, gehören die Bereiche Investition und Finanzierung, Personal, Gebäude- und Anlagenmanagement, Informationstechnologie.

---

82 Da aus diesem Wettbewerb heraus für jedes Unternehmen Risiken erwachsen, sei auf einen Gedanken von Christian Kirchner hingewiesen: „Wettbewerb ist ein Prozess, in dem Wettbewerbsvorsprünge durch Innovationen erzielt werden, die zu marktstarken, im Grenzfall zu marktbeherrschenden Positionen führen können, in dem aber der nachstoßende Wettbewerb die Vorsprünge im Zeitablauf wieder zerstört (Wettbewerb als System schöpferischer Zerstörung). Diese Dynamik des Wettbewerbs – und nicht der Wettbewerb auf statischen Märkten – ist der Motor moderner Volkswirtschaften." (Chr. Kirchner: Die Dynamik des Wettbewerbs, in: FAZ 8.1.05, Nr. 6, S. 13)
83 In einer Studie ist das Institut für Unternehmensführung der Universität Innsbruck der Frage nachgegangen, worauf sich die Unternehmen in der Zukunft konzentrieren werden. Dabei wurden als wichtigste Managementmethoden identifiziert: „Strategische Planung, Prozeßmanagement, Customer Relationship Management, Kernkompetenzen, Change Management, Wissensmanagement, Strategische Allianzen, Outsourcing, Markt- und Kundensegmentierung, Wachstumsstrategien." (o.V.: Worauf sich Unternehmen in der Zukunft konzentrieren, in: FAZ 1.12.03, Nr. 279, S. 18)

Das ist die 2. Röntgenaufnahme von WELOS (mit folgendem fiktivem Bild):

Geschäftsprozesse

Steuerungs-Prozess	Wertschöpfungs-Prozess	Rahmen-Prozess
Formulierung von Zielen und Strategien	Vertrieb und Service von Personen-Kraftwagen	Investition und Finanzierung
Analyse der Nachfrage		Gebäude- und Anlagenmanagement
Beobachtung des Wettbewerbs		Personal-Management
Erfassung von Gesetzen bzw. von Gesetzgebungsverfahren auf nationaler und internationaler Ebene		Organisation und Bereitstellung der Informationstechnologie
Beurteilung von Risiken Etablierung eines Internen Kontrollsystems		

Warum interessieren wir uns dafür? *Wir nähern uns dem Jahresabschluss über die Prozesse!* [84] Wir beginnen unsere Arbeit also nicht damit, dass wir den Entwurf eines Jahresabschlusses oder eine vorläufige Summen- und Saldenliste zur Hand nehmen und auf dieser Basis „unvorbereitet" mit der Prüfung einzelner Posten beginnen, sondern wir müssen *zuerst* wissen, welche Geschäftsprozesse/Geschäftsvorfälle das Unternehmen *durchziehen* und in welcher Weise sie den Jahresabschluss *prägen*. Erst auf dieser Basis ist der Start einer Prüfung sinnvoll. [85]

Wir folgen also organisatorischen Bestrebungen der Unternehmen, die sich verstärkt mit dem Management von Geschäftsprozessen beschäftigen. [86] Dabei ist Folgendes zu beachten:

- Entscheidungen werden in speziellen Prozessen getroffen.
- Jeder Prozess erzeugt typische Geschäftsvorfälle.
- Jeder Geschäftsvorfall löst typische Transaktionen aus.
- Jede Transaktion ist zu buchen und schlägt sich in speziellen Jahresabschluss- Posten nieder.

Ich habe hier ganz bewusst die Adjektive *„speziell"* und *„typisch"* verwendet. Wenn wir ein Unternehmen mit Hilfe des KoBu-Doc beschreiben, dann kommt es entscheidend darauf an, dass wir präzise formulieren!

---

84 Damit entfällt im Grunde genommen die von PS 260 TZ 37 propagierte Wahlmöglichkeit, sich im Rahmen einer risikoorientierten Prüfung entweder „an der Systematik der Rechnungslegung oder an den Unternehmensfunktionen und -prozessen" zu orientieren.
85 In der Literatur wird gelegentlich von einer Polarität „Balance Sheet Audit" versus „Transaction Audit" gesprochen. (vgl. K.U. Marten / R. Quick / K. Ruhnke: Wirtschaftsprüfung, a.a.O. S. 240) Das ist aber missverständlich formuliert, da es kein „entweder-oder", sondern nur ein zwingendes „sowohl-als auch" gibt. Ohne die vorausgehende Systemprüfung ist eine isolierte Prüfung einer Bilanzposition mit den Grundsätzen einer risikoorientierten Abschlussprüfung nicht in Einklang zu bringen.
86 vgl. Th. Knuppertz: Geschäftsprozessmanagement – ein Erfolgshebel, in: FAZ 11.10.04, Nr. 237, S. 18

1 Die Analyse der Geschäftstätigkeit

Wir wollen nun die Verbindung zwischen Geschäftsprozessen und Geschäftsvorfällen einerseits und zwischen Transaktionen und Jahresabschlussposten andererseits anhand einer kleinen Übung kennen- und verstehen lernen. Bringen Sie bitte die folgenden Begriffe in eine logische Reihenfolge : Lagerabgang, PKW-Einkauf, Investitionsmanagement, Verkauf eines BMW, Beschaffung von Grundstücken, Kreditfinanzierung, Lagerzugang, Erwerb eines Grundstückes, PKW-Verkauf, Einkauf eines BMW, PKW-Vertrieb, Grundstückszugang.

Über die Geschäftsprozesse zur Buchungssystematik

Geschäfts - Prozess		Geschäftsvorfall Trans - Aktion	Geschäftsbewegung
PKW-Vertrieb	PKW-Einkauf PKW-Verkauf	Einkauf eines BMW Verkauf eines BMW	**Lagerzugang** (per Vorräte an Verbindlichkeiten L+L) **Übergabe des BMW** (per Forderungen L+L an Umsatz u. USt) **Lagerabgang** (per Aufwendungen für bezogene Waren an Vorräte) **Geldeingang** (per Guthaben bei Kreditinstituten an Forderungen L+L)
Investition und Finanzierung	Beschaffung von Immobilien	Erwerb eines Grundstückes	**Grundstückszugang** (per Sachanlagen an Verbindlichkeiten L+L; per Verbindlichkeiten L+L an Verbindlichkeiten gegenüber Kreditinstituten)

Es werden in diesem Beispiel :
- Hauptprozesse (PKW-Vertrieb und Investitionsmanagement),
- Geschäftsvorfälle (Verkauf eines BMW, Einkauf eines BMW und Erwerb eines Grundstückes) und
- Geschäftsbewegungen (Lagerzugang, Lagerabgang und Grundstückszugang)

unterschieden. Sie müssen verstehen, dass diese Geschäftsbewegungen vollständig und richtig zu buchen sind.

Welche Vorteile hat eine *prozessorientierte Betrachtungsweise* ?
1. Es gibt eine direkte *Verbindung* zwischen einem Jahresabschluss-Posten und einem Geschäftsprozess.
2. Die *Rolle* eines Geschäftsprozesses muss in engem Zusammenhang mit Lage und Entwicklung des Unternehmens gesehen werden.
3. Die durch einen Geschäftsvorfall ausgelösten *Bewegungen* müssen vollständig und richtig erfasst und gebucht werden. (Problematik der *Abschlussaussagen* und ihrer Verifizierung !)
4. Die *Bedeutung* eines Geschäftsvorfalles für den Jahresabschluss ergibt sich – nach Maßgabe der Zielsetzung des Unternehmens - regelmäßig aus seinem Einfluss auf die Vermögens-, Finanz- und Ertragslage.

Auslösender Impuls für die prozessorientierte Betrachtungsweise ist immer die Analyse der Geschäftstätigkeit :

Gewinnung von Informationen

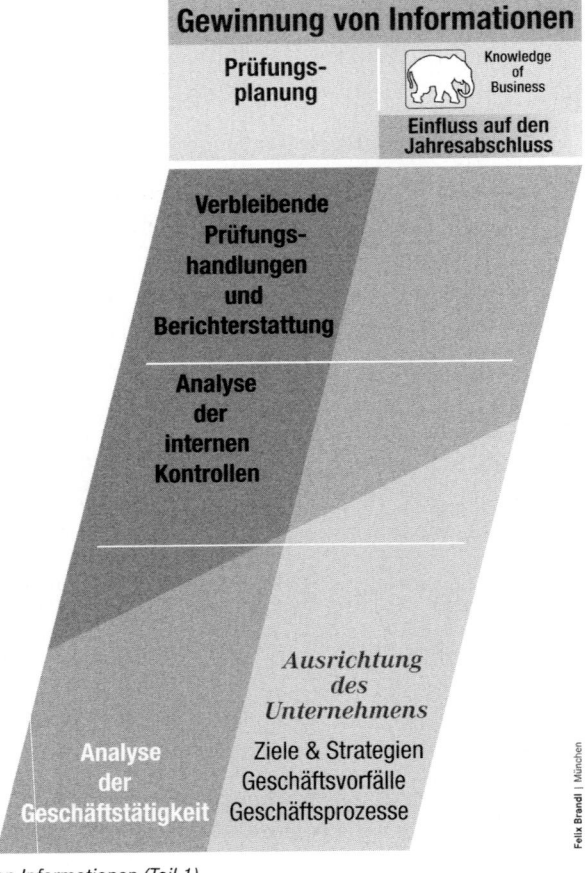

- Prüfungsplanung — Knowledge of Business — Einfluss auf den Jahresabschluss
- Verbleibende Prüfungshandlungen und Berichterstattung
- Analyse der internen Kontrollen
- Ausrichtung des Unternehmens
- Analyse der Geschäftstätigkeit — Ziele & Strategien, Geschäftsvorfälle, Geschäftsprozesse

Abbildung 5: Gewinnung von Informationen (Teil 1)

Es ist wichtig zu verstehen, dass eine prozessorientierte Betrachtungsweise das *ganze* Unternehmen erfassen muss und nicht nur die Bereiche des Finanz- und Rechnungswesens. [87] Möglicherweise liegt in der *Verkennung* dieses Zusammenhangs einer der wesentlichen Gründe dafür, dass die Regressforderungen an Wirtschaftsprüfer in den vergangenen Jahren kontinuierlich zugenommen haben und die Versicherungsbranche und den Berufsstand in große Verlegenheit bringen.

---

[87] Nur derjenige, der die wesentlichen Abläufe in einem Unternehmen versteht, kann rechtzeitig Fragen stellen, wenn ein Unternehmen über „verlagerungsfähige Prozesse" nachdenkt und die Konsequenzen beurteilen, die mit einer Auslagerung verbunden sein können. (vgl. M. Roth : „Ich brauche keine Zuschüsse, ich brauche Freiheiten" (Das FAZ-Gespräch mit Henning Kagermann, dem Vorstandsvorsitzenden des Softwarekonzerns SAP), in : FAZ 5.5.04, Nr. 104, S. 17)

1 Die Analyse der Geschäftstätigkeit

Ich streife noch einmal kurz das Thema *„Bilanzmanipulationen"* :

- Es gibt für Bilanzmanipulationen geeignete und ungeeignete Geschäftsprozesse bzw. Geschäftsvorfälle.
- Bei Scheingeschäften werden Geschäftsvorfälle und die entsprechenden Transaktionen vorgetäuscht, die Verbindung zwischen Jahresabschluss-Posten und Geschäftsprozess ist also in betrügerischer Absicht konstruiert.
- Bei der Absicht, das Jahresergebnis zu manipulieren, werden Geschäftsvorfälle falsch behandelt, d.h. Transaktionen entweder zu früh oder zu spät gebucht, oder Sachverhalte zu optimistisch oder zu pessimistisch eingeschätzt, d.h. Abschreibungen oder Rückstellungen zu niedrig oder zu hoch vorgenommen.

Um das Thema des Einflusses von Geschäftsvorfällen auf den Jahresabschluss abzurunden, kehren wir noch einmal zum Katalog der wesentlichen Geschäftsvorfälle bei WELOS zurück.
Die Anlage 18 enthält eine Ergänzung zum KoBu-Doc (KoBu-Doc II), die sich mit dem *Einfluss von Geschäftsvorfällen auf den Jahresabschluss* beschäftigt. Es ist eine Art Musterlösung (mehr kann es nicht sein, da wir nur über begrenzte Informationen verfügen). Diese Übersicht zur *Rolle von Geschäftsvorfällen* macht besonders deutlich,

- wie breit *gefächert* der *Einfluss* von Geschäftsvorfällen auf den Jahresabschluss ist (1.Spalte) und wie *gefährlich* es ist (Prüfungsrisiko !), (neue) Geschäftsvorfälle zu übersehen,
- welche Jahresabschluss-Positionen berührt werden (2. Spalte) und dass mit einer *Ertragsbuchung* in der Regel auch eine *Aufwandsbuchung* verbunden ist,
- welche *Aussagen* des Mandanten zur Rechnungslegung im Raum stehen (3. Spalte), Aussagen zur Vollständigkeit, zum Bestand und zur Genauigkeit, denen wir uns über die Formulierung entsprechender *Prüfungsziele* zuwenden müssen und
- in welchen *Prozessen* die Geschäftsvorfälle abgewickelt und kontrolliert werden (4. Spalte). Hier begegnen wir wieder dem Wertschöpfungsprozess (Einkauf und Vertrieb) und den Rahmenprozessen (Investition/Finanzierung und Personalwirtschaft).

Dies ist auch der Grund dafür, dass ich im KoBu-Doc I für WELOS die Geschäftsvorfälle und ihren Einfluss auf den Jahresabschluss ausdrücklich unter Punkt A. IV. aufgeführt habe. (Anlage 17)

Bitte merken Sie sich Folgendes : Für jedes Unternehmen (für jede Institution oder Organisation, denn auch diese können Gegenstand einer Prüfung sein) gilt die Frage : Welche Geschäftsvorfälle *prägen* den Jahresabschluss ? [88]
Üben Sie sich bitte rechtzeitig und oft an dieser Fragestellung !

---

88 Hier wird man unwillkürlich an die - von der deutschen Finanzgerichtsbarkeit schon vor vielen Jahren entwickelte sogenannte „Gepräge-Theorie" erinnert !

Welche Geschäftsvorfälle fallen Ihnen z.B. ein wenn von Außenwerbung, Fernsehproduktionen oder von einem Messeveranstalter gesprochen wird ? Wenn Sie sich auf eine Prüfung vorbereiten, müssen Sie eine klare Vorstellung davon haben, auf welche Geschäftsvorfälle Sie voraussichtlich stoßen werden.

Auch wenn dabei die Wertschöpfungsprozesse häufig eine besondere Rolle spielen, sind Rahmenprozesse keinesfalls zu vernachlässigen. So kann es z.b. sehr hilfreich sein, eine klare Vorstellung von Finanzierungsformen im Mittelstand zu haben [89], um darauf aufbauend die Frage zu stellen, durch welche Eigenarten (im Vergleich zum Durchschnitt) sich das zu prüfende Unternehmen auszeichnet und in welcher Weise diese den Jahresabschluss prägen. Bei einem stark wachsenden Unternehmen kann z.B. der Fall auftreten, dass dieses zur Finanzierung der Übernahme eines Konkurrenten die Unterstützung eines (ausländischen) Investors in Anspruch nimmt und mit diesem Engagement eine Reihe von Fragen verbunden ist, die ihren Einfluss auf den Jahresabschluss betreffen. [90]

Wir kommen jetzt innerhalb der Analyse der Geschäftätigkeit zu einem zweiten Kapitel, das sich im Gegensatz zu den bisherigen Betrachtungen, die relativ stark auf Geschäftsvorfälle konzentriert waren, mit dem *Innenleben* der Unternehmung beschäftigt. Wir müssen dieses Innenleben – und dies gilt für alle Mitglieder des Prüfungsteams - verstehen, damit wir begreifen, wie unser Mandant seine Geschäfte handhabt.

Berufsanfänger werden i.d.R. nur ganz langsam an diesen Themenkreis herangeführt, aber auch Prüfungsassistenten sollten rechtzeitig beginnen, ihr *Problembewusstsein* zu schulen.

1.1.2 Die Elemente des Innenlebens einer Unternehmung

1.1.2.1 Bestandteile des Management-Prozesses
Worauf müssen wir uns konzentrieren, wenn wir uns für das Innenleben der Unternehmung interessieren ? Bitte schlagen Sie erneut das KoBu-Doc I auf ! (Anlage 17). Sie sehen, wie wichtig dieses Dokument für Ihre zukünftigen Prüfungen sein wird ! Wie aus Punkt A. II. ersichtlich, wird das Innenleben, sozusagen das Nervenkostüm der Unternehmung, maßgeblich durch die folgenden Aspekte bestimmt:

— Ausrichtung durch Zielsetzung und Strategie
— Steuerung und Überwachung
— Einsatz der Informationstechnologie
— Umfeld für Bilanzierung und Berichterstattung

---

89 Nach einer Studie der European Business School in Oestrich-Winkel über die Präferenzen bei der Finanzierung mittelständischer Unternehmen entfielen bei einer Klassifizierung von „wichtig", „mittel" und „unwichtig" folgende Prozentsätze auf das Merkmal „wichtig" : „Innenfinanzierung (68), Bankkredite (61), Gesellschafterdarlehen (45), Leasing (27), Lieferantenkredite (17), Pensionsrückstellungen (16), Stille Beteiligungen (13), Beteiligungsfinanzierung (9), Mitarbeiterbeteiligung (6) und Factoring (4)". (o.V. „Basel II als Ursache für die Kreditklemme ist mehr Mythos als Fakt", in : FAZ 2.12.04, Nr. 282, S. 16)
90 Vgl. o.V. : Zeiss stärkt das Geschäft mit Brillengläsern, in : FAZ 7.12.04, Nr. 286, S. 15

1 Die Analyse der Geschäftstätigkeit

Zur Ausrichtung durch Ziele und Strategien
Wie mehrfach angedeutet und wie aus dem Unternehmensbild von WELOS ersichtlich, ist es Aufgabe des Managements :

- das Geschäftsmodell zu bestimmen, d.h. den Rahmen, in dem Produkte und Leistungen entwickelt, angeboten und vertrieben werden ;
- festzulegen, in welche Richtung sich das Unternehmen unter Beachtung bestimmter Grundsätze bewegen soll;
- die Ziele des Unternehmens zu bestimmen ;
- Chancen zu erkennen [91] und Risiken zu identifizieren, die das Erreichen der gesetzten Ziele gefährden können ;
- das Unternehmen auf diese Risiken durch Kontroll- und Steuerungsmaßnahmen einzustellen ; [92]
- Geschäftsprozesse festzulegen und „diese Prozesse mit einer Vision zu verbinden, die konsequent kommuniziert wird" [93] und
- die Fortschritte zu beobachten, die das Unternehmen auf dem Weg zu seinen Zielen macht.

Warum beschäftigen wir uns mit dem Managementprozess ?
Wir wollen wissen, mit welchen *Risiken* sich das Unternehmen auseinandersetzt bzw. wir wollen herausfinden, ob die Risiken, die wir selbst bereits im Vorfeld erkannt haben, sich mit denjenigen Risiken decken, die auch das Management für wichtig hält. Ändern sich die *Risiken*, wird das Unternehmen gezwungen sein, seine Ziele und Strategien *anzupassen*. Dabei sind wir gehalten, darüber nachzudenken, welche Risiken sich möglicherweise ändern werden, wie das Unternehmen darauf reagieren wird und welchen Einfluss diese Reaktion auf den Jahresabschluss haben kann.

Was würde z. B. bei WELOS geschehen, wenn Kunden auf „Automeilen" ausweichen, verstärkt kleinere und billigere Autos nachfragen oder mehr und mehr öffentliche Verkehrsmittel in Anspruch nehmen ? Was würde geschehen, wenn sich *Konflikte* mit Toyota deshalb abzeichnen, weil die Gesellschaft ihr Produkt- Portfolio zu Lasten der japanischen Autos ausdehnt ?

Zur Steuerung und Überwachung
Hier fragen wir nach der

- *Geschäftsstruktur* (Gliederung des Unternehmens, Zuständigkeiten auf den einzelnen Ebenen, Einfluss von Änderungen dieser Struktur).

---

91 Seitdem der Begriff „Risiko" verwendet wird, sind mit ihm untrennbar die beiden Aspekte „Fehlschlag" und „Erfolg" verbunden. Dies mag auch Wolfgang Vieweg zu seiner Aussage veranlasst haben : „Die Chancenorientierung macht letztlich erfolgreich, nicht das bloße Vermeiden von Risiken." (Wolfgang Vieweg: Mit Entscheidungsoptionen führen, in : FAZ 24.11.03, Nr. 273, S. 22
92 Interessanterweise werden bei der Formulierung einer Unternehmensvision bereits die Geschäftsrisiken sichtbar. Im Verlag Mair DuMont (Karten und Reiseführer) wurde eine solche Vision wie folgt formuliert: „Wir geben allen, die unterwegs sind, zuverlässige Informationen. Durch unser Angebot sollen sie in Sicherheit reisen können und Freude an ihrer Reise oder ihrem Urlaub haben – und auch an der Vorbereitung dafür". (S. Preuß : „Die größte Herausforderung ist die Integration von DuMont" (Das FAZ-Unternehmergespräch mit Stephanie Mair-Huydts und Frank Mair, den geschäftsführenden Gesellschaftern von Mair DuMont), in : FAZ 10.1.05, Nr. 7, S. 20)
93 U. Althauser : Die Ziele zuerst, in : FAZ 6.6.01, Nr. 129, S. B 2

- *Einstellung* der Geschäftsführung (Vermittlung einer Unternehmensphilosophie, Etablierung von Richtlinien und deren konsequente Anwendung, Analysen von Stärken und Schwächen des Unternehmens [94], Nachfolgeplanung [95]).
- *Arbeitsweise* des Managements im Hinblick auf : Controlling, Datensicherheit, Dienstleistungsstrategien, E-Business, Erfassung von IT-Kosten, Gestaltung von Preisprozessen, Finanzierung, Innovationszyklen, Informationstechnologie, Kooperation mit anderen Unternehmen, Kostenrechnung als Entscheidungshilfe, Kreditversicherungen, Kurssicherungen, Markenpolitik, Outsourcing, Produktionsverlagerungen ins Ausland, Standortanalysen, Systemgeschäfte, Wachstum (aus eigener Kraft oder durch Zukäufe).
- *Lohn- und Gehaltspolitik*, insbesondere nach Bonus- und Anreizprogrammen, die auch geeignet sein könnten, die Mitarbeiter zu verführen, gegen interne Richtlinien zu verstoßen ; Verknüpfung der Unternehmensstrategie mit der Personalstrategie.
- Gestaltung von *Information und Kommunikation* (Regeln über Art, Umfang und Zeitpunkt von Informationen : Wer hat ein Recht auf bzw. eine Pflicht zur Information ? Wie sind Informationen zu verarbeiten ? Sind Führungsinformationen katalogisiert ?).

Denken Sie bitte darüber nach, in welcher Weise die einzelnen Themen den Jahresabschluss beeinflussen können ! Es hat einen Grund, weshalb ich Ihnen eine Reihe von *Unternehmensbildern* präsentiert habe ! Ohne dass wir selbst das Gespräch geführt haben, konnten wir uns doch bereits eine gewisse Vorstellung von den einzelnen *Persönlichkeiten*, ihrem Stil und ihrer Philosophie machen.

Eine unternehmerische Philosophie lässt auch *Rückschlüsse* zu, wie man zu einem Jahresabschluss steht ! Können Sie sich vorstellen, dass ein Geschäftsführer als christlich engagierter Kaufmann bereit wäre, Jahresabschlüsse zu manipulieren ? Halten Sie es für möglich, dass ein Vorstandssprecher als humanistisch gebildeter Mann auf den Gedanken kommt, eine Stiftung zu schädigen ? Ich halte beides für höchst unwahrscheinlich und stelle fest, wie wichtig es ist, sich auch mit den führenden Persönlichkeiten zu beschäftigen, um daraus Rückschlüsse auf die *Zuverlässigkeit* von Jahresabschlüssen ziehen zu können. Dies ist gewiss nur ein kleiner Mosaikstein, aber er ist nicht zu unterschätzen, wenn es um die Skepsis eines Abschlussprüfers geht. (vgl. Anlage 19)

Warum beschäftigen wir uns mit den Themen der Steuerung und Überwachung ?
Die Qualität der Steuerung und Überwachung bestimmt unsere Einstellung, mit der wir eine Abschlussprüfung durchführen. Je höher die Qualität, desto geringer unsere Skepsis gegenüber Informationen und Unterlagen ; je geringer die Qualität, desto höher unsere Vorsicht und Neigung, Informationen und Unterlagen nach möglichst vielen Seiten hin abzusichern.

Wie würden wir z.B. reagieren, wenn wir bei WELOS feststellen, dass die vom Neuwagenvertrieb erstellten Absatzstatistiken gar nicht kontrolliert oder Umfragen zur Kundenzufriedenheit unbearbeitet bleiben ? Auch Prüfungsassistenten werden sehr schnell ein *Gespür für Qualität* entwickeln, und denken Sie daran, Dinge, die Ihnen aufgefallen sind, rechtzeitig mit Kollegen, insbesondere aber mit Ihrem Prüfungsleiter zu besprechen.

---

94 Sogenannte SWAT-Analyse : Strength, Weaknesses, Advantages, Threats
95 „Das Institut für Mittelstandsforschung (IFM) in Bonn rechnet damit, dass in Deutschland rund 355.000 Familienunternehmen in den kommenden fünf Jahren vor einem Eigentümerwechsel stehen." (R. Nöcker : Der deutsche Mittelstand hat ernste Nachwuchssorgen, in : FAZ 16.12.03, Nr. 292, S. 14)

1 Die Analyse der Geschäftstätigkeit   85

Zum Einsatz der Informationstechnologie
Geschäftsprozesse sind in der Regel sehr stark von Computer-Systemen durchdrungen. Hier ist es unsere Aufgabe – ggf. unter Hinzuziehung von IT-Spezialisten– u.a. herauszufinden, ob die Systeme

- zuverlässig arbeiten ;
- sicher sind ;
- an die Erfordernisse der Geschäftsstruktur und an das Geschäftsvolumen angepasst sind ;
- in jüngster Zeit geändert wurden oder umgestellt werden sollen.

Warum beschäftigen wir uns mit den DV-Systemen ?
Wir stellen immer wieder fest, dass die IT-Systeme mit dem *Wachstum* der Unternehmung nicht Schritt gehalten haben und den Anforderungen einer *veränderten* Geschäftsstruktur nicht mehr gewachsen sind. Dies kann zu zeitlichen Verzögerungen, aber auch zu Fehlern in der Berichterstattung führen, weil zu viele manuelle Schnittstellen entstanden sind, die bestehenden Programme bestimmte Auswertungen nicht gestatten und manuelle Analysen erzwingen.

Kann sich z.B. die Geschäftsführung von WELOS auf Daten verlassen, die auf Monats- oder auf Quartalsbasis - mit vergleichbaren Zahlen des Vorjahres – abgefragt werden ? z.B. auf :

- Konsolidiertes Betriebs- und Finanzergebnis ;
- Umsatz- und Absatzzahlen, bei Neuwagen und Gebrauchtwagen getrennt nach Typen ;
- Bruttomargen bei Neuwagen und Gebrauchtwagen getrennt nach Typen ;
- Lagerreichweiten getrennt nach Neuwagen, Gebrauchtwagen und Fahrzeugtypen ;
- Altersstruktur der Forderungen.

Es wird noch unsere Aufgabe sein, uns mit bestimmten *Kennzahlen* zu beschäftigen. Das wird dann der Fall sein, wenn die Frage auftaucht, warum ist es eigentlich für den Abschlussprüfer von Bedeutung, die *Ziele* zu kennen, die mit einem bestimmten *Geschäftsprozess* verfolgt werden ?

1.1.2.2 Die Problematik des „Financial Reporting Environment"

Dieses überaus wichtige Thema (das Umfeld für Bilanzierung und Berichterstattung) wird im PS 230 nicht mit dem erforderlichen Nachdruck behandelt. In der Anlage mit dem Titel : „Relevante Aspekte im Zusammenhang mit den Kenntnissen über die Geschäftstätigkeit sowie das wirtschaftliche und rechtliche Umfeld des Unternehmens" heißt es im Kapitel „Unternehmensspezifische Merkmale" unter Punkt 4. : *Externe Faktoren* von wesentlichem Einfluss auf die Berichterstattung des Unternehmens (insbesondere auf den Jahresabschluss und Lagebericht, z.B. bei Inanspruchnahme des Kapitalmarktes).

ISA 310 ist hier wesentlich präziser. Dort heißt es zum Thema „Reporting Environment" (Punkt 4 des Kapitels „The Entity") :

> „External influences which affect management in the preparation of the financial statements."

Können Sie sich unter einem externen Einfluss etwas vorstellen ? Ist es z.B. das Handelsregister, das den Unternehmer drängt, seinen Jahresabschluss pünktlich offen zu legen oder ist es der Oberbürgermeister der Stadt, in dem das Unternehmen seinen Sitz hat und der Wert darauf legt, rechtzeitig zur Bilanzpressekonferenz eingeladen zu werden? Von diesen Institutionen und Personen wird kein Einfluss ausgeübt, der dem Management „auf die Nerven geht". Genau dies will nämlich der angelsächsische Begriff *„affect"* zum Ausdruck bringen.

Es sind in der Regel die Gesellschafter, Aufsichtsräte, Banken und Analysten, die das Management unter Druck setzen, weil man sich ihnen gegenüber frühzeitig gebunden und erklärt hat, bestimmte Ziele (sei es ein bestimmtes Ergebnis, sei es ein bestimmter Umsatz) erreichen, möglicherweise sogar überschreiten zu können. Bitte erinnern Sie sich an WELOS, bei der das ehrgeizige Ziel ausgegeben wurde, in 4 Jahren (von 2003 – 2006) den Absatz von 17.000 auf 30.000 Fahrzeuge zu steigern und die Umsatzrendite von 1,7 % auf 3,0 % zu erhöhen.

Der Druck, bestimmte Erwartungen erfüllen zu müssen, führt teilweise auch dazu, dass Geschäftsleitungen *neue Kennziffern* erfinden, die darlegen sollen, dass man den Zielkorridor erreicht hat. Dabei kommen waghalsige Konstruktionen zustande wie z.B. Betriebsergebnisse, aus denen „Sondereinflüsse" eliminiert wurden. (Sind diese Einflüsse wirklich so „besonders", dass man sie nicht mehr zum Tagesgeschäft rechnen kann ?)

Es ist immer auch eine Frage der Persönlichkeit bzw. der in einem Unternehmen geltenden Spielregeln, ob und wann sich die Geschäftsleitung an die Öffentlichkeit wendet. So lautet z.B. eine Lehre im Hause Merckle : „Man setzt sich nicht öffentlich selbst unter Druck." [96]

Die zunehmende und höchst problematische *Rolle der Analysten* kommt in einem Unternehmergespräch der FAZ mit Gilles Martin, dem Vorstandsvorsitzenden des Labor-Unternehmens „Eurofins Scientifique" sehr gut zum Ausdruck. Dort heißt es : „Exakte Prognosen für das laufende Jahr dürfe er wegen der französischen Börsengesetze zwar nicht geben, sagt Martin. Er könne aber mit den durchschnittlichen *Erwartungen der Analysten* gut leben und habe *deren Ziele* bisher immer erreicht. Die Analysten gehen für 2003 von einer Umsatzsteigerung auf 180 Millionen Euro und einem Betriebsergebnis zwischen 10 und 14 Millionen Euro aus." [97] (Hervorh.d.d.Verf.)

Was wird Herr Martin möglicherweise unternehmen, wenn er diese Zahlen nicht erreicht ? *Erwartungen* von Analysten spielen eine immer größere Rolle. Das Unternehmen selbst scheint in den Hintergrund zu treten !

Oder bleiben wir doch bei WELOS : Was könnte die Geschäftsleitung unternehmen oder schärfer gefragt : Was wird sie möglicherweise mit einem Jahresabschluss *machen*, wenn sie feststellt, dass sie die *angepeilte Umsatzrendite* von 3 % nicht erreichen wird ? Wie soll ein Abschlussprüfer wissen, in welcher Weise sie in den Jahresabschluss eingreifen kann, wenn er das Geschäft der Gesellschaft nicht versteht ? Wird die Geschäftsleitung Umsätze vorziehen, Gutschriften verzögern, Garantierückstellungen vertagen oder auf Abschreibungen bei Gebrauchtwagen verzichten ?

---

96 M. Roth : „Analysten und Ratingagenturen halten Vorstände vom Arbeiten ab" (Das FAZ-Gespräch mit Adolf Merckle, dem Heidelcement-Großaktionär und Eigentümer von Ratiopharm und Phönix Pharmahandel), in : FAZ 17.2.04, Nr. 40, S. 13)
97 C. Knop : „Nicht jeder will wissen, was wirklich im Wein ist" (Das Unternehmergespräch mit Gilles Martin, dem Vorstandsvorsitzenden des Labor-Unternehmens Eurofins Scientific S.A.), in : FAZ 16.6.03, Nr. 137, S. 16

1 Die Analyse der Geschäftstätigkeit

Spüren Sie, welch unheimliche Dynamik hier im Spiel ist ?! Verstehen Sie, dass wir uns auf eine *gefährliche Problematik* nicht einstellen können, wenn wir die Ziele des Unternehmens gar nicht kennen ? Wer formuliert eigentlich die Unternehmensziele ? Sind diese Ziele möglicherweise von einer *Konzernzentrale* vorgegeben ? Was geschieht, wenn eine Tochtergesellschaft von der Konzernzentrale unter Druck gesetzt wird, möglichst hohe Erträge zu erwirtschaften, weil es dem Konzern insgesamt nicht besonders gut geht?

Ziel und *Zeitachse* symbolisieren den Budgetdruck, unter denen Unternehmen stehen können :

Unternehmen	Ziel	Zeitachse	Strategie
DEICES Schuhe	Durchschnittliches Umsatzwachstum von 5 – 10 %	Mittelfristig Bekanntgabe im März 2003	Fortsetzung des Auslandsengagements : Eröffnung von Filialen in Tschechien. Umbau von Filialen in Deutschland
WAKON Möbel	Erhöhung des Umsatzes (30,5 Mio. €) im 2-stelligen Prozentbereich.	2003 Bekanntgabe im April 2003	Effekte aus Messen und Produktoffensiven (in 2002)
TAIHAM Modische Bekleidung	Erhöhung des Umsatzes von rd. 300 Mio. € auf rd. 360 Mio € in 2003	2003 Bekanntgabe im Juli 2003	Eröffnung von 200 weiteren „Shops in the Shops und Stores", Eröffnung neuer Geschäfte in Deutschland
WELOS Autohaus	Erhöhung des Absatzes von 17.000 auf 30.000 PKW und Steigerung der Umsatzrendite von 1,7 % auf 3,0 %.	2003 – 2006 Bekanntgabe im Juni 2003	Übernahme bzw. Eröffnung vor Autohäusern, Erweiterung der Portfolios um Peugeot

Neben den durch Prognosen angeheizten Erwartungen Außenstehender spielen im Umfeld der Bilanzierung und Berichterstattung auch die *Bilanzierungsmethoden* eine Rolle, denen sich das Unternehmen freiwillig oder in Verfolgung einer branchenüblichen Praxis verschrieben hat. Hier müssen wir uns interessieren für :

- die *Eigenarten* dieser Bilanzierungsmethoden,
- die *Ausübung* von Wahlrechten innerhalb dieser Bilanzierungsmethoden,
- die *Kontinuität* in der Anwendung dieser Bilanzierungsmethoden.

Darüber hinaus sind Maßnahmen zu beachten, die das Unternehmen (z.B. aus bilanzpolitischen Gründen) getroffen hat und über die – unter Beachtung des Grundsatzes der Wesentlichkeit – zu berichten ist. Zu denken wäre hier an einen in der Nähe des Bilanzstichtages erfolgten Verkauf von Grundstücken oder an eine Transaktion im Rahmen eines Sale-and-lease-back-Verfahrens.

Ich möchte nicht verschweigen, dass wir uns mit einer Vielzahl von Aspekten beschäftigen müssen, bis wir sagen können, dass wir ein *Unternehmen* kennen. Dieses *Kennenlernen* ist ein sehr schwieriger und komplexer Vorgang, der Zeit benötigt und einer disziplinierten und engagierten Zusammenarbeit aller Beteiligten bedarf.

Das Prüfungsteam wird in der Regel auf einen „bekannten" Mandanten treffen, d.h. es liegen bereits eine Reihe von Dokumenten vor, die vor Beginn der Prüfung studiert werden können, um nicht unvorbereitet mit der Arbeit starten zu müssen. Hier spielen die Vorjahresarbeitspapiere – insbesondere die sogenannte Dauerakte (über die noch zu reden sein wird) – eine große Rolle.

Denken Sie aber daran, dass bestimmte Arbeitspapiere einer *ständigen Überarbeitung* bedürfen, um aktuell zu sein. Seit dem Vorjahr können sich in der Geschäftstätigkeit des Mandanten wesentliche *Veränderungen* ergeben haben, die wir kennen und *verstehen* müssen, um unsere Abschlussprüfung ordnungsgemäß durchführen zu können. Das Dokument, das die Geschäftstätigkeit des Mandanten beschreibt (wir haben es kurz KoBu-Doc genannt), muss also auf Vollständigkeit und Richtigkeit überprüft werden. In diese Überprüfung ist ein Thema einzubeziehen, dass wir bereits mehrfach gestreift, aber noch nicht näher behandelt haben : *Das Geschäftsrisiko*.

1.2 Die Geschäftsrisiken und ihr Einfluss auf den Jahresabschluss

1.2.1 Die Risikoidentifikation

Bei aller Vielschichtigkeit und Bedeutung der bislang behandelten Themen, die alle – und dies sei mit Nachdruck betont – einen mehr oder minder direkten Bezug zum Jahresabschluss haben –, stehen im Mittelpunkt der Analyse der Geschäftstätigkeit die *Geschäftsvorfälle* und die *Geschäftsrisiken*.

KOBU KORI KOCO KOP KODI

Erinnern Sie sich an die Definition des *Geschäftsrisikos* ? Unter einem Risiko versteht man die Möglichkeit, dass ein Ereignis die Fähigkeit des Unternehmens, seine *Ziele* zu erreichen bzw. seine *Strategien* erfolgreich umzusetzen, ganz oder teilweise beeinträchtigt.

„Risiko ist ein vergleichsweise moderner Begriff. Das Wort selbst kommt in der gesamten Literatur der Antike und des Mittelalters noch nicht vor. Wie viele andere Erkenntnisse und Instrumente ... erscheint dieser Begriff erstmals in der italienischen Renaissance. Seefahrer wagten sich über die bekannten Gewässer des Mittelmeeres hinaus und brachten das Wort 'resciare' in Umlauf. Damals hieß das soviel wie 'eine schwierige Strömung durchqueren'. In der Blütezeit nautischen Unternehmertums waren sich die Seefahrer bewusst, dass Gefährdung zwei Aspekte birgt : Fehlschlag und Erfolg. Nimmt man ein italienisches Wörterbuch zur Hilfe, so ist dort 'rescioso' als figurativer Begriff für 'zweischneidig' erklärt. Das Potential für Verlust wie für Gewinn kommt darin zum Ausdruck." [98]

Interessanterweise taucht diese Zweischneidigkeit auch in TZ 3 des PS 340 auf :

> *„Jede unternehmerische Betätigung ist aufgrund der Unsicherheit künftiger Entwicklungen mit Chancen und Risiken verbunden. Unter Risiko ist allgemein die Möglichkeit ungünstiger künftiger Entwicklungen zu verstehen."* [99]

---

[98] B. Koehler : Rechnen mit dem Unvorhergesehenen, in : FAZ 13.12.03, Nr. 290, S. 15.
[99] PS 340 : Die Prüfung des Risikofrüherkennungssystems nach § 317 Abs. 4 HGB

1 Die Analyse der Geschäftstätigkeit

Der *Vorteil* dieser Formulierung besteht darin, dass zuerst vom *Begriffspaar „Chancen und Risiken"* gesprochen und dann erst auf das Phänomen „Risiko" eingegangen wird. Ich betone das deshalb, weil wir im Gespräch mit unseren Mandanten viel eher etwas über Risiken erfahren können, wenn wir *zunächst nach den Chancen fragen* (das ist nämlich die vorrangige Kategorie, in der jeder Unternehmer denkt!) und dann erst auf die Risiken zu sprechen kommen. (Dabei können wir dann auch erfahren, wie er diese Risiken einschätzt und behandelt!) [100]

Der *Nachteil* dieser Formulierung ist darin zu sehen, dass sie sehr allgemein gehalten ist und erstaunlicherweise gar nicht auf unternehmerische *Ziele* und *Strategien* eingeht.

Ich hatte Sie bewusst schon frühzeitig auf die *logische Kette* „Ziele-Strategien- Risiken" hingewiesen, weil man die Bedeutung von Risiken gar nicht richtig einschätzen kann, wenn man sie nicht im Zusammenhang mit Zielen und Strategien behandelt. Es macht also z.B. keinen Sinn, über Geschäftsrisiken von WELOS zu sprechen, wenn man seine *Ziele* (z.B. die Erreichung einer Umsatzrendite von 3 %) und seine *Strategien* (z.B. eine Erweiterung des Produkt-Portfolios) gar nicht kennt oder unerwähnt lässt. Wir konzentrieren uns also auf die Ziele und Strategien des Unternehmens, um auf dieser Basis die Geschäftsrisiken identifizieren zu können.

Es gehört zu den wesentlichen Aufgaben des *Prüfungsteams*, sich gemeinsam über die Risiken des Mandanten Gedanken zu machen. Dies muss im Rahmen eines längeren Team-Gespräches geschehen, in dem jeder die Möglichkeit hat, seine Ideen, Beobachtungen und Erfahrungen einzubringen. (Dies wird vermutlich schon bei der „Projekt-Definition" der Fall sein.) „Damit stehen business risk und audit risk nicht isoliert nebeneinander. Vielmehr muss der Abschlussprüfer das Geschäftsrisiko des Mandanten verstehen und einschätzen können, um sein Prüfungsrisiko zu erkennen." [101]

Bleiben wir bei unserem Muster-Mandanten : Welche Geschäftsrisiken hat das Autohaus WELOS ?
Verwenden Sie bitte die von uns bereits erarbeiteten Kenntnisse über die Geschäftstätigkeit und die Informationen, die Sie aus Anlage 8/1 entnehmen können. Im Falle einer konkreten Prüfung müssten die Risiken besprochen werden. Dabei würde sich dann herausstellen, dass

- eine fachliche und persönliche Diskussion im *Kollegenkreis* von großer Bedeutung ist, weil hier die große Chance besteht, dass ganz unterschiedliche Perspektiven zum Tragen kommen,
- man mit seinen Analysen schon sehr weit kommen kann, wenn man sich *Zeit* nimmt und in Ruhe Verstand und Erfahrung einsetzt, um Risiken zu identifizieren und
- eine *Wirtschaftsdatei* Umfang und Präzision der identifizierten Risiken in besonderer Weise bestimmt.

---

100 Die Neufassung des § 322 HGB im Zusammenhang mit dem Bilanzrechtsreformgesetz besteht u.a. auch darin, dass der Abschlussprüfer im Bestätigungsvermerk auch darauf einzugehen hat, ob im Lagebericht „die Chancen und Risiken der künftigen Entwicklung zutreffend dargestellt sind." (Abs. 6 Satz 2)
101 D. Dörner : Risikoorientierter Prüfungsansatz, HdRuP, Sp. 1745

Ein (sicherlich noch nicht vollständiger) Katalog enthält die folgenden Geschäftsrisiken von WELOS :

Geschäftsrisiko	Problematik
Abhängigkeit von Toyota	Kündigung des Vertriebsvertrages, Margenverluste durch geringere Bruttospanne oder höheren Präsentationsaufwand
Ertragspotentiale der übernommenen Autohäuser	Personelle oder technische Schwachstellen
Finanzkraft	Mangelnde Kreditfähigkeit zur Finanzierung des Wachstums
Gewährleistung	Qualitätsmängel bei Reparatur- und Inspektionsarbeiten
Kreditgewährung	Zins- und Forderungsverluste

Nachfrage nach PKW
    Markenbindung
    Preisbewusstsein der Käufer
    Standortbedingungen
    Wettbewerbslandschaft
	- Nachlassende Qualität der Autos, Veränderungen bei Typen, Design und Technologien
	- Trend zum Kleinwagen und zu Billigmarken, Rabattaktionen und kostenlose Sonderleistungen
	- Einfluss der Kommunalpolitik auf die Wohn- und Gewerbestruktur
	- Trends zu: Immobilieninvestitionen "Automeile", Internet-Marktplätzen, Leasing-Gesellschaften mit Angeboten auch für kleine Flotten und Privatkunden, Megadealern, Themenhändlern

Personal	Mangelhafte Ausbildung und hohe Fluktuation
Politik	Gravierende Erhöhung der Benzinpreise, EU-Richtlinien zum KfZ-Vertrieb
Währungsverluste	Verluste bei Einkauf oder Verkauf in fremder Währung

Wir haben oben davon gesprochen, dass wir das Autohaus WELOS durchleuchten. Das ist jetzt die 3. Röntgenaufnahme !

1.2.2 Die Bestimmung des Risikoeinflusses

Was ist jetzt zu tun ? Wie gehen wir mit diesem Katalog von Geschäftsrisiken um ?

Hier spielen zwei Gesichtspunkte eine Rolle :
- Wir müssen ein Verständnis dafür gewinnen, ob ein Geschäftsrisiko *bedeutend* ist und
- wir müssen einschätzen, ob es einen *Einfluss auf den zu prüfenden Jahresabschluss* und damit auf unsere Prüfung hat.

Was ist damit gemeint, wenn wir von der *Bedeutung eines Risikos* sprechen ? Die Bedeutung wird von der *Eintrittswahrscheinlichkeit* und von der *Wirkung* eines Ereignisses bestimmt. Wir müssen uns also über die Gewichtung des Risikos Gedanken machen. Werfen wir zu diesem Zweck einen erneuten Blick auf den Risikokatalog, den ich alphabetisch geordnet habe.

Wie stehen wir zum ersten Risiko „*Abhängigkeit von Toyota*" ? Wenn Toyota den Vertrag mit WELOS kündigen würde, dann wäre dies vermutlich ein Ereignis, das das Unternehmen bis

1 Die Analyse der Geschäftstätigkeit

in seine Grundfesten erschüttern würde. Aber ist es wahrscheinlich, dass Toyota den Vertriebsvertrag kündigt ? Gemessen an der Entwicklungsgeschichte des Autohauses, dem Erfolg des Inhabers, der Philosophie [102] und Zielsetzung [103] von Toyota, seinen Absatz auf dem europäischen Markt bis 2010 um 50% zu erhöhen, ist es nach den vorliegenden Informationen *unwahrscheinlich*, dass Toyota seine Zusammenarbeit mit WELOS aufkündigt. Wir können also (aus unserer Sicht als entfernter Betrachter) feststellen, dass das Geschäftsrisiko „Bindungen an Toyota" zum gegenwärtigen Zeitpunkt *unbedeutend* ist. Wir streichen dieses Risiko aber nicht aus unserer Liste, weil wir es im nächsten Jahr erneut unter die Lupe nehmen müssten. Das Risiko nimmt also sozusagen eine *Parkposition* ein.

Wie stehen wir zum Risiko „*Standortbedingungen*", d.h. zum Risiko, dass Standortvorteile durch Ereignisse auf kommunaler Ebene verloren gehen ? Ist ein solches Risiko wahrscheinlich ? Unsere Informationen sind zu spärlich, um diese Frage eindeutig beantworten zu können. Wir können aber feststellen, dass ein solches Risiko durchaus möglich ist, weil wir in der Wirtschaftspresse gelesen haben, dass Unternehmen immer wieder eine falsche Standortwahl treffen. Was würde es aber für WELOS bedeuten, wenn sich herausstellt, dass ein oder mehrere Standorte ihre ursprüngliche Attraktivität verloren haben ? Da vermutlich größere Beträge in Grundstücke und Gebäude investiert wurden, wird die Wirkung beachtlich sein. Wir können also festhalten, dass das Risiko *bedeutend* ist. Hat es aber einen Einfluss auf den zu prüfenden Jahresabschluss ? Wir unterstellen (in der Praxis muss dies natürlich geprüft werden !), dass es keine Informationen – weder aus dem Unternehmen selbst, noch aus der offiziellen Presse – gibt, die darauf hindeuten, dass auf die einzelnen Autohäuser negative Standortfaktoren einwirken. Wir können also feststellen, dass das Geschäftsrisiko „Standortbedingungen" zum gegenwärtigen Zeitpunkt *zwar bedeutend* ist, *aber keinen Einfluss* auf den zu prüfenden Jahresabschluss hat. Auch dieses Risiko würden wir nicht aus unserer Liste streichen, sondern ihm eine *Parkposition* bis zur nächsten Jahresabschlussprüfung zuweisen.

Wie stehen wir zum Geschäftsrisiko „*Preisbewusstsein der Käufer*" ? Hier bestehen nicht die geringsten Zweifel, dass sich das Preisbewusstsein *erheblich* gewandelt hat und die Händler ihre Kunden mit besonderen Anreizen (sei es durch Rabatte, sei es durch kostenlose Sonderausstattungen) zum Kauf eines Wagens *motivieren* müssen. Das Risiko ist also nicht nur vorhanden, sondern bereits *eingetreten* und hat einen *erheblichen Einfluss auf den Jahresabschluss*.

In Anlehnung an regelungstheoretische Überlegungen von Baetge/Thiele [104] und an praktische Belange des sogenannten Business Measurement Prozesses (BMP), in dem Einflüsse sachgerecht ausgelotet werden, lassen sich diese Überlegungen in folgender Entscheidungsmatrix darstellen:

---

[102] o.V. : Die Kunst der Beharrlichkeit, in : FAZ 2.9.04, Nr. 204, S. 18
[103] o.V. : Toyota arbeitet sich in Deutschland systematisch vor, in : FAZ 27.5.04, Nr. 122, S. 22
[104] J. Baetge / St. Thiele : Prüfungstheorie: Regelungstheoretischer Ansatz, in : HdRuP, Sp. 1901 ff.

Entscheidungsmatrix
Der Pfad zur Kontrollstelle

	Geschäftsrisiko		
Wahrscheinlich ?	Bedeutend ?		Groß ?
	nein	ja	
		Einfluss auf den JA	
	Berichtsjahr ?	Bedeutend ?	**Wesentlich ?**
		nein	ja
			Kontrolle ?

„The auditor's assessment of the nature of, and control over, business risk, equips him to make audit risk assessments and determine if, and where, additional audit procedures are necessary."

Und sozusagen im Vorgriff auf die nächste Stufe des Prüfungsprozesses läßt sich fortfahren : „During process analysis, the BMP auditor considers the process objectives, the business risks and audit risks related to these objectives, the controls established to mitigate the risks, and the financial statement implications of residual risks, all within the context of his understanding of the client's strategic-systems viability." [105]

Im Rahmen unserer *Entscheidungsmatrix* sind wir also jetzt an dem Punkt angekommen, der hier mit „Kontrolle ?" gekennzeichnet ist, d.h. wir müssen uns mit der Frage beschäftigen, welche Kontrollen bei WELOS vermutlich eingebaut sind, um diesem Risiko angemessen zu begegnen. Die unternehmerischen Kontrollen werden zwar Gegenstand des nächsten Kapitels sein. Sie können aber jetzt schon nachvollziehen, dass bereits im Rahmen der Analyse der Geschäftstätigkeit eine Weichenstellung vollzogen wird, die uns zwingt, uns mit *speziellen Kontrollen* im Unternehmen zu beschäftigen.

Was bedeutet nun der Umstand, dass ein *Einfluss auf den Jahresabschluss* vorliegt ? Hier sind *vier Gesichtspunkte* zu beachten :

– *Wirkt* sich das Risiko *tatsächlich* auf den zu prüfenden Jahresabschluss aus ?
– Können wir die Feststellung, dass der zu prüfende Jahresabschluss betroffen ist, vernünftig *begründen* ?
– Welche *Positionen* des Jahresabschlusses bzw. des Lageberichtes werden berührt ?
– Welche Behauptung, welche *Aussage* des Mandanten zu den einzelnen Jahresabschlussposten steht im Mittelpunkt des Interesses ?

Die vorangegangenen Überlegungen haben erneut erkennen lassen, warum die Kenntnisse über die Geschäftstätigkeit (geordnet im KoBu-Doc dargestellt) als *Wegweiser für die Ab-*

---

[105] J.W. Aricale / T.B. Bell / I. Salomon / S. Wessels : Strategic-Systems Auditing, a.a.O. S. 23

1 Die Analyse der Geschäftstätigkeit

schlussprüfung dienen. Wir werden durch *systematische* Analysen gezielt zu denjenigen Jahresabschlussposten geleitet, die für einen sicheren Einblick in die Vermögens-, Finanz- und Ertragslage der Gesellschaft von besonderer Bedeutung sind, zu Jahresabschlussposten also, die *nach unserer Beurteilung* am ehesten geeignet sind, von den Risiken des Unternehmens erfasst zu werden.

Die Kenntnisse über die Geschäftstätigkeit als Wegweiser für die Abschlussprüfung

Geschäftsrisiken zum 31.12.03 unwahrscheinlich	ohne Einfluss auf den JA	Geschäftsrisiken zum 31.12.03 mit bedeutendem Einfluss auf den JA	Bilanzposition / Aussage
Kündigung des Vertriebsvertrages durch Toyota	Verlust von Standortvorteilen	*Margenverluste*, höhere Einkaufspreise, höherer Präsentationsaufwand	Vorräte (Genauigkeit) Sachanlagen (Vollständigkeit)
Gravierende Erhöhung der Benzinpreise	Richtlinien der EU zum KfZ-Vertrieb	*Schwachstellen* bei den übernommenen Autohäusern	Anteile an verbundenen Unternehmen / Beteiligungen (Bewertung)
Mangelhafte Ausbildung und hohe Fluktuation	Veränderte Wettbewerbslandschaft	Mangelnde *Kreditfähigkeit* zur Finanzierung des Wachstums	Verbindlichkeiten gegenüber Kreditinstituten (Ausweis), Sicherheiten (Ausweis)
		Gewährleistungen	Rückstellungen (Vollständigkeit)
		Kreditrisiken	Forderungen L+L (Bewertung)
		Nachfrage nach PKW : Markenbindung (Nachlassende Qualität der Autos, Veränderungen bei Typen, Design, Technik) *Preisbewusstsein der Käufer* (Trend zum Kleinwagen und zu Billigmarken, Rabattaktionen und kostenlose Sonderleistungen	Vorräte (Bewertung), Forderungen (Genauigkeit)

Wir berücksichtigen bei unserer Arbeit die *aktuelle* Lage und die aktuelle Entwicklung des Unternehmens, können jederzeit auf frühere Erkenntnisse zurückgreifen, beziehen systematisch das Interne Kontrollsystem der Unternehmung ein und sind somit in der Lage, unser *Prüfungsrisiko* so klein wie möglich zu halten. [106]

---

[106] Der systematische Erwerb und die Verarbeitung von Kenntnissen über die Geschäftstätigkeit eines Unternehmens wird in der angelsächsischen Literatur auch als „Business Measurement Process" (BMP) bezeichnet. Dazu heißt es bei Arricale/Bell/Solomon/Wessels : „BMP includes a framework that guides the auditor's collection, processing and documentation of information about the client's business opportunities, risks, execution, and control." ... "The BMP auditor links his assessment of business risk to his assessment of audit risk, understands and measures business processes whose effective execution is critical to achieving business objectives and controlling business risks, and performs other knowledge-acquisition procedures when the financial presentation is inconsistent with his knowlegeladen expectations." (Strategic-Systems Auditing, a.a.O. S. 15)

Ich habe oben bewusst die Formulierung „*nach unserer Beurteilung*" gewählt, um Ihnen erneut vor Augen zu führen, was Urteilsbildung bedeutet und wie eng sie mit dem bereits diskutierten Begriff der *Eigenverantwortlichkeit* verbunden ist. In diesem Zusammenhang wird auch die Formulierung im PS 230 (Kenntnisse über die Geschäftstätigkeit) verständlich, in dem es unter TZ 6 heißt :

> „*Die Geschäftstätigkeit sowie das wirtschaftliche und rechtliche Umfeld des Unternehmens zu verstehen und die hieraus gewonnenen Informationen angemessen zu verwenden, sind für den Abschlussprüfer wesentliche Grundlage (u.a.) für die Risikobeurteilung und die Identifikation möglicher Problemfelder....*"

„Verstehen" heißt kritische, energische Auseinandersetzung, In-Frage-Stellung landläufiger Meinungen, Verwerfung bisheriger Auffassungen, kurz das, was die Angelsachsen als „to obtain an understanding" bezeichnen. Es ist also sinnvoll, erneut an den ISA 310 (Knowledge of Business) zu erinnern :

> "*In performing an audit of financial statements the auditor should have or obtain a knowledge of the business sufficient to enable the auditor to identify and understand the events, transactions and practices that, in the auditor's judgement, may have a significant effect on the financial statements or on the examination or audit report.*"

Ich verweise hier bewusst auf diesen Standard, weil seine Formulierung mit viel größerem Engagement zum Ausdruck bringt, wie viel Zeit und Energie aufgewendet werden müssen, um das Geschäft des Mandanten zu *verstehen*. (To obtain an understanding : Was hier „gewonnen" wird, beruht niemals auf einem Zufallstreffer und geht weit über das hinaus, was im Deutschen (z.B. unter rein technologischen Gesichtspunkten) unter „beschaffen" oder „verschaffen" verstanden wird !)

Aus unseren Überlegungen zur „Entscheidungsmatrix" und zur „*Wegweiserfunktion*" kann entnommen werden, dass sich auch WELOS mit den einzelnen Geschäftsrisiken beschäftigen und Vorkehrungen treffen wird, um deren Einfluss möglichst gering zu halten. Das heißt – um kurz zwei Beispiele zu erwähnen – es wird Richtlinien für die *Bonitätsprüfung* von Kunden und zur Forderungsüberwachung geben und Vorschriften, die regeln, in welcher Höhe *Rabatte* gewährt und welche Sonderausstattungen kostenlos geliefert werden dürfen. In diesem Zusammenhang wird WELOS Forderungen unter Berücksichtigung des Ausfallrisikos bewerten und einschätzen müssen, welcher Wertansatz bei bestimmten Autos zum Bilanzstichtag angemessen ist.

Wo diese Kontrollen eingebaut sind, in welchem Umfeld sie sich bewegen und welchen Prinzipien sie gehorchen, damit werden wir uns im Kapitel „Die Analyse unternehmerischer Kontrollen" im Einzelnen beschäftigen.

Wir haben unsere Kenntnisse über das Autohaus WELOS in einem Formular niedergelegt, das wir in Anlehnung an ISA 310 das „Knowledge of Business- Dokument" - kurz „KoBu-Doc" - genannt haben. Das KoBu-Doc diente auch dazu, die Geschäftsrisiken, mit denen sich WELOS auseinandersetzen muss, zu identifizieren. Dies ist mit dem von uns entwickelten Katalog der WELOS-Geschäftsrisiken geschehen.

1 Die Analyse der Geschäftstätigkeit

Wir werden jetzt eine weitere Ergänzung zum KoBu-Doc kennenlernen, die diese Geschäftsrisiken zusammenfasst und in besonderer Weise kanalisiert. Diese Anlage wollen wir als „*Knowledge of Risks-Document*" – kurz „*KoRi-Doc*" – bezeichnen. (Die Risiken werden im weiteren Verlauf durch eine Schlange symbolisiert, die KORI heißt und ebenfalls im Okavango-Delta beheimatet ist.) KoRi-Doc dokumentiert sozusagen unser *Risikobewusstsein*. Die Struktur dieses Formulars und eine Art Musterlösung sind in Anlage 20 dargestellt.

KORI

In der 1. Spalte sind *alle* von uns identifizierten *Geschäftsrisiken* (die inhärenten Risiken !) dargestellt.

In der 2. Spalte (mit „Relevanz" überschrieben) wird abgefragt, ob das jeweilige Risiko einen *Einfluss* auf den zu prüfenden Jahresabschluss hat. Die Antwort auf diese Frage ergibt sich aus der oben vorgestellten *Entscheidungsmatrix*. Lautet die Antwort „nein", dann sind wir der Meinung, dass dieses Risiko zur Zeit keinen Einfluss auf den zu prüfenden Jahresabschluss hat. Das bedeutet aber nicht, dass wir dieses Risiko in Zukunft vernachlässigen dürfen. Es wird sozusagen „gedanklich vorgetragen" und im nächsten Jahr aus seiner Parkposition hervorgeholt und erneut analysiert. Bei dieser Gelegenheit ist im Übrigen der gesamte Katalog auf *Vollständigkeit* und *Präzision* hin zu überprüfen, denn es muss immer damit gerechnet werden, dass „neue" Risiken hinzugekommen sind und „alte" Risiken an Bedeutung verloren haben. (Ob man diese dann aus der Liste entfernen kann, bedarf einer sorgfältigen Prüfung. Im Zweifel würde ich von einer Streichung absehen.)

In der 3. Spalte werden die *Jahresabschluss-Posten* aufgeführt, die nach unserer Einschätzung durch die einzelnen Risiken betroffen sind. (Der Einfachheit halber sind hier nur die Bilanzposten aufgeführt !) Dabei spielt der Einfluss des IKS noch keine Rolle, da wir zunächst eine direkte Verbindungslinie „inhärentes Risiko – Jahresabschluss" herstellen müssen und dann erst die wichtige Frage stellen dürfen, wie der Unternehmer mit diesen Risiken umgeht. (Dies geschieht dann innerhalb der von ihm installierten Kontrollen.)

In die 4. Spalte werden die *Abschlussaussagen* des Mandanten übernommen. Dies geschieht bereits mit einer bestimmten *Gewichtung*, da es wenig sinnvoll ist, den gesamten Katalog der Aussagen (Behauptungen) zur Vollständigkeit, Genauigkeit, Ausweis etc. hier aufzuführen. (In einer Gewichtung sind bereits Konturen von *Prüfungszielen* zu erkennen !)

In der 5. Spalte werden die *Kontrollen* identifiziert, die der Unternehmer eingesetzt hat, um sich mit den Risiken auseinander zu setzen. Es gehört zu den *entscheidenden* Aufgaben des KoRi-Doc, den Abschlussprüfer zu den wichtigen Kontrollstellen im Unternehmen zu *führen*. Dort muss er sich einen Eindruck vom Aufbau und von der Arbeitsweise der Kontrollen verschaffen. Erst wenn er die *Qualität* der internen Kontrollen beurteilen kann, wird er sich eine Meinung darüber bilden können, ob die Risiken im Jahresabschluss angemessen behandelt sind. Die *Leitfunktion* des Business Understanding, durch die *Schaltstellen* definiert werden, wird auf diese Weise besonders nachdrücklich unterstrichen.[107]

---

[107] *„During strategic analysis, the BMP auditor assesses business risk, considers the link from business risk to audit risk, determines what core business processes are most critical to successful execution of the client's strategy and articulates key propositions with respect to the client's value proposition..." (J.W.Arricale / T.B. Bell / I. Solomon / S. Wessels : Strategic-Systems Auditing, a.a.O. S. 23) Der auch vom IDW nachdrücklich vorgetragene Service-Gedanke kommt auch hier deutlich zum Ausdruck!*

Rekapitulieren wir unseren bisherigen Weg : Wir haben Daten über das Autohaus WE-LOS gesammelt und uns insbesondere für die Geschäftsvorfälle und die Geschäftsrisiken interessiert. *Erster* Wegweiser !

Dann wollten wir wissen, welchen Einfluss die einzelnen Geschäftsvorfälle und die einzelnen Geschäftsrisiken auf den Jahresabschluss haben. Dabei war nicht nur die Frage von Bedeutung, welche Positionen des Jahresabschlusses berührt werden, sondern es musste auch festgestellt werden, welche Aussage des Mandanten zur Rechnungslegung vermutlich im Mittelpunkt des jeweiligen Interesses stehen wird. *Zweiter* Wegweiser !

Da Unternehmen ein fundamentales Interesse daran haben, Geschäftsvorfälle ordnungsgemäß abzuwickeln und Geschäftsrisiken sorgfältig zu behandeln, haben wir uns schließlich die Frage gestellt, welche Geschäftsprozesse eine wesentliche Rolle für den Jahresabschluss spielen und welche Kontrollen in ihnen eingerichtet sind. *Dritter* Wegweiser !

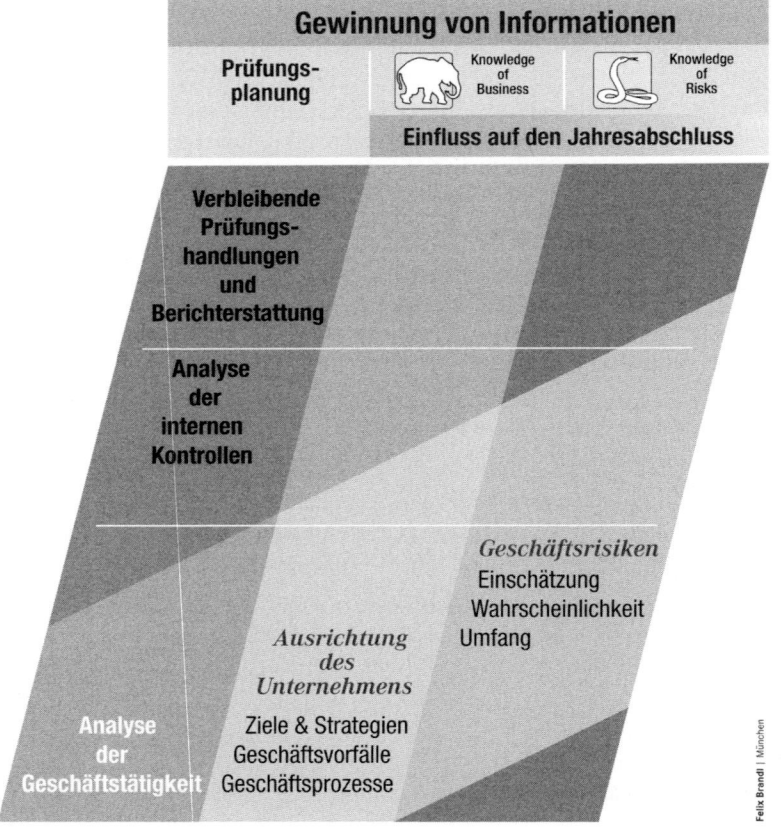

Abbildung 6: Gewinnung von Informationen (Teil 2)

Ich möchte noch einmal darauf hinweisen, dass es sich nach meinem Verständnis bei den beiden Dokumenten „KoBu-Doc" und „KoRi-Doc" um *Pflichtdokumente* handelt.! Ohne sie könnten wir den Weg, den wir einschlagen müssen, gar nicht erkennen.

1 Die Analyse der Geschäftstätigkeit

Nachdem wir uns intensiv mit Unternehmensdaten, insbesondere aber mit der Bedeutung von Geschäftsvorfällen und Geschäftsrisiken beschäftigt haben, möchte ich Ihnen folgende *Übung* (als interessante Ergänzung zu dem uns mittlerweile vertrauten Autohaus WELOS) anbieten : Im Handelsregister des Amtsgerichtes Berlin-Charlottenburg wurde am 16. Juli 2003 unter der Nr. HRB 89494 die „E. Thiesen Berlin GmbH" eingetragen und u.a. Folgendes vermerkt :

Gegenstand des Unternehmens : Die Ausstellung und der Verkauf von automobilen Klassikern und sogenannten Oldtimern.
Kapital : 40.000 Euro.
Geschäftsführer : Eberhard Thiesen geb. 26.9.1951 Hamburg,
Karl-Helmut Larkamp geb. 20.10.1954 Berlin.
Gesellschaft mit beschränkter Haftung.
Der *Gesellschaftsvertrag* ist am 23. April 2003 abgeschlossen.

Welche *Geschäftsvorfälle* würden Sie bei diesem Unternehmen erwarten und mit welchen *Geschäftsrisiken* wird sich die Gesellschaft aller Voraussicht nach auseinandersetzen müssen ? Auch wenn die vorliegenden Informationen begrenzt sind, wird man zu den folgenden (vorläufigen) Feststellungen kommen können :

Geschäftsvorfälle	Geschäftsrisiken
Verkauf	Gewährleistungen ?
Ausstellung, Präsentationen	Veralterung der Geschäftsräume (Mode)
Aufbau von Geschäftsräumen	Vertragsrisiko (Qualitätsgarantie Kunde)
Aufnahme von Krediten	
Einstellung von Personal	
Werbung	
Gutachten	

Wenn Gegenstand der E. Thiesen Berlin GmbH „Verkauf und Ausstellung" ist, kauft die Gesellschaft dann keine Fahrzeuge ein? Von wem werden ihr diese dann ggf. zur Verfügung gestellt ? Arbeitet sie als Kommissionär? Gibt es einen Dritten (Person oder Gesellschaft), der die GmbH von Risiken freistellt? Übernimmt die Thiesen GmbH gegenüber ihren Kunden eine Garantie für die Funktionsfähigkeit (über eine bestimmte Zeit oder für eine bestimmte Kilometer-Leistung) ?

Wenn wir Abschlussprüfer der GmbH wären und wüssten, dass sie von Gewährleistungsrisiken freigestellt ist, dann müssten wir überprüfen, ob Gewährleistungsaufwendungen angefallen sind, ob sie ggf. im Jahresabschluss erfasst und – und das ist das Entscheidende - ob ein entsprechender Erstattungsanspruch an den Dritten (Garantie-Übernehmer) aktiviert wurde. Würde man einen berechtigten Erstattungsanspruch nicht entdecken, könnte es sein, dass der Jahresabschluss eine wesentliche Fehlaussage enthält. Würden wir uneingeschränkt testieren, hätte sich das Prüfungsrisiko in vollem Umfang konkretisiert.

Dieses Beispiel ist m.E. deshalb so interessant, weil es Folgendes deutlich macht: Es gelingt *in wenigen Minuten* (und eine Diskussion im Prüfungsteam beschleunigt den Vorgang!), Themen und Fragen zur Geschäftsstruktur zu formulieren und damit eine vernünftige *Basis* für den *Start* einer Abschlussprüfung zu legen. In einem ersten Gespräch mit der Geschäftsführung können dann Punkte ergänzt und Fragen beantwortet werden. Nur unter dieser Voraussetzung ist es überhaupt sinnvoll, mit der Prüfung eines Jahresabschlusses zu beginnen. Ohne diese *konzeptionelle Vorbereitung* hätte man kein *Problembewusstsein* und wäre nicht in der Lage, den im Jahresabschluss präsentierten Zahlen mit der bereits erwähnten *kritischen* Grundhaltung zu begegnen.

Nachdem wir verstanden haben, dass der Abschlussprüfer den *Weg* kennen muss, den die einzelnen Elemente einer Jahresabschlussposition hinter sich haben, bevor sie *im Jahresabschluss landen*, und dass die *Auseinandersetzung* mit Geschäftsvorfällen und Geschäftsrisiken die entscheidende Voraussetzung für dieses Verständnis ist, können wir jetzt auf das nächste Kapitel überleiten, das den Titel trägt: „Die Analyse der unternehmerischen Kontrollen."

Diese Analyse wird gelegentlich auch als Prozess-Analyse bezeichnet. Sie bildet den zweiten Teil einer risikoorientierten Jahresabschlussprüfung.

2 Die Analyse der unternehmerischen Kontrollen

Bevor die einzelnen Elemente im Jahresabschluss landen, passieren sie eine Reihe von Kontrollstellen, die – präventiv oder aufdeckend – dafür Sorge tragen, dass die Gesamtposition nach Vollständigkeit und Inhalt den gesetzlichen Vorschriften entspricht. Jede Position hat also sozusagen ihre eigene, durch Prozesse geprägte, *Entstehungsgeschichte* (einen genetischen Code), die der Abschlussprüfer kennen muss, um mit ihr richtig umgehen zu können. Dabei muss er sich u.a. mit aus den Unternehmenszielen abgeleiteten *Prozesszielen* und mit korrespondierenden Leistungskennziffern beschäftigen, deren Veränderung im Zeitablauf wichtige Rückschlüsse nicht nur auf Stärken und Schwächen des Unternehmens, sondern auch auf *Fehlaussagen* im Jahresabschluss zulassen. Im Rahmen der Prozessanalyse, durch die ein Urteil über die *Qualität* interner Kontrollen zu gewinnen ist, werden – gemessen an der 3-Phasen-Systematik – *erstmals* Gedanken formuliert, ausreichende und angemessene Nachweise dafür zu bekommen, dass bestimmte Abschlussaussagen des Managements stimmen (Formulierung von *Prüfungszielen*).

2 Die Analyse der unternehmerischen Kontrollen

2.1 Die Entstehungsgeschichte einer Bilanzposition (Die genetische Prägung)

2.1.1 Das Denken in Prozessen

Jede Phase der Jahresabschlussprüfung hat mehrere *Stufen*. Wir haben uns auf der letzten Stufe der Analyse der Geschäftstätigkeit mit der Frage beschäftigt, welche Geschäftsprozesse für den Jahresabschluss von besonderer Bedeutung sind und welche Kontrollen etabliert wurden, um Geschäftsvorfälle und Geschäftsrisiken so zu behandeln, dass sie ordnungsgemäß im Jahresabschluss ausgewiesen werden.

Die Analyse der Geschäftstätigkeit stellt sozusagen die *Eintrittskarten* für die Prozess-Analyse aus. Wenn die Eintrittskarten die falschen Namen tragen, sitzen wir in der falschen Vorstellung!

Es wird so oft von Wesentlichkeit gesprochen: Das *Wesentliche* an der Analyse der Geschäftstätigkeit besteht darin, diejenigen Geschäftsvorfälle und diejenigen Geschäftsrisiken zu finden, die den Jahresabschluss *prägen*. In diesem Zusammenhang sei auf die Gliederung des PS 230 (Kenntnisse über die Geschäftstätigkeit sowie das wirtschaftliche und rechtliche Umfeld des zu prüfenden Unternehmens im Rahmen der Abschlussprüfung) verwiesen, einem Prüfungsstandard, dem innerhalb der offiziellen Erklärungen des IDW eine *zentrale* Bedeutung zukommt.

Der Prüfungsstandard ist wie folgt aufgebaut:

1. Vorbemerkungen
2. Bedeutung der Kenntnisse über die Geschäftstätigkeit sowie das wirtschaftliche und rechtliche Umfeld
3. Umfang der erforderlichen Kenntnisse
4. Informationsbeschaffung
5. Übereinstimmung mit ISA
6. Anhang: Relevante Aspekte im Zusammenhang mit den Kenntnissen über die Geschäftstätigkeit sowie das wirtschaftliche und rechtliche Umfeld des Unternehmens.

Unter Punkt 3 des PS 230 „*Umfang der erforderlichen Kenntnisse*" (Erinnern Sie sich?) heißt es in TZ 8:

„Der Abschlussprüfer hat die Kenntnisse über die Geschäftstätigkeit sowie das wirtschaftliche und rechtliche Umfeld wirksam zu nutzen, um zu beurteilen, inwieweit sich diese auf den Jahresabschluss und Lagebericht insgesamt auswirken und ob die Darstellung in Jahresabschluss und Lagebericht mit diesen Kenntnissen in Einklang steht.

Die Kenntnisse müssen daher dem Abschlussprüfer eine Identifikation der
- für den Unternehmenserfolg zentralen Einflussfaktoren
- Unternehmensstrategie
- den Erfolg der Strategie möglicherweise gefährdenden Geschäftsrisiken und der Reaktionen des Unternehmens auf diese Risiken sowie der
- Geschäftsprozesse, ihrer wesentlichen Risiken und die diesbezüglichen Kontrollmechanismen ermöglichen."

Zur Identifikation der Geschäftsprozesse sei wiederholt :

"Die Kenntnisse müssen daher dem Abschlussprüfer eine Identifikation der ... Geschäftsprozesse, ihrer wesentlichen Risiken und der diesbezüglichen Kontrollmechanismen ermöglichen."

Das klingt interessant. Aber ist es wirklich sinnvoll, wenn wir uns als Abschlussprüfer mit den einzelnen Kontrollen beschäftigen ? Bitte erinnern Sie sich an unsere Überlegungen zum *Prüfungsrisiko* ! Unser Risiko besteht darin, wesentliche Fehler im Jahresabschluss nicht zu erkennen und ein uneingeschränktes Testat zu geben. Das Prüfungsrisiko setzte sich zusammen aus dem *Fehlerrisiko* und aus dem Entdeckungsrisiko. Um aber das *Entdeckungsrisiko* richtig einschätzen zu können, müssen wir uns *vorher* mit dem Fehlerrisiko auseinandersetzen, d.h. wir müssen die *Qualität der Internen Kontrollen* beurteilen. Voraussetzung dafür ist aber wiederum, dass wir die Risiken kennen, denen das Unternehmen ausgesetzt ist.

Im Rahmen der *Prozess-Analyse* wollen wir verstehen, wie
- die Geschäftsvorfälle ausgelöst, erfasst und verarbeitet werden und wie
- die Kontrollen arbeiten, die für Geschäftsrisiken und Geschäftsvorfälle zuständig sind.

Nachdem wir uns schon intensiv mit WELOS beschäftigt haben, liegt es nahe, auch dieses Unternehmen heranzuziehen, um ein *Verständnis* für Kontrollen zu gewinnen (to obtain !). Wenden wir uns dem Wertschöpfungs- oder Kernprozess in diesem Unternehmen zu. Welcher Prozess ist das ? Vertrieb und Service von Personenkraftwagen.

Erinnern Sie sich bitte daran, dass wir bei einem Unternehmen immer *drei Arten von Geschäftsprozessen* unterscheiden : Managementprozess, Wertschöpfungsprozess und Rahmenprozess. Bei WELOS sieht dies in etwa wie folgt aus :

Geschäftsprozesse

Managementprozess	Wertschöpfungsprozess	Rahmenprozess
Ziele festlegen, Strategien bestimmen	Vertrieb und Service von PKW	Investition und Finanzierung
Risiken identifizieren und beurteilen		Gebäude- und Anlagenmanagement
Kontrollen festlegen		Personalmanagement
Nachfrage einschätzen		Informationstechnologie
Wettbewerb beobachten		
Gesetze erfassen und begreifen		

2 Die Analyse der unternehmerischen Kontrollen

Der *Wertschöpfungsprozess „Vertrieb"* lässt sich in einige Unter-Prozesse (Sub-Prozesse) unterteilen (fiktive Beispiele) :

Verkauf :
- Privatkundengeschäft : Neuwagen, Gebrauchtwagen
- Firmenkundengeschäft : Neuwagen, Gebrauchtwagen

Service : Inspektionen, Reparaturen, Ausleihungen von Vorführwagen
Einkauf : Neuwagen, Gebrauchtwagen, Komponenten und Teile

Wir wollen über den „Verkauf von Neuwagen im Rahmen des Firmenkundengeschäftes" sprechen. Es liegt folgender Sachverhalt vor :

Die Stahlhandelsgesellschaft „Tecno-Stahl" GmbH bestellt bei WELOS am 1.10.03 für ihren Außendienst einen BWM (3er Touring-Diesel) mit folgender Sonderausstattung : Metallic-Lackierung, Leichtmetall-Reifen, Navigationssystem, Elektrisches Schiebedach, Radio. Der Wagen ist nicht vorrätig und muss bei der BMW-AG bestellt werden. Die Lieferzeit beträgt 4 Wochen. Die Zahlungskonditionen betragen : 15 % Firmenrabatt, 30 Tage netto.

Bitte denken Sie darüber nach, in welchen *Stufen* der Auftrag voraussichtlich abgewickelt werden wird. Welche Kontrollen wird Ihrer Ansicht nach der Auftrag im Autohaus WELOS vom Auftragseingang (Bestellung durch den Kunden) bis zum Geldeingang (Zahlung durch den Kunden) durchlaufen, damit dieser Geschäftsvorfall ordnungsgemäß in den Büchern des Autohauses abgebildet wird.

Es ist damit zu rechnen, dass der *Auftrag* folgende *Stufen* durchläuft :

- Auftragseingang
- Auftragserfassung
- Prüfung des für Tecno gültigen Nettopreises
- Prüfung der Bonität des Kunden (Tecno)
- Auftragsfreigabe
- Bestellung des für Tecno bestimmten PKW bei der BMW AG
- Auftragsbestätigung durch BMW und Abgleich mit den Tecno-Auftragsdaten
- Erstellung der für Tecno bestimmten Auftragsbestätigung
- Kontrolle der für Tecno bestimmten Auftragsbestätigung durch die WELOS-Verkaufsleitung
- Versand der Auftragsbestätigung an Tecno
- Aktualisierung des Auftragsbestandes (Auftragszugang bei WELOS)
- Überwachung der Lieferzeit (Abgleich mit BMW-internen Daten)
- Eingangskontrolle des von BMW gelieferten und für Tecno bestimmten Fahrzeuges
- Erfassung und Kontrolle der BMW-Rechnung durch den Einkauf (Grundpreis, Rabatte, Boni)
- Buchung des Lagerzugangs anhand des kontrollierten Lieferscheines
- Autorisierte Buchung der geprüften (Einkauf, Eingangskontrolle) Lieferantenrechnung
- Abstimmung der erhaltenen Lieferscheine mit den gebuchten Lieferantenrechnungen
- Einbeziehung der Verbindlichkeit in die "Fälligkeitsstruktur" der Verbindlichkeiten L+L
- Erstellung eines Lieferscheines und Übergabe des Wagens an Tecno
- Erstellung einer Rechnung an Tecno und Kontrolle durch die WELOS-Verkaufsleitung

- Abstimmung der von WELOS erstellten Lieferscheine mit den von WELOS erstellten Rechnung
- Versand der Rechnung an Tecno
- Autorisierte Buchung der durch die Verkaufsleitung kontrollierten Rechnung an Tecno
- Abstimmung der von WELOS versandten und von WELOS gebuchten Rechnungen
- Einbeziehung der Rechnung in die Datei "Fälligkeitsstruktur" der Forderungen L+L
- Autorisierte Buchung des Lagerabgangs anhand des für Tecno bestimmten Lieferscheines
- Aktualisierung des Auftragsbestandes (Auftragsabgang bei WELOS)
- Überwachung der Forderung an Tecno und ggf. Mahnung bei Überfälligkeit
- Zahlung des Rechnungsbetrages durch Tecno (per Banküberweisung)
- Abstimmung des Geldeingangs mit dem Rechnungsbetrag
- Autorisierte Ausbuchung der Forderung an Tecno und Einbuchung des Geldbetrages
- Autorisierte Zahlung der BMW-Lieferantenrechnung durch WELOS (per Banküberweisung)
- Autorisierte Ausbuchung der Lieferantenverbindlichkeit und Kreditierung des Bankkontos

Die Vielzahl der hier aufgelisteten Themen soll Ihnen deutlich machen, wie *anfällig* Geschäftsprozesse für Fehler sind und wie wichtig es demnach ist, Prozesse dieser Art sorgfältig zu kontrollieren. (vgl. zur Vorbereitung auf die nächsten Überlegungen die Anlage II. 8) Ohne das jetzt schon näher vertiefen zu wollen, gebe ich Ihnen als Ergänzung zu dieser Anlage eine Übersicht, aus der Sie die unterschiedlichen Kategorien von Kontrollen entnehmen können. (Anlage 21)

2.1.2 Kontrollen zur Sicherung der Abschlussaussagen

Wenn WELOS seinen Jahresabschluss (oder auch einen Quartalsabschluss) vorlegt, dann wird seine Bilanz u.a. die Positionen Forderungen (L+L), Vorräte (darin enthalten : Neuwagen) und Verbindlichkeiten (L+L) enthalten. Welche *Aussagen* macht die Gesellschaft zu den Forderungen, Vorräten und Verbindlichkeiten ? Welche *Behauptungen* stellt sie auf ?

WELOS *behauptet*, dass *alle Bilanzpositionen* (und natürlich auch die korrespondierenden Posten der G+V) :

V	vollständig sind,
E	der Gesellschaft gehören (Eigentum)
B	bestehen,
B	richtig bewertet,
A	korrekt ausgewiesen und
G	genau ermittelt sind.

2 Die Analyse der unternehmerischen Kontrollen

Was bedeuten nun diese Aussagen genau?

Vollständigkeit
Es gibt keine Aktiva und Passiva bzw. keine Geschäftsvorfälle, die nicht bilanziert oder in anderer Weise offengelegt sind.

Eigentum
Die Aktiva sind rechtlich und wirtschaftlich dem Unternehmen zuzurechnen.
Die Verbindlichkeiten nennen die Verpflichtungen des Unternehmens.

Bestand
Die ausgewiesenen Aktiva und Passiva existieren am Bilanzstichtag bzw. die ausgewiesenen Geschäftsvorfälle haben tatsächlich in dem Geschäftsjahr stattgefunden, für das der Jahresabschluss aufgestellt wurde.

Bewertung
Aktiva und Passiva sind richtig bzw. angemessen bewertet.

Ausweis
Positionen und Sachverhalte sind den gesetzlichen Vorschriften entsprechend ausgewiesen bzw. offengelegt und erläutert.

Genauigkeit
Einzelheiten der Aktiva und Passiva bzw. der Geschäftsvorfälle sind korrekt erfasst, verarbeitet und ausgewiesen. Dies gilt im Hinblick auf Geschäftspartner, Geschäftsjahr, Beschreibung, Menge und Preis.

Woher nimmt ein Unternehmer das Recht, diese *VEBBAG-Aussage* zu treffen? Er ist zu diesen Aussagen unter der Voraussetzung berechtigt, dass im Unternehmen Kontrollen eingebaut sind, auf deren *Wirksamkeit* Verlass ist.

Studieren Sie bitte die Anlage 21 und überlegen Sie, welche Abschlussaussagen die einzelnen Kontrollen (unter der Voraussetzung, dass sie korrekt arbeiten) stützen.

In der Anlage 22 sind die entsprechenden Bilanzposten und Abschlussaussagen aufgelistet. Dazu die folgenden kurzen Hinweise: WELOS hat mit Tecno einen *Kaufvertrag* abgeschlossen. WELOS erfüllt diesen Vertrag, wenn er den PKW auftragsgemäß übergibt. In diesem Moment entsteht eine *Forderung* an Tecno in Höhe des Kaufpreises. Die *Entstehung* einer Forderung bedeutet: Es findet aus der Sicht von WELOS ein *Wertsprung* von den Anschaffungskosten des Wagens zum Verkaufspreis statt. Mit der auftragsgemäßen Übergabe des Wagens hat WELOS seine Verpflichtungen aus dem Kaufvertrag erfüllt und ist demnach berechtigt, *Umsatz und Gewinn* zu realisieren. (Realisationsprinzip!)

Die Forderung an TECNO wird aber nur unter der Voraussetzung in den Büchern der Gesellschaft erfasst, dass nach Maßgabe des Lieferscheines (der nicht nur das Grundmodell, sondern auch die Sonderausstattung enthalten muss) eine Rechnung geschrieben und diese Rechnung auch gebucht wird. Wenn ordnungsgemäß ausgeliefert und gebucht wird, kann WELOS – gestützt auf seine Kontrollen – zurecht erklären, dass eine Forderung an Tecno

- besteht (Aussage „**B**"),
- vollständig ist (Aussage „**V**") und
- genau ermittelt wurde (Aussage „**G**").

Eine solche V / B / G-Aussage ist typisch für Aussagen zu Geschäftsvorfällen ! (zu „transactions" wie sich die ISA ausdrücken.) Es ist aber auffällig, dass bestmmte Aussagen fehlen ! Warum ? Der Verkaufsprozess (im engeren Sinne) enthält keine Kontrollen :

- zum Eigentum an den Forderungen (E)
- zu den Vorräten (VEBBAG)
- zur Vollständigkeit der Verbindlichkeiten (V)

Es wäre also *leichtsinnig*, aus funktionierenden Kontrollen im Verkaufsprozess den Schluss zu ziehen, dass die Kontrollen in den anderen Prozessen ebenso zuverlässig arbeiten ! Auch hier droht die Gefahr zu sagen : „Es wird schon stimmen!"

Wenn ein gut organisiertes Unternehmen seinen Jahresabschluss vorlegt, dann kann es **mit** Recht folgendes erklären :

- jede Abschlussposition besteht aus einer Vielzahl von Elementen,
- jedes Element hat als Glied eines Prozesses eine Entstehungsgeschichte hinter sich,
- jede Entstehungsgeschichte ist durch Kontrollen geprägt,
- kennzeichnet man diese Kontrollen, erhält man einen „genetischen Code".

Oder anders ausgedrückt : Wenn wir uns als Abschlussprüfer zuerst mit der Geschäftstätigkeit des Unternehmens und anschließend mit seinen Kontrollen beschäftigen, dann sind wir mit den einzelnen Jahresabschlussposten *vertraut*, weil wir ihren *„genetischen Code"* kennen. Nur unter dieser Voraussetzung ist das von uns verlangte Urteil über die Qualität des Jahresabschlusses überhaupt möglich. In diesem Zusammenhang müssen wir uns erneut auf die Rolle des Bestätigungsvermerkes besinnen. Dazu erklärt der PS 400 in TZ 8 :

„Der Bestätigungsvermerk enthält ein klar und schriftlich zu formulierendes Gesamturteil über das Ergebnis der nach geltenden Berufsgrundsätzen pflichtgemäß durchgeführten Prüfung. Verantwortlich beurteilt wird die Übereinstimmung der Buchführung, des Jahresabschlusses und des Lageberichtes mit den jeweiligen für das geprüfte Unternehmen geltenden Vorschriften."

Erinnern Sie sich an den PS 200 ?

„Durch die Abschlussprüfung soll die Verlässlichkeit der in Jahresabschluss und Lagebericht enthaltenen Informationen bestätigt und insoweit deren Glaubhaftigkeit erhöht werden." (TZ 8)

Wenn der Mandant „VEBBAG" behauptet, dann müssen wir uns auch davon überzeugen, dass er Recht hat ! (oder – wie dies in den ISA zum Ausdruck gebracht wird – den Beweis führen, dass man mit seinem Verdacht : „Er hat Unrecht", richtig liegt.)

Auftragseingang
?
?
?
?
Geldeingang

Wenn wir nicht wissen, was im Unternehmen zwischen Auftragserteilung und Geldeingang geschieht, wenn wir also zwischen beiden Begebenheiten eine Reihe von Fragezeichen setzen müssen, wie können wir dann die Solidität von Zahlen bestätigen ? Mit einer Einstellung „Es wird schon stimmen !" sorgen wir nicht für Verlässlichkeit und Glaubhaftigkeit !

Wir sehen es doch einer Forderung aus Lieferungen und Leistungen nicht an, ob sie vollständig ist oder nicht. Wer sagt uns denn, ob das, was da als „Forderung" ausgewiesen wird, de jure bereits einen Zahlungsanspruch gegenüber einem Kunden verkörpert ? Könnte es nicht sein, dass die „sogenannte Forderung" in Wahrheit nur Teile des Vorratsvermögens repräsentiert, weil der Vertrag noch gar nicht erfüllt ist ? Könnte es nicht sein, dass die „Forderung aus Lieferungen und Leistungen", die uns präsentiert wird, in Wahrheit eine wesentliche Forderung gegen ein verbundenes Unternehmen darstellt ?

Nur wenn wir uns mit den Prozessen, in unserem Beispiel mit dem Verkaufsprozess, beschäftigen, können wir beurteilen, ob VEBBAG zutrifft oder nicht.

2.2 Ziele und Regeln des Internen Kontrollsystems

2.2.1 Die Aufgaben des Internen Kontrollsystems

„Unter Kontrollen werden fest in die betrieblichen Arbeitsabläufe integrierte Überwachungen verstanden. Mit Kontrollen betraut sind in der Regel unternehmenszugehörige Personen; deshalb spricht man auch von internen Kontrollen. Die Kontrollen eines Unternehmens oder eines abgegrenzten Unternehmensteiles bilden das (interne) Kontrollsystem des Unternehmens oder des betrachteten Teiles. (Es) wird allerdings zumeist nur von einem 'Kontrollsystem' gesprochen, wenn die Kontrollregeln auf die Arbeitsschritte und die zu sichernden Vermögensgegenstände abgestimmt sind." [108]

Das ganz einfache Beispiel (Verkauf eines Neuwagens) hat deutlich gemacht, wie viele Stufen ein Auftrag „von der Bestellung bis zur Zahlung" (vom Auftragseingang bis zum Geldeingang bei WELOS) benötigt und wie gut die Auftragsabwicklung, der Verkaufsprozess also, kontrolliert sein muss, damit Fehler vermieden, die Wünsche des Kunden erfüllt und die Interessen des Autohauses WELOS gewahrt werden.

Von welchen Interessen lässt sich die Geschäftsführung leiten, wenn sie in ihrem Unternehmen ein Internes Kontrollsystem, kurz IKS genannt, installiert ? Versuchen Sie anhand der Anlage 22 herauszufinden, welche Aufgaben ein IKS zu erfüllen hat !

In Anlehnung an eine Definition des amerikanischen Instituts der Wirtschaftsprüfer (Kurz AICPA) hat das IKS die Aufgabe, das Vermögen zu schützen, die Sicherheit von Abrechnungsdaten zu gewährleisten und die Einhaltung der Geschäftspolitik zu garantieren.

---

108 R. Hömberg : Internes Kontrollsystem, in : HdRuP, Sp. 1230

Wie muss man sich jetzt bestimmte Regelungen im IKS vorstellen ? Dazu einige Beispiele aus dem Verkaufsprozess :

Aufgabe	Regel	Anweisung
Vermögen schützen	Kein Warenversand ohne Lieferschein und Rechnung	Das Nr.-System der Lieferscheine ist so mit dem Nr.-System der Rechnungen zu verbinden, dass jederzeit kontrolliert und festgestellt werden kann, ob für alle Lieferscheine auch Rechnungen ausgestellt wurden.
Sicherheit von Abrechnungsdaten gewährleisten	Kontrolle der Margen	Vom Rechnungswesen erstellte Margenstatistiken sind sowohl von der Einkaufs- als auch von der Verkaufsabteilung unter besonderer Berücksichtigung von Sonderkonditionen zu prüfen und zu kommentieren.
Einhaltung der Geschäftspolitik garantieren	Keine Beteiligung am Rabattwettbewerb	Für die Rechnungsschreibung zu verwendende Basisdaten sind so anzulegen, dass Listenpreise nur von der Geschäftsleitung verändert werden können.

Ich habe schon zu Beginn unserer Überlegungen darauf hingewiesen, dass Sie sich einige *Definitionen* so fest einprägen müssen, dass Sie jeder Zeit in der Lage sind, diese *sofort abrufen* zu können.

Stellen Sie sich bitte folgende *Situation* vor : Sie treffen am Montag Morgen auf dem Weg ins Prüferzimmer den Vertriebsvorstand Ihres Mandanten im Aufzug. Er bittet Sie in sein Büro, erklärt Ihnen, er habe erfahren, dass sich die Abschlussprüfer u.a. auch mit dem IKS beschäftigen, gesteht Ihnen, als Vertriebsmann von diesen Dingen wenig zu verstehen, und fordert Sie auf, ihm kurz die Aufgaben eines IKS zu erläutern ; das könne er vermutlich auch bei der bevorstehenden Vorstandssitzung gut gebrauchen. In einer solchen Situation kommt es entscheidend darauf an, *schnell und präzise* zu antworten. Wenn Sie ihm die obige Definition anbieten :

Aufgabe des IKS ist es,
— das Vermögen zu schützen („Geld verschleudert man nicht !")
— die Sicherheit von Abrechnungsdaten zu gewährleisten („Die Ergebnisse müssen stimmen !")
— die Einhaltung der Geschäftspolitik zu garantieren („Der Vorstand entscheidet, wo es lang geht!")

wird er zufrieden sein und verständnisvoll nicken. Er wird dann in die Vorstandssitzung gehen und denken (möglicherweise sogar verkünden !) : „Ordentliche Leute, diese Abschlussprüfer !" Wenn Sie herumstottern und sich in umständlichen Erläuterungen verstricken, wird er lächeln, sich bedanken und sich insgeheim sagen : „Ich habe es ja schon immer gewusst, dass diese Leute ihr Handwerk nicht verstehen."

Wenn Sie der Geschäftsleitung oder Mitarbeitern des Mandanten bestimmte Zusammenhänge erläutern müssen, dann bedienen Sie sich bitte einer *einfachen Sprache* ! Sie haben es sehr oft mit reinen Praktikern zu tun und nicht mit Akademikern. Sie werden nur dann wirk-

2 Die Analyse der unternehmerischen Kontrollen

lich ernst genommen, wenn Sie verständliche und einprägsame Worte verwenden. Unter diesem Aspekt ist die vom IDW in seinem PS 260 in TZ 5 gewählte Definition viel zu kompliziert und für eine kurze und prägnante Erläuterung *ungeeignet* (Hervorh. d.d. Verf.) :

„Unter einem internen Kontrollsystem werden die von der Unternehmensleitung im Unternehmen eingeführten Grundsätze, Verfahren und Maßnahmen (Regelungen) verstanden, die gerichtet sind auf die organisatorische Umsetzung der Entscheidungen der Unternehmensleitung

- *zur Sicherung der Wirksamkeit und Wirtschaftlichkeit der Geschäftstätigkeit* (hierzu gehört auch der Schutz des Vermögens, einschließlich der Verhinderung und Aufdeckung von Vermögensschädigungen),
- *zur Ordnungsmäßigkeit und Verlässlichkeit der internen und externen Rechnungslegung sowie*
- *zur Einhaltung der für das Unternehmen maßgeblichen rechtlichen Vorschriften."*

Eine solche Formulierung ist eher für einen Hörsaal als für ein Vorstandsbüro gedacht. Bleiben wir also bei unserem Dreigestirn :
- Vermögen schützen.
- Sicherheit von Abrechnungsdaten gewährleisten
- Einhaltung der Geschäftspolitik garantieren.

Wenn das IKS u.a. auch die „Sicherheit von Abrechnungsdaten gewährleisten" soll, dann ist es selbstverständlich auch für die *Qualität des Jahresabschlusses* zuständig. Es hat also auch die Aufgabe, die *VEBBAG-Aussage* der Geschäftsleitung zu ermöglichen. Das IKS muss dafür Sorge tragen, dass alle Jahresabschlussposten

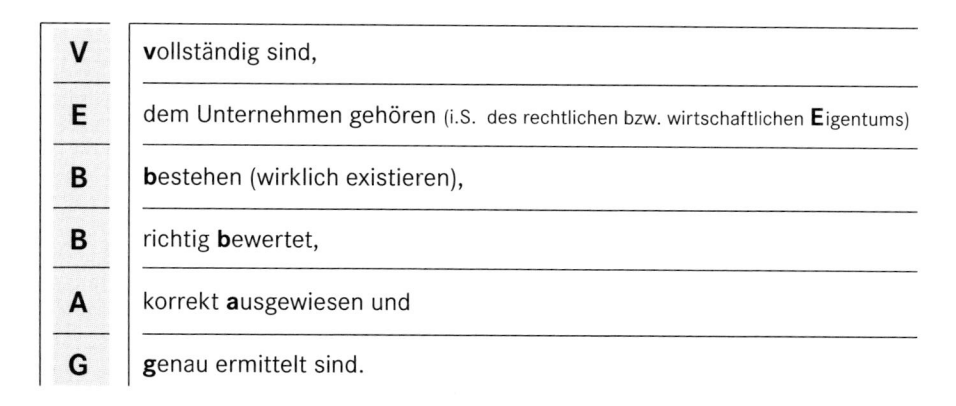

V	**v**ollständig sind,
E	dem Unternehmen gehören (i.S. des rechtlichen bzw. wirtschaftlichen **E**igentums)
B	**b**estehen (wirklich existieren),
B	richtig **b**ewertet,
A	korrekt **a**usgewiesen und
G	**g**enau ermittelt sind.

Unter der Voraussetzung einer ordnungsgemäßen Geschäftsführung ist das IKS eine zuverlässige Stütze von Jahresabschluss und Lagebericht.

	Jahresabschluss
	Vollständigkeit
	Eigentum
I K S	Bestand
	Bewertung
	Ausweis
	Genauigkeit
	Lagebericht

Nur mit Hilfe eines wirksamen IKS ist der Mandant seriöserweise in der Lage zu *behaupten* : „Alle Geschäftsvorfälle und alle Geschäftsrisiken haben sich im Jahresabschluss richtig niedergeschlagen." Damit wird die Aufgabe des Abschlussprüfers bestätigt : Bevor er mit irgendwelchen Detailprüfungen beginnt, muss er sich von der *Qualität des Internen Kontrollsystems* überzeugen. So wird auch die Aussage Schindlers verständlich, der darauf hingewiesen hat, „dass die Prüfung der internen Kontrollen im Regelfall der einzig angemessene Prüfungsansatz ist. Die Durchführung von System- und Funktionsprüfungen ist ein integraler Bestandteil internationaler und nationaler berufsständischer Verlautbarungen." [109]

2.2.2 Die Auswahl von Kontrollstellen

Wer sagt nun dem Abschlussprüfer, welche Kontrollen für ihn von besonderer Bedeutung sind ? Die *Bedeutung von Kontrollen* für den Jahresabschluss ergibt sich aus seinen Kenntnissen über die Geschäftstätigkeit, Kenntnisse, die in zusammengefasster Form ihren Niederschlag in den Arbeitspapieren gefunden haben :

— *KoBu-Doc* erläutert die wesentlichen Geschäftsvorfälle
— *KoRi-Doc* stellt die wesentlichen Geschäftsrisiken dar.

Je nachdem, welchen *Einfluss* einzelne Geschäftsvorfälle bzw. bestimmte Geschäftsrisiken nach unserer Einschätzung auf den Jahresabschluss haben – und wir hatten bereits festgestellt, dass sich dieser Einfluss von Jahr zu Jahr *ändern* kann – werden wir bestimmte Geschäftsprozesse auswählen, um zu prüfen, ob die dort installierten *Kontrollen* richtig arbeiten, d.h. ob sie Geschäftsvorfälle ordnungsgemäß bis in den *Jahresabschluss* hinein begleiten bzw. Geschäftsrisiken so behandeln, dass sie im Jahresabschluss angemessen abgebildet werden. (Denken Sie bitte immer wieder an das Okavango-Delta !) Dabei wird auch die Überlegung eine Rolle spielen, dass die *Unerfahrenheit* im Umgang mit *neuen* Geschäftsvorfällen und *neuen* Geschäftsrisiken das Fehlerrisiko erhöht.

---

109 J. Schindler : Internationale Prüfungsnormen aus der Sicht einer internationalen Wirtschaftsprüfungsgesellschaft, in : ThuPdWPg, S. 161 (Zitierweise : Prüfungsnormen)

2 Die Analyse der unternehmerischen Kontrollen

Wir hatten in diesem Zusammenhang von der „Leitfunktion des Business Understanding" gesprochen. Die Leitfunktion verursacht ganz bestimmte Erwartungen und regelmäßig eine skeptische Grundhaltung, die die Einstellung des kritischen Abschlussprüfers prägt. Deshalb wird auch im PS 200 TZ 20 u.a. ausgeführt:

> „*Prüfungshandlungen werden i.d.R. festgelegt auf der Grundlage der Kenntnisse über die Geschäftätigkeit (und) der Erwartungen über mögliche Fehler ...*"

Das klingt gut, aber wie man es genau machen muss, wird nicht erläutert. Zur Unterstützung deshalb die folgende Darstellung:

Leitfunktion
der Pflichtdokumente KoBu-Doc und KoRi-Doc

Service Investitionen **Verkauf** Finanzierung Personal

Forderungen

V
E
B
B
A
G

Wenn das Verständnis des Geschäftes (KoBu) und seiner Risiken (KoRi) die Frage nahe legt, ob die Forderungen aus Lieferungen und Leistungen richtig bewertet sind, dann müssen wir die Aussage (die Behauptung) des Mandanten, dass die Forderungen stimmen (*Abschlussaussage „B"* = Bewertung), zunächst dadurch prüfen, dass wir diejenigen Komponenten des IKS, die für die Bewertung der Forderungen zuständig sind (dies ist das sogenannte Credit-Controlling), auf ihre Qualität hin untersuchen. Der Aussage „B" (richtige Bewertung) entspricht dann unser *Prüfungsziel „B"*, das darin besteht, ausreichende und angemessene Nachweise dafür zu bekommen, dass die Aussage „B" des Mandanten zutrifft.

Aussagen des Mandanten haben also immer ein Pendant bei den Prüfungszielen.

In diesem Zusammenhang sei auf PS 240 verwiesen:

> „*Eine sorgfältige Planung der Abschlussprüfung trägt dazu bei sicherzustellen, dass ... mögliche Problemfelder erkannt werden.*" (TZ 8)
> „*Die Identifikation und Analyse der Risikofaktoren sollen Anhaltspunkte für die Beurteilung liefern, welche Prüfungsgebiete potenziell mit wesentlichen Fehlern oder mit Verstößen gegen die Rechnungslegungsvorschriften behaftet sein können.*" (TZ 15)
> „*Die Entwicklung einer angemessenen Prüfungsstrategie setzt voraus, dass der Abschlussprüfer ausreichende Kenntnisse über das zu prüfende Unternehmen erwirbt.*" (TZ 16) [110]

Der Prüfungspfad – um dies noch einmal ganz deutlich zu machen! – wird also von unseren Kenntnissen der Geschäftstätigkeit, von unserem Wissen über Geschäftsvorfälle und Geschäftsrisiken *entscheidend* bestimmt.

---

[110] PS 240 : Grundsätze der Planung von Abschlussprüfungen

Wenn wir verstanden haben, dass das Management für ein funktionierendes IKS verantwortlich ist, und unsere Aufgabe als Abschlussprüfer darin besteht, die *Qualität* eines solchen IKS – im Anschluss an die Analyse der Geschäftstätigkeit – zu prüfen, dann müssen wir uns jetzt mit den einzelnen Elementen dieser Kontrollen, d.h. mit dem Gegenstand der sogenannten *Prozess-Analyse* beschäftigen.

2.3 Die Ausrichtung von Geschäftsprozessen

2.3.1 Die Kennzeichen eines Prozesses

KOBU   KORI   **KOCO**   KOP   KODI

2.3.1.1 Rahmenbedingungen

„Die Kenntnisse über die Geschäftstätigkeit müssen dem Abschlussprüfer eine Identifikation der Geschäftsprozesse, ihrer wesentlichen Risiken und der diesbezüglichen Kontrollmechanismen ermöglichen", heißt es in PS 230 TZ 8.

Der PS trifft diese Aussage u.a. mit der Überlegung, dass jedes Unternehmen Risiken ausgesetzt ist und Maßnahmen treffen muss, um diese Risiken in den Griff zu bekommen. Wir haben uns schon eine Übersicht über die *Risikostruktur* bei WELOS verschafft. Wir wissen auch bereits, welche Stellen für die Behandlung der einzelnen Risiken zuständig sind, und bei der Analyse des *Verkaufsvorganges* haben wir bereits einige Kontrollen erkennen können, die vermutlich in diesen Prozess eingebaut wurden.

Worum geht es nun im weiteren Verlauf der Überlegungen? Erstens müssen wir lernen, ein *allgemeines Verständnis* für Kontrollen zu gewinnen. Zweitens müssen wir uns mit der Frage beschäftigen, *welche* Kontrollen wir *konkret* prüfen wollen. Bleiben wir deshalb beim Autohaus WELOS.

Geschäftsprozesse haben auch die Aufgabe, unter Verwendung sachgerechter Kontrollen zu gewährleisten, dass für die Rechnungslegung bestimmte Daten im Jahresabschluss landen. Dies sei mittels einer vereinfachten Übersicht dargestellt, an der zu erkennen ist, dass nur durch eine konsequent gesteuerte und kontrollierte *Abfolge* von Impulsen und Reaktionen einerseits und von Verarbeitungsvorgängen andererseits *Daten* den Jahresabschluss überhaupt erreichen können.

	Buchhaltung	Vorgang	Buchhaltung	Phase
1.		Auftragseingang (PKW)		Impuls
2.		Auslieferung des PKW		Initiative
3.		Erstellung der Rechnung		Reaktion
4.		Buchung der Rechnung		Verarbeitung
5.	Debitoren (Kontokorrent)		Hauptbuch	**Jahresabschluss**
6.		Zahlungseingang (ZE)		Impuls
7.		Buchung (ZE)		Verarbeitung

Ich habe deshalb vom OKAVANGO-Phänomen gesprochen, weil wir als Abschlussprüfer nachvollziehen müssen, ob der Fluss (der Informations- und Belegfluss) auch tatsächlich das Meer (den Jahresabschluss) erreicht.

Ich möchte Sie jetzt an ein weiteres Dokument heranführen, dass wir als *„Knowledge of Controls – Document"* (kurz : *KoCo-Doc*) bezeichnen. Dieses Dokument wird durch einen Eisvogel symbolisiert, der im Okavango-Delta wegen seiner aufgeregten Laute bei Kontrollflügen „KOCO" genannt wurde. KoCo-Doc dokumentiert sozusagen unser *Kontrollbewusstsein*.

KOCO

2.3.1.2 Prozess-Ziele

Welche Ziele hat der *Verkaufsprozess* ? Wenn WELOS als *ehrgeizige Ziele für 2006* den Absatz von 30.000 Autos und eine *Umsatzrendite* von 3 % anstrebt, dann wird man daraus ableiten können, dass u.a. Wachstum und Ergebnisverbesserung auch schon zu seinen Zielen für 2003 gehören. Die *Unternehmens*-Ziele strahlen also auch auf die *Prozess*-Ebene „PKW-Verkauf" aus.

Es muss immer eine direkte Beziehung zwischen den Unternehmenszielen und den Prozesszielen geben, denn Steuerungsgrößen gelten bis hinunter in einzelne Geschäftsbereiche und werden sehr häufig auch in Zielvereinbarungen mit Mitarbeitern aufgenommen.

Unternehmensziele	Prozess-Ziele (PKW-Verkauf)
Wachstum	Absatzsteigerung (getrennt nach Bereichen)
Steigerung der Umsatzrendite	Erhöhung der Margen (getrennt nach Bereichen)
	Reduzierung der Verweildauer (Forderungen)
	Verhinderung von Forderungsverlusten
	Erhöhung des Cash Flow
	Erstellung exakter Vertriebsstatistiken
	Kundenzufriedenheit erhöhen

Lässt sich keine Beziehung zwischen Unternehmenszielen und Prozesszielen herstellen, dann liegt ein logischer Bruch in der *Ziel-Hierarchie* vor. Dies kann zu Koordinationsfehlern und zu Spannungen zwischen einzelnen Abteilungen führen. (Es ist u.a. Aufgabe des Managementprozesses, solche Fehler zu verhindern !)

Warum müssen wir als Abschlussprüfer auch die *Prozessziele* kennen ? Prozess-Ziele bilden die internen Rahmenbedingungen, unter denen Abteilungen oder Unternehmensbereiche arbeiten. Wer als Gesprächspartner ernst genommen werden will, muss diese Bedingungen kennen, um ggf. auf Probleme aufmerksam machen zu können. [111] So werden z.B. Schwachstellen im Credit Controlling den Abschlussprüfer veranlassen, nicht nur auf das Risiko von

---

111 Vgl. M. Seiser : „Wichtig ist Controlling, Controlling und nochmals Controlling". (Das Unternehmergespräch mit Mirko Kovats, dem Vorstandsvorsitzenden der A-Tec Industries AG), in : FAZ 21.2.05, Nr. 43, S. 18

Zins- oder Forderungsverlusten, sondern auch darauf hinzuweisen, dass Banken erhöhte Anforderungen an das Interne Kontrollsystem ihrer Kunden stellen und verpflichtet sind, die Zinssätze für ihre Kredite nach Maßgabe individueller Risiken zu erhöhen (sogenannte Basel II-Problematik).

Außerdem bilden Prozess-Ziele wichtige Orientierungsgrößen im Maßnahmenkatalog des Managements. Jeder Prozess hat nämlich den Auftrag, einen bestimmten *Beitrag zum Unternehmenserfolg* zu leisten. [112] Steht ein Unternehmen unter Druck, weil es entweder bestimmte Ziele nicht erreichen kann oder weil sich abzeichnet, dass bestimmte Vorgaben übererfüllt werden und ein „Gegensteuern" bei Aufwand und Ertrag, Ausgaben oder Einnahmen erforderlich ist, dann müssen wir als Abschlussprüfer damit rechnen, dass die Geschäftsleitung in bestimmte Prozesse eingreifen wird, um das geplante und nach außen bereits kommunizierte Ziel „dennoch" zu erreichen.

„Eingriff in bestimmte Prozesse" kann vieles bedeuten :

— Legale Maßnahmen ; aber auch
— illegale Maßnahmen (bis hin zu Täuschung und Betrug).

Man muss sich also als Abschlussprüfer eine Vorstellung davon machen, welches Instrumentarium die Geschäftsleitung einsetzen wird, um die gesetzten Ziele - „koste es, was es wolle" – zu erreichen. Hier wird deutlich, warum wir uns im Rahmen der Analyse der Geschäftstätigkeit nicht nur mit den externen Faktoren, sondern auch mit den *internen* Faktoren, die das Unternehmensgeschehen bestimmen, beschäftigt haben.

Unterschiedliche Ziele bedeuten unterschiedliche Maßnahmen. Wachstum (z.B. beim Umsatz) macht andere Maßnahmen erforderlich als Konsolidierung (z.B. durch Schuldentilgung). Der Jahresabschluss bleibt von *Maßnahmen* (die auch „Bilanzpolitik" heißen können) niemals verschont. In diesem Zusammenhang hatte ich Sie auf einen Punkt im KoBu-Doc hingewiesen, der für mich von großer Bedeutung ist : Es ist der Punkt „Einflüsse auf die Berichterstattung des Unternehmens" ; von ISA 310 als *„Reporting Environment"* bezeichnet!

Sollten wir also vermuten, dass WELOS aufgrund der konjunkturbedingten Nachfrageentwicklung Probleme haben wird, einen bestimmten PKW-Absatz zu erreichen (eine Absatz- und damit auch Umsatzgrenze, die für die Gesellschaft von existenzieller Bedeutung sein könnte, wenn sie sich in dieser Weise gegenüber ihrer Hausbank festgelegt hat), dann kommt der Aussage : „Die im Jahresabschluss ausgewiesenen Forderungen und die entsprechenden Umsätze „**b**estehen", eine entscheidende Bedeutung zu. (Erstes B in VE**B**BAG) Es liegt also nahe, sich bei der Prüfung des IKS insbesondere um diejenige Kontrolle zu kümmern, die den *Bestand* von Forderungen und Umsätzen garantieren soll.

Skizzieren wir noch einmal den *Weg*, der uns zu dieser Kontrolle führen würde :

---

112 vgl. H. Simon / K.H. Sebastian : Ertragssteigerung – eine wenig genutzte Chance, in : FAZ 28.10.02, Nr. 250, S. 28

2 Die Analyse der unternehmerischen Kontrollen

Dok.	Inhalt	Thema	Inhalt	Thema
KoBu	U-Ziele	Wachstum		
	Geschäftsvorfall	PKW-Verkauf		
	Geschäftsprozess	Auftragsabwicklung Neuwagenverkauf		
KoCo			Prozess-Ziele	Absatzsteigerung
			Aussage	Bestand (Forderungen / Umsatz)
			Kontrolle	**Auftragsabwicklung**

Die Kenntnis der *Unternehmens*-Ziele und der mit ihnen korrespondierenden *Prozess-Ziele* hat uns also zur Kontrolle der Auftragsabwicklung geführt. Damit steht unsere Prüfungshandlung in einem direkten und *zwingenden* Zusammenhang zu den Kenntnissen der *Geschäftstätigkeit*. Dieser zwingende Zusammenhang – hier erneut verdeutlicht durch den Korridor-Effekt des KoBu - ist Kennzeichen einer risikoorientierten Abschlussprüfung!

Welche *Informationen* benötigt der Verkaufsprozess?

Wenn man einmal die bei der BMW AG erforderliche Bestellung ausklammert: Kundenauftrag, Bonitätswerte des Kunden, Absatzstatistik, Absatzprognose, Angaben zum Modell-Zyklus, Angaben zur Sonderausstattung, Angaben zum Wartungsvertrag, Zahlungskonditionen, Netto-Preise (u.b.B. von Rabatt-Grenzen), Zahlungsziel, Lieferzeit etc.

Welche Themen haben einen mittelbaren oder unmittelbaren *Einfluss* auf den Jahresabschluss?

Thema	Einfluss auf den Jahresabschluss
Kundenauftrag	Auftrag wird zu *Umsatz* führen.
Bonitätswerte des Kunden	Schlechte Bonitätswerte führen ggf. zu einer Wertberichtigung auf Forderungen aus L+L. und zu einer *Margenreduzierung*.
Wartungsvertrag	Erträge (Einnahmen) müssen durch die Bildung von *Rückstellungen* für Reparaturaufwendungen modifiziert werden.
Nettopreise	(Sinkende) Nettopreise beeinflussen den *Rohertrag* (Differenz aus Umsatz und Materialaufwand).
Zahlungsziel	Zahlungsziel beeinflusst den Cash Flow, d.h. die *Liquidität*. [113]
Lieferzeit	Lieferzeit bestimmt den *Zeitpunkt* des Umsatzes.

---

[113] Untersuchungen der Management Consultants Horváth & Partners weisen darauf hin, dass dem sogenannten „Working Capital" als der Differenz aus Umlaufvermögen und kurzfristigen Verbindlichkeiten in vielen Fällen nicht die notwendige Bedeutung beigemessen wird. (vgl. o.V. : Nachholbedarf beim Working Capital, in : 6.9.04, Nr. 207, S. 22)

Wenn wir den Verdacht haben, dass ein Unternehmen unter Budgetdruck steht, dann werden wir – mit seiner Zielsetzung (Wachstum) und dem Vertriebsprozess (Kontrollen) vertraut – uns aber auch die Frage vorlegen müssen, wo die Geschäftsleitung eingreifen könnte, wenn sie einen bestimmten Umsatz erreichen will.

Werden unter *Umgehung* interner Richtlinien Kunden

- auch dann akzeptiert, wenn ihre Bonitätswerte unbefriedigend sind ? (Haben diese Bonitätswerte ggf. zu einer Aufstockung der Wertberichtigungen geführt ?)
- in Wartungsverträge (mit Sonderkonditionen) eingebunden ?
  (Haben neue Konditionen die entsprechenden Rückstellungen verändert ?)
- Sonderpreise (offen oder verdeckt) eingeräumt ?
  (Sind diese Preise im Rechnungswesen erfasst ?)
- Außergewöhnliche Zahlungsziele gewährt ?
  (Sind diese Ziele in der Cash-Flow- Prognose für das Folgejahr berücksichtigt ?)
- mit kurzen Lieferzeiten angelockt, die nur über die Ausnutzung ungewöhnlicher Beschaffungswege gehalten werden können ? (Führen evtl. deutlich gestiegene Anschaffungskosten zu Verlustgeschäften ?)

2.3.1.3 Prozess-Verrichtungen

Welche *Tätigkeiten* kennzeichnen den Verkaufsprozess ? Es handelt sich im Wesentlichen um : Vorführung und Beratung, Preisangebot, Angabe von Lieferzeiten, Abschluss des Kaufvertrages, Abschluss eines Wartungsvertrages, Aktualisierung der Auftragsbestandsliste, Credit-Controlling.

Welche Daten präsentiert der Verkaufsprozess als *Ergebnis* seiner Arbeit ? Es handelt sich hauptsächlich um : Auftragsbestätigung, Auslieferung des Wagens, Erstellung und Kontrolle der Rechnung, Aktualisierung der Auftragsbestandsliste, Erstellung und Kontrolle der monatlichen Margenliste, Erstellung und Kontrolle der monatlichen Absatzstatistik.

Welche Themen haben einen mittelbaren oder unmittelbaren *Einfluss* auf den Jahresabschluss ?

Thema	Einfluss auf den Jahresabschluss
Auslieferung des Wagens	Die Auslieferung stützt die Aussage, dass eine Forderung an den Kunden Tecno *besteht*.
Erstellung der Rechnung	Unter der Voraussetzung, dass die Rechnung auch gebucht wird, bildet sie die Gewähr für die Aussage, dass die Forderungen *vollständig* sind.

2.3.1.4 Leistungskennziffern als Maßstab für den Prozess-Erfolg

Welche Leistungskennziffern bilden den Maßstab für den Erfolg des Verkaufsprozesses?

- Absatz (Soll-Ist-Vergleich)
- Bruttomargen (Soll-Ist-Vergleich)
- Forderungsverluste
- Lieferzeiten
- Verweildauer der Forderungen
- Reklamationen von Kunden

2 Die Analyse der unternehmerischen Kontrollen

Warum sind Leistungskennziffern für den Abschlussprüfer *von Interesse* ?

Leistungskennziffer	Bedeutung für den Abschlussprüfer
Absatz (Soll-Ist-Vergleich)	Je weiter der Mandant von seiner Soll-Zahl entfernt ist, desto mehr wächst die Versuchung, den geplanten Absatz durch *„Sonderaktionen"* (z.B. Rabatte, Verlängerung der Zahlungsziele, kostenlose Dienstleistungen, aber auch durch Vorfakturierungen) zu erreichen.
Bruttomarge (Soll-Ist-Vergleich)	Die Entwicklung der Erlöse kommt insbesondere in der *Bruttomarge* zum Ausdruck. Sie ergibt sich als Verhältnis des Netto-Verkaufspreises zu den Netto-Anschaffungskosten. Sind die Margen rückläufig, stellt sich u.a. die Frage nach Rückstellungen für drohende Verluste aus schwebenden Geschäften bzw. nach der verlustfreien Bewertung der Vorräte. (WELOS machte in 2002 im Neuwagengeschäft Verluste !)
	Die Marge wird aber auch durch die Einkaufspreise und die hier wirkenden Rabatte und Boni, die von den Lieferanten gewährt werden, beeinflusst. Hier hat der Abschlussprüfer zu untersuchen, ob der Mandant alle ihm für eine Periode zustehenden Rabatte ordnungsgemäß in seinem Rechenwerk berücksichtigt hat.
Verweildauer der Forderungen	Wenn die Verweildauer zunimmt, dann kann dies mehrere Ursachen haben : *Liquiditätsprobleme* des Kunden, Zahlungsverzögerungen aufgrund von *Reklamationen*, (vertriebspolitisch bedingte) Verlängerung der *Zahlungsziele*.
	Liquiditätsprobleme des Kunden führen u.U. zu einer *Wertberichtigung* auf Forderungen. Reklamationen ziehen u.U. Aufwendungen nach sich, für die ggf. *Rückstellungen* zu bilden sind.
	Verlängerte Zahlungsziele deuten u.U. auf besondere *vertragliche* Abmachungen hin, die ggf. bilanziell zu berücksichtigen sind.
Forderungsverluste	Steigende Forderungsverluste sind ein Zeichen für *Liquiditätskrisen* bei den Kunden. Sie signalisieren aber u. U. auch *Mängel* im Credit-Controlling (Kreditwürdigkeitsprüfung bei Geschäftsanbahnung bzw. bei der Überwachung offener Forderungen).
	Mängel im *Credit-Controlling* legen die Frage nach, ob die Wertberichtigungen auf Forderungen ausreichend sind.
Reklamationen	Reklamationen sind ein Zeichen für mangelnde *Qualität* und wirken sich negativ auf die Kundenzufriedenheit aus.
	Reklamationen sind i.d.R. mit Personal- und Materialeinsatz verbunden, den der Mandant entweder selbst tragen oder an den Hersteller weiterbelasten muss. Die damit verbundenen *Aufwendungen* und *Erträge* müssen im Rechenwerk (ggf. über Rückstellungen oder Forderungen) erfasst werden.
	Wenn der Kaufpreis noch nicht bezahlt ist, wird der Kunde die Zahlung so lange zurückhalten, bis der Mangel beseitigt ist. Dies wiederum führt zu *Zinsverlusten* und beeinträchtigt den *Cash Flow*.
Lieferzeiten	*Kurze* Lieferzeiten sind u.U. ein Zeichen für eine geschickte Disposition des Händlers. Dies fördert den Lagerumschlag und die Liquidität.
	Eine (deutliche) *Verlängerung* der Lieferzeiten kann auf Dispositionsprobleme beim Händler zurückzuführen sein. In Einzelfällen kann eine Überschreitung der zugesagten Lieferzeit auch zu *Schadensersatzansprüchen* von Kunden führen, die durch entsprechende Rückstellungen abzudecken sind.

Man muss die Leistungskennziffern [114] in engem Zusammenhang mit den Prozess- Zielen sehen. Wenn der Unternehmer einem Prozess bestimmte Ziele setzt, dann wird er auch *Maßstäbe* formulieren, die den Erfolg oder Misserfolg eines Prozesses messen können. [115] Dies gilt insbesondere dann, wenn im Zuge einer Restrukturierung ein neues Kennzahlen-System eingeführt wurde. [116]

Wenn z.B. der Verkauf von Neuwagen bestimmte *Margen* erzielen soll, dann muss es eine Abweichungsanalyse geben, die zeigt, was erreicht wurde, und sie sollte auch Auskunft darüber geben, *warum* bestimmte Ziele verfehlt wurden. Wenn *Reklamationen* verhindert oder so gering wie möglich gehalten werden sollen, dann muss es Aufzeichnungen über Art, Umfang und Kosten geben, um der Geschäftsleitung die Möglichkeit zu geben, entsprechende Gegenmaßnahmen zu treffen.

Merken Sie sich bitte : *Jedes Unternehmen arbeitet mit Leistungskennziffern !*

Sie müssen – wie bereits betont – nur die richtige Sprache sprechen, um herauszufinden, welche Begriffe ein Unternehmen verwendet, wenn es um Maßstäbe geht. Machen Sie also bitte keine Notiz in Ihren Arbeitspapieren, die lautet : Das Unternehmen arbeitet auskunftsgemäß nicht mit Leistungskennziffern ! Das wäre Unsinn, und Sie würden zu erkennen geben, dass Sie nicht diplomatisch genug vorgegangen sind. (Zu branchentypischen Maßstäben vgl. Anlage 23)

Mit der Analyse von Wertschöpfungsketten ist die Aufstellung sogenannter „Key Performance Indicators" (KPI) eng verbunden. „KPIs are financial and non financial quantitative measures used to evaluate performance against defined objectives." [117] Wenn man über KPIs spricht, „muss zwischen lieferantenbezogenen, internen und kundenbezogenen Indikatoren unterschieden werden. Die lieferantenbezogenen Messungen beinhalten unter anderem die Anzahl der Lieferungen, den Servicegrad sowie die Lieferzeit. ... Die internen Messungen umfassen die Liefertreue innerhalb der einzelnen Prozessschritte, die Durchlaufzeiten, die Prozessauslastung, aber auch Lagerumschlag und Bestandsreichweiten. ... Mit den kundenbezogenen Messungen ... werden nicht nur die Messungen durchgeführt, die die reine Belieferung des Kunden betreffen, sondern auch den Auftragsbestand, Abrufschwankungen oder Reklamationen." [118]

Wenn der Abschlussprüfer mit einer bestimmten *Erwartungshaltung* an den Jahresabschluss herangeht, dann eignen sich u. U. auch die sogenannten analytischen Prüfungshandlungen (Plausibilitätsuntersuchungen), um herauszufinden, ob die ihm vorgelegten Kennziffern

---

114 Zu den im neugefassten § 289 HGB erwähnten „Leistungsindikatoren" schreibt Buchheim : „Unter finanziellen Leistungsindikatoren versteht der Gesetzgeber die in Geldeinheiten messbaren wirtschaftlichen Leistungsmerkmale wie die Ergebnisentwicklung und Ergebniskomponenten, die Liquidität und die Kapitalausstattung. Mit (dem im Februar 2005 vom Bundesjustizministerium bekanntgemachten Deutschen Rechnungslegungsstandard) DRS 15 `Lageberichterstattung´ sind zeitraumbezogene Informationen über die Entwicklung der Geschäftstätigkeit im abgelaufenen Geschäftsjahr und stichtagsbezogenne Informationen über die wirtschaftliche Situation zum Aufstellungszeitpunkt zu vermitteln." (R. Buchheim : Im Lagebericht wird jetzt mehr nach vorne geschaut, in : FAZ 7.3.05, Nr. 55, S. 22)
115 vgl. K.H. Hornung / J.H. Mayer / H.J. Wurl : Richtig steuern und führen, in : FAZ 14.10.02, Nr. 238, S. 26
116 vgl. M. Roth : „Wir sind dabei, das Unternehmen neu auszurichten" (Gespräch mit Wolfgang Reitzle, dem Vorstandsvorsitzenden der Linde AG), in : FAZ 14.1.04, Nr. 11, S. 14
117 J.W.Arricale / T.B. Bell / I. Solomon / S. Wessels : Strategic-Systems Auditing, S. 24
118 A.S. Voegele : Diagnose : Leistungsbruch (Key Performance Indicators geben Aufschluss über die Stärken von Unternehmen.), in : FAZ 3.11.04, Nr. 257, S. B 6

2 Die Analyse der unternehmerischen Kontrollen 117

sinnvol sind. Ist er von bestimmten Zahlen überrascht, wird er nachfragen und um Erläuterungen bitten. Der Ausruf eines Abschlussprüfers : *„Das ist aber merkwürdig !"* kann sehr viel bewegen !

Treffen auffällige Datenkonstellationen mit „Verdachtsmoment-Generatoren" [119] des Abschlussprüfers zusammen, lösen sie gezielte Prüfungshandlungen aus. Indem nämlich die Erfahrung mit Kennziffern die gewissenhafte Beurteilung von Leistungswerten erst möglich macht, wird sie zugleich zum Vehikel für die *skeptische* Haltung des Abschlussprüfers, wenn sein Unternehmensbild nicht mit der „behaupteten" Performance des Managements in Einklang zu bringen ist. Wenn er z.B. aus Erfahrung weiß, dass die Margen einer Branche auf breiter Front rückläufig sind, wird er die Gewinn- und Verlustrechnung eines Unternehmens, die einen steigenden Rohertrag, d.h. eine gegenläufige Entwicklung zeigt, nicht so ohne weiteres akzeptieren, sondern sich aus der ihm ureigenen Gewissenhaftigkeit heraus ausreichende und angemessene Nachweise dafür beschaffen, dass die Aussage des Managements : „Erlöse und Aufwendungen sind korrekt erfasst", stimmt.

„KPIs can provide persuasive audit evidence that business risks inherent in critical business processes are controlled effectively. KPIs also can be used to obtain additional evidence on specific financial-statement assertions. For example, a KPI for a retail client measuring `order fulfilment cycle time´ may provide evidence that business risk related to the order fulfilment process (e.g. customer dissatisfaction that could result in a significant decline in sales) is effectively controlled. This KPI could assist the auditor's development of expectations about ending inventory, total sales for the period, and cost of goods sold." [120]

Verfügt ein Abschlussprüfer über gar kein vernünftiges Unternehmensbild, weil er eine Analyse der Geschäftstätigkeit und des wirtschaftlichen Umfeldes nicht für erforderlich hält und sich nicht mit den Internen Kontrollen auseinandersetzt, wird er Aussagen der Geschäftsleitung widerspruchslos hinnehmen, denn er verfügt über kein angemessenes Instrumentarium, um Erklärungen des Managements in Frage zu stellen, mit anderen Worten : die präsentierten Zahlen im Sinne des BMP sinnvoll zu *messen*.

Es ist zweckmäßig, sich bei der Beschäftigung mit Leistungskennziffern und ihrer Entwicklung im Zeitablauf (in der Regel sind ja nicht die eigentlichen Zahlen von Interesse, sondern ihre Veränderung von einem Stichtag zum anderen) auch die Frage vorzulegen, welche Voraussetzungen eigentlich erfüllt sein müssen, damit eine bestimmte Ziffer erreicht wird. [121]

Wenn Sie z.B. die Frage aufwerfen, was ein Unternehmen tun muss, um

- die Verweildauer von Forderungen zu reduzieren,
- seine Margen zu verbessern oder um
- Reklamationen zu verhindern,

dann wandern Sie gedanklich bereits in den Bereich der *Kontrolle*, in dem wir uns noch näher umsehen müssen.

---

119 P. Mertens : Information – die Ressource der Zukunft, in : FAZ 20.8.01, Nr. 192, S. 25
120 J.W. Arricale / T.B. Bell / I. Solomon / S. Wessels : Strategic Systems Auditing, a.a.O. S. 25
121 Wenn z.B. in einem Konzern darüber diskutiert wird, dass es „auf Dauer zwischen den Geschäftsfeldern keine Quersubventionierung geben" soll (J. Herr : Siemens' Stärken und Schwächen, in : FAZ 23.4.03, Nr. 94, S. 13), dann wird man sich doch als Abschlussprüfer regelmäßig danach erkundigen müssen, in welchem Umfang noch Quersubventionierung betrieben wird und mit welcher Intensität sie bestimmte Kennziffern ggf. beeinflusst hat.

Abschließend sei darauf hingewiesen, dass die Beschäftigung mit „Leistungsindikatoren" seit der Neufassung des § 289 HGB durch das Bilanzrechtsreformgesetz einen besonderen Stellenwert erhalten hat. Dort heißt es jetzt in Absatz 1 Satz 3 :

„In die Analyse (des Geschäftsverlaufes und der Lage der Gesellschaft) sind die für die Geschäftstätigkeit bedeutsamsten finanziellen Leistungsindikatoren einzubeziehen und unter Bezugnahme auf die im Jahresabschluss ausgewiesenen Beträge und Angaben zu erläutern."

2.3.1.5 Informationstechnologie

Welche Aspekte der Informationstechnologie sind für die Analyse eines Geschäftsprozesses von Bedeutung ? Hier wären u.a. zu nennen : Bezeichnung der eingesetzten Systeme, DV-maschinelle Ermittlung von abschlussrelevanten Zahlen und von Kennziffern, Vernetzung von Dateien (z.B. Buchhaltung mit Vertrieb).

Hinsichtlich der folgenden Themen kann ggf. auch auf das KoBu-Doc verwiesen werden : Anbindung des IT-Bereiches an die Unternehmens-Leitung, Unterstützung der Geschäftsstrategie durch eine adäquate IT-Strategie, Verfügbarkeit der DV-Systeme, Verlässlichkeit der DV-Systeme, Alter der eingesetzten DV-Systeme, durchgeführte oder geplante Änderungen in DV-Systemen.

Hinweise auf besondere *Risiken* sind allerdings im KoCo-Doc zu wiederholen !

Hier könnten sich insofern ganz neue Perspektiven ergeben, wenn

- über den Einsatz sogenannter „Business Intelligence Programme" Daten zusammengeführt, bereinigt und mit dem Ziel aufbereitet werden, „sowohl Risiko- als auch Erfolgsfaktoren" zu identifizieren ; [122]
- einzelne Geschäftsprozesse (z.B. aus dem Bereich der Personal- und Materialwirtschaft) auf externe Dienstleister im IT-Sektor übertragen werden (Business Process Outsourcing). [123]

Bei der Ausgliederung von Prozessen stellt sich auch für den Abschlussprüfer die Frage nach der Zuverlässigkeit der Daten, die von externen Stellen geliefert werden. [124]

Unter dem Aspekt der Informationstechnologie gibt es in jedem Fall eine enge *Verbindung* zwischen den beiden Standardformularen „Knowledge of Business" und „Knowledge of Controls" :

---

[122] *„Nach der Einführung komplexer betriebswirtschaftlicher Systeme, etwa von SAP, Oracle und andere, sollen nun aus der Fülle der gewonnenen Informationen die richtigen ausgewählt werden können. Relevante Daten sollen so verknüpft werden können, dass neue Erkenntnisse für die Unternehmensentwicklung gewonnen und sowohl Risiko- als auch Erfolgsfaktoren gewonnen werden können."* (C. Knop : Unternehmen auf der Suche nach den relevanten Daten, in : FAZ 24.4.04, Nr. 96, S. 20)

[123] Hat der Abschlussprüfer diese Bereiche bereits in sein Paket von Systemprüfungen einbezogen, erleidet er einen Rationalisierungsverlust, weil er nicht mehr auf sein Know-how zurückgreifen kann. Er muss diesen Umstand rechtzeitig in seine Prüfungsplanung einbeziehen. (vgl. o.V. : Auslagerung von Geschäftsprozessen, in : FAZ 9.8.04, Nr. 183, S. 16)

[124] Vgl. o.V. *„Beim Outsourcing geht es nicht nur um Kostensenkung",* in : FAZ 1.11.04, Nr. 255, S. 15

2 Die Analyse der unternehmerischen Kontrollen

Dok.	Thema	Inhalt	Thema	Inhalt
KoBu	A. Das Unternehmen			
	II. Eigentümerstruktur, Führung und Überwachung			
	3. **Kontrolle**	e. IT		
KoCo			II. **Ausrichtung** und Verlauf des Geschäftsprozesses	e. IT

Warum beschäftigen wir uns mit der *Informationstechnologie*?

Risikobewusstsein in der Abschlussprüfung darf den Bereich der Datenverarbeitung nicht ausklammern! Wenn wir für unsere Abschlussprüfung von der DV ermittelte Kennziffern (z.B. Margen) oder Übersichten (z.B. Altersstruktur der Forderungen aus Lieferungen und Leistungen) verwenden, dann müssen wir uns auch davon überzeugen, dass diese Daten vollständig und richtig sind. [125] So wäre z.B. ein „Prüfungsnachweis" über die Werthaltigkeit von Forderungen, der auf dem Hinweis beruht, dass die Gesellschaft in ihrer Altersstruktur kaum überfällige Forderungen zeigt, unzureichend, wenn man nicht gleichzeitig *nachweisen* würde, dass die entsprechenden *DV-Systeme zuverlässig* sind [126], d.h. alle Zahlen der Buchhaltung korrekt erfassen und verarbeiten.

Ein besonderes Problem besteht immer dann, wenn DV-Systeme neu organisiert werden sollen und sich die Geschäftsführung angesichts der beiden Alternativen [127] „Individuelle Lösung" oder „Angepasste Standardsoftware" aus Kostengründen für eine Standardversion entschließt, Wünsche von Sachbearbeitern (diese wurden im Zuge der Projektvorbereitung um einen Anforderungskatalog gebeten!) weitgehend unberücksichtigt lässt und auf diese Weise schon von vornherein Lücken im internen Kontrollsystem schafft. Jeder Abschlussprüfer sollte sich für die *unerfüllten Wünsche* der einzelnen Sachbearbeiter interessieren!

Die Auswahl des Verkaufsprozesses, der Hinweis auf spezifische Risiken und die sich daran anschließenden Fragen

- Welche Informationen benötigt er?
- Welche Tätigkeiten kennzeichnen ihn?
- Welche Daten präsentiert er als Ergebnis seiner Arbeit?
- Welche Leistungskennzeichen bilden den Maßstab für seinen Erfolg?
- Welche Aspekte der Informationstechnologie sind für seine Analyse von Bedeutung?

---

125 Dies gilt insbesondere dann, wenn im Zuge der Integration eines Unternehmens unterschiedliche DV-Systeme zusammengeführt werden müssen. (Siehe dazu auch Anlage 10 : Risiken)
126 Vgl. K.H. Küting / M. Heiden : Rechnungslegung und Wirtschaftsprüfung in der neuen Ökonomie, in : FAZ 11 2.02, Nr. 35, S. 27
127 „Einheitliche (Lösungen) bereichs- oder gar konzernübergreifend umzusetzen, erfordert Zeit. Um so wichtiger ist es, strategisch konsequent zu handeln und die entsprechenden Prozesse einzuleiten. Dabei ergeben sich zwei Alternativen: Die Eigenentwicklung eines integrierten Steuerungs- und Berichtssystems nach den unternehmensspezifischen Anforderungen oder die Implementierung einer Standardsoftware, die den individuellen Bedürfnissen des Unternehmens angepasst werden muss." (C. Stegmann : Geeignete Risikosteuerungsprozesse schnell aufbauen, in : FAZ 13.12.04, Nr. 291, S. 20) Es sei der Vollständigkeit halber erwähnt, dass die Kosten der „Anpassungsalternative" regelmäßig den Plansatz deutlich übersteigen!

führen uns nun zu der *Struktur* des Arbeitspapieres, das wir als „Knowledge of Controls-Document" kurz *„KoCo-Doc"* bezeichnet haben. Dieses Formular („Unternehmerische Kontrollen und ihr Einfluss auf den Jahresabschluss"), das für *jeden* wesentlichen Prozess (sei es nun Wertschöpfungsprozess oder Rahmenprozess) zu bearbeiten ist, hat folgenden Aufbau :

Kapitel	Thema
I. Memory Box	1. Zusammenfassung der Geschäftsvorfälle 2. Zusammenfassung der Geschäftsrisiken
II. Ausrichtung und Verlauf des Geschäftsprozesses	1. Ziele 2. Arbeitsdaten, Arbeitsinhalt und Arbeitsergebnis 3. Leistungskennziffern als Maßstab des Erfolges 4. Informationstechnologie
III. Gegenstand des Geschäftsprozesses	1. Art des Geschäftsvorfalles und seine Risiken auf Geschäftsebene 2. Einfluss auf den Jahresabschluss 3. Kontrollen **4. Prüfungsziele**
IV. Prüfungsfeststellungen	1. Für den Prüfungsbericht 2. Für den Management Letter

Wir beschäftigen uns zur Zeit mit dem Geschäftsprozess „Neuwagen-Verkauf". Es ist jetzt nicht Ihre Aufgabe, dieses Formular erneut zu studieren. Wir haben einen großen Teil davon schon besprochen. Zur Wiederholung möchte ich nur von Ihnen wissen, welche *Ziele* dieser Geschäftsprozess hat und mit welchen *Risiken* er sich auseinandersetzen muss. Die einzelnen Daten sind im KoCo-Doc (WELOS) erfasst. Auch dieses Dokument hat natürlich nur den Charakter eines Musters, da wir mit begrenzten Informationen arbeiten. (vgl. Anlage 24)

2.3.2 Die Entwicklung von Prüfungszielen aus der Systematik unternehmerischer Kontrollen

Es ist vorrangige Aufgabe des Abschlussprüfers, sich einen *sicheren Weg* zu bahnen, der ihn zu den wesentlichen Prüfungszielen führt. Aus diesem Grunde haben auch Arricale/Bell/Solomon/Wessels zurecht auf Folgendes hingewiesen :

„Strategic-systems auditing is an innovative and powerful means of meeting external audit goals..." [128] Diese Aussage bekommt dadurch einen ganz besonderen Akzent, dass in der Literatur grundsätzlich nur von *einem* Ziel, einem soliden Testat, gesprochen und dabei regelmäßig die *Struktur* der Prüfungsziele unerwähnt bleibt (siehe Kapitel I.3.1.2.2.). Diesem Mangel will das KoCo-Doc begegnen. Es ist deshalb wie folgt aufgebaut.

Memory Box
Wir greifen hier auf Erkenntnisse zurück, die wir bei der Analyse der Geschäftstätigkeit gewonnen haben. Die Notwendigkeit, an dieser Stelle den *individuellen* Geschäftsprozess „Neuwagen-Verkauf" mit den *allgemeinen* Geschäftsvorfällen und mit den *allgemeinen* Geschäftsrisiken zu konfrontieren, ist ein Zeichen für *unser eigenes Internes Kontrollsystem*,

---

[128] J.W.Arricale / T.B. Bell / I.Solomon / S. Wessels : Strategic-Systems Auditing, a.a.O. S. 26

denn wir messen die Bedeutung des Neuwagen- Verkaufes am Katalog der Geschäftsvorfälle und am Katalog der Geschäftsrisiken, an Daten also, die wir nach bestem Wissen und Gewissen zusammengestellt haben. Bevor wir uns also mit den Kontrollen innerhalb dieses Geschäftsprozesses beschäftigen, müssen wir uns noch einmal *vergewissern*, ob diesem Geschäftsprozess für den zu prüfenden Jahresabschluss wirklich die Bedeutung beizumessen ist, die wir bislang angenommen haben. Das erleichtert im Übrigen auch die *Nachschau*. [129]

Ein „Sich-Erinnern" ist auch deshalb von so großer Bedeutung, weil man u.U. von dem Gedanken überrascht wird, dass man sich regelmäßig bereits um den Verkaufsprozess gekümmert hat, ihn also „beherrscht", und plötzlich feststellen muss, dass man z.B. den Bereich des Anlagenmanagements mit neuen Risiken streng genommen vernachlässigt hat.

Ausrichtung und Verlauf des Geschäftsprozesses
In Anlehnung an das „Process Analysis Template" von Arricale/Bell/Solomon/Wessels [130] liefert das Formular gute Voraussetzungen dafür, dass der Prozess mit wenigen Angaben beschrieben werden kann (Ziele, Arbeitsdaten/Arbeitsinhalt/Arbeitsergebnis, Leistungskennziffern als Maßstab für den Erfolg, Informationstechnologie). Auch das erleichtert die Erstellung und die Nachschau dieses wichtigen Arbeitspapieres.

Einfluss auf den Jahresabschluss
Das Formular zeigt den Einfluss des Geschäftsvorfalles auf den Jahresabschluss. Dabei wird nach der Art des Geschäftsvorfalles und danach gefragt, wie sichergestellt wird, dass die Aussagen des Mandanten zur *Vollständigkeit*, zum *Bestand* und zur *Genauigkeit* zutreffen. Außerdem sind hier Risiken aufzulisten, die auf die Prozess-Ebene einwirken. Aus den allgemeinen Geschäftsrisiken (auf der *Unternehmens- Ebene* angesiedelt, von der Geschäftsleitung identifiziert und beurteilt) werden also bestimmte Komponenten herausgeschält und der *Prozess-Ebene* zur ordnungsgemäßen Behandlung zugewiesen.

Was mit Behandlung gemeint ist, kann man sich anhand eines Kürzels, *VART* genannt, gut merken :

- **V** ermeiden, d.h. man geht bestimmte Risiken gar nicht ein, indem man auf die entsprechenden Geschäfte *verzichtet*;
- **A** kzeptieren, d.h. man ist bereit, mit dem Risiko zu leben, weil mit den entsprechenden Geschäften auch *Chancen* verbunden sind;
- **R** eduzieren, d.h. man versucht, das Risiko mit Hilfe des Internen Kontrollsystems zu beherrschen und seinen Einfluss entspechend zu *ermäßigen*;
- **T** ransferieren, d.h. das Risiko wird z.B. auf eine Versicherungsgesellschaft *übertragen*.

Wenn wir die Analyse der Geschäftstätigkeit nicht ernst genommen haben, wird die Qualität unserer Arbeitspapiere *mangelhaft* sein, d.h. KoBu-Doc und KoRi-Doc sind unvollständig oder nicht präzise genug. Mängel dieser Art können z.B. dazu führen, dass wir uns mit den entscheidenden Risiken gar nicht beschäftigen.

Es ist ein wesentliches Kennzeichen der Prozess-Analyse, *Geschäftsrisiken von der Unternehmens-Ebene auf die Prozess-Ebene herunterzubrechen*. Ich betone das deshalb, weil an die-

---

129 Sieben/Russ haben darauf hingewiesen, dass das Interne Kontrollsystem durch „Methoden des Projektcontrolling" bereichert werden kann. (vgl. G. Sieben / W. Russ : Organisation von Prüfungsgesellschaften, in : HdRuP, Sp. 1795
130 J.W.Arricale / T.B.Bell / I.Solomon / S.Wessels : Strategic-Systems Auditing, a.a.O. S.30

ser Stelle häufig Fehler gemacht werden, in dem man „Schwachstellen im IKS" (Kontroll-Risiken) mit Risiken auf Prozess-Ebene (mit inhärenten Risiken also) verwechselt. (Zum Katalog der Geschäfts- und Kontrollrisiken auf Unternehmens- und auf Prozess-Ebene vgl. Anlage 10)

Die Übersicht „Prüffeldspezifische Risiken" *(Risiken auf Prozess-Ebene)* gehört zu den wichtigsten Dokumenten einer risikoorientierten Abschlussprüfung (vgl. Anlage 25, aus dem KoRi-Doc „WELOS" entwickelt). Sie zeigt uns, welche Risiken nach *unserer Beurteilung* bestehen und sie deutet an, an welchen Stellen des Unternehmens sie behandelt werden. (Identifikation von Kontrollstellen !)

Kontrollen
Wie bereits angedeutet, sind in dieser Spalte des KoCo-Doc die Kontrollen aufzulisten und ihr Aufbau genau zu beschreiben. Mit dieser Dokumentation (wir begnügen uns hier mit Stichworten) wird eine entscheidende *Brücke* geschlagen, die Brücke zu den *Prüfungszielen*.

Prüfungsziele
Auch wenn wir schon früher (z.B. im Zuge der Planung) Prüfungsziele „vorformuliert" haben, so findet jetzt *zum ersten Mal* eine schriftliche Fixierung von Absichten statt. [131] Diese Absichten besagen Folgendes : Wir haben uns als Abschlussprüfer eine Meinung darüber gebildet, welche *Aussagen* des Mandanten zum Jahresabschluss von besonderer Bedeutung sind.

Wir haben dann eine Aufbauprüfung der entsprechenden Kontrollen vorgenommen und müssen uns nun durch eine konkrete Funktionsprüfung ausreichende und angemessene Nachweise dafür beschaffen, dass die Abschlussaussagen des Mandanten (z.B. zur Bewertung oder zum Ausweis von Forderungen) zutreffen. Die Absicht, sich bestimmte Nachweise zu beschaffen oder besser : die Erkenntnis, sich bestimmte Nachweise verschaffen zu müssen, weil wir ohne sie kein sicheres Prüfungsurteil abgeben können, bedeutet die Formulierung eines bestimmten Prüfungszieles, und diese Formulierung findet im KoCo-Doc statt.

„Strategic analysis and business process analysis direct the auditor's attention to different systems levels within the network of economic acitivities enveloping and comprising the client, i.e. the auditor's full problem space." [132]

Um die Logik unseres Prüfungskonzeptes noch einmal zu verdeutlichen, haben wir für weitere vier Mustermandanten – für jeweils einen Funktionsbereich – ein KoCo-Doc entwickelt. Die dort dargestellten Prüfungsziele und Risiken auf Prozess- Ebene beruhen auf der Annahme, dass ganz bestimmte Kontrollen zu prüfen sind, weil deren Effektivität für die Verlässlichkeit bestimmter Abschlussaussagen von entscheidender Bedeutung ist.

---

131 Richter hat die Meinung vertreten, dass ein „Artikulationszwang" durch den Prüfungsprozess nicht ausgeübt wird. „In Prüfungsprozessen erfolgt die Problemformulierung üblicherweise im Rahmen der Prüfungsplanung. ... Im nächsten Schritt muss die wissenschaftliche Fragestellung in Form von Hypothesen konkretisiert werden. ... Im Prüfungsprozess ist dieser Konkretisierungsschritt mit der Formulierung von Prüfungszielen bzw. mit der Festlegung auf die angestrebten Urteile vergleichbar. ... Ein entsprechender Zwang zu einer expliziten Artikulation wird durch den Prüfungsprozess nicht ausgeübt." (M. Richter: Prüfungen als wissenschaftliche Untersuchungsprozesse – Zur wissenschaftlichen und berufspraktischen Bedeutung des meßtheoretischen Ansatzes von Klaus von Wysocki, in: ThuPdWPg III, S.30/31; Zitierweise: Prüfungen) Durch das in diesem Handbuch in Anlehnung an KPMG vorgestellte Konzept wird allerdings der Nachweis geführt, dass der Prüfer schon sehr früh unter einem Artikulationszwang steht, der sich aus der Verknüpfung von Strategie- und Prozessanalyse ergibt. Die richtliniengesteuerte Formulierung von Prüfungszielen bestimmt die Qualität der Facharbeit und schafft die notwendigen Voraussetzungen für die Absolvierung der Qualitätskontrolle.
132 J.W. Arricale / T.B. Bell / I. Solomon / S. Wessels : Strategic-Systems Auditing, a.a.O. S. 20

2 Die Analyse der unternehmerischen Kontrollen

Nachweis der Kontrolltätigkeiten *(KoCo-Docs nach Prozessen)*

Firma	Bereich *(Prozess)*	Prozess-Ziel	Risiko *auf Prozess-Ebene*	Anlage
WAKON	Einkauf	Termingerechte Eindeckung mit bedarfsgerechtem Material	Qualitätsmängel	26/A
BRATO	Produktion	Getränkeherstellung in vom Markt nachgefragter Menge unter Einhaltung interner und externer Qualitätsstandards und bei Wahrung niedriger Herstellungskosten	Mangelhafte Produktion	26/B
WEICES	Investitionen	Nachfragegerechte Immobilie	Umsatzrückgang aufgrund von Standortnachteilen	26/C
TAIHAM	Personal	Beschäftigung tüchtiger Mitarbeiter	Mangelhafte Kompetenz und fehlende Motivation	26/D

Wenn wir von *Leitfunktion* des Business Understanding sprechen, so meinen wir damit, dass jede Prüfungshandlung mit *zwingender* Logik aus der vorhergehenden abgeleitet wird.

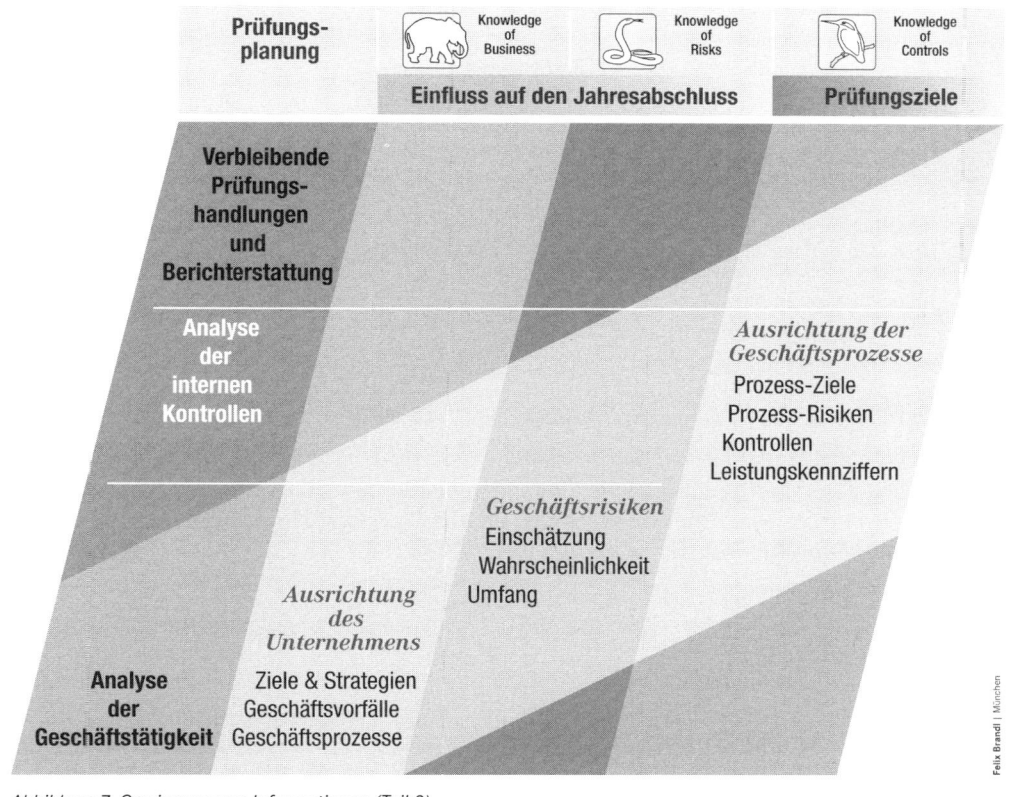

Abbildung 7: Gewinnung von Informationen (Teil 3)

Im KoRi-Doc haben wir festgelegt, an welchen Stellen des Unternehmens Geschäftsvorfälle und Geschäftsrisiken behandelt werden. Im KoCo-Doc wurde u.a. die Qualität des IKS dokumentiert und daraus die Notwendigkeit abgeleitet, die *Wirkungsweise* von Kontrollen mit dem Ziel prüfen zu müssen, *Nachweise* für die Richtigkeit von *Abschlussaussagen* zu bekommen. Die Abschlussaussagen des Managements (VEBBAG) *finden ihre Entsprechung in den Prüfungszielen* des Abschlussprüfers, die ebenfalls mit VEBBAG zu umschreiben sind. [133]

Prüfungsfeststellungen
Eingebunden in eine terminologische Hierarchie sind Prüfungs*feststellungen* positive oder negative Erklärungen des Abschlussprüfers über die Ergebnisse seiner Arbeit. Zusammengefasst führen sie zu Prüfungs*aussagen*, die im Prüfungsbericht getroffen werden und als Prüfungs*urteil* insgesamt in einen uneingeschränkten bzw. eingeschränkten Bestätigungsvermerk münden oder sogar eine Versagung des Bestätigungsvermerkes erforderlich machen.

Im Sinne der sogenannten „audit matters" (ISA) sind mit Prüfungsfeststellungen allerdings Erkenntnisse gemeint, die aufgrund der Entdeckung von Fehlern im Jahresabschluss bzw. von Schwachstellen im Internen Kontrollsystem gewonnen wurden und im Hinblick auf ihre (mögliche) Relevanz für Prüfungsbericht oder Management Letter hier gesammelt werden. Über die Relevanz von Erklärungen entscheidet der Prüfungsleiter.

Erklärungen	
Thema	**Typ**
Jahresabschluss und Internes Kontrollsystem (Fehler, Schwachstellen, Verstöße)	Prüfungsfeststellungen
Prüfungsbericht (Art und Umfang der Prüfungshandlungen und ihre Ergebnisse)	Prüfungsaussagen
Bestätigungsvermerk (Beachtung der maßgeblichen Rechnungslegungsgrundsätze)	Gesamturteil

Hier taucht erneut das Problem der Wesentlichkeit auf. Dazu vermerkt der PS 250 in TZ 20 :

„*Der Abschlussprüfer hat bei der Beurteilung der Frage, ob Prüfungsaussagen im Prüfungsbericht und im Bestätigungsvermerk getroffen werden können ... zu entscheiden, ob bestimmte bei der Prüfung festgestellte und nicht bereinigte Unrichtigkeiten und Verstöße einzeln oder insgesamt wesentlich sind.*"

Wir werden noch darüber sprechen, was Sie bei der Formulierung von Prüfungsfeststellungen beachten müssen.

---

133 Es ist überraschend, dass in der Literatur diese Zielstruktur immer wieder in allgemeinen Zielgrößen des Prüfungsprozesses (z.B. Effektivität und Effizienz) untergeht. (vgl. K.U. Marten / R. Quick / K. Ruhnke : Wirtschaftsprüfung, a.a.O. S. 202, 230). Der damit verbundene Verlust pädagogischer Komponenten (Einstimmung des Prüfungsteams auf unterschiedlich gewichtete Prüfungsziele) ist enorm !

2.4 Testen unternehmerischer Kontrollen

2.4.1 Die Abschlussaussagen als Basis (Das VEBBAG-Konzept)

KOBU KORI KOCO **KOP** KODI

Wenn wir uns das KoCo-Doc genannte Formular anschauen und erkennen, wie vielfältig der Einfluss des Verkaufsprozesses auf den Jahresabschluss ist, dann stellt sich die dringende Frage, welche Kontrollen eigentlich zu prüfen sind. Dabei müssen wir uns an der VEBBAG-Aussage des Mandanten orientieren, dass *alle* Jahresabschlussposten : vollständig sind, dem Unternehmen gehören, tatsächlich existieren, richtig bewertet und ausgewiesen sind und genau erfasst wurden. Mit anderen Worten : Wir müssen grundsätzlich *alle Kontrollen prüfen*, die für die einzelnen VEBBAG-Elemente zuständig sind. Damit wird zweierlei deutlich:

- Die sogenannten Systemprüfungen sind den sogenannten aussagebezogenen Prüfungshandlungen vorgelagert.
- Systemprüfungen können nur im Rahmen eines langfristigen Prüfungsplanes durchgeführt werden.

Das enthebt uns nicht der Verpflichtung (und dies gilt insbesondere für Erstprüfungen), *Schwerpunkte* zu legen, d.h. nach Maßgabe unserer Kenntnis über die Geschäftstätigkeit des Unternehmens zu entscheiden, welche *Einzelaussagen* des Mandanten für einen bestimmten Abschlussstichtag von besonderer Bedeutung sind. (vgl. auch die Anlage 27) Warum sollen wir uns z.B. intensiv um die Bewertung (Zweites B in VEB**B**AG) kümmern, wenn nach unserer Einschätzung der Jahresabschluss mit dem Bestand an Forderungen (Erstes B in VE**B**BAG) steht und fällt. Diese Entscheidung – vorbereitet durch eine entsprechende Diskussion im Prüfungsteam – wird eigenverantwortlich vom Prüfungsleiter getroffen. (Ich weise darauf hin, dass das Stichwort „Eigenverantwortlichkeit" in der Einleitung zu allen IDW-Prüfungsstandards enthalten ist vgl. dazu Kapitel VI. 2.1.1)

Es ist anzunehmen, dass sich der Prüfungsleiter von folgenden Erkenntnissen leiten lässt : Die WELOS-Geschäftsführung hat dem Unternehmen ehrgeizige Ziele vorgegeben, die insbesondere in einem hohen *Wachstum* und in einer erheblichen *Ergebnisverbesserung* bestehen. In bestimmten Zeiträumen müssen also entsprechende Absatzzahlen erreicht und geplante Margen realisiert werden. Ist das IKS (von man einmal von Bilanzpolitik absieht) eigentlich darauf eingestellt ?

Der Prüfungsleiter wird sich also insbesondere für *Kontrollen* interessieren, die für den **B**estand und die **B**ewertung von Forderungen zuständig sind. Wenn er sich gezielt für die *Prüfung spezieller Kontrollen* entscheidet, dann liegt ein eindeutig bestimmter *Weg* bereits hinter ihm : Aus der Kenntnis der Geschäftstätigkeit ist ihm bewusst, dass dem Verkaufsprozess „Neuwagen" für den Jahresabschluss eine besondere Bedeutung zukommt. Aus der Prozess-Analyse hat er gelernt, von welchen Zielen dieser Verkaufsprozess bestimmt wird und dass bestimmte Kontrollen eingerichtet sein müssen, damit diese Ziele überhaupt erreicht werden können. Erinnern Sie sich bitte an meine Aussage : Der Abschlussprüfer muss immer *wissen*, *warum* er bestimmte Arbeiten durchführt. Das gilt auch für seine Assistenten!

Was bedeutet es nun, ein *„Interesse" an bestimmten Kontrollen* zu haben ? Neben der Frage, welche Kategorien von Kontrollen es gibt, muss man sich überlegen, mit welchem *Konzept* man an Kontrollen herangeht.

2.4.2 Die 2-Stufen-Regelung : Design-Test und Funktionstest

Die Beschäftigung mit bestimmten Kontrollen verläuft in *zwei Stufen* : Zunächst informiert man sich durch Gespräche und durch den Einblick in Organisationshandbücher, Richtlinien oder Buchhaltungsunterlagen, *welche* Kontrollen im Unternehmen eingesetzt sind und *beurteilt*, ob diese Kontrollen – für den Fall, dass sie ordnungsgemäß arbeiten – in der Lage sind, Fehler aufzudecken und rechtzeitig zu korrigieren. Die (z.B. mittels Flow-Charts) in den Arbeitspapieren zusammengefassten Informationen über die Qualität des IKS bilden die Grundlage für ein erstes *vorläufiges* Urteil über das Risiko einer *wesentlichen* Fehlaussage z.B. zu den Forderungen aus Lieferungen und Leistungen. In Anlehnung an die prozessanalytische Terminologie wird diese erste Stufe gerne auch als *Design-Test* bezeichnet. „Design" steht für : Format, Stil, Ausdruck, Konstruktion.

Kommt man zu der *vorläufigen* Meinung, dass die Qualität der Kontrollen zufriedenstellend ist (sei sie gut oder nur mittelmäßig), wird man in einem zweiten Schritt mittels eines *Funktionstests* die *tatsächliche* Arbeitsweise der Kontrollen überprüfen und das Ergebnis dieser Prüfung in den Arbeitspapieren dokumentieren. Hier wird es also insbesondere darauf ankommen, den Nachweis zu führen, dass

- wesentliche Bestandteile der Kaufverträge beachtet,
- für alle Lieferungen Rechnungen erstellt und gebucht und
- Forderungen ordnungsgemäß überwacht und sachgerecht bewertet werden.

Bitte denken Sie daran, dass wir durch eine *Systemprüfung* den *Nachweis* dafür bekommen, ob die Aussagen des Mandanten stimmen ! Damit wird auch die Formulierung im PS 300 verständlich, in der es heißt:

„Systemprüfungen ermöglichen eine wirtschaftliche Durchführung der Prüfung und eine Vorverlagerung von Prüfungshandlungen. Sie wirken sich auf den Umfang der aussagebezogenen Prüfungshandlungen aus." [134]

Kommt man zu der Erkenntnis, dass das Unternehmen über gar keine wirksamen Kontrollen verfügt, *erübrigt sich* selbstverständlich ein *Funktionstest*, und man wird ergänzende Prüfungshandlungen durchführen müssen, um die benötigten Nachweise zu erhalten.

Auf welchen Überlegungen beruht diese *2-Stufen-Theorie* ? Sie soll den Abschlussprüfer davor bewahren, Informationen und Dokumenten *vorschnell* Glauben zu schenken und wertvolle Prüfungszeit dadurch zu verlieren, dass er sich mit scheinbaren Kontrollen viel zu lange auseinandersetzt. Für mich gilt die Regel „*Der schlechte Abschlussprüfer* hört nach dem Design-Test bereits auf", d.h. er glaubt das, was man ihm erzählt, ohne sich von der Arbeitsweise der Kontrollen tatsächlich zu überzeugen. Wer sagt : „Es wird schon stimmen !", verfügt nur über *Hoffnungen*, aber nicht über *aussagefähige* Prüfungsnachweise !

Ein Berufsstand bekommt immer dann Probleme, wenn er sein Urteil zu oft durch eine kritiklose Archivierung von Dokumenten ersetzt.

Fassen wir die zwei Stufen kurz zusammen : Auswahl bestimmter Kontrollen, Charakterisierung der Kontrolle, Durchführung des Design-Tests, Dokumentation des Design-Tests und

---

134 PS 300 : Prüfungsnachweise im Rahmen der Abschlussprüfung TZ 17

2 Die Analyse der unternehmerischen Kontrollen 127

Einschätzung des Risikos der wesentlichen Fehlaussage, Durchführung des Funktionstests, Dokumentation des Funktionstests. Erinnern Sie sich bitte an die Darstellung der einzelnen Stufen der Auftragsabwicklung! Bitte sehen Sie sich die dort ausgeworfenen Kontrollen nochmals genau an (vgl. Anlage 28). Welche *Arten von Kontrollen* lassen sich dort unterscheiden?

2.4.3 Die Arten von Kontrollen

„Kontrollen erfolgen durch Maßnahmen, die in den Arbeitsablauf integriert sind. Erfolgen die Kontrollen durch Überwachungsträger, so können diese sowohl für das Ergebnis des überwachten Prozesses als auch für das Ergebnis der Überwachung verantwortlich sein. Kontrollen sollen die Wahrscheinlichkeit für das Auftreten von Fehlern in den Arbeitsabläufen vermindern bzw. aufgetretene Fehler aufdecken (z.B. Überprüfung der Vollständigkeit und Richtigkeit von erhaltenen oder weitergegebenen Daten, manuelle Soll/Ist-Vergleiche, programmierte Plausibilitätsprüfungen in der Software)." [135]

Es gibt also Kontrollen, die von vornherein verhindern sollen, dass überhaupt Fehler gemacht werden, und es gibt Kontrollen, die eingerichtet werden, um Fehler aufzudecken. Wir unterscheiden deshalb zwischen vorbeugenden Kontrollen und aufdeckenden Kontrollen.

Was sind in unserem Falle „vorbeugende", was sind „aufdeckende" Kontrollen? Diese sind in Anlage 29 dargestellt.

Warum ist die Frage, ob es sich um vorbeugende oder um aufdeckende Kontrollen handelt, von Bedeutung? Die Zeit, die dem Abschlussprüfer zur Verfügung steht, ist begrenzt. Auf der Suche nach Kontrollen, die bestimmte Aussagen des Mandanten stützen, muss er sich also von wirtschaftlichen Überlegungen leiten lassen. Er wird also diejenigen Kontrollen auswählen, die die meisten Aussagen des Mandanten abdecken.

Der *Unterschied* zwischen vorbeugender und aufdeckender Kontrolle besteht in Folgendem:

Kontrolle	Eigenart	Beispiel
vorbeugend	Nur für einen einzigen Buchstaben aus VEBBAG zuständig.	Eine Bonitätsprüfung *vor* Aufnahme der ersten Geschäftsbeziehungen soll verhindern, dass wirtschaftlich schwache Kunden beliefert werden, die ihren Zahlungsverpflichtungen u.U. nicht ordnungsgemäß nachkommen können. (VEBBAG / Forderungen)
	Arbeitet oft nur an einer *einzigen* Stelle des Geschäftsprozesses.	Eine Bonitätsprüfung ist auch am Beginn des Geschäftsprozesses angesiedelt.
	Entfaltet ihre Wirksamkeit als Teil des Prozesses.	Es wird *keine* Auftragsfreigabe erfolgen, wenn die Bonitätsprüfung zu ungunsten des Bestellers ausgefallen ist.
↓	↓	↓

---

[135] PS 260 : *Das interne Kontrollsystem im Rahmen der Abschlussprüfung TZ 6*

Kontrolle	Eigenart	Beispiel
aufdeckend	Beinhaltet einen Vergleich mit Daten, die *unabhängig* vom Geschäftsprozess erzeugt werden.	Vergleich der von BMW erstellten Auftragsbestätigung mit den Tecno-Bestelldaten.
	Um wirksam zu sein, sollte die Kontrolle von Personen vorgenommen werden, die *unabhängig* von denjenigen sind, die für die Dateneingabe und Datenpflege zuständig sind.	Wenn die Verkaufsleitung von WELOS die Ausgangsrechnung an Tecno prüft (VEB**B**AG), dann darf sie die Rechnungsdaten *nicht selbst* erzeugt haben.
	Ist oftmals für *mehr* als einen Buchstaben aus VEBBAG zuständig.	Das sogenannte Credit-Controlling überwacht nicht nur die offenen Forderungen (VEB**B**AG), sondern kontrolliert auch (i.d.R. durch Saldenbestätigungsaktionen) den Bestand (VEBB**A**G) und die Genauigkeit (VEBBA**G**) von Forderungen.
	Ist u.U. in der Lage, in *allen* Phasen des Prozesses aufgetretene Fehler aufzudecken.	Wenn zu Beginn des Prozesses ein falscher Netto-Preis (VEB**B**AG) eingegeben oder in der Schlussphase ein falsches Auslieferungsdatum (VEBBA**G**)) vermerkt worden wäre, würde das oben bereits erwähnte Credit-Controlling diese Fehler im Rahmen einer Saldenbestätigungsaktion aufdecken.
	Deckt *alle* Geschäftsvorfälle einer Periode ab.	Die Abstimmung der Lieferscheine mit den Ausgangsrechnungen deckt *alle* Geschäftsvorfälle einer Periode ab (**V**EBBAG) Das Credit-Controlling erfasst alle Umsätze einer Periode (VE**B**BAG)
	Aufgedeckte Fehler müssen *sofort* korrigiert werden, damit die Kontrolle wirksam ist.	Wenn die Verkaufsleitung bei der Prüfung der Ausgangsrechnung an Tecno feststellt, dass Preise nicht stimmen (VEBBA**G**) muss die Rechnung sofort geändert werden.

Aus dieser Übersicht wird deutlich, dass der Abschlussprüfer sich in erster Linie mit *aufdeckenden* Kontrollen auseinandersetzen wird, weil diese mehr Abschlussaussagen abdecken, d.h. *für mehrere Buchstaben in VEBBAG zuständig* sind, so dass er einfacher und schneller über entsprechende *Prüfungsnachweise* verfügen wird. (Dies muss auch ein Thema der Prüfungsplanung sein !)

Es sei allerdings darauf hingewiesen, dass im *IT-Bereich* den vorbeugenden Kontrollen eine besondere Bedeutung zukommt. Ich denke hier insbesondere an *Zugriffskontrollen*. Denken Sie bitte daran, wenn Sie sich mit den entsprechenden Kontrollen beschäftigen sollten. (Dies kann z.B. sehr einfach dann geschehen, wenn man Gespräche mit Sachbearbeitern führt ; vgl. dazu auch Kapitel : II. 3)

Wir stoßen in der Praxis immer wieder auf einfache, aber sehr wirksame aufdeckende Kontrollen. Ein Teil von Ihnen deckt – wie wir bereits erfahren haben – *alle Geschäftsvorfälle* einer Periode ab. In diesem Fall spricht man von *geschlossenen Kontrollsystemen*.

2 Die Analyse der unternehmerischen Kontrollen

Ich denke hier insbesondere an :

- das Credit-Controlling
- die permanente Inventur
- die Bankbestätigungen und
- die Überwachung von Lieferanten.

Wo sind diese angesiedelt ? Wenn Wagen *eingekauft* werden, müssen diese entgegengenommen, kontrolliert, gelagert und bezahlt werden. Mit Lieferanten vereinbarte Konditionen müssen überwacht werden. Wenn Wagen *verkauft* werden, müssen diese ausgelagert und übergeben werden. Vorräte sind zu überwachen. Für die Lieferung ist eine *Rechnung* zu schreiben und zu buchen. *Offene* Forderungen und der *Geldeingang* müssen kontrolliert werden.

Das System des Credit-Controlling arbeitet wie folgt :

Eigenart	Erläuterung
Beinhaltet einen Vergleich mit Daten, die vom Geschäftsprozess *unabhängig* erzeugt werden.	Der Saldo im Debitorenkontokorrent wird mit dem Saldo verglichen, den der Kunde in seinem Kreditorenkontokorrent führt.
Die Kontrolle sollte von Personen durchgeführt werden, die vom Verkaufsprozess *unabhängig* sind.	Für das Credit-Controlling müssen Personen zuständig sein, die organisatorisch von der Erstellung und Buchung der Rechnung *getrennt* sind.
Damit die Kontrolle wirksam ist, müssen Fehler *sofort* korrigiert werden.	Wenn das Credit-Controlling auf Saldendifferenzen (Gesellschaft / Kunde) stößt, müssen diese *sofort* geklärt und ggf. Anpassungsbuchungen veranlasst werden.
Kontrolle deckt *mehr* als eine Aussage im VEBBAG-Verbund ab.	Durch Saldenbestätigungsaktionen können Fehler im *Bestand* und bei der *Genauigkeit* von Forderungen aufgedeckt werden. Durch die Überwachung von Forderungen werden *Ausfallrisiken* erkannt.
Kann Fehler (Risiken) in *allen* Phasen des Geschäftsprozesses aufdecken.	*Fehlerhafte* Lieferungen werden aufgedeckt, sei es durch die Weigerung des Kunden, die Rechnung zu bezahlen, oder im Rahmen einer Saldenbestätigungsaktion. Überfällige Forderungen – signalisiert durch eine Liste der Altersstruktur der Forderungen – sind u.U. ein Zeichen für *Liquiditätsprobleme* des Kunden.
Deckt *alle* Geschäftsvorfälle einer Periode ab.	Das Credit-Controlling erfasst *alle* Umsätze einer Periode. Es ist damit in der Lage, bei einzelnen Kunden ein *wachsendes* Geschäftsvolumen zu registrieren und auf die Problematik zunehmender Aussenstände hinzuweisen. (Problematik der Aufstockung eines Kreditlimits)

Kehren wir zu den beiden Stufen Design-Test und Funktionstest zurück ! Wenn wir uns für eine bestimmte Kontrolle entschieden haben, die möglichst *viele* Abschlussaussagen abdeckt, insbesondere solche, die wir für *wesentlich* halten, dann werden wir uns zunächst mit dem Design dieser Kontrolle beschäftigen. *Design-Test* bedeutet, vorab zu klären, ob die Kontrolle

- in der Lage ist (vorausgesetzt sie arbeitet korrekt) Fehler zu verhindern bzw. aufzudecken und eine wesentliche Fehlaussage im Abschluss zu korrigieren, und
- ob die Kontrolle von der Gesellschaft überhaupt eingesetzt wird.

Wie gehen wir beim Design-Test vor und was müssen wir beachten ? Wir nehmen Einblick in Dokumente und Belege, befragen zuständiges Personal und beziehen die Erfahrung mit ein, die wir bislang mit dem Mandanten gemacht haben. Dabei sind u.a. die folgenden Fragen von Bedeutung (z.B. anhand von Belegflussplänen und einer Kontrollmatrix [136]) :

- *Wie* wird die Kontrolle durchgeführt ?
- Wie *oft* wird kontrolliert ?
- Auf welche *Risiken* wird die Kontrolle angesetzt ?
- Welche Art und welchen Umfang hat die *wesentliche Fehlaussage*, die durch die Kontrolle verhindert bzw. aufgedeckt werden kann ?
- Welche *Erfahrung* und *Kompetenz* hat die Person, die die Kontrolle ausführt ?

2.4.4 Kursbestimmung durch die Leitfunktion des Business Understanding

Halten wir inne und überlegen wir uns, *wo* wir stehen.

Unter Berücksichtigung der Leitfunktion des Business Understanding hatten wir festgestellt, dass der Abschlussprüfer von WELOS u.a. den Geschäftsprozess „Neuwagen-Verkauf" auswählen und sich hier insbesondere für diejenigen Kontrollen interessieren wird, die für den Bestand (VE**B**BAG), die Bewertung (VEB**B**AG) und die Genauigkeit (VEBBA**G**) von Forderungen zuständig sind.

Auftrags- und Kontrollstufen (gezielte Auswahl)	Kontrolle stützt die Aussage zum/zur ..... der Forderungen L+L
Bonitätsprüfung bei Geschäftsanbahnung	*Bewertung*
Lieferschein und Übergabe des Wagens	*Bestand*
Ausgangsrechnung und Kontrolle Versand der Rechnung	*Genauigkeit*
Buchung der Rechnung	*Ausweis*
Abstimmung versandte u. gebuchte Rechnungen	*Vollständigkeit*
Einbeziehung der Rechnung in die Fälligkeitsstruktur („aging list") Buchung des Lagerabgangs Aktualisierung des Auftragsbestandes	
Überwachung der Forderung	*Bewertung*

Der Abschlussprüfer wird sich die einzelnen Stufen und die dort verwendeten Unterlagen erklären lassen und sich auf dieser Basis eine vorläufige Meinung zu *Bestand, Bewertung* und *Genauigkeit* der Forderungen bilden. Kommt er zu der Auffassung, dass das Unternehmen über gar keine wirksamen Kontrollen verfügt, weil diese zwar angewiesen wurden, aber de facto gar nicht praktiziert werden, wird er auf weiterführende Arbeiten, d.h. auf einen Funktionstest *verzichten*, das Risiko einer wesentlichen Fehlaussage als *hoch* einstufen und sich überlegen müssen, wie er durch gezielte Prüfungshandlungen die erforderlichen *Prüfungsnachweise* für die Richtigkeit der Abschlussaussagen bekommt. Gewinnt er den Eindruck (und dies dürfte die Regel sein), dass das IKS ordentlich ausgelegt ist, wird er das Risiko ei-

---

136 Vgl. R. Hömberg : Internes Kontrollsystem, in : HdRuP, Sp. 1234 f.

2 Die Analyse der unternehmerischen Kontrollen

ner wesentlichen *Fehlaussage* zunächst einmal als *gering* oder *mittelmäßig* einstufen und seinen Design-Test direkt in einen *Funktionstest überleiten*.

Spätestens nach Abschluss des Design-Tests geschieht allerdings Folgendes : Vor dem Hintergrund seiner Prüfungsstrategie und auf der Basis der gewonnenen Eindrücke formuliert der Abschlussprüfer nunmehr ganz konkret seine *Prüfungsziele*. Er will ausreichende und angemessene *Nachweise* dafür bekommen, dass

- die Forderungen *b*estehen
- richtig *b*ewertet sind und
- *g*enau ermittelt wurden.

Damit hat er den entscheidenden Meilenstein erreicht, denn das KoCo-Doc schließt mit der Formulierung von *Prüfungszielen* für die Forderungen L+L ab.

Unternehmens-Ziele	Prozess-Ziele Neuwagen-Verkauf	Prüfungs-Ziele VEBBAG
Wachstum	Steigende Absatzzahlen	**B** estand
Ergebnisverbesserung	Vermeidung von Forderungsverlusten	**B** ewertung
	Verbesserung des Rohertrages	**G** enauigkeit

Es ist ein Kennzeichen für seine *Prüfungsstrategie*, dass er sich schwerpunktmäßig mit *drei Aussagen* beschäftigt, und er hat gute Gründe, die Aussagen zur Vollständigkeit, zum Eigentum und zum Ausweis zwar nicht zu vernachlässigen, aber *keinesfalls* in den Mittelpunkt seiner Überlegungen zu stellen. Diese Gründe sind aus seinen *Arbeitspapieren* klar ersichtlich.

Im Hinblick auf eine ordentliche *Dokumentation* (mit der wir uns noch beschäftigen werden) sollten wir allerdings warnend hervorheben : Diese Gründe „*müssen*" aus den Arbeitspapieren hervorgehen. Mit der Formulierung und Verfolgung sachgerecht abgeleiteter Prüfungsziele dokumentiert der Abschlussprüfer seine Eigenverantwortlichkeit, denn er ist verpflichtet, ein ganz persönliches *Urteil* über die Forderungen zu fällen.

Weil er ganz genaue Vorstellungen davon hat, was jetzt konkret zu untersuchen ist, wird er ein entsprechendes *Prüfungsprogramm* „gezielt" formulieren. Der Abschlussprüfer wird also anhand einiger Beispiele untersuchen :

- das System der *Lieferscheine* (z.B. Inhalt und Nr.-Kreise) und ggf. ein Übergabeprotokoll,
- Erstellung und Prüfung der *Ausgangsrechnung* (Wie werden Sonderkonditionen dokumentiert und kontrolliert ? Wer hat Zugriff auf Preisdateien ?)
- den *Versand* und die *Buchung* der Ausgangsrechnung,
- die Einbeziehung der Rechnung in die *Fälligkeitsstruktur* der Forderungen
(Wer stimmt die Gesamtsumme der Forderungen laut Hauptbuch mit der Gesamtsumme der Forderungen laut Liste der Altersstruktur ab ?)
- die Aktualisierung des *Auftragsbestandes*,
- die *Überwachung* der Forderungen und den Einsatz des *Mahnverfahrens*.

Untersuchungen können durch **B**efragung, B**e**obachtung, **E**insichtnahme oder **N**achrechnen durchgeführt werden. (Merken Sie sich schon mal die Abkürzung : VA **BEN**E !) Bedient man sich der Befragung, kann es ggf. zweckmäßig sein, sich das Ergebnis durch andere Quellen bestätigen zu lassen.

KOP Wir werden Art, Zeitpunkt, Umfang und Ergebnis unserer Prüfungshandlungen in einem Arbeitspapier niederlegen, dass wir „*Knowledge of Programme- Document"* (kurz : *KoP-Doc*) nennen wollen. Es wird durch einen Fischadler mit Namen KOP symbolisiert, der – ebenfalls im Okavango-Delta angesiedelt - genau die Stellen kennt, wo er eintauchen muss, um fündig zu werden. KoP-Doc dokumentiert sozusagen unser *Programmbewusstsein*.

Als abgesicherte Arbeitsplattform ist das Prüfungsprogramm wie folgt aufgebaut :
- *Prüfungsziele* und eine Begründung für ihre Auswahl
- Einschätzung des *Risikos* der wesentlichen Fehlaussage
- Art und Umfang der *Prüfungshandlungen*
- *Prüfungsergebnis*

Es zeichnet die *Logik* unserer Arbeitspapiere aus, dass die im *KoCo-Doc* formulierten *Prüfungsziele* direkt in das *Prüfungsprogramm* übernommen werden *(Grundsatz der Verknüpfung von Arbeitspapieren)*. Dadurch wird vermieden, dass wir einen streng vorgezeichneten Prüfungspfad verlassen (unseren von der Leitfunktion ausgeleuchteten Korridor) und uns mit unwesentlichen Themen beschäftigen.

Wir werden zu einem späteren Zeitpunkt auf dieses Formular zurückkommen, wenn wir uns konkret mit der Überwachung und Bewertung von Forderungen beschäftigen.

Zur *Verwendung* des KoP-Doc ist Folgendes anzumerken : Es wird sowohl für den *Funktionstest* eingesetzt, also in der zweiten Phase der Abschlussprüfung, die sich mit der Analyse der unternehmerischen Kontrollen beschäftigt, als auch im Rahmen der *verbleibenden* aussagebezogenen Prüfungshandlungen, d.h. in der dritten und letzten Phase der Abschlussprüfung.

Was haben die beiden Verwendungszwecke gemeinsam und was unterscheidet sie ? Sie haben *das gleiche Prüfungsziel,* nämlich angemessene und ausreichende Nachweise dafür zu bekommen, dass eine bestimmte Aussage des Mandanten zutrifft. Während aber der Funktionstest die Wirksamkeit des IKS bestätigen soll, ist die IKS-Prüfung bereits abgeschlossen, wenn man mit den verbleibenden Prüfungshandlungen beginnt.

Wie bereits angedeutet, sind *verbleibende aussagebezogene Prüfungshandlungen* immer erforderlich. Sie können aber unter ganz verschiedenen Bedingungen ablaufen : Sie beinhalten entweder in Anbetracht eines gut funktionierenden IKS lediglich letzte Arbeiten zur Plausibilität und zur Anfertigung des Prüfungsberichtes oder sie sind erforderlich, weil der Abschlussprüfer von der Qualität des IKS nicht ganz überzeugt ist und deshalb zusätzliche Arbeiten durchführen muss, um die benötigten Prüfungsnachweise zu bekommen.

2 Die Analyse der unternehmerischen Kontrollen

Darüber hinaus ergibt sich aber immer häufiger die Notwendigkeit für „verbleibende" Prüfungshandlungen, wenn der Abschlussprüfer befürchten muss, dass ein an sich gut funktionierendes *IKS* vom Management im Rahmen einer „notwendigen" Bilanzpolitik *ausgehebelt* wurde, und er aufgerufen ist, Art und Umfang dieser (möglicherweise auch illegalen) Maßnahmen festzustellen.

Die *Prüfungsplanung* muss für diese Zwecke ausreichende *Zeitreserven* enthalten. Dies wird aber dann kein ernsthaftes Problem sein, wenn dem Abschlussprüfer sein Business Understanding rechtzeitig signalisiert, dass mit *Bilanzpolitik* in mehr oder minder großem Umfang zu rechnen ist. (vgl. dazu insbesondere Kapitel III. 6.) Nur wer die Ziele des Unternehmens (Unternehmens- und Prozess-Ziele) genau kennt, weiß auch, wann und warum das Management unter *Budget-Druck* gerät und kann frühzeitig entsprechende Prüfungsprogramme entwickeln, Programme zur ganz besonderen Verwendung!

Mit der Formulierung eines Prüfungsprogrammes haben wir im Grunde genommen das *Ende des Korridors* erreicht. (vgl. Anlage 30)

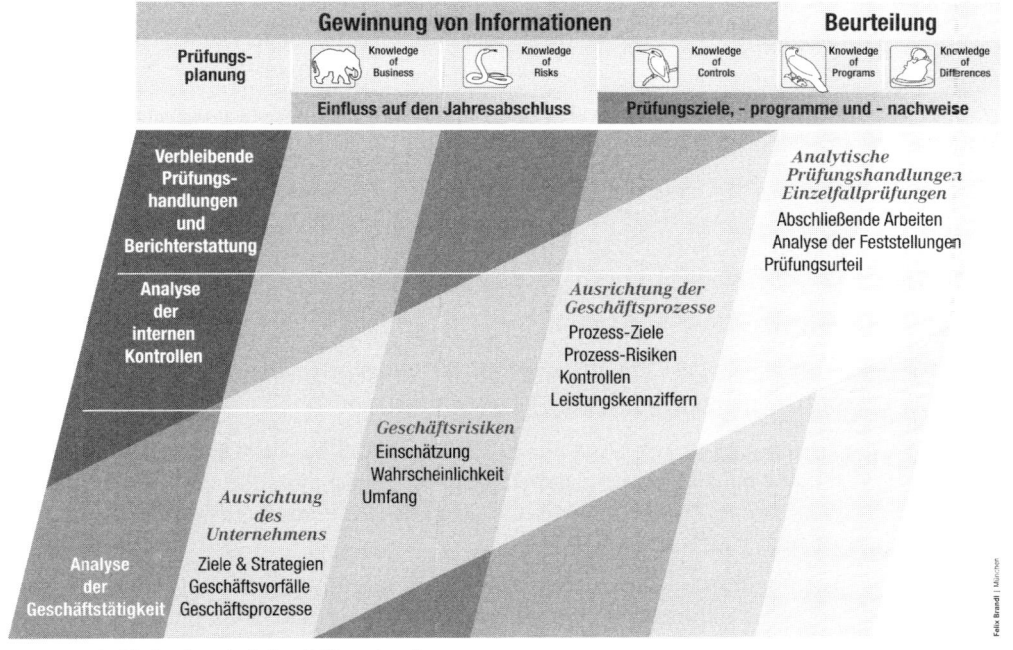

Abbildung 8: Die Logik verknüpfter Prüfungshandlungen

Es ist deutlich erkennbar, dass *alle* Maßnahmen durch das Business Understanding *eindeutig* bestimmt werden. Sind die Kenntnisse über die Geschäftstätigkeit mangelhaft, erhöht sich das *Prüfungsrisiko* gravierend, weil die Gefahr besteht, dass man sich mit wichtigen Themen nicht (genügend) auseinandersetzt.

	Mangelhafte Kenntnisse über die Geschäftstätigkeit, z.B. über	können eine kritische Auseinandersetzung z.B. mit der Frage verhindern,	und zu einem falschen Testat führen, weil nicht erkannt wurde, dass im Jahresabschluss
V	die Vertriebslogistik	wie die Einhaltung von Lieferterminen überwacht wird	keine Rückstellungen für Verzugsstrafen gebildet wurden.
E	die Behandlung von Auslieferungen	ob den Ertragsbuchungen (per Forderungen an Umsatz) auch die entsprechenden Aufwandsbuchungen (per Materialaufwand an Vorräte) gegenüberstehen	noch Vorräte ausgewiesen werden, die aufgrund des Liefergeschäftes bereits dem Kunden gehören.
B	das Produktspektrum	wie im sogenannten Anlagengeschäft der Zeitpunkt der Umsatz- und Gewinnrealisation geprüft wird	Forderungen ausgewiesen werden, die de jure noch gar nicht bestehen, weil der Werkvertrag noch nicht erfüllt wurde.
B	die Struktur des Auslandsgeschäftes	wie Kreditrisiken (sei es kunden- oder länderbezogen) analysiert werden	Wertberichtigungen auf Forderungen aus L+L an Kunden mit Sitz im Ausland fehlen.
A	die Konzernbeziehungen	ob der Liefer- und Leistungsaustausch innerhalb des Konzerns richtig erfasst und gebucht wird	Forderungen und Verbindlichkeiten aus L+L ausgewiesen werden, die de jure solche gegenüber verbundenen Unternehmen darstellen.
G	den Budgetdruck	welche Regeln des Internen Kontrollsystems außer Kraft gesetzt wurden, um ein bestimmtes (prognostiziertes) Jahresergebnis zu erreichen	eine Reihe von Positionen ungenau ermittelt wurden (insbesondere Wertberichtigungen und Rückstellungen).

Nach dem derzeitigen Stand unserer Überlegungen sollen die *Grundsätze risikoorientierter Abschlussprüfung* wie folgt kurz zusammengefasst werden:

Aus dem *KoBu-Doc* entwickeln wir Geschäftsvorfälle und Geschäftsrisiken. *KoRi-Doc* weist uns den Weg zu den maßgeblichen Kontrollstellen. Über die Beurteilung der Internen Kontrollen führt uns der Weg zu den Prüfungszielen, die im *KoCo-Doc* erstmalig (wenn auch gedanklich schon längst vorbereitet) formuliert werden.

Das *KoP-Doc* übernimmt diese sachgerecht entwickelten *Prüfungsziele* und setzt sie in entsprechende Prüfungshandlungen zu dem alleinigen Zweck um, ausreichende und angemessene *Prüfungsnachweise* dafür zu bekommen, dass bestimmte *Abschlussaussagen* des Managements stimmen.

2 Die Analyse der unternehmerischen Kontrollen

Abbildung mit Pyramide:

Ausrichtung der Prüfung
- Prüfungsziele
- Prüfungstechnik
- Prüfungsnachweise

Kontrollen
Einfluss auf den Jahresabschluss

- Geschäftsprozesse
- Geschäftsvorfälle
- Risiken auf Prozess-Ebene
- Geschäftsrisiken

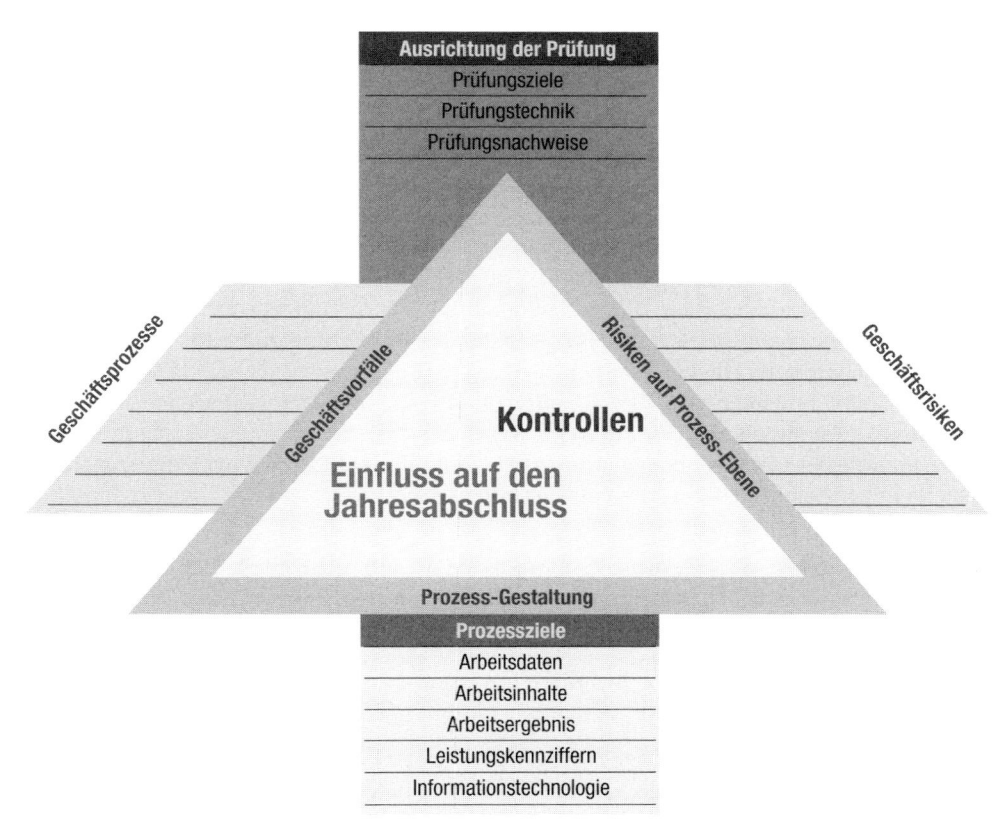

Prozess-Gestaltung
Prozessziele
- Arbeitsdaten
- Arbeitsinhalte
- Arbeitsergebnis
- Leistungskennziffern
- Informationstechnologie

Abbildung 9: Die Entwicklung von Prüfungszielen

2.4.5 Die Behandlung von Fehlern

Wenn wir im Rahmen des Funktionstests (aber natürlich auch bei verbleibenden Prüfungshandlungen) auf Fehler stoßen, z.B. auf die Tatsache, dass

- Wagen erst im Oktober ausgeliefert, aber bereits im September fakturiert wurden,
- die in den „Richtlinien des Verkaufs" verlangte Bonitätsprüfung bei Kunden oberflächlich erfolgte oder
- Kunden in Rechnung gestellte Preise überhöht waren, weil (versteckte) Sonderrabatte vom Rechnungswesen nicht berücksichtigt wurden,

dann werden wir

- diese Fehler *analysieren*,
- versuchen, die *Gründe* für diese Fehler herauszufinden,
- die einzelnen Sachverhalte mit dem Mandanten *besprechen* und
- sie ggf. in einen *Management-Letter* aufnehmen.

Die Gründe für Fehler sind unterschiedlich. Im PS 260 weist das IDW in TZ 11 auf Folgendes hin (Abkürzung IKS d.d.Verf.)

„Auch ein sachgerecht gestaltetes IKS kann nicht in jedem Fall gewährleisten, dass die mit dem IKS verfolgten Ziele erreicht werden. Als Gründe hierfür kommen in Betracht :

- menschliche *Fehlleistungen* bspw. in Folge von Nachlässigkeit, Ablenkungen, Beurteilungsfehlern und Missverstehen von Arbeitsanweisungen ;
- *nicht routinemäßige* Geschäftsvorfälle, die vom IKS nur bedingt, schwer oder überhaupt nicht erfasst werden können ;
- die *Umgehung* oder *Ausschaltung* des IKS durch gesetzliche Vertreter, Mitarbeiter oder durch das Zusammenwirken dieser Personen mit unternehmensexternen Personen ;
- der *Missbrauch* oder die Vernachlässigung der Verantwortung durch für bestimmte Kontrollen verantwortliche Personen ;
- die zeitweise *Unwirksamkeit* des IKS aufgrund veränderter Unternehmens- und Umweltbedingungen sowie
- der *Verzicht* der Unternehmensleitung auf bestimmte Maßnahmen, weil die Kosten dafür höher eingeschätzt werden als der erwartete Nutzen."

Damit unsere *Prüfungsfeststellungen* nicht untergehen, d.h. rechtzeitig aufgegriffen und diskutiert werden können, sollten wir diese an zentraler Stelle sammeln. (vgl. auch Kapitel : II. 5)

Bevor Sie Prüfungsfeststellungen formulieren, vergewissern Sie sich bitte, ob Sie den *Sachverhalt* richtig verstanden haben. Es kommt immer wieder zu Verstimmungen, wenn Zusammenhänge von uns nicht korrekt dargelegt werden, wenn wir also – für den Mandanten überraschend – Fehler „anprangern", die de facto gar nicht existieren.

Es hängt vom Zeitpunkt der Funktionstests ab, welche *Konsequenzen* wir *aus* den *Fehlern* ziehen müssen. Haben die Funktionstests im Rahmen einer *Zwischenprüfung* (Interim Audit) stattgefunden, werden wir in einem Internen Vermerk darauf hinweisen, dass wir die Schwachstellen im IKS moniert haben und dass dieser Problematik während der Abschlussprüfung eine besondere Aufmerksamkeit geschenkt werden muss. Haben die Funktionstests im Rahmen der *Abschlussprüfung* (Final Audit) stattgefunden, werden wir unsere aussagebezogenen Prüfungshandlungen ausdehnen müssen, um herauszufinden, ob weitere Fehler vorhanden sind, die ggf. bereinigt werden müssen.

Es ist dann auch rechtzeitig zu klären, ob die mit dem Mandanten abgesprochenen Termine über die *Dauer unserer Prüfung* noch eingehalten werden können.

3 Datenbeschaffung und Kommunikation

Der Abschlussprüfer verfügt zum Glück über eine Menge von *Informationsquellen*, angefangen bei seiner eigenen Datenbank, über Dokumente und Belege des Unternehmens bis hin zu öffentlich zugänglichen Berichten über Lage und Entwicklung des Unternehmens, seiner Branche und der Gesamtwirtschaft. Die einzelnen Quellen müssen nach Maßgabe der *Prüfungsziele* und der zur Verfügung stehenden Prüfungstechnik sachgerecht ausgeschöpft werden, um daraus diejenigen Informationen zu gewinnen, die das *Prüfungsurteil* stützen. Der Abschlussprüfer wird sich regelmäßig Unterlagen von den zuständigen Mitarbeitern *erläutern* lassen. Zu diesem Zwecke sind psychologisch geschickte *Gespräche* zu führen, und es muss immer damit gerechnet werden, dass der Mandant ein Gespräch zum Anlaß nimmt, sich das *gesamte Prüfungskonzept* erläutern zu lassen. Auch darauf muss man vorbereitet sein.

3.1 Informationsquellen

Es kann nicht häufig genug betont werden, wie wichtig es für den Abschlussprüfer ist, über *ausreichende* Daten, d.h. über Informationen zu verfügen, die ihm ein möglichst detailliertes Bild von der Unternehmung vermitteln.

Wir haben die vielschichtigen Aspekte bereits kennen gelernt, als wir über die Analyse der Geschäftstätigkeit gesprochen haben. Ich hatte Sie u.a. hingewiesen auf eine Anlage zum PS 230 des IDW, in der eine Reihe von Themen aufgelistet ist, die es zu beachten gilt. Aus dieser Anlage habe ich einen Themenkatalog entwickelt und diesen in das erste unserer Standard-Dokumente, dem Knowledge of Business-Document (KoBo-Doc I) eingebaut. (vgl. Anlage 17) Aus welchen *Quellen* beziehen wir unsere Informationen?

3.1.1 Datensammlung des Abschlussprüfers
Wirtschaftsdatei
Es ist sehr hilfreich, wenn sich der Abschlussprüfer eine eigene Datenbank anlegt, Dateien, die nicht nur das Unternehmen selbst betreffen, sondern auch die Branche und das konjunkturelle Umfeld, in dem es arbeitet. Und es gehört zu den wesentlichen Aufgaben des *Prüfungsassistenten*, ihn bei dieser wichtigen Arbeit zu unterstützen. (Hier beginnt bereits der *Teamgeist*, von dem oben die Rede war!)

Eine Wirtschaftsdatei enthält lediglich einen Themenkatalog, der sozusagen den *Rahmen* für die Arbeit des Abschlussprüfers bildet. (vgl. Anlage 8) Es ist dann ein Kennzeichen *gewissenhafter* Arbeit, wenn dieser Katalog in eine unternehmensspezifische Checkliste übergeleitet wird.

Es darf nicht unerwähnt bleiben, dass alle Informationen zu unseren fünf Mustermandanten aus einer Wirtschaftsdatei stammen, die der Verfasser im Laufe vieler Jahre aufgebaut hat. Welche Themen sind dort u.a. von Interesse?

Unternehmen	Branche	Stichwort	JA-Thema
DEICES	Schuheinzelhandel	Gestiegene Importe aus Billiglohnländern	Bewertung der Vorräte (VEBBAG)
WAKON	Möbelproduktion	Wachsendes Auslandsgeschäft	Bestand und Bewertung der Forderungen (VEBBAG)
BRATO	Brauerei	Veränderte Trinkgewohnheiten	Bewertung der Sachanlagen (VEBBAG)
TAIHAM	Modische Bekleidung	Neuer Kollektionsrhythmus	Bewertung der Vorräte (VEBBAG)
WELOS	Autohandel	Wachsende Intensität von Kaufanreizen	Genauigkeit der Forderungen (VEBBAG)

Dabei kommt es nicht darauf an, einen größeren Überblick zu haben als der Unternehmer (wir würden von ihm ja gar nicht mehr ernst genommen, wenn wir als Besserwisser auftreten), sondern wir müssen in der Lage sein, *kritische Fragen* zu stellen (Fragen, die wir nicht nur aus dem Studium von Unterlagen, sondern auch durch Beobachtung und Inaugenscheinnahme entwickelt haben) und seine Meinung mit der Meinung Dritter zu vergleichen, um uns ein *Urteil* darüber zu bilden, ob er bestimmte Entwicklungen realistisch einschätzt.

Dazu gehört auch die Einschätzung *ausländischer Märkte.* (siehe Anlage II. 34) Erinnern Sie sich, dass unsere Mustermandanten auf verschiedenen Auslandsmärkten aktiv sind :

Unternehmen	Bereich	Länderbericht
POSKI	Export	China
DEICES	Import	Indien
BRATO	Export	Tschechien
TAIHAM	Import	Türkei

Eine *branchenübergreifende Datensammlung* (vgl. Anlage 31) hat außerdem den Vorteil, dass man sich schnell auf ein neues Mandat einstellen und zur Vorbereitung auf die Abschlussprüfung ein (wenn auch erst vorläufiges) *Prüfungsprogramm* entwickeln kann. Man ist außerdem in der Lage, *Querverbindungen* zu anderen Branchen herzustellen, ein Vorgang, der die Präzision von Fragen deutlich erhöht. (vgl. Anlage 32) Wenn man zum Beispiel als Wirtschaftsprüfer für ein *Speditionsunternehmen* zuständig ist und erfahren hat, dass sich die *Reifenindustrie* Sorgen über die Liquiditätslage in der Speditionsbranche macht [137], läge es dann nicht nahe, dem Thema „Going Concern" [138] besondere Aufmerksamkeit zu widmen? Im übrigen ist das damit verbundene Gefühl der *Sicherheit* nicht zu unterschätzen !

---

137 Vgl. o.V. : Reiff erfreut über stärkere Autonutzung, in : FAZ 17.7.03, Nr. 163, S. 12
138 Vgl. IDW PS 270 : Die Beurteilung der Fortführung der Unternehmenstätigkeit im Rahmen der Abschlussprüfung,

3 Datenbeschaffung und Kommunikation

Unternehmensspezifische Checklisten
In den Anlagen ist u.a. auch eine Checkliste für das Bauträgergeschäft enthalten, die auf viele (bestimmt noch nicht alle) Themen hinweist, mit denen man sich in diesem komplizierten Bereich auseinandersetzen muss. (vgl. Anlage 7) Wir haben bei der Erstprüfung eines Bauträgermandates begonnen, eine solche Checkliste zu entwickeln, haben sie jedes Jahr überarbeitet und ergänzt, und sie hat mittlerweile einen Umfang angenommen, der eine solide Basis für unsere Arbeit liefert und, wenn sie zufriedenstellend bearbeitet ist, zugleich die Voraussetzung dafür bietet, dass wir mit „hinreichender Sicherheit" unser Prüfungsurteil fällen können. (vgl. Kapitel I. 2 und die dort beschriebene Problematik des „inhärenten Risikos".)
Checklisten müssen immer unternehmensspezifisch ausgerichtet sein. Nur so ermöglichen sie gezielte Fragen, die alle wesentlichen Details bei Geschäftsvorfällen erfassen und die wesentlichen Komponenten von Geschäftsrisiken berücksichtigen. Es ist nichts dagegen einzuwenden, wenn der Abschlussprüfer bei einer Erstprüfung eine Standard-Checkliste verwendet, er ist aber verpflichtet, diese Checkliste nach und nach an die Eigenarten des zu prüfenden Unternehmens anzupassen. (Gewissenhaftigkeit!)

Es wurde oben bewusst von „hinreichender Sicherheit" gesprochen, weil dieser Terminus in den PS des IDW regelmäßig Verwendung findet. So heißt es z.B. im PS 200:

„Eine Abschlussprüfung ist darauf auszurichten, dass die Prüfungsaussagen mit hinreichender Sicherheit getroffen werden können. Das Konzept der hinreichenden Sicherheit bezieht sich auf die für diese Beurteilung erforderliche Gewinnung von Prüfungsnachweisen und somit auf die gesamte Prüfung." (TZ 24).

Und im PS 250 wird ausgeführt:

„Der Grundsatz der Wesentlichkeit in der Abschlussprüfung besagt, dass die Prüfung ... darauf auszurichten ist, mit hinreichender Sicherheit falsche Angaben aufzudecken, die auf Unrichtigkeiten oder Verstöße zurückzuführen sind und die wegen ihrer Größenordnung oder Bedeutung einen Einfluss auf den Aussagewert der Rechnungslegung für die Abschlussadressaten haben." (TZ 4)

Vorangegangene Strategie- und Planungsmemoranden
Eine chronologische Reihe von Themen lässt sich auch dadurch herstellen, dass man Planungsunterlagen über einen gewissen Zeitraum sammelt und diese Unterlagen jedes Jahr aktualisiert. Hier kommt es vor allem darauf an, Geschäftsvorfälle und Geschäftsrisiken regelmäßig auf ihre Aktualität hin zu überprüfen.
Wie wir im Rahmen unserer Entscheidungsmatrix „Geschäftsrisiko / Kontrollen" gesehen haben, kann es Risiken geben, von denen wir im Vorjahr der Meinung waren, dass sie keinen Einfluss auf den Jahresabschluss hatten, deren Stellung sich aber gravierend geändert haben kann, so dass wir sie in die Gruppe der „einflussreichen Geschäftsrisiken" einstellen müssen. Es findet also eine Umwidmung statt: Sie werden aus ihrer „Parkposition" herausgeholt und „aktiviert".
Der Auszug aus einer Wirtschaftsdatei (vgl. Anlage 8) soll insbesondere die Prüfungsassistenten ermutigen, mit dem Aufbau einer eigenen Datenbank zu beginnen. Damit nehmen sie im Übrigen auch ihren Vorgesetzten einen Teil der Arbeit ab, die darin besteht, sie mit ausreichenden Informationen über das Unternehmen und die Besonderheiten der Prüfung zu versorgen. Im PS 230 wird dazu in TZ 13 - wie bereits erwähnt - ausgeführt:
„Der Abschlussprüfer hat sicherzustellen, dass auch die bei der Abschlussprüfung eingesetzten Mitarbeiter über einen ausreichenden Kenntnisstand über die Geschäftstätigkeit sowie das wirtschaftliche und rechtliche Umfeld des Unternehmens verfügen, um die ihnen übertragenen Aufgaben ausführen zu können. Die Mitarbeiter sind zu verpflichten, auf evtl. neue Informationen zu achten und diese an den Abschlussprüfer sowie die anderen Mitglieder des Prüfungsteams weiterzugeben."

Zu den Voraussetzungen für eine effektive *Teamarbeit* vgl. Kapitel I. 3.4.

3.1.2. Erläuterungen des Managements und Mandantenunterlagen

Der große Vorteil eines Abschlussprüfers besteht darin, dass er sich alle notwendigen *Informationen aus erster Quelle* beschaffen kann. Diese Quellen liegen auf unterschiedlichen Ebenen, auf der Geschäftsführungs- und auf der Abteilungsebene.

Geschäftsführungsebene
- persönliche Gespräche (aktuelle Entwicklungen, Kommentare zu Quartals- oder Jahresabschlüssen, ggf. auch von Tochtergesellschaften ; Maßnahmen zum IKS (vgl. Anlage 33)
- Geschäftsberichte
- Protokolle (über Geschäftsführungs-, Aufsichtsrats- oder Beiratssitzungen)
- Berichte des Risikomanagements
- Berichte der Innenrevision

Die Gespräche mit der Geschäftsführung bieten darüber hinaus die große Chance, genaue Angaben (wenn diese nicht bereits in den o.a. Protokollen enthalten sind) über *Ziele* und *Strategien* zu erhalten und sich eine Vorstellung von *Chancen* und *Risiken* zu machen, die mit den einzelnen Geschäften (ggf. ganz *neuen* Geschäften !) des Unternehmens verbunden sind.

Wenn Sie etwas über Risiken erfahren wollen, sprechen Sie mit einem Unternehmer immer zuerst über die Chancen. Die Chance ist für ihn die wichtigere Kategorie ! Bestimmte Fachverbände sehen ihre Aufgabe dann auch u.a. darin, ihn in dieser Auffassung gezielt zu unterstützen. [139]

Abteilungsebene
- Persönliche Gespräche, insbesondere im Bereich des Rechnungswesens und der Buchhaltung und durch ihre Vermittlung in allen anderen Abteilungen : Einkauf, Verwaltung, Herstellung, Vertrieb, Forschung und Entwicklung (Befragung) ;
- Anlagen zur Bilanz und zur G+V, z.B. Inventur- und Saldenlisten, Liste der Altersstruktur der Forderungen, Auswertung von Saldenbestätigungsaktionen, Entwicklung der Rückstellungen, Zu- und Abgangslisten beim Anlagevermögen (Einsichtnahme) ;
- Wichtige Verträge, z.B. über den Erwerb oder die Veräußerung von Beteiligungen, die Herstellung von Anlagen im Projektgeschäft, über langfristige Einkaufsprozesse, den Abschluss von Kurssicherungsgeschäften, die Aufnahme oder Vergabe langfristiger Kredite (Einsichtnahme) ;
- Grundbuchauszüge (Einsichtnahme) ;
- Gutachten, z.B. über den Stand von Gerichtsverfahren, die Bewertung von Grundstücken oder von Anteilen an Unternehmen, die Umstrukturierung der DV-Organisation und der DV-Ausstattung (Einsichtnahme, Befragung, Bestätigung);
- Auskünfte, z.B. von Auskunfteien über die Bonität von Kunden, vom Gutachterausschuss über Preise und Entwicklungen am Grundstücksmarkt (Befragung, Bestätigung).

---

139 vgl. J. Voosen : Chancen statt Bedrohungen (Gespräch mit Holger Hildebrandt, dem Hauptgeschäftsführer des Bundesverbandes Materialwirtschaft, Einkauf und Logistik), in : FAZ 3.11.04, Nr. 257, S. B 3

Der Abschlussprüfer muss sich um gute *Kontakte* zu den einzelnen Abteilungen bemühen und diese Kontakte nutzen, um den Stand seiner Kenntnisse über die Geschäftstätigkeit ständig zu aktualisieren. Dabei hat er die Möglichkeit, sich die von der Geschäftsleitung erteilten Informationen *bestätigen* zu lassen, und er hat die Chance herauszufinden, ob bestimmte (von der Geschäftsleitung u.U. *zu optimistisch* dargestellte Sachverhalte) auf unteren Ebenen kritischer betrachtet werden. Dies gilt insbesondere auch für die bereits behandelten *Risiken auf Prozess- Ebene*, die von den einzelnen Abteilungen zu bearbeiten sind. Wenn die Geschäftsführung entschieden hat, bestimmte Risiken einzugehen, dann ist es Aufgabe der Abteilungen, dieses Risiko so klein wie möglich zu halten.

Nach der Behandlung des Risikos bleibt naturgemäß ein *Restrisiko* übrig, das sich im Jahresabschluss niederschlägt (z.B. der Selbstbehalt im Rahmen einer Kreditversicherung.)

Die Anlage 34 enthält eine Reihe von Artikeln über *aktuelle Themen* in Einkauf, Verwaltung, Herstellung und Vertrieb. Die dort vertretenen Meinungen könnten Sie aufgreifen, vor Ort anschneiden und kurz diskutieren, um zu erkennen zu geben, dass sie als Abschlussprüfer in der Lage und bereit sind, sich auch mit Themen zu beschäftigen, die nicht unmittelbar mit dem Jahresabschluss zu tun haben.

Erarbeiten Sie sich die Rolle eines aufmerksamen *Zuhörers* und Gesprächspartners! Wenn ich vom „aufmerksamen Zuhörer und Gesprächspartner" spreche, dann deute ich damit bereits an, dass wir uns in Kürze mit den Bedingungen beschäftigen werden, die bei *Gesprächen* zu beachten sind. (vgl. Kapitel: II. 3)

3.1.3 Öffentlich zugängliche Informationen
- Website des Mandanten
- Berichte über das Unternehmen im Wirtschaftsteil der Tageszeitungen oder in zentralen Organen der Branche. (Die *tägliche Lektüre* einer überregionalen Zeitung ist *für das gesamte Prüfungsteam absolute Pflicht!*)
- Branchenuntersuchungen (durchgeführt von Banken, WP-Gesellschaften, Forschungsinstituten)
- Eintragungen im Handelsregister (vgl. Anlage 35)

3.1.4 Aussagen von Branchen- oder Rechtsexperten
Es sind Fälle denkbar, in denen der *skeptische* Abschlussprüfer Zweifel hat, ob die Informationen und Einschätzungen des Mandanten zutreffen. Obwohl er einen guten Überblick über die Marktlage hat, wird er in schwierigen Situationen die Meinung von *Experten* einholen, um eine zuverlässige *Basis für sein Prüfungsurteil* zu bekommen. Zu denken ist hier z.B. an die Frage, ob sich die Meinung des Experten über die zu erwartende Entwicklung von Marktpreisen mit der Einschätzung des Mandanten deckt oder an die Frage, ob ein Bußgeldbescheid z.B. in einer kartellrechtlichen Auseinandersetzung eine tragfähige Basis hat. (vgl. Anlage 36) (Zur Bedeutung des *Konsultationsprozesses* siehe TZ 93 des E-VO 1/05).

Weicht die Meinung der Experten, zu denen auch Wirtschaftsprüfer gehören können, gravierend von der Meinung des Mandanten ab und stellt sich dabei heraus, dass z.B. ein Risiko auf Prozess-Ebene viel größer ist als bisher angenommen, dann wird der Abschlussprüfer *Einwen-*

dungen gegen bestimmte Bewertungen (z.B. gegen die Höhe von Abschreibungen oder von Rückstellungen) erheben und den Mandanten veranlassen, entsprechende Korrekturen vorzunehmen. Weigert sich dieser, wird der Abschlussprüfer nur ein eingeschränktes Testat geben können. (Externe Quellen zur Informationsbeschaffung sind in Anlage 37 aufgeführt.)

Wenn man die einzelnen Informationsquellen in die *Systematik der Prüfungstechnik* einreiht

V	Vergleich
A	Augenscheinnahme
B	Befragung
B	Beobachtung
B	Bestätigung
E	Einsichtnahme
N	Nachrechnen [140]
E	Einsichtnahme (aus Gründen der Vorsicht ein 2. Mal)

dann erkennt man das Kürzel VA BENE und es ergibt sich folgendes Bild :

— Datensammlung des WP : VA BENE (Einsatz der gesamten Technik erforderlich !)
— Erklärungen des Managements und Mandantenunterlagen : VA BENE
  (Einsatz der gesamten Technik erforderlich !)
— Öffentlich zugängliche Informationen : **E**(insichtnahme)
— Aussagen von fremden Dritten : **B**(efragung und Bestätigung)

Aus dieser Übersicht geht hervor, wie wichtig *Gespräche* zur Beschaffung von Informationen und zur Erläuterung von Unterlagen für den Abschlussprüfer und sein Team sind. Wir werden uns deshalb jetzt mit einigen Aspekten beschäftigen, die man für die Vorbereitung und die Durchführung von Gesprächen beachten muss.

3.2 Gespräche und Befragungen

3.2.1 Psychologische Aspekte

Ich habe diese Überschrift gewählt, um noch einmal deutlich zu machen, dass die Befragung einen wichtigen Bestandteil der Prüfungstechnik darstellt. Befragung bedeutet immer auch eine Auseinandersetzung mit einem „Gegenüber", sie geht also weit über das Abhaken von Checklisten hinaus. Man braucht zwar für solche Gespräche eine gewisse *Übung*, aber es gibt *Regeln*, die man von vornherein beachten muss, um ein adäquater Gesprächspartner zu sein.

Bereiten Sie sich auf Gespräche beim Mandanten vor ! Dies gilt natürlich auch für die Prüfungsassistenten, die Gespräche führen müssen, um Informationen und Unterlagen zu be-

---

140 Das „Nachrechnen" schließt die eigene „Berechnung" ein. (vgl. PS 300 TZ 26)

stimmten Jahresabschlussposten, z.B. zu den Sachanlagen, zu den Forderungen oder zu den Vorräten zu bekommen, d.h. die Gespräche dienen in vielen Fällen der Beschaffung von *Prüfungsnachweisen*. Unter diesem Aspekt kommen also Vorbereitung, Durchführung und Dokumentation dieser Gespräche eine besondere Bedeutung zu.

Es gibt drei (sich immer wieder überschneidende) Aspekte, die im Zusammenhang mit Gesprächen zu beachten sind :

- Gegenstand, Inhalt und Gehalt des Gespräches,
- Die Fragen, wie finde ich Zugang zu einer Person (Problematik der Annäherung), welche „Brücke" ist am besten geeignet, um sie „zu erreichen" ?
- Die Fragen, wie kann ich einen Kontakt zu einer Person herstellen, wie kann ich eine Beziehung zu jemandem aufbauen ?

3.2.1.1 Gegenstand und Inhalt des Gespräches

Es muss sichergestellt sein, dass der Gegenstand des Gespräches *klargestellt* bzw. exakt beschrieben ist. [141] Dazu eignet sich ggf. eine Agenda, die dem *Mandanten* im Vorfeld zugeleitet wird, damit er Gelegenheit hat – ggf. unter Einschaltung seiner Mitarbeiter – sich auf das Gespräch vorzubereiten und dessen Inhalt (mit seinen Komponenten und seinem Gehalt) auch in seinem Interesse zu gestalten.

Der *Abschlussprüfer* muss sich darauf einstellen, dass ihm und seinem Team selbst Fragen gestellt werden und sie in eine Situation kommen können, selbst eigene Ideen vortragen und ggf. Lösungen anbieten zu müssen. Der Gegenstand eines Gespräches muss also die personelle Hierarchie angemessen wiederspiegeln. (RADARR-Problematik !)

Es muss auch damit gerechnet werden, dass der Gesprächspartner an den Abschlussprüfer bzw. an dessen Mitarbeiter die Bitte richtet, einmal das gesamte Prüfungskonzept näher zu erläutern. Das Gespräch wandert dann plötzlich in eine *neue Dimension*. Auch dort muss man dann „zu Hause" sein. (siehe Kapitel 3.3.2)

---

141 *Vgl. Chr.-R. Weisbach : Professionelle Gesprächsführung 6. Aufl., Deutscher Taschenbuchverlag München 2003, S. 127 (Zitierweise: Gesprächsführung)*

3.2.1.2 Der Zugang zu einer Person
Hier gelten zunächst einmal ganz einfache Regeln der Höflichkeit, indem man

- rechtzeitig einen *Gesprächstermin* nach Zeit, Ort und Dauer vereinbart,
- pünktlich ist,
- sich *vorstellt*, damit der Gesprächspartner Person und Thema richtig einordnen kann,
- einen geeigneten *Einstieg* in das Gespräch findet (z.B. durch die Wahl eines aktuellen betriebswirtschaftlichen oder gesellschaftlichen Themas; vgl. Anlage 34)
- sich darum bemüht, präzise zu *fragen* und *aufmerksam zuzuhören* und
- ein Gespräch rechtzeitig *beendet* (denken Sie daran, dass Ihr Gesprächspartner Ihnen seine Zeit opfert !),
- sich für die Unterstützung *bedankt*,
- Punkte *zusammenfasst* und
- noch einmal darauf *hinweist*, was noch zu geschehen hat (z.B. die Aufbereitung weiterer Unterlagen oder die Vermittlung eines weiteren Gespräches).

Damit das Gespräch seinen Rahmen behält (denn es soll dem Abschlussprüfer wertvolle Hinweise liefern, insbesondere der Beschaffung von *Prüfungsnachweisen* dienen), sind auch taktische Gesichtspunkte zu beachten. [142]

Man muss aufmerksam zuhören, d.h. die „ganze Aussage" erfassen. Das bedeutet, sich am *Kern einer Botschaft*, nicht nur an einzelnen Worten zu orientieren, Hindernisse in der Person (Fachkenntnisse) oder im Umfeld (Geheimhaltung) zu erkennen und Dinge auf den Punkt zu bringen, in dem man durch Nachfragen Klärung herbeiführt. („Habe ich Sie richtig verstanden, dass ...?")

Man sollte spezifische Fragen verwenden, um dem Gesprächspartner unterschiedliche Informationen zu entlocken. *Offene Fragen* fördern Erläuterungen und ein breites Spektrum von Erwiderungen. *Sondierende Fragen* tragen dazu bei, dass die Informationen mit mehr Details versehen werden. *Geschlossene Fragen* können dazu führen, dass etwas bestätigt, dass eine ganz bestimmte Information gegeben oder dass ein langatmiger Gesprächspartner veranlasst wird, sich kurz zu fassen. *Vielschichtige Fragen* verwirren den Gesprächspartner oder ermöglichen es ihm, vom Thema abzuweichen.

Stellt sich heraus, dass das Gespräch nicht in der erhofften Weise verläuft (hier läuft der Abschlussprüfer Gefahr, dass er sein *Prüfungsziel* nicht erreicht !), sind entsprechende Anstrengungen zu unternehmen, um es wieder in die geplante Bahn zu lenken.

Wer *sachdienliche* Fragen stellt, gibt zu erkennen, dass er sich sorgfältig auf das Interview vorbereitet hat. Eine gute Vorbereitung stellt sicher, dass man als jemand akzeptiert wird, der konzentriert zur Sache kommt, gründlich ist, viel weiß, kurz: professionell auftritt.

Wer die *Eigenarten* des Geschäftes nicht kennt, wird auch nicht in der Lage sein, professionell aufzutreten. (Auch hier begegnet uns also wieder der Zwang, sich rechtzeitig und sorgfältig mit den Eigenarten einer Gesellschaft zu beschäftigen.) Professionalität zeichnet sich – bei aller gebotenen Zurückhaltung, denn wir wollen nicht „klüger" wirken als unser Ge-

---

142 Unter Zitierung von C. Weber unterscheidet Richter „zwischen einem explizit-verbal geäußerten Inhalts- und einem non-verbal übermittelten Beziehungsaspekt." (M. Richter : Konzeptioneller Bezugsrahmen für eine realwissenschaftliche Theorie betriebswirtschaftlicher Prüfungen, in : ThuPdWPg, S. 278; Zitierweise : Bezugsrahmen)

3 Datenbeschaffung und Kommunikation

sprächspartner ! – immer dadurch aus, dass man *Interesse für sein Geschäft* zeigt und zu erkennen gibt, dass man sich mit seinen Marktbedingungen auseinandersetzen will. (Das gilt auch für den Prüfungsassistenten !) Warum sollte man also nicht bei passender Gelegenheit (und diese bietet sich manchmal schneller als man denkt!) :

- die Geschäftsleitung von DEICES (Schuh-Einzelhandel) fragen, ob das Produktionsland Indien immer noch attraktiv ist oder ob man in Anbetracht noch niedrigerer Löhne daran denkt, mit den Schuhimporten auf andere Länder auszuweichen (vgl. *Länderbericht „Indien"*: Anlage 38) ;

- sich bei POSKI (Industrieller Mischkonzern) erkundigen, ob Kreditrisiken auf dem durch Investitionen überhitzten chinesischen Markt gesehen werden. (vgl. *Länderbericht „China"* : Anlage 39) Außerdem wäre es doch interessant zu erfahren, wie POSKI Internet-Auftritte in China beurteilt und ob man schon in Erwägung gezogen hat, die in China tätigen Verkäufer via Internet durch darauf spezialisierte deutsche Agenturen [143] trainieren zu lassen ;

- mit dem TAIHAM-Vorstand (Modische Bekleidung) über die zukünftige Entwicklung der türkischen Lira und die Kostenstruktur türkischer Fabriken sprechen (vgl. *Länderbericht „Türkei"* : Anlage 40) oder den zuständigen Anlagen- oder Vertriebsmanager befragen, nach welchen Kriterien „großflächige Läden" in deutschen Innenstädten gestaltet werden; [144]

- die zuständigen Stellen bei BRATO (Brauerei) fragen, wie sie die Entwicklung des tschechischen Marktes beurteilen (vgl. *Länderbericht „Tschechien"* : Anlage 41), ob von dort eine Billig-Preis-Offensive droht und ob man in Erwägung zieht, sich an einer dortigen Brauerei zu beteiligen ;

- den Vorstand von WAKOM (Möbelfabrikation) fragen, wie ihr Fachverband für Büro-, Sitz- und Objektmöbel die Marktentwicklung einschätzt [145] , oder sich erkundigen, wie man die Chancen beurteilt, im Rahmen des neuen Lounge-Konzeptes der Lufthansa national oder international berücksichtigt zu werden. [146]

Wer ohne aufdringlich zu sein, Unternehmer in dieser Weise anspricht, ist in der Regel – wie man zu sagen pflegt – „ganz nahe an ihnen dran" und hat die große Chance, sehr viel zu erfahren. Fachfragen, die *außerhalb von Soll und Haben* liegen, sind für das Näherkommen von großer Bedeutung.

Zu einem professionellen Auftreten gehört auch, dass man eine Vorstellung von wichtigen Kennzahlen hat und diejenigen des Mandanten richtig einordnen kann. (vgl. Anlage 23) Bei der Erörterung von Fragen dieser Art ist allerdings aus *zeitökonomischen* Gesichtspunkten darauf zu achten, dass das Gespräch nicht abgleitet, und aus *strategischen* Gesichtspunkten zu berücksichtigen, dass ein Mandant ja auch auf den Gedanken kommen könnte, seinen Gesprächspartner abzulenken !

Vorsicht, Sorgfalt und eine effektive Zusammenarbeit legen es nahe, sich während des Gespräches *Notizen* zu machen. Auf diese kann man sich später (auch am Ende einer Unter-

---

143 Vgl. G. Giersberg : „Qualität kommt von Quälen" (Gespräch mit Gesellschafter der Agentur Bassler, Bergmann & Kindler), in : FAZ 19.4.04, Nr. 91, S. 16
144 o.V. : Im Einzelhandel gibt es dynamische Anbieter, in : FAZ 28.1.05, Nr. 23, S. 47
145 vgl. o.V. Möbel für das „nonterritoriale Büro", in : FAZ 20.10.04, Nr. 245, S. 18
146 vgl. H.Chr. Noack : Exklusive Betreuung für die zahlungskräftigsten Passagiere, in : FAZ 18.11.04, Nr. 270, S.22

redung) berufen. Diese Notizen bilden die Grundlage für ein *Protokoll*, durch das auch das Prüfungsteam über Inhalt und Ergebnis informiert wird, das in Abhängigkeit von der Bedeutung des behandelten Themas ggf. auch dem Mandanten zur Verfügung gestellt wird und das u.U. die Basis für weitere Prüfungsarbeiten bildet. (Siehe dazu auch Kap. III. 9.)

3.2.1.3 Die Beziehung zu einer Person

Es sind mannigfaltige Aspekte, die die unmittelbaren Kontakte zwischen kommunizierenden Personen bestimmen. Denken Sie daran, dass Menschen es normalerweise *nicht schätzen, geprüft zu werden*. (Wer selbst schon einmal eine interne oder externe Qualitätskontrolle über sich ergehen lassen musste, wird dies sehr gut nachvollziehen können!)

Obwohl der Mandant *verpflichtet* ist, bestimmte Informationen und Unterlagen an den Abschlussprüfer herauszugeben, hat er gleichzeitig natürlich einen Anspruch darauf, in einer angemessenen Weise behandelt zu werden.

Es ist wichtig, dem Mandanten jeden *Druck* zu *nehmen*, während man darum bemüht ist, alle erforderlichen Daten und Dokumente in einer möglichst effektiven Weise zu sammeln.

Dabei sollten u.a. die folgenden *Aspekte* beachtet werden:

- Alle Gesprächsteilnehmer sollten eine Gelegenheit zum *Sprechen* bekommen.

- Die Gesprächssituation sollte – auch durch die Anordnung von Tischen und Stühlen – *aufgelockert* gestaltet werden.

- Wem Gelegenheit gegeben wird, Fragen zu stellen, der sollte sich auch die Zeit nehmen, in Ruhe *anzuhören*, was der andere zu sagen hat. Man schafft eine ungünstige Atmosphäre, wenn der Gesprächspartner erkennt, dass man bereits die nächste Frage sucht, während er selbst noch spricht, oder wenn man ihm ins Wort fällt, bevor er ausgeredet hat.

- Der Gesprächspartner hat einen Anspruch darauf, dass man seinen Worten und Erläuterungen *Interesse* entgegenbringt. Dieses Interesse muss man dann auch durch aufmerksames Zuhören zum Ausdruck bringen. „Diese Aufmerksamkeit gilt es, hör- und sichtbar zu zeigen, damit der Gesprächspartner wahrnimmt, dass ihm aufnehmend zugehört wird." [147] Dazu gehört auch ein dauerhafter Blickkontakt.

- Das Gespräch darf nicht dadurch *behindert* werden, dass die Teilnehmer nicht offen miteinander sprechen können.

- Es ist auch im Interesse des Mandanten festzustellen, wo es *unterschiedliche* Meinungen und wo es Übereinstimmungen gibt. Reibungspunkte müssen in jedem Falle diplomatisch behandelt werden.

Denken Sie auch daran, dass Ihre Gesprächspartner sehr oft reine Praktiker sind. Treten Sie also im Zweifel nicht als Theoretiker oder Wissenschaftler auf und bedienen Sie sich einer einfachen *Sprache*. Sie laufen also z.B. Gefahr, missverstanden oder nicht ernst genommen zu werden, wenn Sie von „Prozess-Analyse" sprechen. („Gerichtliche Auseinandersetzungen sind uns fremd!") Schildern Sie mit einfachen Worten, dass Sie die internen Abläufe und Kontrollen kennenlernen wollen, um den Jahresabschluss besser zu *verstehen*. Und bringen Sie (wenn es passt) auch zum Ausdruck, dass Sie sich sehr wohl der Tatsache bewusst sind, dass Ihr Ge-

---

147 *Chr.R. Weisbach : Gesprächsführung, a.a.O. S. 42*

sprächspartner eine *wichtige Rolle* bei der Erstellung des Jahresabschlusses spielt. Sie können mit einfachen Mitteln eine günstige *Atmosphäre* schaffen !

3.2.2 Typologie der Fragen

Ich komme noch einmal auf die unterschiedlichen Fragen zurück. Wir haben offene und geschlossene, sondierende und vielschichtige Fragen unterschieden. Wenn Sie z.B. die „Vorräte" bei WELOS prüfen wollen und *mit dem Leiter des Rechnungswesens* ein *Gespräch* führen, wie lauten dann :

Offene Fragen
1. „Nach welchem Inventurverfahren nehmen Sie Ihre Vorräte auf ?"
Er muss also erläutern, wie er die einzelnen Vorratsgruppen erfasst. Nur auf dieser Basis werden Sie die Prüfungsziele „Bestand" und „Vollständigkeit" sachgerecht verfolgen können. Wenn Sie erfahren, welche Vorratsgruppen unterschieden werden, werden Sie auch eine Vorstellung davon gewinnen, wie die Vorräte zusammengesetzt sind. (Prüfungsziel : „Ausweis" ; A in VEBBAG).

2. „Wie bewerten Sie die in Ihrem Lager befindlichen Neufahrzeuge ?"
Er müsste Ihnen dann etwas über die Anschaffungskosten, die Anschaffungsnebenkosten und die Anschaffungskostenminderungen, wie Skonti und Rabatte erzählen. Wenn Sie Glück haben, berichtet er auch direkt über die verschiedenen Varianten von Rabatten, und er wird auch auf das Problem einer evtl. Abwertung zu sprechen kommen. (Prüfungsziel : „Bewertung" ; Zweites B in VEBBAG). Nutzen Sie die Chance, auf diesem Wege sowohl das Thema „Anschaffungskosten" als auch das Thema „Abschreibungen" abzudecken ! (vgl. Kapitel III. 4)

Geschlossene Fragen
1. „Sind die Anschaffungskosten der Ersatzteile vollständig erfasst ?"
Wenn er keine Lust zu diesem Gespräch hat, braucht er nur „ja" zu sagen. Sie sind dann aber genau so klug wie vorher, weil Sie gar nicht genau wissen, welche Komponenten die Anschaffungskosten enthalten. Um das zu erfahren, müssten Sie also eine zweite Frage nachschieben, was Ihr Gegenüber aber als ungeschickt empfinden könnte. Sie manövrieren sich mit einer geschlossenen Frage u.U. ins Abseits, weil Sie dann keinen Mut mehr haben, weiterzufragen und dann u.U. mit der Feststellung resignieren : „Es wird schon stimmen !" Solange Sie keine klaren Informationen haben, fehlt Ihnen die Basis für entsprechende Prüfungshandlungen. Wenn aber gar keine Prüfungshandlungen durchgeführt werden, können Sie auch keine Prüfungsaussage zu den Anschaffungskosten der Vorräte machen, einem wesentlichen Aspekt der „Bewertung" (Zweites B in VEBBAG).

2. „Gehe ich recht in der Annahme, dass Sie bei der Bewertung von Gebrauchtwagen auch den niedrigeren beizulegenden Wert beachten ?"
Auch in diesem Falle braucht er nur mit „ja" zu antworten. Mit dieser Fragestellung verbauen Sie sich also den Weg, möglichst schnell an die entscheidenden Gesichtspunkte der Abwertung heranzukommen. Mit diesem Wissensstand können Sie das Prüfungsziel „Bewertung" nicht erreichen. (Zweites B in VEBBAG) Geschlossene Fragen eignen sich u.a. dann, wenn man bestimmte Punkte noch einmal zusammenfassen will, um sicherzugehen, dass man alles verstanden hat. Dann könnte man also z.B. fragen :

3. „Habe ich es richtig verstanden, dass bei den Anschaffungskostenminderungen nur die folgenden Rabattarten berücksichtigt werden : Mengen-, Qualitäts- und Kundenzufriedenheitsrabatte ?"
Wenn er „ja" sagt, können sie sicher sein, den Rabatt-Katalog zu kennen, wenn er „nein" sagt, haben Sie die Chance nachzufragen, welche Rabattart vergessen wurde, und können Ihren bislang unvollständigen Katalog ergänzen. Sie werden aber nur dann feststellen, dass er gewollt oder ungewollt eine Rabattart nicht erwähnt hat, wenn Sie genau wissen, welche Rabattarten es im KfZ-Handel überhaupt gibt. Ohne entsprechende Kenntnisse über die Geschäftstätigkeit laufen Sie also Gefahr zu übersehen, dass ihr Katalog weiterhin unvollständig ist und dass bei der Bewertung der Vorräte nicht alle Rabatte berücksichtigt wurden.
Sie würden dann die „Feststellung" treffen, dass die Vorräte „genau" ermittelt wurden (G in VEBBAG), obwohl dies gar nicht den Tatsachen entspricht.

Sondierende Fragen

1. „Wenn ich an Ihre Werkstatt denke, dann gibt es dort eine Reihe von Leistungen, z.B. Inspektionen, Reparaturen, Umrüstungen etc. Welchen Katalog von Leistungen unterscheiden Sie und wie bewerten Sie diese Leistungen für die Zwecke eines Zwischen- oder Jahresabschlusses?"
Es wird hier ganz konkret nach dem Leistungskatalog der Werkstatt gefragt. Die Antwort muss also alle Leistungen (oder Leistungsgruppen) enthalten, so dass Sie eine vollständige Übersicht bekommen. Diese ist nötig, wenn Sie das Prüfungsziel: „Vollständigkeit" verfolgen. (V in VEBBAG) Sie haben aber auch Anspruch auf eine Antwort zur Bewertung. Wenn die Antwort lautet : „Die Leistungen werden zu Herstellungskosten bewertet, dann müssen Sie weiter „sondieren" und fragen, welche Komponenten die Herstellungskosten umfassen. Erst wenn Sie das wissen, können Sie das Prüfungsziel „Bewertung" weiterverfolgen. (Zweites B in VEBBAG)

2. „Wenn ich noch einmal auf das Thema „Abschreibung" zurückkommen darf : Sie hatten angedeutet, dass Sie ggf. den sogenannten niedrigeren beizulegenden Wert wählen. Welche Aspekte spielen bei der Wahl dieses Wertes eine wichtige Rolle ?"
Er wird Ihnen jetzt diejenigen Kriterien aufzählen, an denen er sich orientiert. Dazu gehören vermutlich : der Richtwert der so genannten Schwacke-Liste, Richtwerte des Herstellers, das Baujahr, die Anzahl der gefahrenen Kilometer, die Ausrüstung des Wagens und sein optischer und technischer Zustand, die Farbe der Lackierung, die Wirtschaftlichkeit, die Position des Fahrzeugtyps innerhalb des Produktlebenszyklusses, die Zahl der Vorbesitzer und ggf. auch deren private oder berufliche Stellung. Sie werden den Ihnen vorgetragenen Katalog von Kriterien nur dann richtig beurteilen können, wenn Sie die nötige Fachkenntnis (im Sinne einer gewissenhaften Vorbereitung auf die Prüfung) besitzen. Nur unter dieser Voraussetzung können Sie dann auch das Prüfungsziel „Bewertung" sachgerecht verfolgen. (Zweites B in VEBBAG)

3. „Um die starke Expansion von WELOS finanzieren zu können, mussten auch zusätzliche Bankkredite aufgenommen werden. Ist Ihnen bekannt, dass zur Sicherheit von Bankkrediten auch Bestandteile des Umlaufvermögens sicherungsübereignet wurden und sollte dies der Fall sein, um welche Bestandteile des Umlaufvermögens handelt es sich ?"
Hier sind klare Antworten zu erwarten. Lautet die Antwort „ja" (mit entsprechenden Erläuterungen), ist dieser so wichtige Sachverhalt auf jeden Fall noch einmal mit der Rechtsabteilung oder mit der Geschäftsleitung anhand von Kreditverträgen zu besprechen. (E aus VA BENE !) Dabei hat man natürlich das Prüfungsziel „Eigentum" im Auge. (E in VEBBAG)

> Es bedarf einer sorgfältigen **Absprache mit dem Prüfungsleiter**, ob eine Frage nach „Sicherungsübereignungen" überhaupt gestellt werden darf ! Nur wenn es konkrete Anhaltspunkte für solche Maßnahmen gibt, ist es geboten, sich ganz vorsichtig danach zu erkundigen. Es wäre kein gutes Zeichen für die oben angesprochene Professionalität, wenn man routinemäßig alle Buchstaben von VEBBAG abklopfen würde. Der Gesprächspartner wäre verärgert, und es würden in einem Gespräch Friktionen eintreten, die völlig unnötig sind.

Vielschichtige Fragen

„Ist es kompliziert, die Anschaffungskosten zu ermitteln ? Welche Komponenten gibt es da eigentlich ? Müssen Sie sowohl Neuwagen als auch Gebrauchtwagen abschreiben ? Und was mir da noch einfällt, wie organisieren Sie eigentlich Ihre Werkstatt-Inventur ?"

Aus einer solchen Flut von Fragen ist nicht zu erkennen, dass der Prüfer strukturiert vorgeht. Man gewinnt den Eindruck, dass er alle Begriffe, die er einmal gehört hat (Anschaffungskosten, Abschreibung und Inventur) in einen Topf wirft, keine Vorstellung von Prüfungszielen hat und hofft, auf alle Themen eine befriedigende Antwort zu finden.

Der Gesprächspartner wird von diesem „Konzept" irritiert sein, zu den einzelnen Themen ein paar Angaben machen und dann warten, was weiter geschieht. Aller Voraussicht nach werden diese Angaben nicht ausreichen, eine solide Grundlage für eine Prüfung zu bekommen. Man wird also im Zweifel noch einmal von vorne anfangen und die einzelnen Komplexe nacheinander bearbeiten müssen.
Der Ruf eines Prüfers ist dann schnell ruiniert !

Wir haben die Typologie und Psychologie von Fragen aus folgenden Gründen ausführlich besprochen : Setzen Sie geschickt *Fragen* ein, um möglichst einfach und möglichst schnell Ihre *Prüfungsziele* zu erreichen. Beachten Sie dabei, dass die meisten Ihrer Gesprächspartner (aus welchen Gründen auch immer) *unter Druck* stehen und froh sind, wenn Sie ihnen nicht zu lange zur Last fallen. Helfen Sie mit, diese Last zu mildern, dann werden Sie auch das nächste Mal wieder offen empfangen werden.

Stellen Sie sich aber auch auf „Konflikte" ein, die die Psychologen als *umgeleitete Konflikte* bezeichnen. Menschen, die unter Druck stehen, müssen „Luft ablassen." [148] Sie suchen sich u.U. die erst beste Gelegenheit, um Mitmenschen anzugreifen. Sie beweisen sich damit die Stärke, die sie an einer anderen Front entweder verloren oder noch nie besessen haben. Wer Streit in seiner Familie hat und in diesem Streit unterlegen ist, greift ggf. im Büro seinen Kollegen oder seine Mitarbeiter an, um „Stärke" zu zeigen. Wer einen schweren Tadel von seinem Chef einstecken musste, attackiert möglicherweise seine Ehefrau, um zu demonstrieren, wer der „Herr im Hause" ist. Auch der Abschlussprüfer muss damit rechnen, Zielscheibe eines umgeleiteten Konfliktes zu sein. Er wird z.B. von einem Sachbearbeiter angegriffen, obwohl dieser im Grunde gar keine Veranlassung hat, ihn zu beschimpfen.

Bedenken Sie, dass Sie auf das *Wohlwollen* der Mitarbeiter und auf deren Bereitschaft, Sie zu unterstützen, angewiesen sind ! Deshalb lautet die oberste Devise : Ruhe bewahren !

3.2.3 Fallstudie (Prüfung von Auslandsforderungen)

Damit Sie sich gedanklich auf ein Gespräch vorbereiten können, bitte ich Sie, sich in folgende Situation zu versetzen : Sie sind Mitglied eines Prüfungsteams, das für die Prüfung des Jahresabschlusses der WAKON zuständig ist. Einzelheiten über diese Gesellschaft sind Ihnen bereits bekannt (Anlage 5). Der Umsatz beträgt € 33.580.500, der Jahresüberschuss € 1.008.350. Ihnen wurde die Aufgabe zugewiesen, die Forderungen aus Lieferungen und Leistungen zu prüfen. Anhand der Ihnen vorliegenden Listen (*Saldenliste* und *Liste der Altersstruktur* der Forderungen) stellen Sie Folgendes fest :

- Summe der Forderungen (L+L) : € 3.381.573 (davon Ausland : € 1.086.400)
- Summe der überfälligen Forderungen € 500.000 (davon Ausland € 420.000)

In den *überfälligen Forderungen* (also denjenigen Forderungen, die bei Fälligkeit noch nicht bezahlt wurden) ist eine Forderung (in Euro-Währung) gegen den Kunden „Burdsch Al Arab" (Hotel in Dubai) in Höhe von € 250.000 enthalten. Diese Forderung ist seit mehr als 90 Tagen überfällig. Eine *Einzelwertberichtigung* besteht nicht. Die Forderung wurde lediglich in die Bemessungsgrundlage für die Pauschalwertberichtigung (2 %) einbezogen.

Aufgrund Ihrer Kenntnisse aus der *Prüfung des IKS* wissen Sie, dass die Forderungen im Rahmen des Credit-Controlling gut überwacht werden, insbesondere in ein geregeltes Mahnwesen eingebunden sind. Da Ihnen der für die Debitoren zuständige Sachbearbeiter keine weiteren Angaben machen wollte und Sie an den Leiter der Buchhaltung verwiesen hat, ha-

---

148 Die seelische Verfassung dieser Personen ist labil. Unter „psychologischen Gesichtspunkten" wird im Brockhaus Lexikon (11.Bd. 1970, S.8) zum Begriff der Labilität ausgeführt: „Funktionsgefährdet ist jedes dynamische System (Automat oder Organismus), wenn es schon durch geringfügige Störungen aus dem Gleichgewicht kommt und einen stabilen Zustand nur sehr langsam, selten oder gar nicht mehr erreicht."

ben Sie diesen – unter Hinweis auf die Überfälligkeit der genannten Forderung – um ein Gespräch gebeten. Bereiten Sie dieses *Gespräch* vor und überlegen Sie, welche Fragen Sie stellen und um welche Unterlagen Sie den Buchhaltungsleiter ggf. noch bitten müssen.

Bevor Sie die Fragen formulieren, die Sie dem Buchhaltungsleiter stellen wollen, bearbeiten Sie bitte zunächst die beiden Standard-Formulare „KoBu-Doc" und „KoRi-Doc", um eine bessere Basis für das Gespräch zu bekommen. Bedienen Sie sich aller Ihnen zur Verfügung stehenden Unterlagen. (Es ist wichtig, dass Sie sich jetzt ein paar Minuten Zeit nehmen und sich mit diesem kleinen Fall befassen!) Wenn Sie danach gefragt hätten, hätte der Buchhalter Ihnen ausgehändigt (vgl. Anlage 42) :

- *Rechnung* vom 25. Juni 2003
- *Auszug* aus dem General-Unternehmervertrag vom 10.August 2002 [149]
- *Besprechungsprotokoll* vom 30. Mai 2003
- *Informationen* über das Emirat „Dubai"

Die (soweit möglich) bearbeiteten KoBu-Doc und KoRi-Doc sind in Anlage 43 dargestellt. Die *Wegweiserfunktion* der beiden Pflichtdokumente und die Notwendigkeit, den *Geschäften auf den Grund* zu *gehen*, werden hier erneut sichtbar.

Nach Abschluss des Interviews hätte man dann als außenstehender Betrachter die folgenden Fragen stellen können : Welchen *Verlauf* hat das Interview genommen ? Wurden die wesentlichen Gesichtspunkte, die für die *Gesprächsführung* gelten, beachtet ? War insbesondere zu erkennen, dass der Interviewer eine klares *Konzept* verfolgte, indem er

- seine *Kenntnisse* über die *Geschäftstätigkeit* einsetzte (Geschäftsvorfälle : Abschluss von Objektgeschäften) ;
- dabei *externe* und *interne Faktoren*, die die Geschäftstätigkeit beeinflussen, berücksichtigte ;
- sich der Problematik der *Ergebnispolitik* bewusst war (Umsatz und Jahresüberschuss);
- sich Gedanken über *Geschäftsrisiken* gemacht hat (z.B. Kreditrisiken im Auslandsgeschäft) ;
- klare *Prüfungsziele* im Auge hatte (Bestand und Bewertung der Forderung : die beiden B aus VEBBAG) ;
- ein *Prüfungsprogramm* erkennen ließ und
- deutlich machte, dass nur eine konsequente Anwendung der *Prüfungstechnik* (hier neben der Befragung insbesondere die *Einsichtnahme* in Dokumente : Rechnung, Vertrag, Protokoll : VA BENE) eine sichere Erreichung der Prüfungsziele gewährleistet ?

Einen Aspekt, der bei einem Interview eine große Rolle spielt und der bereits angeschnitten wurde, müssen wir noch vertiefen : *Die Kunst des Zuhörens*. Um zu verstehen, was Zuhören bedeutet, muss man sich den Unterschied zwischen „Hören" und „Zuhören" klar machen.

---

[149] Branchenkenntnisse hätten Sie auf den Gedanken bringen können, dass WAKON möglicherweise aus Dubai einen Auftrag zur Einrichtung eines ganzen Hotels erhalten hat. vgl. M. Seiser: „Möbel werden verramscht wie Waschmittel." (Das Unternehmergespräch mit Toni Gschwandtner, dem Geschäftsführer von Voglauer Möbel Ges.m.b.H., Abtenau), in : FAZ 15.12.03, Nr. 291, S. 17

3 Datenbeschaffung und Kommunikation

Wirksames Zuhören bedeutet, dass wir in der Lage sind, die Informationen *genau* aufzunehmen und die darin enthaltenen Botschaften richtig zu *interpretieren*. Nur wenn man durch die Gegenüberstellung von „Hören" und „Zuhören" das jeweilige Spannungsverhältnis „aufnehmend/mental", „physiologisch/intelektuell", „angeboren/erworben" und „passiv/aktiv" versteht, kann man auch begreifen, dass man durch „Zu-Hören" seinem Gegenüber „zugewandt" ist, seine Persönlichkeit umschließt und damit die Chance besitzt, von ihm auch das zu erfahren, was man wissen will.

In diesem Zusammenhang sind Überlegungen von Weisbach interessant, der *vier Arten* des Zuhörens unterscheidet :

- „'Ich-verstehe'-Zuhören"
  (Lediglich Auftakt zum eigenen Sprechen)
- „Aufnehmendes Zuhören"
  (Dem Gesprächspartner signalisieren, dass man ihm „folgen" will.)
- „Umschreibendes Zuhören"
  (Zusammenfassungen mit eigenen Worten dient der Klärung.)
- „Aktives Zuhören"

'Aktives Zuhören' ist der Schlüssel zum Gesprächspartner. Es schafft ein Klima der Verbundenheit und des Vertrauens. Ein Ziel professioneller Gesprächsführung ist die Schaffung einer Atmosphäre, in der sich der andere verstanden fühlt." [150] Je mehr wir begreifen, desto besser können wir auch damit umgehen. (Das was die ISA unter *„obtain an understanding"* verstehen, wird hier unter einem ganz speziellen Aspekt besonders deutlich.)

Es gibt Gelegenheiten, da bildet man sich ein, genau zu wissen, was der Gesprächspartner sagen wird, und darauf *verzichten* zu können, ihm aufmerksam zuzuhören. Nachher stellt man dann fest, dass man das gehört hat, was man hören *wollte*, dass man aber in Wahrheit gar nicht *zugehört* hat. Nicht richtig zuzuhören bedeutet, dass man *ungenügende* Informationen erhält. Diese Informationen sind durch die eigene Meinung eingefärbt und durch die eigenen Gefühle *gefiltert*. *Angemessene Prüfungsnachweise* lassen sich mit dieser Einstellung nicht gewinnen.

Der Fall „WAKON" wurde bewusst offen gehalten. Würden Sie in der Praxis mit einer solchen Situation konfrontiert, müssten Sie in einem *Vermerk* den Sachverhalt schildern und auf Folgendes hinweisen :

Da das *Projekt erst Ende Oktober 2003 fertiggestellt* wurde, war WAKON nicht berechtigt, bereits Ende Juni 2003 seinen Lieferanteil abzurechnen, d.h. Umsatz zu buchen und Gewinn zu realisieren. Zum Bilanzstichtag (30. Juni 2003) bestand gegenüber dem Hotel in Dubai noch keine Forderung, weil WAKON seine vertraglichen Verpflichtungen als Generalunternehmer noch nicht erfüllt hatte. (Das erste B aus VEBBAG !) Umsatzbuchung und der damit realisierte Gewinn sind zu stornieren. Im Gegenzug sind Vorräte (unter der Position „Unverrechnete Lieferungen und Leistungen") in die Bilanz einzustellen.

---

150 Chr.R. Weisbach : Gesprächsführung, a.a.O. S. 41 ff.

Solange diese Korrektur vom Mandanten noch nicht durchgeführt wurde, ist diese *Prüfungsdifferenz* in ein besonderes Arbeitspapier *"KoDi-Doc" (Knowledge of Differences-Document)* aufzunehmen. (Zur Problematik der Prüfungsdifferenzen vgl. im übrigen Kapitel II. 5)

Sie sollten in einem gesonderten Vermerk aber auch zum Ausdruck bringen, was Ihnen im Verlaufe des Gespräches an *Besonderheiten* aufgefallen ist. Dies kann sich darauf beziehen, dass Sie den Eindruck hatten, dass der Gesprächspartner

- nicht gut informiert war,
- Dinge verschwieg,
- aggressiv war oder
- seltsame Dinge erzählte.

Es wird hier nicht weiter verfolgt, ob es außerdem noch ein *Bewertungsproblem* gibt. Dies würde dann entstehen, wenn das Hotel nach Abschluss des Projektes die Rechnung nicht bezahlen kann und WAKON nicht in der Lage ist, seinen Eigentumsvorbehalt geltend zu machen. Alle Beteiligten müssen sich aber darüber im Klaren sein, dass die *Voraussetzungen* für einen *uneingeschränkten* Bestätigungsvermerk *noch keineswegs erfüllt* sind! In diesem Zusammenhang ist u.a. auch der Frage nachzugehen, worauf das von der Geschäftsleitung abgeschlossene (risikoreiche) Geschäft (fehlende Sicherheiten) zurückzuführen ist und auf welcher *"Fehlerquelle"* die "frühzeitige" Umsatzbuchung beruht.

Erhärtet sich der Verdacht, dass dies auf einem sehr strengen Budgetdenken beruht (bestimmte Umsatz- und Ergebnisgrenzen müssen unbedingt erreicht bzw.überschritten werden !), wird man die *"aussagebezogenen Prüfungshandlungen"* ausdehnen müssen, um *weitere Fehler* zu entdecken. (Könnte man nicht *skeptisch* werden, wenn man feststellt, dass der Jahresüberschuss knapp über 1 Million Euro liegt ?)

3.2.4 Der Grundsatz der Bestimmtheit

Es ist – wie wir besprochen haben – eine Vielzahl von Gesichtspunkten, die bei einem Gespräch zu beachten sind. Ich darf noch einmal an die drei Eckpfeiler erinnern :

- Inhalt
- Zugang zu einer Person
- Beziehung zum Gesprächspartner

Man kann die Dinge auf eine *einfache Formel* bringen und sagen : Seien Sie höflich, aber bestimmt. Mit *Bestimmtheit* ist eine Haltung gemeint, die weder durchdringend, lautstark oder fordernd ist, noch zum Ausdruck bringt, dass man nur den eigenen Weg kennt. „Bestimmt" zu sein, bedeutet, sich *seiner Rechte bewusst* zu sein und die Kraft zu haben, für sie einzutreten, ohne die Positionen anderer zu verletzen. [151] Das bedeutet, dass Sie durch „positives Sprechen" [152] Ihre Ziele in Ruhe verfolgen können, ohne aufdringlich zu werden, wenn Sie in einen Engpass geraten. Ihre Wortwahl, Ihr Ton und Ihre Körperhaltung müssen diese ruhige Bestimmtheit zum Ausdruck bringen. Sie werden also weder aggressiv, noch passiv sein. Ihrem Gesprächspartner muss sehr schnell deutlich

---

151 Zur terminologischen Verknüpfung zwischen den Begriffen „assertion-assert-assertive" siehe Kapitel VI. 2.41.
152 Chr.R. Weisbach : Gesprächsführung, a.a.O. S. 365 ff.

3 Datenbeschaffung und Kommunikation

werden, dass Sie bei aller *Rücksichtnahme* auf die Belange seines Tagesgeschäftes eine ganz klare Vorstellung von Ihrer Arbeit haben und dass Sie diese Vorstellung mit Nachdruck verfolgen. *Sie* wollen etwas, und *er* möge diesem Wunsche bitte Rechnung tragen!

Wenn man versteht, was mit dieser Grundhaltung gemeint ist, dann fällt es einem leichter, *folgende Reihenfolge* zu beachten (Beispiel: Offene Forderung an das Hotel „Burdsch Al Arab" in Dubai):

- *Man muss zuerst das Problem schildern, das man hat*: „Es gibt noch keine *ausreichenden* Informationen über die offene Forderung."
- *Bringen Sie zum Ausdruck, was Sie bewegt*: „Es handelt sich um eine *nicht* unwesentliche Forderung an einen *ausländischen* Kunden. Diese Forderung ist seit mehr als 90 Tagen überfällig. Um den Jahresabschluss *beurteilen* zu können, sind wir gehalten, uns eine klare Vorstellung davon zu beschaffen, wann und wie diese Forderung *entstanden* ist und auf welchen *vertraglichen* Beziehungen sie beruht."
- *Tragen Sie Ihre Wünsche vor und fassen Sie sich kurz*: „Ich würde gerne eine Kopie der *Rechnung* haben und würde auch gerne in den der Lieferung zugrundeliegenden *Vertrag* hineinschauen, mir ggf. daraus einige Seiten kopieren. Sollte in diesem Vertrag auf weitere wesentliche *Dokumente* Bezug genommen werden, würde ich auch diese gerne durchlesen, u.U. auch hier verbunden mit dem Wunsch, sie – wenn auch nur auszugsweise – kopieren zu dürfen."
- *Schildern Sie die Konsequenzen, die das Studium der Unterlagen haben wird*: „Erst das Studium der Unterlagen ist die Voraussetzung dafür, die WAKON-Geschäfte (insbesondere im Ausland) zu verstehen und den *Bestand*, die *Bewertung* und die *Genauigkeit* der Forderungen, die einen *wesentlichen* Teil des Jahresabschlusses ausmachen, beurteilen zu können. Es ist anzunehmen, dass wir nach dem Studium der Unterlagen keine weiteren Fragen mehr haben. Wir werden uns aber – für den Fall, dass noch *Unklarheiten* bestehen – noch einmal an Sie wenden und Sie ggf. um die Vermittlung *weiterer* Gespräche bitten."

Ich habe diesen Fall hier mit Ihnen behandelt, um Ihnen noch einmal den *roten Faden* vor Augen zu führen, den wir bei unseren Abschlussprüfungen verfolgen müssen:

- Das Geschäft des Mandanten *verstehen*! (Ziele und Strategien!)
- Geschäftsvorfälle, Geschäftsprozesse und Geschäftsrisiken *begreifen*! (Projektgeschäfte und Risiken im Auslandsgeschäft!)
- Prüfungsziele sachgerecht – im Regelfall unter besonderer Berücksichtigung der Qualität interner Kontrollen – *ableiten* und präzise formulieren (VEBBAG)!
- Prüfungsprogramme konsequent *entwickeln* und Prüfungsziele unter Einsatz einer vernünftigen Prüfungstechnik (VA BENE) und unter Beachtung der Grundsätze für die Gesprächsführung *verfolgen*! (Bestimmtheit!)
- Dokumentieren, ob die Prüfungsziele erreicht wurden!
- Prüfungsdifferenzen in die Arbeitspapiere *übernehmen* und den Prüfungsleiter ggf. über offene Punkte mittels eines Aktenvermerkes *informieren*! (Zusammenfassung und Kommunikation!; zur Problematik von Aktenvermerken vgl. Kapitel III. 9.)

154 II Die Felder der Risikoorientierung

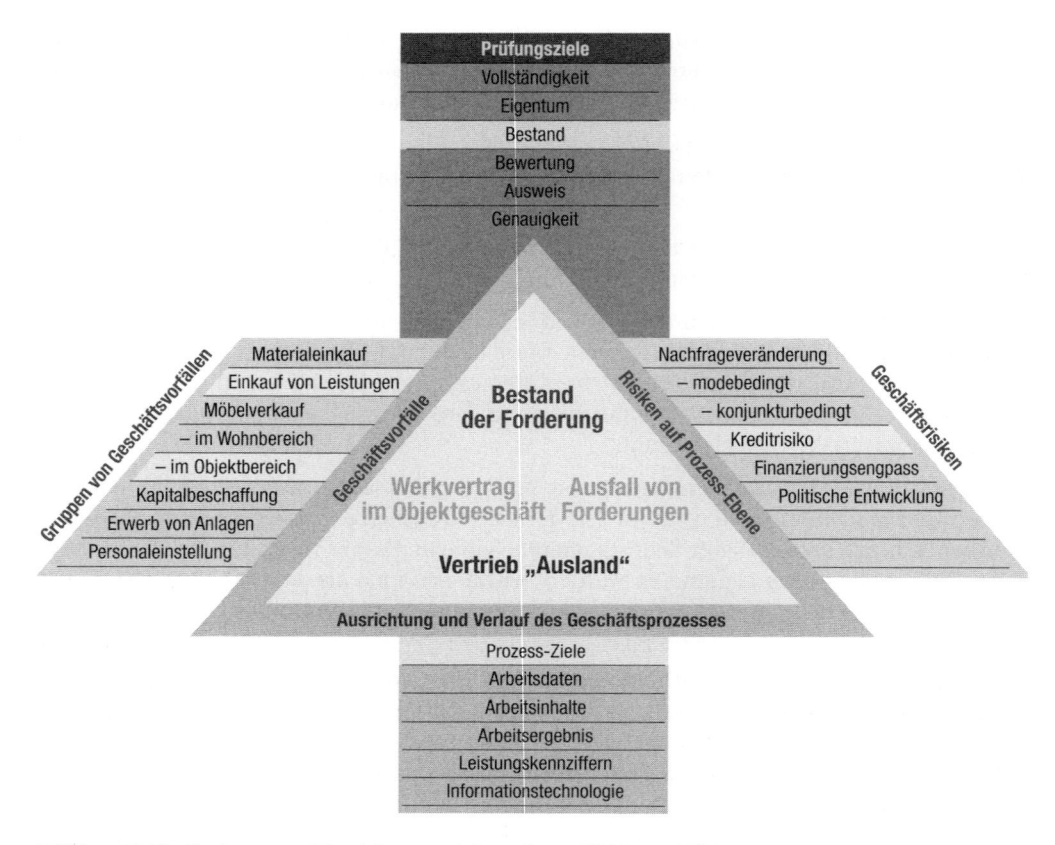

Abbildung 10: Die Gewinnung und Beurteilung von Informationen (Objektgeschäft)

Wenn wir uns diesen roten Faden immer wieder verdeutlichen, dann werden wir auch in der Lage sein, unser *Prüfungskonzept* dem Mandanten – sei es nun der Geschäftsleitung oder den Mitarbeitern – *überzeugend* darzulegen.

3.3 Präsentationen

3.3.1 Varianten und Aspekte

Da wir als Abschlussprüfer großen Wert auf eine gute *Kommunikation* mit dem Mandanten legen, ist es wichtig, auch auf Präsentationen vorbereitet zu sein. Wir spielen jetzt einmal folgenden *Fall* durch: Nach Ihrem Gespräch mit dem Buchhalter von WAKON über die offene Forderung an das Hotel in Dubai sind Sie daran interessiert, noch zusätzliche Informationen über das Dubai-Projekt zu bekommen. Da der Projektleiter wegen eines Besuches am Persischen Golf nicht zur Verfügung steht, haben Sie den Leiter der Buchhaltung gebeten, ein *Gespräch mit dem Vertriebsleiter* zu vermitteln. Dieser ist zu einem Gespräch bereit, hat Ihnen

3 Datenbeschaffung und Kommunikation

aber ausrichten lassen, er sei noch nie von Wirtschaftsprüfern befragt worden, könne sich überhaupt nicht vorstellen, was man von ihm wolle, er sei sich keiner Schuld bewusst und würde doch darum bitten, das Prüfungskonzept des Abschlussprüfers erläutert zu bekommen, bevor er sich zu einzelnen Themen äußere.

Was ist in einem solchen Fall zu tun? Selbstverständlich ist der Prüfungsleiter sofort über diesen Sachverhalt zu informieren, damit er entscheiden kann, in welcher Form die Präsentation stattfinden soll.

Folgende Varianten zur Darstellung des Prüfungskonzeptes sind u.a. denkbar:

- Erläuterungen werden *nur mündlich* vorgetragen, d.h. ohne Einsatz irgendwelcher technischer Hilfsmittel.
- Es wird *mit Flip-Chart* gearbeitet, allerdings *ohne Verwendung* von Bildern oder Figuren.
- Es werden *Flip-Chart oder Beamer* eingesetzt, wobei der Kreativität keine Grenzen gesetzt sind.

Bei der Wahl einer Methode ist immer zu prüfen, welche Variante der *Mandant* bevorzugen und in welchem *Rahmen* die Präsentation voraussichtlich stattfinden wird. Ist z.B. damit zu rechnen, dass bei dem Gespräch mit dem Vertriebsleiter auch seine Mitarbeiter anwesend sein werden und die Präsentation nicht in seinem Büro, sondern in einem Besprechungsraum stattfinden wird, sollte man auf jeden Fall über eine rein mündliche Darstellung hinausgehen.

Entscheidend ist, dass man sich *sorgfältig* auf den *Zuhörerkreis* einstellt. Dabei ist auch zu überlegen, *wer* das Konzept erläutern soll. Wird es ein einzelner sein (nur der Prüfungsleiter) oder sollen mehrere als Vortragende auftreten? Hier könnte es von Vorteil sein, wenn das *ganze* Team Gelegenheit hat, sich einmal geschlossen vorzustellen. Es gilt auch hier die Devise: Erst planen, dann handeln, und sich anschließend überlegen, was gut und was weniger gut gelaufen ist. Das heißt, Präsentationen sollten immer darauf hin vorbereitet und analysiert werden, ob die *drei Aspekte* „Inhalt / Zugang zum Gegenüber / Beziehung zum Gesprächspartner" in der nötigen Deutlichkeit zum Ausdruck kamen. Folgende Fragen sind u.a. von Interesse:

Inhalt
Wurde erklärt, warum man den Vertriebsleiter sprechen wollte und warum es für den Abschlussprüfer wichtig ist, Geschäftsvorfälle und Geschäftsrisiken auf der vertrieblichen Ebene zu verstehen und zu begreifen, wie Geschäftsprozesse ablaufen? Wurde in diesem Zusammenhang auch die besondere Bedeutung des Objektgeschäftes betont?

Zugang zum Gegenüber
Wurde die Präsentation sachgerecht eingeleitet, insbesondere der Einfluss des Auslandsgeschäftes auf den Jahresabschluss hervorgehoben? Wurden Zusammenfassungen verwendet, d.h. die Besonderheiten der einzelnen Prüfungsphasen durch Wiederholungen in Erinnerung gebracht? Wurde die Präsentation vernünftig abgeschlossen?

Beziehung zum Gesprächspartner
Hat man sich vorgestellt, dem Vertriebsleiter Gelegenheit gegeben, Fragen zu stellen und vermieden, sich im Fachjargon zu bewegen? Hat man zum Ausdruck gebracht, wie wichtig eine enge Zuammenarbeit auch mit den vetrieblichen Stellen für Verlauf und Ergebnis einer Jahresabschlussprüfung ist und Dank ausgesprochen, dass der Vertriebsleiter für Auskünfte zur Verfügung stand? Hat man sich die Möglichkeit offengehalten, sich im Falle weiterer Fragen erneut an ihn wenden zu dürfen?

3.3.2 Die Vermittlung des Prüfungskonzeptes

Ich habe hier die Thematik einer Präsentation bewusst so stark in den Vordergrund gestellt, weil Sie *jeder Zeit* – sozusagen aus dem Stand – in der Lage sein müssen, das *Prüfungskonzept* vernünftig und mit einfachen Worten zu *erläutern*, es richtig „rüberzubringen". Sie werden sich nicht immer auf Präsentationen der oben geschilderten Art vorbereiten können. Seien Sie darauf gefasst, dass die *Frage nach dem Prüfungskonzept* aus heiterem Himmel gestellt wird. Sie haben dann keine Möglichkeit auszuweichen und Ihren Gesprächspartner mit dem Hinweis zu vertrösten: „Das kann Ihnen mein Prüfungsleiter besser beantworten."
Sie sind gefordert, Sie allein !

Erinnern Sie sich bitte an die von mir geschilderte Situation, in der Sie zufällig den Vertriebsvorstand treffen, Sie ihn in sein Büro begleiten sollen und er Sie bittet, ihm doch mal kurz zu erklären, was ein „Internes Kontrollsystem" ist. Ich hatte mit Nachdruck betont, dass Sie eine solche Situation *souverän* meistern müssen. Das können Sie nur dadurch, dass Sie sich bestimmte Begriffe und Definitionen fest einprägen. Nur so können Sie überzeugend auftreten. Sie müssen also auch in der Lage sein, einem Außenstehenden klar zu machen, wodurch das Prüfungskonzept gekennzeichnet ist. Ich liefere Ihnen zunächst einmal eine **wissenschaftliche Erklärung** :

Eine ordnungsgemäße Abschlussprüfung ist durch drei Phasen gekennzeichnet, von der Analyse der Geschäftstätigkeit, der Analyse der Kontrolltätigkeit und von den restlichen aussagebezogenen Prüfungshandlungen einschließlich der Berichterstattung. Es handelt sich um ein risikoorientiertes System, das – mit dem Ziel, das Prüfungsrisiko zu minimieren – auf der Basis des Business Understanding (Verständnis der Geschäftsvorfälle, der Geschäftsprozesse und der Geschäftsrisiken) und eines Urteils über die Qualität interner Kontrollen (Verständnis der Aufbauprüfung und der Ablaufprüfung) ergänzende Prüfungshandlungen verlangt, die im Rahmen einer konsequenten Auswahl von Prüfungszielen (VEBBAG) und eines sachgerechten Einsatzes der Prüfungstechnik (VA BENE) mit der Absicht durchzuführen sind, ausreichende und angemessene Prüfungsnachweise zu bekommen, um die Richtigkeit von Aussagen in Jahresabschluss und Lagebericht im Bestätigungsvermerk als Gesamturteil feststellen zu können.

Personen des Wirtschaftslebens – und mit diesen haben wir es ja hauptsächlich zu tun – sollten wir unter Vermeidung von „Fremdwörtern" (Prozesse, Zielsystem, Funktionstests etc.) folgende **praktische Erklärung** anbieten :

Jahresabschluss und Lagebericht sind Spiegelbilder von Geschäftsvorfällen, die in den einzelnen Bereichen des Unternehmens stattfinden, und von Geschäftsrisiken, denen diese Bereiche ausgesetzt sind. Geschäftsvorfälle müssen ordnungsgemäß abgewickelt, Geschäftsrisiken muss angemessen Rechnung getragen werden. Dies setzt Ziele und kontrollierte Abläufe voraus, die auch dazu dienen, die unterschiedlichen Elemente vollständig und korrekt im Jahresabschluss abzubilden. Unser Prüfungskonzept beruht also auf der Erwartung, dass durch Geschäftsvorfälle und Geschäftsrisiken geschaffene Daten eine Reihe von Kontrollen durchlaufen haben, bis sie endlich an den einzelnen Stellen des Jahresabschlusses bzw. Lageberichtes ihren Niederschlag finden. Diesen Weg, der auch ein unrechtmäßiger sein kann, müssen wir kennen, um Jahresabschluss und Lagebericht – ihre Zusammensetzung und ihr Ergebnis – in der Weise beurteilen zu können, wie sie der Gesetzgeber vorschreibt. Die Pflicht zum Urteil bedeutet aber zugleich die Notwendigkeit, sich über den Inhalt derjenigen Daten eine Meinung zu bilden, die auf ihrem Weg angehalten oder vergessen wurden und denen der Zutritt zu Jahresabschluss oder Lagebericht in unzulässiger Weise verwehrt wurde. Auch dies kann Auswirkungen auf den Bestätigungsvermerk des Abschlussprüfers haben.

4 Sicherheit als Basis für die Urteilsbildung

Die bereits im Rahmen der Prozessanalyse formulierten individuellen *Prüfungsziele* werden direkt in das entsprechende *Prüfungsprogramm* übernommen (Grundsatz der *Verknüpfung* von Arbeitspapieren). Sie symbolisieren das *Gewicht* und ggf. die *Bedenken*, die der Abschlussprüfer bestimmten Abschlussaussagen des Managements (z.B. zum Bestand oder zur Bewertung von Forderungen) entgegenbringt. Vor dem Hintergrund des Risikos der wesentlichen *Fehlaussage* (aus den Kenntnissen der Geschäftstätigkeit und den Funktionstests der internen Kontrollen abgeleitet) sind die einzelnen *Prüfungshandlungen* festzulegen und das jeweilige *Prüfungsergebnis* zu beschreiben.

4.1 Das Reglement von Prüfungsprogrammen

4.1.1 Der Reifeprozess

Wenn man über Prüfungsprogramme spricht, dann muss man sich darüber verständigen, an welcher *Stelle* der Abschlussprüfung man sich eigentlich befindet. Von einem *Programm* ist bereits die Rede, wenn die Prüfung in ihrem groben Ablauf geplant wird, wenn also der Prüfungsleiter bereits eine gewisse Vorstellung davon hat, welche *Schwerpunkte* er bei der bevorstehenden Prüfung legen will. Und es kann kein Zweifel darüber geben, dass diese Vorstellung ganz wesentlich von seinen *Kenntnissen* über die Geschäftstätigkeit des Unternehmens bestimmt wird. Wenn Sie sich an den Möbelhersteller WAKON erinnern, dann wäre das *wachsende Auslandsgeschäft* ganz gewiss frühzeitig als Schwerpunkt der Prüfung festgelegt worden.

Von einem *Prüfungsprogramm im engeren Sinne* spricht man allerdings erst dann, wenn man weiß, welche Bestandteile des Internen Kontrollsystems man im Rahmen einer Funktionsprüfung untersuchen will. Dies ist erst dann der Fall, wenn man sich eine erste vorläufige Meinung über die *Qualität* der internen Kontrollen gebildet hat. Diese Einschätzung führt in aller Regel dazu, dass man einen Teil der Kontrollen als gut, einen anderen als weniger gut einstuft, d.h. man hat also bei bestimmten Kontrollen Bedenken, ob sie wirklich in der Lage sind, die entsprechenden *Abschlussaussagen* des Mandanten zu stützen. Unter Berücksichtigung des Grundsatzes der Wesentlichkeit wird der Abschlussprüfer festlegen, *welche Aussagen* für ihn *von besonderer Bedeutung* sind. Es geht also nicht darum, die VEBBAG-Aussage buchstabengetreu abzuarbeiten, sondern darum, sich *gezielt* um solche Aussagen zu kümmern, die für die Darstellung der Vermögens-, Finanz- und Ertragslage der Unternehmung von besonderer Bedeutung sind, und auf dieser Basis entsprechende *materielle Prüfungshandlungen* durchzuführen.

Im Falle des Möbelherstellers WAKON könnte dann also die Prüfung wie folgt ablaufen:

Kenntnisse über die Geschäftstätigkeit
- Wachstumstreiber ist das Auslandsgeschäft ;
- Zur Gruppe der wesentlichen Geschäftsvorfälle gehören Objektgeschäfte mit ausländischen Kunden ;
- Zu den wesentlichen Geschäftsrisiken gehört das Kreditrisiko. Es tritt im Vertrieb in Gestalt des Risikos auf, Forderungsverluste im Auslandsgeschäft zu erleiden (Risiko auf Prozess-Ebene !) ;

— Die Risiken im Auslandsgeschäft werden von der Geschäftsleitung allerdings als gering eingestuft.

Kenntnisse über die Kontrolltätigkeit
Es sei unterstellt, dass – aufgrund der Risikobeurteilung durch die Geschäftsleitung noch nicht existieren :
— eine Kreditversicherung
— ein spezifisches Projekt-Controlling für das Auslandsgeschäft.

Vor dem Hintergrund dieser Informationen muss also ein *Prüfungsziel* lauten, „ausreichende und angemessene Prüfungsnachweise dafür zu bekommen, dass die Forderungen gegen ausländische Kunden nicht signifikant falsch bewertet sind." Dieses wesentliche Prüfungsziel wird also systematisch erarbeitet. Es ist nicht „frei erfunden", sondern wurde sachgerecht aus den Kenntnissen über die Geschäfts- und Kontrolltätigkeit abgeleitet. *Diese zwingende Logik müssen Sie verstehen !!!*

Der Berufsanfänger kann sie leider nicht aus den entsprechenden Prüfungsstandards des IDW herauslesen. So heißt es z.B. im PS 240 TZ 20 u.a. :

„Bei der Erstellung des Prüfungsprogramms berücksichtigt der Abschlussprüfer je Prüffeld folgende Aspekte (sachliche Planung, zeitliche Planung, personelle Planung ; bei der sachlichen Planung) :

— Vorgabe von wesentlichen Prüfungszielen ;
— Festlegung von Art, Umfang und zeitlichem Ablauf der geplanten Prüfungshandlungen unter Berücksichtigung des erwarteten Fehlerrisikos (inhärentes Risiko und Kontrollrisiko) und des annehmbaren Entdeckungsrisikos. In diesem Zusammenhang sind insbesondere die Prüfungshandlungen für die Systemprüfungen und das erforderliche Ausmaß von aussagebezogenen Prüfungshandlungen vorzugeben."

Achtung!
Es wird *nicht erläutert*, was unter „wesentlichen Prüfungszielen" zu verstehen ist! *Prüfungsziele* richten sich immer nach den *Abschlussaussagen* und ihrer jeweiligen, *veränderlichen* Bedeutung für den Jahresabschluss.

Es wird *nicht erläutert*, worauf die Erwartung eines „Fehlerrisikos" beruht ! Man kann das Risiko einer wesentlichen Fehlaussage nur dadurch einschätzen, dass man sich einen Eindruck über die *Qualität* der internen Kontrollen verschafft. Dies setzt voraus, dass man Geschäftsvorfälle und Geschäftsprozesse einerseits, allgemeine Geschäftsrisiken und Risiken auf Prozess-Ebene andererseits versteht.

4.1.2 Die Aufgaben des Prüfungsprogrammes
Fassen wir dieses schwierige Thema zusammen. Das Beispiel des Möbelherstellers WAKON soll dabei die Systematik verdeutlichen. Die Aufgaben des Prüfungsprogrammes bestehen in Folgendem :

— Rückgriff auf Prüfungsziele, die im Rahmen der Analyse der Kontrolltätigkeit festgelegt wurden.

4 Sicherheit als Basis für die Urteilsbildung

Unsere Kenntnisse über die Geschäftstätigkeit haben dazu geführt, dass wir uns für das *Auslandsgeschäft* interessiert haben. Das nach unserer Einschätzung unterentwickelte Risikobewusstsein des Vorstands hat uns veranlasst, aus VEBBAG den Buchstaben B (für Bewertung) herauszugreifen, weil wir der Meinung sind, dass die Aussage : „Die Forderungen gegen ausländische Kunden sind den gesetzlichen Vorschriften entsprechend richtig bewertet" für den Einblick in die Vermögens-, Finanz- und Ertragslage von so großer Bedeutung ist, dass wir uns unbedingt davon *überzeugen* müssen, ob diese Aussage stimmt.

- Einschätzung des Risikos einer wesentlichen Fehlaussage unter besonderer Berücksichtigung der Qualität interner Kontrollen.

Wir haben den Eindruck gewonnen, dass die Qualität der internen Kontrollen mangelhaft ist. Der Vorstand stützt sich auf seine persönlichen Eindrücke, die er im Ausland gewinnt und (das wurde unterstellt) verzichtet u.a. aus diesen Gründen auf eine Kreditversicherung bzw. auf ein spezifisches Projekt-Controlling im Auslandsgeschäft. Es ist deshalb konsequent, wenn wir – gestützt auf unsere Kenntnisse über die Geschäftsrisiken und über die Kontrolltätigkeit - das Risiko der wesentlichen Fehlaussage als hoch ansetzen. Das führt dazu, dass wir *Prüfungsnachweise* nur über mehr oder minder umfangreiche *Einzelfallprüfungen* erlangen können.

- Dokumentation der zur Erreichung eines Prüfungszieles notwendigen Prüfungshandlungen.

Auf Basis der Ausgangsrechnung : Beschaffung von Details über die Objektgeschäfte ; Einsichtnahme in Verträge, Protokolle und sonstige Belege ; Beschaffung von Informationen über die Bonität der Kunden ; ggf. Beschaffung von Wirtschafts-Informationen über das Land, in dem der Kunde seinen Sitz hat ; ggf. ergänzende Gespräche über offene Forderungen mit der Geschäftsleitung ; ggf. Befragung von Auslandsexperten (Wirtschaftsministerium, Kreditversicherungen, Weltbank etc.).

- Durchführung der Prüfungshandlungen, um ausreichende und angemessene Prüfungsnachweise zu bekommen.

Die Ergebnisse der Prüfung sind im Arbeitspapier „KoP-Doc" zu dokumentieren. Es ist insbesondere hervorzuheben, aufgrund welcher Nachweise der Abschlussprüfer zu der Überzeugung gekommen ist, dass die Abschlussaussage des Mandanten – hier also die Aussage zur richtigen „Bewertung" - stimmt.

Die obigen Überlegungen sind im KoP-Doc für WAKON dargestellt. (vgl. Anlage 44)

Es ist wichtig, die Systematik zu verstehen !

Wenn uns die Kenntnisse über die Geschäftstätigkeit zu einem bestimmten Unternehmensbereich geführt haben, wir uns also auf *Prozess-Ebene* befinden, und uns einen ersten Eindruck von der Qualität der internen Kontrollen verschafft haben (Aufbau-Prüfung!), formulieren wir unsere *Prüfungsziele* und schätzen gleichzeitig das *Risiko* einer wesentlichen Fehlaussage ein. Sind die internen Kontrollen nach unserer ersten Einschätzung gut, werden wir das Risiko als „niedrig" einstufen, sind die Kontrollen schwach, wird die Einstufung „mittel" oder „hoch" lauten.

Im nächsten Schritt absolvieren wir den *Funktionstest*, d.h. wir prüfen, ob die Kontrollen wirklich effektiv arbeiten. Dieser Test wird unsere Risikoeinschätzung entweder bestätigen oder verwerfen. Haben wir das Risiko als „niedrig" eingestuft, entpuppen sich die Kontrollen aber als wenig effektiv, werden wir unsere Risikoeinschätzung korrigieren, auf „mittel" oder „hoch" umstufen und entsprechende *Einzelfallprüfungen* nachschieben müssen.

Unsere „verbleibenden Prüfungshandlungen" (also alle Arbeiten, die nach der Prüfung der internen Kontrollen zu verrichten sind) richten sich demnach entscheidend nach dem *Ergebnis des Funktionstests*. Das bedeutet aber auch, dass wir auf einen Funktionstest verzichten und direkt umfangreiche Einzelfallprüfungen durchführen müssen, wenn wir feststellen, dass das Unternehmen über gar kein ausgeprägtes Internes Kontrollsystem verfügt. Ohne umfangreiche Einzelfallprüfungen würden wir unser Prüfungsziel nicht erreichen. Von dieser Prämisse waren wir ja beim Möbelhersteller WAKON ausgegangen ! Stellen Sie sich vor, wir hätten uns von den Erzählungen des WAKON-Managements blenden lassen und hätten auf detaillierte weitere Prüfungen verzichtet. Wir hätten eine wesentliche *Fehlaussage nicht bemerkt* und das oft schon beschworene *Prüfungsrisiko* wäre eingetreten !

Wenn man über Prüfungsprogramme spricht, dann erhebt sich auch die Frage, *wie viele Programme* man bearbeiten muss. Wenn ein Geschäftsprozess aus mehreren Sub-Prozessen besteht, genügt es dann, alle Themen in einem Prüfungsprogramm zu bearbeiten ? Hier kommt es darauf an, wie breit gefächert ein Geschäftsprozess ist. Denken wir an das Autohaus WELOS und den dortigen „Vertriebsprozess", der ja u.a. auch den Einkauf von Fahrzeugen bei BMW umfasst, so wird man sagen müssen, dass es bei stark strukturierten Geschäftsprozessen besser und der Transparenz förderlich ist, wenn man den Vertriebsprozess in mehrere *Subprozesse* unterteilt und diese separat nach den bekannten Kriterien untersucht. Eine solche *Aufteilung* könnte z.B. bei WELOS folgende Bereiche umfassen : Verkauf von Neu- und Gebrauchtwagen, Einkauf von Neu- und Gebrauchtwagen, Service-Geschäft. (vgl. dazu auch Anlage 18) Würde man eine solche Aufteilung nicht vornehmen, würden die entsprechenden *Arbeitspapiere* so umfangreich, dass man den Überblick verlieren würde. Dies würde eine Nachschau und die damit verbundene Kontrolle erschweren. Hier, im Falle WELOS haben wir eindeutige Unterlagen, aus denen hervorgeht, *warum* wir uns im Bereich „Neuwagen-Verkauf" für die Prüfungsziele BBG (VEBBAG) entschlossen haben. (Anlagen 18 und 24)

Denken Sie daran, Ihre Arbeitspapiere so *kurz* wie möglich zu halten ! Eine hohe Seitenzahl ist nur selten Ausdruck für Qualität ! Je kürzer und präziser Sie sich fassen, um so eher wird jemand bereit sein, sich ernsthaft mit Ihren Arbeitspapieren auseinander zu setzen. Und dies ist für alle Beteiligten eine wichtige Voraussetzung !

Kehren wir zu der Frage zurück, *wie viele Prüfprogramme* wir brauchen. Es kann z.B. im Geschäftsprozess „Investition und Finanzierung" von Vorteil sein, bei der Bearbeitung des Sektors „Investitionen" das Prüfungsziel „Bewertung von Sachanlagen" für *alle* Teilprozesse „Grundstücke, Maschinen, Betriebs- und Geschäftsausstattung" zusammenzufassen. Es macht normalerweise keinen Sinn, für jeden Teilprozess ein gesondertes Prüfungsprogramm zu bearbeiten. Die wesentlichen Daten können in einem KoP-Doc (Bewertung SAV) untergebracht werden.

Wenn für Sie allerdings eine Reihe von Informationen von *besonderer* Bedeutung sind, diese aber ein Arbeitspapier aufblähen und seine Aussagekraft beeinträchtigen würden, dann stimmen Sie sich mit Ihrem Prüfungsleiter ab und nehmen Sie ggf. zusätzliche Daten in eine *Anlage zum Arbeitspapier* auf.

4.2 Fassung und Gewicht von Prüfungszielen

4.2.1 Die Einstellung zu den Abschlussaussagen

4.2.1.1 Der VEBBAG-Komplex

Wir sind bereits mit unseren Überlegungen zum Ablauf einer Abschlussprüfung so weit gekommen, dass uns die Frage, was versteht man eigentlich unter einem *Prüfungsziel* nicht mehr ernsthaft in Verlegenheit bringen kann.

Was ist ein Prüfungsziel? Ein Prüfungsziel ist das Vorhaben, *ausreichende* und *angemessene Nachweise* dafür zu bekommen, dass eine oder mehrere Abschlussaussagen des Mandanten zutreffen. Im Bewusstsein der Tatsache, dass eine sachgerechte *Auswahl* aus VEBBAG zu einer *Akzentuierung* führt, formulieren wir Prüfungsziele, weil wir uns in Anbetracht von uns identifizierter Geschäftsvorfälle und Geschäftsrisiken, die einen wesentlichen Einfluss auf den Jahresabschluss haben, davon überzeugen wollen, ob *bestimmte* Aussagen des Mandanten, die für die Darstellung der Vermögens-, Finanz- und Ertragslage von besonderer Bedeutung sind, stimmen oder nicht. Die Arbeit des Abschlussprüfers ist also in besonderer Weise *„zielstrebig."*

Man kann den Begriff „Prüfungsziel" noch besser verstehen, wenn man auf den angelsächsischen Begriff des *„audit objective"* zurückgreift. Wenn man diesen Begriff ins Deutsche übersetzt, dann muss man wissen, dass es sich bei „objective" nicht einfach nur um ein Ziel, sondern um eine sehr präzise Ziel*vorstellung* handelt. Es ist daher kein Zufall, wenn man unter „objective" im militärischen Bereich ein „Angriffsziel" versteht. Es passt daher sehr gut ins Bild, wenn man sagt: „Der Abschlussprüfer nimmt eine bestimmte *Abschlussaussage* des Mandanten aufs Korn".

Die Ausgangssituation des Abschlussprüfers ist dadurch gekennzeichnet, dass er mit VEBBAG über ein *eindeutiges Zielsystem* verfügt und ihm über VA BENE alle *Handlungsalternativen* grundsätzlich bekannt sind. [153] Eine solche Situation wird allerdings nur der gut informierte Abschlussprüfer als komfortabel empfinden, dem es gelingen wird, aus der Analyse der Geschäftstätigkeit alle weiteren Überlegungen „zielsicher" abzuleiten.

Wir wählen also die Buchstaben **V** (für Vollständigkeit), **B** (für Bestand) und **G** (für Genauigkeit), wenn wir uns für wesentliche *Geschäftsvorfälle* interessieren. So haben wir z.B. B (für Bestand) bei WELOS ausgewählt, weil wir im Rahmen unserer Simulation Bedenken hatten, ob die zu einem bestimmten Stichtag ausgewiesenen Forderungen de jure überhaupt schon entstanden sind.

Wir wählen die Buchstaben **E** (für Eigentum i.S. einer rechtlichen bzw. wirtschaftlichen Zuordnung), **B** (für Bewertung) und **A** (für Ausweis), wenn wir uns mit der Auswirkung bestimmter *Risiken* oder mit der *Präsentation* von Posten im Jahresabschluss beschäftigen. So haben wir z.B. B (für Bewertung) bei WAKON ausgewählt, weil wir Bedenken hatten, ob die Forderungen gegen ausländische Kunden richtig bewertet sind.

Wenn wir hier von „Auswahl" sprechen, dann meinen wir damit eine bestimmte *Gewichtung*. Diese tritt regelmäßig dann ein, wenn für uns eine den Jahresabschluss prägende Aussage

---

153 Vgl. M. Bitz: *Die Entscheidungslogik und ihre Grenzen*, in: FAZ 14.1.02, Nr. 11, S. 23

von ganz besonderer Bedeutung ist und wir wissen, dass es nicht einfach sein wird, die notwendigen Prüfungsnachweise für die Richtigkeit dieser Aussage zu beschaffen. Eine „bewegende Kraft" [154] kommt dem Prüfungsziel dadurch zu, dass es den Abschlussprüfer in besonderer Weise anzieht.

4.2.1.2 Entscheidende und schwerwiegende Prüfungsziele (Critical Audit Objectives)

Bei der Behandlung von Prüfungszielen stößt man gelegentlich auch auf den Begriff *„kritisches Prüfungsziel"*. Das Adjektiv „kritisch" lässt sich im Deutschen mit einer Reihe von Substantiven verbinden. So gibt es nach Brockhaus z.B. eine „kritische Höhe" (sie bezeichnet in der Luftfahrt die Höhe über dem Flughafengelände, bei der, wenn keine Erdsicht besteht, ein Schlechtwetteranflug abgebrochen werden muss) oder eine „kritische Drehzahl" (sie bezeichnet einen Zustand eines rotierenden Teiles, bei dem Querschwingungen mit anschließendem Systembruch auftreten können).

Folgt man dieser Logik, dann gibt es *kein kritisches Prüfungsziel*. Das Konzept des Abschlussprüfers wird nämlich von dem unbedingten Willen geformt, seine Tätigkeit auch unter schwierigsten Bedingungen durchzuführen, und wird nicht im vorhinein bereits von einer Grenze bestimmt, die das Ende seiner Arbeit signalisiert. Was muss man sich dann aber unter einem „kritischen Prüfungsziel" vorstellen? Diese Wortbildung ist vermutlich auf eine missglückte Übersetzung des angelsächsischen Begriffes „critical audit objective" zurückzuführen. Dieser Begriff soll zum Ausdruck bringen, dass das gewählte Prüfungsziel „entscheidend" und „schwerwiegend" ist. Dabei ist „entscheidend" in der Nähe von „crucial" (äußerst wichtig) angesiedelt und „schwerwiegend" trägt Elemente von „serious" (ernst) in sich. Welche linguistische Verbindung besteht dann zwischen „critical" und „kritisch" ? Es ist der Begriff der *„Warnung"*. Wer mit einem „critical audit objective" arbeitet, wird auf die Gefahr aufmerksam gemacht, dass die Beschaffung eines wichtigen Prüfungsnachweises nicht leicht sein wird und er wird vor dem Risiko gewarnt, dass beschaffte Informationen nicht mit der notwendigen Ernsthaftigkeit zusammengestellt und ausgewertet werden. Während nun im Englischen der (lange) Weg skizziert wird, der zum Prüfungsziel führt, wird im Deutschen unmittelbar die Gefahr zum Ausdruck gebracht, dass man das Ziel gar nicht erreicht. Ganz unterschiedliche Denkweisen prägen also die Fachsprache : Hier ein *Wegweiser*, dort ein *Sperrschild*. (Zur Problematik der Übersetzung siehe auch Kapitel VI. 2.1.4.)

Entscheidend bedeutet, dass man in Anbetracht des Risikos einer wesentlichen Fehlaussage qualifizierte Prüfungsnachweise in dem Bewusstsein benötigt, dass diese eine *besondere* Stütze des Bestätigungsvermerkes sein werden.

Schwerwiegend bedeutet, dass man das Prüfungsziel nur dann erreichen kann, wenn man als Abschlussprüfer über das nötige Maß an beruflicher *Erfahrung* verfügt und damit verhindert, fehlgeleitet zu werden. Nur mit Hilfe dieser Erfahrung wird der Abschlussprüfer in der Lage sein, angemessene (auf Personen und Sachen vernünftig zugeschnittene) Prüfungshandlungen zu planen und sich nicht durch Schwierigkeiten beeindrucken zu lassen, die bei der *Durchführung* dieser Arbeiten zu erwarten sind.

---

154 Brockhaus Enzyklopädie, 17. Aufl. 20.Bd., F.A. Brockhaus Wiesbaden 1974, S. 678 : Begriff „Ziel" (Zitierweise: Brockhaus)

4 Sicherheit als Basis für die Urteilsbildung

„Kritisch" ist die *Einstellung* des Abschlussprüfers (in vielen Fällen sollte man wohl besser von „skeptischer" Haltung sprechen !), *nicht sein Ziel*. Wäre es wirklich „kritisch", dann müsste er doch an den Abbruch der Arbeiten denken, je näher er seinem Ziel kommt. Weil aber seine *Einstellung* kritisch ist, wird er das Erreichen seines Zieles unter allen Umständen anstreben und darauf vorbereitet sein, wie er mit den daraus gewonnenen Erkenntnissen umgeht. (Beurteilung der Prüfungsergebnisse). Die gewissenhafte und eigenverantwortliche Fortsetzung der Prüfungsarbeit steht also im Mittelpunkt der Überlegungen, nicht die Gefahr einer vorzeitigen Beendigung.

Wenn der Grundsatz der *Wesentlichkeit* immer wieder betont wird, dann wäre es besser, man würde von „wesentlichen Prüfungszielen" sprechen. Wesentliche Prüfungsziele (sie beziehen sich immer auf Aussagen des Managements, die den Jahresabschluss prägen) werden in der Regel dann formuliert, wenn sich der Abschlussprüfer mit einem komplexen Zusammenhang beschäftigt. Er muss auf eine solche Problematik eingestellt sein, d.h. die Aspekte der Komplexität kennen [155] und mit dem Katalog von Risiken vertraut sein. (vgl. Anlage 10)
Dann ergibt sich beispielhaft folgendes Bild :

Komplexität	Sachverhalt (Eigenart der Merkmale)	Nachweise zur richtigen Behandlung der ... im Jahresabschluss (Beispiele)
Differenzierung	Hohe Unterschiedlichkeit	Risiken in diktatorisch geführten Ländern (Beteiligungen : VEBBAG)
Dynamik	Rasche Veränderung	Verwertbarkeit der UMTS-Lizenzen (Immaterielle Vermögensgegenstände, Beteiligungen : VEBBAG)
Intransparenz	Fehlende Zugänglichkeit	Art und Umfang von Altlasten (Grundstücke, Beteiligungen : VEBBAG)
Kompliziertheit	Vielzahl	Verletzung kartellrechtlicher Bestimmungen (Rückstellungen : VEBBAG)
Vernetztheit	Gegenseitige Abhängigkeit	Schädliche Nebenwirkungen von Medikamenten (Rückstellungen : VEBBAG)

Der schwierige und u.U. weite Weg bis zur Erreichung des Prüfungszieles wird an diesen Beispielen besonders deutlich.

Das rechtzeitige Erkennen wesentlicher Prüfungsziele ist im Übrigen ein typisches Kennzeichen sorgfältiger *Prüfungsplanung*. Sie gewährleistet insbesondere den richtigen Personaleinsatz und vor allem die Betreuung unerfahrener Prüfungsassistenten. Ansonsten gilt der Grundsatz : Der Umfang der Abschlussprüfung ist abhängig von der Komplexität des Unternehmens. (vgl. auch die Überlegungen zum inhärenten Risiko und den Hinweis auf die geänderte Fassung des § 289 HGB in Kapitel I. 2)

---

[155] vgl. St.F. v.d. Eichen / H.K. Stahl : Brauchen wir ein neues Management, in : FAZ 29.12.03, Nr. 301, S. 18

4.2.2 Die Dokumentation von Prüfungszielen

Wo werden Prüfungsziele dokumentiert? Auch wenn sich der Abschlussprüfer bereits im Vorfeld – z.B. im Rahmen der Analyse der Geschäftstätigkeit – gedanklich mit Prüfungszielen beschäftigt, erfolgt eine *offizielle* Dokumentation von Prüfungszielen am Ende der Analyse der Kontrolltätigkeit, also im *KoCo-Doc*. Die systematisch erarbeiteten und dort formulierten Prüfungsziele werden direkt in das entsprechende *Prüfungsprogramm* übernommen. (Grundsatz der Verknüpfung von Arbeitspapieren)

KoBu-Doc		KoCo-Doc			KoP-Doc		
Unternehmen	Geschäftsvorfall	Risiken auf Prozess-Ebene	Kontrollen	Prüfungs-Ziele (VEBBAG)	Prüfungs-Ziele (VEBBAG)	Prüfungs-Handlungen (VABENE)	Prüfungs-Nachweise
WELOS (Autohaus)	Verkauf (PKW)		Übergabe, Erstellung + Versand der Rechnung	Bestand d. Forderungen	Bestand d. Forderungen	Prüfung d. Vertrages, der Übergabe, der Erstellung des Versandes und der Buchung der Rechnung (Einsichtnahme)	Kaufvertrag, Übergabeprotokoll, Rechnung
		Forderungsverluste	Kreditwürdigkeitsprüfung	Bewertung d. Forderungen	Bewertung d. Forderungen	Prüfung des Credit-Controlling (Einsichtnahme)	Dokumente des Credit-Controlling
WAKON (Möbelfabrikation)	Einkauf (Komponenten)		Erfassung + Buchung von ausstehenden Rechnungen	Vollständigkeit d. Verbindlichkeiten	Vollständigkeit der Verbindlichkeiten	Prüfung von Vertrag, Lieferschein + Rechnung (Einsichtnahme)	Vertrag, Lieferschein + Rechnung
		Qualitätsmängel bei (neuen) Produkten	Wareneingangskontrolle	Bewertung der Vorräte	Bewertung der Vorräte	Prüfung d. Testverfahrens und der Testprotokolle (Einsichtnahme)	Testprotokoll (ggf. u.b.B. von Reklamationen)
TAIHAM (modische Bekleidung)	Einstellung u. Verwaltung von Personal		Erfassung + Buchung d. Personalaufwandes	Vollständigkeit des Personalaufwandes	Vollständigkeit des Personalaufwandes	Prüfung d. Lohn- u. Gehaltsabrechnung (Einsichtnahme, Vergleich, Nachrechnen)	Basisdaten, Abstimmprotokolle, Kontrollrechnungen
		Mangelhafte Fachkompetenz	Auswahl- u. Einstellungsverfahren (Designer)	Bewertung der Vorräte	Bewertung der Vorräte	Prüfung d. Auswahl- u. Einstellungsverfahrens (Akten-Einsicht)	Aktenauszug
BRATO (Brauerei)	Herstellung und Verkauf von Getränken		Kontrolle der Fertigung + d. Auslieferung	Bestand der Vorräte/ Forderungen	Bestand der Vorräte/ Forderungen	Prüfung d. Fertigungsendkontrolle (Beobachtung) u. d. Auslieferung (Einsichtnahme)	Test- und Übergabeprotokoll
		Gesundheitsschädliche Substanzen	Rohstoff- und Fertigungskontrolle	Bewertung der Vorräte	Bewertung der Vorräte	Prüfung d. Testverfahren (Beobachtung) u. d. Testprotokolle (Einsichtnahme)	Testprotokolle (ggf. u.b.B. gewerbeaufsichtlicher Bescheide)
DEICES (Schuh-Einzelhandel)	Einkauf von Grundstücken		Erfassung + Buchung der Anschaffungskosten (AK)	Volständigkeit u. Genauigkeit d. AK	Vollständigkeit u. Genauigkeit der AK	Prüfung d. notariellen Vertrages, der Rechnungen und des Grundbuchauszuges (Einsichtnahme und Vergleich)	Notarieller Vertrag, Rechnungen und Grundbuchauszug
		Mangelhafte Standortqualität	Marktanalysen	Bewertung der Grundstücke	Bewertung der Grundstücke	Prüfung von Marktanalysen (Einsichtnahme u. Vergleiche)	Marktanalysen

4 Sicherheit als Basis für die Urteilsbildung

Um die *Elastizität* und *Treffsicherheit* des Prüfungskonzeptes und seiner Pflichtdokumente zu demonstrieren, haben wir für jeden Mustermandanten in heterogenen Bereichen ein entsprechendes Formular entwickelt (vgl. Anlagen 26/A - 26/D) und Auszüge daraus hier dargestellt.

Da wir das Interne Kontrollsystem in der Abteilung „Verkauf" des Autohauses WELOS eingehend besprochen haben, möchte ich unter Bezugnahme auf vorangegangene Überlegungen noch einmal Folgendes wiederholen : Die Prüfungshandlungen im Bereich „Neuwagen-Verkauf" haben eine direkte Verbindung zur Analyse der Geschäftstätigkeit. Dort (also im KcBu-Doc) haben wir ausdrücklich festgelegt, dass nach unserer Einschätzung dem Verkauf von Neuwagen – einer Gruppe wesentlicher Geschäftsvorfälle – für den Jahresabschluss eine besondere Bedeutung zukommt. Es war ganz konsequent, dass wir uns daraufhin mit den Kontrollen in diesem Bereich beschäftigt und in diesem Zusammenhang sachgerecht die Prüfungsziele Bestand, Bewertung und Genauigkeit von Forderungen im KoCo-Doc formuliert haben. Die Leitfunktion des KoBu-Doc hat uns dann schließlich veranlasst, diese Prüfungsziele in ein Prüfungsprogramm zu übernehmen und entsprechende Prüfungshandlungen zu planen. Wenn wir diese Prüfungshandlungen durchführen, wissen wir ganz genau *warum* wir dies tun, d.h. unsere Arbeit bewegt sich in einem ganz sicheren Rahmen, einem Korridor, wie bereits mehrfach dargestellt.

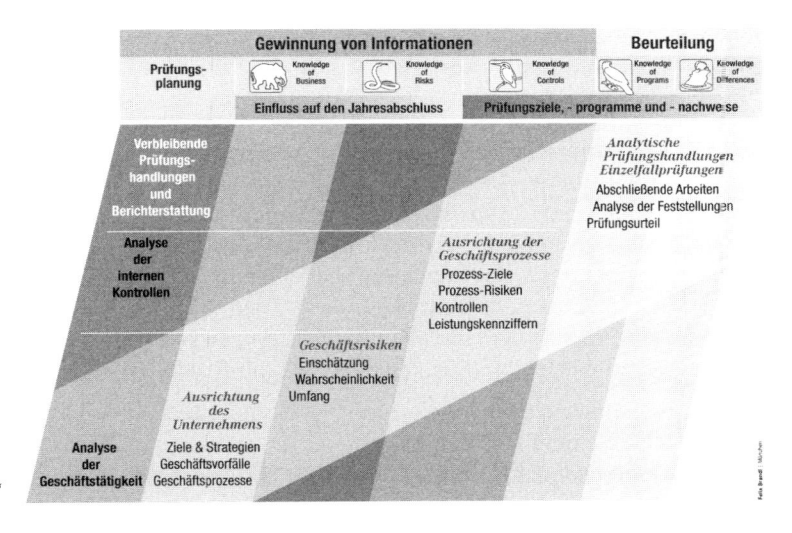

Abbildung 2:
Leitfunktion des
„Business Understanding"

Der entscheidende *Impuls für die Formulierung* eines oder mehrerer *Prüfungsziele* sind Bedenken des Abschlussprüfers, dass bestimmte Abschlussaussagen des Mandanten stimmen. Diese *Bedenken* kommen dann konsequenterweise in einer entsprechenden Einschätzung des Risikos der wesentlichen *Fehlaussage* zum Ausdruck. Sind die Bedenken hoch, wird die Einschätzung logischerweise ebenfalls hoch sein. Die Einschätzung des Risikos der wesentlichen Fehlaussage wird im Prüfungsprogramm dokumentiert. Es ist *kein Zufall*, dass diese *Dokumentation in unmittelbarer Nähe zu den Prüfungszielen* stattfindet.

Der hier skizzierte Prüfungsprozess – oder sagen wir besser : der von Meilensteinen markierte Prüfungspfad – ist *eindeutig* festgelegt, die Aussage : Prüfungsprozesse sind „weitgehend indeterminiert"[156], daher nicht mehr zulässig. Lautete z.B. früher in einem Prüfungsprogramm zu den „Forderungen aus Lieferungen und Leistungen" die Anmerkung : „Wir werden routinemäßig Nachforschungen im Debitoren- Kontokorrent anstellen", so müsste man heute die *Anweisung* finden :

> *„Auf der Basis unserer Kenntnisse über die Geschäfts- und Kontrolltätigkeit der Gesellschaft sind die auf das Firmenkundengeschäft entfallenden Forderungen aus Lieferungen und Leistungen daraufhin zu prüfen, ob sie wirklich bestehen (VEBBAG). Als Prüfungsnachweise gelten die Kopien der Kaufverträge und die Übergabeprotokolle (VA BENE)."*

Während die Formulierung „heuristischer Suchprozess" noch den Eindruck hinterließ, Abschlussprüfer hätten keinen Kompass in einen unbekannten Gelände, bricht sich nunmehr die Einsicht Bahn, dass sie mit VEBBAG und VA BENE über ein *präzises Instrumentarium* verfügen, das mit hinreichender Sicherheit ein falsches Testat verhindert.

Der Übergang von der „Heuristik" zur „Hypothese" ist also ein großer Fortschritt.

Wann ist ein Prüfungsziel erreicht ? Ein Prüfungsziel ist erreicht, wenn in ausreichendem Umfang angemessene *Nachweise* erbracht sind, die den Abschlussprüfer überzeugen, dass bestimmte *Aussagen* des Mandanten zutreffen. Diese Überzeugung wird im KoP-Doc ausdrücklich dokumentiert ! Fragen Sie im Zweifel immer den Prüfungsleiter, ob die vorliegenden Prüfungsnachweise wirklich *„überzeugend"* sind ! Wir werden diese Problematik noch in einem besonderen Kapitel vertiefen.

4.2.3 Die Zusammenfassung von Prüfungszielen

Können wir bestimmte Abschlussaussagen zusammenfassen und mit einer Gruppe von Prüfungszielen abdecken ? Das ist eine schwierige Frage! Sie dient dazu, Sie darüber nachdenken zu lassen, wie wir unsere Prüfungsarbeit vereinfachen können. Kehren wir zu WELOS zurück : Angenommen die Gesellschaft hat einen grundpfandrechtlich gesicherten langfristigen Kredit aufgenommen. Wenn sie ihrem Abschlussprüfer – und wir simulieren ja diesen Fall – d.h. also uns, ihren Jahresabschluss vorlegt, dann behauptet sie etwas. Wie lauten ihre *Aussagen* zu den Verbindlichkeiten gegenüber Kreditinstituten ?

Zu den *Verbindlichkeiten* wird sie zunächst einmal sagen :
(1) Sie sind vollständig erfasst.
(2) Sie entsprechen den Verpflichtungen des Unternehmens.
(3) Sie existieren am Bilanzstichtag.
(4) Sie sind richtig (zum Nominalwert) bewertet.
(5) Sie sind richtig ausgewiesen.
(6) Sie sind genau ermittelt.

---

[156] M. Richter hatte noch in seinem Aufsatz : „Konzeptioneller Bezugsrahmen für eine realwissenschaftliche Theorie betriebswirtschaftlicher Prüfungen" erklärt : „Prüfungsprozesse sind Problemhandhabungsprozesse und damit weitgehend indeterminiert. Produktionsfunktionen wie im industriellen Bereich existieren nicht. Selbst bei vollständiger ex-ante Information über die Produktionsfaktoren, Einsatzmengen und technischen Verfahren (Prüfungsmethoden) bleiben Prozessverlauf und -ergebnisse schon allein deshalb unbestimmt, weil die Fehlerstruktur des Prüfungsobjektes die unbekannte Zielgröße ist, die es in einem heuristischen Suchprozess zu konkretisieren gilt." (a.a.O. S. 275)

4 Sicherheit als Basis für die Urteilsbildung

Sie wird aber in einem engen wirtschaftlichen und rechtlichen Zusammenhang mit den Verbindlichkeiten gegenüber Kreditinstituten im Hinblick auf die entsprechenden *Zinsaufwendungen* auch erklären :

(1) Sie sind vollständig erfasst.
(2) Sie entsprechen den Verpflichtungen des Unternehmens
(3) Sie sind im Geschäftsjahr tatsächlich angefallen.
(4) Sie sind richtig bewertet.
(5) Sie sind richtig ausgewiesen
(6) Sie sind genau ermittelt.

Wenn wir also ein bestimmtes Prüfungsziel verfolgen, z.B. das der Vollständigkeit, dann können wir doch sowohl den Kredit als solchen als auch den entsprechenden *Zinsaufwand* in die Zielformulierung aufnehmen, d.h. zwei Aussagen über *ein* Ziel abdecken. Die *Formulierung des Prüfungszieles* würde dann also lauten : Ausreichende und angemessene Nachweise dafür zu bekommen, dass sowohl die Verbindlichkeiten gegenüber Kreditinstituten als auch die damit zusammenhängenden Zinsen vollständig im Jahresabschluss erfasst sind.

In unserem Beispielsfall könnte man sogar noch einen Schritt weitergehen und in die Formulierung *alle* Prüfungsziele - nämlich *VEBBAG gesamt* - sowohl für die Kredite als auch für die Zinsen aufnehmen. Dann würde die Formulierung lauten :

Ausreichende und angemessene *Nachweise* dafür zu bekommen, dass die Verbindlichkeiten gegenüber Kreditinstituten und die damit zusammenhängenden Zinsen vollständig erfasst sind, den Verpflichtungen des Unternehmens entsprechen, am Bilanzstichtag bestehen bzw. im Geschäftsjahr tatsächlich angefallen, richtig bewertet und ausgewiesen sind und genau ermittelt wurden.

Durch diese Zusammenfassung ergäbe sich eine große *Arbeitserleichterung*. Diese würde noch zunehmen, wenn man das Prüfungsziel durch die Thematik der *grundpfandrechtlichen Sicherung*, ihrer Höhe und ihres Ausweises im Anhang ergänzen würde.

Wann lassen sich verschiedene Abschlussaussagen mit einem oder mehreren Prüfungszielen abdecken ? Diese Möglichkeit besteht dann, wenn

- die Aussagen zum *gleichen Geschäftsprozess* gehören,
- das *Risiko* der wesentlichen Fehlaussage *gleich* ist und
- die *Nachweise* für die Richtigkeit der Aussage aus der *gleichen* (überzeugenden) Quelle stammen.

In unserem Beispielsfall betreffen alle Aussagen die Beziehungen zur Bank, unterliegen dem gleichen Risiko der wesentlichen Fehlaussage und können allein durch eine Bankbestätigung (also von einer externen Stelle) bescheinigt werden.

5 Prüfungsnachweise und Dokumentation

Prüfungsnachweise müssen *ausreichend* und *angemessen* sein, damit der Abschlussprüfer sein Prüfungsziel (Bestätigung der Richtigkeit oder Fehlerhaftigkeit bestimmter Abschlussaussagen) erreichen kann. Dabei muss er – dem Grundsatz der *Gewissenhaftigkeit* folgend – die ganze Bandbreite der *Prüfungstechnik* ausschöpfen, auch dann, wenn mit der Beschaffung von Unterlagen oder Informationen Schwierigkeiten verbunden sind. Bei der Würdigung der Qualität von Prüfungsnachweisen stößt er u.U. auf das Problem der *Scheingenauigkeit*, das er nur dann lösen kann, wenn er sich von verschiedenen Seiten dem Wahrheitsgehalt einer Aussage nähert. Seine Unterlagen müssen aufgrund ihrer Struktur den *Gang* und das *Ergebnis* der Prüfung widerspiegeln, d.h. es muss zweifelsfrei aus ihnen hervorgehen, *wie* Prüfungsziele entwickelt wurden und *ob* man sie überhaupt erreicht hat. Nur auf diese Weise wird die *Sicherungs- und Schutzfunktion* der Arbeitspapiere sichergestellt. Der Maßstab der *Transparenz*, den der Abschlussprüfer bislang bei seinen Mandanten angelegt hat, wird nunmehr auch bei ihm selbst angewendet. Dies gilt insbesondere für die gesetzliche Qualitätskontrolle.

5.1 Zwingende Informationen als Basis für das Prüfungsurteil

5.1.1 Wirkungsfelder und Begriff

Ich habe in den vorangegangenen Kapiteln bewusst immer wieder davon gesprochen, dass der Abschlussprüfer *„ausreichende und angemessene Nachweise"* dafür benötigt, dass bestimmte Abschlussaussagen des Mandanten (skizziert durch das Kürzel VEBBAG) zutreffen. Vor diesem Hintergrund sind Sie bereits für das nun zu besprechende Thema „Prüfungsnachweise" ausreichend sensibilisiert.

KOBU KORI KOCO KOP **KODI**

Es dürfte also klar geworden sein, dass es das oberste Ziel des Abschlussprüfers sein muss, entsprechende *Nachweise* zu bekommen. Denken Sie an die drei Phasen der Abschlussprüfung ! In welcher Phase spielen Prüfungsnachweise eine Rolle ? Sie spielen *in allen drei Phasen* eine Rolle !

Wenn wir uns ein Verständnis über die *Geschäftstätigkeit* des Mandanten verschaffen, benötigen wir Nachweise, dass das, was er uns berichtet, auch stimmt. Er kann ja vieles *behaupten* : Er kann von einer *Spitzenstellung* im Markt sprechen, kann uns berichten, dass der überwiegende Teil des *Umsatzes* mit Produkten gemacht wird, die nicht älter als drei Jahre sind und kann uns erzählen, dass er sein Wachstum auch weiterhin aus *eigener* Kraft finanzieren wird. Alles das dürfen wir nicht glauben, sondern wir benötigen Nachweise, dass seine Erklärung stimmt. Ohne Nachweise können wir uns *kein Urteil* bilden. Stellen Sie sich vor, wir würden uns auf den Standpunkt stellen : „Es wird schon stimmen!" und de facto liegt die behauptete Spitzenstellung gar nicht vor, dann würden wir doch die ganze Prüfung auf eine falsche Basis stellen ! Prüfungsziele im strengen Sinne – so wie wir es bislang besprochen haben – gäbe es dann nicht. Wir würden uns vom Prinzip Hoffnung tragen lassen, aber nicht der *Pflicht zur Eigenverantwortlichkeit* folgen. *Eigenverantwortlich* müssen wir alle sein, Sie und ich ! Wir alle zusammen !

Man hüte sich also vor dem verführerischen Gedanken, man dürfe bei der Einschätzung komplexer Zusammenhänge „mit gutem Gewissen" auf das Urteil des Vorstandssprechers des zu prüfenden Unternehmens „vertrauen", denn er sei ja schließlich der Fachmann. Dies würde eine völlige Verkennung der Situation bedeuten, denn *Vertrauen ist im Kontext handelsrechtlicher Bestimmungen nicht delegierbar*. Aufsichtsrat oder Gesellschafterversammlung bringen dem Abschlussprüfer ihr Vertrauen entgegen, und dieses enthält im Kern die Erwartung, dass sich dieser ausreichende und angemessene Nachweise dafür verschafft, dass bestimmte Aussagen des Managements stimmen. Welcher Eindruck würde wohl entstehen, wenn sich der Abschlussprüfer auf die Erklärung des Vorstands: „Wir haben eine ganz schön hohe Eintrittsbarriere aufgebaut" [157], verlassen und die Beurteilung zukünftiger Chancen und Risiken des Unternehmens mit dieser Aussage koppeln würde, ohne sich von der Zuverlässigkeit dieser Information „nachweislich" überzeugt zu haben. (§ 289 HGB i.V.m. § 322 HGB !)

Wenn wir uns ein Verständnis über die Qualität der *internen Kontrollen* verschaffen, dann reicht es eben nicht aus, uns lediglich *erläutern* zu lassen, wie diese Kontrollen arbeiten ! Der Mandant kann ja *behaupten*, dass er ein gut arbeitendes internes Kontrollsystem hat, darauf hinweisen, dass die Werthaltigkeit von Vorräten und Forderungen regelmäßig überwacht wird und dass man ordnungsgemäß alle erforderlichen Rückstellungen bilde. Der schlechte, also nicht gewissenhafte Abschlussprüfer glaubt alles und beendet seine Arbeit schon *nach* der Aufbauprüfung mit den Worten : „Klingt gut, was die mir da erzählen ! Wird schon stimmen !" Ohne Nachweise können wir uns *kein Urteil* bilden ! Stellen Sie sich vor, wir würden uns nicht davon überzeugen, wie die Kontrollen *tatsächlich* arbeiten, also z.B. nicht an konkreten Fällen nachvollziehen, wie die Forderungen überwacht oder wie sie abgesichert werden, dann würden wir doch z.B. glauben, dass es nicht erforderlich ist, Forderungen, die durch eine Kreditversicherung abgesichert sind, ganz oder teilweise abzuschreiben. Wenn wir den Kreditversicherungsvertrag nicht durchlesen (VA BENE), würden wir gar nicht wissen, dass bestimmte Forderungen ausgeklammert wurden oder dass in bestimmter Höhe ein Selbstbehalt besteht. Wir würden uns auch in diesem Bereich vom *Prinzip Hoffnung* tragen lassen, und es wäre uns egal, dass wir zur Gewissenhaftigkeit verpflichtet sind. Welch eine beschämende Gleichgültigkeit !

Wenn wir uns schließlich bei den sogenannten *verbleibenden Prüfungshandlungen* um Nachweise darüber bemühen, dass eine bestimmte Aussage des Mandanten stimmt, dann benötigen wir eindeutige Unterlagen, die einen klaren Bezug zum Sachverhalt haben. Hier gilt es, darauf zu achten, welche *Qualität* die Dokumente haben, von welchen *Einschätzungen* sie bestimmt sind und *wer* sie erstellt hat. Dabei kann auch die Frage eine Rolle spielen, ob einzelne Aussagen durch *Vorurteile* geprägt sind oder ob nicht besondere Zweifel deshalb angebracht sind, weil sich das Unternehmen schon mehrfach (z.B. wegen mangelnder Fachkenntnis) *geirrt* hat. Häufig ist es von großem Vorteil, sich die Aussagekraft eines Dokumentes oder einer Information (unauffällig) von anderen Stellen des Unternehmens *bestätigen* zu lassen. (Ich erinnere an das Kapitel : Datenbeschaffung und Kommunikation.) Nur auf diese Weise erhalten wir klare Nachweise, die uns ein *Urteil* ermöglichen !

---

157 K. Mrusek : „Qualität ist für uns wichtiger als Swissness." (Das FAZ-Gespräch mit Ernst Tanner, dem Vorstandschef des Schokoladenherstellers Lindt & Sprüngli), in : FAZ 9.12.04, Nr. 288, S. 18

Stellen Sie sich vor, wir würden bei der Prüfung von Forderungen gegen ausländische Kunden (ich erinnere Sie an den Fall des Möbelherstellers WAKON) einem Aktenvermerk des Vertriebsleiters vertrauen, in dem dieser betont, dass sich die Probleme in der Zahlungsbilanz von Argentinien entspannt haben, dass keinerlei Kreditrisiken bestehen und dass *deshalb* eine Wertberichtigung auf eine offene Forderung nicht erforderlich ist. Woher wissen wir denn, ob er Recht hat ? Aus *welcher* Quelle stammen seine Informationen ? Kann er einen solch komplizierten Sachverhalt *wirklich* beurteilen? Hat er diesen Vermerk u.U. auf *Anweisung* der Geschäftsleitung geschrieben, weil diese hofft, dass sich der Abschlussprüfer mit einer *solchen* Unterlage zufrieden gibt ? Stellen Sie sich vor, in unseren Arbeitspapieren würde eine Notiz landen, die folgenden Wortlaut hat : „Nach Angaben der Vertriebsleitung, niedergelegt in einem Aktenvermerk vom 19. November 2003, bestehen bei der Forderung gegenüber dem Kunden Alfonso Rivera in Buenos Aires in Höhe von € 100.000 keine Ausfallrisiken. Eine Wertberichtigung ist deshalb nicht erforderlich."

Was würde wohl geschehen, wenn die Argentinische Zentralbank Mitte des Jahres 2003 bereits mitgeteilt hat, dass sie keine Überweisungen ins Ausland mehr dulden und die Konten ihrer Geschäftskunden bis auf Weiteres einfrieren werde ? Der Jahresabschluss wäre in wesentlichen Belangen falsch und wir hätten zu Unrecht ein uneingeschränktes Testat erteilt.

Merken Sie sich also : *Prüfungsnachweise sind in allen drei Phasen der Abschlussprüfung von großer Bedeutung !* Das war die Ouvertüre zum Thema „Prüfungsnachweise".

Obwohl wir schon oft den Begriff Prüfungsnachweis verwendet haben, sollten wir uns doch auf eine *Definition* verständigen. Was ist ein Prüfungsnachweis ? Das IDW erklärt dazu im PS 300 TZ 6 :

„Prüfungsnachweise sind Informationen insbesondere aus Originalunterlagen, Handelsbüchern und sonst erforderlichen Aufzeichnungen (vgl. § 239 HGB), zu denen buchhalterische Aufzeichnungen und sonstige dem Jahresabschluss und Lagebericht zugrundeliegenden Unterlagen gehören, sowie aus anderen Quellen, welche die in der Buchführung, im Jahresabschluss und Lagebericht (Rechnungslegung) enthaltenen Angaben stützen."

Wer kann sich das merken? ISA 500 ist in TZ 4 kürzer und präziser :

„ 'Audit evidence' means the information obtained by the auditor in arriving at the conclusions on which the audit opinion is based. Audit evidence will comprise source documents and accounting records underlying the financial statements and corroborating from other sources." [158]

Wenn man die deutsche Version liest (die ISA-Formulierung scheint griffiger), dann hat man das Gefühl, dass hier um den heißen Brei herumgeredet wird. Warum wird nirgendwo vom Bestätigungsvermerk gesprochen, obwohl die „audit opinion" doch dieses *Gesamturteil* des Abschlussprüfers meint ? Warum wird nicht ganz konkret auf die *Abschlussaussagen* des Mandanten Bezug genommen, die wir kurz mit VEBBAG gekennzeichnet haben ? Warum wird nicht erklärt, dass der Abschlussprüfer eindeutige Informationen benötigt, um sich davon überzeugen zu können, dass diese Aussagen stimmen ? Also dann sagen wir doch ganz einfach :

---

158 ISA 500 : Audit Evidence

Ausreichende und angemessene *Prüfungsnachweise* sind zwingende Informationen, die den Abschlussprüfer zu dem *eigenen* Urteil führen, seine *Prüfungsziele* erreicht zu haben. Sie erlauben ihm, i.d.R. *uneingeschränkt* bestätigen zu können, dass die Abschlussaussagen des Managements zutreffen. Die *Abschlussaussagen* betreffen : die **V**ollständigkeit, das **E**igentum, den **B**estand, die **B**ewertung, den **A**usweis und die **G**enauigkeit.

Prägen Sie sich das bitte ein ! Sie können es vielleicht einmal ganz gut gebrauchen ! Für die Prüfungsassistenten gilt : *Es werden dann in Zukunft auch Ihre Prüfungsziele und Ihr Prüfungsurteil sein,* von denen hier die Rede ist ! Und vergessen Sie nicht, dass Prüfungsziele sachgerecht aus der Geschäfts- und Kontrolltätigkeit des Unternehmens abzuleiten sind.

Was bedeutet es nun, einen wesentlichen *Prüfungsnachweis zu besitzen ?*

Es bedeutet im Grunde nicht, einfach nur auf simple Abstimm- oder Rechenvorgänge hinzudeuten (z.B. Sachkonto mit Hauptbuch verglichen; Abschreibungen nachgerechnet), auf Routinearbeiten also, deren Bild mehr durch Abhaken als durch Analysen gekennzeichnet ist. Es besagt im eigentlichen Sinne, das Resultat einer Arbeit präsentieren zu können, die über mehrere Stufen in einen *logischen* Zusammenhang eingebunden ist und in der Regel zu dem Ergebnis kommt, dass bestimmte Abschlussaussagen des Mandanten stimmen oder nicht.

5.1.2 Anforderungen an die Aussagekraft (Fallstudien)

5.1.2.1 Zu den Eigenschaften „ausreichend" und „angemessen"

Wir müssen uns nun mit der Frage beschäftigen, was „ausreichend" und was „angemessen" bedeutet, denn wir haben bereits mehrfach davon gesprochen, dass Prüfungsnachweise diese Eigenschaften haben sollen. (Ich habe schon erwähnt, dass die International Standards on Auditing, die ISA 500, von „sufficient and appropriate" sprechen.) Was bedeutet „ausreichend", was bedeutet „angemessen" ?

Ausreichend ist ein *quantitatives* Merkmal und bezieht sich auf den Umfang bzw. die Menge von Informationen. Dieses quantitative Merkmal wird bestimmt durch das von uns eingeschätzte Risiko einer wesentlichen Fehlaussage. Wir werden also spätestens nach dem bereits viel zitierten Funktionstest interner Kontrollen, der unsere Risikoeinschätzung bestätigt oder verwirft, eine Vorstellung davon haben, was „ausreichend" bedeutet. (Damit ist natürlich auch unsere persönliche Zeitplanung berührt.) Erinnern Sie sich bitte an den Fall „Dubai / Hotel Burdsch Al Arab"). Das Nachweis-Paket, bestehend aus Rechnung, General-Unternehmervertrag und Besprechungsprotokoll, war *ausreichend,* weil es genügend Informationen für das Prüfungsziel „Bestand der Forderung" lieferte. Der GU-Vertrag und das Besprechungsprotokoll waren sozusagen die *flankierenden* Dokumente, die der ansonsten isoliert dastehenden Rechnung ihren Stempel aufdrückten mit der Inschrift :„Eine Forderung ist noch nicht entstanden" ; oder mit anderen Worten: „Die Behauptung, der Jahresabschluss der WAKON enthält eine Forderung gegen das in Dubai ansässige Hotel Burdsch Al Arab", ist falsch." Man könnte auch sagen : Der Verdacht, dass die im Jahresabschluss ausgewiesene Forderung (noch) nicht existiert, hat sich bestätigt.

Hier wird außerdem deutlich, dass Prüfungsnachweise Tatsachen vortäuschen können, weil sie *scheinbar* den Beweis für die Richtigkeit von Abschlussaussagen liefern. Wer der auf der

Rechnung ausgewiesenen Projekt-Nummer nicht nachgeht, wird sich mit der Rechnung als ausreichendem Prüfungsnachweis zufrieden geben und von einem einfachen Liefervertrag ausgehen, der aber de jure ein Werkvertrag ist. (vgl. Anlage 42/3)

Die Bedeutung von Prüfungsnachweisen steigt also sozusagen mit ihrer Wertigkeit. So wie in der Physik die Wertigkeit eines Elementes durch die Zahl der Wasserstoffatome definiert wird, die es binden, so wird im Rahmen der Abschlussprüfung die Wertigkeit von Prüfungsnachweisen grundsätzlich durch die *Zahl der Informationen* bestimmt, die eine Abschlussaussage bestätigen. 1-wertige Prüfungsnachweise (z.B. eine einfache Rechnung) sind also im Zweifel unzureichend.

(Betrachten Sie bitte die in Kapitel III. 2 – III. 5 vorgestellten Arbeitshilfen : Prüfung von Ausgangsrechnungen bzw. von Eingangsrechnungen auch unter diesem Aspekt !)

Es bedarf einer gewissen Erfahrung und einer entsprechenden Urteilskraft, um sagen zu können, wie viele Informationen wir benötigen bzw. welchen Detaillierungsgrad wir bei einem Dokument erwarten. Prüfungsassistenten müssen sich also sorgfältig mit dem Prüfungsleiter abstimmen, um Maßstäbe festlegen zu können. Dies wird anhand weiterer Beispiele noch erläutert werden.

Die Bedeutung der *Angemessenheit* wird einem erst dann richtig klar, wenn man sich vor Augen führt, dass der Abschlussprüfer sein Urteil – und als *Gesamturteil* wird es der Bestätigungsvermerk sein ! – auf die *Qualität der Prüfungsnachweise* stützt. Angemessen ist ein *qualitative*s Merkmal und weist darauf hin, dass Informationen

— *sachdienlich* (im Sinne von „relevant") und
— *zuverlässig* (im Sinne von „vertrauenswürdig" und „seriös")

sein müssen.

Damit eine Information als *sachdienlich*, d.h. also als relevant bezeichnet werden kann, muss sie in direkter Beziehung zu einer oder zu mehreren Abschlussaussagen stehen. Wenn der Abschlussprüfer z.B. die Ersatzteil-Inventur bei WELOS überwacht und sich von der Ordnungsmäßigkeit des Aufnahmeverfahrens überzeugt hat, dann ist die Einsichtnahme in einen *Originalaufnahmebeleg* ein Prüfungsnachweis dafür, dass eine bestimmte Vorratsposition am Bilanzstichtag tatsächlich existiert hat. (VE**B**BAG ; VA B**E**NE)

Wenn der Abschlussprüfer z.B. bei WAKON die Werthaltigkeit von Forderungen gegen einen Kunden in Dubai prüft und ihm der Verkaufsleiter eine Bestätigung von der Industrie- und Handelskammer der Landeshauptstadt Stuttgart vorlegt, in der diese erklärt, dass es nach ihrer Erfahrung bislang keinerlei Probleme bei deutschen Exporten nach Dubai gegeben habe, dann ist diese Bestätigung kein *sachdienlicher* Hinweis, weil die damit verbundenen Informationen keinen Rückschluss auf die finanzielle Situation des Kunden „Burdsch Al Arab" erlauben und dem Abschlussprüfer nicht bei der Beantwortung der Frage helfen, ob die offene Forderung richtig bewertet ist.

Wenn der Abschlussprüfer z.B. bei BRATO Sachanlagen bzw. Vorräte prüft und ihm die zuständigen Stellen erklären, man produziere im Rahmen der Diversifizierung auch Biermischgetränke, dann wäre eine offizielle z.B. vom Deutschen Brauerbund herausgegebene Statistik, die den (steigenden) Verbrauch dieser Getränke belegt, ein *sachdienlicher* Prüfungsnachweis dafür, dass die Angaben des Unternehmens über ein wachsendes Geschäft zutreffen und dass unter diesem Aspekt die Bewertung der entsprechenden Sachanlagen (Maschinen und maschinelle Anlagen) bzw. Vorräte (Biermischgetränke) nicht zu beanstanden ist.

Geben Sie sich also nicht mit ganz allgemeinen Erklärungen zufrieden ! Bleiben Sie ruhig, aber hartnäckig, wenn es heißt : „Lassen Sie das mal unsere Sorge sein ! Wir verstehen unser Geschäft besser als Sie !" Denken Sie daran, „bestimmt" zu sein und seien Sie sich immer der Tatsache bewusst, dass sie Rechte haben, die Sie zwar mit Höflichkeit, aber mit Nachdruck verfolgen müssen !

Neben der Sachdienlichkeit hatten wir als zweites Kriterium der Angemessenheit die Zuverlässigkeit erwähnt. Für die Zuverlässigkeit sprechen möglicherweise die folgenden Gesichtspunkte (vgl. PS 300 TZ 36 f und ISA 500 TZ 15 f) :
- die Informationen stammen aus einer Quelle außerhalb des Unternehmens ;
- die Informationen stammen von einem fremden Dritten und nicht von einem verbundenen Unternehmen oder von einer dem Unternehmen nahestehenden Person ;
- die Informationen stammen von einer Stelle, die nach Einschätzung des Abschlussprüfers gut kontrolliert ist ; (Kann er das auch nachweisen ?)
- Informationen, die direkt durch Augenscheinnahme, Beobachtung, Einsichtnahme oder durch Nachrechnen (VA BENE) gewonnen werden, und nicht indirekt durch Befragungen ;
- Informationen, die auf schriftlichem Wege (z.B. in Form von Dokumenten oder Darstellungen) zum Abschlussprüfer gelangen, sind überzeugender als mündliche Erklärungen. (Problematik der Dokumentation !);
- die (deckungsgleichen) Informationen wurden von verschiedenen Stellen gewonnen und nicht nur von einer einzigen Stelle (des Unternehmens). (Es ist von großer Bedeutung, wenn es gelingt, sich die von einer Stelle gewonnenen Informationen noch einmal bestätigen zu lassen.)

Wie kann eine solche Bestätigung erfolgen ? Dies ist möglich durch :
- persönliche Beobachtung
- Befragungen (ggf. auch von außerhalb des Unternehmens angesiedelten Stellen)
- Darstellungen und Erläuterungen innerhalb der internen Berichterstattung
- Anwendung von Kennziffern

Versuchen wir das zu verstehen, in dem wir uns erneut an das Autohaus WELOS erinnern :
- Wenn der Leiter des Servicegeschäftes behauptet, man habe einen sehr hohen Auftragsbestand an Reparaturen, dann kann man doch in die Werkstatt gehen und sich einen persönlichen Eindruck von Art und Umfang dieser Arbeiten verschaffen (Augenscheinnahme) ;
- Wenn der Verkaufsleiter behauptet, die Farben der auf Lager liegenden Neuwagen entsprechen einem modischen Trend, dann kann man doch mal einen außenstehenden Experten fragen, welche Farben z.Z. bei den Kunden beliebt sind und welche nicht (Befragung) (vgl. Anlage 8/1) ;
- Wenn die Geschäftsleitung behauptet, die Bruttomarge habe sich im letzten Quartal des Geschäftsjahres deutlich verbessert, dann ist es naheliegend, diese Informationen anhand der internen Berichterstattung nachzuvollziehen (Einsichtnahme) ;
- Wenn der Verkaufsleiter behauptet, die Bruttomarge bei BMW habe sich im abgelaufenen Jahr deutlich verbessert, dann kann man diese Angabe einmal dadurch überprüfen, dass man selbst eine Kennziffer ermittelt und diese mit der entsprechenden Kennziffer des Vorjahres vergleicht (Vergleich, Nachrechnen, Einsichtnahme). Möglicherweise liegen aber beide Kennziffern bei WELOS bereits vor und brauchen nur kontrolliert zu werden.

Hier wird ganz besonders deutlich, was es heißt, sich eine *eigene Meinung* zu bilden !

5.1.2.2 Ausschöpfung der Prüfungstechnik
Damit Sie nachvollziehen können, was unter ausreichenden und angemessenen Prüfungsnachweisen zu verstehen ist, behandeln wir jetzt einige Fälle.

Der Kessel
Sachverhalt
Eine Immobiliengesellschaft hat im Jahre 2001 eine große Wohnanlage an einen Investor verkauft und zum 31. Dezember 2001 zu Recht Umsatz und Gewinn realisiert. Individuelle Rückstellungen für dieses Geschäft waren nicht erforderlich, da der Käufer erstens die Wohnanlage „wie sie steht und liegt" erworben und zweitens bis zum Zeitpunkt der Bilanzaufstellung (März 2002) keine Einwendungen erhoben hatte. Im Zuge der Jahresabschlussprüfung zum 31. Dezember 2002 stellte der Abschlussprüfer dann fest, dass der Käufer in der Zwischenzeit Mängel an der Heizungsanlage reklamiert hatte, dem Verkäufer arglistige Täuschung vorwarf und mit einer gerichtlichen Klage drohte. Der Käufer trug insbesondere vor, dass zum Zeitpunkt des Erwerbes (Oktober 2001) dem Verkäufer bekannt gewesen sein musste, dass eine Reihe von Kesseln bereits die zulässigen Immissionswerte überschritten hatte, deshalb eine Sanierung dieser Kessel fällig gewesen und er verpflichtet gewesen sei, diesen Umstand dem Verkäufer offenzulegen. Die Immobiliengesellschaft hatte zum 31.12.2002 keine Rückstellung gebildet, weil sie der Auffassung war, dass der Anspruch des Käufers auf Schadensersatz unberechtigt sei. Sie war bereit, es auf eine gerichtliche Auseinandersetzung ankommen zu lassen. Der Abschlussprüfer, der aus Zeitgründen nicht warten wollte, bis sich Käufer und Verkäufer – sei es gerichtlich oder außergerichtlich – verständigt hatten, hatte Bedenken, ob nicht dem Verkäufer unter dem Gesichtspunkt der „culpa in contrahendo" doch ein Verschulden traf, und war bemüht, den Sachverhalt soweit aufzuklären, dass er „mit hinreichender Sicherheit" feststellen konnte, ob den Verkäufer eine Erstattungspflicht trifft oder nicht.
Überlegen Sie bitte unter dem Gesichtspunkt der Prüfungsnachweise, was der Abschlussprüfer unternehmen konnte, um nachzuvollziehen, ob der Mandant zurecht auf die Bildung einer Rückstellung für Schadensersatz zum 31.12. 2002 verzichtet hatte. (Denken Sie mehr in praktischen als in rein juristischen Kategorien!)

Lösung
Im Rahmen seiner Abschlussprüfung war der Wirtschaftsprüfer auch verpflichtet, die Aussage des Mandanten : „Die Rückstellungen sind vollständig bilanziert", auf ihre Richtigkeit hin zu überprüfen. Innerhalb der gesamten Abschlussaussage VEBBAG war also in erster Linie das „V" gefragt. Sollte er aber zu der Überzeugung kommen, dass eine Rückstellung zu bilden war, dann musste er sich also gleichzeitig auch um das „B" (für Bewertung) kümmern. Sein Prüfungsziel lautete also : Ausreichende und angemessene Nachweise dafür zu bekommen, dass die Rückstellungen vollständig erfasst sind und dass im Falle fehlender Rückstellungen ermittelt werden kann, wie hoch eine solche Rückstellung unter dem Gesichtspunkt der Wesentlichkeit sein müsste.
Der Abschlussprüfer ließ sich von folgenden Überlegungen leiten : Da der Mandant „freiwillig" nicht bereit war, eine Rückstellung zu bilden, und die Immobiliengesellschaft nicht über aussagefähige Unterlagen verfügte (sie möglicherweise besaß, aber dem Abschlussprüfer gegenüber verschwiegen hat), entschloss sich dieser – unter Abwägung des VA BENE-Instrumentariums – einen sachverständigen Dritten zu befragen. Nach sorgfältiger Überlegung – und in Abstimmung mit dem Vorstand der Immobiliengesellschaft – entschloss sich der Abschlussprüfer, den zuständigen Bezirksschornsteinfeger zu konsultieren. Dieser erklärte sich bereit, diejenigen Immissionsprotokolle für die von ihm geprüften Heizungskessel zur Verfügung zu stellen, die vor dem Verkauf der Wohnanlage von ihm erstellt wurden. Der Abschlussprüfer hat diese Protokolle studiert und festgestellt, dass einige Kessel die kritischen Immissionswerte zum Zeitpunkt des Verkaufes bereits überschritten hatten. Ohne genau zu wissen, wie das eventuell eingeschaltete Gericht diesen Sachverhalt beurteilen würde, schloss der Abschlussprüfer sich der Auffassung des Käufers an und war der Meinung, dass die Immobiliengesellschaft angesichts dieses Risikos eine Rückstellung zum 31. Dezember 2002 zu bilden habe. Der Abschlussprüfer ließ sich vom Bezirksschornsteinfeger Angaben über die voraussichtlichen Kosten der Heizkesselsanierung machen und war damit in der Lage, die Größenordnung der Rückstellung zu bestimmen. Da diese Größenordnung – gemessen am bislang ausgewiesenen Jahresergebnis zum 31.12.2002 - wesentlich war, verlangte er auf der Basis seiner während der Abschlussprüfung gewonnenen Erkenntnisse vom Vorstand der Immobiliengesellschaft die nachträgliche (und bislang verweigerte) Bildung einer Rückstellung für den an den Käufer nach vernünftiger kaufmännischer Beurteilung voraussichtlich zu leistenden Schadensersatz.
Der Vorstand hat diesem Verlangen Rechnung getragen und die Rückstellung – aufgestockt um zu erwartende Gerichtskosten – zum 31. Dezember 2002 gebildet.

5 Prüfungsnachweise und Dokumentation

Wesentlichkeit
- Immaterielle und Sach-Anlagen
- Finanzanlagen
- Vorräte
- Forderungen / Wertpapiere
- Eigenkapital
- Rückstellungen
- Verbindlichkeiten

Prüfungsziele
- Vollständigkeit
- Eigentum
- Bestand
- Bewertung
- Ausweis
- Genauigkeit

Prüfungstechnik
- Vergleich
- Augenscheinnahme
- Befragung
- Beobachtung
- Bestätigung
- Einsichtnahme
- Nachrechnen
- Einsichtnahme

Rück-stellungen
Vollständigkeit — **Einsichtnahme** — **Protokoll**

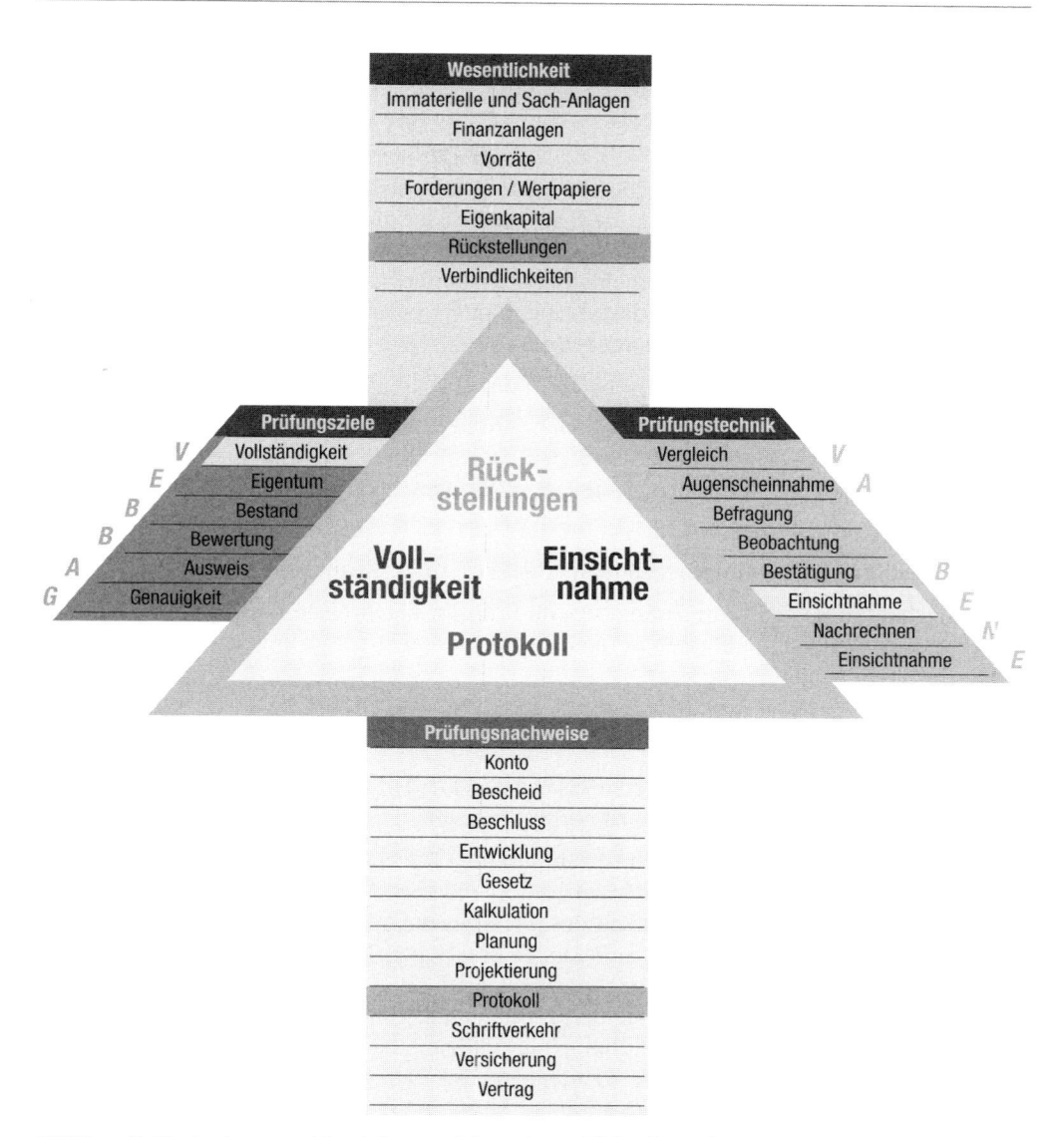

Prüfungsnachweise
- Konto
- Bescheid
- Beschluss
- Entwicklung
- Gesetz
- Kalkulation
- Planung
- Projektierung
- Protokoll
- Schriftverkehr
- Versicherung
- Vertrag

Abbildung 11: Die Gewinnung und Beurteilung von Informationen (Rückstellungen)

Zusammenfassung

Die Protokolle des Bezirksschornsteinfegers waren sowohl *ausreichend* als auch angemessen. Sie waren ausreichend, weil für alle Heizungskessel Immissionsprotokolle vorlagen. Sie waren *sachdienlich*, weil sie sich unmittelbar auf die Frage nach der Vollständigkeit der Rückstellungen bezogen und sie waren *zuverlässig*, weil sie aus einer Quelle außerhalb des Unternehmens stammten und in schriftlicher Form von einem Experten verfasst wurden.

Dieser Fall zeigt in besonderer Weise die große Bedeutung einer *skeptischen* Grundhaltung des Abschlussprüfers und der *Aussagekraft* von Prüfungsnachweisen. Wenn der Abschlussprüfer *Zweifel* hat, ob eine bestimmte Aussage des Mandaten stimmt, dann muss er bereit sein, ggf. auch „lange Wege" zu gehen. Nur wenn er dem Grundsatz seiner *Eigenverantwortlichkeit* folgt, wird er in der Lage sein, sich alle relevanten und vertrauenswürdigen Informationen zu verschaffen, die ihm ein unabhängiges Urteil ermöglichen.

Zum Thema der „culpa in contrahendo" schreibt W. Kallwass : „Wenn der Verkäufer fahrlässig falsche Angaben über die Beschaffenheit macht oder die wirkliche Beschaffenheit verschweigt (wieweit seine Aufklärungspflicht über den Zustand der Sache geht, ist eine Frage von Treu und Glauben), ist er verpflichtet, den Zustand herzustellen, der ohne die culpa in contrahendo, d.h. im Falle der Aufklärung des Käufers bestehen würde. Der Verkäufer haftet also hier nur auf das Vertrauensinteresse." [159]

Zur Problematik der Prüfungsnachweise führt das IDW im PS 300 aus :

„Wenn bei der Beurteilung einer wesentlichen Aussage in der Rechnungslegung Zweifel bestehen, wird der Abschlussprüfer versuchen, ausreichende und angemessene Prüfungsnachweise zu erlangen, um solche Zweifel zu zerstreuen." (TZ 38)

Und im Hinblick auf die einzusetzende Energie wird in TZ 13 ausgeführt :

„Prüfungshandlungen, die zur Erlangung von Prüfungsnachweisen notwendig sind, dürfen ... nicht alleine deshalb unterlassen werden, weil mit ihrer Durchführung Schwierigkeiten und Kosten verbunden sind."

Zu den wichtigen Eigenschaften *„ausreichend"* und *„angemessen"* wird im PS 300 unter TZ 9 erklärt :

„Bei der Beurteilung, ob Prüfungsnachweise ausreichend und angemessen sind, hat der Abschlussprüfer z.B. folgende Aspekte zu berücksichtigen :

— die Beurteilung von Art und Höhe des inhärenten Risikos für das Unternehmen insgesamt und für einzelne Prüffelder ;
— die Ausgestaltung und Wirksamkeit des rechnungslegungsbezogenen internen Kontrollsystems und die darauf aufbauende Einschätzung der Kontrollrisiken;
— die Wesentlichkeit der zu prüfenden Posten ;
— die Erfahrungen aus vorhergehenden Prüfungen des Unternehmens ;
— die Ergebnisse von Prüfungshandlungen im Rahmen der laufenden Prüfung einschließlich der Aufdeckung von Unregelmäßigkeiten. ..."

In Anlage 45 ist ein *Prüfungsprogramm* (KoP-Doc) dargestellt, das den oben beschriebenen Fall behandelt. Bitte machen Sie sich mit der *Begründung* des Prüfungszieles und der *Einschätzung* des Risikos der wesentlichen Fehlaussage vertraut.

---

[159] *W. Kallwass : Privatrecht für Wirtschafts- und Sozialwissenschaftler, 8. Aufl. Verlag U. Thiemonds, Porz am Rhein 1975, S. 196*

Der nächste Fall trägt den Titel :

Der Innenhof
Die Anforderungen, dass Prüfungsnachweise ausreichend und angemessen sein müssen, können gelegentlich dadurch erfüllt werden, dass man sich entschließt, Dokumente (Statistiken, Prognosen, Gutachten etc.) einmal beiseite zu legen und sich vor Ort Gegenstände anzuschauen, die Bestandteil des Jahresabschlusses geworden sind.

Sachverhalt
Ein Bau-Unternehmen führte im Umlaufvermögen u.a. eine zum Verkauf bestimmte Wohnanlage, die im Schwarzwald errichtet worden war und aus etwa 40 Wohneinheiten bestand. Es stellte sich heraus, dass eine Reihe von Wohnungen nur schwer verkäuflich war. Der Vorstand lieferte dem Abschlussprüfer regelmäßig günstige Prognosen, gestützt durch entsprechende gutachterliche Stellungnahmen einer mit dem Verkauf betrauten lokalen Vermarktungsgesellschaft. Er musste diese Prognosen aber regelmäßig nach unten korrigieren, d.h. die für den Verkauf gedachte Zeitachse strecken und die erwarteten Erlöse nach unten korrigieren. Obwohl dies zu entsprechenden Wertberichtigungen führte, hatte der Abschlussprüfer Bedenken, ob der Umfang dieser Wertberichtigungen ausreichend war. (VEBBAG) Seine Möglichkeiten im Rahmen der Prüfungstechnik auslotend, entschloss er sich, die Wohnanlage persönlich in Augenschein zu nehmen (VA BENE) und erbat dazu vom Vorstand eine entsprechende Besuchserlaubnis, die ihm auch gewährt wurde. Vor Ort bot sich dann das folgende Bild : Bei dem Gebäudekomplex handelte es sich um eine Atriumanlage, deren Innenraum so konzipiert war, dass man den Eindruck hatte, auf einem Kasernenhof zu stehen. Die Anlage enthielt auf einer Seite sogenannte Souterrain-Wohnungen, in die man – wenn Gardinen und Vorhänge nicht ganz geschlossen waren – vom Innenhof hineinblicken konnte. Genau diese Wohnungen waren nur schwer oder möglicherweise sogar unverkäuflich. Die Qualität der nüchternen Wohnanlage wurde darüber hinaus auch noch dadurch beeinträchtigt, dass in ihrer Nähe Eigentumswohnungen im modernen, anmutigen Landhausstil gebaut worden waren, so dass man sich – beide Wohnkonzepte vergleichend – kaum vorstellen konnte, dass noch jemand bereit war, selbst unter Inanspruchnahme eines verlockend niedrigen Kaufpreises eine solche „Kellerwohnung" zu erwerben. Die Wohnanlage war in weiten Teilen nicht mehr marktgerecht.

Lösung
Aufgrund seines ganz persönlichen Eindruckes erklärte der Abschlussprüfer dem Vorstand, dass ein Teil der Wohnungen nach seiner Einschätzung im Moment als unverkäuflich einzustufen, ein anderer Teil nur zu deutlich reduzierten Preisen zu vermarkten sei. Es hätten sich im Rahmen der Ortsbesichtigung und der dort geführten Gespräche keine Anhaltspunkte dafür ergeben, die den bisher gewählten bilanziellen Wertansatz stützen könnten. Er könne die Aussage der Geschäftsleitung, die Wohnungen seien nach Maßgabe der geltenden Gesetze richtig bewertet, nicht nachvollziehen. Es habe sich im Rahmen der Prüfung eine nicht unerhebliche Prüfungsdifferenz ergeben, die beseitigt werden müsse. Der Vorstand erklärte sich darauf hin bereit, die Wertberichtigungen aufzustocken. Einem uneingeschränkten Bestätigungsvermerk stand dann nichts mehr im Wege.

Die hier dargestellten Fälle sollten deutlich machen, dass man sich sehr genau überlegen muss (und hier können Diskussionen im Prüfungsteam sehr wertvoll sein), welches *Instrument der Prüfungstechnik* man auswählt, um das Prüfungsziel möglichst sicher und möglichst schnell zu erreichen. (vgl. auch Anlage 46)

5.1.2.3 Die Problematik der Scheingenauigkeit

Ich möchte Sie nun auf ein ganz besonderes Problem hinweisen, das sich im Zusammenhang mit der *Qualität von Prüfungsnachweisen* stellen kann. Das IDW hat im PS 300 („Prüfungsnachweise im Rahmen der Abschlussprüfung") unter TZ 10 eine (in jeder Beziehung !) bemerkenswerte Formulierung gewählt :

> *„Der Abschlussprüfer wird sich im Regelfall auf Prüfungsnachweise verlassen müssen, selbst wenn diese eher überzeugend als zwingend sind. Deshalb wird der Abschlussprüfer häufig Prüfungsnachweise aus verschiedenen Quellen und unterschiedlicher Art einholen, um dieselbe Aussage in der Rechnungslegung zu stützen."*

Diese Formulierung deckt sich mit einer Passage im PS 200 (Kenntnisse über die Geschäftstätigkeit ... .) TZ 26, in der ausgeführt wird :

„Die Grenzen der aus einer Abschlussprüfung zu ziehenden Erkenntnismöglichkeiten werden u.a. bestimmt durch : .... die Tatsache, dass in den meisten Fällen die Prüfungsnachweise eher überzeugend als zwingend sind, sie also Schlussfolgerungen nahe legen, ohne aber einen endgültigen Beweis zu liefern."

Obwohl ich die Formulierung des IDW für falsch halte (und das auch später noch begründen werde), wird hier doch geschickt auf die Gefahr hingewiesen, dass ein Prüfungsnachweis nur *scheinbar ausreichend* ist, weil man ihn als „plausibel" empfindet. Damit Sie diese Problematik verstehen, schildere ich Ihnen den folgenden Fall :

Die Rückrufaktion
Es handelt sich um einen Hersteller elektronischer Komponenten „Alpha One". In den Arbeitspapieren zum Jahresabschluss (31.12.2002) ist im März 2003 folgende Notiz enthalten :

„Alpha One (Alpha) hat im Jahre 2002 eine Gewährleistungsrückstellung für Kosten einer PKW-Rückrufaktion in Höhe von T € 2.500 gebildet. Nach Angaben der Fach-Abteilung stellt sich der Sachverhalt wie folgt dar : Alpha liefert an Beta (USA) Bauelemente, die dort in Airbag-Komponenten eingebaut werden. Abnehmer der Airbag-Komponenten ist der amerikanische Automobilhersteller Gamma. Ende Juli 2002 wurde Alpha von Beta darüber informiert, dass bei einigen Gamma-Wagen ohne besonderen Grund der Seiten-Airbag ausgelöst worden sei. Personen seien zum Glück nicht verletzt worden. Beta sieht - unter Berufung auf entsprechende Produktuntersuchungen im eigenen Hause - die Fehlerquelle in einer mangelhaften Qualität der bei Alpha produzierten Komponenten. Alpha hat anschließend die Produktionsdaten der entsprechenden Chargen analysiert und dabei festgestellt, dass ein Los kritische Daten für die sogenannte Lötwärmebelastung aufwies und nicht auszuschließen ist, dass diese Teile innerhalb des Lötvorganges bei Beta beschädigt wurden. Alpha führte aus, dass zwar die Lötwärmebelastung bei der Produktentwicklung beachtet und auch in die Qualitätskontrolle einbezogen wird, dass man aber Mängel der oben geschilderten Art nie ganz ausschalten könne. Alpha deutete an, dass mit hoher Wahrscheinlichkeit mit einer Rückrufaktion von Gamma zu rechnen ist, da Fälle der Airbag-Auslösung bereits aufgetreten sind und damit ein Mangel offensichtlich ist. Dieser Argumentation sind wir gefolgt. Ob man Beta nachweisen kann, dass dort Fehler beim Schweißen gemacht wurden, ist unsicher.
Wir haben an ausreichenden und angemessenen *Prüfungsnachweisen* vorliegen : Korrespondenz Alpha/Beta, Chargen-Analyse Alpha, Kostenkalkulation Alpha/ Beta/Gamma für Rückrufaktion. Alpha hat zwar eine Produkthaftpflichtversicherung, die tritt allerdings nach Angaben der Geschäftsleitung nur dann in Kraft, wenn Personen zu Schaden gekommen sind. Da dies nicht der Fall ist, wurde die Rückstellung nach Art und Umfang zurecht gebildet."
Als ich diese Notiz gelesen habe, habe ich das mit den Arbeiten beschäftigte Team gelobt und mich sehr darüber gefreut, dass es sich so engagiert um „ausreichende und angemessene Prüfungsnachweise" gekümmert hat. Ich war richtig beeindruckt. [160] Nachts hatte ich dann einen Traum, der mich nach Italien führte und ich hörte, wie jemand ganz laut rief : „VA BENE". Dann wachte ich auf und überlegte mir, wie denn dieser Traum zu deuten sei. Er musste etwas mit den Gewährleistungsrückstellungen zu tun haben, denn die spektakuläre Rückrufaktion hatte uns viel beschäftigt. Hatten wir an alles gedacht ? Ja natürlich ! Wir hatten :

- die Techniker befragt (VA BENE),
- die Analyse der Chargen eingesehen und studiert (VA BENE),
- die spezielle Produktionsphase im Betrieb in Augenschein genommen (VA BENE),
- die Kostenkalkulation für die PKW-Rückrufaktion studiert und nachgerechnet (VA BENE),
- uns bei der Geschäftsleitung nach dem Inhalt der Produkthaftpflichtversicherung erkundigt (VA BENE).

---

160 Ich erinnerte mich gleichzeitig an PS 314 („Die Prüfung von geschätzten Werten in der Rechnungslegung"), in dem es unter TZ 16 heißt : „Der Abschlussprüfer wird beurteilen, ob die gesammelte Datenbasis angemessen analysiert und dargestellt wurde, um eine plausible Grundlage für die vorgenommenen Schätzungen zu bilden." War die Schlussfolgerung : „Die Rückstellung ist nach Art und Umfang korrekt gebildet", nicht plausibel ?

5 Prüfungsnachweise und Dokumentation

Warum hatte dennoch jemand im Traum „VA BENE" gerufen ??? Ich habe unsere gesamten Aktivitäten noch einmal Revue passieren lassen. Es gab keinen Zweifel: Alles war in Ordnung !
Wir hatten ein klares Prüfungsziel, ausreichende und angemessene Prüfungsnachweise dafür zu bekommen, dass Verbindlichkeiten (aller Voraussicht nach) bestehen (VEBBAG). Wir hatten ein gut strukturiertes Prüfungsprogramm, das technische, kaufmännische und juristische Gesichtspunkte gleichermaßen berücksichtigte. Wir hatten ausreichende und angemessene Prüfungsnachweise. Die Arbeit war fehlerfrei !
Doch dann fiel mir ein, dass ich immer wieder der jungen Generation predige, sie solle alle Unterlagen studieren und sich nicht auf mündliche Erklärungen verlassen, auch dann nicht, wenn sie völlig klar zu sein scheinen.

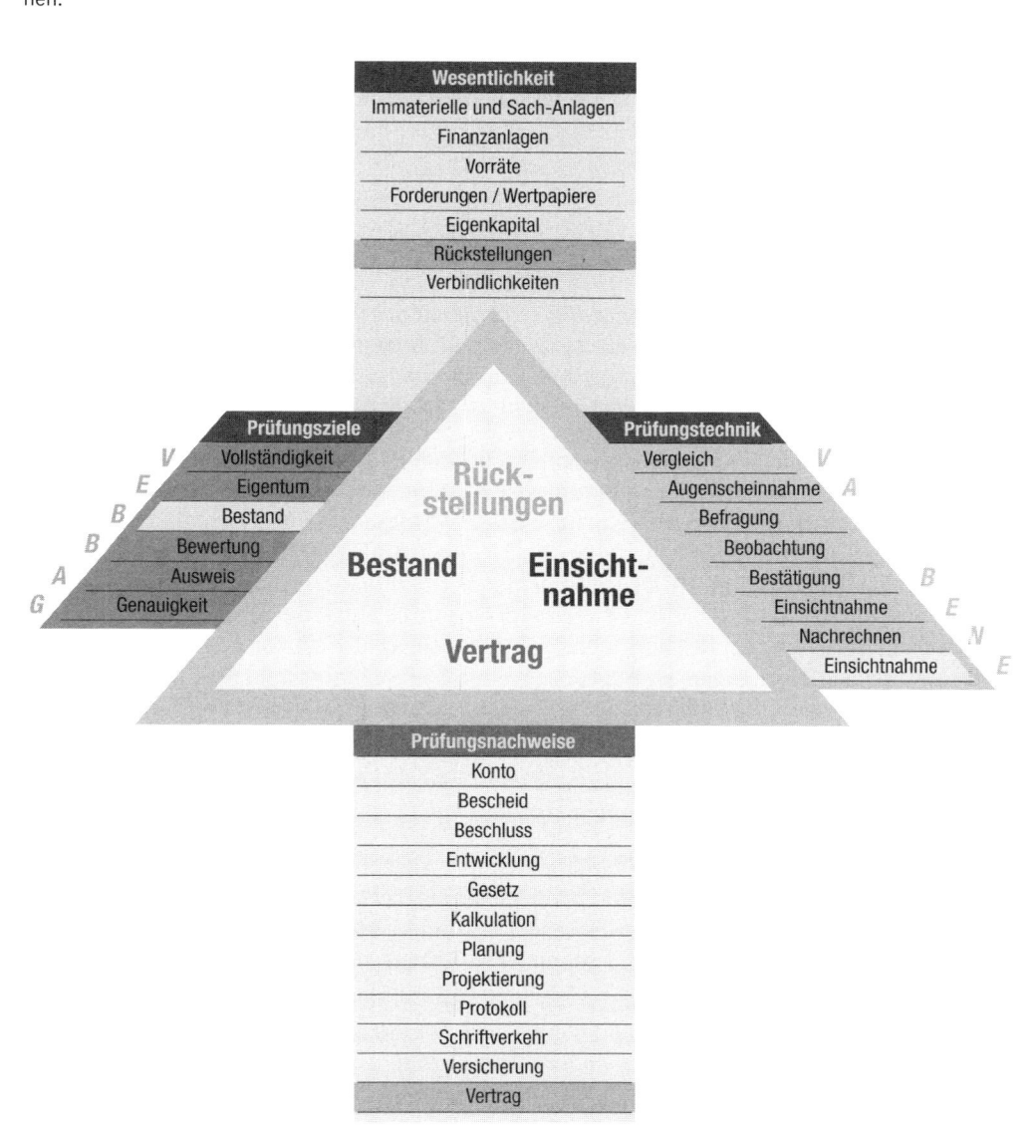

Wesentlichkeit
- Immaterielle und Sach-Anlagen
- Finanzanlagen
- Vorräte
- Forderungen / Wertpapiere
- Eigenkapital
- **Rückstellungen**
- Verbindlichkeiten

Prüfungsziele (VEBBAG)
- Vollständigkeit
- Eigentum
- Bestand
- Bewertung
- Ausweis
- Genauigkeit

Prüfungstechnik (VABBEN E)
- Vergleich
- Augenscheinnahme
- Befragung
- Beobachtung
- Bestätigung
- Einsichtnahme
- Nachrechnen
- Einsichtnahme

Zentrum: **Rückstellungen** – **Bestand** – **Einsichtnahme** – **Vertrag**

Prüfungsnachweise
- Konto
- Bescheid
- Beschluss
- Entwicklung
- Gesetz
- Kalkulation
- Planung
- Projektierung
- Protokoll
- Schriftverkehr
- Versicherung
- Vertrag

Abbildung 12: Die Gewinnung und Beurteilung von Informationen (Verbindlichkeiten)

VA BENE !
Ich habe den Begriff noch einmal langsam buchstabiert, und dann kam die Erleuchtung: Es gab in VA BENE noch ein zweites E (für Einsichtnahme) und mir wurde klar, dass wir – aus einer gewissen Scheu gegenüber der Geschäftsleitung heraus – nicht darum gebeten hatten, den Vertrag über die Produkthaftpflichtversicherung einsehen zu dürfen. Ich habe mich dann - in Abstimmung mit dem Leiter des Rechnungswesens – an die Rechtsabteilung gewandt und eine Kopie des entsprechenden Versicherungsvertrages bekommen. Und dann erlebte ich eine unglaubliche Überraschung : Der Vertrag enthielt unter dem Paragraphen „Leistungspflichten" die Passage : „Der Versicherer erstattet auch Beträge, die zur Verhütung von Personenschäden aufgewendet werden müssen."
Damit konnten wir die Feststellung treffen, dass der größte Teil der Rückstellungen (unbedeutende Aufwendungen musste Alpha selbst tragen) nicht berechtigt war und aufgelöst werden konnte. [161] Sie können sich bestimmt vorstellen, dass diese Feststellung für uns als Abschlussprüfer von ganz besonderer Bedeutung war. Der Mandant hat sich ausdrücklich für die sehr sorgfältige Arbeit bedankt und die neuen Erkenntnisse zum Anlass genommen, seine Richtlinien zur Bilanzierung um eine Passage zu ergänzen. Auch in diesem Falle hatte – beeinflusst durch ein sehr anspruchsvolles Prüfungsziel – die „Wertigkeit" des Prüfungsnachweises eine ganz besondere Rolle gespielt.

Ich darf noch einmal auf eine Formulierung des IDW zurückkommen. Im PS 300 wird unter TZ 10 ausgeführt :

„Der Abschlussprüfer wird sich im Regelfall auf Prüfungsnachweise verlassen müssen, selbst wenn diese eher überzeugend als zwingend sind. Deshalb wird der Abschlussprüfer häufig Prüfungsnachweise aus verschiedenen Quellen und unterschiedlicher Art einholen, um dieselbe Aussage in der Rechnungslegung zu stützen."

Diese Auffassung teile ich nicht ! Auch dann nicht, wenn das IDW in PS 200 durch Querverweis auf PS 300 einschränkend darauf hinweist, dass der Abschlussprüfer in solchen Fällen verpflichtet ist, Prüfungsnachweise aus *verschiedenen Quellen* und unterschiedlicher Art einzuholen, um dieselbe Aussage in der Rechnungslegung zu stützen. Wenn Prüfungsnachweise nicht zwingend ist, verlieren sie ihre entscheidende Qualifikation ! Eine Reihe von Passagen in den Prüfungsstandards des IDW ist vermutlich dadurch entstanden, dass man sich an die entsprechende Fassung im ISA angelehnt oder diese sogar übersetzt hat. Wie dem auch sei : Die Formulierung ist ungenau, weil sie das eigentliche Problem nicht trifft. Im ISA 500 TZ 7 wird nämlich etwas völlig anderes zum Ausdruck gebracht :

"Ordinarily, the auditor finds it necessary to rely on audit evidence that is persuasive rather than conclusive and often will seek audit evidence from different sources or of a different nature to support the same assertion."

Wie ist das zu verstehen ? Im Normalfall wird der Abschlussprüfer auf einen Prüfungsnachweis „angewiesen" sein, der mehr „überredend" als „schlüssig" ist, und wird (aus diesem Bewusstsein heraus) nach Prüfungsnachweisen aus anderen Quellen oder von anderer Art suchen, die die gleiche Aussage stützen. Der eine Prüfungsnachweis bedarf also der Ergänzung durch einen anderen. Erst in diesem Zusammenspiel werden beide „zwingend".

Man muss ein gutes Lexikon zur Hand nehmen, um wirklich zu verstehen, was mit der Formulierung *„audit evidence that is persuasive rather than conclusive"* wirklich gemeint ist.

---

161 Über die „Rückrufaktion" wurde hier auch deshalb berichtet, um den Nachweis zu führen, dass durch eine sinnvolle Kombination von Prüfungszielen und Prüfungstechnik ein solides Prüfungsurteil abgeleitet werden kann. Unter diesem Aspekt ist die Aussage von Lenz höchst fragwürdig : *„Der für die betriebswirtschaftliche Prüfungslehre zentrale Prozess der Bildung des prüferischen Urteils über den Prüfungsgegenstand kann in ökonomischen Ansätzen nicht angemessen dargestellt werden."* (H.R. Lenz : Prüfungstheorie: Verhaltenstheoretischer Ansatz, in : HdRuP, Sp. 1927

(Auch Vertreter des angelsächsischen Sprachraumes empfinden diese Formulierung als kompliziert.) Das Adjektiv „persuasive" bedeutet u.a. „beredsam" (z.B. bei einem Verkäufer!). Der Ausdruck : „He said persuavely" will zum Ausdruck bringen : „Seine Überredungskunst einsetzend sagte er". Der Begriff geht nämlich auf das lateinische Wort „persuadere" zurück, das im Kern „überreden" bedeutet. Und es ist höchst interessant, dass das Substantiv zu persuadere", das Wort „persuasio" im Langenscheidts Taschenwörterbuch neben Überredung und Überzeugung auch mit *„Glaube, Meinung, Vorurteil"* übersetzt wird. [162]

Man muss sich immer der Tatsache bewusst sein, dass die eigene Vorstellungswelt begrenzt ist. Sie wird geprägt durch Erfahrung, Vorurteile, Einfluss der Medien und ist häufig so ausgelegt, dass wir – sozusagen „spontan applaudierend" - eine Meinung stützen würden, die uns „unmittelbar einleuchtet". Stellen Sie sich vor, es wird jemand gefragt, warum der Meerwasserspiegel steigt und er antwortet: „Weil die Polkappen schmelzen." Würde man ihm in einem solchen Fall nicht sofort beipflichten und sagen : „Das ist plausibel, völlig klar, anders kann es doch gar nicht sein!" Vorsicht ! Was man als plausibel empfindet, muss noch lange nicht richtig sein! Die Antwort: „Weil die Polkappen schmelzen", ist nämlich falsch. Die richtige Antwort lautet : „Weil sich das Meerwasser aufgrund der zunehmenden Erderwärmung ausdehnt." Wer zur ersten Antwort neigt, hat Ursache und Wirkung verwechselt. Es ist sehr bequem, einer landläufigen Meinung zu vertrauen, und deshalb fällt man auch so leicht auf sie herein.

Hätte man es vor gut 10 Jahren nicht als plausibel empfunden, wenn ein Papierhersteller auf die Frage : „Wie wird sich im Rahmen der zunehmenden E-Mail- Kommunikation die Nachfrage nach Papier entwickeln", geantwortet hätte : „Die Nachfrage wird zurückgehen. Das ist doch völlig klar, weil man eine elektronische Speicherung einem klassischen Papierdokument vorziehen wird." Es stellte sich aber dann heraus, dass die Nachfrage nach Papier zunahm !

Jetzt kommen wir dem Problem *„persuasive rather than conclusive"* schon näher. Wir bilden uns nur ein, überzeugt zu sein, weil wir etwas als plausibel empfinden, und merken nicht, dass wir im Grunde nur „überredet" wurden, uns eine bestimmte Meinung zu eigen zu machen. [163] „Plausibel" geht auf den lateinischen Begriff „plausus" (Beifallklatschen) zurück und bedeutet so viel wie „beifallswert". Damit wird also treffend eine Reaktion geschildert, die aus dem Augenblick heraus geboren wurde und die Gefahr mit sich bringt, dass man – von einer Stimmung abhängig – gar nicht merkt, dass ein Prüfungsnachweis nicht die letzte Beweiskraft besitzt. Und häufig verfehlt auch der Einfluss des betörenden Gedankens : „Es wird schon stimmen", nicht seine Wirkung.

---

162 Langenscheidts Taschenwörterbuch (Erster Teil : Lateinisch-Deutsch), Langenscheidt KG - Verlagsbuchhandlung, Berlin-Schöneberg, 14. Aufl. 1954, S. 263 (Zitierweise : Langenscheidt)
163 Mit der Globalisierung ist zwangsläufig auch eine Verbreitung des „Common English" verbunden. Wer sich dieser Sprache bedient, ist im Regelfall mit ihren „Geheimnissen" nicht vertraut und wird daher auch nicht in der Lage sein, ihre Bestandteile bis zu ihren Wurzeln zurückzuverfolgen. Auf diese Problematik hat Hans-Joachim Meyer hingewiesen :
„Gewiß ist es möglich, dass jemand eine andere Sprache wirklich zu beherrschen lernt. Aber gerade wer sich dieses Ziel setzt, wird sich um so mehr mühen, jene Normen zu verinnerlichen und getreulich zu verfolgen, die ihm die neue Sprachgemeinschaft aufgibt. Und diese Sprachgemeinschaft ist immer zugleich eine Kulturgemeinschaft. Will der Nichtmuttersprachler aber nicht nur Gast sein, sondern an der ständigen Weiterentwicklung der Sprache selbst teilhaben, dann muß er sich ganz für die neue Sprache entscheiden. Denn nur wenige können tatsächlich mit ihrer ganzen Persönlichkeit in mehr als einer Sprache voll und gleichberechtigt zu Hause sein. .... Von großer Bedeutung ist ... eine weitverbreitete, zuverlässige Kompetenz im Lesen und verstehenden Hören anspruchsvoller Texte in anderen Sprachen, was nicht gelingen kann, ohne daß man deren geistige Hintergründe und Voraussetzungen versteht."
(H.J. Meyer : dEUtsch ?, in : FAZ 5.1.05, Nr. 3, S. 6

Um wirklich „überzeugt" zu sein, müssen wir also über eine „subjektive Empfindung" hinausgehen und eine bestimmte Aussage nach mehreren Seiten hin absichern bzw. sie von neutralen und fachlich versierten Personen bestätigen lassen. Erst dann wird das Ergebnis „zwingend" sein, weil es auf eine „objektive Basis" verlagert wird und nicht mehr durch weitere Informationen aus den Angeln gehoben werden kann. Es „sitzt fest", und deshalb können wir uns auch wirklich darauf verlassen. VA BENE ! Genau das will uns ISA 500 aber vermitteln.

Es kommt also auf den Zusammenhang an, in dem die Worte verwendet werden. Nach meinem Verständnis charakterisiert „rely" eine Situation, die eine gewisse Abhängigkeit und Verlegenheit des Abschlussprüfers zum Ausdruck bringt. Was geschieht denn im Verlaufe seines Tagesgeschäftes ? Den vom Mandanten angeforderten Unterlagen fehlt es immer wieder an der notwendigen Präzision. Dies kann auf verschiedene Ursachen zurückzuführen sein :

— der Abschlussprüfer hat *nicht exakt* angegeben, welche Unterlagen er benötigt;
— der zuständige Sachbearbeiter hatte *keine Zeit*, präzise Unterlagen zu erstellen oder
— er gibt bewusst Unterlagen heraus, aus denen *nicht alle* geforderten *Details* hervorgehen; er versucht aber in jedem Fall, Bedenken des Abschlussprüfers „mit vielen Worten" zu *zerstreuen*.

Worin liegt dann die Gefahr ? Man neigt möglicherweise dazu, unvollständige Unterlagen zu akzeptieren, weil man die Gegenseite nicht verärgern, nicht den Eindruck erwecken will, dass man übertrieben genau ist oder nicht zugeben will, dass man nicht exakt gesagt hat, was man eigentlich will. Es besteht also die Gefahr, dass man der „Überredungskunst" des Mandanten erliegt.

Der Abschlussprüfer hat die Aufgabe, sich ausreichende und angemessene Prüfungsnachweise zu verschaffen. Wenn er das nicht tut, dann leistet er schlechte Arbeit. Das bedeutet aber doch nicht – und so wird es vom IDW formuliert – dass der Abschlussprüfer sich im Regelfall auf Prüfungsnachweise verlassen muss, die nicht zwingend sind. Der Prüfungsstandard wird der „Verlegenheitssituation" des Abschlussprüfers leider nicht gerecht.

Unabhängig davon wiederhole ich aber meine *Empfehlungen* mit Nachdruck :

— Sorgen Sie immer für *ausreichende* und *angemessene* Prüfungsnachweise !
— Seien Sie sich bei der Ausschöpfung der Prüfungstechnik immer der Tatsache bewusst, dass sie u.U. erst dann ihre volle Wirkung entfaltet, wenn man das eine Instrument (z.B. die **E**insichtnahme) mit einem anderen Instrument (z.B. der **B**efragung) in verantwortungsvoller und gewissenhafter Weise kombiniert (VA **BENE**) !
— Seien Sie *ehrgeizig*, und lassen Sie sich nicht von vornherein den Wind aus den Segeln nehmen mit dem Hinweis auf die *Grenzen* der aus den Prüfungsnachweisen zu ziehenden Schlussfolgerungen !
— *Vergewissern* Sie sich in schwierigen Fällen - insbesondere bei Ihrem Prüfungsleiter – ob Sie *wirklich* über ausreichende und angemessene Prüfungsnachweise verfügen !
— „Prüfungsnachweise" dürfen *nie ungefiltert* in die Arbeitspapiere einfließen !
— Lassen Sie sich nicht einschüchtern und arbeiten Sie nicht mit *Vorurteilen*, sondern gehen Sie den Dingen auf den Grund ! Dies gelingt nur durch ein intensives Studium von Belegen und Dokumenten (**E**insichtnahme !), u.U. erst nach Überwindung erheblicher Widerstände !

In diesem Zusammenhang möchte ich Sie an ein Thema erinnern, das immer wieder aufgetaucht ist : *Die berufliche Skepsis.*

5.1.3 Die berufliche Skepsis

Natürlich hat das IDW Recht, wenn es im PS 200 ausdrücklich darauf hinweist, dass die Abschlussprüfung mit einer *kritischen Grundhaltung* zu planen und durchzuführen ist und dass die erlangten Prüfungsnachweise kritisch zu würdigen sind. Es ist aber unverständlich, dass das IDW an dieser Stelle nicht von „Skepsis" spricht, sondern die Formulierung „kritische Grundhaltung" bevorzugt. Darunter leidet nämlich die *Präzision* des Textes. In der parallelen Ausführung wird im ISA 200 bewusst von *„attitude of professional skepticism"* gesprochen. Hier wird in TZ 6 – die notwendige Einstellung des Abschlussprüfers viel treffender schildernd – ausgeführt :

> *„The auditor should plan and perform the audit with an attitude of professional skepticism recognizing that circumstances may exist which cause the financial statements to be materially misstated. For example, the auditor would ordinarily expect to find evidence to support management representations and not assume they are necessarily correct."* [164]

Die Arbeitsbedingungen der Wirtschaftsprüfer haben sich in den vergangenen Jahren deutlich verschlechtert. Dies ist hauptsächlich auf den zunehmenden Honorardruck, auf eine steigende Komplexität der Geschäftsvorfälle, auf die rückläufigen Erträge zahlreicher Unternehmen und auf eine Verselbstständigung unternehmerischer Budgets zurückzuführen. Unter diesen Voraussetzungen muss die *Einstellung der Wirtschaftsprüfer* ganz deutlich gekennzeichnet werden. Und mit dem einfachen Hinweis auf eine „kritische Grundhaltung" ist es eben nicht mehr getan ! Zur begrifflichen Klarstellung und zur Erläuterung, was im Grunde mit „Skepsis" gemeint ist, sei auf die Definition im Brockhaus Lexikon verwiesen (Hervorhebung d.d.Verf.) :

> „*Skepsis* : Zweifel, kritische Zurückhaltung im Urteil ;
> *skeptisch* : zweifelnd, in Frage stellend, zum Zweifel neigend.
> In der Philosophie bezeichnet Skepsis die Erkenntnismethode, die die Geltung von Wahrheitsansprüchen bis in ihre Grundsätze durch Infragestellen prüft und prinzipiell nicht nach dem Gesichtspunkt der Autorität (sic et non), sondern nach dem des Kritizismus verfährt. Diese methodische Skepsis, die vor I. Kant besonders von R. Descartes vertreten wurde, soll als Erkenntnisprinzip *über den Zweifel zu einer gesicherten Wahrheit* führen." [165]

Skepsis entsteht immer dann, wenn Kenntnisse über die Geschäftstätigkeit – durch Systematik, Ausdauer und Erfahrung gereift und nicht kurzerhand zusammengewürfelt– mit einem Zahlenwerk und den entsprechenden „Nachweisen" konfrontiert werden, die den eigenverantwortlichen Abschlussprüfer *nicht* überzeugen, weil sie mit seinen Ansprüchen, Vorstellungen und Erwartungen nicht übereinstimmen.

---

164 ISA 200 : Objective and general Principles governing an Audit of financial Statements. Im Zusammenhang mit dem Thema „Fraud" wird der Begriff „professional skepticism" im ISA 240 (Revised) konkretisiert :„Professional skepticism is an attitude that includes a questioning mind and a critical assessment of audit evidence." ("The auditors's Responsibility to Consider Fraud in an Audit of Financial Statements", in : FN-IDW Nr. 11/2004, S. 638). Hierbei ist beachten, dass sich hinter "questioning mind" eine Einstellung verbirgt, die sich u.a. durch Tiefgang, Hartnäckigkeit und insbesondere durch Dauer auszeichnet.
165 Brockhaus 1973, S. 484

Es zeichnet eine Abschlussprüfung aus, dass in ihr regelmäßig unterschiedliche Meinungen aufeinanderprallen (einer meiner ersten Lehrmeister hat einmal gesagt : „Eine Abschlussprüfung ist im Zweifel auf Konflikt angelegt !") : *die forschen Behauptungen* des Managements einerseits und die *skeptische Einstellung* des Abschlussprüfers andererseits. Wenn die geplante Durchlaufzeit für die Herstellung einer Werkzeugmaschine z.B. 15 Monate beträgt (mit einer solchen Kennziffer ist der gut informierte Abschlussprüfer natürlich vertraut), dann wird er die Abrechnung des Auftrages an den Kunden, die bereits nach 12 Monaten – noch dazu zum Ende des Geschäftsjahres - erfolgt, nicht so ohne Weiteres akzeptieren, d.h. Bedenken haben, wenn das Management erklärt, es sei *zurecht* Umsatz und Gewinn realisiert worden und am **B**estand der im Jahresabschluss ausgewiesenen Forderung bestehe kein Zweifel. (Erinnern Sie sich an den Begriff der „Verdachts-Generatoren" ?)

Durch Zufall bin ich auf eine Textstelle im Meyers Konversationslexikon aus dem Jahre 1889 gestoßen, das ich von meinen Großeltern geerbt habe. Dort heißt es : „Der Sinn der skeptischen Geisteshaltung wird besonders deutlich, indem man an den Gegensatz derselben, nämlich den Dogmatismus, denkt. Der Skeptizismus hat keinen Sinn, wenn er sich nicht auf ein dogmatisches, d.h. behauptendes, System bezieht." [166] Erinnern Sie sich bitte an dieses *„behauptende System"*, wenn wir am Schluss dieses Handbuches über die Problematik der *Bilanzpolitik* sprechen !

Skepsis beruht auf einem starken *Spannungsverhältnis,* das nur durch „gezielte" Prüfungshandlungen aufgelöst werden kann. Diese Prüfungshandlungen werden entweder die „überraschenden" Abschlussaussagen des Managements bestätigen (der „Verdacht" des Abschlussprüfers war also unbegründet !), zur Aufdeckung einer wesentlichen Fehlaussage führen oder in einen „Schwebezustand" münden, wenn bestimmte Sachverhalte nicht abschließend zu beurteilen sind. Dazu möchte ich Ihnen folgenden Fall erzählen :

Der Zweifel
Der Abschlussprüfer eines Industriebetriebes stieß bei seinen Arbeiten auf eine Reihe von Darlehen, die an verbundene Unternehmen gewährt worden waren. Es gab entsprechende Verträge, in denen Laufzeit, Tilgung und Verzinsung, allerdings nur z.T. Sicherheiten geregelt waren. Saldenbestätigungen lagen vor. Die Umstände, unter denen die Darlehen gewährt worden waren, die komplexen Geschäftsbeziehungen, die sich auch auf das Ausland erstreckten, und eine auffällige Zurückhaltung bei Informationen, die u.a. in langen Wartezeiten zum Ausdruck kam, stimmten den Abschlussprüfer skeptisch. Um die Werthaltigkeit der Forderungen prüfen zu können, erbat er neben ausreichenden und angemessenen Sicherheiten einen testierten Konzernabschluss, auf dessen Basis er (unter Mithilfe der lokalen Prüfer) weitere Recherchen u.a. anhand von geplanten Cash-Flow- Rechnungen anzustellen gedachte. Er ließ sich bei seinen Arbeiten weder von der Bemerkung irritieren, man müsse sich dann wohl nach einem Ersatz umsehen, wenn er die Solidität des Geschäftsgebahrens anzweifele, noch durch den Hinweis unter Druck setzen, man könne in Anbetracht der bevorstehenden Aufsichtsratssitzung nicht mehr länger auf seinen Prüfungsbericht warten. Da ihm die Geschäftsführung die verlangten Sicherheiten nicht präsentierte und auch keinen testierten Konzernabschluss vorlegte (es blieb offen, ob er existierte und nicht präsentiert werden sollte oder ob er - aus welchen Gründen auch immer - (noch) gar nicht erstellt worden war), sah er sich nicht in der Lage, die Werthaltigkeit der Darlehen abschließend zu beurteilen. Unter Hinweis auf § 322 Abs. 4 HGB erhob er entsprechende Einwendungen und schränkte den Bestätigungsvermerk ein. [167]
Zwei Monate nach Abgabe seines Prüfungsberichtes erfuhr der Abschlussprüfer, dass das Unternehmen Insolvenz angemeldet hatte. (VA BENE !)

---

[166] *Meyers Konversations-Lexikon 4. Aufl., Verlag des Bibliographischen Instituts Leipzig 1889, Bd. 14, S. 1016 (Zitierweise : Meyers Lexikon)*
[167] *Fälle dieser Art hat das IDW im Auge, wenn es im PS 300 (Prüfungsnachweise im Rahmen der Abschlussprüfung) in TZ 38 erklärt : „Wenn bei der Beurteilung einer wesentlichen Aussage in der Rechnungslegung Zweifel bestehen, wird der Abschlussprüfer versuchen, ausreichende und angemessene Prüfungsnachweise zu erlangen, um solche Zweifel zu zerstreuen. Ist dies nicht möglich, ist der Bestätigungsvermerk einzuschränken oder zu versagen."*

5.1.4 Prüfungsdifferenzen : Ihre organisatorische, buchhalterische und psychologische Behandlung

Ich darf noch einmal kurz auf die beiden Fälle „Immobiliengesellschaft" und „Alpha One" zurückkommen. Wie lautete das *Ergebnis unserer Prüfung*, das wir ja auch im KoP-Doc zusammengefasst haben ? Bei der „Immobiliengesellschaft" hatten wir festgestellt, dass die Aussage : „Die Rückstellungen sind vollständig gebildet" *nicht zutraf* (VEBBAG). Wir waren bei unserer Arbeit also auf einen Fehler gestoßen. Da wir außerdem angeben konnten, in welcher *Höhe* eine Gewährleistungsrückstellung hätte gebildet werden müssen, ergab sich also eine Prüfungsdifferenz.

Bei „Alpha One" hatten wir festgestellt, dass die Aussage „Die Gewährleistungsrückstellungen sind richtig bewertet" *nicht* zutraf (VEBBAG). Auch hier waren wir bei unserer Arbeit auf eine Abweichung gestoßen, und auch in diesem Fall konnte ermittelt werden, dass der größte Teil der Rückstellung zu Unrecht gebildet worden war. Demnach ergab sich auch hier eine Prüfungsdifferenz.

Man spricht also immer dann von einer *Prüfungsdifferenz*, wenn man auf einen *Fehler* gestoßen und mit einer *Abschlussaussage* des Mandanten nicht einverstanden ist. (Hier können *alle* Buchstaben aus VEBBAG eine Rolle spielen !)

Fehler können sich z.B. beziehen auf :

- die Periode (z.B. Missachtung des Imparitätsprinzips)
- den Ansatz (z.B. es wird etwas aktiviert, was als Aufwand zu behandeln wäre)
- die Datenerfassung bzw. Datenverarbeitung (z.B. Eingabe- bzw. Vollständigkeitsirrtum)

Man kann *zwei Typen von Fehlern* unterscheiden :

- Bekannte Fehler: Quantifizierbare Größen, die wir durch Anwendung einer bestimmten Prüfungstechnik (VA BENE) ermittelt haben. (Um Missverständnisse auszuschließen, ist es unbedingt erforderlich, sich die von uns ermittelte Prüfungsdifferenz vom Mandanten ausdrücklich bestätigen zu lassen !)
- Höchstwahrscheinliche Fehler: Schätzungen des Abschlussprüfers, die z.B. auf Hochrechnungen beruhen, sind in der Regel problematisch. (Sie können allerdings dazu dienen, den Mandanten zu veranlassen, bestimmte Vorgänge z.B. Inventuraufnahmen, zu wiederholen, um vermutete Fehler zu entdecken oder ausschließen zu können.)

Was geschieht mit Prüfungsdifferenzen ? Sie müssen erfasst, dokumentiert und analysiert werden. Solange der Mandant Prüfungsdifferenzen noch nicht nachgebucht hat – in aller Regel müssen die einzelnen Themen erst noch diskutiert werden – werden die Prüfungsdifferenzen in einem besonderen Arbeitspapier „Knowledge of Differencies" (KoDi-Doc) erfasst. Es wird durch KODI, ein ebenfalls im Okavango-Delta beheimatetes Flusspferd symbolisiert.

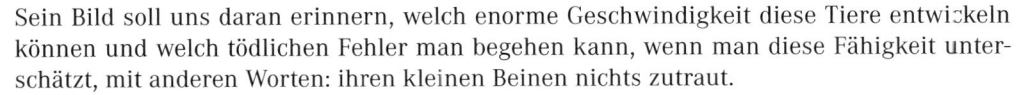

KODI

Sein Bild soll uns daran erinnern, welch enorme Geschwindigkeit diese Tiere entwickeln können und welch tödlichen Fehler man begehen kann, wenn man diese Fähigkeit unterschätzt, mit anderen Worten: ihren kleinen Beinen nichts zutraut.

KoDi-Doc dokumentiert unser *Fehlerbewusstsein*. [168]

In der Anlage 47 werden die bei der Immobiliengesellschaft und bei Alpha One ermittelten Prüfungsdifferenzen aufgeführt und erläutert. Die Tabelle enthält neben einer *Referenzierung* zum Arbeitspapier in einer Vorspalte eine Beschreibung des *Sachverhaltes* und des festgestellten Fehlers und in ihren Spalten die *Auswirkungen* auf das Jahresergebnis und die korrespondierenden *Posten* der Bilanz und Gewinn- und Verlustrechnung. [169] Wir benötigen ein solches Arbeitspapier, um

- die *Auswirkungen* von zu erwartenden Nachbuchungen jederzeit ermitteln zu können ;
- feststellen zu können, ob diese Auswirkungen *wesentlich* sind und um
- in der Lage zu sein, die *Gründe* herauszufinden, die zu den einzelnen Fehlern geführt haben.

Bei der *Fehleranalyse* gibt es ein Reihe von strategischen Aspekten zu beachten:

- *Wodurch* ist der Fehler entstanden ?
  (Liegt ein einfacher Arbeitsfehler oder ein grundsätzlicher Systemfehler vor ?)
- Deutet der Fehler auf ein bestimmtes *Schema* hin ?
  (Lässt eine Reihe von „Fehlern" darauf schließen, dass der Mandant Bilanzpolitik betrieben hat oder ist es Zufall, dass die meisten „Fehler" das Jahresergebnis in einer bestimmten Richtung beeinflusst haben ?)
- Stellen die Anzahl der Fehler oder ihre (vermuteten) Ursachen unsere Einschätzung des *inhärenten* Risikos bzw. des Kontrollrisikos in Frage ?
  (Sind wir gezwungen, die im KoRi-Doc bislang dokumentierte Risikostruktur zu überdenken und unsere Prüfungshandlungen zu erweitern oder neu zu konzipieren?)
- In welcher Weise berühren die bislang aufgedeckten Fehler den Verbund unserer *Prüfungsziele* ?
  (Haben wir bestimmte Abschlussaussagen unterschätzt, z.B. das A in VEBBAG, und müssen wir unsere Prüfungshandlungen z.B. im Hinblick auf den Ausweis von Forderungen und Verbindlichkeiten gegenüber verbundenen Unternehmen ausdehnen ?)

Assistenten mögen bitte daran denken, dass sie Prüfungsdifferenzen, die „offenbar" über einfache Rechen- oder Übertragungsfehler nicht hinausgehen und wertmäßig nicht ins Gewicht fallen, rechtzeitig Ihrem *Prüfungsleiter* melden, damit sie gemeinsam die Differenzen analysieren und dann das weitere Vorgehen besprechen können. Es ist grundsätzlich nicht die Aufgabe junger Mitarbeiter, Differenzen als „harmlos" zu werten. Sie müssen dem Prüfungsleiter die Gelegenheit geben, sich direkt in laufende Prüfungsarbeiten einzuschalten und sich bei Sachbearbeitern informieren zu können. [170]

---

168 Im PS 260 weist das IDW unter TZ 40 auf folgendes hin: „Kenntnisse über das interne Kontrollsystem sind erforderlich, um
- die verschiedenen Arten wesentlicher Fehler feststellen zu können, die in der Rechnungslegung auftreten können,
- die unterschiedliche Einflussfaktoren abwägen zu können, die das Risiko wesentlicher Fehler in der Rechnungslegung berühren, und
- die weiteren Prüfungshandlungen festlegen zu können."
169 Vgl. R. Hömberg : Urteilsbildung, S. 240.
170 Vgl. St. Bischof : Arbeitspapiere, in : HdRuP, Sp. 100

5 Prüfungsnachweise und Dokumentation

Wenn Prüfungsdifferenzen ins Gewicht fallen [171] , wird der Abschlussprüfer den Mandanten bitten, bestimmte Nachbuchungen vorzunehmen, um den Jahresabschluss von wesentlichen Fehlaussagen zu befreien. Der Mandant muss entscheiden, welche Beträge nachzubuchen sind. Der Abschlussprüfer muss beurteilen, ob Beträge, die nicht nachgebucht wurden, als wesentlich gelten.

Wir stoßen hier erneut auf den Begriff der *Wesentlichkeit*. Dazu sagt das IDW u.a. auch in PS 250 TZ 8 :

„Bezogen auf die Gesamtaussage der Rechnungslegung i.S. von § 264 Abs. 2 HGB ist die Wesentlichkeit von Informationen danach zu bemessen, ob ihr Weglassen oder ihre fehlerhafte Darstellung die auf der Basis eines Abschlusses getroffenen wirtschaftlichen Entscheidungen der Abschlussadressaten beeinflussen kann."

Erinnern Sie sich bitte an unseren Fall WAKON (Möbelfabrikation). Gesetzt den Fall, der Vorstand musste *alle* Register ziehen, um nicht nur einen bestimmten *Jahresumsatz*, sondern auch ein bestimmtes *Jahresergebnis* ausweisen zu können [172] , dann wird er alles unternehmen, um eine Stornierung des Umsatzes mit dem Kunden in Dubai zu vermeiden, wird Argumente nachschieben und versuchen, den Abschlussprüfer unter Druck zu setzen. Dieser muss dann *beurteilen*, ob er es vertreten kann, wenn die Abschlussadressaten (z.B. ein Hauptaktionär oder eine Bank) nicht korrekt informiert werden.

Es ist davon auszugehen, dass der Abschlussprüfer unter den genannten Bedingungen auf einer Nachbuchung, d.h. Stornierung des Umsatzes mit Dubai bestehen wird.

Wenn man über *Prüfungsdifferenzen* spricht, dann muß man auch klarstellen, ob es sich um Fehler handelt, die – wenn man sie korrigieren würde – das *Jahresergebnis verändern* oder nicht. Es gibt also *zwei Arten von Nachbuchungen* :
- die Ergebniskorrektur (Änderung : „adjustment")
- die Ausweiskorrektur (Umgliederung : „reclassification").

In der Regel haben natürlich die *Ergebniskorrekturen* die größere Bedeutung. Man darf allerdings die Bedeutung von *Ausweiskorrekturen* nicht unterschätzen! Es kann doch sein, dass ein Mandant Beziehungen zu verbundenen Unternehmen nicht offen legen will und eine Verpflichtung aus dem Liefer- und Leistungsverkehr als Verbindlichkeit aus L+L ausweist und nicht – wie vorgeschrieben – als eine Verbindlichkeit gegenüber *verbundenen* Unternehmen. Vielleicht hat die Geschäftsleitung sich gegenüber dem *Aufsichtsrat* gebunden, von bestimmten Bezügen aus dem Konzernverbund Abstand zu nehmen, und wird *alles* versuchen, diese Position nicht durch Umbuchung zu korrigieren. Wenn der Abschlussprüfer die Problematik kennt (und das wird nur dann der Fall sein, wenn er mit dem Unternehmen vertraut ist !), wird er selbst *kleine Beträge* als *„wesentlich"* empfinden und auf einer Ausweiskorrektur bestehen.

---

171 Zur Problematik der „Aggregation der Prüfungsfeststellungen" siehe PS 300 TZ 7
172 Würde man in einem solchen Fall den angelsächsischen Begriff "substantive procedures" mit „ergebnisorientierte Prüfungshandlungen" übersetzen, würde man genau richtig liegen; siehe dazu auch Kapitel VI. 2.4.1.2.

Es sind *alle Prüfungsdifferenzen* in einer Liste zu *sammeln*. (Es bleibt dem Prüfungsleiter vorbehalten, eine Bagatellgrenze festzulegen.) Differenzen, die vom Mandanten nicht nachgebucht werden, sind in einer besonderen Liste (z.B. als Anhang zum KoDi-Doc) zu sammeln. Es hängt dann von der Wesentlichkeit und dem Ermessen des Wirtschaftsprüfers ab, ob ein ungebuchter Rest ungebucht bleiben kann oder nicht. Das in aller Kürze zu den sogenannten „Prüfungsdifferenzen".

Wie geht man nun – was die Berichterstattung angeht – mit gebuchten oder nicht mehr gebuchten Prüfungsdifferenzen um ? Es ist im Berufsstand gute Übung, im Rahmen einer *Schlussbesprechung* Themen vorzutragen, mit denen sich das Team während der Prüfung beschäftigt hat. In Abhängigkeit vom Gewicht dieser Themen wird an dieser Besprechung neben Leitern der entsprechenden Fachabteilungen (z.B. Rechnungswesen, Materialwirtschaft oder Vertrieb) - Repräsentanten verschiedener Prozess-Ebenen also - auch ein Mitglied der Geschäftsführung teilnehmen.

Die Themen sind in der Regel breit gestreut und können das Interne Kontrollsystem, Schwachstellen in der EDV, mangelhafte Aufbereitung von Jahresabschlusszahlen und (einfache) Arbeitsfehler betreffen. Um einen Katalog dieser Art zügig abarbeiten zu können, hat es sich bewährt, diese *Prüfungsfeststellungen* – nach vorheriger Abstimmung mit dem Mandanten, so dass sozusagen eine *vorgelagerte* Besprechung stattfindet – *schriftlich* zu formulieren. Der Nachteil einer solchen Aufstellung besteht darin, dass sie von ihrer Zwecksetzung her nur Schwachstellen und Fehler behandelt, also eine *Negativliste* darstellt und damit möglicherweise einen falschen Eindruck erweckt, vor allem bei der Geschäftsleitung, die mit Fragen des Rechnungswesens nicht immer so vertraut ist.

In diesem Zusammenhang sei an Überlegungen erinnert, die Richter zum „Prüfungsprozess als *Konflikthandhabungsprozess*" angestellt hat.

„Prüfungen bedrohen das Selbstwertgefühl des Geprüften: Sie widersprechen dem Drang nach Anerkennung und Vertrauen." ...

„Prüfungen schaffen Unsicherheit: Die Geprüften wissen im Allgemeinen nicht, wie die Prüfer vorgehen werden." ...

„Prüfungen führen zu einer ungleichgewichtigen Bewertung der Leistungen der Geprüften: Während Fehler herausgestellt werden, bleiben die positiven Leistungen eher unbeachtet."
...
„Schließlich fürchten die Geprüften negative Sanktionen, wenn ihnen Fehler persönlich zugerechnet werden, u.a. Missbilligungen, Auswirkungen auf ihre Beurteilungen und Aufstiegschancen oder sogar Gefährdung ihres Arbeitsplatzes, oder sie befürchten nur bloße Nachteile wie z.B. eine Änderung ihrer gewohnten Arbeitsabläufe oder Arbeitsumgebung." [173]

Hier ist dann das diplomatische Geschick des Abschlussprüfers gefragt, der die Prüfungsfeststellungen sachlich vortragen, d.h. sie *rhetorisch* so verpacken muss, dass auch positive Aspekte erkennbar werden. Man kann sich als Abschlussprüfer viel Sympathien verscherzen,

---

173 M. Richter : Bezugsrahmen, S. 284/285

wenn man es zulässt, dass eine Abschlussbesprechung zu einem Tribunal ausartet, in dem Mitarbeiter des Unternehmens wie Angeklagte behandelt werden. Dies würde dazu führen, dass man ihr Wohlwollen verliert und in Zukunft nicht mehr auf ihre Unterstützung rechnen kann. Eine solche Einstellung hat nichts mit Opportunität zu tun. Fehler *müssen* offengelegt und ihre Ursachen geklärt werden. Im Ernstfall kann dann auch die Geschäftsleitung zu der Erkenntnis kommen, dass bestimmte Stellen falsch besetzt und daraus personelle Konsequenzen zu ziehen sind.

Der Abschlussprüfer muss – verschiedene Urteile abwägend - seine Rolle als *kritischer Gesprächspartner* wahren. Er hat aber auch – unter besonderer Berücksichtigung der Tatsache, dass Jahresabschlüsse häufig unter *enormem* Zeitdruck erstellt werden - darauf zu achten, dass es fair und gerecht zugeht.

Bitte schlagen Sie noch einmal die Anlage 47 auf. Sie werden feststellen, dass in der linken Spalte des KoDi-Doc auf eine bestimmte Stelle der *Arbeitspapiere* verwiesen werden muss. Da wir uns zwar über wesentliche Arbeitspapiere unterhalten, aber noch keine Details der Dokumentation und der *Referenzierung* besprochen haben, wollen wir uns jetzt näher mit diesen Themen beschäftigen. Denn das Kapitel, in dem wir uns befinden, lautet ja : „Prüfungsnachweise *und Dokumentation*".

5.2 Sachgerechte Dokumentation als wesentlicher Bestandteil des Risikomanagements

5.2.1 Bedeutung, Begriff und Zweck der Arbeitspapiere

Warum sind die Arbeitspapiere des Abschlussprüfers so wichtig ? Die zunehmenden *Ansprüche an die Qualität* der Arbeitspapiere sind auf eine Reihe von Umständen zurückzuführen :

- Der Abschlussprüfer muss die Qualität seiner Abschlussprüfung im Rahmen einer externen Qualitätskontrolle (Peer Review) nachweisen. Dies ist nur anhand korrekt geführter Arbeitspapiere möglich.
- Die Aufsichtsorgane werden ein steigendes Interesse daran haben, sich vom Abschlussprüfer die Prüfungsstrategie erläutern zu lassen, und es ist selbstverständlich, dass eine solche Präsentation nicht ohne Rückgriff auf gute Arbeitspapiere möglich ist.
- Die derzeitige wirtschaftliche Entwicklung zeichnet sich dadurch aus, dass sich immer mehr Unternehmen auf ihr Kerngeschäft besinnen und Randgeschäfte abstoßen, d.h. Betriebs- oder Unternehmensteile verkaufen. Der Abschlussprüfer dieses Unternehmens muss damit rechnen, dass der Verkäufer dem Käufer das Recht einräumt, die Arbeitspapiere seines Abschlussprüfers einsehen zu dürfen. Obwohl dieser de jure nicht zur Offenlegung verpflichtet ist (Zeugnis- und Auskunftsverweigerungsrecht für selbst erstellte Arbeitspapiere), wird er sich dem Wunsche seines Mandanten wohl kaum entziehen können.
- Der schwierigste und unangenehmste Fall tritt dann ein, wenn der Abschlussprüfer von seinem Mandanten auf Schadensersatz verklagt wird, weil er angeblich ein falsches Testat erteilt hat und vor Gericht anhand seiner Arbeitspapiere Art und Umfang seiner Prüfung nachweisen muss.

Bilden Sie sich bitte nicht ein, Sie könnten *nach Beendigung* der Prüfung und *nach Auslieferung* des Prüfungsberichtes Ihre Arbeitspapiere noch so auf Vordermann bringen, dass es Ihnen gelingt, wesentliche Schwachstellen der Prüfung zu beseitigen. Dazu werden Sie nicht mehr in der Lage sein, denn die Zeit ist über Sie und über Ihren Leichtsinn hinweggegangen ! Die *Schwachstellen* bei einer Prüfung liegen nämlich in aller Regel in der Qualität der Prüfungsnachweise. Wie wollen Sie denn noch „ausreichende" und „angemessene" Prüfungsnachweise beschaffen, wenn die Prüfung bereits abgeschlossen ist ?

Der psychologische und pädagogische Effekt ist besonders groß, wenn man sich noch während einer laufenden Prüfung die Frage stellt, welchen Eindruck Arbeitspapiere hinterlassen würden, wenn man diese *kurzfristig einem fremden Dritten* zur Verfügung stellen müsste.

Was versteht man unter den *Arbeitspapieren* des Abschlussprüfers ? Die vom IDW in PS 460 TZ 1 gewählte Definition lautet :

„Arbeitspapiere sind alle Aufzeichnungen und Unterlagen, die der Abschlussprüfer im Zusammenhang mit der Abschlussprüfung selbst erstellt, sowie alle Schriftstücke und Unterlagen, die er von dem geprüften Unternehmen oder von Dritten als Ergänzung seiner eigenen Unterlagen zum Verbleib erhält." [174]

Welchen *Zweck* sollen die Arbeitspapiere erfüllen ? Diese Frage ist z.T. schon durch unsere einleitenden Überlegungen beantwortet. Dort hatten wir aber Sonderfälle im Auge, so dass wir die Frage, welchen Zwecken die Arbeitspapiere dienen, noch einmal aufgreifen müssen. Vom IDW in PS 460 TZ 7 formulierte Zwecke :

„Die Arbeitspapiere sollen vor allem folgende Zwecke erfüllen :

- Unterstützung bei der Planung und *Durchführung* der Abschlussprüfung
- Unterstützung bei der *Überwachung* der Prüfungstätigkeit
- Dokumentation der *Prüfungsnachweise* zur Stützung der Prüfungsaussagen im Prüfungsbericht und im Bestätigungsvermerk
- Grundlage für die Erstellung des *Prüfungsberichtes*
- Unterstützung bei der Beantwortung von *Rückfragen* zur Prüfung
- Unterstützung bei der Vorbereitung von *Folgeprüfungen*
- Grundlage für Maßnahmen zur *Qualitätssicherung* in der Wirtschaftsprüferpraxis
- Sicherung des Nachweises in *Regressfällen*."

5.2.2 Prinzipien und Struktur der Arbeitspapiere

5.2.2.1 Form und Inhalt der Arbeitspapiere

Das IDW hat ganz klar Stellung zu den Grundregeln bezogen, die bei den Arbeitspapieren zu beachten sind. So wird u.a. in PS 460 ausgeführt :

„Die Arbeitspapiere sind *klar und übersichtlich* zu führen. Form und Inhalt der Arbeitspapiere stehen in pflichtgemäßem Ermessen des Abschlussprüfers. Dabei sind die Arbeitspapiere so anzulegen, dass sich ein Prüfer, der nicht mit der Prüfung befasst war, in *angemessener* Zeit ein Bild über die Abwicklung der Prüfung machen kann." (TZ 10)

„Aus den Arbeitspapieren müssen sich ... alle Informationen ergeben, die erforderlich sind, um sowohl das *Prüfungsergebnis* insgesamt als auch einzelne *Prüfungsfeststellungen* zu stützen und nachvollziehen zu können." (TZ 9)

---

[174] PS 460 : Arbeitspapiere des Abschlussprüfers

5 Prüfungsnachweise und Dokumentation

Es gehört zu den immer wieder festgestellten *Schwachstellen einer Dokumentation*, dass sich anhand der Arbeitspapiere die geplante Prüfungsstrategie bzw. der Beweggrund für bestimmte Prüfungsziele und korrespondierende Prüfungshandlungen nicht nachvollziehen lässt und dass der rote Faden (u.a. markiert durch eine ordentliche Referenzierung) nicht erkennbar ist.

5.2.2.2 Dauerakten und laufende Arbeitspapiere

Um den Aufbau der Arbeitspapiere zu charakterisieren, unterscheidet man nach zeitlichen Kriterien die sogenannten Dauerakten und die laufenden Arbeitspapiere.

Die Dauerakten
In den Dauerakten werden diejenigen Unterlagen aufbewahrt, die für einige Jahre von Interesse sind und die grundsätzliche Bedeutung für das Mandat haben. Dazu gehören Unterlagen, die beschafft wurden, um Kenntnisse über die Geschäftätigkeit sowie das wirtschaftliche und rechtliche Umfeld zu gewinnen. Es bietet sich also hier die Gliederung an, die man für das Dokument „Knowledge of Business" (KoCo-Doc genannt) gewählt hat. Ich erinnere hier an :

die *gesellschafsrechtlichen* Verhältnisse (z.B. Gesellschaftsvertrag bzw. Satzung, Protokolle oder Bekanntmachungen ; die Organisationsstruktur) ; *wichtige Verträge* (z.B. im Beschaffungs- oder im Vertriebsbereich, im Verkehr mit Banken, im Zusammenhang mit Grundstückstransaktionen und Kooperationen oder im Personalbereich : Tarifverträge, Altersversorgung, Sozialplan etc.) ; *Grundbuchauszüge* ; *Unterlagen zum Rechnungswesen* (z.B. Bilanzierungsrichtlinien, Organigramm, Kontenplan) ; *Unterlagen zu den Systemprüfungen* (IKS), um nur einige wesentliche Aspekte zu nennen.

Obwohl es problematisch ist, hier eine *Gewichtung* vorzunehmen, weil scheinbar unbedeutende Aspekte unvorhergesehen sehr wichtig werden können, sollte man aus meiner Sicht der Darstellung der *Geschäftstätigkeit* und der Geschäftsvorfälle besondere Aufmerksamkeit widmen, weil sie in Verbindung mit den Geschäftsrisiken einen wesentlichen *Einfluss* auf den Jahresabschluss ausüben. Und es kann nicht häufig genug betont werden, dass die Dauerakte *jedes Jahr aktualisiert* werden muss. Hier liegt für das ganze Team ein sehr wichtiges und verantwortungsvolles Betätigungsfeld. [175] Je kreativer und engagierter ein Prüfungsteam ist, um so sorgfältiger wird die Dauerakte gepflegt sein. *Die Leitfunktion des KoBu-Doc wird vom Inhalt der Dauerakte wesentlich bestimmt !*

Hinsichtlich der Aktualisierung ist für überholte und aussortierte Unterlagen die für Wirtschaftsprüfer in den Auftragsbedingungen festgelegte *Aufbewahrungsfrist* von 7 Jahren zu beachten. Unterlagen, für die diese Frist noch nicht abgelaufen ist, sind *separat* bis zu diesem Zeitpunkt zu *archivieren*. Wer mit langfristiger Auftragsfertigung zu tun hat (z.B. im industriellen Anlagenbau oder im Straßenbau), wird wissen, dass wir Unterlagen über viele Jahre benötigen, weil sie nicht nur den Zeitraum der Herstellung umfassen, sondern auch die Zeitspanne abdecken, in der die *Gewährleistungsfrist* läuft.

---

[175] *Um den Vorwurf zu verhindern, man übertreibe den „Formalismus", gehört es auch zur Erläuterung des Prüfungskonzeptes (Kapitel II. 3.3.2.), dem Mandanten Art und Umfang der Dokumentation überzeugend zu vermitteln ! (vgl. auch PS 260 TZ 79: „Der Abschlussprüfer hat die gewonnenen Kenntnisse über das interne Kontrollsystem sowie die dazu vorgenommenen Prüfungshandlungen einschließlich der Beurteilung der Prüfungsrisiken angemessen zu dokumentieren."*

Es ist gute Übung, die Dauerakten *farblich* zu kennzeichnen, in dem man z.B. rote Ordner verwendet, und sie *durchzunummerieren*. Die pro Jahr erreichte Zahl ist für die nächste Prüfung zu dokumentieren.

Die laufenden Arbeitspapiere
Die unmittelbar *auftragsbezogenen* Unterlagen werden in den laufenden Arbeitspapieren abgelegt. Hier ist folgende Gliederung denkbar :

A. Auftragsdurchführung (z.B. Auftrag, Budget, wesentliche Themen, Besprechungen)
B. Berichterstattung (z.B. Prüfungsbericht, Analysen, Management-Letter)
C. Spezielle Prüfprogramme (z.B. Ereignisse im neuen Geschäftsjahr, Going Concern)
D. Analyse der Geschäftätigkeit (Zusammenfassung und Verweis auf Dauerakte)
E. Analysen der Kontrolltätigkeit (nach Geschäftsprozessen ; ggf. Verweis auf Dauerakte)
F. Jahresabschluss (Bilanz, G+V, Anhang) mit Aufgliederungen
G. Sonstige Unterlagen (Dokumente, die nicht zu D. und E. gehören.)

Es ist sinnvoll, wenn die *Farben der Rückenschilder* von Jahr zu Jahr wechseln. Die Ordner der laufenden Arbeitspapiere sind nach Abschluss der Arbeiten vor Ort durchlaufend zu nummerieren, wobei auf jedem Ordner zu vermerken ist, an welcher Stelle der Gesamtreihe er steht, z.B. Nr. 3 von 16.

Der Seitenaufbau
Es ist außerdem eine gute Übung, in der *Kopfzeile* einer Seite Folgendes vorzusehen :

- Kurzfassung der Firma des Mandanten und Bilanzstichtag ;
- Rechts oben (der Deutlichkeit halber am besten) in rot die Referenzierung und darunter das Namenskürzel desjenigen, der das Arbeitspapier angefertigt hat, und das Anfertigungsdatum ;
- Wenn die Unterlage nicht vom Prüfer angefertigt wurde, ist zu vermerken, von wem das Dokument stammt und wann der Prüfer es erhalten hat.

Die Übersichtlichkeit wird erhöht, wenn man auf dem Arbeitspapier eine Kurzbezeichnung anbringt, z.B. Entwicklung des Sachanlagevermögens oder Ermittlung der Pauschalwertberichtigung.

5.2.2.3 Referenzierung und Deckblätter
Referenzierung
Ohne eine Referenzierung ist eine *übersichtliche* Ablage der Arbeitspapiere nicht möglich. Man muss entscheiden, welcher Stelle man die *Arbeitspapiere zur Prüfung* von Jahresabschlussposten zuordnet: dem Register E, in dem die Prozessanalysen stattfinden (denn diese liefern die Angaben zur Zuverlässigkeit einer Position !), oder dem Register F, in dem der Jahresabschluss zunächst zusammengefasst dargestellt, aber auch im Einzelnen erläutert wird. Es ist zweckmäßig, eine *alphanumerische* Referenzierung zu verwenden, wobei der Buchstabe das Kapitel und die Nummern die einzelnen Themenkreise angeben. Nehmen wir

5 Prüfungsnachweise und Dokumentation

an, man orientiert sich an den Prozessanalysen und man hätte neben einem Investitionsmanagement (PI) u.a. auch eine (vertriebliche) Auftragsabwicklung (PII), dann könnte man in Anlehnung an unsere (noch näher zu erläuternde) 4-Kapitel-These eine Unterteilung vornehmen nach:

- A : Abstimmung und Vergleich
- B : Ermittlung des Nominalwertes (Anschaffungskosten)
- C : Ermittlung der Wertberichtigungen (Abschreibungen)
- D : Abgrenzungen

Man würde dann z.B. unter PII / C die Wertberichtigungen auf Forderungen insgesamt, unter PII / C1 die Prüfung der Einzelwertberichtigungen auf Forderungen und unter PII / C2 die Prüfung der Pauschalwertberichtigung auf Forderungen dokumentieren.

Die *Nummernkreise* sind groß zu fassen, z.B. in 50er oder 100er Schritten, damit genügend Raum, z.B. auch für ergänzende Prüfungshandlungen bzw. zusätzliche Unterlagen, zur Verfügung steht.

Der Grundsatz „von der Zusammenfassung zu den Einzelheiten" kommt bei der Referenzierung dadurch zum Ausdruck, dass man einzelne Zahlen dadurch kennzeichnet, dass man angibt, woher die Zahl kommt bzw. wohin sie geht. So kann man z.B. festlegen, dass eine Referenz „vor oder über einer Zahl" bedeutet : *„Diese Zahl kommt von ..."* und dass eine Referenz „hinter oder unter einer Zahl" bedeutet : *„Diese Zahl geht nach ..."*

Wenn ein Arbeitspapier aus *mehreren* Seiten besteht (z.B. die Kopie eines notariellen Vertrages), dann können diese Seiten zusammengeheftet werden. Es ist dann nicht erforderlich, die lange Führungsnummer auf jeder Seite zu wiederholen, sondern es genügt, wenn lediglich die Seitenzahl angegeben wird.

Es kommt immer wieder vor, dass Seiten ausgetauscht werden. Hier ist sicherzustellen, dass der Referenzierungspfad erhalten bleibt.

Das IDW weist in seinem PS 460 zurecht darauf hin, dass die Verwendung von *Prüfzeichen* zu erläutern ist. Bestimmte Zeichen (Haken, Haken mit Querstrich, Kreis etc) können z.B. bedeuten :

- nachgerechnet
- quergerechnet
- abgestimmt mit Unterlage „x y z"

Jede WP-Gesellschaft/Kanzlei muss Prüfzeichen *verpflichtend* festlegen. Eine entsprechende *Legende* ist in den Arbeitspapieren anzubringen. Wie könnte man nun die Forderungen aus Lieferungen und Leistungen im Falle WAKON in den Arbeitspapieren darstellen ?

WAKON
Jahresabschluss zum 30.6.03

W.K.
3.10.03

Forderungen aus Lieferungen und Leistungen

PII/A

Inland	Inland Euro	Ausland Länder	Euro	Ausland Summe Euro	Gesamt Summe Euro	
		China	420.000			
		Dubai	250.000			
		Argentinien	180.000			
		Brasilien	135.000			
		Singapur	75.000			
		Übrige	60.000			
Brutto	2.430.000	Brutto		1.120.000	3.550.000	PII/B
WB	134.827	Wertberichtigung		33.600	168.427	PII/C
Netto	2.295.173	Netto		1.086.400	3.381.573	

Die Kennzeichnung PII/A bedeutet, dass wir uns im zentralen Bereich der „Abstimmung" befinden und dass es sich bei den € 3.381.573 um den mit der Bilanz abgestimmten Betrag der Forderungen aus Lieferungen und Leistungen handelt. Der Bruttobetrag müsste nach der hier angenommenen Systematik mit einem Querverweis nach PII/B bzw. PII/D und der Wertberichtigungsbetrag (€ 168.427) mit einem solchen nach PII/C versehen werden.

Deckblätter (im Angelsächsischen als „Lead Schedules" bezeichnet)
Welche Reihenfolge der Arbeitspapiere ist innerhalb einer Jahresabschlussposition zu beachten? Es gilt hier das *Prinzip* „von der Zusammenfassung zu den Einzelheiten". Die erste Seite ist in der Regel ein *Deckblatt*, auf dem dargestellt wird, wie sich eine Jahresabschlussposition *zusammensetzt*. Der Bestand an *Forderungen* aus Lieferungen und Leistungen könnte z.B. aufgeteilt werden in Forderungen gegen Kunden im *Inland* und Forderungen gegen Kunden im *Ausland*. Wenn das Auslandsgeschäft ins Gewicht fällt, könnte man dann noch einen Schritt weitergehen und den Gesamtbetrag der Auslandsforderungen noch nach *Ländern* unterteilen. (s.o.)

Bei den *Sachanlagen* und hier z.B. bei den Grundstücken könnte man Gruppen bilden, durch die zu erkennen ist, welche Grundstücke bebaut und welche unbebaut sind und welchen Regionen besondere Bedeutung zukommt. So könnte man z.B. bei WELOS die Grundstücke nach *Standorten* unterteilen, um damit deutlich zu machen, wo die *Investitionsschwerpunkte* des Unternehmens liegen. Wir würden damit auch unseren Überlegungen Rechnung tragen, dass sich ggf. verändernde *Standortbedingungen* zu den *Geschäftsrisiken* des Unternehmens gehören.

Die *Art der Unterteilung* wird im Wesentlichen durch folgende Fragen bestimmt:

— Welche Struktur eignet sich am besten, um den Stand und die Entwicklung einer Position im Kontext des Jahresabschlusses am *wirkungsvollsten* sichtbar zu machen?
— Mit welchen Einzelzahlen bzw. Zwischensummen ist der Mandant am meisten *vertraut*,

so dass er nicht gezwungen ist, zusätzliche (und aus seiner Sicht lästige !) Berechnungen anzustellen oder beim Abschlussprüfer anzufragen, wie bestimmte Zahlen entstanden sind ?
- Welche *Aussagen* will der Abschlussprüfer im Rahmen *seiner* Berichterstattung treffen und wie will er seine Formulierungen *gewichten*, um auf bestimmte (planmäßige oder außerplanmäßige) Ereignisse oder Tendenzen hinzuweisen ?

Wenn sich eine Bilanzposition durch *Nachbuchungen* ändert, muss die Entwicklung aus dem Deckblatt hervorgehen. Man beginnt also beim *ursprünglichen* Stand der Position und bildet dann unter Einbeziehung der Nachbuchungen eine Überleitung zum endgültigen Stand, der dann mit der *aktuellen* Fassung der Bilanz *abzustimmen* ist.

Erinnern wir uns noch einmal an den Möbelhersteller WAKON. Wir hatten angenommen, dass die Gesamtsumme der *Forderungen aus Lieferungen und Leistungen* zum 30.6.03 rd. 3,4 Millionen Euro betrug und dass darin Forderungen an ausländische Kunden in Höhe von rd. 1,1 Millionen Euro enthalten waren. Im Falle von WAKON würde sich dann das folgende Bild ergeben, wenn der Umsatz mit dem Kunden „Burdsch Al Arab" (Dubai) storniert werden müsste, weil wir der Auffassung sind, dass noch gar kein Umsatz stattgefunden hat, die Forderung also de jure noch gar nicht besteht (VEBBAG) :

WAKON   W.K.
Jahresabschluss zum 30.6.03   10.10.03

Forderungen aus Lieferungen und Leistungen

PII/A

Inland	Inland Euro	Ausland Länder Euro		Ausland Summe Euro	Gesamt Summe Euro	
		China	420.000			
		Dubai	250.000			
		Argentinien	180.000			
		Brasilien	135.000			
		Singapur	75.000			
		Übrige	60.000			
Brutto	2.430.000	Brutto		1.120.000	3.550.000	PII/B
WB	134.827	Wertberichtigung		33.600	- 168.427	PII/C
Netto (vorläufig)	2.295.173	Netto		1.086.400	3.381.573	
Nachbuchung (lt. KoDi-Doc)		Stornierung des Umsatzes mit „Burdsch Al Arab" (Dubai)			- 250.000	PII/B
Forderungen lt. aktueller Bilanz					3.131.573	

Eine solche Gliederung erleichtert nicht nur die Prüfung und im Endeffekt auch die erforderliche *Nachschau* (Wurden auf der VEBBAG-Basis - unter besonderer Berücksichtigung der Kenntnisse über die Geschäfts- und Kontrolltätigkeit - bei den Prüfungszielen die richtigen Schwerpunkte gelegt ?), sondern eignet sich auch in besonderer Weise für die Erläuterungen im *Prüfungsbericht*.

Wir haben hier die Forderungen um € 250.000 reduziert.

Welche Eintragungen im *KoDi-Doc* liegen dieser Nachbuchung zugrunde ? In welcher Höhe hat sich jetzt das Jahresergebnis verändert ? Wenn wir einmal annehmen, dass WAKON mit der Lieferung der Möbel unzulässigerweise einen Gewinn von 20 % erzielt hat – das wären also 50.000 € – dann müssten nicht nur die Forderungen um 250.000 € reduziert, sondern in Höhe von 200.000 € Vorräte eingebucht werden, die – weil sie zwar ausgeliefert, aber noch nicht abrechenbar sind – als „unverrechnete Lieferungen" zu bezeichnen wären.

Unterstellt man der Einfachheit halber einen Steuersatz von 50 %, würde sich das Jahresergebnis um 25.000 € ermäßigen. Der Vorstand müsste also einen Jahresüberschuss ausweisen, der unter 1 Million € liegt. Sollte er sich gegenüber einem Hauptaktionär [176] oder gegenüber seiner Hausbank bereits mit der Erklärung festgelegt haben, dass WAKON die Grenze von 1 Million überschreiten werde, dann wird ihm diese *Ergebniskorrektur* ganz und gar nicht gefallen. (Problematik des *„Financial Reporting Environment"* !) (siehe Kap. II.3.2.3)

Rekapitulieren wir den Weg, der zu dem Prüfungsergebis geführt hat : Spezielle Kenntnisse über die Geschäftstätigkeit haben uns zu den Umsätzen mit ausländischen Unternehmen geführt. Die Analyse des Internen Kontrollsystems legte den Verdacht nahe, dass die ausgewiesenen Forderungen de jure noch nicht bestehen (VEBBAG). Die Einsichtnahme in entsprechende Dokumente (VA BENE) führte zu der Feststellung, dass WAKON Umsätze mit dem Kunden in Dubai nach Maßgabe des *Realisationsprinzips* noch nicht hätte buchen dürfen. Daraus ergab sich als Konsequenz – mit entsprechender Auswirkung auf den *Anhang* – dass die Umsätze zu reduzieren waren.

5.2.2.4 Prüfungshandlungen und Prüfungsergebnis

Es sei an dieser Stelle noch einmal mit Nachdruck betont, dass Prüfungshandlungen in Prüfungsprogrammen zu dokumentieren sind. *Für jedes Prüfungsziel* ist *ein Prüfungsprogramm* zu erstellen ! Dabei können wir – wie wir besprochen haben – unsere Arbeiten dadurch wesentlich erleichtern, dass wir verschiedene Abschlussaussagen unter einem Prüfungsziel zusammenfassen. (Sie werden sich erinnern, dass wir beim Autohaus WELOS die Verbindlichkeiten gegenüber Kreditinstituten mit den entsprechenden Zinsaufwendungen zusammengefasst haben.) Ich darf ebenfalls noch einmal betonen, dass sich die Prüfungsziele des Abschlussprüfers immer auf *Abschlussaussagen* des Mandanten beziehen. Für beides verwenden wir das Kürzel „VEBBAG".

Wenn Sie das Formular *„Prüfungsprogramm"* (KoP-Doc) zur Hand nehmen, dann können Sie noch einmal nachvollziehen, dass dieses Formular die folgenden *Pflichtbestandteile* hat (vgl. Anlage 44)

- Prüfungsziel
- Einschätzung des Risikos der wesentlichen Fehlaussage
- Prüfungshandlungen
- Prüfungsergebnis (Prüfungsfeststellungen, Zusammenfassung)

---

[176] *Hier stellt sich u.U. das Problem der „Beziehungen zu nahe stehenden Personen". In diesem Zusammenhang führt das IDW in seinem gleichnamigen PS 255 in TZ 10 u.a. aus : „Beziehungen zu und Geschäftsvorfälle mit nahe stehenden Personen sind normaler Bestandteil des wirtschaftlichen Lebens. Gleichwohl muss der Abschlussprüfer bei der Planung der Abschlussprüfung auf diese Beziehungen achten, da bestehende Beziehungen zu oder Geschäftsvorfälle mit nahe stehenden Personen Auswirkungen auf die Rechnungslegung haben können..."*

In den Prüfungsprogrammen sind die Prüfungshandlungen (Funktionstests und verbleibende Prüfungshandlungen) exakt zu erläutern. Die Prüfungshandlungen ergeben sich eindeutig aus den *Prüfungszielen*, die ihrerseits konsequent aus den Erkenntnissen abgeleitet werden, die wir aus der Prüfung der internen Kontrollen gewonnen haben. (Siehe auch die Abbildung 2 „Leitfunktion des Business Understanding !)

Ich habe für die einzelnen Bilanzpositionen, die wir besprechen werden, u.a. Arbeitsanweisungen entwickelt, bei denen sich die *Prüfungshandlungen an* den *Prüfungszielen orientieren*. Gerade diese Checklisten sollen Ihnen bei Ihrer Tagesarbeit helfen. (vgl. Kapitel III. 2 – III. 5)

Darüber hinaus enthalten die Arbeitsanweisungen Hinweise :

- auf die *Schrittfolge* (4-Kapitel-These),
- zur Prüfung bei *angespannter* Ertragslage,
- zur *Gliederung* von Salden- und Inventurlisten,
- zur Prüfung von Eingangsrechnungen und von Ausgangsrechnungen.

Alle Checklisten und sonstigen Hinweise in diesem Handbuch sind von dem Gedanken geprägt, dass ohne solide *Kenntnisse über die Geschäftstätigkeit* und *über die Qualität der internen Kontrollen* eine vernünftige Abschlussprüfung nicht möglich ist.

Im *Prüfungsergebnis* legen wir dar, ob wir das Prüfungsziel erreicht haben oder nicht. Bevor wir erklären, dass wir das *Prüfungsziel erreicht* haben, müssen wir uns noch einmal sorgfältig darüber Rechenschaft ablegen – und darauf hatte ich Sie mit besonderen Nachdruck hingewiesen – ob wir *wirklich* ausreichende und angemessene *Prüfungsnachweise* besitzen.

Mit unseren *Prüfungsfeststellungen*, die exakt zu den Arbeitspapieren referenziert werden, schildern wir Arbeitsfehler bzw. Schwachstellen im IKS. Arbeitsfehler und Schwachstellen sind – wie wir besprochen haben – auf ihre Ursachen hin zu untersuchen. Die Folge dieser Untersuchung kann sein, dass die Prüfungshandlungen - in ausdrücklicher Abstimmung mit dem Prüfungsleiter – ausgedehnt werden müssen. In schwerwiegenden Fällen muss der Mandant über diese Entscheidung informiert werden.

5.2.2.5 Die Nachschau

Für das gesamte Team, insbesondere aber für die Prüfungsassistenten gilt: Nehmen Sie sich *genügend* Zeit für die Dokumentation, damit es bei der Nachschau keine unnötigen Rückfragen, Nacharbeiten und Missverständnisse gibt. Mit ordentlichen Arbeitspapieren geben Sie Ihre persönliche Visitenkarte ab. Haben Sie auch keine Hemmnisse, bereits *während* der Prüfung um einen kurzen Vor-Review zu bitten, um sicher zu sein, dass Sie sich auf dem rechten Weg befinden.

Wenn wir bald über die Prüfung von einzelnen Posten des Jahresabschlusses sprechen, dann werden Sie sehen, dass Sie im Rahmen Ihrer ganz persönlichen Zeitplanung eine angemessene *Zeit für die Dokumentation* vorsehen müssen. *Bilden Sie sich nicht ein*, Sie könnten nach Ablauf der gesamten Prüfung ganz kurz die Dokumentation – insbesondere die Referenzierung – erledigen !

Ergeben sich bei der Nachschau Beanstandungen, müssen diese umgehend beseitigt werden. Derjenige, der die Arbeitspapiere durchsieht, wird in der Regel eine „Review List" erstellen. Diese ist von den zuständigen Mitgliedern des Prüfungsteams vollständig und sorgfältig abzuarbeiten. Die Review-Liste ist anschließend zu vernichten. Dies gilt sinngemäß, wenn eine mehrstufige Nachschau – letztlich durch den Kanzleiinhaber oder eine Zentralabteilung - stattfindet.

5.2.3 Das Bekenntnis zum Prüfungsziel

Arbeitspapiere dürfen *keine* Anhaltspunkte dafür liefern, dass die Prüfung nicht sachgerecht durchgeführt wurde. (Ich erinnere an die problematischen Fälle, in denen der Abschlussprüfer seine Arbeitspapiere fremden Dritten zur Verfügung stellen muss.) Daraus ergeben sich die folgenden Hinweise : Unterlagen dürfen nur dann zu den Arbeitspapieren genommen werden, wenn sie

- in der Lage sind, unsere Kenntnisse über die Geschäftstätigkeit zu untermauern und
- angemessene Prüfungsnachweise darstellen.

Wichtige Verträge sollten nicht nur auszugsweise, sondern grundsätzlich komplett kopiert und zusammen mit einem kurzen schriftlichen Kommentar abgelegt werden. Nur so hat man die Möglichkeit, das *gesamte* Vertragswerk später noch einmal nachzulesen, ohne den Mandanten mit dem Wunsch nach einer erneuten Einsichtnahme belästigen zu müssen. (Bei sehr umfangreichen Verträgen ist das Procedere mit dem Prüfungsleiter abzustimmen !)

Es sind in den Prüfprogrammen *klare Formulierungen* zu wählen. Es muss deutlich werden, ob wir unser Prüfungsziel erreicht haben. Wenn wir also bei WELOS prüfen, ob der Jahresabschluss die Umsätze korrekt widerspiegelt, dann müssen wir erklären : „Die Aussage, dass die Umsätze vollständig ausgewiesen sind, tatsächlich stattgefunden haben und genau im Jahresabschluss erfasst sind, *trifft zu.*"

Hat der Abschlussprüfer unwesentliche Fehler festgestellt, wird er erklären : „ ... *trifft im wesentlichen zu.*"

Folgende Aussage ist nicht so klar, aber immer noch unproblematisch : „Auf der Grundlage der uns vorliegenden Nachweise ergeben sich *keine Anhaltspunkte* dafür, dass die Aussage zur Vollständigkeit, zum Bestand und zur Genauigkeit der Umsätze nicht zutrifft."

Folgende Erklärung ist *nicht akzeptabel : „Die Umsätze sind korrekt.*" Es wird kein Prüfungsziel erwähnt ! Es ist also aus dieser Erklärung nicht zu entnehmen, was eigentlich konkret geprüft wurde. Könnte eine solche Aussage nicht auch ein Zeichen dafür sein, dass der Prüfer selbst *nicht* genau wusste, was zu prüfen war ?

Schwammige Formulierungen wie : „Die Vorräte scheinen richtig bewertet zu sein", deuten in die gleiche Richtung. Warum wird hier nicht ganz deutlich gesagt, was geprüft wurde (welche Vorräte hat man denn eigentlich untersucht ?) und warum wird nicht erklärt, aufgrund *welcher* Nachweise man zu einem bestimmten Ergebnis gekommen ist? (Erinnern Sie sich bitte an RADARR und an das D für „Durchdringung" !)

Warum erklärt man nicht : Aufgrund der uns vorliegenden Nachweise zur Ermittlung der Anschaffungskosten bzw. zum niedrigeren beizulegenden Wert sind wir der Meinung, dass die Aussage des Mandanten : „Die Roh-, Hilfs- und Betriebsstoffe sind nach Maßgabe der gesetzlichen Bestimmunen richtig bewertet", zutrifft ?

Wenn wir die Pflicht haben, uns ein *eigenes Urteil* zu bilden, dann müssen wir dieses Urteil auch klar formulieren ! Fehlt ein klares Urteil, setzen wir uns der Gefahr aus, dass wir beschuldigt werden, nicht ordnungsgemäß geprüft zu haben. Wer keine Farbe bekennt, hat keine gute Übersicht !

Das Bekenntnis zum Prüfungsziel bedeutet aber auch, dass der Abschlussprüfer verpflichtet ist, ggf. darauf hinzuweisen, dass er dieses *Ziel nicht erreicht hat* und einen wesentlichen Sachverhalt nicht abschließend beurteilen kann. Dies würde dann eine Einschränkung oder Versagung des Bestätigungsvermerkes bedeuten : „Sind Einwendungen zu erheben, so hat der Abschlussprüfer seine Erklärung ... einzuschränken oder zu versagen. Die Versagung ist in dem Vermerk, der nicht mehr als Bestätigungsvermerk zu bezeichnen ist, aufzunehmen. Die Einschränkung oder Versagung ist zu begründen. (§ 322 Abs. 4 HGB)

Der Abschlussprüfer muss sich stets der Notwendigkeit bewusst sein, dass auch er „Nachweise" liefern muss, *Nachweise für die Qualität seiner Arbeit*. War er im Rahmen der Abschlussprüfung stets auf der Suche nach „ausreichenden und angemessenen Prüfungsnachweisen", die die Abschlussaussagen des Mandanten stützen (nach ISA 500 : „sufficient and appropriate audit evidence"), so steht er nun *selbst* unter Zwang, einen Dritten, den Peer Reviewer, davon zu überzeugen, dass er mit *seiner* Behauptung „Ich habe ordnungsgemäß geprüft", Recht hat. Er muss sich also im Grunde an denjenigen Maßstäben messen lassen, die er gegenüber seinen Mandanten mit Nachdruck vertritt. Erst wenn dies gelingt, ist ein notwendiges Gleichgewicht der Kräfte erreicht.

5.3 Kriterien für die Qualität von Arbeitspapieren

5.3.1 Die sachliche Dimension : Genauigkeit der Darstellung

5.3.1.1 Der Einfluss des Business Understanding
Es ist bereits eine Reihe von Aspekten dargestellt worden, die wir bei der Anlage von Arbeitspapieren beachten müssen. Dabei ragen die folgenden Gesichtspunkte heraus :

Klarheit
Die Arbeitspapiere müssen klar und übersichtlich sein, und ein außenstehender Dritter muss in angemessener Zeit den Ablauf der Prüfung nachvollziehen können.

Klarheit setzt voraus :

- eine *präzise* Referenzierung und damit Abstimmbarkeit der Arbeitspapiere ;
- Verzicht auf *langatmige* Beschreibung unwesentlicher Sachverhalte ;
- Verzicht auf eine *Vielzahl* z.B. kopierter Unterlagen ohne jede Erläuterung ;
- *vollständig* ausgefüllte Kopfzeilen ;
- *vollständige* Erläuterung von Prüfzeichen.

Arbeitspapiere können übersichtlich sein, aber dennoch nicht die wesentlichen Qualitätsanforderungen erfüllen, wenn die *Pflichtdokumente* nur mangelhaft bearbeitet wurden

Präzision der Pflichtdokumente
Wenn die Pflichtdokumente zum

- Verständnis der Geschäftstätigkeit (KoBu-Doc und KoRi-Doc) und zum
- Verständnis der internen Kontrollen (KoCo-Doc)

nur mangelhaft bearbeitet wurden, wird man nicht in der Lage sein, auf den Jahresabschluss oder besser gesagt : auf die wesentlichen Abschlussaussagen exakt zugeschnittene Prüfungsziele zu formulieren. *Ohne eindeutige Prüfungsziele* wird es aber auch keine präzisen Prüfungshandlungen geben ! So einfach ist das !

Ich wiederhole mich, wenn ich sage : „Wenn Sie nicht genau wissen, *warum* Sie eine bestimmte Prüfungshandlung durchführen, dann macht Ihre Arbeit keinen Sinn !"

Welche Fehler sind *bei der Bearbeitung der Pflichtdokumente* unbedingt zu vermeiden ?

Zu den **Kenntnissen über die Geschäftstätigkeit (Geschäftsbewusstsein) (KoBu-Doc)**
- Die im KoBu-Doc enthaltenen Angaben sind zu allgemein und bilden keine Brücke zum Jahresabschluss.
- Die im KoBu-Doc getroffenen Aussagen beruhen nicht auf unserem eigenen Urteil.
- Der Zusammenhang zwischen Unternehmenszielen und Unternehmensstrategien wird nicht klar genug herausgearbeitet.
- Die Unternehmensziele werden nicht exakt formuliert.
- Die Unternehmensziele werden mit Maßnahmen zur Erreichung dieser Ziele verwechselt.
- Man beschränkt sich auf einen allgemeinen Überblick über die Geschäftstätigkeit.
- Es wird nur der Markt erwähnt, seine Verfassung und Entwicklung aber nicht skizziert.
- Die Angaben über das Leistungsspektrum sind unvollständig.
- Die Organisation der Geschäftsleitung wird nicht exakt beschrieben.
- Besonderheiten der einheitlichen Leitung (Konzern) werden nicht erwähnt.
- Besondere (z.B. branchenbedingte) Bewertungsgrundsätze werden nicht herausgearbeitet.

Zu den **Kenntnissen über die Geschäftsrisiken (Risikobewusstsein) (KoRi-Doc)**
- Die Risiken werden nicht exakt beschrieben.
- Die Bezeichnung der Geschäftsprozesse ist ungenau.

Zu den **Kenntnissen über die Kontrollen (Kontrollbewusstsein) (KoCo-Doc)**
- Es geht aus dem Dokument nicht hervor, in welchem Unternehmensbereich bzw. in welchem Geschäftsfeld man sich befindet.
- Es fehlt eine Zusammenfassung der wesentlichen Geschäftsrisiken und der wesentlichen Geschäftsvorfälle.
- Die erwähnten „Geschäftsvorfälle" sind keine Ereignisse mit Außenwirkung, sondern lediglich im Rahmen des IKS getroffene Maßnahmen.
- Die Ziele des Prozesses werden nicht exakt beschrieben. - Leistungskennziffern werden entweder nicht erwähnt oder nicht exakt beschrieben.
- Zu den Abläufen innerhalb eines Prozesses erfolgen nur oberflächliche Angaben.
- Zu den abschlussrelevanten Aufgaben der DV-Systeme fehlen exakte Informationen.
- Der Katalog der Risiken auf Prozessebene ist unvollständig oder die erwähnten Risiken werden nicht exakt beschrieben.
- Die einzelnen Kontrollen werden nur schlagwortartig skizziert, aber nicht genau dargestellt.
- Prüfungsziele werden gar nicht genannt oder nur als Ganzheit (VEBBAG) präsentiert.

Zu den **Kenntnissen über das Prüfungsprogramm (Programmbewusstsein) (KoP-Doc)**
- Das Prüfungsergebnis wird nicht klar formuliert.
- Die Schwere eines Prüfungszieles wird in der Begründung für seine Auswahl nicht erwähnt.
- Die Auswahl eines Prüfungszieles und die Einschätzung des Risikos der wesentlichen Fehlaussage werden nicht erläutert.

Detaillierte Erläuterungen zu den genannten Schwachstellen sind in Anlage 48 enthalten.

5.3.1.2 Die Verknüpfung der Arbeitspapiere

Unsere Überlegungen zu den drei Phasen der Abschlussprüfung bzw. zur Leitfunktion des Business Understanding und die Formulierung der *Grundsätze risikoorientierter Abschlussprüfung* haben bereits deutlich werden lassen, wie und warum die Arbeitspapiere eng miteinander verknüpft werden müssen. Es ist dadurch sinnvoll, sich noch einmal an diese Grundsätze zu erinnern :

Aus dem KoBu-Doc entwickeln wir die Geschäftsrisiken. KoRi-Doc weist uns den Weg zu den maßgeblichen Kontrollstellen. Über die Beurteilung der Internen Kontrollen führt uns der Weg zu den Prüfungszielen, die im KoCo-Doc erstmalig (wenn auch gedanklich schon längst vorbereitet) formuliert werden. Das KoP-Doc übernimmt diese sachgerecht entwickelten *Prüfungsziele* und setzt sie in entsprechende Prüfungshandlungen zu dem alleinigen Zweck um, ausreichende und angemessene *Prüfungsnachweise* dafür zu bekommen, dass bestimmte *Abschlussaussagen* des Managements stimmen. Diese Reihenfolge ist *zwingend* !

Kurz gefasst ergibt sich dann folgendes Bild :

Kenntnisse über ...	führen uns zu ...	Dokument	Beurteilung
die Geschäftstätigkeit	Geschäftsvorfällen und Geschäftsprozessen	KoBu-Doc	*Einfluss* der Geschäftsvorfälle auf den Jahresabschluss
	Geschäftsrisiken	KoRi-Doc	*Einfluss* der Geschäftsrisiken auf den Jahresabschluss und Angabe der *Kontrollstellen*
Interne Kontrollen	Aufbau- und Ablauforganisation von Kontrollen	KoCo-Doc	*Prüfungsziele* (VEBBAG)
die Abschlussaussagen des Mandanten (VEBBAG)	Prüfungsprogrammen (unter Verwendung der im KoCo-Doc festgelegten Prüfungs-Ziele und Prüfungshandlungen)	KoP-Doc	*Prüfungsnachweise* (ausreichend und angemessen)
das Ergebnis der Prüfungshandlungen	(eventuell) Prüfungsdifferenzen	KoDi-Doc	*Fehleranalyse* (Arbeitsfehler oder Systemfehler)

5.3.2 Die zeitliche Dimension : Die Abschlussprüfung als permanente Aufgabe

In vorangegangenen Kapiteln ist bereits deutlich geworden (in die sachlichen Aspekte ragen natürlich auch zeitliche hinein), dass der Abschlussprüfer seine Kenntnisse über die Geschäftstätigkeit ständig aktualisieren muss. Eine solche Aktualisierung muss der gleitenden Entwicklung der Unternehmung gerecht werden, d.h. als permanente Aufgabe gelten, die das ganze Jahr über (unabhängig von konkreten Prüfungsterminen) zu erfüllen ist. Das setzt klare *Zuständigkeiten* im Team und eine entsprechende *Kommunikation* mit dem Mandanten voraus.

Wenn eine Zwischen- oder Abschlussprüfung beginnt, muss das *gesamte* Team über die *wesentlichen* Ereignisse des (laufenden bzw. abgelaufenen) Geschäftsjahres informiert sein und auf Arbeitspapiere zurückgreifen können, die bereits Hinweise auf das aktuelle Geschehen im Unternehmen oder im Markt enthalten. (Hier ist also insbesondere der Prüfungsleiter gefordert !) *Prüfungsziele*, die sich auf den Jahresabschluss prägende Aussagen beziehen, können nur vor dem Hintergrund *vollständiger* und *präziser* Informationen formuliert werden.

Erfährt der Abschlussprüfer erst während der Prüfung (um einige Beispiele zu nennen), dass umfangreiche Grundstückstransaktionen stattgefunden haben (das könnte z.B. bei BRATO der Fall sein), dass das Sortiment bereits seit einigen Monaten wesentlich erweitert wurde (z.B. bei TAIHAM) oder dass das Auslandsgeschäft mit der Richtung „Südamerika" einen neuen Akzent erhalten hat (z.B. bei DEICES), läuft er Gefahr, *überraschende Themen* (umfangreiche notarielle Verträge, Spezialauswertungen der Materialwirtschaft, komplexe Länderrisiken) nicht mit der notwendigen Sorgfalt bearbeiten zu können, weil das Team bereits so viel Zeit mit der Behandlung „unwesentlicher" Themen verloren hat und er dazu neigen könnte, zur Pflege der Mandantenbeziehungen und zwecks Einhaltung des vereinbarten Abgabetermins (Prüfungsbericht und Testat) auf eine Ausdehnung der Prüfungsarbeiten zu verzichten.

Um die zeitliche Dimension, die die Erstellung der Arbeitspapiere bestimmt, zu veranschaulichen, möchte ich Sie an den viele Jahre zurückliegenden Physik-Unterricht, insbesondere an eine Frage aus der Astronomie, erinnern : „Wie lauten die drei Keplerschen Gesetze ?". Eine unangenehme Frage !? Oder kennen Sie vielleicht doch einen Teil der Antwort ? Die von Johannes Kepler gefundenen Gesetze, denen die Bewegung der Planeten unterworfen ist, lauten :

(1) Die Planeten bewegen sich in Elipsen, in deren einen Brennpunkt die Sonne steht.
(2) Der Leitstrahl oder Radiusvektor, d.h. die Verbindungslinie „Sonne / Planet" überstreicht in gleichen Zeiten gleiche Flächen.
(3) Die Quadrate der Umlaufzeiten verhalten sich wie die Kuben ihrer mittleren Entfernung von der Sonne.

Man kann sich bestimmte Zusammenhänge viel besser merken, wenn man sie vor einem ungewöhnlichen Hintergrund abbildet. Leiten wir deshalb aus den drei Keplerschen Gesetzen folgendes Gesetz ab :

„Wirtschaftsprüfungs-Planungsgesetz"
(WPPlaG)

§ 1 : *Die Arbeitspapiere bewegen sich in Elipsen, in deren einen **Brennpunkt** der Jahresabschluss steht.*

§ 2 : *Die **Verbindungslinie** „KoBu-Doc / Jahresabschluss" besteht ununterbrochen während des ganzen Jahres, um zu gewährleisten, dass die „Kenntnisse über die Geschäftstätigkeit sowie das wirtschaftliche und rechtliche Umfeld des zu prüfenden Unternehmens" stets aktuell sind, so dass das zentrale Dokument - „Knowledge of Business" genannt - seine Leitfunktion angemessen erfüllen kann.*

§ 3 : *Die **Umlauffrequenz** der Arbeitspapiere (die Beschaffung von Informationen und ihr Austausch im Team) wird von Lage und Entwicklung des zu prüfenden Unternehmens bestimmt. Es ist daher insbesondere bei angespannter Ertragslage sorgfältig zu prüfen, in welchem Umfang die Frequenz zu erhöhen ist.*

Was bedeutet dies für das Prüfungsteam, und zwar für *alle* Mitglieder ? Sie müssen das Unternehmen *während des ganzen Jahres* gedanklich begleiten, insbesondere aus der lokalen oder überregionalen Wirtschaftspresse oder dem Internet Informationen über das Unternehmen

5 Prüfungsnachweise und Dokumentation

und dessen Branchen sammeln, sich Gedanken über Veränderungen bei Geschäftsvorfällen und bei Geschäftsrisiken machen und eine Vorstellung darüber gewinnen, wie sich diese Veränderungen voraussichtlich auf den Jahresabschluss, auf die Prüfungsziele und auf die Prüfungsstrategie auswirken werden. Dabei darf auch der Assistent keine Hemmungen haben, sich rechtzeitig mit dem Prüfungsleiter in Verbindung zu setzen, Ideen einzubringen und den Planungsprozess auf diese Weise zu bereichern.

Das nachfolgende Schaubild soll noch einmal verdeutlichen, dass die Dinge in ständiger Bewegung sind und dass eine Abschlussprüfung nur dann erfolgreich sein kann, wenn sie sich in einem dynamischen Anpassungsprozess befindet.

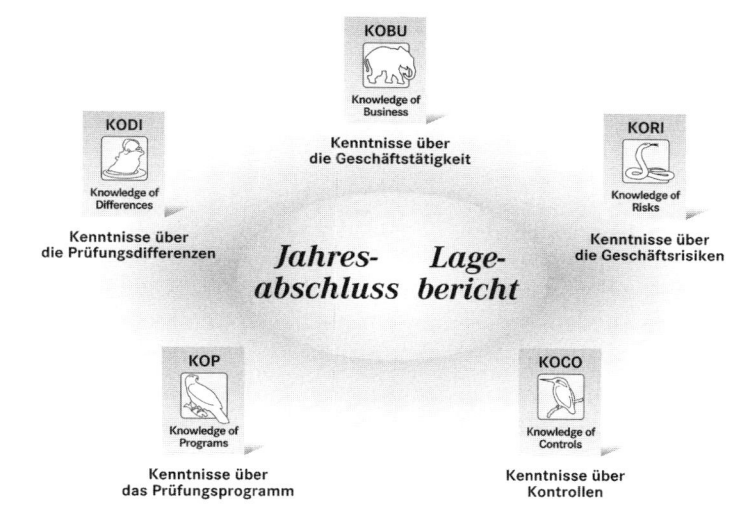

Abbildung 13: Fokussierung der Arbeitspapiere

Der *zeitlichen Dimension* der Abschlussprüfung kommt immer dann eine hohe Bedeutung zu, wenn sich das Unternehmen *unerwartet* mit besonderen Problemen auseinandersetzen muss. Diese können z.B. durch Produktmängel entstehen, die bei Kunden zu Produktionsverzögerungen führen. So hat z.B. die Lieferung fehlerhafter Einspritzpumpen durch Bosch auf der Seite der Automobilhersteller zu Produktionsausfällen geführt und damit naturgemäß eine lebhafte Diskussion über Folgekosten ausgelöst. [177] Gesetzt den Fall, eine solche Situation tritt unmittelbar vor dem Ende des Geschäftsjahres ein, dann wird bei einem frühen Termin für eine offizielle Bilanzpressekonferenz u.U. der Zeitdruck groß sein, schnell abzuklären :

- wie hoch die Schadensersatzforderungen der *Kunden* sein werden,
- welche Regressforderungen mit welcher Bonität an *Zulieferer* gestellt werden können und
- in welcher Höhe ggf. eine *Deckung* durch eine Versicherung besteht.

---

177 Vgl. o.V. : Es droht Streit um die Folgekosten der Bosch-Panne, in : FAZ 7.2.05, Nr. 31, S. 15

Ein Datenkranz von solcher Komplexität wird heterogene Einflüsse auf den Jahresabschluss des Lieferanten haben. Der Abschlussprüfer wird einige Zeit benötigen, um zu *beurteilen*, ob

- ausgewiesene Rückstellungen auf berechtigten Regressforderungen von Kunden beruhen,
- ausgewiesene Schadensersatzansprüche an Zulieferer bestehen und durchgesetzt werden können,
- ein ausgewiesener Deckungsanspruch an eine Versicherungsgesellschaft mit den entsprechenden Verträgen in Einklang steht und ob bei allen ausgewiesenen Posten auch der Grundsatz der Vollständigkeit beachtet wurde.

Der *Zeitdruck*, vor dem das bilanzierende Unternehmen steht, wird vor dem zuständigen Abschlussprüfer nicht Halt machen. Er wird in eine höchst unangenehme Lage kommen, wenn er *zu spät* von diesen Bilanzierungsproblemen erfährt und feststellen muss, dass er nicht mehr genügend Zeit hat, um sich insbesondere von *Vollständigkeit, Bestand* und *Bewertung* der entsprechenden Bilanzposten zu überzeugen. (VEBBAG)

Unsere Vorstellungen über das Geschäft des Mandanten, die damit verbundenen Risiken und erforderlichen Kontrollen bedürfen im Sinne sachgerechter Prüfungsziele einer *permanenten* Überprüfung. Prüfungsprogramme müssen regelmäßig modifiziert, Entwicklungen und Sachverhalten muss *zeitnah und individuell* Rechnung getragen werden.

Insofern haftet den sogenannten „Standard- Prüfprogrammen" immer etwas Schwerfälliges und Unbeholfenes an, Eigenschaften, die in der Regel nicht dazu beitragen, den Mandanten von der Qualität einer Abschlussprüfung wirklich zu überzeugen, vor allem auch deshalb nicht, weil die Gefahr besteht, dass Prüfungsnachweise unter diesen Voraussetzungen nur *scheinbar* angemessen sind.

Der Charakter von Prüfungsdifferenzen kann sich von Jahr zu Jahr ändern : Waren es zunächst einfache Arbeitsfehler, können Differenzen plötzlich zu Zeichen für Bilanzpolitik (legaler oder illegaler Natur) werden. Mit *Standard- Prüfprogrammen* wird man den Eigenarten eines Unternehmens, insbesondere aber der Problematik des „Financial Reporting Environment", nicht gerecht.

5.4 Die Sicherungs- und Schutzfunktion ordnungsgemäß erstellter Arbeitspapiere

Die folgende Darstellung soll noch einmal verdeutlichen, von welch entscheidender Bedeutung die Arbeitspapiere für *Durchführung* und *Ergebnis* einer Abschlussprüfung sind.

5 Prüfungsnachweise und Dokumentation

Geschäfts-Bewusstsein	Risiko-Bewusstsein	Kontroll-Bewusstsein	Programm-Bewusstsein	Fehler-Bewusstsein
Unternehmung Lage Eigentümer Führung Überwachung Geschäftstätigkeiten	**Geschäftsrisiken**	**Zusammenfassung** der Geschäftsvorfälle und der Geschäftsrisiken	**Auswahl der Prüfungsziele** Position Aussage Begründung	**Prüfungs-differenzen** Beschreibung und bilanzielle Zuordnung
Branche Gesamtwirtschaft	**Einfluss auf den JA** Position Aussage	**Ausrichtung und Verlauf des Geschäftsprozesses** Ziele, Arbeitsdaten, Kennziffern, Informationstechnik	**Einschätzung des Risikos** der wesentlichen Fehlaussage	**Auswertung** Differenzen
Geschäftsvorfälle Einfluss auf den JA (Position, Aussage)	**Lokalisierung** der unternehmerischen Kontrollen	**Gegenstand des Geschäftsprozesses** Geschäftsvorfall, Risiken auf Prozessebene, Kontrolle, Prüfungsziele	**Art und Umfang** der Prüfungshandlungen Prüfungsziele	**Prüfungsergebnis** Prüfungs-feststellungen

Bilanz	G+V	Anhang
A. Anlagevermögen I. Immaterielle VG II. Sachanlagen III. Finanzanlagen B. Umlaufvermögen I. Vorräte II. Forderungen / VG III. Wertpapiere IV. Flüssige Mittel C. Rechnungsabgrenzung A. Eigenkapital B. Rückstellungen C. Verbindlichkeiten 1. Anleihen 2. Verb. geg. Kreditinstit. 3. erhaltene Anzahlungen 4. Verbindlichkeiten L+L 5. Wechselverbindlichk. 6. Verb. geg. verbund. U. 7. Verb. U. m. Bet. verhält. 8. Sonstige Verbindlichk. D. Rechnungsabgrenzung	1. Umsatzerlöse 2. Bestandsveränderung 3. andere aktiv. Eigenleistungen 4. sonst. betriebliche Erträge 5. Materialaufwand 6. Personalaufwand 7. Abschreibungen 8. sonst. betr. Aufwendungen 9. Erträge aus Beteiligungen 10. Erträge aus and. Wertpapieren und Ausleihungen des FAV 11. Sonstige Zinsen / Erträge 12. Abschreib. Finanzanlagen 13. Zinsen u. ähnl. Aufwend. 14. Ergebnis der gewöhnlichen Geschäftstätigkeit 15. a. o. Erträge 16. a. o. Aufwendungen 17. Steuern v. Eink. / Ertrag 18. Sonstige Steuern 19. Jahresüberschuss / Jahresfehlbetrag	1. Bilanz. u. Bewert. Method. 2. Umrechnung Euro 3. Abw. von Bil./Bew.Meth. 4. Unterschiedsbeträge 5. Fremdkapitalzinsen (HK) 6. Verb. (RestLZ üb. 5 Jahre) 7. Verbindl. (Sich. d. PfandR) 8. Aufgliederung der Verb. 9. Betrag der sonst.fin.Verpfl. 10. Aufgliederung Ums.erlöse 11. Einfl. von Abschr. (StR) 12. Ergebn.belast. d. Steuern 13. Durchschnittl. Zahl der Arbeitnehmer 14. Sonderausweise bei UKV 15. Bezüge, Vorschüsse u. Kredite für GF / AR / BR 16. Angaben zu den Mitglied. von GF / AR 17. Angabe zu Beteil. (20%) 18. Angaben zu U. (b. Kompl.) 19. Angaben zu sonst. Rückst. 20. Gründe f.d. plnm. Abschreibung eines Firmenwertes 21. Angaben zum Mutter-U. 22. Bei PersGes Angaben z.d. Komplementären 23. Erklärung zu § 161 AktG 24. Bei bes. U. Angaben über bestimmte Honorare 25. Angaben zu Finanzinstrumenten

Marktveränderungen können den Wertansatz von Sachanlagen beeinträchtigen (Geschäftsbewusstsein), außerplanmäßige Abschreibungen nahe legen (Risikobewusstsein) und – bei Verzicht auf bilanzielle Maßnahmen (Kontrollbewusstsein) – zu Prüfungsdifferenzen führen, die entsprechend zu interpretieren sind (Fehlerbewusstsein).

Im Rahmen von *Werkverträgen* (Geschäftsbewusstsein) und langfristiger Fertigung (Risikobewusstsein) auftretende Fehlkalkulationen (Kontrollbewusstsein) können zu überhöhten Herstellungskosten führen, die – wenn im Preis nicht an den Kunden weiterverrechenbar – ausgebucht werden müssen, d.h. die Bestandsveränderung nicht positiv beeinflussen dürfen (Fehlerbewusstsein).

Durch *Wachstumsziele* (Geschäftsbewusstsein) geprägte Auslandsaktivitäten (Risikobewusstsein) können mangels Risikotransfers (Kontrollbewusstsein) zu Forderungsverlusten führen und entsprechende Prüfungshandlungen nahe legen (Programmbewusstsein), als deren Ergebnis sich ein wesentlicher Wertberichtigungsbedarf ergeben kann (Fehlerbewusstsein). Wird diesem nicht angemessen Rechnung getragen, ergibt sich eine entsprechende Prüfungsdifferenz, die Auswirkung auf den Bestätigungsvermerk hat.

Das *Prüfungskonzept* (bestehend aus Geschäfts-, Risiko,- Kontroll-, Programm- und Fehlerbewusstsein) bildet sozusagen das *Dach* einer ordnungsgemäßen Abschlussprüfung und schafft damit die *atmosphärischen Bedingungen* für ihre Qualität. Im Übrigen ist der Einfluss von besonderen Analysen (PEST, SWAT und Five Forces) unverkennbar. In ihrer aufgefächerten Form (VEBBAG) bilden die Prüfungsziele – in der Strategieanalyse bereits nominiert und in der Prozessanalyse bestätigt und formuliert – das beherrschende Element dieses Konzeptes.

Eine sorgfältige Führung der Arbeitspapiere, die immer mit der Analyse der Geschäftstätigkeit beginnt, *sichert* dem Abschlussprüfer den Prüfungspfad, gewährleistet im weitesten Sinne die Entdeckung wesentlicher Fehlaussagen und schützt ihn auf diesem Wege vor einem Mandatsverlust und der Beeinträchtigung seiner Reputation, die auch dadurch entstehen kann, dass er die Anforderungen einer externen Qualitätskontrolle nicht erfüllt.

Eine sorgfältige Arbeit *schützt* zugleich das zu prüfende Unternehmen vor Schäden, die dadurch verursacht werden können, dass auf Basis eines falschen Jahresabschlusses falsche Entscheidungen getroffen werden. Die ordnungsgemäße Handhabung von Pflichtdokumenten, die das Testat stützen und die ggf. auch externen Dritten vorgelegt werden, bietet darüber hinaus auch die *Gewähr* dafür, dass sich der Abschlussprüfer in seinem Amt und in seiner Verantwortung gegenüber der Öffentlichkeit auf Dauer behaupten kann.

Mit der Vielzahl von Aspekten werden zugleich die großen *Anforderungen* sichtbar, die an den Abschlussprüfer gestellt werden und die Frage nahe legen, was eigentlich die Prüfungsqualität ausmacht. Bei seinen entsprechenden Überlegungen kam Niehus auf den interessanten Gedanken, auf eine Definition der „Qualität" zurückzugreifen, die das Institut für Normung einmal formuliert hat. Danach ist Qualität die „Gesamtheit von Eigenschaften und Merkmalen eines Produktes oder einer Tätigkeit, die sich auf deren Eignung zur Erfüllung gegebener Erfordernisse bezieht". „Qualität der Abschlussprüfung ist demnach deren Durchführung durch einen Abschlussprüfer, der sowohl in seiner Person als auch bei der Erledigung seines Auftrages sämtliche für ihn geltenden Normen erfüllt." [178]

---

[178] R.J. Niehus : Prüfungsqualität, in : HdRuP, Sp. 1862

6 Verbleibende aussagebezogene Prüfungshandlungen

Diese Prüfungshandlungen – viel treffender durch den angelsächsischen Terminus „substantive procedures" charakterisiert, weil dieser bereits den eigentlichen *Zweck* der Arbeiten erkennen lässt – werden nach Inhalt und strategischer Bedeutung vorgestellt. Dabei wird insbesondere die Effektivität von *Plausibilitätsprüfungen* behandelt, aber auch darauf hingewiesen, dass ihre Einsatzmöglichkeiten im Hinblick auf die *Qualität* der zu gewinnenden Prüfungsnachweise begrenzt ist. Gehen geplante Untersuchungen über den normalen Gang der Arbeiten hinaus, weil der Abschlussprüfer im Rahmen seiner Prüfungsziele *Sonderauswertungen* benötigt, sind diese Arbeiten *rechtzeitig* mit dem Mandanten abzustimmen. Die *zeitliche* Dimension der Abschlussprüfung wird damit erneut und in besonderer Weise sichtbar.

6.1 Einsatz

6.1.1 Der Stellenwert der verbleibenden Prüfungshandlungen

Es ist von großer Bedeutung, dass die Mitglieder eines Prüfungsteams im Verlaufe der Abschlussprüfung zu jeder Zeit wissen, *wo* Sie stehen und *warum* Sie bestimmte Arbeiten durchführen. Mit „wo" ist zunächst einmal die *Phase* der Abschlussprüfung gemeint. Wenn wir von „verbleibenden" Prüfungshandlungen sprechen, dann befinden wir uns grundsätzlich in der *letzten* Phase. Sie baut auf den vorangegangenen Phasen (Analyse der Geschäftstätigkeit und Analyse der unternehmerischen Kontrollen) auf und hat die Aufgabe, die restlichen Arbeiten durchzuführen.

Wann sind nun „verbleibende" Prüfungsarbeiten erforderlich? Unabhängig von der Qualität der internen Kontrollen sind restliche Prüfungsarbeiten *immer erforderlich*. Selbst wenn wir aufgrund von Funktionsprüfungen (nach Möglichkeit durchgeführt im Rahmen von Zwischenprüfungen) feststellen konnten, dass die internen Kontrollen ordnungsgemäß arbeiten, dass sie also in der Lage sind, die Abschlussaussagen des Mandanten zu *stützen*, sind restliche Prüfungsarbeiten im Rahmen der Schlussprüfung erforderlich, um bestimmte Jahresabschlussposten nach Maßgabe der Wesentlichkeit einer *Plausibilitätsprüfung* zu unterziehen und um die Zahlen zusammenzustellen, die der Abschlussprüfer im *Prüfungsbericht* (sei es für den *Hauptteil* oder den *Erläuterungsteil*) verwenden will.

Verbleibende Prüfungshandlungen sind insbesondere dann erforderlich, wenn sich im Rahmen der Abschlussprüfung herausstellt, dass der Mandant „aus Budgetgründen" *Bilanzpolitik* betrieben hat und der Abschlussprüfer herausfinden muss, auf welchen Prüffeldern dies geschehen ist. (Freiwillig wird ein Mandant in der Regel darüber nicht berichten!) (vgl. dazu Kapitel III. 6) Verbleibende Prüfungshandlungen bekommen dann mehr oder minder unerwartet den Charakter von „*Sonderaktionen*", die nach einer planmäßigen Prüfung der internen Kontrollen im Sinne der Abschlussprüfung streng genommen *systemwidrig* sind.

6.1.2 Themenkatalog für die Mustermandanten

Die Domäne der verbleibenden Prüfungshandlungen liegt aber in der Regel darin, dass man Prüfungsnachweise beschaffen will, die man durch die Prüfung der internen Kontrollen nicht in ausreichendem Maße bekommen hat. Haben wir die Prüfung der internen Kontrollen mit dem Eindruck abgeschlossen, dass bestimmte Abschlussaussagen des Mandanten durch die internen Kontrollen nicht oder nicht in ausreichendem Maße abgedeckt werden, dann ist es *zwingend*, die Prüfungsarbeiten auszudehnen. Es wäre also fatal, an dieser Stelle zu sagen : „Es wird schon stimmen !"

Anhand unserer Mustermandanten wollen wir einige Überlegungen anstellen, die - weil frei erfunden - lediglich *fiktiven* Charakter haben.

Sollten wir z.B. bei DEICES (Schuh-Einzelhandel) den Eindruck gewonnen haben, dass der Senior der Geschäftsleitung *geschäftliche* Belange und *persönliche* karitative Interessen nicht exakt trennt, dann wird es unsere Aufgabe sein, eine Reihe von Dokumenten und Belegen zusätzlich darauf hin zu untersuchen, ob „betriebliche Aufwendungen" auch geschäftlich veranlasst sind. (VE**B**BAG) Das kann ja nur im Rahmen „verbleibender Prüfungshandlungen" geschehen.

Sollten wir bei WAKON (dem Möbelhersteller) festgestellt haben, dass der Buchhaltung Art und Umfang der Liefer- und Leistungsbeziehungen zu international tätigen Designern und Architekten weitestgehend *unbekannt* sind und diese nur bei Rechnungsanfall bucht, dann ist es doch naheliegend z.B. anhand einer *Vertragsinventur* nachzuvollziehen, welche Vereinbarungen getroffen wurden und unter welchen Voraussetzungen die Geschäftspartner von WAKON berechtigt sind, ihre Leistungen abzurechnen. Nur auf dieser Basis können wir *beurteilen*, ob die Aussage stimmt, dass die „bezogenen Leistungen" *vollständig* und *genau* erfasst sind, dass sie *tatsächlich* erbracht wurden und dass sie im Jahresabschluss richtig *ausgewiesen* sind (VE**B**BAG).

Sollten wir bei BRATO (der Brauerei) erfahren haben, dass es Mängel in der Vertriebslogistik gegeben hat, dass insbesondere einige LKWs bestimmte Einzelhandelsketten nicht pünktlich beliefert haben, dann wird es unsere Aufgabe sein, Nachweise dafür zu bekommen, dass alle Verpflichtungen, die aus *Vertragsverletzungen* des Vertriebs resultieren, *vollständig* im Jahresabschluss enthalten sind und korrekt ermittelt wurden (VE**B**BAG). Desweiteren werden wir Informationen darüber benötigen, ob die betroffenen Handelsunternehmen mit weiteren Konsequenzen *gedroht* haben. Wir müssten uns dann eine Meinung darüber bilden, in welcher Weise diese Konsequenzen die *Geschäftsentwicklung* der Brauerei beeinflussen könnten. Gesetzt den Fall Aldi würde drohen, die Geschäftsbeziehungen mit der Brauerei zu beenden, wenn sich diese Vorkommnisse wiederholen, dann muss doch der Abschlussprüfer - in welcher Form auch immer - darüber berichten.

Sollten wir bei POSKI (dem vielseitig tätigen Industrie- und Handelsunternehmen) festgestellt haben, dass der Bereich „Spezialbau", der lediglich 4,1 % des Geschäftsvolumens umfasst, im Rahmen des Internen Kontrollsystems nicht die gebührende Beachtung findet, dann müssten wir doch zusätzliche Prüfungshandlungen durchführen, um uns davon zu überzeugen, dass die *Abschlussaussagen* auch für das Geschäftsfeld „Oberflächenbeschichtung für Start- und Landebahnen" zutreffen. Wie sollten wir sonst ausreichende und angemessene Prüfungsnachweise z.B. für die Aussage bekommen, dass die Gewährleistungsrückstellungen *vollständig* erfasst und richtig *bewertet* sind ? (VE**B**BAG)

Sollte uns bei TAIHAM (dem Mode-Unternehmen) aufgefallen sein, dass die Mitglieder des Vorstandes einen „ungewöhnlichen" Lebenswandel führen, dann müssen wir uns doch Gedanken darüber machen, welche Transaktionen, welche Dokumente und welche Belege wir uns zusätzlich ansehen müssen, um uns davon zu überzeugen, dass alle Geschäftsvorfälle ih-

6 Verbleibende aussagebezogene Prüfungshandlungen

rer Eigenart entsprechend korrekt im Jahresabschluss abgebildet wurden. Für vertiefende Analysen dieser Art sind „verbleibende Prüfungshandlungen" besonders geeignet.

Sollten wir bei WELOS (dem Kraftfahrzeug-Händler) bemerkt haben, dass es Mängel bei der Kostenerfassung im Service-Bereich gibt, dann müssten wir uns doch im Rahmen verbleibender Prüfungshandlungen davon überzeugen, dass alle zum Bilanzstichtag in Arbeit befindlichen Aufträge berücksichtigt, alle relevanten Aufwendungen aktiviert und auch richtig ausgewiesen sind. (**VEBBAG**)

Ich habe die fünf Unternehmen hier noch einmal erwähnt, um Ihnen deutlich zu machen, wie die sogenannten „verbleibenden Prüfungshandlungen" einzuordnen sind und dass wir sie nur unter der Voraussetzung *zielgerichtet* durchführen können, dass wir solide Kenntnisse über das zu prüfende Unternehmen gewonnen haben. Die immer wieder erwähnte *„Leitfunktion"* des Business Understanding wird hier erneut sichtbar.

Berufsanfänger werden sehr stark mit *verbleibenden* Prüfungshandlungen beschäftigt sein. Darauf müssen sie sich entsprechend einstellen.

6.2 Substantive Procedures

6.2.1 Inhalt und strategische Bedeutung

Verbleibende Prüfungshandlungen sind „aussagebezogene" Prüfungshandlungen, zu denen die „analytischen Prüfungshandlungen" und die „Einzelfallprüfungen" gehören. Beide Arten von Prüfungshandlungen haben die Aufgabe – um dies noch einmal zu wiederholen – die mehr oder minder bereits vorhandenen Prüfungsnachweise zu komplettieren.

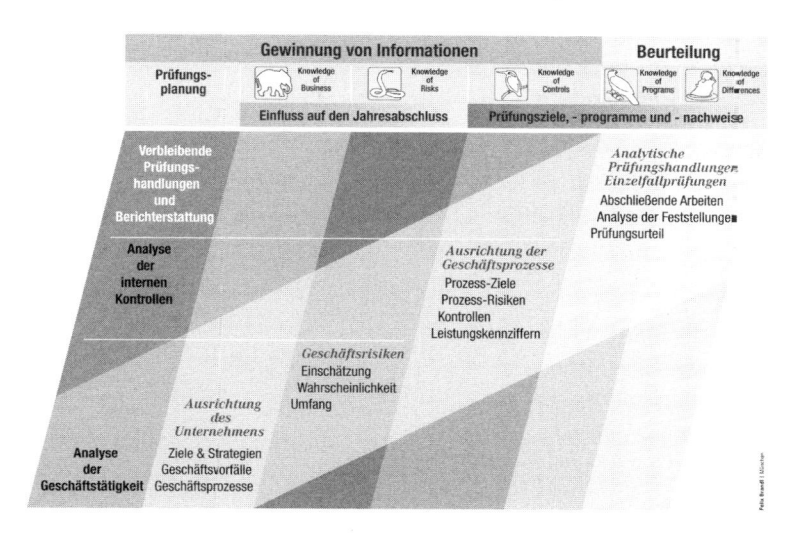

Abbildung 14:
Verbleibende
Prüfungshandlungen

Der Begriff „aussagebezogene Prüfungshandlungen" ist ein Begriff, der wiederum durch die Übersetzung eines angelsächsischen Idioms entstanden ist. Dieses Wortgebilde lautet: „Substantive Procedures". ISA 500 liefert dazu unter TZ 6 die folgende Definition:

„Substantive procedures means tests performed to obtain audit evidence *to detect* material misstatements in the financial statements and are of two types :
(a) tests of details of transactions and balances and
(b) analytical procedures."

Was ist auffällig an dieser Definition ? Sie bringt zum Ausdruck, dass bestimmte Prüfungshandlungen mit dem Ziel durchgeführt werden, *Fehler* im Jahresabschluss zu entdecken. Man sucht also nicht nach Beweisen, dass die Abschlussaussagen des Mandanten zutreffen, sondern im Gegenteil, man will ihn *überführen, dass er Unrecht hat* ! In diesem Zusammenhang muss man wissen, dass im Angelsächsischen das Adjektiv „substantive" in Verbindung mit den Hauptwort „evidence" (Nachweis) und „argument" (Beweis) verwendet wird, also u.a. „stichhaltig" bedeutet. Interessanterweise sind aus der Sicht von ISA 500 „Substantive Procedures" also Prüfungshandlungen, die auf der Suche nach „stichhaltigen Beweisen" dafür durchgeführt werden, dass die Aussage des Mandanten *nicht* stimmt.

Nach meiner Meinung ist diese Formulierung ein klassischer Beweis für die kritische oder auch *skeptische* Einstellung des Abschlussprüfers. Wer kritisch oder skeptisch ist, der möchte am liebsten den Beweis dafür liefern, dass er mit seinem Verdacht, „die Aussage ist falsch", Recht hat. Insofern trifft ISA den Nagel auf den Kopf, indem seine Definition der „Substantive Procedures" die *Stoßrichtung* der Prüfungshandlung ganz klar vorgibt. Um diese Stoßrichtung zu veranschaulichen, haben wir die Darstellung mit ihren Elementen „Prüfungsziel / Prüfungstechnik / Prüfungsnachweis / Wesentlichkeit" entwickelt. Sie enthält in ihrer Mitte ein Dreieck, dessen Spitze auf eine Bilanzposition mit „ungeklärten" Bestandteilen weist und dessen Inhalt zu erkennen gibt, um welches Problem es sich handelt. Dadurch wird besonders deutlich, was mit „Prüfungsziel" eigentlich gemeint ist : Es legt fest, in welchem „buchhalterischen Gelände" der Abschlussprüfer *„Aufklärungsarbeit"* zu leisten hat.

Eine weitere Erkenntnis, die daraus zu gewinnen ist, besteht darin, dass sich der Abschlussprüfer in einem falschen Gelände bewegen wird, wenn seine Kenntnisse über die Geschäftstätigkeit mangelhaft sind. Über die „Lage" wird er sich dann wohl kaum noch ein vernünftiges Urteil bilden können.

Abschließend wird man feststellen müssen, dass die Übersetzung von „substanti-

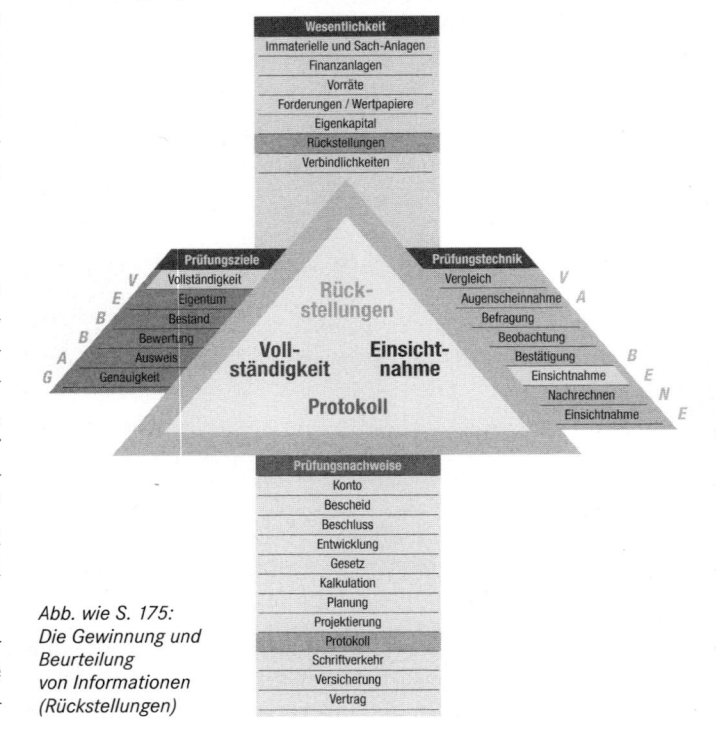

Abb. wie S. 175:
Die Gewinnung und Beurteilung von Informationen (Rückstellungen)

ve procedures" – auch wenn sie nicht ganz so verunglückt ist wie andere - wiederum nicht genau die Problematik erfasst, um die es eigentlich geht. Man sollte also besser nur noch den *angelsächsischen Begriff* verwenden. Fällt Ihnen eine bessere Übersetzung für „substantive procedures" ein ? Prüfungshandlungen, die der Fehlersuche, der Widerlegung von Aussagen, der Entkräftung von Beweisen dienen ? Hier handelt es sich um Begriffe, die die Sache nicht im Kern treffen. Denken wir einfach an „substantive procedures", wenn wir von „aussagebezogenen Prüfungshandlungen" sprechen. Dann bekommen unsere Arbeiten auch einen besseren Gehalt.

Bevor wir uns ganz konkret mit der Prüfung bestimmter Jahresabschlussposten befassen, also die „Einzelfallprüfungen" behandeln, müssen wir uns kurz über die sogenannten „analytischen Prüfungshandlungen" unterhalten.

6.2.2 Analytische Prüfungshandlungen

6.2.2.1 Begriff und Beispiele
Obwohl man sie in ihrer Effektivität nicht unterschätzen darf, haben sie im Rahmen der Abschlussprüfung doch bei Weitem nicht den Stellenwert, den man den Einzelfallprüfungen zuweisen muss. Es ist also auch kein Zufall, wenn ISA die analytischen Prüfungshandlungen an die 2. Stelle setzt, d.h. sie erst nach den Detailtests erwähnt. Was sind analytische Prüfungshandlungen ? Bevor wir darüber sprechen, trage ich Ihnen zuerst einmal die offizielle Definition des IDW vor (PS 300 TZ 22) :

> *„Analytische Prüfungshandlungen sind Plausibilitätsbeurteilungen von Verhältniszahlen und Trends, durch die Beziehungen von prüfungsrelevanten Daten eines Unternehmens zu anderen Daten aufgezeigt sowie auffällige Abweichungen festgestellt werden."*

Verstehen Sie, was damit gemeint ist ? *Zwei* Daten werden miteinander verglichen : Das eine Datum (z.B. eine absolute Zahl oder eine Verhältniszahl) entnehmen wir dem Jahresabschluss. Das andere Datum entnehmen wir einer anderen Quelle (z.B. unseren Arbeitspapieren). Auffällige *Unterschiede* zwischen beiden Daten werden analysiert.

Der gut vorbereitete Abschlussprüfer geht immer mit ganz bestimmten *Erwartungen* an den Jahresabschluss heran, d.h. er rechnet aufgrund der ihm vorliegenden Informationen damit, dass sich im abgelaufenen Geschäftsjahr (oder wenn ein Zwischenabschluss zu prüfen ist : in der abgelaufenen Periode) ganz bestimmte *Entwicklungen* ergeben haben. Spiegelt der Jahresabschluss diese erwartete Entwicklung nicht wieder, wird er Fragen stellen bzw. Untersuchungen durchführen, um die *Ursache für Abweichungen* festzustellen.

Welche Plausibilitätsprüfung fällt Ihnen zum Möbelhersteller **WAKON** *ein ?*
Wir ermitteln anhand der G+V die Auslandsumsätze und setzen sie in Beziehung zu den Gesamtumsätzen. Die sich daraus ergebende Verhältniszahl (nehmen wir an : 25 %) vergleichen wir mit der Angabe des Vorstands, der doch erklärt hat, dass im Jahre 2003 die Umsätze mit ausländischen Kunden über 30 % des Gesamtumsatzes ausmachen werden. In einem solchen Fall werden wir doch wissen wollen, *warum* WAKON die prognostizierte Grenze von 30 % nicht überschritten hat !

Worauf kann die „Abweichung" von 5 Punkten (30% - 25%) zurückzuführen sein ? Eine Reihe von Gründen kommt hierfür in Betracht (Stichtag : 30.6.)

1. Ausländische Kunden haben nicht in dem erwarteten Umfang Aufträge erteilt.
2. WAKON hat Lieferungen, die für Juni zugesagt waren, erst im Juli des neuen Geschäftsjahres getätigt.
3. Die Lieferungen sind ausgeführt, die Umsätze wurden aber versehentlich noch nicht gebucht.

Frage : Geben wir uns mit diesen Antworten zufrieden ? Natürlich nicht ! Die uns genannten Gründe sind im Einzelnen zu analysieren. Ihr Einfluss auf den Jahresabschluss ist zu untersuchen !

Ausländische Kunden haben nicht in dem erwarteten Umfang Aufträge erteilt. (Gründe ?)
- Die konjunkturelle Entwicklung in ihrem Lande hat die Kunden veranlasst, Bestellungen vorerst nicht zu tätigen, sondern bis auf Weiteres aufzuschieben.
- Bei einer öffentlichen Ausschreibung hat WAKON den sicher erwarteten Zuschlag nicht bekommen, sondern ein Wettbewerber.
- Schlechte Erfahrungen mit WAKON (z.B. im Hinblick auf die Produktqualität oder die Liefertreue) haben die Kunden veranlasst, den Lieferanten zu wechseln. (Gibt es noch schwebende Verfahren, in denen mit Kunden z.B. über Schadensersatzansprüche verhandelt wird ? Müssen deshalb noch offene Forderungen wertberichtigt (VEBBAG) oder entsprechende Rückstellungen gebildet werden (VEBBAG) ?
- Ein bedeutender Auslandskunde hat Konkurs angemeldet und kommt als Abnehmer nicht mehr in Betracht. (Haben die Gründe für diesen Konkurs ggf. auch Auswirkungen auf die Geschäftsentwicklung von WAKON?)
- Die Liste des Auftragsbestandes enthielt Doppelzählungen, so dass die Geschäftsleitung irrtümlicherweise von falschen Umsatzerwartungen ausgegangen ist. (Wie sind diese Doppelzählungen entstanden ?)

WAKON hat Lieferungen, die für Juni zugesagt waren, erst im Juli des neuen Geschäftsjahres getätigt. (Gründe?)
- WAKON stellte im Juni fest, dass man aufgrund der sehr positiven Geschäftsentwicklung ein „unerwartet gutes Jahresergebnis" erzielen würde, wenn man bestimmte Auslandsumsätze (mit guter Spanne) noch im alten Jahr tätigen würde. Deshalb entschied die Geschäftsleitung, diese Umsätze erst im Juli des Folgejahres zu tätigen, dies im vollen Bewusstsein einer Vertragsverletzung, denn als Liefertermin war der Juni vereinbart. (Hier würde also eine Prüfungsdifferenz vorliegen. Der Abschlussprüfer stimmt mit Zahlen des Mandanten nicht überein. Wenn die Umsätze nicht vollständig ausgewiesen sind, müssten sie nach Maßgabe der Wesentlichkeit nachgebucht werden ; VEBBAG).
- WAKON hat die zugesagten Liefertermine nicht einhalten können. Die Gründe können vielschichtiger Natur sein : Engpässe in der Beschaffung (z.B. verspäteter Materialzugang, Falschlieferung von Teilen), Engpässe in der Fertigung (z.B. Ausfall von Maschinen, verspäteter Materialzugang) oder Engpässe im Vertrieb (z.B. Ausfall von oder Fehlbuchung bei Transportkapazitäten). Muss aufgrund der Verzögerungen mit einer Vertragsstrafe gerechnet werden ? Müssen für dieses Risiko ggf. entsprechende Rückstellungen gebildet werden ?) (VEBBAG) Diese Fehleranalyse zeigt im Übrigen, wie wichtig es ist, mit den Geschäftsprozessen vertraut zu sein!

Die Lieferungen sind ausgeführt, die Umsätze wurden aber versehentlich noch nicht gebucht. (Gründe ?)

Mangelhafter Informations- und Belegfluss. Auch hier würde eine Prüfungsdifferenz vorliegen. In jedem Fall müssten die Umsätze nachgebucht werden (VEBBAG). Wurde darüber hinaus versäumt, den entsprechenden Materialaufwand oder eine Bestandsveränderung zu buchen, ist diese Buchung ebenfalls nachzuholen (VEBBAG). (Bitte erinnern Sie sich an unsere Überlegungen zu den zusammengehörenden Ertrags- und Aufwandsbuchungen !)

6 Verbleibende aussagebezogene Prüfungshandlungen

Es ist gut zu erkennen, welche wichtigen *Fragen* durch analytische Prüfungshandlungen ausgelöst werden, welche (ggf. neuen) *Prüfungsziele* damit verbunden sind und zu welch entscheidenden *Prüfungsnachweisen* man kommen kann, wenn man die Antworten sorgfältig analysiert.

*Welche Plausibilitätsprüfung fällt Ihnen beim Schuhhändler **DEICES** ein ?*
Bei der Prüfung der Sachanlagen studieren wir auch die Anlagenzugangsliste und registrieren einen bestimmten Betrag bei der Betriebs- und Geschäftsausstattung. Wir erinnern uns daran, dass uns die Geschäftsleitung erklärt hatte, dass man den Filialumbau forcieren wolle, um „in den neu gestalteten Läden mit moderner Warenpräsentation" entsprechende Wachstumsraten erzielen zu können. Wenn wir den Eindruck haben, dass der Anlagenzugang bei der Betriebs- und Geschäftsausstattung gemessen an dieser Strategie der Geschäftsleitung relativ klein ist, dann werden wir uns doch dafür interessieren, worauf diese Entwicklung zurückzuführen ist. Als Gründe kommen in Betracht :

1. Der Umbau einiger Läden musste verschoben werden.
2. Der Umbau hat stattgefunden, die damit verbundenen Aufwendungen sind aber nicht aktiviert, sondern als Reparaturaufwand behandelt worden.

Geben wir uns mit diesen Antworten zufrieden ? Natürlich nicht ! Auch in diesem Fall werden wir die uns genannten Gründe im Einzelnen analysieren und ihren Einfluss auf den Jahresabschluss untersuchen !

Der Umbau einiger Läden musste verschoben werden. (Gründe ?)
– DEICES wollte den Umbau mit Hilfe von Bankkrediten finanzieren. Die Bereitstellung von Sicherheiten hat sich verzögert. Die Investitionen wurden im Neuen Jahr nachgeholt (VEBBAG). (Welche Sicherheiten wurden den Banken gegeben ? Warum hat sich deren Bereitstellung verzögert ?)
– DEICES betreibt Geschäfte z.T. in gemieteten Räumen. Einige Mieter haben dem geplanten Umbau nicht zugestimmt. Ein Teil verlangt weitere Verhandlungen, ein Teil hat – unabhängig vom Umbau - den Mietvertrag entgegen allen Erwartungen nicht verlängert. (Sind für diese Läden außerplanmäßige Abschreibungen erforderlich ?) (VEBBAG)
– Eine erneute Standortanalyse hat ergeben, dass bei bestimmten Läden keine großen Wachstumschancen mehr bestehen, da neue und attraktivere Gewerbezentren zu erwarten sind. (Sind auch in diesen Fällen außerplanmäßige Abschreibungen notwendig ?) (VEBBAG)

Der Umbau hat stattgefunden, die damit verbundenen Aufwendungen sind aber zum überwiegenden Teil nicht aktiviert, sondern als Reparaturaufwand behandelt worden. (Gründe ?)
Wenn wir dieses Thema bei DEICES diskutieren müssten, dann würden wir auf das sehr schwierige Problem der Abgrenzung von Herstellungs- und Erhaltungsaufwand stoßen (VEBBAG). Welches Prüfungsziel würden wir in einer solchen Situation formulieren ? „Ausreichende und angemessene Prüfungsnachweise dafür zu bekommen, dass die Betriebs- und Geschäftsausstattung vollständig erfasst und richtig bewertet ist."
Welche Prüfungshandlungen müssten wir durchführen ?
– Feststellung der Umbaukosten für die einzelnen Läden (VA BENE)
– Ermittlung des Verhältnisses zwischen den aktivierten Kosten und den jeweiligen Umbaukosten (VA BENE)
– Ggf. Besuch der einzelnen Läden und Inaugenscheinnahme der Umbauten (VA BENE)

Auf dieser Basis müssten wir uns ein Urteil darüber bilden, ob für den Umbau angefallene Aufwendungen in angemessenem Umfang aktiviert wurden oder nicht.

Unabhängig davon, ob die von DEICES gewählte Aktivierung angemessen ist oder nicht, würden wir im Rahmen unserer Prüfung auch einen Eindruck davon gewinnen können, ob DEICES beabsichtigte, mittels *Bilanzpolitik* sein Jahresergebnis positiv oder negativ zu beeinflussen. Sollte sich herausstellen, dass er versucht hat, sein Jahresergebnis zu mindern (z.B. weil es gemessen an seinem Budget ursprünglich zu gut war), dann könnte die von uns aufgedeckte Bilanzierung doch ein Zeichen dafür sein, dass *ähnliche Maßnahmen auch an anderer Stelle* getroffen wurden.

Bitte erinnern Sie sich an unsere Diskussion über *Prüfungsdifferenzen* : Die Analyse dieser Differenzen soll auch dazu dienen, *Tendenzen in der Bilanzierung* zu erkennen. Es ist also durchaus denkbar, dass wir im Zusammenhang mit diesem Thema unsere Prüfungsstrategie neu formulieren müssten, um dem Problem der Bilanzpolitik angemessen zu begegnen.

6.2.2.2 Die wesentlichen Kennzeichen

Kehren wir zurück zu den analytischen Prüfungshandlungen. Durch welchen Ablauf sind sie gekennzeichnet?

- Wir interessieren uns für einen bestimmten *Sachverhalt*.
- Dazu haben wir in Kenntnis der Ziele und Strategien des Mandanten ganz bestimmte *Erwartungen*.
- Wir stellen fest, wie dieser Sachverhalt im *Jahresabschluss* abgebildet wird.
- Wir *vergleichen* die identifizierten Zahlen mit unseren Erwartungen und ziehen – unter besonderer Berücksichtigung unserer Einschätzung des Risikos einer wesentlichen Fehlaussage – daraus unsere Schlüsse.
- Bestehen *Abweichungen* d.h. stimmen die identifizierten Zahlen nicht mit unseren Erwartungen überein, müssen wir entscheiden, in welcher Art und in welchem Umfang weitere Prüfungshandlungen erforderlich sind. Abweichungen können darauf beruhen, dass wir bei unserer Prüfung auf Fehler gestoßen sind. Sind diese Fehler wesentlich, müssen sie – wie wir bei unseren Beispielen gesehen haben - im Wege von Nachbuchungen korrigiert werden. Abweichungen können aber auch darauf zurückzuführen sein, dass unsere Erwartungen *falsch* waren. Wir benötigen also Nachweise dafür, dass wir uns geirrt haben. Auch diese Nachweise müssen *ausreichend* und *angemessen* sein.

Einfach ausgedrückt sind also *analytische Prüfungshandlungen* Plausibilitätsuntersuchungen, durch die im Jahresabschluss ausgewiesene Zahlen bzw. Relationen mit anderen – nicht zum Jahresabschluss gehörenden Werten – verglichen werden. Die Analysen schließen Nachforschungen ein, die dann erforderlich werden, wenn die festgestellten Zahlen nicht mit unseren Erwartungen übereinstimmen, wenn uns das Ergebnis dieses Vergleiches also „überrascht".

Es sei der Vollständigkeit halber noch einmal erwähnt, dass wir bei den Nachforschungen unser Instrumentarium der *Prüfungstechnik* „VA BENE" gezielt einsetzen. Dies war ja auch bei den WAKON- und DEICES-Beispielen bereits deutlich erkennbar.

6.2.2.3 Die Eignung

Worin liegt die Problematik von analytischen Prüfungshandlungen ? Kann man diese Art von Prüfungshandlungen so ohne Weiteres durchführen ?

- Der Abschlussprüfer muss über *sehr genaue* Informationen verfügen, bevor er analytische Prüfungshandlungen durchführen kann. Anderenfalls sind seine Erwartungen zu verschwommen, um einen wirkungsvollen Maßstab bilden zu können.
- Er muss sich mit der Frage auseinandersetzen, welche „Abweichung" er akzeptieren kann, wenn Differenzen zwischen den effektiven Jahresabschlusszahlen und seinen Erwartungen auftreten. Auch hier besteht die Gefahr, dass Prüfungsnachweise nur *scheinbar* angemessen sind.

Wir wissen, dass die Abschlussprüfung – wenn man einmal von der Planungsphase absieht – drei Phasen hat : Die Analyse der Geschäftätigkeit, die Analyse der unternehmerischen Kontrollen und die verbleibenden aussagebezogenen Prüfungshandlungen. In welchen Phasen der Jahresabschlussprüfung können und dürfen wir analytische Prüfungshandlungen durchführen ? *In allen drei Phasen !* Wir gehen in allen drei Phasen der Abschlussprüfung mit bestimmten Erwartungen an das Unternehmen heran. Diese Erwartungen werden maßgeblich vom *Grad der Vorbereitung* des Abschlussprüfers bestimmt.

Wenn man weiß, dass in der *Schuhbranche* in den vergangenen Monaten die *Importe* aus China und Vietnam – mit entsprechendem Einfluss auf ein *sinkendes* Preisniveau – deutlich zugenommen haben, dann kann man doch einen Mandanten, der uns z.B. die Entwicklung von *Vertriebsspannen* erläutert, viel besser verstehen, als wenn man von diesen Warenströmen noch nie etwas gehört hat und sich zunächst einmal über den Wahrheitsgehalt dieser Informationen informieren muss. Denn wir wollen ja gerade nicht sagen : „Es wird schon stimmen !"

Wenn man weiß, dass ein Automobil-Hersteller seinem *KfZ-Händler* ganz unterschiedliche Rabatte anbietet, dann ist man doch viel eher in der Lage, sich ein Urteil über „Einkaufsmargen" zu bilden, als wenn man von einer breit gefächerten Rabattstruktur noch nie etwas gehört hat.

Auch an diesen Beispielen mögen Sie erkennen, wie wichtig es ist, mit dem Instrumentarium der analytischen Prüfungshandlungen sinnvoll umzugehen. Dabei muss man allerdings wissen, dass die analytischen Prüfungshandlungen deshalb in der Schlussphase der Abschlussprüfung angesiedelt sind, weil sie den Abschlussprüfer *entlasten*. Wenn er im Rahmen einer Zwischenprüfung zur Untersuchung der internen Kontrollen bereits umfangreiche aussagebezogene Prüfungshandlungen durchgeführt hat, dann ist es *systemwidrig*, die End-Prüfung erneut mit dieser Art Prüfungen zu belasten, und *konsequent*, in der Schlussphase die *analytischen Prüfungshandlungen* zu bevorzugen. Das gebietet allein schon das Postulat der *Wirtschaftlichkeit* ! (Hat kein „Interim Audit" stattgefunden, sind die analytischen Prüfungshandlungen zu *Beginn* der Abschlussprüfung allerdings nicht zu unterschätzen !)

Wenn Sie mich fragen, *welchen Prüfungshandlungen* man den *Vorzug* geben sollte, der analytischen Prüfungshandlungen oder den Einzelfallprüfungen, dann werde ich Ihnen sagen, dass zwischen beiden Arten der Prüfung ein ausgewogenes Verhältnis bestehen sollte. Wenn es aber darum geht, einer Sache wirklich auf den Grund zu gehen, dann kann man dies nur mit Hilfe von *Einzelfallprüfungen* erledigen. Die mit Hilfe von Einzelfallprüfungen gewonnenen *Prüfungsnachweise* haben im Zweifel – vor allem gegenüber Außenstehenden – eine größere *Aussagekraft* als Ergebnisse, die man durch eine Plausibilitätsanalyse erzielt hat.

Ich halte die *Auffassung, analytische Prüfungshandlungen grundsätzlich zu bevorzugen,* für *nicht akzeptabel* ! Unter Umständen sind die großen Bilanzmanipulationen, die in letzter Zeit unseren Berufstand aufgeschreckt haben, auch deshalb möglich gewesen, weil sich herumgesprochen hatte, dass der Abschlussprüfer sich relativ wenig mit Einzelfallprüfungen beschäftigt und sich damit zufrieden gibt, wenn er „angeblich" einen „klaren Trend" erkennen kann. (*Scheinbare* Aussagekraft von Prüfungsnachweisen !) [179]

6.2.3 Einzelfallprüfungen

6.2.3.1 Prüfungstechnik und Postenauswahl

Von Einzelfallprüfungen spricht man dann, wenn man sich - unter Einsatz einer bestimmten *Prüfungstechnik* und im Bewusstsein eines bestimmten *Prüfungszieles* - mit dem Element einer Jahresabschlussposition beschäftigt oder sich mit einem abschlussrelevanten Geschäftsvorfall auseinandersetzt.

Wir hatten die Prüfungstechnik mit dem Schlagwort „*VA BENE*" skizziert. Mit dieser Kurzform soll das Instrumentarium charakterisiert werden. Es umfasst :

V	Vergleich
A	Augenscheinnahme
B	Befragung
B	Beobachtung
B	Bestätigung
E	Einsichtnahme
N	Nachrechnen
E	Einsichtnahme (aus Gründen der Vorsicht ein 2. Mal)

Bei den Einzelfallprüfungen erhebt sich oftmals die Frage, *welche* Posten und *wie viele* Posten in einem Prüffeld zu prüfen sind. Soll man *alle* Posten prüfen, eine *gezielte* Auswahl von „risikobehafteten Posten" vornehmen oder soll man eine *Zufallsstichprobe* ziehen ? Diese *Diskussion ist müßig,* weil sie das hier vorgestellte Konzept einer risikoorientierten Prüfung nicht angemessen genug berücksichtigt. Bevor man über die Auswahl bestimmter Posten

---

[179] Völlig zurecht weist daher der PS 312 („Analytische Prüfungshandlungen") unter TZ 13 auf folgendes hin: „Da die Aussagefähigkeit der Ergebnisse analytischer Prüfungshandlungen von der Zuverlässigkeit des zur Verfügung gestellten Datenmaterials abhängt, besteht einerseits die Gefahr, dass die zur Ermittlung von Kennzahlen benutzten Werte fehlerhaft sind. Andererseits können analytische Prüfungshandlungen Zusammenhänge möglicherweise wie erwartet erkennen lassen, obwohl tatsächlich eine wesentliche Fehlaussage vorliegt."

6 Verbleibende aussagebezogene Prüfungshandlungen

nachdenkt, muss man zuerst den *Weg* rekapitulieren, den man als Abschlussprüfer bereits hinter sich gebracht hat. Wenn man sich in der *letzten* Phase der Abschlussprüfung befindet, d.h. *wesentliche* Geschäftsvorfälle und *wesentliche* Geschäftsrisiken kennt und außerdem weiß, wie das Unternehmen beides kontrolliert, dann hat man mit der Auswahl von einzelnen Posten überhaupt *kein* Problem.

Wenn man in dieser Phase nicht genau weiß, welche Bilanzposten *anfällig* für *wesentliche Fehler* sind und man sich darüber Gedanken machen muss, welche Auswahl man treffen muss, dann ist die Prüfung weder gut geplant noch vernünftig durchgeführt. Gewiss kann sich z.B. die Frage stellen, *wie viele* Forderungen man in eine Saldenbestätigung einbeziehen muss, aber diese Frage ist *sekundär*, wenn man weiß, um *welche* Inlands- oder um *welche* Auslandsforderungen man sich unter einem ganz besonderen Aspekt kümmern muss. Mit der Formulierung eines bestimmtes *Prüfungszieles*, das die Vollständigkeit, das Eigentum, den Bestand, die Bewertung, den Ausweis oder die Genauigkeit betreffen kann, ist die *Auswahl* bereits weitestgehend *festgelegt*. Sie *darf* und *kann* daher gar nicht mehr zu einem besonderen Problem werden !

Denken wir an den *Schuheinzelhändler DEICES* : Wenn wir wissen, dass die Billigimporte aus asiatischen Ländern zugenommen haben, dann ist es doch einfach, sich den Schuhbestand nach Ländern und Lieferanten gruppieren zu lassen (VA BENE) und die Bestände, die aus *Hochpreisländern* stammen, daraufhin zu untersuchen, ob sie abgewertet werden müssen (VEBBAG), weil der Verkaufspreis unter Berücksichtigung noch anfallender Vertriebskosten niedriger ist als der Buchwert, der ja – wie Sie wissen – der Einkaufspreis ist. Was gibt es da noch groß zu überlegen, welche Auswahl man treffen muss ? Man prüft die Bestände, die im „Lichtstrahl" des Business Understanding stehen. Etwas Einfacheres gibt es gar nicht !

Denken wir an das *Modeunternehmen TAIHAM* : Wenn wir wissen, dass der Vorstand beschlossen hat, eigene Geschäfte in Deutschland zu eröffnen, dann können wir uns doch die Zugänge im Sachanlagevermögen unter dem Gesichtspunkt der Ladeneröffnungen gruppieren lassen (VA BENE) und die ausgewiesenen Beträge unter dem Gesichtspunkt der Vollständigkeit und der Bewertung (VEBBAG) untersuchen. Gibt es ein besseres Kriterium für eine Auswahl aus einer „Anlagen- Population" ? Gibt es andere Gegenstände des Sachanlagevermögens, die mehr mit Risiken als diese behaftet sind ? Man prüft die Sachanlagen, die im „Lichtstrahl" des Business Understanding stehen !

Wenn wir unsicher sind, werfen wir einen Blick in unsere Arbeitspapiere, denn dort wird es ein Dokument geben, in dem diejenigen *Risiken* aufgelistet sind, die nach unserer Einschätzung den zu prüfenden Jahresabschluss wesentlich beeinflussen können. Wir haben dieses Arbeitspapier „KoRi-Doc" genannt. Bei dieser Gelegenheit stoßen wir möglicherweise auf den Hinweis, dass TAIHAM ein *Kollektionsrisiko* hat. Was liegt dann näher, als sich die Inventurliste der Fertigerzeugnisse nach Kollektionen gruppieren zu lassen (VA BENE) und diese Posten unter dem Gesichtspunkt ihrer Werthaltigkeit zu untersuchen (VEBBAG) ?

Welche Auswahlkriterien haben wir beim *Autohaus WELOS* ? Die Vorräte, d.h. der Bestand an Neu- und Gebrauchtwagen, spielen hier eine wesentliche Rolle. Wenn man weiß, dass der

Bundesgerichtshof gerade ein Urteil erlassen hat, bei dem es um die Frage ging, unter welchen Bedingungen ein Fahrzeug als „neu" bezeichnet werden darf, dann könnte es doch u.U. von Interesse sein, sich den Bestand an *Neuwagen* nach Herstellungsdatum und Lagerdauer (VA BENE) gruppieren zu lassen, um ihn unter dem Gesichtspunkt der Werthaltigkeit zu untersuchen (VEBBAG). Automobile, bei denen seit der Herstellung mehr als 12 Monate vergangen sind, gelten nicht mehr als „neu". Könnte das nicht einen Einfluss auf den niedrigeren beizulegenden Wert haben, insbesondere dann, wenn sich die Technik „in der Zwischenzeit" verändert hat ?

Nach welchen Gesichtspunkten könnten wir beim *Möbelhersteller WAKON* vorgehen? Wenn wir wissen, dass dieser ein wachsendes Auslandsgeschäft hat, dann könnten wir uns aus der Debitorenliste – ab einer bestimmten Größenordnung – alle Forderungen gegen *ausländische* Kunden herausfiltern lassen (VA BENE), um diese unter dem Gesichtspunkt des *Bestandes* und der *Bewertung* zu untersuchen (VEBBAG). Wenn es sich um sehr viele Forderungen handelt, dann müssen wir unsere Auswahl weiter einschränken, aber auch das wird im Rahmen unseres Business Understanding für uns kein ernsthaftes Problem sein. Hier könnten wir unsere Aufmerksamkeit z.B. auf bestimmte *Länder* richten, von denen wir wissen, dass sie mit besonderen finanziellen Problemen zu kämpfen haben. Fachleute verwenden in diesem Zusammenhang den Begriff des *„Länderrisikos"*.

Wenn Sie sich diese Beispiele durch den Kopf gehen lassen, dann dürfte für Sie das Thema „Postenauswahl" in Zukunft keine besondere Rolle mehr spielen.

6.2.3.2 Planung und Aufbereitung von ergänzenden Unterlagen zum Jahresabschluss

Die obigen Beispiele lassen erkennen, mit welch hohen Ansprüchen wir an die Bilanzunterlagen unserer Mandanten herangehen. Stehen uns aber die erwähnten Unterlagen zu den Sachanlagen oder zu den Vorräten sozusagen *auf Knopfdruck* zur Verfügung ? Das ist nur dann der Fall, wenn wir unsere Wünsche *rechtzeitig* an den Mandanten herantragen. Wir müssen ihm klar machen (und ich erinnere in diesem Zusammenhang an die Übung zur „Präsentation unseres Prüfungskonzeptes"), dass wir zu einem bestimmten Zeitpunkt ganz bestimmte Unterlagen benötigen.

Wir müssen unseren Mandanten eine ausreichende *Vorlaufzeit* geben (das ist im Übrigen auch eine Sache der Höflichkeit), damit sie in der Lage sind, ihre Fachbereiche entsprechend zu instruieren. Denn diese sind es ja, die für uns *Sonderauswertungen* machen sollen, und das können sie in aller Regel nur mit gezielter Unterstützung der DV-Abteilung. Wenn dem Abschlussprüfer erst während der Abschlussprüfung einfällt, dass es für ihn von Vorteil wäre, sich vom Mandanten noch besondere Unterlagen erstellen zu lassen, wird er in den meisten Fällen auf wenig Verständnis stoßen und seine Gesprächspartner möglicherweise verärgern, weil sie gerade in der Abschlusszeit personell und maschinell sehr belastet sind und über keine zusätzlichen Ressourcen verfügen. (Selbst wenn sie Zeit hätten, wäre gegen ein „Argument" der Arbeitsüberlastung nichts einzuwenden !)

6 Verbleibende aussagebezogene Prüfungshandlungen

Um Konflikte [180] zu vermeiden, muss der Abschlussprüfer also diese Aktionen rechtzeitig in seiner *Prüfungsplanung* berücksichtigen und seine Vorstellungen über Sonderauswertungen dem Mandanten in detaillierter Form vortragen.

Das kann nur durch ein persönliches Gespräch geschehen, in dem die fachlichen Themen sorgfältig abgestimmt werden. (Vgl. dazu auch unsere Überlegungen zur „sachlichen und zeitlichen Dimension der Arbeitspapiere.) Erst als Ergebnis dieses Gespräches darf der Abschlussprüfer einen *Anforderungskatalog* herausgeben, in dem die einzelnen Unterlagen genau bezeichnet sind. Nur unter dieser Voraussetzung wird sich der Mandant mit ihnen identifizieren und dafür Sorge tragen, dass sie rechtzeitig und vollständig vorliegen.

Wir sichern uns auf diesem Wege auch gegen *eigene Budget-Überschreitungen*. Wenn es zu zeitlichen Verzögerungen kommt, dann haben wir diese nicht zu vertreten und haben gute Chancen, einen zeitlichen Mehraufwand auch gegenüber dem Mandanten abzurechnen. (Organisation der Zeiterfassung!)

6.2.3.3 Dokumentation der Prüfungshandlungen
(Art, Umfang, Zeitpunkt und Ergebnis)

Bei der Prüfung von Einzelfällen – und das gilt natürlich auch für die analytischen Prüfungshandlungen – haben wir natürlich auch eine Pflicht zur Dokumentation. Es sind zu dokumentieren (vgl. dazu auch unsere Überlegungen zum Prüfungsprogramm) :

— Art, Umfang und Zeitpunkt unserer Prüfungen und
— das Ergebnis unserer Prüfungshandlungen.

Warum ist es wichtig, den *Zeitpunkt* anzugeben, in dem wir geprüft haben ? Die Prüfungsnachweise dienen auch dazu, festzulegen, welchen *Erkenntnisstand* wir zu einem *bestimmten* Zeitpunkt hatten. Gewinnt der Mandant in der Folgezeit neue Erkenntnisse, ohne sie uns bekannt zu geben, dann haben wir aufgrund des Datums die Möglichkeit, uns zu exkulpieren, es sei denn, man kann uns nachweisen, dass wir bis zur Erteilung des Bestätigungsvermerkes diese neuen Erkenntnisse auch auf anderem Wege hätten gewinnen müssen.

Was ist als *Ergebnis unserer Prüfungshandlungen* festzuhalten ? Wir müssen zum Ausdruck bringen, dass wir unser Prüfungsziel erreicht haben und angeben, aufgrund welcher Unterlagen wir der Meinung sind, dass eine bestimmte Abschlussaussage des Mandanten stimmt. Es ist aber auch denkbar, dass wir unser Prüfungsziel nicht erreichen, weil wir auf größere Prüfungsdifferenzen gestoßen sind. Was ist zu tun, wenn sich *Prüfungsdifferenzen* ergeben ? Wir müssen feststellen, ob sie wesentlich sind oder nicht.

---

180 Bei seinen Überlegungen über die „Ursachen sozialer Konflikte in Prüfungsprozessen" behandelt Richter u.a. auch Verteilungskonflikte. „Die meisten Verteilungskonflikte entstehen um die Arbeitszeit des Geprüften, insbesondere wenn die Zeitbudgets und Termine des Prüfers knapp sind. Einerseits müssen die Geprüften ihre Hauptaufgaben weiterhin erfüllen, andererseits sehen sie sich den Ansprüchen des Prüfers auf Informationen und Unterstützungsleistungen ausgesetzt." (M. Richter : Bezugsrahmen, S. 284)

Sind sie *wesentlich*, müssen wir

- sie in unsere *Differenzen-Liste* (Ko-Di-Doc) übernehmen und dabei ergebniswirksame Nachbuchungen und ergebnisneutrale Umgliederungen unterscheiden,
- versuchen, die *Gründe* für die Fehler zu analysieren und
- den *Prüfungsleiter* über unsere Feststellungen *informieren*, damit er Gelegenheit hat, mit dem Mandanten über diese Themen – insbesondere über eine ggf. zu erwartende Veränderung des bislang ausgewiesenen Jahresergebnisses – zu sprechen.

Was ist zu tun, wenn wir unser Prüfungsziel deshalb nicht erreichen, weil es *keine angemessenen Prüfungsnachweise* gibt ? Auch in diesem Fall ist der Prüfungsleiter zu informieren, der mit dem Mandanten besprechen muss, auf welchem Wege die fehlenden Prüfungsnachweise beschafft werden können.

Eine Situation, in der der Abschlussprüfer blockiert ist, weil ihm wesentliche Unterlagen fehlen, wird als *Prüfungshemmnis* bezeichnet. Wenn es nicht gelingt, ausreichende und angemessene Prüfungsnachweise zu beschaffen, wird der Abschlussprüfer den Bestätigungsvermerk entweder *einschränken oder versagen*. Dazu wird im PS 400 unter TZ 50 im Einzelnen Stellung genommen.

6.3 Prüfungsziel und Prüfungsstrategie
Wir haben uns jetzt ausgiebig mit den einzelnen Phasen der Abschlussprüfung, mit Datenbeschaffung und Dokumentation und mit den einzelnen Arten von Prüfungshandlungen auseinandergesetzt, so dass wir jetzt „reif" sind, um uns ganz konkret mit der Prüfung *bestimmter* Jahresabschlussposten zu beschäftigen. Bevor wir dies tun, wollen wir uns noch kurz mit der Definition der Prüfungsstrategie auseinandersetzen, die das IDW im PS 240 TZ 14 niedergelegt hat. Bitte studieren Sie den folgenden Text und überlegen Sie sich, wie Sie zu ihm stehen.

„Die Prüfungsstrategie umfasst die Grundsatzentscheidungen des Abschlussprüfers über die prinzipielle Richtung des bei der jeweiligen Abschlussprüfung einzuschlagenden Weges. Sie muss in der Beschreibung des Ansatzes der Prüfung und dem erwarteten Ausmaß der Prüfungshandlungen ausreichend detailliert sein, um aus ihr ein Prüfungsprogramm erstellen zu können. Umfang und Inhalt der Prüfungsstrategie können in Abhängigkeit von der Größe des zu prüfenden Unternehmens, der Komplexität der Prüfung und der vom Abschlussprüfer gewählten Prüfungsmethode und -technologie variieren. Sofern in einer Wirtschaftsprüferpraxis entsprechende generelle Anweisungen vorliegen, kann es genügen, aufgrund der nachstehenden Aspekte im Rahmen der Prüfungsstrategie Prüfungsgebiete mit hohem, mittlerem und niedrigem Prüfungsrisiko festzulegen."

Die *Beziehung zwischen „Prüfungsziel" und „Prüfungsstrategie"* kommt in diesem Passus nicht deutlich genug zum Ausdruck ! Es muss klar sein, dass sich der Abschlussprüfer (in vorauseilenden Gedanken möglicherweise bereits bei der Analyse der Geschäftstätigkeit) ganz bestimmte *Prüfungsziele* setzen muss, Prüfungsziele, die exakt auf die *Abschlussaussagen* des Mandanten gemünzt sind. (Auswahl aus VEBBAG !) Wenn er also z.B. erfährt, dass sich der Mandant verstärkt dem sogenannten *Anlagengeschäft* zugewendet hat, wird er mit Sicherheit das Prüfungsziel *„Bestand"* (Existenz) von Forderungen und Umsätzen mehr beachten als dies bislang beim reinen *Liefergeschäft* erforderlich war. Um dieses Ziel zu erreichen, muss er sich ausreichende und angemessene *Prüfungsnachweise* beschaffen, die belegen, dass die Aussage des Mandanten : „Den gebuchten Forderungen und Umsätzen liegen vertragsgemäß durchgeführte Lieferungen und Leistungen zugrunde", zutrifft. Es ist dann Inhalt der *„Prüfungsstrategie"* festzulegen, auf welchem Wege und mit welchen Mitteln (Einsatz einer bestimmten *Prüfungstechnik* : Auswahl aus *VA BENE* !) das sachgerecht entwickelte *Prüfungsziel* erreicht werden soll.

Der Hinweis auf „generelle Anweisungen" einer WP-Praxis ist besonders problematisch. Der Abschlussprüfer ist verpflichtet, seine Anweisungen *ständig* zu aktualisieren, weil Unternehmen immer in Bewegung sind und sich von Jahr zu Jahr u.U. gravierende Veränderungen bei Geschäftsvorfällen und Geschäftsrisiken ergeben können. Diesen Veränderungen, die in aller Regel die *Prüfungsziele* und damit natürlich auch die *Prüfungsstrategie* beeinflussen, wird man aber mit „generellen Anweisungen" niemals gerecht !

6.4 Das Beweismaterial (Audit Evidence)
Das Ergebnis einer Abschlussprüfung muss nachvollziehbar, schlüssig und übersichtlich dokumentiert sein. Die verbleibenden Prüfungshandlungen liefern in der Regel den abschließenden Beweis, dass die Abschlussaussagen des Managements zutreffen oder nicht.

Aus der Analyse der Geschäftstätigkeit ergeben sich die Schwerpunkte der Prüfung. Das Urteil über die Qualität der internen Kontrollen verbinden wir mit der Formulierung von Prüfungszielen. Die Prüfungsnachweise sind die Bestätigung für den Wahrheitsgehalt bestimmter Erklärungen, die zunächst nur Behauptungen (assertions) sind.

Nur diejenigen Arbeitspapiere sind unangreifbar, die diese *Logik* eindeutig widerspiegeln. Erst wenn man weiß, dass es sich bei der Beschaffung von Prüfungsnachweisen um ein Verfahren handelt, das dazu bestimmt ist, die Überzeugung von der Wahrheit oder Unwahrheit einer Behauptung zu vermitteln, kann man der Bedeutung einer „Audit Evidence" gerecht werden. Mit der Aufklärungspflicht des Prüfers ist darüber hinaus die Aufgabe verbunden, diejenigen Behauptungen des Mandanten in den Mittelpunkt seiner Arbeit zu stellen, die dem Jahresabschluss das *Gepräge* geben. (Diese können sich z.B. auf den Bestand oder die Bewertung von Forderungen beziehen.) Prüfungsnachweise haben also immer eine *formelle* und eine *materielle* Dimension.

Es war schon mehrfach davon die Rede, dass sich aufgrund der Analyse der Geschäftstätigkeit Konturen von Unternehmen abzeichnen, Umrisse, die den Abschlussprüfer schnell in die Lage versetzen, sich eine Vorstellung von den zentralen Themen, den voraussichtlichen *Prüfungszielen* und den *Prüfungsnachweisen* zu machen. Bei den bereits vorgestellten Unternehmen (siehe Kapitel I.3.3.) könnte sich dabei das folgende Bild ergeben :

Branche	Thema (fiktive Beispiele)	Prüfungsziele (fiktive Beispiele)	Prüfungsnachweise (fiktive Beispiele)
Bauwirtschaft (Ardex)	Erwerb von Gesellschaften im Ausland	Bewertung von Anteilen (Finanzanlagen) (VEBBAG)	Testierte Jahresabschlüsse Cash Flow Rechnungen (Einsichtnahme : VA BENE)
	Produktportfolio	Bewertung der Vorräte (VEBBAG)	Ermittlung der AK/HK Nettoverkaufspreise (Nachrechnen, Einsichtnahme : VA BENE)
Haushaltsartikel (Jura)	Selektiver Vertrieb	Bewertung der Forderungen L+L (VEBBAG)	Credit-Controlling Altersstruktur (Einsichtnahme : VA BENE)
Heizungsbranche (Viessmann)	Länderrisiko	Bewertung der Forderungen an ausländische Kunden (VEBBAG)	Credit-Controlling Kreditversicherung Altersstruktur (Einsichtnahme : VA BENE)
Kontraktlogistik (Fiege-Gruppe)	Erfassung, Zuordnung und Aktivierbarkeit von Leistungen, Zeitpunkt der Umsatz- und Gewinnrealisation	Bewertung der Vorräte (VEBBAG), Bestand der Forderungen (VEBBAG)	Service-Vertrag (Einsichtnahme : VA BENE) Protokoll/Leistungsfortschritt (Einsichtnahme:VA BENE)
Maschinenbau (Körber AG)	Behandlung von Kredit- und Währungsrisiken	Bewertung von Forderungen im Auslandsgeschäft (VEBBAG)	Liefer- bzw. Werkvertrag (Einsichtnahme : VA BENE) Verträge über Devisentermingeschäfte (Einsichtnahme : VA BENE)
Textilwirtschaft (Gardeur)	Flächenbewirtschaftung	Bewertung der Vorräte (VEBBAG)	Liefer- u. Marketing-Verträge (Einsichtnahme : VA BENE)
Unterhaltungselektronik (Pro Markt)	Sortimentsbereinigung Flächenreduzierung	Bewertung der Vorräte Bewertung der Sachanlagen (VEBBAG)	Nettoverkaufspreise Standortanalysen und Filialergebnisse (Einsichtnahme : VA BENE)

Mit der Beendigung der verbleibenden aussagebezogenen Prüfungshandlungen schließt sich der Drei-Phasen-Kreislauf einer Abschlussprüfung. Wenn der Abschlussprüfer das Unternehmen „durchschaut" (erinnern Sie sich an die „Röntgenbilder" vom Autohaus WELOS ?), d.h. unter Beachtung der Wesentlichkeit erkannt hat, welche Elemente (Geschäftsvorfälle, Geschäftsrisiken und korrespondierende Kontrollen) den Jahresabschluss prägen, und über ausreichende und angemessene Nachweise darüber verfügt, dass die Aussagen des Managements zur Vollständigkeit, zum Eigentum, zum Bestand, zur Bewertung, zum Ausweis und zur Genauigkeit zutreffen, wird er einen uneingeschränkten Bestätigungsvermerk im Sinne des § 322 Abs. 3 HGB erteilen können. Sind Einwendungen zu erheben, hat er den Bestätigungsvermerk einzuschränken oder zu versagen.

III Die Prüfung von Jahresabschluss und Lagebericht

Hier werden beispielhaft vier Bilanzpositionen (Sachanlagen, Vorräte, Forderungen und Verbindlichkeiten aus Lieferungen und Leistungen) behandelt. Das *3-Phasen-Konzept* der Prüfung aufgreifend, wird jedem einzelnen Kapitel ein Wegweiser vorangestellt, aus dem die einzelnen Meilensteine auf dem Weg zum *Prüfungsurteil* zu erkennen sind. Unter Ausnutzung von Komponenten der Strategie- und Prozessanalyse und unter besonderer Berücksichtigung der handelsrechtlichen Bestimmungen wird der *Inhalt* der einzelnen Positionen erläutert und dargelegt, in welchen betrieblichen *Abläufen* die einzelnen Positionen ihre Prägung erhalten. Damit sind zugleich die Herausforderungen für den Abschlussprüfer skizziert. Für jede Position wird ein *Arbeitsrahmen* entwickelt, in dem hauptsächlich „Schrittfolge", „Prüfungshandlungen nach Prüfungszielen", „Prüfungshandlungen bei angespannter Ertragslage" und die „Prüfung von Rechnungen" erklärt werden.

1 Einführung

1.1 Schwerpunkte

Wir besprechen im Folgenden wesentliche Aspekte bei der Prüfung von :
- Anlagevermögen (Sachanlagen)
- Vorräten (Rohstoffe, Handelswaren und damit zusammenhängende Inventurthemen),
- Forderungen (Forderungen aus Lieferungen und Leistungen),
- Verbindlichkeiten (Verbindlichkeiten aus Lieferungen und Leistungen).

Es sind *grundsätzliche* Aspekte, die nicht nur für *Berufsanfänger* im Vordergrund der Arbeit stehen und die – bei entsprechender Anwendung der prozessorientierten Betrachtungsweise – auch auf andere Bilanzpositionen übertragbar sind. Dabei lassen wir uns stets von der Überlegung leiten, dass die Prüfung von Jahresabschlussposten *eingebunden* sein muss in die *speziellen* Kenntnisse über die Geschäftstätigkeit. Zu diesem Zweck werden wir die hier vorgestellten Unternehmensbilder entsprechend verwenden und zwar bei den :

- *Sachanlagen* : die Brauerei BRATO
- *Forderungen* : das Modeunternehmen TAIHAM
- *Vorräten* : den Möbelhersteller WAKON und das Autohaus WELOS
- *Verbindlichkeiten* : die ganze Gruppe unserer Muster-Mandanten

1.2 Aufgabenkatalog für den Prüfungsassistenten

1.2.1 Allgemeine Anforderungen
Der Prüfungsassistent sollte sich
- bereits im *Vorfeld* mit dem zu prüfenden *Unternehmen* beschäftigen und sich eine Vorstellung davon verschaffen (der von den ISA verwendete Begriff „to *gain* an understanding" gilt ganz besonders auch für ihn !), auf welche Geschäftsvorfälle er voraussichtlich

stoßen wird und mit welchen Geschäftsrisiken er sich (auf der Prozess-Ebene) wahrscheinlich auseinandersetzen muss. Der ihm vom Prüfungsleiter überreichte Prüfungsplan, der Zuständigkeiten beschreibt und Verantwortlichkeiten regelt, darf ihn *nicht unvorbereitet* treffen ;

▬ anhand der *Dauerakten frühzeitig* mit der Qualität des Internen Kontrollsystems vertraut machen. Dies wird nicht nur seine *persönliche* Vorbereitung verbessern und ihm Sicherheit geben, sondern ihm auch einen unkomplizierten Zugang zu seinen *Gesprächspartnern* ermöglichen ;

▬ der Problematik bewusst sein, dass auch von ihm ein besonderes *Engagement* erwartet wird, das Eigeninitiative produziert und nicht darauf wartet, komplette Unternehmensbilder präsentiert zu bekommen. Dies bedeutet aber auch, dass nicht jede Arbeitsstunde weiterverrechenbar ist ;

▬ um *Kommunikation* im Team bemühen und einen regen Gedankenaustausch pflegen. Er muss *sein* Aufgabengebiet immer in einen größeren Zusammenhang stellen und alle Informationen daraufhin untersuchen, in welcher Weise sie von anderen Team-Mitgliedern sinnvoll, d.h. unter dem Aspekt von *Prüfungszielen* und *Prüfungsnachweisen*, genutzt werden können. Auf diese Art und Weise wird nicht nur die Effektivität der Prüfung erhöht, sondern über die *Verknüpfung* der Arbeitspapiere auch ihre *Dokumentation* verbessert ;

▬ sich rechtzeitig darüber Gedanken machen, welche Auswirkungen der übergeordnete Prüfungsplan in zeitlicher und fachlicher Hinsicht auf sein *individuelles Arbeitsspektrum* haben wird.

1.2.2 Hinweise zu den Leitfäden und zu ihrer strategischen Konzeption

Die Leitfäden für die Tagesarbeit, die in den Kapiteln III. 2 – III. 5 dieses Handbuches vorgestellt werden, haben eine ganz bestimmte Gliederung :

(1) Deckblatt
Das Deckblatt, von WP/StB Dipl. Kfm Michael Gschrei, PrfQK in München entwickelt, dient der *Identifikation* der Arbeitspapiere, der *Genehmigung* des Prüfungsprogrammes, der *Nachschau* und der *Gewichtung* der Prüfungsergebnisse. (vgl. Anlage 49)

(2) Planungsgrundlagen
Mit diesem Hinweis soll der für die Prüfung einer Position Zuständige darauf hingewiesen werden, dass er sich selbst einen *individuellen Zeitplan* machen muss. (vgl. dazu auch die einzelnen *Wegweiser* in den Kapiteln III. 2 – III. 5) Er muss sich anhand der Pflichtdokumente überlegen, *welche* Schwerpunkte er bei seiner Prüfung legen muss, d.h. welche *Prüfungsziele* dem *Gewicht* bestimmter Abschlussaussagen am besten gerecht werden und wie viel *Zeit* er für die Dokumentation (Anfertigung von Protokollen, Schreiben von Aktennotizen, Referenzierung etc.) voraussichtlich benötigen wird. Hinsichtlich der *Schwerpunkte* sei auch an die Grundsätze der *Gesprächsführung* und daran erinnert, wie wichtig es ist, zum richtigen Zeitpunkt die richtigen Fragen zu stellen.

Es kann nicht nachdrücklich genug betont werden, dass Voraussetzung für eine ordnungsgemäße Prüfung eine sorgfältige Planung ist. In diesem Zusammenhang sei auch auf den PS 460

1 Einführung

des IDW verwiesen, in dem u.a. erklärt wird, dass in den Arbeitspapieren auch „Informationen zur Planung der Prüfung" (TZ 12) zu dokumentieren sind. Dabei ist zu beachten, dass eine sorgfältige *Prüfungsplanung* immer zwei Aspekte berücksichtigen muss :

- das *Projekt an sich* (den Prüfungsauftrag im Allgemeinen) und
- die für den Abschlussprüfer damit verbundenen *Gefahren* (die Risikostruktur im Besonderen).

Für die *Projekt*-Planung, in die das ganze Team eingebunden ist, gilt :
- Umfang und Reichweite der Prüfung
- Quellen und Typen der benötigten Informationen und
- Gesichtspunkte der Mandantenpflege.

Eine *ganz persönliche Zeitplanung* ist allerdings mit der *generellen* Aufteilung des Stundenbudgets auf die einzelnen Positionen und Themen des Jahresabschlusses / Lageberichts noch nicht beendet. Das für eine bestimmte Position vom Prüfungsleiter festgelegte Mengengerüst unterliegt seinerseits einer zusätzlichen, *individuellen Planung*. In ihr sind nicht nur die aus den Arbeitspapieren (KoBu-Doc, KoRi-Doc, KoCo-Doc) abgeleiteten *Schwerpunkte*, sondern auch derjenige Zeitaufwand zu berücksichtigen, der für die Dokumentation der Prüfungshandlungen erforderlich ist.

Schwachstellen in der Dokumentation sind häufig nicht nur darauf zurückzuführen, dass keine *Verbindung* zwischen den Pflichtdokumenten (KoBu-Doc, KoRi-Doc und KoCo-Doc) und den Prüfungshandlungen zu erkennen ist, sondern beruhen insbesondere darauf, dass der *Zeitaufwand für die Dokumentation* überhaupt nicht oder nicht angemessen genug geplant wurde. Das für eine Position festgelegte Zeitvolumen setzt sich deshalb grundsätzlich wie folgt zusammen :

Thema	Zeit %
I. Individuelle Zeitplanung	5
II. Prüfungshandlungen gemäß Leitfaden	80
III. Dokumentation	**15**
Zeitaufwand gesamt (Vom Prüfungsleiter geplant)	100

Insbesondere für den Prüfungsassistenten gilt : Sie müssen *vor Beginn* der Prüfung einer Position festlegen, wie Ihr Prüfungskonzept ausgerichtet ist, *wie* die Verbindung zu den Pflichtdokumenten lautet (Einfluss der Geschäftsvorfälle und der Geschäftsrisiken auf den Jahresabschluss) und *welche* Schwerpunkte der Prüfung sich daraus ergeben. *Sie* sind für das Ergebnis Ihrer Arbeit verantwortlich, und Sie werden auch daran gemessen werden !

Haben Sie noch keine näheren Vorgaben für die Prüfung bekommen, sondern nur den Auftrag, einen Jahresabschluss oder Positionen daraus zu prüfen, dann müssen Sie sich *vor Beginn* der Prüfung (durch intensive Gespräche und/oder durch das sorgfältige Studium von Unterlagen) selbst einen Überblick über *Lage und Entwicklung* des Unternehmens verschaffen und müssen sich auf Basis Ihres „Business Understanding" selbst ein Prüfungskonzept zurecht legen. Die *Wegweiser* für die Prüfung der einzelnen Jahresabschlussposten sollen Sie bei Ihrer Planungsarbeit unterstützen. Haben Sie den *Mut*, sich *für eine Konzipierung* – auch wenn der auf Ihnen lastende Zeitdruck groß ist – genügend Zeit zu lassen. (Ich erinnere Sie an die MoMA-Studie in Kapitel I. 3) Der damit verbundene Rationalisierungseffekt wird enorm sein und wird Ihnen *Sicherheit* geben. Davon bin ich zutiefst überzeugt.

Bitte vergessen Sie nicht : Das *Prüfungsrisiko* erhöht sich nachhaltig, wenn Sie eine Prüfung einfach auf Basis einer Summen- und Saldenliste beginnen, ohne sich *vorher* detailliert über die *Eigenarten* des Unternehmens Gedanken gemacht und seit der letzten Prüfung eingetretene *Veränderungen* richtig verstanden zu haben.

Gemessen an unseren Überlegungen zur Analyse der Geschäfts- und Kontrolltätigkeit kann es keinen Zweifel mehr darüber geben, dass die konkreten Prüfungshandlungen (und das gilt – sicherlich in eingeschränktem Maße – auch für eine Erstprüfung) bei *Beginn* der Prüfung (hoffentlich vom Prüfungsleiter klar formuliert!) bereits feststehen müssen, da man sich das *Warten* auf „erste" Prüfungsdifferenzen und daraus für die *Prüfungsstrategie* zu ziehende Schlussfolgerungen in Anbetracht eines in der Regel knappen Budgets nicht leisten kann. [181]

(3) Prüfung nach Maßgabe der Ertragslage
Die *Schwerpunkte* einer Prüfung richten sich regelmäßig danach, in welcher wirtschaftlichen *Verfassung* sich das zu prüfende Unternehmen befindet. Die Formulierung von *Prüfungszielen* hängt in der Regel – ganz einfach gesagt - davon ab, ob es einem Unternehmen gut oder schlecht geht. Es ist deshalb im Prüfungsteam rechtzeitig und sorgfältig zu besprechen, *welche* der Abschlussaussagen des Mandanten besonders kritisch zu betrachten und *welche* Maßnahmen zu planen sind, damit in der vorgegebenen Zeit ausreichende und angemessene *Prüfungsnachweise* beschafft werden können.

In der Regel verändert sich die Lage eines Unternehmens ständig. Diese Veränderung wird meistens vom Markt bestimmt. Als Wirtschaftprüfer würde man der Lage des Unternehmens also nicht gerecht, wenn man die gleichen Prüfungshandlungen wie im Vorjahr durchführen oder eine Standard- Checkliste mit Routinefragen abarbeiten würde. Eine solche „Routine", ist – wenn man das „Business Understanding" (niedergelegt im KoBu-Doc) ernst nimmt - ohnehin ausgeschlossen, da insbesondere das KoBu-Doc zwingend vorschreibt, daß die *individuellen* Umstände, in denen sich der Mandant befindet, sorgfältig zu beachten sind. (IDW PS 230 : Kenntnisse über die Geschäftstätigkeit)

Beachtung bedeutet u.a.

- die Festlegung von (ggf. schwerwiegenden) *Prüfungszielen* (Auswahl aus VEBBAG)
- eine gezielte Auswahl aus dem Katalog der *Prüfungstechnik* (Auswahl aus VA BENE).

Insbesondere bei Unternehmen mit *angespannter* Ertragslage müssen „gezielte Fragen" gestellt und mittels geeigneter Prüfungshandlungen *Prüfungsnachweise* erarbeitet werden. Die-

---

[181] *Insofern ist die Aussage von Hömberg, dass „die notwendigen Prüfungshandlungen ... im vorhinein nicht verbindlich fest(liegen)" nicht (mehr) akzeptabel. (vgl. R. Hömberg : Urteilsbildung, S. 242. Ganz bewusst wird deshalb auch im E-VO 1/05 von einer klaren Vorgabe gesprochen: „Der verantwortliche Wirtschaftsprüfer hat angemessen strukturierte und klar verständliche Prüfungsanweisungen zu erteilen, um die Mitglieder des Auftragsteams mit ihren Aufgaben vertraut zu machen." (vgl. Seite 282)*

se Fragen unterstellen, dass das Management möglicherweise den Versuch unternommen hat, das Jahresergebnis durch eine Reihe von Maßnahmen positiv zu beeinflussen. *Bilanzpolitische Maßnahmen* können legal, sie können aber auch illegal sein (Problematik von Täuschungen). *Bilanzpolitische* Maßnahmen zur Ergebnisverbesserung sind aber auch bei einem Unternehmen mit *guter* Ertragslage denkbar, wenn das Management (z.B. gegenüber Investoren, Banken oder Analysten) ein sehr ehrgeiziges Budget herausgegeben hat und feststellen muss, dass das Unternehmen bestimmte Werte (Umsatz, Ebit, Jahresüberschuss etc.) nicht erreichen wird. (Wachsender Einfluss der sogenannten „Stakeholder" !)

In der Regel bedarf es eines *Maßnahmenbündels*, um im Rahmen von „Bilanzpolitik" bestimmte Werte zu erreichen, d.h. eine einzige Maßnahme reicht normalerweise nicht aus, damit das Budget erfüllt wird. Dabei bezieht sich ein Maßnahmenbündel meistens nicht nur auf eine Reihe von Themen *innerhalb* einer „anfälligen" Bilanzposition, sondern umfasst *mehrere* Positionen, und zwar immer solche, bei denen ein bilanzpolitischer Effekt möglichst groß ist.

Es ist Aufgabe des Prüfungsteams (und hier spielt sorgfältige *Planung* eine wesentliche Rolle), herauszufinden, welche *Möglichkeiten* das Management (u.U. im Rahmen strenger Jahresabschlussrichtlinien) überhaupt hat, um „Bilanzpolitik" zu betreiben und zu welchem Maßnahmenbündel es sich (wahrscheinlich) *entschieden* hat.

(4) Schrittfolge (4. Kapitel-These)
Die Prüfung einer Bilanzposition läuft in aller Regel in vier Stufen ab. Sie umfassen :
- die *Abstimmung* des Bilanzbetrages und Vergleich mit dem Vorjahresbetrag
- die Prüfung des *Nominalbetrages* bzw. der *Anschaffungs- und Herstellungskosten*
- die Prüfung der *Abschreibung* bzw. der *Umbewertung* bei Valutaposten
- die Prüfung der *Abgrenzung*.

Das *Denken in Kapiteln* hat sich bewährt. Man bekommt ein besseres Gefühl für Zeit, wenn man weiß, dass man „vier Kapitel" bearbeiten muss. Das Denken in Kapiteln muss auch die *individuelle Zeitplanung* beeinflussen. Wenn dem Prüfer die Analyse der Geschäftstätigkeit signalisiert hat, dass das Unternehmen Probleme haben wird, seine Vorräte wegen gesunkener Marktpreise angemessen zu bewerten, dann muss er für das *dritte* Kapitel ausreichende Zeit einplanen. Auch an dieser Stelle wird die *Leitfunktion* des Business Understanding sehr deutlich : Wenn man gar nicht darüber informiert ist, dass das Unternehmen unter rückläufigen Marktpreisen leidet, dann wird man viel zu viel Zeit damit verwenden, die Anschaffungs- oder Herstellungskosten zu prüfen. Und es könnte sehr unangenehm werden, wenn man viel zu spät feststellt, dass das *Hauptproblem* bei den *Abschreibungen* liegt.

(5) Prüfungshandlungen nach Prüfungszielen
Nur unter der Voraussetzung, dass der Abschlussprüfer Klarheit hat, welches *Prüfungsziel* er verfolgen will – und es sei nochmals betont, dass dies von der Analyse der Geschäftstätigkeit und von der Analyse der internen Kontrollen abhängt – wird er in der Lage sein, in einem *Prüfungsprogramm* sachgerechte Prüfungshandlungen festzulegen. Dabei muss er *begründen, warum* er ein ganz bestimmtes Prüfungsziel im Auge hat – es wird sich nämlich um eine Abschlussaussage handeln, die den Jahresabschluss *prägt* – und deutlich machen, auf welchem

Wege die entsprechenden Prüfungsnachweise beschafft werden können. Dies gilt insbesondere für den Fall, dass mit dieser Beschaffung *Schwierigkeiten* verbunden sein werden („critical audit objectives").

(6) Prüfung bei angespannter Ertragslage
An den Abschlussprüfer werden immer dann besondere Anforderungen gestellt, wenn er ein Unternehmen mit angespannter Ertragslage prüfen muss. In einen solchen Fall ist häufig zu berücksichtigen, dass das Management unter starkem *Budgetdruck* steht. „Erwartete" Resultate bei Umsatz, Ergebnis, Kapitalverzinsung, Schuldenabbau etc. wurden u.U. schon frühzeitig gegenüber Gesellschaftern, Banken, Analysten etc. bekannt gegeben, und deshalb muss ernsthaft damit gerechnet werden, dass das geplante Ergebnis nur deshalb auch erreicht wurde, weil das Management *„in einer konzertierten Aktion aller Abteilungen"* entsprechende *Maßnahmen* getroffen hat. (vgl. Kapitel III. 6 : Zur Problematik der Bilanzpolitik.)

Diese Maßnahmen können legaler, aber auch illegaler Natur sein. Sie betreffen in der Regel die Vollständigkeit, den Bestand und die Bewertung von Bilanzpositionen, also mindestens die Hälfte des **VEBB**AG-Komplexes. Angesichts dieser Themenvielfalt ist es außerordentlich schwierig, herauszufinden, in welchem Umfang ein *Ermessensspielraum* ausgeübt bzw. *Verstöße* gegen Rechnungslegungsvorschriften begangen wurden.

Die *Zeitplanung* des Abschlussprüfers wird nur dann *ausgewogen* sein, wenn er diese Schwierigkeiten angemessen berücksichtigt. Es wird sein *Talent* auszeichnen, wenn es ihm gelingt, diese Planung auch in erfolgreiche Honorargespräche einfließen zu lassen.

(7) Prüfung von Eingangs- oder Ausgangsrechnungen
Wenn man über die *skeptische* Grundhaltung des Abschlussprüfers spricht, dann muss man sich auch darüber klar sein, dass eine solche Einstellung (eingebettet in die Kenntnisse über die Geschäftstätigkeit sowie das wirtschaftliche und rechtliche Umfeld) „geweckt" werden muss. Es ist immer ein bestimmtes „Medium" erforderlich, das „Wirkungen" vermittelt. Dazu gehören nicht nur das Wissen um Budgetdruck und die Beurteilung von Kennziffern, sondern auch die Interpretation von Dokumenten. Wer Belege prüft, muss sich Gedanken über den *Zusammenhang* machen, in dem sie entstanden sind. So ist z.B. die Prüfung einer Eingangsrechnung mehr als nur eine Abstimmung zweier Zahlen. Wie soll *Skepsis* entstehen, wenn man lediglich z.B. eine Zahl in der Anlagenzugangsliste mit der entsprechenden Lieferantenrechnung vergleicht? Rechnungsprüfung dient regelmäßig auch der *Entdeckung* unerklärlicher Zusammenhänge. Sie gibt damit den Anstoß für weitere Fragen und liefert ggf. die Basis für die Formulierung *neuer* Prüfungsziele. [182]

Es sind insbesondere diese Fragen, die die *Tagesarbeit des Prüfungsassistenten* bestimmen

---

[182] Auch Richter wehrt sich gegen eine engstirnige Arbeitsweise, wenn er schreibt: „Gegenstand einer Belegprüfung kann nicht ein einzelner Beleg „an sich" sein, sondern nur das einzelne Merkmal mit seinen jeweiligen Ausprägungen, z.B. ob die auf einem einzelnen Beleg vorhandene Unterschrift von einem Berechtigten stammt, ob die Konten angegeben sind, auf denen im Soll und im Haben gebucht werden soll, und ob die angegebenen Konten den Geschäftsvorfall zutreffend abbilden." (M. Richter: Prüfungen, a.a.O. S. 23) Erinnern Sie sich bitte an den WAKON-Fall „Möbellieferungen an das Hotel Burdsch Al Arab in Dubai." Die Analyse des Geschäftsvorfalles – insbesondere ausgelöst durch die auf der Rechnung angegebenen Projekt- Nr. - hätte den Prüfer auf die richtige Spur und zu der Feststellung bringen müssen, dass WAKON auf Basis eines Werkvertrages noch gar nicht berechtigt war, Umsatz und Gewinn zu realisieren.

1 Einführung

und seine Kreativität herausfordern. Wer die Geschäftstätigkeit des Mandanten versteht, wird Eingangsrechnungen (z.B. Lieferant, Art, Zeitpunkt und Umfang der Bezüge) und Ausgangsrechnungen (z.B. Kunde, Art, Zeitpunkt und Umfang der Lieferungen) mit ganz anderen Augen betrachten, als derjenige, der – vom „inneren Gehalt" bestimmter Geschäftsvorfälle völlig unbeeindruckt – nur den Rechnungsbetrag mit einer offenen Postenliste vergleicht, eine Übereinstimmung feststellt, diese Position abhakt und zur nächsten Rechnung übergeht. *(„Das Übrige wird ja dann schon stimmen!")*

(8) Kriterien für die Gliederung von Salden- und Inventurlisten
Es ist bereits deutlich geworden, dass wir mit sehr hohen *Ansprüchen* an unsere Mandanten herantreten. Diese Ansprüche kommen u.a. darin zum Ausdruck, dass wir regelmäßig *Sonderwünsche* zu Saldenlisten oder zu Inventurlisten haben. Wir können nämlich unsere *Prüfungsziele* häufig nur dadurch erreichen, dass wir uns bestimmte Unterlagen nach bestimmten Kriterien *aufbereiten* lassen. Diese Kriterien richten sich nach Geschäftsvorfällen, die nach unserer Einschätzung einen wesentlichen *Einfluss* auf den Jahresabschluss haben. So können wir z.B. eine Inventurliste nach Länderkennziffern gliedern lassen (VA BENE), um die Bezugsquellen von Vorräten feststellen zu können (VEBBAG), oder die Saldenliste von Forderungen nach Währungskennziffern (VA BENE), wenn wir uns für Währungsrisiken interessieren (VEBBAG). Es sei erneut betont, dass jede Art von Sonderauswertung rechtzeitig in der *Prüfungsplanung* berücksichtigt und mit dem Mandanten besprochen werden muss.

(9) Fragen zum Anhang
Unser *VEBBAG-* und *VA BENE-Konzept* gilt unverändert auch für den Anhang. Es ist im Hinblick auf die hier behandelten Jahresabschlussposten im Wesentlichen zu prüfen, ob er

- vollständig ist (**V**),
- ggf. Sicherungsübereignungen bzw. Forderungsabtretungen erwähnt (**E**),
- die auf die Posten der Bilanz und G+V angewandten Bilanzierungs- und Bewertungsmethoden angibt bzw. vorgenommene Veränderungen erwähnt (**B,B**),
- die Restlaufzeiten bei Forderungen und Verbindlichkeiten nennt, eine Aufgliederung der Umsätze nach Tätigkeitsbereichen und geographisch bestimmten Märkten bringt und ggf. angibt, in welcher Höhe und in welcher Form Verbindlichkeiten durch Grundpfandrechte und ähnliche Rechte gesichert sind (**A**) und
- in seinen Angaben und Erläuterungen genau ist (**G**).

Innerhalb der Prüfungstechnik bieten sich im Wesentlichen an: der Vergleich (V : Abstimmung von Zahlen), die Befragung (B : z.B. eines Notars zu den Eintragungen im Grundbuch), die Einsichtnahme (E : z.B. in Kreditverträge) und der rechnerische Nachvollzug (N : z.B. bei der Ermittlung des Einflusses der Änderung einer Bewertungsmethode auf das Jahresergebnis).

1.3 Allgemeine Bewertungsgrundsätze

Bevor wir uns im Zusammenhang mit der Prüfung einzelner Jahresabschlussposten mit speziellen Vorschriften beschäftigen, ist es zweckmäßig, sich vorher einige der in § 252 HGB kodifizierten Bestimmungen ins Gedächtnis zu rufen. (Hervorh. d.d.Verf.)

- „Die Vermögensgegenstände und Schulden sind zum Abschlussstichtag *einzeln* zu bewerten." (Abs. 1 Nr. 3)
- „Es ist *vorsichtig* zu bewerten, namentlich sind alle vorhersehbaren Risiken und Verluste, die bis zum Abschlussstichtag entstanden sind, zu berücksichtigen, selbst wenn diese erst zwischen dem Abschlussstichtag und dem Tag der Aufstellung des Jahresabschlusses bekanntgeworden sind. Gewinne sind nur zu berücksichtigen, wenn sie am Abschlussstichtag entstanden sind." (Abs. 1 Nr. 4)
- „Aufwendungen und Erträge des Geschäftsjahrs sind *unabhängig* von den Zeitpunkten der entsprechenden Zahlungen im Jahresabschluss zu berücksichtigen." (Abs.1 Nr. 5)

Der Grundsatz der Einzelbewertung, das Vorsichtsprinzip, das *Realisationsprinzip* und das Imparitätsprinzip gehören zu den wesentlichen Bewertungsgrundsätzen. [183] Bemerkenswert ist, dass das Realisationsprinzip (über das noch eingehend zu sprechen sein wird) in § 252 Abs. 1 Nr. 4 (2. Halbsatz) infolge seiner „Randlage" im Gesetzestext eine fast stiefmütterliche Behandlung erfahren hat.

2 Prüfung der Forderungen (Schwerpunkt : Forderungen aus Lieferungen und Leistungen)

Ordnungsgemäß bilanzierte Forderungen aus Lieferungen und Leistungen haben den *Wertsprung* vom unverbindlichen Herstellungsniveau der Vorräte zum Marktpreis eines offiziellen Anspruches bereits hinter sich. Im Zusammenhang mit dem „Bestand" einer Forderung wird die Bedeutung des *Realisationsprinzips* und seine Stellung innerhalb der Grundsätze ordnungsmäßiger Buchführung dargestellt. Die Kenntnisse über die Geschäftstätigkeit eines Mustermandanten und seines *Geschäftsmodells* ausnutzend, wird ein *Prüfungsprogramm* für Forderungen an ausländische Kunden entwickelt, dargelegt, wie wichtig es ist, sich durch diplomatische, aber hartnäckige *Fragen* an ein bestimmtes *Prüfungsziel* heranzutasten und erläutert, dass der Gang der Prüfung sachgerecht zu dokumentieren ist. Der bereits erwähnte *Arbeitsrahmen* mit Schrittfolge und unterschiedlich *gewichtetem* Fragenkatalog beschließt dieses Kapitel.

2.1 Wegweiser

Bevor Sie mit der Prüfung der Forderungen aus Lieferungen und Leistungen beginnen, müssen Sie die vorangegangenen Kapitel *rekapitulieren*. Der Wegweiser für die Prüfung der Forderungen zeigt Ihnen, welche *Voraussetzungen* Sie erfüllen müssen, damit Sie diese Jahresabschlussposition verantwortungsbewusst prüfen können. Erst wenn Sie diesen Wegweiser verstanden haben, werden Sie auch in der Lage sein, die Ihnen später präsentierten *Arbeitsanweisungen* (Leitfäden) richtig einzusetzen.

---

[183] In ihren vergleichenden Betrachtungen zu den IFRS haben Küting / Wirth mit Blick auf den Einzelbewertungsgrundsatz und das Nominalwertprinzip von „tragenden Säulen der traditionellen Rechnungslegung" gesprochen. (vgl. K.H. Küting / J. Wirth : Paradigmenwechsel in der Bilanzanalyse, in : FAZ 17.1.05, Nr. 13, S. 18)

2 Prüfung der Forderungen

Wegweiser für die Prüfung der Forderungen aus Lieferungen und Leistungen

Phase	Fragen zur Wesentlichkeit	Dokumente
Strategie-Analyse	Haben Sie eine klare Vorstellung vom *Geschäft* des Mandanten? Welche wesentlichen Geschäftsvorfälle haben sich im (vergangenen) Geschäftsjahr ereignet?	Geschäftsbewusstsein KoBu-Doc (Knowledge of Business) **KOBU**
	Verstehen Sie die wesentlichen Geschäftsrisiken? Welche Risiken sind (im vergangenen Jahr) auf Unternehmens-Ebene aufgetreten bzw. waren dort unverändert im Vergleich zum Vorjahr vorhanden? Wissen Sie, für welche Abläufe (Prozesse) Sie sich interessieren müssen, um zu verstehen, wie im *Vertrieb* Geschäftsvorfälle abgewickelt und Geschäftsrisiken behandelt werden? Gehört vor diesem Hintergrund die *Auftragsabwicklung* zu denjenigen Bereichen, in denen sich wesentliche Geschäftsvorfälle ereignet haben und wesentliche Geschäftsrisiken dergestalt bestehen, dass man von einem *signifikanten* Einfluss auf den Jahresabschluss sprechen kann? Wenn die Auftragsabwicklung im Vertrieb für den zu prüfenden Jahresabschluss zu den wesentlichen Geschäftsprozessen gehört, dann ist folgendes zu beachten:	Risikobewusstsein KoRi-Doc (Knowledge of Risks) **KORI**
Prozess-Analyse	Verstehen Sie, wie die Auftragsabwicklung im *Vertrieb* erfolgt? Verstehen Sie die Risiken im Vertriebsbereich, d.h. die Risiken auf Prozess-Ebene, die dort eingerichteten Kontrollen und die trotz Kontrollen noch bestehenden restlichen Geschäftsrisiken bei den *Forderungen* aus Lieferungen und Leistungen? Wurden die Kontrollen geprüft? Welche *Prüfungsziele* wurden dabei gesetzt und zu welchen Erkenntnissen hat diese Prüfung geführt? Verstehen Sie die bei den Forderungen noch existierenden Restrisiken (Jahresabschlussrisiken) und die dafür eingerichteten Kontrollen? Wurden die verbleibenden Prüfungshandlungen geplant? Welches *Prüfungsziel* wurde dabei formuliert? Wurden dabei insbesondere beachtet? § 253 HGB § 266 HGB	Kontrollbewusstsein KoCo-Doc (Knowledge of Controls) **KOCO** Leitfaden 1. Abstimmung 2. Nominalwert 3. Abschreibung 4. Abgrenzung
Verbleibende Prüfungshandlungen	Haben Sie die verbleibenden Prüfungshandlungen durchgeführt?	Programmbewusstsein KoP-Doc (Knowledge of Program) **KOP**
und	Haben Sie die *Prüfungsdifferenzen* identifiziert und analysiert? **Haben Sie Ihr Prüfungsziel erreicht?**	Fehlerbewusstsein KoDi-Doc (Knowledge of Differences) **KODI**
Bericht	Haben Sie die auf Sie entfallenden Teile des Prüfungsberichtes formuliert, die Herkunft der Zahlen erneut geprüft und das Zahlenwerk ordnungsgemäß *dokumentiert*?	

2.2 Regelungen im HGB und die Auftragsabwicklung als zuständiger Geschäftsprozess

2.2.1 Zum Inhalt der Forderungen

Gemäß der Gliederung nach § 266 Abs. 2 HGB „Forderungen und sonstige Vermögensgegenstände" ist diese Bilanzposition wie folgt *gegliedert* :

— Forderungen aus Lieferungen und Leistungen
— Forderungen gegen verbundene Unternehmen
— Forderungen gegen Unternehmen, mit denen ein Beteiligungsverhältnis besteht
— Sonstige Vermögensgegenstände

Wir werden uns vorrangig mit den Forderungen aus Lieferungen und Leistungen beschäftigen, mit den dazugehörigen Umsatzerlösen und den daraus resultierenden flüssigen Mitteln.

Was sind Forderungen aus Lieferungen und Leistungen ?

Forderungen aus Lieferungen und Leistungen sind Ansprüche aus gegenseitigen Verträgen (Lieferverträge, Werkverträge, Dienstleistungsverträge und ähnliche Verträge), die vom Unternehmen durch Lieferung oder Leistung *bereits erfüllt* sind, deren Erfüllung durch den Schuldner (i.d.R. Zahlung des Kaufpreises) aber noch aussteht.

Forderungen, die nichts mit dem *engeren* Gegenstand des Unternehmens zu tun haben, gehören zu den „sonstigen Vermögensgegenständen". Dazu gehören u.a. Personaldarlehen, Vorschüsse, Forderungen aus dem Verkauf von Sachanlagen, Steuererstattungsansprüche, Ansprüche auf Zuwendungen der öffentlichen Hand etc.

2.2.2 Die Prägung der Forderungen

Um die Bilanzposition „Forderungen aus Lieferungen und Leistungen" richtig zu verstehen, müssen wir uns noch einmal daran erinnern, dass eine Forderung am Ende eines *Geschäftsprozesses* steht. Dieser Geschäftsprozess wird durch den Auftrag eines Kunden in Gang gesetzt und löst eine Reihe von Verwaltungs-, Herstellungs- und Vertriebsaktivitäten aus, die in der Regel in ein System interner Kontrollen eingebunden sind. (Erinnern Sie sich noch an die Definition des IKS ?) Nur wenn wir die einzelnen *Komponenten* dieses Geschäftsprozesses verstanden haben, können wir auch die *Qualität* der Bilanzposition „Forderungen aus Lieferungen und Leistungen" begreifen. Unter besonderer Berücksichtigung der *Eigenarten* von Kaufverträgen, aus denen Forderungen entstanden sind, und des *Weges*, den bestimmte Daten im Unternehmen durchlaufen haben, bis sie nach Absolvierung von Kontroll- und Sicherungsstellen endlich im Jahresabschluss gelandet sind, habe ich bewusst von einer *„genetischen Prägung"* einer Bilanzposition gesprochen.

In welchem *Prozess* werden die Forderungen L+L kontrolliert? Im Prozess der *Auftragsabwicklung*. Welche *Stufen* hat dieser Prozess und durch welche Aspekte sind die einzelnen Stufen gekennzeichnet ?

Auftragseingang
Vollständige Erfassung der Aufträge, Kreditprüfung, Festlegung, Überwachung und Anpassung von Kreditlimits, Auftragsfreigabe (u.a. Genehmigung der Konditionen : Qualität, Preis, Lieferzeit), Information der Geschäftsleitung über die Entwicklung des Auftragsbestandes.

Auslieferung und Fakturierung
Abweichungen zwischen Bestell- und Liefermengen, Meldung aller Auslieferungen, Behandlung von Teil-Lieferungen, Vollständigkeit der Fakturierung, Übereinstimmung der fakturierten mit den vereinbarten Preisen, zeitnahe Rechnungsstellung und Buchung, mathematische Richtigkeit der Rechnung, Management-Reports (Auslieferungen, Margen mit Soll-Ist-Vergleichen), Vollständigkeit der gebuchten Rechnungen.

Überwachung der Forderungen und des Zahlungseingangs
Erstellung (monatlicher) Übersichten und Abstimmung mit der Debitoren-Buchhaltung, Mahnverfahren, Information der Geschäftsleitung bei „kritischen Fällen", Zuordnung der Zahlungseingänge zu den Rechnungen, Klärung strittiger Posten, Verfolgung von Wertberichtigungen, Genehmigung von Ausbuchungen, Abstimmung der Umsatzsteuerkonten mit den Ertragskonten, Identifikation und Überwachung von Mahnsperren, Genehmigung und Erfassung von Gutschriften.

Warum sprechen wir von einer „*Prägung*" der Forderungen ?
Im Jahresabschluss ausgewiesene Forderungen aus Lieferungen und Leistungen beruhen auf der Auftragsabwicklung im nationalen oder auch im internationalen Geschäft. Dieses ist struktur- und konjunkturabhängig. Die Entwicklung der Forderungen ist regelmäßig ein Symbol für Wachstum oder Rückschritt. Sie signalisiert aber auch die Qualität eines prozessorientierten Cash-Managements.

Wenn der oben beschriebene *Kontrollprozess* richtig arbeitet, dann
- beruht jede in den Jahresabschluss eingestellte Forderung auf einem *Vertrag*,
- ist die Lieferung bzw. Leistung *qualitäts- und termingerecht* erfolgt,
- entspricht die Bewertung der *Zahlungsfähigkeit* des Kunden bzw. den Möglichkeiten des *Kapitaltransfers* und
- die Forderung wird in der *exakten* Höhe gegenüber demjenigen *ausgewiesen*, der nach der Regelung des HGB de jure Schuldner des Unternehmens ist (VEBBAG-Struktur).

Wir wissen bereits, dass es Aufgabe des Abschlussprüfers ist, diejenigen Kontrollen zu identifizieren und zu beschreiben, die die *VEBBAG-Aussage* des Mandanten sicherstellen sollen. Diese Beschreibung erfolgt in einem „Pflichtdokument". Um welches Pflichtdokument handelt es sich ? Knowledge of Controls-Document (kurz : „KoCo-Doc" genannt).

2.3 Aussagebezogene Prüfungshandlungen

2.3.1 Die strategischen Voraussetzungen
Wenn wir jetzt von verbleibenden (aussagebezogenen) Prüfungshandlungen sprechen, dann wollen wir damit zum Ausdruck bringen, dass wir uns in der *letzten* Phase der Abschlussprüfung befinden, d.h. die Analyse der Geschäftstätigkeit und der internen Kontrollen bereits hinter uns haben und noch restliche Prüfungshandlungen nachziehen müssen, weil noch gewisse Bedenken bestehen, ob die internen Kontrollen bestimmte Abschlussaussagen des Mandanten gewährleisten.

Mit anderen Worten : Wenn wir keine Vorstellung davon haben, wie das interne Kontrollsystem des Mandanten arbeitet, d.h. wie es mit Geschäftsvorfällen umgeht bzw. wie es Geschäftsrisiken identifiziert, beurteilt und behandelt, können wir auch keine vernünftigen

Prüfungshandlungen durchführen. Wer seine Prüfungsziele nicht aus der *Logik der Prüfungsphasen* ableiten kann, tappt im Dunkeln, weil seine Richtung nicht durch klare Prüfungsziele vorgegeben ist. (Sein Prüfungspfad ist also nicht *ausgeleuchtet* !)

Fassen wir das noch einmal zusammen : Bevor wir mit den „verbleibenden Prüfungshandlungen" beginnen, müssen wir wissen, in welcher Weise die VEBBAG-Aussage des Mandanten zu den Forderungen aus Lieferungen und Leistungen durch das Interne Kontrollsystem abgesichert ist. Im Regelfall haben wir folgende Ausgangssituation : Wir haben festgestellt, dass einige Aussagen durch das IKS gestützt werden (hier sind also keine restlichen Prüfungshandlungen mehr erforderlich), dass aber Aussagen verbleiben (z.B. zum *Bestand* oder zur *Bewertung*), bei denen wir (weitere) Prüfungsnachweise benötigen (die bisherigen sind weder ausreichend noch angemessen), um davon überzeugt zu sein, dass die Abschlussaussagen des Mandanten stimmen.

Diese beiden Aussagen lauten : „Die Forderungen bestehen, d.h. sie sind aufgrund vertragsgemäßer Lieferungen und Leistungen entstanden" (VE**B**BAG) und „Die Bewertung der Forderungen entspricht den gesetzlichen Bestimmungen" (VEB**B**AG).

Wie lautet dann die Formulierung der entsprechenden *Prüfungsziele* ?

Zum Bestand : „Ausreichende und angemessene Nachweise dafür zu bekommen, dass die Forderungen aufgrund vertragsgemäß durchgeführter Lieferungen und Leistungen entstanden sind, also tatsächlich existieren."

Zur Bewertung : „Ausreichende und angemessene Nachweise dafür zu bekommen, dass die Forderungen den gesetzlichen Bestimmungen entsprechend richtig bewertet sind."

Wir haben auch gelernt, dass

— Prüfungsziele und Prüfungshandlungen in den *Prüfungsprogrammen* niederzulegen und
— Prüfungshandlungen unter Beachtung einer bestimmten *Prüfungstechnik* (kurz : VA BENE genannt) durchzuführen sind.

2.3.2 Die Prüfung des Bestandes

Obwohl schon Einiges über Forderungen aus Lieferungen und Leistungen gesagt wurde, müssen wir uns doch noch einmal daran erinnern, dass Forderungen – soweit sie de jure überhaupt *bestehen* – eine bestimmte Entwicklung hinter sich haben. Sie sind sozusagen „aus Vorräten entstanden". Wer regelt nun den Sprung vom bilanziellen Wertniveau der Vorräte (i.d.R. Fertigerzeugnisse oder Waren) zum Wertniveau der Forderungen ?

Das Realisationsprinzip !
Ullrich Leffson hat dieses Prinzip (eines der wichtigsten Grundsätze ordnungsmäßiger Buchführung !) im Rahmen seiner „Ableitung der Rechenschaftsgrundsätze" wie folgt lokalisiert [184] :

---

[184] U. Leffson : *Grundsätze ordnungsmäßiger Buchführung* 4. Aufl., IdW Verlag Düsseldorf 1976, S. 95 (Zitierweise : GoB)

Ableitung der Rechenschaftsgrundsätze

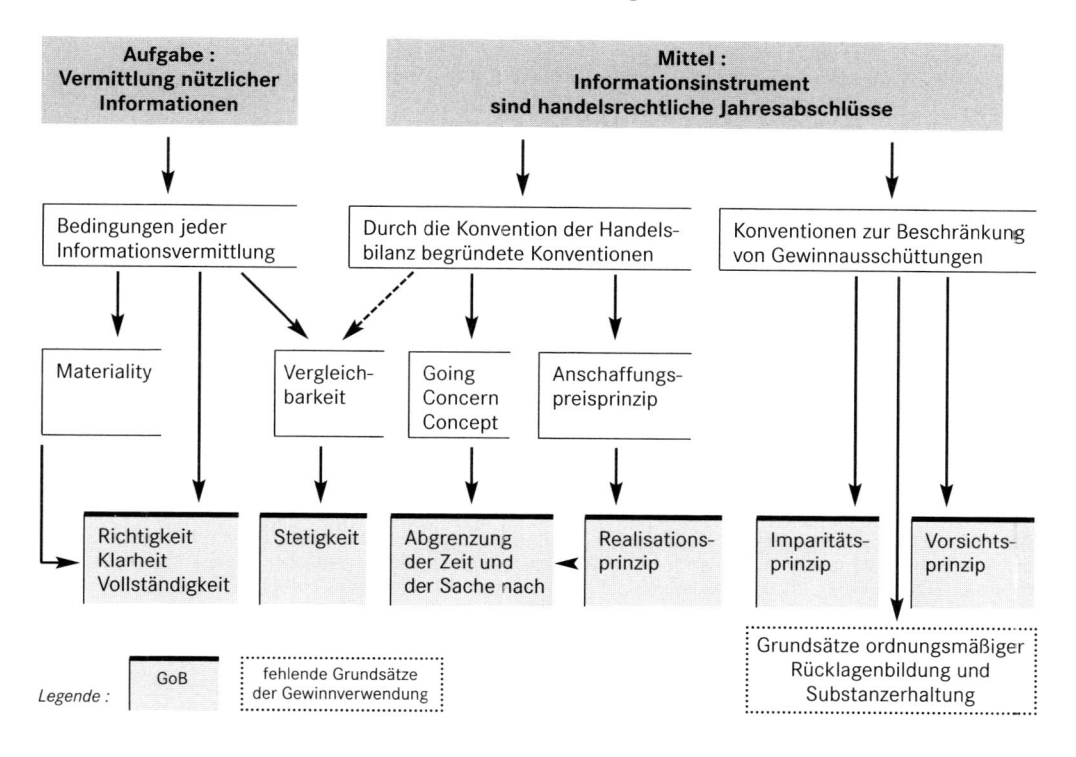

Aufgabe: Vermittlung nützlicher Informationen

Mittel: Informationsinstrument sind handelsrechtliche Jahresabschlüsse

- Bedingungen jeder Informationsvermittlung
- Durch die Konvention der Handelsbilanz begründete Konventionen
- Konventionen zur Beschränkung von Gewinnausschüttungen

- Materiality
- Vergleichbarkeit
- Going Concern Concept
- Anschaffungspreisprinzip

- Richtigkeit, Klarheit, Vollständigkeit
- Stetigkeit
- Abgrenzung der Zeit und der Sache nach
- Realisationsprinzip
- Imparitätsprinzip
- Vorsichtsprinzip

Legende: GoB | fehlende Grundsätze der Gewinnverwendung | Grundsätze ordnungsmäßiger Rücklagenbildung und Substanzerhaltung

Um das Realisationsprinzip richtig zu verstehen, greifen wir auf Überlegungen Leffsons zurück, die dieser in dem oben zitierten Buch niedergelegt hat. Sie gehören zu den zentralen Gedanken in der Lehre von Buchhaltung und Bilanzierung und machen die *Überlegenheit der GoB* in besonderer Weise deutlich (Hervorh.d.d.Verf.) :

„Das Realisationsprinzip regelt die Bewertung von Unternehmensleistungen (Sachgütern und Dienstleistungen) im Leistungserstellungs- und -bewirkungsprozess vor und nach Erreichen des Absatzmarktes. Für die Buchführung und besonders für die Abgrenzung aufeinander folgender Rechnungsperioden bedarf es eines Grundsatzes, der festlegt, (1) wie die Unternehmensleistungen vom Beginn des Kombinationsprozesses bis zu seiner Beendigung durch Übergang auf den Absatzmarkt zu bewerten sind und (2) in welchem Stadium des Absatzprozesses die Unternehmensleistung soweit bewirkt ist, dass die Erzeugnisse und Dienste der Unternehmung nicht weiterhin als Bündel von Produktionsfaktoren, sondern als abgesetzte Leistungen und damit als Erträge zu behandeln sind. Dieser Grundsatz wird als *Realisationsprinzip* bezeichnet.

Mit dem Umsatzakt am Absatzmarkt erhält die Unternehmung an Stelle der abgegebenen Leistung einen Geldbetrag oder eine Forderung. Die Höhe des Geldbetrages oder der Forderung ergibt sich aus dem Vertrag mit dem Abnehmer und ist in der Regel eindeutig. Bis zu diesem noch näher zu bestimmenden Zeitpunkt wird die mehr oder weniger vollendete Unternehmensleistung hingegen intern bewertet und zwar ... nach dem Anschaffungspreisprinzip in Höhe der effektiv entstandenen Anschaffungskosten. Durch die Kombination beschaffter Güter mit anderen Gütern ergibt sich nun aber die Notwendigkeit, beim Jahresabschluss teilweise an Stelle einzelner beschaffter Faktoren Faktorkombinationen zu bewerten. In strenger Fortführung des Anschaffungspreisprinzips werden die jeweiligen Kombinationen als Bündel von Produktionsfaktoren zu den akkumulierten Anschaffungskosten, d.h. in der üblichen Terminologie zu den effektiv entstandenen Herstellungskosten ... bewertet. ...

Mit der Realisation entsteht der Leistungsertrag, der in der Gewinn- und Verlustrechnung auszuweisen ist. Die Ertragsentstehung ist, zunächst einmal rein formal betrachtet, die Folge der Dokumentationsvorschriften, nach denen alle Geschäftsvorfälle unverzüglich in den Büchern festzuhalten sind. Der sorgsame Buchalter, wie ihn bereits Luca Pacioli beschrieben hat, erfasst alle in die Unternehmung eingehenden und alle ausgehenden Güter – im weitesten Sinne des Begriffes „Gut". Er erfasst daher, geht ein Gut aus der Unternehmung heraus, seinen Ausgang und bucht das Gut aus. Er erfasst, geht ein Gut zu, seinen Eingang. Er bucht ein verkauftes Gut, wenn es die Unternehmung verlässt, aus – zu Lasten des Aufwandes in Höhe der Anschaffungs- oder Herstellungskosten. Er bucht weiterhin die dafür erlangte Forderung oder den Geldbetrag ein – zugunsten des Ertrages in Höhe des Geld- oder Forderungsbetrages ...

Mit der Realisation ist ... ein *Wertsprung* verbunden, meist eine positive Differenz zwischen dem Aufwand und dem Ertrag der Leistung. (Dabei muss allerdings berücksichtigt werden, dass ein Teil der Aufwendungen – nämlich die angefallenen, aber nicht aktivierungsfähigen Aufwendungen – bereits während des Herstellungsprozesses das Ergebnis belastet haben; d.Verf.) ...

... Das *Realisationsprinzip* dient folglich dem *Zweck*, festzulegen

1. die Bewertung aller Faktorkombinationen bis zum Realisationszeitpunkt grundsätzlich zu den Anschaffungs- oder Herstellungskosten,
2. den Zeitpunkt des Wertsprungs von den Anschaffungs- oder Herstellungskosten zum Absatzerlös, also den Realisationszeitpunkt,
3. die Art und Weise der Realisation im Einzelnen. ... ...

Güterkombinationen nehmen nicht im Laufe des Produktions- und Absatzprozesses stetig um Teile des später erzielten Stückgewinnes zu ..., sondern erst der Absatzmarkt entscheidet, in welcher Höhe ein positiver oder negativer Erfolgsbeitrag entsteht; es kommt auf die Gunst oder Ungunst eines einzigen Zeitpunktes, des Absatztages, an. Bis zu diesem Zeitpunkt bestehen nur *Erwartungen*, frühestens von da an steht der Erlös und der gesamte für das Produkt entstandene Aufwand fest.

Das Realisationsprinzip gilt in der deutschen Bilanzliteratur mit Recht als eines der wichtigsten Bilanzierungs- und Bewertungsprinzipien. An den Gedanken der Realisation ist die *Periodenabgrenzung* der Erträge und damit wiederum die Abgrenzung aller den Erträgen zuzuordnenden Aufwendungen geknüpft. Dennoch erscheint nicht stets erkannt worden zu sein, dass das Prinzip der Eckpfeiler des Komplexes der Bewertungs- und Abgrenzungsfragen ist, so dass eine willkürfreie Rechenschaft nur möglich ist, wenn das Prinzip *streng* angewandt wird.

Mit der Aufstellung des Realisationsprinzips wird die Frage, wann ein Ertrag realisiert ist, *dem Ermessen* des Rechenschaftspflichtigen *entzogen*. Damit ist das Prinzip Eckpfeiler der Periodenabgrenzung, sofern es allgemein und eindeutig angewandt wird. Die entscheidende Stütze einer starren Festlegung des Realisationszeitpunktes ist die *Willkürfreiheit* des Grundsatzes." [185]

Aus diesen Überlegungen geht eindeutig hervor, was zu prüfen ist, wenn man als Prüfungsziel „den Bestand" verfolgt. (Besteht die Forderung *wirklich* ?)

Der Abschlussprüfer benötigt ausreichende und angemessene Nachweise dafür, dass das Unternehmen seine Verpflichtungen vertragsgemäß erfüllt hat, d.h. dass Lieferung und Leistung nach Zeitpunkt, Menge und Qualität den Vereinbarungen entsprechen.

Wann sind Prüfungsnachweise nun ausreichend und angemessen ?

Im reinen *Liefergeschäft* müssen die Belege (Lieferscheine, Übernahmeerklärungen etc.) den Nachweis erbringen, dass die Ware nach Maßgabe des Vertrages vollständig und pünktlich übergeben wurde.

---

185 U. Leffson : GoB, a.a.O. S. 179 ff

Im *Anlagen- oder Systemgeschäft* bedarf es grundsätzlich eines Abnahmeprotokolls, aus dem ersichtlich ist, dass der Kunde gegen die Funktionsfähigkeit des Werkes keine (wesentlichen) Einwendungen erhebt. (Nur in Ausnahmefällen sind Ersatzdokumente zulässig.) Fehlt ein entsprechendes Dokument, liegt keine Abnahme vor. Es kommt also – wie Leffson es treffend formuliert hat – „auf die Gunst oder Ungunst eines einzigen Zeitpunktes, des Absatztages, an. Bis zu diesem Zeitpunkt bestehen nur Erwartungen.."

Es muss auch klar geworden sein, welch große Rolle das Element „Einsichtnahme" im Instrumentarium der Prüfungstechnik spielt. (VA BENE) Wer Verträge nicht sorgfältig prüft, wird nicht *beurteilen* können, ob eine Forderung *wirklich* besteht. Wer nur den Betrag einer Rechnung mit einer Offene-Posten-Liste vergleicht, wird nicht merken, dass zu Unrecht Umsatz und Gewinn realisiert wurden, weil die Lieferung nur einen Teil einer Anlage darstellt, und dass das „Gut", von dem Leffson sprach, noch gar nicht über den Status eines Vorratspostens hinausgekommen, ein „Wertsprung" also noch gar nicht möglich war.

Wer sich nicht für die „Transaktion an sich" interessiert, d.h. nicht prüft, auf welcher rechtlichen Basis, welches Gut, in welchem Zeitpunkt, an wen *effektiv* übergeben wurde, wird „im Ernstfall" übersehen, dass es sich nur um ein *Scheingeschäft* handelte, das nur dazu diente, das Geschäftsvolumen „künstlich" aufzublähen oder Gewinne „vorzutäuschen". (vgl. dazu die Ausführungen im Kapitel IV. „Gravierende Fälle falscher Angaben in der Rechnungslegung".)

2.3.3 Die Prüfung der Bewertung

Im Grunde genommen sind die Aussagen zum „Bestand" und zur „Bewertung" natürlich auf die gesetzlichen Bestimmungen zurückzuführen, die der Gesetzgeber für den Ansatz und die Bewertung der Forderungen in das HGB aufgenommen hat. Warum sollten wir auch (wenn auch immer aus ganz bestimmten Gründen !) Prüfungsziele formulieren, wenn wir nicht verpflichtet wären, die Einhaltung dieser Bestimmungen zu überwachen ?

An welcher Stelle des HGB sind diese Bestimmungen zu finden ? (Hervorh.d.d.Verf.)

§ 253 Abs.1 Satz 1
„Vermögensgegenstände sind *höchstens* mit den Anschaffungs- oder Herstellungskosten, vermindert um Abschreibungen nach den Absätzen 2 und 3 anzusetzen."

§ 253 Abs.3 Satz 1 und 2
„Bei Vermögensgegenständen des Umlaufvermögens sind *Abschreibungen* vorzunehmen, um diese mit einem niedrigeren Wert anzusetzen, der sich aus einem Börsen- oder Marktpreis am Abschlussstichtag ergibt. Ist ein Börsen- oder Marktpreis nicht festzustellen und übersteigen die Anschaffungs- oder Herstellungskosten den Wert, der den Vermögensgegenständen am Abschlussstichtag *beizulegen* ist, so ist auf diesen Wert abzuschreiben."

Wenn wir von *vier Kapiteln* gesprochen haben, die Sie bei der Prüfung von Forderungen durcharbeiten müssen, dann beachten Sie bitte, dass wir uns jetzt im 2. Kapitel (Prüfung der Anschaffungskosten) befinden. Was sind bei Forderungen die Anschaffungskosten ? Der Nennbetrag.

Wie aus der Formulierung des § 253 zu entnehmen ist, gilt für die Forderungen das sogenannte *Niederstwertprinzip*. Was bedeutet dieses Prinzip ? Man vergleicht den Nominalbetrag mit dem Wert, der der Forderung am Bilanztag beizulegen ist und wählt den *jeweils niedrigeren* der beiden Werte. Ist eine Forderung also vollwertig, gibt es keine Veranlassung, vom Nominalbetrag abzuweichen. Bestehen *Zweifel*, ob der Nominalbetrag erreicht werden kann, ist nach sorgfältiger Prüfung ein reduzierter Wert anzusetzen.

Welche Überlegungen spielen für die Wahl eines niedrigeren Wertes eine Rolle ? Es sind die *individuellen Kreditrisiken* zu berücksichtigen, die auf einen bestimmten Kunden zutreffen. Wenn ein Kunde seinen finanziellen Verpflichtungen gegenüber unserem Mandanten nicht rechtzeitig nachkommt, dann liegt das regelmäßig daran, dass er aus bestimmten Gründen nicht zahlen „kann". Es ist dann Aufgabe des Mandanten, diese Gründe herauszufinden und eine entsprechende Wertberichtigung (WB) zu bilden.

Es gibt Unternehmen, die staffeln ihre WB-Sätze (Abschreibungssätze) nach bestimmten *Kriterien* :

— Zahlungsverzug
— Zahlungsaufschub (Moratorium)
— Insolvenz

Zahlungsverzug liegt vor, wenn der Kunde bei Fälligkeit und nach Mahnung nicht zahlt. Es besteht ein *Moratorium*, wenn dem Kunden zur Erfüllung fälliger Verbindlichkeiten ein Aufschub gewährt wird. De jure liegt *Insolvenz* vor, wenn ein gerichtliches Insolvenzverfahren eröffnet wurde. (Sehr häufig ist aber eine angespannte finanzielle Lage bereits vorher am Zahlungsverhalten des Kunden erkennbar.)

Wie aus diesen Kriterien hervorgeht, ist die Bildung angemessener Wertberichtigungen schwierig und bedarf genauer Recherchen. Sie ist darüber hinaus ohne eine vernünftige kaufmännische Beurteilung nicht möglich. Aus diesem Grunde hat sich auch das IDW verpflichtet gefühlt, zu dieser Problematik einen besonderen Prüfungsstandard herauszugeben. Dazu heißt es in TZ 1 des PS 314:

> „*Geschätzte Werte sind ein notwendiger Bestandteil der in der Verantwortung der Unternehmensleitung liegenden Rechnungslegung (Buchführung, Jahresabschluss und Lagebericht), um sämtliche Geschäftsvorfälle abbilden zu können. Geschätzte Werte sind Näherungswerte, die immer dann Eingang in die Rechnungslegung finden, wenn eine exakte Ermittlung nicht möglich ist.*" [186]

Ich glaube, hier ist eine *Klarstellung* erforderlich : Es wird nicht der „Geschäftsvorfall an sich" einer Schätzung unterzogen, sondern das *Ergebnis eines Geschäftsvorfalles*. Es gibt i.d.R. *eindeutige* Indizien dafür, dass ein Unternehmer z.B. seine Verpflichtungen aus einem Kaufvertrag erfüllt hat, d.h. es ist *nicht* in sein Belieben gestellt, zu schätzen, ob der richtige Zeitpunkt gekommen ist, um Umsatz zu buchen und Gewinn zu realisieren. Er ist aber gefordert, im Falle von Zahlungsverzögerungen eine *Schätzung* darüber abzugeben, in welcher *Höhe* es ihm wohl gelingen wird, eine offene Forderung einzutreiben.

---

[186] *PS 314 : Die Prüfung von geschätzten Werten in der Rechnungslegung*

Neben den individuellen Kreditrisiken ist noch ein „anderes" Kreditrisiko zu beachten. Welches Kreditrisiko ist das ? Es ist das *allgemeine Kreditrisiko*, das latent in einem Bestand von Forderungen enthalten ist, ohne dass man im vorhinein schon weiß, an welcher Stelle (bei welchem Kunden also) es sich konkretisieren wird. Dem allgemeinen Kreditrisiko wird durch die sogenannte *Pauschalwertberichtigung* Rechnung getragen. Durch sie werden ggf. auch Risiken abgedeckt, die auf die ganz besonderen Probleme einer Branche oder eines *Landes* zurückzuführen sind. Weil „typische" Risiken abgedeckt werden sollen, spricht man gelegentlich auch von einer „individuellen Pauschalwertberichtigung".

Ich darf noch einmal daran erinnern, dass wir sehr genau zwischen den Risiken auf *Unternehmens-Ebene* und den Risiken auf *Prozess-Ebene* unterschieden haben. Bei den Forderungen können wir uns diese Unterscheidung noch einmal vergegenwärtigen. Im Bewusstsein der inhärenten Risiken identifiziert und analysiert die Unternehmensleitung das sogenannte „*Kredit-Risiko*". [187] Sie weist den ihr untergeordneten Ebenen, also den Fachabteilungen, die Aufgabe zu, die in ihrem Bereich wirkenden Risiken zu begrenzen. Auf der Prozess-Ebene des Vertriebes z.B. lautet also die Anweisung, das Risiko, *Verluste bei Forderungen aus Lieferungen und Leistungen* hinnehmen zu müssen, soweit wie möglich zu verhindern.

Forderungsverluste zu vermeiden, ist also eines derjenigen *Prozess-Ziele*, die auf dieser Ebene verfolgt werden müssen. [188] Wenn die zuständige Abteilung nicht sorgfältig arbeitet, dann entsteht an dieser Stelle des Unternehmens ein *Kontrollrisiko*. (Es wäre also *falsch*, von einem inhärenten Risiko zu sprechen, wollte man auf die Gefahr hinweisen, dass das Credit-Controlling Schwachstellen aufweist !) Auch ein gut funktionierendes Internes Kontrollsystem kann diese Verluste nie ganz ausschließen. In diesem Zusammenhang ist der Unternehmer regelmäßig gezwungen, durch die Anwendung individueller bzw. pauschaler Wertberichtigungen die erwarteten Verluste rechtzeitig einzuschätzen. Vor diesem Hintergrund sind auch die folgenden Ausführungen im PS 314 zu verstehen, in denen es u.a. heißt :

„Schätzungen beinhalten ... *Unsicherheiten* bei der Bewertung bereits eingetretener oder erst in der Zukunft wahrscheinlich eintretender Ereignisse. Bei geschätzten Werten besteht deshalb ein *erhöhtes* Risiko falscher Angaben (fehlerhafte oder vorschriftswidrig unterlassene Angaben) in der Rechnungslegung." (TZ 5) (Hervorh d.d. Verf.)

Es ist Aufgabe des Abschlussprüfers, die *Angemessenheit* der Einzel- und Pauschalwertberichtigungen zu prüfen. Dies ist immer dann sehr zeitaufwendig, wenn der Mandant im Rahmen seines Auslandsgeschäftes Wertberichtigungssätze eingeführt hat, die spezielle *Länderrisiken* abdecken sollen. (Diese in der Regel von volkswirtschaftlichen Abteilungen erarbeiteten Sätze sind in der Regel Gegenstand einer *Systemprüfung*, die Bestandteil einer Abschlussprüfung ist.)

---

187 Dabei darf z.B. die hohe Zahl der Insolvenzen in Deutschland und vor allem ein bestimmter Trend nicht unberücksichtigt bleiben. „Für besonders bedrohlich hält Hermes die Entwicklung im langfristigen Vergleich. Gegenwärtig kommen 130 Verfahren auf 10.000 Unternehmen, die Pleitequote liegt damit bei 1,3 Prozent. Anfang der siebziger Jahre hatte sie nur 0,2 Prozent betragen." (o.V. : Die Pleitewelle ebbt auch 2005 nicht ab, in : FAZ 1.12.04, Nr. 281, S. 18)
188 Hier kann es hilfreich sein, wenn sich Unternehmen mit Themen beschäftigen, mit denen sich Kreditinstitute (insbesondere im Zusammenhang mit Basel II) zur Zeit auseinandersetzen. „Die Kenntnis der Kundenstruktur ist insbesondere für strategische Fragestellungen interessant : Welchen Anteil am Gesamtumsatz haben einzelne Kunden ? ... Wie hoch ist das Forderungsausfallrisiko bezogen auf den Gesamtumsatz ? Wie homogen bzw. heterogen ist die Kundschaft hinsichtlich Branchenzugehörigkeit und Größe ? Inwieweit können Preise durchgesetzt werden ?" (E. Schneider / F Frieß : Kundenevaluierung als Bonitätskriterium, in : FAZ 2.2.04, Nr. 27, S. 22)

Berufsanfänger werden vermutlich noch nicht damit beauftragt werden, die Angemessenheit solcher Sätze, die man als *Länderdelkredere-Sätze* bezeichnet, zu prüfen. Sie müssen aber mitdenken und versuchen, solch komplexe Systeme zu verstehen. Nur dadurch schaffen sie die Voraussetzungen dafür, bald mit komplizierteren Aufgaben betraut zu werden. Möglicherweise geht ihnen dabei auch der Gedanke durch den Kopf, dass man außenstehende Experten (z.B. ein Ministerium oder die Weltbank) um Auskunft bitten müsste, wollte man sich ein *Urteil* über die Qualität bestimmter Daten (Zahlungsbilanzdaten bestimmter Länder) bilden. („Befragung" als Teil von VA **B**ENE)

Voraussetzung für die korrekte Anwendung von Länderdelkredere-Sätzen ist es u.a. , dass die zuständigen DV-Systeme ordnungsgemäß arbeiten, d.h. sie müssen in der Lage sein, alle Auslandsforderungen zu erfassen, nach Ländern zu gruppieren und ggf. auf *Ausnahmen* Rücksicht zu nehmen, die dadurch auftreten können, dass das Unternehmen z.B. eine Kreditversicherung hat. (Der Abschluss eines Versicherungsvertrages ist ein gutes Beispiel für eine *vorbeugende* Kontrolle; im Übrigen erinnere ich Sie an (das im Rahmen der Risikobetrachtung entwickelte) Kürzel VART : T = Transferieren : Das Forderungsausfallrisiko wird z.B. an eine Versicherungsgesellschaft weitergereicht. [189])

Ich erinnere Sie des Weiteren an zwei Themen : Als wir über interne Kontrollen und die dort abzuwickelnden Tätigkeiten gesprochen haben, da hatte ich Sie darauf hingewiesen, dass auch die *DV-Programme* Gegenstand unserer Prüfung sein müssen. Außerdem wurde bereits mehrfach angedeutet, dass sich die gesamtwirtschaftlichen *Rahmenbedingungen*, unter denen eine Unternehmung arbeitet, verändern können und dass es deshalb erforderlich ist, die einmal gewählten Wertberichtigungs-Sätze regelmäßig zu überprüfen.

Einige buchungstechnische Fragen (ohne Berücksichtigung der USt) :

(1) *Wie werden Wertberichtigungen auf Forderungen L+L gebucht ?*
  Per „sonstige betriebliche Aufwendungen" an „Forderungen L+L".

(2) *Kann man auch buchen : Per sonstige betriebliche Aufwendungen an Wertberichtigungen auf Forderungen L+L ?*
  Dieser Buchungssatz ist zulässig, man muss aber zum Zwecke der Bilanzerstellung die im Laufe des Jahres gebildete Wertberichtigung mit dem Bruttobetrag der Forderungen saldieren, da ein passivischer Ausweis von Wertberichtigungen nicht zulässig ist.

(3) *Unter welchen Voraussetzungen löse ich eine Einzelwertberichtigung auf Forderungen aus L+L auf ?*
  Wenn der Kunde den Rechnungsbetrag bezahlt hat bzw. wenn das Risiko, dessentwegen die Wertberichtigung gebildet wurde, nicht mehr besteht.

---

189 „Versicherungsgeschäfte sind `eigenartig´. Folglich weichen auch die Bedingungen ihrer Herstellung in den Versicherungsunternehmen und ihrer Verwendung bei den Versicherungsnehmern von üblichen Mustern ab. Kern des Versicherungsgeschäftes ist der Risikotransfer vom Versicherungsnehmer zum Versicherer gegen Zahlung einer tendenziell festen Prämie. ... Der Risikotransfer wird in ein System von Beratungs- und Abwicklungsleistungen eingebettet, besonders beim Absatz, der Vertrags- und Schadensbearbeitung." (D. Farny : Risikotransfer als Kerngeschäft, in : FAZ 15.10.01, Nr. 239, S. 31) Es gehört zu den Aufgaben des Abschlussprüfers, sich regelmäßig durch Einsichtnahme in die entsprechenden Verträge über die Versicherungsbedingungen zu informieren (VA BENE). Dies gilt insbesondere dann, wenn es darum geht, den Bestand bzw. die Bewertung von aktivierten Schadensersatzansprüchen zu beurteilen (VEB-BAG)

2 Prüfung der Forderungen

(4) *Wie buche ich die Auflösung einer Einzelwertberichtigung ?*
Per Forderungen an sonstige betriebliche Erträge.

(5) *Wenn ich im Jahre 2003 eine Einzelwertberichtigung gebildet habe und im selben Jahr eine in 2002 gebildete Einzelwertberichtigung auflöse, kann ich dann Aufwendungen und Erträge saldieren ? Das würde doch den Einblick in die Ertragslage verbessern.*
Nein ! Es gilt das in § 246 Abs. 2 HGB festgelegte Saldierungsverbot.

Aus allen bislang angestellten Überlegungen – insbesondere zur Frage der Angemessenheit von Wertberichtigungen – geht hervor, dass die Anforderungen an den Abschlussprüfer hoch sind, insbesondere dann, wenn es sich um ein national und *international* tätiges Unternehmen handelt.

2.3.4 Die Entwicklung eines Prüfungsprogramms

Um diese Anforderungen ein wenig nachvollziehen zu können, wollen wir jetzt versuchen, ein Programm für die Prüfung der Forderungen aus Lieferungen und Leistungen zu entwickeln. Wir verwenden dabei die Kenntnisse, die uns bereits über die Gesellschaft TAIHAM vorliegen (Anlage 2). In diesem Zusammenhang ist es auch erforderlich, sich die Struktur des *Prüfungsprogrammes* ins Gedächtnis zurückzurufen (Anlage 44).

Übung

Sie verfügen über eine Reihe von Informationen zur Firma TAIHAM. Diese sind in dem Ihnen bereits vorliegenden Bericht „Mode wechselt im Takt von Monaten" zusammengefasst. Es sei unterstellt, dass wir bei der Prüfung des Internen Kontrollsystems gewisse *Schwachstellen* in der Auftragsabwicklung im Hinblick auf

- Zeitpunkt der Lieferung
- Qualität der Produkte und
- Forderungsüberwachung (Kredit-Kontrolle)

festgestellt haben. Des Weiteren sei angenommen, dass TAIHAM im abgelaufenen Jahr 2 große Einzelhändler in *Brasilien* mit Sitz in São Paulo bzw. in Rio de Janeiro als Kunden gewinnen konnte. Das Risiko der wesentlichen *Fehlaussage* wird deshalb als „mittel-hoch" angenommen.

Aus der Sicht unserer Arbeitspapiere ergibt sich folgendes Bild :

Prüfung von Forderungen aus Lieferungen und Leistungen
Der Überbau von Arbeitspapieren

Geschäfts-Bewusstsein	Risiko-Bewusstsein	Kontroll-Bewusstsein	Programm-Bewusstsein	Fehler-Bewusstsein
Unternehmung Lage, Eigentümer, Führung, Überwachung, Geschäftstätigkeiten	**Geschäftsrisiken**	**Zusammenfassung** der Geschäftsvorfälle und der Geschäftsrisiken	**Auswahl der Prüfungsziele** Position, Aussage, Begründung	**Prüfungs-differenzen** Beschreibung und bilanzielle Zuordnung
Branche Gesamtwirtschaft	**Einfluss auf den JA** Position, Aussage	**Ausrichtung und Verlauf des Geschäftsprozesses** Ziele, Arbeitsdaten, Kennziffern, Informationstechnik	**Einschätzung des Risikos** der wesentlichen Fehlaussage	**Auswertung** Differenzen
Geschäftsvorfälle Einfluss auf den JA (Position, Aussage)	**Lokalisierung** der unternehmerischen Kontrollen	**Gegenstand des Geschäftsprozesses** Geschäftsvorfall, Risiken auf Prozessebene, Kontrolle, Prüfungsziele ⟶	**Art und Umfang** der Prüfungshandlungen Prüfungsziele	**Prüfungsergebnis** Prüfungs-feststellungen

Bilanz	G+V	Anhang
A. Anlagevermögen I. Immaterielle VG II. Sachanlagen III. Finanzanlagen **B. Umlaufvermögen** I. Vorräte **II. Forderungen / VG** III. Wertpapiere IV. Flüssige Mittel C. Rechnungsabgrenzung **A. Eigenkapital** B. Rückstellungen C. Verbindlichkeiten 1. Anleihen 2. Verb. geg. Kreditinstit. 3. erhaltene Anzahlungen 4. Verbindlichkeiten L+L 5. Wechselverbindlichk. 6. Verb. geg. verbund. U. 7. Verb. U. m. Bet. verhält. 8. Sonstige Verbindlichk. D. Rechnungsabgrenzung	**1. Umsatzerlöse** 2. Bestandsveränderung 3. andere aktiv. Eigenleistungen 4. sonst. betriebliche Erträge 5. Materialaufwand 6. Personalaufwand 7. Abschreibungen 8. sonst. betr. Aufwendungen 9. Erträge aus Beteiligungen 10. Erträge aus and. Wertpapieren und Ausleihungen des FAV 11. Sonstige Zinsen / Erträge 12. Abschreib. Finanzanlagen 13. Zinsen u. ähnl. Aufwend. 14. Ergebnis der gewöhnlichen Geschäftstätigkeit 15. a. o. Erträge 16. a. o. Aufwendungen 17. Steuern v. Eink. / Ertrag 18. Sonstige Steuern **19. Jahresüberschuss / Jahresfehlbetrag**	**1. Bilanz. u. Bewert. Method.** 2. Umrechnung Euro 3. Abw. von Bil./Bew.Meth. 4. Unterschiedsbeträge 5. Fremdkapitalzinsen (HK) 6. Verb. (RestLZ üb. 5 Jahre) 7. Verbindl. (Sich. d. PfandR) 8. Aufgliederung der Verb. 9. Betrag der sonst.fin.Verpfl. **10. Aufgliederung Ums.erlöse** 11. Einfl. von Abschr. (StR) 12. Ergebn.belast. d. Steuern 13. Durchschnittl. Zahl der Arbeitnehmer 14. Sonderausweise bei UKV 15. Bezüge, Vorschüsse u. Kredite für GF / AR / BR 16. Angaben zu den Mitglied. von GF / AR 17. Angabe zu Beteil. (20%) 18. Angabe zu U. (b. Kompl.) 19. Angaben zu sonst. Rückst. 20. Gründe f.d. planm. Abschreibung eines Firmenwertes 21. Angaben zum Mutter-U. 22. Bei PersGes Angaben z.d. Komplementären 23. Erklärung zu § 161 AktG 24. Bei bes. U. Angaben über bestimmte Honorare 25. Angaben zu Finanz-instrumenten

Entwickeln Sie auf dieser Grundlage ein Prüfungsprogramm für die Forderungen aus Lieferungen und Leistungen. (Bevor Sie weiterlesen, denken Sie bitte kurz darüber nach !)

Die folgenden Punkte müssten berücksichtigt werden :

2 Prüfung der Forderungen

Prüfungsziele	Prüfungshandlungen
1. Bewertung	A. *Auswahl der Posten* I. Anhand der Liste „Altersstruktur der Forderungen" die Posten auswählen, die z.B. seit mehr als 3 Monaten überfällig sind (VA BENE). II. Auswahl größerer Forderungen an ausländische Kunden, insbesondere mit Sitz in Brasilien. B. *Aktivitäten* I. *Inland* 1. *Mittelständischer Einzelhandel* Zunächst Auswahl derjenigen „größeren" Posten, die sich auf den mittelständischen und kleinen Einzelhandel beziehen, da anzunehmen ist, dass die Großkunden keine gravierenden Liquiditätsprobleme haben (VA BENE). (Diese Annahme muss natürlich durch Nachweise unterlegt sein !) a. Prüfung der Kredit-Kontrolle (VA BENE). b. Prüfung der Unterlagen zum Mahnverfahren, ggf. Einsichtnahme in die Korrespondenz und Befragung des Rechnungswesens und des Vertriebes zur Bonität des Kunden (VA BENE). Falls erforderlich : Anforderung von Unterlagen, die über das Zahlungsverhalten der Kunden in der Vergangenheit Auskunft geben. c. Prüfung der ggf. vorliegenden Saldenbestätigung (VA BENE). d. Prüfung der ggf. bereits durchgeführten Wertberichtigungen (VA BENE). e. Prüfung, ob dem Kunden das Recht eingeräumt wurde, überschüssige Ware zurücksenden zu dürfen, und Klärung, ob von diesem Recht Gebrauch gemacht werden wird. (VA BENE) f. Stellungnahme zu den ggf. bereits erfolgten Vorsorgemaßnahmen bzw. Hinweis, dass (zusätzliche) Wertkorrekturen erforderlich sind (VA BENE) g. Analyse von evtl. vorhandenen Prüfungsdifferenzen. (VA BENE) 2. *Großkunden* wie 1.a. – 1.g. II. *Ausland* Prüfung des individuellen Bonitätsrisikos und des Länderrisikos : Einsichtnahme in die Kaufverträge und ggf. in Verträge zur Kreditversicherung (VA BENE) C. *Dokumentation* Beschreibung der Prüfungshandlungen und des Prüfungsergebnisses (VEBBAG).
2. Bestand	A. *Auswahl der Posten* Es muss geklärt werden, welche Lieferungen zu Beanstandungen von Kunden geführt haben, weil die Ware entweder fehlerhaft war und oder dem Händler zu spät zur Verfügung gestellt wurde. Wenn Kunden die Zahlung zurückhalten, weil die Ware zu spät oder in falscher Qualität geliefert wurde, dann könnte dieses Problem bereits bei der Analyse der überfälligen Forderungen sichtbar geworden und dort behandelt worden sein. Die Auswahl der Posten erfolgt entweder gezielt anhand des betroffenen Kundenkreises oder durch Auswertung der Saldenbestätigungsaktion. B. *Aktivitäten* 1. Analyse der Reklamationen (VA BENE), 2. Ermittlung zu erwartender Gutschriften (VA BENE), 3. Prüfung der Angemessenheit zu erwartender Gutschriften (VA BENE) 4. Feststellung und Analyse evtl. Prüfungsdifferenzen. C. *Dokumentation* Beschreibung der Prüfungshandlungen und des Prüfungsergebnisses. (VEBBAG)

Die beiden klar formulierten Prüfungsziele lauten :

Bewertung (VEB**B**AG)
„Ausreichende und angemessene Nachweise dafür zu bekommen, dass die Forderungen aus Lieferungen und Leistungen den gesetzlichen Vorschriften entsprechend richtig bewertet sind."

Bestand (VEB**B**AG)
„Ausreichende und angemessene Nachweise dafür zu bekommen, dass die Forderungen bestehen, d.h. dass ihnen vertragsgemäße Lieferungen zu Grunde liegen."

Zum Prüfungsziel *„Bewertung"* :
Aus der Analyse der *Geschäftstätigkeit* ergab sich, dass TAIHAM sowohl den traditionellen Bekleidungseinzelhandel als auch Bekleidungsketten und Warenhäuser beliefert. In Anbetracht der im Einzelhandel zu beobachtenden Konsumschwäche, die insbesondere für den *mittelständischen* Handel zu einem existentiellen Problem wird, lag der Schwerpunkt der Analyse auf den Forderungen an diesen Kundenkreis. Offene Forderungen an Großkunden wurden allerdings zur Vorsicht ergänzend hinzugezogen.

Aus der Analyse der *Kontrolltätigkeit* ergab sich, dass der Mandant – im Gegensatz zum bisherigen Procedere – offenbar großzügiger bei der Vergabe von Lieferantenkrediten vorgeht. Aus diesem Grunde mussten die überfälligen Forderungen insbesondere unter dem Gesichtspunkt der *Bonität* untersucht werden.

Die Information über neue Kunden in Brasilien muss Anlass sein, sich nicht nur Gedanken über das allgemeine Kreditrisiko, sondern insbesondere über das *„Länderrisiko Brasilien"* zu machen und zu prüfen, ob Maßnahmen zur Abdeckung von Risiken erforderlich sind. (vgl. Länderbericht „Brasilien" : Anlage 12) Hier wird man in der Regel externe Experten befragen müssen (VA BENE), denn der aufmerksame Abschlussprüfer wird nicht vergessen haben, dass Mitte 2002 noch von einem „extrem gestiegenen 'Länderrisiko' " gesprochen wurde. [190] (siehe Abb. 15)

Zum Prüfungsprogramm (Prüfungsziel : Bewertung) und zu den entsprechenden Begründungen vgl. die Anlage 50.

Zum Prüfungsziel *„Bestand"* :
Aus der Analyse der *Kontrolltätigkeit* ergab sich, dass es bei bestimmten Auslieferungen zu Pannen gekommen ist. Bestimmte Kunden wurden zu spät und zum Teil mit falscher Ware beliefert. Unter diesem Gesichtspunkt mussten eine Reihe gezielt ausgewählter Posten daraufhin untersucht werden, ob den Forderungen ordnungsgemäße *Lieferungen* zugrunde liegen oder ob diese Forderungen ganz oder teilweise storniert werden müssen, weil zu erwarten ist, dass Kunden Ware zurückliefern werden.

In einer ganz konkreten Prüfungssituation werden in der Praxis naturgemäß mehr Informationen über das Unternehmen vorliegen als in dem hier behandelten Beispielsfall. Das gilt z.B. auch für die *Aufgliederung der Umsätze* nach Regionen, die im Anhang vorzunehmen ist. Der Abschlussprüfer wird dann auch seine Prüfungshandlungen – unter besonderer Berücksichtigung der im Rechnungswesen von TAIHAM üblichen Praxis – exakter formulie-

---

190 J. Oertlein : Südamerika bebt, in : FAZ 28.6.02, Nr. 147, S. 1

2 Prüfung der Forderungen

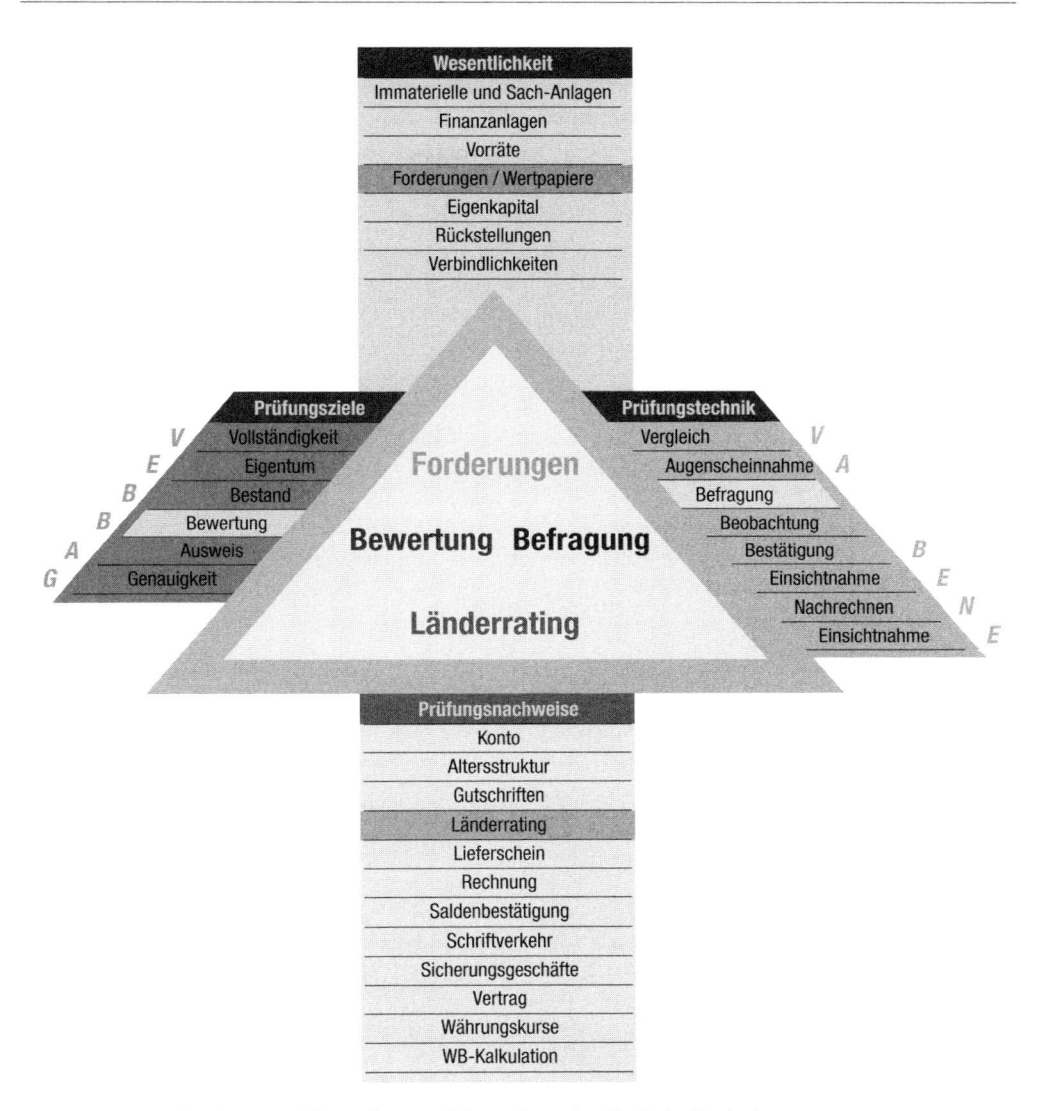

Wesentlichkeit
- Immaterielle und Sach-Anlagen
- Finanzanlagen
- Vorräte
- Forderungen / Wertpapiere
- Eigenkapital
- Rückstellungen
- Verbindlichkeiten

Prüfungsziele (V E B B A G)
- Vollständigkeit
- Eigentum
- Bestand
- Bewertung
- Ausweis
- Genauigkeit

Forderungen
- Bewertung Befragung
- Länderrating

Prüfungstechnik (V A B B E N E)
- Vergleich
- Augenscheinnahme
- Befragung
- Beobachtung
- Bestätigung
- Einsichtnahme
- Nachrechnen
- Einsichtnahme

Prüfungsnachweise
- Konto
- Altersstruktur
- Gutschriften
- Länderrating
- Lieferschein
- Rechnung
- Saldenbestätigung
- Schriftverkehr
- Sicherungsgeschäfte
- Vertrag
- Währungskurse
- WB-Kalkulation

Abbildung 15: Die Gewinnung und Beurteilung von Informationen (ausländische Kunden)

ren können als dies hier ohne Kenntnis der Interna möglich war. Das Beispiel macht aber dennoch sehr deutlich, dass bereits einige wesentliche Informationen über ein Unternehmen – sein *Sortiment*, seine *Kundenstruktur* und die allgemeine *Branchensituation* – ausreichen, um Prüfungsarbeiten in geordneten Bahnen abwickeln zu können.

Der hier behandelte Fall lässt auch erkennen, dass wir uns *einer Jahresabschlussposition über die Geschäftsprozesse nähern* müssen, weil wir sonst nicht in der Lage sind, ihre „wahren" Eigenarten zu erkennen. Diese Eigenarten erhält sie durch die Besonderheiten des Geschäftsvorfalles und die Qualität der internen Kontrollen. Das ist dann sozusagen die *genetische Prägung*, von der wir bereits gesprochen haben. Sorgfältig formulierte Prüfungsziele – gestützt durch das Business Understanding – und darauf aufbauend fundierte Prüfungshandlungen, die zu ausreichenden und angemessenen Prüfungsnachweisen führen, machen die Arbeit des Abschlussprüfers dann in der Regel unangreifbar.

Es wird erneut auf die Abbildung 2 „Die Leitfunktion des Business Understanding" verwiesen. Wenn man sich die Kopfzeile ansieht und im Feld *„Knowledge of Programs"* verweilt, dann könnte man sich dieses Feld auch als „Druckknopf" vorstellen. Ein Druck genügt und oben rechts wird das Prüfungsprogramm für die Forderungen aus Lieferungen und Leistungen ausgedruckt. (Siehe dazu das folgende Schaubild, aus dem hervorgeht, dass das Prüfungsprogramm seine *Prägung* durch die Analyse der Geschäftstätigkeit erhält.)

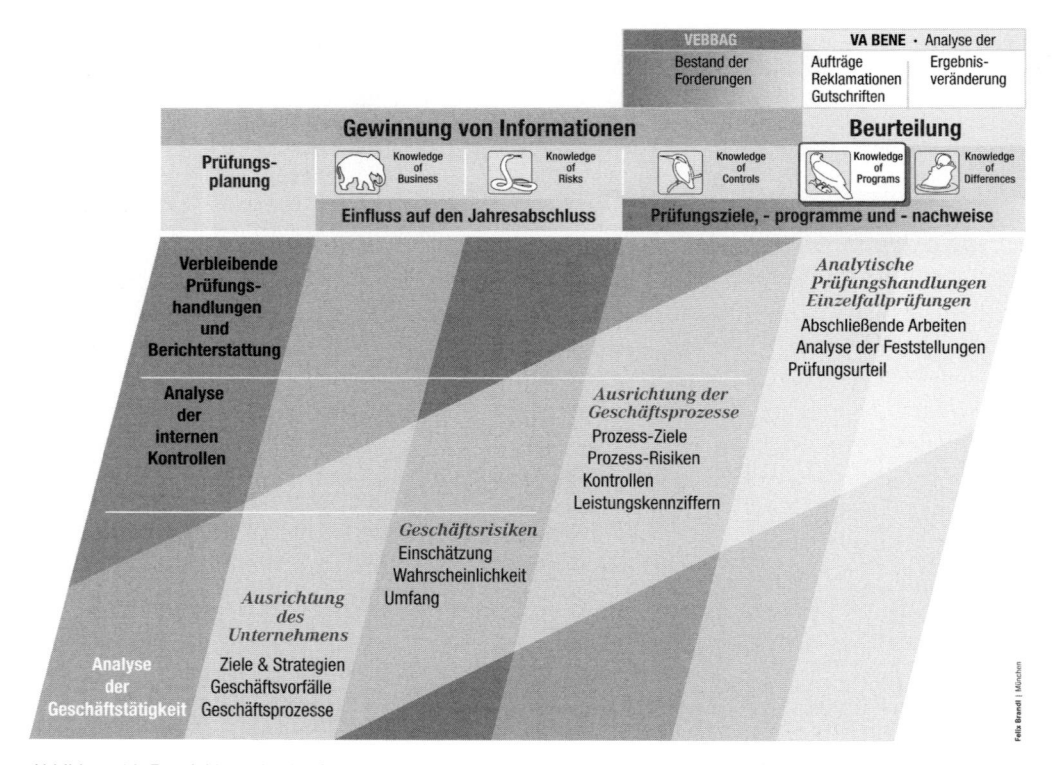

Abbildung 16: Entwicklung des Prüfungsprogramms

2.3.5 Saldenbestätigungen

In den Lösungsmöglichkeiten, die ich skizziert habe, wurde auch das Instrumentarium der Saldenbestätigung erwähnt. *Wozu dienen Saldenbestätigungen?* Sie dienen dazu, um heraus zu finden, ob die Forderungen und die damit verbundenen Umsätze wirklich bestehen (VE**B**BAG) und ob die Forderungen genau ermittelt wurden (VEBBA**G**).

Die Prüfungsziele „**V**ollständigkeit, **E**igentum, **B**ewertung und **A**usweis" wird man aber in aller Regel unter Mitwirkung einer Saldenbestätigungsaktion nicht erreichen können. Warum nicht? Wenn man vergisst, einem Kunden eine Rechnung zu schicken, wird er wohl nur in seltenen Fällen auf dieses *Versehen* aufmerksam machen. Sind Forderungen sicherungsweise

2 Prüfung der Forderungen

abgetreten, hat der Kunde i.d.R. darüber keine Kenntnis. Ist die *Liquidität* des Kunden angespannt, wird er wohl kaum darüber detaillierte Angaben machen und ob der Mandant die Forderungen im Jahresabschluss richtig *ausgewiesen* hat, kann der Kunde gar nicht beurteilen. In seinem PS 302 führt das IDW aus :

„Im Rahmen der Planung von Einzelfallprüfungen hat der Abschlussprüfer zu entscheiden, ob Bestätigungen aus externen Quellen (Bestätigungen Dritter) einzuholen sind, um hinreichende Sicherheit darüber zu erlangen, ob die in der Rechnungslegung enthaltenen Angaben keine wesentlich falschen Angaben enthalten. Dabei sind insbesondere folgende Aspekte zu berücksichtigen :

- die Wesentlichkeit der zu prüfenden Posten
- das Ausmaß des inhärenten Risikos und des Kontrollrisikos für das Unternehmen insgesamt und für einzelne Prüffelder." [191]

Ich darf daran erinnern, dass der erste Buchstabe von **B**estätigung, das **B**, Bestandteil unseres Kürzels „VA **B**ENE" ist. (Es sind ja eigentlich drei B's : **B**efragung, **B**eobachtung und **B**estätigung.) Wenn der Mandant es *ablehnt*, bestimmte Kunden anzuschreiben, ist es Aufgabe des Abschlussprüfers herauszufinden, auf welche *Gründe* diese Weigerung zurückzuführen ist.

Gründe können darin bestehen, dass

- von einer *bestimmten* Kundengruppe (häufig Vertreter der öffentlichen Hand) keine Bestätigungen zu erwarten sind ;
- Kunden mit einer (z.B. vom Vertrieb veranlassten) *Mahnsperre* belegt sind und der Mandant vermeiden möchte, dass eine Saldenanfrage zu Missverständnissen führt. (Frage : Ist in der internen Berichterstattung z.B. in der Liste zur Altersstruktur der Forderungen vermerkt, bei welchen Kunden Mahnsperren bestehen ?)

In jedem Fall sind Forderungen dieser Art mit besonderer Aufmerksamkeit zu betrachten, weil sich hinter einer *Weigerung* mehr verbergen kann als das, was der Mandant vorgibt.

Welche Arten von Saldenbestätigungsanfragen gibt es ? Es werden unterschieden :

- „positive" Anfragen, bei denen der Partner gebeten wird, zu erklären, ob er mit dem ausgewiesenen Saldo übereinstimmt oder nicht. Diese Form einer Anfrage wird häufig dergestalt angewandt, dass man dem Partner darstellt, wie sich der ausgewiesene Gesamtsaldo zusammensetzt, so dass ihm die Abstimmung erleichtert wird.
- „negative" Anfragen, bei denen der Partner nur dann antworten soll, wenn er mit dem Saldo nicht übereinstimmt.
- „offene" Anfragen, bei denen der Adressat gebeten wird, den Saldo selbst einzusetzen.

Die sicherste Form einer Anfrage ist zweifellos die „positive", bei der auch die Zusammensetzung des Saldos vorgestellt wird.

---

191 PS 302 : Bestätigungen Dritter TZ 6

Wie ist eine Saldenbestätigungsaktion aufgebaut ?
(1.) Auswahl der Stichprobe
(2.) Schriftliche Anfrage beim Geschäftspartner (ggf. mit Wiederholungen)
(3.) Erfassung und Auswertung der zurückgesandten Antworten
Es ist gute Übung, dass

- das Bestätigungsschreiben im Namen des Mandanten erfolgt, dass aber die *Antwort* direkt *an den Abschlussprüfer* zu senden ist ;
- der Abschlussprüfer die *Auswahl* der Posten vornimmt, der Mandant daraufhin die Anfragen vorbereitet und die Briefe dann vom Abschlussprüfer versendet werden.

Die *Auswahl der Debitoren* erfolgt auf der Grundlage einer mit der Saldenliste abgestimmten offenen Postenliste (OPL), da die darin enthaltenen Angaben für eine Abstimmung mit dem Geschäftspartner unerlässlich sind. Die OPL muss vollständig sein, damit man sie als Ausgangsbasis verwenden kann.

Wir hatten schon mehrfach betont, dass die *Postenauswahl* für uns als Vertreter einer risikoorientierten Abschlussprüfung kein ernsthaftes Problem darstellt. Es ist auch hier die immer wieder beschworene *Leitfunktion* des Business Understanding, die uns gewissermaßen vorschreibt, welche Auswahl zu treffen ist.

Insofern ist es eigentlich unklar, weshalb in der Literatur so viel Aufhebens um dieses Thema gemacht wird. Man spricht über die bewusste Auswahl von Auswahlkriterien und nennt hier :

- Fehlerrisiko
- Bedeutung der zu prüfenden Elemente
- Typische Fälle

ohne ganz konkret und unter Anführung von verständlichen Beispielen zu erläutern, dass man die wesentlichen Informationen, die die Auswahl steuern, in denjenigen Phasen der Abschlussprüfung gewonnen hat, die den restlichen Prüfungsarbeiten vorausgehen und zwar in der *Analyse der Geschäftstätigkeit* und der *Analyse der internen Kontrollen*. Dieser rote Faden ist auch in den Prüfungsstandards des IDW nicht immer zu erkennen.

Die Antworten der Partner, d.h. die *Ergebnisse einer Saldenbestätigungsaktion*, werden in einer Liste ausgewertet, die man auch als „Rücklauf-Liste" bezeichnet. Diese Liste sollte – unter Berücksichtigung der strengen Anforderungen an die Dokumentation – enthalten :

- Kunden-Nr. und Name
- Angefragter Saldo (1. Anfrage, 2. Anfrage)
- Bestätigter Betrag
- Differenz
- Erläuterungen der Differenz
- Alternative Prüfungshandlungen (insbesondere, wenn ein Kunde nicht antwortet).

Es ist durch *Referenzierung* anzugeben, an welcher Stelle der Arbeitspapiere Differenzen erläutert werden und welche alternativen Prüfungshandlungen durchgeführt wurden. Es ist höchst unwahrscheinlich, dass *alle* Salden bestätigt werden. Das bedeutet, dass *Abweichungen* analysiert und Konsequenzen zu ziehen sind, wenn Anfragen unbeantwortet bleiben.

2 Prüfung der Forderungen

Worauf lassen sich *Differenzen zwischen Anfrage und Antwort* zurückführen?

Gründe können sein (Stichtag : 31. Dezember) :

Zeitliche Buchungsunterschiede :
Der Mandant hat zum Jahresende Umsatz und Forderung gebucht, weil er noch im Dezember die Ware ordnungsgemäß einem Spediteur übergeben hat, der Kunde hat die Ware aber erst im Januar erhalten und dem gemäß auch erst in diesem Zeitpunkt den Wareneingang und die entsprechende Verbindlichkeit aus Lieferungen und Leistungen gebucht. Abweichungen dieser Art sind unproblematisch, weil *beide Partner richtig* gebucht haben.

Systemfehler :
Der Mandant hat zum Jahresende bereits Umsatz gebucht, obwohl er dazu noch nicht berechtigt war. Die mit dem Kunden im Rahmen eines Werkvertrages vereinbarte Leistung war Ende Dezember noch nicht vollständig erbracht, so dass sich der Kunde zurecht weigert, bereits eine Forderung des Lieferanten anzuerkennen. Die in einem solchen Fall aufgedeckte *Prüfungsdifferenz* ist sorgfältig zu analysieren. Das Gleiche gilt, wenn die Lieferung erst für Anfang Januar vereinbart war, der Lieferant diese Lieferung aber vorgezogen hat.

In beiden Fällen liegt ein *Systemfehler* vor. Dieser kann auf Schwachstellen im IKS, aber auch darauf zurückzuführen sein, dass der Mandant dem Vertrieb die Anweisung gegeben hat, eine Teil-Lieferung ergebniswirksam zu buchen bzw. eine Lieferung unzulässigerweise vorzuziehen. *(Bilanzpolitik !)*

Aus diesen beiden Fällen geht hervor, wie wichtig Saldenbestätigungen sein können und dass der Abschlussprüfer alles daran setzen muss, über die gezogene Auswahl von Salden eine vollständige Übersicht zu erhalten.

Der Mandant fragt Sie, wie er buchen soll, wenn er einen Warenumsatz rückgängig machen will. Was sagen Sie ihm ? (Wir klammern die USt der Einfachheit halber aus !) Die Forderung ist zu stornieren (Per Umsatz an Forderungen) und die Vorräte sind in das Lager zurückzubuchen (Per Vorräte an Materialaufwand). (Vergessen Sie bitte nie, dass zu einer Ertragsbuchung i.d.R. auch eine Aufwandsbuchung gehört!)

Wann ist also ein Saldo korrekt ?
Ein Saldo ist korrekt, wenn

- er vom Partner ohne Abweichung bestätigt wurde ;
- Abweichungen geklärt werden konnten oder
- er aufgrund alternativer Prüfungshandlungen als ordnungsgemäß gelten kann.

Die sehr ausführlichen Überlegungen zu einer Saldenbestätigungsaktion sollten nicht nur dazu beitragen, dass Sie mit diesem Instrument (VA **B**ENE) vernünftig umgehen können, sondern sie sollten Ihnen auch deutlich machen, wie sehr man durch eine gezielte Durchführung der erwähnten Maßnahmen (VE**BB**AG) das *Entdeckungsrisiko* herunterschrauben kann.

Wie ist eine Saldenbestätigungsaktion in das System einer Abschlussprüfung einzuordnen ?
Eine Saldenbestätigungsaktion ist ein *Funktionstest* für die Wirksamkeit interner Kontrollen im Debitoren-Bereich. Die verbleibenden Prüfungshandlungen ergeben sich dann automatisch aus den Erkenntnissen, sprich aus der *Auswertung* der erwähnten Rücklaufliste.

Die Prüfungshandlungen werden durch unterschiedliche *Prüfungsziele* bestimmt, die häufig von der Art der Geschäftsvorfälle abhängen. So wird man sich z.B. bei einem Anlagenbauer im Hinblick auf die Einhaltung des Realisationsprinzips mehr für den *Bestand* einer Forderung interessieren (VEBBAG) als für ihre Werthaltigkeit, bei einem Textilfabrikanten im Hinblick auf die Krise im Einzelhandel mehr für die *Werthaltigkeit* einer Forderung (VEBBAG) als für ihren Bestand. Unter solchen Gesichtspunkten wird man dann auch eine Saldenbestätigungsaktion organisieren müssen.

2.3.6 Sonstige Prüfungshandlungen (Alternativen, Abgrenzungen, Habensalden)

Alternative Prüfungshandlungen
Was versteht man unter alternativen Prüfungshandlungen ? Es handelt sich um Ersatzmaßnahmen, die dazu dienen, unsere Prüfungsziele zu erreichen. Hat also der Kunde nicht geantwortet, haben wir die Möglichkeit :

- ihn ein *2. Mal* anzuschreiben ;
- die *Auftragsabwicklung* nachzuvollziehen, insbesondere zu prüfen, ob der sogenannte Gefahrenübergang noch im alten Geschäftsjahr erfolgte ;
- die *Saldenentwicklung im neuen Jahr* zu betrachten und festzustellen, ob der zum Bilanztag offene Saldo zwischenzeitlich ausgeglichen ist und wie der Ausgleich durchgeführt wurde.

Abgrenzungsprüfungen
Die sogenannten *Abgrenzungsprüfungen* spielen auch bei den Forderungen aus Lieferungen und Leistungen eine große Rolle. *Was versteht man darunter ?* Im Rahmen von Abgrenzungsprüfungen geht man der Frage nach, ob Erträge und Aufwendungen der *richtigen Periode* zugeordnet wurden. (Erinnern Sie sich bitte an die Überlegungen von Leffson!) Im Hinblick auf die VEBBAG-Aussage ist also zu untersuchen, ob Umsätze und Forderungen und die damit korrespondierenden Aufwendungen (z.B. der Materialaufwand) vollständig und genau für das Geschäftsjahr gebucht wurden, zu dem sie „der Natur der Sache nach" gehören.

Hier ist eine Reihe von denkbaren *Fehlern* zu unterscheiden :

- Es ist bereits eine Forderung gebucht. Die Ware ist aber noch nicht ausgeliefert und wird bei der Inventur als „eigene" Ware aufgenommen. In Höhe des Einkaufswertes der Ware ist das Jahresergebnis zu hoch ausgewiesen.
- Die Ware wurde dem Lager entnommen. Der Mandant hat Forderungen und Umsatz – verbunden mit dem entsprechenden Materialaufwand – gebucht. Die Ware wurde aber dem Kunden bis zum Bilanztag noch nicht übergeben, so dass mangels Gefahrenübergang die Umsatzbuchung unzulässig war. Das Jahresergebnis ist in Höhe der Brutto-Marge überhöht.
- Die Ware wurde dem Lager entnommen und dem Kunden übergeben. Es wurde zwar ein entsprechender Materialaufwand gebucht, aber versäumt, eine Forderung einzubuchen, so dass in Höhe des Umsatzwertes der Forderung das Jahresergebnis zu niedrig ist.

2 Prüfung der Forderungen

Wie kann man „Abgrenzungsfehler" entdecken ? Durch Anwendung analytischer Prüfungshandlungen! Wenn man weiß, welche Margen bei bestimmten Produkten erzielt werden, dann müsste es doch auffallen, wenn Margen plötzlich deutlich nach oben gehen oder sich deutlich nach unten entwickeln. Außergewöhnlich hohe oder außergewöhnlich niedrige Margen können auf Buchungsfehler zurückzuführen sein. Ob die Buchungssystematik in einem Unternehmen stimmt, erfährt man allerdings nur durch die Prüfung des internen Kontrollsystems. Wer im Rahmen der Abschlussprüfung – ohne Kenntnis des internen Kontrollsystems – vor der Frage steht, ob er auf einen einfachen Arbeitsfehler gestoßen ist oder gravierende Mängel im internen Kontrollsystem offen gelegt hat, wird in große Verlegenheit geraten, weil er eine unerwartet notwendige Systemprüfung weder zeitlich bewältigen noch in seinem Budget unterbringen kann.

Auch an dieser Problematik wird deutlich, von welch großer Bedeutung eine *Hintereinanderschaltung von Systemprüfungen und verbleibenden Prüfungshandlungen* zur Reduzierung des Prüfungsrisikos ist. Zu dieser Koppelung von Prüfungshandlungen erklärt das IDW im PS 300 :

„Systemprüfungen ermöglichen eine wirtschaftliche Durchführung der Prüfung und eine Vorverlagerung von Prüfungshandlungen. Sie wirken sich auf den Umfang der aussagebezogenen Prüfungshandlungen aus." (TZ 17)

Habensalden
Im Rahmen des Debitorenkontokorrentes spielen auch *Haben-Salden* eine Rolle, d.h. der ausgewiesene Saldo stellt eine „Verbindlichkeit" gegenüber dem Kunden dar. Die Entstehung dieser Posten, die auch „kreditorische Debitoren" genannt werden, kann unterschiedliche Gründe haben. *Gründe* können sein :

- der Kunde hat eine Rechnung *doppelt* gezahlt ;
- der vom Kunden überwiesene Betrag ist zu *hoch* ;
- dem Kunden wurde nachträglich eine *Gutschrift* erteilt ;
- der Kunde hat eine Rechnung bezahlt, die der Mandant versehentlich *nicht gebucht* hat.

Der Abschlussprüfer muss sorgfältig überlegen, in welchem *Umfang* Haben-Salden im Debitoren-Kontokorrent zu prüfen sind. Die in der Literatur immer wieder vertretene Meinung, dass diese Posten lückenlos zu prüfen sind, ist nicht akzeptabel. Art und Umfang der Prüfungshandlungen richten sich auch hier nach den *Kenntnissen* über die Geschäftstätigkeit und nach der *Beurteilung* der internen Kontrollen. Als Grund für eine intensive Prüfung dieser Posten wird häufig angeführt, der Mandant würde Wert darauf legen, dass diese Positionen im *Prüfungsbericht* erläutert werden. In einem solchen Fall müssen wir ihm klar machen, dass es nicht in unser Konzept passt, Posten zu prüfen, deren *Einfluss* auf den Jahresabschluss nach unserer Einschätzung *gering* ist. Ist er an einer Prüfung dennoch interessiert, dann muss er diese *zusätzliche* Zeit auch *bezahlen*.

2.4 Arbeitsrahmen

Wir haben in der Einführung zu Kapitel III. u.a. auf *Leitfäden* und ihre *strategische* Konzeption hingewiesen. Die in den vorangegangenen Passagen zu den Forderungen angestellten Überlegungen müssen nun in bestimmte Rahmen gestellt werden, die den *Gang* der Prüfung, ihren *Gegenstand* und ihren *Schwerpunkt* bestimmen.

Schrittfolge und Themen sind (weitestgehend) festgelegt. Sie bilden die Basis für unsere individuelle Zeitplanung. Die Schwerpunkte der Arbeit richten sich aber nach den *Prüfungszielen*, die sachgerecht aus der Analyse der Geschäfts- und Kontrolltätigkeit des Unternehmens abzuleiten sind. Es ist leider keine Seltenheit, dass man Prüfungsassistenten *keine Prüfungsziele* vorgibt. Der oben aufgestellte *Wegweiser* und die nachfolgenden *Leitlinien* sollen in einer solchen Situation dazu beitragen, dass sie ihre Arbeit nach sinnvollen Kriterien ausrichten können.

Bitte orientieren Sie sich immer zuerst an der Frage, in welcher wirtschaftlichen *Verfassung* sich das zu prüfende Unternehmen befindet und teilen Sie sich dann anhand der 4-Kapitel-Philosophie Ihre Zeit so ein, dass Sie mit Prüfungszielen, die *an der Verfassung des Unternehmens ausgerichtet* sind, die Themen bearbeiten, die einen *wesentlichen* Einfluss auf den Jahresabschluss haben. Beachten Sie dabei auch die wohlverdienten Interessen der anderen Team-Mitglieder!

Prüfungsziele – insbesondere die „schwerwiegenden" - werden auf der Basis der IKS-Prüfung zu den Forderungen aus Lieferungen und Leistungen formuliert (Ko-Co-Doc) und dann – als geschicktes Zeichen der Verknüpfung von Arbeitspapieren – direkt in das Prüfungsprogramm (KoP-Doc) übernommen.

Gemäß dem Kürzel „VEBBAG" lauten die *Prüfungsziele* : Vollständigkeit, Eigentum, Bestand, Bewertung, Ausweis und Genauigkeit.

Gemäß dem Kürzel „VA BENE" lautet die *Prüfungstechnik* : Vergleich, Augenscheinnahme, Befragung, Beobachtung, Bestätigung, Einsichtnahme, Nachrechnen und (aus Vorsichtsgründen ein 2. Mal) Einsichtnahme.

Die Formulierung eines Prüfungszieles lautet immer, ausreichende und angemessene Nachweise dafür zu bekommen, dass eine bestimmte Aussage des Managements stimmt.

Beginnen Sie niemals eine Prüfung, ohne dass Sie eine klare Vorstellung von den Prüfungszielen haben.

Nur unter der Voraussetzung, dass Sie sich im „Korridor" des Business Understanding bewegen, werden Sie auch eine ordnungsgemäße Prüfung durchführen können. Im Regelfall wird der Mandant Sie auf diesem Wege begleiten, denn es ist der einzig vernünftige Weg, den eigentlichen Zweck einer Abschlussprüfung – das „sichere Testat" zu erfüllen. Es kann nicht nachdrücklich genug betont werden, dass man diese *Sicherheit* nur dadurch gewinnen kann, dass man immer wieder Belege, Dokumente, Verträge etc. *sorgfältig studiert*, um den *Inhalt* und den *Charakter* von Geschäften zu verstehen und zu begreifen, in welcher Weise sie den Jahresabschluss beeinflussen, d.h. welche Buchungen bzw. Anmerkungen in Bilanz, Gewinn-

2 Prüfung der Forderungen

und Verlustrechnung und Anhang erforderlich und welche Informationen im Lagebericht notwendig sind.

In den Arbeitsrahmen werden übernommen:

Schrittfolge (die 4-Kapitel-These)
Prüfungshandlungen nach Prüfungszielen
Prüfung bei angespannter Ertragslage
Prüfung von Ausgangsrechnungen
Kriterien für die Strukturierung einer Saldenliste

Damit übernimmt der Arbeitsrahmen die Funktion eines Ordnungsschemas für die Prüfung der Bilanzposition „Forderungen aus Lieferungen und Leistungen". Ein solches Schema, das nur dann seine Aufgabe erfüllen kann, wenn es von den Kenntnissen über die Geschäftstätigkeit *geprägt* ist, soll die Orientierung erleichtern, die Bildung von Schwerpunkten ermöglichen und die Komplexität eines Zahlenwerkes so reduzieren, dass ein gezielter Zugang zum Jahresabschluss möglich wird.

Ordnungschemata steuern die Datenermittlung (sie werden damit zu einem unentbehrlichen Hilfsmittel insbesondere für die jüngeren Mitarbeiter) und sie erleichtern die *Auswertung* der Ergebnisse, weil der zuständige Abschlussprüfer die Wurzeln der Informationen kennenlernen und die Prüfungsnachweise daraufhin untersuchen kann, ob sie *ausreichend* und *angemessen* sind. Damit wird er zugleich in die Lage versetzt, diese in einen größeren Zusammenhang einzuordnen, der immer auch durch *Bilanzpolitik* gekennzeichnet sein kann.

Deshalb ergeht an jedes Mitglied eines Prüfungsteams die folgende *Aufforderung*: Wenn Sie die Forderungen aus Lieferungen und Leistungen prüfen, dann denken Sie bitte auch daran, dass diese nur einen *Teil des Jahresabschlusses* darstellen. Behalten Sie – im Sinne einer effektiven *Teamarbeit* – stets auch die anderen Jahresabschlussposten im Auge, stellen Sie Querverbindungen – auch zum Anhang – her und informieren Sie Ihre Kolleginnen und Kollegen *rechtzeitig*, wenn Sie Feststellungen getroffen haben, die nur selten *isoliert* zu betrachten sind.

Aktiva	Passiva
A. Anlagevermögen	A. **Eigenkapital**
I. Immaterielle Vermögensgegenstände	B. Rückstellungen
II. Sachanlagen	C. Verbindlichkeiten
III. Finanzanlagen	D. Rechnungsabgrenzungsposten
B. **Umlaufvermögen**	
I. Vorräte	
II. Forderungen u. sonstige Vermögensgegenstände	
1. Forderungen aus Lieferungen und Leistungen	
2. Forderungen gegen verbundene Unternehmen	
3. Forderungen gegen Unternehmen, mit denen ein Beteiligungsverhältnis besteht	
4. Sonstige Vermögensgegenstände	

2.4.1 Schrittfolge (Die 4 Kapitel-These)

I. *Abstimmung und Vergleich (1. Kapitel)*
1. Abstimmung der Saldenliste mit der Bilanz
2. Vergleich des Bilanzwertes mit dem Vorjahreswert

II. *Prüfung des Nominalwertes (2. Kapitel)*
1. Strukturierung der Saldenliste (nach vom KoBu-Doc gelieferten Kriterien)
2. Abstimmung (nach Maßgabe des KoBu-Doc) ausgewählter Einzelposten mit :
a. der Rechnung
b. dem Vertrag
c. ggf. mit der Saldenbestätigung

III. *Prüfung des niedrigeren beizulegenden Wertes (3. Kapitel)*
1. Anhand der Altersstruktur
2. Nach Maßgabe von Länderrisiken
3. Nach Maßgabe der Wechselkursentwicklung
4. Nach Maßgabe von Kreditversicherungen
5. Nach Maßgabe interner Dokumente

IV. *Prüfung der Abgrenzung (4. Kapitel)*

1. Ordnungsgemäße Zuordnung zum Geschäftsjahr
(Liefergeschäft, Anlagen- und Systemgeschäft) Beispiele :

a. Der Abschlussprüfer konnte (z.B. aufgrund von Informationen aus der Zwischenprüfung) erwarten, dass ein größerer Umsatz (z.B. mit einem ausländischen Kunden) noch im alten Geschäftsjahr erfolgen würde. Ist dieser Umsatz ausgeblieben, müssten die Ursachen (durch Einsichtnahme in Dokumente der Auftragsabwicklung und Befragung) geklärt werden. (Prüfungsnachweise : Kopien der Auftragsabwicklung und Gesprächsprotokoll)

b. Ist aus der Liste des Auftragsbestandes und der entsprechenden Bestellung durch den Kunden ersichtlich, dass eine Ware bereits hätte ausgeliefert und an den Kunden berechnet werden müssen ? (Prüfungsnachweise : Kopien des Vertrages und der Liste des Auftragsbestandes)

2. Prüfung abrechnungsreifer Leistungen
(anhand der Auftragsbestätigung und des Vorratsbestandes)

3. Abgrenzung „Forderungen / Vorräte" und „Umsatz / Materialaufwand"
Beispiel: Aufgrund der Erkenntnisse aus der Zwischenprüfung durfte man erwarten, dass auch in den Folgemonaten (z.B. innerhalb eines Rahmenvertrages) kontinuierliche Lieferungen und Leistungen an den Kunden abgerechnet wurden. Diese Kontinuität und Kongruenz (gleichzeitige Buchung von Erträgen und Aufwendungen) ist entsprechend zu prüfen. (Prüfungsnachweis : Kopie des Liefervertrages, der Rechnungen und der Buchung des Materialaufwandes)

4. Prüfung korrespondierender Rückstellungen
(z.B. für Provisionen, Lizenzen, Nachrüstungen)

2.4.2 Prüfungshandlungen nach Prüfungszielen

In den folgenden Kapiteln wird beispielhaft eine Reihe von Prüfungshandlungen vorgestellt. Sie kann nur als Anregung dienen und soll die *Denkrichtung* aufzeigen, in der sich der Prüfer bewegen muss, um der Lage des Unternehmens gerecht zu werden und um seine *Prüfungsziele* - sachgerecht aus den Kenntnissen über die Geschäfts- und Kontrolltätigkeit abgeleitet – zu erreichen. In seinem Buch „Jahresabschlussprüfung" präsentiert Walter Niemann umfangreiche Fragebögen. [192] Sie mögen dem Prüfer als weitere Kontrolle bei seiner Tagesarbeit dienen.

> **I. Prüfungsziel : Vollständigkeit**
> *Abschlussaussage : Die Forderungen aus Lieferungen und Leistungen sind vollständig erfasst.*

1. Prüfung der speziellen Kontrollen im IKS des Prüffeldes (Beispiele)
a. Ist sichergestellt, dass mit dem Versand einer Ware auch eine Ausgangsrechnung erstellt, dass diese versendet und eine Forderung eingebucht wird ? (Prüfungsnachweise : Ergebnis einer Systemprüfung, Kopie von Lieferschein, Rechnung und Kontoauszug)

b. Ist sichergestellt, dass *abrechnungsreife* Leistungen (z.B. im Rahmen eines Dienstleistungsvertrages) auch zeitnah abgerechnet werden ? (Prüfungsnachweise : Ergebnis einer Systemprüfung, Kopie des Vertrages, der Auftragskosten und ihrer Abrechnung)

2. Analytische und einzelfallbezogene Prüfungshandlungen (Beispiele)
a. Bei einem Vergleich mit dem Vorjahr oder mit dem letzten Quartalsabschluss stellt sich heraus, dass der Rohertrag deutlich zurückgegangen ist. Es müsste (z.B. durch Analyse einer Margenrechnung) geklärt werden, ob die Ursache darin liegt, dass die Buchung eines größeren Umsatzes fehlt. (Prüfungsnachweise: Analyse der Margenrechnung und Gesprächsprotokoll) Das „Fehlen" eines Umsatzes und seine Verschiebung auf das neue Geschäftsjahr kann auch „bilanzpolitische" Gründe haben ! (Prüfungsnachweise : Kopie der Rechnung im neuen Geschäftsjahr und Abstimmung mit dem Vertrag)

b. Bei einem Vergleich der Umsätze der vergangenen Monate stellt sich heraus, dass der Umsatz des letzten Monats im Geschäftsjahr besonders niedrig ist. Die Gründe für diese Entwicklung müssten geprüft werden. (Prüfungsnachweis : Zum Problem fehlender Umsätze vgl. Punkt 2.a.)

c. Ein Kunde weist auf eine Forderung hin (aus seiner Sicht auf eine Verbindlichkeit), die in einer Saldenanfrage nicht erwähnt wird. Dies könnte darauf zurückzuführen sein, dass der Mandant entweder eine Rechnung gar nicht erstellt oder erstellt, aber nicht gebucht und versendet hat. (In der Regel wird aber ein Kunde nicht auf Fehler dieser Art hinweisen !) (Zum Prüfungsnachweis vgl. Punkt 1.a.)

> **II. Prüfungsziel : Eigentum**
> *Abschlussaussage : Die Forderungen aus Lieferungen und Leistungen sind dem Unternehmen rechtlich bzw. wirtschaftlich zuzurechnen.*

Prüfung der speziellen Kontrollen im IKS des Prüffeldes (Beispiel)
Wird die Abteilung Rechnungswesen von der Geschäftsführung bzw. der Rechtsabteilung informiert, wenn Forderungen *verkauft* oder *sicherungsübereignet* wurden ? (Prüfungsnachweise : Ergebnis einer Systemprüfung, Kopie der internen Meldungen, Kopie des Kreditvertrages, Auszug aus dem Anhang.) Das Prüfungsziel „Eigentum" kommt i.d.R. nur bei Unternehmen mit äußerst angespannter Ertragslage in betracht. Man würde als Prüfer nicht mehr ernst genommen, wollte man *alle* Prüfungsziele sozusagen *schematisch* abarbeiten !

---

192 W. Niemann : Jahresabschlussprüfung (Arbeitshilfen – Prüfungstechnik – Erläuterungen), Verlag C.H. Beck München 2002

III. Prüfungsziel: Bestand
Abschlussaussage: Die Forderungen aus Lieferungen und Leistungen existieren.

1. Prüfung der speziellen Kontrollen im IKS des Prüffeldes (Beispiele)
a. Ist sichergestellt, dass eine Umsatzbuchung nur unter der Voraussetzung vorgenommen wird, dass eine *vertragsgemäße* Lieferung bzw. Leistung durchgeführt wurde? (Prüfungsnachweise: Ergebnis einer Systemprüfung, Kopie des Lieferscheines, der Rechnung und des Vertrages.)

b. Wenn die Geschäfts- oder Konzernleitung (nach Maßgabe des Realisationsprinzips) eine Richtlinie herausgegeben hat, die festlegt, unter welchen Voraussetzungen z.B. bei Werkverträgen *Umsatz* gebucht werden darf (in der Regel nach Vorlage eines Abnahmeprotokolls), dann wird sie die Einhaltung dieser Richtlinie auch durch Kontrollen überprüfen (lassen). Wie erfolgt diese Prüfung? (Prüfungsnachweise: Ergebnis einer Systemprüfung, Kopie des Kontrolldokumentes)

2. Saldenbestätigungen einschließlich alternativer Prüfungshandlungen (Beispiel)
Im Rahmen einer Saldenbestätigungsaktion könnte der Kunde den Bestand einer Forderung bestreiten (z.B. wegen *falscher* oder zu *früher* Lieferung). Der Hintergrund für diese Einwendungen müsste dann geprüft werden. (Prüfungsnachweise: Kopie des Lieferscheines, der Rechnung, des Vertrages und ggf. der Korrespondenz.)

3. Prüfung der Fortentwicklung bis zum Bilanztag (Beispiel)
Wenn wir bei der Zwischenprüfung festgestellt haben, dass ein Auftrag ordnungsgemäß abgerechnet wurde und die *Zahlung* erst nach dem Bilanztag fällig ist, dann müsste die Forderung in voller Höhe noch im Jahresabschluss ausgewiesen sein !? (Prüfungsnachweise: Kopie des Lieferscheines, der Rechnung und des Kontoauszuges.)

4. Abgrenzungsprüfung (Beispiel)
Wenn mit dem Kunden vereinbart wurde, dass Lieferungen und Leistungen zu bestimmten Zeiten zu erfolgen haben, dann müsste geprüft werden, ob das Unternehmen diese Termine auch eingehalten hat (Problematik der sogenannten *Vorfakturierung*). (Prüfungsnachweise: Ergebnis einer Systemprüfung, Kopie des Vertrages, des Lieferscheines und der Rechnung.)

IV. Prüfungsziel: Bewertung
Abschlussaussage: Die Forderungen aus Lieferungen und Leistungen sind den gesetzlichen Bestimmungen entsprechend richtig bewertet.

Prüfung der speziellen Kontrollen im IKS des Prüffeldes (Beispiele)
1. Ist sichergestellt, dass im Rahmen des Debitorenkontokorrentes *Inlands- und Auslandsforderungen* getrennt geführt werden? (Die zunehmende Bedeutung des Auslandsgeschäftes müsste im KoBu-Doc vermerkt sein!) (Prüfungsnachweise: Buchführungsrichtlinien, Ergebnis einer Systemprüfung, Kontoauszug, Kopie der Rechnung und des Vertrages)

2. Werden *Einzelwertberichtigungen* (unter Berücksichtigung von Altersstruktur, Rechtsanwaltsschreiben, Zahlungsverhalten, Reklamationen, Mahnsperren des Vertriebs etc.) ordnungsgemäß gebildet? (Prüfungsnachweise: Abschlussrichtlinien, Ergebnis einer Systemprüfung, Liste der Altersstruktur, Kopie der Rechnung, des Vertrages und des Wertberichtigungstableaus)

3. Werden *Pauschalwertberichtigungen* (unter Berücksichtigung einer bereinigten Bemessungsgrundlage und unter Anwendung nach Inland und Ausland getrennter Prozentsätze) ordnungsgemäß gebildet? (Prüfungsnachweise: Ergebnis einer Systemprüfung, Kopie des Wertberichtigungstableaus, der Ermittlung der Wertberichtigungen und ggf. der Begründung für spezielle Länderdelkrederesätze.)

4. Wenn die Geschäftsführung bzw. die Konzernleitung *Abschlussrichtlinien* herausgegeben hat und in diesen detailliert festlegt, wie die Forderungen zu bewerten (insbesondere wie Wertberichtigungen zu ermitteln) sind, dann besteht Grund zu der Annahme, dass sie sich regelmäßig von der Einhaltung dieser Richtlinien überzeugt. So wird sie sich u.a. dafür interessieren, in welcher Höhe z.B. Abschreibungen auf Forderungen an ausländische Kunden (z.B. durch die Anwendung spezieller Länderdelkrederesätze) das Jahresergebnis belastet haben. Wie erfolgt diese Prüfung? (Die Belastung des Jahresergebnisses durch die Bildung von Wert-

berichtigungen müsste im KoBu-Doc vermerkt sein !) (Prüfungsnachweise : Ergebnis einer Systemprüfung, Unterlagen des Credit-Controlling.)

5. Wenn sich die Geschäftsführung vorbehalten hat, Umsätze ab einer bestimmten Größenordnung zu *genehmigen* (Festlegung und Erhöhung des Kreditlimits), dann ist anzunehmen, dass einer Genehmigung intensive Untersuchungen über Kreditrisiken vorausgegangen sind. Welche sind das ? (Prüfungsnachweise : Ergebnis einer Systemprüfung, Unterlagen des Credit-Controlling.)

6. Ist sichergestellt, dass über „neue" Kunden qualifizierte *Auskünfte* eingeholt werden ? (Prüfungsnachweise : Ergebnis einer Systemprüfung, Auszüge aus dem Credit-Controlling.)

7. Ist sichergestellt, dass Forderungen in fremder *Währung* kenntlich gemacht und ggf. auf den niedrigeren Stichtagskurs abgewertet werden ? (Prüfungsnachweise: Ergebnis einer Systemprüfung, Auszug aus Debitorenkontokorrent, Kurstabelle, ggf. Nachweis von Sicherungsgeschäften)

8. Wenn die Geschäftsführung oder die Konzernleitung ein *Währungsmanagement* aufgebaut hat, dann müsste sie sich dafür interessieren, ob Forderungen auch ordnungsgemäß abgesichert wurden. Wie erfolgt diese Kontrolle ? (Der Aufbau eines Währungsmanagements müsste im KoBu-Doc oder im KoCo-Doc vermerkt sein !) (Prüfungsnachweise : Ergebnis einer Systemprüfung, Kontroll-Unterlagen.)

9. Ist sichergestellt, dass *Habenposten* aus dem Debitorenkontokorrent eliminiert und auf die Passivseite der Bilanz umgestellt werden, damit u.a. die Bemessungsgrundlage für die Pauschalwertberichtigung ordnungsgemäß ermittelt werden kann ? (Prüfungsnachweise : Ergebnis einer Systemprüfung, Auszug aus der Saldenliste.)

10. Werden (langfristige) Forderungen *abgezinst* ? (Prüfungsnachweise : Ergebnis einer Systemprüfung, Kopie der Rechnung und des Vertrages, Laufzeitennachweis.)

11. Wie werden *Forderungsausfälle* analysiert ? (Prüfungsnachweise : Ergebnis einer Systemprüfung, Unterlagen des Credit-Controlling.)

> **V. Prüfungsziel : Ausweis**
> *Abschlussaussage : Die Forderungen aus Lieferungen und Leistungen und die entsprechenden Abschreibungen sind den gesetzlichen Bestimmungen entsprechend in der Bilanz bzw. der G+V richtig ausgewiesen.*

Prüfung der speziellen Kontrollen im IKS des Prüffeldes (Beispiele)
1. Existiert für die Forderungen aus Lieferungen und Leistungen ein *eigenes* Kontokorrent, das von den anderen Kontokorrenten klar getrennt ist ? (Prüfungsnachweise : Buchführungsrichtlinien, Ergebnis einer Systemprüfung, Kontoauszug, Kopie des Vertrages und einer Rechnung.)

2. Ist sichergestellt, dass die Bilanzposition nur Forderungen aus Lieferungen und Leistungen (an Dritte), nicht dagegen auch Forderungen z.B. an *verbundene* Unternehmen enthält ? Werden die „Liste der verbundenen Unternehmen" bzw. die „Liste der Unternehmen, mit denen ein Beteiligungsverhältnis besteht", regelmäßig aktualisiert ? (Eine wesentliche Veränderung im Kreis nahestehender Unternehmen müsste im KoBu-Doc vermerkt sein !) (Prüfungsnachweise : Ergebnisse einer Systemprüfung, Kontoauszug, Kopie des Vertrages und der Rechnung.)

3. Ist die Buchhaltung so organisiert, dass *Habenposten* identifiziert und für bilanzielle Zwecke umgegliedert werden können ? (Prüfungsnachweise : Buchführungsrichtlinien, Ergebnis einer Systemprüfung, Auszug aus der Saldenliste.)

4. Entspricht der *Bilanzausweis* den Werten in der Saldenliste bzw. der Offene-Posten-Liste ? (Prüfungsnachweis : Bilanz- und Saldenauszug.)

5. Ist sichergestellt, dass Forderungen mit einer *Laufzeit* von mehr als einem Jahr im Rahmen eines Davon-Vermerkes kenntlich gemacht werden ? (Prüfungsnachweise : Kopie von Rechnung und Vertrag, Auszug aus Anhang.)

6. Werden *Abschreibungen* auf Forderungen in der G+V richtig ausgewiesen : im Rahmen des Gesamtkostenverfahrens unter der Position „Sonstige betriebliche Aufwendungen" und im Rahmen des Umsatzkostenverfahrens unter den „Vertriebskosten" ? (Prüfungsnachweise : Wertberichtigungstableau und Kontoauszug.)

7. Tätigt das Unternehmen auch *Auslandsumsätze*, ist zu prüfen, ob im Anhang eine Aufgliederung nach Regionen und Tätigkeitsbereichen erfolgt ist. (Querverbindung zum Prüfungsziel „Bewertung" : Problematik der Länder- und Währungsrisiken !) (Prüfungsnachweise : Ergebnis einer Systemprüfung – evtl. auch im DV-Bereich - , Kopie von Rechnungen und Auszug aus dem Anhang.)

> **VI. Prüfungsziel : Genauigkeit**
> *Abschlussaussage : Die Forderungen aus Lieferungen und Leistungen wurden genau ermittelt.*

1. Prüfung der speziellen Kontrollen im IKS des Prüffeldes (Beispiele)
a. Wenn das Unternehmen sowohl mit Listen- als auch mit *Sonderpreisen* arbeitet, ist dann sichergestellt, dass im Falle eines Sonderpreises dieser Preis registriert (dv-mäßig gespeichert), korrekt auf ihn zugegriffen und dem Kunden ordnungsgemäß in Rechnung gestellt wird ? (Prüfungsnachweise : Ergebnis einer Systemprüfung, Kopie der Rechnung und des Vertrages.)

b. Wenn der Kunde ein Produkt bestellt hat, das aus einem *Hauptteil* und einer Reihe von (unwesentlichen) Nebenteilen besteht und es wird ihm zunächst nur das Hauptteil geliefert (mit dem er schon arbeiten kann), ist dann im Rahmen der Auftragsabwicklung sichergestellt, dass ihm nur das gelieferte Hauptteil berechnet wird ? (Die Grenzen zwischen „Genauigkeit" und „Bewertung" sind fließend !) (Prüfungsnachweise : Ergebnis einer Systemprüfung, Kopie des Lieferscheines, der Rechnung und des Vertrages.)

c. Wenn mit Kunden z.B. aus vertriebspolitischen Gründen in Einzelfällen *Sonderpreise* vereinbart werden, wird sich die Geschäftsführung in der Regel dafür interessieren, ob diese Sonderpreise auch berücksichtigt wurden. Wie erfolgt eine solche Überwachung z.B. anhand der monatlichen Vertriebsstatistiken ? (Die zunehmende Bedeutung von Sonderpreisen müsste im KoBu-Doc vermerkt sein !) (Prüfungsnachweise : Interne Kontrolldokumente, Kopie der Rechnung und des Vertrages.)

d. Erfolgt auf den Rechnungen die Multiplikation „Menge x Preis" ordnungsgemäß ? (Prüfungsnachweis : Kopie der Rechnung.)

2. Saldenbestätigungen und alternative Prüfungshandlungen (Beispiel)
Im Rahmen von Saldenbestätigungsaktionen können *Fehler* (z.B. Rechenfehler, falsche oder fehlende Rabatte) aufgedeckt werden. (Prüfungsnachweise : Auswertung der Saldenbestätigungsaktion.)

3. Prüfung der Fortentwicklung bis zum Bilanztag (Beispiel)
Wenn wir bei der Zwischenprüfung festgestellt haben, dass Forderungen noch offen sind, weil der Kunde z.B. auf der Einräumung eines *Sonderpreises* besteht, der ihm in der Zwischenzeit auch eingeräumt wurde, dann könnten die Forderungen zum Bilanztag noch ausgewiesen sein. (Prüfungsnachweise : Kopie der Rechnung und des Vertrages, evtl. des Kontoauszuges mit Vermerk des Zahlungseingangs.)

2.4.3 Prüfung bei angespannter Ertragslage

Bei der Prüfung von Unternehmen mit angespannter Ertragslage ist nicht nur die Frage von Bedeutung, in welchem Umfang das Management *Bilanzpolitik* betrieben hat, sondern ggf. auch zu berücksichtigen, dass aufgrund von *Personalreduzierung* Funktionen des Rechnungswesens u.U. nicht mehr mit der bisherigen Qualität erfüllt werden. Das *Entdeckungsrisiko* des Abschlussprüfers erhält in diesem Rahmen also ein besonderes Gewicht.

Aus dem nachfolgenden Fragenkatalog, der in Anbetracht der *Vielschichtigkeit* des Wirtschaftslebens und der *Raffinesse* der an ihm teilnehmenden Personen keinen Anspruch darauf erhebt, erschöpfend zu sein, geht erneut hervor, dass man das Entdeckungsrisiko nur unter der Voraussetzung möglichst klein halten kann, dass man über umfangreiche und gesicherte Kenntnisse der Geschäftstätigkeit des Unternehmens verfügt.

> *Die Hoffnung der Manager ertragsschwacher Unternehmen ist groß, dass sich bestimmte Informationen nicht im Netz sorgfältiger Abschlussprüfer verfangen !*

2 Prüfung der Forderungen

Es hat sich bewährt, die mit der Geschäftsführung bzw. mit den Fachabteilungen besprochenen Fragen in einem Protokoll festzuhalten, um darauf jederzeit – z.B. bei einem Gespräch mit dem Aufsichtsrat – zurückgreifen zu können.

I. Prüfungsziel : Vollständigkeit

Es ist bei Unternehmen mit angespannter Ertragslage sehr unwahrscheinlich, dass die Buchung von *Umsätzen* vergessen wird. (Hier besteht für den Abschlussprüfer eher das Risiko, dass Umsätze in unzulässiger Weise „vorgezogen" werden !) Das Prüfungsziel „Vollständigkeit" betrifft deshalb an dieser Stelle die Vollständigkeit von *Aufwendungen*, die zusammen mit den entsprechenden Ertragsbuchungen vorgenommen werden müssen.

Abschlussaussage : Die Aufwendungen für Roh-, Hilfs- und Betriebsstoffe und für bezogene Waren bzw. die Aufwendungen für bezogene Leistungen sind vollständig gebucht.

Prüfungshandlungen (Beispiele) :
1. Ist sichergestellt, dass mit einer Ertragsbuchung (per Forderungen an Umsatz und USt) auch eine entsprechende Aufwandsbuchung (z.B. per Materialaufwand an Vorräte) durchgeführt wird ? (Prüfungsnachweise : Rechnung, Kontoauszug, evtl. Kopie der aufgelaufenen Auftragskosten.)
2. Hat der Mandant gegenüber einem Dritten die Verpflichtung, im Zusammenhang mit dem Auftrag eine Provision oder eine Lizenz zu zahlen ? Ist dieser Aufwand ggf. gebucht ? (Prüfungsnachweise : Vertriebsverträge, Gesprächsprotokolle, Kontoauszug)
3. Hat der Mandant Kunden gegenüber die Verpflichtung auf kostenlose Nachrüstung übernommen und ist ggf. der entsprechende Aufwand gebucht ? (Prüfungsnachweise : Kopie des Vertrages und des Kontoauszuges.)

II. Prüfungsziel : Eigentum
Abschlussaussage : Die Forderungen aus Lieferungen und Leistungen sind dem Unternehmen rechtlich bzw. wirtschaftlich zuzurechnen.

Prüfungshandlungen (Beispiele)
Unternehmen in kritischer finanzieller Verfassung müssen ggf. ihre Forderungen an Kreditgeber *abtreten*. Da die wirtschaftliche Betrachtungsweise gilt, müssen auch abgetretene Forderungen im Jahresabschluss ausgewiesen werden. Zur Kenntlichmachung dieser besonderen Situation verlangt aber das HGB, dass *Sicherheiten im Anhang anzugeben sind.* (Sicherungsübereignungen müssten im KoBu-Doc vermerkt sein !) Da Themen dieser Art sehr behutsam behandelt werden müssen, sind Art und Umfang der Prüfungshandlungen in jedem Fall mit dem Prüfungsleiter *abzustimmen* ! (Prüfungsnachweise : Kreditverträge, Liste der abgetretenen Forderungen, Auszug aus dem Anhang.)

III. Prüfungsziel : Bestand
Abschlussaussage : Die Forderungen aus Lieferungen und Leistungen existieren.

Prüfungshandlungen (Beispiele) :
1. Wurde die Lieferung / Leistung vertragsgemäß erbracht, d.h. entsprechen Datum und Spezifikation den Vereinbarungen des Kauf- oder Werkvertrages ? (Prüfungsnachweise : Kopie des Lieferscheines, der Rechnung und des Vertrages.)
2. Mit zunehmender Bedeutung von „Systemgeschäften" ist insbesondere darauf zu achten, ob der Mandant die geschuldete Leistung vollständig und funktionsgerecht erbracht hat und zu prüfen, ob er nicht nur Teile eines Gesamtpaketes geliefert hat, die ihn – weil das System (z.B. eine Anlage) als solches noch nicht steht und vom Kunden demnach auch noch nicht abgenommen werden konnte – nicht berechtigen, bereits *Umsatz und Gewinn* zu realisieren. Unter diesen Voraussetzungen wäre eine bereits gebuchte Forderung zu stornieren und stattdessen eine entsprechende Vorratsposition (unverrechnete Lieferungen und Leistungen genannt) mit ergebnisminderndem Effekt einzubuchen. (Die Aufnahme von Systemgeschäften müsste im

KoBu-Doc vermerkt sein !) (Prüfungsnachweise : Kopie des Lieferscheines, der Rechnung, des Vertrages und des Abnahmeprotokolls.)

3. Ist sichergestellt, dass empfangene Abschlagszahlungen von Kunden ergebnisneutral als *„erhaltene Anzahlungen"* passiviert und nicht zum Anlass einer Teil-Umsatzbuchung mit „Teil-Gewinn-Realisation" genommen werden ? (Prüfungsnachweise : Kopie des Vertrages und des Kontoauszuges.)

4. Wurden im Vertrag *„Teilabrechnungen"* vereinbart und wie werden sie im Rechnungswesen behandelt ? (Vereinbarungen, dass der Kunde zu bestimmten Zeitpunkten Zahlungen zu leisten hat („stage payments upon agreed milestones") bedeuten nicht unbedingt, dass mit einer Zahlungsanforderung auch Umsatzbuchung und Gewinnrealisation zu verbinden sind !) (Prüfungsnachweise : Kopie des Vertrages, der Zahlungsanforderung und des Kontoauszuges.)

5. Enthält der Kaufvertrag besondere Regelungen (wird z.B. dem Kunden das Recht eingeräumt, Ware unter bestimmten Voraussetzungen *zurückliefern* zu können ; Problematik der „revenue recognition, if right of return exists".) und gibt es Anhaltspunkte dafür, dass der Kunde von diesem Recht Gebrauch machen wird ? (Prüfungsnachweise : Kopie des Vertrages, der Rechnung, des Lieferscheines und ggf. der Korrespondenz.)

6. Gibt es Anhaltspunkte dafür, dass der Vertrag de jure *nicht existiert* ? Wann erfolgte die Bestellung ? Liegt das *Original* des Kaufvertrages vor ? Ist die mit der Buchung (Forderung an Umsatz und ggf. USt) korrespondierende Aufwandsbuchung (z.B. Materialaufwand an Vorräte) durch Dokumente zweifelsfrei belegt ? Wie lange gehört der Abnehmer schon zum Kundenkreis des Unternehmens ? Liegen Saldenbestätigungen im *Original* vor ? Kann die Existenz des Kunden ggf. durch örtliche WP-Korrespondenz-Firmen bestätigt werden ? (Prüfungsnachweise : Kopie des Vertrages, der Rechnung, der Saldenbestätigung und ggf. der Korrespondenz.)

IV. Prüfungsziel : Bewertung
Abschlussaussage : Die Forderungen aus Lieferungen und Leistungen sind den gesetzlichen Bestimmungen entsprechend richtig bewertet.

Prüfungshandlungen (Beispiele) :
1. Ist das IKS aussagefähig genug, um auch dann die Werthaltigkeit einer Forderung beurteilen zu können, wenn noch keine Überfälligkeit vorliegt , z.B. Beurteilung des *Delkredere-Risikos* bei Kunden mit kontinuierlichem *Umsatzwachstum*, mit wachsenden Kredit-Limits und dementsprechend steigenden Forderungen ? (Prüfungsnachweise : Ergebnis einer Systemprüfung, Kopie der Kontrolldokumente mit Entwicklung des Geschäftsvolumens einschl. Nachweis des bisherigen Zahlungsverhaltens.)

2. Arbeitet das Programm zur Ermittlung der *Altersstruktur* der Forderungen ordnungsgemäß ? Hat es im Vergleich zum Vorjahr Programmänderungen gegeben und wurde deren Arbeitsweise geprüft ? Prüfungsnachweise : Ergebnis einer Systemprüfung, Kopie der Rechnung, des Kontoauszuges, der „aging list" und ggf. der Saldenbestätigung.)

3. Wurde der Katalog von *Kriterien*, nach denen zu einem bestimmten Zeitpunkt und in bestimmter Höhe *Abschreibungen* zu bilden sind, im Vergleich zum Vorjahr geändert ? Wer hat ggf. diese Änderungen veranlasst und wie groß ist der Einfluss auf das Jahresergebnis ? (Prüfungsnachweise : Kopie der geänderten Abschlussrichtlinien, des Abschreibungstableaus, der Ermittlung einzelner Abschreibungen, des Kontoauszuges und der Berechnung des Unterschiedsbetrages.)

4. Hat der Vertrieb eine *Mahnsperre* ausgesprochen ? Welche Gründe liegen für diese Mahnsperre vor ? Wie sind die entsprechenden Forderungen in der Liste der Altersstruktur gekennzeichnet ? Gibt es Anhaltspunkte dafür, dass der Kunde Anspruch auf einen Nachlass oder eine Nachbesserung hat und ist dies im Jahresabschluss entsprechend berücksichtigt ? (Die Problematik der Mahnsperren müsste im KoBu-Doc vermerkt sein !) (Prüfungsnachweise : Kopie der Mahnsperre, der Korrespondenz und ggf. eines Gesprächsprotokolls.)

5. Enthält der Kaufvertrag eine Verpflichtung des Verkäufers, ein altes Produkt zurückzunehmen ? Ist sichergestellt, dass die *zurückgenommene Ware* marktgerecht bewertet wird, unabhängig davon, welcher Preis dem Kunden für diese Ware vergütet wurde ? Wird die zurückgenommene Ware im Warenwirtschaftssystem korrekt, d.h. als „Warenrücknahme" und nicht als „normaler Warenzugang") behandelt ? (Die Problematik von Rücknahmevereinbarungen müsste im KoBu-Doc vermerkt sein !) (Prüfungsnachweise : Kopie des Kaufvertrages, der Rechnung und ggf. der Korrespondenz, Klassifikation im Warenwirtschaftssystem)

6. Wurden dem Kunden *ungewöhnliche Zahlungsziele* eingeräumt und welche Gründe bestehen ggf. für eine solche *vertriebspolitische* Maßnahme ? (Es ist ggf. erforderlich, sich einen Sonderausdruck erstellen zu lassen, aus dem die Zeitspanne zwischen Rechnungsdatum und Fälligkeitsdatum ersichtlich ist ! Eine solche Auswertung kostet u.U. Zeit und ist rechtzeitig mit der Buchhaltung zu verabreden !) Ist ggf. eine Abzinsung der Forderung erforderlich ? (Prüfungsnachweise : Kopie der Rechnung, des Kaufvertrages, des Kontoauszuges und ggf. der Sonderauswertungen.)

7. Wenn der Kunde seinen Sitz im Ausland hat, ist dann sichergestellt, dass das sogenannte *Länderrisiko* angemessen berücksichtigt wird ? Wann wurde die Beurteilung dieses Risikos letztmalig angepasst und wurde diese Anpassung geprüft ? Arbeiten die entsprechenden DV-Programme zuverlässig, damit die Auslandsumsätze vollständig und richtig erfasst werden ? Ist sichergestellt, dass eine bestehende *Kreditversicherung* tatsächlich eintritt, so dass zurecht auf eine ansonsten erforderliche Abschreibung verzichtet werden kann ? (Werden zur Ermittlung eines Abschreibungsbedarfes *Ausschlüsse* und *Selbstbehalt* vollständig und richtig beachtet ?) (Die Problematik des Länderrisikos müsste im KoBu-Doc bzw. im KoCo-Doc vermerkt sein !) (Prüfungsnachweise : Ergebnisse einer Systemprüfung, Umsatzstruktur nach Ländern, Kopie der Rechnung, des Kaufvertrages, des Abschreibungstableaus der Ermittlung einzelner Abschreibungen und des Kreditversicherungsvertrages.)

> **V. Prüfungsziel : Ausweis**
> *Abschlussaussage : Die Forderungen aus Lieferungen und Leistungen und die entsprechenden Abschreibungen sind den gesetzlichen Bestimmungen entsprechend in der Bilanz bzw. der G+V richtig ausgewiesen.*

Prüfungshandlungen (Beispiele) :
Ein Unternehmen mit angespannter Ertragslage könnte ein Interesse daran haben, *Umsätze mit verbundenen Unternehmen* zu vertuschen, weil diese Umsätze hauptsächlich zur Umsatz- und Ergebnisstabilisierung getätigt wurden. Es ist daher darauf zu achten, dass die Geschäfte richtig gebucht, d.h. die Umsätze und Forderungen als gegenüber verbundenen Unternehmen getätigt ausgewiesen werden. Werden falsch ausgewiesene Forderungen entdeckt, stellt sich zusätzlich die Frage, ob die Forderungen wirklich existieren. (Prüfungsnachweise : Liste der verbundenen Unternehmen, Kopie der Rechnung, des Kaufvertrages und des Kontoauszugs.)

> **VI. Prüfungsziel : Genauigkeit**

1. Es ist denkbar, dass der Mandant seine Verpflichtungen aus dem Kaufvertrag – bis auf wenige unbedeutende *Reste* – vollständig erfüllt hat. Ist dann sichergestellt, dass für die Erbringung dieser Reste eine entsprechende Rückstellung gebildet wird, wenn die Forderung (lt. Rechnung) diese Reste bereits enthält ? (Eine Rückstellung ist dann erforderlich, wenn man aus bestimmten Gründen eine an sich notwendige Umsatzkorrektur nicht (mehr) durchführen kann.) (Prüfungsnachweise : Kopie des Vertrages, des Lieferscheines, der Rechnung und der Rückstellungsermittlung.)

2. Wurden Kunden ggf. *Sonderpreise* eingeräumt und hat der Mandant diese Vereinbarung im Rahmen der Rechnungsschreibung beachtet ? (Prüfungsnachweise: Kopie der Rechnung und des Kaufvertrages)

Wer den soeben vorgestellten Katalog studiert, wird sich fragen, ob hier immer der Grundsatz der *Wesentlichkeit* gewahrt wurde. Dazu ist Folgendes zu sagen : Es ist ein Charakteristikum von Bilanzpolitik, nicht nur auf eine, sondern auf *mehrere* Bilanzpositionen zuzugreifen, weil die „*Quellsubstanz*" einer einzigen Position in der Regel nicht ausreicht, um den *Bedarf* des Managements zu decken. Der erfahrene Abschlussprüfer wird immer wieder feststellen, dass eine Reihe kleiner Prüfungsdifferenzen *in Summe wesentlich* ist.

2.4.4 Prüfung von Ausgangsrechnungen

Es sei an dieser Stelle noch einmal darauf hingewiesen, dass auch bei der Prüfung *einzelner* Jahresabschlusspositionen immer eine *ganzheitliche* Betrachtungsweise gilt. Wer „Rechnungen" prüft, erfährt u.U. auch etwas über Stärken und Schwächen eines (neuen) Geschäftsbereiches, über (neue) Entwicklungen in der Branche, über Probleme bei der Datenverarbeitung und über einen Budgetdruck, dem sich die Geschäftsleitung ausgesetzt sieht. Er muss seine Erfahrungen den anderen Mitgliedern des *Prüfungsteams* mitteilen. Erst aus dieser Gesamtschau erwächst die Stärke eines Teams.

Mit einer intensiven Belegprüfung gibt man im Übrigen zu erkennen, welch große Bedeutung man dem Instrument der „Einsichtnahme" innerhalb der Prüfungstechnik (VA BENE) beimisst. Wenn die ISA gezielt die Formulierung verwenden: „to obtain an understanding of the client's business", dann geschieht dies auch aus der Überlegung heraus, dass man *Quellen* im wahrsten Sinne des Wortes „studieren" muss, um wirklich zu *begreifen*, was in einem Unternehmen geschieht.

Es sind im Wesentlichen die folgenden Arbeiten durchzuführen :

(1.) Abstimmung der Ausgangsrechnung (mit Saldenliste, OPL, Konto)

(2.) Durchsicht der Rechnung und Beurteilung von (Beispiele) :

Thema	Fragen	Problematik
Datum der Rechnung	Zeitliche Nähe zum Bilanztag ?	*Vorfakturierung* Verlagerung von Umsätzen ins nächste Geschäftsjahr
Gegenstand der Lieferung bzw. Leistung	Welcher Geschäftsbereich ? (Wesentliche Veränderungen in diesem GB ?) Handelt es sich u.U. um eine Teil-Lieferung ?	Neue und ggf. *risikobehaftete* Geschäfte Umsatz- und Gewinnrealisation bei *Teil-Lieferungen*
Kunde	Kundengruppe ? Stellung im Markt ? Ist der Kunde ggf. ein verbundenes Unternehmen ?	Kundengruppe mit erhöhtem Delkredere-Risiko Ausweis der Forderung
Zahlungskonditionen	Intensität des Preiswettbewerbs ? Anpassung der Kundenpreise ?	Aktualisierung der Preisdatei
Rechnungswert	Wird der Wert – unter besonderer Berücksichtigung von Sonderpreisen und Rabatten – korrekt ermittelt ?	Manueller oder maschineller Arbeitsfehler

Es wird unmittelbar deutlich, dass man die Problematik bestimmter Themen ohne eine solide Kenntnis der Geschäftstätigkeit und des wirtschaftlichen und rechtlichen Umfeldes des zu prüfenden Unternehmens unter besonderer Berücksichtigung der Qualität des Internen Kontrollsystems gar nicht beurteilen kann.

2 Prüfung der Forderungen

(3.) Durchsicht des Vertrages

Thema	Fragen	Problematik
Gegenstand der Lieferung und Leistung	Handelt es sich um ein Liefergeschäft oder um ein Anlagen- bzw. Systemgeschäft ? (ggf. Spezifika des Werkvertrages ?)	Beim *Anlagengeschäft* (Systemgeschäft) entsteht eine Forderung i.d.R. erst nach Abnahme des Werkes (Systems) durch den Kunden. Diese Abnahme wird durch ein Protokoll (in dem evtl. noch geringfügige Mängel aufgelistet sind), dokumentiert. Liegt kein *Abnahmeprotokoll* vor, muss es durch ein gleichwertiges Dokument ersetzt werden ! („*critical audit objective !*") Die Besonderheit von Anlagengeschäften müsste im Übrigen aus dem KoBu-Doc zu entnehmen sein !
Zahlungskonditionen	Standard-Konditionen oder Sonderkonditionen ?	Wurden die vertraglichen Konditionen bei der *Rechnungsstellung* berücksichtigt ?
	Wurden die Sonderkonditionen genehmigt ?	*Autarkie* von Geschäftsbereichen
	Worin liegen die Gründe für Sonderkonditionen ?	*Pilotprojekt* (evtl. mit höheren Gewährleistungsrisiken) ? Vertriebspolitische Maßnahmen mit dem Ziel, das *geplante* Umsatzwachstum zu erreichen ? (Financial Reporting *Environment* !)
	Wurden Abschlagszahlungen vereinbart ? Ist sichergestellt, dass erst dann Umsatz und Gewinn realisiert werden, wenn die *gesamte* Lieferung/Leistung erbracht ist und Abschlagszahlungen bis dahin als „*erhaltene Anzahlungen*" (ergebnisneutral) passiviert werden?	*Abnahme* des Werkes/Systems durch den Kunden
	Wurde in fremder Währung fakturiert ?	*Kurssicherung*
Liefertermin	Zeitliche Nähe zum Bilanztag ? Entspricht der vereinbarte Liefertermin dem Zeitpunkt der effektiven Lieferung ?	*Vorfakturierung*
Rückgaberechte	Unter welchen Voraussetzungen hat der Kunde ein Rückgaberecht ?	*Vereinbarkeit* von Gewinnrealisation und Rückgaberecht
Nachrüstungen	Unter welchen Voraussetzungen sind (kostenlose) Nachrüstungen erforderlich ?	*Rückstellungsbildung*

(4.) Prüfung der Aufwandsbuchung

Ist sichergestellt, dass der Ertragsbuchung (per Forderung an Umsatz und ggf. USt) auch eine vollständige Aufwandsbuchung (z.B. per Materialaufwand an Vorräte) gegenübersteht ? Haben *Sub-Unternehmer* ihre Leistung noch nicht vollständig abgerechnet, ist für ausstehende Rechnungen eine entsprechende Verbindlichkeit / Rückstellung einzustellen ! (Problematik des Projektgeschäftes !) Dabei ist die Frage bedeutsam, ob Subunternehmer *Nachträge* geltend machen werden, deren Wert nur teilweise oder überhaupt nicht an den Kunden weiterbelastet werden kann. (Prüfungsnachweise : Ermittlung und Buchung des Aufwandes, Subunternehmervertrag und (latente) Nachtragsansprüche)

2.4.5 Kriterien für die Strukturierung einer Saldenliste

Es zeichnet einen *gewissenhaften* Abschlussprüfer aus, dass er sich nicht generell mit Saldenlisten zufrieden gibt, die ihm in standardisierter und seit Jahren verwendeter Form vom

Mandanten präsentiert werden. Auf der Basis seiner *Kenntnisse* über das Unternehmen muss er rechtzeitig planen, nach welchen Kriterien er eine Saldenliste strukturiert haben möchte. Diese Kenntnisse sind im Wesentlichen in den beiden Dokumenten KoBu-Doc und KoCo-Doc niedergelegt, so dass auch das *Team* jederzeit darauf zurückgreifen kann.

Je eher der Abschlussprüfer mit besonderen Wünschen an das Unternehmen herantritt, desto weniger wird er auf Ablehnung stoßen, da den zuständigen Abteilungen genügend Zeit bleibt, um *Sonderauswertungen* zu erstellen. Stößt er auf Widerstand, der ja auch „gespielt" sein kann, weil ein Unternehmen u.U. gar kein Interesse daran hat, dem Abschlussprüfer mehr Transparenz zu verschaffen, dann muss er einen anderen Weg beschreiten, in dem er um Zur-Verfügung-Stellung der Daten des Debitoren-Kontokorrentes zu dem Zweck bittet, im Rahmen seines eigenen *CAAD- Konzeptes* Sonderauswertungen selbst zu erstellen. Auch dieser Weg muss allerdings rechtzeitig *geplant* werden, damit man sich – die Rechenkapazität von Computern berücksichtigend – auf ein größeres Datenvolumen einstellen kann. Dies setzt dann wiederum eine entsprechende Zusammenarbeit zwischen Abschlussprüfer und seinen eigenen DV-Experten voraus.

Sonderauswertungen müssen immer Gegenstand der Prüfungsplanung sein !

Eine Gliederung der Saldenliste ist u.a. nach folgenden Kriterien denkbar :
1. Nach der Größenordnung
2. Nach Inlands- und Auslandsforderungen
   (bei den Auslandsforderungen getrennt nach Währungen)
3. Nach Geschäftsbereichen / Geschäftsfeldern
4. Nach Kundengruppen
5. Nach Produktgruppen
6. Nach Altersklassen
7. Nach den Zahlungszielen
8. Nach Mahnkennziffern (einschließlich Mahnsperre)
9. Nach der Dauer der Geschäftsbeziehung
10. Nach dem Kreditlimit
11. Nach der Umsatzgröße (nach Jahresverkehrszahlen)
12. Nach kreditversicherten und nicht versicherten Posten

Bevor wir zum nächsten Kapitel übergehen :

Werfen Sie zum Abschluss noch einmal einen Blick auf den Wegweiser ! (Seite 231)

Die Fragen zur Prüfung des *Anhangs* werden im Kapitel III. 7 zusammenfassend behandelt.

3 Prüfung des Anlagevermögens (Schwerpunkt : Sachanlagen)

Neben dem handelsrechtlichen Inhalt der Bilanzposition wird am Beispiel einer Brauerei und ihres *Geschäftsmodells* der Prozess des Investitionsmanagements vorgestellt und erläutert, welche Schwerpunkte eine Abschlussprüfung möglicherweise haben könnte. Dabei werden die Vorzüge einer *strategischen* Betrachtungsweise im Vergleich zu buchhalterischen Aspekten herausgestellt. Mit der notwendigen Verknüpfung von Arbeitspapieren (hier dargestellt an Themen der Prozessanalyse) ist die Funktion einer *Vogelperspektive* verbunden, die von *allen* Mitgliedern eines Prüfungsteams regelmäßig aufgesucht werden muss, um den Jahresabschluss als *Einheit* nicht aus den Augen zu verlieren und um die eigenen Prüfungshandlungen ggf. neu *ausrichten* zu können. Der bereits erwähnte Arbeitsrahmen mit Schrittfolge und unterschiedlich gewichtetem Fragenkatalog beschließt dieses Kapitel.

3.1 Wegweiser

Bevor Sie mit der Prüfung der Sachanlagen beginnen, müssen Sie die wesentlichen Gesichtspunkte, die in den drei *Phasen* der Abschlussprüfung (Analyse der Geschäftstätigkeit, Analyse der Kontrolltätigkeit, verbleibende Prüfungshandlungen) eine Rolle spielen, *rekapitulieren*. Der Wegweiser für die Prüfung der Sachanlagen zeigt Ihnen, welche Voraussetzungen Sie erfüllen müssen, damit Sie diese Jahresabschlussposition verantwortungsbewusst prüfen können. Erst wenn Sie diesen Wegweiser verstanden haben, werden Sie auch in der Lage sein, die Ihnen später präsentierten Arbeitshilfen (Leitfäden) richtig einzusetzen.

Wegweiser für die Prüfung der Sachanlagen

Phase	Fragen zur Wesentlichkeit	Dokumente
Strategie-Analyse	Haben Sie eine klare Vorstellung vom *Geschäft* des Mandanten? Welche wesentlichen Geschäftsvorfälle haben sich im (vergangenen) Geschäftsjahr ereignet?	Geschäftsbewusstsein KoBu-Doc (Knowledge of Business) **KOBU**
	Verstehen Sie die wesentlichen Geschäftsrisiken? Welche Risiken sind (im vergangenen Jahr) auf Unternehmens-Ebene aufgetreten bzw. waren dort unverändert im Vergleich zum Vorjahr vorhanden? Wissen Sie, für welche Abläufe (Prozesse) Sie sich interessieren müssen, um zu verstehen, wie beim *Anlagen-Management* Geschäftsvorfälle abgewickelt und Geschäftsrisiken behandelt werden? Gehört vor diesem Hintergrund das *Anlagenmanagement* zu denjenigen Bereichen, in denen sich wesentliche Geschäftsvorfälle ereignet haben und wesentliche Geschäftsrisiken dergestalt bestehen, dass man von einem *signifikanten* Einfluss auf den Jahresabschluss sprechen kann? Wenn das Anlagenmanagement für den zu prüfenden Jahresabschluss zu den wesentlichen Geschäftsprozessen gehört, dann ist Folgendes zu beachten:	Risikobewusstsein KoRi-Doc (Knowledge of Risks) **KORI**
Prozess-Analyse	Verstehen Sie, wie das *Anlagenmanagement* arbeitet? Verstehen Sie die Risiken im Anlagenbereich, d.h. die Risiken auf Prozess-Ebene, die dort eingerichteten Kontrollen und die trotz Kontrollen noch bestehenden restlichen Geschäftsrisiken bei den Sachanlagen? Wurden die Kontrollen geprüft? Welche *Prüfungsziele* wurden dabei gesetzt und zu welchen Erkenntnissen hat diese Prüfung geführt? Verstehen Sie die bei den Sachanlagen noch existierenden Restrisiken (Jahresabschlussrisiken) und die dafür eingerichteten Kontrollen?	Kontrollbewusstsein KoCo-Doc (Knowledge of Controls) **KOCO**
	Wurden die verbleibenden Prüfungshandlungen geplant? Welches *Prüfungsziel* wurde dabei formuliert? Wurden dabei insbesondere beachtet? §§ 253 und 255 HGB §§ 266 und 275 HGB	Leitfaden 1. Abstimmung 2. AK / HK 3. Abschreibung 4. Abgrenzung
Verbleibende Prüfungshandlungen	Haben Sie die verbleibenden Prüfungshandlungen durchgeführt?	Programmbewusstsein KoP-Doc (Knowledge of Program) **KOP**
und	Haben Sie die *Prüfungsdifferenzen* identifiziert und analysiert? **Haben Sie Ihr Prüfungsziel erreicht?**	Fehlerbewusstsein KoDi-Doc (Knowledge of Differences) **KODI**
Bericht	Haben Sie die auf Sie entfallenden Teile des Prüfungsberichtes formuliert, die Herkunft der Zahlen erneut geprüft und das Zahlenwerk ordnungsgemäß *dokumentiert*?	

3 Prüfung des Anlagevermögens

3.2 Regelungen im HGB und das Investitionsmanagement als zuständiger Geschäftsprozess

3.2.1 Zum Inhalt der Sachanlagen

Bitte nehmen Sie Ihr HGB zur Hand und versuchen Sie, diejenigen §§ zu finden, die sich mit dem Anlagevermögen beschäftigen. Zum Paragraphen brauchen wir dann auch noch einen Titel, damit wir seinen Inhalt richtig einordnen können. (Hervorheb. d.d.Verf.)

§ 246 „Vollständigkeit / Verrechnungsverbot" (Abs.1, Satz 1)
„Der Jahresabschluss hat sämtliche Vermögensgegenstände, Schulden, Rechnungsabgrenzungsposten, Aufwendungen und Erträge zu enthalten, soweit gesetzlich nichts anderes bestimmt ist." Woran erinnert Sie diese Formulierung ? An die Abschlussaussagen des Mandanten, die wir im Kürzel VEBBAG zusammengefasst haben. Er behauptet u.a., dass alle Positionen *vollständig* erfasst sind. Er muss eine solche Aussage treffen, weil der Gesetzgeber es verlangt !

§ 246 Abs. 2
„Posten der Aktivseite dürfen nicht mit Posten der Passivseite, Aufwendungen nicht mit Erträgen, Grundstücksrechte *nicht* mit Grundstückslasten *verrechnet* werden."

§ 247 „Inhalt der Bilanz" (Abs. 2)
„Beim Anlagevermögen sind nur die Gegenstände auszuweisen, die bestimmt sind, *dauernd* dem Geschäftsbetrieb zu dienen."

Der Gesetzgeber hat das Umlaufvermögen nicht expressis verbis definiert; es ergibt sich also aus der Negativabgrenzung zum Anlagevermögen. Es werden alle diejenigen Vermögensgegenstände unter der Position *Umlaufvermögen* ausgewiesen, die zur Veräußerung oder zum Verbrauch bestimmt sind. Es kommt also auf die Zwecksetzung an und – bitte denken Sie daran ! – diese kann sich ändern. Was heute z.B. noch als Sachanlagevermögen gilt, kann morgen schon zum Umlaufvermögen gehören !

In der Hektik des Tagesgeschäftes kann es geschehen, dass man nicht mehr daran denkt, dass der Mandant z.B. beschlossen hat, sich von einem Betrieb oder von einem Geschäftsfeld zu trennen. (Zur Problematik der „Geschäftsfelder" vgl. Anlage 14) Ein Beschluss, sich von einem Geschäftsfeld zu trennen, bedeutet aber eine *Änderung der Zwecksetzung* bestimmter Teile des Anlagevermögens. Diese Gegenstände dürfen also nicht mehr unter der Position „Anlagevermögen" ausgewiesen werden, sondern müssen ins Umlaufvermögen umgebucht werden. In diesem Fall kommt also dem Buchstaben **A** (für **A**usweis) in VEBBAG eine besondere u.U. überraschende Bedeutung zu.

Der große Vorteil einer *formalisierten Erfassung von wichtigen Unternehmensdaten* besteht u.a. darin, dass in unserem Pflichtdokument zum Business Understanding (kurz : KoBu-Doc genannt) dieser Sachverhalt aufgeführt wäre und wir – bei einem erneuten Studium dieses Dokumentes – an diesen Umstand erinnert würden. Wenn also die Geschäftsleitung von WELOS entschieden hätte, sich von seinem Autosalon in L. zu trennen, dann müssten die dort gebundenen Vermögensgegenstände ins Umlaufvermögen umgebucht werden. KoBu-Doc ist für uns also nicht nur *Leitfunktion*, sondern auch eine *Gedächtnisstütze*.

§ 248 „Bilanzierungsverbote" (Abs. 2)
„Für immaterielle Vermögensgegenstände des Anlagevermögens, die nicht entgeltlich erworben wurden, darf ein Aktivposten nicht angesetzt werden."

Welcher Buchstabe im Begriff „VEBBAG" wird durch § 248 Abs. 2 HGB angesprochen? Das erste „B" für **Be**stand ! (VE**B**BAG)

§ 253 „Wertansätze der Vermögensgegenstände und Schulden" (Abs. 1, Satz 1)
„Vermögensgegenstände sind *höchstens* mit den Anschaffungs- oder Herstellungskosten, vermindert um *Abschreibungen* nach den Absätzen 2 und 3 anzusetzen.."

§ 253 Abs. 2
(1) „Bei Vermögensgegenständen des Anlagevermögens, deren Nutzung zeitlich begrenzt ist, sind die Anschaffungs- oder Herstellungskosten um *planmäßige Abschreibungen* zu vermindern.

(2) Der Plan muss die Anschaffungs- oder Herstellungskosten auf die Geschäftsjahre verteilen, in denen der Vermögensgegenstand *voraussichtlich* genutzt werden kann.

(3) Ohne Rücksicht darauf, ob ihre Nutzung zeitlich begrenzt ist, können bei Vermögensgegenständen des Anlagevermögens *außerplanmäßige* Abschreibungen vorgenommen werden, um die Vermögensgegenstände mit dem niedrigeren Wert anzusetzen, der ihnen am Abschlussstichtag *beizulegen* ist ; sie sind vorzunehmen bei einer voraussichtlich dauernden Wertminderung."

§ 253 Abs. 4
„Abschreibungen sind außerdem im Rahmen vernünftiger kaufmännischer Beurteilung zulässig."

§ 253 Abs. 5
„Ein niedrigerer Wertansatz nach Absatz 2 Satz 3, Absatz 3 oder 4 darf beibehalten werden, auch wenn die Gründe hierfür nicht mehr bestehen."

Welcher Buchstabe im Begriff „VEBBAG" wird durch § 253 HGB angesprochen? Das zweite „B" für **B**ewertung ! (VEB**B**AG)

§ 254 „Steuerrechtliche Abschreibungen"
(1) „Abschreibungen können auch vorgenommen werden, um Vermögensgegenstände des Anlage- oder Umlaufvermögens mit dem niedrigeren Wert anzusetzen, der auf einer nur steuerrechtlich zulässigen Abschreibung beruht.

(2) § 253 Abs. 5 ist entsprechend anzuwenden."

§ 255 „Anschaffungs- und Herstellungskosten" (Abs. 1)
(1) „Anschaffungskosten sind die Aufwendungen, die geleistet werden, um einen Vermögensgegenstand zu *erwerben* und ihn in einen *betriebsbereiten* Zustand zu versetzen, soweit sie dem Vermögensgegenstand *einzeln zugeordnet* werden können.

(2) Zu den Anschaffungskosten gehören auch die *Nebenkosten* sowie die *nachträglichen* Anschaffungskosten. *Anschaffungskostenminderungen* sind abzusetzen."

§ 255 Abs. 2
(1) „Herstellungskosten sind die Aufwendungen, die durch den Verbrauch von Gütern und die Inanspruchnahme von Diensten für die *Herstellung* eines Vermögensgegenstandes, seine *Erweiterung* oder für eine über seinen ursprünglichen Zustand hinausgehende *wesentliche Verbesserung* entstehen.

(2) Dazu gehören die *Materialkosten*, die *Fertigungskosten* und die *Sonderkosten der Fertigung*.

(3) Bei der Berechnung der Herstellungskosten dürfen auch *angemessene* Teile der notwendigen *Materialgemeinkosten*, der *notwendigen Fertigungsgemeinkosten* und des *Wertverzehrs* des Anlagevermögens, soweit er durch die Fertigung veranlasst ist, eingerechnet werden.

(4) Kosten der allgemeinen *Verwaltung* sowie Aufwendungen für soziale Einrichtungen des Betriebes, für freiwillige soziale Leistungen und für betriebliche Altersversorgung brauchen nicht eingerechnet zu werden.

(5) Aufwendungen im Sinne der Sätze 3 und 4 dürfen nur insoweit berücksichtigt werden, als sie auf den *Zeitraum der Herstellung* entfallen.

(6) *Vertriebskosten dürfen nicht* in die Herstellungskosten einbezogen werden."

§ 255 Abs. 3
(1) „*Zinsen für Fremdkapital* gehören nicht zu den Herstellungskosten.

(2) Zinsen für Fremdkapital, das zur Finanzierung der Herstellung eines Vermögensgegenstandes verwendet wird, dürfen angesetzt werden, soweit sie auf den *Zeitraum der Herstellung* entfallen ; in diesem Falle gelten sie als Herstellungskosten des Vermögensgegenstandes."

Welcher Buchstabe im Begriff „VEBBAG" wird durch § 255 HGB angesprochen? Wiederum des zweite „B" für **B**ewertung! (VEB**B**AG)

Der zitierte Gesetzestext eignet sich im Übrigen auch dafür, sich jetzt schon auf Themen der Vorratsbewertung einzustellen. Auch wenn wir die „unfertigen und fertigen Erzeugnisse" nicht im Detail behandeln, so haben Sie dennoch schon einen ersten Überblick bekommen und wissen bereits, dass es unterschiedliche *Wertniveaus* bei den Eigenerzeugnissen gibt, Niveaus, auf die sich der Abschlussprüfer rechtzeitig einstellen muss. Es darf allerdings nicht unerwähnt bleiben, dass Abschlussprüfer – einer Gewohnheit erliegend – der Prüfung der Herstellungskosten immer wieder eine viel zu große Bedeutung beimessen und zu spät erkennen, dass sie den Bereich der (fehlenden) Abschreibungen vernachlässigt haben. (Problematik der *Rivalität* zwischen dem 2. und 3. Kapitel innerhalb der Vier-Stufen-These)

Im Anschluss an § 263 gilt im HGB der Zweite Abschnitt (Ergänzende Vorschriften) für Kapitalgesellschaften (AGs, KGaA, GmbHs) sowie für bestimmte Personengesellschaften. Die folgenden §§ sind unter diesem besonderen Aspekt zu sehen.

§ 266 „Gliederung der Bilanz" (Abs. 2 Aktivseite)

A. Anlagevermögen

I. Immaterielle Vermögensgegenstände :

1. Konzessionen, gewerbliche Schutzrechte und ähnliche Rechte und Werte sowie Lizenzen an solchen Rechten und Werten
2. Geschäfts- und Firmenwert
3. geleistete Anzahlungen.

II. Sachanlagen :

1. Grundstücke und grundstücksgleiche Rechte und Bauten einschließlich der Bauten auf fremden Grundstücken
2. technische Anlagen und Maschinen
3. andere Anlagen, Betriebs- und Geschäftsausstattung
4. geleistete Anzahlungen und Anlagen im Bau.

III. Finanzanlagen :

1. Anteile an verbundenen Unternehmen
2. Ausleihungen an verbundene Unternehmen
3. Beteiligungen
4. Ausleihungen an Unternehmen, mit denen ein Beteiligungsverhältnis besteht
5. Wertpapiere des Anlagevermögens
6. sonstige Ausleihungen.

Erst wenn man diese vom Gesetzgeber verlangte Struktur des Anlagevermögens in Ruhe studiert, kann man verstehen, wie wichtig die *Aussage* des Mandanten ist, dass *alle* Positionen des Jahresabschlusses richtig „ausgewiesen" werden. Wir denken hier also erneut an den Buchstaben „A" für **A**usweis im Begriff „VEBBAG".

Ausreichende und angemessene Nachweise z.B. dafür zu bekommen, dass die Gegenstände der Sachanlagen, hier insbesondere die „Anlagen im Bau" richtig ausgewiesen werden, kann sehr wohl zu einem wichtigen *Prüfungsziel* des Abschlussprüfers werden. Und vergessen Sie bitte auch nicht meinen Hinweis, dass ein Mandant sehr wohl ein Interesse daran haben kann, nicht alle Liefer- und Leistungsbeziehungen zu *verbundenen* Unternehmen als solche offen zu legen, und stattdessen z.B. ein langfristiges Darlehen (im Sinne eines Stützungskredites), das einer notleidenden Tochtergesellschaft gewährt wurde, als sonstige Ausleihung auszuweisen oder den entsprechenden Betrag in die Position „Sonstige Vermögensgegenstände" einzubuchen.

Wer weiß, was den Kontrollorganen alles verschwiegen werden soll !?

§ 275 „Gliederung" (der G+V) Abs. 1
(1) „Die Gewinn- und Verlustrechnung ist in Staffelform nach dem Gesamtkostenverfahren oder dem Umsatzkostenverfahren aufzustellen.

(2) Dabei sind die in Absatz 2 oder 3 bezeichneten Posten in der angegebenen Reihenfolge gesondert auszuweisen."

§ 275 Abs. 2 Nr. 7
„Abschreibungen :

a) auf immaterielle Vermögensgegenstände des Anlagevermögens und Sachanlagevermögens sowie auf aktivierte Aufwendungen für die Ingangsetzung und Erweiterung des Geschäftsbetriebs

b) auf Vermögensgegenstände des Umlaufvermögens soweit diese die in der Kapitalgesellschaft üblichen Abschreibungen überschreiten."

Im Rahmen des sogenannten Umsatzkostenverfahrens werden die genannten Abschreibungen auf unterschiedliche Positionen verteilt, je nachdem, ob sie in Fertigungs-, Verwaltungs-, Vertriebs- oder in sonstigen Kostenstellen anfallen.

§ 279 „Nichtanwendung von Vorschriften. Abschreibungen" (Absatz 1)
(1) „ § 253 Abs. 4 ist nicht anzuwenden.

(2) § 253 Abs. 2 Satz 3 darf, wenn es sich nicht um eine voraussichtlich dauernde Wertminderung handelt, nur auf Vermögensgegenstände, die Finanzanlagen sind, angewendet werden."

§ 279 Abs. 2 :
„Abschreibungen nach § 254 dürfen nur insoweit vorgenommen werden, als das Steuerrecht ihre Anerkennung bei der steuerrechtlichen Gewinnermittlung davon abhängig macht, das sie sich aus der Bilanz ergeben."

§ 280 „Wertaufholungsgebot"
Einzelheiten sind im HGB nachzulesen.

Wo sind weitere Vorschriften über das Anlagevermögen kodifiziert ?
BGB : Drittes Buch : Zweiter Abschnitt : Allgemeine Vorschriften über Rechte an Grundstücken : §§ 873 ff. (Sachenrecht) , Steuergesetze, Sonstige Vorschriften, z.B. BMF-Schreiben über Leasing.

Im Zusammenhang mit sachenrechtlichen Bestimmungen kann es sehr wohl auch Aufgabe des Abschlussprüfers und seines Teams sein, sich mit Eintragungen im Grundbuch zu beschäftigen. Das Grundbuchamt führt als Teil des örtlichen Amtsgerichtes die Grundbücher. Man unterscheidet :

- Allgemeines Grundbuch
- Erbbau-Grundbuch
- Grundbuchblätter für Miteigentum

Wenn das BGB von „Grundbuch" spricht, meint es das, was die Grundbuchordnung als „Grundbuchblatt" bezeichnet. Das Grundbuch besteht aus den *Bestandsverzeichnissen I und II*.

3 Prüfung des Anlagevermögens

Das Bestandsverzeichnis I enthält tatsächliche Angaben über das Grundstück, insbesondere die Nummer des Grundstückes, die einem amtlichen Verzeichnis (dem Kataster oder Flurbuch) entnommen ist.

Das Bestandsverzeichnis II enthält die wichtigen rechtlichen Eintragungen. Es zerfällt in *drei Abteilungen.* In der ersten Abteilung stehen die Eigentümer, in der zweiten die Belastungen (mit Ausnahme der Grundpfandrechte); diese (Hypothek, Grundschuld, Rentenschuld) sind in der *dritten* Abteilung zusammengefasst.

Wer sich über Grundstücke informieren will (sei es über die Lage, Größe, Eigentumsverhältnisse oder Belastungen) muss einen Blick in das Grundbuch werfen.

Der *Grundbuchauszug* liefert wichtige Informationen, ihm kommt als *Prüfungsnachweis* größte Bedeutung zu.

Die Beschaffung von Grundbuchauszügen kostet Zeit. Sie muss deshalb als wesentliches Element in die *Prüfungsplanung* einbezogen und rechtzeitig mit dem Mandanten besprochen werden.

Ohne dies an dieser Stelle vertiefen zu wollen, sei im Zusammenhang mit *Leasing-Geschäften* auf Folgendes hingewiesen : Beim Leasing handelt es sich um eine besondere Form der Vermietung von Investitionsgütern. Im Falle des „direkten" Leasings vermietet der Produzent selbst den Gegenstand, im Falle des „indirekten" Leasings erwirbt eine Leasing-Gesellschaft das Investitionsobjekt und vermietet dieses an den Leasing-Nehmer.

Beim Studium von Leasing-Verträgen sind zu beachten : die Grundmietzeit, Verlängerungs- und Kaufoptionen nach Ablauf der Grundmietzeit, die Leasingraten, die Übernahme des Investitionsrisikos und die Vereinbarungen über die Instandhaltung.

In der Handelsbilanz kommen die steuerrechtlichen Regelungen zur Anwendung, die in entsprechenden Leasingerlassen geregelt sind. Auf diese sei im Hinblick auf die Zurechnungsvorschriften hier verwiesen. Im Übrigen wird es von der Analyse der Geschäftstätigkeit abhängen, inwieweit der Abschlussprüfer verpflichtet ist, sich näher mit Leasing-Verträgen zu beschäftigen.

Ich darf noch einmal an die *Gliederung* des Sachanlagevermögens erinnern, so wie sie in § 266 HGB niedergelegt ist :

I. Sachanlagen :
1. Grundstücke und grundstücksgleiche Rechte und Bauten einschließlich der Bauten auf fremden Grundstücken
2. Technische Anlagen und Maschinen
3. Andere Anlagen, Betriebs- und Geschäftsausstattung
4. Geleistete Anzahlungen und Anlagen im Bau

Sie werden sich auch daran erinnern, dass wir uns im Zusammenhang mit der Gestaltung der *Arbeitspapiere* überlegt haben, nach welchen *Gesichtspunkten* wir die Zusammensetzung der einzelnen Posten darstellen. Obwohl dies ein sehr formeller Aspekt ist, bringt er doch die Richtung zum Ausdruck, in die der Abschlussprüfer denkt und handelt.

3.2.2 Die Prägung der Sachanlagen

Wenn man sich die obige Struktur des Sachanlagevermögens ansieht, dann kann man lange – sich sozusagen am Handlauf eines Bilanzkommentars bewegend - über Zugänge und Anschaffungskosten, über Abgänge und Restbuchwerte, über planmäßige und außerplanmäßige Abschreibungen sprechen. Befriedigend ist das nicht, weil Betrachtungen dieser Art *losgelöst* von der Wirklichkeit stattfinden.

Um wenigstens eine gewisse Nähe zur Praxis herzustellen, wollen wir das Beispiel der Brauerei BRATO nutzen, um auf Basis der uns vorliegenden Informationen einige Themen des Sachanlagevermögens zu besprechen. In diesem Zusammenhang verweise ich auf die Anlage 6. Bitte schlagen Sie diese Anlage auf und denken Sie über die folgenden Fragen nach :

Welche Gruppen wesentlicher Geschäftsvorfälle dürfen wir bei einer Brauerei im Bereich „Sachanlagen" erwarten ? In welchem Geschäftsprozess werden diese Geschäftsvorfälle vermutlich abgewickelt ?

Lesen Sie jetzt bitte nicht direkt weiter, sondern denken Sie ein paar Minuten nach ! Als Abschlussprüfer (und wir fühlen uns jetzt einfach mal so) wird man mit folgenden Geschäftsvorfällen rechnen können (diese Strukturierung fördert dann auch die Bildung von Schwerpunkten) :

Erwerb und Instandhaltung von bebauten und unbebauten
- Fabrikgrundstücken
- sonstigen gewerblich genutzten Grundstücken (z.B. bei Gaststätten)
- Wohngrundstücken

Erwerb und Instandhaltung von Fertigungsanlagen (für Bier, Limonade etc)
- Sudgefäße
- Gärbehälter
- Lagertanks
- Filteranlagen
- Abfüllanlagen
- Verpackungsanlagen

Erwerb und Instandhaltung des Fuhrparks
- Lastkraftwagen (Lieferfahrzeuge)
- PKW (für Verwaltung und Vertrieb)

Erwerb von sonstigen Gegenständen der Betriebs- und Geschäftsausstattung
- DV-Anlagen
- Mobiliar

Warum sprechen wir von einer „Prägung" der Sachanlagen ? Im Jahresabschluss ausgewiesene Anlagen sind das Ergebnis eines Investitionsprozesses, der vom Markt diktiert und von den individuellen Finanzierungsmöglichkeiten des Unternehmens bestimmt wird. Schwerpunkte des Investitionsprogrammes deuten die Richtung an, in die der Vorstand das Unternehmen im Hinblick auf Sortiment, Kundennähe und Lieferbereitschaft lenken will. (Management-Prozess !)

3 Prüfung des Anlagevermögens

Wenn das Interne Kontrollsystem richtig arbeitet, dann wurde jede in den Jahresabschluss eingestellte Anlage vom Unternehmen erworben, ihr Wertansatz entspricht dem nach vernünftiger kaufmännischer Beurteilung zu erwartenden Einsatzzweck und die Anlage (im Bau befindlich oder fertiggestellt) wird in der exakten Höhe nach den Kategorien ausgewiesen, wie sie das HGB vorschreibt (VEBBAG-Struktur).

Nachdem wir uns jetzt einen ersten Überblick über Geschäftsvorfälle im Bereich Sachanlagen verschafft haben und davon ausgehen dürfen, dass diese im *Geschäftsprozess Investitionsmanagement* abgewickelt werden, wollen wir jetzt darüber nachdenken, wie ein solcher Prozess abläuft, ein Prozess, der im Internen Kontrollsystem eine wesentliche Rolle spielt.

Welche Fragen würden Sie an denjenigen stellen, der als Mitglied der Geschäftsführung für diesen Prozess verantwortlich ist ? Bitte denken Sie einmal in Ruhe darüber nach, weil Sie bald in die Verlegenheit kommen könnten, ein solches Gespräch zu führen.

3.3 Aussagebezogene Prüfungshandlungen

3.3.1 Die Bedeutung strategischer Aspekte

3.3.1.1 Die Aufbauprüfung des Internen Kontrollsystems

Wir machen diese Übung, um Ihnen erneut deutlich zu machen, dass wir zur Aufnahme eines Prozesses und zum Verständnis von Internen Kontrollen Gespräche führen müssen. Was bei Gesprächen zu beachten ist, habe ich Ihnen ausführlich dargelegt. (vgl. Kapitel II. 3)

Wir müssen uns auf Gespräche bei den Mandanten sorgfältig *vorbereiten* ! Auf diese Weise verschaffen wir uns zunächst ein eigenes Bild von Organisationsformen und internen Kontrollen. Der Verlauf des Gespräches wird dann deutlich machen, wie nahe wir mit unseren Vorstellungen der Wirklichkeit gekommen sind. Wie bei einer Plausibilitätsanalyse gehen wir also mit bestimmten *Erwartungen* an ein Unternehmen heran, werden diese Erwartungen bestätigt finden oder mehr oder minder große Überraschungen erleben, die auf außergewöhnliche Präzision oder aber auf Schwachstellen hindeuten.

Folgende Aspekte müssen bei einem Gespräch eine Rolle spielen :

Investitionsplanung
- Wird ein Investitionsplan aufgestellt ?
- Welches Volumen, welche Schwerpunkte und welche Zeitspanne umfasst der Plan ?
- Welche Chancen und welche Risiken, u.a. im politischen Bereich, sind mit den geplanten Investitionen verbunden ? Gibt es im Hinblick auf den EU-Beitritt von Tschechien hier besondere Perspektiven ? (vgl. Länderbericht „Tschechien" in Anlage 41)
- Wenn der Ausstoß in 2003 auf 4,5 Millionen Hektoliter (derzeit rd. 3 Millionen) steigen soll, welche Investitionen sind dann für diese Mengenerhöhung notwendig ?
- Wenn der Marktanteil bei Biermischgetränken von derzeit 5% bis zum Jahre 2008 auf 10% steigen soll, welche Investitionen müssen dann auf diesem Geschäftsfeld getätigt werden ?
- Ist Bestandteil der Planung auch eine Investitionsrechnung ?
- Wenn der Bau einer neuen Brauerei „größtenteils" selbst finanziert wird, wie wird der nicht durch Eigenmittel gedeckte Teil aufgebracht ?
- BRATO folgt seinen Kunden. Sind z.B. für BRATO Investitionen im Ausland erforderlich, wenn die Brauerei z.B. seinen Kunden Lidl nach Tschechien begleitet ?
- Wer verabschiedet den Investitionsplan ?
- Wenn BRATO noch eine Brauerei „im Westen fehlt", gibt es dazu bereits konkrete Überlegungen zur Wahl eines neuen Standortes ?

- Ist zur Finanzierung neuer Investitionen geplant, Teile des Grundvermögens zu belasten oder zu verkaufen?
- Welche Rolle spielt z.Z. die Leergutlogistik bei der Investitionsplanung?

Investitionsdurchführung
- Werden Vergleichsangebote eingeholt (z.B. für Sudkessel, Abfüllanlagen etc.)?
- Wer darf eine Bestellung ausführen? Wer genehmigt den Einkauf (z.B. von 10 neuen LKW)?
- Werden bei größeren Objekten Projekt-Nr. vergeben?
- Wer verwaltet die Anlagen im Bau? Wer gibt eine Fertigstellungsmeldung an die Buchhaltung?
- Wie ist sichergestellt, dass Nacharbeiten (z.B. bei der neuen Fabrik) zeitnah erfasst und der Anlagenbuchhaltung gemeldet werden?
- Wie erfährt die Buchhaltung vom Zugang eines Anlagengutes?
- Wie erfolgt die Festlegung von Afa-Sätzen?

Investitionskontrolle
- BRATO füllt 30 % der Produktion in Dosen ab. Sind die Investitionen in entsprechende Abfüllanlagen nicht durch die Politik der Bundesregierung gefährdet?
- Mußte BRATO besondere Investitionen tätigen, um das Abfüllabkommen mit Krombacher erfüllen zu können? (Wie lauten die Vereinbarungen mit Krombacher?)
- Der Bierkonsum geht in Deutschland zurück. Kann dieser Rückgang auch langfristig durch den Export aufgefangen werden? Welche Absatzprognosen rechtfertigen die Annahme, dass der Export kontinuierlich gesteigert werden kann? Gleichen sich nicht die internationalen Trinkgewohnheiten an?
- Wenn zu den Sachanlagen auch verpachtete Gaststätten gehören, wie wird dieses Investment kontrolliert?
- Welche öffentlich-rechtlichen Auflagen müssen für Brauereien beachtet werden?
- Wenn einer kreditgewährenden Bank Sicherheiten zu stellen sind, wer meldet dem Rechnungswesen Art und Umfang dieser Sicherheiten?
- Wer prüft die Notwendigkeit von Sonderabschreibungen? Welche Daten werden diesen Prüfungen zugrundegelegt?
- Welche Berechnungen werden angestellt, um die Rentabilität von Anlagen zu ermitteln?
- Gibt es hierzu auch getrennte Auswertungen für die einzelnen Standorte?
- Gibt es öffentliche Zuschüsse?

Anlagenverwaltung
- Wer ist für die Anlage und Kontrolle von Stammsätzen zuständig (AK/HK, Nutzungsdauern, Afa-Methode, Kostenstelle, Zugangsdatum/Datum der Inbetriebnahme (z.B. der neuen Brauerei)?
- Welches Zugriffsberechtigungskonzept gilt für die Anlagenverwaltung?
- Welche Verknüpfung gibt es zwischen Anlagenverwaltung und Finanzbuchhaltung?
- Wie ist die Anlageninventur organisiert?
- Auf welcher Basis erfolgen die Instandhaltungen?
- Gibt es Großreparaturen, verbunden mit der Problematik der Abgrenzung zwischen Herstellungs- und Erhaltungsaufwand?
- Welches Melde- und Genehmigungsverfahren gilt für Anlagenabgänge?
- Wie werden Gewinne und Verluste aus Anlagenabgängen erfasst?
- Wie erfolgt die Erfassung und Buchung von Eigenleistungen, die bei der Herstellung von Sachanlagen anfallen?
- Wie erfolgt die Verwaltung des Grundbesitzes? Gibt es ein Verzeichnis der Grundstücke – ggf. geordnet nach Grundbüchern?

Bei anlageintensiven Unternehmen – und eine Brauerei gehört dazu – spielt im Rahmen der Anlagenverwaltung die richtige Ermittlung der Abschreibungen eine große Rolle, und es versteht sich nahezu von selbst, dass sich der Abschlussprüfer auch von der Zuverlässigkeit der zuständigen DV-Systeme überzeugen muss. Es hatte also einen besonderen Grund, weshalb wir bei der Durchsprache der Internen Kontrollen auch auf die Thematik „Informationstechnologie" gestoßen sind.

3 Prüfung des Anlagevermögens

(Nebenbei bemerkt: Ich hoffe, es ist Ihnen aufgefallen, welche große Bedeutung den *vorbeugenden Kontrollen* im Rahmen des Investitionsmanagements beizumessen ist!)

Wir können eine Prozessanalyse nach buchhalterischen oder nach strategischen Kriterien durchführen.

Analyse nach buchhalterischen Kriterien	Analyse nach strategischen Kriterien
Zugänge	Investitionsplanung
Abgänge	Investitionsdurchführung
Abschreibungen	Investitionskontrolle
Bestandsverwaltung	Anlagenverwaltung

Es ist interessant festzustellen, dass man immer dann die *strategischen Kriterien* heranzieht, wenn man Kenntnisse über die Geschäftstätigkeit sowie das wirtschaftliche und rechtliche Umfeld des zu prüfenden Unternehmens hat und sich vorstellen kann, welche *Prozess-Ziele* ein Unternehmen im Rahmen des Investitionsmanagements verfolgt, u.a. eine hohe Rentabilität der Investitionen und ein Verlass auf planmäßige Abschreibungen, weil diese einen wesentlichen Bestandteil der Ergebnisrechnung bilden. (Erinnern Sie sich an die Definition des IKS?)

Nur wenn wir uns auf diesem Weg insbesondere mit den *inhärenten Risiken* (z.B. im politischen Bereich oder im Auslandsgeschäft) beschäftigen, werden wir rechtzeitig auf diejenigen *Einflussfaktoren* stoßen, die den Jahresabschluss entscheidend beeinflussen. Und wir werden dann auch in der Lage sein, die Angemessenheit der damit verbundenen Kontrollen zu beurteilen.

Verbleibende Prüfungshandlungen wird es auch beim Sachanlagevermögen geben. Sie richten sich immer nach der Qualität der internen Kontrollen, nach besonderen Geschäftsvorfällen zum Jahresende (hier denke ich insbesondere an die sogenannten Nicht-Routineaktionen) und möglicherweise nach einem (unbekannten) Paket *bilanzpolitischer Maßnahmen*.

Diese Problematik wird im *Leitfaden* zur Prüfung der Sachanlagen besonders behandelt.

Ich habe die Gegenüberstellung von *„buchhalterischen"* und *„strategischen" Kriterien* deshalb gewählt, um Ihnen noch einmal ganz deutlich zu machen, wie unsinnig es ist, sich angesichts eines Bündels inhärenter Risiken

- *wahllos* z.B. mit irgendwelchen Zu- oder Abgängen im Sachanlagevermögen zu beschäftigen,
- zu überlegen, ob die *Pro-Rata-Temporis-Regel* richtig angewendet wurde oder
- ob der Mandant bestimmte Anschaffungs*nebenkosten* bzw. Anschaffungskosten*minderungen* ordnungsgemäß berücksichtigt hat.

Natürlich müssen wir uns auch mit diesen Themen beschäftigen, aber entscheidend ist die *Gewichtung*. Nur wenn wir den *Kern* der Dinge treffen – was im einen oder anderen Fall dem Mandanten gar nicht so recht sein mag –, werden wir dauerhaft von der Geschäftsleitung bzw. den Aufsichtsgremien als *kritische Gesprächspartner* akzeptiert. Und dann wird man auch bereit sein, angemessene Honorare zu bezahlen, weil man unsere Arbeit als mehr empfindet als einfache Abstimmarbeit, sondern als echte *Dienstleistung*. Dies hat das IDW mit Sicherheit auch im Auge, wenn es im PS 230 erklärt:

„Die Geschäftstätigkeit sowie das wirtschaftliche und rechtliche Umfeld des Unternehmens zu verstehen und die hieraus gewonnenen Informationen *angemessen* zu verwenden, sind für den Abschlussprüfer wesentliche Grundlage für

- die Risikobeurteilung und die Identifikation möglicher Problemfelder,
- die wirksame und sachgerechte Prüfungsplanung und –durchführung,
- die Würdigung von Prüfungsnachweisen und
- *eine verbesserte Dienstleistung* gegenüber dem Mandanten." (TZ 6)

Mit dem Gespräch über das Investitionsmanagement war ein bestimmter Test verbunden. Wie nennen wir diesen Test? Es war die Aufbauprüfung des Internen Kontrollsystems im Bereich „Sachanlagen". Dieser Test heißt *Design*-Test, weil wir uns zunächst über die *Art* der Kontrollen informieren müssen, um dann in einem zweiten Schritt zu prüfen, ob sie auch *tatsächlich* so arbeiten, wie man uns das beschrieben hat. Dieser zweite Schritt heißt: *Funktionstest*.

3.3.1.2 Die Prüfung der Bewertung

Was ist die Richtschnur für die *Auswahl* bestimmter Kontrollen?
BRATO hat sich hohe *Wachstumsziele* gesetzt und will diese Ziele mit einer konsequenten Fortsetzung seiner Niedrig-Preis-Politik („Billigbier") erreichen. Die Geschäftsleitung ist der Meinung, dass weder das *Dosenpfand* noch die zunehmende *Marktmacht* der großen Getränke-Hersteller den Erfolg dieser Strategie gefährden kann. Wir müssen also diejenigen Kontrollen bei BRATO auf ihre Funktionsfähigkeit hin prüfen, die die *Meinung* der Geschäftsleitung stützen, indem sie u.a. auch die *Angemessenheit der Buchwerte* überwachen. Das kann nach den obwaltenden Umständen nur die Investitionsplanung bzw. die *Investitionskontrolle* sein.

Es ist unverkennbar, dass sich hier bereits ganz klar ein Prüfungsziel abzeichnet. Wie heißt dieses Prüfungsziel?

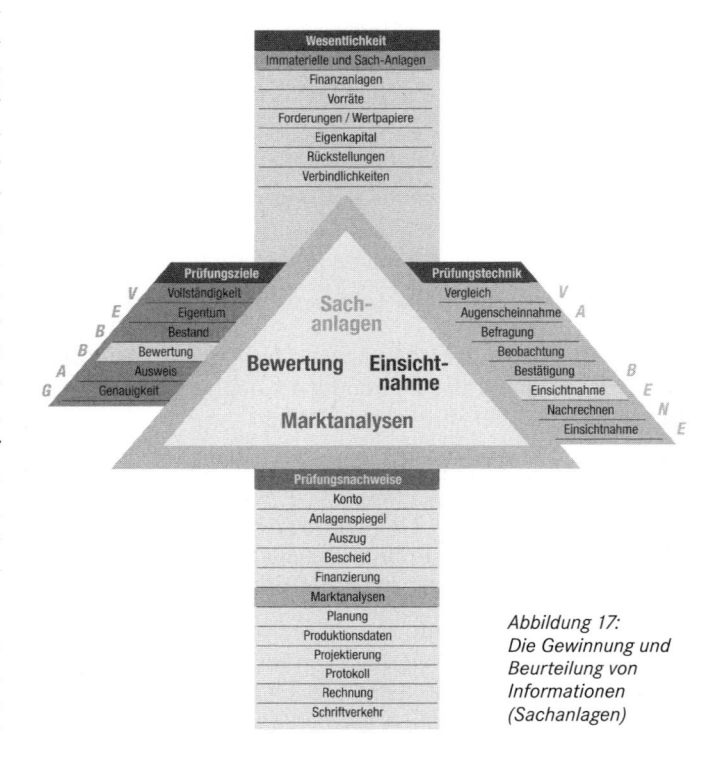

*Abbildung 17:
Die Gewinnung und Beurteilung von Informationen (Sachanlagen)*

Das *Prüfungsziel* lautet : Ausreichende und angemessene Nachweise dafür zu bekommen, dass die Aussage von BRATO : „Die Sachanlagen sind den gesetzlichen Bestimmungen entsprechend richtig bewertet", zutrifft. Man müsste enorme Anstrengungen unternehmen, um diese Nachweise zu bekommen. Dafür würden wir aber auch bezahlt, wenn wir Abschlussprüfer bei BRATO wären. Das wäre *unsere* Aufgabe, und diese *Aufgabe* müssten wir sehr *ernst nehmen* !

Erinnern Sie sich bitte an die Aussage des Beiratsvorsitzenden von BRATO, der erklärt hat (und Gesprächspartner könnten doch auch Sie sein !), dass sich das Dosenpfand auf die eigene Produktion positiv auswirken werde und er fügte wörtlich hinzu : „Schließlich werden sich die Leute dann noch stärker auf billige Marken konzentrieren." Würden Sie diese Aussage – ggf. ergänzt durch die Feststellung, dass die Abschreibungssätze zu vorsichtigen Wertansätzen führen - einfach hinnehmen und denken : Er ist der Experte, ich darf ihm in seiner Argumentation folgen ? Ich glaube, das wäre der falsche Weg. Deutet die Aussage nicht auf ein *Kontrollrisiko* hin, dass sich in der Unterschätzung einer bestimmten Marktentwicklung äußert ? Wenn es zutrifft, dass BRATO 30 % seiner Produktion in Dosen abfüllt, wird man doch u.a. die folgenden Fragen stellen müssen :

- Wieviel Kapital hat BRATO in Abfüllmaschinen und in mit diesen technisch verbundenen Anlagen investiert ? Wie wird dieser Bereich des Sachanlagevermögens abgeschrieben und wie groß sind die entsprechenden Restbuchwerte ?
- Wie hat sich die Auslastung dieser Anlagen seit Einführung des Dosenpfandes entwickelt ? Muss bei rückläufiger Auslastung mit einer Fortsetzung dieser Tendenz gerechnet werden ? Zieht eine solche Entwicklung ggf. eine außerplanmäßige Abschreibung auf Maschinen und maschinelle Anlagen nach sich ?
- Führt die Geschäftsleitung positive Aspekte (z.B. eine erwartete Kompensation durch das Exportgeschäft oder Möglichkeiten der Umstellung der genannten Anlagen) ins Feld (u.U. mit dem Zweck, sich abzeichnende Gedanken an eine Sonderabschreibung zu zerstreuen), dann wird man fragen müssen, ob Einschätzungen dieser Art realistisch sind, insbesondere in Anbetracht der Tatsache, dass ein anderes Brauereiunternehmen - die Radeberger Gruppe - ihren Dortmunder Dosenabfüllbetrieb in seiner Existenz gefährdet sah. (FAZ vom 27.5.03)

Ich konfrontiere Sie mit dieser Problematik aus mehreren Gründen : Die „gelassene" Reaktion des Beiratsvorsitzenden auf die Frage nach dem Einfluss des Dosenpfandes ist überraschend. Sie wird den verantwortungsvollen Abschlussprüfer, der den Brauereimarkt überblickt, *skeptisch* stimmen, und er muss sich überlegen, welche *Prüfungsnachweise* er für die Richtigkeit der Aussage : „Die Sachanlagen sind richtig bewertet", benötigt. Diese Nachweise sind vielschichtig : Sie erstrecken sich u.a. auf das Anlagenregister (Restbuchwerte), Produktionsstatistiken (Auslastungsgrad), Absatzprognosen (getrennt nach Inland und Ausland) und auf externe Marktanalysen, um unternehmens*interne* Einschätzungen auf ihre Solidität hin abklopfen zu können.

Die Nachweise müssen *zwingend* sein und den Abschlussprüfer davon überzeugen, dass die von BRATO angewandten Abschreibungssätze korrekt sind. Bewertungen dieser Art sind schwierig und ggf. auch zeitaufwendig. Nur wenn wir uns auf diese Problematik einstellen – und wir müssen sie im Rahmen der Analyse der Geschäftstätigkeit rechtzeitig in unsere *Prüfungsplanung* einbinden ! – werden wir dieser Herausforderung auch gerecht.

Aus der Sicht unserer Arbeitspapiere würde sich dann das folgende Bild ergeben:

Prüfung der Sachanlagen
Der Überbau von Arbeitspapieren

Geschäfts-Bewusstsein	Risiko-Bewusstsein	Kontroll-Bewusstsein	Programm-Bewusstsein	Fehler-Bewusstsein
Unternehmung Lage, Eigentümer, Führung, Überwachung, Geschäftstätigkeiten	**Geschäftsrisiken**	**Zusammenfassung** der Geschäftsvorfälle und der Geschäftsrisiken	**Auswahl der Prüfungsziele** Position, Aussage, Begründung	**Prüfungsdifferenzen** Beschreibung und bilanzielle Zuordnung
Branche Gesamtwirtschaft	**Einfluss auf den JA** Position, Aussage	**Ausrichtung und Verlauf des Geschäftsprozesses** Ziele, Arbeitsdaten, Kennziffern, Informationstechnik	**Einschätzung des Risikos** der wesentlichen Fehlaussage	**Auswertung** Differenzen
Geschäftsvorfälle Einfluss auf den JA (Position, Aussage)	**Lokalisierung** der unternehmerischen Kontrollen	**Gegenstand des Geschäftsprozesses** Geschäftsvorfall, Risiken auf Prozessebene, Kontrolle, Prüfungsziele	**Art und Umfang** der Prüfungshandlungen → Prüfungsziele	**Prüfungsergebnis** Prüfungsfeststellungen

	Bilanz	G+V	Anhang
	A. Anlagevermögen	1. Umsatzerlöse	1. Bilanz. u. Bewert. Method.
	I. Immaterielle VG	2. Bestandsveränderung	2. Umrechnung Euro
	II. Sachanlagen	3. andere aktiv. Eigenleistungen	3. Abw. von Bil./Bew.Meth.
	III. Finanzanlagen	4. sonst. betriebliche Erträge	4. Unterschiedsbeträge
		5. Materialaufwand	5. Fremdkapitalzinsen (HK)
	B. Umlaufvermögen	6. Personalaufwand	6. Verb. (RestLZ üb. 5 Jahre)
	I. Vorräte	7. Abschreibungen	7. Verbindl. (Sich. d. PfandR)
	II. Forderungen / VG	8. sonst. betr. Aufwendungen	8. Aufgliederung der Verb.
	III. Wertpapiere	9. Erträge aus Beteiligungen	9. Betrag zur festfin.Verpfl.
	IV. Flüssige Mittel	10. Erträge aus and. Wertpapieren und Ausleihungen des FAV	10. Aufgliederung Ums.erlöse
	C. Rechnungsabgrenzung	11. Sonstige Zinsen / Erträge	11. Einfl. von Abschr. (StR)
		12. Abschreib. Finanzanlagen	12. Ergebn.belast. d. Steuern
	A. Eigenkapital	13. Zinsen u. ähnl. Aufwend.	13. Durchschnittl. Zahl der Arbeitnehmer
	B. Rückstellungen	14. Ergebnis der gewöhnlichen Geschäftstätigkeit	14. Sonderausweise bei UKV
	C. Verbindlichkeiten	15. a. o. Erträge	15. Bezüge, Vorschüsse u. Kredite für GF / AR / BR
	1. Anleihen	16. a. o. Aufwendungen	16. Angaben zu den Mitglied. von GF / AR
	2. Verb. geg. Kreditinstit.	17. Steuern v. Eink. / Ertrag	17. Angabe zu Beteil. (20%)
	3. erhaltene Anzahlungen	18. Sonstige Steuern	18. Angaben zu fin.(b. Kompl.)
	4. Verbindlichkeiten L+L	19. Jahresüberschuss / Jahresfehlbetrag	19. Angaben zu sonst. Rückst.
	5. Wechselverbindlichk.		20. Gründe f.d. planm. Abschreibung eines Firmenwertes
	6. Verb. geg. verbund. U.		21. Angaben zum Mutter-U.
	7. Verb. U. m. Bet. verhält.		22. Bei PersGes Angaben z.d. Komplementären
	8. Sonstige Verbindlich.		23. Erklärung zu § 161 AktG
			24. Bei bes. U. Angaben über bestimmte Honorare
	D. Rechnungsabgrenzung		25. Angaben zu Finanzinstrumenten

3.3.2 Die Ausrichtung der Prüfungshandlungen

Es gibt umfangreiche Kataloge von Prüfungshandlungen zum Sachanlagevermögen. (Ich glaube, sie haben sich seit 50 Jahren nicht geändert!) Man kann sich um die Zugänge, um die Abgänge, um die Abschreibungen und um sonstige Themen kümmern. *Arbeitet man dann die einzelnen Fragen routinemäßig ab?* Nein!

Man hält sich streng an die folgende Reihenfolge :

- Man lässt sich von seinen Kenntnissen über die *Geschäftstätigkeit* (Geschäftsvorfälle und Geschäftsrisiken) zu denjenigen Kontrollen leiten, die für den Jahresabschluss wesentlich sind.
- Wenn man die *Qualität* dieser Kontrollen beurteilen kann, formuliert man (spätestens zu diesem Zeitpunkt!) die *Prüfungsziele*.
- Auf dieser Basis entwickelt man dann ein *Prüfprogramm* und führt die entsprechenden *Prüfungshandlungen* mit dem Ziel durch, ausreichende und angemessene *Nachweise* dafür zu bekommen, dass die Abschlussaussagen des Mandanten zutreffen. (Welche *Aussage wesentlich* ist, entscheidet der Abschlussprüfer!)

Die Reihenfolge ändert sich nie, weil sie stets den Grundsätzen risikoorientierter Abschlussprüfung entspricht! Ich wiederhole diese Reihenfolge gebetsmühlenartig, damit Sie in Zukunft auch richtig mit ihr umgehen können!

Im Zusammenhang mit der *Planung* Ihrer Prüfung müssen Sie sich rechtzeitig überlegen, welche Unterlagen Sie für Ihre Prüfung benötigen. Die Erstellung einer solchen Anforderungsliste ist keineswegs Routine-Angelegenheit. Dies wird immer dann besonders deutlich, wenn wir über Themen des Grundbuches und die dort im Kapitel III eingetragenen Belastungen sprechen müssen.

Hier wird immer wieder der gleiche *Fehler* gemacht, in dem man sich vom Mandanten diejenigen *Unterlagen* vorbereiten lässt, die man auch im *Vorjahr* hatte: Zugangs-, Abgangs- und Abschreibungslisten, Anlagenspiegel, Anlagenkonten etc. Wenn man das alles hat, dann kann man so richtig schön prüfen, etwas nachrechnen, etwas vergleichen, etwas abstimmen und sich so richtig darüber freuen, wenn man eine Zahl, die man bereits in der einen Liste entdeckt hatte, auch in einer anderen Liste wiederfinden und mit Genuss abhaken kann. So würde Spitzweg ganz bestimmt einen Revisor malen : Mit Ärmelschonern und vielleicht auch mit einer Zipfelmütze, wenn er zu Hause arbeitet und viele Ordner vor sich ausgebreitet hat. Diese Zeiten sind aber längst vorbei! Wir lassen uns die Unterlagen zu den Sachanlagen so aufbereiten, wie wir sie nach Maßgabe unseres Business Understandings benötigen.

Gesetzt den Fall, BRATO wollte sich von einem *Geschäftsfeld* trennen, dann würden wir u.a. *rechtzeitig anfordern* :

- die Kopie eines *Protokolls* über den Beschluss des Vorstands, ein Geschäftsfeld abzustoßen,
- Bestands-, Zugangs- und Abgangslisten nach *Geschäftsbereichen*,
- Kopie von *notariellen* Verträgen über den Verkauf von Grundstücken.

Hierbei handelt es sich um eine gezielte Auswahl, wenn wir der Meinung sind, dass die Abtrennung dieses Geschäftsfeldes einen wesentlichen Einfluss auf den Jahresabschluss hat. Und wir wollen genau wissen :

- wie der Beschluss der Geschäftsleitung in die unternehmerische *Strategie* einzuordnen ist,
- ob der *Verkauf tatsächlich* wirksam geworden ist (VEBBAG)
- ob das Ergebnis aus dieser Transaktion *vollständig* erfasst wurde, d.h. ob alle Erträge und korrespondierenden Aufwendungen berücksichtigt sind (VEBBAG) und
- ob Erträge und Aufwendungen auch richtig ausgewiesen wurden (VEBBAG).

Wenn Sie also u.a. mit der Prüfung des Sachanlagevermögens beauftragt werden, dann stimmen Sie sich bitte frühzeitig im Team ab, um sicherzustellen, dass wichtige Unterlagen bei Beginn der Prüfung vorliegen und Sie keine unnötige Zeit mit der *Datenbeschaffung* verlieren. (Zur Thematik von „Geschäftsfeldern" vgl. auch Anlage 14)

Planen Sie Ihre Zeit so, dass Sie die *formellen* Aspekte (wie Angaben in der Anlagenkartei, Anlagenspiegel, Umbuchungen etc.) nicht vernachlässigen, dass Sie aber ausreichend Zeit haben für die wirklich wichtigen Dinge. Wenn Sie erst während der Prüfung auf bedeutende Themen stoßen, die Sie bei vernünftiger Planung schon vorher hätten erkennen können, fehlt Ihnen in der Regel die notwendige Zeit, um sich angemessen mit ihnen beschäftigen zu können.

Damit ich nicht falsch verstanden werde : Natürlich ist es Aufgabe insbesondere der jüngeren Mitglieder eines Teams, Abschreibungen nachzurechnen, Umbuchungen zu verfolgen und den Anlagenspiegel abzustimmen. *Jeder muss aber wissen*, dass diese Themen *nicht im Mittelpunkt* der Arbeit stehen, und dass jeder aufgerufen ist, an der Bearbeitung *zentraler Themen* mitzuwirken.

Und Bearbeitung bedeutet : *Mitplanen, mitdenken, mithandeln* ; und das alles *mit einer durchaus kritischen Grundhaltung*. Wenn Sie z.B. erfahren haben, dass der Mandant eine außerplanmäßige Abschreibung auf ein Grundstück vorgenommen hat, über welche Fragen würden Sie dann nachdenken :

- Ist diese Abschreibung berechtigt ? Welche Prüfungsnachweise benötige ich, um feststellen zu können, dass der *Restbuchwert* angemessen ist ? (VEBBAG)
- Wie weise ich diese Abschreibung in der G+V aus ? Handelt es sich möglicherweise um einen *außerordentlichen* Aufwand i.S. des § 277 Abs. 4 HGB ? (VEBBAG)

Erinnern wir uns noch einmal an die sogenannten „analytischen Prüfungshandlungen". Welche *analytischen Prüfungshandlungen* könnten wir *bei BRATO* im Rahmen der Prüfung der Sachanlagen durchführen ?

- *Sachanlagenintensität* : Verhältnis der „Sachanlagen" zum „Gesamtvermögen"
- *Abnutzungsgrad der Sachanlagen* : Verhältnis der „kumulierten Abschreibungen auf Sachanlagen" zu den „AK/HK der Sachanlagen"
- *Investitionsquote* : Verhältnis der „Nettoinvestitionen in Sachanlagen" zum „Netto- Sachanlagevermögen zu Beginn der Periode"
- *Abschreibungsquote* : Verhältnis der „Abschreibungen im Geschäftsjahr auf Sachanlagen" zu den „Sachanlagen zu historischen AK/HK".

Diese allgemeinen Kennziffern werden in der Literatur immer wieder erwähnt. Man hat so das Gefühl, dass sie von Generation zu Generation vorgetragen werden. Es fehlt einfach der

Hinweis auf die Kenntnisse über die Geschäftstätigkeit. Viel interessanter wäre es doch, Kennziffern zu bilden, die auf die *spezielle Situation* des Mandanten gemünzt sind. So könnte man beispielsweise ermitteln, in welchem Verhältnis die Fertigungsanlagen für Biermischgetränke" zum Gesamtwert der „Fertigungsanlagen" stehen. Hier müsste sich eigentlich eine *steigende* Tendenz abzeichnen, wenn es stimmt, was BRATO berichtet hat, dass nämlich das Geschäftsvolumen bei Biermischgetränken deutlich nach oben geht. Ist diese Tendenz *nicht* erkennbar, dann lagen wir in unseren Erwartungen entweder falsch oder wir lagen richtig, und würden bei BRATO auf „Abweichungen" stoßen, die zu weiteren Fragen Anlaß geben.

3.3.3 Die Verknüpfung der Prüffelder

Die immer wieder erwähnte *kritische* Grundhaltung wird gefördert, wenn Sie sich ständig der Tatsache bewusst sind, dass die Prüfung des Sachanlagevermögens nur ein *Teilaspekt* der Gesamtprüfung ist. In diesem Zusammenhang möchte ich Sie erneut darauf hinweisen, dass wir für *alle* wesentlichen Prozesse das Pflichtdokument zu den Kontrollen (KoCo-Doc) bearbeiten müssen.

Phase			Dokument			
Strategie-Analyse			KoBu-Doc I		KoBu-Doc II	
				KoRi-Doc		
Prozess-Analyse	**KoCo-Doc** Anlage-Management	**KoCo-Doc** Material-Wirtschaft	**KoCo-Doc** Produktion		**KoCo-Doc** Vertrieb	**KoCo-Doc** Personal
	KoP-Doc	KoP-Doc	KoP-Doc		KoP-Doc	KoP-Doc
Verbleibende PH			KoP-Doc			
			KoDi-Doc			

Wir wissen zwar nicht genau, wie die Kontrollen bei BRATO im Einzelnen aussehen, aber man kann sich als Außenstehender sehr wohl eine Vorstellung davon machen, welche *Ziele* die einzelnen Bereiche und Abteilungen haben und mit welchen *Risiken auf Prozess-Ebene* sich eine Brauerei bzw. ein Unternehmen der Getränkewirtschaft auseinandersetzen muss.

Das Netz interner Kontrollen (Erinnern Sie sich noch an die Definition des IKS ?) wird dann besonders deutlich, wenn man alle Kontroll-Dokumente in einer Übersicht zusammenfasst. Dem Grundsatz der Verknüpfung von Arbeitspapieren folgend, ist ein solches Tableau in Anlage 51 dargestellt. Es ist bei allen Vorbehalten unserer begrenzten Information daraus im Wesentlichen zu erkennen :

Phänomen	Bedeutung
Das Kontrollgefüge	Die „Vogelperspektive" ermöglicht einen Überblick über das Kontrollgefüge und erlaubt eine Einschätzung seiner Festigkeit. Sie verhindert darüber hinaus, dass bestimmte Geschäftsprozesse und die in ihnen eingebauten Kontrollen in ihrem Einfluss auf den Jahresabschluss unterschätzt werden. Dies könnte doch z.B. für den Rahmenprozess „Personal" gelten ?! Wie bindet eigentlich die Geschäftsleitung ihre Mitarbeiter an das Unternehmen ? Hätte es nicht schwerwiegende Auswirkungen, wenn ein erfahrener Braumeister „unerwartet" zur Konkurrenz wechselt ?
Die Ausstrahlung der Geschäftsrisiken	Die Verbindungslinie „Unternehmens-Risiko – Prozess-Risiko" mahnt den Abschlussprüfer, darüber nachzudenken, ob seine Liste der Geschäftsrisiken vollständig ist. Übersieht er ein Unternehmensrisiko, werden seine Prüfungshandlungen auf Prozess-Ebene u.U. mangelhaft sein, weil er bestimmte Risiken dort gar nicht vermutet. Das könnte dann dazu führen, dass ein uneingeschränktes Testat für einen Jahresabschluss erteilt wird, der in wesentlichen Belangen falsch ist. (Erinnern Sie sich an den das Entdeckungsrisiko symbolisierenden Pfeil ?)
Die Heterogenität von Geschäftsvorfällen	Das breite Spektrum legt die Frage nahe, ob der vom Abschlussprüfer und seinem Team erstellte Katalog der Geschäftsvorfälle vollständig ist, ob darin ggf. festgelegte Prioritäten richtig gewichtet sind und ob der Einfluss der Geschäftsvorfälle auf den Jahresabschluss weiterhin richtig beurteilt wird.
Die Rolle der Prozess-Ziele	Es ist Aufgabe des Abschlussprüfers, die Problematik des sogenannten „Financial Reporting Environment" rechtzeitig auszuloten. Prozess-Ziele (überaus missbrauchsanfällig) werden aus den Unternehmens-Zielen abgeleitet und sind in der Regel Gegenstand ehrgeiziger (manchmal waghalsiger) Prognosen. Zeitpunkt, Zeitspanne und Formulierung von Prozess-Zielen sind immer auch Kennzeichen für das Format einer Geschäftsleitung.

Haben Sie verstanden, dass der Abschlussprüfer sowohl ein *Vollständigkeitsproblem* als auch ein *Zeitproblem* hat ? Das ganze Team muss dazu beitragen, diese Probleme fachmännisch zu lösen !

3.3.4 Die Informationsaufgabe des Abschlussprüfers

Aus dem Zwang zur Vogelperspektive erwächst für den Abschlussprüfer auch die Notwendigkeit, sein Team – unter besonderer Berücksichtigung des Grundsatzes der Gewissenhaftigkeit – dergestalt mit Daten zu versorgen, dass dessen Informationsniveau dem seinigen gleichkommt (Informationssymmetrie). Nur auf dieser Basis ist eine effektive Team-Arbeit überhaupt möglich. [193] Dabei gilt die Regel, dass nur derjenige eine vernünftige Rückkopplung erwarten darf, der ein sachgerechtes Informationssystem liefert. [194]

---

193 Über diese Symmetrie im Sinne einer harmonischen Zuordnung ergibt sich unter personalpolitischem Aspekt eine höchst produktive „Gleichschaltung von Interessen". Vgl. H. Albach : Betriebswirtschaftslehre als Orientierungs- und Entscheidungslehre, in : FAZ 12.3.01, Nr. 60, S. 32
194 vgl. H. Kirchner / J.M. Leimeister : Informationen sinnvoll nutzen, in : FAZ 5.11.01, Nr. 257, S. 29

Präzisiert man die Aufforderung des PS 230 [195] zur Datenversorgung des Teams, so gilt Folgendes : *Informationssymmetrie* ist nur gewährleistet, wenn der Prüfungsleiter die Ergebnisse seiner Aufklärungsarbeit, die bei *Beginn* der Prüfung vorliegen, im *Verlaufe* der Arbeiten erweitert werden und bei *Beendigung* des Auftrages die Berichterstattung prägen, dem Team zeitnah zur Verfügung stellt. In seiner persönlichen Planung, die nicht nur strategische und operative Komponenten umfassen muss, sondern auch integrative Ziele verfolgen soll, damit das *Team* auch *als Einheit* arbeiten und als solche auftreten kann, [196] ist für diese Aufgabe eine angemessene Zeit vorzusehen. Nur unter dieser Voraussetzung wird jedes Mitglied des Teams eine Abschlussprüfung auch als *Projekt* begreifen und – in besonderer Weise motiviert - einer *organisch* gewachsenen Hierarchie dienen. [197]

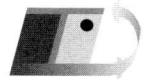

Der Aspekt der *Vogelperspektive* gilt auch in einem anderen Zusammenhang : Es ist unbedingt erforderlich, dass man sich bei der Tagesarbeit immer wieder von dem eigentlichen Prüfungsgegenstand (z.B. von einer Bilanzposition) löst und erneut einen Blick auf den Jahresabschluss als *Ganzes* wirft. Das fördert die laufenden Kontakte im Team, es werden neue Perspektiven (u.U. in Form von Prüfungsfeststellungen) gewonnen („obtain an understanding !"), und die dadurch erreichte Nähe wird genutzt, um die eigene Stellung zu stärken. Dabei kann Stärkung „Bestätigung", aber auch „Korrektur" bedeuten. (Die „Bestimmtheit" wird in jedem Fall neu geformt.)

Die eigenen Prüfungshandlungen werden sozusagen relativiert, wenn man sie gedanklich in den *Strauß* der gesamten Prüfungshandlungen einbindet. [198]

Durch eine Gesamtschau bekommt ein Unternehmen diejenigen Konturen, die wir kennen müssen, um uns an vernünftige *Prüfungsziele* herantasten und um sie im *Gleichgewicht* mit anderen Prüfungszielen halten zu können. Erst ein regelmäßig zu gewinnender Gesamtüberblick, der sich im Verlaufe der Prüfung durchaus verändern kann, erinnert uns an das *Paket inhärenter Risiken* und an die Frage, ob der Unternehmer in der Lage ist, diese Risiken zu erkennen und angemessen zu behandeln. (Dazu gehört ein sehr qualifizierter Stab von Mitarbeitern !) Von der Beantwortung dieser Frage werden dann Art und Umfang der *verbleibenden Prüfungshandlungen* bestimmt.

Es zeichnet eine Zusammenfassung von Pflichtdokumenten aus (vergessen Sie bitte nicht, dass die KoCo-Docs für *alle* Prozesse zu bearbeiten sind !), dass die Teammitglieder jederzeit Zugriff zu dieser Datei haben und ihren eigenen *Prüfungspfad* immer wieder daran orientieren können.

Die hier präsentierte Gesamtschau ist im Übrigen ein besonders gutes Zeichen dafür, wie wirksam es ist, wenn man sich *einer Jahresabschlussposition über einen Geschäftsprozess nähert*. Der umgekehrte Weg, „unaufgeklärt" als Ausgangsposition die Bilanz oder eine Summen-

---

195 PS 230 TZ 13 : „Der Abschlussprüfer hat sicherzustellen, dass auch die bei der Abschlussprüfung eingesetzten Mitarbeiter über einen ausreichenden Kenntnisstand über die Geschäftstätigkeit sowie das wirtschaftliche und rechtliche Umfeld des Unternehmens verfügen, um die ihnen übertragenen Aufgaben ausführen zu können. Die Mitarbeiter sind zu verpflichten, auf evtl. neue Informationen zu achten und diese an den Abschlussprüfer sowie die anderen Mitglieder des Prüfungsteams weiterzugeben."
196 Vgl. D. Hahn : Die Unternehmensplanung bleibt eine zentrale Führungsaufgabe, in : FAZ 21.1.02, Nr. 17, S. 26
197 vgl. Th. Gauly : Warum Ethik kein Luxus ist, in : FAZ 21.6.04, Nr. 141, S. 20
198 Vgl. o.V. : Warum heißt gute Führung vor allem gute Kommunikation ? (Gespräch mit Jochen Kienbaum, Kienbaum Consultants International GmbH), in : FAZ 26.7.03, Nr. 171, S. 47

und Saldenliste zu wählen, wäre viel zu unsicher, weil wir gar nicht wissen, welche Kontrollstellen eine Position bereits hinter sich hat, bis ihr der Zutritt in den Jahresabschluss gestattet wurde.

3.4 Arbeitsrahmen

Wir haben in der Einführung zu Kapitel III. u.a. auf *Leitfäden* und ihre *strategische* Konzeption hingewiesen. Die in den vorangegangenen Passagen zu den Sachanlagen angestellten Überlegungen müssen nun in bestimmte Rahmen gestellt werden, die den *Gang* der Prüfung, ihren *Gegenstand* und ihren *Schwerpunkt* bestimmen.

Schrittfolge und Themen sind (weitestgehend) festgelegt. Sie bilden die Basis für unsere individuelle Zeitplanung. Die Schwerpunkte der Arbeit richten sich aber nach den *Prüfungszielen*, die sachgerecht aus der Analyse der Geschäfts- und Kontrolltätigkeit des Unternehmens abzuleiten sind.

Es ist leider keine Seltenheit, dass man Prüfungsassistenten keine Prüfungsziele vorgibt.

Der oben aufgestellte *Wegweiser* und die nachfolgenden Leitlinien sollen in einer solchen Situation dazu beitragen, dass sie ihre Arbeit nach sinnvollen Kriterien ausrichten können.

Bitte orientieren Sie sich immer zuerst an der Frage, in welcher wirtschaftlichen Verfassung sich das zu prüfende Unternehmen befindet, und teilen Sie sich dann anhand der 4-Kapitel-Philosophie Ihre Zeit so ein, dass Sie mit Prüfungszielen, die *an der Verfassung des Unternehmens ausgerichtet* sind, die Themen bearbeiten, die einen wesentlichen Einfluss auf den Jahresabschluss haben. Beachten Sie dabei auch die wohlverdienten Interessen anderer Team-Mitglieder!

Prüfungsziele – insbesondere die „schwerwiegenden" - werden auf der Basis der IKS-Prüfung zu den Sachanlagen formuliert (KoCo-Doc) und dann – als geschicktes Zeichen der Verknüpfung von Arbeitspapieren – direkt in das Prüfungsprogramm (KoP-Doc) übernommen. Gemäß dem Kürzel „VEBBAG" lauten die *Prüfungsziele* : Vollständigkeit, Eigentum, Bestand, Bewertung, Ausweis und Genauigkeit.

Gemäß dem Kürzel „VA BENE" lautet die *Prüfungstechnik* : Vergleich, Augenscheinnahme, Befragung, Beobachtung, Bestätigung, Einsichtnahme, Nachrechnen und (aus Vorsichtsgründen ein 2. Mal) Einsichtnahme.

Die *Formulierung eines Prüfungszieles* lautet immer, ausreichende und angemessene Nachweise dafür zu bekommen, dass eine bestimmte Aussage des Managements stimmt.

Beginnen Sie niemals eine Prüfung, ohne dass Sie eine klare Vorstellung von den Prüfungszielen haben. Nur unter der Voraussetzung, dass Sie sich im „Korridor" des Business Understanding bewegen, werden Sie auch eine ordnungsgemäße Prüfung durchführen können. Im Regelfall wird der Mandant Sie auf diesem Wege begleiten, denn es ist der einzig vernünftige Weg, den eigentlichen Zweck einer Abschlussprüfung – das „sichere Testat" - zu erfüllen.

Es kann nicht nachdrücklich genug betont werden, dass man diese *Sicherheit* nur dadurch gewinnen kann, dass man immer wieder Belege, Dokumente, Verträge etc. sorgfältig studiert, um den Inhalt und den Charakter von Geschäften zu verstehen und zu begreifen, in welcher Weise sie den Jahresabschluss beeinflussen, d.h. welche Buchungen bzw. Anmerkungen in

3 Prüfung des Anlagevermögens

Bilanz, Gewinn- und Verlustrechnung und Anhang erforderlich und welche Informationen im Lagebericht notwendig sind.

In den Arbeitsrahmen werden übernommen:

Schrittfolge (die 4-Kapitel-These)
Prüfungshandlungen nach Prüfungszielen
Prüfung bei angespannter Ertragslage
Prüfung von Abgängen
Prüfung von Eingangsrechnungen

Damit übernimmt der *Arbeitsrahmen* die Funktion eines Ordnungsschemas für die Prüfung der Bilanzposition „Sachanlagen". Ein solches Schema, das nur dann seine Aufgabe erfüllen kann, wenn es von den Kenntnissen über die Geschäftstätigkeit geprägt ist, soll die *Orientierung* erleichtern, die Bildung von *Schwerpunkten* ermöglichen und die *Komplexität* eines Zahlenwerkes so reduzieren, dass ein gezielter Zugang zum Jahresabschluss möglich wird.

Ordnungschemata steuern die Datenermittlung (sie werden damit zu einem unentbehrlichen Hilfsmittel insbesondere für die jüngeren Mitarbeiter) und sie erleichtern die *Auswertung* der Ergebnisse, weil der zuständige Abschlussprüfer die Wurzeln der Informationen kennenlernen und die Prüfungsnachweise daraufhin untersuchen kann, ob sie *ausreichend* und *angemessen* sind. Damit wird er zugleich in die Lage versetzt, diese in einen größeren Zusammenhang einzuordnen, der immer auch durch *Bilanzpolitik* gekennzeichnet sein kann.

Deshalb ergeht an jedes Mitglied eines Prüfungsteams die folgende *Aufforderung*:

Wenn Sie die Sachanlagen prüfen, dann denken Sie bitte auch daran, dass diese nur einen *Teil des Jahresabschlusses* darstellen. Behalten Sie – im Sinne einer effektiven Teamarbeit – stets auch die anderen Jahresabschlussposten im Auge, stellen Sie *Querverbindungen* – auch zum Anhang – her und informieren Sie Ihre Kolleginnen und Kollegen *rechtzeitig*, wenn Sie Feststellungen getroffen haben, denn diese sind nur selten *isoliert* zu betrachten.

Aktiva	Passiva
A. Anlagevermögen	**A. Eigenkapital**
I. Immaterielle Vermögensgegenstände	B. Rückstellungen
II. Sachanlagen	C. Verbindlichkeiten
1. Grundstücke und Bauten	D. Rechnungsabgrenzungsposten
2. technische Anlagen und Maschinen	
3. andere Anlagen, Betr.- u. Geschäftsausstattung	
4. geleistete Anzahlungen u. Anlagen im Bau	
III. Finanzanlagen	
B. Umlaufvermögen	
I. Vorräte	
II. Forderungen u. sonstige Vermögensgegenstände	
III. Wertpapiere	
IV. Flüssige Mittel	
C. Rechnungsabgrenzungsposten	

3.4.1 Schrittfolge (Die 4 Kapitel-These)

I. Abstimmung und Vergleich (1. Kapitel)

   1. Abstimmung der Bestandsliste : Mit der Bilanz und ggf. mit der Anlageninventur

   2. Vergleich des Bilanzwertes mit dem Vorjahreswert

II. Prüfung der Anschaffungskosten (2. Kapitel)

   1. Strukturierung der Anlagenzugangsliste : Nach Größe, Geschäftsbereichen etc.

   2. Prüfung ausgewählter Eingangsrechnungen (nach Maßgabe des KoBu-Doc)

   3. Ggf. In-Augenscheinnahme der Anlagegegenstände

III. Prüfung des Restbuchwertes (3. Kapitel)

   1. Prüfung der Nutzungsdauer

   2. Prüfung der Afa-Methode (ggf. anhand von Bewertungsrichtlinien)

   3. Prüfung des Abschreibungsbeginns

   4. Ermittlung des Restwertes (Nachrechnen)

IV. Prüfung der Abgrenzung (4. Kapitel)

   1. Anlagen im Bau und ggf. Umbuchungspflicht

   2. Herstellungs- und Erhaltungsaufwand

   3. Zuordnung von Leasing-Gegenständen

3.4.2 Prüfungshandlungen nach Prüfungszielen

In den folgenden Kapiteln wird beispielhaft eine Reihe von Prüfungshandlungen vorgestellt. Sie kann nur als Anregung dienen und soll die Denkrichtung aufzeigen, in der sich der Prüfer bewegen muss, um der Lage des Unternehmens gerecht zu werden und um seine Prüfungsziele - sachgerecht aus den Kenntnissen über die Geschäfts- und Kontrolltätigkeit abgeleitet - zu erreichen. In seinem Buch „Jahresabschlussprüfung" präsentiert Walter Niemann umfangreiche Fragebögen. Sie mögen dem Prüfer als weitere Kontrolle bei seiner Tagesarbeit dienen.

> **I. Prüfungsziel : Vollständigkeit**
> *Abschlussaussage : Die existierenden Anlagegegenstände sind buchhalterisch vollständig erfasst.*

1. Prüfung der speziellen Kontrollen im IKS des Prüffeldes (Beispiele)

a. Ist durch Buchungsanweisung, Bilanzrichtlinien oder Kenntnis der verantwortlichen Personen sichergestellt, dass die gesetzlichen Rechnungslegungsvorschriften beachtet wurden ? (Prüfungsnachweise : Ergebnis einer Systemprüfung, Kopie der Richtlinien und von Anweisungen)

b. Wird für das Anlagevermögen (manuell oder maschinell) eine Anlagenkartei geführt, die die für die Erstellung des Anlagenspiegels erforderlichen Daten enthält ? (Prüfungsnachweise : Auszug aus Kartei und Anhang)

c. Wird der Buchbestand der Anlagenkartei regelmäßig durch körperliche Bestandsaufnahme überprüft ? (Prüfungsnachweise : Auszüge aus Anlagenkartei und Inventur)

d. Wurde die vollständige Erfassung der Anlagegegenstände u.a. anhand der folgenden Unterlagen geprüft : Dokumente der Rechtsabteilung, Protokolle der Organe der Gesellschaft, Investitionsplan, Belege der Buchhaltung und Rechnungen im Neuen Geschäftsjahr ? (Prüfungsnachweise : Auszüge aus den verwendeten Dokumenten)

3 Prüfung des Anlagevermögens

e. Wurde der Reparaturaufwand unter Aktivierungsgesichtspunkten geprüft? (Prüfungsnachweise: Kontoauszug, Kopie der Rechnungen und der entsprechenden Verträge)

f. Enthalten die Leasing-Verträge Regelungen, die zu einer Zuordnung des L-Gegenstandes zum L-Nehmer führen? (Die Bedeutung von Leasing-Verträgen müsste im KoBu-Doc vermerkt sein!) (Prüfungsnachweise: Auszug aus Leasing-Verträgen und u.a. Abstimmung mit den steuerlichen Vorschriften)

g. Wurde für die Abgänge des Berichtsjahres der Übergang von Besitz, Nutzen und Lasten anhand der Vertragsunterlagen festgestellt? (Prüfungsnachweise: Kopie wesentlicher Kaufverträge und der Übergabedokumente)

2. Sonstige aussagebezogene Prüfungshandlungen (Beispiele)
a. Anhand des zu Beginn des Geschäftsjahres vorliegenden Investitionsplanes ist mit bestimmten Anlagenzugängen zu rechnen. Lassen sich die effektiven Zugänge auf dieser Basis nachvollziehen? (Prüfungsnachweise: Investitionsplan und Abstimmung mit den Zugängen)

b. Wurden Bestätigungen Dritter eingeholt oder entsprechende Betriebsbegehungen durchgeführt, wenn Anlagegegenstände bei Dritten gelagert sind? (Prüfungsnachweise: Bestätigungen, Besichtigungsprotokoll)

c. Aufgrund der Erkenntnisse aus der Zwischenprüfung durfte man mit weiteren Anlagezugängen rechnen. Sind diese tatsächlich erfolgt? (Prüfungsnachweise: Abstimmung der Ergebnisse der Zwischenprüfung mit den effektiven Anlagezugängen)

d. Aufgrund der Erkenntnisse aus der Zwischenprüfung durfte man mit der Fertigstellung von Anlagen im Bau rechnen. Ist diese erfolgt und wurden Umbuchungen auf die entsprechenden Anlagekonten vorgenommen? (Prüfungsnachweise: Fertigstellungsmeldung und Kontenauszüge)

e. Ist sichergestellt, dass „Spätzugänge" noch im Alten Geschäftsjahr erfasst, aktiviert und abgeschrieben werden? (Prüfungsnachweise: Lieferantenrechnungen und Auszüge aus den Anlagekonten)

> **II. Prüfungsziel: Eigentum**
> *Abschlussaussage: Die Anlagegegenstände sind dem Unternehmen in rechtlicher bzw. wirtschaftlicher Weise zuzurechnen.*

Unternehmen in kritischer finanzieller Verfassung müssen ggf. ihre Sachanlagen an Kreditgeber sicherungsweise übereignen. Da die wirtschaftliche Betrachtungsweise gilt, müssen auch diese Anlagen im Jahresabschluss ausgewiesen werden.

Zur Kenntlichmachung der besonderen Situation verlangt das HGB, dass Sicherheiten im Anhang anzugeben sind. (Sicherungsübereignungen müssten im KoBu-Doc vermerkt sein!) Da Themen dieser Art sehr behutsam behandelt werden müssen, sind Art und Umfang von Prüfungshandlungen in jedem Fall mit dem Prüfungsleiter abzustimmen! (Prüfungsnachweise: Kreditverträge, Liste der übereigneten Anlagen, Auszug aus dem Anhang)

> **III. Prüfungsziel: Bestand**
> *Abschlussaussage: Die gebuchten Anlagegegenstände existieren tatsächlich.*

1. Prüfung der speziellen Kontrollen im IKS (Beispiele)
a. Wird der Buchbestand regelmäßig durch körperliche Bestandsaufnahme überprüft? (Prüfungsnachweise: Abstimmung der Anlagenliste mit der Inventur)

b. Besteht ein ausreichendes Verfahren über die Kontrolle und die buchhalterische Erfassung von Abgängen? (Prüfungsnachweise: Ergebnisse einer Systemprüfung, Genehmigung, Vertrag, Protokoll, Buchungsbeleg, Kontoauszug)

c. Werden Verlagerungen von Anlagegütern zwischen selbstständig bilanzierenden Einheiten (z.B. im Konzern) kontrolliert und dokumentiert? (Prüfungsnachweise: Genehmigung, Vereinbarung, Buchungsbeleg, Kontoauszug)

2. Sonstige aussagebezogene Prüfungshandlungen (Beispiel)
Wenn dem Abschlussprüfer z.B. im Rahmen einer Zwischenprüfung mitgeteilt wurde, dass man sich von be-

stimmten Betriebs- bzw. Unternehmensteilen oder von Geschäftsfeldern trennen wolle, dann könnten bis zur Abschlussprüfung bereits bestimmte Verträge unterzeichnet sein. Lässt sich auf dieser Basis nachvollziehen, dass Anlagengegenstände weiterhin bestehen oder dass sie das Unternehmen bereits de jure verlassen haben ? (Prüfungsnachweise : Auszug aus Kaufverträgen, Übergabeprotokolle, Buchungsbelege, Kontoauszüge)

IV. Prüfungsziel : Bewertung
Abschlussaussage : Die Anlagengegenstände sind den gesetzlichen Bestimmungen entsprechend richtig bewertet.

1. Prüfung der speziellen Kontrollen im IKS des Prüffeldes (Beispiele)
a. Bestehen Regeln über die Berechtigung zum Erwerb von Anlagegegenständen? (Prüfungsnachweise : Kopie der entsprechenden Arbeitsanweisungen)

b. Ist durch Betriebsbegehung oder Hinzuziehung geeigneter Unterlagen (z.B. Auslastungsstatistiken) sichergestellt, dass das nachgewiesene Anlagevermögen genutzt wird ? (Auslastungsprobleme müssten im KoBu-Doc vermerkt sein!) (Prüfungsnachweise : Dokumente über die Nutzung der Sachanlagen, Bericht über die Inventurbeobachtung)

c. Erfolgte die Bewertung zu den in den Vertragsunterlagen und Abrechnungen ausgewiesenen Anschaffungskosten ? (Prüfungsnachweise : Auszüge aus dem Kaufvertrag, Rechnungskopien, Kontoauszug)

d. Sind bei den aktivierten Eigenleistungen die Herstellungskosten aus der Betriebsabrechnung ableitbar ? (Prüfungsnachweise : Interne Abrechnung, Ermittlung der Gemeinkostenzuschläge)

e. Sind bei den abnutzbaren Anlagegegenständen – unter Verwendung einer zulässigen Abschreibungsmethode – planmäßige Abschreibungen durchgeführt worden ? (Prüfungsnachweise : Ermittlung der Abschreibungen lt. Bestandsliste, ggf. Unterlagen über Betriebsvergleiche)

f. Ist die Höhe der Abschreibungen auch unter Berücksichtigung von Sondereinflüssen angemessen ? (Informationen über Strukturverschiebungen in der Branche müssten dem KoBu-Doc entnommen werden können !) (Prüfungsnachweise : Unterlagen über die Branchenentwicklung, ggf. Sonderuntersuchungen von Forschungsinstituten)

g. Besteht die Möglichkeit zur Inanspruchnahme steuerrechtlicher Sonderabschreibungen ? (Prüfungsnachweise : Abstimmung mit Gesetzen und Richtlinien)

h. Wurden die Grundsätze der Bewertungsstetigkeit beachtet ? (Prüfungsnachweise : Vergleich der Afa-Methode mit dem Vorjahr und ggf. Ermittlung eines Unterschiedsbetrages)

2. Sonstige aussagebezogene Prüfungshandlungen (Beispiel)
Wenn die Verkaufspreise für bestimmte Produkte – z.B. für Bauelemente – deutlich zurückgehen – und von dieser Entwicklung muss der Abschlussprüfer rechtzeitig Kenntnis haben ! – dann wird er erwarten können, dass sich der Mandant auch mit der Frage beschäftigt, ob außerplanmäßige Abschreibungen auf Fertigungseinrichtungen erforderlich sind, weil diese entgegen den ursprünglichen Annahmen nicht mehr länger rentabel einsetzbar sind. (Prüfungsnachweise : Überprüfung der geplanten restlichen Nutzungsdauer und evtl. Bestätigung durch externe Experten)

V. Prüfungsziel : Ausweis
Abschlussaussage : Die Anlagengegenstände bzw. die Gewinne und Verluste aus dem Abgang von Gegenständen des Anlagevermögens sind in der Bilanz bzw. der G+V richtig ausgewiesen.

1. Prüfung der speziellen Kontrollen im IKS des Prüffeldes (Beispiel)
a. Werden die Grundsätze der Bilanzierungsstetigkeit beachtet ? (Prüfungsnachweise : Auszug aus Abschlussrichtlinien, Dokumentation der Ausweismethode und Vergleich zum Vorjahr)

b. Werden die Abschreibungen und die Gewinne bzw. Verluste aus dem Abgang von Gegenständen des Anlagevermögens in der G+V richtig ausgewiesen ? (Ein besonderer Einfluss von Gewinnen und Verlusten auf das Jahresergebnis müsste aus dem KoBu-Doc hervorgehen !) (Prüfungsnachweise : Ergebnis aus Anlagenabgängen, Kontoauszüge und Brücke zur G+V)

2. Sonstige aussagebezogene Prüfungshandlungen (Beispiel)
Wenn geplant war, sich von bestimmten Gegenständen des Anlagevermögens zu trennen (z.B. im Wege des Verkaufs eines Geschäftsfeldes), ist es dann plausibel, dass diese Gegenstände immer noch im Anlagevermögen geführt werden ? (Prüfungsnachweise : Protokoll einer Vorstands- bzw. Aufsichtsratssitzung)

> **VI. Prüfungsziel : Genauigkeit**
> *Abschlussaussage : Der Buchwert und die Gewinne bzw. Verluste aus Anlagenabgängen sind genau ermittelt.*

Prüfung der speziellen Kontrollen im IKS des Prüffeldes (Beispiele)
1. Werden die Anlagenkartei bzw. der Anlagenspiegel regelmäßig mit den Werten der Finanzbuchhaltung abgestimmt ? (Prüfungsnachweis : Abstimmprotokolle)
2. Werden Zugangsrechnungen vor Buchung und Bezahlung sachlich und rechnerisch überprüft ? (Prüfungsnachweise : Dokumentation der Kontrolle)
3. Ist sichergestellt, dass die auf die Abgänge entfallenen kumulierten Anschaffungskosten und die entsprechenden Abschreibungen ausgebucht werden ? (Prüfungsnachweise : Entwicklung des Anlagenspiegels und Vergleich mit dem Vorjahr)
4. Wurden Anschaffungsnebenkosten und Abschreibungen genau ermittelt ? (Prüfungsnachweise : Nachrechnen bei repräsentativen Gegenständen)

3.4.3 Prüfung bei angespannter Ertragslage

Bei der Prüfung von Unternehmen mit angespannter Ertragslage ist nicht nur die Frage von Bedeutung, in welchem Umfang das Management *Bilanzpolitik* betrieben hat, sondern ggf. auch zu berücksichtigen, dass aufgrund von *Personalreduzierung* Funktionen des Rechnungswesens u.U. nicht mehr mit der bisherigen Qualität erfüllt werden. Das *Entdeckungsrisiko* des Abschlussprüfers erhält in diesem Rahmen also ein besonderes Gewicht.

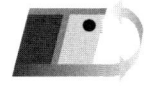

Aus dem nachfolgenden Fragenkatalog, der in Anbetracht der Vielschichtigkeit des Wirtschaftslebens und der Raffinesse der an ihm teilnehmenden Personen keinen Anspruch darauf erhebt, erschöpfend zu sein, geht erneut hervor, dass man das Entdeckungsrisiko nur unter der Voraussetzung möglichst klein halten kann, dass man über umfangreiche und gesicherte Kenntnisse der Geschäftstätigkeit des Unternehmens verfügt.

> *Die Hoffnung der Manager ertragsschwacher Unternehmen ist groß, dass sich bestimmte Informationen nicht im Netz sorgfältiger Abschlussprüfer verfangen !*

Es hat sich bewährt, die mit der Geschäftsführung bzw. mit den Fachabteilungen besprochenen Fragen in einem Protokoll festzuhalten, um darauf jederzeit – z.B. bei einem Gespräch mit dem Aufsichtsrat – zurückgreifen zu können.

I. Zugänge

1. Sind in den Zugängen auch Aufwendungen für größere Reparaturen enthalten ? Ist eine Aktivierung unter dem Gesichtspunkt der ordnungsgemäßen Abgrenzung von Herstellungs- und Erhaltungsaufwand vertretbar ? (VEBBAG) (Prüfungsnachweise: Aufwandsanalyse nach dem steuerrechtlichen Maßstab : Herstellungsaufwand liegt vor, wenn ein Gegenstand in seiner Substanz vermehrt, in seinem Wesen verändert oder über den bisherigen Zustand hinaus erheblich verbessert wird. Dabei liegt eine solche Verbesserung allerdings dann noch nicht vor, wenn es sich lediglich um eine Anpassung an den technischen Fortschritt handelt.) In Grenz-

fällen ist sorgfältig zu prüfen, ob dieser Sachverhalt nicht expressis verbis im Prüfungsbericht zu erwähnen ist.) (Prüfungsnachweise : Belegprüfung und Subsumption unter die vom Steuerrecht maßgebend geprägten Kriterien für die Unterscheidung zwischen Herstellungs- und Erhaltungsaufwand)

2. Handelt es sich bei den aktivierten Eigenleistungen wirklich um aktivierungsfähige Gegenstände ? Sind die dort verwendeten Zuschlagssätze für Gemeinkosten angemessen ? Entsprechen Sie den Sätzen, die auch bei den Vorräten Anwendung finden oder gibt es signifikante Abweichungen ? (Prüfungsnachweis : Sachverhaltsanalyse)

3. Sind im Bau befindliche Anlagen zum Bilanztag bereits fertiggestellt, müssten diese auf die Anlagenkonten umgebucht und noch zeitanteilig abgeschrieben werden ? (Prüfungsnachweise : Betriebsbegehung z.B. während der Inventurbeobachtung, Projektberichte, Fertigstellungsmeldung)

4. Wenn die Anlagenkartei (Zugangsliste) für eine Reihe von Gegenständen als Zugangsdatum einen Tag im 2. Halbjahr aufweist, ist dieses Datum dann durch entsprechende Dokumente belegt ? (Prüfungsnachweise : Zugangsliste und korrespondierende Belege)

II. Abschreibungen

1. Sind alle Anlagen in Betrieb oder gibt es „ruhende" Maschinen, bei denen u.U. eine außerplanmäßige Abschreibung vorzunehmen wäre ? (Prüfungsnachweise : Betriebsbegehung z.B. während der Inventurbeobachtung, Auslastungsstatistiken, ggf. Protokolle der Geschäftsführungssitzungen)

2. Haben sich die Abschreibungssätze im Vergleich zum Vorjahr geändert, d.h. hat man bei bestimmten Anlagegegenständen die betriebsgewöhnliche Nutzungsdauer signifikant verlängert ? (Prüfungsnachweise : Abschlussrichtlinien, Vergleich der Afa-Sätze mit dem Vorjahr, Ermittlung eines Unterschiedsbetrages und seiner Behandlung in der internen Berichterstattung)

3. Werden alle Anlagengegenstände abgeschrieben oder hat man bei bestimmten Gegenständen die Abschreibung ausgesetzt ? (Prüfungsnachweis : Kontrolle der Vollständigkeit)

4. Hat der Mandant Gegenstände „umgewidmet", d.h. sie mittels Umgliederung einer anderen Anlagengruppe mit dem Ziel zugewiesen, die Abschreibungen drosseln zu können ? (Prüfungsnachweise : Analyse der Umgliederungen)

5. Erzwingt die Marktlage u.U. eine außerplanmäßige Abschreibung bei kürzlich erst in Betrieb genommenen Anlagen, bei denen nunmehr eine wesentlich kürzere betriebsgewöhnliche Nutzungsdauer zu erwarten ist ? (Strukturelle Verschiebungen müssten im KoBu-Doc vermerkt sein !) (Prüfungsnachweise : Branchenanalyse)

6. Befinden sich Anlagen bereits seit geraumer Zeit im Bau, so dass – gemessen an den ursprünglichen Einsatzplänen – nicht auszuschließen ist, dass bestimmte Projekte nicht weiterverfolgt werden und die kumulierten Anschaffungskosten abgeschrieben werden müssen ? (Prüfungsnachweise : Verweildauer, Investitionsplan, ggf. Sitzungsprotokolle der Geschäftsführung) Es ist zu prüfen, ob diese Problematik nicht gezielt im Prüfungsbericht aufgegriffen werden muss. (Prüfungsnachweise : Investitionsplan, Zeitablauf der Aktivierungen, Kontoauszug)

III. Abgänge

Hat es besondere Transaktionen (z.B. Grundstücksverkäufe im Konzern) gegeben ? Sollte dies der Fall sein, ist sorgfältig zu prüfen, ob der gezahlte Kaufpreis angemessen ist. (Prüfungsnachweise : Art, Umfang und Ergebnis der Transaktionen ; im Falle von Grundstückstransaktionen ist der Gutachterausschuss der Gemeinde zu befragen !) Wenn Vorfälle dieser Art nicht im Rahmen eines gesonderten Formulars (Package) abgefragt werden, sollte in jedem Fall der zuständige Konzernprüfer benachrichtigt werden !

Zu weiteren Aspekten siehe das Kapitel „Die Prüfung von Abgängen".

IV. Sonstiges

1. Sind Anlagengegenstände im Rahmen von Kreditverträgen sicherungsübereignet ? (Prüfungsnachweise : Auszug aus Kreditverträgen und dem Anhang)
2. Sind Dienstleistungen (z.B. für Reparaturen) im Alten Jahr erbracht, berechnet und als Verbindlichkeiten gebucht oder – wenn noch nicht berechnet – über Rückstellungen abgegrenzt ? (Prüfungsnachweise Instandhaltungsplan, Rechnungskopie, Kontoauszug)
3. Stellt die Fabrik lizenzpflichtige Produkte her, dann sind unter bestimmten Voraussetzungen Lizenzgebühren zu zahlen. Sind diese Aufwendungen bilanziell berücksichtigt ? (Prüfungsnachweise : Auszug aus Lizenzvertrag, Kontoauszug)
4. Werden geleaste Anlagen eingesetzt, ist der Leasing-Aufwand periodengerecht abzugrenzen. (Prüfungsnachweise : Auszug aus Leasing-Verträgen, Kontoauszug)

3.4.4 Die Prüfung von Abgängen

I. Prüfungsziel : Vollständigkeit
Abschlussaussage : Die Abgänge sind vollständig erfasst und gebucht.

Diese Aussage gilt nicht nur z.B. für Verkäufe an Dritte und Übertragungen an verbundene Unternehmen (u.U. zum Buchwert), sondern auch für Verschrottungen (Prüfungsnachweise : Ergebnisse einer Systemprüfung, Verträge, Rechnungen, Verschrottungsmeldungen, Kontoauszüge)

II. Prüfungsziel : Eigentum
Abschlussaussage : Die verkauften Anlagengegenstände gehörten dem Unternehmen.

Die Gegenstände müssen bislang im Anlagenverzeichnis aufgeführt sein. In besonderen Fällen ist es denkbar, dass der Verkaufserlös bereits an einen Gläubiger abgetreten ist. Hier wird zwar noch ein buchhalterisches Ergebnis aus Anlageabgängen auszuweisen sein, es muss aber gleichzeitig eine Buchung stattfinden, durch die der Anspruch des Gläubigers auf den Verkaufserlös bilanziell berücksichtigt wird. (Prüfungsnachweise : Anlagenliste, Kreditvertrag, Erlös- und Aufwandsbuchungen)

III. Prüfungsziel : Existenz (Bestand)
Abschlussaussage : Die Abgänge haben „tatsächlich" stattgefunden.

Hier spielen Grundstücksverkäufe eine wesentliche Rolle. Regelmäßig verkaufen Unternehmen mit angespannter Ertragslage Grundstücke aus ergebnispolitischen Gründen (Problematik des „Financial Reporting Environment") zum Ende des Geschäftsjahres, um in der G+V noch einen „Sonderertrag" ausweisen zu können.

Der notarielle Vertrag muss in jedem Fall noch im Alten Jahr abgeschlossen sein, und es muss zwischen Verkäufer und Käufer Einigkeit darüber bestehen, dass Nutzen und Lasten auch im Alten Jahr übergehen. Weitere Voraussetzung sollte sein, dass die Auflassung spätestens bis zur Erteilung des Testats im Grundbuch eingetragen ist. Sollte dies aus grundbuchtechnischen Gründen (z.B. Arbeitsüberlastung) nicht möglich sein, sollte in wesentlichen Fällen eine Mitteilung des zuständigen Notars vorliegen, dass einer Eintragung aus seiner Sicht nichts im Wege steht. Ggf. sind besondere Umstände im Prüfungsbericht zu erwähnen, damit sich der Leser (z.B. ein Mitglied des Aufsichtsrats) ein Bild machen und entsprechende Fragen stellen kann. (Prüfungsnachweise : Notarieller Vertrag, Auflassung, notarielle Korrespondenz)

IV. Prüfungsziel : Bewertung
Abschlussaussage : Die Abgänge sind richtig „bewertet".

Neben der Notwendigkeit, den Restbuchwert arithmetisch korrekt zu ermitteln (hier gelten u.U. besondere Abschlussrichtlinien), ist die Frage von Bedeutung, ob der Verkäufer noch besondere Auflagen erfüllen muss, die mit Aufwendungen verbunden sein werden und für die Rückstellungen zu bilden sind. Die Pflicht, Rückstellungen zu bilden, kann zu einer erheblichen (Materiality) Reduzierung des Verkaufserlöses führen und den rein buchhalterischen Saldo aus Verkaufspreis und Restbuchwert u.U. gravierend beeinträchtigen. Es ist Aufgabe des Abschlussprüfers, auch über diese Zusammenhänge zu berichten. Dazu gehören ggf. auch Garantien, die der Verkäufer dem Käufer gegeben hat. (Prüfungsnachweise: Kaufvertrag, ggf. Ermittlung und Buchung von Rückstellungen)

V. Prüfungsziel : Ausweis
Abschlussaussage : Die Abgänge sind richtig ausgewiesen.

Dies gilt nicht nur für die richtige Ermittlung und Buchung des Restbuchwertes, sondern auch für die entsprechende Darstellung im Anlagenspiegel. Hier sind von besonderer Bedeutung Anlagen, die bereits vollständig abgeschrieben sind, bei denen aber noch hohe Anschaffungs- bzw. Herstellungskosten (AK/HK) und entsprechend kumulierte Abschreibungen im Anlagenspiegel aufgeführt sind. Selbst wenn der Verkaufserlös Null ist, würde der Einblick in die Struktur des Anlagevermögens beeinträchtigt werden, wenn die AK/HK und die kumulierten Abschreibungen nicht ausgebucht würden. Wurden Gegenstände an verbundene Unternehmen verkauft, müssen Transaktionen dieser Art für die interne Berichterstattung erfasst werden. Sie können aber auch – in Abhängigkeit von der Größenordnung – für die externe Berichterstattung (Lagebericht) von Bedeutung sein. (Prüfungsnachweise : Kaufvertrag, Ermittlung und Buchung des Restbuchwertes, Anlagenspiegel)

VI. Prüfungsziel : Genauigkeit
Abschlussaussage : Die Abgänge sind genau ermittelt.

Hier kommt es neben der Erfassung des Gegenstandes insbesondere auf die richtige Ermittlung des Restbuchwertes (für diese Methode gelten u.U. spezielle Abschlussrichtlinien) und auf die Verwendung des richtigen Kaufpreises an. (Prüfungsnachweise : Auszug aus den Richtlinien, Ermittlung des Restbuchwertes und Buchung des Ergebnisses aus dem Abgang)

Wer den soeben vorgestellten Katalog studiert, wird sich fragen, ob hier immer der Grundsatz der *Wesentlichkeit* gewahrt wurde. Dazu ist Folgendes zu sagen : Es ist ein Charakteristikum von *Bilanzpolitik*, nicht nur auf eine, sondern auf mehrere Bilanzpositionen zuzugreifen, weil die *„Quellsubstanz"* einer einzigen Position in der Regel nicht ausreicht, um den *Bedarf* des Managements zu decken. Der erfahrene Abschlussprüfer wird immer wieder feststellen, dass eine Reihe kleiner Prüfungsdifferenzen *in Summe wesentlich* ist.

3.4.5 Prüfung von Eingangsrechnungen
Es sei an dieser Stelle noch einmal darauf hingewiesen, dass auch bei der Prüfung *einzelner* Jahresabschlusspositionen immer eine *ganzheitliche* Betrachtungsweise gilt. Wer „Rechnungen" prüft, erfährt u.U. auch etwas über Stärken und Schwächen eines (neuen) Geschäftsbereiches, über (neue) Entwicklungen in der Branche, über Probleme bei der Datenverarbeitung und über einen Budgetdruck, dem sich die Geschäftsleitung ausgesetzt sieht. Er muss dann seine Erfahrungen den anderen Mitgliedern des Prüfungsteams mitteilen. Erst aus dieser Gesamtschau erwächst die *Stärke eines Teams*.

3 Prüfung des Anlagevermögens

Mit einer intensiven Belegprüfung gibt man im Übrigen zu erkennen, welch große Bedeutung man dem Instrument der „Einsichtnahme" innerhalb der Prüfungstechnik (VA BENE) beimisst. Wenn die ISA gezielt die Formulierung verwenden: „to obtain an understanding of the client's business", dann geschieht dies auch aus der Überlegung heraus, dass man Quellen im wahrsten Sinne des Wortes „studieren" muss, um wirklich zu begreifen, was in einem Unternehmen geschieht.

Es sind im Wesentlichen die folgenden Arbeiten durchzuführen :

1. Abstimmung der Eingangsrechnung (mit Zugangsliste, Saldenliste, OPL)
2. Durchsicht der Eingangsrechnung und Beurteilung von :

Thema	Fragen	Problematik
Datum der Rechnung	Entspricht das Datum der Rechnung dem Datum in der Zugangsliste ?	*Beginn* der Abschreibung
Gegenstand der Lieferung	Zu welchem Geschäftsbereich (GB) und zu welcher Kostenstelle gehört der Gegenstand ?	*Standort* in der Anlagenliste (ggf. mit Konsequenzen für die Abschreibung)
	Unterliegt der GB wesentlichen Veränderungen, die ggf. Einfluss auf die Nutzungsdauer haben können ?	*Angemessenheit* des Restbuchwertes
	Handelt es sich bereits um die gesamte Lieferung oder nur um eine Teil-Lieferung ?	Anlage*konto* (ggf. Anlagen im Bau) und Abschreibungs*beginn*. (Der Afa-Beginn ist i.d.R. vom Zeitpunkt der Voll-Lieferung und der Inbetriebnahme abhängig.)
Lieferant	Welche Position wird dem Lieferanten im Rahmen eines Risikomanagementsystems zugewiesen ? (Qualität, Flexibilität, Abhängigkeit)	Einfluss auf Produktions*planung* und Produkt*qualität*
	Gehört der Lieferant zum Kreis der verbundenen Unternehmen ?	*Ausweis* der Verbindlichkeit
	Worin liegen die Gründe für einen Bezug aus dem Konzernverbund ?	*Marktgerechtigkeit* des Preises
Zahlungskonditionen	Lautet der Rechnungsbetrag auf fremde Währung ?	*Kurssicherung*

3. Durchsicht des Vertrages

Thema	Fragen	Problematik
Gegenstand der Lieferung	Ist der Gegenstand Teil eines Projektes ?	Welche *Laufzeit* ist für dieses Projekt geplant ? Gibt es *Störungen* im Ablauf dieses Projektes ? Wie ist das Projekt wirtschaftlich in den (ggf. reorganisierten) Geschäftsbereich einzuordnen ?
Zahlungskonditionen	Gibt es Anhaltspunkte dafür, dass sich die Konditionen wesentlich geändert haben ? Wurden z.B. im Gegensatz zum bisherigen Verfahren (Einmalzahlung) nunmehr Ratenzahlungen vereinbart ?	*Liquidität*

Bevor wir zum nächsten Kapitel übergehen : Werfen Sie zum Abschluss noch einmal einen Blick auf den Wegweiser ! (Seite 266)

Die Fragen zur Prüfung des Anhangs werden im Kapitel III. 7 zusammenfassend behandelt.

4 Prüfung der Vorräte
(Schwerpunkt : Rohstoffe und Handelswaren)

Es sind insbesondere die Kenntnisse über die Geschäftstätigkeit, die dem Abschlussprüfer den *Zutritt* zu den Vorräten erleichtern. Durch verstärkte Aktivitäten der Unternehmen im Dienstleistungs- und Systembereich erhalten die Vorräte eine besondere *Prägung*, die die Prüfung der Vollständigkeit und des Bestandes regelmäßig erschwert. Sind die Vorräte für den Jahresabschluss von Bedeutung, ist der Abschlussprüfer gehalten, an der Bestandsaufnahme teilzunehmen. Um sich auf eine *Inventurbeobachtung* vorbereiten zu können, wird er sich mit den entsprechenden Richtlinien beschäftigen und sich im Vorfeld bereits einen Eindruck vom Design dieses Prozesses verschaffen.

Das Verständnis dieses Prozesses *(Funktionstest)* verschafft ihm dann auch einen besseren Zugang zu den Herstellungskosten, ihrem *Wertniveau* und einem eventuellen *Abschreibungsbedarf*, von dem es möglicherweise sogar eine *Brücke* zu den Sachanlagen gibt. Der bereits erwähnte *Arbeitsrahmen* mit Schrittfolge und unterschiedlich *gewichtetem* Fragenkatalog beschließt dieses Kapitel.

4.1 Wegweiser

Bevor Sie mit der Prüfung der Vorräte beginnen, müssen Sie die wesentlichen Gesichtspunkte, die in den *drei Phasen* der Abschlussprüfung (Analyse der Geschäftstätigkeit, Analyse der Kontrolltätigkeit, verbleibende Prüfungshandlungen) eine Rolle spielen, *rekapitulieren*. Der Wegweiser für die Prüfung der Vorräte zeigt Ihnen, welche Voraussetzungen Sie erfüllen müssen, damit Sie diese Jahresabschlussposition verantwortungsbewusst prüfen können. Erst wenn Sie diesen Wegweiser verstanden haben, werden Sie auch in der Lage sein, die Ihnen später präsentierten Arbeitshilfen (Leitfäden) richtig einzusetzen.

4 Prüfung der Vorräte

Wegweiser für die Prüfung der Vorräte (Roh-, Hilfs- und Betriebsstoffe, Handelswaren)

Phase	Fragen zur Wesentlichkeit	Dokumente
Strategie-Analyse	Haben Sie eine klare Vorstellung vom *Geschäft* des Mandanten? Welche wesentlichen Geschäftsvorfälle haben sich im (vergangenen) Geschäftsjahr ereignet?	Geschäftsbewusstsein KoBu-Doc (Knowledge of Business) **KOBU**
	Verstehen Sie die wesentlichen Geschäftsrisiken? Welche Risiken sind (im vergangenen Jahr) auf Unternehmens-Ebene aufgetreten bzw. waren dort unverändert im Vergleich zum Vorjahr vorhanden? Wissen Sie, für welche Abläufe (Prozesse) Sie sich interessieren müssen, um zu verstehen, wie innerhalb der *Materialwirtschaft* Geschäftsvorfälle abgewickelt und Geschäftsrisiken behandelt werden? Gehört vor diesem Hintergrund die *Materialwirtschaft* zu denjenigen Bereichen, in denen sich wesentliche Geschäftsvorfälle ereignet haben und wesentliche Geschäftsrisiken dergestalt bestehen, dass man von einem *signifikanten* Einfluss auf den Jahresabschluss sprechen kann? Wenn die Materialwirtschaft für den zu prüfenden Jahresabschluss zu den wesentlichen Geschäftsprozessen gehört, dann ist Folgendes zu beachten:	Risikobewusstsein KoRi-Doc (Knowledge of Risks) **KORI**
Prozess-Analyse	Verstehen Sie, wie die *Materialwirtschaft* arbeitet? Verstehen Sie die Risiken im Materialbereich, d.h. die Risiken auf Prozess-Ebene, die dort eingerichteten Kontrollen und die trotz Kontrollen noch bestehenden restlichen Geschäftsrisiken bei den *Vorräten*? Wurden die Kontrollen geprüft? Welche *Prüfungsziele* wurden dabei gesetzt und zu welchen Erkenntnissen hat diese Prüfung geführt? Verstehen Sie die bei den Vorräten noch existierenden Restrisiken (Jahresabschlussrisiken) und die dafür eingerichteten Kontrollen?	Kontrollbewusstsein KoCo-Doc (Knowledge of Controls) **KOCO**
	Wurden die verbleibenden Prüfungshandlungen geplant? Welches *Prüfungsziel* wurde dabei formuliert? Wurden dabei insbesondere beachtet? §§ 240 und 241 HGB §§ 253, 255 und 266 HGB	Leitfaden 1. Abstimmung 2. AK / HK 3. Abschreibung 4. Abgrenzung
Verbleibende Prüfungshandlungen	Haben Sie die verbleibenden Prüfungshandlungen durchgeführt?	Programmbewusstsein KoP-Doc (Knowledge of Program) **KOP**
und	Haben Sie die *Prüfungsdifferenzen* identifiziert und analysiert? **Haben Sie Ihr Prüfungsziel erreicht?**	Fehlerbewusstsein KoDi-Doc (Knowledge of Differences) **KODI**
Bericht	Haben Sie die auf Sie entfallenden Teile des Prüfungsberichtes formuliert, die Herkunft der Zahlen erneut geprüft und das Zahlenwerk ordnungsgemäß *dokumentiert*?	

4.2 Regelungen im HGB und das Lagermanagement als zuständiger Geschäftsprozess

4.2.1 Zum Inhalt der Vorräte

Vorräte sind Vermögensgegenstände, die nach der Gliederungsvorschrift des § 266 Abs. 2 HGB unter Punkt B. I auf der „Aktivseite der Bilanz" im Umlaufvermögen anzusiedeln sind. Dort werden die *Vorräte* wie folgt aufgeteilt:

1. Roh-, Hilfs- und Betriebsstoffe
2. Unfertige Erzeugnisse, unfertige Leistungen
3. Fertige Erzeugnisse und Waren
4. geleistete Anzahlungen

Roh- Hilfs- und Betriebsstoffe sind von Dritten bezogene Stoffe, die zur Verarbeitung bzw. zum Verbrauch bestimmt sind.

Rohstoffe sind Stoffe, die *unmittelbar* in das Erzeugnis eingehen. Sie bilden wesentliche Bestandteile des hergestellten Produktes, z.B. Stoffe bei der Textilherstellung (TAIHAM).

Hilfsstoffe fließen ebenfalls in das Produkt ein, stellen aber nur eine *untergeordnete* Komponente dar, z.B. Nägel und Schrauben bei der Möbelherstellung (WAKON).

Betriebsstoffe sind keine Bestandteile des Produktes. Sie werden unmittelbar oder mittelbar während des Fertigungsprozesses *verbraucht*, z.B. Energie bei der Bierherstellung (BRATO).

Unfertige Erzeugnisse sind Erzeugnisse des Unternehmens, die durch Be- oder Verarbeitung von Rohstoffen entstanden sind, deren Herstellung aber noch *nicht* abgeschlossen ist, z.B. die in Gärgefäßen lagernde Flüssigkeit bei der Brauerei BRATO. Zu den unfertigen Erzeugnissen gehören auch Produkte, die erst eine bestimmte *Lagerzeit* benötigen, um als fertige Erzeugnisse anerkannt zu werden ; z.B. Wein, Spirituosen, Holz etc.

Unfertige Leistungen sind personelle oder technische *Arbeitsleistungen*, die im Rahmen eines noch nicht beendeten Dienstleistungsvertrages angefallen sind und die erst nach ordnungsgemäßem *Abschluss* der Arbeiten an den Auftraggeber abgerechnet werden können ; z.B. im Servicegeschäft des Autohauses WELOS aufgelaufene Arbeitsstunden für am Bilanztag noch nicht beendete Inspektionen oder Reparaturen.

Es zeichnet die derzeitige wirtschaftliche Entwicklung aus, dass sich Unternehmen – insbesondere mit dem Ziel der Ergebnisverbesserung – (verstärkt) dem Dienstleistungssektor zuwenden. So wurde z.B. von Bilfinger Berger (BB) berichtet : „Mit dem strategischen Schwerpunkt 'Dienstleistungen' und der 2002 gekauften Reinhold & Mahla (R&M) will Bilfinger-Chef Herbert Bodner den Konzern unabhängiger vom traditionellen Baugeschäft machen. Im Servicebereich sind die Aufträge zwar kleinteiliger als große Brücken, lange Tunnel oder große Gewerbeimmobilien, die BB üblicherweise baut, dafür aber mit Laufzeiten von fünf Jahren oder mehr längerfristig angelegt und so vorhersehbarer als das projektabhängige und sehr zyklische Baugeschäft. Noch wichtiger : Die Dienstleistungen bringen im Vergleich zum 'risikobehafteten Bau' (lt. Bodner) stabile Margen. Von Einzelleistungen über Leistungspakete bis hin zu Full-Service-Angeboten übernimmt R&M Aufgaben, die früher bei den Kunden werkseigene Reparatur- und Wartungstrupps machten. Solche Arbeiten, die vielerorts nicht zum Kerngeschäft gehören, werden immer öfter an Dienstleister vergeben." [199]

Eine ähnliche Entwicklung wurde in 2001 vom Investitionsgüterkonzern J.M. Voith AG berichtet : „Zunehmende Bedeutung erlangt das Servicegeschäft. ... Günter Armbruster, im Voith-Vorstand für die neue Sparte Industrial Services mit 289 Millionen Euro Umsatz verantwortlich, erwartet in fünf Jahren einen Umsatz von 500 Millionen Euro erzielen zu können.

---

199 o.V. : Dienstleistungen bringen Bilfinger Berger in diesem Jahr das Wachstum, in : FAZ 14.10.03, Nr. 238, S. 20

4 Prüfung der Vorräte

Kern der Sparte ist die DIW AG, an der Voith vom kommenden Jahr an 54,8 Prozent der Anteile hält. ... Der Schwerpunkt der Tätigkeit seien Autoindustrie, Maschinenbau und Papierindustrie, wo der Ablauf der Produktion in ganzen Fabriken durch Voith aufrechterhalten werden könne." [200]

Mit der Hinwendung zum Dienstleistungsgeschäft (es sei in diesem Zusammenhang auch an die verschiedenen Formen des „performance contracting" mit „Leistungsverkauf" und „Leistungsergebnisverkauf" erinnert) kommt der Erfassung, Bewertung und dem Ausweis von unfertigen Leistungen bzw. der Abrechnung fertiger Leistungen an den Kunden (Umsatz- und Gewinnrealisation) zunehmende Bedeutung zu. So tritt z.B. beim Leistungsergebnisverkauf „der Hersteller gleichzeitig als Betreiber auf, er verkauft also ein festes Leistungsergebnis und ist auch für die Bereitstellung des Bedienungspersonals zuständig. 'Wenn also Jungheinrich oder Linde auch noch die Fahrer und den Treibstoff für die Gabelstapler bereitstellen würde, wäre das Unternehmen ein Verkäufer von Leistungsergebnissen' (so Professor Klaus Backhaus von der Universität München auf einer Schmalenbachtagung). ... Aus Anbietersicht kommt es ... entscheidend darauf an, die Kosten des Dienstleistungspaketes zu ermitteln. Dies dürfte sich in vielen Unternehmen sehr schwierig gestalten." [201]

Wenn Dienstleistungen an Bedeutung gewinnen (nach Informationen der FAZ entfielen bei Thyssen Krupp Elevator in 2003 rd. 50 % des Umsatzes auf das Servicegeschäft ; Quelle s.u.) und „nicht der Neuabsatz, sondern das Service- und Wartungsgeschäft ... ausschlaggebend für die Ertragsqualität" [202] ist, nehmen die Anforderungen an den Abschlussprüfer zu, der beurteilen muss, ob im Dienstleistungsgeschäft Umsatz und Gewinn ordnungsgemäß realisiert wurden.

Ein besonderes Problem kann dann entstehen, wenn bislang „begleitende Serviceleistungen zu *eigenständigen* Dienstleistungsangeboten weiterentwickelt werden". [203] Hier muss im Rahmen des internen Kontrollsystems rechtzeitig festgelegt werden, ab welchem Zeitpunkt diese „Eigenständigkeit" gilt, unter welchen Voraussetzungen welche Kosten als Vorräte aktiviert werden dürfen und unter welchen Bedingungen diese Kosten an den Kunden abgerechnet werden können. Es ist dann Aufgabe des Abschlussprüfers, mittels eines *Funktionstests* zu untersuchen, ob das interne Kontrollsystem ordnungsgemäß arbeitet. Dieser Notwendigkeit wird er sich – z.B. zuständig für einen Anlagenhersteller – allerdings nur unter der Voraussetzung bewusst sein, dass er beim Unternehmen einen „Einstellungswandel vom traditionsgeprägten Maschinenbauer zur Kunden- und Dienstleistungsorientierung" [204] rechtzeitig erkannt hat.

Die unfertigen Leistungen eignen sich besonders gut, um sich noch einmal die Problematik des inhärenten Risikos in Erinnerung zu rufen. Wir hatten bei unseren Überlegungen zur „Anfälligkeit einer Bilanzposition" auch darauf hingewiesen, dass eine „prozessabhängige Erfassung und Abrechnung von Dienstleistungen anfällig dafür ist, dass erbrachte Dienstleistungen nicht aktiviert werden. Wenn z.B. ein deutscher Pharmahändler neben Groß- und Einzelhandel ein drittes Standbein mit Dienstleistungen aufbaut und auf diesem Geschäfts-

---

200 o.V. : Voith steigt stärker ins Dienstleistungsgeschäft ein, in : FAZ 7.12.01, Nr. 285, S. 22
201 o.V. : Vom Produzenten zum produzierenden Dienstleister, in : FAZ 30.4.01, Nr. 100, S. 29
202 o.V. : Die Aufzugsbranche kämpft um jedes Projekt, in : FAZ 17.6.03, Nr. 138, S. 16
203 B. Stauss : Professionelles Dienstleistungsmarketing, in : FAZ 7.1.02, Nr. 5, S. 21
204 o.V. : Gildemeister will international aufrücken, in : FAZ 6.4.01, Nr. 82, S. 22

feld den (möglicherweise "überraschenden") Auftrag erhält, im Ausland ein staatliches „Impfprogramm zu begleiten" [205], besteht dann nicht ein Risiko dergestalt, dass die damit verbundenen Leistungen (versehentlich) nicht aktiviert werden, und hat der Abschlussprüfer nicht ein Entdeckungsrisiko, wenn er von diesem „ungewohnten" Geschäftsfeld nicht rechtzeitig erfährt und die fehlende Aktivierung von Vorräten nicht moniert?

Fertige Erzeugnisse sind *selbsterstellte Produkte*, die sich in einem verkaufsbereiten Zustand befinden ; z.B. das Versandlager der Brauerei BRATO. Zu den Fertigerzeugnissen gehören auch selbst hergestellte Ersatzteile, z.B. bei einem Automobilhersteller. Das Autohaus WELOS führt zwar Ersatzteile, darf diese aber nicht als Fertigerzeugnisse ausweisen, weil es sie *nicht hergestellt* hat. Bei WELOS gelten erworbene Ersatzteile als Handelswaren.

Waren sind von fremden Dritten eingekaufte fertige Erzeugnisse, die ohne größere Be- oder Verarbeitung *zum Weiterverkauf* vorgesehen sind ; z.B. das Neuwagenlager des Autohauses WELOS. Zu den Waren gehören auch Zubehörteile, z.B. Reifen, Kindersitze etc.

Geleistete Anzahlungen sind an den Vertragspartner geleistete Vorauszahlungen für eine vereinbarte Lieferung oder Leistung. Sie dienen – im Rahmen eines schwebenden Geschäftes – dem Empfänger i.d.R. zur *Finanzierung* seiner Arbeit.

Wenn man sich die vom Gesetzgeber vorgeschriebene *Gliederung der Vorräte* ansieht und sich an die von mir erwähnten Beispiele erinnert, dann wird deutlich, wie wichtig die richtige *Zuordnung*, d.h. der korrekte Ausweis der einzelnen Positionen für den Einblick in die Vermögens- und Ertragslage ist. Ich verweise auf den Buchstaben **A** für Ausweis im Kürzel VEB**B**AG !

Solange *Rohstoffe* noch nicht in den Fertigungsprozess einbezogen sind, gelten sie als Rohstoffe und nicht als unfertige Erzeugnisse. Rohstoffe sind dem *Beschaffungsmarkt* grundsätzlich näher als dem Absatzmarkt. Die Aussage „Rohstoffe" kann der Abschlussprüfer nur dadurch überprüfen, dass er sich die Vorräte selbst ansieht. Ich verweise auf den Buchstaben **A** im Kürzel V**A** BENE. Eine In-**A**ugenscheinnahme der Vorräte setzt den Abschlussprüfer darüber hinaus in die Lage, sich vom **B**estand, d.h. von der Existenz der Vorräte zu überzeugen (VE**B**BAG) und sich eine Meinung von der Beschaffenheit, der Qualität, dem Zustand, d.h. über den Wert der Vorräte zu bilden. (VEB**B**AG).

Unfertige Erzeugnisse benötigen noch eine gewisse Zeit, bis sie in einem verkaufsfähigen Zustand sind, d.h. ihre *„wirtschaftliche Entfernung"* zu den Forderungen ist größer als bei den Fertigerzeugnissen. Es ist – insbesondere unter dem Gesichtspunkt einer *Liquiditätsanalyse* – also von Bedeutung, diese Vorräte dort auszuweisen, wo sie bilanziell hingehören, nämlich in die Position „unfertige" Erzeugnisse. Könnte nicht ein Mandant gelegentlich ein Interesse daran haben, die Vorräte ein wenig näher an den „Markt" heranzuschieben und sie in die Position „fertige Erzeugnisse" umzubuchen ? Wie will der Abschlussprüfer eine solche Manipulation feststellen, wenn er nicht an der *Inventur* selbst *teilnimmt* ? (VEBBAG, V**A** BENE) Dies gilt sinngemäß auch für die *fertigen Erzeugnisse*.

Die „wirtschaftliche Nähe" von *unfertigen Leistungen* zu den Forderungen könnte ein Unternehmen dazu verleiten, die zum Bilanztag aufgelaufenen Arbeitsstunden als *abrechenbare* Leis-

---

[205] o.V. : Celesio bindet Apotheker an sich, in : FAZ 17.8.04, Nr. 190, S. 14

tung hinzustellen und dem gemäß als Forderung zu bilanzieren. Wie will der Abschlussprüfer diesen *unzulässigen* Wertsprung von den Herstellungskosten zum Verkaufspreis anders feststellen, als dass er sich vom *Fertigstellungsgrad* eines Auftrages überzeugt. Das kann er nur, wenn er den mit dem Kunden geschlossenen Dienstleistungsvertrag studiert und sich anhand bestimmter Unterlagen (z.B. einer Fertigstellungsmeldung oder des Auslieferungsdatums eines Gutachtens) davon überzeugt, dass der Mandant zurecht seine Leistung abgerechnet hat (VEBBAG, VA BENE).

Eine besondere Problematik besteht dann, wenn ein Unternehmen mit einem Kunden einen *Werkvertrag* abgeschlossen hat. In einem solchen Vertrag „wird der Unternehmer zur Herstellung des versprochenen Werkes, der Besteller zur Entrichtung der vereinbarten Vergütung verpflichtet." (§ 631 Abs.1 BGB)

Häufig vereinbaren die Vertragsparteien, dass der Besteller zu bestimmten Zeitpunkten (bei Erreichen einzelner *Meilensteine*) verpflichtet ist, dem Unternehmer bereits Teile der ihm zustehenden Vergütung zu bezahlen. Für den Unternehmer sind dies dann *erhaltene* Anzahlungen, für den Besteller *geleistete* Anzahlungen. (In angelsächsischen Verträgen bezeichnet als : „Stage payments upon agreed milestones".) Solange der Unternehmer das bei ihm bestellte Werk noch nicht vollendet hat, muss er die von ihm bereits geleistete und zu Herstellungskosten bewertete Arbeit als „Vorratsvermögen" *aktivieren* („*Unverrechnete Lieferungen und Leistungen"*) und die vom Besteller bezahlten Meilenstein-Beträge als „erhaltene Anzahlungen auf Bestellungen" *passivieren*.

Wie will der Abschlussprüfer feststellen, wenn sich der Mandant (z.B. aus ergebnispolitischen Gründen) unter *Verletzung des Realisationsprinzips* nicht an dieses buchhalterische Schema hält, sondern die erhaltenen Anzahlungen bereits als Umsatz bucht und auf diesem Wege bereits Gewinne realisiert ? Ihm wird dieser Verstoß gegen die Grundsätze ordnungsmäßiger Buchführung nur dann auffallen, wenn er sich mit dem *Vertrag* zwischen Unternehmer und Besteller beschäftigt hat (VEBBAG, VA BENE).

Geleistete Anzahlungen, die dann mit dem Geschäftspartner verrechnet werden, wenn dieser seine vertraglichen Verpflichtungen erfüllt, d.h. ordnungsgemäß geliefert oder geleistet hat und seine Rechnung vorlegt, machen meistens einen „harmlosen" Eindruck. Sieht man ihnen an, an wen die Beträge geleistet und *für welches* Geschäft diese Vorleistungen erbracht wurden bzw. *wie lange* sie schon in der Bilanz des Mandanten stehen ? (VEBBAG, VA BENE)

4.2.2 Die Prägung der Vorräte
Wie will der Abschlussprüfer Vorleistung, Bewertung und Ausweis beurteilen, wenn er sich nicht mit dem wirtschaftlichen und rechtlichen Zusammenhang beschäftigt, in dem dieser Posten geschaffen wurde (VEBBAG, VA BENE) ? Ich bringe die Begriffe *VEBBAG* und *VA BENE* immer wieder ins Spiel, damit Sie die Verpflichtung spüren,

- Ihre Arbeit an *wesentlichen Abschlussaussagen* des Mandanten zu orientieren,
- *Ihre Prüfungsziele* auf diese Aussagen auszurichten und
- entsprechende *Prüfungshandlungen* (insbesondere die „Einsichtnahme") durchzuführen, um ausreichende und angemessene *Prüfungsnachweise* dafür zu bekommen, dass die Aussagen des Mandanten stimmen.

Woher wollen Sie aber wissen, *welche* Aussagen entscheidend sind, wenn Sie das Geschäft des Mandanten nicht kennen und z.B. gar nicht wissen, dass er Werkverträge mit besonderen Klauseln über Teil-Zahlungen abgeschlossen hat? Vielleicht sind seine „sogenannten Rechnungen" geschickt formuliert, und es ist nur für den Eingeweihten erkennbar, dass man „de jure" nur eine Abschlagszahlung anfordern will. (In diesen Fällen wird der Unternehmer natürlich kein Interesse daran haben, vom Besteller eine Saldenbestätigung anzufordern, weil dann die Gefahr besteht, dass die unzulässigen Buchungen entdeckt werden.)

In welchem Prozess werden die Vorräte behandelt ?
Die Prozess-Verantwortung und die Bezeichnungen sind von Unternehmen zu Unternehmen verschieden. Möglicherweise fallen die Roh-, Hilfs- und Betriebsstoffe noch in den Verantwortungsbereich des *Einkaufs*. Für die unfertigen Erzeugnisse und für Teile der fertigen Erzeugnisse könnte die *Fabrik* und für die übrigen Fertigerzeugnisse der *Vertrieb* zuständig sein. Wir müssen uns bei der Planung der Prozessaufnahme nach den individuellen organisatorischen Bedingungen des Mandanten richten, und darauf achten, dass wir den Rahmen des Prozesses nicht zu weit fassen, weil wir ansonsten zu viele Informationen verarbeiten müssen, um die *Prozess-Ziele*, die *Prozess-Aktivitäten* und die *Arbeitsergebnisse* des Prozesses auf unserem Pflichtdokument „Knowledge of Controls" (KoCo-Doc genannt) zu charakterisieren. Nennen wir diesen Prozess, weil wir uns hier schwerpunktartig mit den Rohstoffen und den Handelswaren beschäftigen wollen, der Einfachheit halber das *„Lagermanagement"*.

Warum sprechen wir von einer *„Prägung"* der Vorräte ? Im Jahresabschluss ausgewiesene Vorräte sind das Ergebnis von Beschaffungs-, Fertigungs- und Finanzierungsvorgängen, die von der (erwarteten) Auftragslage diktiert und von differenzierten (u.U. höchst anspruchsvollen) Kundenwünschen bestimmt werden.

Wenn das Interne Kontrollsystem richtig arbeitet, dann wurden die in den Jahresabschluss eingestellten Vorräte vom Unternehmen erworben bzw. produziert, ihr Wertansatz entspricht – unter Wahrung des Anschaffungskostenprinzips – den nach vernünftiger kaufmännischer Beurteilung zu erwartenden Verwertungsmöglichkeiten und sie werden in der exakten Höhe nach den Kategorien ausgewiesen, die das HGB vorschreibt. (VEBBAG-Struktur)

4.3 Aussagebezogene Prüfungshandlungen

4.3.1 Die Prüfung der Inventur
Es ist aus unseren Überlegungen schon klar geworden, dass wir bei den Vorräten die Prüfung des Mengengerüstes und die Prüfung der Bewertung unterscheiden müssen.

4.3.1.1 Begriff und Arten der Inventur
Was ist eine Inventur ? Eine Bestandsaufnahme.

Welche Inventurarten gibt es ?
— Stichtagsinventur (§ 240 HGB)
— ausgeweitete Stichtagsinventur (§ 240 HGB)
— Stichprobeninventur (§ 241 Abs. 1 HGB)
— permanente Inventur (§ 241 Abs. 2 HGB)
— vor- oder nachgelagerte Inventur (§ 241 Abs. 3 HGB)

4 Prüfung der Vorräte

Die Stichtagsinventur und die permanente Inventur gehören zu den Inventurarten, die am weitesten verbreitet sind. Als *Stichtagsinventur* gilt eine Aufnahme von Vermögensgegenständen und Schulden am Bilanzstichtag. Dazu heißt es in § 240 HGB:

„Jeder Kaufmann hat zu Beginn seines Handelsgewerbes seine Grundstücke, seine Forderungen und Schulden, den Betrag seines baren Geldes sowie seine sonstigen Vermögensgegenstände genau zu verzeichnen, und dabei den Wert der einzelnen Vermögensgegenstände und Schulden genau anzugeben." (Abs. 1)

Und in Absatz 2 wird ausgeführt:
(1) „Er hat demnächst für den Schluss eines jeden Geschäftsjahres ein solches Inventar aufzustellen.
(2) Die Dauer des Geschäftsjahres darf zwölf Monate nicht überschreiten.
(3) Die Aufstellung des Inventars ist innerhalb der einem ordnungsmäßigem Geschäftsgang entsprechenden Zeit zu bewirken."

Die Zulässigkeit der sogenannten *permanenten Inventur* ergibt sich wie gesagt aus § 241 Abs. 2 HGB. Dazu heißt es in der gesetzlichen Regelung:

„Bei der Aufstellung des Inventars für den Schluss eines Geschäftsjahres bedarf es einer körperlichen Bestandsaufnahme der Vermögensgegenstände für diesen Zeitpunkt nicht, soweit durch Anwendung eines den Grundsätzen ordnungsmäßiger Buchführung entsprechenden anderen Verfahrens gesichert ist, dass der Bestand der Vermögensgegenstände nach Art, Menge und Wert auch ohne die körperliche Bestandsaufnahme für diesen Zeitpunkt festgestellt werden kann."

Unter welchen Voraussetzungen ist die permanente Inventur zulässig?

- Die Bücher müssen einzelne Angaben über die *Bestände* und über alle *Zugänge* und *Abgänge* nach *Tag*, Art und *Menge* enthalten.
- Alle Eintragungen müssen anhand von *Belegen* nachgewiesen werden können.
- In jedem Geschäftsjahr muss *mindestens einmal* durch körperliche Aufnahme geprüft werden, ob die einzelnen Buchbestände mit den echten Lagerbeständen übereinstimmen. Im Falle von Differenzen müssen die Buchbestände nach Maßgabe der körperlichen Aufnahme korrigiert werden.
- Der *Inventurtag* ist in den Lagerbüchern zu vermerken.
- Der Kaufmann ist verpflichtet, über die Durchführung und das Ergebnis der körperlichen Aufnahme *Protokolle* anzufertigen. Die mit der Aufnahme beauftragten Personen haben die Protokolle unter Angabe des Zeitpunktes zu unterschreiben. Die Aufzeichnungen müssen wie Handelsbücher zehn Jahre aufbewahrt werden.

Eine permanente Inventur ist dann *unzulässig*, wenn die Vorräte besonders wertvoll sind oder wenn bei ihnen die Gefahr eines unkontrollierbaren Schwundes besteht.

Welche Aufnahmeverfahren gibt es?

- körperliche Inventur
- buchmäßige Inventur
- Inventur anhand von Urkunden
- Vollaufnahme
- Stichprobeninventur

Die *körperliche Inventur,* der wir uns im Rahmen der folgenden Überlegungen hauptsächlich widmen wollen, erfolgt im Wege der Identifikation und Klassifikation, in dem die Gegenstände durch Zählen, Messen, Wiegen oder Schätzen erfasst werden. Die ermittelten Mengen werden in entsprechenden Listen, den *Inventurlisten,* eingetragen.

4.3.1.2 Prozess-Ziele
Welche Ziele werden mit der Inventur verfolgt ?

V	Vollständigkeit
E	Eigentum
B	Bestand
B	Bewertung
A	Ausweis
G	Genauigkeit

Wir haben schon oft darüber gesprochen, dass wir uns im Rahmen der Analyse interner Kontrollen mit denjenigen Kontrollen beschäftigen wollen, die die *meisten Abschlussaussagen* abdecken. Die Inventur – und deshalb ist sie für den Abschlussprüfer so wichtig – *deckt das gesamte Spektrum der Abschlussaussagen zu den Vorräten ab* (VEBBAG). Es ist also nicht überraschend, dass das IDW in seinem PS 301 großen Wert auf die *Teilnahme* des Abschlussprüfers an der Inventur legt. Darin heißt es u.a. (Hervorh. d.d.Verf.) :

„Sind die Vorräte von *wesentlicher* Bedeutung für den Jahresabschluss, muss der Abschlussprüfer – soweit durchführbar – die körperliche Bestandsaufnahme beobachten, um auf diesem Wege ausreichende und angemessene *Prüfungsnachweise* insbesondere über das *Vorhandensein,* die *Vollständigkeit* und die *Beschaffenheit* der Vorräte zu erlangen. Dabei hat sich der Abschlussprüfer von der ordnungsgemäßen Handhabung der Inventurverfahren zu *überzeugen.* Der Abschlussprüfer hat in diesem Zusammenhang das interne Kontrollsystem auf Angemessenheit *(Aufbauprüfung)* und Wirksamkeit *(Funktionsprüfung)* zu prüfen sowie aussagebezogene Prüfungshandlungen durchzuführen. [206]

Die *Verknüpfung* der Prüfungsstandards ist auch daran zu erkennen, dass hier expressis verbis die Unterscheidung zwischen *Design-Test* und *Funktionstest* bewusst hervorgehoben wird. Erinnern Sie sich an unsere Diskussion über „Aufbauprüfung" und „Ablaufprüfung" ?

Warum trennt man diese beiden Phasen so genau von einander ? Es ist wichtig, sich zunächst vom Design einer Kontrolle eine Vorstellung zu machen. Stellt sich nämlich heraus, dass das Unternehmen gar keine sinnvollen Kontrollen einsetzt, dann ist es zwecklos, den Ablauf dieser „scheinbaren" Kontrollen zu überprüfen. Ich hatte Sie aber auch noch auf einen *psycho-*

---
206 PS 301 : Prüfung der Vorratsinventur TZ 7

logischen Aspekt hingewiesen und betont, dass der verantwortungslose Abschlussprüfer nach dem Design-Test seine Prüfung beendet, wenn er „das Gefühl" hat, dass das Unternehmen über wirksame Kontrollen verfügt. Hier würde dann der gefährliche Gedanke zum Tragen kommen : *„Es wird schon stimmen!"*

Wir haben gehört, dass der Abschlussprüfer an der Inventur teilnehmen soll. Angesichts des erwähnten Prüfungsstandards muss es dann besondere *Risiken* geben, die man im Zusammenhang mit einer Inventur beachten muss. Machen Sie sich bitte Gedanken darüber, wie eine *Inventurrichtlinie* gestaltet sein muss, um verschiedenen Risiken angemessen zu begegnen.

4.3.1.3 Inventurrichtlinien
Eine Inventurrichtlinie muss folgendermaßen aufgebaut sein :

- Planung der Inventur
- Durchführung der Inventur
- Auswertung der Inventur

Planung der Inventur
1. Planung der Aufnahmefelder
In der Fabrik erfolgt eine Einteilung i.d.R. nach Maßgabe des Produktionsflusses : z.B. nach Fertigungsstellen, Montage, Endkontrolle und Fertigwarenlager. *Auswärtige* Läger sind in die Planung einzubeziehen, dazu gehören z.B. auch Konsignationsläger. Ein *Lageplan* legt fest, welche Felder zu einem Aufnahmebereich gehören. Eine eindeutige Abgrenzung der Aufnahmefelder stellt sicher, dass *alle* Positionen aufgenommen und Doppelzählungen vermieden werden. Sie erleichtert im übrigen die *Kontrollierbarkeit* des Aufnahmeverfahrens. Es ist vorzuschreiben, dass die aufgenommenen Gegenstände entsprechend zu *kennzeichnen* sind (z.B. durch Aufkleber).

2. Personalplanung
Neben einem für die *gesamte Inventur* verantwortlichen Leiter sind für die einzelnen Aufnahmebereiche entsprechende lokale Leiter und Personen zu benennen, die für die eigentliche Aufnahme, die Aufzeichnung und für die Kontrolle zuständig sind. Soweit möglich, sollte bei dieser Personaleinteilung auf *Funktionstrennung* geachtet werden. So wäre z.B. nicht akzeptabel, wenn der Einkaufsleiter gleichzeitig der Inventurleiter sein würde. Außerdem ist darauf zu achten, dass die für die eigentliche Aufnahme eingeplanten Mitarbeiter nicht zum Lagerpersonal gehören. Sollte dies aus Gründen der Personalknappheit nicht möglich sein, ist bei der Inventurbeobachtung besondere Aufmerksamkeit geboten.

3. Planung der Aufnahme
Wesentlicher Bestandteil der Planung ist die Vorbereitung der Aufnahmeformulare, d.h. der sogenannten Zählzettel. Diese sind in Abhängigkeit vom aufzunehmenden Produktspektrum ggf. in der Inventurrichtlinie entsprechend zu erläutern.

Das Aufnahmeformular sollte folgende Angaben enthalten :
- Bezeichnung (Art, Artikel-Nr.)
- Menge (dabei ist zu beachten, dass Zähl-Einheiten, z.B. 10er-Packungen als solche gekennzeichnet sind, damit spätere Bewertungsfehler vermieden werden.)
- Qualität (Qualitätsstufen)
- Lagerort
- Aufnahmedatum
- Kontrollvermerk
- Unterschriften
- Nummerierung (fortlaufend)

Besonders zu beachten ist die Vorbereitung der *Nummernkreise* und die Hinweise, dass auf den Aufnahmeformularen keine *Soll-Werte* eingetragen sein dürfen und dass nach Beendigung der Inventur noch *freie Zeilen* zu entwerten sind.

4. Terminplanung
Alle Arbeiten sind nach Beginn, Dauer und Ende verbindlich festzulegen. Soweit möglich, sollte die Produktion für die Dauer der Inventur ruhen. Anderenfalls stören Lagerzugänge bzw. Lagerabgänge die Erfassung der Vorräte. Ruht die Produktion, sind Lieferanten bzw. Kunden darüber zu informieren, dass zu diesem Zeitpunkt keine Lieferungen angenommen bzw. keine Auslieferungen durchgeführt werden können. Zur Terminplanung gehört auch, dass festgelegt wird, wann und wo der zuständige Abschlussprüfer an der Inventur teilnehmen wird. Wenn wir wissen, wann und wo wir an einer Inventur teilnehmen, dann müssen wir uns angemessen auf diese Arbeit *vorbereiten*.

4.3.1.4 Inventurbeobachtung

Wie würden Sie z.B. folgenden Hinweis in der internen Arbeitsanweisung einer WP-Kanzlei beurteilen : „Ist ein Prüfer für die Inventurbeobachtung eingeplant, muss er sich rechtzeitig mit den Inventuranweisungen des Mandanten vertraut machen. Er muss sicherstellen, dass alle wesentlichen Punkte berücksichtigt wurden, so dass die körperliche Aufnahme ordnungsgemäß durchgeführt werden kann." Eine solche Arbeitsanweisung kann nur von jemandem stammen, der *mit den Grundsätzen einer risikoorientierten Abschlussprüfung nicht vertraut* ist. Was sind die Voraussetzungen für ein „Vertraut-Sein" ? Wer bestimmt, was wesentlich ist ? Was sind die Kriterien der Ordnungsmäßigkeit ? Standard-Prüfprogramme sind kein Instrument für ein zielgerichtetes Arbeiten!

Vorbereitende Maßnahmen

Auf was würden wir Wert legen, wenn wir uns *als Mitarbeiter eines Teams auf eine Inventurbeobachtung vorbereiten* müssten ? Wir würden folgendermaßen an die Sache herangehen : Bevor wir entscheiden, wo die Schwerpunkte bei der Inventurbeobachtung zu legen sind, müssen wir uns zuerst *Kenntnisse* über die Geschäftstätigkeit und das wirtschaftliche und rechtliche Umfeld des zu prüfenden Unternehmens zulegen. Zu diesem Zweck werfen wir einen Blick in die *Dauerakte*, um uns über das *Produktspektrum*, die *Organisation* und die *Ertragslage* des Unternehmens zu informieren. Sind in der Dauerakte keine entsprechenden Angaben enthalten, werden wir den *Prüfungsleiter* bitten, uns über den wirtschaftlichen Standort des Unternehmens und dessen Lage zu informieren. Wir erbitten gleichzeitig Angaben über die *Qualität des internen Kontrollsystems*, denn wir haben gelernt, dass Prüfungshandlungen – und eine Inventur-**B**eobachtung gehört dazu (VA **B**ENE) - nur auf dieser Basis vorzunehmen sind. Erhalten wir hier nur allgemeine Auskünfte, werden wir uns anhand der Inventurrichtlinien und der im Vorfeld mit der Inventurleitung zu führenden Gespräche *selbst* ein Bild darüber machen, welche *Prüfungsziele* für uns als Abschlussprüfer vermutlich von besonderer Bedeutung sein werden. (Auswahl aus *VEBBAG* !)

Darüber hinaus sind folgende Aspekte im *Vorfeld der Inventurbeobachtung* zu beachten :

- Mit der Inventurleitung sind Termin und Ort rechtzeitig abzustimmen.
- Handelt es sich um eine Reihe von Lagerorten an unterschiedlichen Standorten, muss geklärt werden, welche Orte der Abschlussprüfer besuchen will.
- Besteht auf Seiten des Abschlussprüfers ein *Langfristplan*, so ist dieser in Abhängigkeit von der Geschäftsentwicklung elastisch zu handhaben, d.h. ein im Vorjahr ins Auge gefasster Standort muss nicht unter allen Umständen besucht werden, wenn die Prüfungsziele eine Planänderung erfordern. (KoBu-Doc !)
- Der Mandant muss die Möglichkeit haben, *Änderungswünsche* in die Inventurrichtlinien einarbeiten zu können. Allein das setzt schon eine frühzeitige Planung voraus.

Auch wenn die Inventurrichtlinien den Eindruck erwecken, dass der Mandant in der Lage ist, eine Inventur ordnungsgemäß durchzuführen, sollte ihn der Abschlussprüfer im Vorfeld an die *Bedeutung* der folgenden Punkte erinnern :

- Zusammenfassung von Vorräten mit der gleichen Material-Nr.
- Getrennte Lagerung von „Fremdwaren". (Hier ist an „angelieferte", aber vom Mandanten nicht mehr aufgenommene Ware zu denken; des Weiteren kann „zum Versand bereitgestellte" Ware eine Rolle spielen.)
- Kennzeichnung von Konsignationsware
- Kennzeichnung der Gegenstände mit ihrer handelsüblichen Bezeichnung
- Bereitstellung der notwendigen Hilfsmittel zum Zählen, Messen oder Wiegen
- Bereitstellung der durchnummerierten Aufnahmeformulare
- Sicherstellung von Kommunikationsmöglichkeiten zwischen Abschlussprüfer und Inventurleitung.

Inventurbeobachtung an sich

Die Inventurbeobachtung im engeren Sinne (VA BENE) beginnt mit einem Lagerrundgang. Sie bekommen jetzt einen Katalog von Themen, die der Beobachter einer Inventur beachten muss, um sich ein *Urteil* über deren Ordnungsmäßigkeit zu bilden. Ordnen Sie die Themen den Prüfungszielen / Abschlussaussagen zu, die wir in dem Kürzel VEBBAG zusammengefasst haben.

Der Beobachter muss prüfen, ob
- die Aufnahme *ohne* Kenntnis des Sollbestandes erfolgte.
- *Qualitätsminderungen* auf den Aufnahmeformularen vermerkt sind.
- die Lagerstätten *aufgeräumt* sind.
- dem Unternehmen *nicht* gehörende Erzeugnisse (Fremdware) getrennt gelagert und aufgenommen werden.
- *Leerzeilen* gestrichen und nicht benutzte Aufnahmeformulare entwertet wurden.
- die Aufnahmefelder gegeneinander *abgegrenzt* und *vollständig* aufgenommen wurden.
- das Inventurpersonal mit den Richtlinien *vertraut* ist.
- die Eintragungen in *nicht radierbarer* Form erfolgten und trotz ggf. ungünstiger Witterungseinflüsse lesbar bleiben.
- die erfolgte Aufnahme durch *Kennzeichnung* der Gegenstände erkennbar ist.
- auf *Lagerbewegungen* zur Vermeidung von Doppelzählungen verzichtet wird.
- die Aufnahmeformulare von den zuständigen Personen (Zähler, Schreiber) *unterschrieben* wurden.
- die ausgeteilten Aufnahmeformulare *vollständig* (an Inventurleitung bzw. Rechnungswesen) *zurückgegeben* wurden.
- die Grundsätze der *Periodenabgrenzung* (sowohl bei den Bezügen als auch bei den Auslieferungen) beachtet wurden.

- die Aufnahmeformulare *durchnummeriert* und die Nummernkreise so gekennzeichnet sind, dass keine weiteren Formulare eingefügt werden können.
- zur Sicherstellung einer vollständigen Erfassung die Aufnahme in der Reihenfolge der *tatsächlichen* Lagerung erfolgte.

Eine *Auswertung*, die in bestimmten Punkten fließend ist, zeigt folgendes Bild :

VEBBAG-Aussage zur *Vollständigkeit* : Es muss gewährleistet sein, dass :

- auf Lagerbewegungen zur Vermeidung von Auslassungen verzichtet wird ; (V**A** BENE)
- die erfolgte Aufnahme durch Kennzeichnung der Gegenstände erkennbar ist ; (V**A** BENE)
- zur Sicherstellung einer vollständigen Erfassung die Aufnahme in der Reihenfolge der tatsächlichen Lagerung erfolgte ; (V**A B**ENE)
- die Aufnahmefelder gegeneinander abgegrenzt und vollständig aufgenommen wurden ; (V**A** BENE)
- die Aufnahmeformulare durchnummeriert und die Nummernkreise so gekennzeichnet sind, dass keine weiteren Formulare eingefügt werden können ; (VA B**E**NE)
- die ausgeteilten Aufnahmeformulare vollständig (an Inventurleitung bzw. Rechnungswesen) zurückgegeben wurden. (VA BE**N**E)

V**E**BBAG-Aussage zum rechtlichen bzw. wirtschaftlichen *Eigentum* : Es muss gewährleistet sein, dass :

- dem Unternehmen nicht gehörende Erzeugnisse (Fremdware) getrennt gelagert und aufgenommen werden. Zu den Fremdwaren gehört auch ein Konsignationslager. (V**A B**ENE) (Es dürfte eher Zufall sein, wenn der Prüfer bei der Inventurbeobachtung erfährt, dass das Warenlager oder Teile davon - z.B. an ein kreditgewährendes Institut – sicherungsübereignet sind. Hat er Kenntnis von einer solchen Übereignung, kann er gezielte Fragen nach Art und Umfang der Vorräte stellen.)

VE**B**BAG-Aussage zum *Bestand* : Es muss gewährleistet sein, dass :

- die Aufnahme ohne Kenntnis des Sollbestandes erfolgte (der tatsächliche Bestand, nicht der Buchbestand ist zu erfassen !) (V**A** BENE)
- auf Lagerbewegungen zur Vermeidung von Doppelzählungen verzichtet wird ; (V**A** BENE)
- die Grundsätze der Periodenabgrenzung (sowohl bei Bezügen als auch bei Auslieferungen) beachtet wurden. (Der Prüfer hat die letzten Warenausgangs- und Wareneingangsbelege in Kopie zu seinen Arbeitspapieren zu nehmen, damit die korrekte Abgrenzung zu einem späteren Zeitpunkt nachgeprüft werden kann.) (V**A** BENE)
- Leerzeilen gestrichen und nicht benutzte Aufnahmeformulare entwertet wurden. (V**A** BENE)

VEB**B**AG-Aussage zur *Bewertung* : Es muss gewährleistet sein, dass :

- Qualitätsminderungen auf den Aufnahmeformularen vermerkt sind ; (V**A B**ENE)

VEBB**A**G-Aussage zur *Genauigkeit* : Es muss gewährleistet sein, dass :

- das Inventurpersonal mit den Richtlinien vertraut ist (z.B. im Hinblick auf die Behandlung von Mengeneinheiten) (V**A B**ENE)

VEBBA**G**-Gesamtaussage : Es muss sichergestellt sein, dass :

- die Lagerstätten aufgeräumt sind ; (V**A** BENE)
- das Inventurpersonal mit den Richtlinien vertraut ist ; (V**A B**ENE)
- die Eintragungen in nicht radierbarer Form erfolgten und auch trotz ggf. ungünstiger Witterungseinflüsse lesbar bleiben ; (V**A B**ENE)
- die Aufnahmeformulare von den zuständigen Personen (Zähler, Schreiber) unterschrieben wurden (VA BENE)

4 Prüfung der Vorräte

Auch bei der Inventurbeobachtung gilt die Regel, dass wir *alle Abschlussaussagen* (also V=B-BAG *gesamt*) beachten müssen. Es gilt aber zugleich der Grundsatz, dass wir unsere Kenntnisse über die Geschäftstätigkeit nutzen müssen, um vernünftige *Schwerpunkte* zu legen.

Ist ein *Unternehmen in schlechter finanzieller Verfassung* werden wir uns intensiv mit der Frage beschäftigen (VEBBAG), ob der Mandant irgendwo „zum Versand bereitgestellte Ware" gelagert hat, die für ihn Fremdware ist, weil er sie als „ausgeliefert" betrachtet und dies zum Anlass nimmt, bereits Umsatz zu buchen und Gewinn zu realisieren, obwohl die Ware dem Kunden de jure noch gar nicht übergeben wurde (V**A BE**NE).

Wir werden auch wissen wollen (VEB**B**AG), ob dieser Mandant

- *Standard-Ware* führt, die durch lange Lagerung oder durch Beschädigungen im Wert (deutlich) gemindert ist (**VA BE**NE) oder die aufgrund vertraglicher Vereinbarungen vom Kunden „als Überschussware" zurückgenommen wurde (V**A BE**NE) und möglicherweise nur noch zu deutlich reduzierten Verkaufspreisen anderweitig absetzbar ist (VA BENE) ;

- *Spezial-Artikel* führt, die
  - aufgrund ihrer Herkunft z.B. Baumwolle aus nicht mehr attraktiven Anbaugebieten (VA **BE**NE),
  - aufgrund von Stornierungen – Ware wurde auftragsgemäß gefertigt, vom Kunden aber nicht mehr abgenommen (VA **BE**NE) – oder
  - aufgrund besonderer physikalischer Eigenschaften z.B. bevorstehendes Erreichen des Verfalldatums (V**A B**ENE)

in ihrer *Verwertbarkeit* (möglicherweise stark) eingeschränkt sind. Daran wird sich ggf. die Frage anschließen, ob und ggf. in welcher Höhe *Wertberichtigungen* geplant sind.

Nur derjenige Abschlussprüfer, der mit einem Unternehmen vertraut ist, wird in der Lage sein, diese Probleme rechtzeitig zu erkennen und ihre Behandlung bei seiner *Prüfungsplanung* und der *Einweisung seiner Mitarbeiter* angemessen zu berücksichtigen. In diesem Zusammenhang ist die Aussage im PS 230 von besonderem Interesse, in dem es unter TZ 13 heißt :

„Der Abschlussprüfer hat sicherzustellen, dass auch die bei der Abschlussprüfung eingesetzten Mitarbeiter über einen ausreichenden Kenntnisstand über die Geschäftstätigkeit sowie das wirtschaftliche und rechtliche Umfeld des Unternehmens verfügen, um die ihnen übertragenen Aufgaben ausführen zu können. Die Mitarbeiter sind zu verpflichten, auf evtl. neue Informationen zu achten und diese an den Abschlussprüfer sowie die anderen Mitglieder des Prüfungsteams weiterzugeben."

Erinnern Sie sich an meinen Hinweis, wie wichtig es ist, wenn man über *eigene* Datenbanken verfügt ?

Ist ein Unternehmen *in einer sehr guten wirtschaftlichen Verfassung* und haben wir Bedenken, dass der Mandant aus ergebnispolitischen Gründen seinen Jahresüberschuss nach oben begrenzen will, müssten wir uns dafür interessieren (**V**EBBAG), ob am Bilanztag vorhandene und versandbereite Fertigerzeugnisse nach den mit dem Kunden getroffenen Vereinbarungen noch im *alten* Geschäftsjahr hätten *ausgeliefert und berechnet* werden müssen (VA BENE). (Hier geht es also nicht um die Vollständigkeit der Vorräte, sondern um die Vollständigkeit der Forderungen !)

Wir werden auch wissen wollen (VEBBAG), ob (nachträgliche) Wertberichtigungen auf Vorräte angemessen sind, für die aufgrund fehlender Angaben in den Aufnahmeformularen zur Qualitätsminderung zunächst keine Notwendigkeit bestand (VA BENE). (Wenn wir an der Inventur nicht teilgenommen haben, haben wir jetzt eine *Informationslücke* !)

Es ist gute Übung bei unseren Mandanten, dass diejenigen, die die Inventur beobachten, in der Regel von einem lagerkundigen Mitarbeiter begleitet werden. Man muss eine solche *Begleitung* unter einem doppelten Aspekt sehen :

Auf der einen Seite ist es eine Sache der Höflichkeit, einem Gast, der sich im Betriebsgelände nicht auskennt, mit Rat und Tat zur Seite zu stehen. Wir sollten als Beobachter diese *Chance* nutzen, das *Wissen* dieser Leute anzuzapfen. Sie sind – aus welchen Gründen auch immer – häufig gerne bereit, uns über ihre Stärken, aber auch über ihre Probleme (Lagerhüter, Logistik etc.) zu informieren. Das gilt insbesondere dann, wenn sie von einem Jahresabschluss wenig verstehen. (Denken Sie in diesem Zusammenhang auch an Sicherungsübereignungen von Vorräten, die im Anhang zu erwähnen sind !) Es ist dann beim Abschlussprüfer eine Angelegenheit der *Diplomatie*, wichtige Informationen in fairer Weise zu verwenden, damit nicht derjenige, der aus Sicht der Geschäftsleitung „viel zu viel" ausgeplaudert hat, in Misskredit gerät.

Auf der anderen Seite müssen wir aber auch damit rechnen, dass wir deshalb „begleitet" werden, damit wir *nur dorthin gehen, wo wir auch hingehen „dürfen"*. Mandanten haben immer wieder ein besonderes Interesse daran, uns bestimmte Dinge *nicht* zu zeigen, z.B. :

- alte Ware (Wertberichtigungen ?)
- stillstehende Maschinen (Mangelhafte Auslastung ? defekte Anlagen ?)
- leere Lagerhallen (Materialversorgung ?)
- beschädigte Fabrikräume (Verzögerte Reparaturen ?)

Es soll vermieden werden, dass der Abschlussprüfer aufgrund seines *persönlichen Eindrucks* (VA BENE) Fragen stellt, die sich auf

- fehlende Abschreibungen auf Vorräte (VEBBAG),
- Aktivierung von Leerkosten (VEBBAG),
- Produktionsstillstand und Vertragsstrafen (VEBBAG) und auf
- Liquiditätsengpässe (mit vielfältigen Folgen)

beziehen könnten. Ich habe diese Beispiele deshalb gebracht, um Sie erneut auf das Problem des *Entdeckungsrisikos* hinzuweisen. Wer eine Inventurbeobachtung wirklich ernst nimmt, der wird sehr schnell merken, wie sehr man auf diesem Wege (VA BENE) das Risiko einer wesentlichen Fehlaussage herunterschrauben kann.

Ich erinnere mich noch gut an einen Samstag Vormittag (es war ein 30. Dezember), an dem ich - bereits seit vielen Jahren WP - bei einer Inventurbeobachtung auf eine große Lagerhalle stieß und nach der dort gelagerten Ware fragend die Antwort von meinem Begleiter er-

4 Prüfung der Vorräte

hielt: „Das sind Spezial-Chemikalien aus einem *stornierten Russland-Auftrag.*" Sie können sich vorstellen, dass diese Auskunft, bei der sich der Lagerangestellte wohl kaum etwas gedacht hatte, bei mir wie eine Bombe einschlug. Mir war klar, dass wir möglicherweise die jetzt im wahrsten Sinne des Wortes *„entdeckten" Bestandsrisiken* nicht erkannt hätten, wenn die Geschäftsleitung ein Interesse daran gehabt hätte, die an sich notwendige Abschreibung auf das folgende Geschäftsjahr zu verschieben. Der Inventurliste hätte man die „aus frischer Produktion" stammenden, unerwartet risikobehafteten Güter gar nicht angesehen. Wer weiß, ob wir auf anderem Wege – vielleicht unterstützt durch unser „Understanding the Business" – auf dieses Bestandsrisiko gestoßen wären?

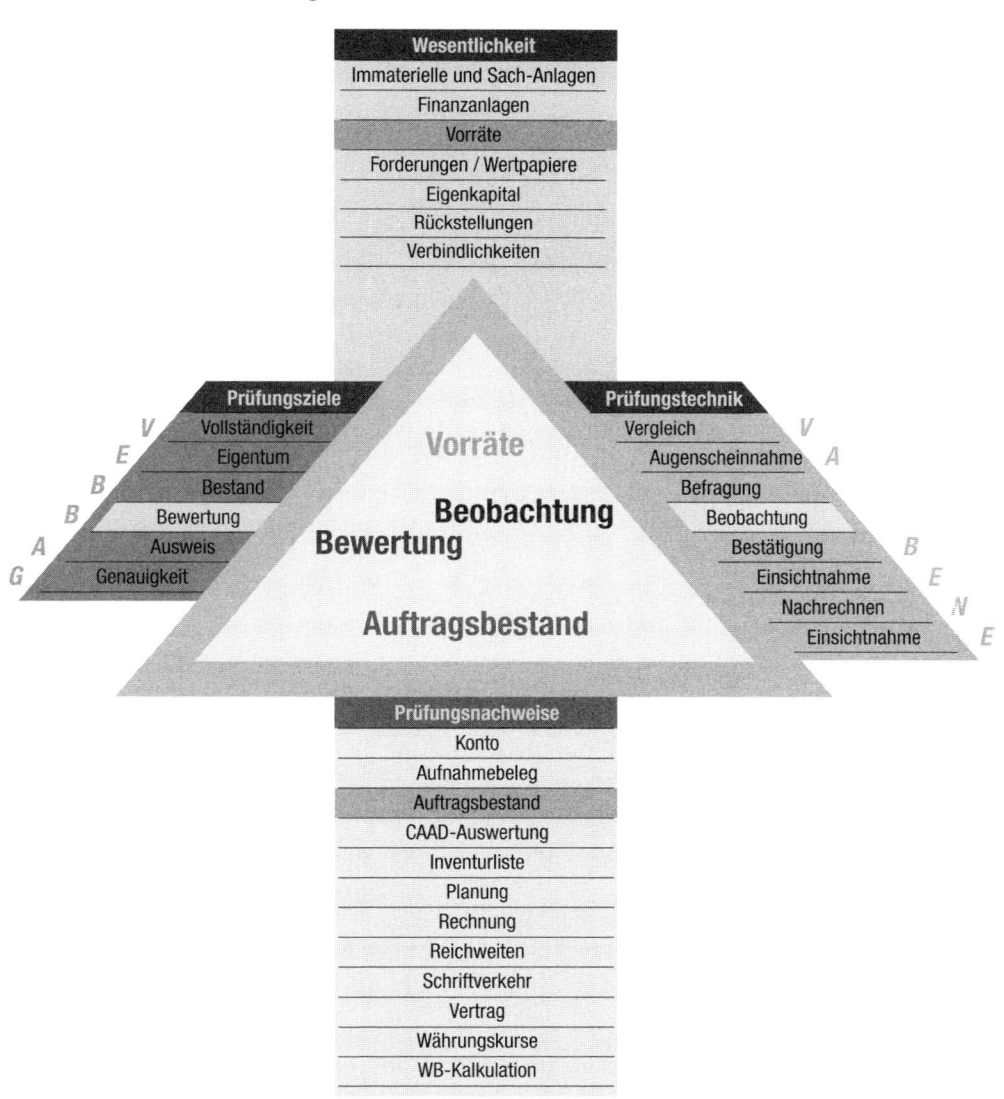

Wesentlichkeit
- Immaterielle und Sach-Anlagen
- Finanzanlagen
- **Vorräte**
- Forderungen / Wertpapiere
- Eigenkapital
- Rückstellungen
- Verbindlichkeiten

Prüfungsziele (VEBBAG)
- Vollständigkeit
- Eigentum
- Bestand
- Bewertung
- Ausweis
- Genauigkeit

Vorräte
Beobachtung
Bewertung
Auftragsbestand

Prüfungstechnik (VABBBENE)
- Vergleich
- Augenscheinnahme
- Befragung
- Beobachtung
- Bestätigung
- Einsichtnahme
- Nachrechnen
- Einsichtnahme

Prüfungsnachweise
- Konto
- Aufnahmebeleg
- **Auftragsbestand**
- CAAD-Auswertung
- Inventurliste
- Planung
- Rechnung
- Reichweiten
- Schriftverkehr
- Vertrag
- Währungskurse
- WB-Kalkulation

Abbildung 18: Die Gewinnung und Beurteilung von Informationen (Fertigerzeugnisse)

Wir sollten also immer unseren *eigenen Weg* gehen und uns ständig darüber Gedanken machen, was geschehen könnte und was wir wissen müssen. Unsere Begleiter werden uns nicht immer freiwillig wichtige Dinge mitteilen, und wenn wir keine klugen Fragen stellen, werden wir auch nicht „hinter die Kulissen" schauen können. Denken wir daran : Auf unser *persönliches Urteil* kommt es an !

Im Übrigen benötigen wir u.a. auch deshalb einen *Begleiter,* um

- uns auf dem *Betriebsgelände* nicht zu verlaufen,
- ein Verständnis für kaufmännische und technische *Zusammenhänge* zu gewinnen,
- Informationen über *Mengeneinheiten* zu bekommen oder um
- für den Fall, dass wir aus einem *Hochregallager* zu Testzwecken etwas entnehmen möchten, die notwendige Unterstützung zu erhalten.

Der Hinweis, dass wir uns unser eigenes Urteil bilden müssen, erfolgte auch deshalb, weil wir *selbst entscheiden* müssen, an welchen *Lagerorten* wir welche körperliche *Aufnahme* nachvollziehen, in dem wir für unsere Zwecke den Zähl-, Mess- oder Wiegevorgang wiederholen. Die Auswahl wird immer gezielt sein (hier spürt man direkt den Einfluss unserer Prüfungs-Ziele !) und von dem Gedanken beeinflusst, dass wir sozusagen im „Herzen" des Unternehmens stehen und die Aufgabe haben, herauszufinden, ob es irgendwo „Störungen" gibt, die seinen „Kreislauf" beeinflussen.

Es wird hier bewusst nicht von Stichproben gesprochen, weil sich damit häufig die Vorstellung verbindet, dass man, nur um einer Pflicht zu genügen, mehr oder minder irgendwo hineingreift und ansonsten denkt : „Es wird schon stimmen !" Neben einem einfachen Nachzählen oder Nachwiegen wird sich unsere Auswahl im Wesentlichen daran orientieren, ob es „zum Verkauf bereitgestellte Ware" oder „Ware mit eingeschränkter Verwertbarkeit" gibt. Gerade in der heutigen Zeit, in der viele Unternehmen eine *angespannte Ertragslag*e haben, dürften diese Aspekte im Mittelpunkt des Interesses stehen.

Inventurüberwachungen haben einen ungewöhnlichen Reiz, weil man *mit Menschen sprechen, Maschinen kennenlernen und Ware anfassen* kann. Eine bessere Gelegenheit, ganz nahe am betrieblichen Geschehen zu sein, gibt es nicht! Aus diesem Grund ist die junge Generation aufgefordert, sich möglichst oft für eine Inventurbeobachtung zur Verfügung zu stellen, auch wenn diese Termine häufig sehr unangenehm sind, weil sie z.B. am 22. / 23. Dezember oder am 30. / 31. Dezember liegen und man mehr das Weihnachtsfest oder Sylvester im Auge hat und es als lästig empfindet, an staubige Fabrikräume oder eiskalte Lagerhallen zu denken. Man wird aber reichlich belohnt, weil mit Inventurüberwachungen immer auch „abenteuerliche" Erfahrungen verbunden sind. (VA BENE: ES PASST schon !)

Kehren wir zurück zu den Formalien. Wir sollten bei der Auswahl zwei *Blickrichtungen* unterscheiden: „Vom Formular zur Ware" und „von der Ware zum Formular".

Vom Formular zur Ware
Wir treffen anhand der Aufnahmeformulare eine Auswahl von Artikeln und vollziehen deren Existenz„vor Ort" nach (VA BENE, VEBBAG). Auch hier wird vom Abschlussprüfer besondere Aufmerksamkeit erwartet. Was wird er tun, wenn ihm z.B. in großem Umfang Stoffe prä-

sentiert werden, die nach Angaben des Aufnahmebelegs „Jeans-Stoffe" sind ? Würde er sich nicht wohler fühlen, wenn er sich auf eine solche Konfrontation vorbereitet hätte und deshalb wüsste, durch welche *Merkmale* Jeans gekennzeichnet sind ? [207]

Schwierig ist die Frage, wie man bei original verpackten Teilen verfahren soll. Hier ist die Geschicklichkeit des Prüfers gefordert, weil er sich überlegen muss, wie er sich vom *Inhalt* der Verpackung am besten überzeugen kann, denn es mag in Einzelfällen unzumutbar sein, eine verschlossene Packung öffnen zu lassen. (Vielleicht gibt es Umwege, um das Ziel, die „genaue" Angabe z.B. zum Verfallsdatum zu erreichen.)

Von der Ware zum Formular
Wir treffen im Lager eine Auswahl von Artikeln und prüfen anhand der Aufnahmeformulare nach, ob sie vollständig erfasst wurden (V**A** BENE, **V**EBBAG). Wir sollten auch keine Hemmungen haben, Teile von Hochregallagern zu überprüfen, auch dann nicht, wenn es unserem Begleiter lästig ist, mit solch „völlig überflüssigen" Kontrollen Zeit zu vergeuden.

Im Fragenkatalog zur Inventurbeobachtung war auch die Frage enthalten, ob das für die Inventur zuständige Personal mit den Inventurrichtlinien vertraut ist. Diese Frage wurde u.a. deshalb gestellt, damit wir Fehlerquellen besser beurteilen können.

Aufnahmeteams werden *Fehler* machen, wenn sie
- nicht motiviert sind,
- nicht in die gültigen Mengeneinheiten eingewiesen wurden,
- nicht wissen, ob „einzelne Teile" zu zählen sind oder „das Ganze" zu erfassen ist, das aus einzelnen Teilen besteht,
- aufgrund mangelhafter Instruktion auf Genauigkeit keinen Wert legen, d.h. dazu neigen, mehr zu schätzen als wirklich zu zählen, zu messen oder zu wiegen.

Auch wenn eine Reihe von Fehlern durch interne Kontrollen des Mandanten aufgedeckt werden können (z.B. durch einen Soll-Ist-Vergleich in unmittelbarem Anschluss an die Inventur), ist es *unsere Aufgabe* als aufmerksame Beobachter dafür Sorge zu tragen, dass wir Fehler, die in unserem „Beobachtungsbereich" begangen werden, schon vorher aufdecken. Stellen wir im Rahmen unserer Prüfungen *Fehler* fest, ergeben sich also – um bei unserer Terminologie zu bleiben – Prüfungsdifferenzen, ist es auch an dieser Stelle unsere Aufgabe, die *Ursachen* für diese Fehler zu analysieren und streng zwischen einfachen *Arbeitsfehlern* und *Systemfehlern* zu trennen. Zeichnen sich *Systemfehler* ab, ist der Inventurleiter einzuschalten und der *Prüfungsleiter* zu informieren, damit entschieden werden kann, wie man sachgerecht auf diese Fehler reagiert. Ggf. muss in bestimmten Bereichen die Inventur *wiederholt* werden.

Man kann eine Inventurbeobachtung im Übrigen auch dazu benutzen, die Gründe dafür zu verstehen, warum während des Jahres größere *Soll-Ist-Abweichungen* im Rahmen einer Lagerfortschreibung aufgetreten sind. Die vor Ort möglichen Gespräche mit dem Lagerpersonal eignen sich i.d.R. sehr gut, um interne Abläufe und damit verbundene Mängel (in der Einlagerung, Erfassung von Materialnummern, der Qualitätsbezeichnung etc.) zu begreifen.

---
[207] „Als Jeans zählt ... – unabhängig vom verwendeten Stoff – jede Hose, die mindestens zwei der vier Merkmale: Gesäßsattel (hintere dreiecksförmige Naht), eine fünfte Tasche für Kleingeld (Five Pocket), aufgesetzte Gesäßtaschen oder Seitennaht erfüllt." (S. Krömer : Denim spielt in der Mode wieder eine Hauptrolle, in : FAZ 20.4.01, Nr. 92, S. 24)

Die in den vorigen Kapiteln bereits diskutierten *Dokumentationserfordernisse* gelten selbstverständlich auch für die Inventurbeobachtung. Es muss – insbesondere für Zwecke des eigentlichen Beginns der Jahresabschlussprüfung – nachvollziehbar sein, was zu *Kontrollzwecken aufgenommen* wurde. Dazu gehören genaue Angaben über :

- Artikel- bzw. Typenbezeichnung (ggf. ergänzt durch offizielle Qualitätsangaben),
- Menge und Mengeneinheit, (z.B. Stück, 10, 100 oder 1000 Stück) Kg., to.,
- Fertigstellungs- bzw. Anarbeitungsgrad,
- besondere Merkmale (Angaben zur Lagerdauer, zur Phase innerhalb des Produktlebenszyklusses, zur technischen Spezifikation etc., die es dem Abschlussprüfer ermöglichen, sich ein Urteil über die zukünftige Verwertbarkeit der Ware zu bilden.)
- Nummernkreise der ausgegebenen und „vollständig" zurückerhaltenen Aufnahmeformulare,
- Hinweise auf Schwachstellen und Hinweise für Verbesserungsmöglichkeiten, die der Abschlussprüfer ggf. im Rahmen der Schlussbesprechung oder eines damit verwandten Schreibens (z.B. Management-Letter) verwenden kann.

Auf die *Präzision* der Angaben ist deshalb besonderer Wert zu legen, weil das meiste nach Beendigung der körperlichen Aufnahme, d.h. also bereits nach *wenigen* Stunden schon nicht mehr rekonstruierbar sein wird. *Wir können unsere Überwachungsarbeiten nicht wiederholen*, weil sich die Situation vor Ort durch das „Anfahren" des Betriebes und damit verbundene Lagerbewegungen fundamental verändern wird. Wenn wir uns im Fortgang der Jahresabschlussprüfung mit der Vorratsbewertung beschäftigen, müssen wir auf die Unterlagen zur Inventurbeobachtung *zurückgreifen* können. Hier gilt es u.a. nachzuvollziehen, ob alle Aufnahmeformulare für die Bewertung herangezogen wurden.

Hier ist im Übrigen zu erkennen, dass es im Rahmen der Inventur eine *doppelte Vollständigkeitskontrolle* gibt :

- die erste findet am Ende der körperlichen Aufnahme statt, wenn die Inventurleitung prüft, ob alle zu Beginn verteilten Aufnahmeformulare auch zurückgegeben wurden *(Rücklaufkontrolle)* ;
- die zweite wird durchgeführt, wenn die Abteilung „Rechnungswesen" prüft, ob alle Aufnahmeformulare auch für bilanzielle Zwecke herangezogen wurden *(Verarbeitungskontrolle)*.

Wir haben nun lange über die Inventur als wichtigste Form der *Entdeckungskontrolle* gesprochen und die Inventurbeobachtung des Abschlussprüfers gebührend in unsere Überlegungen einbezogen. Es sei noch einmal darauf hingewiesen, dass ein **B**eobachtungsvorgang ein wesentlicher Teil unserer *Prüfungstechnik* darstellt und er eines der drei „B" im Kürzel von VA **B**ENE repräsentiert. Das „A" für In-**A**ugenscheinnahme steht daneben (VA **B**ENE) und signalisiert, dass man sich vieles *persönlich ansehen* muss ! (vgl. auch Anlage 19) Erinnern Sie sich an den Fall „Der Innenhof" ?

Im Grunde ist die Inventur-Beobachtung ein *Funktionstest* innerhalb der Prüfung des Internen Kontrollsystems. Die *verbleibenden* Prüfungshandlungen ergeben sich zwangsläufig aus den daraus gewonnenen Erkenntnissen und beziehen sich in der Regel auf Untersuchungen zur Werthaltigkeit der Vorräte und auf die richtige Periodenabgrenzung. Aus dem Gesamt-

4 Prüfung der Vorräte

komplex VE**BB**AG werden also nach Maßgabe unserer *Prüfungsziele* bestimmte Elemente (vorrangig also BB) herausgeschält, weil die Aussagen zum Bestand und zur Bewertung meistens einen besonderen Stellenwert haben.

Die Inventurbeobachtung ist im Übrigen auch ein Zeichen dafür, dass wir uns den *Vorräten über den „Prozess" des Inventarisierens nähern.* Nur auf diese Weise lernen wir die Eigenarten einer Bilanzposition kennen, insbesondere deshalb, weil wir die einmalige Gelegenheit haben, die Vorräte anzufassen und zu spüren, welche „Reise" sie bereits hinter sich haben (z.B. Baumwolle aus Ägypten). Warum sollten wir diese „Reiserouten" nicht auch dadurch in den Griff bekommen („audit objective"), dass wir uns eine Inventurliste nach „Produktionsländern" ausdrucken lassen. (*„Leitfunktion"* des Business Understanding !)

4.3.2 Die Prüfung der Vorratsbewertung

4.3.2.1 Die Prüfung der Anschaffungs- und Herstellungskosten
Die Prüfung der Anschaffungskosten
Lassen Sie sich bitte zu Beginn unserer Überlegungen folgenden kurzen *Fall* durch den Kopf gehen !

Messinggestelle für Designerstühle
Sachverhalt
Sie sind bei WAKON mit der Prüfung der Roh-, Hilfs- und Betriebsstoffe beauftragt, haben bei den Rohstoffen auch die Inventur überwacht (VA **B**ENE) und sollen nun während der Schlussphase der Abschlussprüfung, in der Sie bereits das Mengengerüst laut Inventurliste mit den Aufnahmeformularen abgestimmt haben (V**A** BENE), auch die Bewertung dieser Vorratsposition prüfen. Sie wählen aufgrund Ihrer Kenntnisse über die Geschäftstätigkeit und den im Markt registrierten ungewöhnlichen Preisentwicklungen aus der Inventurliste (VA B**E**NE) „Messinggestelle für Designer-Stühle" aus und bitten einen mit der Bewertung beauftragten Sachbearbeiter, Ihnen Belege zur Verfügung zu stellen, anhand derer Sie den Wertansatz nachvollziehen können.

Dieser erklärt Ihnen nun Folgendes : Aufgrund starker Preiserhöhungen auf dem Messing-Markt seien die Beschaffungspreise für die von WAKON benötigten Gestelle um 25 % gestiegen und hätten am Bilanztag bei 250 € das Stück gelegen. Er kenne sich im Handelsrecht gut aus und wisse sehr genau, dass im HGB ausdrücklich geregelt sei, der Jahresabschluss habe ein den tatsächlichen Verhältnissen entsprechendes Bild der Vermögenslage zu vermitteln. WAKON habe deshalb die Gestelle mit dem Tagespreis am 30. Juni 2003 bewertet. Er händigt Ihnen die Kopie einer Lieferantenrechnung vom Juni 2003 aus (darin ist der erwähnte Einzelpreis von 250 € vermerkt) und erklärt dazu, er habe Erfahrung mit Prüfern und wisse, dass sie großen Wert auf aussagefähige Nachweise legen. Einen besseren Nachweis könne er sich nicht vorstellen !

Formulieren Sie Ihr *Prüfungsziel* (VEBBAG) und entwerfen Sie ein *Prüfungsprogramm* für den weiteren Verlauf Ihrer Arbeiten (VA BENE) ! Bedienen Sie sich dabei des Ihnen bereits bekannten Formulars für Prüfungsprogramme ! Bearbeiten Sie dieses Formular soweit dies aufgrund der Ihnen vorliegenden Informationen möglich ist !

Lösung
Wenn Sie sich im HGB auskennen, dann wissen Sie, dass der Sachbearbeiter nur die halbe Wahrheit erzählt hat. Es stimmt zwar, dass der Jahresabschluss ein den tatsächlichen Verhältnissen entsprechendes Bild der Vermögens-, Finanz- und Ertragslage vermitteln muss, der Sachbearbeiter hat aber einen wichtigen Passus im § 264 Abs.2 Satz 1 HGB nicht erwähnt – entweder vergessen oder bewusst unterschlagen – und zwar die Einschränkung *„unter Beachtung der Grundsätze ordnungsmäßiger Buchführung"*. Die GoB sehen nämlich zwingend vor, dass Vermögensgegenstände höchstens mit den Anschaffungs- oder Herstellungskosten zu

bewerten sind. Ist damit der für die Messing-Gestelle gewählte *Wertansatz falsch*? Hier muss man zunächst die salomonische Antwort geben: „Es kommt darauf an."

Der *Wertansatz ist korrekt*, wenn die Menge der am Bilanztag bei WAKON lagernden Gestelle mit derjenigen Menge übereinstimmt, die im Juni 2003 geliefert wurde, denn dann wären die Vorräte zurecht mit den *Anschaffungskosten* bewertet. Was würde diese Erkenntnis für unsere Abschlussprüfung bedeuten? Wir müssten prüfen, ob das gesamte Lager grundsätzlich zu den aktuellen Marktpreisen bewertet ist und sollte dies der Fall sein, ermitteln, in welcher Höhe die Vorräte aufgewertet wurden. Dieser Aufwertungsbetrag wäre dann eine *Prüfungsdifferenz*, die vermutlich so groß wäre, dass man WAKON unter dem Gesichtspunkt der *Wesentlichkeit* veranlassen müsste, den Wertansatz zu korrigieren. (Wir wissen, dass Prüfungsdifferenzen in einer separaten Liste zu erfassen sind, die zu unseren Pflichtdokumenten gehört: KoDi-Doc!)

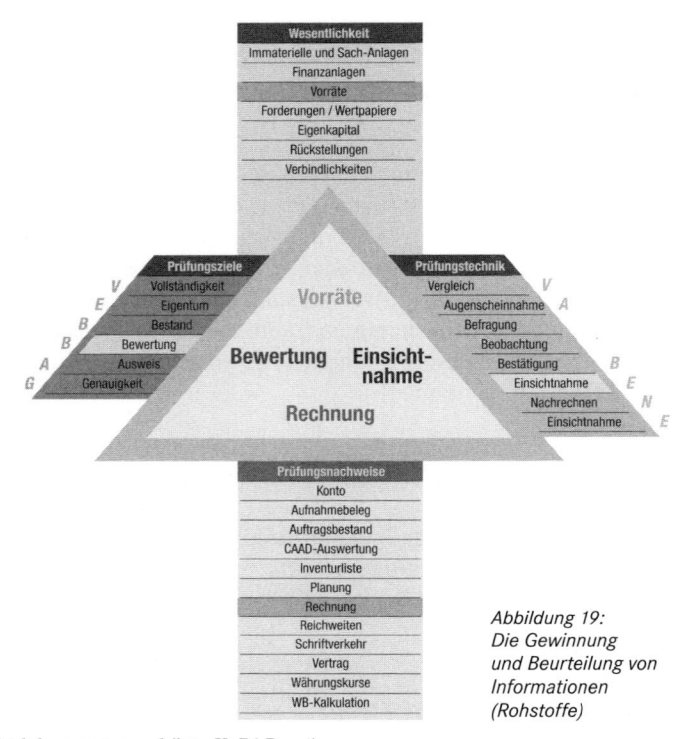

Abbildung 19: Die Gewinnung und Beurteilung von Informationen (Rohstoffe)

Der *Wertansatz ist falsch*, wenn die Menge der am Bilanztag bei WAKON lagernden Gestelle größer ist als die im Juni 2003 gelieferte Stückzahl, denn dann wäre ein Teil der Gestelle, die zu einem unter 250 € liegenden Einkaufspreis bezogen wurden, unzulässigerweise zu hoch bewertet. In diesem Fall müsste das Ausmaß der Aufwertung ermittelt und die *Prüfungsdifferenz* ggf. zum Anlass für eine Nachbuchung genommen werden. Diese Nachbuchung würde zur *Ermäßigung* eines Jahresüberschusses oder zur Erhöhung eines Jahresfehlbetrages führen.

Gesetzt den Fall, die *Aufwertung* ist *wesentlich* und WAKON würde die Prüfungsdifferenz ergebniswirksam buchen, sind wir dann zufrieden? Nein, denn wir haben gelernt, dass wir die Fehlerursachen analysieren sollen. Worauf kann der Verstoß gegen das Anschaffungskostenprinzip zurückzuführen sein? Es kann ein einfacher *Arbeitsfehler* sein, weil der Sachbearbeiter sich geirrt und das HGB falsch ausgelegt hat. Es kann sich aber auch *System* dahinter verbergen, nämlich eine *Methode unzulässiger Bilanzpolitik*.

Wenn wir diesen *Verdacht* hegen, dann müssten wir unsere Prüfung ggf. ausweiten und auf anderen Prüffeldern untersuchen, ob dort ebenfalls Umbewertungen vorgenommen wurden.

Eine *Ausweitung der Prüfung* kann zu erheblichen Zeitproblemen bei den verbleibenden Prüfungshandlungen führen und muss rechtzeitig mit dem Prüfungsleiter bzw. mit der Geschäftsleitung des Mandanten abgestimmt werden. Sie setzt in jedem Fall ein erhebliches Knowhow voraus, weil man sich auch mit *externen Einflüssen* auseinandersetzen und ein Gespür dafür entwickeln muss, an welchen Stellen des Jahresabschlusses der Mandant die *Hebel für eine Ergebnisverbesserung* angesetzt haben könnte. (Siehe dazu auch das Kapitel zur „Bilanzpolitik" unter III. 6.1)

4 Prüfung der Vorräte

Kehren wir zurück zu § 253 HGB. Wir erinnern uns, dass dort zwei wichtige Regelungen verankert sind:

Das Anschaffungskostenprinzip

- danach dürfen Vermögensgegenstände höchstens zu den Anschaffungs- oder Herstellungskosten angesetzt werden.

Das Niederstwertprinzip

- danach sind die Anschaffungs- oder Herstellungskosten auf einen am Bilanztag bestehenden niedrigeren Börsen- oder Marktpreis abzuschreiben:

„Ist ein Börsen- oder Marktpreis nicht festzustellen und übersteigen die Anschaffungs- oder Herstellungskosten den Wert, der den Vermögensgegenständen am Abschlussstichtag beizulegen ist" - so heißt es in § 253 Abs. 3 - „so ist auf diesen Wert abzuschreiben."

Aus dieser *Zweiteilung* - Anschaffungskosten einerseits und niedrigerer Tagespreis andererseits - ergibt sich dann auch die Notwendigkeit, die Prüfung der Bewertung in zwei Schritten vorzunehmen. Wir prüfen *zuerst* die Anschaffungskosten und anschließend beschäftigen wir uns mit der Frage, ob „aufgrund besonderer Umstände" Wertberichtigungen erforderlich sind.

Das sind dann auch wieder unsere *Kapitel 2 und 3*, die wir innerhalb der *Schrittfolge* (4-Kapitel-Philosophie bei der Prüfung von Bilanz-Posten!) absolvieren müssen. Im Zusammenhang mit dieser Schrittfolge darf ich Sie erneut an die Grundsätze der *Gesprächsführung* erinnern. Ich hatte Ihnen in diesem Kapitel am Beispiel der Prüfung der Vorräte dargestellt, wie wichtig es ist, zur richtigen Zeit die richtigen Fragen zu stellen, und insbesondere auf die große Gefahr hingewiesen, die mit den sogenannten „geschlossenen" Fragen verbunden ist. (vgl. Kapitel II. 3)

Wir haben bereits erfahren, wie der Gesetzgeber die *Anschaffungskosten* definiert. Ich verweise auf unsere Überlegungen zu den Sachanlagen. Dort hatten wir unter Bezugnahme auf § 255 Abs. 1 HGB bereits erfahren:

§ 255 „Anschaffungs- und Herstellungskosten" (Abs. 1)

(1) „Anschaffungskosten sind die Aufwendungen, die geleistet werden, um einen Vermögensgegenstand zu erwerben und ihn in einen betriebsbereiten Zustand zu versetzen, soweit sie dem Vermögensgegenstand einzeln zugeordnet werden können.

(2) Zu den Anschaffungskosten gehören auch die Nebenkosten sowie die nachträglichen Anschaffungskosten. Anschaffungskostenminderungen sind abzusetzen."

§ 255 Abs. 2:

(1) „Herstellungskosten sind die Aufwendungen, die durch den Verbrauch von Gütern und die Inanspruchnahme von Diensten für die Herstellung eines Vermögensgegenstandes, seine Erweiterung oder für eine über seinen ursprünglichen Zustand hinausgehende wesentliche Verbesserung entstehen.

(2) Dazu gehören die Materialkosten, die Fertigungskosten und die Sonderkosten der Fertigung.

(3) Bei der Berechnung der Herstellungskosten dürfen auch angemessene Teile der notwendigen Materialgemeinkosten, der notwendigen Fertigungsgemeinkosten und des Wertverzehrs des Anlagevermögens, soweit er durch die Fertigung veranlasst ist, eingerechnet werden.

(4) Kosten der allgemeinen Verwaltung sowie Aufwendungen für soziale Einrichtungen des Betriebes, für freiwillige soziale Leistungen und für betriebliche Altersversorgung brauchen nicht eingerechnet zu werden.

(5) Aufwendungen im Sinne der Sätze 3 und 4 dürfen nur insoweit berücksichtigt werden, als sie auf den Zeitraum der Herstellung entfallen.

(6) Vertriebskosten dürfen nicht in die Herstellungskosten einbezogen werden."

§ 255 Abs. 3 :

(1) „Zinsen für Fremdkapital gehören nicht zu den Herstellungskosten.

(2) Zinsen für Fremdkapital, das zur Finanzierung der Herstellung eines Vermögensgegenstandes verwendet wird, dürfen angesetzt werden, soweit sie auf den Zeitraum der Herstellung entfallen ; in diesem Falle gelten sie als Herstellungskosten des Vermögensgegenstandes."

Wenn man sich mit dem Thema „Anschaffungskosten" beschäftigt, dann muss man auch die Frage stellen, wie diese ermittelt werden. Welche *Verfahren zur Ermittlung der Anschaffungskosten* kennen Sie ? Es werden folgende Verfahren unterschieden :

— Einzelbewertung
— Durchschnittsmethode
— Verbrauchsfolgeverfahren (Fifo, Lifo etc.)
— Festbewertung
— Gruppenbewertung
— Retrograde Bewertung

Der Grundsatz der *Einzelbewertung* spielt im deutschen Handelsrecht eine wesentliche Rolle. Dies kommt nach § 252 Abs. 1 Nr. 4 HGB auch im Text des § 253 HGB zum Ausdruck, in dem bestimmt wird, dass die Vermögensgegenstände grundsätzlich zu den Anschaffungskosten zu bewerten sind.

Wir stoßen in der Praxis neben dem Verfahren der Einzelbewertung (bei WELOS sicherlich die Bewertung der Fahrzeuge) auf die sogenannte *Durchschnittsmethode* (hier wird i.d.R. ein gewogenes arithmetisches Mittel verwendet) und auf bestimmte *Verbrauchsfolgeverfahren* (wie z.B. die Fifo-Methode; bei diesen Verfahren wird ein bestimmter Verbrauch unterstellt, d.h. bei der Fifo- Methode wird angenommen, dass die zuerst gekaufte Ware auch zuerst verbraucht wird.) Da wir uns mit der risikoorientierten Abschlussprüfung beschäftigen, wäre es unpassend, Ihnen jetzt eine Aufgabe vorzusetzen, bei der Sie unter Anwendung der Durchschnittsmethode bzw. der Fifo- Methode einen Inventurwert ermitteln müssen. Dazu ist mir Ihre Zeit zu schade.

Welches *Procedere* sollten wir bei der *Prüfung der Anschaffungskosten* einhalten? Hier ist folgende Reihenfolge sachgerecht :

— Wir fragen zuerst, welche Methode angewendet wird (VA BENE).
— Wir beurteilen dann, ob die uns genannte Methode den GoB entspricht (VA BENE).
— Wir prüfen schließlich, ob die uns genannte Methode wirklich angewendet wird (VA BENE).

Wir müssen in die Prüfung, ob die Methode wirklich angewendet wird, auch die Kostenelemente einbeziehen, aus denen der Inventurwert gebildet wird. Bei den Rohstoffen wären es

4 Prüfung der Vorräte

die Material-*Einzelkosten* und im Regelfall auch die Material-*Gemeinkosten*, die anhand von Rechnungen bzw. anhand einer Kalkulationsformel (VA **BENE**) zu berücksichtigen sind.

Haben wir bei der Prüfung der Anschaffungskosten ein *Auswahlproblem* ? Welche Posten der Inventurliste sollen wir für die Prüfung heranziehen ? Wir geben auf diese Frage eine ganz klare Antwort : Wir haben überhaupt kein Problem ! Wer die bereits häufig zitierte *Leitfunktion des Business Understanding* kennt, weiß doch genau, für welche Posten er sich interessieren muss. Wir greifen auf die Informationen zurück, die im *KoBu-Doc* niedergelegt sind. Es kommen folgende *Auswahlkriterien* in Betracht (Beispiel : PKW-Einkauf beim Autohaus WELOS) :

Die Bezugsquelle
- Lieferant Toyota (Problem : Bindung an Einkaufskontrakt ?)
- Qualität (Problem : unattraktives Design ?)
- Land Japan (Problem : Liefertreue ?)

Der Bezugspreis
- Problem : Zahlung in fremder Währung ?
- Problem : Veränderte Zahlungskonditionen ?

Ich treffe also die Auswahl so, dass ich neben dem *buchhalterischen* Problem (VEBBA**G**), ob die Anschaffungskosten rechnerisch richtig ermittelt wurden (VA BE**N**E), auch *strategische* Themen mit abdecke, die ich im nächsten Kapitel, bei der es um die Frage der Abschreibungen geht, entsprechend berücksichtigen kann. (Erinnern Sie sich bitte an die 4 Kapitel : Abstimmung, Prüfung der Anschaffungskosten, Prüfung der Abschreibungen, Prüfung der Abgrenzung !)

Während eine Prüfung des internen Kontrollsystems im Wesentlichen Standard-Themen berücksichtigt, ist es Aufgabe der *verbleibenden* Prüfungshandlungen, mehr die strategischen Gesichtspunkte zu beachten, die sich von Jahr zu Jahr ändern können und die niemals vollständig bei einer Systemprüfung abgedeckt werden können. Bei der Behandlung der *strategischen Aspekte* tauchen dann die folgenden Fragen auf :

- Ist WELOS durch einen langfristigen *Einkaufskontrakt* an Toyota gebunden ? Welche Modifikation hat dieser Vertrag mittlerweile erfahren ?
- Ist die Gesellschaft in ihren *Dispositionen* frei oder verpflichtet, ein breites Spektrum von Fahrzeugen abzunehmen ?
- Kann sich WELOS auf die mit Toyota vereinbarten *Liefertermine* verlassen oder zeichnen sich Verzögerungen ab, die die Gesellschaft dann auch gegenüber ihren Kunden vertreten muss ?

Lieferantenrechnungen sprechen eine breite Sprache. Man muss sie nur verstehen. Das ist auch der Grund dafür, dass Bestandteil der Leitfäden eine Checkliste ist, die Ihnen zeigt, welche Gesichtspunkte bei der *Prüfung von Eingangsrechnungen* mitzubeachten sind. Es kann doch nicht nur darum gehen, den Rechnungsbetrag mit der Inventurliste abzustimmen. Wir müssen mehr leisten, als nur eine Zahl mit der anderen zu vergleichen ! (Damit wird aber das „V" in VA BENE keineswegs abgewertet !)

Die Prüfung der Herstellungskosten
Es bedarf einiger Erfahrung, um Herstellungskosten prüfen zu können. In der Regel werden Prüfungsassistenten mit dieser Arbeit daher nicht betraut. Dennoch sollten sie sich rechtzeitig einen gewissen Überblick über dieses komplexe Thema verschaffen.

Kostenart	Handelsrecht	Steuerrecht
	Aktivierungs-	
Materialeinzelkosten	Pflicht	Pflicht
Fertigungseinzelkosten	Pflicht	Pflicht
Sondereinzelkosten der Fertigung	Pflicht	Pflicht
Handelsrechtliche Untergrenze		
Materialgemeinkosten	Wahlrecht	Pflicht
Fertigungsgemeinkosten	Wahlrecht	Pflicht
Steuerrechtliche Untergrenze		
Verwaltungskosten	Wahlrecht	Wahlrecht
Handels- und steuerrechtliche Obergrenze		
Vertriebskosten	Verbot	Verbot

Die Tabelle ist insofern sehr instruktiv, als aus ihr ersichtlich ist, dass wir *drei Stufen* unterscheiden können:

- die handelsrechtliche Untergrenze (Einzelkosten müssen aktiviert werden!)
- die steuerrechtliche Untergrenze (es müssen neben den Einzelkosten auch die Material- und Fertigungsgemeinkosten aktiviert werden!)
- die handels- und steuerrechtliche Obergrenze (über die Verwaltungskosten hinaus dürfen keine Kosten aktiviert werden!)

Die Ermittlung der einzelnen Kostenelemente erfolgt mit Hilfe der *Kostenrechnung*. Ihre Bestandteile sind:

- Die Kostenartenrechnung (*Welche* Kosten sind angefallen?)
- Die Kostenstellenrechnung (*Wo* sind die Kosten angefallen?)
- Die Kostenträgerrechnung (*Für welche* Produkte/Leistungen sind die Kosten angefallen?)

Es ist Aufgabe der *Kostenartenrechnung* (KAR), die *Gesamtkosten* zu ermitteln, diese Gesamtkosten nach Kostenarten aufzuteilen und eine Unterscheidung in Einzel- und Gemeinkosten zu treffen. Während die Einzelkosten direkt in die Kalkulation einfließen, können die Gemeinkosten erst nach Durchführung der Kostenstellenrechnung auf die Kostenträger verteilt werden.

In der KAR werden nur *primäre* Kosten erfasst. Sie fallen beim Verbrauch von Gütern und Leistungen an, die von außen (Beschaffungsmarkt) bezogen werden. (Analyse der Geschäftstätigkeit!) *Sekundäre* Kosten, die bei der Inanspruchnahme innerbetrieblicher Leistungen entstehen, werden erst innerhalb der KStR einbezogen. Bei der Definition der Kostenarten ist auf Vollständigkeit und Eindeutigkeit zu achten. (Analyse der unternehmerischen Kontrollen!)

4 Prüfung der Vorräte

Man begegnet im Regelfall innerhalb der KAR den folgenden Kosten : Material-, Personal- und Dienstleistungskosten, Abschreibungen und Zinsen. (Ohne eine detaillierte *Kenntnis* der Geschäftstätigkeit wird man sich als Abschlussprüfer weder auf die *Herkunft* dieser Kosten richtig einstellen, noch ein Gespür für ihre *Veränderung* entwickeln können. (Analytische Prüfungshandlungen !)

Es ist Aufgabe der *Kostenstellenrechnung* (KStR), Kostenstellen zu bestimmen, für deren Inanspruchnahme Kostensätze (Zuschlags- oder Verrechnungssätze) zu bilden und die Kostenträgergemeinkosten zu sammeln. Auf diese Weise *verbindet* die KStR die Kostenarten- mit der Kostenträgerrechnung. (Lassen sich Veränderungen bei den Zuschlagssätzen mit dem Bild über die Geschäftstätigkeit in Einklang bringen ?) Da die KStR auch in Zeit- bzw. in Soll-Ist-Vergleiche einbezogen werden kann, dient sie auch für Untersuchungen zur Wirtschaftlichkeit. Die Frage des Abschlussprüfers nach der *verlustfreien Bewertung* der Vorräte könnte hier ihre Wurzeln haben. (Analyse der unternehmerischen Kontrollen.)

Damit die KStR ihre Aufgabe erfüllen kann, muss an den einzelnen Orten eine eindeutige *Beziehung* zwischen den anfallenden Kosten und den dort erbrachten Leistungen bestehen und weitgehende *Identität* zwischen Kostenstelle und Verantwortungsbereich herrschen. Desweiteren müssen Kostenstellen klar voneinander *abgegrenzt* sein, und es muss der Grundsatz der *Übersichtlichkeit* gelten. Die Durchführung der KStR erfolgt im Rahmen des sogenannten Betriebsabrechnungsbogens (BAB). Der BAB ist ein Kostensammeldokument, bei dem die zu verteilenden Kostenarten *vertikal* und die Kostenstellen horizontal angeordnet sind.

In der *Kostenträgerrechnung* (KTR) werden die in der KAR erfassten und anschließend in der KStR verteilten Kosten den einzelnen Kostenträgern (Produkte und Dienstleistungen) *zugeordnet*. (Spielt im Rahmen der Abschlussprüfung die verlustfreie Bewertung der Vorräte eine wesentliche Rolle (Prüfungsziel !), muss sich der Abschlussprüfer zunächst vergewissern, ob diese Zuordnung stimmt. (*Angemessenheit* des Prüfungsnachweises !) Die wesentlichen Aufgaben der KTR bestehen darin, *Angebotspreise* zu ermitteln, *Preisuntergrenzen* festzulegen, interne *Verrechnungspreise* zu bestimmen, *Kosteninformationen* für die Bewertung zu liefern und Daten für *Planungsrechnungen* bereitzustellen. (Analyse der unternehmerischen Kontrollen)

Wer mit einem Unternehmen nicht vertraut ist, d.h. also seine Hausaufgaben bei der Analyse der Geschäftstätigkeit nicht ordentlich gemacht hat, der wird auch nicht in der Lage sein, bestimmten Fragen gezielt nachzugehen. Diese könnten sich z.B. darauf beziehen, in welcher Weise sich die *Verkürzung der Fertigungstiefe* oder die *Erhöhung der Durchlaufzeiten* auf Ausweis und Bewertung der Vorräte ausgewirkt hat. [208]

Im Vorfeld unserer Überlegungen zu den Werberichtigungen / Abschreibungen auf Vorräte sei darauf hingewiesen, dass eine Ausbuchung überhöhter, weil nicht mehr verursachungsgerechter Herstellungskosten oder eine Eliminierung nicht aktivierungsfähiger Herstellungskosten keine Abschreibung i.S. des § 253 Abs. 3 HGB darstellt. Darauf ist bei der Prüfung dieser Posten zu achten, weil Aussagen des Managements über Abschreibungen auf Vorräte bzw. die damit verbundene Berichterstattung einen hohen Stellenwert besitzen.

---

208 Über die SGL Carbon AG wurde z.B. in 2003 berichtet : „Der Personalabbau hat sich zum einen in einem Restrukturierungsaufwand ausgewirkt, zum anderen aber auch in einer Neubewertung der Bestände, weil als Folge der Effizienzsteigerung auch die Herstellungskosten für das Warenlager niedriger anzusetzen waren. Außerdem hat SGL seine Vorräte reduziert, was zu höheren Kosten wegen Unterauslastung der Kapazitäten geführt hat." (o.V. : SGL hat kritische Zeit hinter sich, in : FAZ 14.3.03, Nr. 62, S. 17)

4.3.2.2 Die Prüfung der Wertberichtigungen (Abschreibungen)

Bevor wir wieder zu WELOS zurückkehren, müssen wir uns noch ein paar allgemeine Gedanken über das Thema Wertberichtigungen machen. Für das Umlaufvermögen – und die Vorräte sind i.d.R. ein wesentlicher Bestandteil dieser Bilanzposition – gilt das strenge *Niederstwertprinzip*. Abschreibungen sind immer dann vorzunehmen, wenn die Anschaffungs- oder Herstellungskosten höher sind als ein Börsen- oder Marktpreis bzw. ein niedrigerer beizulegender Wert. Diese Regelung – und das zeichnet diese Bestimmung aus – findet also auch dann Anwendung, wenn die Wertminderung nur vorübergehender Natur ist. (Mit unseren Überlegungen befinden wir uns jetzt also bei Punkt 2 der bereits mehrfach erwähnten 4-Kapitel-These.)

Was versteht man unter dem *„niedrigeren beizulegenden Wert"* ?
- Wiederbeschaffungswert oder Reproduktionswert
- Verkaufswert abzüglich noch anfallender Aufwendungen
- Wert nach Vornahme von Abschreibungen wegen eingeschränkter Verwertbarkeit

Gesunkene Wiederbeschaffungswerte lassen sich – mit unterschiedlichem Schwierigkeitsgrad – am Beschaffungsmarkt feststellen. Ist dies zu zeitaufwendig – und dies trifft immer dann zu, wenn es sich um eine Vielzahl unterschiedlicher Produkte handelt (Stellen Sie sich vor, ein Unternehmen führt im Rahmen seiner Materialwirtschaft bei den Rohstoffen 15.000 Konten) – dann orientiert man sich am letzten Zugangspreis.

Bewertet ein Unternehmen z.B. seine Anschaffungskosten mit einem Durchschnittspreis, dann findet der sogenannte *Niederstwerttest* dergestalt statt, dass der Durchschnittspreis mit dem letzten Zugangspreis verglichen und der jeweils niedrigere für die Bewertung herangezogen wird. Dieses Verfahren eignet sich besonders für die *maschinelle Verwaltung großer Bestände* mit einer Vielzahl unterschiedlicher Positionen. (Ist ein solches Verfahren installiert, stellt sich für den Abschlussprüfer auch an dieser Front das Problem zuverlässiger DV-Verfahren.)

Die sogenannte *„retrograde Bewertung"* (Verkaufswert minus noch anfallende Aufwendungen) hat folgendes Bild: Voraussichtlicher Verkaufserlös abzüglich:

- Erlösschmälerungen
- noch anfallende Produktionskosten
- Verpackungskosten
- sonstige Vertriebskosten
- noch anfallende Verwaltungskosten
- Kapitaldienstkosten

Welche *Gründe* gibt es, um *Abschreibungen* vorzunehmen ?
Die wesentlichen *Kriterien*, die sich auch überlappen können, sind :

- *Preis*risiken
- *Mengen*risiken
- *Technische* Risiken

Voraussetzung für die Vornahme angemessener Abschreibungen ist eine gut funktionierende *Materialwirtschaft*, deren Mitarbeiter über ausreichende Marktkenntnisse verfügen müssen, um richtig einschätzen zu können, zu welchen Preisen das Unternehmen seine Produkte noch verkaufen kann. Hier sind sehr schwierige Konstellationen denkbar. Ich erinnere in diesem Zusammenhang an Epcos, bei der in Anbetracht stark fallender Marktpreise eine *Prognose* über in der Zukunft erzielbare Absatzpreise erforderlich war. Wenn der zuständige Wirtschaftsprüfer nicht über einschlägige Branchenerfahrungen verfügt, keine eigene Meinung zur Entwicklung auf den Märkten für Telekommunikation, Unterhaltungselektronik oder Computertechnik hat, wird er eigenverantwortlich nicht in der Lage sein, den für die Vorräte angesetzten niedrigeren beizulegenden Wert beurteilen zu können.

An diesen Beispielen wird deutlich, dass der Abschlussprüfer sich in seiner *Prüfungsplanung* bereits auf eine solch extreme Situation einstellen muss. Er wird dabei auch in Erwägung ziehen müssen – und ich erinnere hier an den Prüfungsstandard Nr. 314 des IDW (Die Prüfung von geschätzten Werten in der Rechnungslegung) – ob es nicht geboten ist, Informationen von externen Fachleuten einzuholen, um deren Markteinschätzung mit den Prognosen des Vorstandes zu vergleichen. Über diesen Aspekt hatten wir bereits im Kapitel „Datenbeschaffung und Kommunikation" gesprochen, und ich verweise ausdrücklich auf Anlage 37, in der externe Informationsquellen für verschiedene Branchen aufgelistet sind.

Es kann einfach, aber auch *hoch kompliziert* sein, wenn man sich als Abschlussprüfer bei Epcos das *Prüfungsziel* setzen muss, ausreichende und angemessene Nachweise dafür zu bekommen, dass die Aussage des Vorstandes : „Die Vorräte sind den gesetzlichen Bestimmungen entsprechend richtig bewertet", stimmt. Der Fall Epcos zeichnete sich im Übrigen auch noch dadurch aus, dass sich der Vorstand gezwungen sah, wegen der stark gesunkenen Marktpreise nicht nur *Abschreibungen* auf seine Vorräte, sondern auch *auf* diejenigen *Fertigungsanlagen* vorzunehmen, mit denen diese Produkte hergestellt wurden. [209] Auch wenn man als Abschlussprüfer diese kombinierte Bewertungsaktion begrüßt (sie ist ja sicherlich ein Zeichen für Vorsicht und wer wollte für Vorsicht nicht empfänglich sein ?), ist nicht zu verkennen, dass das Prüfungsrisiko damit keineswegs kleiner wird. Es muss nämlich der Nachweis erbracht werden, dass die vom Vorstand festgelegten Werte angemessen sind und das bedeutet : Die Abschreibungen dürfen nicht *zu hoch* sein.

Auch in solchen Fällen stellt sich das Problem des *„Financial Reporting Environment"* : Wenn der Vorstand schon früh einen hohen Verlust prognostiziert hat, dann könnte er doch – sicherlich unter ganz besonderen Bedingungen – auch daran interessiert sein, diesen Verlust unter allen Umständen zu erreichen, um für das Folgejahr „freie Bahn" zu haben. Das „Instrument" der Abschreibungen wäre für ihn dann ganz besonders hilfreich, weil er sich in einem Jahr „Reserven" schaffen kann, die dann im Folgejahr (denn für dieses sind dann in geschickter Voraussage „Gewinne" geplant) ertragswirksam aufgelöst werden können. Wenn die Höhe der Abschreibungen *„empfänglich"* ist (susceptible) für die Strategie des Managements, dann hat der Abschlussprüfer immer ein Problem!

Erinnern Sie sich auch daran, dass ich gesagt habe, man sollte ein Unternehmen immer aus der *Gesamtschau* betrachten ? Wenn Sie also Sachanlagen prüfen, dann denken Sie bitte auch an andere Bilanzpositionen, z.B. an die Vorräte !

---

209 o.V. Epcos erwartet einen Verlust im laufenden Quartal, in : FAZ 27.7.01, Nr. 172, S. 16 ; es war dort von „Sonderabschreibungen auf Fertigungsgeräte" die Rede, „die möglicherweise nicht mehr für die Herstellung der nächsten Produktgeneration verwendet werden können."

Fragen zur Buchung :

Wie werden Wertberichtigungen auf Fertigerzeugnisse gebucht ?
Per Materialaufwand an Vorräte (Fertigerzeugnisse; VEBBAG)

Ist eine Buchung : Per Materialaufwendungen an Wertberichtigungen auf Vorräte zulässig ?
Ja ! Im Rahmen der Aufstellung des Jahresabschlusses ist die Wertberichtigung dann aber mit dem Bruttowert der Vorräte zu saldieren, da ein passivischer Ausweis einer Wertberichtigung nicht zulässig ist. (VEBBAG)

Der Vorteil einer Führung von Bruttowerten besteht darin, dass man die Vorräte immer auch zu Anschaffungskosten im Visier hat und durch den jederzeit möglichen *Vergleich* mit den aufgelaufenen Abschreibungen die Steuerung erleichtern kann; auf diese Thematik wird der Abschlussprüfer stoßen, wenn er sich mit den unternehmerischen Kontrollen beschäftigt; (VA BENE)

Wenn man über *Abschreibungssysteme* spricht, dann darf man das sogenannte „Reichweitenverfahren" nicht unerwähnt lassen. Können Sie dieses Verfahren erklären ? Das *Reichweitenverfahren* ist ein Verfahren zur Ermittlung angemessener Abschreibungen auf Vorräte. Dabei wird positionsweise der mengenmäßige Materialverbrauch des abgelaufenen Geschäftsjahres (oder einer zum Bilanztag zeitnah versetzten Spanne) mit dem Lagerbestand am Bilanztag verglichen und daraus eine Lagerreichweite ermittelt. (Es wird zunächst unterstellt, dass der zukünftige Verbrauch nicht wesentlich vom Verbrauch des abgelaufenen Geschäftsjahres abweicht.) Die z.B. in Jahren gerechneten Reichweiten werden in Gruppen eingeteilt, z.B. :

1. Gruppe : bis 6 Monate
2. Gruppe : 6 Monate bis 12 Monate
3. Gruppe : 12 Monate bis 18 Monate
4. Gruppe : über 18 Monate

Die je Lagerposition gewonnene Erkenntnis würde dann also z.B. bei der Gruppe 2 lauten : Wenn sich der Verbrauch, d.h. der Lagerabgang für produktive Zwecke, nicht wesentlich ändert, dann wird es 6-12 Monate dauern, bis die Vorräte abgeflossen sind. Den einzelnen Gruppen werden Abschreibungsprozentsätze zugeordnet, z.B. der Gruppe 3 (12-18 Monate) ein Abschreibungssatz von 50 %.

Die *Wahl der Abschreibungssätze* muss auf betrieblichen Erfahrungen beruhen und muss anhand von Erlösminderungen, Verwürfen, Zinsverlusten etc. nachzuweisen sein. Wird der Abschlussprüfer also mit einem solchen (i.d.R. maschinell geführten) Reichweitenverfahren konfrontiert, muss sein *Prüfungsziel* lauten, ausreichende und angemessene Nachweise dafür zu bekommen, dass die Vorräte den gesetzlichen Bestimmungen entsprechend richtig bewertet sind.

Systemprüfungen dieser Art sind i.d.R. sehr zeitaufwendig und müssen in der Prüfungsplanung entsprechend berücksichtigt werden. Dies gilt auch für die nach einigen Jahren zu stellende Frage, ob die Abschreibungssätze an die aktuelle Marktentwicklung *angepasst* werden müssen.

Da das Reichweitenverfahren „vergangenheitsorientiert" ist, muss es die Möglichkeit zulassen, die zunächst (maschinell) ermittelten Abschreibungen manuell zu korrigieren. Korrekturen können sowohl zu einer Aufstockung der Abschreibung (man erwartet einen rückläufigen Verbrauch) als auch zu einer Reduzierung (man erwartet eine Verbesserung der Auftragslage) führen. Korrekturen lösen *Anpassungen der Prüfungsziele* aus. Man muss jetzt *Nachweise* dafür erbringen, dass die *veränderten* Erwartungen des Mandanten *realistisch* sind. Dies kann z.B. durch eine aktuelle Auftragsstatistik, durch die Vorlage von Optionen oder durch Prognosen von wissenschaftlichen Institutionen geschehen. Mit unternehmerischen „Visionen" wird sich der Abschlussprüfer nicht abfinden können. Auch hier darf es eine Einstellung : „Es wird schon stimmen !" nicht geben !

Reichweitenverfahren müssen eine weitere *Ausnahme* berücksichtigen : Werden z.B. im Zusammenhang mit einem Produktionsanlauf neue Produkte ins Lager aufgenommen, dann wird in der Anfangszeit der Verbrauch gering sein. Dies würde zu hohen Reichweiten und entsprechenden Abschreibungen führen, wenn man nicht „neue Produkte" von einer Abschreibung ausnehmen würde. Es wird zum Aufgabenspektrum einer Systemprüfung gehören, auch die Beachtung einer solchen Ausnahme zu überprüfen, und zum Themenkatalog auch der *verbleibenden Prüfungshandlungen*, die korrekte Behandlung nicht mehr als neu geltender Vorräte zu untersuchen. Ob man darüber hinaus mittels eines *CAAD-Konzeptes* regelmäßig auch die Datenverarbeitung innerhalb des Reichweitenverfahrens überprüft, sei dahingestellt.[210]

Wir haben schon häufig über die *Leitfunktion* des Business Understanding gesprochen. Sie spielt natürlich auch eine wesentliche Rolle, wenn wir uns mit der Bewertung von Vorräten bzw. mit der Frage beschäftigen, ob Abschreibungen vorzunehmen sind. Abchreibungsverfahren (seien es nun manuelle oder maschinelle Verfahren), die sich an einfachen Kriterien wie z.B. Lagerumschlag, Reichweite, Datum des letzten Zugangs oder Datum der letzten Entnahme orientieren, sind i.d.R.übersichtlich und die in ihnen geltenden Ausnahmeregelungen sind relativ einfach nachzuvollziehen. Dass an die Qualität maschineller Verfahren hohe Anforderungen zu stellen sind, sei der Vollständigkeit halber erwähnt. *(IT-Ausstattung)* Man könnte also als Abschlussprüfer geneigt sein, Abschreibungen zu akzeptieren, die im Rahmen eines solchen Verfahrens berechnet wurden, und die Abschreibungsliste, in der die Höhe und die Zusammensetzung der Abschreibungen dargestellt wird, als *ausreichenden und angemessenen Prüfungsnachweis* anzuerkennen.

Es gibt aber ein *Problem* : Die Angemessenheit ist nur dann gegeben, wenn der Ausnahmekatalog, der die Ermittlung von Abschreibungen einschränkt, vollständig ist. Wer sich in einem Unternehmen nicht auskennt, wird die Vollständigkeit des Ausnahmekataloges nicht beurteilen können. In der Wirtschaft hat sich in den vergangenen Jahren – offensichtlich ausgehend von der Automobilindustrie – eine Strategie durchgesetzt, die als *Plattformstrategie* bezeichnet wird. Darunter versteht man ein Konzept, bei dem bestimmte Komponenten nicht nur in einem Produkt (z.B. im VW-Golf) Verwendung finden, sondern in verschiedenen Baureihen (ggf. auch bereichsüberschreitend in anderen Konzernunternehmen) eingesetzt wer-

---

[210] Zum Thema der IT-gestützten Prüfung führt der PS 330 („Abschlussprüfung bei Einsatz von Informationstechnologie") unter TZ 101 aus: „IT-Unterstützung kann auch im Rahmen der Prüfungsdurchführung sinnvoll sein, um wiederkehrende Arbeiten im Rahmen der Abschlussprüfung zu automatisieren." Es kann z.B. „eine Unterstützung bei der Prüfungsdurchführung (u.a.) erreicht werden ... bei der Überprüfung der rechnerischen Richtigkeit bzw. bei der Datenanalyse ..."

den. Ähnliches wurde vom Heizgerätehersteller Vaillant berichtet, der die britische Hepworth-Gruppe übernommen hatte: „Bis 2005 rechnet (der Vaillant-Geschäftsführer Claes Göransson) mit Synergien von mehr als 100 Millionen Euro jährlich. Vor allem in der Technik und in der Fertigung stecke erhebliches Potential, das durch eine konsequente Plattformstrategie gehoben werden soll. Wie in der Automobilindustrie will Vaillant bei seinen Wandheizgeräten, Kesseln und Wasserheizern künftig vermehrt baugleiche Teile verwenden, jedoch den unterschiedlichen Auftritt der insgesamt neun Marken in Europa wahren." [211]

Werden also die Verwendungsmöglichkeiten für bestimmte Komponenten durch eine Plattformstrategie ausgeweitet, dann muss der für ein Abschreibungsverfahren gültige Rahmen in gleicher Weise ausgedehnt werden. Der Materialverbrauch wird dann nicht mehr „betriebsindividuell", sondern „konzernweit" ermittelt. Würde man eine Erweiterung zu einem „großen Rahmen" vergessen (oder bewusst nicht durchführen), dann würden die in einem „kleinen Rahmen" ermittelten Abschreibungen zu hoch sein, weil man Umschlagshäufigkeiten bzw. Reichweiten erhält, die dem echten Materialbedarf nicht entsprechen. Eine im kleinen Rahmen erstellte Abschreibungsliste wäre daher nicht aussagekräftig, die Abschreibungsliste als *Prüfungsnachweis* nur *scheinbar angemessen*. Ich darf in diesem Zusammenhang an unsere Diskussion über die Qualität von Prüfungsnachweisen erinnern.

Ich hatte auf eine falsche Interpretation in einem Prüfungsstandard des IDW hingewiesen und mit besonderem Nachdruck folgendes betont: „Wir bilden uns nur ein, überzeugt zu sein, weil wir etwas als *plausibel* empfinden, und merken nicht, dass wir im Grunde nur „überredet" wurden, uns eine bestimmte Meinung zu eigen zu machen." Könnte nicht eine Abschreibungsliste im Sinne von ISA 500 *„persuasive rather than conclusive"* sein ?

Der Abschlussprüfer muss in der Lage sein, sich auf die *individuellen Bedingungen* seines Mandanten einzustellen, d.h. er muss auch bei der Prüfung der Vorräte sein spezielles Know-how einbringen, um nachvollziehen zu können, dass der Umfang der Abschreibungen angemessen ist. Er wird also bei den in diesem Handbuch vorgestellten Unternehmen u.a. die folgenden Aspekte zu berücksichtigen haben, die z.T. über die Thematik der Abschreibungen hinausgehen. Welche Themen können bei DEICES, WAKON oder TAIHAM bei der Bewertung eine Rolle spielen :

DEICES (Schuheinzelhandel)
- Produktspektrum : Mode (Graceland), Bequemlichkeit (Medicus), Sport (Victory)
- Importe : aus 40 Ländern (Lagerumschlagshäufigkeiten nach Ländern ? Problemzone „Italien" ?)

---

211 o.V. : Vaillant arbeitet an der Integration der britischen Hepworth-Gruppe, in : FAZ 5.11.02, Nr. 257, S. 22

4 Prüfung der Vorräte

WAKON (Möbelhersteller)
- Art und Umfang der jüngst auf den Messen präsentierten 15 neuen Produkte ?
- Trennung nach „Wohnbereich" und „Objektbereich"
- Hat es im Zuge von Rationalisierungsmaßnahmen eine Reduzierung der Teilevielfalt gegeben [212] und wie werden daraus resultierende „Restbestände" bewertet ?
- Gibt es im Objektbereich „Ausstellungsstücke", die zum Vorratsvermögen oder „Ausstellungsräume", die zum Anlagevermögen gehören ?
- Wurde bei der Aktivierung der von Dritten für den „Objektbereich" abgerechneten Leistungen der Grundsatz der verlustfreien Bewertung beachtet ?

TAIHAM (Modische Textilien)
- Trennung nach Kollektionen : Jeweils 5 für Herren, Jugendliche und Kleinkinder, 12 für Damen
- Gibt es Konsignationsläger oder Musterkollektionen im Inland oder im Ausland ?
- Werden Händlern (z.B. ausländischen Boutiquen) in der Aufbauphase Einrichtungsgegenstände (leihweise) zur Verfügung gestellt ?

Diese Beispiele mögen Ihnen erneut zeigen, dass man sich einer *Bilanzposition vom Geschäftsprozess* bzw. vom Geschäftsvorfall her *nähern* muss. Nur auf diese Weise können Sie ein Verständnis für diese Position entwickeln. Erst wenn Sie die *Eigenarten* einer Jahresabschlussposition und ihrer Komponenten kennen, werden Sie in der Lage sein, mit VEBBAG und VA BENE richtig umzugehen.

Eine einfache Inventurliste ist schweigsam und gibt keine Geheimnisse preis! Aus diesem Grunde müssen die Angaben in den *Pflichtdokumenten*, insbesondere im „KoBu-Doc" und „KoRi-Doc", exakt sein, weil allgemeine Angaben für den weiteren Verlauf der Prüfung, z.B. für die Prüfung der Vorräte, nicht zu verwenden sind. Wenn wir z.B. im KoBu-Doc lediglich schreiben, dass TAIHAM „modische Kleidung" vertreibt, dann ist eine solche Angabe für die Prüfung des Vorratsvermögens nicht zu gebrauchen. Wenn wir aber die *Kundengruppen* : Damen und Herren, Jugendliche und Kleinkinder erwähnen und berichten, dass insgesamt 27 *Kollektionen* (3 x 5 + 12) vertrieben werden und dass das *Auslandsgeschäft* zunimmt, dann können diese Informationen in unterschiedlichen Phasen der Prüfung gezielt (im Sinne unserer „Prüfungsziele" !) verwendet werden. [213] (vgl. dazu Kapitel III. 4.4.2)

Aus der Sicht unserer *Arbeitspapiere* ergibt sich dann im Wesentlichen das folgende Bild :

---

[212] *Die Rauchgruppe hat sich z.B. intensiv mit dem Problem der Teilevielfalt auseinandergesetzt. Sie „setzt auf schlanke Prozesse und hohes Kostenbewusstsein. So achten schon die Designer auf möglichst einfache Produktionsabläufe, die Teilevielfalt wurde reduziert." (o.V. : „Wir kriegen immer weniger Geld für unsere Möbel", in : FAZ 21.6.04, Nr. 141, S. 16)*

[213] *Je heterogener der Kundenkreis und je breiter das Produktspektrum, um so wichtiger sind regelmäßige Bestandsanalysen. Unter dem Gesichtspunkt der Komplexität schreiben Kox / Bettendorf : „Die zunehmende Fragmentierung der Absatzmärkte und die damit verbundene Notwendigkeit für den Hersteller, auf individuelle Kundenwünsche einzugehen, führen zu einem starken Ansteigen der Anzahl der Artikel im Verkaufssortiment. Gleichzeitig sinken durchschnittlicher Umsatz und Ergebnisbeitrag je Artikel. Darüber hinaus kommt es zu einer Veränderung der Kundenstrukturen. Unternehmungen sind aufgrund des zunehmenden Wettbewerbsdrucks bereit, kleinere Kunden direkt zu bedienen. Diese vorgenannten Entwicklungen führen unweigerlich zu einer Erhöhung der Produkt- und Kundenkomplexität."*
(B. Kox / W. Bettendorf : Ungenutzte Potentiale besser ausschöpfen, in : FAZ 27.9.04, Nr. 225, S. 22)

Prüfung der Vorräte
Der Überbau von Arbeitspapieren

Geschäfts-Bewusstsein	Risiko-Bewusstsein	Kontroll-Bewusstsein	Programm-Bewusstsein	Fehler-Bewusstsein
Unternehmung Lage Eigentümer Führung Überwachung Geschäftstätigkeiten	**Geschäftsrisiken**	**Zusammenfassung** der Geschäftsvorfälle und der Geschäftsrisiken	**Auswahl der Prüfungsziele** Position Aussage Begründung	**Prüfungsdifferenzen** Beschreibung und bilanzielle Zuordnung
Branche Gesamtwirtschaft	**Einfluss auf den JA** Position Aussage	**Ausrichtung und Verlauf des Geschäftsprozesses** Ziele, Arbeitsdaten, Kennziffern, Informationstechnik	**Einschätzung des Risikos** der wesentlichen Fehlaussage	**Auswertung** Differenzen
Geschäftsvorfälle Einfluss auf den JA (Position, Aussage)	**Lokalisierung** der unternehmerischen Kontrollen	**Gegenstand des Geschäftsprozesses** Geschäftsvorfall, Risiken auf Prozessebene, Kontrolle, Prüfungsziele	**Art und Umfang** der Prüfungshandlungen → Prüfungsziele	**Prüfungsergebnis** Prüfungsfeststellungen

Bilanz	G+V	Anhang
A. Anlagevermögen I. Immaterielle VG II. Sachanlagen III. Finanzanlagen	1. Umsatzerlöse **2. Bestandsveränderung** 3. andere aktiv. Eigenleistungen 4. sonst. betriebliche Erträge **5. Materialaufwand** 6. Personalaufwand 7. Abschreibungen 8. sonst. betr. Aufwendungen 9. Erträge aus Beteiligungen 10. Erträge aus and. Wertpapieren und Ausleihungen des FAV 11. Sonstige Zinsen / Erträge 12. Abschreib. Finanzanlagen 13. Zinsen u. ähnl. Aufwend. 14. Ergebnis der gewöhnlichen Geschäftstätigkeit 15. a. o. Erträge 16. a. o. Aufwendungen 17. Steuern v. Eink. / Ertrag 18. Sonstige Steuern **19. Jahresüberschuss / Jahresfehlbetrag**	1. Bilanz. u. Bewert. Method. 2. Umrechnung Euro 3. Abw. von Bil./Bew.Meth. 4. Unterschiedsbeträge 5. Fremdkapitalzinsen (HK) 6. Verb. (RestLZ üb. 5 Jahre) 7. Verbindl. (Sich. d. PfandR) 8. Aufgliederung der Verb. 9. Betrag der sonst.fin.Verpfl. 10. Aufgliederung Ums.erlöse 11. Einfl. von Abschr. (StR) 12. Ergebn.belast. d. Steuern 13. Durchschnittl. Zahl der Arbeitnehmer 14. Sonderausweise bei UKV 15. Bezüge, Vorschüsse u. Kredite für GF / AR / BR 16. Angaben zu den Mitglied. von GF / AR 17. Angabe zu Beteil. (20%) 18. Angabe zu U. (b. Kompl.) 19. Angaben zu sonst. Rückst. 20. Gründe f.d. planm. Abschreibung eines Firmenwertes 21. Angaben zum Mutter-U. 22. Bei PersGes Angaben z.d. Komplementären 23. Erklärung zu § 161 AktG 24. Bei bes. U. Angaben über bestimmte Honorare 25. Angaben zu Finanzinstrumenten
B. Umlaufvermögen **I. Vorräte** II. Forderungen / VG III. Wertpapiere IV. Flüssige Mittel		
C. Rechnungsabgrenzung		
A. Eigenkapital B. Rückstellungen C. Verbindlichkeiten 1. Anleihen 2. Verb. geg. Kreditinstit. 3. erhaltene Anzahlungen 4. Verbindlichkeiten L+L 5. Wechselverbindlichk. 6. Verb. geg. verbund. U. 7. Verb. U. m. Bet. verhält. 8. Sonstige Verbindlichk. D. Rechnungsabgrenzung		

Kehren wir zurück zum Autohaus WELOS und überlegen, welche Kriterien die Geschäftsleitung für die Abschreibungen auf Gebrauchtwagen heranziehen könnte. Als Kriterien sind denkbar :

- *Alter* (Baujahr, Gefahrene km)
- *Technische Ausstattung* (Funktionsfähigkeit, Ausrüstung : Warn- und Leitsysteme, Beleuchtung, Bereifung etc.)
- *Position auf der Beliebtheitsskala* (Stellung innerhalb des Produktlebenszyklusses, Kundenzufriedenheit, Farbe)
- *Pflege und Kontrolle* (Inspektionen : Art, Umfang und Zeitpunkt, vom letzten TÜV gerügte Mängel)
- *Herkunft, Verwendung und Behandlung* (Anzahl der Vorbesitzer, sozialer Status des letzten Vorbesitzers, Firmen-, Jahres- oder Vorführwagen)
- *Richtwerte der sogenannten Schwacke-Liste*

Es ist von großem Vorteil, schon im *Vorfeld* (also vor Beginn der Prüfung) einen gut *strukturierten* Katalog von Abwertungskriterien zu entwickeln. Man geht dann nämlich mit einer bestimmten Erwartungshaltung (wie bei einer *Plausibilitätsprüfung*) an die Kriterien heran, die der Mandant entwickelt hat.[214] Man wird auf Gesichtspunkte stoßen, die man selbst vergessen hat, und es wird möglicherweise Aspekte geben, die der Mandant unberücksichtigt ließ. Die sich dann anschließende *Abweichungsanalyse* :

- Ist der vom Mandanten aufgestellte Kriterien-Katalog Zeichen für ein gutes internes Kontrollsystem ?
- Welche Gründe gibt es, aus denen der Mandant bestimmte Kriterien unbeachtet gelassen hat ?

kann zu interessanten Schlussfolgerungen und zu *Prüfungsdifferenzen* führen, die sowohl auf einem Arbeitsfehler als auch auf einer unzulässigen Ausübung eines *Ermessensspielraumes* beruhen können. Denken wir nur an die Neuwagen und erinnern uns daran, dass der BGH kürzlich festgelegt hat, unter welchen Bedingungen ein Fahrzeug als „neu" zu gelten hat. Wenn der Mandant ein solches Kriterium nicht berücksichtigen würde, dann wäre es doch interessant, herauszufinden, ob er es nicht kannte oder unerwähnt ließ, weil er annahm, dass wir noch nicht über diese Information verfügen.

4.3.2.3 Die Bedeutung von Kennzahlen

Ich greife das eben verwendete Stichwort Plausibilitätsprüfung auf, um zum Schluss noch kurz auf die analytischen Prüfungshandlungen einzugehen. Welche Kennzahlen gibt es, die im Zusammenhang mit dem Vorratsvermögen angewendet werden ?

Umschlagshäufigkeit der Vorräte
Umsatzerlöse : durchschnittlicher Vorratsbestand (z.B. 100 : 20 = 5). Steigt z.B. die Kennzahl, ist es dem Unternehmen gelungen, sein Vermögen schneller umzuschichten, geht die Kennzahl zurück, kann dies auf Widerstände im Markt zurückzuführen sein. Erinnern Sie sich daran, dass wir im Kapitel : „Die Analyse unternehmerischer Kontrollen" auch von Leistungskennziffern gesprochen haben ? In diesem Zusammenhang hatte ich Sie darauf hingewiesen, dass jedes Unternehmen mit bestimmten Maßstäben arbeitet, um den Erfolg seiner Abteilungen, den Erfolg seiner Prozesse, zu kontrollieren. Ich hatte auch betont, dass der Abschlussprüfer die wesentlichen Kennzahlen – und dazu gehört auch die Umschlagshäufigkeit von Vorräten – kennen muss, wenn er sich eine Meinung über *Bestandsrisiken* bilden will.

---

214 Wäre man nicht besonders kritisch, wenn man erfahren hätte, dass in der Presse von überbordenden Lägern bei den Händlerbetrieben und von einem Wettkampf mit Sonderangeboten die Rede ist ? (vgl. R. Köhn : Vorboten einer Autokrise, in : FAZ 4.9.04, Nr. 206, S. 13)

Vorratsintensität
Durchschnittlicher Vorratsbestand : Gesamtvermögen (z.B. 600 : 1000 = 0,6). Bei Unternehmen mit angespannter Finanzlage gehört die Verbesserung der Liquidität zu den Unternehmens-Zielen, und die Reduzierung der Kapitalbindung ist Teil der Unternehmens-Strategie. Auf der Ebene der Materialwirtschaft gehört der Abbau von Vorräten, also die Reduzierung der Vorratsintensität, zu den Prozess- Zielen. Ich wollte den Zusammenhang zwischen *Unternehmens-Zielen* und Unternehmens-Strategie einerseits und den *Prozess-Zielen* bzw. ihrer Kontrolle durch den Vorstand oder die Bereichsleitung andererseits nochmals deutlich machen, damit Sie verstehen, warum der Abschlussprüfer diese Zusammenhänge kennen muss.

Umschlagdauer der Vorräte
Durchschnittlicher Vorratsbestand : Umsatzerlöse x 365 (z.B. 20 : 100 x 365 = 73). Die Überlegungen zur Umschlagshäufigkeit gelten sinngemäß.

Materialaufwandsquote
Materialaufwand : Betriebsleistung (bereinigt um andere betriebliche Erträge). Diese Kennziffer wird durch sehr heterogene Einflussfaktoren geprägt. Sie liegen sowohl im Erlösbereich als auch im Aufwandsbereich. Eine Veränderung der Quote kann auf Ursachen zurückzuführen sein, die hauptsächlich in den Umsatzerlösen (Absatz und/oder Preisniveau), hauptsächlich im Materialaufwand (verstärkter Fremdbezug, Preissteigerungen mit oder ohne Währungseffekten) oder mit unterschiedlicher Gewichtung in beiden Bereichen zu suchen sind. Erläuterungen des Mandanten sind deshalb besonders sorgfältig zu prüfen, weil die Gefahr besteht, dass seine Darstellung der Ursachen plausibel erscheint, bei tieferer Analyse aber nur *scheinbar zutreffend* ist. Auch in diesem Fall wird die *Problematik von Prüfungsnachweisen* wieder besonders deutlich.

Wir haben die sogenannten *analytischen Prüfungshandlungen* bereits mehrfach behandelt und festgestellt, dass sie im Rahmen unserer Prüfung – auch wenn ihre Anwendbarkeit eingeschränkt ist– eine nicht unwesentliche Rolle spielen. Es kommt – und dies sei auch wiederholt – auf eine ausgewogene Mischung zwischen analytischen Prüfungshandlungen und *Einzelfallprüfungen* an. Im Zweifel sind meiner Meinung nach immer die Einzelfallprüfungen zu bevorzugen – unabhängig davon, ob mit ihrer Durchführung (ggf. ungeplante) Zeit und Kosten verbunden sind. Sie sorgen für mehr *Transparenz* und stellen die Schlagfertigkeit von Prüfungshandlungen - und hier denke ich insbesondere an eine externe Qualitätskontrolle – mehr unter Beweis als dies bei analytischen Prüfungshandlungen der Fall ist. Es darf nämlich nicht unterschätzt werden, dass *aus der Sicht eines externen Prüfers*, der mit einem Review der Arbeitspapiere betraut ist, die analytischen Prüfungshandlungen als *Verlegenheitslösung* gelten könnten. Er würde in diesem Urteil bestärkt, wenn er feststellt, dass die *Kenntnisse* des Abschlussprüfers über die Geschäftstätigkeit sowie das wirtschaftliche und rechtliche Umfeld des zu prüfenden Unternehmens *mangelhaft* sind.

4.4 Arbeitsrahmen

Wir haben in der Einführung zu Kapitel III. u.a. auf *Leitfäden* und ihre *strategische* Konzeption hingewiesen. Die in den vorangegangenen Passagen zu den Vorräten angestellten Überlegungen müssen nun in bestimmte Rahmen gestellt werden, die den Gang der Prüfung, ihren Gegenstand und ihren Schwerpunkt bestimmen.

Schrittfolge und Themen sind (weitestgehend) festgelegt. Sie bilden die Basis für unsere individuelle Zeitplanung. Die Schwerpunkte der Arbeit richten sich aber nach den *Prüfungszielen*, die sachgerecht aus der Analyse der Geschäfts- und Kontrolltätigkeit des Unternehmens abzuleiten sind. *Es ist leider keine Seltenheit, dass man Prüfungsassistenten keine Prüfungsziele vorgibt.* Der oben aufgestellte Wegweiser und die nachfolgenden Leitlinien sollen in einer solchen Situation dazu beitragen, dass sie ihre Arbeit nach sinnvollen Kriterien ausrichten können.

Bitte orientieren Sie sich immer zuerst an der Frage, in welcher wirtschaftlichen Verfassung sich das zu prüfende Unternehmen befindet, und teilen Sie sich dann anhand der 4-Kapitel-Philosophie Ihre Zeit so ein, dass Sie mit Prüfungszielen, die *an der Verfassung des Unternehmens ausgerichtet* sind, die Themen bearbeiten, die einen wesentlichen Einfluss auf den Jahresabschluss haben. Beachten Sie dabei auch die wohlverdienten Interessen anderer Team-Mitglieder !

Prüfungsziele – insbesondere die „schwerwiegenden" - werden auf der Basis der IKS-Prüfung zu den Vorräten formuliert (KoCo-Doc) und dann – als geschicktes Zeichen der Verknüpfung von Arbeitspapieren – direkt in das Prüfungsprogramm (KoP-Doc) übernommen. Gemäß dem Kürzel „VEBBAG" lauten die *Prüfungsziele* : **V**ollständigkeit, **E**igentum, **B**estand, **B**ewertung, **A**usweis und **G**enauigkeit. Gemäß dem Kürzel „VA BENE" lautet die Prüfungstechnik : **V**ergleich, **A**ugenscheinnahme, **B**efragung, **B**eobachtung, **B**estätigung, **E**insichtnahme, **N**achrechnen und (aus Vorsichtsgründen ein 2. Mal) **E**insichtnahme.

Die *Formulierung eines Prüfungszieles* lautet immer, ausreichende und angemessene Nachweise dafür zu bekommen, dass eine bestimmte Aussage des Managements stimmt.

Beginnen Sie niemals eine Prüfung, ohne dass Sie eine klare Vorstellung von den Prüfungszielen haben. Nur unter der Voraussetzung, dass Sie sich im „Korridor" des Business Understanding bewegen, werden Sie auch eine ordnungsgemäße Prüfung durchführen können. Im Regelfall wird der Mandant Sie auf diesem Wege begleiten, denn es ist der einzig vernünftige Weg, den eigentlichen Zweck einer Abschlussprüfung – das „sichere Testat" - zu erfüllen. Es kann nicht nachdrücklich genug betont werden, dass man diese *Sicherheit* nur dadurch gewinnen kann, dass man immer wieder Belege, Dokumente, Verträge etc. sorgfältig studiert, um den *Inhalt* und den *Charakter* von Geschäften zu verstehen und zu begreifen, in welcher Weise sie den Jahresabschluss beeinflussen, d.h. welche Buchungen bzw. Anmerkungen in Bilanz, Gewinn- und Verlustrechnung und Anhang erforderlich und welche Informationen im Lagebericht notwendig sind.

In den Arbeitsrahmen werden übernommen :

Schrittfolge (die 4-Kapitel-These)
Prüfungshandlungen nach Prüfungszielen
Prüfung bei angespannter Ertragslage
Prüfung von Eingangsrechnungen
Kriterien für die Strukturierung einer Inventurliste

Damit übernimmt der *Arbeitsrahmen* die Funktion eines Ordnungsschemas für die Prüfung der Bilanzposition „Vorräte". Ein solches Schema, das nur dann seine Aufgabe erfüllen kann, wenn es von den Kenntnissen über die Geschäftstätigkeit geprägt ist, soll die Orientierung erleichtern, die Bildung von *Schwerpunkten* ermöglichen und die *Komplexität* eines Zahlenwerkes so reduzieren, dass ein gezielter Zugang zum Jahresabschluss möglich wird.

Ordnungschemata steuern die Datenermittlung (sie werden damit zu einem unentbehrlichen Hilfsmittel insbesondere für die jüngeren Mitarbeiter) und sie erleichtern die Auswertung der Ergebnisse, weil der zuständige Abschlussprüfer die Wurzeln der Informationen kennenlernen und die Prüfungsnachweise daraufhin untersuchen kann, ob sie *ausreichend* und *angemessen* sind. Damit wird er zugleich in die Lage versetzt, diese in einen größeren Zusammenhang einzuordnen, der immer auch durch *Bilanzpolitik* gekennzeichnet sein kann.

Deshalb ergeht an jedes Mitglied eines Prüfungsteams die folgende *Aufforderung* :

Wenn Sie die Vorräte prüfen, dann denken Sie bitte auch daran, dass diese nur einen *Teil des Jahresabschlusses* darstellen. Behalten Sie – im Sinne einer effektiven Teamarbeit – stets auch die anderen Jahresabschlussposten im Auge, stellen Sie *Querverbindungen* – auch zum Anhang – her und informieren Sie Ihre Kolleginnen und Kollegen *rechtzeitig*, wenn Sie Feststellungen getroffen haben, denn diese sind nur selten *isoliert* zu betrachten.

Aktiva	Passiva
A. Anlagevermögen	A. Eigenkapital
I. Immaterielle Vermögensgegenstände	B. Rückstellungen
II. Sachanlagen	C. Verbindlichkeiten
III. Finanzanlagen	D. Rechnungsabgrenzungsposten
B. Umlaufvermögen	
I. Vorräte	
1. Roh,- Hilfs- und Betriebsstoffe	
2. unfertige Erzeugnisse, unfertige Leistungen	
3. fertige Erzeugnisse und Waren	
4. geleistete Anzahlungen	
II. Forderungen u. sonstige Vermögensgegenstände	
III. Wertpapiere	
IV. Flüssige Mittel	
C. Rechnungsabgrenzungsposten	

4.4.1 Schrittfolge (Die 4 Kapitel-These)

I. Abstimmung und Vergleich (1. Kapitel)
1. Abstimmung der Inventurliste : mit der Bilanz und den Originalaufnahmebelegen
2. Vergleich des Bilanzwertes mit dem Vorjahreswert

II. Prüfung der Anschaffungs- und Herstellungskosten (AK/HK) (2. Kapitel)
1. Strukturierung der Inventurliste (nach vom KoBu-Doc gelieferten Kriterien)
2. Feststellung des Verfahrens zur Ermittlung der AK/HK (ggf. unter Berücksichtigung spezieller Bewertungsrichtlinien)
3. Nachvollzug des Verfahrens und Prüfung der AK/HK (anhand der Kostenstruktur und der Kostenkalkulation)

III. Prüfung des niedrigeren beizulegenden Wertes (3. Kapitel)
1. Prüfung des Abwertungsbedarfs nach Maßgabe des Niederstwertprinzips
2. Prüfung der angewandten Abschreibungsmethode (Gängigkeitsabschläge, Reichweitensystematik)
3. Bei fehlender Abschreibungssystematik : Ermittlung der Altersstruktur risikobehafteter Bestände (ggf. mit Einsatz eines eigenen CAAD-Konzeptes unter Verwendung von Lagerbewegungs- bzw. Inventurdaten und unter ständiger Berücksichtigung von im KoBu-Doc niedergelegten Informationen)

IV. Prüfung der Abgrenzung (4. Kapitel)
1. Abgrenzung Forderungen / Vorräte : Bestehen die ausgewiesenen Forderungen zurecht oder handelt es sich de jure nur um Vorräte („unverrechnete Lieferungen und Leistungen"), weil der Mandant seine vertraglichen Verpflichtungen noch nicht vollständig erfüllt hat ? Wurden mit der Buchung von Erträgen auch die entsprechenden Aufwendungen berücksichtigt, z.B. bei einem Warenverkauf ein Lagerabgang oder bei der Berechnung einer Dienstleistung ein Abgang von Auftragskosten ?
2. Abgrenzung Vorräte / Verbindlichkeiten : Wurden Warenlieferungen zum Jahresende vollständig erfasst und entsprechende Verbindlichkeiten gebucht oder – mittels eines Kunstgriffs „Buchungsschluss" – die buchhalterische Erfassung auf das nächste Geschäftsjahr verschoben ?
3. Ggf. Prüfung von Einkaufskontrakten : Hat sich ein Unternehmen langfristig am Beschaffungsmarkt gebunden, könnten ihm finanzielle Nachteile dadurch entstehen, dass es bei sinkenden Marktpreisen gezwungen ist, höhere Kontraktpreise zu bezahlen.

4.4.2 Prüfungshandlungen nach Prüfungszielen

In den folgenden Kapiteln wird beispielhaft eine Reihe von Prüfungshandlungen vorgestellt. Sie kann nur als Anregung dienen und soll die *Denkrichtung* aufzeigen, in der sich der Prüfer bewegen muss, um der Lage des Unternehmens gerecht zu werden und um seine *Prüfungsziele* - sachgerecht aus den Kenntnissen über die Geschäfts- und Kontrolltätigkeit abgeleitet – zu erreichen. In seinem Buch „Jahresabschlussprüfung" präsentiert Walter Niemann umfangreiche Fragebögen. Sie mögen dem Prüfer als weitere Kontrolle bei seiner Tagesarbeit dienen.

I. Prüfungsziel : Vollständigkeit
Abschlussaussage : Die Vorräte sind vollständig erfasst.

1. Prüfung der speziellen Kontrollen im IKS des Prüffeldes
a. Hinweis auf PS 301 des IDW :

TZ 6 : „Die Inventur des Vorratsvermögens ist Grundlage für die Aufstellung des Jahresabschlusses. Sie dient in Form der Stichtagsinventur unmittelbar der Aufstellung des Inventars oder in Form der permanenten Inventur zur Feststellung der Verlässlichkeit der Lagerbuchführung, um aus dieser das Inventar abzuleiten."

TZ 7 : „Sind die Vorräte von wesentlicher Bedeutung für den Jahresabschluss muss der Abschlussprüfer – soweit durchführbar – die körperliche Bestandsaufnahme beobachten, um auf diesem Wege ausreichende und angemessene Prüfungsnachweise insbesondere über das Vorhandensein, die *Vollständigkeit* und die Beschaffenheit der Vorräte zu erlangen. Dabei hat sich der Abschlussprüfer von der ordnungsgemäßen Handhabung der Inventurverfahren zu überzeugen." (Hervorhebung d.d.Verf.)

Hier ist die doppelte Vollständigkeitskontrolle von besonderer Bedeutung :
- Wurden alle für die Aufnahme ausgeteilten Formulare an die Inventurleitung zurückgegeben ?
- Wurden die Daten der Aufnahmebelege lückenlos in die offizielle Inventurliste übernommen ?

b. Es ist gute Übung des Berufsstandes, zum Zwecke der Inventurbeobachtung einen eigenen Fragebogen zur Beurteilung der Inventur zu entwickeln. Es ist selbstverständlich, dass dieser Fragebogen von den Kenntnissen über die Geschäftätigkeit des Mandanten wesentlich geprägt, d.h. deutlich über eine Standard-Checkliste hinausgehen muss. (Prüfungsnachweise : Auswertung des Fragebogens und ggf. Hinweis auf die gesammelten Prüfungsfeststellungen) Für eine Inventurbeobachtung ist Sachkenntnis erforderlich. Diese erreicht man dadurch, dass man sich intensiv mit den Eigenarten des Unternehmens auseinandersetzt und sich sorgfältig auf die Inventurbeobachtung vorbereitet. Sachkenntnis ist insbesondere dann gefragt, wenn im Herstellungsprozess der „Reifegrad" von Produkten beurteilt werden muss. Es ist dann wohl kaum mit dem Grundsatz der Gewissenhaftigkeit vereinbar, wenn der Abschlussprüfer junge und unerfahrene Mitarbeiter an die Front schickt, ohne sie mit den Risiken einer Inventur vertraut gemacht zu haben. In diesem Zusammenhang sei auch an die Problematik der Scheingenauigkeit von Prüfungsnachweisen erinnert!

c. Dem Grundsatz der Vollständigkeit kommt dann eine besondere Bedeutung zu, wenn das Unternehmen seinen traditionellen Geschäftsbereich ausweitet und sich erstmalig oder verstärkt dem Dienstleistungssektor zuwendet. Hier ist das Risiko groß, dass aufgrund der Unerfahrenheit mit einem „neuen Ressort" (non routine transactions) erbrachte Leistungen nicht aktiviert werden. (Prüfungsnachweise : Kopie der Vertragsunterlagen, Katalog der aktivierungspflichtigen Kosten bei Dienstleistungen) Im Übrigen wird auf das vorangegangene Kapitel zur „Inventurbeobachtung" und insbesondere auf die dort zum Prüfungsziel „Vollständigkeit" behandelten Fragen verwiesen.

2. Sonstige aussagebezogene Prüfungshandlungen
a. Werden Bestätigungen von Dritten eingeholt oder Betriebsbegehungen durchgeführt, wenn Vorräte (z.B. ein Konsignationslager) bei Dritten lagern. Diese Arbeit könnte auch von um „Amtshilfe" gebetenen Berufskollegen, deren Standort günstiger liegt, erledigt werden. Amtshilfe bietet sich insbesondere dann an, wenn die Vorräte im Ausland lagern. Eine Zusammenarbeit dieser Art ist rechtzeitig zu planen und mit ausreichendem Informationsmaterial zu unterlegen. (Prüfungsnachweise : Anforderungsschreiben, Bestätigungen und Berichte über die Inventurbeobachtung)

b. Ist sichergestellt, dass Lieferungen bis zum Bilanztag erfasst und zusammen mit den entsprechenden Verbindlichkeiten gebucht werden ? (Prüfungsnachweise : Zugangsbelege im Alten und im Neuen Geschäftsjahr)

II. Prüfungsziel : Eigentum
Abschlussaussage : Die Vorräte sind dem Unternehmen rechtlich bzw. wirtschaftlich zuzurechnen.

Unternehmen in kritischer finanzieller Verfassung müssen ggf. ihre Vorräte an Kreditgeber sicherungsweise übereignen. Da die wirtschaftliche Betrachtungsweise gilt, müssen auch diese Vorräte im Jahresabschluss ausgewiesen werden. Zur Kenntlichmachung der besonderen Situation verlangt deshalb das HGB, dass Sicherheiten im Anhang anzugeben sind. (Sicherungsübereignungen müssten im KoBu-Doc vermerkt sein !) . Da Themen dieser Art sehr behutsam behandelt werden müssen, sind Art und Umfang von Prüfungshandlungen in jedem Fall mit dem Prüfungsleiter abzustimmen! Die mehrfach erwähnte Inventurbeobachtung eignet sich u.U. in besonderer Weise, um dieses Thema behutsam zur Sprache zu bringen, da das Lagerpersonal zum Glück häufig nicht die Sensibilität für bilanzielle Zusammenhänge mitbringt wie dies bei Mitarbeitern des Rechnungswesens der Fall ist. (Prüfungsnachweise : Kreditverträge, Liste der übereigneten Vorräte, Auszug aus dem Anhang)

III. Prüfungsziel : Bestand
Abschlussaussage : Die Vorräte sind tatsächlich vorhanden.

Wir hatten im Zuge unserer vorangegangenen Überlegungen zunächst betont, dass wir uns als Abschlussprüfer mit denjenigen internen Kontrollen beschäftigen müssen, die möglichst viele Abschlussaussagen abdecken, und hatten dann im Zusammenhang mit den Vorräten deutlich gemacht, dass die Inventur für uns deshalb von so eminenter Bedeutung ist, weil sie die gesamte VEBBAG-Struktur erfasst. Mit anderen Worten :

4 Prüfung der Vorräte

Wenn der Abschlussprüfer die Ordnungsmäßigkeit der Inventur bescheinigt, dann bestätigt er auch die Aussage des Managements zum Bestand, d.h. die Aussage, dass die in der Bilanz ausgewiesenen Vorräte am Stichtag tatsächlich vorhanden waren. Legt ihm die Pflicht zu einer solchen Bestätigung nicht geradezu den Zwang auf, (soweit möglich) an der Inventur teilzunehmen ? (Prüfungsnachweise : Auswertung des Fragebogens zur Inventur, Bestätigungen Dritter, Kopien von Originalaufnahmebelegen)

Im Rahmen von Dienstleistungsaktivitäten ist zu beachten, dass Grundlage für die Aktivierung erbrachter Leistungen ein mit dem Kunden abgeschlossener Vertrag sein muss, d.h. die Hoffnung, dass es in Kürze zu einem Vertragsabschluss kommen wird, berechtigt nicht zur Aktivierung bereits angefallener Kosten! (Prüfungsnachweise : Rechtsgültig unterschriebener Vertrag) Im Übrigen wird auf das vorangegangene Kapitel zur „Inventurbeobachtung" und insbesondere auf die dort zum Prüfungsziel „Bestand" behandelten Fragen verwiesen.

IV. Prüfungsziel : Bewertung
Abschlussaussage : Die Vorräte sind den gesetzlichen Bestimmungen entsprechend richtig bewertet.

Prüfung der speziellen Kontrollen im IKS des Prüffeldes
a. Ist durch Abschlussrichtlinien, Buchungsanweisungen oder durch Kenntnis der verantwortlichen Personen sichergestellt, dass die gesetzlichen Bestimmungen beachtet wurden ? (Prüfungsnachweise : Auszug aus Richtlinien und Anweisungen, Kontrolldokumente der Leitung des Rechnungswesens)

b. Wurden die Roh,- Hilfs- und Betriebsstoffe bei sinkenden Beschaffungspreisen nach Maßgabe des Niederstwertprinzips abgewertet bzw. wurde bei den unfertigen und fertigen Erzeugnissen dem Grundsatz der verlustfreien Bewertung Rechnung getragen ? (Die Problematik fallender Preise müsste im KoBu-Doc vermerkt sein!) (Prüfungsnachweise : Vergleich der Marktpreise mit den Anschaffungs- bzw. Herstellungskosten, Abschreibungstableau, Kontoauszug)

c. Wurde im Rahmen einer Reichweitenrechnung auf eine an sich notwendige Abschreibung verzichtet, weil mit einer Stabilisierung des Verbrauchs gerechnet wird ? (Prüfungsnachweise : Ermittlung eines Unterschiedsbetrages, Entwicklung der Auftragslage)

V. Prüfungsziel : Ausweis
Abschlussaussage : Die Vorräte sind dem gesetzlichen Gliederungsschema entsprechend richtig ausgewiesen.

1. Prüfung der speziellen Kontrollen im IKS des Prüffeldes
Ist durch Inventuranweisung sichergestellt, dass die einzelnen Gruppen der Vorräte richtig ausgewiesen, insbesondere die Rohstoffe von den unfertigen Erzeugnissen ordnungsgemäß getrennt werden ? (Prüfungsnachweis : Auszug aus den Inventurrichtlinien und Feststellungen zur Inventurbeobachtung, Kopien von Origialaufnahmebelegen und Auszüge aus der Inventurliste)

2. Analytische Prüfungshandlungen
Entsprechen Art und Umfang der Vorräte den Erkenntnissen aus der Analyse der Geschäftstätigkeit ? (Prüfungsnachweise : Brücke vom KoBu-Doc zum Jahresabschluss. Wenn das Unternehmen auch ein Dienstleistungsgeschäft betreibt, ist damit zu rechnen, dass als Vorräte auch „Unverrechnete Leistungen" ausgewiesen werden.)

VI. Prüfungsziel : Genauigkeit
Abschlussaussage : Die Vorräte wurden genau ermittelt.

1. Prüfung der speziellen Kontrollen im IKS des Prüffeldes
a. Wird das Inventar auf rechnerische Richtigkeit geprüft ?
b. Sind die Angaben zur Werthaltigkeit der Vorräte auf den Aufnahmebelegen genau ? (Prüfungsnachweise : Feststellungen zur Inventurbeobachtung, Kopien von Originalaufnahmebelegen)

2. Sonstige Prüfungshandlungen
Überprüfung der arithmetischen Richtigkeit der Angaben auf den Aufnahmebelegen und auf der Inventurliste. (Nachrechnen!)

4.4.3 Prüfung bei angespannter Ertragslage

Bei der Prüfung von Unternehmen mit angespannter Ertragslage ist nicht nur die Frage von Bedeutung, in welchem Umfang das Management *Bilanzpolitik* betrieben hat, sondern ggf. auch zu berücksichtigen, dass aufgrund von *Personalreduzierung* Funktionen des Rechnungswesens u.U. nicht mehr mit der bisherigen Qualität erfüllt werden. Das *Entdeckungsrisiko* des Abschlussprüfers erhält in diesem Rahmen also ein besonderes Gewicht.

Aus dem nachfolgenden Fragenkatalog, der in Anbetracht der *Vielschichtigkeit* des Wirtschaftslebens und der *Raffinesse* der an ihm teilnehmenden Personen keinen Anspruch darauf erhebt, erschöpfend zu sein, geht erneut hervor, dass man das *Entdeckungsrisiko* nur unter der Voraussetzung möglichst klein halten kann, dass man über umfangreiche und gesicherte *Kenntnisse* der Geschäftstätigkeit des Unternehmens verfügt.

Die Hoffnung der Manager ertragsschwacher Unternehmen ist groß, dass sich bestimmte Informationen nicht im Netz sorgfältiger Abschlussprüfer verfangen!

Es hat sich bewährt, die mit der Geschäftsführung bzw. mit den Fachabteilungen besprochenen Fragen in einem Protokoll festzuhalten, um darauf jederzeit – z.B. bei einem Gespräch mit dem Aufsichtsrat – zurückgreifen zu können.

I. Roh-, Hilfs- und Betriebsstoffe

1. Anschaffungskosten

a. Haben sich bei der Ermittlung der Anschaffungskosten (AK) im Vergleich zum Vorjahr Änderungen ergeben? In welchen schriftlichen Unterlagen (z.B. Anweisungen der Konzernzentrale) sind diese Änderungen ggf. niedergelegt? Änderungen können z.B. eine Durchschnittspreismethode (Hauptkosten) bzw. Art und Umfang von zu aktivierenden Nebenkosten betreffen. (Prüfungsnachweise: Auszug aus den Richtlinien; ggf. Ermittlung eines Unterschiedsbetrages)

b. Lassen sich die AK anhand von Belegen eindeutig nachweisen? (Prüfungsnachweise: Belege)

c. Gibt es auffällige Unterschiede im Vergleich der AK mit denen des Vorjahres? Gibt es insbesondere Hinweise auf einen deutlichen Rückgang der Einkaufspreise? (Prüfungsnachweise: Vergleich von Basis-Inventurwerten)

d. Wenn der Mandant z.B. mit einem maschinellen Verfahren zur Ermittlung der Durchschnittskosten arbeitet, hat es dann mehrere „Inventurläufe" gegeben? Welche Änderungen haben ggf. im Vergleich zu den „Vorläufen" stattgefunden? (Prüfungsnachweise: Protokollierung des DV-Einsatzes und von Datenänderungen)

e. Wenn Produkte bereits im Vorjahr angeschafft wurden, wie ist sichergestellt, dass die damaligen AK Verwendung finden und nicht die ggf. höheren AK des Berichtsjahres? (Prüfungsnachweise: Zeitstruktur der Zugänge)

f. Wenn der Mandant Konzernunternehmen ist, wurden dann Produkte in größerem Umfang im Berichtsjahr von einer Konzerngesellschaft bezogen? Wurden dabei angemessene Marktpreise verrechnet? Sind Konzernbezüge überhaupt identifizierbar? (Prüfungsnachweise: Konzernbezüge. Evtl. Benachrichtigung des Konzernprüfers wg. der Zwischengewinneliminierung)

g. Lassen die Eingangsrechnungen Rückschlüsse zu (z.B. aufgrund von Ratenzahlungen), dass sich der Mandant in finanziellen Schwierigkeiten befindet? (Prüfungsnachweise: Zahlungskonditionen ggf. im Vergleich zum Vorjahr)

2. Abschreibungen

a. Ist sichergestellt, dass der niedrigere Tagespreis für die Bewertung herangezogen wird? (Prüfungsnachweise: Vergleich der AK mit dem Tagespreis)

b. Wie ist sichergestellt, dass der Mandant zeitnah die aktuellen niedrigeren Tagespreise verwendet ? (Prüfungsnachweise : Entwicklung der Tagespreise auch im Neuen Geschäftsjahr)

c. Wenn im Rahmen eines maschinellen Verfahrens das Niederstwertprinzip dadurch Anwendung findet, dass bei einem Vergleich der durchschnittlichen AK mit dem letzten Zugangspreis der jeweils niedrigere Wert für bilanzielle Zwecke herangezogen wird, der letzte Zugang aber monatelang zurückliegt und die Preise in der Zwischenzeit weiter gefallen sind, wird dann durch eine manuelle Ergänzung des ausgewiesenen Niederstwerts der Inventurwert nach unten angepasst ? (Prüfungsnachweise : Vergleich des ermittelten Inventurwertes mit der aktuellen Preisentwicklung)

d. Wie werden Verpflichtungen aus Einkaufskontrakten behandelt, wenn der Einkaufspreis höher liegt als der aktuelle Tagespreis ? (Prüfungsnachweise : Vergleich Kontraktpreis / Tagespreis)

e. Haben sich bei der Ermittlung der Abschreibungen wegen mangelnder Gängigkeit im Vergleich zum Vorjahr Änderungen ergeben ? In welchen schriftlichen Unterlagen (z.B. Anweisungen der Konzernzentrale) sind diese Änderungen ggf. niedergelegt ? (Prüfungsnachweise : Auszug aus den Richtlinien, ggf. Ermittlung eines Unterschiedsbetrages)

f. Wird das Abschreibungsverfahren (Kriterium: Lagerumschlag, Reichweite) der aktuellen Lage des Unternehmens noch gerecht ? Werden in ausreichendem Umfang zusätzliche Kriterien herangezogen, um die Vorräte angemessen abzuwerten ? Werden z.B. maschinell ermittelte Abschreibungen manuell korrigiert (erhöht), wenn dies aufgrund der Auftragslage erforderlich ist ? Sind mit dem Hinweis auf eine verbesserte Marktlage manuell durchgeführte Kürzungen von Abschreibungen mit der Lage des Unternehmens wirklich vereinbar ? (Prüfungsnachweise : Entwicklung der Auftragslage und der Lagerabgänge für produktive Zwecke im Neuen Geschäftsjahr)

II. Unfertige und fertige Erzeugnisse

1. Herstellungskosten

a. Haben sich bei der Ermittlung der Herstellungskosten (HK) im Vergleich zum Vorjahr Änderungen ergeben ? In welchen schriftlichen Unterlagen (z.B. Anweisungen der Konzernzentrale) sind diese Änderungen ggf. niedergelegt ? Wenn der Katalog der zu aktivierenden Kosten erweitert wurde, hat der Mandant Berechnungen vorgenommen, welche Auswirkungen die Erweiterung auf das Jahresergebnis hat ? (Prüfungsnachweise : Auszug aus Richtlinien, Ermittlung eines Unterschiedsbetrages)

b. Ist sichergestellt, dass Vertriebskosten nicht aktiviert werden ? (Prüfungsnachweise : Kostenkatalog)

c. Hat es Umwidmungen von Kosten gegeben, so dass früher als Vertriebskosten bezeichnete Kosten nunmehr als zu aktivierende HK gelten ? (Prüfungsnachweise : Vergleich der Kostenkataloge)

d. Gibt es auffällige Unterschiede zwischen den HK des Berichtsjahres und denen des Vorjahres ? (Prüfungsnachweise : Vergleich von Basis-Inventurwerten)

e. Lassen sich die HK aufgrund von Belegen eindeutig nachweisen ? (Prüfungsnachweise : Kostenbelege)

f. Wenn Produkte bereits im Vorjahr hergestellt wurden, wie ist sichergestellt, dass die damaligen HK Verwendung finden und nicht die ggf. höheren HK des Berichtsjahres ? (Prüfungsnachweise : Zeitstruktur der Zugänge)

g. Ist im Rahmen „unverrechneter Lieferungen und Leistungen" sichergestellt, dass die angefallenen Einzel- und Gemeinkosten den Projekten zugeordnet werden, die sie verursacht haben ? (Prüfungsnachweis : Abstimmung der Eingangsrechnungen mit den Auftragskosten)

2. Abschreibungen

a. Wie ist sichergestellt, dass dem Prinzip der verlustfreien Bewertung Rechnung getragen wird, d.h. dass bei einem Vergleich der HK mit einem niedrigeren Marktpreis dieser niedrigere Preis angesetzt wird ? (Prüfungsnachweis : Vergleich Selbstkosten / Netto-Verkaufspreis)

b. Wie ist sichergestellt, dass der Mandant zeitnah die niedrigeren Verkaufspreise verwendet ? (Prüfungsnachweis : Entwicklung der Verkaufspreise)

c. Haben sich bei der Ermittlung der Abschreibungen wegen mangelnder Gängigkeit im Vergleich zum Vorjahr Änderungen ergeben ? In welchen schriftlichen Unterlagen (z.B. Anweisungen der Konzernzentrale) sind diese Änderungen ggf. niedergelegt ? (Prüfungsnachweise : Auszug aus den Richtlinien, ggf. Ermittlung eines Unterschiedsbetrages)

d. Wird das Abschreibungsverfahren (Kriterium: Lagerumschlag, Reichweite) der aktuellen Lage des Unternehmens noch gerecht ? Werden in ausreichendem Umfang zusätzliche Kriterien herangezogen, um die Vorräte angemessen abzuwerten ? Werden z.B. maschinell ermittelte Abschreibungen manuell korrigiert (erhöht), wenn dies aufgrund der Auftragslage erforderlich ist ? Sind mit dem Hinweis auf eine verbesserte Marktlage manuell durchgeführte Kürzungen von Abschreibungen mit der Lage des Unternehmens wirklich vereinbar ? (Prüfungsnachweise : Entwicklung der Auftragslage und der Lagerabgänge für produktive Zwecke im Neuen Geschäftsjahr)

e. Wie werden z.B. Rückkäufe von Kunden, die das Unternehmen aus Gründen der Markt- und Preispflege vornimmt, im Rahmen eines (maschinellen) Abschreibungsverfahrens behandelt ? (Prüfungsnachweise : Bewertung der Rückkäufe)

f. Lassen die Abschreibungen auf Vorräte Rückschlüsse auf notwendige und ggf. fehlende Rückstellungen für drohende Verluste aus schwebenden Geschäften zu? (Prüfungsnachweise : Ermittlung des nicht durch Vorräte gedeckten Auftragsbestandes)

III. Sonstige Themen (Abgrenzung, Dokumentation)

1. Wenn am Bilanztag „Vorräte zur Abholung" (durch Kunden oder Spediteure) bereitgestellt waren und wenn diese (erst im Neuen Geschäftsjahr übergebenen) Vorräte im Rahmen der Inventur als „Fremdeigentum" behandelt wurden, weil der Mandant bereits Umsatz und Gewinn realisiert hat, liegen dann schriftliche Erklärungen der Kunden vor, dass die Ware auf ihre Gefahr beim Mandant lagerte ? Fehlen solche Erklärungen und deuten die Umstände darauf hin, dass Umsatz und Gewinn zu Unrecht realisiert wurden, in welcher Höhe würde sich dann das Jahresergebnis verringern, wenn man den Umsatz stornieren und statt Forderungen Vorräte aktivieren würde ? (Prüfungsnachweise : Feststellungen aus der Inventurbeobachtung, Übergabebescheinigungen aus dem Neuen Jahr, Ermittlung eines Unterschiedsbetrages)

2. Wenn am Bilanztag „Vorräte zur Anlieferung" (durch den Lieferanten oder seinen Spediteur) bereitgestellt waren und wenn diese Vorräte erst im Neuen Jahr in das Lager des Mandanten eingebucht wurden, welche Gründe lagen dann vor, die eine Einbuchung (Aktivierung von Vorräten und Passivierung von Verbindlichkeiten) im Alten Jahr verhindert haben ? Wenn man die Einbuchung noch im Alten Jahr vorgenommen hätte, in welchem Umfang hätte sich dann die Eigenkapital / Fremdkapital-Relation verändert ? (Prüfungsnachweise : Feststellungen aus der Inventurbeobachtung, Bestimmung einer neuen EK/FK-Relation)

3. Wurden Vorräte zur Sicherheit (z.B. an eine Bank) übereignet ? Wird darüber ggf. im Anhang berichtet ? (Prüfungsnachweise : Auszug aus Kreditvertrag und Anhang)

Wer den soeben vorgestellten Katalog studiert, wird sich fragen, ob hier immer der Grundsatz der *Wesentlichkeit* gewahrt wurde. Dazu ist Folgendes zu sagen : Es ist ein Charakteristikum von Bilanzpolitik, nicht nur auf eine, sondern auf mehrere Bilanzpositionen zuzugreifen, weil die *„Quellsubstanz"* einer einzigen Position in der Regel nicht ausreicht, um den Bedarf des Managements zu decken. Der Abschlussprüfer wird immer wieder feststellen, dass eine Reihe kleiner Prüfungsdifferenzen *in Summe wesentlich* ist.

4.4.4 Prüfung von Eingangsrechnungen

Es sei an dieser Stelle noch einmal darauf hingewiesen, dass auch bei der Prüfung *einzelner* Jahresabschlusspositionen immer eine *ganzheitliche* Betrachtungsweise gilt. Wer „Rechnungen" prüft, erfährt u.U. auch etwas über Stärken und Schwächen eines (neuen) Geschäftsbereiches, über (neue) Entwicklungen in der Branche, über Probleme bei der Datenverarbeitung und über einen Budgetdruck, dem sich die Geschäftsleitung ausgesetzt sieht. Er muss seine Erfahrungen den anderen Mitgliedern des Prüfungsteams mitteilen. Erst aus dieser *Gesamtschau* erwächst die Stärke eines Teams.

Mit einer intensiven Belegprüfung gibt man im Übrigen zu erkennen, welch große Bedeutung man dem Instrument der „**Einsichtnahme**" innerhalb der Prüfungstechnik (VA BENE) beimisst. Wenn die ISA gezielt die Formulierung verwenden: „to obtain an understanding of the client's business", dann geschieht dies auch aus der Überlegung heraus, dass man *Quellen* im wahrsten Sinne des Wortes „studieren" muss, um wirklich zu *begreifen*, was in einem Unternehmen geschieht.

Es sind im Wesentlichen die folgenden Arbeiten durchzuführen :

1. Abstimmung der Eingangsrechnung (mit Saldenliste, OPL, Konto)
2. Durchsicht der Rechnung und Beurteilung von (Beispiele) :

Thema	Fragen	Problematik
Datum der Rechnung	Zeitliche Nähe zum Jahresabschluss	Verwendung des (ggf. gesunkenen) Einkaufspreises für die *Bewertung*.
	Steht das Rechnungsdatum in einem bemerkenswerten Missverhältnis zum Bestelldatum ?	Einfluss von *Lieferverzögerungen* auf den Produktionsprozess und Konsequenzen für die *Vertragserfüllung*.
Gegenstand der Lieferung	Um welchen Geschäftsbereich (GB) handelt es sich ? Hat es in diesem GB wesentliche Änderungen gegeben ?	Einfuss von Restrukturierungsmaßnahmen auf die *Verwendbarkeit* der Vorräte.
Lieferant	Welche Position wird dem Lieferanten im Rahmen des Risikomanagementsystems zugewiesen ?	*Pünktlichkeit* und *Qualität* der Lieferungen.
	Gehört der Lieferant zum Kreis der verbundenen Unternehmen ? Worin liegen die Gründe für einen Bezug aus dem Konzernverbund ?	*Ausweis* der Verbindlichkeit. *Marktgerechtigkeit* des Preises.
Zahlungskonditionen	Lautet der Rechnungsbetrag auf fremde Währung ?	*Kurssicherungsgeschäfte*
	Gibt es Anhaltspunkte dafür, dass sich die Konditionen wesentlich geändert haben ? Wurden z.B. im Gegensatz zu bisherigen Einmalzahlungen nunmehr Ratenzahlungen vereinbart ?	Entwicklung der *Liquidität*

3. Durchsicht des Vertrages (Bestellung, Auftragsbestätigung)

Thema	Fragen	Problematik
Gegenstand der Lieferung	Entspricht die Lieferung der vertraglichen Vereinbarung ?	*Zeitrahmen* des Einkaufsvertrages (*Risiken* für Preis und Technologie)
	Ist die Lieferung / Leistung projektbezogen ?	Falsche *Projektzuordnung* und Aushebelung des *Niederstwertprinzips*
Zahlungskonditionen	Gibt es eine Bonusvereinbarung mit dem Lieferanten ?	*Vollständigkeit* der Erfassung von Boni im Jahresabschluss *Projektzuordnung* der Boni

4.4.5 Kriterien für die Strukturierung einer Inventurliste

Ein KoBu-Doc (Knowledge of Business-Document) wird insbesondere deshalb angelegt, um den *Zugriff auf eine Bilanzposition* zu erleichtern. Wenn man z.B. weiß, dass eine Weberei Baumwolle aus verschiedenen Ländern bezieht, dann liegt es nahe, die Rohstoffe nach Herkunftsländern und ggf. nach Handelsklassen zu gruppieren. Wenn wir wissen, dass DEICES ein großer Importeur von Schuhen ist, dann könnte man doch das entsprechende Fertigwarenlager z.B. nach Herkunftsländern einerseits und nach Kundengruppen andererseits gliedern. Ist man mit dem Lieferrhythmus von TAIHAM vertraut, könnte man sich z.B. eine Inventurliste nach Kollektionen ausdrucken lassen. Ein solches Konzept funktioniert aber nur unter der Voraussetzung, dass man *rechtzeitig* mit Anforderungen dieser Art an das zu prüfende Unternehmen herantritt. Die *zeitliche Dimension* der Abschlussprüfung soll mit diesem Hinweis erneut unterstrichen werden.

> *Sonderauswertungen müssen immer Gegenstand der Prüfungsplanung sein !*

Im Allgemeinen bieten sich die folgenden (auch kombinierbaren) Aspekte für die Strukturierung einer Inventurliste an :
- nach Produktgruppen (ggf. unterteilt nach Produkt-Generationen)
- nach Geschäftsfeldern
- nach Herkunftsländern
- nach Kundengruppen
- nach im Inland und im Ausland gelagerter Ware
- nach im eigenen und im fremden Betrieb gelagerter Ware (Konsignation)
- nach der Größenordnung
- nach Kennziffern (Lagerumschlag, Reichweiten, Qualitätsstufen etc.)

Viele Unternehmen sind sehr erfinderisch mit *Ausreden*, wenn es darum geht, Sonderwünsche des Abschlussprüfers zu erfüllen. Im Vordergrund steht in der Regel der Hinweis, die Fach-Abteilungen seien überlastet und im Übrigen habe man sich immer schon mit herkömmlichen Listen zufrieden gegeben. Hier ist das *diplomatische Geschick* des Abschlussprüfers gefordert, das sowohl Rationalisierungseffekte und die Qualität der Abschlussprüfung betonen als auch die Möglichkeit einbeziehen muss, im Rahmen eines sorgfältig geplanten eigenen CAAT-Konzeptes (IT-Kapazität!) selbst Inventurdaten nach entsprechenden Kriterien auszuwerten. Hier muss allerdings mit *Widerstand* gerechnet werden, wenn Unternehmen – aus welchen Gründen auch immer – nicht bereit sind, dem Abschlussprüfer Daten in diesem Rahmen zur Verfügung zu stellen.

Der Abschlussprüfer darf allerdings auch nicht vergessen, dass Unternehmen häufig viel besser „ausgerüstet" sind als sie es zugeben wollen. Bilanzpositionen werden von einzelnen *Ressorts* (von der Geschäftsleitung bis zur Fachabteilung) unter verschiedenen Perspektiven kontrolliert und diese lassen sich u.U. *gezielt* Listen nach unterschiedlichen Auswertungskriterien erstellen. Mit anderen Worten: Es ist nicht auszuschließen, dass die Unternehmen längst über die Listen verfügen, die der Abschlussprüfer für seine gewissenhafte Arbeit benötigt. Man glaubt es kaum, welche *Anstrengungen* regelmäßig unternommen werden, um zu *verhindern*, dass er *Fortschritte* in der Transparenz erzielt.

Es sei an dieser Stelle an die *Psychologie der Gesprächsführung* erinnert. Vielleicht gelingt es dem Abschlussprüfer und seinem Team, durch geschickte, bereits an der Peripherie des Unternehmens gestellte Fragen herauszufinden, welche *Datenstruktur* bereits vorliegt und jederzeit auf Anforderung ausgedruckt werden kann. Gespräche in den Fach-Abteilungen – allen voran im DV-Bereich – können dazu dienen, sich unauffällig einen Überblick über die im Unternehmen vorhandenen Daten und die erstellten *„Reports"* zu verschaffen.

Bevor wir zum nächsten Kapitel übergehen : *Werfen Sie noch einmal einen Blick auf den Wegweiser!* (Seite 295)

Ich weise erneut darauf hin, dass Fragen zum Anhang im Kapitel III. 7 behandelt werden.

5 Prüfung der Verbindlichkeiten (Schwerpunkt : Verbindlichkeiten L+L)

Die Erkenntnis, dass es mannigfache Querverbindungen von den Verbindlichkeiten aus Lieferungen und Leistungen zu anderen Bilanzpositionen gibt, muss das Prüfungsteam im Interesse einer hohen Effektivität zu einer umfangreichen Kommunikation veranlassen. Auch hier gilt es, einen Eindruck von der Qualität des internen Kontrollsystems zu gewinnen und dabei unter Einsatz der Kenntnisse über die Geschäftstätigkeit insbesondere der Frage nachzugehen – bei Unternehmen mit angespannter Ertragslage von ganz besonderer Bedeutung –, ob die Verbindlichkeiten vollständig erfasst sind. Der bereits erwähnte Arbeitsrahmen mit Schrittfolge und unterschiedlich gewichtetem Fragenkatalog beschließt dieses Kapitel.

5.1 Wegweiser

Bevor Sie mit der Prüfung der Verbindlichkeiten beginnen, müssen Sie die wesentlichen Gesichtspunkte, die in den drei Phasen der Abschlussprüfung (Analyse der Geschäftstätigkeit, Analyse der Kontrolltätigkeit, verbleibende Prüfungshandlungen) eine Rolle spielen, rekapitulieren. Der Wegweiser für die Prüfung der Verbindlichkeiten zeigt Ihnen, welche Voraussetzungen Sie erfüllen müssen, damit Sie diese Jahresabschlussposition verantwortungsbewusst prüfen können. Erst wenn Sie diesen Wegweiser verstanden haben, werden Sie auch in der Lage sein, die Ihnen später präsentierten Arbeitshilfen (Leitfäden) richtig einzusetzen.

Wegweiser für die Prüfung der Verbindlichkeiten aus Lieferungen und Leistungen

Phase	Fragen zur Wesentlichkeit	Dokumente	
Strategie-Analyse	Haben Sie eine klare Vorstellung vom *Geschäft* des Mandanten? Welche wesentlichen Geschäftsvorfälle haben sich im (vergangenen) Geschäftsjahr ereignet?	Geschäfts-bewusstsein KoBu-Doc (Knowledge of Business)	**KOBU**
	Verstehen Sie die wesentlichen Geschäftsrisiken? Welche Risiken sind (im vergangenen Jahr) auf Unternehmens-Ebene aufgetreten bzw. waren dort unverändert im Vergleich zum Vorjahr vorhanden? Wissen Sie, für welche Abläufe (Prozesse) Sie sich interessieren müssen, um zu verstehen, wie innerhalb des *Einkaufs* Geschäftsvorfälle abgewickelt und Geschäftsrisiken behandelt werden? Gehört vor diesem Hintergrund der *Einkauf* zu denjenigen Bereichen, in denen sich wesentliche Geschäftsvorfälle ereignet haben und wesentliche Geschäftsrisiken dergestalt bestehen, dass man von einem signifikanten Einfluss auf den Jahresabschluss sprechen kann? Wenn der Einkauf für den zu prüfenden Jahresabschluss zu den wesentlichen Geschäftsprozessen gehört, dann ist Folgendes zu beachten:	Risiko-bewusstsein KoRi-Doc (Knowledge of Risks)	**KORI**
Prozess-Analyse	Verstehen Sie, wie der *Einkauf* arbeitet? Verstehen Sie die Risiken im Einkaufsbereich, d.h. die Risiken auf Prozess-Ebene, die dort eingerichteten Kontrollen und die trotz Kontrollen noch bestehenden restlichen Geschäftsrisiken bei den *Verbindlichkeiten* aus Lieferungen und Leistungen? Wurden die Kontrollen geprüft? Welche *Prüfungsziele* wurden dabei gesetzt und zu welchen Erkenntnissen hat diese Prüfung geführt? Verstehen Sie die bei den Verbindlichkeiten noch existierenden Restrisiken (Jahresabschlussrisiken) und die dafür eingerichteten Kontrollen?	Kontroll-bewusstsein KoCo-Doc (Knowledge of Controls)	**KOCO**
	Wurden die verbleibenden Prüfungshandlungen geplant? Welches *Prüfungsziel* wurde dabei formuliert? Wurden dabei insbesondere beachtet? §§ 253 HGB §§ 266 HGB	Leitfaden 1. Abstimmung 2. AK / HK 3. Abschreibung 4. Abgrenzung	
Verbleibende Prüfungs-handlungen	Haben Sie die verbleibenden Prüfungshandlungen durchgeführt?	Programm-bewusstsein KoP-Doc (Knowledge of Program)	**KOP**
und Bericht	Haben Sie die *Prüfungsdifferenzen* identifiziert und analysiert? **Haben Sie Ihr Prüfungsziel erreicht?** Haben Sie die auf Sie entfallenden Teile des Prüfungsberichtes formuliert, die Herkunft der Zahlen erneut geprüft und das Zahlenwerk ordnungsgemäß dokumentiert?	Fehler-bewusstsein KoDi-Doc (Knowledge of Differences)	**KODI**

5.2 Regelungen im HGB und der Einkauf als zuständiger Geschäftsprozess

5.2.1 Zum Inhalt der Verbindlichkeiten

Die Verbindlichkeiten setzen sich gemäß § 266 Abs. 3 HGB wie folgt zusammen: Anleihen, Verbindlichkeiten gegenüber Kreditinstituten, Erhaltene Anzahlungen auf Bestel-

5 Prüfung der Verbindlichkeiten

lungen, Verbindlichkeiten aus Lieferungen und Leistungen, Verbindlichkeiten aus der Annahme gezogener Wechsel und der Ausstellung eigener Wechsel, Verbindlichkeiten gegenüber verbundenen Unternehmen, Verbindlichkeiten gegenüber Unternehmen, mit denen ein Beteiligungsverhältnis besteht, sonstige Verbindlichkeiten.

Über die erhaltenen Anzahlungen hatten wir bereits gesprochen. Insofern sei auf das Kapitel III. 4.2.1. verwiesen.

Was versteht man unter den *Verbindlichkeiten aus Lieferungen und Leistungen* ? Bei dieser Position handelt es sich um „Verpflichtungen aus vom Vertragspartner bereits erfüllten Umsatzgeschäften, bei denen die eigene Gegenleistung noch aussteht. Umsatzgeschäfte sind :

- Kauf- und Werkverträge,
- Dienstleistungsverträge
- Miet- und Pachtverträge (einschließlich Leasing-Verträge) und ähnliche Verträge.
  Somit sind z.B. auch Provisionsverbindlichkeiten hier auszuweisen.
  Keine Verbindlichkeiten L+L sind etwa Schadensersatz-, Darlehens- und Gewinnverbindlichkeiten." [215]

Die Verbindlichkeiten sind gemäß § 253 Abs.1 S. 2 HGB zu ihrem *Rückzahlungsbetrag* anzusetzen. Sie sind brutto auszuweisen, d.h. sie enthalten auch die in Rechnung gestellte Umsatzsteuer.

Soll-Salden im Kreditoren-Kontokorrent sind unter den Sonstigen Vermögensgegenständen auszuweisen. *Soll-Salden* können zurückzuführen sein auf :

- Gutschriften (aus Boni- und Rabattabkommen)
- Doppelzahlungen
- Fehlkontierungen

Wir sehen uns auch im Falle der Verbindlichkeiten aus Lieferungen und Leistungen mit der *Aussage* des Mandanten konfrontiert, dass die Verpflichtungen korrekt bilanziert sind, d.h. es gilt konsequenterweise auch hier seine VEBBAG-Behauptung. Es ist hilfreich, wenn man gelegentlich nicht den Begriff „Aussage" verwendet, sondern den Begriff „Behauptung" (assertion). In einer geschickten Variation der Terminologie kann die Ursache für eine „skeptische Grundhaltung" des Abschlussprüfers hier sehr gut zum Ausdruck kommen.

Wenn jemand zu Ihnen sagt: „Bei den Verbindlichkeiten stellt sich einzig und allein das Problem der *Vollständigkeit*", was würden Sie ihm dann antworten ? Man sollte die Abschlussaussagen nicht gewichten ! Die Richtung unserer verbleibenden Prüfungshandlungen wird bestimmt von unserer Einschätzung der internen Kontrollen und der Art und dem Umfang von Geschäftsvorfällen, die einen entscheidenden Einfluss auf den Jahresabschluss haben.

In welchem Geschäftsprozess werden die Verbindlichkeiten L+L bearbeitet ? In der Regel wird diese Position dem Prozess „Einkauf" oder „Beschaffung" zugeordnet. Je nach Art der Geschäfte ist aber auch eine Zuordnung zum Investitionsmanagement denkbar. Bei unseren Mustermandanten aus dem Kraftfahrzeughandel (Autohaus WELOS), aus der Möbelbranche (WAKON), aus der Textilindustrie (TAIHAM), aus dem Schuheinzelhandel (DEICES) und aus

---

[215] H.Ellrott / M.Ring: § 266 „Verbindlicheiten aus Lieferungen und Leistungen", in : Beck'scher Bilanzkommentar, 5. Aufl., Verlag C. H. Beck München 2003, S. 845, TZ 228 (Zitierweise: BBK)

der Brauwirtschaft (BRATO) können wir erwarten, dass die Verbindlichkeiten aus Lieferungen und Leistungen im Einkaufs- oder Beschaffungsprozess abgewickelt werden. Ich erwähne diese Firmen-Namen deshalb noch einmal, um Ihnen ein Gespür dafür zu vermitteln, welche Bedeutung der *Beschaffungsprozess* für diese Unternehmen mit Sicherheit hat.

5.2.2 Die Prägung der Verbindlichkeiten

Durch welche Geschäftsvorfälle werden die Kreditoren-Kontokorrente der oben genannten Unternehmen bestimmt ? Soweit anhand der hier vorgestellten Unternehmensbilder erkennbar oder zu vermuten, werden sie von den folgenden Geschäftsvorfällen mehr oder minder stark beeinflusst. Beispielhafte Aufzählung :

WELOS durch :
- die Bezüge von Neu- und Gebrauchtwagen (u.b.B. von vielschichtigen Rabatten),
- die Bezüge von Ersatzteilen und Zubehör,
- die Anschaffung von Grundstücken, Gebäuden und Einrichtungsgegenständen,
- den Erwerb von Autohäusern,
- die Renovierung von Verkaufsräumen,
- die Modernisierung von Büroräumen,
- den Einkauf von Dienstleistungen (Marketing Aktionen, Unternehmensberater ?)
- Kooperationen ? (z.B. mit dem Schraubenhersteller Würth : Lehrstätte des Geschäftsinhabers).

WAKON durch :
- den Bezug von Fertigungsanlagen (Stepp-Maschinen?)
- die Bezüge von Stoffen und Polsterungen,
- die Bezüge von Gestellen,
- den Einkauf von Beratungsleistungen (z.B. Architekten, Designer),
- den Einkauf von anderen Dienstleistungen (z.B. Messen).

TAIHAM durch :
- die Einrichtung von Showrooms,
- Textilbezüge aus : Türkei, Italien, Griechenland, Portugal und aus Fernost,
- den Einkauf von Beratungsleistungen (z.B. Shop-in-the-Shop-Konzept),
- den Aufbau eigener Läden,
- den Erwerb von Gegenständen der Betriebs- und Geschäftsausstattung.

DEICES durch :
- den Import von Schuhen (aus 40 Ländern !)
- den Aufbau neuer Läden,
- die Modernisierung des Filialnetzes,
- den Einkauf von Marktforschungsdaten.

BRATO durch :
- den Aufbau neuer Produktionsanlagen
    - für Bier
    - für Bier-Mischgetränke
    - für Limonade
- den Erwerb von Grundstücken,
- die Anschaffung von LKWs für den Fuhrpark,
- Investitionen in Gaststätten ? (Zapfanlagen, Einrichtungen etc.)
- die Anschaffung von Abfüllanlagen (auch im Rahmen von Kooperationen),
- den Erwerb von Rezepten ?

Alle Daten wurden den bereits mehrfach erwähnten Unternehmer-Gesprächen entnommen. (Anlagen 2, 4-6, 16) Darüber hinaus wurde auf eine entsprechende Wirtschaftsdatei zurückgegriffen. (Anlage 8) Die Übersicht zeigt, dass man mit wenigen Informationen, hauptsächlich aber mit dem gesunden Menschenverstand, Geschäftsvorfälle sehr gut (vor-)strukturieren kann. Und der große Vorteil eines solchen Verfahrens besteht darin, dass man sozusagen unbelastet an ein Unternehmen herangeht und Informationen vor Ort viel besser gewichten kann, als wenn man sich viel zu früh die Meinung des Mandanten zu eigen macht.

Die Tabelle gibt im Übrigen zu erkennen, wie wichtig es ist - und das kann nicht oft genug betont werden - , sich einer *Bilanzposition über die Geschäftsprozesse zu nähern* und dadurch in der Lage zu sein, ihre Eigenarten zu verstehen. Auch wenn noch Einzelheiten fehlen, die wir durch Gespräche beim Mandanten erfahren müssen, gehen wir bereits mit bestimmten *Erwartungen* an das Unternehmen heran, mit Erwartungen, die uns keineswegs binden, die uns aber bereits in eine gewisse Richtung weisen und uns befähigen, *fachkundige Fragen* zu stellen. Noch ein weiterer Aspekt ist hier von Bedeutung : Durch die Analyse des Kreditoren-Kontokorrentes schlagen wir eine *Brücke* zu korrespondierenden Jahresabschlussposten.

5.2.3 Querverbindungen vom Kreditoren-Kontokorrent zu anderen Jahresabschlussposten

Wenn wir z.B. bei WELOS auf die „Renovierung von Verkaufsräumen" stoßen, ist die Frage berechtigt, ob die damit verbundenen Aufwendungen als „*Herstellungsaufwand*" aktiviert oder (ggf. teilweise) als „*Erhaltungsaufwand*" behandelt wurden. Dies gilt sinngemäß auch für die Modernisierung des Filialnetzes bei „DEICES". Darüber hinaus wäre zu prüfen, ob im Zuge der erwähnten Modernisierung auch *Eigenleistungen* eingebracht und wie diese ggf. behandelt und bewertet wurden (**VEBBAG**).

Wenn wir feststellen, dass WAKON über umfangreiche Kontakte zu externen Designern und Architekten verfügt, dann werden wir uns doch dafür interessieren müssen, ob alle erbrachten Leistungen zum Bilanztag von den Partnern abgerechnet wurden (**VEBBAG**), wie die *noch nicht abgerechneten* Leistungen bei WAKON bilanziell zu behandeln sind (ergebnis*neutrale* Aktivierung von Anschaffungskosten bei laufenden Projekten (**VEBBAG**) oder ergebnis*wirksame* Buchung eines Aufwandes für bezogene Leistungen; **VEBBAG**) und welche Behandlung die *bereits abgerechneten* Leistungen innerhalb dieser Differenzierung erfahren haben.

Wenn uns TAIHAM berichtet, dass sie in großem Umfang im Ausland fertigen lässt, dann müssten wir uns doch danach erkundigen, inwieweit auf diesem Feld ein *Know-how-Transfer* z.B. in Form von technischer Unterstützung stattfindet und ob ggf. Leistungen dieser Art in Rechnung gestellt werden (**VEBBAG**).

Des Weiteren wäre es von Interesse zu erfahren, ob im Rahmen des Shop-in-the-Shop-Konzeptes den Händlern Ladeneinrichtungen oder Muster-Kollektionen zur Verfügung gestellt werden, die ggf. dann bei TAIHAM als Sachanlagen bzw. als Vorräte aktiviert werden müssten (**VEBBAG**).

Wenn DEICES (regelmäßig) Untersuchungen von *Marktforschungsinstituten* durchführen lässt, dann erhebt sich die Frage, auf welche Trends in den entsprechenden Berichten hingewiesen wird und inwieweit die Produktpolitik des Unternehmens diesen Strömungen Rechnung trägt (**VEBBAG**).

Wenn es um Verbindlichkeiten geht (möglicherweise um ungewisse Verbindlichkeiten : VEB-BAG), dann könnte man doch – in Kenntnis der Tatsache, dass in den USA eine Klage gegen Adidas wegen angeblicher Verwendung von Känguruh-Leder eingereicht wurde – DEICES einmal fragen, wie sich die Gesellschaft gegen solche *Anschuldigungen* schützt. Ist es völlig ausgeschlossen zu erfahren, man erwarte ähnliche Probleme ?

Wenn BRATO Gaststätten mit maschinellen Anlagen oder mit Gegenständen der Betriebs- und Geschäftsausstattung versorgt, dann müsste doch die Frage erlaubt sein, ob über diese Aktivitäten hinaus z.B. Darlehen gewährt wurden und ob diese *Darlehen* im Hinblick auf Zins- und Tilgungszahlungen ordnungsgemäß bedient werden (VEBBAG).

Die hier festgestellten *Querverbindungen* lassen sich in der folgenden Tabelle sichtbar machen :

Kreditoren-KK	Querverbindungen zu		
	Anlagevermögen	Vorräten	Forderungen
WELOS	Abgrenzung „Herstellungs- / Erhaltungsaufwand" ? Aktivierte Eigenleistungen ?		Rabattanspruch ?
WAKON		Unverrechnete L+L : Vollständigkeit des Aufwandes für bezogene Leistungen ?	
TAIHAM	Ladeneinrichtung bei Händlern ?	Muster-Kollektionen bei Händlern ?	Know-how-Transfer ?
DEICES		Marktgerechte Produktpolitik ?	
BRATO	Darlehen an Gastwirtschaften ?		

Ich erwähne diese Übersicht deshalb, um insbesondere die Prüfungsassistenten nachdrücklich aufzufordern, sich beim Studium von Rechnungen mit dem *technischen, kaufmännischen und juristischen Hintergrund* vertraut zu machen. Es reicht nicht, wenn Sie Beträge auf Rechnungen mit Beträgen auf der Offene-Posten-Liste vergleichen, einen Haken machen und sich freuen, dass auch diese Prüfungshandlung (VA BENE) so richtig gut funktioniert hat. Auch die Prüfungsassistenten sind aufgerufen, mitzudenken, Querverbindungen zu anderen Jahresabschlussposten herzustellen (Vogelperspektive !) und mit ihren Team-Kollegen in eine fruchtbare Diskussion einzutreten, die eine Abschlussprüfung voranbringt. (Im Übrigen erwartet das der Mandant auch von uns!)

5.3 Aussagebezogene Prüfungshandlungen

5.3.1 Fragenkatalog zum Internen Kontrollsystem (VEBBAG-Struktur)

Das Tagesgeschäft eines Unternehmens ist enorm vielschichtig. Wenn wir – normalerweise im Rahmen einer Zwischenprüfung – die internen Kontrollen eines Unternehmens prüfen, dann werden wir uns im Regelfall mehr mit Standard-Themen auseinandersetzen als mit

5 Prüfung der Verbindlichkeiten

Nicht-Routine-Aktionen. Mit Standard-Themen sind wir vertraut (Gepflogenheiten), mit den Nicht-Routine-Aktionen haben wir i.d.R. weniger Erfahrung (Events). Hier sei noch einmal an eine Aussage im ISA 310 erinnert :

> „In performing an audit of financial statements, the auditor should have or obtain a knowledge of the business sufficient to enable the auditor to identify and understand the events, transactions and practices that, in the auditor's judgement, may have a significant effect on the financial statements or on the examination or audit report. For example, such knowledge is used by the auditor in assessing inherent and control risk in determinig the nature, timing and extent of audit procedures." (TZ 2)

Nicht-Routine-Aktionen finden nur unregelmäßig statt, so dass es Zufall wäre, wenn wir sie durch unsere Systemprüfung – höchstens durch einen Design-Test - abdecken würden. Insofern haben die *verbleibenden Prüfungshandlungen* eine *Auffangfunktion*, weil wir durch sie Klarheit darüber gewinnen können, wie ungewöhnliche Geschäftsvorfälle, die häufig am Jahresende stattfinden, behandelt werden.

Wenn wir an dieser Stelle die Prüfung der Internen Kontrollen bei der Erfassung und Verwaltung der Verbindlichkeiten aus Lieferungen und Leistungen erwähnen, dann ist es nur konsequent, wenn wir sie jetzt behandeln, auch wenn ihr Gewicht im Vergleich zu den oben angestellten bereichsüberschreitenden Analysen eher unbedeutend erscheinen mag. Unbedeutend sind die Internen Kontrollen aber keineswegs, weil sie entscheidend dazu beitragen, die *Einhaltung der GoB* zu sichern.

Es gibt viele *Fragen zu den Internen Kontrollen* bei den Verbindlichkeiten aus Lieferungen und Leistungen. Sie werden häufig ganz einfach hintereinander gereiht, so dass man z.T. sehr genau nachdenken muss, welche *Abschlussaussagen* bzw. *Prüfungsziele* diese Fragen eigentlich behandeln. Sie werden in den Leitfäden eine ganze Reihe von Fragen entdecken, die wir allerdings schon nach dem *VEBBAG-Konzept* sortiert haben, so dass Sie im Rahmen ihrer Tagesarbeit nach sorgfältiger Überlegung nur noch entscheiden müssen, welche *Komponente* aus VEBBAG für Sie nach Lage der Dinge von besonderer Bedeutung ist. Studieren Sie bitte die folgenden Fragen und ordnen Sie diese den einzelnen *Komponenten* unseres **VEBBAG**-Konzeptes zu :

1. Werden alle Rechnungen auf sachliche Richtigkeit geprüft ?
2. Ist sichergestellt, dass Wareneingänge ohne Bestellung bzw. ohne Lieferschein zurückgewiesen werden ?
3. Wer trägt die Verantwortung dafür, dass das Unternehmen zeitnah über eine aktuelle Liste der verbundenen Unternehmen verfügt ?
4. Werden Rechnungen mit Währungsbasis auf die Anwendung des richtigen Kurses bzw. auf die richtige Kursumrechnung hin überprüft ?
5. Ist sichergestellt, dass Zahlungen zum Ausgleich von Verbindlichkeiten ordnungsgemäß genehmigt werden ?
6. Wird die Liste der verbundenen Unternehmen regelmäßig aktualisiert ?
7. Wie ist sichergestellt, dass eingehende Rechnungen auch erfasst werden ?
8. Werden Zahlungen nur auf Basis von Originalrechnungen geleistet und werden diese Originale nach Ausgleich der Verbindlichkeit entsprechend gekennzeichnet (z.B. durch eine Aufschrift : „Bezahlt") ?

9. Werden alle Rechnungen auf rechnerische Richtigkeit geprüft ?
10. Ist sichergestellt, dass nur die Rechnungen unter den Verbindlichkeiten L+L erfasst werden, die im Rahmen eines entsprechenden Liefer- und Leistungsverkehrs entstanden sind ?
11. Ist sichergestellt, dass überprüft wird, auf welches Konto die Rechnung gebucht wird ?
12. Wie ist sichergestellt, dass Rechnungen auch gebucht werden ?
13. Ist das Kreditoren-Kontokorrent so aufgebaut, dass für verbundene Unternehmen getrennte Konten eingerichtet und als solche auch erkennbar sind, damit für Zwecke der Bilanz eine korrekte Abspaltung von den „normalen" Verbindlichkeiten erfolgen kann ?
14. Wie ist sichergestellt, dass bestehende Verbindlichkeiten, die sich noch nicht in Rechnungen niedergeschlagen haben, erkannt und buchhalterisch erfasst werden ?

Bei einer Zuordnung zu **VEBBAG** ergibt sich folgendes Bild :

Fragen zur Vollständigkeit (VEBBAG)

Wie ist sichergestellt, dass bestehende Verbindlichkeiten, die sich noch nicht in Rechnungen niedergeschlagen haben, erkannt und buchhalterisch erfasst werden ?
Es ist bei vielen Unternehmen gute Übung des Rechnungswesens, zum Ende des Geschäftsjahres alle Abteilungen anzuschreiben und um Meldung von Leistungen zu bitten, die von fremden Dritten erbracht, aber bislang noch nicht abgerechnet wurden. (z.B. Beratungsleistungen) Hier besteht die Gefahr, dass erbrachte, aber noch nicht in Rechnung gestellte Leistungen übersehen werden und deshalb an das Rechnungswesen eine Rückmeldung unter dem Titel „Fehlanzeige" erfolgt.

Diese Gefahr ist immer dann besonders groß, wenn das Unternehmen lediglich die bisherige Angebotsstruktur eines Lieferanten im Auge hat und übersieht, dass dieser neuerdings nicht nur die „reine Ware" liefert, sondern im Rahmen einer ausgeweiteten Vertragsgestaltung für ein Produkt-Gesamtkonzept verantwortlich ist, das „von der Konzeption über die Verpackung bis zur Marktplazierung"[216] reicht.

Etwas Ähnliches kann für ein Unternehmen gelten, das Projekte bislang nur mit eigenem Personal abgewickelt hat, angesichts einer guten Auftragslage eigentlich weitere Arbeitskräfte benötigt, vor Neueinstellungen aber noch zurückschreckt und bis zur Stabilisierung der konjunkturellen Situation auf Fremdleistungen zurückgreift, indem es zwecks Überbrückung eines personellen Engpasses von Spezialisten Fachkräfte (z.B. Ingenieure und technische Zeichner) kurzfristig anfordert.[217]

Es ist häufig der *Übergang* von den sogenannten Routine-Transaktionen zu den Nicht-Routine-Aktionen, der zu Fehlern in der Rechnungslegung führt.[218] Nur der gut informierte Abschlussprüfer hat dann die Möglichkeit nachzuvollziehen, ob alle Verbindlichkeiten gebucht sind.

Wie ist sichergestellt, dass eingehende Rechnungen auch erfasst werden ?
Der Ablauf sollte so organisiert sein, dass alle Eingangsrechnungen bereits vor ihrer sachlichen und rechnerischen Prüfung sofort nach ihrem Eintreffen erfasst werden. Hier bietet sich z.B. ein Rechnungseingangsbuch mit fortlaufender Nummerierung an. (Präventive Kontrolle) Wenn Rechnungen erst nach Passieren der internen Kontrollstellen erfasst werden, besteht die Gefahr, dass sie liegen bleiben und zu spät gebucht werden, möglicherweise auch mit der Konsequenz, dass die Frist für einen Skontoabzug bereits verstrichen ist. Aus diesem Grund gehört auch die Erzielung von Skontoerträgen zu den *Zielen des Geschäftsprozesses*, der sich mit der Behandlung von Verbindlichkeiten beschäftigt. Er leistet damit einen (u.U. wesentlichen) Beitrag zu einem *Unternehmensziel*, das mit „Erhöhung des Cash Flow" bezeichnet werden könnte.

---

216 o.V. : Der Gewürzhersteller Wiberg bietet mehr Dienstleistungen an, in : FAZ 24.10.01, Nr. 247, S. 30
217 Vgl. o.V. : „Der passende Mitarbeiter zur richtigen Zeit", in : FAZ 4.8.04, Nr. 179, S. 14
218 Auch aus diesem Grund ist in ISA 310 („Knowledge of the Business") von „events, transactions and practices" die Rede, die der Abschlussprüfer erkennen („identify") und verstehen muss („understand") (TZ 2).

5 Prüfung der Verbindlichkeiten

Wie ist sichergestellt, dass Rechnungen auch gebucht werden ?
Werden die Rechnungen bereits nach ihrem Eintreffen im Rechnungseingangsbuch erfasst und nummeriert, dann lässt sich die vollständige Erfassung dadurch kontrollieren, dass (z.B. dv-mäßig) abgeprüft wird, ob alle direkt erfassten Nr. auch Eingang in das Kreditoren-Kontokorrent gefunden haben. (Aufdeckende Kontrolle)

In einigen Unternehmen wird der Wareneingangsschein als Dokument dafür verwendet, sowohl das Mengengerüst in der Bestandsführung als auch den Zugangswert der Aktiva in der Finanzbuchhaltung zu buchen. Die Menge wird mit dem Wert laut Bestellung bewertet und auf einem Zwischenkonto des Kreditoren-Kontokorrents gebucht. (Die Buchung würde dann lauten : per Vorräte an Zwischen- Konto.) Wird später dann die Lieferantenrechnung gebucht, wird das Zwischenkonto (Soll) entlastet und das Kreditoren-Konto (Haben) belastet. Dadurch ist sichergestellt, dass alle Warenzugänge zeitnah in der Finanz-Buchhaltung gebucht werden (präventive Kontrolle) ; möglicherweise unter Eingehen des kleinen Risikos, dass der Bestellwert geringfügig vom effektiven Lieferwert abweicht (VEBBA**G**).

Fragen zum Eigentum (zur rechtlichen Zugehörigkeit) (V**E**BBAG)

Werden alle Eingangsrechnungen auf sachliche Richtigkeit geprüft ? (präventive Kontrolle)
Bei den Verbindlichkeiten aus L+L decken sich die Abschlussaussagen/ Prüfungsziele **E** und **B** (für Bestand) weitestgehend. (E bei Verbindlichkeiten bedeutet : Der ausgewiesene Betrag stimmt mit den Verpflichtungen des Unternehmens überein.) Fälle, in denen eine Rechnung eingebucht wird, die gar nicht das Unternehmen betrifft (z.B. durch Verwechslung der Firma innerhalb eines Konzernverbundes), dürften eine seltene Ausnahme darstellen. (Siehe Fragen zum Bestand)

Fragen zum Bestand (VE**B**BAG)

Werden alle Eingangsrechnungen auf sachliche Richtigkeit geprüft ?
Es sollte eine Kontrolle dergestalt eingerichtet sein, dass die Rechnung mit dem Auftrag (Bestellung) verglichen wird. (Ein Vergleich lediglich mit dem Wareneingangsschein würde strengen Maßstäben nicht genügen, weil aus dem Vorhandensein einer Ware nicht auf einen verbindlichen Auftrag geschlossen werden kann.) Für die Kontrolle muss eine unabhängige Person zuständig sein, die nicht in den eigentlichen Bestellvorgang integriert ist. Die Kontrolle ist entsprechend zu dokumentieren (präventive Kontrolle). Unternehmen, die sich aus Kostengründen entschlossen haben, Bagatell-Rechnungen nicht mehr zu kontrollieren, nehmen das Risiko einer geringen Ungenauigkeit in Kauf (VEBBA**G**).

Ist sichergestellt, dass Wareneingänge ohne Bestellung bzw. ohne Lieferschein zurückgewiesen werden ?
Die eingetroffene Ware ist mit der Bestellung und dem Lieferschein zu vergleichen. Auf die richtige Reihenfolge (Erst Prüfung, dann Erstellung des Wareneingangsscheines) ist zu achten (präventive Kontrolle). In die gleiche Richtung geht die Frage : Ist sichergestellt, dass Einlagerungen erst nach Freigabe des Wareneinganges auf Basis eines Wareneingangsscheines vorgenommen werden ?

Ist sichergestellt, dass Zahlungen zum Ausgleich von Verbindlichkeiten ordnungsgemäß genehmigt werden ?
Eine solche Kontrolle (präventive Kontrolle) ist aus mehreren Gründen sinnvoll : Sie verhindert, dass Zahlungen zu früh geleistet werden. Wird z.B. ein Fälligkeitsdatum falsch eingegeben, besteht im Rahmen eines Genehmigungsverfahrens – zumindest bei größeren Beträgen – die Chance, dass dieser Fehler bemerkt wird. Die Kontrolle verhindert darüber hinaus, dass ein zu hoher Betrag gezahlt wird, wenn zwischenzeitlich Informationen über Mängel vorliegen und mit dem Lieferanten über Nachbesserungen gesprochen werden muss. (Teamrelevante Querverbindungen von den Vorräten zu den Verbindlichkeiten !?)

Werden Zahlungen nur auf Basis von Originalrechnungen geleistet und werden diese Originale nach Ausgleich der Verbindlichkeit entsprechend gekennzeichnet (z.B. durch eine Aufschrift „bezahlt") ? (präventive Kontrolle)
Eine besondere Kommentierung entfällt.

Fragen zur Bewertung (VE**B**B**A**G)

Werden alle Eingangsrechnungen auf rechnerische Richtigkeit geprüft?
Es sollte eine Kontrolle (präventive Kontrolle) dergestalt durchgeführt werden, dass die Rechnung mit dem Auftrag (Bestellung) verglichen wird. (Vornahme der Kontrolle durch eine unabhängige Person!)

Werden Rechnungen mit Währungsbasis auf die Anwendung des richtigen Kurses bzw. auf die richtige Kursumrechnung hin überprüft?
Die durch eine unabhängige Stelle durchzuführende Kontrolle (präventive Kontrolle) müsste neben der eigentlichen Rechnung (VA B**E**NE) zur Überprüfung des Kurses auch den *Originalvertrag* heranziehen (VA BEN**E**), so dass das doppelte **E** in VA BENE also durchaus seine Berechtigung hat. Dass hier ggf. auch sprachliche Voraussetzungen für eine wirksame Kontrolle erfüllt sein müssen, darf nicht unerwähnt bleiben. Geringfügige Fehler bei der Kursumrechnung (z.B. aufgrund eines Zahlendrehers hinter dem Komma) berühren dann i.d.R. mehr das Thema der Genauigkeit (VEBBA**G**).

Fragen zum Ausweis (VEB**B**AG)

Ist sichergestellt, dass überprüft wird, auf welches Konto die Rechnung gebucht wurde? (aufdeckende Kontrolle)

Ist das Kreditoren-Kontokorrent so aufgebaut, dass für verbundene Unternehmen getrennte Konten eingerichtet und als solche erkennbar sind, damit für Zwecke der Bilanz eine korrekte Abspaltung von den „normalen" Verbindlichkeiten L+L erfolgen kann? (präventive Kontrolle)
Aus seinem „Business Understanding" heraus könnte der Abschlussprüfer den Verdacht haben, dass das Unternehmen einen bestimmten Ausweis unter „verbundenen Unternehmen" vermeiden will. Eine „verbleibende" Prüfungshandlung könnte sich dann darauf erstrecken, ob bestimmte Liefer- und Leistungsbeziehungen korrekt im Jahresabschluss abgebildet sind.

Wird die Liste der verbundenen Unternehmen regelmäßig aktualisiert? Wer trägt die Verantwortung dafür, dass das Unternehmen zeitnah über eine aktuelle „Liste der Verbundenen" verfügt? (präventive Kontrolle)

Ist sichergestellt, dass nur die Rechnungen unter den Verbindlichkeiten aus L+L erfasst werden, die im Rahmen eines entsprechenden Liefer- und Leistungsverkehrs entstanden sind?
Diese Kontrolle (präventive Kontrolle) könnte z.B. durch eine Vorkontierung im Rahmen der Buchungsvorbereitung erfolgen.

Fragen zur Genauigkeit (VEBBA**G**)

Werden alle Rechnungen auf rechnerische Richtigkeit überprüft?
Bei dieser Kontrolle kann man auf Rechenfehler des Lieferanten stoßen oder feststellen, dass nicht der vereinbarte Preis in Rechnung gestellt wurde. (präventive Kontrolle) (Hier sind die Grenzen zur „richtigen Bewertung" fließend.) Ein falscher Preis kann auch auf einen falschen Währungskurs zurückzuführen sein. (Es wurde z.B. nicht der vereinbarte monatliche Durchschnittskurs, sondern der höhere Ultimo-Kurs angewendet.)

Die Vielzahl der hier aufgelisteten Fragen, die eher abschreckend als ermutigend wirkt, soll auch ein Anreiz dafür sein, rechtzeitig das oder die *Prüfungsziele* zu formulieren, die sachgerecht auf die *Verfassung* eines Unternehmens zugeschnitten sind. Wenn Sie diese Ziele kennen – und Sie müssen Sie kennen! – dann verlieren Sie auch die Scheu vor langen Listen, die oft von Leuten zusammengestellt werden, die vielleicht eine akademische Ausbildung hinter sich haben, aber das Revisionsgeschäft nicht beherrschen. (Das darf Sie beruhigen!)

5.3.2 Die Suche nach ungebuchten Verbindlichkeiten

Auch wenn wir der Meinung sind, dass man Abschlussaussagen nicht gewichten sollte, so lässt sich m.E. doch sagen, dass dem ersten Buchstaben in VEBBAG, dem „V" für Vollständigkeit, die Rolle des „primus inter pares" zukommt. Damit befinden wir uns im Kapitel 4 der schon häufig zitierten Kapitel-Philosophe, im Kapitel, das sich mit der so wichtigen *Abgrenzung* beschäftigt.

Warum ist die Aussage zur Vollständigkeit gerade in der heutigen Zeit so wichtig? Ich komme in diesem Zusammenhang auf einen Begriff zurück, der hier schon mehrfach angeklungen ist. Wir hatten im Hinblick auf die Vorlage des Jahresabschlusses von „Einflüssen auf die Berichterstattung" gesprochen und in diesem Zusammenhang auch die angelsächsische Bezeichnung „Financial Reporting Environment" erwähnt, so wie sie auch in ISA 310 erwähnt wird. Der Begriff „*Environment*" bringt – wie viele angelsächsische Begriffe – eine bestimmte Problematik viel besser zum Ausdruck, als dies in den deutschen Pendants geschieht : Im Hinweis auf „externe Faktoren von wesentlichem Einfluss auf die Berichterstattung des Unternehmens" – wie es das IDW in PS 230 formuliert – kommt noch nicht einmal annähernd der enorme *Budget-Druck* zum Ausdruck, unter dem Geschäftsleitungen immer wieder stehen, weil sie ein prognostiziertes Jahresergebnis erreichen müssen, oder weil sie ähnliche durch Kennzahlen gesetzte Grenzen (ich erinnere an die Prozess-Ziele !) unter gar keinen Umständen unterschreiten wollen.

Hinter „*Environment*" verbirgt sich (im Sinne von „political, economical and social surroundings") ein wirtschaftliches *Milieu*, in dem Gesellschafter, Aufsichtsräte, Analysten, Banken, Gewerkschaften und vielleicht auch die Medien ihre eigenen Interessen verfolgen und in dem sich die Geschäftsführung – auch ihre ganz persönlichen Ziele verfolgend, die durchaus materieller Natur sein können – unter heterogenen Bedingungen behaupten muss. Diese Bedingungen muss man kennen – und ich hatte Sie schon sehr früh und dann immer wieder darauf eingestimmt - , um der Aussage des Managements : „Die in der Bilanz ausgewiesenen Verbindlichkeiten sind vollständig", mit einer gewissen *Skepsis* zu begegnen. „Welche Verbindlichkeiten fehlen und wie groß sind die Fehlbeträge ?" wird sich der besorgte Abschlussprüfer fragen. („Unrecorded Liabilities ?")

Wie gehen wir vor, um fehlende Verbindlichkeiten zu finden? Wir interessieren uns zunächst nur für Verbindlichkeiten, die – wenn man sie nachbuchen würde – das bislang ausgewiesene Jahresergebnis negativ belasten werden. Dabei trennen wir – wie wir es bisher immer getan haben – zwischen einer *buchhalterischen* und einer *strategischen Analyse*.

Buchhalterische Analyse
- Wir können die Buchungen (auch Zahlungen) im *Neuen* Geschäftsjahr analysieren, um herauszufinden, ob bestimmte Aufwendungen noch das Alte Jahr betreffen. Dazu können z.B. auch Rücksendungen von Waren im Alten Geschäftsjahr gehören, die erst im Neuen Geschäftsjahr buchhalterisch verarbeitet wurden.
- Wir können uns die im *Alten* Geschäftsjahr gebuchten Verbindlichkeiten ansehen, um daraus Rückschlüsse auf fehlende Aufwendungen zu ziehen.
- Wir können *Saldenbestätigungen* anfordern, um zu sehen, ob der Geschäftspartner u.U. eine höhere Forderung ausweist und ob der Differenzbetrag u.U. einen fehlenden Aufwand bei unserem Mandanten signalisiert.

- Wir können nach Maßgabe von größeren Umsätzen, die noch zum Jahresende getätigt wurden, prüfen, ob die *korrespondierenden Aufwendungen* gebucht wurden.
- Wir können anhand von *Ausgangsrechnungen* nachvollziehen, ob die Ware, die Gegenstand der Rechnung ist, möglicherweise noch Bestandteil der *Inventur* war.
- Wir können die *geleisteten Anzahlungen* durchsehen und uns erkundigen, ob der Partner seine Verpflichtungen aus dem Vertrag bereits erfüllt hat.

Die *Schwächen* der buchhalterischen Analyse beruhen u.a. darauf, dass der Mandant unsere Praktiken kennt und versuchen könnte, Buchungen im Neuen Jahr solange hinauszuzögern, bis wir unsere Prüfung beendet haben. Im alten Jahr gebuchten Rechnungen sieht man es auch nicht unbedingt an, dass sie nur Teile eines Ganzen betreffen und dass restliche Teile - noch das Alte Jahr betreffend - erst im Neuen Jahr abgerechnet werden. Um diese Zusammenhänge zu verstehen, muss man sich den Inhalt von Verträgen vorstellen können.

Einem umfangreichen Kreditoren-Kontokorrent sieht man es - weder am Saldo noch an den Jahresverkehrszahlen - an, wo möglicherweise Verbindlichkeiten fehlen. Dies gilt sinngemäß für die entsprechenden Aufwendungen (Materialaufwand, Sonstige betriebliche Aufwendungen).

Viele Unternehmen sind so gut organisiert und dv-technisch so gut verknüpft, dass man in automatische Buchungen (zu bestimmten Erträgen gehören bestimmte Aufwendungen) nicht ohne Vergewaltigung von Mensch und Maschine eingreifen kann. Nach welchen *Kriterien* soll hier eine zielgerichtete Auswahl erfolgen ?

Strategische Analyse
Wenn wir erfolgreich sein wollen, müssen wir versuchen, uns auf unsere *Kenntnisse über die Geschäftstätigkeit*, die wir in Pflichtdokumenten gesammelt haben, zu besinnen. Hier stehen im Mittelpunkt diejenigen Informationen, die sich auf die Geschäftsvorfälle (KoBu-Doc) und auf die Geschäftsrisiken (KoRi-Doc) beziehen.

Unsere Arbeitspapiere skizzieren dann im Wesentlichen das folgende Bild :

5 Prüfung der Verbindlichkeiten

Prüfung der Verbindlichkeiten L+L
Der Überbau von Arbeitspapieren

Geschäfts-Bewusstsein	Risiko-Bewusstsein	Kontroll-Bewusstsein	Programm-Bewusstsein	Fehler-Bewusstsein
Unternehmung Lage Eigentümer Führung Überwachung Geschäftstätig-keiten	**Geschäftsrisiken**	**Zusammenfassung** der Geschäftsvorfälle und der Geschäftsrisiken	**Auswahl der Prüfungsziele** Position Aussage Begründung	**Prüfungs-differenzen** Beschreibung und bilanzielle Zuordnung
Branche Gesamtwirtschaft	**Einfluss auf den JA** Position Aussage	**Ausrichtung und Verlauf** **des Geschäftsprozesses** Ziele, Arbeitsdaten, Kennziffern, Informationstechnik	**Einschätzung des Risikos** der wesentlichen Fehlaussage	**Auswertung** Differenzen
Geschäftsvorfälle Einfluss auf den JA (Position, Aussage)	**Lokalisierung** der unternehmerischen Kontrollen	**Gegenstand** **des Geschäftsprozesses** Geschäftsvorfall, Risiken auf Prozessebene, Kontrolle, Prüfungsziele	**Art und Umfang** der Prüfungshandlungen → Prüfungsziele	**Prüfungsergebnis** Prüfungs-feststellungen
	Bilanz	**G+V**	**Anhang**	
	A. Anlagevermögen I. Immaterielle VG II. Sachanlagen III. Finanzanlagen B. Umlaufvermögen I. Vorräte II. Forderungen / VG III. Wertpapiere IV. Flüssige Mittel C. Rechnungsabgrenzung A. Eigenkapital B. Rückstellungen C. Verbindlichkeiten 1. Anleihen 2. Verb. geg. Kreditinstit. 3. erhaltene Anzahlungen 4. Verbindlichkeiten L+L 5. Wechselverbindlichk. 6. Verb. geg. verbund. U. 7. Verb. U. m. Bet. verhält. 8. Sonstige Verbindlichk. D. Rechnungsabgrenzung	1. Umsatzerlöse 2. Bestandsveränderung 3. andere aktiv. Eigenleistungen 4. sonst. betriebliche Erträge 5. Materialaufwand 6. Personalaufwand 7. Abschreibungen 8. sonst. betr. Aufwendungen 9. Erträge aus Beteiligungen 10. Erträge aus and. Wert- papieren und Ausleihungen des FAV 11. Sonstige Zinsen / Erträge 12. Abschreib. Finanzanlagen 13. Zinsen u. ähnl. Aufwend. 14. Ergebnis der gewöhnlichen Geschäftstätigkeit 15. a. o. Erträge 16. a. o. Aufwendungen 17. Steuern v. Eink. / Ertrag 18. Sonstige Steuern 19. Jahresüberschuss / Jahresfehlbetrag	1. Bilanz. u. Bewert. Method. 2. Umrechnung Euro 3. Abw. von Bil./Bew.Meth. 4. Unterschiedsbeträge 5. Fremdkapitalzinsen (HK) 6. Verb. (RestLZ üb. 5 Jahre) 7. Verbindl. (Sich. d. PfandR) 8. Aufgliederung der Verb. 9. Betrag der sonst.fin.Verpfl. 10. Aufgliederung Ums.erlöse 11. Einfl. von Abschr. (StR) 12. Ergebn.belast. d. Steuern 13. Durchschnittl. Zahl der Arbeitnehmer 14. Sonderausweise bei UKV 15. Bezüge, Vorschüsse u. Kredite für GF / AR / BR 16. Angaben den Mitglied. von GF / AR 17. Angabe zu Beteil. (20%) 18. Angabe zu U. (b. Kompl.) 19. Angabe zu sonst. Rückst. 20. Gründe f.d. planm. Abschrei- bung eines Firmenwertes 21. Angaben zum Mutter-U. 22. Bei PersGes Angaben z.d. Komplementären 23. Erklärung zu § 161 AktG 24. Bei bes. U. Angaben über bestimmte Honorare 25. Angaben zu Finanz- instrumenten	

Entwerfen Sie für unsere 5 Mustermandanten einen Katalog von Fragen, dessen Bearbeitung dazu führen soll, nicht gebuchte Verbindlichkeiten zu entdecken. Nehmen Sie sich dafür einige Minuten Zeit, und Sie werden überrascht sein, was Ihnen alles einfällt!

DEICES (Schuh-Einzelhandel)

- Gibt es Zusagen an ausländische Partner (z.B. Wirtschaftsverbände, Kammern, Hilfsorganisationen), zur Förderung technischer oder humanitärer Arbeit jährlich bestimmte Kostenzuschüsse zu leisten?
- Gibt es Verpflichtungen gegenüber ausländischen Kunden, sich jährlich mit einem bestimmten Betrag an Marketingkosten (Marktforschung, Werbung etc.) zu beteiligen?
- Hat DEICES orthopädische Forschungsinstitute mit der Entwicklung neuer Bequem-Schuhe beauftragt und ist verpflichtet, jährlich die angefallenen Kosten zuübernehmen?
- Sind alle Dienstleistungen, die von ausländischen Hotels im Zuge der sogenannten Gesundheitswochen in der Schweiz erbracht wurden, zum Jahresende in Rechnung gestellt?
- Sind alle Dienstleistungen, die im Zuge der Expansion ins Ausland (z.B. Tschechien) angefallen sind (z.B. Standortanalysen, Pressemitteilungen) zum Jahresende abgerechnet?
- Haben alle Unternehmen, die mit dem Filialumbau beauftragt wurden, zum Jahresende ihre Schlussrechnung gelegt?
- Sind alle Werbekampagnen, die DECES im abgelaufenen Jahr u.a. zur Stärkung „gruppenspezifischer Eigenmarken" gestartet hat, von den zuständigen Agenturen oder Verlagen in Rechnung gestellt?
- Sind Marktforschungsaufwendungen in voller Höhe in Rechnung gestellt?
- Haben alle Unternehmen, die DEICES ggf. im Hinblick auf „Markeninszenierung" und „Gestaltung des Einkaufserlebnisses" [219] beraten haben, ihre Leistungen abgerechnet?

WAKON (Möbel-Produktion)

- Sind bei den beendeten Projekten (Umsatz und Gewinn wurden ordnungsgemäß realisiert) alle korrespondierenden Aufwendungen Dritter (insbesondere für Dienstleistungen von fremden Designern und Architekten) in Rechnung gestellt? (Zu den Aufwendungen gehören auch im Inland und im Ausland zu zahlende Provisionen.)
- Gibt es Vorleistungen für geplante, aber dann abgebrochene Projekte (insbesondere im Ausland), die noch nicht in Rechnung gestellt wurden?
- Gab es Zusagen (insbesondere an potentielle Kunden im Ausland), spezielle Schauräume einzurichten und Musterstücke zur Verfügung zu stellen und sind die damit verbundenen Aufwendungen in Rechnung gestellt?
- Gibt es Zusagen (insbesondere an ausländische Lizenzpartner), sich an bestimmten geschäftlichen Aktionen (z.B. an Marketingmaßnahmen) zu beteiligen?
- Sind Aufwendungen Dritter, die im Zusammenhang mit der Präsentation von 15 neuen Produkten angefallen sind – insbesondere im Rahmen der beiden großen Messen – vollständig abgerechnet? (Aufwendungen können u.a. durch die Mitwirkung von Agenturen, Einschaltung der Medien, Verlagen etc. entstanden sein.)
- Sind Aufwendungen Dritter – insbesondere im Zusammenhang mit der Markterkundung in Asien – vollständig abgerechnet?
- Ist die Lieferung besonderer Chemikalien für WAKON mit Sonderkonditionen des Herstellers verbunden? [220]
- Sind in Verfolgung einer bestimmten Markenstrategie durchgeführte Werbeaktionen vollständig abgerechnet?
- Sind Arbeiten externer Ingenieurdienstleister [221] vollständig abgerechnet, als Verbindlichkeiten ergebniswirksam passiviert oder als Vorräte ergebnisneutral aktiviert?

---

219 vgl. o.V. : Neue Wege für den Einzelhandel, in : FAZ 23.2.04, Nr. 45, S. 18
220 vgl. M. Psotta : Mit kleinsten Zusatzpartikeln werden Möbel kratzfest und Duschen sauber, in : FAZ 26.8.04, Nr. 198, S. 12
221 Vgl. o.V. : Der passende Mitarbeiter zur richtigen Zeit, in : FAZ 4.8.04, Nr. 179, S. 14

TAIHAM (Modische Kleidung)

- Sind von Dritten zu liefernde Musterkollektionen, die Händlern kostenlos zur Verfügung gestellt wurden, vollständig in Rechnung gestellt ?
- Gibt es Verpflichtungen gegenüber ausländischen Kunden, sich jährlich mit einem bestimmten Betrag an Marketingkosten (Marktforschung, Werbung etc.) zu beteiligen ?
- Sind alle Aufwendungen im Zusammenhang mit einem Flächenbewirtschaftungskonzept berücksichtigt ?
- Haben die Trend-Scouts ihre im vergangenen Jahr für TAIHAM erbrachten Leistungen vollständig abgerechnet ?
- Gibt es Verpflichtungen gegenüber Händlern, sich nach Maßgabe ihres Umsatzes mit TAIHAM-Artikeln an den Kosten einer neuen Ladenmodernisierung zu beteiligen ?
- Sind Aufwendungen, die im Zusammenhang mit der geplanten Errichtung eigener Läden entstanden sind (z.B. Standortanalysen), vollständig abgerechnet ?
- Sind alle Prämien für Versicherungen (u.a. die Kreditversicherung für das Ausland) abgerechnet ?
- Sind alle Dienstleistungen (z.B. von international tätigen Messeveranstaltern [222] oder von IT-Dienstleistern) in Rechnung gestellt ?
- Gibt es Werbeverträge mit Prominenten und sind diese bilanziell richtig verarbeitet ?
- Sind alle Aufwendungen im Zusammenhang mit Lizenzgeschäften (z.B. Parfum-Linien) abgerechnet ?
- Wurde allen mit Kunden getroffenen Rabattvereinbarungen Rechnung getragen ?
- Gibt es zwischen TAIHAM und bestimmten Aktionären der AG Vereinbarungen über zu erbringende Dienstleistungen (z.B. im Rahmen eines Beratervertrages) und sind ggf. diese Leistungen vollständig in Rechnung gestellt ?

BRATO (Brauerei)

- Sind von BRATO im Rahmen der strategischen Allianz mit Krombacher, Holsten und Binding zu tragende externe Aufwendungen komplett abgerechnet ?
- Wurden alle Reparatur- und Inspektionskosten, die für den umfangreichen Fuhrpark angefallen sind, ordnungsgemäß abgerechnet ?
- Wurden alle Vereinbarungen mit Einzelhandelsketten z.B. über Umsatzboni, Kostenbeteiligungen (Ladendekoration, Flyer etc.) aufwandsmäßig berücksichtigt ?
- Sind alle evtl. angefallene externe Aufwendungen für lebensmittelchemische Untersuchungen in Rechnung gestellt ?
- Wurde Vereinbarungen mit Gastwirtschaften über umsatzabhängige Boni ordnungsgemäß Rechnung getragen ?
- Hat BRATO Forschungsaufträge (z.B. an die Hochschule für Brauereitechnik in Weihenstephan) vergeben und sind die damit verbundenen Aufwendungen abgerechnet ?
- Sind Aufwendungen, die dadurch entstanden sind, dass BRATO seinen Kunden „ins Ausland folgt" (z.B. Lidl nach Tschechien), vollständig berücksichtigt ? (z.B. Werbung in den Medien)
- Sind ggf. in Arbeitsgemeinschaften der Brauerei-Industrie entstandene externe Aufwendungen in Rechnung gestellt ?

WELOS (Autohaus)

- Sind externe Beratungsleistungen, die WELOS z.B. für die Steuerung und Kontrolle von übernommenen Autohäusern in Anspruch nimmt, vollständig abgerechnet ?
- Sind Werbemaßnahmen zur Förderung der Kundenkontakte und zur Erzeugung von Kaufanreizen (automobile Erlebniswelt) in vollem Umfang abgerechnet ?

---

222 Vgl. B. Koch : „Wir tun eine Menge, um den Motor Mode in Schwung zu halten." (Das Unternehmergespräch mit Manfred Kronen, dem Geschäftsführer der Igedo Internationale Modemesse Kronen GmbH & Co), in : FAZ 6.10.03, Nr. 231, S. 17

- Sind Aufwendungen für die (u.a. auf Veranlassung von Toyota durchgeführte) Renovierung von Ausstellungsräumen vollständig berücksichtigt ?
- Gibt es zwischen WELOS und dem stillen Gesellschafter Vereinbarungen z.B. über zu erbringende Beratungsleistungen und wurde diesen entsprechend Rechnung getragen ?
- Sind Dienstleistungen von Verbänden, Kammern und technischen Organisationen komplett abgerechnet ?
- Wurden Provisionsansprüche z.B. entstanden durch die Vermittlung von Firmen-Kunden vollständig berücksichtigt ?
- Sind im Zusammenhang mit der Übernahme von Autohäusern zu tragende Altlasten – entstanden z.B. durch die unsachgemäße Führung einer Werkstatt – berücksichtigt ?
- Sind alle Aufwendungen für Incentive-Reisen von den zuständigen Agenturen, Reisebüros, Organisatoren etc. abgerechnet ?
- Gibt es im Zusammenhang mit der von WELOS vertretenen Service-Philosophie kostenlose Leistungen, die angefallen sind, aber bis zum Jahresende noch nicht (vollständig) abgerechnet wurden ?
- Sind mit der Teilnahme an einem Werkstättenvergleich (z.B. durchgeführt von der Zeitschrift „Auto-Bild") Aufwendungen verbunden und sind diese ggf. vollständig berücksichtigt ?
- Sind für die Hauszeitung ggf. entstandene externe Aufwendungen komplett abgerechnet ?

„*Prozess*-Orientierung" in den einzelnen Unternehmensbereichen bedeutet immer auch „Konjunktur-Orientierung". Damit ist die Frage verbunden, in welcher wirtschaftlichen Phase sich die Gesamtwirtschaft befindet (PEST) und welche Anpassungsmaßnahmen (zyklisch/antizyklisch) sie innerhalb des Unternehmens ausgelöst hat. [223] Anpassungsmaßnahmen werden nicht von Aufschwung zu Aufschwung, von Rezession zu Rezession [224] übertragen, sondern sie ändern sich in Abhängigkeit von den Unternehmenszielen und der Unternehmensstrategie. Letztere orientiert sich in der Regel an der jeweiligen Plattform, die zuletzt erreicht wurde und die immer ein typisches *Qualitätsniveau* signalisiert. [225] Ist ein höheres Plateau einmal erreicht, dann führt der folgende Rückschlag nicht zum Niveau der vorhergehenden Rezession. Es wird zu einem neuen Expansionsprozess kommen, der von einem höheren *unteren* Plafond ausgeht und zu einem neuen *oberen* Plafonds führt. Zu dieser Entwicklung hat N. Kaldor erklärt (Hervorh.d.d.Verf.) :

„En effet, le coup de fouet donné par le plus grand optimisme du 'boom' semblerait devoir être annulé par le plus grand pessimisme de la dépression. Mais j'estime que l'effet des deux forces *n'est pas symmétrique*. Ce le pessimisme de dépression peut, au pire, provoquer, c'est l'arêt total du processus d'investissement. Mais si la vague d'optimisme de la prospérité a porté l'economie *á un plus haut niveau* de productivité et de standard de vie, l'arrêt de l'investissement dans la dépression suivante ne signifiera pas un retour au 'plancher' de la dépression précédente – le 'plancher' se sera élevé." [226]

Die Suche nach den ungebuchten Verbindlichkeiten muss diese *Niveauverschiebung* [227] angemessen berücksichtigen und in einem entsprechenden Fragenkatalog zu Art und Umfang von Aufwendungen ihren Niederschlag finden. Nicht gebuchte Aufwendungen können – für sich alleine genommen – unbedeutend sein. Wurde aber eine Reihe von Aufwendungen nicht gebucht, stellt sich (unerwartet) das Problem der *Wesentlichkeit*. Diese würde dann in der Liste der Prüfungsdifferenzen (KoDi-Doc) sichtbar gemacht.

---

223 Vgl. o.V. : Oetker investiert in der Konsumgüterflaute soviel wie nie zuvor, in : FAZ 7.7.04, Nr. 155, S. 15
224 Vgl. o.V. : Deutschland steckt in der Rezession, in : FAZ 15.8.03, Nr. 188, S. 11
225 W. Krommes : Das Verhalten der Unternehmung in der Rezession, Duncker&Humblot Berlin 1972, S. 78
226 N. Kaldor : Relations entre croissance économique et les fluctuations cycliques, in : Economie appliqué, 1954, Nr. 1-2, S. 53
227 Vgl. J. Tinbergen / J.J. Polak : The Dynamics of Business Cycles, Chicago 1950, S. 15

5 Prüfung der Verbindlichkeiten

Der oben präsentierte Fragenkatalog wurde anhand der fünf Unternehmensbilder zusammengestellt. Ergänzend hinzugezogen wurde Anlage 10, in der in einem besonderen Kapitel über „*Risiken*" (Geschäfts- und Kontrollrisiken auf Unternehmens- und Prozessebene) berichtet wird.

Es wird Ihnen aufgefallen sein, dass sich die Fragen grundsätzlich auf nicht gebuchte Aufwendungen beziehen, die – müsste man die Posten nachbuchen – das *Jahresergebnis verschlechtern* würden. Bitte beachten Sie aber, dass es auch fehlende Verbindlichkeiten gibt, die – würde man sie nachbuchen – nur zu einer Bilanzverlängerung führen, das bislang ausgewiesene *Jahresergebnis* also *nicht verändern* würden. Hier könnte man bei allen genannten Unternehmen z.B. an Zahlungsverpflichtungen im Zusammenhang mit dem Erwerb von Anteilen an inländischen oder ausländischen Gesellschaften denken. Wäre es z.B. nicht vorstellbar, dass sich WELOS an einem neuen Einkaufszentrum – Automeile genannt – beteiligt, diesen Geschäftsvorfall aber noch nicht gebucht hat? Gleiches könnte für POSKI gelten, die im Zuge ihrer Expansionsbestrebungen im Rohstoffhandel ein weiteres Unternehmen erworben haben könnte. Da in diesen Fällen größere Beträge zur Diskussion stehen, wird man eine solche Nachbuchung, die zwar ergebnisneutral, aber für den Einblick in die Vermögens- und Finanzlage in der Regel wesentlich ist, nicht unterschätzen dürfen.

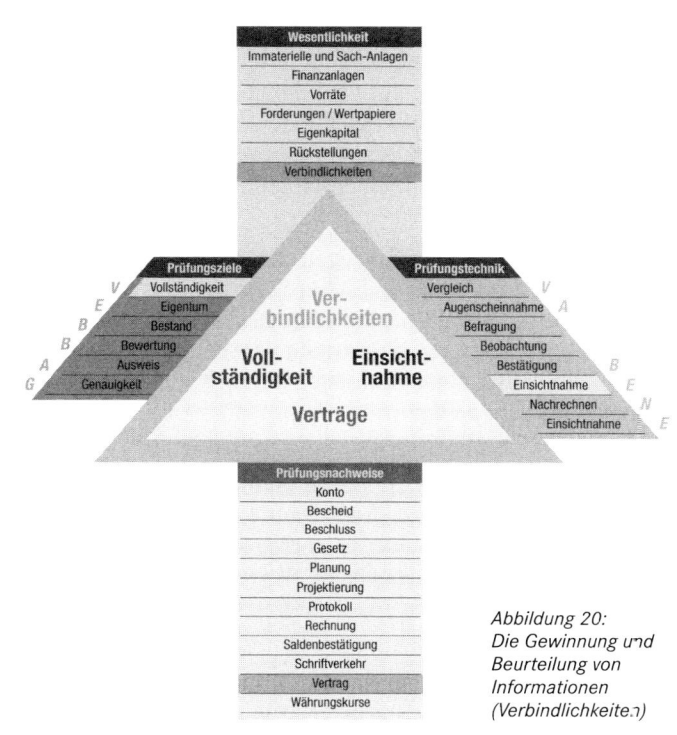

Abbildung 20: Die Gewinnung und Beurteilung von Informationen (Verbindlichkeiten)

Die beispielhaften Fragen beruhen auf Einschätzungen und Erwartungen, die sich nach dem Studium allgemein zugänglicher Unterlagen eingestellt haben. Ihr *Spektrum* zeigt aber, dass schon wenige, aber wichtige Informationen ausreichen, um kluge Fragen zu stellen, Fragen, die erkennen lassen, dass man in der Lage ist, sich mit dem Geschäft des Mandanten auseinander zu setzen. Mit einer einfachen Durchsicht von Vertragsordnern, Sitzungsprotokollen und Rechtsanwaltsschreiben, von Unterlagen also, die je nach Größe des Unternehmens einen enormen Umfang haben können, ist es also nicht getan, weil auch hier das entscheidende *Auswahlkriterium* fehlt.

Es hat sich bewährt, Fragen die sich aus dem Verständnis der Geschäftstätigkeit ergeben, schriftlich zu formulieren und sie dann mit dem Mandanten zu besprechen. In der Regel geben Fragenkataloge dieser Art dann den Anstoß, um neue und weitergehende Aspekte zu diskutieren. Diese Aspekte liegen dann unter Umständen auf dem viel schwierigeren Feld der *ungewissen Verbindlichkeiten*, für die nach § 249 HGB Rückstellungen zu bilden sind. Der Vorteil dieses Verfahrens liegt nicht nur in einer besseren *Dokumentation* von Gegenstand und Ergebnis eines Gespräches, sondern auch darin, dass ein *schriftlich formulierter Fragenkatalog* von Jahr zu Jahr nach Maßgabe zusätzlich gewonnener Erkenntnisse *weiterentwickelt* werden kann. Er wird dann im Laufe der Zeit zu einem höchst wirksamen *Instrument* einer risikoorientierten Abschlussprüfung. (vgl. dazu auch Anlage 7)

Wenn es dem Abschlussprüfer in diesem Rahmen gelingt, durch die *Aufdeckung* von Fehlern die Qualität des Jahresabschlusses wesentlich zu verbessern, dann dürfte er – zumindest auf lange Sicht – seine Position als *Analysator* und kritischer *Gesprächspartner* seines Mandanten deutlich verbessern. Kurzfristig gesehen, wird er immer wieder gezwungen sein, sich in einem sehr schwierigen (durch legale, aber auch illegale Bilanzpolitik geprägten) Umfeld zu bewegen und vor einem *Kollisionskurs* mit dem Mandanten nicht zurückzuschrecken (§ 322 Abs. 4 HGB).

Der Abschlussprüfer wird (weitergehende) Gespräche mit seinen Mandanten immer erst dann führen, wenn er sich bestimmte Kennzahlen verschafft und versucht hat, sich anhand dieser Kennzahlen ein Bild zu verschaffen. Damit wären wir wieder bei den sogenannten Plausibilitätsprüfungen angelangt. *Welche Plausibilitätsprüfungen* könnten Sie sich bei den Verbindlichkeiten vorstellen ? Es wären denkbar, z.B. bei

DEICES
Wenn sich eine bestimmte Bruttomarge, d.h. das Verhältnis von den „Aufwendungen für bezogene Waren" zu den „Umsatzerlösen", relativ stark erhöht hat, dann könnte ein Grund für diese Entwicklung darin bestehen, dass der entsprechende Warenbezug noch nicht gebucht wurde.

WAKON
Wenn der Bestand an Rohstoffen stark gestiegen ist, die Verbindlichkeiten aber nicht im gleichen Umfang zugenommen haben, dann kann einer der Gründe darin liegen, dass entsprechende Warenbezüge noch nicht gebucht wurden.

Die *Problematik der Plausibilitätsprüfungen* bei den Verbindlichkeiten aus Lieferungen und Leistungen besteht u.a. darin, dass Eingangsrechnungen auf einer Reihe von Bestands- und Aufwandskonten gebucht werden. Insofern ist sorgfältig zu prüfen, ob sinnvolle Aussagen überhaupt möglich sind. Zum Instrumentarium einer Saldenbestätigungsaktion wird auf das Kapitel : Prüfung der Forderungen aus Lieferungen und Leistungen verwiesen. Zur Thematik der *Abgrenzungsprüfung* sei der Vollständigkeit halber Folgendes angemerkt : Die fehlende Buchung einer Eingangsrechnung trotz erbrachter Leistung durch den Geschäftspartner ist nicht unbedingt Zeichen für eine Prüfungsdifferenz. Diese liegt erst dann vor, wenn der Mandant keine entsprechende *Rückstellung* gebucht hat.

Den Hinweis eines Sachbearbeiters : „Machen Sie sich keine Sorgen, die Rückstellung ist gebucht und angemessen", sollten wir allerdings zum Anlass nehmen, uns die *Berechnung* dieser Rückstellungen anzusehen und uns nicht mit dem Gedanken zufrieden geben : „Das wird dann schon stimmen !" (VA **BEN**E : Rechnerischer **N**achvollzug und **E**insichtnahme in die entsprechenden Verträge !)

Wenn die fehlende Buchung einer Eingangsrechnung einen Gegenstand des Sachanlagevermögens betrifft (**VEBBAG**), würde sich ein Einfluss auf das Jahresergebnis nur in der Höhe ergeben, in der (z.B. pro rata temporis) noch Abschreibungen nachgebucht werden müssten. (Aus Gründen der *Wesentlichkeit* könnte man u.U. auf die Einbuchung einer solchen Rechnung dann verzichten.)

5.4 Arbeitsrahmen

Wir haben in der Einführung zu Kapitel III. u.a. auf *Leitfäden* und ihre *strategische* Konzeption hingewiesen. Die in den vorangegangenen Passagen zu den Verbindlichkeiten angestellten Überlegungen müssen nun in bestimmte Rahmen gestellt werden, die den *Gang* der Prüfung, ihren *Gegenstand* und ihren *Schwerpunkt* bestimmen.

Schrittfolge und Themen sind (weitestgehend) festgelegt. Sie bilden die Basis für unsere individuelle Zeitplanung. Die *Schwerpunkte* der Arbeit richten sich aber nach den *Prüfungszielen*, die sachgerecht aus der Analyse der Geschäfts- und Kontrolltätigkeit des Unternehmens abzuleiten sind. *Es ist leider keine Seltenheit, dass man Prüfungsassistenten keine Prüfungsziele vorgibt.* Der oben aufgestellte Wegweiser und die nachfolgenden *Leitlinien* sollen in einer solchen Situation dazu beitragen, dass sie ihre Arbeit nach sinnvollen Kriterien ausrichten können.

Bitte orientieren Sie sich immer zuerst an der Frage, in welcher wirtschaftlichen Verfassung sich das zu prüfende Unternehmen befindet, und teilen Sie sich dann anhand der 4-Kapitel-Philosophie Ihre Zeit so ein, dass Sie mit Prüfungszielen, die an der Verfassung des Unternehmens ausgerichtet sind, die Themen bearbeiten, die einen *wesentlichen Einfluss* auf den Jahresabschluss haben. Beachten Sie dabei auch die wohlverdienten Interessen der anderen Team-Mitglieder!

Prüfungsziele – insbesondere die „schwerwiegenden" – werden auf der Basis der IKS-Prüfung zu den Verbindlichkeiten aus Lieferungen und Leistungen formuliert (KoCo-Doc) und dann – als geschicktes Zeichen der Verknüpfung von Arbeitspapieren – direkt in das Prüfungsprogramm (KoP-Doc) übernommen. Gemäß dem Kürzel „VEBBAG" lauten die *Prüfungsziele* : **V**ollständigkeit, **E**igentum, **B**estand, **B**ewertung, **A**usweis und **G**enauigkeit. Gemäß dem Kürzel „VA BENE" lautet die *Prüfungstechnik* : **V**ergleich, **A**ugenscheinnahme, **B**efragung, **B**eobachtung, **B**estätigung, **E**insichtnahme, **N**achrechnen und (aus Vorsichtsgründen ein 2. Mal) **E**insichtnahme.

Die Formulierung eines Prüfungszieles lautet immer, ausreichende und angemessene Nachweise dafür zu bekommen, dass eine bestimmte Aussage des Managements stimmt.

Beginnen Sie niemals eine Prüfung, ohne dass Sie eine klare Vorstellung von den Prüfungszielen haben. Nur unter der Voraussetzung, dass Sie sich im „Korridor" des Business Understanding bewegen, werden Sie auch eine ordnungsgemäße Prüfung durchführen können. Im Regelfall wird der Mandant Sie auf diesem Wege begleiten, denn es ist der einzig vernünftige Weg, den eigentlichen Zweck einer Abschlussprüfung, das „sichere Testat", zu erfüllen. Es kann nicht nachdrücklich genug betont werden, dass man diese *Sicherheit* nur dadurch gewinnen kann, dass man immer wieder Belege, Dokumente, Verträge etc. sorgfältig studiert, um den *Inhalt* und den *Charakter* von Geschäften zu verstehen und zu *begreifen*, in welcher

Weise sie den Jahresabschluss beeinflussen, d.h. welche Buchungen bzw. Anmerkungen in Bilanz, Gewinn- und Verlustrechnung und Anhang erforderlich und welche Informationen im Lagebericht notwendig sind. In den Arbeitsrahmen werden übernommen:

Schrittfolge (die 4-Kapitel-These)
Prüfungshandlungen nach Prüfungszielen
Prüfung bei angespannter Ertragslage
Prüfung von Eingangsrechnungen

Damit übernimmt der *Arbeitsrahmen* die Funktion eines Ordnungsschemas für die Prüfung der Bilanzposition „Verbindlichkeiten aus Lieferungen und Leistungen". Ein solches Schema, das nur dann seine Aufgabe erfüllen kann, wenn es von den *Kenntnissen über die Geschäftstätigkeit* geprägt ist, soll die *Orientierung* erleichtern, die Bildung von *Schwerpunkten* ermöglichen und die *Komplexität* eines Zahlenwerkes so reduzieren, dass ein gezielter Zugang zum Jahresabschluss möglich wird.

Ordnungschemata steuern die Datenermittlung (sie werden damit zu einem unentbehrlichen Hilfsmittel insbesondere für die jüngeren Mitarbeiter) und sie erleichtern die *Auswertung* der Ergebnisse, weil der zuständige Abschlussprüfer die Wurzeln der Informationen kennenlernen und die Prüfungsnachweise daraufhin untersuchen kann, ob sie ausreichend und angemessen sind. Damit wird er zugleich in die Lage versetzt, diese in einen größeren Zusammenhang einzuordnen, der immer auch durch *Bilanzpolitik* gekennzeichnet sein kann.

Deshalb ergeht an jedes Mitglied eines Prüfungsteams die folgende *Aufforderung*:

Wenn Sie die Verbindlichkeiten aus Lieferungen und Leistungen prüfen, dann denken Sie bitte auch daran, dass diese nur einen *Teil des Jahresabschlusses* darstellen. Behalten Sie – im Sinne einer effektiven *Teamarbeit* – stets auch die anderen Jahresabschlussposten im Auge, stellen Sie *Querverbindungen* – auch zum Anhang – her und informieren Sie Ihre Kolleginnen und Kollegen rechtzeitig, wenn Sie *Feststellungen* getroffen haben, denn diese sind nur selten *isoliert* zu betrachten.

Aktiva	Passiva
A. Anlagevermögen	A. Eigenkapital
I. Immaterielle Vermögensgegenstände	B. Rückstellungen
II. Sachanlagen	C. Verbindlichkeiten
III. Finanzanlagen	1. Anleihen
B. Umlaufvermögen	2. Verbindlichkeiten gegenüber Kreditinstituten
I. Vorräte	3. erhaltene Anzahlungen auf Bestellungen
II. Forderungen u. sonstige Vermögensgegenstände	**4. Verbindlichkeiten aus Lieferungen und Leistungen**
III. Wertpapiere	5. Wechselverbindlichkeiten
IV. Flüssige Mittel	6. Verbindlichkeiten gegenüber verbundenen Unternehmen
C. Rechnungsabgrenzungsposten	7. Verbindlichkeiten gegenüber Unternehmen, mit denen ein Beteiligungsverhältnis besteht.
	8. Sonstige Verbindlichkeiten
	D. Rechnungsabgrenzungsposten

5.4.1 Schrittfolge (Die 4-Kapitel-These)

I. Abstimmung und Vergleich (1. Kapitel)
1. Abstimmung der Saldenliste mit der Bilanz
2. Vergleich des Bilanzwertes mit dem Vorjahreswert

II. Prüfung des Nominalwertes (2. Kapitel)
1. Strukturierung der Saldenliste (nach aus dem KoBu-Doc abzuleitenden Kriterien)
2. Abstimmung ausgewählter Einzelposten mit :
   a. der Rechnung
   b. dem Vertrag (Bestellung, Auftragsbestätigung)
   c. ggf. mit der Saldenbestätigung

III. Prüfung des Ausweises (3. Kapitel)
1. Trennung der Verbindlichkeiten L+L von den V. gegenüber verbundenen Unternehmen
2. Laufzeiten und Davon-Vermerke

IV. Prüfung der Abgrenzung („Unrecorded Liabilities") (4. Kapitel)
1. Verpflichtungen z.B. aus
   a. öffentlich-rechtlichen Bestimmungen
   b. Vertragsstrafen (z.B. wg. Lieferengpässen)
   c. Allianzen und Kooperationen
   d. Verträgen über die Markteinführung neuer Produkte
   e. Integration übernommener Gesellschaften
   f. Verbliebenem Obligo für verkaufte Gesellschaften (oder Unternehmensteile)
   g. Zivilrechtlichen Verpflichtungen (z.B. Haftungsfreistellungen)
2. Analyse ausgewählter G+V-Konten im Hinblick z.B. auf :
   a. Provisionen
   b. Lizenzen
   c. Fehlende Abrechnungen an Subunternehmer (auch Nachträge betreffend)

5.4.2 Prüfungshandlungen nach Prüfungszielen

In den folgenden Kapiteln wird beispielhaft eine Reihe von Prüfungshandlungen vorgestellt. Sie kann nur als Anregung dienen und soll die *Denkrichtung* aufzeigen, in der sich der Prüfer bewegen muss, um der Lage des Unternehmens gerecht zu werden und um *seine* Prüfungsziele - sachgerecht aus den Kenntnissen über die Geschäfts- und Kontrolltätigkeit abgeleitet - zu erreichen.

> **Prüfungsziel : Vollständigkeit**
> *Abschlussaussage : Die Verbindlichkeiten sind vollständig erfasst.*

Es wird auf die Ausführungen im Kapitel „Fragenkatalog zum Internen Kontrollsystem" verwiesen ! Weiterhin ist zu beachten :

1. Prüfung der speziellen Kontrollen im IKS des Prüffeldes (Beispiele)
a. Wird der Buchbestand (unterjährig) durch eine Saldenbestätigungsaktion überprüft ? (Prüfungsnachweis : Ggf. Auswertung der SB-Aktion)

b. Wie ist die Ausbuchung von Verbindlichkeiten bzw. die Auflösung von Rückstellungen geregelt ? (Prüfungsnachweis : Auszug aus Richtlinien, Kopie von Buchungsbelegen)

2. Sonstige aussagebezogene Prüfungshandlungen (Beispiele)
a. Wenn sich der Rohertrag in auffälliger Weise sehr positiv entwickelt hat, könnte dies darauf zurückzuführen sein, dass vergessen wurde, fehlende Abrechnungen von Lieferanten (insbesondere von Sub-Unternehmern) buchhalterisch zu erfassen. (Prüfungsnachweise : Buchungsbelege über die Erfassung von den Umsätzen entsprechenden Aufwendungen, ggf. unter Zuhilfenahme der Kalkulation.)

b. Aufgrund der Erkenntnisse aus der Vorprüfung durfte man mit einer stärkeren Veränderung der Verbindlichkeiten rechnen. Ist die erwartete Veränderung eingetreten ? (Prüfungsnachweise : Tilgungsbelege.)

Prüfungsziel : Eigentum
Abschlussaussage : Die Verbindlichkeiten entsprechen den Verpflichtungen des Unternehmens.

Es wird auf die Ausführungen im Kapitel „Fragenkatalog zum Internen Kontrollsystem" verwiesen !

Prüfungsziel : Bestand
Abschlussaussage : Die Verbindlichkeiten bestehen.

Es wird auf die Ausführungen im Kapitel „Fragenkatalog zum Internen Kontrollsystem" verwiesen !
Des Weiteren ist beispielsweise zu beachten :

1. Wird der Buchbestand regelmäßig durch eine Saldenbestätigungsaktion geprüft ? Erfolgt die Auswahl der Posten in Abstimmung mit dem Abschlussprüfer? (Prüfungsnachweise : Auswertung der SB-Aktion)

2. Sind die während der Zwischenprüfung angekündigten Abrechnungen bzw. Schlussrechnungen bis zum Stichtag erfolgt ? (Prüfungsnachweise : Rechnungskopien)

Prüfungsziel : Bewertung
Abschlussaussage : Die Verbindlichkeiten sind den gesetzlichen Bestimmungen entsprechend richtig bewertet.

Es wird auf die Ausführungen im Kapitel „Fragenkatalog zum Internen Kontrollsystem" verwiesen !
Des Weiteren ist zu beachten :

1. Prüfung der speziellen Kontrollen im IKS des Prüffeldes (Beispiele)
a. Werden Kurssicherungsgeschäfte bei der Bewertung berücksichtigt ? (Prüfungsnachweise : Kopie der vertraglichen Vereinbarungen, Kurstabelle und ihre Anwendung)

b. Liegen zum Stichtag gleichlautende (auch ausländische Saldenbestätigungen) vor ? (Prüfungsnachweise : Ggf. Auswertung der SB-Aktion)

2. Sonstige aussagebezogene Prüfungshandlungen (Beispiele)
a. Entsprechen Art und Umfang der ausgewiesenen Verbindlichkeiten den Erkenntnissen über die Geschäftstätigkeit sowie das wirtschaftliche und rechtliche Umfeld des Unternehmens ? (Wenn z.B. Rohstoffe - wie im KoBu-Doc erwähnt - auf Währungsbasis beschafft werden - dann müssten im Abschluss grundsätzlich auch Valuta-Posten enthalten sein.) (Prüfungsnachweise : Kopie von Kaufverträgen und Rechnungen, Kontoauszüge mit Währungskennzeichen; ggf. Umbewertungen auf den höheren Stichtagskurs)

b. Sind ausgewiesene Währungsergebnisse nachvollziehbar ? (Kontoauszug, Ermittlung einzelner Währungsergebnisse)

Prüfungsziel : Ausweis
Abschlussaussage : Die Verbindlichkeiten sind richtig ausgewiesen.

Es wird auf die Ausführungen im Kapitel „Fragenkatalog zum Internen Kontrollsystem" verwiesen !
Des Weiteren ist beispielsweise zu beachten :

5 Prüfung der Verbindlichkeiten

1. Wird zwischen Verbindlichkeiten und Rückstellungen ordnungsgemäß unterschieden? (Prüfungsnachweise: Buchungsbelege: Es bestehen hinsichtlich Grund und Höhe klare Unterschiede.)
2. Gibt es für Verbindlichkeiten mit Restlaufzeiten von mehr als einem Jahr und mehr als 5 Jahren sowie durch Pfandrechte oder ähnliche Rechte gesicherte Verbindlichkeiten ein gesondertes Verzeichnis? (Prüfungsnachweise: Kopien von Rechnungen und Lieferverträgen, Auszug aus dem Anhang)
3. Entsprechen Art und Umfang der ausgewiesenen Verbindlichkeiten den Kenntnissen über die Geschäftstätigkeit (z.B. über Art und Umfang von Konzernbezügen)? (Prüfungsnachweise: Rechnungskopien)
4. Entsprechen die Saldenbestätigungen dem Ausweis? (Trennung von Darlehen, erhaltenen Anzahlungen, Verbindlichkeiten L+L bzw. gegenüber verbundenen Unternehmen) (Prüfungsnachweise: Auswertung der SB-Aktion)

> **Prüfungsziel: Genauigkeit**
> *Abschlussaussage: Die Verbindlichkeiten sind genau ermittelt.*

Es wird auf die Ausführungen im Kapitel „Fragenkatalog zum Internen Kontrollsystem" verwiesen!
Des Weiteren ist beispielsweise zu beachten:

1. Wurden Boni und Rabatte bei der Ermittlung der Verbindlichkeiten ordnungsgemäß berücksichtigt? (Kopie der Lieferverträge, Rechnungen und Kontoauszug)
2. Wurde bei der Ermittlung von Währungsverbindlichkeiten der genaue Umrechnungskurs beachtet? (Prüfungsnachweis: Rechnung und Kurstabelle)

5.4.3 Prüfung bei angespannter Ertragslage

Bei der Prüfung von Unternehmen mit angespannter Ertragslage ist nicht nur die Frage von Bedeutung, in welchem Umfang das Management *Bilanzpolitik* betrieben hat, sondern ggf. auch zu berücksichtigen, dass aufgrund von *Personalreduzierung* Funktionen des Rechnungswesens u.U. nicht mehr mit der bisherigen Qualität erfüllt werden. Das *Entdeckungsrisiko* des Abschlussprüfers erhält in diesem Rahmen also ein besonderes Gewicht.

Aus dem nachfolgenden Fragenkatalog, der in Anbetracht der *Vielschichtigkeit* des Wirtschaftslebens und der *Raffinesse* der an ihm teilnehmenden Personen keinen Anspruch darauf erhebt, erschöpfend zu sein, geht erneut hervor, dass man das *Entdeckungsrisiko* nur unter der Voraussetzung möglichst klein halten kann, dass man über umfangreiche und gesicherte Kenntnisse der Geschäftstätigkeit des Unternehmens verfügt.

> *Die Hoffnung der Manager ertragsschwacher Unternehmen ist groß, dass sich bestimmte Informationen nicht im Netz sorgfältiger Abschlussprüfer verfangen!*

Es hat sich bewährt, die mit der Geschäftsführung bzw. mit den Fachabteilungen besprochenen Fragen in einem *Protokoll* festzuhalten, um darauf jederzeit – z.B. bei einem Gespräch mit dem Aufsichtsrat – zurückgreifen zu können.

> **Prüfungsziel : Vollständigkeit**
> *Abschlussaussage : Die Verbindlichkeiten sind vollständig erfasst.*

Wir betreten jetzt die einzelnen „*Prozess-Ebenen*" :

Vertrieb

1. Wurden bei den abgerechneten Lieferungen und Leistungen (Umsatz- und Gewinnrealisation) alle damit zusammenhängenden Aufwendungen – insbesondere noch ausstehende Rechnungen von Sub-Unternehmern unter besonderer Berücksichtigung von Nachtragsverhandlungen – vollständig berücksichtigt ? (Prüfungsnachweise : Auftragskosten-Abgang, Verträge und lfd. Korrespondenz mit Sub-Unternehmern)

2. Wenn der Mandant sich gegenüber Kunden verpflichtet hat, Geräte (zu einem bestimmten Zeitpunkt oder auf Anforderung) kostenlos umzurüsten, sind diese Verpflichtungen dann vollständig erfasst ? (Prüfungsnachweise : Kopien von Verträgen, Korrespondenz mit dem Kunden, Umrüstungskalkulationen)

3. Wenn der Mandant – z.B. wegen mangelhafter Qualität seiner Produkte – zu Rücknahmen, Nachbesserungen etc. verpflichtet ist, sind die sich daraus ergebenden Konsequenzen buchhalterisch vollständig erfasst ? (Prüfungsnachweise : Korrespondenz mit den Kunden, Kostenkalkulationen, Abwertungsbedarf)

4. Wenn der Mandant Kunden das Recht eingeräumt hat, im Falle unzureichender Nachfrage Ware zurückliefern zu können, sind solche Bedingungen dann ggf. vollständig berücksichtigt ? (Kopien der Verträge, Absichtserklärungen, Marktpreisentwicklung der Produkte)

5. Wenn Kunden Ansprüche auf Boni (z.B. wegen der Abnahme einer bestimmten Anzahl von Produkten oder wegen einer guten Performance im Bereich „Order"- oder „Marketing-Management") haben, sind diese Ansprüche dann bilanziell vollständig passiviert ? (Prüfungsnachweise : Kopien der Verträge, Lieferumfang, Leistungskennziffern)

6. Wenn der Mandant gegenüber Kunden (z.B. im Rahmen des Verkaufs von Unternehmensteilen) bestimmte Garantien übernommen hat (z.B. die Erreichung bestimmter Leistungskennziffern unter verschiedenen Arbeitsbedingungen oder die Freiheit von Altlasten), sind dann akut gewordene Verpflichtungen vollständig erfüllt ? (Prüfungsnachweise : Korrespondenz mit dem Kunden, Kostenkalkulationen, Gesprächsprotokolle)

7. Wenn der Mandant (z.B. ein Bauträger-Unternehmen) sich im Rahmen des Kaufes eines unbebauten Grundstückes gegenüber dem Verkäufer verpflichtet hat, diesem eine Ausgleichszahlung zu gewähren, wenn sich bis zum Zeitpunkt der Vermarktung des mittlerweile bebauten Grundstückes bestimmte Qualitätsmerkmale (z.B. die sogenannte Geschossflächenziffer) in einem bestimmten Umfang verbessert haben, ist dann bei Erfüllung dieser Voraussetzung eine entsprechende Verbindlichkeit passiviert ? (Prüfungsnachweis : Kopie des Vertrages und offizielle Marktdaten von Bebauungsplänen der Kommune)

8. Wenn der Mandant (z.B. ein Unternehmen der Pharma- oder Nahrungsmittelindustrie) bestimmte öffentlich-rechtliche Anforderungen beachten muss (z.B. bestimmte Kontrollmechanismen im Rahmen der Produktion), ist dann bei einem Verstoß gegen diese Bestimmungen und ggf. in Anbetracht eines bereits vorliegenden Bußgeldbescheides eine entsprechende Verbindlichkeit passiviert ? (Prüfungsnachweis : Kontrollaufzeichnungen, Bescheid, Gesprächsprotokoll)

9. Wenn sich der Mandant bereit erklärt hat, Geschäftspartner von bestimmten Risiken freizustellen (siehe Problematik sogenannter Haftungsfreistellungserklärungen im Immobiliensektor) und diese Risiken treten ein, sind dann die entsprechenden Verbindlichkeiten vollständig bilanziert ? (Prüfungsnachweise : Kopie der Freistellungserklärungen, Kostenkalkulationen, Gesprächsprotokoll)

10. Wenn der Mandant (z.B. aufgrund von Verzögerungen bei der Produktion oder bei der vertrieblichen Logistik) die mit dem Kunden getroffenen Vereinbarungen nicht einhalten kann und zu spät ausliefert, ist dann für eine evtl. fällige Vertragsstrafe eine entsprechende Verbindlichkeit (Rückstellung) passiviert ? (Prüfungsnachweise : Interne Aufzeichnungen, Korrespondenz mit dem Kunden, Kopien des Vertrages, Kostenkalkulationen)

11. Wenn der Mandant fehlerhafte Produkte zurückrufen muss, sind die damit verbundenen Aufwendungen bilanziell vollständig berücksichtigt ? (Prüfungsnachweise : Art und Umfang der Rückrufaktion, Kostenkalkulation, Korrespondenz)

Investition und Finanzierung

1. Wenn der Mandant sich von einem Geschäftsfeld getrennt und dem Erwerber gegenüber noch bestimmte Verpflichtungen übernommen hat (z.B. eine Performance-Garantie für eine bestimmte Zeit), sind diese Verpflichtungen dann ggf. vollständig passiviert ? (Prüfungsnachweise : Kopie der Verträge, Korrespondenz mit dem Kunden, Kostenkalkulation)

2. Wenn der Mandant (z.B. im Zusammenhang mit der Auflösung oder dem Verkauf eines Geschäftsfeldes) einen Kredit vorzeitig zurückzahlen will, ist eine damit i.d.R. verbundene Vorfälligkeitsentschädigung dann vollständig passiviert ? (Prüfungsnachweise : Kopie des Kreditvertrages, Kostenkalkulation)

3. Wenn der Mandant ein neues Geschäftsfeld erworben und sich für bestimmte Aufwendungen zur (beschleunigten) Integration entschieden hat, sind diese Verpflichtungen dann vollständig passiviert ? (Prüfungsnachweise : Geschäftsführungsprotokolle, Kopien von Verträgen, Kontoauszüge)

Einkauf

1. Wenn der Mandant im Zusammenhang mit gravierenden Sparmaßnahmen die Zahl seiner Lieferanten deutlich reduziert, sind dann evtl. Verpflichtungen, die sich aus der (vorzeitigen) Kündigung von Einkaufsverträgen ergeben, vollständig berücksichtigt ? (Prüfungsnachweise : Auszug aus Lieferverträgen, Kündigungsschreiben, Kostenkalkulation)

2. Wenn der Mandant bestimmte Arbeiten (z.B. im Rahmen der Forschung & Entwicklung) an Dritte vergeben hat, sind dann alle Arbeiten von diesen Partnern abgerechnet und im Jahresabschluss berücksichtigt ? (Prüfungsnachweise : Auszug aus Verträgen, Kopie von Abrechnungen, Kontoauszüge)

3. Werden Verbindlichkeiten auch dann vollständig bilanziert, wenn sie auf einem unkoordinierten Fehleinkauf von Vorräten beruhen ? (Prüfungsnachweise : Nachforschungen im Bereich Einkauf und Materialwirtschaft)

4. Werden Sicherheitseinbehalte vollständig bilanziert, auch wenn der Mandant aus Liquiditätsgründen ein Interesse daran haben könnte, diese Verbindlichkeiten mit dem Argument auszubuchen, dass der Lieferant zur Wahrung der Geschäftsbeziehungen ohnehin nicht auf einer Zahlung bestehen wird ? (Prüfungsnachweise : Aufstellung und Vergleich langfristiger Verbindlichkeiten, Kopie der Rechnungen, Kontoauszüge)

Personal

1. Wenn der Mandant im Zusammenhang mit Sanierungsmaßnahmen entschieden hat, Personal unter Gewährung von Abfindungszahlungen zu entlassen, sind dann alle (ggf. mit dem Betriebsrat schon vereinbarten) Verpflichtungen passiviert? (Prüfungsnachweise : Beschlüsse der Geschäftsleitung, ggf. Vereinbarungen mit dem Betriebsrat, Kostenkalkulationen)

2. Wenn im Zusammenhang mit Sanierungsmaßnahmen Mitarbeiter freigestellt werden, aber noch für eine bestimmte Übergangszeit ihre Bezüge erhalten, ist dann eine entsprechende Verbindlichkeit passiviert ? (Prüfungsnachweise : Kündigungsschreiben, Auszüge aus den Personalakten)

Allgemeines

1. Wenn der Mandant vertragliche Vereinbarungen (z.B. über gemeinsame F & E- und Vertriebsaktivitäten) getroffen hat, sind dann daraus sich ergebende Verpflichtungen vollständig passiviert ? (Prüfungsnachweise : Auszüge aus den Verträgen, Buchungsbelege, Kontoauszüge)

2. Wenn der Mandant entschieden hat, eine bestimmte Produktlinie stillzulegen, noch vorhandene Vorräte nicht mehr verkaufen kann und diese entsorgen muss, enthalten dann die Aufwendungen für Verschrottung auch diejenigen Aufwendungen, die für die Entsorgung notwendig sind ? (Prüfungsnachweise : Bestandsliste, Kostenkalkulationen, externe Angebote)

Prüfungsziel : Bestand
Abschlussaussage : Die Verbindlichkeiten bestehen (existieren wirklich).

1. Wenn ein Kunde Ware zurückgeliefert hat (sei sie nun schadhaft oder aus Überbeständen stammen (z.B. Lichterketten aus dem Weihnachtsgeschäft), ist dieser Vorgang dann korrekt im Jahresabschluss verarbeitet ? (Prüfungsnachweise : Lieferscheine unmittelbar vor und nach dem Stichtag, Bestandslisten, Meldungen aus der Inventurbeobachtung)

2. Wenn ein Lieferant pünktlich noch zum Ende des Geschäftsjahres eine größere Menge an Waren geliefert hat, wurde diese Lieferung dann ordnungsgemäß (u.U. mit der Konsequenz einer Verschlechterung der Liquidität) noch im Jahresabschluss berücksichtigt ? (Prüfungsnachweise : Lieferscheine unmittelbar vor und nach dem Stichtag, Bestandslisten, Meldungen aus der Inventurbeobachtung)

Prüfungsziel : Bewertung
Abschlussaussage : Die Verbindlichkeiten sind den gesetzlichen Bestimmungen entsprechend richtig bewertet.

Wenn der Mandant auch in fremder Währung einkauft und keine vollständige Währungssicherung durch Termingeschäfte hat, werden dann die nicht gesicherten Valuta-Posten ggf. mit dem höheren Stichtagskurs bewertet ? (Prüfungsnachweise : Auszug aus Einkaufsverträgen, Kopien von Rechnungen, Kurstabelle)

Prüfungsziel : Ausweis
Abschlussaussage : Die Verbindlichkeiten sind richtig ausgewiesen.

1. Wenn ein Konzernunternehmen Liefer- und Leistungsbeziehungen zu verbundenen Unternehmen hat, werden dann die entsprechenden Verbindlichkeiten als solche auch dann ausgewiesen, wenn der Mandant als Schuldner (z.B. im Rahmen bestimmter Darlehensverhältnisse) ein Interesse daran haben könnte, diese Art von Beziehungen zu verbundenen Unternehmen zu verschweigen (Financial Reporting Environment) ? (Prüfungsnachweise : Kontoauszüge, Vertrags- und Rechnungskopien)

2. Werden die Davon-Vermerke der Verbindlichkeiten (z.B. „davon durch Grundpfandrechte gesichert") auch dann korrekt ausgewiesen, wenn der Mandant ein Interesse daran haben könnte, diese Art der Belastung zu verschweigen ? (Prüfungsnachweise : Lieferverträge, Kontoauszug und Auszug aus dem Anhang)

Prüfungsziel : Genauigkeit

1. Werden Ansprüche auf Lieferantenboni den vertraglichen Vereinbarungen entsprechend korrekt geltend gemacht und entsprechend buchhalterisch erfasst ? (Auszug aus den Lieferverträgen, Bezugsvolumen, Berechnung)

2. Ist eine korrekte Buchung sichergestellt, auch wenn der Mandant aus Liquiditätsgründen ein Interesse daran haben könnte, trotz verspäteter Zahlungen noch einen Skontoabzug vorzunehmen ?

Wer den soeben vorgestellten Katalog studiert, wird sich fragen, ob hier immer der Grundsatz der *Wesentlichkeit* gewahrt wurde. Dazu ist Folgendes zu sagen : Es ist ein Charakteristikum von *Bilanzpolitik*, nicht nur auf eine, sondern auf mehrere Bilanzpositionen zuzugreifen, weil die *„Quellsubstanz"* einer einzigen Position in der Regel nicht ausreicht, um den Bedarf des Managements zu decken. Der Abschlussprüfer wird immer wieder feststellen, dass eine Reihe kleiner Prüfungsdifferenzen *in Summe wesentlich* ist. (vgl. dazu Kapitel III. 6.)

5.4.4 Die Prüfung von Eingangsrechnungen

Es sei an dieser Stelle noch einmal darauf hingewiesen, dass auch bei der Prüfung *einzelner* Jahresabschlusspositionen immer eine *ganzheitliche* Betrachtungsweise gilt. Wer „Rechnungen" prüft, erfährt u.U. auch etwas über Stärken und Schwächen eines (neuen) Geschäftsbereiches, über (neue) Entwicklungen in der Branche, über Probleme bei der Datenverarbeitung, über einen Budgetdruck, dem sich die Geschäftsleitung ausgesetzt sieht und kann seine Erfahrungen den anderen Mitgliedern des Prüfungsteams mitteilen. Erst aus dieser *Gesamtschau* erwächst die Stärke eines Teams.

Mit einer intensiven Belegprüfung gibt man im Übrigen zu erkennen, welch große Bedeutung man dem Instrument der „Einsichtnahme" innerhalb der Prüfungstechnik (VA BENE) beimisst. Wenn die ISA gezielt die Formulierung verwenden: „to obtain an understanding of the client's business", dann geschieht dies auch aus der Überlegung heraus, dass man *Quellen* im wahrsten Sinne des Wortes „studieren" muss, um wirklich *zu begreifen*, was in einem Unternehmen geschieht.

Es sind im Wesentlichen die folgenden Arbeiten durchzuführen:

1. Abstimmung der Eingangsrechnung (mit Saldenliste, OPL, Konto)
2. Durchsicht der Rechnung und Beurteilung von (Beispiele):

Thema	Fragen	Problematik
Datum	Zeitnahe Buchung? Gründe für Verzögerungen?	Offene Fragen mit dem Vertragspartner; Verlust von Skonto
Gegenstand der Lieferung bzw. Leistung	Welcher Geschäftsbereich ist betroffen?	Ergebniswirksame *Zuordnung* von Aufwendungen für das Geschäftsjahr
	Werden reine Lieferungen in Rechnung gestellt, gibt es dann Anhaltspunkte dafür, dass derselbe Lieferant – z.B. im Rahmen eines Vermarktungskonzeptes – zusätzliche Leistungen abrechnen wird?	*Rückstellungen* für erbrachte, aber noch nicht abgerechnete Leistungen
	Beruht die Rechnung auf einem Aufwand des Berichtsjahres (bzw. noch des Vorjahres) oder werden durch sie Zahlungen angefordert, die (ganz oder teilweise) sogar einen Aufwand des nächsten Geschäftsjahres betreffen?	Posten der aktiven *Rechnungsabgrenzung* Zu leistende *Anzahlungen*
	Lassen Art und Umfang der Rechnungsstellung den Schluss zu, dass für die zum Jahresende noch erbrachten, aber noch nicht abgerechneten Leistungen Rückstellungen zu bilden sind?	*Rückstellungen* für erbrachte, aber noch nicht abgerechnete Leistungen
	Deutet die Rechnung z.B. eines Rechtsanwaltes oder eines kfm. oder technischen Beraters auf Risiken (Entschädigung, Gewährleistung etc.) hin?	*Rückstellungen* für Risiken. Art und Umfang des *Versicherungsschutzes*
	Führt die in Rechnung gestellte Leistung zu einem „sonstigen betrieblichen Aufwand" oder ist dieser Aufwand im Rahmen der unternehmerischen Tätigkeit einer anderen Position, z.B. „Aufwendungen für bezogene Leistungen" zuzuordnen?	G+V-Struktur Höhe des Rohertrages
	Handelt es sich bei dem Aufwand u.U. um einen aktivierungspflichtigen Herstellungsaufwand?	Abgrenzung „Herstellungs-/Erhaltungsaufwand"
Lieferant	Ist der Geschäftspartner ein verbundenes Unternehmen?	*Ausweis* der Verbindlichkeit
	Welche Position wird dem Geschäftspartner im Rahmen des Risikomanagementsystems zugewiesen?	Grad der *Zuverlässigkeit* (Kennzahlen)
Zahlungskonditionen	Deuten die Konditionen auf einen besonderen Abrechnungsmodus hin, der bilanziell entsprechend zu behandeln ist?	*Verrechnung* mit geleisteten Anzahlungen

3. Durchsicht des Vertrages (Bestellung, Auftragsbestätigung) und Beurteilung von :

Thema	Fragen	Problematik
Gegenstand der Lieferung bzw. Leistung	Entsprechen Zeitpunkt, Art und Umfang der Abrechnung den vertraglichen Vereinbarungen ?	Strittige *Nachträge* *Liquiditätsprobleme* bei Sub-Unternehmern

Bevor wir zum nächsten Kapitel übergehen :
Werfen Sie noch einmal einen Blick auf den Wegweiser ! (S. 340)

6 Zur Problematik der Bilanzpolitik

KOBU KORI KOCO KOP KODI

Die Rolle der Bilanzpolitik, in der Geschäftsleitungen immer häufiger die Grenze zur *Bilanzmanipulation* überschreiten, bedeutet eine besondere *Herausforderung* für den Abschlussprüfer, weil sich in ihr Aspekte seiner *Reputation* mit der *Gefährdung* des geprüften Unternehmens in existenzieller Weise verbinden. Auf der Suche nach den *Auswirkungen* der Bilanzpolitik, die in der Regel ein ganzes *Maßnahmenbündel* umfasst und die nur *prozessorientiert* ausgelotet werden kann, muss der Abschlussprüfer „schwierige Strömungen" durchqueren, weil Informationen *abgeschottet*, das Motivationszentrum *verheimlicht* und Differenzen als Arbeitsfehler *deklariert* werden, obwohl sie (wesentliche) Bestandteile der Bilanzpolitik darstellen. Ein Unternehmen mit angespannter Ertragslage ist angespannt in all seinen Verästelungen, *verästelt* wird dann auch die Bilanzpolitik sein.

6.1 Schwierige Strömungen

Die Bilanzpolitik, zwar von Le Coutre als „interessenausgerichtete Gestaltung der Bilanz, um beim Bilanzempfänger (Aktionär, Gläubiger, Bilanzkritiker) einen bestimmten Eindruck hervorzurufen", schon früh gebrandmarkt [228], aber doch (wie mein Großvater August Eckardt, Einzelhandels-Unternehmer in Wuppertal sich auszudrücken pflegte) „von einem Rest königlicher Kaufleute als Instrument zur Wahrung des finanziellen Gleichgewichtes jahrzehntelang geschätzt", ist nun im Zuge rückläufigen Wachstums und des ausgeweiteten Kapitalmarktes endgültig in den *Strudel* von anspruchsvollen Erwartungen von Anlegern, Banken und Analysten geraten.

Der Abschlussprüfer muss also mit „schwierigen Strömungen" rechnen. (Erinnern Sie sich an die Entstehungsgeschichte des italienischen Wortes „resciare", den Vorläuferbegriff für „Risiko" ?) Wie sieht eine solche Strömung aus, welche *Stärke* hat sie, durch welche *Bewegungen* zeichnet sie sich aus und von welchen *Kräften* wird sie gesteuert ? Oder anders gefragt : Wie muss man sich eine *Szenerie „Bilanzpolitik"* eigentlich vorstellen ? Dazu das folgende Beispiel eines Unternehmens mit angespannter Ertragslage :

---

228 vgl. *Dr. Gablers Wirtschaftslexikon, 7. Aufl., Betriebswirtschaftlicher Verlag Dr. Th. Gabler, Wiesbaden 1967,* Sp. 696

6 Zur Problematik der Bilanzpolitik

Die Geschäftsleitung eines Maschinenbau-Unternehmens hatte bereits im Juli 2003 ein Jahresergebnis (Ebit) in Höhe von 1 Million Euro prognostiziert und diesen Wert im Oktober des gleichen Jahres ausdrücklich bestätigt. Nachdem sie anhand des Zwischenabschlusses per 11/03 Anfang Dezember feststellen musste, dass ein solches Ergebnis „im normalen Geschäftsgang" nicht zu erreichen war, lud sie für Samstag, den 6. Dezember 2003 die Leiter der folgenden Abteilungen zu einer außerordentlichen Sitzung ein : Anlagenmanagement, Materialwirtschaft, Personal, Produktion, Rechnungswesen und Vertrieb. Einziger Punkt der Tagesordnung : Kurzfristig wirksame Maßnahmen zur Ergebnisverbesserung. In der Einladung wurde darauf hingewiesen, dass man von jedem Bereich, von jedem Prozess-Verantwortlichen also, einen „Ergebnisbeitrag" von mindestens 100.000 Euro „erwarte".
Nach einer 5-stündigen Diskussion wurden folgende Maßnahmen beschlossen :

Abteilung	Maßnahme	Beitrag €
Anlagenmanagement	1. Die in 6/03 erfolgte Inbetriebnahme der beiden Anlagengruppen Alpha und Beta wird **zurückgenommen** und auf den Monat 7/03 verlegt.	+ 70.000
	2. Auf eine Wertberichtigung der an den Lieferanten Gamma (seit 6/03 insolvent) geleisteten Anzahlung wird **verzichtet**, weil mit einer Fortführung seiner Geschäfte „gerechnet" wird.	+ 60.000
	3. Auf die Anlagengruppe Lambda werden **außerplanmäßige** Abschreibungen vorgenommen, weil die mit ihr hergestellten Produkte nicht zu Selbstkosten verkauft werden können.	− 50.000
Materialwirtschaft	1. Die Reichweiten-Abschreibung auf die Produkt-Gruppe Delta wird **zurückgenommen**, weil man eine „Belebung" der Nachfrage erwartet.	+ 70.000
	2. Für den mit an „Sicherheit" grenzender Wahrscheinlichkeit in 3/04 zu erwartenden Auftrag Delta werden die bereits erbrachten Vorleistungen **aktiviert**.	+ 70.000
	3. Im Rahmen der Reichweiten-Abwertung für die Produktgruppe Zeta wird der Abschreibungssatz von 20% auf 40% **erhöht**, weil man eine rückläufige Nachfrage erwartet.	− 70.000
Personal	1. Die in 2003 eingeführte Tantieme-Regelung bleibt buchhalterisch noch „**unberücksichtigt**", weil die Auszahlung erst in 4/04 erfolgen wird.	+ 60.000
	2. In 2003 vereinbarte Abfindungen werden erst in 4/04 ausbezahlt. Rückstellungen werden **nicht gebildet**.	+ 70.000
Produktion	1. In der „Annahme", sich mit dem Kunden Jota einigen zu können, wird auf die Bildung individueller Rückstellungen für Gewährleistungen in 2003 **verzichtet**.	+ 50.000
	2. Aufgrund neuer „Perspektiven" werden **keine Abschreibungen** auf die Produktgruppe Omega vorgenommen, mit deren Fertigung in 3/03 begonnen und die zunächst als Fehlschlag eingestuft worden war.	+ 70.000
	3. Für eine drohende Verzugsstrafe (Kunde Ny) wird eine großzügige Rückstellung **gebildet**.	− 40.000
Vertrieb	1. Die überfällige Forderung an den Kunden Omikron wird nach einem Moratorium in „nicht fällig umgewidmet". Die bereits in 5/03 gebildete Wertberichtigung wird **zurückgenommen**.	+ 60.000
	2. Die für 1/04 geplante Abrechnung des Auftrages Ypsilon wird „in Anbetracht des hohen Reifegrades" auf 12/03 **vorgezogen**.	+ 50.000
	3. Der dem Kunden My zugesagte Jahresbonus, der „möglicherweise" nicht zum Tragen kommt, soll in jedem Fall erst in 2004 ausbezahlt werden. Auf eine Rückstellung per 12/03 wird **verzichtet**.	+ 15.000
	4. Die zunächst in Höhe von 75 % vorgenommene Einzel-Wertberichtigung auf die Forderung an den Kunden Theta wird in Anbetracht „sich beschleunigender Zahlungseingänge" auf 25 % **reduziert**.	+ 15.000
Gesamt		+ 500.000

Die Geschäftsleitung wies die Abteilungsleiter *ausdrücklich* darauf hin, bei Gesprächen mit dem Abschlussprüfer und seinem Team immer wieder zu betonen, dass man dem Grundsatz der vorsichtigen Bilanzierung weiterhin die höchste Priorität eingeräumt habe.

Es fällt auf, dass es neben den Maßnahmen mit einer *positiven* Auswirkung auf das Ergebnis auch drei Maßnahmen mit einer *negativen* Auswirkung gibt! Dies ist darauf zurückzuführen, dass ein Teilnehmer der Krisensitzung auf die „Einseitigkeit" des Maßnahmenkataloges hingewiesen und betont hatte, so etwas könne man den Abschlussprüfern doch nicht präsentieren. Die drei „Minuspositionen" wurden daraufhin noch nachträglich eingeführt. Könnte man hier nicht an ein *Ablenkungsmanöver* denken? Die Aussagekraft des Jahresabschlusses wird also durch ein solches Konzept aufs höchste in Mitleidenschaft gezogen, oder mit anderen Worten: „Seine Informationsfunktion droht dann durch Geheimhaltungsinteressen konterkariert zu werden." [229]

Mit der Beschreibung und Begründung der Maßnahmen wird der *Mechanismus der Bilanzpolitik* deutlich. Die Maßnahmen lassen erkennen, in welch *komplexem Umfeld* sich der Abschlussprüfer bewegen wird. [230]

- Er läuft Gefahr, die Aktivitäten des Anlagenmanagements zu übersehen, wenn er die Gesellschaft nicht während des *ganzen* Jahres begleitet hat,
- er wird im Bereich der Materialwirtschaft *Zeit* benötigen und hohe Ansprüche an *Prüfungsnachweise* stellen müssen, um sich eine Meinung über die Marktlage und den Bestand von Vorräten bilden zu können,
- er muss über die notwendige *Skepsis* verfügen, um auch die Personalwirtschaft in ausreichendem Maße in seine Überlegungen einzubeziehen,
- er muss über aktuelle Entwicklungen in der Fertigung *genau* informiert sein, um sich von „neuen" Produkten nicht blenden zu lassen und
- er muss die *Prüfungstechnik* mit ihren Varianten Vergleich, Befragung und Einsichtnahme beherrschen, um *zugedeckte* Risiken und ein *ungewöhnliches* Gebahren in der Auftragsabrechnung rechtzeitig zu erkennen.

Was kann er tun, wenn er nicht weiß, *welche* Systeme und Prozesse dem Management zur „Wahrnehmung der Bilanzpolitik" zur Verfügung stehen? (Wir haben nicht umsonst hervorgehoben, dass der Abschlussprüfer sich *den Jahresabschlussposten über die Prozesse nähern muss!*) Was wird geschehen, wenn er sich auf eine falsche Spur locken lässt und sich nur mit den drei „Minusposten" beschäftigt? Er würde sich *im Abseits des Financial Reporting Environment* bewegen und zu völlig falschen Schlussfolgerungen gelangen!

Das Beispiel sollte deutlich machen, dass *Bilanzpolitik*

- dazu dient, den Jahresabschluss „unter allen Umständen" so zu gestalten, dass er mit der Zielsetzung des Unternehmens und der damit ver-

---

229 M. Dobler: Risikoberichterstattung, S.3
230 Zum ISA 320 Revised (Materiality in the Identification and Evaluation of Misstatements) schreibt das IDW:"Nicht korrigierte, weil einzeln betrachtet unwesentliche Fehler, sind daraufhin zu beurteilen, ob diese insgesamt wesentlich für die Gesamtaussage des Abschlusses sind. In diesem Zusammenhang sind auch zielgerichtete und einseitige Bilanzierungsmaßnahmen des Managements (management bias) von Bedeutung, wenn der Prüfer zu der Auffassung gelangt, das diese gemeinsam mit den nicht bereinigten Fehlern in der Rechnungslegung insgesamt wesentlich für die Gesamtaussage des Abschlusses sind, und damit den Charakter eines „material misstatements" annehmen können."
(FN-IDW Nr. 1-2/2005, S. 74)

6 Zur Problematik der Bilanzpolitik

bundenen Strategie in Einklang steht, also das letzte Glied in der Kette: „Ziele-Strategien-Risiken" bildet.
- immer als Dogma, d.h. als behauptendes System, auftritt und sehr häufig nur als Maßnahmenbündel wirkt, weil es durch die „Strapazierung" einer einzigen Bilanzposition in der Regel nicht gelingt, das geplante Ergebnis zu erzielen [231] und
- sich immer wieder dadurch auszeichnet, dass Grundsätze ordnungsmäßiger Buchführung bewusst nicht beachtet werden.

Es sei in diesem Zusammenhang an Ausführungen erinnert, die im revidierten ISA 240 gemacht wurden und die an warnender Deutlichkeit nichts zu wünschen übrig lassen (Hervorh.d.d.Verf.) :

„Fraudulent financial journal often involves management override of controls that otherwise may appear to be operating effectively. Fraud can be committed by management overriding controls using such techniques as :
- Recording fictitious journal entries, particularly close to the end of an accounting period, to manipulate operating results or achieve other objectives;
- Inappropriately adjusting assumptions and changing judgements used to estimate account balances;
- Omitting, advancing or delaying recognition in the financial statements of events and transactions that have occurred during the reporting period;
- Concealing, or not disclosing, facts that could affect the amounts recorded in the financial statements;
- Engagement in complex transactions that are structured to misrepresent the financial position or financial performance of the entity;
- Altering records and terms related to significant and unusual transactions." [232]

Damit wird deutlich, wie groß das *Konfliktpotential* ist, das sich im Rahmen einer Abschlussprüfung aufstauen kann. Es ist aus der Sicht des Abschlussprüfers dadurch gekennzeichnet, dass er gezwungen ist,

- das Management zu veranlassen, aufgedeckte Fehler von maßgeblicher Auswirkung zu korrigieren und
- die Berichtsadressaten dauerhaft davon zu überzeugen, dass von ihm uneingeschränkt testierte Jahresabschlüsse frei von wesentlichen Fehlaussagen sind.

6.2 Herausforderungen für den Abschlussprüfer

Worin liegt nun die *Problematik* für den Abschlussprüfer ? Sie wird in den folgenden Fragen sichtbar : Wird es ihm gelingen :

- rechtzeitig zu erkennen, dass und ggf. wie stark das Unternehmen unter *Budgetdruck* steht (zeitliche Dimension der Abschlussprüfung) ?
- das *Motivationszentrum* (die für die Maßnahmen verantwortliche lokale Firmenleitung oder die Konzernobergesellschaft) ausfindig zu machen, um den Interessencharakter der Bilanzpolitik zu verstehen (sachliche Dimension der Abschlussprüfung) ?

---

[231] Es sei an die Erläuterungen im PS 260 (Das interne Kontrollsystem im Rahmen der Abschlussprüfung) erinnert, wo es unter TZ 24 heißt : *„Das Entdeckungsrisiko stellt das Risiko dar, dass der Abschlussprüfer durch seine Prüfungshandlungen Fehler in der Rechnungslegung nicht entdeckt, die für sich oder zusammen mit anderen Fehlern wesentlich sind."*
[232] In : FN-IDW 11/2004, S. 630

- Art und Umfang der Maßnahmen vollständig zu *identifizieren* und ihre Richtung gewissenhaft zu *interpretieren* (Analyse der Geschäftstätigkeit)?
- die Qualität der Maßnahmen nach legalen und illegalen Aktivitäten zu *trennen* (Analyse der Kontrolltätigkeit)?
- deklarierte Arbeitsfehler als *bewusste* Verstöße zu entlarven?
- „systematischen Formen der Informationsabschottung" [233] auf die Spur zu kommen"?
- *Prüfungsdifferenzen* zu ermitteln und daraus
- Konsequenzen für den *Bestätigungsvermerk* abzuleiten (verbleibende Prüfungshandlungen)?

Je stärker eine Geschäftsleitung unter Druck steht und je mehr sie ihre *berufliche Stellung* von dem Erreichen der geplanten Ziele abhängig macht, je ungünstiger also ihr „Financial Reporting Environment" ist, desto eher wird sie geneigt sein, die *Regeln* des Internen Kontrollsystems *außer Kraft* zu setzen und in Abhängigkeit vom Zielerreichungsgrad mehr und mehr legale Maßnahmen mit *illegalen* Aktivitäten zu verbinden. Die umfangreichen Fälle der Bilanzmanipulation – siehe dazu Kapitel IV - liefern dafür ein warnendes Beispiel, und der Abschlussprüfer muss sich darauf einstellen. [234]

Ein Unternehmen mit angespannter Ertragslage ist i.d.R. angespannt „in all seinen Verästelungen". *Verästelt* wird dann auch die Bilanzpolitik sein. Man muss also mit einem Unternehmen wirklich vertraut sein, d.h. seine Geschäftsvorfälle und Geschäftsrisiken genau kennen, um zu wissen, welcher „Instrumente" sich die Geschäftsleitung überhaupt *bedienen kann* (hier gibt es u.U. limitierende Bedingungen von Abschlussrichtlinien) und welcher sie sich voraussichtlich *bedienen wird*, um ihre Ziele „tatsächlich" zu erreichen. Nur wer die „ursprünglichen Ziele" kennt, wird auch ein Verständnis für *„drohende Zielabweichungen"* entwickeln und seine Prüfungshandlungen rechtzeitig auf die Entdeckung bilanzpolitischer Maßnahmen einstellen können. [235]

„Ziele" und „Jahresabschluss" sind auf einer psychologisch abschüssigen Bahn durch „ausdrückliche Verlautbarungen" folgendermaßen miteinander verknüpft:

Statement	Erklärung
Announcement	Ankündigung
Assertion	Behauptung

---

[233] K.H. Küting : Das deutsche Prüfungswesen in der Kritik, in : FAZ 23.2.00, Nr. 45, S. 22

[234] Im bereits erwähnten ISA 240 (Revised) wird unter TZ 18 auf Folgendes hingewiesen : „The risk of not detecting a material misstatement resulting from fraud is higher than the rsik of not detecting a material misstatement resulting from error because fraud may involve sophisticated and carefully organized schemes designed to conceal it, such as forgery, deliberate failure to record transactions or intentional misinterpretations being made to the auditor. Such attempts at concealment may be even more difficult to detect when accompanied by collusion." (in : FN-IDW Nr. 11/2004, S. 635)

[235] M. Dobler (Risikoberichterstattung) beschäftigt sich u.a. mit modelltheoretischen Analysen, die der Frage nachgehen, wie Manager mit „ungünstigen Entwicklungen" informationspolitisch umgehen und kommt zu dem Ergebnis: „Der Wert der Arbeit liegt ... darin, dass zentrale qualitative Modellergebnis empirisch zu bestätigen: Risiken aus Unternehmensentwicklungen, die negativ von den erwarteten abweichen, werden nicht oder umso später offenbart, je ungünstiger sie sind." (S.67)

6 Zur Problematik der Bilanzpolitik

Wenn es sich bei den Zielen um „Aussagen oder Vorstellungen über zukünftige, als erstrebenswert erachtete oder zu vermeidende Zustände (handelt), die durch konkrete (Maßnahmen) realisiert werden sollen" [236], dann ist es – im Rahmen eines labilen „financial reporting environment" – durchaus möglich, dass das Management nach Ablauf der geplanten Zeit die *„zwingende Behauptung"* aufstellt, dass der Jahresabschluss das Erreichen dieser Ziele auch repräsentiert.

Wir haben zu Beginn dieses Handbuches die *Eigenverantwortlichkeit* als „prima inter pares" der Tugenden des Abschlussprüfers bezeichnet. Dieser Gedanke sei an dieser Stelle wieder aufgegriffen. Der Abschlussprüfer wird die „schwierige Strömung" nur meistern, wenn er auf eine solche Situation eingestellt ist und sein Instrumentarium (mit VEBBAG und VA PENE kurz skizziert) so einsetzt, dass er die Absichten des Managements rechtzeitig durchschauen kann. Nicht umsonst hat das IDW in seinem PS 260 in TZ 28 auf Folgendes hingewiesen (Hervorheb.d.d.Verf.) :

„Bei der Beurteilung der inhärenten Risiken auf Unternehmensebene sind im Rahmen der Entwicklung einer Prüfungsstrategie u.a. die folgenden unternehmensinternen und unternehmensexternen Faktoren zu beachten :
— Integrität und Kompetenz der Unternehmensleitung sowie Kontinuität in der Zusammensetzung der gesetzlichen Vertreter,
— ungünstige Entwicklungen im Unternehmen oder in der Branche, die die Unternehmensleitung zur *Anwendung fragwürdiger bilanzpolitischer Maßnahmen* verleiten könnten,
— Art und Umfang der Geschäftstätigkeit des Unternehmens,
— Besonderheiten der Geschäftsentwicklung,
— branchenspezifische Faktoren, z.B. neue Technologien, Nachfrageänderungen und Konkurrenzentwicklungen ..."

Wer die Ziele und Strategien eines Unternehmens nicht kennt, hat *keine Chance*, sich im Dickicht eines Rechenwerkes zurechtzufinden. Er bewegt sich nämlich nicht in einem beleuchteten Korridor (Leitfunktion des Business Understanding !), sondern tappt – sich hilflos auf Stichproben stützend – im Dunkeln und kann seinem Team keinerlei Orientierung geben. Nur derjenige Abschlussprüfer, der die Risikolage eines Unternehmens beurteilen kann, wird auch eine Vorstellung über den *bilanzpolitischen Rahmen* gewinnen können, in dem sich das Management u.U. bewegen wird. [237] Seine Prüfungs-

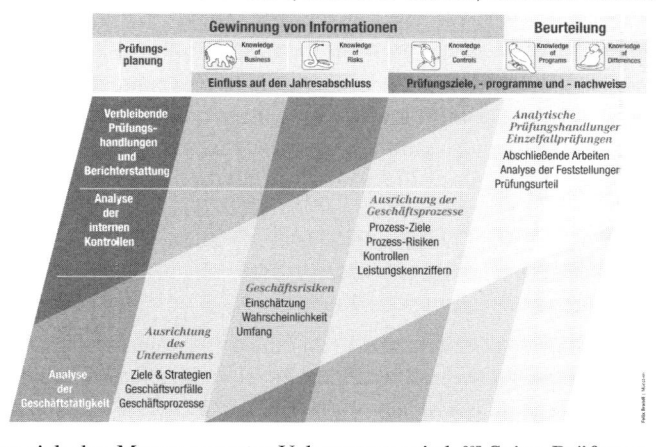

---

[236] H. Corsten : Produktion ist mehr als die Gestaltung von Prozessen, in : FAZ 21.5.01, Nr. 117, S. 30
[237] In diesem Zusammenhang ist eine Formulierung interessant, die Lenz zur „Institution Jahresabschlussprüfung" getroffen hat : „Die Institution 'Jahresabschlussprüfung', verstanden als Menge der formalen und informalen Regeln, die sie konstituieren, ist ein Regelungssystem, das beispielsweise ein eigennützig agierendes Management im Zusammenwirken mit anderen Institutionen – wie der Rechnungslegung und einem Aufsichtsrat – im Interesse der Kapitalgeber überwachen soll, um dadurch Kooperationserfolge abzusichern." (H.R. Lenz : Prüfungstheorie, a.a.O. Sp. 1927)

handlungen müssen den *Nachweis* führen, ob und ggf. in welchem Umfang dies *wirklich* geschehen ist.

Am Beispiel der Bilanzpolitik wird die *Verantwortung* des Abschlussprüfers besonders deutlich : Es ist seine Aufgabe zu verhindern, dass eine Krise von der Geschäftsleitung „überspielt" wird und den Aufsichtsorganen wertvolle Zeit zur Ergreifung von Gegenmaßnahmen verlorengeht. Wenn seine Prüfungsfeststellungen den bilanzpolitischen Maßnahmenkatalog (wenn vielleicht auch nicht vollständig, aber doch dessen Richtung) aufdecken, wird das Ergebnis seiner Arbeit als wertvoller Beitrag im Rahmen eines *„erweiterten Früherkennungssystems"* aufgefasst werden und die Beziehungen „Aufsichtsrat / Wirtschaftsprüfer" nachhaltig stärken.

Wie groß andererseits dann aber auch die *Enttäuschung* sein kann, wenn dieser „Zeitverlust" (der in der Regel erhebliche Kosten verursacht) erkannt wird, geht aus folgender Notiz hervor : „Die zu Oetker gehörende Radeberger-Gruppe hat mit der Dortmunder Brau und Brunnen AG (BuB) einen anspruchsvollen Sanierungsfall erworben." Radeberger-Chef Ullrich Kallmeyer ist der Meinung, „der Kurs von BuB sei vom Vorstand spekulativ nach oben getrieben worden, das habe die Übernahme schwieriger und teurer gemacht. ... Bei einer Beibehaltung der bis 2002 geltenden Bilanzkontinuität hätte BuB für 2003 statt 7,5 Millionen Euro Gewinn einen Verlust von 20 Millionen Euro ausgewiesen, so kritisierte er den ehemaligen Vorstand. Allein die Streckung der sonst in einem Jahr erfolgenden Leergutabschreibungen habe das Ergebnis um 10 Millionen Euro geschönt. 'Der ausgewiesene Gewinn hat damit unberechtigte Hoffnungen auf eine echte Wende beschert.' [238]

Nach den vorangegangenen Überlegungen drängt sich jetzt natürlich die Frage auf, worin der *Unterschied zwischen „Bilanzpolitik" und „Bilanzmanipulation"* besteht. „Politik" (auf den griechischen Ursprung „Staatsgeschäfte" zurückgehend) ist laut Brockhaus Enzyklopädie [239] „konsequentes und zielbewusstes Handeln. Von Politik im eigentlichen Sinn spricht man nur, wenn dieses Handeln auf die ordnende Gestaltung des Gemeinwesens bezogen ist. Der Begriff Politik wird aber auch auf entsprechendes Handeln in nichtstaatlichen Bereichen übertragen. ... (Politik im ersteren Sinne) vollzieht sich in der Regel innerhalb gewisser durch Konvention oder Satzung festgelegter Normen ... , die ihren Handlungsspielraum abgrenzen. ... Im einzelnen ist Politik charakterisiert entweder durch das Ziel oder den Gegenstand des entsprechenden Handelns (z.B. Wirtschaftspolitik ...), durch den Bereich, in dem sich dieses Handeln vollzieht (z.B. Außenpolitik ...), durch den entsprechenden Handlungsträger (z.B. Parteipolitik ...), oder durch die für das jeweilige Handeln bezeichnenden Verhaltensweisen und Maximen (z.B. ... Interesssenpolitik)."

Folgt man dem genannten Lexikon, so versteht man unter *„Manipulation"* allgemein einen „kunstgerechten Handgriff", im Bereich der „Politik, Psychologie, Publizistik meist abwertend" allerdings, „eine Steuerung fremden Verhaltens, derer sich die betroffenen Personen kaum oder gar nicht bewusst werden und die besonders im Interesse des Ausführenden liegt."

Abgrenzungskriterium zwischen Bilanzpolitik und Bilanzmanipulation kann demnach nur die „ordnende Gestaltung" im Sinne einer „allgemein anerkannten Norm" sein. In jedem Falle sind die Übergänge fließend. Gemessen an der Vielzahl von Fällen, denen der Abschlus-

---

238 o.V. : Massive Kritik am früheren Vorstand. (Getränkegruppe Brau und Brunnen vor herben Einschnitten.) in : FAZ 4.8.04, Nr. 179, S. 12
239 Brockhaus, 14. Band (1972), S. 743

sprüfer im Laufe eines langen Berufslebens begegnet bzw. mit denen er sich anhand der Wirtschaftspresse auseinandersetzen kann, wird Bilanzpolitik mehr von *weiten Ermessensspielräumen* als von illegalen Elementen geprägt, die so stark sind, dass man das gesamte Maßnahmenbündel und sein Ziel insgesamt noch nicht als moralisch verwerflich bezeichnen kann.

Von entscheidender Bedeutung im Sinne der Corporate Governance ist die interne *Kommunikation* : Wird Bilanzpolitik im Sinne einer ordnenden Gestaltung auch von den Aufsichtsgremien mitgetragen, weil man eine Verbesserung der wirtschaftlichen Lage erwarten und sicher sein darf, kurzfristig wieder in ruhigeres Fahrwasser zurückkehren zu können, wird sich im Interesse des Unternehmens niemand über eine solche Strategie beklagen können. Die Erfahrung zeigt allerdings, dass die Aufsichtsgremien häufig nicht in vollem Umfang über bilanzpolitische Maßnahmen informiert sind. Es ist daher zu befürchten, dass die Grenze zur Bilanzmanipulation, die als *illegale* Interessenpolitik des Managements–das Ziel verfolgt, insbesondere Aktionäre/Gesellschafter und Aufsichtsorgane *massiv* zu *täuschen*, öfter überschritten wird, als man dies bislang angenommen hat.

Bringen wir die Angelegenheit auf einen einfachen Nenner : Bilanz*politik* kann dem Unternehmen nützen; eine Garantie dafür gibt es allerdings nicht, Bilanz*manipulation* schadet dem Unternehmen, verbunden mit dem Risiko erheblicher Verluste und der Insolvenz. Beide – Bilanzpolitik und Bilanzmanipulation – stellen an den Abschlussprüfer höchste Anforderungen. Wenn er diesen nicht gewachsen ist, wird er das *Prüfungsrisiko* nicht in den Griff bekommen. (Es hat Abschlussprüfer gegeben, die mit „ihrem" Unternehmen untergegangen sind !)

Natürlich gehört die *Auseinandersetzung mit Bilanzpolitik* (vor allem, wenn diese sich am „Rande der Manipulation" bewegt) nicht zum Tagesgeschäft eines Abschlussprüfers, es müsste aber spätestens jetzt ganz deutlich geworden sein, wie sensibel er sein Instrumentarium, zu dem insbesondere die *Prüfungsziele* gehören, einsetzen muss, um rechtzeitig erkennen zu können, in welcher „Großwetterlage" er sich bewegt.

Wir werden uns im Kapitel IV. (Gravierende Fälle falscher Angaben in der Rechnungslegung) mit dem Problem der Bilanzmanipulation erneut beschäftigen und anhand aktueller Fälle der Frage nachgehen, worin die Gründe dafür zu sehen sind, dass Täuschungen von den zuständigen Prüfern zu spät oder gar nicht erkannt wurden.

6.3 Engpass-Kalkulation

Die Systematik einer Abschlussprüfung, d.h. ihr 3-Phasen-Verlauf (Analyse der Geschäftstätigkeit, Analyse der Kontrolltätigkeit und verbleibende ausagebezogene Prüfungshandlungen) bringt es mit sich, dass für die verbleibenden Prüfungshandlungen nur noch wenig Zeit unter der Voraussetzung entfällt, dass man die Qualität des Internen Kontrollsystems als hoch eingestuft hat. Warum sollte man auch abschließend im Sinne der „substantive procedures" noch umfangreiche Detailtests durchführen, wenn man sicher sein kann, dass das IKS die Abschlussaussagen des Managements zur **V**ollständigkeit, zum **E**igentum, zum **B**estand, zur **B**ewertung, zum **A**usweis und zur **G**enauigkeit stützt ?

Diese Philosophie gilt allerdings nur so lange, wie nicht zu befürchten ist, dass die Geschäftsleitung mit *bilanzpolitischen Maßnahmen* in das vorläufige Rechenwerk des Jahresabschlusses eingreift. Das war auch der Grund, weshalb wir im Kapitel II. 6. u.a. auf Folgendes hingewiesen haben : *„Verbleibende Prüfungshandlungen* bekommen dann ... den Charakter von Sonderaktionen, die nach einer planmäßigen Prüfung der internen Kontrollen im Sinne der Abschlussprüfung streng genommen *systemwidrig* sind."

Engpass bedeutet für den Abschlussprüfer, dass er sich – häufig unerwartet - auf die folgende Aussage nicht mehr verlassen kann : „Knowledge of effective process execution can provide the auditor with assurance that the business systems behind the financial presentation are reliable and are producing the business results portrayed in such presentation." [240]

In unsicheren Zeiten, insbesondere dann, wenn sich die Geschäftsleitung schon relativ früh auf bestimmte Zahlen (öffentlich oder konzern-intern) festgelegt hat, muss der Abschlussprüfer in zeitlicher und fachlicher Hinsicht ausreichende *Reserven* besitzen, um zu verhindern, dass seine budgetierte und mit dem Mandanten honorarmäßig vereinbarte Zeit nicht ausreicht, um durch zusätzliche Prüfungshandlungen die *Auswirkungen der Bilanzpolitik* feststellen zu können. (Puffer-Funktion der verbleibenden Prüfungshandlungen) Die Engpass-Kalkulation des Abschlussprüfers muss also auf Bilanzpolitik vorbereitet sein. Diese Vorbereitung wird um so besser funktionieren, je eher er den Eindruck gewinnt, dass das Management seine Ziele voraussichtlich nicht erreichen kann.

Die zeitliche Dimension der Abschlussprüfung erscheint hier in einem besonderen Licht. Dabei wird der Abschlussprüfer auch erneut auf den PS 300 des IDW stoßen, in dem es unter TZ 13 heißt : „Prüfungshandlungen, die zur Erlangung von Prüfungsnachweisen notwendig sind, dürfen jedoch nicht alleine deshalb unterlassen werden, weil mit ihrer Durchführung Schwierigkeiten und Kosten verbunden sind."

7 Prüfung des Anhangs

Da die Prüfung der einzelnen Anhangangaben von denjenigen Prüfern vorgenommen werden sollte, die mit der Prüfung der entsprechenden Jahresabschlussposition beauftragt sind, und weil bestimmte Fragen zum Anhang auf mehrere Posten gleichzeitig zutreffen, werden wichtige Fragen zusammenfassend im Folgenden hier behandelt.

7.1 Allgemeine Fragen

1. Wird im Anhang angegeben und erläutert, wenn Vorjahresbeträge mit den Zahlen des Berichtsjahres nicht vergleichbar sind (§ 265 Abs. 2 Satz 2 HGB) ?

2. Wird im Anhang angegeben und erläutert, wenn Vorjahresbeträge angepasst wurden (§ 265 Abs. 2 Satz 3 HGB) ?

3. Wird im Anhang angegeben, dass die nach § 161 AktG vorgeschriebene Erklärung (sogenannte Entsprechungserklärung [241]) abgegeben und den Aktionären zugänglich gemacht wurde ?

---

240 J.W. Arricale / T.B. Bell / I. Solomon / S. Wessels : Strategic-Systems Auditing, a.a.O. S. 24
241 Vgl. Auswirkungen des Deutschen Corporate Governance Kodex auf die Abschlussprüfung (IDW PS 345 TZ 2)

7.2 Fragen zu den Bilanzierungs- und Bewertungsmethoden

Wird im Anhang angegeben :

1. Die auf die Posten der Bilanz und der Gewinn- und Verlustrechnung angewandten Bilanzierungs- und Bewertungsmethoden (§ 284 Abs. 2 Nr. 1 HGB) ?
2. Die Grundlagen für die Umrechnung in Euro (§ 284 Abs. 2 Nr. 2 HGB) ?
3. Die Abweichungen von Bilanzierungs- und Bewertungsmethoden und deren Begründung (§ 284 Abs. 2 Nr. 3, 1. Halbsatz HGB) ?
4. Die gesonderte Darstellung des Einflusses der Abweichungen von Bilanzierungs- und Bewertungsmethoden und deren Begründung (§ 284 Abs. 2 Nr. 3, 2. Halbsatz HGB) ?
5. Die außerplanmäßigen Abschreibungen im Anlagevermögen (§§ 277 Abs. 3 Satz 1, 253 Abs. 2 Satz 3 HGB) ?
6. Die in der Bilanz zusammengefassten Posten (§§ 265 Abs. 7, 266 Abs.2 HGB) ?
7. Die Mitzugehörigkeit zu anderen Posten, wenn dies zur Aufstellung eines klaren und übersichtlichen Jahresabschlusses erforderlich ist ? Wird alternativ der Vermerk der Mitzugehörigkeit in der Bilanz gewählt (§ 265 Abs. 3 Satz 1 HGB) ?
8. Die Entwicklung der einzelnen Posten des Anlagevermögens (§ 268 Abs. 2 Satz 1 HGB) ? Werden hierbei, ausgehend von den gesamten Anschaffungs- und Herstellungskosten, die Zugänge, Abgänge, Umbuchungen und Zuschreibungen des Geschäftsjahres sowie die Abschreibungen in ihrer gesamten Höhe aufgeführt (§ 268 Abs. 2 Satz 2 HGB) ?
9. Die Ausleihungen, Forderungen und Verbindlichkeiten gegenüber Gesellschaftern bei der GmbH / GmbH & Co. (§ 42 Abs. 3 GmbHG, §§ 264 c Abs. 1 Satz 1) ?
10. Der Betrag der Forderungen mit einer Restlaufzeit von mehr als einem Jahr bei jedem gesondert ausgewiesenen Posten (§ 268 Abs. 4 Satz 1 HGB) ?
11. Der Betrag der Verbindlichkeiten mit einer Restlaufzeit bis zu einem Jahr bei jedem gesondert ausgewiesenen Posten (§ 268 Abs. 5 Satz 1 HGB) ?
12. Der Betrag der Verbindlichkeiten mit einer Restlaufzeit von mehr als fünf Jahren für jeden gesondert ausgewiesenen Posten (§ 285 Nr. 1 a, Nr. 2 HGB) ?
13. Zu jedem gesondert ausgewiesenen Verbindlichkeitsposten der Betrag der Verbindlichkeiten, die durch Pfandrechte oder ähnliche Rechte gesichert sind, unter Angabe von Art und Form der Sicherheiten (§ 285 Nr. 1 b, Nr. 2 HGB) ?
14. Die in der G+V zusammengefassten Posten (§§ 265 Abs. 7, 275 Abs. 2, 3 HGB) ? (Hinweis zum Ausweis eines Rohergebnisses : § 276 S. 1 HGB.)
15. Die Aufgliederung der Umsatzerlöse nach Tätigkeitsbereichen und geographisch bestimmten Märkten, soweit sich – unter Berücksichtigung der Organisation des Verkaufs von für die gewöhnliche Geschäftstätigkeit der Kapitalgesellschaft typischen Erzeugnissen und der für die gewöhnliche Geschäftstätigkeit der Kapitalgesellschaft typischen Dienstleistungen – die Tätigkeitsbereiche und geographisch bestimmten Märkte untereinander erheblich unterscheiden (§ 285 Satz 1 Nr. 4) ? (Erleichterungsvorschrift für die mittelgroße GmbH / GmbH & Co. : § 288 Satz 2 HGB)
16. Die Erläuterung (nach Betrag und Art) von Erträgen und Aufwendungen, die Bestandteil der in der G+V ausgewiesenen außerordentlichen Erträge und außerordentlichen Aufwendungen sind, soweit die ausgewiesenen Beträge für die Beurteilung der Ertragslage nicht von untergeordneter Bedeutung sind (§ 277 Abs. 4 Satz 2 HGB) ?
17. Die Erläuterung (nach Betrag und Art) von periodenfremden Erträgen und Aufwendungen, soweit die ausgewiesenen Beträge für die Beurteilung der Ertragslage nicht von untergeordneter Bedeutung sind (§ 277 Abs. 4 Satz 3 HGB) ?

8 Die Prüfung des Lageberichtes

§ 316 HGB (Pflicht zur Prüfung) legt fest, dass der Jahresabschluss und der Lagebericht von Kapitalgesellschaften, die nicht kleine im Sinne des § 267 Abs.1 sind, durch einen Abschlussprüfer zu prüfen sind. Hat keine Prüfung stattgefunden, so kann der Jahresabschluss *nicht* festgestellt werden. In § 317 HGB (Gegenstand und Umfang der Prüfung) wird dazu in Abs.2 ergänzt : Der Lagebericht... (ist) darauf zu prüfen, ob (er) mit dem Jahresabschluss ... sowie mit den bei der Prüfung gewonnenen Erkenntnissen der Abschlussprüfers in Einklang (steht) und ob (er) insgesamt eine *zutreffende* Vorstellung von der Lage des Unternehmens ... vermittelt. Dabei ist auch zu prüfen, ob die *Chancen* und *Risiken* der künftigen Entwicklung zutreffend dargestellt sind. Konsequenterweise wird dann in dem ebenfalls neu gefassten § 322 HGB (Bestätigungsvermerk) in Abs. 6 festgelegt, dass sich die *Beurteilung* des Prüfungsergebnisses auch darauf zu erstrecken hat, ob der Lagebericht ein zutreffendes Bild vermittelt. Es sei erneut betont, dass der Begriff „Chance" durch das Bilanzrechtsreformgesetz dem Begriff „Risiko" zur Seite gestellt wurde.

8.1 Die Kenntnisse über die Geschäftstätigkeit als „conditio sine qua non"

Es wurde bereits in Kapitel I. 2.1. darauf hingewiesen, dass der § 289 HGB durch das Bilanzrechtsreformgesetz völlig neu gestaltet wurde. In die Darstellung des Geschäftsverlaufes ist nunmehr auch das „Geschäftsergebnis" einzubeziehen (Abs. 1 S. 1). Der Lagebericht hat darüber hinaus „eine ausgewogene und umfassende, dem Umfang und der Komplexität der Geschäftstätigkeit entsprechende Analyse des Geschäftsverlaufes und der Lage" zu enthalten. (Abs. 1 S. 2)

Der Abschlussprüfer hat also im Rahmen eines *Gesamturteils* positiv festzustellen, dass nach *seiner* Auffassung der Lagebericht eine zutreffende Vorstellung vom Unternehmen vermittelt. *Sein Urteil* betrifft einerseits die Feststellung, dass der Lagebericht im Einklang mit dem Jahresabschluss steht, andererseits „fließen in dieses Urteil auch die vom Abschlussprüfer 'bei seiner Prüfung' gewonnenen Erkenntnisse ... ein." [242] Diesen anspruchsvollen Aufgaben werden der Abschlussprüfer und sein Team nur dann gerecht, wenn die Abschlussprüfung in den nun hinreichend bekannten 3 Phasen abgewickelt und deren logische Verknüpfung, die sich auch in den Arbeitspapieren niederschlagen muss, beachtet wird. Die entscheidenden Weichen für eine ordnungsgemäße Prüfung werden bereits bei der Analyse der Geschäftstätigkeit gestellt. Erst das *Verständnis* für Geschäftsvorfälle und Geschäftsrisiken (Strategieanalyse) und die Einschätzung der Qualität interner Kontrollen (Prozessanalyse) werden den Abschlussprüfer befähigen, auch das „Geschäftsergebnis" beurteilen zu können.

Während der Begriff *„Jahres*ergebnis" im Sinne der Abgrenzung verschiedener Perioden in erster Linie auf die Chronologie der Ereignisse eingestellt ist, ist der Begriff *„Geschäfts*ergebnis" mehr auf die Individualität von Geschäftsvorfällen und Geschäftsrisiken zugeschnitten, wodurch die Bedeutung des PS 230 ganz unerwartet in den Mittelpunkt der Betrachtungen gerückt wird.

---

242 Förschle/Küster : § 317 HGB (Gegenstand und Umfang der Prüfung), in : BBK S. 1827, TZ 56

Wenn hier eine neue Fokussierung in der Berichterstattung stattfinden sollte, wird der risikoorientierte Abschlussprüfer auf diese Entwicklung vorbereitet sein, denn er hat sich (i.d.R. über betriebswirtschaftliche Ergebnisrechnungen) mit der Aufwands- und Ertragsstruktur (ggf. sogar segmentweise) vertraut gemacht, um nachvollziehen zu können, ob diejenigen Faktoren, die nach Ansicht der Geschäftsleitung das *Geschäftsergebnis* maßgeblich beeinflusst haben, *vollständig* erwähnt wurden und ob ihr Einfluss auf den Jahresabschluss korrekt dargestellt ist. Wer bislang noch der Meinung war, dass man die Frage nach dem *Einfluss* von Geschäftsvorfällen und Geschäftsrisiken auf den Jahresabschluss nicht überbewerten dürfe, der müsste spätestens *jetzt* zu einer anderen Auffassung gelangen.

Strategie-Analyse		Prozess-Analyse
Geschäftsvorfälle	Geschäftsrisiken	Internes Kontrollsystem
Liefergeschäft	*Unternehmens-Ebene*	*Kostenrechnung*
Systemgeschäft		*Betriebswirtschaftliche Ergebnisrechnung*
Anlagengeschäft	*Prozess-Ebene*	
Dienstleistungsgeschäft		
	Geschäftsergebnis	
	Jahresabschluss	

Dass mit der Analyse der Geschäftstätigkeit auch die Frage verbunden ist, inwieweit das sogenannte „financial reporting environment" die Erstellung des Jahresabschlusses geprägt und demgemäß das Geschäftsergebnis und seine Komponenten beeinflusst hat, sei an dieser Stelle erneut mit Nachdruck betont. Wenn der Abschlussprüfer nicht weiß, dass ein Unternehmen unter *Budgetdruck* steht (das kann eine *Verfehlung* von Zielen, aber auch eine *Übererfüllung* des Solls bedeuten), der wird für bilanzpolitische Themen nur unzureichend sensibilisiert sein und die Lage des Unternehmens dementsprechend falsch einschätzen.

Wer die wesentlichen Geschäftsvorfälle, ihre neuen Erscheinungsformen im System-, Anlagen- oder Dienstleistungsgeschäft und den auf ihnen möglicherweise lastenden *Budgetdruck* nicht kennt, wer dementsprechend nicht genau weiß, wie das Interne Kontrollsystem mit ihnen und den entsprechenden Geschäftsrisiken umgeht, der kann sich auch kein Urteil über ihren *Einfluss* auf den Jahresabschluss bilden. Er wird dann auch nicht in der Lage sein, zu erkennen, ob über die künftige Entwicklung „mit ihren wesentlichen Chancen und Risiken" korrekt berichtet wurde.

Wir hatten die Polarität von „Chancen und Risiken" schon sehr früh im Visier, und zwar bereits zu einem Zeitpunkt, in dem wir uns Gedanken über die Herkunft des Begriffes „Risiko" gemacht haben. (Siehe Kapitel II. 1.2.1.) Und wir haben bewusst rechtzeitig betont, dass man mit einem Unternehmer immer zuerst über seine *Chancen* sprechen muss, wenn man erfahren will, wie er seine *Risiken* sieht und wie er sie behandelt. Da die Chancenperspektive [243] nun mehr offiziellen Eingang in den Lagebericht gefunden hat (sie war natürlich immer be-

---

[243] Vgl. o.V.: *Mehr Risiken als Chancen bei Herstellern von Nahrungs- und Genussmitteln*, in: FAZ 13.6.03, Nr. 135, S. 20

reits vorhanden, weil man über Risiken isoliert nicht vernünftig sprechen kann), wird man ihr im Rahmen der Prüfung des Jahresbschlusses eine verstärkte Beachtung schenken müssen, um über ausreichende Informationen, Dokumente und Belege zu verfügen, die den *Nachweis* dafür liefern müssen, dass die Aussage der Geschäftsleitung zu ihren Chancen *zutreffend* formuliert wurde.

Erinnern wir uns an die einzelnen Unternehmen (es wird unterstellt, dass es sich ausnahmslos um Kapitalgesellschaften handelt), die wir bereits – unter ganz verschiedenen Aspekten – behandelt haben. Welche Informationen müssten wir noch vertiefen, über welche *Zusammenhänge* noch weiter nachdenken, um auf die Prüfung des Lageberichtes vorbereitet zu sein ?

— Bei DEICES (Schuh-Einzelhandel) sieht man Chancen in der „fortschreitenden Vertikalisierung", spürt aber gleichzeitig bei den Kunden eine Zunahme der Preissensibilität. In der Branche wird über das Problem von Billigimporten diskutiert. Wie haben sich die Geschäfte in Nordamerika [244] und in der Schweiz [245] entwickelt, und welche Spuren haben sie in den entsprechenden Jahresabschlüssen hinterlassen ?

— Bei WAKON (Möbelproduktion) sieht man das Auslandsgeschäft (u.a. mit China) als Wachstumstreiber. Über Kreditrisiken hat der Vorstand allerdings nicht gesprochen ! [246] Bedrohen den Markt für Designer-Möbel Beteiligungsgesellschaften, die – z.B. in Italien – im Rahmen geschlossener Fonds das Geschäft mit Luxusartikeln betreiben ?

— Bei TAIHAM (modische Bekleidung) verweist man auf besonders kreative Kollektionen. Die Branche stellt mittlerweile einen „Wandel im Konsumentenverhalten" [247] fest. Ist diese Aussage durch Art und Umfang von Vor-Bestellungen aus dem Handel eigentlich gedeckt ?

— Bei BRATO (Brauerei) will man durch die Steigerung des Exports wachsen. Wird man sich aber angesichts der internationalen Konkurrenz langfristig behaupten können ? [248] Wird das mit der Einführung des Dosenpfandes verbundene Risiko eigentlich realistisch beurteilt ?

— Die Geschäftsleitung von WELOS (Autohaus) hat seinem Unternehmen ehrgeizige Wachstums- und Ergebnisziele vorgegeben. Nehmen die Risiken zu ? [249] Gelingt ihm trotz des hohen Preiswettbewerbs tatsächlich eine relativ hohe Umsatzrendite ? Welchen Ergebnisbeitrag hat eigentlich sein größter Betrieb in Ostdeutschland geliefert ?

Es dürfte sich wohl kaum Widerspruch erheben, wenn man feststellt, dass die im Lagebericht gemäß § 289 HGB getroffenen Aussagen mit besonderer Gründlichkeit geprüft werden müssen. Zum Gegenstand und Umfang der Prüfung führen Förschle/Küster u.a. aus : „Im Einklang stehen muss der Lagebericht mit den Informationen, die sich im Jahresabschluss wiederfinden, sowie den sonstigen, im Rahmen der Jahreabschlussprüfung gewonnenen Informationen." ...

„Die beiden Prüfungsbereiche („in Einklang steht" und „zutreffende Vorstellung von der Lage des Unternehmens...") richten sich nicht nach den Einzelvorschriften in § 289, sondern nach den jeweiligen Umständen und Informationen und müssen gleichwertig beurteilt werden : Werden im Lagebericht Zahlen genannt und beziehen sich diese auf die Zeit vor dem Testat-Datum, müssen diese Zahlen entweder mit den Unterlagen des Mandanten zum Jahresab-

---

244 Vgl. C. Tigges : *Wachsende Sorgen über den Export von Arbeitsplätzen*, in : FAZ 7.2.05, Nr. 31, S. 12
245 Vgl. K. Mrusek : *Erste Dämpfer auf hohem Niveau (Auch die Schweizer zeigen Kaufzurückhaltung beim Konsum / Der Aufschwung bringt keine Arbeitsplätze)*, in : Länderbericht Schweiz, FAZ 20.12.04, Nr. 297, S. 12
246 o.V. : *Chinas Drahtseilakt zur Abkühlung der Konjunktur*, in : FAZ 17.6.04, Nr. 138, S. 14
247 o.V. : *„Die Stimmung ist nicht nur gut, sie ist euphorisch."*, in : FAZ 1.2.05, Nr. 26, S. 16
248 o.V. : *Die Ausländer erobern den deutschen Biermarkt*, in : FAZ 21.1.04, Nr. 17, S. 15
249 o.V. : *Vorboten einer Autokrise*, in : FAZ 4.9.04, Nr. 206, S. 13

schluss, den Arbeitspapieren des Abschlussprüfers oder mit vorhandenen Statistiken abgestimmt werden. Dann stehen diese Zahlen *„im Einklang"* mit dem Jahresabschluss." ...

„Es ist ... unter Berücksichtigung der im Rahmen der Jahresabschlussprüfung... gewonnenen Erkenntnisse festzustellen, dass der Lagebericht alle Sachverhalte erwähnt, die für die Lagebeurteilung *wesentlich* sind." (BBK § 317 TZ 58)

Mit der *Neufassung des § 289 HGB* muss auch die Frage verbunden sein, ob der Gesetzgeber hier (nach Einschätzung des IDW „nur") eine „Konkretisierung" vorgenommen oder die Anforderungen an den Lagebericht erhöht hat. [250] Die Aufnahme der Begriffe „Geschäftsergebnis", „Komplexität" und „Leistungsindikatoren" lässt allerdings vermuten, dass das Informationsniveau deutlich angehoben werden soll. Richtgrößen der genannten Art sollen *auf breiter Front* einen weitaus größeren Druck ausüben als die alte Fassung dieses Paragraphen erzeugen konnte bzw. im Allgemeinen erzeugt hat. Wer *Komplexität* schildern soll, darf die Vernetztheit von Geschäftsvorfällen und die damit verbundenen Risiken nicht ausklammern und wer verpflichtet ist, *Leistungsindikatoren* vorzustellen, muss diejenigen wählen, die die finanziellen Strömungen im Sinne von Einnahmen und Ausgaben am besten repräsentieren.

Zum Thema der in § 289 Abs.1 S. 3 erwähnten „finanziellen Leistungsindikatoren" wurde in der Begründung zum Regierungsentwurf ausgeführt :

„Satz 3 setzt Artikel 46 Abs. 1 Buchstabe b erster Halbsatz und Buchstabe c der Bilanzrichtlinie um. Danach umfasst die im Lagebericht vorzunehmende Analyse die hauptsächlichen finanziellen Leistungsmerkmale, wie etwa Ergebnisentwicklung und Ergebniskomponenten, Liquidität und Kapitalausstattung, und enthält ergänzende Hinweise zum Jahresabschluss, soweit dies dem Verständnis dient. Aus dieser Einschränkung ergibt sich, dass eine Verdoppelung von Angaben im Abschluss einerseits, im Lagebericht andererseits vermieden werden kann, wenn eine eindeutige Bezugnahme des Lageberichts auf den Abschluss zur Information des Adressaten ausreicht. Generell dient dabei der Abschluss eher der Darstellung, der Lagebericht dagegen mehr der Analyse und Kommentierung relevanter Kennzahlen und Sachverhalte." [251] Der Abschlussprüfer muss sich auf diese Entwicklung einstellen.

Die Thematik der *Abstimmung*, von der oben im Zusammenhang mit Zahlen die Rede war, bedarf noch einer Ergänzung. Der Abschlussprüfer muss sich der Tatsache bewusst sein, dass er für die Erklärungen im Lagebericht Nachweise beschaffen muss, d.h. Unterlagen, die die Richtigkeit bzw. Plausibilität von Aussagen stützen. Unsere ausführlichen Überlegungen zu den *Prüfungsnachweisen*, insbesondere zur Problematik der *Scheingenauigkeit*, gelten also auch für den Lagebericht.

Im *Beschaffungsbereich* können Aussagen zur Versorgungslage und zur Preisentwicklung bei den Vorräten eine Rolle spielen. (Kann der Prüfer diese Aussagen aus eigener Einsicht be-

---

250 In seiner Stellungnahme zum Referentenentwurf des Bilanzrechtsreformgesetzes hatte das IDW u.a. erklärt :
„Nach § 289 Abs. 1 Satz 1 und 2 HGB-E sind im Lagebericht der Geschäftsverlauf einschließlich des Geschäftsergebnisses und die Lage der Kapitalgesellschaft so darzustellen, dass ein den tatsächlichen Verhältnissen entsprechendes Bild vermittelt wird. Er hat darüber hinaus eine ausgewogene und umfassende, dem Umfang der Komplexität der Geschäftstätigkeit entsprechende Analyse des Geschäftsverlaufs und der Lage der Gesellschaft zu enthalten. Nach unserem Verständnis stellt die geforderte Analyse des Geschäftsverlaufs und der Lage der Gesellschaft keine zusätzliche Anforderung dar, sondern eine Konkretisierung des § 289 Abs. 1 Satz 1 HGB-E.", in : FN-IDW 1-2/2004, S. 4
251 IDW : BilReg und BilKoG (IDW-Textausgabe) : Art 1 § 289 HGB, S. 57/58

stätigen ?) Im *Produktionsbereich* sind möglicherweise Hinweise zu einer veränderten Produkt- und Anlagenstruktur von Bedeutung. (Liegen von externen Quellen stammende Daten vor, die die Markteinschätzung des Mandanten stützen ?) Angaben zum Auftragsbestand und zum Auftragseingang erlauben Rückschlüsse auf die *Umsatzentwicklung*, die möglicherweise in der Zielhierarchie des Unternehmens an oberster Stelle steht. (Hat der Prüfer zuverlässige Angaben darüber, dass Umsätze – ggf. aufgeteilt nach Tätigkeitsbereichen und geographisch bestimmten Märkten – genau erfasst werden ?) Angaben zum *Personalbereich* können insbesondere bei stark wachsenden oder schrumpfenden Unternehmen von Interesse sein. Hier müsste ggf. von Personalübernahmen und damit verbundenen Integrationsproblemen bzw. von Sozialplänen gesprochen werden. (Stehen die Arbeitspapiere des Prüfers im Einklang mit diesen Aussagen ?)

Der Lagebericht ist auch daraufhin zu prüfen, ob er Angaben über *wichtige Ereignisse* im Geschäftsjahr enthält, über Ereignisse, die für den Geschäftsverlauf und die Lage der Gesellschaft von Bedeutung sind. Als wichtige Ereignisse kommen z.B. in Betracht bei :

DEICES : Eröffnung ausländischer Filialen
WAKON : Ausstattung eines Kreuzfahrtschiffes
BRATO : Abschluss eines Kooperationsabkommens
TAIHAM : Forderungsverluste durch Insolvenzen und
WELOS : Erwerb von Autohäusern.

Für alle Gesellschaften gelten in der Regel als besondere Ereignisse : Änderungen in der Gesellschafterstruktur, Kartellverfahren, Ausgliederungen etc..

Spüren Sie, dass uns unsere **VEBBAG**- und **VA BENE**-Philosophie bis in den Lagebericht hinein verfolgt ? Wird Ihnen erneut klar, dass man den Begriff „Wesentlichkeit" nur dann richtig verstehen kann, wenn man mit einem Unternehmen *vertraut* ist ? Erinnern Sie sich, dass wir – die zeitliche Dimension der Arbeitspapiere diskutierend – von einer Umlaufbahn gesprochen haben, in deren einen Brennpunkt der Jahresabschluss steht. *Im zweiten Brennpunkt* steht der Lagebericht.

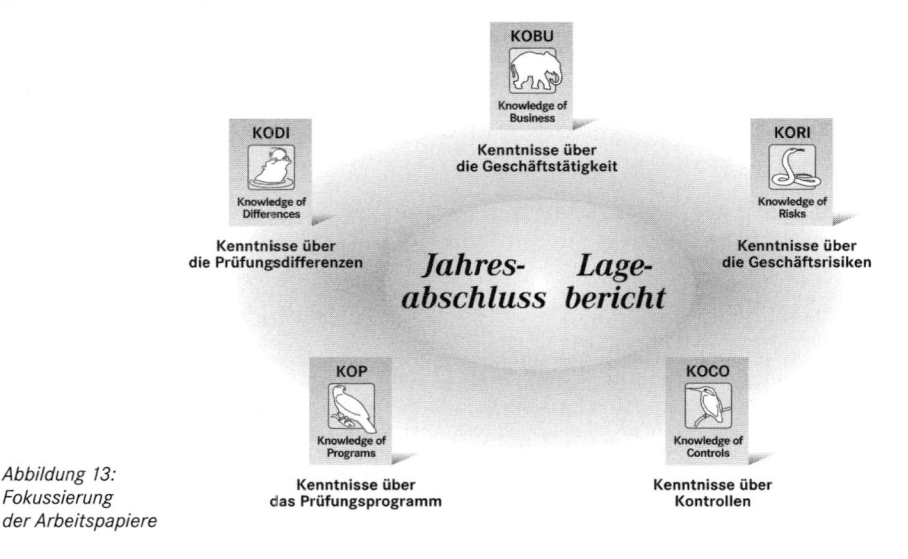

Abbildung 13:
Fokussierung
der Arbeitspapiere

8.2 Die Spielregeln für das Prüfungsteam

Jedes Mitglied des Prüfungsteams hat die Aufgabe, den Lagebericht sorgfältig zu studieren und sich – unter besonderer Berücksichtigung *seines* Aufgabengebietes – Gedanken darüber zu machen, ob die wesentlichen Informationen, die im Lagebericht enthalten sind, den Grundsätzen der Vollständigkeit, Genauigkeit und Richtigkeit entsprechen und ob die dort getroffenen Einschätzungen von einer realistischen Betrachtungsweise geprägt sind.

Niemand wird z.B. von einem Prüfungsassistenten erwarten, dass er mit seinem Urteil von Anfang an richtig liegt. Es gehört aber zu den Spielregeln eines Teams, dass Informationen *gebündelt*, Wissen *geteilt*, Gedanken *ausgetauscht* und Fragen an den Prüfungsleiter *herangetragen* werden mit dem Ziel, Unvollständigkeiten und Ungenauigkeiten im Lagebericht möglichst frühzeitig zu erkennen. Ein *Team* entpuppt sich auf diese Weise *als* geeignetes *Frühwarnsystem*, das sich des Prüfungsrisikos jederzeit bewusst ist. Welche Fragen (im Rahmen der vorliegenden Daten *frei erfundene* Beispiele) könnten an den Prüfungsleiter herangetragen werden?

DEICES erwähnt zwar den Umbau von Filialen, unter den Zugängen bei den Sachanlagen sind aber nur unbedeutende Posten enthalten? Wie ist das zu verstehen? Stimmt diese Aussage nicht mit dem tatsächlichen Investitionsverhalten überein oder wurden in größerem Umfang aktivierungspflichtige Bestandteile als Erhaltungsaufwand behandelt?

WAKON betreibt – wie wir bei der Prüfung festgestellt haben – Projekte, bei denen die Nettoerlöse z.T. niedriger sind als die Selbstkosten. Verlustgeschäfte dieser Art werden aber im Lagebericht nicht erwähnt. Was ist jetzt zu tun?

BRATO hat im abgelaufenen Geschäftsjahr auch ein größeres Gesellschafterdarlehen aufgenommen. Nach unseren Informationen diente diese Maßnahme auch dazu, eine neue Braustätte zu finanzieren. Reicht es aus, wenn im Lagebericht steht: „Größtenteils selbst finanziert"?

TAIHAM spricht im Lagebericht von einer sehr erfolgreichen Design- und Kollektionsarbeit. Ist diese Aussage mit der Tatsache in Einklang zu bringen, dass auf bestimmte Vorratspositionen Sonderabschreibungen wegen Ungängigkeit vorgenommen wurden?

WELOS bringt in seinem Lagebericht zum Ausdruck, dass übernommene Autohäuser in relativ kurzer Zeit wieder rentabel gemacht werden. Der in 2001 übernomme Betrieb PADUA macht aber weiterhin Verluste und zwar mit steigender Tendenz. Muss die Aussage im Lagebericht nun angepasst werden?

8.3 Vorgänge nach Schluss des Geschäftsjahres und die voraussichtliche Entwicklung

Im Lagebericht soll ferner auf Vorgänge eingegangen werden, die nach dem Schluss des Geschäftsjahres eingetreten und von besonderer Bedeutung sind. Unter Vorgängen sind sowohl Entwicklungen als auch einzelne Geschäftsvorfälle zu verstehen. Welche Aspekte könnten hier für die genannten Gesellschaften eine Rolle spielen? Fiktive Beispiele:

DEICES : Engpass auf dem Beschaffungsmarkt (Produktionsausfall in Indien)
WAKON : Großauftrag im Projektgeschäft (HongKong)
BRATO : Rückgang von Marktanteilen (Zunehmender Konzentrationsprozess)
TAIHAM : Eröffnung eigener Geschäfte in Deutschland
WELOS : Abnehmende Markenloyalität (mehr im Massen- als im Premiumsegment)

Der Lagebericht soll auch die *voraussichtliche Entwicklung* der Kapitalgesellschaft behandeln. „Davon zu unterscheiden ist die Berichterstattung über die Risiken der künftigen Entwicklung. Da beide Vorschriften die weitere Entwicklung der Kap-Ges/Kap-CoGes betreffen, kann die Berichterstattung zusammen erfolgen, ohne dass dadurch notwendige Informationen entfallen dürfen." [252]

Es ist von großer Bedeutung, dass auch die Prüfungsassistenten ihre Beobachtungen, Eindrücke und Erkenntnisse *zusammentragen*, sich daran *erinnern*, was ihnen bei Gesprächen in den einzelnen Abteilungen (Einkauf, Verwaltung, Produktion, Vertrieb etc) berichtet wurde, diese Informationen *gewichten* und dann im Team die Frage diskutieren, ob der Lagebericht die einzelnen Themen sachgerecht und vollständig wiedergibt. Sie werden in vielen Fällen auf Protokolle und Aktenvermerke zurückgreifen müssen und bald feststellen, wie wichtig es ist, Zusammenhänge *klar und übersichtlich* darzustellen.

9 Analysen und Lösungswege in Aktenvermerken

Wer eine Botschaft mittels eines Aktenvermerkes überbringen will, der muss sich - nachdem er seine Gedanken geordnet hat - in die Lage des *Empfängers* versetzen. Der Leser soll durch Titel, Struktur, Sprache und Aussehen sozusagen „abgeholt" werden und *Interesse* am Studium einer Notiz gewinnen. Ein Vermerk markiert in der Regel aber auch den *Stand* und den (bisherigen) *Verlauf* einer Prüfung. Werden dort wichtige Probleme erörtert, muss sichergestellt sein, dass sie noch bis zur Beendigung der Prüfung einer *Lösung* zugeführt werden, einer Lösung, die mit dem *Bestätigungsvermerk* in Einklang steht.

9.1 Psychologische Aspekte im Verhältnis „Schreiber-Leser"

Arbeitspapiere müssen *klar und übersichtlich* sein ! Klarheit und Übersichtlichkeit werden u.a. erreicht, wenn wir

- *Inhalt, Verlauf und Ergebnis von Gesprächen* korrekt wiedergeben, damit deutlich wird, wer zu welcher Zeit welche Meinung vertreten hat ;
- *Prüfungsdifferenzen* so darstellen, dass sie - da der Sachverhalt geklärt ist - keinen Anlass zu Missverständnissen geben können. Die so ermittelten Differenzen finden Eingang in ein *Pflichtdokument*, dass wir als *KoDi-Doc* (Knowledge of Differences-Document) bezeichnet haben und das als Grundlage für Nachbuchungen dient, zu denen der Mandant - unter Beachtung des Grundsatzes der Wesentlichkeit - ggf. veranlasst werden muss ;

---

252 H. Ellrott : Lagebericht (Erläuterungen zu § 289 HGB), in : BBK S. 1302, TZ 35

- *Sonstige Prüfungsfeststellungen* (z.B. zur Einrichtung eines neuen Verfahrens zur Ermittlung von Wertberichtigungen auf Forderungen) so formulieren, dass der Empfänger der Notiz sich einen schnellen und präzisen Überblick über einen bestimmten Sachverhalt machen kann.

Wie empfinden Sie den folgenden Aktenvermerk ?

Wertberichtigungen
Die Firma Alpha hat dieses Jahr neue WBs eingeführt. Bisher hatte man das Inland allgemein mit 2% und das Ausland mit 4% abgeschrieben. Nachdem man im Ausland doch mehr Verluste einstecken musste als es die Geschäftsleitung erwartet hatte will man in Zukunft in der Bilanz doch vorsichtiger sein. Nun hat man für einige Länder pauschale Sätze aufgestellt die den dortigen wirtschaftlichen Verhältnissen entsprechen sollen. Ein solches Verfahren erscheint doch sehr fragwürdig. Man ist bei dem Verfahren so vorgegangen das man anhand von VerSta und SuSaLi per 6/03 die Verkäufe nach Inland und Ausland sortiert und dann das Ausland nach Ländern gruppiert hat.

Die Auslandsumsätze und die dabei erlebten Pleiten wurden durch Mitarbeiter von VerAus und der FiBu gecheckt und dabei wurde insbesondere festgestellt das gerade in Südamerika große Verluste entstanden sind. Daraus ergab sich für die Geschäftsleitung die Erkenntnis, dass man dort besonders vorsichtig sein muss und deshaln wurde von der FiBu z.B. für Brasilien der hohe Satz von 50% angesetzt. Man ist dabei zu überlegen ob man nicht für besonders gefährliche Zone eine Versicherung abschließen soll. Die Bedingungen dafür werden z.Z. von ZA-Re untersucht.

Die fehlende *Struktur*, die oberflächliche *Sprache*, die *Schreibfehler* und die mangelhafte *Interpunktion* werden nicht dazu beitragen, das *Interesse* des *Lesers* zu wecken. Im Gegenteil : Er wird sich über diesen Stil ärgern ! Die *Grundregel* für die Anfertigung eines Schriftstückes lautet : Versetz Dich als Schreibender in die Lage des Lesers ! Um diese Grundregel umzusetzen, sind in Anlehnung an Ullrich [253] vier Punkte zu beachten. Der Vermerk muss :

- eine kurze Einleitung enthalten, unterstützt durch eine präzise formulierte Überschrift,
- logisch gegliedert sein,
- sich leicht lesen lassen und
- gut aussehen.

Wunsch des Lesers	Aufgabe des Schreibers
Einführung	Sich ein Ziel setzen
Logische Struktur	Vermerk strukturieren
Leichtes Lesen	Einfache Sprache verwenden
Gutes Aussehen	Schriftstück kontrollieren

Einführung

Jeder Leser benötigt eine Einführung, die bereits mit einer genauen Überschrift beginnt. Wenn wir daran denken, *warum* der Verteilerkreis unsere Notiz benötigt, dann werden wir uns auf einen kurzen Text beschränken und den Empfänger nicht mit ausschweifenden Erzählungen langweilen. Es muss uns also gelingen, die *Aufmerksamkeit* des Empfängers zu gewinnen.

---

253 C. Ullrich : Warum ist „richtig schreiben" Unternehmenssache ?, in : FAZ 6.12.03, Nr. 284, S. 55

Logische Struktur

Der Leser braucht eine logische Struktur, um die Bedeutung des Zusammenhanges zu erkennen, die Informationen aufzunehmen und zu analysieren. Zu diesem Zweck bietet es sich an, den Leser unter Einsatz optischer Hilfsmittel (Tabellen, graphische Darstellungen, auffällige Punkte vor Wörtern und Sätzen, Fettdruck) durch den Text zu führen. Man nimmt Informationen auf, indem man zuerst auf *klare* und *visuelle* Impulse reagiert.

Leichtes Lesen

Der Leser möchte eine schriftliche Nachricht *auf Anhieb* verstehen. Wenn er mehrere Anläufe benötigt, um zu begreifen, was gemeint ist, wird er diese Versuche als lästige Zeitverschwendung empfinden und sein Interesse wird darunter leiden. Aus diesem Grunde ist der Schreiber aufgefordert, sich einer *einfachen* Sprache zu bedienen. Er soll :

- *Fachausdrücke verwenden* (z.B. Summen- und Saldenliste) und eine primitive Umgangssprache vermeiden (z.B. SuSaLi)
- *mehrdeutige* Formulierungen vermeiden (z.B. das Verfahren „erscheint fragwürdig")
- auf *Modewörter* und *gehaltlose* Redewendungen verzichten (z.B. „checken")
- den *Übergang* vom Verb zum Substantiv vermeiden : z.B. von : „Die Geschäftsleitung gewann daraus die Erkenntnis und...." zu : „Daraus ergab sich für die Geschäftsleitung die Erkenntnis, dass..." Die „verbale" Fassung ist direkter und dynamischer, die „substantivische" Fassung wirkt unbeholfen und bremsend.
- *aktive* Sätze bevorzugen und passive Sätze vermeiden : Aktiv z.B. : „Mitarbeiter prüften die Auslandsumsätze." Passiv z.B. : „Die Auslandsumsätze wurden von Mitarbeitern der ... geprüft." Die Mitarbeiter sind das „Subjekt", und als aktive Elemente haben sie die Auslandsumsätze, das „Objekt", untersucht. Formulierungen wirken *präziser*, wenn man *aktive* Sätze verwendet.

Gutes Aussehen

Das Äußere eines Schriftstückes – das Layout wie man sagen könnte - ist entscheidend. Es leistet einen wesentlichen Beitrag zur *Anziehungskraft* eines Vermerkes oder eines Berichtes. Es ist gute Übung, ein Schriftstück noch einmal *durchzulesen*, um seine Übersichtlichkeit, seine logische Struktur und den allgemeinen Eindruck, den es hinterlässt, zu überprüfen. Dazu gehört auch die Kontrolle der *Rechtschreibung*, der *Interpunktion* und der *Seitennummerierung*. In wichtigen Fällen sollte man ein *Teammitglied* bitten, den Vermerk zu studieren. Dabei sollte man gegenüber kollegialer *Kritik* aufgeschlossen sein, weil diese die persönliche Entwicklung sehr positiv beeinflussen kann.

Ein *Aktenvermerk*, der die obigen Grundsätze im Großen und Ganzen beherzigt, hätte folgendes Format :

9 Analysen und Lösungswege in Aktenvermerken

Gamma-Treuhand
W.K. 14.7. 03

Alpha AG
Jahresabschluss zum 31.12.02
Verteiler : A. Schmitz
B. Müller

Verfahren zur Ermittlung der Abschreibungen
Pauschal-Wertberichtigung auf Forderungen aus Lieferungen und Leistungen an ausländische Kunden

Bisheriges Verfahren
Bis zum Ende des vergangenen Geschäftsjahres (2002) waren bei der Alpha AG (Alpha) für die Pauschalwertberichtigung auf Forderungen aus Lieferungen und Leistungen lediglich zwei unterschiedliche Sätze zur Anwendung gekommen, und zwar ein Satz von 2% auf die Bemessungsgrundlage für Forderungen an inländische Kunden und ein Satz von 4% auf die Bemessungsgrundlage für Forderungen an ausländische Kunden. Dieses – auch mit der Finanzverwaltung abgestimmte – Verfahren wurde seit Jahren bei Alpha praktiziert.

Berücksichtigung höherer Risiken im Auslandsgeschäft
Die Geschäftsleitung von Alpha hatte bereits 2002 festgestellt, dass die Risiken im Auslandsgeschäft höher sind als dies bisher erwartet worden war. Die beiden Abteilungen „Vertrieb Ausland" und „Finanz- und Rechnungswesen" (RW 1) wurden beauftragt, die Geschäftsentwicklung und insbesondere die Forderungs- und Zinsverluste im Auslandsgeschäft auf der Basis der Quartalsberichte, der Vertriebsstatistiken und unter Verwendung der Summen- und Saldenliste (6/03) zu untersuchen.

Umsätze mit ausländischen Kunden, Zahlungseingänge und offene Posten wurden nach Ländern sortiert. Dabei wurde festgestellt, dass die Verweildauer von Forderungen insbesondere im Südamerika-Geschäft stark zugenommen hat, und dass sogar mit Forderungsausfällen zu rechnen ist. Nach Ansicht der Fachabteilungen von Alpha ist diese Entwicklung weniger auf die Zahlungsfähigkeit der Kunden, sondern hauptsächlich auf die Devisenknappheit der örtlichen Zentralbanken zurückzuführen. Nach Hinzuziehung von Experten aus dem hessischen Wirtschaftsministerium hat die Geschäftsleitung unter besonderer Berücksichtigung von § 253 Abs. 3 HGB im Mai 2003 entschieden, bis auf Weiteres auf Forderungen aus Lieferungen und Leistungen an ausländische Kunden die in der nachfolgenden Tabelle aufgeführten länderspezifischen Wertberichtigungssätze anzuwenden :

Land	WB-Satz %
Argentinien	50
Brasilien	50
Chile	25

Prüfung durch die Gamma-Treuhand
Wir haben die neuen Wertberichtigungssätze noch nicht geprüft. Da dies nach meiner Einschätzung mit einem Zeitaufwand von 2-3 Tagen verbunden sein wird (es müssen die Unterlagen des Wirtschaftsministeriums und die internen Analysen bei Alpha untersucht werden), muss bald entschieden werden, wann wir diese Arbeiten – in Abstimmung mit dem Mandanten – durchführen können.

Kreditversicherung
Die Geschäftsleitung von Alpha hat im Übrigen ihre Rechtsabteilung und RW 1 beauftragt zu prüfen, ob der Abschluss einer Kreditversicherung für das Auslandsgeschäft zweckmäßig ist. W.K.

C. Ullrich hat die *Bedeutung der schriftlichen Kommunikation* hervorgehoben und betont, dass sie „wesentlicher Bestandteil des Informationsflusses" in einem Unternehmen ist. „Ob kurze E-Mail oder komplexe Dokumentation, Projektabschluss oder Neukonzeption – werden Kollegen, Mitarbeiter oder Chefs unterrichtet, ist die schriftliche Form nötig. Für (jeden) stellt sich somit die Frage : Wie formuliere ich so, dass mein Fachwissen ankommt ? Damit Botschaften nicht in Schachtelsätzen (untergehen), Berichte nicht in Ablagen verstauben, müssen schriftliche Dokumente klar strukturiert und Zusammenhänge deutlich herausgearbeitet sein. Vor dem ersten Wort steht die Planung : Gedanken ordnen, sich über Botschaft und Ziel klar werden und den Weg dorthin nachvollziehbar gestalten. Den Leser 'abzuholen' ist die Grundlage dafür, dass er bereit und in der Lage ist, weiteren Ausführungen zu folgen." [254]

Wir haben die Bedeutung von Aussehen, logischer Struktur und Präzision eines Vermerkes auch deshalb hervorgehoben, weil erst kürzlich die Wirtschaftsprüfungsgesellschaft PwC Deutsche Revision darauf hinwies, dass die junge Generation zunehmend Schwierigkeiten hat, *längere Texte fehlerfrei* abzufassen. [255]

9.2 Strategische Aspekte im Rahmen des Risiko-Managements

Ich erinnere Sie daran, dass wir in dem Kapitel, das sich mit der Dokumentation beschäftigte, auch nach dem *Zweck* der Arbeitspapiere gefragt haben. Ein wesentlicher Zweck besteht darin, die *Prüfungsnachweise* aufzunehmen, die die Prüfungsaussagen im Prüfungsbericht und im Bestätigungsvermerk stützen sollen. Die Arbeitspapiere müssen erkennen lassen, dass sich der Abschlussprüfer und sein Team im Verlaufe der *drei* Phasen der Abschlussprüfung (denen natürlich eine *Planungsphase* vorausgeht) kritisch mit den einzelnen Themen auseinandergesetzt hat. Die Art dieser Auseinandersetzung findet insbesondere in schriftlichen Vermerken ihren Niederschlag. Es muss klar erkennbar sein, welches *Problem* zur Diskussion stand, welchen *Prüfungspfad* der Abschlussprüfer eingeschlagen und mit welchen Mitteln er seine sachgerecht formulierten *Prüfungsziele* erreicht hat bzw. erreichen wollte. Dieser Aspekt wurde bereits im Kapitel II. 5 besprochen. Dabei wurde insbesondere hervorgehoben, dass das *Urteil* des Abschlussprüfers *eindeutig* sein muss, d.h. er muss erklären, ob er mit bestimmten *Abschlussaussagen* des Mandanten übereinstimmt oder nicht. [256] Vage Formulierungen, die einem Außenstehenden den Eindruck vermitteln könnten, der Abschlussprüfer habe nicht sorgfältig gearbeitet und deshalb wesentliche Fehlaussagen im Jahresabschluss nicht erkannt, sind unter allen Umständen zu vermeiden.

Aktenvermerke haben immer ein bestimmtes Ziel. Alle Beteiligten, insbesondere der verantwortliche Abschlussprüfer bzw. sein vor Ort zuständiger Prüfungsleiter müssen dafür Sorge tragen, dass die im Vermerk offengelegten Probleme zeitnah und fachgerecht gelöst wurden.

---

254 C. Ullrich : Warum ist „richtig schreiben" Unternehmenssache, a.a.O.
255 Vgl. o.V. : Die Wirtschaftsprüfung PWC ist wieder auf Wachstumskurs, in : FAZ 25.11.04, Nr. 276, S. 20
256 Zu den vom Abschlussprüfer zu dokumentierenden „Überlegungen" führt der PS 460 unter TZ 13 aus: „Die Arbeitspapiere enthalten auch die Überlegungen des Abschlussprüfers zu allen wichtigen Sachverhalten, denen Ermessensentscheidungen zugrunde liegen, sowie die hierzu vom Abschlussprüfer gezogenen Schlussfolgerungen. Bei schwierigen Grundsatzfragen oder Ermessensentscheidungen werden in den Arbeitspapieren auch die relevanten Tatsachen festgehalten, wie sie zum Zeitpunkt der Schlussfolgerungen bekannt waren."

Ein Vermerk, der besondere Anforderungen an seinen Bearbeiter stellt, weil dieser ein bestimmtes Problem durchdringen soll, muss stets ein Zeichen für die *Qualität unserer Facharbeit* sein. Dies spiegelt sich auch in der Gestaltung des Vermerkes wieder, der mit einer klaren Gliederung :

- Sachverhalt
- Fragestellung
- Stellungnahme
- Ergebnis

zu erkennen gibt, dass sich der Abschlussprüfer seiner Verantwortung gestellt und diese auch im Bestätigungsvermerk zum Ausdruck gebracht hat, d.h. im *Gesamturteil* zum Jahresabschluss (und Lagebericht), das unter anderem oder entscheidend auf einer Meinung beruht, die in einem Aktenvermerk formuliert wurde. Insofern ist die Führung von Arbeitspapieren, die auf *Unangreifbarkeit* abzielt, immer auch ein Zeichen für ein gutes *Risikomanagement* des Abschlussprüfers selbst.

10 Die Vorbereitung der Berichterstattung

Obwohl der Abschlussprüfer seinen Bericht während der ganzen Prüfung im Auge behalten muss und vor allem *Aussagen im Hauptteil* schon relativ früh gedanklich vorformulieren wird, sind seine Mitarbeiter aufgefordert, im Zuge der Prüfung einzelner Jahresabschlussposten sich rechtzeitig auch mit dem *Zahlenmaterial* zu beschäftigen, das für den *Erläuterungsteil* des Prüfungsberichtes benötigt wird. Hierbei handelt es sich in der Regel um die *Aufgliederung* von Positionen (z.B. eine detaillierte Struktur der Sachanlagen oder der Vorräte) und die entsprechende *Erläuterung* von Veränderungen im Vergleich zum Vorjahr. Auch Mehrjahresübersichten können hier eine Rolle spielen. Diese Arbeiten gehören dann als wesentliche Bestandteile zu den *verbleibenden Prüfungshandlungen*.

Folgende *Aspekte* sind bei diesen Aufstellungen hauptsächlich zu beachten :

- Der Prüfer muss bereits vor *Beginn* der Prüfung eine Vorstellung davon haben, welche Zahlen (Bilanzzahlen, Kennzahlen und Unterschiedsbeträge) er für die Erstellung des Erläuterungsteiles voraussichtlich liefern muss. (Kommunikation im Team !)
- Die Zahlen müssen *unmittelbar* im Zuge der eigentlichen Prüfung *ermittelt* werden, weil es für alle Beteiligten unerfreulich ist, wenn man nur für die Zwecke des Berichtes noch einmal auf die Struktur einer Position zurückkommen und *erneut* Sachbearbeiter befragen muss, die davon ausgehen durften, dass der Abschlussprüfer sie – von ganz neuen Erkenntnissen einmal abgesehen – nicht mehr benötigt.
- Da Erläuterungsteile häufig *historisch gewachsen* sind und die Leser der Prüfungsberichte sich an ein bestimmtes Bild gewöhnt haben (möglicherweise ein unverändertes Bild sogar schätzen), besteht die große Gefahr, dass *alte* Berichtsstrukturen - einer bequemen Routine folgend – einfach übernommen werden, obwohl die Präsentation *neuer* Übersichten mit *neuen* Schwerpunkten der Entwicklung des Unternehmens eher gerecht und dem *Informationsbedürfnis der Aufsichtsorgane* viel mehr entsprechen würde.
- Der Prüfer, der sich mit einer bestimmten Jahresabschlussposition beschäftigt, muss sich in Kenntnis einer bestimmten Erwartungshaltung schon frühzeitig fragen, ob die bis-

herigen Übersichten noch aussagekräftig sind und ob es nicht geboten ist, eine *neue Form der Berichterstattung* – angepasst an veränderte Geschäftsvorfälle und an veränderte Geschäftsrisiken – zu wählen.

Die *Kreativität* der Mitarbeiter – der alten und der jungen - ist hier besonders gefragt. Sie ist allerdings so zu kanalisieren, dass sie ihre Ideen zuerst dem *Prüfungsleiter* vortragen und mit diesem rechtzeitig abstimmen, ob Änderungen in der Berichtsgestaltung vorgenommen werden sollen. Hier gilt :

- Sie sollten während der Prüfung – unabhängig davon, ob sie persönlich eine veränderte Darstellung begrüßen würden - in jedem Fall mit dem Prüfungsleiter Kontakt aufnehmen, ihm den Stand ihrer Erkenntnisse schildern und ausdrücklich mit ihm abstimmen, ob die bisherigen Darstellungen im Prüfungsbericht beibehalten werden sollen oder nicht.
- Jeder muss darauf vorbereitet sein, dass sich kurzfristig dennoch Änderungen im Prüfungsbericht ergeben. Diese können auch darauf zurückzuführen sein, dass die Geschäftsleitung relativ spät noch Änderungswünsche an den Abschlussprüfer herangetragen hat. Dabei könnte sich dann die interessante Frage ergeben, auf welche Gründe diese Wünsche wohl zurückzuführen sind und ob hier nicht der Versuch unternommen wird, den Abschlussprüfer selbst in ein ganz spezielles „Financial Reporting Environment" des Unternehmens einzubinden.

11 Die Chancen eines neuen Zeitmanagements

Gegen das in diesem Handbuch vorgestellte Konzept einer risikoorientierten Abschlussprüfung mit ihren drei Phasen (Analyse der Geschäftstätigkeit, Analyse der Kontrolltätigkeit und verbleibende aussagebezogene Prüfungshandlungen) wird – insbesondere unter Hinweis auf knappe Honorare – regelmäßig eingewendet, dass man sich den zeitraubenden „Luxus" von umfangreichen Analysen nicht leisten könne. „Unser Auftrag lautet," – so wird unwillig erklärt – „den Jahresabschluss zu prüfen, nicht das Unternehmen zu durchleuchten." „Im Übrigen" – so versucht man seine konservative Position zu verteidigen – „können wir unser Honorar gar nicht erhöhen, weil Geschäftsleitung bzw. Aufsichtsrat - stark im Kostendenken verhaftet – für eine neue Strategie der Abschlussprüfung kein Verständnis haben."

Zu einer solchen Argumentation ist Folgendes zu sagen :

1. Analysiert man das Mengengerüst an Prüfungsstunden, dann stellt man immer wieder fest, dass – sozusagen historisch gewachsen – relativ viel Zeit bei bestimmten Jahresabschlusspositionen eingesetzt wird, die eine solche Aufmerksamkeit gar nicht (mehr) verdienen. Zu diesen Positionen gehören immer wieder das „Sachanlagevermögen" und die „Sonstigen Vermögensgegenstände." Durch *Straffung* der Zeit kann es gelingen, erhebliche Einsparungen vorzunehmen, die für notwendige Analysen an anderer Stelle verwendet werden können.

2. Je mehr man sich mit dem Unternehmen, seinen Geschäftsvorfällen und seinen Geschäftsrisiken auseinandersetzt (und das gilt für den Abschlussprüfer wie für sein Team gleichermaßen), desto mehr spürt man, wie sehr sich die Basis für eine sachgerechte Arbeit verfestigt. Man erkennt einen großen Rationalisierungsgewinn, man ist in der Lage, vernünftige *Schwerpunkte* zu setzen, diese schnell an eine neue Entwicklung anzupassen und kluge Fragen zu stellen. Das wird von den Gesprächspartnern immer honoriert.

3. Die Erfahrung zeigt, dass Leitungs- und Überwachungsorgane sehr wohl Interesse daran haben, dass sich der Abschlussprüfer mit der Vielfalt von *Geschäften* und korrespondierenden *Kontrollen* beschäftigt. Man spürt geradezu eine gewisse Erleichterung, wenn man zum Ausdruck bringt, sich stärker als bisher von der engen *buchhalterisch* geprägten Betrachtungsweise lösen und sich *mehr strategischen Aspekten* zuwenden zu wollen. Man sieht den Abschlussprüfer als den verlängerten Arm des Aufsichtsrates und begrüßt es, mit ihm über die Entwicklung des Unternehmens und der Branche sprechen und mit ihm seine Sicht von Kontrollen erörtern zu können. Diese Erleichterung (bereits vorgetragen im Zusammenhang mit der Einführung der CAAT-Technik in den achtziger Jahren des vorigen Jahrhunderts) ist ernst gemeint. Jeder Verdacht, sie sei gespielt und als reines Ablenkungsmanöver zu interpretieren („Lass ihn nur analysieren, dann findet er weniger Fehler!"), ist völlig unberechtigt.

4. Mit der Hinwendung zu einer risikoorientierten Abschlussprüfung erhöht der Abschlussprüfer die Chance, die Thematik *„Solidität des Bestätigungsvermerkes"* in den Mittelpunkt des Interesses rücken zu können. Leitungs- und Überwachungsorgane sind in höchstem Maße durch die aufgedeckten und in der Wirtschaftspresse ausführlich diskutierten Fehltestate sensibilisiert. Sie legen großen Wert auf eine „anforderungsgerechte" Abschlussprüfung, die sich der Tatsache bewusst ist, wie groß das Vertrauen in einen Bestätigungsvermerk bei Gesellschaftern, Banken, Mitarbeitern und der weiteren Öffentlichkeit ist. Vor diesem Hintergrund bestehen auch realistische Aussichten, das Prüfungshonorar erhöhen zu können. Das gilt um so mehr, wenn die Ergebnisse der Abschlussprüfung stärker als bisher als echte Dienstleistung empfunden werden. Hier sind folgende Aspekte denkbar:

Quelle	Thema
Analyse der Geschäftstätigkeit	Der Umgang mit unternehmerischen Risiken Das Pflichtenheft des Risikomanagements Krisendiagnose Förderprogramme der EU
Analyse der Kontrolltätigkeit	Die moderne Bilanzanalyse Die Kostenrechnung als interne Entscheidungshilfe Die Überwachung von Preisprozessen Die Überwachung von Sub-Unternehmern Beschwerdemanagement Die Erfassung von Länderrisiken Die Erfassung von IT-Kosten
Verbleibende aussagebezogene Prüfungshandlungen	Verletzung des Realisationsprinzips Verletzung des Imparitätsprinzips

Je besser der Abschlussprüfer also beim Urteil des Unternehmens abschneidet, desto geringer ist auch sein Risiko, sein Mandat zu verlieren. Seine Risiko-Orientierung erhält auf diese Weise also einen ganz besonderen Akzent.

IV Gravierende Fälle falscher Angaben in der Rechnungslegung als Zeichen einer krisenhaften Entwicklung

Der Berufsstand ist in jüngster Zeit stark in die Kritik geraten, weil die Öffentlichkeit kein Verständnis dafür aufbringen kann, dass *wesentliche* Fehlaussagen in Jahresabschlüssen von den zuständigen Prüfern nur verspätet oder überhaupt nicht aufgedeckt wurden. Anhand einiger aus der Wirtschaftspresse entnommener Fälle wird die Frage diskutiert, worauf diese *Nicht-Entdeckung* möglicherweise zurückzuführen ist und was getan werden muss, um die Qualität der *Facharbeit* wieder zu verbessern. In diese Richtung zielen auch *gesetzgeberische* Maßnahmen, die sich insbesondere im Bilanzrechtsreformgesetz und im Bilanzkontrollgesetz niedergeschlagen haben.

1 Der Prüfungsstandard 210 des IDW „Zur Aufdeckung von Unregelmäßigkeiten im Rahmen der Abschlussprüfung"

Es ist verständlich, dass sich das IDW aufgerufen fühlte, zu dieser schwierigen Materie eine Meinung zu formulieren, Aufmerksamkeit bei seinen Mitgliedern zu wecken und gleichzeitig einen Rahmen zu setzen, in dem sich der Abschlussprüfer bewegen muss. Wenn man den Prüfungsstandard studiert, dann spürt man sogleich die große *Verlegenheit*, in der sich die Verfasser dieser Richtlinie befinden.

Man will die Berufsangehörigen (wie dies regelmäßig auch in den angelsächsischen Ländern geschieht) zunächst einmal abschirmen, indem man darauf hinweist, dass die „Verantwortung für die Vermeidung und die Aufdeckung von Unrichtigkeiten und Verstößen bei den *gesetzlichen* Vertretern des Unternehmens" liegt und dass es *deren* Aufgabe ist, entsprechende „organisatorische Maßnahmen einzuführen und zu unterhalten." (TZ 8) Für eine Abschirmung und Beruhigung der Abschlussprüfer sollen des Weiteren die Hinweise sorgen, dass mit ihrer Arbeit keine Garantie damit verbunden ist, dass wesentlich falsche Angaben aufgrund von Unrichtigkeiten oder Verstößen aufgedeckt werden.

Der PS zeichnet sich neben einigen *Definitionen*, die mit dem Begriff der „Unregelmäßigkeit" [257] verbunden sind, insbesondere dadurch aus, dass man zentrale *Thesen*, die in anderen Prüfungsstandards bereits ihren Niederschlag gefunden haben, und die

- die kritische Grundhaltung des Abschlussprüfers,
- die Beurteilung von Fehlerrisiken (Identifikation kritischer Bereiche),
- die Motivation für Unterschlagungen und Täuschungen und
- die Indizien für solche Risiken

---

257 In TZ 7 wird dazu erläutert: Unregelmäßigkeiten ... sind „Unrichtigkeiten" als unbeabsichtigt falsche Angaben im Abschluss und Lagebericht ...(und) „Verstöße" ..., die (bewusst) gegen gesetzliche Vorschriften oder Rechnungslegungsgrundsätze (gerichtet sind.) Verstöße (sind) „Täuschungen" ... „Vermögensschädigungen" ... (und) „sonstige Gesetzesverstöße".

betreffen, erneut aufgreift und in einen besonderen – für den Berufsstand zweifellos sehr wichtigen – Zusammenhang stellt.

Man vermisst allerdings als kritischer Betrachter den *Mut* der Autoren, die einfache Frage zu stellen, wo die *Gründe* dafür liegen, dass Prüfer in Deutschland, Europa und in Übersee *Bilanzmanipulationen* entweder zu spät oder gar nicht festgestellt haben und sich nunmehr wegen der *Abgabe falscher Testate* verantworten müssen. [258]

2 Aktuelle Fälle von Unrichtigkeiten und Verstößen

Als Außenstehende sind wir auf Berichte angewiesen, die uns von der Wirtschaftspresse geliefert wurden. Dabei ist nicht auszuschließen, dass diese Berichte unvollständig sind und dass bestimmte Probleme – u.a. bedingt durch Missverständnisse – verzerrt wiedergegeben wurden. Hinzukommt, dass die Terminologie der Wirtschaftsjournalisten sich häufig nicht mit unserer Fachsprache deckt. Wir sind aber der Meinung, dass bereits gewisse *Stichworte* ausreichen, um den Zusammenhang zu erkennen und um sich Gedanken darüber zu machen, wo die Probleme für die internen und externen Kontrollstellen möglicherweise gelegen haben.

Für einen außenstehenden Betrachter besteht ein besonderes Problem darin, dass die Medien – auf der Suche nach Schlagzeilen – nahezu ausschließlich negative Kritik vortragen und auf positive Aspekte – hauptsächlich bedingt durch die Tatsache, dass sich Wirtschaftsprüfer aufgrund ihrer Verschwiegenheitspflicht nicht rechtfertigen können – naturgemäß verzichten müssen.

Wir werden im folgenden die einzelnen Fälle kurz skizzieren und stützen uns dabei auf Berichte des Wirtschaftsteiles der FAZ. Die von uns formulierten Fragen sollen den Leser zum Nachdenken anregen.

2.1 Beispiele aus der jüngsten Vergangenheit

Ahold N.V., Zaandam
In den Jahresabschlüssen 2001 und 2002 der amerikanischen Tochtergesellschaft US Foodservice waren offenbar Provisionsansprüche gegenüber Lebensmittelherstellern zu hoch angesetzt. [259] (Die Hersteller hatten sich wohl verpflichtet, an Foodservice Provisionen zu zahlen, wenn dieser Großhändler bestimmte Umsätze mit bestimmten Produkten erzielen würde ; d.Verf.) Untersuchungen haben nach Angaben von Ahold Schwächen im Controlling aufgezeigt, die Unregelmäßigkeiten des amerikanischen Managements lange Zeit unentdeckt ließen. [260]

Fragen :
— Auf welcher Basis wurden die Ansprüche eingebucht ?
— Wurden die ausgewiesenen Umsätze oder die Provisionssätze manipuliert ?
— Aufgrund welcher Unterlagen wurden Umsätze bzw. Provisionssätze nachgewiesen ?

---

258 vgl. J. Jahn : Wirtschaft vor dem Kadi, in : FAZ 2.11.04, Nr. 256, S. 11
259 vgl. o.V. : Bilanzskandal in Amerika stürzt Ahold in eine tiefe Krise, in : FAZ 25.2.03, Nr. 47, S. 15
260 vgl. o.V. : Höherer Bilanz-Schaden bei Ahold, in : FAZ 2.7.03, Nr. 150, S. 16

Alstom S.A. Paris
Nach Verlautbarungen der Pariser Konzernzentrale hat die „in der Energiesparte tätige Tochtergesellschaft ATI absichtlich Verluste zu niedrig ausgewiesen." [261]

Fragen :
- Wurden Aufwendungen, die z.B. das Projekt A betrafen, dem Projekt B zugeordnet, um drohende Verluste bei A zu verschleiern ?
- Hat man von Sub-Unternehmern erhobene Ansprüche auf Nachträge unberücksichtigt gelassen ?
- Wurden protokollarische Ergänzungen von Werkverträgen verschwiegen ?

AOL Time Warner Inc., New York
Nach Ansicht der SEC hätten Zahlungen von Bertelsmann an AOL Time Warner (ATW) in Höhe von 400 Millionen Dollar nicht in vollem Umfang als Ertrag gebucht werden dürfen. Ein Teil hätte sich als Reduzierung des Kaufpreises niederschlagen müssen, den ATW an Bertelsmann für den Erwerb eines Anteils an AOL Europe gezahlt hatte. „Bertelsmann hatte 2002 seinen 49%-Anteil an AOL Europe für 6,75 Mrd. $ an ATW verkauft. ATW hat nun angekündigt, dass eine nachträgliche Änderung der Bilanzen notwendig werden könnte. Dies wäre nicht die erste Korrektur : ATW musste im vergangenen Herbst einräumen, Umsätze in der Online-Sparte zwischen den Jahren 2000 und 2002 um 190 Millionen $ zu hoch ausgewiesen zu haben." [262]

Biodata Information Technology AG, Lichtenfels
Nach Angaben des derzeitigen Vorstandes des auf Entwicklung und Herstellung von Sicherheitstechnik für Datennetze spezialisierten Unternehmens habe der Umsatz des vergangenen Jahres, der mit 23,5 Millionen Euro angegeben worden sei, in Wahrheit nur 8 Millionen Euro betragen. [263]

Fragen :
- Aufgrund welcher Unterlagen wurde der Umsatz nachgewiesen ?
- Hat man Umsätze auf die Weise kreiert, dass man erhaltene Anzahlungen nicht ergebnisneutral passiviert, sondern bereits ergebniswirksam als Erträge gebucht hat ?
- Wurden Umsätze auf die Weise „geschaffen", dass man Werkverträge schon vor Abschluss und Abnahme der Arbeiten an den Auftraggeber abgerechnet hat ?
- Wurden mit dem Auftraggeber vereinbarte Teil-Zahlungen („stage payments upon agreed milestones"), die dieser zu bestimmten Zeitpunkten nach Maßgabe des Fertigstellungsgrades an Biodata zu zahlen hatte, bereits umsatz- und ergebniswirksam gebucht ?

Auf Nachfrage der FAZ bestätigte der zur Zeit amtierende Insolvenzverwalter Westhelle, es sei ungewöhnlich, dass der Aufsichtsratsvorsitzende, Hubertus Kestler, der „durchaus eine gewisse Aufsichtsfunktion" habe, „in den Monaten September, Oktober und November 2001 Honorarzahlungen von rd. 600.000 DM von Biodata eingefordert habe, obwohl ihm die prekäre Situation des Unternehmens hätte bekannt sein müssen und die Gläubiger gebeten worden seien, auf den größten Teil ihrer Forderungen zu verzichten." (Quelle wie oben)

Fragen :
Aufgrund welcher vertraglicher Unterlagen und nach Maßgabe welcher Kennziffern wurden diese Honorare von Herrn Kestler eingefordert ?

Hugo Boss AG, Metzingen
Hugo Boss hatte Mitte Juli „einen gegenüber dem Vorjahreswert nahezu halbierten Konzerngewinn (nach Steuern) von 30 Millionen Euro für das erste Halbjahr gemeldet. Zudem wurde die Gewinnerwartung für dieses Jahr weiter auf 70 Millionen Euro gesenkt, nachdem noch im Geschäftsbericht ein Übertreffen des Vorjahreswertes von 107 Millionen Euro anvisiert worden war. Seither hat Boss die Prognosen zweimal korrigiert – Ende März auf 107 Millionen Euro, Ende Mai auf 95 Millionen Euro. Damals hatte Boss bei der amerikanischen Tochtergesellschaft massive Inventurdifferenzen entdeckt, die zu einem falschen Gewinnausweis in der Bilanz geführt hatten." [264]

---

261 o.V. : Bilanztricksereien in bedrängter Alstom, in : FAZ 1.7.03, Nr. 149, S. 17
262 o.V. : AOL stellt sich auf weitere Bilanzkorrektur ein, in : FAZ 24.7.03, Nr. 169, S. 17
263 vgl. o.V. „Biodata machte sich zum Opfer seiner Wachstumshektik", in : FAZ 26.11.01, Nr. 275, S. 21
264 o.V. Die Börse bestraft Boss hart für die gesenkten Prognosen, in : FAZ 23.7.02, Nr. 168, S. 12

2 Aktuelle Fälle von Unrichtigkeiten und Verstößen   393

Fragen :
- Wurden Waren bei der Inventur doppelt aufgenommen und bewertet ?
- Wurden Herstellungskosten zu hoch und/oder erforderliche Abschreibungen zu niedrig ausgewiesen ?
- Wurden bereits Umsätze getätigt, obwohl die Ware an den Kunden de jure noch nicht übergeben worden war ?
- Wurden Warenrücksendungen von Kunden nicht ordnungsgemäß berücksichtigt ?
- Wurden bei „späten Umsatzbuchungen" zwar die Erträge, aber nicht die korrespondierenden Materialaufwendungen gebucht ?

Der Vorstandsvorsitzende von Boss, Bruno Sälzer, erwähnte gegenüber der FAZ folgendes :
Die ehemaligen amerikanischen Manager hätten keine Regressforderungen zu befürchten. „Wir haben in den vergangenen drei Jahren in den Vereinigten Staaten den Umsatz verdoppelt und sind jetzt Marktführer mit einem Marktanteil von 6,5 %. Da kann man doch niemandem Vorwürfe machen", sagte Sälzer. (Quelle wie oben)

Frage : Wie war zum Zeitpunkt, in dem die Inventurdifferenzen auftraten, das „Financial Reporting Environment" sowohl in den USA als auch in Deutschland ?

Bristol-Myers Squibb (BMS) Co., New York
Der Pharmakonzern hat den Umsatz von drei Jahren (1999 –2001) um insgesamt 2,49 Mrd. $ nach unten korrigiert. Die Umsätze waren in diesem Zeitraum aufgrund hoher (dem Pharmagroßhandel gewährter Rabatte) sehr stark angestiegen. Die Rabatte waren mit dem Ziel gewährt worden, möglichst viele Produkte, bei denen der Patentschutz auslief, noch im Alten Jahr zu verkaufen. [265] (Es ist dem Zeitungsartikel leider nicht zu entnehmen, welche den Jahresabschluss betreffenden Maßnahmen nicht korrekt waren ; d.Verf.)

Fragen :
- War den Pharmagroßhändlern von BMS ein Rücklieferungsrecht eingeräumt worden und haben diese von ihrem Recht - nach rechtzeitiger Ankündigung - Gebrauch gemacht ? Wurde dann diese Ankündigung von BMS bilanziell nicht berücksichtigt ? (Problematik : "Revenue recognition if right of return exists.")
- Wurden bestimmte Umsätze noch im Alten Jahr gebucht, obwohl die Lieferungen erst im Neuen Jahr stattfanden ?
- Hat BMS bei Großhändlern – z.B. zur Verbesserung der Logistik – Konsignationsläger eingerichtet, die Beschickung dieser Läger aber als normale Lieferungen (verbunden mit Umsatz und Gewinnrealisation) behandelt ?

ComROAD AG, Unterschleißheim
Der zuständige Wirtschaftsprüfer KPMG hatte das Mandat niedergelegt und in diesem Zusammenhang u.a. auf Folgendes hingewiesen : „Man habe Verdacht geschöpft, als der angebliche Comroad-Kunde in Hongkong, auf den schon bisher 98 Prozent des Umsatzes entfallen sein sollen, auch noch als Lizenznehmer von Comroad auftrat 'und die Lizenzgebühr ungewöhnlich schnell bezahlt hat.' Dann habe eine Nachfrage bei dem Hongkonger KPMG-Büro ergeben, dass der Kunde dort zumindest handelsrechtlich nicht registriert ist." [266]

In einer Notiz vom 22.2.02 hatte es geheißen : „Um den Vorwürfen von Geschäften mit nicht existierenden Partnern in Asien nachzugehen, seien Anwälte eingeschaltet worden, die in Hongkong die Lage prüften. Den Lieferanten in Hongkong, einen Gerätehersteller, gebe es. 'Wir sehen aber anhand von Rechnungen, dass etwas seit ein paar Wochen nicht koscher ist', fügte ein Sprecher hinzu. ComROAD lizensiert Telematik-Lösungen (Geräte und Software) für Navigation und Information weltweit an Partnerunternehmen, die Service-Zentralen betreiben, und entwickelt und vertreibt für Autos Telematik-Endgeräte, die von anderen Unternehmen hergestellt werden. Vorstandssprecher Schnabel sprach von einem möglichen Bedarf für Sonderabschreibungen und Wertberichtigungen und gab eine 'Anhäufung von Einzelproblemen und viele Fehler' zu. So seien im Vertrieb zu wenige Mitarbeiter beschäftigt. Der Sprecher berichtete, ein Leiter für das Rechnungswesen beginne im März seine Arbeit. Bisher hätten Schnabel und sein Steuerberater diese Aufgabe erledigt, das Unternehmen sei aber in eine neue Größe gewachsen. Deshalb werde es nun Zeit für einen Leiter des Rechnungswesens." [267]

---
265 vgl. o.V. : Bristol-Myers korrigiert Bilanzen, in : FAZ 11.3.03, Nr. 59, S. 19
266 o.V. : KPMG : Keine Versäumnisse bei Comroad, in : FAZ 12.4.02, Nr. 85, S. 17
267 o.V. Comroad gesteht Management-Fehler ein, in : FAZ 22.2.02, Nr. 45, S. 20

Fragen:
— Anhand welcher Unterlagen wurden die Umsätze mit dem „Groß-Kunden" in Hongkong „in ausreichender und angemessener Form" nachgewiesen ?
— Wurden neben (ggf. auch elektronischen) „Versand-Dokumenten" auch die den „Leistungen" zugrunde liegenden Original-Verträge geprüft ? Gab es eine Saldenbestätigungsaktion und wie hat der sogenannte Groß-Kunde auf diese Anfrage reagiert ?

EM.TV & Merchandising AG
„Der Bilanzfachmann Wolfgang Ballwieser hat im Strafprozess gegen die Brüder Thomas und Florian Haffa die Ansicht des Staatsanwaltes bestätigt, dass die im August 2000 veröffentlichten Halbjahreszahlen der EM.TV & Merchandising AG falsch gewesen seien. Nach seinen Erkenntnissen seien die im Zwischenbericht genannten Zahlen der Jim Henson Company zu hoch gewesen, sagte Ballwieser am Donnerstag vor dem Landgericht München. Es habe keinen Grund gegeben, Umsätze für unfertige Produktionen vorzuziehen. ... Ballwieser sagte, der Fehler bezüglich Jim Henson in einer Höhe von 31 Millionen DM im ersten Halbjahr 2000 habe 15 % des Konzernumsatzes .... ausgemacht. Er sei deshalb nicht mit einer Unwesentlichkeit zu rechtfertigen. Sowohl nach den Bilanzierungsregeln von US GAAP als auch nach IAS sei die Darstellung der Umsätze der Jim Henson Company falsch. Filme und Episoden von Serien müssten nach beiden Standards vollständig fertiggestellt sein, um als Umsätze gebucht werden zu können. Außerdem weise die Produktionsliste von Jim Henson für die Jahre 2000 und 2001 einen Gesamtverlust von 87 Millionen $ aus. Vorab hätte ein Defizit als Rückstellung für drohende Verluste gebucht werden müssen." [268]

Fragen :
— Wie wurde die Berechtigung, unfertige Leistungen abzurechnen, nachgewiesen ?
— Welche Kalkulationsdokumente bzw. Ergebnisrechnungen lagen bei Henson vor, anhand derer sich ein Verlust abzeichnete ?

Flowtex GmbH, Mannheim
Die Idee der Betrüger „war nach den offiziellen Ermittlungen immer die gleiche. Ein faktisch zur Flowtex-Gruppe gehörendes Unternehmen hat - weitgehend auf dem Papier - Bohrgeräte zur unterirdischen Verlegung von Kabeln an Leasinggesellschaften verkauft. (Diese) haben die Maschinen an andere Flowtex-Unternehmen verleast, ohne von der Verbindung zu wissen. Die Geräte, von denen nur ein kleiner Teil tatsächlich existierte, wurden direkt von einer Flowtex-Firma zur anderen geliefert. Bei Kontrollen durch die Leasingfirmen wurden lediglich Typenschilder ausgetauscht und so eine größere Zahl von Geräten vorgetäuscht. .... Um die anstehenden Leasing-Raten von bis zu 60 Millionen DM im Monat zu bezahlen, mussten in einer Art Schneeballsystem immer mehr fiktive Geräte verkauft werden. Innerhalb von fünf Jahren wurden an 52 Leasing-Gesellschaften 3.187 nicht vorhandene Bohrgeräte veräußert. Weil das Schneeballsystem mit dem vorgespiegelten Verkauf von Bohrgeräten nicht mehr aufrechtzuerhalten war und die Leasing-Raten immer höher wurden, versuchten Schmider und Kleiser, sich Geld auf dem Kapitalmarkt zu besorgen." [269] In einer Pressenotiz vom 28.9.01 hieß es u.a. :

„Der 52 Jahre alte Schmider nahm die Hauptverantwortung für das Betrugssystem ... auf sich. Der Schaden dürfte 4 Mrd. DM betragen, wie er einräumte. Dabei habe er gegenüber Kreditbanken, Leasing- und Fondsgesellschaften nicht nur zahlreiche Verkäufe „virtueller" Maschinen vorgetäuscht, sondern auch Kontoauszüge und Bilanzen gefälscht. Zugleich habe er die Öffentlichkeit darüber betrogen, dass er auch die anderen Gesellschaften seiner Firmengruppe beherrscht habe ... Da seit dem (kleineren) Firmenskandal um Luftbuchungen beim Fußbodenhersteller Balsam Sonderprüfungen verlangt worden seien, habe er die Existenz der rd. 3.000 Bohrmaschinen durch gefälschte Standortbescheinigungen - teilweise aus Arabien und Südamerika - vorgespiegelt." [270]

Im Zusammenhang mit der Urteilsverkündung im Flowtex-Verfahren heißt es am 19.12.01 :„Neben dem strafrechtlichen Schaden von rd. 4 Mrd. DM lasteten die Richter vor allem den beiden Unternehmensgründern an, dass sie sich in hohem Maße bereichert hätten. Allein Schmider habe - neben einem Monatsgehalt von 100.000 DM - rd. 325 Millionen DM für sich entnommen. Damit habe er zahlreiche Luxusgüter (Villen, Yachten, Autos, Flugzeuge, Kunstwerke und Schmuck) im Inland und Ausland sowie 13 Hausangestellte finan-

---

268 o.V. : *Bilanzexperte attestiert Haffa-Brüdern Fehler*, in : FAZ 7.2.03, Nr. 32, S. 17
269 o.V. : *Der Flowtex-Krimi*, in : FAZ 24.9.01, Nr. 222, S. 23
270 o.V. : *Schmider legt umfassendes Geständnis ab*, in : FAZ 28.9.01, Nr. 226, S. 31

ziert. ... Die getäuschten Geldinstitute und Leasing-Gesellschaften, die Wirtschaftsprüfer der KPMG und Mitarbeiter der Rating-Agentur Standard & Poor's sprach (der Vorsitzende Richter Michael) Meyer weitgehend von einer Mitschuld frei. Denn die Flowtex-Gründer hätten geschickt Belege, Kontoauszüge und Typenschilder gefälscht. Ihre Leasing- und Kreditraten hätten sie stets pünktlich bezahlt, um das Schneeballsystem am Laufen zu halten und die 'virtuellen Maschinen' zum Schein sogar versichert. Selbst bei Rückfragen hätten sie jedes Mal 'glaubwürdige' Antworten bereitgehabt. Ein Sonderprüfer des Bundesaufsichtsamtes für das Kreditwesen habe als Zeuge vor Gericht ausgesagt, so komplette Darlehensunterlagen habe er zuvor noch nirgendwo gesehen. Die Banken hätten weder Vorschriften verletzt, noch seien sie vom üblichen Geschäftsverhalten abgewichen. Einen vorsichtigen Tadel sprach ... Meyer, allerdings den Wirtschaftsprüfern aus. Dass diese sich mit den ihnen gegenüber gemachten Angaben 'begnügt' hätten, könne ihnen aber angesichts der 'Struktur des Prüfungssystems' nicht zum 'entscheidenden Vorwurf' gemacht werden. Auch Prüfungsgesellschaften seien nämlich Unternehmen, und der Entzug eines Auftrages könne für sie 'erhebliche finanzielle Nachteile' haben."[271]

Fragen:
– Hätte eine Anfrage bei Experten über den Weltmarktbedarf an Bohrgeräten zu dem Ergebnis führen können, dass eine Zahl von 3.187 Geräten unrealistisch ist?
– Hätte man durch Einschalten von lokalen Banken, Revisionsgesellschaften oder Consulting-Unternehmen feststellen können, dass die Standortbescheinigungen gefälscht waren?

Ision AG
„Die Staatsanwaltschaft Hamburg ermittelt gegen Alexander Falk und sechs weitere Personen wegen des Verdachtes des Betruges und Verstoßes gegen das Börsengesetz. Sie sollen den Aktienkurs des Internet-Dienstleisters Ision durch Scheingeschäfte in die Höhe getrieben haben, um das Unternehmen zu einem unrealistisch hohen Preis an das britische Unternehmen Energis plc zu verkaufen. Ausgelöst hatte die Ermittlungen eine Anzeige bei der Bundesanstalt für Finanzdienstleistungsaufsicht. Der Verwaltungsrat der Schweizer Distefora Holding AG hatte im März der Aufsichtsbehörde gemeldet, dass bei der Durchsicht der Gesellschafterakten Unregelmäßigkeiten festgestellt worden seien. Falk hatte die Holding, die 75 % der Ision Akten besaß, bis 2002 kontrolliert....."

Falk hatte den weltweit bekannten „Falk-Verlag" von seinem Vater geerbt und verkaufte schon im Alter von 26 Jahren den Verlag für rd. 25 Millionen Euro an den Bertelsmann Konzern. „Mit einem Teil des Kapitals hatte er 1998 dann die Ision Internet AG vom Thyssen-Krupp-Konzern erworben, sie zwei Jahre später rechtzeitig an den Neuen Markt gebracht und dann mit einem Umsatz von 67 Millionen Euro neun Monate später an den britischen Telekommunikationskonzern Energis zu einem nur mit der damaligen Internet-Hybris erklärbaren Traumpreis von 800 Millionen Euro verkauft. Wenige Jahre zuvor hatte er die Mehrheit an der börsennotierten schweizerischen Distefora übernommen und deren Internet-Geschäft in die Ision eingebracht."[272]

Fragen:
— Anhand welcher Unterlagen wurden Geschäftsvorfälle bei Ision nachgewiesen?
— Wie wurden Vorräte (unverrechnete Leistungen) ermittelt und dokumentiert?

Kmart Corp., Troy / Michigan
Zwei ehemaligen Managern des amerikanischen Einzelhändlers „wird vorgeworfen, veranlasst zu haben, dass Zahlungen eines Lieferanten verfrüht als Umsatz gebucht wurden. Dabei ging es um einen sogenannten Werbekostenzuschuss des Grußkartenherstellers American Greetings in Höhe von 42,4 Millionen Dollar im Juni 2001. Solche Zahlungen sind in der Branche üblich, sie erreichen oft einen großen Anteil am Umsatz eines Lieferanten mit einem Händler. Wie es in der Klage des Justizministerium" heißt, soll der gesamte Betrag im dritten Quartal des Geschäftsjahres 2001/02 (zum 31. August) als Umsatz gebucht worden sein. Die Zahlung war aber an Bedingungen geknüpft. Kmart hätte unter bestimmten, nicht näher bekannten Umständen einen Teil zurückzahlen müssen und daher nicht die Gesamtsumme sofort als Umsatz (gemeint ist wohl ein „sonstiger Ertrag" !? d.Verf.) ausweisen dürfen."[273]

---

271 o.V.: Flowtex-Gründer zu vielen Jahren Haft verurteilt, in: FAZ 19.12.01, Nr. 295, S. 13
272 o.V. Haftbefehl gegen Alexander Falk, in: FAZ 7.6.03, Nr. 131, S. 17
273 o.V.: Kmart-Insolvenz wird zum Betrugsfall, in: FAZ 28.2.03, Nr. 50, S. 19

Fragen :
— Anhand welcher Unterlagen wurde die Berechtigung nachgewiesen, den zugesagten Betrag in voller Höhe vereinnahmen zu können ?
— Wie wurden Umsätze, wie Rabattsätze nachgewiesen ?
— Waren die Bedingungen in einem Hauptvertrag geregelt oder in einem Zusatzabkommen enthalten ?

Merck & Co. Inc., Whitehouse Station /New Jersey
„Der amerikanische Pharma-Konzern hat in den vergangenen drei Jahren 12,4 Mrd. $ Umsatz gebucht, die das Unternehmen nie eingenommen hat. Die Zahl nennt Merck & Co. in einer bei der amerikanischen Wertpapieraufsichtsbehörde SEC eingereichten Unterlage. Bei den Beträgen handelt es sich um Zuzahlungen von Patienten für Medikamente, die diese über die Merck-Tochtergesellschaften Medco in Apotheken bezogen haben. Das Geld ist allerdings beim Apotheker geblieben und wurde nie an Merck oder Medco weitergeleitet. Die Zahlungen haben in den vergangenen drei Jahren rd. 10 % des Merck-Umsatzes ausgemacht." [274]

Fragen :
— Wenn Merck Forderungen an Apotheken bzw. an Medco hatte, dann mussten diese doch in den entsprechenden Konten vermerkt und dort als überfällig gekennzeichnet sein !?
— Anhand welcher Listen wurde die Altersstruktur der Forderungen nachgewiesen ?
— Welche (dv-maschinelle) Verknüpfung gab es zwischen der Bilanzposition Forderungen L+L und der Liste der Altersstruktur der Forderungen ?

Refugium Holding AG, Königswinter
Dem Mehrheitsaktionär wird von der Bonner Staatsanwaltschaft vorgeworfen, „im Juni/Juli 1997 an der Erstellung eines Börsenprospektes beteiligt gewesen zu sein, in dem die wirtschaftliche Lage der Gesellschaft (Betreiber von Seniorenheimen) falsch dargestellt worden sei. Auch eine Beteiligung an einer falschen Bilanz zum 31. Dezember 1997 und der nachfolgenden Dividendenausschüttung wird ihm angelastet. Statt eines Gewinnes von 8,7 Millionen DM hätte ein Verlust ausgewiesen werden müssen, heißt es in der Anklageschrift. Dies begründe den Verdacht der Untreue. Außerdem ist von unterlassenen Abschreibungen und Scheingeschäften die Rede. Dem Vorwurf einer Mitverantwortung für die falsche Bilanzierung des Jahres 1997 stelle sich sein Mandant, erklärte sein Verteidiger. Die Akten belegten, dass er dabei dem Rat von Fachleuten gefolgt sei. Zu keinem Zeitpunkt habe (dieser) sich selbst bereichert." [275]

Reliant Resources Inc., Houston / USA
„Einer der größten Konkurrenten des mittlerweile insolventen amerikanischen Energiehändlers Enron Corp. hat zugegeben, seinen Handelsumsatz jahrelang künstlich aufgebläht zu haben. Reliant hat nach eigenen Angaben mit Scheingeschäften seinen Umsatz in den vergangenen drei Jahren um 10 % erhöht. Der Energiehändler steigerte seinen Umsatz mit sogenannten „Wash Trades". Dabei verkauft ein Händler Strom an eine Gegenpartei und kauft ihn gleichzeitig zum gleichen Preis zurück. Diese Transaktionen resultieren weder in Gewinn noch in Verlust und sind nach Ansicht von Fachleuten auch nicht illegal. Die Händler wollten in erster Linie potentielle Kunden mit hohen Volumina beeindrucken. ... Die Praxis der Scheingeschäfte war nach Ansicht von Fachleuten in Amerika weit verbreitet. Der einstige Branchenprimus Enron hatte seinen Jahresumsatz von über 100 Mrd. $ ebenfalls mit Scheingeschäften aufgeblasen. Derzeit wird untersucht, ob Enron mit Preismanipulationen zur kalifornischen Stromkrise der vergangenen Jahre beigetragen hat. ... Die meisten 'Wash Trades' wickelte Reliant mit dem Händler CMS Energy ab, der Muttergesellschaft des größten Energieversorgers in Michigan. Insgesamt waren vier Handelshäuser an den Transaktionen mit Reliant beteiligt. ... Der Vorstandschef von Reliant machte einzelne 'fehlgeleitete' Mitarbeiter für die Scheingeschäfte verantwortlich." [276]

Fragen :
— Anhand welcher Unterlagen wurden Umsätze und die entsprechenden Aufwendungen
  (für die gelieferte Energie) nachgewiesen ?

---

274 o.V. : Merck & Co. sorgt mit Umsatzbuchungen für Unmut, in : FAZ 9.7.02, Nr. 156, S. 14
275 o.V. : Refugium-Vorstand vor Gericht, in : FAZ 28.6.03, Nr. 147, S. 18
276 o.V. : Neuer Energieskandal in Amerika, in : FAZ 15.5.02, Nr. 111, S.23

- Wie konnte es gelingen, sowohl Erträge als auch Aufwendungen so zu manipulieren, dass der ausgewiesene Rohertrag (Umsatz minus Energiekosten) mindestens konstant blieb, um Plausibilitätsprüfungen zu genügen?
- Gab es zu den Verträgen über den Verkauf auch noch geheime Zusatzprotokolle, in denen der gleichzeitige Rückkauf vereinbart wurde?

Worldcom Inc.
„In der zivilrechtlichen Klage wirft die SEC Worldcom vor, im Geschäftsjahr 2001 und im ersten Quartal 2002 falsch bilanziert zu haben, um den Gewinnerwartungen der Wall Street zu entsprechen und den Aktienkurs zu stützen. Worldcom, mit 20 Millionen Privatkunden und 80.000 Mitarbeitern der zweitgrößte amerikanische Fernnetzbetreiber, hatte zuvor fehlerhafte Bilanzierung in Höhe von 3,8 Mrd. $ eingeräumt. ... Worldcom hatte in der Bilanz betriebliche Ausgaben für die Nutzung der Leitungen anderer Telefongesellschaften fälschlicherweise als Investitionen ausgewiesen, die über einen längeren Zeitraum abgeschrieben werden können. Dadurch konnte das Unternehmen in der Bilanz seine Kosten reduzieren und Gewinne ausweisen." [277]

Fragen:
Anhand welcher Unterlagen wurde die Aktivierung von Aufwendungen nachgewiesen?

Xerox Corp., Stanford / Connecticut
„Die Börsenaufsicht SEC hatte Xerox Betrug an Investoren und jahrelange Manipulation von Bilanzen vorgeworfen. Konkret kritisieren die Aufseher die Rechnungslegung bei verschiedenen Leasing-Geschäften. Xerox hatte dabei Umsätze zu früh gebucht... Die SEC beschuldigte die Spitzenmanager von Xerox, mit Bilanzierungstricks die Gewinne des Unternehmens in den Jahren 1997 bis 2000 um einen Milliardenbetrag aufgebläht zu haben. 'Das Spitzenmanagement von Xerox hat vier Jahre lang einen systematischen Plan ausgeführt, um die wahre Entwicklung des Geschäftes zu verschleiern', sagte Paul Berger, der bei der SEC für Strafverfolgung zuständig ist. ... Mit den Bilanzierungstricks habe die Geschäftsführung von Xerox den Aktienkurs des Unternehmens in den späten neunziger Jahren künstlich hochgehalten. Das Spitzenmanagement erhielt deswegen eine leistungsabhängige Entlohnung in Höhe von fünf Millionen $ und profitierte von Aktienverkäufen im Wert von 30 Millionen $." [278]

Frage:
Anhand welcher Unterlagen wurden die Buchungen, die zu den vorgezogenen Umsätzen führten, nachgewiesen?

Qwest Inc., Denver / USA
„Die Nachrichten über unsaubere Buchungsmethoden in der amerikanischen Telekommunikationsindustrie nehmen kein Ende. Nun ist es der Glasfasernetzbetreiber Quest in Denver, der von falsch gebuchten Umsätzen in Höhe von 1,16 Mrd. $ in den Jahren zwischen 1999 und 2001 berichtet. ... Wie es heißt, wurde der Umsatz aus dem Verkauf von Leitungskapazitäten oft schon ein Quartal zu früh gebucht; Kosten wurden einmal zu gering und einmal zu hoch ausgewiesen. ... Von Quest hieß es, es sei möglich, dass sämtliche Umsätze aus dem Verkauf von Leitungskapazitäten korrigiert werden müssten." [279]

Frage:
Anhand welcher Unterlagen wurden die Umsatzbuchungen nachgewiesen?

---

277 o.V.: SEC verklagt Worldcom wegen Betrugs, in: FAZ 28.6.02, Nr. 147, S. 18
278 o.V.: Bilanzskandal bei Xerox größer als angenommen, in: FAZ 29.6.02, Nr. 148, S. 14
279 o.V.: Qwest gesteht Bilanzfehler in Milliardenhöhe, in: FAZ 30.7.02, Nr. 174, S.11

2.2 Die Securities & Exchange Commission (SEC) als „Frühwarnsystem"

Die geradezu deprimierenden Fälle von Unregelmäßigkeiten in der jüngsten Vergangenheit sind um so erstaunlicher, als die SEC seit mindestens 5 Jahren regelmäßig den Verdacht geäußert hat, dass es in einer Reihe von amerikanischen Gesellschaften nicht mit rechten Dingen zugeht. Warum hat die Warnung dieser angesehenen Behörde die verantwortungsbewussten Wirtschaftsprüfer nicht auf den Plan gerufen und zu engagierten Maßnahmen veranlasst ? Die FAZ schrieb bereits am 10. August 1999 unter dem Titel : „Spekulationsblase durch Bilanzkosmetik" :

„Am amerikanischen Aktienmarkt ist nach Meinung vieler Beobachter, Anlagestrategen und selbst des Präsidenten der Notenbank in Washington, Alan Greenspan, eine zum Platzen bestimmte Blase entstanden. Die Ursachen für diese Annahme sind zahlreich und vielschichtig. Eine von ihnen besteht in dem konkret geäußerten Verdacht, dass eine nicht geringe Zahl amerikanischer Aktiengesellschaften Bilanzkosmetik betreibt, um langfristig stetige und berechenbare Gewinnsteigerungen ausweisen zu können. Die Securities & Exchange Commission, der die Aufsicht über die amerikanischen Wertpapiermärkte obliegt, ist diesen Fällen in Zusammenarbeit mit verschiedenen Staatsanwaltschaften im Lande auf der Spur. Zu den spektakulärsten Beispielen zählt Bankers Trust. Der Fall wurde bereits strafrechtlich verfolgt. Die Bank erklärte sich schuldig und willigte in einen Strafbefehl ein, der ihr eine Strafe von 63 Millionen $ bescherte. Mitarbeiter des Instituts waren Mitte der neunziger Jahre, als eine Übernahme durch die Deutsche Bank überhaupt noch nicht zur Diskussion stand, der Aufforderung der Unternehmensführung, möglichst gute Ergebnisse zu erwirtschaften, gefolgt und hatten nicht abgerufene Kundengelder verwendet, um hauseigene Kosten zu decken.

Andere Fälle endeten in jüngerer Vergangenheit mit Gefängnisstrafen von sechs bis zwölf Jahren. Zu den Delikten zählten :
- der Ausweis von Einnahmen, die in Wirklichkeit nicht entstanden waren,
- das Stellen von Rechnungen für überhaupt nicht erbrachte Leistungen,
- das Aufführen von Kunden, die gar nicht existierten,
- gefälschte Lagerbestände,
- das allgemeine Frisieren von Bilanzen, um das an der Wall Street erwartete und sich bereits im Aktienkurs ausdrückende Ergebnis zu erreichen,
- sowie die Anstiftung Dritter, betriebene Bilanzkosmetik in der Öffentlichkeit zu 'verkaufen'. ...

Die Aufsichtsbehörde SEC hat bereits im Herbst vergangenen Jahres einige Verstöße gegen die Bilanzierungsregeln genannt, denen sie besonders nachzugehen gedenkt. Unter anderem handelt es sich um gefälschte Umsätze. Hierzu verweist das Finanzmagazin „Fortune" auf eine Untersuchung, nach der bis 1997 über elf Jahre hinweg 200 börsennotierte amerikanische Unternehmen Bilanzen frisiert haben sollen. Etwa die Hälfte der Fälle hatte mit der Fälschung von Umsätzen zu tun. Dies geschieht unter anderem dadurch, dass Umsätze, die in einem neuen Quartal gebucht werden müssen, noch den vorausgegangenen zugeschrieben werden. Beliebt scheint auch zu sein, Rechnungen für Leistungen zu stellen und somit Forderungen auszuweisen, obgleich diese Leistungen noch nicht erbracht oder ausgeliefert sind. Die materiellen Güter erscheinen dann noch einmal als eigene Lagerbestände und somit als Aktiva. Im Visier der SEC befinden sich ferner Rückstellungen oder Abschreibungen, die im Zuge von Umstrukturierungen oder Fusionen und Übernahmen vorgenommen werden. Nach den Bilanzierungsvorschriften müssen die entstehenden Kosten in dem Jahr angesetzt werden, in dem sie ermittelt worden sind, auch wenn sie tatsächlich erst später anfallen. Häufig werden diese Kosten viel höher ausgewiesen, als sie in Wirklichkeit sind, um die Reserven in den folgenden Jahren wieder aufzulösen und somit Ergebnisse auszuweisen, die im laufenden operativen Geschäft überhaupt nicht entstehen konnten." [280]

---

[280] o.V. Spekulationsblase durch Bilanzkosmetik, in : FAZ 10.8.99, Nr. 183, S. 12

2.3 Zusammenfassung

Es liegt nahe, die von uns (soweit möglich) analysierten Fälle zu gruppieren. Dabei ergibt sich das folgende interessante und höchst bedenkliche Bild:

Art der vermutlichen Manipulation	Firma
Fiktive Umsätze	Biodata BMS Comroad Enron Flowtex Merck Reliant
Andere Scheingeschäfte	Ision Refugium
Umsätze zu früh gebucht	EM.TV Kmart Xerox Quest
Einnahmen falsch behandelt Aufwand falsch behandelt Vorräte falsch bilanziert Verluste zu niedrig ausgewiesen Erträge zu hoch ausgewiesen	AOL Worldcom Boss Alstom Ahold

3 Unzuverlässige Prüfungskonzepte und Voraussetzungen für eine Verbesserung der Facharbeit

Es war vermutlich ein ganzes *Bündel* von Faktoren, das dazu geführt hat, dass die *materiellen* Prüfungshandlungen in vielen Fällen nicht mehr im Mittelpunkt der Arbeit standen. Man hat zwar begonnen, Systemfehler zu korrigieren, aber neue Gefahren drohen, wenn man erfährt, dass Forderungen nach einer „Beschleunigung" der Prüfung diskutiert werden. Von entscheidender Bedeutung wird sein, dass sich die Abschlussprüfer auf breiter Front wieder auf ihren Beruf im Sinne einer „Berufung" besinnen, ein risikoorientiertes Konzept aufbauen, in dem systematisch *Prüfungsziele* entwickelt, *Prüfungstechnik* angewandt und ausreichende und angemessene *Prüfungsnachweise* dafür beschafft werden, dass die *Abschlussaussagen* des Mandanten stimmen.

3.1 Die Problematik des Fehlverhaltens

Wenn man sich mit den einzelnen Fällen beschäftigt – soweit dies aufgrund der sicherlich begrenzten Informationen möglich ist – dann muss die Frage erlaubt sein, ob die Bilanzunterlagen wirklich mit der *Genauigkeit* geprüft wurden, wie dies erforderlich gewesen wäre. Genauigkeit setzt immer auch die Einsichtnahme in Belege, insbesondere das *Studium von Originalverträgen* voraus. Um aus diesen Verträgen die notwendigen Erkenntnisse gewinnen zu können, benötigt man *Firmen- und Branchenkenntnisse*. In vielen Fällen wären von den internen und externen Prüfern umfangreiche Unterlagen zu analysieren gewesen, und es besteht der Verdacht, dass diese Prüfung entweder gar nicht stattgefunden hat (Vieles lässt sich ja nach Meinung sogenannter „Experten" bereits mit Plausibilitätsprüfungen und Gesprächen mit dem Management schnell „klären" !), die vorgegebene Prüfungszeit - gemessen an der Komplexität der Geschäftsvorfälle - zu kurz war oder dass die Prüfungen von unerfahrenen Mitarbeitern durchgeführt wurden, die aufgrund ihrer Vorkenntnisse gar nicht in der Lage waren, das notwendige Problembewusstsein zu entwickeln.

„Note that in many cases of alleged audit failure, *the reported facts and circumstances suggest that the auditor did not fully understand the client's business*, the productive capacity for the industry, or other key element of the business environment comprising the organisation's value chain." (Hervorh.d.d.Verf.) [281]

Die von den Medien, Aufsichtsbehörden und Gerichten erhobenen Vorwürfe, die sogar eine „Hierarchie des Versagens" [282] anprangern, lassen erkennen, wie sehr die Öffentlichkeit aufgeschreckt ist. [283] Man muss sich dann natürlich die Frage stellen, wie es möglich war, dass Fehler mit einer enormen Dimension lange Zeit unerkannt blieben. War nicht ein ganzes *Bündel* von Faktoren mit jeweils unterschiedlichen Ausprägungen, beispielsweise

- ein enormer *Honorardruck*, ausgelöst durch einen zunehmenden Wettbewerb,
- eine zunehmende *Befangenheit* durch den starken Einfluss des Beratungsgeschäftes,
- ein ausgeprägtes *Wachstumsdenken*, das regelmäßig zu einer Ausdünnung von Prüferteams führt, weil erfahrene Mitarbeiter bei neuen Mandaten benötigt werden,
- vorauseilende *Reviews* von Quartalsabschlüssen, die der eigentlichen Jahresabschlussprüfung die Kraft rauben und ihr damit Profil nehmen,
- die Förderung des *Karrieredenkens*, die zu einem Abbau des qualifizierten Mittelbaues in den WP-Gesellschaften geführt hat und
- ein fehlgeleitetes Denken in *Dokumentationsformalismen*

der Grund dafür, dass im Rahmen der Tagesarbeit die *materiellen Prüfungshandlungen* an Bedeutung verloren haben ? Haben nicht „Auflösungserscheinungen" der besonderen Art das Niveau vieler Abschlussprüfungen erheblich beeinträchtigt ? Muss man sich dann noch wundern, wenn „die Öffentlichkeit das Vertrauen in die Seriosität der Jahresabschlüsse verloren" hat und „der Wert des handelsrechtlichen Testats ... immer mehr in Frage gestellt" [284] wird ? Man hat zwar begonnen, Systemfehler in der Wirtschaftsprüfung zu korrigieren, aber neue Gefahren drohen, wenn man erfährt, dass Forderungen „nach einer höheren Geschwindigkeit der Prüfung" [285] diskutiert werden.

Wenn das Management von Mandanten aus Erfahrung weiß, dass die Abschlussprüfer nach bestimmten Dingen gar *nicht (mehr) fragen*, dass man das Prüfungsteam - seine *Unerfahrenheit* und seine *Zeitnot* ausnutzend - leicht mit „überreden", aber keineswegs „zwin-

---

[281] J.W. Arricale / T.B. Bell / I. Solomon / S. Wessels : Strategic-Systems Auditing, a.a.O. S.19
[282] T. Piller : Die Fehler von Kontrolleuren und Banken, in : FAZ 9.1.04, Nr. 7, S. 11
[283] K.L. Kley : Der Wirtschaftsprüfer soll alle fünf Jahre gewechselt werden, in : FAZ 11.11.02, Nr. 262, S. 22
[284] K.H. Küting : Die Treuhänder des Kapitalmarktes, in : FAZ 25.11.02, Nr. 274, S. 24
[285] H. Wiedmann : Wirtschaftsprüfer werden Finanzberichterstatter in Echtzeit, in : FAZ 10.12.01, Nr. 287, S.25

genden" Unterlagen und Informationen zufrieden stellen kann oder dass sich dieses geschickt um problembehaftete Felder herummanövrieren lässt und mit kleineren Prüfungsfeststellungen bereits zufrieden ist, dann werden hier bereits die ersten Weichen für das Unheil gestellt. Es bedarf dann nur noch besonderer Umstände – z.B. ausgelöst durch die Erkenntnis, dass ein „propagiertes" Jahresergebnis nicht durch einen „normalen Geschäftsgang" zu erreichen sein wird –, um die bereits vorhandenen Gedanken an eine Bilanzmanipulation in die Tat umzusetzen. Aus diesem Grund muss auf die besondere Problematik des *„Financial Reporting Environment"* immer wieder hingewiesen werden !

Es wirkt deshalb auch *realitätsfremd*, wenn das IDW den Abschlussprüfer im bereits erwähnten PS 210 auffordert, die Geschäftsleitung bereits im Rahmen der Prüfungsplanung zu befragen, „ob es bestimmte Betriebsteile, Geschäftszweige, Geschäftsvorgänge oder Posten des Abschlusses gibt, bei denen das Risiko von Unrichtigkeiten möglicherweise besonders hoch ist oder wo ein Risiko für Verstöße besteht und wie die gesetzlichen Vertreter darauf reagieren." (TZ 27) Diese Art von Befragungen, in den USA schon Anfang der 70er-Jahre des vorigen Jahrhunderts entwickelt, ist den deutschen Wirtschaftsprüfern, die von ihren ausländischen Kollegen mit dem sogenannten „Referred Work" (z.B. mit der Prüfung einer deutschen Tochtergesellschaft) beauftragt wurden, hinlänglich bekannt und ist nach der Einschätzung des Verfassers nie auf großes Interesse gestoßen, weil man hierzulande schnell erkannt hat, dass dieses Instrument, das man mit einer naiven Hoffnung auf Selbstanzeige ausgestattet hatte, nicht besonders wirksam ist. Vielleicht haben diese Gespräche zwischen Wirtschaftsprüfern und Vorständen sogar zu einem *Klima* geführt, in dem die kritische Grundhaltung der Prüfer oder besser gesagt : ihr *„professional skepticism"* sukzessive abgebaut werden konnte.

Berechtigte Forderungen nach einer Wiedergewinnung des verlorenen Vertrauens der Öffentlichkeit in das Testat des Abschlussprüfers werden verhallen, solange man innerhalb akademischer Diskussionen versucht, auf „Konstruktionsfehler in der Abschlussprüfung" [286] hinzuweisen und dabei ganz offensichtlich nicht den Mut hat, festzustellen, dass es das Verhalten von Personen war, das unter dem Druck von Wettbewerb und Wachstumseuphorie so gelitten hat, dass man die Einstellung zu einem „Beruf" [287] in vielen Fällen kaum noch erkennen kann. Damit schließt sich der Kreis, den wir zu Beginn unserer Überlegungen mit der Feststellung geöffnet haben, dass die Eigenverantwortlichkeit die „prima inter pares" unter den Berufspflichten des Abschlussprüfers darstellt.

Mit einer geläuterten Einstellung würde man dann auch dem nationalen oder internationalen Gesetzgeber signalisieren, dass man sich seines Amtes bewusst ist, und würde damit verhindern, dass am Ende einer langen Entwicklung „staatliche Unternehmen und statt Wirtschaftsprüfern nur noch Rechnungshofprüfer" [288] stehen.

---

286 J. Baetge / Chr. Heidemann : Acht Forderungen an die Wirtschaftsprüfer, in : FAZ 15.7.02, Nr. 161, S.20
287 „Beruf oder Ruf bedeutete ursprünglich 'Berufung' in geistlichem Sinne (lateinisch 'vocatio', so noch heute in der Kirchensprache 'Ordensruf'). Luther gebrauchte seit 1522 den Ausdruck in weltlichem Sinne für Amt und Stand. Die ethische Seite, die noch heute dem Begriff als wesentlicher Teil innewohnt, blieb erhalten." In : Brockhaus 2.Bd , S. 597
288 G. Giersberg : „Am Ende der Regulierung darf nicht der Staatsbetrieb stehen" (Gespräch mit Harald Wiedmann. dem Vorstandssprecher der KPMG), in : FAZ 8.7.03, Nr. 155, S. U 3

3.2 Besinnung auf die Kernaufgaben zur Abwendung öffentlicher Kritik

Soweit dies der Verfasser feststellen konnte, waren es hauptsächlich Vertreter der Wirtschaft und nicht unseres Berufstandes, die bislang darauf hingewiesen haben, dass bei vielen Prüfungen im Inland und im Ausland die materiellen Prüfungshandlungen nicht mehr im Vordergrund des Interesses stehen. [289] Insofern ist es die Pflicht aller, sich wieder auf die *Kernaufgaben* zu besinnen, so wie es ein Repräsentant der SEC vor einigen Jahren bereits formuliert hat : „Back to the Basics". Andererseits muss der Gerechtigkeit halber darauf hingewiesen werden, dass zwar die Öffentlichkeit verunsichert ist, dass aber unser *Berufsstand* bei einer großen Zahl von Fachleuten weiterhin ein *hohes Ansehen* genießt. Dies kommt auch in der Meinung von Dr. Karl-Hermann Baumann, dem Aufsichtsratsvorsitzenden und früheren Finanzvorstand der Siemens AG, zum Ausdruck, der sich zu seiner Einschätzung des Wirtschaftsprüfers KPMG in einem Interview befragt, wie folgt geäußert hat: „Wir haben an ihrer Integrität und Professionalität nie gezweifelt." [290] In diesem Zusammenhang sei auch daran erinnert, dass es gerade die großen WP-Gesellschaften sind, die sich – unabhängig von der gesetzlichen Qualitätskontrolle - seit Jahren mit großem Engagement sowohl intern als auch extern [291] um eine *solide Aus- und Fortbildung*, vor allem des Nachwuchses, bemühen und dabei ein risikoorientiertes Konzept in den Mittelpunkt ihrer Betrachtungen stellen. Der damit verbundene *Stabilitätseffekt* ist enorm und muss entsprechend gewürdigt werden ! Wenn es Kritik gibt [292] , dann muss sich ihr der *gesamte* Berufsstand stellen. Es ist insbesondere der *Mittelstand*, bei dem es noch einen großen Nachholbedarf in der qualifizierten Aus- und Fortbildung der heranwachsenden Generation von Wirtschaftsprüfern gibt. Das rechtfertigt aber keinesfalls die Feststellung, dass „die Fehlerquote von Wirtschaftsprüfern unerträglich groß ist." [293]

Es ist jedoch zu wünschen, dass das IDW seine Prüfungsstandards unter Verzicht auf zu häufige Relativierungsbemühungen präzisiert und betont, dass man durch eine *risikoorientierte* Arbeit, nämlich durch die

- Entwicklung von *Prüfungszielen* aus der Kenntnis der Geschäftstätigkeit
- Durchführung von Prüfungshandlungen unter Anwendung einer sachgerechten *Prüfungstechnik* und

---

[289] *Man trifft immer wieder auf Kommentare, die den Eindruck erwecken, als seien die in der Öffentlichkeit erhobenen Vorwürfe unberechtigt.„In wellenartigen Entwicklungszyklen haben wir immer wieder Konzentrationen von spektakulären Unternehmenskrisen festzustellen. Mit großer Regelmäßigkeit gerät dabei auch unser Berufsstand in die Schusslinie der öffentlichen Kritik. Die jüngsten Höhepunkte in diesem Zyklus waren die Fälle Balsam, Südmilch, Bremer Vulkan, Immobilien Schneider, Hypo-Vereinsbank, Holzmann und Flowtex. Die Politik fühlte sich in der Pflicht, fühlte Handlungszwang. Das KonTraG war die Antwort. Aber auch der Berufsstand kam unter Druck. Er musste den eingeleiteten Maßnahmen zur Qualitätssicherung in der WP-Praxis die Einrichtung einer Qualitätskontrolle folgen lassen." (F. Sahner / H. Schulte-Groß / C. Clauß : Das System der Qualitätskontrolle im Berufsstand der Wirtschaftsprüfer und vereidigten Buchprüfer, in : Wirtschaftsprüferkammer-Mitteilungen, Sonderheft April 2001, S. 6)*
[290] *J. Herr :„Ich rechne damit, als aktionärsfeindlich kritisiert zu werden" (Gespräch mit Karl-Hermann Baumann, dem Vorsitzenden des Aufsichtsrates der Siemens AG), in : FAZ 3.8.02, Nr. 178, S. 12*
[291] *vgl. dazu die beiden auf dem 1. Symposium zur„Theorie und Praxis der Wirtschaftsprüfung" im Oktober 1996 gehaltenen Vorträge von E. Simon-Heckroth (Risikoorientierte Abschlussprüfung) und J. Schindler (Internationale Prüfungsnormen aus der Sicht einer internationalen Wirtschaftsprüfungsgesellschaft), in denen das Konzept des BDO-Prüfungsansatzes vorgestellt bzw. die Prägung des KPMG Audit Service Manuals durch die ISA erläutert wurde ; in : ThuPdWPg, S. 61-70 bzw. S. 153-166.*
[292] *J. Jahn : Doppelstrategie gegen Bilanzfälscher, in : FAZ 24.1.04, Nr. 20, S.11*
[293] *J. Jahn : Ohne Prüferwechsel geht es nicht, in : FAZ 3.7.02, Nr. 151, S. 11*

3 Unzuverlässige Prüfungskonzepte

- Erkennung zwingender Informationen in angemessenen *Prüfungsnachweisen*

Täuschungen – wenn auch nicht völlig beseitigen – aber mit großer Wahrscheinlichkeit *deutlich* erschweren kann.

Man darf das Prüfungsrisiko weder unterschätzen, noch dramatisieren. Man unterschätzt es, wenn man z.B. die Komplexität von Prüfungsaufträgen herunterstuft [294]. Man dramatisiert es, wenn man dem „Top Management Fraud" unter dem Einfluss gravierender Einzelfälle eine zu hohe Bedeutung beimisst. [295] Vergessen wir nicht, dass es nur ein *winziger* Teil des nationalen und internationalen Managements gewesen ist, der die Aufsichtsorgane und die Öffentlichkeit getäuscht hat und dass der Berufsstand der Wirtschaftsprüfer zum weitaus überwiegenden Teil mit *ehrenwerten* Kaufleuten zu tun hat. Andererseits ist unserem Berufsstand aber auch nicht damit gedient, wenn IDW und WPK vor einer öffentlichen Ursachenanalyse zurückschrecken, die Argumentation – ein altes Thema [296] immer wieder neu variierend – auf die Ebene der „Erwartungslücke" verlagern („Das, was die Öffentlichkeit erwartet, können wir gar nicht leisten!") und den Eindruck erwecken, man lebe in einer „heilen Welt".

Eine Versachlichung wird dadurch erreicht, dass sich die Abschlussprüfer auf ihre *Eigenverantwortlichkeit* und auf ihre *Gewissenhaftigkeit* besinnen, ihre „Kenntnisse über die Geschäftstätigkeit und das wirtschaftliche bzw. rechtliche Umfeld des zu prüfenden Unternehmens" *deutlich* verbessern und die *Intensität* ihrer Prüfung verstärkt dem *Schwierigkeitsgrad* der Materie anpassen. [297] Nur dadurch werden sie in der Lage sein, Bedingungen für Täuschung und Betrug *rechtzeitig* zu registrieren und dann auch ihre Mitarbeiter für diese ungewohnten Zusammenhänge zu sensibilisieren. Wer allerdings Prüfungsassistenten mit Richtlinien zur Früherkennung von Täuschung und Betrug überfrachtet, setzt sich dem Vorwurf aus, zur *Exkulpation* zu rüsten, und erweckt, den Eindruck, sich aus der unmittelbaren Verantwortung zu ziehen und seinen Mitarbeitern damit die Unbefangenheit zu nehmen.

Wenn insbesondere die *Prüfungsassistenten* das Instrumentarium, das in diesem Handbuch vorgestellt wurde, engagiert einsetzen, dann werden sie langsam, aber sicher in der Lage sein, kluge Frage zu stellen und rechtzeitig „Auffälligkeiten" zu empfinden, die sie im Team unter aufmerksamer *Beobachtung* des zuständigen Abschlussprüfers diskutieren können. Der Erfolg ihrer Arbeit wird entscheidend davon abhängen, ob es ihnen gelingt, bis zu den Quellen der richtigen Informationen vorzustoßen, und sich – *unterstützt durch die sie begleitenden Prüfungsleiter* – nicht mit Unterlagen und Informationen zufrieden zu geben, die nur *scheinbar* die Rolle von ausreichenden und angemessenen Prüfungsnachweisen spielen.

Es ist nicht zu leugnen, dass die in diesem Handbuch propagierte *„prozessorientierte Betrachtungsweise"* überfällig ist. Als Erklärung mag dienen, dass sich die Wirtschaft – vom

---

294 vgl. J. Ritter : Betrug wie bei Enron ist in Deutschland schwieriger, in : FAZ 19.2.02, Nr. 42, S. 16
295 o.V. : Wirtschaftsprüfer müssen mit Betrug durch Vorstände rechnen", in: FAZ 12.2.03, Nr. 36, S. 19
296 vgl. F.W. Selchert : Wirtschaftsprüfung – der Kampf mit der Erwartungslücke, in : FAZ 18.6.01, Nr. 138, S. 34
297 Den Begriff der „Erwartungslücke" in „accounting gap", „performance gap" und education/communication gap" rein akademisch zerlegend, versäumen es leider Marten/Köhler darauf hinzuweisen, dass Abschlussadressaten (unabhängig von ihren individuellen Interessen) zunächst einmal ein solides Testat erwarten. (vgl. K.U. Marten / A.G. Köhler : Erwartungslücke, in HdRuP, Sp. 704 ff.) Dass diese Erwartungen u.a. auch dadurch enttäuscht wurden, dass die auf der „Systematik" von Prüfungszielen / Prüfungstechnik / Prüfungsnachweis beruhenden „materiellen" Prüfungshandlungen zugunsten von „formellen" Abstimmarbeiten und Plausibilitätsprüfungen an Bedeutung verloren haben, muss ebenfalls erwähnt werden. Durch eine Vernachlässigung dieser Problematik gerät die Diskussion über die Erwartungslücke immer wieder auf eine schiefe Bahn.

nationalen und internationalen Gesetzgeber unter Druck gesetzt - nunmehr verstärkt um Transparenz und um Kontrolle bemüht und begreift, dass man das *ganze* Unternehmen in diese Betrachtungen einbeziehen muss und sich nicht auf kleine Organisationseinheiten beschränken darf. So schreiben z.B. Rauchhaus / Sieler zu den Anforderungen des Sarbanes-Oxley-Acts (SOA) : „Unter Aspekten des SOA sind ... sämtliche Geschäftsprozesse relevant, die die Ergebnisse der Finanzberichterstattung nachhaltig beeinflussen können. So sind die technischen Bereiche bei der Rückstellungsbildung für Altlasten einzubinden; der Bereich Verkauf ist oftmals bei der Vergabe von Kreditlimiten oder der Fakturierung federführend, der Personalbereich bei Vergütungsfragen und Gehaltsabrechnung und der Einkauf bei Lieferantenauswahl und -abrechnung ... . Die entscheidende Herausforderung bei SOA-Projekten besteht darin, die Kontrolleffektivität der identifizierten Geschäftsprozesse kritisch zu hinterfragen, also Kontrollziele, mögliche Risiken und erforderliche Kontrollaktivitäten festzulegen." [298]

Der Abschlussprüfer muss sich darauf einstellen, „dass das Gros der fraglichen Prozesse in den Unternehmen üblicherweise nicht ohne Weiteres nachvollziehbar, da meist gar nicht dokumentiert ist." (Rauchhaus/Sieler a.a.O.) Es hatte also einen ganz besonderen Grund, wenn wir regelmäßig - unter Hinweis auf die *zeitliche Dimension* der Abschlussprüfung - betont haben, dass eine Reihe von Themen rechtzeitig geplant und entsprechende *Vorbereitungsarbeiten* mit dem zu prüfenden Unternehmen abgestimmt werden müssen.

3.3 Neue gesetzliche Regelungen

Die Aussichten für eine allgemeine Verbesserung der Facharbeit sind gut. Die berufsständische Landschaft hat sich seit der Einführung einer *Qualitätskontrolle* in der Wirtschaftsprüferpraxis (siehe Kapitel VI. 2), durch das *Bilanzrechtsreformgesetz* [299], durch das *Bilanzkontrollgesetz* [300] und durch das Anfang September 2004 im Entwurf vorgelegte *Abschlussprüferaufsichtsgesetz* [301] (APAG) wesentlich geändert. Weitere Regelungen, die über die 5. WPO-Novelle die Ausbildung und Prüfung des beruflichen Nachwuchses betreffen, sind geschaffen bzw. in Sicht. [302]

---

298 R. Rauchhaus / C. Sieler : Anforderungen des Sarbanes-Oxley-Gesetzes, in : FAZ 15.11.04, Nr. 267, S. 21
299 Siehe u.a. die Ergänzungen bzw. Korrekturen bei den §§ 285, 289, 317, 318, 319, 321, 322 HGB
300 Siehe u.a. den sechsten Abschnitt („Prüfstelle für Rechnungslegung"), der mit den §§ 342 b ff. in das HGB eingefügt wurde.
301 Das APAG sieht u.a. vor, dass „unterhalb der Rechtsaufsicht des Bundesministeriums für Wirtschaft und Arbeit und oberhalb der Wirtschaftsprüferkammer ein Gremium geschaffen" wird, das sich „Kommission für die Aufsicht über die Abschlussprüfer in Deutschland" (Abschlussprüferaufsichtskommission, kurz APAK) nennt. Ihre Aufgabenbereiche sind: „Prüfung, Bestellung/Registrierung/Widerruf, Qualitätskontrolle, Berufsaufsicht, Berufsgrundsätze und Fortbildung ... . Die APAK wird aus dem bisherigen Qualitätskontrollbeirat des § 57 f WPO fortentwickelt." (M. Schmidt / S. Kaiser : Öffentliche Aufsicht über Abschlussprüfer, in : WPK Magazin 3/2004, S. 39)
302 Dazu führte der IDW-Vorstand aus : „Die tiefgreifende Ausbildungsreform, die mit dem Wirtschaftsprüferexamens-Reformgesetz (5. WPO-Novelle) umgesetzt wurde, umfasste drei wesentliche Regelungsbereiche : die Aufgabenübertragung an die WPK, die Überarbeitung der Inhalte des Examens sowie die Schaffung anerkannter Hochschulausbildungsgänge. Die Umsetzung des dritten Reformansatzes erfolgt in zwei Schritten. Mit der 5. WPO-Novelle wurden zunächst mit den §§ 8a, 13b WPO Ermächtigungsgrundlagen für den späteren Erlass entsprechender Regelungen im Verordnungswege in das Gesetz aufgenommen. Der zweite Schritt wird nunmehr durch die Schaffung der Wirtschaftsprüferausbildungsverordnung (WiPrAusbV) vollzogen. (in : FN-IDW Nr. 12/2004, S. 734)

Erste Erfahrungen mit der Qualitätskontrolle haben IDW und WPK veranlasst, die „Verbindlichkeit der Vorgaben für die Qualitätssicherung" zu konkretisieren [303], so dass klare Vorstellungen über ein Sollsystem geschaffen werden und damit der ohnehin bereits vorhandene Verbesserungsdruck deutlich zunehmen wird. Dieser Druck muss auch unter dem Risiko gesehen werden, als Ergebnis einer externen Qualitätskontrolle wegen der festgestellten Mängel nur ein eingeschränktes Testat oder einen Versagungsvermerk zu erhalten. [304]

Aus dem Berufsstand sind positive Signale zu vernehmen. Wie von der FAZ berichtet, vertrat Harald Wiedmann, der Vorstandssprecher der KPMG, die Meinung, „mit dem Bilanzrechtsreformgesetz, dem Bilanzkontrollgesetz und dem Corporate-Governance-Kodex sei in Deutschland ein hohes, international wettbewerbsfähiges Qualitätsniveau der Rechnungslegung und der Wirtschaftsprüfung erreicht." [305]

V Der Prüfungsbericht

Gemäß § 321 HGB hat der Abschlussprüfer über *Art* und *Umfang* sowie das *Ergebnis* der Prüfung *schriftlich* und mit der gebotenen *Klarheit* zu berichten. In dem Bericht ist *vorweg* zu der Beurteilung der Lage des Unternehmens durch die gesetzlichen Vertreter Stellung zu nehmen, wobei insbesondere auf die Beurteilung des Fortbestandes und der künftigen Entwicklung des Unternehmens unter Berücksichtigung des Lageberichtes einzugehen ist. Im *Hauptteil* des Prüfungsberichtes ist festzustellen, ob die Buchführung und die weiteren geprüften Unterlagen, der Jahresabschluss und der Lagebericht den gesetzlichen Vorschriften und den ergänzenden Bestimmungen des Gesellschaftsvertrages oder der Satzung entsprechen. In einem *besonderen* Abschnitt des Prüfungsberichtes sind Gegenstand, Art und Umfang der Prüfung zu erläutern. Dabei ist auch auf die angewandten Rechnungslegungs- und Prüfungsgrundsätze einzugehen.

1 Verwendung, Kommentierung und Platzierung von Zahlen zum Jahresabschluss

Wir haben bei der Behandlung der verbleibenden aussagebezogenen Prüfungshandlungen mit Nachdruck darauf hingewiesen, dass es Aufgabe des *Teams* ist, bereits während der Prüfung der einzelnen Posten des Jahresabschlusses das Zahlenmaterial zusammen zu tragen, das für den Prüfungsbericht verwendet werden soll. Aufgliederungen von Zahlen und detaillierte Erläuterungen zu bestimmten Entwicklungen werden in der Regel für den *Erläuterungsteil* des Prüfungsberichtes bestimmt sein, denjenigen Teil also, der den Hauptteil mit seinen wesentlichen Aussagen zum Jahresabschluss ergänzt.

---

303 Siehe Nr. FN-IDW 12/2004, S. 731
304 Vgl. o.V. : Zum Stand des Qualitätskontrollverfahrens, in : WPK-Magazin (Mitteilungen der Wirtschaftsprüferkammer) 1/2005, S. 11
305 o.V. : KPMG erwartet in diesem Jahr ein zweistelliges Wachstum, in : FAZ 26.1.05, Nr. 21, S. 18; vgl. auch IDW PS 345 : Auswirkungen des Deutschen Corporate Governance Kodex auf die Abschlussprüfung

Es ist aber auch denkbar, dass im *vorderen Teil* des Berichtes zu bestimmten (positiven oder negativen) Entwicklungen des Unternehmens kritisch Stellung genommen werden soll, so dass unerwartet Zahlen im Mittelpunkt des Interesses stehen, die zunächst einmal nur periphere Bedeutung zu haben schienen. Dies muss insbesondere der *Prüfungsassistent* bei der Ermittlung, Aufbereitung und vor allem bei der *Dokumentation* seiner Arbeit ständig beachten. Im Übrigen sollte sich das Prüfungsteam im gesamten Verlauf der Prüfung durch eine ständige Kommunikation darüber Gedanken machen, in welcher *Form* und an welcher *Stelle* des Berichtes die von ihm bearbeiteten Zahlen Verwendung finden sollen. Hier müssen Meinungen durch Diskussion reifen. Eine Orientierung am Prüfungsbericht des Vorjahres kann hier eine gewisse Hilfe sein, überzeugende Richtschnur ist sie allerdings nicht.

2 Die Berichtspflicht des Abschlussprüfers

2.1 Die Struktur des Prüfungsberichtes

2.1.1 Der Vorweg-Bericht (§ 321 Abs. 1 HGB)

Der Gesetzgeber hat durch entsprechende Regelungen im HGB dafür gesorgt, dass der Prüfungsbericht von jedermann erkennbare Schwerpunkte setzen und in gewisser Weise einer *Prioritätsskala* folgen muss, weil eine *Vorweg-Beurteilung* gefordert wird. Es findet also eine Fokussierung statt, die die Interessen des Lesers in bemerkenswerter Weise unterstützt. Der PS 450 des IDW weist dem Prüfungsbericht die Aufgabe zu, die *Überwachung* des Unternehmens zu unterstützen. [306]

Gemäß § 321 Abs. 1 HGB ist Stellung zu nehmen :
- zur Beurteilung der Lage des Unternehmens durch die Geschäftsleitung
- zu entwicklungsbeeinträchtigenden und bestandsgefährdenden Tatsachen
- zu Unrichtigkeiten und Verstößen gegen gesetzliche Vorschriften

Gemäß § 321 Abs. 1 Satz 1 HGB hat der Abschlussprüfer über Art und Umfang sowie das Ergebnis seiner Prüfung schriftlich und mit der gebotenen Klarheit zu berichten.

„In dem Bericht ist vorweg zu der Beurteilung der Lage des Unternehmens ... durch die gesetzlichen Vertreter Stellung zu nehmen, wobei insbesondere auf die Beurteilung des Fortbestandes und der künftigen Entwicklung des Unternehmens unter Berücksichtigung des Lageberichtes ... einzugehen ist, soweit die geprüften Unterlagen und der Lagebericht ... eine solche Beurteilung erlauben." (§ 321 Abs. 1, Satz 2 HGB).

Der Abschlussprüfer hat also *nicht die Aufgabe, eine eigene Beurteilung* der Lage des Unternehmens abzugeben !

Es ist zweckmäßig, zuerst die wirtschaftliche Lage und den Geschäftsverlauf anhand wesentlicher Aussagen im Lagebericht und im Jahresabschluss darzustellen. Wenn dies der Beurteilung dient, können dazu auch Kennzahlen verwendet werden, die für das Unternehmen eine wichtige Aussagekraft haben. Dies bietet sich um so eher an, als nach der Neufassung des § 289 HGB die Geschäftsleitung verpflichtet ist, in ihre Analyse auch finanzielle Leis-

---

306 PS 450 : Grundsätze ordnungsmäßiger Berichterstattung bei Abschlussprüfungen

2 Die Berichtspflicht des Abschlussprüfers

tungsindikatoren einzubeziehen. Darüber hinaus sollte auf wichtige Veränderungen und Entwicklungstendenzen eingegangen werden, die die Geschäftsleitung zum Gegenstand ihrer Betrachtungen gemacht hat. Dazu gehört auch die Erklärung von betrieblichen, periodenfremden oder außerordentlichen Einflussfaktoren, die das Jahresergebnis wesentlich beeinflusst haben.

Es ist ganz konsequent, wenn hier von Einflussfaktoren und Kennzahlen gesprochen wird. Dem Abschlussprüfer sind die *Einflussfaktoren* aus der Analyse der *Geschäftstätigkeit* und die *Kennzahlen* aus der Analyse der *Kontrollen* bekannt. Er kann ihren Einfluss bzw. ihre Aussagekraft also *beurteilen*. [307]

Es fließen in den Prüfungsbericht alle wesentlichen Daten ein, die der Abschlussprüfer während seiner gesamten Prüfung gesammelt hat. Er wäre ohne die Analyse der Geschäftstätigkeit, ohne die Analyse der unternehmerischen Kontrollen und ohne die verbleibenden Prüfungshandlungen gar nicht in der Lage, zu den Aussagen der Geschäftsführung im Jahresabschluss und zu den von ihr im Lagebericht gemachten Angaben in *sachkundiger* Weise Stellung zu nehmen.

Im Zusammenhang mit seiner Pflicht zur Unparteilichkeit muss sich der Abschlussprüfer auch davor hüten, mit seinem Urteil „im Strom einer allgemeinen Meinung" zu schwimmen [308], und darauf bedacht sein, im Zweifel eine eher durch Vorsicht geprägte Meinung zu äußern. Die Stellungnahme des Abschlussprüfers vollzieht sich sozusagen im Lichte der *Erkenntnisse*, die er *in den drei Phasen* der Prüfung gewonnen hat. Wenn er während der Prüfung geschlafen hat, ist es zu spät, erst aufzuwachen, wenn er den Prüfungsbericht formulieren muss; es sei denn, er huldigt der Devise: „Es wird schon stimmen!"

Wir haben insbesondere bei der Behandlung der aussagebezogenen Prüfungshandlungen darauf hingewiesen, dass der Abschlussprüfer sich einer *strategischen Betrachtungsweise* bedienen muss und sich nicht in buchhalterischen Analysen erschöpfen darf. Auch wenn die Prüfungsassistenten sehr stark in buchhalterischen Bereichen eingesetzt sind, sollten sie sich möglichst früh an strategische Überlegungen heranwagen, damit sie rechtzeitig lernen, in diesen Kategorien zu denken.

Hat der Abschlussprüfer *entwicklungsbeeinträchtigende* oder *bestandsgefährdende* Tatsachen festgestellt, muss er sie auch dann nennen, wenn sie eine Entwicklungsbeeinträchtigung

---

307 Der Auslieferung des Prüfungsberichtes geht normalerweise ein „Abstimmprozess" mit der Geschäftsleitung voraus, in dem über bestimmte Formulierungen in diesem Bericht diskutiert wird. Wenn Richter bei der Präsentation der „entscheidungslogischen Struktur von Prüfungsprozessen" die Reihenfolge: „Normen (Vergleichsprozess), Abweichung (Urteilsbildungsprozess), Urteil (Urteilsmitteilungsprozess) und Urteilsmitteilung" auflistet und später erklärt, dass der Urteilsmitteilungsprozess „im messtheoretischen Ansatz keine Besonderheiten" aufweist, dann muss die Frage erlaubt sein, ob vom Abschlussprüfer vorgenommene Berichtskorrekturen, die „offiziellen Verlautbarungen zufolge" der Vermeidung von Missverständnissen dienen, nicht ein „Ergebnis" darstellen, das auch unter wissenschaftlichem Aspekt Beachtung verdient. (vgl. M. Richter: Prüfungen, a.a.O. S. 22/23) (Zur Problematik der „Unterwerfung" vgl. B.E. Weißenberger: Kundenbindung und Vertrauen in der Beziehung zwischen Wirtschaftsprüfer und Mandant, in : ThuPdWPg, S. 87)

308 In seinen wirtschaftstheoretischen Betrachtungen kommt Michael Heise u.a. auch auf die allgemeine Euphorie zu sprechen, die im letzten starken Aufschwung herrschte : „Die Schlussfolgerung ist wohl, dass im jüngsten Investitionszyklus auch neue Phänomene eine Rolle gespielt haben müssen, wie der irrationale Überschwang, die 'irrational excuberance', die Alan Greespan an den Aktienmärkten ausgemacht hat, die aber offenbar auch die reale Wirtschaft und die Wachstumsmärkte erfasst hatte. Es gab das kollektive Phänomen überschwänglicher Erwartungen, denen alle Akteure erlagen, die Unternehmen, ihre Banken, Wirtschaftsprüfer und Berater, die Medien und Privatanleger." (M. Heise : Die Wiederkehr des Konjunkturzyklus, in : FAZ 21.9.02, Nr. 220, S. 13

oder eine Gefährdung zur Folge haben *können* und nicht erst dann, wenn eine Beeinträchtigung oder Gefährdung bereits eingetreten ist. Ohne die von uns mehrfach diskutierte *Risikoanalyse*, die von der *Unternehmensebene* ausgeht und auf der sogenannten *Prozess-Ebene* fortgesetzt wird, wäre ein Abschlussprüfer zu einer solchen Einschätzung gar nicht in der Lage.

Haben wir *Unregelmäßigkeiten* im Sinne von § 321 Abs. 1 Satz 3 festgestellt, so ist darüber ebenfalls vorweg zu berichten. Dies gilt auch für solche Tatsachen, die auf wesentliche Verstöße gegen Gesetz, Gesellschaftsvertrag oder Satzung hindeuten. („erkennen lassen".)

Es soll an dieser Stelle noch einmal deutlich gemacht werden, dass es *nicht Aufgabe der Abschlussprüfung ist, Unregelmäßigkeiten festzustellen.* Der Abschlussprüfer muss jedoch seine Prüfung so planen und durchführen, dass er mit hinreichender Sicherheit Unregelmäßigkeiten entdeckt. Hier liegt also seine besondere Verantwortung, an der er sich messen lassen muss.

2.1.2 Der Hauptteil des Prüfungsberichtes (§ 321 Abs. 2 HGB)

Der vom Gesetzgeber gewählte Begriff „Hauptteil" entspricht nicht der Zielsetzung des § 322 Abs.1 HGB. Im Grunde ist der „Vorweg-Bericht" der entscheidende Teil, weil hier der Leser erfährt, in welcher *Verfassung* das Unternehmen ist. Im § 321 Abs. 2 HGB wird im Einzelnen ausgeführt:

(1) „Im Hauptteil ... ist festzustellen, ob die Buchführung und die weiteren geprüften Unterlagen, der Jahresabschluss ... (und) der Lagebericht ... den gesetzlichen Vorschriften und den ergänzenden Bestimmungen des Gesellschaftsvertrages oder der Satzung entsprechen.

(2) In diesem Rahmen ist auch über Beanstandungen zu berichten, die nicht zur Einschränkung oder Versagung des Bestätigungsvermerkes geführt haben, soweit dies für die Überwachung der Geschäftsführung und des geprüften Unternehmens von Bedeutung ist.

(3) Es ist auch darauf einzugehen, ob der Abschluss insgesamt unter Beachtung der Grundsätze ordnungsmäßiger Buchführung oder sonstiger maßgeblicher Rechnungslegungsgrundsätze ein den tatsächlichen Verhältnissen entsprechendes Bild der Vermögens-, Finanz- und Ertragslage der Kapitalgesellschaft ... vermittelt.

(4) Dazu ist auch auf wesentliche Bewertungsgrundlagen sowie darauf einzugehen, welchen Einfluss Änderungen in den Bewertungsgrundlagen einschließlich der Ausübung von Bilanzierungs- und Bewertungswahlrechten und der Ausnutzung von Ermessensspielräumen sowie sachverhaltsgestaltende Maßnahmen insgesamt auf die Darstellung der Vermögens-, Finanz- und Ertragslage haben.

(5) Hierzu sind die Posten des Jahresabschlusses aufzugliedern und ausreichend zu erläutern, soweit diese Angaben nicht im Anhang enthalten sind.

(6) Es ist darzustellen, ob die gesetzlichen Vertreter die verlangten Aufklärungen und Nachweise erbracht haben."

Der Satz 4 spielt auch für den *Prüfungsassistenten* insofern eine Rolle, weil *er* es u. U. sein wird, der - bei gewissenhafter Arbeit an der Front - u.U. als erster von der Ausübung von Bilanzierungs- und Bewertungswahlrechten erfährt bzw. sich unmittelbar mit der Ausnutzung von Ermessensspielräumen sowie mit sachverhaltsgestaltenden Maßnahmen auseinandersetzen muss. Hier wird es seine vorrangige Aufgabe sein, den Sachverhalt genau zu *analysieren*, wichtige *Details* darzustellen, (soweit möglich) den *Einfluss* auf die Vermögens- und Ertragslage zu ermitteln und den *Prüfungsleiter* umgehend über den gesamten Komplex zu informieren. Dabei sollte er sich der Tatsache bewusst sein, dass er zu einer Stellungnahme gegenüber dem Mandanten nicht befugt ist!

Im sogenannten Hauptteil des Prüfungsberichtes wird das letztlich abzugebende *Gesamturteil*, also der Bestätigungsvermerk des Abschlussprüfers, weitestgehend vorbereitet. Voraussetzung für diese Erklärung muss seine *Überzeugung* sein, dass die *VEBBAG-Aussage* des Mandanten für *alle* Jahresabschlussposten unter Berücksichtigung des Grundsatzes der *Wesentlicheit* zutrifft und dass er über ausreichende und angemessene *Nachweise* verfügt, die diese Überzeugung stützen. Nicht ohne Grund wurde auf die *Angemessenheit von Prüfungsnachweisen* in diesem Handbuch besonderer Wert gelegt.

Im Hauptteil ist – wie erwähnt – „auch darauf einzugehen, ob der Abschluss insgesamt unter Beachtung der Grundsätze ordnungsmäßiger Buchführung ein den tatsächlichen Verhältnissen entsprechendes Bild der Vermögens-, Finanz- und Ertragslage ... vermittelt." (§ 321 Abs. 2 Satz 3 HGB)

Es zeichnet die deutschen GoB aus, dass sie in ganz besonderer Weise vom *Vorsichtsprinzip* bestimmt sind. (vgl. dazu die Darstellung der Rechenschaftsgrundsätze nach Leffson in Kapitel III. 2.3.2.)

2.1.3 Besondere Abschnitte (§ 321 Abs. 3 und 4 HGB)

In einem weiteren Abschnitt des Prüfungsberichtes sind *Gegenstand, Art und Umfang der Prüfung* zu erläutern. Der Berichterstattung wird in besonderer Weise zugute kommen, wenn der Abschlussprüfer auf das Konzept einer risikoorientierten Abschlussprüfung zurückgreifen kann, das in diesem Handbuch vorgestellt wurde. Eine solche Darstellung wird auch dazu beitragen, die *Kommunikation* mit den *Aufsichtsorganen* des Unternehmens zu fördern, weil der Abschlussprüfer auf diese Weise zu erkennen geben kann, dass er mit der Geschäftstätigkeit des Unternehmens, seinen Geschäftsvorfällen, seinen Geschäftsrisiken und mit seinen Kontrollen vertraut ist. Es kann deshalb auch kein Zweifel darüber bestehen, dass ein solchermaßen gestalteter Prüfungsbericht die Position des Abschlussprüfers auf lange Sicht festigen wird.

Ein weiterer Abschnitt ist dann erforderlich, wenn im Rahmen der Prüfung eine Beurteilung nach § 317 Abs. 4 HGB abgegeben wurde. (Einrichtung eines *Überwachungssystems* gemäß § 91 Abs. 2 AktG). Das Ergebnis dieser speziellen Prüfung ist dort darzustellen und ggf. darauf einzugehen, ob Maßnahmen erforderlich sind, um das Interne Überwachungssystem zu verbessern.

Ohne eine große Bandbreite, die u.a. Einkauf, Anlagenmanagement, Produktion, Personalpolitik und Vertrieb umfasst, kann ein solches Überwachungssystem seine anspruchsvollen Aufgaben nicht erfüllen. Wenn der Abschlussprüfer zu diesem System Stellung nehmen soll, muss er mit den *Details des Internen Kontrollsystems* vertraut sein und beurteilen können, wie sich Unternehmens-Ziele auf Prozess-Ziele auswirken, wie die Kontrollen arbeiten und welche Maßstäbe für die Erfolgskontrolle gelten. (vgl. dazu die Anlagen 24 und 26)

2.1.4 Der Bestätigungsvermerk : Elemente eines Urteils

Zunächst soll durch eine synoptische Übersicht dargestellt werden, welche Änderungen der § 322 HGB, der sich mit dem Bestätigungsvermerk (BV) beschäftigt, durch das Bilanzrechtsreformgesetz erfahren hat.

§ 322 HGB (Neue Fassung)	§ 322 HGB (Alte Fassung)
(1) Der Abschlussprüfer hat das Ergebnis der Prüfung in einem BV zum Jahresabschluss ... zusammenzufassen. Der BV hat Gegenstand, Art und Umfang der Prüfung zu beschreiben und dabei die angewandten Rechnungslegungs- und Prüfungsgrundsätze anzugeben; er hat ferner eine Beurteilung des Prüfungsergebnisses zu enthalten.	(1) Der Abschlussprüfer hat das Ergebnis der Prüfung in einem BV zum Jahresabschluss ... zusammenzufassen. Der BV hat neben einer Beschreibung von Gegenstand, Art und Umfang der Prüfung auch eine Beurteilung des Prüfungsergebnisses zu enthalten. Sind vom Abschlussprüfer keine Einwendungen zu erheben, hat er in seinem BV zu erklären, dass die von ihm nach § 317 durchgeführte Prüfung zu keinen Einwendungen geführt hat und dass der von den gesetzlichen Vertretern der Gesellschaft aufgestellte Jahres...abschluss aufgrund der bei der Prüfung gewonnenen Erkenntnisse des Abschlussprüfers nach seiner Beurteilung unter Beachtung der Grundsätze ordnungsmäßiger Buchführung in den tatsächlichen Verhältnissen entsprechendes Bild der Vermögens-, Finanz- und Ertragslage des Unternehmens ... vermittelt.
(2) Die Beurteilung des Prüfungsergebnisses muss zweifelsfrei ergeben, ob 1. ein uneingeschränkter BV erteilt, 2. ein eingeschränkter BV erteilt, 3. ein BV auf Grund von Einwendungen versagt oder 4. der BV deshalb versagt wird, weil der Abschlussprüfer nicht in der Lage ist, ein Prüfungsurteil abzugeben. Die Beurteilung des Prüfungsergebnisses soll allgemeinverständlich und problemorientiert unter Berücksichtigung des Umstandes erfolgen, dass die gesetzlichen Vertreter den Abschluss zu verantworten haben. Auf Risiken, die den Fortbestand des Unternehmens gefährden, ist gesondert einzugehen... .	(2) Die Beurteilung des Prüfungsergebnisses soll allgemein verständlich und problemorientiert unter Berücksichtigung des Umstandes erfolgen, dass die gesetzlichen Vertreter den Abschluss zu verantworten haben. Auf Risiken, die den Fortbestand des Unternehmens gefährden, ist gesondert einzugehen.
(3) In einem uneingeschränkten BV ... hat der Abschlussprüfer zu erklären, dass die von ihm nach § 317 durchgeführte Prüfung zu keinen Einwendungen geführt hat und dass der von den gesetzlichen Vertretern der Gesellschaft aufgestellte Jahres ... abschluss auf Grund der bei der Prüfung gewonnenen Erkenntnisse des Abschlussprüfers nach seiner Beurteilung den gesetzlichen Vorschriften entspricht und unter Beachtung der Grundsätze ordnungsmäßiger Buchführung oder sonstiger maßgeblicher Rechnungslegungsgrundsätze ein den tatsächlichen Verhältnissen entsprechendes Bild der Vermögens-, Finanz- und Ertragslage des Unternehmens ... vermittelt. Der Abschlussprüfer kann zusätzlich einen Hinweis auf Umstände aufnehmen, auf die er in besonderer Weise aufmerksam macht, ohne den BV einzuschränken.	(3) Im BV ist auch darauf einzugehen, ob der Lagebericht ... insgesamt nach der Beurteilung des Abschlussprüfers eine zutreffende Vorstellung von der Lage des Unternehmens ... vermittelt. Dabei ist auch darauf einzugehen, ob die Risiken der künftigen Entwicklung zutreffend dargestellt sind.
(4) Sind Einwendungen zu erheben, so hat der Abschlussprüfer seine Erklärung nach Absatz 3 Satz 1 einzuschränken ... oder zu versagen ... Die Versagung ist in den Vermerk, der nicht mehr als BV zu bezeichnen ist, aufzunehmen. Die Einschränkung oder Versagung des BV ist zu begründen. Ein eingeschränkter BV darf nur erteilt werden, wenn der geprüfte Abschluss unter Beachtung der vom Abschlussprüfer vorgenommenen, in ihrer Tragweite erkennbaren Einschränkung ein den tatsächlichen Verhältnissen im Wesentlichen entsprechendes Bild der Vermögens-, Finanz- und Ertragslage vermittelt.	(4) Sind Einwendungen zu erheben, so hat der Abschlussprüfer seine Erklärung ... einzuschränken oder zu versagen. Die Versagung ist in den Vermerk, der nicht mehr als BV zu bezeichnen ist, aufzunehmen. Die Einschränkung und die Versagung sind zu begründen. Einschränkungen sind so darzustellen, dass deren Tragweite erkennbar sind.
(5) Der BV ist auch dann zu versagen, wenn der Abschlussprüfer nach Ausschöpfung aller angemessenen Möglichkeiten zur Klärung des Sachverhaltes nicht in der Lage ist, ein Prüfungsurteil abzugeben. ...	(5) Der Abschlussprüfer hat den BV oder den Vermerk über seine Versagung unter Angabe von Ort und Tag zu unterzeichnen. Der BV oder der Vermerk über seine Versagung ist auch in den Prüfungsbericht aufzunehmen.
(6) Die Beurteilung des Prüfungsergebnisses hat sich auch darauf zu erstrecken, ob der Lagebericht ... nach dem Urteil des Abschlussprüfers mit dem Jahresabschluss ... in Einklang steht und insgesamt ein zutreffendes Bild von der Lage des Unternehmens ... vermittelt. Dabei ist auch darauf einzugehen, ob die Chancen und Risiken der künftigen Entwicklung zutreffend dargestellt sind.	
(7) Der Abschlussprüfer hat den BV oder den Vermerk über seine Versagung unter Angabe von Ort und Tag zu unterzeichnen. Der BV oder der Vermerk über seine Versagung ist auch in den Prüfungsbericht aufzunehmen.	

2 Die Berichtspflicht des Abschlussprüfers

Der § 322 HGB wurde *präzisiert und erweitert*. Der Abschlussprüfer muss erklären, dass der Jahresabschluss aufgrund der *bei der Prüfung gewonnenen* Erkenntnisse *nach seiner Beurteilung* korrekt erstellt wurde. Außerdem muss er nunmehr bei einer Blickrichtung in die Zukunft *neben den Risiken auch die Chancen* [309] der künftigen Entwicklung erfassen. Damit werden an seine Arbeit zusätzliche Anforderungen gestellt. Mit der Neufassung des § 322 wird der Abschlussprüfer mehr als bisher in die Pflicht genommen. Die intensive Verwendung der Begriffe „Beurteilung" und „Urteil" im Allgemeinen und „Prüfungsurteil" im Besonderen deutet darauf hin, dass der Gesetzgeber beabsichtigte, den Abschlussprüfer *stärker in die Pflicht* zu nehmen. Man kann die Aufgabe eines Prüfungsberichtes, bei dem der *Bestätigungsvermerk* eine zentrale Rolle spielt, nur dann begreifen, wenn man *das Wesen dieses Urteils* wirklich verstanden hat. Wie am Anfang dieses Handbuches bereits angedeutet, greifen wir auf Gedanken zurück, die in Anlehnung an Kant von Meyer lexikographisch wie folgt zusammengefasst wurden :

„Urteil : Die unmittelbare Form der Begriffsverknüpfung, in welcher darüber entschieden wird, ob und in welcher Weise der eine Begriff Merkmal des anderen sei. Die Begriffe erscheinen im Urteil als Subjekt und Prädikat, d.h. als der, welcher sich der Bestimmung durch einen anderen darbietet, und als der, welche diese Bestimmung selbst enthält ... Wird bei der Einteilung der Urteile bloß auf die Form gesehen, so lassen sich nach Kant vier Gesichtspunkte angeben. Je nachdem das Prädikat dem Subjekt zu- oder abgesprochen ... wird, der *Qualität* nach, werden bejahende, verneinende und sogenannte 'unendliche' ... Urteile unterschieden. Je nachdem das Prädikat von der ganzen Sphäre des Subjektbegriffes oder nur von einem Teil desselben bejaht oder verneint wird, also der *Quantität* nach, ist es ein allgemeines (universales), besonderes (partikulares) oder ein Einzelurteil (wenn das Subjekt eine Einzelvorstellung ist). Je nachdem das Prädikat dem Subjekt bedingungslos oder bedingt oder von je zwei entgegengesetzten Prädikaten nur je eins zugesprochen wird, der *Relation* nach, ist das Urteil kategorisch, hypothetisch oder disjunktiv. Je nachdem dasselbe mit dem Bewusstsein der Tatsächlichkeit oder bloßen Möglichkeit oder Notwendigkeit gefällt wird, der *Modalität* nach, ist das Urteil assertorisch, problematisch oder apodiktisch. Wird dagegen der Erkenntniswert des Urteils in Betracht gezogen, so gilt (nach Kant) der Unterschied von den analytischen Urteilen, bloßen Erläuterungsurteilen ... und synthetischen, eigentlichen Erweiterungsurteilen ... ." [310]

Ein *uneingeschränkter Bestätigungsvermerk* enthält nach der hier vorgetragenen Terminologie ein *Einzelurteil*, in dem ausdrücklich die Frage *bejaht* wird, ob der Jahresabschluss korrekt erstellt wurde und durch das dem Abschlussadressaten ausdrücklich *versichert* wird, dass der Abschlussprüfer aufgrund *seiner* Analysen zu ganz bestimmten *Erkenntnissen* gekommen ist.

Der Prüfungsbericht, in den der Bestätigungsvermerk aufzunehmen ist, soll eine *systematische Arbeit* des Abschlussprüfers repräsentieren. Diese Arbeit wird nur unter der Voraussetzung zu einem wirklich *analytischen Urteil* führen, dass sie – nach Maßgabe der wirtschaftlichen Verfassung des Unternehmens von Prüfungszielen, Prüfungstechnik und Prüfungsnachweisen sachgerecht gesteuert - *überzeugend strukturiert* ist. [311] Damit bildet der Prü-

---

309 „Unter einer Chance wird sprachwissenschaftlich unter anderem die Aussicht auf Erfolg verstanden, während Risiken auf einen Mißerfolg hindeuten. Eine Chance stellt also im Unterschied zu einem Risiko grundsätzlich eine lohnende Handlungsoption für ein Unternehmen dar." W. Lück: Der Umgang mit unternehmerischen Risiken (Die neue Disziplin : Chancenmanagement), in : FAZ 4.2.02, Nr. 29, S. 23
310 Meyers Lexikon, 16.Bd., Leipzig und Wien 1890, S. 17
311 Zur Abfassung des Prüfungsberichtes erklärt PS 450 unter TZ 15: „Der Prüfungsbericht ist so abzufassen, dass er von den jeweiligen Adressaten des Prüfungsberichtes verstanden werden kann. Dabei kann von einem Grundverständnis für die wirtschaftlichen Gegebenheiten des Unternehmens und für die Grundlagen der Rechnungslegung ausgegangen werden. Für besonders komplexe betriebswirtschaftliche und rechtliche Sachverhalte besteht Gelegenheit, diese in der Bilanzsitzung des Aufsichtsrates oder sofern kein Aufsichtsrat besteht ggf. in der Gesellschafterversammlung weiter zu erörtern."

fungsbericht sozusagen die atmosphärische Basis für eine erfolgreiche Zusammenarbeit mit den zuständigen Kontrollorganen des Unternehmens.

2.2 Stellungnahme des IDW zu den Grundsätzen ordnungsmäßiger Berichterstattung

Das IDW weist in seinem Prüfungsstandard Nr. 450 zunächst auf die allgemeinen Berichtsgrundsätze hin. In konsequenter und starker Anlehnung an die allgemeinen *Berufsgrundsätze* umfassen diese die

- Gewissenhaftigkeit und Wahrheitstreue
- Vollständigkeit
- Unparteilichkeit
- Klarheit und
- Nachprüfbarkeit.

Der Inhalt des Prüfungsberichtes muss den *tatsächlichen Verhältnissen* entsprechen. Dies gilt insbesondere für Angaben im Zusammenhang mit § 321 Abs. 2 HGB, der verlangt, dass zu Bewertungsmethoden und ggf. zum Einfluss ihrer Veränderungen, zum Ausnutzen von Ermessensspielräumen und zu sachverhaltsgestaltenden Maßnahmen Stellung zu nehmen ist.

In diesem Zusammenhang sind auch die *Prüfungsassistenten* gefordert, die nicht nur darauf achten müssen, wo und in welcher Form Änderungen stattgefunden haben, sondern sie müssen bereits bei ihrer *Frontarbeit* den Einfluss dieser Änderungen auf das Jahresergebnis nachvollziehen. Dazu bedarf es angemessener *Prüfungsnachweise*, die möglicherweise schwer zu beschaffen sind, weil der Mandant ein solches „Ergebnis", das ja auch das „Geschäftsergebnis" beeinflusst, nicht offen legen will. (Problematik der „critical audit objectives" !)

Mit dem Grundsatz der *Unparteilichkeit* verbindet sich die Notwendigkeit, dass alle Sachverhalte objektiv – unter Berücksichtigung aller verfügbaren Informationen – darzustellen sind. Hier sei an den Hinweis des IDW im PS 300 erinnert, dass auf die Beschaffung ausreichender und angemessener *Prüfungsnachweise* nicht deshalb verzichtet werden darf, weil damit u.U. Schwierigkeiten und Kosten verbunden sind.

Wenn der Abschlussprüfer in seinem Bericht Angaben macht, z.B. zur Planung und Durchführung seiner Arbeit, zur Einhaltung der GoB und zur Qualität seiner Prüfungsnachweise, dann muss er damit rechnen, dass diese Aussagen *nachgeprüft* werden. Hierbei ist nicht nur an die extreme Situation zu denken, dass z.B. bei einem Gesellschafterwechsel dem Abschlussprüfer des neuen Anteilseigners das Recht eingeräumt wird, die Arbeitspapiere des bisherigen Wirtschaftsprüfers einzusehen, sondern an den zukünftig normalen Fall, dass im Rahmen eines Peer Reviews die Arbeitspapiere offen zu legen sind.

Dies lässt die Pflicht zur genauen *Dokumentation* erneut in einem besonderen Licht erscheinen.

VI Prüfungs-„Standards" und „Sonder"-Programme als Bausteine für ein tragfähiges Prüfungskonzept

Neben der Erläuterung von *Fachbegriffen* und ihrer Beziehung zueinander werden in diesem Kapitel die *Prüfungsstandards* des IDW behandelt und die prägende Rolle dieser Richtlinien gewürdigt. Dabei wird – vorangegangene Überlegungen aufgreifend – erneut die *Eigenverantwortlichkeit* des Wirtschaftsprüfers hervorgehoben und eine Reihe von Themen vorgestellt, bei der er seine *Urteilskraft* unter Beweis stellen muss. Um den Leser mit dem breiten *Spektrum* der Prüfungsstandards vertraut zu machen, werden diese systematisch in das Arbeitsgebiet des Wirtschaftsprüfers eingeordnet und ausgewählte Textstellen kommentiert. Abschließend werden die sprachlichen *Grenzen* der deutschen Übersetzung internationaler Richtlinien und *pädagogische* Aspekte der Prüfungsstandards behandelt, die sich u.a. auf ihren Abstraktionsgrad und ihren Anwendungskomfort beziehen. Im Zusammenhang mit *Spezialprogrammen* zur Prüfung des Internen Kontrollsystems werden Themen des industriellen *Anlagengeschäftes* und der *Bauwirtschaft* gesondert behandelt.

1 Die Bedeutung der Fachsprache

Zu Beginn ihrer beruflichen Laufbahn werden gerade die jungen Mitarbeiter mit einer *Vielzahl* von Begriffen konfrontiert. Diese stammen aus der Tagesarbeit, aus Handelsgesetzen, Kommentaren, WP-Handbüchern und aus anderen Nachschlagewerken, die meistens sehr umfangreich sind und die es dem interessierten Leser nicht immer einfach machen, sich *schnell* zu informieren. Wir halten es deshalb für sinnvoll, einige Begriffe, die im Rahmen eines risikoorientierten Prüfungskonzeptes immer wieder Verwendung finden und die im Übrigen auch eingebunden werden müssen in die deutschen Prüfungsstandards (PS/IDW) und in die internationalen Richtlinien (ISA), zusammenfassend darzustellen. Dies soll eine zügige Rekapitulation ermöglichen das, *Lernen* beschleunigen und das *Verständnis* fördern. (vgl. Anlage 52)

2 Die Prüfungsstandards des Instituts der Wirtschaftsprüfer

Die einzelnen Prüfungsstandards werden in diesem Kapitel unter ganz verschiedenen Gesichtspunkten betrachtet. Dabei werden *bewusst* Wiederholungen gewählt, um den Leser mit dem Titel und dem Inhalt, aber auch mit der Nummerierung vertraut zu machen. Wie Paragraphen eines Gesetzbuches sollen auch die Nummern der einzelnen Prüfungsstandards beim Abschlussprüfer und seinem Team sofort bestimmte Vorstellungen auslösen. Dass die Kenntnis von Nummern auch die *Kommunikation* erleichtert, sei der Vollständigkeit halber erwähnt.

Angesichts des breiten Spektrums der Prüfungsstandards ist die Aussage, dass sie „das Mindestanforderungsniveau für die Prüfungsqualität fest(legen)"[312], nicht mehr aufrechtzuerhalten. Im Gegenteil, sie liefern dem Abschlussprüfer (unter der Voraussetzung, dass er sich über-

---
312 R. Hömberg : Urteilsbildung, S. 237

haupt die Zeit nimmt, sich mit ihnen zu beschäftigen) ein *hervorragendes Instrumentarium*, um die ihm gestellten Aufgaben zu erfüllen. Zu diesen Aufgaben gehören im Übrigen auch die Anforderungen der externen *Qualitätskontrolle*.

2.1 Die prägende Rolle von Richtlinien

Das IDW stellt seiner Sammlung der Prüfungsstandards (PS) eine Gliederung voran, die die Orientierung erleichtern soll :

PS 100 Zusammenfassender Standard
PS 120-199 Qualitätssicherung
PS 200-249 Prüfungsgegenstand und Prüfungsauftrag
PS 250-299 Prüfungsansatz
PS 300-399 Prüfungsdurchführung
PS 400-499 Bestätigungsvermerk, Prüfungsbericht und Bescheinigungen
PS 500-799 Abschlussprüfungen von Unternehmen bestimmter Branchen
PS 800-999 Andere Reporting-Aufträge

2.1.1 Die Eigenverantwortlichkeit des Abschlussprüfers

Es zeichnet das IDW aus, dass es mit großem Nachdruck die *Eigenverantwortlichkeit* des Abschlussprüfers betont und dass es in konsequenter Verfolgung dieses Gedankens einen *roten Faden* durch die umfangreiche Sammlung der Prüfungsstandards (PS) bzw. der entsprechenden Entwürfe (EPS) gelegt hat. Um die Bedeutung der Eigenverantwortlichkeit erneut sichtbar zu machen, werden im Folgenden einige Stellen zitiert. (Hervorh. d.d. Verf.)

Nr. 200 : Ziele und allgemeine Grundsätze der Durchführung von Abschlussprüfungen
(TZ 2) Gegenstand und Umfang der Abschlussprüfung leiten sich aus den gesetzlichen Vorschriften ab. Die im HGB enthaltenen Regelungen zur Prüfung des Jahresabschlusses und des Lageberichtes legen den grundsätzlichen Ansatz der Prüfung fest, enthalten jedoch keine Bestimmungen über die Durchführung der Prüfung; somit liegt es im pflichtgemäßen Ermessen des Abschlussprüfers, im Einzelfall Art und Umfang der Prüfungsdurchführung zu bestimmen. Der Abschlussprüfer ist zur gewissenhaften Prüfung verpflichtet. Dabei ergeben sich unbeschadet der *Eigenverantwortlichkeit* die im Einzelnen zu beachtenden Kriterien auch aus der Berufsauffassung.

Nr. 201 : Rechnungslegungs- und Prüfungsgrundsätze für die Abschlussprüfung
(TZ 1) Das IDW legt in diesem PS fest, welche Rechnungslegungs- und Prüfungsgrundsätze bei einer der Berufsauffassung entsprechenden Abschlussprüfung ... von Wirtschaftsprüfern unbeschadet ihrer *Eigenverantwortlichkeit* zu beachten sind und verdeutlicht zugleich gegenüber der Öffentlichkeit Inhalt und Grenzen derartiger Prüfungen.

Nr. 210 : Zur Aufdeckung von Unregelmäßigkeiten im Rahmen der Abschlussprüfung
(TZ 1) Falsche Angaben in Jahres- und in Konzernabschlüssen sowie in den dazugehörenden Lageberichten gehen auf Unrichtigkeiten und Verstöße zurück. Daneben kann der Abschlussprüfer sonstige Gesetzesverstöße feststellen, die nicht zu falschen Angaben in der Rechnungslegung führen. Das IDW legt mit diesem PS die Berufsauffassung dar, inwieweit Wirtschaftsprüfer als Abschlussprüfer unbeschadet ihrer *Eigenverantwortlichkeit* solche Unregelmäßigkeiten im Rahmen der Abschlussprüfung aufzudecken und über diese zu berichten haben.

Nr. 230 : Kenntnisse über die Geschäftstätigkeit sowie das wirtschaftliche und rechtliche Umfeld des zu prüfenden Unternehmens im Rahmen der Abschlussprüfung
(TZ 1) Das IDW legt in diesem PS die Berufsauffassung dar, nach der sich Wirtschaftsprüfer unbeschadet ihrer *Eigenverantwortlichkeit* zur ordnungsmäßigen Durchführung der Abschlussprüfung ausreichende Kenntnisse über die Geschäftstätigkeit sowie das wirtschaftliche und rechtliche Umfeld des zu prüfenden Unternehmens verschaffen.

2 Die Prüfungsstandards des IDW

Nr. 240 : Grundsätze der Planung von Abschlussprüfungen
(TZ 1) Das IDW legt in diesem PS die Berufsauffassung dar, nach der Wirtschaftsprüfer unbeschadet ihrer *Eigenverantwortlichkeit* die Durchführung von Abschlussprüfungen planen. Der PS enthält auch Grundsätze für eine angemessene Dokumentation der Planung.

Nr. 250 : Wesentlichkeit im Rahmen der Abschlussprüfung
(TZ 1) Das IDW legt in diesem PS die Berufsauffassung dar, nach der Wirtschaftsprüfer als Abschlussprüfer unbeschadet ihrer *Eigenverantwortlichkeit* den Grundsatz der Wesentlichkeit bei der Abschlussprüfung zu berücksichtigen haben. Der PS verdeutlicht zudem die Auswirkungen der Wesentlichkeit auf das Prüfungsrisiko und macht gegenüber der Öffentlichkeit deutlich, dass die Wesentlichkeit nicht nur unter quantitativen, sondern auch unter qualitativen Gesichtspunkten zu beurteilen ist.

Nr. 255 : Beziehungen zu nahe stehenden Personen im Rahmen der Abschlussprüfung
(TZ 1) Das IDW legt in diesem PS die Berufsauffassung dar, nach der Wirtschaftsprüfer unbeschadet ihrer *Eigenverantwortlichkeit* bei der Durchführung von Abschlussprüfungen die Beziehungen des Unternehmens zu nahe stehenden Personen sowie von Geschäftsvorfällen mit diesen feststellen. Dies gilt unabhängig davon, ob sich aus den angewandten Rechnungslegungsgrundsätzen Anforderungen an die Offenlegung solcher Beziehungen oder Geschäftsvorfälle im Jahresabschluss und im Lagebericht ergeben, die Gegenstand der Abschlussprüfung sind.

Nr. 260 : Das Interne Kontrollsystem im Rahmen der Abschlussprüfung
(TZ 1) Das IDW legt in diesem PS die Berufsauffassung dar, nach der Wirtschaftsprüfer unbeschadet ihrer *Eigenverantwortlichkeit* im Rahmen von Abschlussprüfungen interne Kontrollsysteme von Unternehmen prüfen. Er verdeutlicht zugleich die Grenzen der Prüfung des internen Kontrollsystems im Rahmen der Abschlussprüfung.

Nr. 270 : Die Beurteilung der Fortführung der Unternehmenstätigkeit im Rahmen der Abschlussprüfung
(TZ 1) Nach § 252 Abs. 1 Nr. 2 HGB ist bei der Bewertung der im Jahresabschluss ausgewiesenen Vermögensgegenstände und Schulden von der Fortführung der Unternehmenstätigkeit auszugehen, sofern nicht tatsächliche oder rechtliche Gegebenheiten entgegenstehen. (TZ 2) Das IDW legt in diesem PS die Berufsauffassung dar, nach der Wirtschaftsprüfer unbeschadet ihrer *Eigenverantwortlichkeit* bei einer Abschlussprüfung die Einschätzung der gesetzlichen Vertreter des bilanzierenden Unternehmens zur Fortführung der Unternehmenstätigkeit beurteilen. Der IDW PS verdeutlicht gegenüber der Öffentlichkeit die Verantwortung der gesetzlichen Vertreter für diese Einschätzung, die Bedeutung dieser Einschätzung sowie das Erfordernis der Beurteilung dieser Einschätzung durch den Abschlussprüfer und die Grenzen der aus dieser Beurteilung zu ziehenden Schlussfolgerungen.

Nr. 300 : Prüfungsnachweise im Rahmen der Abschlussprüfung
(TZ 1) Prüfungsnachweise sind solche Informationen, die der Abschlussprüfer verwendet, um zu Prüfungsfeststellungen zu kommen, auf denen die Prüfungsaussagen im Prüfungsbericht und Bestätigungsvermerk beruhen.

(TZ 2) Das IDW legt in diesem PS die Berufsauffassung dar, nach der Wirtschaftsprüfer unbeschadet ihrer *Eigenverantwortlichkeit* bei einer Abschlussprüfung Prüfungsnachweise einholen, um mit hinreichender Sicherheit die geforderten Prüfungsaussagen treffen zu können. Der PS verdeutlicht zugleich gegenüber der Öffentlichkeit die Rolle von Prüfungsnachweisen für die Abschlussprüfung und die Grenzen der aus ihnen zu ziehenden Schlussfolgerungen.

Nr. 301 Prüfung der Vorratsinventur
(TZ 1) Das IDW legt in diesem PS die Berufsauffassung dar, nach der Wirtschaftsprüfer als Abschlussprüfer unbeschadet ihrer *Eigenverantwortlichkeit* die Vorratsinventur prüfen, um sich vom Vorhandensein, von der Vollständigkeit und der Beschaffenheit der im Jahresabschluss ausgewiesenen Vorräte zu überzeugen.

Nr. 302 Bestätigungen Dritter
(TZ 1) Im Rahmen der Abschlussprüfung befragt der Abschlussprüfer außerhalb des Unternehmens stehende Dritte zu in der Rechnungslegung enthaltenen Aussagen (z.B. Forderungen, Verbindlichkeiten) oder über Geschäftsbeziehungen, z.B. mit Banken. Bestätigungen Dritter sind deren Antworten auf Befragungen durch den Abschlussprüfer im Rahmen von Einzelfallprüfungen. (TZ 2) Das IDW legt in diesem PS die Berufsauffassung dar, nach der Wirtschaftsprüfer unbeschadet ihrer *Eigenverantwortlichkeit* bei der Abschlussprüfung Bestätigungen Dritter einholen, um mit hinreichender Sicherheit die geforderten Prüfungsaussagen treffen zu können. Der PS verdeutlicht zugleich gegenüber der Öffentlichkeit die Bedeutung dieser Prüfungsnachweise für die Abschlussprüfung und die Grenzen der aus ihnen zu ziehenden Schlussfolgerungen.

PS 312 Analytische Prüfungshandlungen
(TZ 1) Das IDW legt in diesem PS die Berufsauffassung dar, nach der Wirtschaftsprüfer als Abschlussprüfer unbeschadet ihrer *Eigenverantwortlichkeit* bei einer Abschlussprüfung analytische Prüfungshandlungen durchführen. Der IDW PS verdeutlicht zugleich gegenüber der Öffentlichkeit die Bedeutung und die Grenzen der aus analytischen Prüfungshandlungen zu ziehenden Schlussfolgerungen.

Nr. 314 : Die Prüfung von geschätzten Werten in der Rechnungslegung
(TZ 1) Geschätzte Werte sind ein notwendiger Bestandteil der in der Verantwortung der Unternehmensleitung liegenden Rechnungslegung (Buchführung, Jahresabschluss und Lagebericht), um sämtliche Geschäftsvorfälle abbilden zu können. Geschätzte Werte sind Näherungswerte, die immer dann Eingang in die Rechnungslegung finden, wenn eine exakte Ermittlung nicht möglich ist.

(TZ 2) Das IDW legt in diesem PS die Berufsauffassung dar, nach der Wirtschaftsprüfer als Abschlussprüfer unbeschadet ihrer *Eigenverantwortlichkeit* geschätzte Werte prüfen. Der PS verdeutlicht zugleich gegenüber der Öffentlichkeit die Besonderheiten der Prüfung geschätzter Werte.

Nr. 330 : Abschlussprüfung bei Einsatz von Informationstechnologie
(TZ 1) Das IDW legt in diesem PS die Berufsauffassung dar, nach der Wirtschaftsprüfer unbeschadet ihrer *Eigenverantwortlichkeit* im Rahmen von Abschlussprüfungen Systemprüfungen bei Einsatz von Informationstechnologie (IT) durchführen.

(TZ 8) Der Abschlussprüfer hat das IT-gestützte Rechnungslegungssystem daraufhin zu beurteilen, ob es den gesetzlichen Anforderungen – insbesondere den im IDW RS FAIT 1 dargestellten Ordnungsmäßigkeits- und Sicherheitsanforderungen – entspricht, um die nach § 322 Abs. 1 Satz1 HGB i.V.m. § 317 Abs. 1 Satz 1 HGB und § 321 Abs. 2. Satz 2 HGB geforderten Prüfungsaussagen über die Ordnungsmäßigkeit der Buchführung treffen zu können. Folglich ist es Aufgabe des Abschlussprüfers, das IT-System des Unternehmens insoweit zu prüfen, als dessen Elemente dazu dienen, Daten über Geschäftsvorfälle oder betriebliche Aktivitäten zu verarbeiten, die entweder direkt in die IT-gestützte Rechnungslegung einfließen oder als Grundlage für Buchungen im Rechnungslegungssystem in elektronischer Form zur Verfügung gestellt werden (rechnungslegungsrelevante Daten).

Nr. 400 : Grundsätze für die ordnungsmäßige Erteilung von Bestätigungsvermerken bei Abschlussprüfungen
(TZ 1) Nach § 2 WPO gehört es zu den beruflichen Aufgaben der Wirtschaftsprüfer, betriebswirtschaftliche Prüfungen – insbesondere solche von Jahresabschlüssen wirtschaftlicher Unternehmen – durchzuführen und Bestätigungsvermerke über die Vornahme und das Ergebnis solcher Prüfungen zu erteilen.

(TZ 2) Der Bestätigungsvermerk beschreibt die Aufgabe des Abschlussprüfers und grenzt diese gegenüber der Verantwortlichkeit der gesetzlichen Vertreter der Gesellschaft für die Buchführung, den Jahresabschluss und den Lagebericht (im Folgenden auch : Rechnungslegung) ... ab, stellt Gegenstand, Art und Umfang der Prüfung dar und fasst das Prüfungsergebnis in einer Beurteilung zusammen.

(TZ 3) Das IDW legt in diesem PS die Berufsauffassung dar, nach der Wirtschaftsprüfer als Abschlussprüfer unbeschadet ihrer *Eigenverantwortlichkeit* Bestätigungsvermerke über Abschlussprüfungen erteilen oder versagen. Dieser PS enthält die von Wirtschaftsprüfern zu beachtenden Grundsätze zu Form und Inhalt von Bestätigungsvermerken (§ 322 Abs. 1-5 HGB) ... (Neuerdings Abs. 1-7; d.Verf.). Er verdeutlicht zugleich gegenüber der Öffentlichkeit Inhalt und Grenzen der Aussage dieser Vermerke.

Nr. 450 : Grundsätze ordnungsmäßiger Berichterstattung bei Abschlussprüfungen
(TZ 1) Im Prüfungsbericht fasst der Abschlussprüfer Gegenstand, Art und Umfang, Feststellungen und Ergebnisse der Prüfung insbesondere für jene Organe des Unternehmens zusammen, denen die Aufsicht obliegt. Der Prüfungsbericht hat dabei die Aufgabe, durch die Dokumentation wesentlicher Prüfungsfeststellungen und -ergebnisse die Überwachung des Unternehmens zu unterstützen.

(TZ 2) Das IDW legt in diesem PS die Berufsauffassung dar, nach der Wirtschaftsprüfer als Abschlussprüfer unbeschadet ihrer *Eigenverantwortlichkeit* Berichte über ihre durchgeführten Abschlussprüfungen erstatten. Dieser PS enthält die zu beachtenden Grundsätze zu Form und Inhalt des Prüfungsberichtes und verdeutlicht gegenüber der Öffentlichkeit und insbesondere gegenüber den Adressaten des Prüfungsberichtes die Anforderungen an den Inhalt dieses Berichtes.

Nr. 460 : Arbeitspapiere des Abschlussprüfers
(TZ 1) Arbeitspapiere sind alle Aufzeichnungen und Unterlagen, die der Abschlussprüfer im Zusammenhang mit der Abschlussprüfung selbst erstellt, sowie alle Schriftstücke und Unterlagen, die er von dem geprüften

2 Die Prüfungsstandards des IDW

Unternehmen oder von Dritten als Ergänzung seiner eigenen Unterlagen zum Verbleib erhält. Da sie internen Zwecken des Abschlussprüfers dienen, sind sie nicht zur Weitergabe bestimmt.

(TZ 2) Das IDW legt in diesem PS die Berufsauffassung dar, nach der Wirtschaftsprüfer unbeschadet der *Eigenverantwortlichkeit* Arbeitspapiere zu Abschlussprüfungen ... erstellen. Dieser PS enthält die zu beachtenden Grundsätze zu Form und Inhalt der Arbeitspapiere und verdeutlicht deren Funktion für den Abschlussprüfer.

Was ist nun eigentlich darunter zu verstehen, wenn mit juristischer Gründlichkeit immer wieder von *„unbeschadet ihrer Eigenverantwortlichkeit"* gesprochen wird? Prüfungsstandards können dem Abschlussprüfer nur einen fachlichen Rahmen vermitteln, in dem er sich bewegen soll.[313] Es handelt sich um allgemeine Anweisungen, die eine bestimmte Richtung vorgeben. Für Sonderfälle sind sie naturgemäß nicht geeignet. Der Abschlussprüfer ist also aufgefordert – unter Wahrung des *Gehaltes* der Prüfungsstandards – *eigene* Wege zu gehen, wenn die besonderen Umstände dies erfordern. Damit wird „in dem seiner besonderen Obsorge anvertrauten Bereich" eine *mechanische* Anwendung der Prüfungsstandards verhindert und die Beweglichkeit des Abschlussprüfers für die Erreichung *seiner* Prüfungsziele sichergestellt. „Wer so aufgrund seiner Situation Verantwortung *für* etwas hat, muss für seine entsprechenden Handlungen und Versäumnisse und deren Folgen einstehen, namentlich auch, indem er die Verantwortung *vor* dem trägt, dem gegenüber er die Obsorge für seinen Verantwortungsbereich übernommen hat."[314] *Eigen*verantwortlichkeit bedeutet also nicht die Freiheit, eigene Maßstäbe zu setzen. Verantwortlich zu arbeiten, heißt - und Ralf Dahrendorf hat dies kürzlich beschrieben - „den Kontext (seines) Wirkens im Blick" zu behalten. Dies *muss* ein sozialer Kontext sein, weil in ihm neben den Shareholdern auch die Stakeholder eine wesentliche Rolle spielen. „Betroffene, Beteiligte und Besitzer haben alle ihren Ort"[315] im Arbeitsfeld eines Abschlussprüfers.

Die *Wahrung des Gehaltes* der Prüfungsstandards ist in den Arbeitspapieren *angemessen* zu dokumentieren, deren jeweils letzter Satz (dem Mathematiker bekannt) dann lauten müsste: „Quod erat demonstrandum."

2.1.2 „Urteil" und „beurteilen" als Kernbegriffe der Prüfungsstandards

Der rote Faden in den Prüfungsstandards, der nicht nur die *formale Strenge einer Richtlinie*, sondern insbesondere den *moralischen Gehalt von Appellen* erkennen lässt, besteht in der regelmäßig wiederkehrenden Aufforderung an den Abschlussprüfer, sich *selbst* ein Urteil zu bilden[316], und in dem Hinweis, dass nach einer langen Kette von Prüfungshandlungen und damit verbundenen *Teil*-Erkenntnissen ein ausgewogenes *Gesamturteil* (PS 400 TZ 9) in Form der Erteilung, Einschränkung oder Versagung eines Bestätigungsvermerkes stehen muss.

Die PS/EPS beschreiben in einer eindrucksvollen Weise den *Weg des Abschlussprüfers* von der Auftragsannahme über die Prüfung der Internen Kontrollen und die weiteren aussagebezo-

---

313 In § 4 der Berufssatzung WP / vBP wird ausgeführt: "WP / vBP sind bei der Erfüllung ihrer Aufgaben an das Gesetz gebunden, haben sich über die für ihre Berufsausübung geltenden Bestimmungen zu unterrichten und diese und fachliche Regeln zu beachten."
314 Erläuterungen zum Begriff "Verantwortung", in: Brockhaus 19.Bd. (1974)
315 R. Dahrendorf: Wirtschaftlicher Erfolg und soziale Wirkung, in: FAZ 24.12.04, Nr. 301, S. 13
316 Damit liegen die Prüfungsstandards auf einer Ebene, die von der Berufssatzung WP / vBP klar definiert wird: § 11 (Eigenverantwortlichkeit): Abs. 1: „WP / vBP haben unabhängig von der Art der beruflichen Tätigkeit ... ihr Handeln in eigener Verantwortung zu bestimmen, ihr Urteil selbst zu bilden und ihre Entscheidungen selbst zu treffen."

genen Prüfungshandlungen bis hin zur pflichtgemäßen Berichterstattung. Die *wichtigste* Erklärung ist nach meinem Verständnis im PS 230 (Kenntnisse über die Geschäftstätigkeit und das wirtschaftliche und rechtliche Umfeld des zu prüfenden Unternehmens im Rahmen der Abschlussprüfung) enthalten. Dort heißt es unter TZ 8 (Hervorh.d.d.Verf.) :

„Der Abschlussprüfer hat die *Kenntnisse* über die Geschäftstätigkeit sowie das wirtschaftliche und rechtliche Umfeld *wirksam zu nutzen*, um zu *beurteilen*, inwieweit sich diese auf den Jahresabschluss und Lagebericht insgesamt *auswirken* und ob die Darstellung in Jahresabschluss und Lagebericht mit diesen Kenntnissen in Einklang steht. Die Kenntnisse müssen daher dem Abschlussprüfer eine Identifikation der

— für den Unternehmenserfolg zentralen *Einflussfaktoren*,
— Unternehmens*strategie*, [317]
— den Erfolg der Strategie möglicherweise gefährdenden *Geschäftsrisiken* und der Reaktionen des Unternehmens auf diese Risiken sowie der
— *Geschäftsprozesse*, ihrer wesentlichen Risiken und der diesbezüglichen *Kontrollmechanismen* ermöglichen."

Diese Aussage, die das Geschehen auf dem Feld der Unternehmensleitung (Strategie-Analyse) ebenso erfasst wie die Vorgänge auf den untergeordneten Ebenen (Prozess-Analyse) muss als *zentrale* Aussage gelten, weil sie nicht nur den *Prüfungspfad* markiert, sondern auch die *Meilensteine* nennt, die passiert werden müssen, damit das allgemeine Ziel einer Abschlussprüfung, „die Verlässlichkeit der im Jahresabschluss enthaltenen Informationen" zu bestätigen, sicher erreicht werden kann.

Im Folgenden werden (auszugsweise) einige weitere Stellen aufgelistet, in denen dargelegt wird, unter welch heterogenen Bedingungen die *Verpflichtung* besteht, *komplizierte* Sachverhalte, *komplexe* Zusammenhänge, *vielschichtige* Abläufe oder *widersprüchliche* Aussagen zu beurteilen. Es ist Aufgabe dieser *konzentrierten* Darstellung, die enorme *Verantwortung* sichtbar zu machen, die mit der Arbeit des Abschlussprüfers verbunden ist, und aufzuzeigen, *warum* das Prüfungsurteil – als „Deklarationssatz" mit bedeutendem Inhalt [318] – zurecht beim Adressaten eine *hohe* Erwartungshaltung auslöst. Sie soll aber auch als *Bollwerk* wirken und den Abschlussprüfer zwingen, darüber nachzudenken, welche Arbeiten er an seine Mitarbeiter *delegieren darf* und welche er sich selbst *vorbehalten muss*. Die Öffentlichkeit hat sehr wohl registriert, dass zu viel anspruchsvolle Arbeit von unerfahrenen und zu wenig kontrollierten Mitarbeitern durchgeführt wird.

Die häufig erwähnte Eigenverantwortlichkeit *dirigiert* die permanente Verpflichtung zum „Urteil". Mit der Lokalisierung *wesentlicher* Themen, die allzu leicht im breiten Spektrum vielfältiger (in ihrer individuellen Weiterentwicklung nur schwer verfolgbarer) Standards untergehen, ist dann auch der Vorteil verbunden, sich schnell orientieren und sozusagen im Rahmen einer Vollständigkeitskontrolle überprüfen zu können, ob die Urteilsbildung *insgesamt* auf einer *sicheren* Basis steht. Im Folgenden werden diejenigen Aspekte der Prüfungsstandards in gestraffter Form dargestellt, die sich mit den Voraussetzungen, der Eigenart und den Konsequenzen einer Beurteilung beschäftigen.

---

317 Man kann die Strategie allerdings nicht verstehen, wenn man die Unternehmensziele nicht kennt !
318 Vgl. Erläuterungen zum "Urteil", in : Brockhaus 19. Bd. (1972) S. 324

2 Die Prüfungsstandards des IDW

PS 200 (Ziele und allgemeine Grundsätze der Durchführung von Abschlussprüfungen)
Prüfungshandlungen sind auf der Grundlage der Beurteilung des IKS festzulegen. Das Konzept der hinreichenden Sicherheit beruht auf einer Beurteilung, die sich ihrerseits auf die Gewinnung von Prüfungsnachweisen stützt.

PS 230 (Kenntnisse über die Geschäftstätigkeit sowie das wirtschaftliche und rechtliche Umfeld des zu prüfenden Unternehmens im Rahmen der Abschlussprüfung)
Eine Risikobeurteilung ist ohne eine solide Kenntnis über die Geschäftstätigkeit nicht möglich. Die Kenntnisse bilden den Bezugsrahmen bspw. für die Beurteilung des Risikofrüherkennungssystems, der Aussagekraft von Prüfungsnachweisen, der erhaltenen Auskünfte, der Angemessenheit von Bilanzierungs- und Bewertungsmethoden sowie von Angaben in Jahresabschluss und Lagebericht.

PS 240 (Grundsätze der Planung von Abschlussprüfungen)
Die Beschäftigung mit der Risikostruktur des Unternehmens ist Voraussetzung für die Beurteilung, welche Prüfungsgebiete wesentliche Falschaussagen enthalten könnten. Der Abschlussprüfer muss auch beurteilen, ob weiterhin von einer Fortführung der Unternehmenstätigkeit auszugehen ist.

PS 250 (Wesentlichkeit im Rahmen der Abschlussprüfung)
Die Wesentlichkeit ist sowohl unter qualitativen als auch unter quantitativen Gesichtspunkten und nach den Umständen des Einzelfalls zu beurteilen. Im Zusammenhang mit der Beurteilung der Frage, ob Prüfungsaussagen zu treffen sind, ist zu entscheiden, ob festgestellte und nicht bereinigte Unrichtigkeiten und Verstöße insgesamt (für das Prüfungsurteil) wesentlich sind. In diesem Zusammenhang kann auch die Notwendigkeit auftreten, die Wahrscheinlichkeit unentdeckter Fehler zu beurteilen.

PS 260 (Das interne Kontrollsystem im Rahmen der Abschlussprüfung)
In Abhängigkeit von der Beurteilung der Fehlerrisiken sind die Prüfungshandlungen nach Art, Umfang und zeitlichem Ablauf so festzulegen, dass das Prüfungsurteil mit hinreichender Sicherheit getroffen werden kann.

„Die Beurteilung der inhärenten Risiken ist auf Unternehmensebene (vorzunehmen) und prüffeldspezifisch", d.h. auf Prozessebene. Bei der Beurteilung auf der Unternehmensebene „sind im Rahmen der Entwicklung einer Prüfungsstrategie u.a. die folgenden (internen und externen) Faktoren zu beachten: Integrität und Kompetenz der Unternehmensleitung; ungünstige Entwicklungen im Unternehmen oder in der Branche, die die Leitung zur Anwendung fragwürdiger bilanzpolitischer Maßnahmen verleiten könnten; Art und Umfang der Geschäftstätigkeit; Besonderheiten der Geschäftsentwicklung; branchenspezifische Faktoren, z.B. neue Technologien, Nachfrageänderungen und Konkurrenzentwicklungen; neue fachliche Standards oder gesetzliche Regelungen, die erstmals in der Rechnungslegung zu beachten sind; fachliche Kompetenz der für die Rechnungslegung zuständigen Mitarbeiter. Im Rahmen der prüffeldspezifischen Beurteilung sind folgende Aspekte von Bedeutung: Fehleranfälligkeit von Posten des Jahresabschlusses, Komplexität der Geschäftsvorfälle, Beurteilungsspielräume bei Ansatz und Bewertung von Vermögensgegenständen und Schulden, Gefahr von Verlust oder Unterschlagung bei Vermögenswerten, Abschluss ungewöhnlicher oder komplexer Geschäfte, insbesondere gegen Ende des Geschäftsjahres, Geschäftsvorfälle, die nicht routinemäßig bearbeitet werden." Mit der Anwendung eines bestimmten Prüfungsansatzes muss die Beurteilung des Risikos der wesentlichen Fehlaussage möglich sein. Der Abschlussprüfer hat das Kontrollumfeld im Unternehmen zu beurteilen, um aus der Einstellung aller Beteiligten einen Eindruck von der Qualität des IKS gewinnen zu können. Er muss außerdem beurteilen können, wie Feststellung und Analyse von Risiken im Unternehmen erfolgen und welche Regelungen zur Kontrolle dieser Risiken etabliert sind.

PS 300 (Prüfungsnachweise im Rahmen der Abschlussprüfung)
Bei der Beurteilung, ob Prüfungsnachweise ausreichend und angemessen sind, müssen z.B. die folgenden Aspekte berücksichtigt werden: „die Beurteilung von Art und Höhe des inhärenten Risikos für das Unternehmen insgesamt und für einzelne Prüffelder, die Ausgestaltung und Wirksamkeit des IKS und die darauf aufbauende Einschätzung der Kontrollrisiken, die Wesentlichkeit der zu prüfenden Posten, die Erfahrungen aus vorhergehenden Prüfungen, die Ergebnisse von Prüfungshandlungen im Rahmen der laufenden Prüfung einschließlich der Aufdeckung von Unregelmäßigkeiten, die Quelle und die Verlässlichkeit der verfügbaren Informationen." Im Zusammenhang mit Systemprüfungen ist zu beurteilen, ob die dort erlangten Prüfungsnachweise ausreichend und angemessen sind, die Einschätzung des Kontrollrisikos zu stützen. Aus Systemprüfungen und aussagebezogenen Prüfungshandlungen sich ergebende Prüfungsnachweise sind daraufhin zu beurteilen, ob sie in der Lage sind, die Aussagen in der Rechnungslegung zu stützen. Bei widersprüchlichen Informationen in aus verschiedenen Quellen gewonnenen Prüfungsnachweisen ist zu beurteilen, welche zusätzlichen Prüfungshandlungen durchzuführen sind. Bestehen bei der Beurteilung einer we-

sentlichen Aussage Zweifel, sind ausreichende und angemessene Prüfungsnachweise zu beschaffen, um diese Zweifel zu zerstreuen. Ist dies nicht möglich, ist der Bestätigungsvermerk einzuschränken oder zu versagen.

PS 314 (Die Prüfung von geschätzten Werten in der Rechnungslegung)
Aus der Beurteilung von geschätzten Werten muss sich ergeben, ob diese unter den jeweiligen Umständen plausibel sind und – sofern erforderlich – in angemessener Weise erläutert wurden. Dieses Ergebnis schließt das Urteil ein, ob die für eine Schätzung verwendeten Daten richtig, vollständig und relevant sind und „ob die gesammelte Datenbasis angemessen analysiert und dargestellt wurde, um eine plausible Grundlage für die Schätzungen zu bilden." Bei der Beurteilung der einer Schätzung zugrunde liegenden Annahmen ist zu berücksichtigen, „ob sie im Hinblick auf tatsächliche Ergebnisse vorhergehender Geschäftsjahre plausibel erscheinen und mit den Annahmen anderer Schätzungen bzw. mit plausiblen Planungen der Unternehmensleitung vereinbar sind." Da die Unternehmensleitung geschätzte Daten, die wesentlich sind, prüft und genehmigt, muss der Abschlussprüfer beurteilen, ob diese Maßnahmen von einer angemessenen Hierarchieebene vorgenommen und dokumentiert wurden. Er muss auch beurteilen, ob wesentliche Ereignisse nach dem Abschlussstichtag vorliegen, die sich auf die der Schätzung zugrunde liegenden Daten und Annahmen auswirken. Eine abschließende Beurteilung der Angemessenheit von Schätzungen erfolgt auf der Basis der Kenntnisse über die Geschäftstätigkeit sowie über das wirtschaftliche und rechtliche Umfeld. Stellt der Abschlussprüfer fest, dass eine Schätzung fehlerhaft ist und weigert sich die Unternehmensleitung die Schätzung zu korrigieren, ist zu beurteilen, ob diese Fehleinschätzung alleine oder gemeinsam mit anderen wesentlich ist und eine Auswirkung auf das Prüfungsurteil hat.

PS 400 (Grundsätze für die ordnungsmäßige Erteilung von Bestätigungsvermerken bei Abschlussprüfungen)
Der Bestätigungsvermerk stellt Gegenstand, Art und Umfang der Prüfung dar und fasst das Prüfungsergebnis in einer Beurteilung zusammen. „Verantwortlich beurteilt wird die Übereinstimmung der Buchführung, des Jahresabschlusses und des Lageberichtes mit den jeweiligen für das geprüfte Unternehmen geltenden Vorschriften." Der Bestätigungsvermerk, der erst dann erteilt werden darf, nachdem die Prüfung abgeschlossen und zu erkennen ist, dass die Prüfung eine hinreichend sichere Grundlage für das Prüfungsurteil bildet, beinhaltet jedoch keine unmittelbare Beurteilung der wirtschaftlichen Lage und der Geschäftsführung des geprüften Unternehmens. Zur Beschreibung des Umfangs der Prüfung, der von der Beurteilung des IKS, der Rechnungslegungsgrundsätze und der Einschätzungen der gesetzlichen Vertreter geprägt wird, gehört auch der Hinweis, dass der Abschlussprüfer die Prüfung so geplant und durchgeführt hat, dass mit hinreichender Sicherheit beurteilt werden kann, ob die Rechnungslegung (Jahresabschluss und Lagebericht) frei von wesentlichen Mängeln ist. „Gelangt der Abschlussprüfer zu dem Prüfungsurteil, dass wesentliche Beanstandungen gegen abgrenzbare Teile des Jahresabschlusses, des Lageberichtes oder der Buchführung bestehen, oder kann der Abschlussprüfer abgrenzbare Teile...nicht mit hinreichender Sicherheit beurteilen (Prüfungshemmnisse) und ist gleichwohl zu den wesentlichen Teilen...noch ein Positivbefund möglich, hat (er) eine Einwendung zu erheben und eine eingeschränkt positive Gesamtaussage im Rahmen eines eingeschränkten Bestätigungsvermerkes zu treffen." Gelangt er zu dem „Prüfungsurteil, dass wesentliche Beanstandungen gegen den Jahresabschluss zu erheben sind, die sich auf diesen als Ganzen auswirken", hat er diese negative Gesamtaussage in einem „Versagungsvermerk" zu treffen.

PS 450 (Grundsätze ordnungsmäßiger Berichterstattung bei Abschlussprüfungen)
Die Stellungnahme des Abschlussprüfers zur Lagebeurteilung durch die gesetzlichen Vertreter ist aufgrund eigener Beurteilung abzugeben, die im Rahmen der Prüfung gewonnen wurde. „Sie muss so abgefasst sein, dass sie den Berichtsadressaten als Grundlage für die eigene Einschätzung der Lagebeurteilung dienen kann." Zu den berichtspflichtigen Prüfungsinhalten gehören die zugrunde gelegte Prüfungsstrategie sowie (ggf.) die Prüfung des IKS und deren Auswirkungen auf Art und Umfang der aussagebezogenen Prüfungshandlungen; z.B. ist hier darzustellen, wenn der Abschlussprüfer ein hinreichend sicheres Prüfungsurteil nur durch verstärkte Einzelfallprüfungen gewährleisten konnte.

PS 460 (Arbeitspapiere des Abschlussprüfers)
Für Form und Inhalt der Arbeitspapiere sind u.a. maßgebend: Art des Auftrags, Form des Prüfungsurteils, Inhalt des Prüfungsberichts, Art und Komplexität der Geschäftstätigkeit, Art und Zustand des IKS.

2.1.3 Anforderungen der Qualitätskontrolle in der Wirtschaftsprüferpraxis

Der Hauptfachausschuss (HFA) des IDW hat Mitte 2004 den Entwurf einer Neufassung des IDW PS 140 verabschiedet. Darin heißt es in den Vorbemerkungen (TZ 2) :

„Mit dem Wirtschaftsprüferordnungs-Änderungsgesetz (WPOÄG) wird eine obligatorische Qualitätskontrolle im Berufsstand der deutschen Wirtschaftsprüfer gesetzlich verankert. Nach § 319 Abs. 2 Satz Nr. 2 und Abs. 3 Nr. 7 HGB ist ein Wirtschaftsprüfer bzw. eine Wirtschaftsprüfungsgesellschaft als gesetzlicher Abschlussprüfer ausgeschlossen, wenn der Wirtschaftsprüfer bzw. die Gesellschaft über keine wirksame Bescheinigung über die Teilnahme an dieser Qualitätskontrolle verfügt." (§ 319 vor Änderung durch das Bilanzrechtsreformgesetz; die Qualitätskontrolle ist nunmehr in der Neufassung des § 319 HGB in Abs. 1 S. 3 enthalten; d.Verf.) Der Entwurf wurde im Herbst 2004 veröffentlicht, und es kann insofern auf den bekannten Wortlaut verwiesen werden. „Mit der Neufassung dieses IDW Prüfungsstandards wird den Empfehlungen des Qualitätskontrollbeirates zur Präzisierung der Berichtsanforderungen des Prüfers für Qualitätskontrolle sowie den Erkenntnissen aus den bisher durchgeführten Qualitätskontrollen Rechnung getragen." [319]

Zum Prüfungsgegenstand heißt es unter TZ 10 : „Prüfungsgegenstand der Qualitätskontrolle ist gemäß § 57 a Abs. 2 WPO das in einer Wirtschaftsprüferpraxis in Bezug auf betriebswirtschaftliche Prüfungen i.s.v. § 2 Abs. 1 WPO, bei denen das Siegel geführt wird, eingeführte Qualitätssicherungssystem." Unter den TZ 13 bzw. 14 wird u.a. ausgeführt : „Ein Qualitätssicherungssystem ... umfasst die Einhaltung der Berufspflichten und die Beachtung der vom IDW herausgegebenen fachlichen Standards." „Ein Qualitätssicherungssystem kann nur dann wirksam sein, wenn die Mitarbeiter über die Grundsätze und Maßnahmen zur Qualitätssicherung regelmäßig informiert werden und ihnen die Bedeutung der Einhaltung dieser Grundsätze und Maßnahmen für die Wirtschaftsprüferpraxis bewusst ist."

Aus einer Graphik, die unter TZ 99 dargestellt wird und die „Beanstandungen" zum Gegenstand hat, geht unmissverständlich hervor, dass *Schwächen in der Dokumentation* als „Mangel" oder „wesentlicher Mangel" angesehen werden, zu Beanstandungen des Qualitätssicherungssystems führen, eine entsprechende Berichterstattung im Qualitätskontrollbericht und ggf. eine Einschränkung bzw. Versagung des Bestätigungsvermerkes nach sich ziehen können.

Schwächen liegen u.a. dann vor, wenn aus den Arbeitspapieren nicht abgeleitet werden kann, auf welchen Überlegungen (Analyse der Geschäftstätigkeit) und Arbeitsergebnissen (Analyse der Kontrolltätigkeit) die Prüfungshandlungen des Abschlussprüfers beruhen und *welche Prüfungsziele* ihnen zugrunde liegen. (vgl. dazu auch die Anlage 48 in diesem Handbuch.)

Alle wesentlichen Kriterien, die für eine *risikoorientierte Abschlussprüfung* gelten und die in diesem Handbuch behandelt wurden, werden in dem Entwurf aufgegriffen und sollen deshalb wegen ihrer großen Bedeutung hier zitiert werden. Unter TZ 65 wird ausgeführt :

---

[319] Vorspann zum „Entwurf einer Neufassung des IDW Prüfungsstandards: Die Durchführung von Qualitätskontrollen in der Wirtschaftsprüferpraxis (IDW EPS 140 n.F.)", in : FN-IDW Nr. 9/2004, S. 519)

„Im Falle der Auftragsprüfung bei Abschlussprüfungen hat der Prüfer insbesondere die Einhaltung der Grundsätze für

- die Auftragsannahme und die Auftragsbestätigung,
- die erforderlichen Kenntnisse über die Geschäftstätigkeit, sowie das wirtschaftliche und rechtliche Umfeld,
- die Entwicklung einer Prüfungsstrategie und eines Prüfungsprogrammes,
- die Festlegung von Wesentlichkeitsgrenzen,
- die Beurteilung der inhärenten Risiken und der Kontrollrisiken, einschließlich der Prüfung des internen Kontrollsystems,
- die Festlegung von Art, Umfang und Zeitpunkt der aussagebezogenen Prüfungshandlungen,
- die besonderen Risikobereiche der Prüfung (z.B. Going Concern-Annahme, Beziehuneng zu nahe stehenden Personen, Erstprüfungen, Unregelmäßigkeiten und Verstöße gegen Gesetze und sonstige Vorschriften, Ereignisse nach dem Abschlussstichtag),
- die Einholung von ausreichenden und geeigneten Prüfungsnachweisen,
- die Dokumentation der Prüfungsdurchführung und der Prüfungsfeststellungen,
- die Berichterstattung über die Ergebnisse der Abschlussprüfung (Bestätigungsvermerk und Prüfungsbericht) und
- die Qualitätssicherung bei der Auftragsdurchführung (Überwachung des Prüfungsablaufs und Durchsicht der Prüfungsergebnisse) zu beurteilen."

In seinem Bericht anlässlich der Verwaltungsratssitzung vom 9. November 2004 hat der IDW-Vorstand unter Punkt 3.2. (Überarbeitung der VO 1/1995) u.a. auf Folgendes hingewiesen :

„Die bisher durchgeführten Qualitätskontrollen lassen vor allem Unsicherheiten hinsichtlich der Verbindlichkeit der Vorgaben für die Qualitätssicherung in den WP-Praxen ('Sollsystem') sowie deren Konkretisierung in der VO 1/1995 erkennen. Dementsprechend ist den Vorgaben in der Qualitätssicherung in der WP-Praxis mehr Verbindlichkeit zu geben, und sie sind weiter zu konkretisieren. IDW und WPK haben vorgeschlagen, diese Anforderungen umzusetzen durch :

- Klarstellung der gesetzlichen Pflicht zur Einrichtung eines Qualitätssicherungssystems in der WPO
- Ergänzung der Berufspflichten in der Berufssatzung für WP/vBP
- Überarbeitung und Konkretisierung der Anforderungen an die Qualitätssicherung in einer berufsständischen Verlautbarung.

Die Berufspflicht, ein internes Qualitätssicherungssystem einzurichten, ergab sich bisher nur mittelbar aus §§ 57 a ff. WPO (insbesondere aus der Verpflichtung, ein solches alle drei Jahre prüfen zu lassen.) IDW und WPK haben einen Gesetzesvorschlag erarbeitet, der inzwischen in den Entwurf des APAG Eingang gefunden hat (§ 55 b WPO-E) und der die grundlegende Pflicht zur Einrichtung und Dokumentation eines Qualitätssicherungssystems für alle Berufsangehörigen festschreibt. Insoweit hat diese Ergänzug der WPO nur klarstellenden Charakter." [320]

Wenn wesentlicher Bestandteil eines Qualitätssicherungssystems auch die Beachtung der vom IDW herausgegebenen Standards ist, dann stellt sich die Frage, in welcher Weise diese auch bei der *Prüfung kleiner oder mittelgroßer Unternehmen* Anwendung finden sollen. Im oben erwähnten Bericht des IDW-Vorstands vom 9. November 2004 wurde unter Punkt 4.3. (Prüfung kleiner und mittelgroßer Unternehmen) dazu ausdrücklich Stellung genommen :

---

320 In : FN-IDW Nr. 12/2004, S. 731

„Der IDW-Prüfungshinweis: Besonderheiten der Abschlussprüfung kleiner und mittelgroßer Unternehmen (IDW PH 9.100.1) hebt die Besonderheiten hervor, mit denen der Abschlussprüfer in der speziellen Prüfungssituation von kleinen und mittelgroßen Unternehmen (KMU) konfrontiert ist und die weitergehende Überlegungen erfordern. Ferner werden wesentliche grundsätzliche Regelungen der IDW Prüfungsstandards erläutert, die aufgrund von Erfahrungen in der Praxis für die Prüfung von KMU von besonderer Bedeutung sind. Es ist weder beabsichtigt, Ausnahmen von der Anwendung der IDW Prüfungsstandards auf Abschlussprüfungen bei KMU zuzulassen noch abweichende Prüfungsanforderungen festzulegen. Der Prüfungshinweis verdeutlicht, dass es sich bei den IDW Prüfungsstandards nicht um ein starres Ablaufschema handelt, das bei jeder Abschlussprüfung in gleicher Weise undifferenziert abzuarbeiten ist. Die IDW Prüfungsstandards bilden vielmehr den Rahmen, den der Abschlussprüfer nach den individuellen Gegebenheiten des Einzelfalls und nach Maßgabe seiner Eigenverantwortlichkeit auszufüllen hat." [321]

2.1.4 ISA-Transformation: Auswirkungen auf die Erarbeitung von Prüfungsstandards in Deutschland

Angesichts der Fülle und der elementaren Bedeutung der vom IDW in den vergangenen Jahren herausgegebenen Prüfungsstandards stellt sich nunmehr die Frage, welche Konsequenzen mit einer unmittelbaren Anwendung der ISA verbunden sein werden. Auch dazu hat der IDW-Vorstand in dem oben erwähnten Bericht unter TZ 4.1. (ISA-Transformation: Auswirkungen der Neufassung der 8. EU-Richtlinie auf die Erarbeitung von Prüfungsstandards in Deutschland) Stellung genommen:

„Durch die im Entwurf der 8. EU-Richtlinie vorgesehene unmittelbare Anwendung der ISA ... verliert der europäische Wirtschaftsprüferberuf grundsätzlich seine bisherige Kompetenz, die Durchführung von Abschlussprüfungen selbst zu regeln. Es verbleibt lediglich eine durch die 8. EU-Richtlinie eingeschränkte Regelung nationaler Besonderheiten.

Das IDW wird daher eine Rolle als originärer Auditing Standard Setter nur insoweit behalten, als diese durch zusätzliche nationale Prüfungsanforderungen zu konkretisieren sind. Die ergänzend zu den ISA in Deutschland zu beachtenden Besonderheiten der Abschlussprüfung werden künftig in IDW Prüfungsstandards zur ISA-Ergänzung (IDW IPS) für jeden ISA zusammengefasst. Bei diesen – weiterhin vom HFA zu verabschiedenden – IDW Verlautbarungen verbleibt es bei der Bindungswirkung einer vom IDW im Rahmen eines due process festgestellten, auf gesetzlicher Prüfungspflicht beruhenden Berufsausübung." [322]

Bei aller Problematik, die insbesondere mit dem Verständnis für eine fremde Terminologie verbunden sein wird (der IDW-Vorstand verweist hier auf die Schwierigkeit, in einer Übersetzung die „angelsächsische Gedankenführung" sachgerecht wiederzugeben), klingt es beruhigend, wenn der IDW-Vorstand unter dem Punkt „Bisherige ISA-Transformation" auf Folgendes hinweist: „Der Wirtschaftsprüferberuf in Deutschland ist auf eine unmitelbare Anwendung der ISA durch deren Transformation grundsätzlich bereits gut vorbereitet. Es genügt, die IDW Prüfungsstandards und die VO 1/1995 anzuwenden, um den bislang gültigen ISA voll zu entsprechen." [323] Man wird als Abschlussprüfer aber gut beraten sein, sich eines guten Lexikons zu bedienen, wenn es darum gehen wird, die *ISA in ihrem ureigenen Sinne* richtig zu verstehen. (Siehe dazu im Einzelnen Kapitel VI. 2.4.1.) Dabei ist Folgendes zu beachten:

- Begriffe sind mit Bäumen vergleichbar. So wie es Bäume mit tiefen *Wurzeln* gibt, so arbeitet jede Sprache auch mit Wörtern, die tief in die *linguistische* Vergangenheit hineinragen. So hat z.B. der Begriff „persuasive" tiefe Wurzeln! Vor über 2000 Jahren in Persuasio/Italien geboren, hat er eine lange Reise hinter sich, aber seine Bedeutung in all dieser Zeit noch nicht verloren.

---
321 In: FN-IDW Nr. 12/2004, S. 732
322 In: FN-IDW Nr. 12/2004, S. 731
323 In: FN-IDW Nr. 12/2004, S. 732

▬ Jede Sprache arbeitet mit begrifflichen *Hierarchien*. Das ist deshalb erforderlich, um Nuancen deutlich machen zu können. Dies gilt z.b. für unterschiedliche Grade von Spannung und Inanspruchnahme. So ist z.B. der Begriff „Skepsis" höher angesiedelt, als der Begriff „kritische Grundhaltung". Und das muss dann auch an der richtigen Stelle zum Ausdruck gebracht werden !

▬ Jeder Sprachschatz ist ein *Unikat*. Bestimmte Begriffe oder Redewendungen lassen sich *nicht* übersetzen. Es ist dann besser, auf eine Transformation ganz zu verzichten, als mangels gleichwertiger deutscher Begriffe den Inhalt zu verfehlen und eine falsche oder unvollständige Botschaft zu überbringen. „Der Geist einer Sprache, so Marie Ebner-Eschenbach, offenbart sich am deutlichsten in ihren unübersetzbaren Worten." [324] „Substantive Procedures" ist ein solcher Begriff, dessen Übersetzung als „aussagebezogene Prüfungshandlungen" der ursprünglichen *Denkart*, d.h. ihrem *Gehalt* und ihrem dahinter stehenden Zweck nicht gerecht wird.

▬ Jeder Sprachschatz hat miteinander *verknüpfte Elemente*. Wenn im Deutschen von „Abschluss-Aussagen" die Rede ist, dann verwendet man im Englischen den Begriff „assertion". Dieser bedeutet im Zusammenhang mit „statement" „Behauptung" und im Zusammenhang mit „innocence" „Beteuerung". Dem Substantiv „assertion" entspricht das Verb „assert", was in die Richtung von „behaupten" weist.

Wenn also das Management einen ungeprüften Jahresabschluss vorlegt, dann „behauptet" es, dass dieser in allen wesentlichen Belangen (**V**ollständigkeit, **E**igentum, **B**estand, **B**ewertung, **A**usweis und **G**enauigkeit) korrekt erstellt ist.

Aus der Sicht des Abschlussprüfers besteht nun ein ganz *feiner* Unterschied zwischen „Aussage" und „Behauptung". Während der Begriff „Aussage" auf einem relativ *neutralen* Territorium steht, schwingt im Begriff „Behauptung" – eine ganz andere Denkweise symbolisierend – bereits ein leiser *Verdacht* mit, dass das präsentierte Zahlenwerk (in Teilbereichen) auch falsch sein könnte. Wenn der Mandant diesen Verdacht spürt, wird er – und das gilt insbesondere für den Fall, dass er Bilanzpolitik (in großem Stil) betrieben hat – seine Unschuld energisch beteuern. Das „financial reporting environment" ist also ursächlich für ein *dogmatisches* Verhalten, das sich regelmäßig in „Behauptungen" niederschlägt. Die Einstellung des Managements ist durch eine spezifische (politische, ökonomische, soziale oder technologische) Umgebung *wesentlich* geprägt und somit *individuell* „bestimmt". Im Englischen wird für „bestimmt" der Begriff „assertive" verwendet. „Behauptungen" des Managements lösen beim Abschlussprüfer regelmäßig eine kritische oder sogar *skeptische* Haltung aus, die sich darin äußert (oder sagen wir besser : äußern muss !), dass er seine *Prüfungsziele* höflich, aber „bestimmt" verfolgt. Die Konfrontation zwischen Management und Abschlussprüfer ist also durch unterschiedliche *Formen der Bestimmtheit* charakterisiert.

▬ Jede Sprache symbolisiert auch die Einstellung der handelnden Personen. So bringt z.B. der englische Begriff „critical audit objective" zum Ausdruck, dass man ein Prüfungsziel nur unter schwierigen Bedingungen erreichen wird, während die (missglückte) deutsche Fassung „kritisches Prüfungsziel" von vornherein auf das mögliche Scheitern einer Prüfungshandlung hinweist.

---

324 *J. Limbach : Ich liebe meine Sprache (Englisch ist ein Muss, Deutsch ist ein Plus: Plädoyer für eine aktive deutsche Sprachpolitik – im Inland wie im Ausland), in : FAZ 8.2.05, Nr. 32, S. 36*

2.2 Einordnung von Textstellen in das Arbeitsspektrum des Abschlussprüfers

Es bedarf einer gewissen Geduld (und wer kann diese schon angesichts des täglichen Zeitdruckes aufbringen), sich eine *Übersicht* darüber zu verschaffen, was die Prüfungsstandards zum breiten Arbeitsspektrum des Abschlussprüfers zu sagen haben. Um den Leser zu *entlasten*, bringen wir deshalb Auszüge (auch aus den Textstellen), aus denen zu entnehmen ist, an welchen Punkten verschiedene Prüfungsstandards zu *bestimmten* Themen (Aufgabe und Inhalt der Abschlussprüfung, Prüfungskonzept, Prüfungsrisiko, Analyse der Geschäftstätigkeit, Analyse der unternehmerischen Kontrollen etc.) Stellung nehmen. Das soll die Orientierung erleichtern, weil die einzelnen Standards und ihre Textstellen wichtige Probleme unter *verschiedenen* Aspekten beleuchten.

Mit Ausnahme der beiden PS 200 und 201 stellen die Prüfungsstandards unter strategischen Gesichtspunkten „Stützpunkte" dar, die den Abschlussprüfer auf seinem Weg zum Bestätigungsvermerk mit wichtigen Informationen versorgen sollen. Die vom IDW angebrachten Querverweise zu anderen Prüfungsstandards sind zwar hilfreich, sind aber naturgemäß nicht in der Lage, ein *Informationsnetz von besonderer Dichte* sichtbar zu machen. Im Folgenden wird daher der Versuch unternommen, die Standards, die sozusagen einzelne „Elemente" repräsentieren, in eine *Verbindung höherer Ordnung* zu bringen. Dem Leser ist es selbstverständlich freigestellt, andere „Verbindungen" zu entdecken. Die Darstellung der Prüfungsstandards erfolgt neben Zitaten grundsätzlich in gestraffter Form.

2.2.1 Aufgabe und Inhalt der Abschlussprüfung

PS 200 (Ziele und allgemeine Grundsätze der Durchführung von Abschlussprüfungen)
„Durch die Abschlussprüfung soll die Verlässlichkeit der im Jahresabschluss und Lagebericht enthaltenen Informationen bestätigt und insoweit deren Glaubhaftigkeit erhöht werden. Die Verlässlichkeit dieser Informationen schließt auch deren Ordnungsmäßigkeit ein, da diese von den Adressaten bei ihrer Interpretation mit herangezogen wird." Der Gegenstand der Jahresabschlussprüfung schließt neben dem aus Bilanz, G+V und ggf. Anhang bestehenden Jahresabschluss die zugrunde liegende Buchführung und ggf. den Lagebericht ein und erstreckt sich darauf, ob die für die Rechnungslegung geltenden Vorschriften einschließlich der GoB beachtet sind. „Zur Einhaltung der gesetzlichen Vorschriften gehört insbesondere, dass die Buchführung nachvollziehbar, unveränderlich, vollständig, richtig, zeitgerecht und geordnet vorgenommen wird, dass der Jahresabschluss klar, übersichtlich und vollständig in der vorgeschriebenen Form mit den vorgeschriebenen Angaben aufgestellt ist und dass alle Posten zutreffend ausgewiesen sowie die Vermögensgegenstände und Schulden sämtlich richtig bewertet worden sind."

PS 201 (Rechnungslegungs- und Prüfungsgrundsätze für die Abschlussprüfung)
Die gesetzlichen Vorschriften, deren Einhaltung festzustellen ist, umfassen insbesondere die Vorschriften des HGB über die Buchführung und das Inventar (§§ 238-241), über den Ansatz, die Bewertung und die Gliederung (§§ 242-283) sowie über die Angaben in Anhang und Lagebericht (§§ 284-289). Es ist nicht Aufgabe der Abschlussprüfung, strafrechtliche Tatbestände oder sonstige Ordnungswidrigkeiten aufzudecken. Der Abschlussprüfer muss allerdings seine Arbeiten so einrichten, dass er mit hinreichender Sicherheit feststellen kann, ob Jahresabschluss und Lagebericht frei von wesentlichen Fehlaussagen sind. Die deutschen Prüfungsnormen bestehen aus den §§ 43, 44 und 49 WPO, den in der Berufssatzung der WPK geregelten Berufsgrundsätzen (u.a. Eigenverantwortlichkeit, Gewissenhaftigkeit und Unabhängigkeit) und aus den Vorschriften der §§ 318, 319, 323 und 324 HGB. Zu fachlichen Prüfungsgrundsätzen gehören insbesondere die Vorschriften des HGB über die Prüfung (§§ 316-317 und §§ 320-322).

PS 400 (Grundsätze für die ordnungsmäßige Erteilung von Bestätigungsvermerken bei Abschlussprüfungen)
„Der Bestätigungsvermerk beinhaltet das nicht nur für den Auftraggeber, sondern auch für einen größeren Personenkreis, in vielen Fällen die Öffentlichkeit, bestimmte Ergebnis der Jahresabschlussprüfung." Der Abschlussprüfer hat zu Art und Umfang der Prüfung abschließend zu erklären, dass diese seiner Meinung nach eine „hinreichend sichere Grundlage für das Prüfungsurteil bildet." „Der Abschlussprüfer trifft das Prüfungsurteil aufgrund pflichtgemäßer Prüfung." Dieses Urteil ist klar zum Ausdruck zu bringen. (Siehe dazu auch die Neufassung des § 322 HGB.)

2.2.2 Das Prüfungskonzept

PS 200 (Ziele und allgemeine Grundsätze der Durchführung von Abschlussprüfungen)
Der Abschlussprüfer, der zur gewissenhaften Prüfung verpflichtet ist, führt die Abschlussprüfung mit dem Ziel durch, die Aussagen über das Prüfungsergebnis mit hinreichender Sicherheit treffen zu können. Er trifft – in voller Verantwortung - seine Prüfungsaussagen im Prüfungsbericht und im Bestätigungsvermerk. Im Hinblick darauf, dass Umstände existieren können, „aufgrund derer der Jahresabschluss und der Lagebericht wesentlich falsche Aussagen enthalten, ist „die Abschlussprüfung mit einer kritischen Grundhaltung zu planen und durchzuführen; die erlangten Prüfungsnachweise sind kritisch zu würdigen." Prüfungshandlungen, die auf der Grundlage der Kenntnisse über die Geschäftstätigkeit, der Erwartungen über mögliche Fehler und der Einschätzung des IKS festgelegt werden, sind in Art und Umfang nach pflichtgemäßem Ermessen so zu bestimmen, dass unter Beachtung des Grundsatzes der Wesentlichkeit die geforderten Prüfungsaussagen möglich werden.

PS 230 (Kenntnisse über die Geschäftstätigkeit sowie das wirtschaftliche und rechtliche Umfeld des zu prüfenden Unternehmens im Rahmen der Abschlussprüfung)
Der Abschlussprüfer muss über ausreichende Kenntnisse verfügen bzw. sich diese verschaffen, „um solche Ereignisse, Geschäftsvorfälle und Gepflogenheiten erkennen und verstehen zu können", die sich nach seiner Einschätzung „wesentlich auf den zu prüfenden Jahresabschluss und Lagebericht, die Abschlussprüfung, den Prüfungsbericht sowie den Bestätigungsvermerk auswirken können." Die hohen Ansprüche an den Kenntnisstand gelten auch für seine Mitarbeiter.

PS 250 (Wesentlichkeit im Rahmen der Abschlussprüfung)
Der Grundsatz der Wesentlichkeit in der Abschlussprüfung besagt, dass die Prüfung „darauf auszurichten ist, mit hineichender Sicherheit falsche Angaben aufzudecken, die auf Unrichtigkeiten und Verstöße zurückzuführen sind und die wegen ihrer Größenordnung oder Bedeutung einen Einfluss auf den Aussagewert der Rechnungslegung für die Abschlussadressaten haben. Durch die Berücksichtigung des Kriteriums der Wesentlichkeit in der Abschlussprüfung erfolgt eine Konzentration auf entscheidungserhebliche Sachverhalte. Die Wesentlichkeit kann sich sowohl auf die Gesamtaussage des Abschlusses, auf die Ordnungsmäßigkeit der Buchführung als auch auf die Darstellung von Chancen und Risiken der künftigen Entwicklung beziehen. Bezogen auf die Gesamtaussage „ist die Wesentlichkeit von Informationen danach zu bemessen, ob ihr Weglassen oder ihre fehlerhafte Darstellung die auf der Basis eines Abschlusses getroffenen wirtschaftlichen Entscheidungen der Abschlussadressaten beeinflussen kann."

PS 260 (Das interne Kontrollsystem im Rahmen der Abschlussprüfung)
„Bei der Entscheidung über die Ausgestaltung des risikoorientierten Prüfungsansatzes ist die Aufbau- und Ablauforganisation des zu prüfenden Unternehmens ausschlaggebend. Es muss zudem gewährleistet sein, dass die Anwendung des funktions- oder prozessorientierten Prüfungsansatzes eine Beurteilung des Risikos für das Auftreten wesentlicher Fehler in der Rechnungslegung ermöglicht und eine Grundlage für die Festlegung der aussagebezogenen Prüfungshandlungen darstellt."

PS 300 (Prüfungsnachweise im Rahmen der Abschlussprüfung)
In der Rechnungslegung enthaltene Angaben „stellen ausdrücklich abgegebene oder implizit enthaltene Erklärungen und Einschätzungen der gesetzlichen Vertreter" dar. Diese können sich auf bestimmte Aussagen in der Rechnungslegung beziehen und zwar auf: das Vorhandensein, die Zuordnung zum Eigentum, den Eintritt eines Ereignisses, die Vollständigkeit, die Bewertung, die betragsmäßig richtige Erfassung und Abgrenzung und die Darstellung und Berichterstattung entsprechend den anzuwendenden Rechnungslegungsgrundsätzen. Der Abschlussprüfer hat in einer angemessenen Kombination sowohl Systemprüfungen als auch aussagebezogene Prüfungshandlungen durchzuführen, um Prüfungsnachweise zu gewinnen. Zur Durch-

führung von Einzelfallprüfungen kommen folgende Prüfungshandlungen in Betracht: Einsichtnahme in Unterlagen sowie Inaugenscheinnahme von materiellen Vermögensgegenständen, Beobachtung von Verfahren oder einzelnen Maßnahmen, Befragung und Einholung von Bestätigungen, Berechnungen. Grundsätzlich sind für jede Aussage in der Rechnungslegung Prüfungsnachweise einzuholen.

PS 400 (Grundsätze für die ordnungsmäßige Erteilung von Bestätigungsvermerken bei Abschlussprüfungen)
Im Zusammenhang mit der Beschreibung des Umfangs der Prüfung „sind auch die Grundsätze zu nennen, nach denen die Prüfungsplanung und die Prüfungsdurchführung erfolgen. Hierzu ist auf die vom IDW festgestellten deutschen Grundsätze ordnungsmäßiger Abschlussprüfung (GoA) Bezug zu nehmen." Ergänzend kann auf die ISA oder auf mit den IDW-Normen vereinbare Grundsätze verwiesen werden. Der Umfang der Prüfung ist des Weiteren dadurch zu beschreiben, dass man auf die Kenntnisse über die Geschäftstätigkeit und über das IKS, auf die Erwartung bestimmter Fehler und auf die Beurteilung von Rechnungslegungsgrundsätzen und von Schätzungen der gesetzlichen Vertreter hinweist.

PS 460 (Arbeitspapiere des Abschlussprüfers)
„Die Arbeitspapiere enthalten auch die Überlegungen des Abschlussprüfers zu allen wichtigen Sachverhalten, denen Ermessensentscheidungen zugrunde liegen", sowie die hieraus von ihm gezogenen Schlussfolgerungen. „Bei schwierigen Grundsatzfragen oder Ermessensentscheidungen" werden auch „die relevanten Tatsachen festgehalten, wie sie zum Zeitpunkt der Schlussfolgerungen bekannt waren."

2.2.3 Das Prüfungsrisiko

PS 200 (Ziele und allgemeine Grundsätze der Durchführung von Abschlussprüfungen)
„Aufgrund der jeder Abschlussprüfung innewohnenden begrenzten Erkenntnis- und Feststellungsmöglichkeiten besteht auch bei ordnungsmäßiger Planung und Durchführung ein unvermeidbares Risiko, dass der Abschlussprüfer wesentliche falsche Aussagen nicht entdeckt." Die Sicherheit von Prüfungsaussagen wird auch dadurch beeinflusst, dass seine Tätigkeit „Entscheidungen und Beurteilungen im Rahmen des pflichtgemäßen Ermessens einschließt." Dies ist insbesondere der Fall bei der Erlangung von Prüfungsnachweisen und daraus gezogenen Schlussfolgerungen.

PS 250 (Wesentlichkeit im Rahmen der Abschlussprüfung)
„Wesentlichkeitsgrenze und Prüfungsrisiko stehen in einem wechselseitigen Zusammenhang". Je höher die Grenze festgelegt wird, um so geringer ist das Prüfungsrisiko und umgekehrt. „Die Einschätzung der Wesentlichkeit und des Prüfungsrisikos zum Zeitpunkt der Auswertung der Ergebnisse der Prüfungshandlungen kann sich gegenüber der ursprünglichen Einschätzung bei der Prüfungsplanung in Folge veränderter Umstände oder aufgrund neuer Erkenntnisse des Abschlussprüfers als Ergebnis von Prüfungshandlungen ändern."

PS 260 (Das interne Kontrollsystem im Rahmen der Abschlussprüfung)
„Der Abschlussprüfer muss die einzelnen Komponenten des Prüfungsrisikos kennen und analysieren. Eine solche Analyse unter ergänzender Berücksichtigung der Unternehmensrisiken ist Voraussetzung für die Entwicklung einer risikoorientierten Prüfungsstrategie und eines daraus abzuleitenden Prüfungsprogramms."
„Das Prüfungsrisiko setzt sich aus den Fehlerrisiken und dem Entdeckungsrisiko zusammen. Fehlerrisiken beinhalten inhärente Risiken und Kontrollrisiken. Mit dem inhärenten Risiko wird die Anfälligkeit eines Prüffeldes für das Auftreten von Fehlern bezeichnet, die für sich oder zusammen mit Fehlern in anderen Prüffeldern wesentlich sind", ohne Berücksichtigung des IKS. Kontrollrisiken stellen die Gefahr dar, dass wesentliche Fehler durch das IKS nicht verhindert oder aufgedeckt und korrigiert werden. Das Entdeckungsrisiko stellt die Gefahr dar, dass der Abschlussprüfer durch seine Prüfungshandlungen wesentliche Fehler nicht entdeckt. Auch ein sachgerecht gestaltetes IKS „kann nicht in jedem Fall gewährleisten", dass die mit dem IKS verfolgten Ziele erreicht werden. Als Gründe hierfür kommen in Betracht: Menschliche Fehlleistungen, nicht routinemäßige Geschäftsvorfälle, die Umgehung oder Ausschaltung des IKS, Missbrauch oder Vernachlässigung der Verantwortung durch die zuständigen Personen, die zeitweise Unwirksamkeit des IKS, der Verzicht der Unternehmensleitung auf bestimmte Maßnahmen.

PS 314 (Die Prüfung von geschätzten Werten in der Rechnungslegung)
„Große Teile der Rechnungslegung basieren auf geschätzten Werten, die sowohl vergangene als auch künftig erwartete Entwicklungen berücksichtigen. Schätzungen beinhalten Ermessensentscheidungen und Unsicherheiten bei der Bewertung bereits eingetretener oder erst in der Zukunft wahrscheinlich eintretender Er-

eignisse. Bei geschätzten Werten besteht deshalb ein erhöhtes Risiko falscher Angaben (fehlerhafte oder vorschriftswidrig unterlassene Angaben) in der Rechnungslegung." „Die mit der Schätzung eines Wertansatzes bzw. einzelner wertbestimmender Komponenten eines Postens verbundene Unsicherheit oder ein Mangel an zur Verfügung stehenden objektiven Daten können eine angemessene Schätzung unmöglich machen. Der Abschlussprüfer muss in diesen Fällen entscheiden, ob der Bestätigungsvermerk in Abhängigkeit von der Wesentlichkeit des zu schätzenden Wertes einzuschränken oder zu versagen ist."

2.2.4 Analyse der Geschäftstätigkeit (Strategieanalyse)

PS 230 (Kenntnisse über die Geschäftstätigkeit sowie das wirtschaftliche und rechtliche Umfeld des zu prüfenden Unternehmens im Rahmen der Abschlussprüfung)
Die Kenntnisse, die der Abschlussprüfer in einem kontinuierlichen Prozess erlangt, beinhalten „grundlegendes Wissen um die allgemeine wirtschaftliche Lage sowie die besonderen Merkmale und Verhältnisse" der Branche. „Sie umfassen ferner spezifisches Wissen über die Geschäftstätigkeit des Unternehmens, insbesondere die Unternehmensstrategie, die Geschäftsrisiken, den Umgang mit den Geschäftsrisiken und die Abläufe bzw. Geschäftsprozesse im Unternehmen." Die Geschäftstätigkeit sowie das wirtschaftliche und rechtliche Umfeld zu verstehen, „sind für den Abschlussprüfer wesentliche Grundlage für: die Risikobeurteilung und die Identifikation möglicher Problemfelder, die wirksame und sachgerechte Prüfungsplanung und -durchführung, die Würdigung von Prüfungsnachweisen und eine verbesserte Dienstleistung gegenüber dem Mandanten." Die oben genannten Kenntnisse „bilden den Bezugsrahmen für eine pflichtgemäße Ermessensausübung." Dies gilt bspw. für die: „Prüfungsplanung, Einschätzung von inhärenten Risiken und Kontrollrisiken, Bestimmung von Prüfungsgebieten, die besondere Aufmerksamkeit oder Fähigkeiten erfordern, Festlegung von Wesentlichkeitsgrenzen, Würdigung von Unternehmensrisiken und der diesbezüglichen Reaktionen der gesetzlichen Vertreter, Beurteilung des Risikofrüherkennungssystems, Beurteilung der Aussagekraft von Prüfungsnachweisen..., der Würdigung von Schätzungen..., Beurteilung der (erhaltenen) Auskünfte, Beurteilung der Angemessenheit von Bilanzierungs- und Bewertungsmethoden... ." Der Abschlussprüfer hat die Kenntnisse wirksam zu nutzen, um zu beurteilen, inwieweit sich Geschäftstätigkeit und Umfeld „auf den Jahresabschluss und den Lagebericht insgesamt auswirken und ob die Darstellung in Jahresabschluss und Lagebericht mit diesen Kenntnissen in Einklang steht."

PS 240 (Grundsätze für die Planung von Abschlussprüfungen)
„Bei der Entwicklung der risikoorientierten Prüfungsstrategie sind vor allem folgende Aspekte zu berücksichtigen, wobei Änderungen seit der vorangegangenen Abschlussprüfung zu beachten sind: Kenntnisse über das Unternehmen und seine Tätigkeit..., Verständnis für das rechnungslegungsbezogene interne Kontrollsystem..., Risiko- und Wesentlichkeitseinschätzungen..., Art, zeitlicher Ablauf und Ausmaß der Prüfungshandlungen..., Koordination, Leitung, Überwachung und Nachschau... ."

PS 250 (Wesentlichkeit im Rahmen der Abschlussprüfung)
„Durch die Berücksichtigung des Kriteriums der Wesentlichkeit in der Abschlussprüfung erfolgt eine Konzentration auf entscheidungserhebliche Sachverhalte."

PS 260 (Das interne Kontrollsystem im Rahmen der Abschlussprüfung)
„Der Abschlussprüfer hat sich ausreichende Kenntnisse über das zu prüfende Unternehmen zu verschaffen. Diese Kenntnisse umfassen u.a. den Umgang der Unternehmensleitung mit den Geschäftsrisiken und die Organisation der Geschäftsprozesse im Unternehmen."

PS 314 (Die Prüfung von geschätzten Werten in der Rechnungslegung)
„Der Abschlussprüfer hat abschließend die Angemessenheit der von der Unternehmensleitung vorgenommenen Schätzungen zu beurteilen. Diese abschließende Beurteilung erfolgt auf der Basis der Kenntnisse über die Geschäftstätigkeit ...."

2.2.5 Die Analyse unternehmerischer Kontrollen (Prozessanalyse)

PS 200 (Ziele und allgemeine Grundsätze der Durchführung von Abschlussprüfungen)
„Prüfungshandlungen werden in der Regel festgelegt auf der Grundlage der: Kenntnisse über die Geschäftstätigkeit..., Erwartungen über mögliche Fehler..., (und der) Beurteilung der Wirksamkeit des rechnungslegungsbezogenen internen Kontrollsystems."

PS 230 (Kenntnisse über die Geschäftstätigkeit sowie das wirtschaftliche und rechtliche Umfeld des zu prüfenden Unternehmens im Rahmen der Abschlussprüfung)
„Die Kenntnisse müssen...dem Abschlussprüfer eine Identifikation der: für den Unternehmenserfolg zentralen Einflussfaktoren, Unternehmensstrategie, den Erfolg der Strategie möglicherweise gefährdenden Geschäftsrisiken und der Reaktionen des Unternehmens auf diese Risiken sowie der Geschäftsprozesse, ihrer wesentlichen Risiken und der diesbezüglichen Kontrollmechanismen ermöglichen."

PS 260 (Das interne Kontrollsystem im Rahmen der Abschlussprüfung)
Das interne Kontrollsystem (mit seinen Komponenten: Kontrollumfeld, Risikobeurteilungen, Kontrollaktivitäten, Information/Kommunikation und Überwachung) besteht aus Regelungen zur Steuerung der Unternehmensaktivitäten (internes Steuerungssystem) und Regelungen zur Beaufsichtigung von Kontrollvorgängen (internes Überwachungssystem). „Das interne Überwachungssystem beinhaltet prozessintegrierte (organisatorische Sicherungsmaßnahmen, Kontrollen) und prozessunabhängige Überwachungsmaßnahmen, die vor allem von der Internen Revision durchgeführt werden." Die auf die Sicherung der Ordnungsmäßigkeit und Verlässlichkeit der Rechnungslegung gerichteten Teile des IKS sind sämtlich für die Abschlussprüfung von Bedeutung. „Sie zielen insbesondere darauf ab, dass: Geschäftsvorfälle in Übereinstimmung mit den gesetzlichen Vorschriften vollständig und zeitnah, mit dem richtigen Wert, in der richtigen Buchungsperiode und auf den richtigen Konten erfasst werden, Geschäftsvorfälle in Übereinstimmung mit der Satzung oder dem Gesellschaftsvertrag und den generellen oder besonderen Regelungen der Unternehmensleitung erfasst, verarbeitet und dokumentiert werden, Buchführungsunterlagen richtig und vollständig sind, Inventuren ordnungsgemäß durchgeführt und bei festgestellten Inventurdifferenzen geeignete Maßnahmen eingeleitet werden, die Vermögensgegenstände und Schulden im Jahresabschluss zutreffend angesetzt, ausgewiesen und bewertet werden und dass verlässliche und relevante Informationen zeitnah und vollständig bereitgestellt werden." „Der Abschlussprüfer hat insbesondere ein Verständnis dafür zu gewinnen, wie im Unternehmen sämtliche Risiken identifiziert werden, die sich auf die Ordnungsmäßigkeit und Verlässlichkeit der Rechnungslegung auswirken können, und wie deren Tragweite in Bezug auf die Eintrittswahrscheinlichkeit und auf die quantitativen Auswirkungen beurteilt werden."

PS 300 (Prüfungsnachweise im Rahmen der Abschlussprüfung)
Es sind „in einer angemessenen Kombination sowohl Systemprüfungen als auch aussagebezogene Prüfungshandlungen durchzuführen, um Prüfungsnachweise zu gewinnen." Durch Systemprüfungen sind „Prüfungsnachweise über die angemessene Ausgestaltung (Aufbauprüfung) und Wirksamkeit (Funktionsprüfung)" des IKS einzuholen. Die Durchführung der Systemprüfungen hat sich insbesondere darauf zu erstrecken, ob das IKS „angemessen gestaltet ist, um wesentliche falsche Angaben in den zu prüfenden Unterlagen...zu verhindern bzw. zu entdecken und zu berichten", ob das IKS „während des zu prüfenden Geschäftsjahres kontinuierlich bestanden hat und wirksam war" und ob „die Buchführung...den gesetzlichen Anforderungen entspricht." Bei der Beurteilung, ob Prüfungsnachweise ausreichend und angemessen sind, ist u.a. auch die Ausgestaltung und Wirksamkeit des IKS und die darauf aufbauende Einschätzung der Kontrollrisiken zu berücksichtigen.

PS 314 (Die Prüfung von geschätzten Werten im Rahmen der Abschlussprüfung)
„Grundsätzlich werden geschätzte Werte, die wesentlich sind, von der Unternehmensleitung überprüft und genehmigt. Der Abschlussprüfer beurteilt, ob diese Maßnahmen von einer angemessenen Hierarchieebene des Unternehmens vorgenommen und dokumentiert wurden."

2.2.6 Aussagebezogene Prüfungshandlungen und Prüfungsnachweise

PS 300 (Prüfungsnachweise im Rahmen der Abschlussprüfung)
Es sind „durch geeignete Prüfungshandlungen ausreichende und angemessene Prüfungsnachweise einzuholen, die es ermöglichen, zu begründeten Schlussfolgerungen (Prüfungsfeststellungen) zu gelangen, um darauf aufbauend mit hinreichender Sicherheit die geforderten Prüfungsaussagen ... treffen zu können." „Während 'ausreichend' als quantitativer Maßstab für die Einholung von Prüfungsnachweisen zu verstehen ist, stellt die Angemessenheit ... einen qualitativen Maßstab für die eingeholten Prüfungsnachweise, deren Verlässlichkeit und Relevanz für die Prüfung einer Aussage in der Rechnungslegung dar." „Prüfungshandlungen, die zur Erlangung von Prüfungsnachweisen notwendig sind, dürfen nicht alleine deshalb unterlassen werden, weil mit ihrer Durchführung Schwierigkeiten und Kosten verbunden sind." „Der Abschlussprüfer hat in einer angemessenen Kombination sowohl Systemprüfungen als auch aussagebezogene Prüfungshandlungen durchzuführen, um Prüfungsnachweise zu gewinnen." „Systemprüfungen ermöglichen eine wirtschaftliche Durch-

führung der Prüfung und eine Vorverlagerung von Prüfungshandlungen." „Zur Durchführung von aussagebezogenen Prüfungshandlungen können zwei Arten von Prüfungshandlungen unterschieden werden: analytische Prüfungshandlungen und Einzelfallprüfungen." „Grundsätzlich hat der Abschlussprüfer für jede Aussage in der Rechnungslegung Prüfungsnachweise einzuholen. Art, Zeitpunkt und Umfang der hierzu erforderlichen aussagebezogenen Prüfungshandlungen sind – neben der Beurteilung des inhärenten und Kontrollrisikos – abhängig von der jeweils zu beurteilenden Aussage." „Wenn bei der Beurteilung einer wesentlichen Aussage in der Rechnungslegung Zweifel bestehen, wird der Abschlussprüfer versuchen, ausreichende und angemessene Prüfungsnachweise zu erlangen, um solche Zweifel zu zerstreuen. Ist dies nicht möglich, ist der Bestätigungsvermerk einzuschränken oder zu versagen." „Der Grad der Verlässlichkeit der Prüfungsnachweise hängt insbesondere von deren Art (z.B. Inaugenscheinnahme, schriftliche Erklärungen oder mündliche Auskünfte) und Quelle (z.B. Erklärungen von der Unternehmensleitung bzw. Mitarbeitern des Unternehmens oder von Dritten) ab."

PS 314 (Die Prüfung von geschätzten Werten in der Rechnungslegung)
Es ist anhand ausreichender und angemessener Prüfungsnachweise zu beurteilen, ob die Datenbasis angemessen analysiert und dargestellt wurde und ob die geschätzten Werte in diesem Rahmen plausibel sind.

PS 450 (Grundsätze ordnungsmäßiger Berichterstattung bei Abschlussprüfungen)
„Die Ausführungen (im Prüfungsbericht) dienen nicht als Nachweis der durchgeführten Prüfungshandlungen, der grundsätzlich durch die Arbeitspapiere zu erbringen ist."

2.2.7 Dokumentation

PS 250 (Wesentlichkeit im Rahmen der Abschlussprüfung)
„Die Berücksichtigung des Grundsatzes der Wesentlichkeit bei den Schlussfolgerungen aus den eingeholten Prüfungsnachweisen ist in den Arbeitspapieren angemessen zu dokumentieren. Diese Dokumentationspflicht erstreckt sich auch auf nicht beanstandete Unrichtigkeiten und Verstöße, die sich in den folgenden Geschäftsjahren wesentlich auf die Rechnungslegung auswirken können."

PS 260 (Das interne Kontrollsystem im Rahmen der Abschlussprüfung)
Die gewonnenen Kenntnisse über das IKS und die entsprechenden Prüfungshandlungen einschließlich der Beurteilung der Prüfungsrisiken sind „angemessen zu dokumentieren". Größe und Komplexität des Unternehmens bzw. die Ausgestaltung seines IKS bestimmen Art und Umfang der Dokumentation. Je stärker man sich auf die Ergebnisse einer Systemprüfung stützt, desto detaillierter sind die Kenntnisse über das IKS und die Prüfungshandlungen zu dokumentieren.

PS 460 (Die Arbeitspapiere des Abschlussprüfers)
Zur Stützung von Prüfungsaussagen sind die entsprechenden Prüfungsnachweise in Arbeitspapieren (nach den Prinzipien der Klarheit und Übersichtlichkeit selbst erstellte oder erlangte Aufzeichnungen und Unterlagen) zu dokumentieren. „Durch die (im Eigentum des Abschlussprüfers stehenden, vertraulich zu behandelnden und sicher aufzubewahrenden) Arbeitspapiere wird gleichzeitig nachgewiesen, dass die Abschlussprüfung in Übereinstimmung mit den Grundsätzen ordnungsmäßiger Abschlussprüfung durchgeführt wurde." Die Arbeitspapiere sollen vor allem Planung, Durchführung und Überwachung der Prüfung unterstützen. Sie sind „Grundlage für die Erstellung des Prüfungsberichtes" und leisten unabdingbare Hilfe bei der „Beantwortung von Rückfragen zur Prüfung" und bei der „Vorbereitung von Folgeprüfungen". (Letzterer Aspekt führt zu einer Unterteilung in eine Dauerakte und laufende Arbeitspapiere.) Darüber hinaus bilden die Arbeitspapiere die Basis für „Maßnahmen der Qualitätssicherung in der Wirtschaftsprüferpraxis" und liefern Nachweise in Regressfällen. „Die Arbeitspapiere enthalten auch die Überlegungen des Abschlussprüfers zu allen wichtigen Sachverhalten, denen Ermessensentscheidungen zugrunde liegen, sowie die hierzu...gezogenen Schlussfolgerungen. Bei schwierigen Grundsatzfragen oder Ermessensentscheidungen werden...auch die relevanten Tatsachen festgehalten, wie sie zum Zeitpunkt der Schlussfolgerungen bekannt waren." Für Form und Inhalt sind „maßgebend: Art des Auftrags, Form des Prüfungsurteils, Inhalt des Prüfungsberichtes, Art und Komplexität der Geschäftstätigkeit, Art und Zustand (des IKS), Umfang der erforderlichen Anleitung und Überwachung der Mitarbeiter sowie der Durchsicht ihrer Arbeitsergebnisse, Besonderheiten der angewandten Prüfungsmethoden und -techniken."

2.2.8 Berichterstattung und Bestätigungsvermerk

Die entscheidende Bestrebung eines jeden Abschlussprüfers ist die Abgabe eines fachlich soliden und unabhängig gewonnenen *Prüfungsurteils*. Im Kern bedeutet der auch vom IDW geäußerte Service-Gedanke, dass der als Resultat einer gewissenhaften und eigenverantwortlichen Arbeit erstellte Prüfungsbericht die Basis dieses Dienstleistungskonzeptes bildet. Die *Solidität des Bestätigungsvermerkes* wird durch sorgfältige Planung, Kenntnisse über die Geschäftstätigkeit, laufende Kommunikation mit dem Unternehmen und Verständnis für seine Anforderungen, Einbindung von Spezialisten in die Abschlussarbeit und Beurteilung des internen Kontrollsystems entscheidend bestimmt.

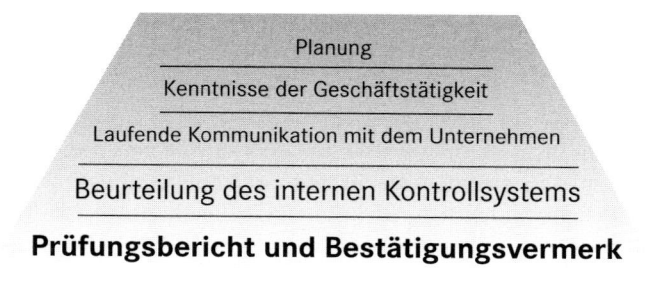

```
                    Planung
         Kenntnisse der Geschäftstätigkeit
    Laufende Kommunikation mit dem Unternehmen
       Beurteilung des internen Kontrollsystems
          Prüfungsbericht und Bestätigungsvermerk
```

Diese Darstellung soll sowohl den *Reifeprozess* einer Abschlussprüfung als auch das *Fundament* deutlich machen, das vorhanden sein muss, um der Arbeit des Abschlussprüfers das notwendige Vertrauen entgegenbringen zu können.

PS 200 (Ziele und allgemeine Grundsätze der Durchführung von Abschlussprüfungen)
„Die Prüfungsaussagen des Abschlussprüfers erhöhen die Verlässlichkeit der Rechnungslegung und ermöglichen den Adressaten von Prüfungsbericht bzw. Bestätigungsvermerk die Glaubhaftigkeit der Buchführung, des Jahresabschlusses und ggf. des Lageberichtes besser einzuschätzen."

PS 230 (Kenntnisse über die Geschäftstätigkeit sowie das wirtschaftliche und rechtliche Umfeld des zu prüfenden Unternehmens im Rahmen der Abschlussprüfung)
„Der Abschlussprüfer muss über ausreichende Kenntnisse...verfügen bzw. sich diese Kenntnisse verschaffen, um solche Ereignisse, Geschäftsvorfälle und Gepflogenheiten erkennen und verstehen zu können, die sich nach Einschätzung des Abschlussprüfers wesentlich auf den zu prüfenden Jahresabschluss und Lagebericht, die Abschlussprüfung, den Prüfungsbericht sowie den Bestätigungsvermerk auswirken können."

PS 400 (Grundsätze für die ordnungsmäßige Erteilung von Bestätigungsvermerken bei Abschlussprüfungen)
„Der Bestätigungsvermerk beinhaltet eine Beurteilung, ob die wirtschaftliche Lage sowie die Risiken der künftigen Entwicklung im Jahresabschluss und im Lagebericht unter Berücksichtigung der für das geprüfte Unternehmen geltenden Vorschriften zutreffend abgebildet wurden." „Der Bestätigungsvermerk beinhaltet das nicht nur für den Auftraggeber, sondern auch für einen größeren Personenkreis, in vielen Fällen die Öffentlichkeit, bestimmte Ergebnis der Jahresabschlussprüfung." ISA 700 (The Auditor's Report on Financial Statements) "An unqualified opinion should be expressed when the auditor concludes that the financial statements give a true and fair view (or are presented fairly, in all material respects) in accordance with the identified financial reporting framework. An unqualified opinion includes implicitly that any changes in accounting principles or in the method of their implication, and the effects thereof, have been properly determined and disclosed in the financial statements."

PS 450 (Grundsätze ordnungsmäßiger Berichterstattung bei Abschlussprüfungen)
„Eine klare, problemorientierte Berichterstattung verlangt auch die Beschränkung...auf das Wesentliche, d.h. auf solche Feststellungen und Sachverhalte, die geeignet sind, die Adressaten des Prüfungsberichtes bei der Überwachung des Unternehmens zu unterstützen." „Für besonders komplexe betriebswirtschaftliche und rechtliche Sachverhalte besteht die Gelegenheit, diese in der Bilanzsitzung des Aufsichtsrates oder, sofern kein Aufsichtsrat besteht, ggf. in der Gesellschafterversammlung weiter zu erörtern." „Da ein Management Letter kein Teilbericht des Prüfungsberichtes ist, besteht für diesen keine Hinweispflicht im Prüfungsbericht." „Im Prüfungsbericht sind diejenigen Angaben der gesetzlichen Vertreter in Jahresabschluss und ggf. Lagebericht hervorzuheben, die für die Berichtsadressaten zur Beurteilung der Lage des Unternehmens wesentlich sind."

2.2.9 Risikomanagement

Wer die Prüfungsstandards des IDW beachtet und bei seiner Tagesarbeit gewissenhaft einsetzt, der betreibt bereits Risikomanagement in ausreichendem Maße. Dabei ist allerdings nicht zu verhehlen, dass dieser Aspekt in der Vielzahl und im Gesamtumfang der Standards allzu leicht untergeht.

Man kann auf die Frage, welchem Zweck Prüfungsstandards des IDW oder Interne Richtlinien einer WP-Gesellschaft dienen, z.B. mit dem Hinweis antworten, dass sie auf alle Prüfungen anwendbar sind und dass es für die Wirtschaft einfach ist, sich auf einheitliche Richtlinien einzustellen. Diese Antworten treffen aber nicht den Kern der Sache: Die *entscheidende Aufgabe der Prüfungsstandards* besteht darin zu verhindern, dass der Abschlussprüfer ein falsches Testat gibt, d.h. einen uneingeschränkten Bestätigungsvermerk für einen Jahresabschluss erteilt, der in wesentlichen Belangen falsch ist (materially misstated). So wie die Zahlung einer Prämie Voraussetzung für den Schutz durch eine Versicherungsgesellschaft ist, so schützt sich der Abschlussprüfer durch die konsequente Anwendung der Prüfungsstandards weitestgehend vor dem Eintritt des *Entdeckungsrisikos*.

Im Folgenden werden einige Gesichtspunkte erneut aufgegriffen, um Schwerpunkte eines Risikomanagements in Erinnerung zu rufen. Die Hinweise auf die ISA sollen den Leser in die Lage versetzen, Parallelen zu den deutschen Prüfungsstandards zu erkennen, und herauszufinden, an welchen Stellen die angelsächsische Terminologie der Deutschen überlegen ist. (Siehe dazu auch Kapitel VI. 2.4.)

ISA 200 (Objective and General Principles Governing an Audit of Financial Statements)
"The auditor should plan and perform the audit with an attitude of professional skepticism recognizing that circumstances may exist which cause the financial statements to be materially misstated. For example, the auditor would ordinarily expect to find evidence to support management representations and not assume they are necessarily correct."

ISA 240 (The Auditor's Responsibility to Consider Fraud and Error in an Audit of Financial Statements)
"The auditor plans and performs an audit with an attitude of professional skepticism in accordance with ISA 200... Such an attitude is necessary for the auditor to identify and properly evaluate, for example: Matters that increase the risk of material misstatement in the financial statements resulting from fraud or error (for example, management's characteristics and influence over the control environment, industry conditions, and operating characteristics and financial stability); Circumstances that make the auditor suspect that the financial statements are materially misstated; Evidence obtained (including the auditor's knowledge from previous audits) that brings into question the reliability of management representations."

2 Die Prüfungsstandards des IDW

ISA 310 (Knowledge of the Business)
"In performing an audit of financial statements, the auditor should have or obtain a knowledge of the business sufficient to enable the auditor to identify and understand the events, transactions an practices that, in the auditor's judgement, may have a significant effect on the financial statements or on the examination or audit report." "Obtaining the required knowledge of the business is a continuous and cumulative process of gathering and assessing the information at all stages of the audit. For example, although information is gathered at the planning stage, it is ordinarily refined and added to in later stages of the audit as the auditor and assistants learn more about the business."

ISA 300 (Planning)
„Adequate planning of the audit work helps to ensure that appropriate attention is devoted to important areas of the audit, that potential problems are identified and that the work is completed expeditiously. Planning also assists in proper assignment of work to assistants and in coordination of work done by other auditors and experts." "The auditor should develop and document an overall audit plan describing the expected scope and conduct of the audit. While the record of the overall audit plan will need to be sufficiently detailed to guide the development of the audit program, its precise form and content will vary depending on the size of the entity, the complexity of the audit and the specific methodology and technology used by the auditor."

ISA 320 (Audit Materiality)
'Materiality' is defined in the International Accounting Standards Commitee's 'Framework for the Preparation of Financial Statements' in the following terms : 'Information is material if its omission or misstatement could influence the economic decisions of users taken on the basis of the financial statements. Materiality depends on the size of the item or error judged in the particular circumstances of its omission or misstatement. Thus, materiality provides a threshold or cut-off point rather than being primary qualitative characteristic which information must have if it is to be useful.'

ISA 400 (Risk Assessment and Internal Control)
"The auditor should obtain an understanding of the accounting and internal control systems sufficient to plan the audit and develop an effective audit approach. The auditor should use professional judgement to assess audit risk and to design audit procedures to ensure it is reduced to an acceptable low level." " 'Audit risk' means the risk that the auditor gives an inappropriate audit opinion when the financial statements are materially misstated. Audit risk has three components: inherent risk, control risk and detection risk." "'Inherent risk' is the susceptibility of an account balance or class of transactions to misstatement that could be material, individually or when aggregated with misstatements in other balances or classes, assuming that there were no related internal controls." " 'Control risk' is the risk that a misstatement, that could occur in an account balance or class of transactions and that could be material individually or when aggregated with misstatements in other balances or classes, will not be prevented or detected and corrected on a timely basis by the accounting and internal control systems." " 'Detection risk' is the risk that an auditor's substantive procedures will not detect a misstatement that exists in an account balance or class of transactions that could be material, individually or aggregated with misstatements in other balances or classes." "The auditor should obtain an understanding of the control environment sufficient to assess director's and management's attitudes, awareness and actions regarding internal controls and their importance in the entity."

ISA 500 (Audit Evidence)
„The auditor should obtain sufficient appropriate audit evidence to be able to draw reasonable conclusions on which to base the audit opinion." " 'Tests of control' means tests performed to obtain audit evidence about the suitability of design and effective operation of the accounting and internal control systems." "... the matter of difficulty and expense involved is not in itself a valid basis for omitting a necessary procedure."

ISA 540 (Audit of Accounting Estimates)
"In the case of complex estimating processes involving specialized techniques, it may be necessary for the auditor to use the work of an expert ..." "When using an independent estimate the auditor would ordinarily evaluate the data, consider the assumptions and test the calculation procedures used in its development."

ISA 230 (Documentation)
„The auditor should record in the working papers information on planning the audit work, the nature, timing and extent of the audit procedures performed, the results thereof, and the conclusions drawn from the audit evidence obtained. Working papers would include the auditor's reasoning on all significant matters which require the exercise of judgement, together with the auditor's conclusions thereon. In areas involving difficult questions of principle or judgement, working papers will record the relevant facts that were known by the auditor at the time the conclusion were reached." "The auditor should adopt appropriate procedures

for maintaining the confidentiality and safe custody of the working papers and for retaining them for a period sufficient to meet the needs of the practice and in accordance with legal and professional requirements of record retention."

2.3 Kommentare und Erläuterungen zu einzelnen Textstellen

Die Erläuterungen sollen hauptsächlich dazu dienen, Zusammenhänge deutlich zu machen. Sie beziehen sich deshalb hauptsächlich auf die *drei Phasen* der Abschlussprüfung (Analyse der Geschäftstätigkeit, Analyse der Kontrolltätigkeit und verbleibende aussagebezogenen Prüfungshandlungen), auf die Rolle *der Prüfungsziele* innerhalb der Prüfungsstrategie und auf die große Bedeutung des *auf Prüfungsnachweise gestützten Prüfungsurteils.*

Bei den Zitaten handelt es sich um Auszüge aus den verschiedenen Textstellen.

(PS 200 TZ 20)
Prüfungshandlungen werden i.d.R. festgelegt auf der Grundlage
— *der Kenntnisse über die Geschäftstätigkeit sowie das wirtschaftliche und rechtliche Umfeld der Gesellschaft.*
— *der Erwartungen über mögliche Fehler*
— *der Beurteilung der Wirksamkeit des rechnungslegungsbezogenen internen Kontrollsystems*
Hier muss beachtet werden, dass sich die Prüfungshandlungen ganz entscheidend nach den *Geschäftsvorfällen* und den *Risiken* des Unternehmens richten und dass vor dem Hintergrund bestimmter *Prüfungsziele* die entsprechenden Prüfungshandlungen durchgeführt werden.

(PS 200 TZ 24)
Das Konzept der hinreichenden Sicherheit bezieht sich auf die für (eine) Beurteilung erforderliche Gewinnung von Prüfungsnachweisen und somit auf die gesamte Prüfung.
Ohne eine solide Kenntnis der Geschäftstätigkeit besteht die *Gefahr,* dass Prüfungsnachweise als angemessen akzeptiert werden, obwohl sie de facto die Aussage der Geschäftsleitung nicht stützen. (z.B. der Nachweis von reichweitengestützten Abschreibungen auf Vorräte ohne Berücksichtigung der vom Unternehmen verfolgten Plattformstrategie)

(PS 200 TZ 25)
Aufgrund der jeder Abschlussprüfung innewohnenden begrenzten Erkenntnis- und Feststellungsmöglichkeiten besteht auch bei ordnungsmäßiger Planung und Durchführung ein unvermeidbares Risiko, dass der Abschlussprüfer wesentliche falsche Aussagen nicht entdeckt.
Der Abschlussprüfer muss sich der Tatsache bewusst sein, dass Aussagen des Mandanten VEBBAG-Aussagen sind und dass eine solide Kenntnis der Geschäftstätigkeit den Abschlussprüfer in die Lage versetzt, die *Bedeutung* der einzelnen Aussagen nach Maßgabe der wirtschaftlichen Verfassung des Unternehmens und unter besonderer Berücksichtigung des Financial Reporting Environment der Geschäftsleitung so zu *gewichten,* dass wesentliche Falschaussagen rechtzeitig eingekreist und durch entsprechende Prüfungsnachweise aufgedeckt werden können. Im Übrigen muss er sich darüber im Klaren sein, dass seine Erkenntnismöglichkeiten nach Maßgabe von PS 230 sehr weit gefasst, d.h. keineswegs so begrenzt sind, wie man aus dem obigen Prüfungsstandard entnehmen könnte.

(PS 201 TZ 25)
Zu den Berufsgrundsätzen gehören :
— *Unabhängigkeit, Unparteilichkeit und Vermeidung der Besorgnis der Befangenheit*
— *Gewissenhaftigkeit einschließlich der beruflichen Kompetenz und der berufsüblichen Sorgfalt sowie der Beachtung fachlicher Rechnungslegungs- und Prüfungsgrundsätze*
— *Verschwiegenheit*
— *Eigenverantwortlichkeit*
— *Berufswürdiges Verhalten einschließlich Verantwortung gegenüber dem Berufsstand*
Es muss hier der Vollständigkeit halber erneut erwähnt werden, dass der Abschlussprüfer im Rahmen seiner Eigenverantwortlichkeit *eigene* Urteile abgeben muss, die sich dann als *Gesamturteil* in einem Bestätigungsvermerk niederschlagen.

2 Die Prüfungsstandards des IDW

(PS 230 TZ 1)
Der IDW PS konkretisiert den erforderlichen Umfang der Kenntnisse über die Geschäftstätigkeit sowie das wirtschaftliche und rechtliche Umfeld des Unternehmens, erläutert deren Bedeutung für den Abschlussprüfer und seine Mitarbeiter in den verschiedenen Phasen der Abschlussprüfung und stellt dar, wie der Abschlussprüfer sich diese Kenntnisse verschafft und sie verwendet.
Unter Hinweis auf die Graphik „Die Leitfunktion des Business Understanding" sei betont, dass *sämtliche* Prüfungshandlungen letztlich aus dem Verständnis der Geschäftstätigkeit abgeleitet werden. Die Kenntnis über die Geschäftstätigkeit führt uns nämlich zu den entscheidenden Kontrollen, und aus der Beurteilung des internen Kontrollsystems ergeben sich die Prüfungsziele, die die weiteren Prüfungshandlungen bestimmen.

(PS 230 TZ 5)
Der Abschlussprüfer muss über ausreichende Kenntnisse über die Geschäftstätigkeit sowie das wirtschaftliche und rechtliche Umfeld des Unternehmens verfügen bzw. sich diese Kenntnisse verschaffen, um solche Ereignisse, Geschäftsvorfälle und Gepflogenheiten erkennen und verstehen zu können, die sich nach Einschätzung des Abschlussprüfers wesentlich auf den zu prüfenden Jahresabschluss und Lagebericht, die Abschlussprüfung, den Prüfungsbericht sowie den Bestätigungsvermerk auswirken können.
Die Verwendung des Ausdrucks „über Kenntnisse verfügen" bzw. „sich Kenntnisse verschaffen" hat hier eine ganz besondere Bedeutung, die man nur verstehen kann, wenn man auf ISA 310 (TZ 2) zurückgreift : „In performing an audit of financial statements, the auditor should have or obtain a knowledge of the business sufficient to enable the auditor to identify and understand the events, transactions and practices ...." Mit „obtain" (gewinnen) verbindet sich ein ganz besonderes Engagement, das Ausdauer, Energie und Geschick gleichermaßen erfordert. Nicht umsonst heißt es im Englischen „to obtain somebody's confidence", wenn es darum geht, das Vertrauen einer Person zu *gewinnen*.

(PS 240 TZ 14)
Umfang und Inhalt der Prüfungsstrategie können in Abhängigkeit von der Größe des zu prüfenden Unternehmens, der Komplexität der Prüfung und der vom Abschlussprüfer gewählten Prüfungsmethode und -technologie variieren. Sofern in der Wirtschaftsprüfungspraxis entsprechende generelle Anweisungen vorliegen, kann es genügen, aufgrund (bestimmter) Aspekte im Rahmen der Prüfungsstrategie Prüfungsgebiete mit hohem, mittlerem und niedrigem Prüfungsrisiko festzulegen.
Die Entwicklung eines Unternehmens ist i.d.R. ein sehr dynamischer Prozess, in dem sich Fehlerrisiken (inhärente Risiken und Kontrollrisiken) und Entdeckungsrisiken ständig verändern können. Der WP ist deshalb verpflichtet, seine Anweisungen *ständig* zu aktualisieren, weil Unternehmen immer in Bewegung sind und sich von Jahr zu Jahr u.U. gravierende Veränderungen bei Geschäftsvorfällen und Geschäftsrisiken ergeben können. Diesen Veränderungen, die in aller Regel die Prüfungsziele und damit natürlich auch die Prüfungsstrategie beeinflussen, wird man aber mit „generellen Anweisungen" niemals gerecht ! Diese Passage des PS 240 steht in fundamentalem Gegensatz zu PS 230, der mit seinem Hinweis auf die „Grundlagen der Risikobeurteilung" und die „Würdigung von Prüfungsnachweisen" generelle Anweisungen grundsätzlich *ausschließt*.

(PS 240 TZ 19)
Für jedes Prüffeld sind Art und Umfang der zur Umsetzung der Prüfungsstrategie erforderlichen Prüfungshandlungen sowie ihr zeitlicher Ablauf festzusetzen. Das Prüfungsprogramm beschreibt somit die Prüfungsziele je Prüffeld ... .
Der Prüfungsstandard verweist bei der Erwähnung von Prüfungszielen (TZ 8) auf den PS 200 TZ 9. Dort wird aber lediglich erwähnt, dass der Abschlussprüfer seine Arbeiten mit dem „Ziel" durchführt, „die Aussagen über das Prüfungsergebnis (Prüfungsaussagen) ... mit hinreichender Sicherheit treffen zu können." In einem Prüfungsprogramm müssen aber ganz konkrete *Prüfungsziele* vorgegeben sein, die sich auf bestimmte Aussagen zur Rechnungslegung (zur Vollständigkeit, zum Eigentum, zum Bestand, zur Bewertung, zum Ausweis oder zur Genauigkeit, kurz auf VEBBAG) beziehen. Es ist Aufgabe der Strategie-Analyse und der Prozess-Analyse hier die notwendigen Schwerpunkte vorzubereiten. (Siehe dazu auch das Kapitel I. 3.1.2.2. : Die Auffächerung des generellen Prüfungsziels)

(PS 300 TZ 14)
Der Abschlussprüfer hat in einer angemessenen Kombination sowohl Systemprüfungen als auch aussagebezogene Prüfungshandlungen durchzuführen, um Prüfungsnachweise zu gewinnen.
Die hier erwähnte „angemessene Kombination" ist so zu verstehen, dass grundsätzlich im Rahmen der sogenannten Prozess-Analysen „Systemprüfungen" und im Rahmen der verbleibenden Prüfungshandlungen „aussagebezogene Prüfungshandlungen" durchgeführt werden. Natürlich sind auch die „Systemprüfungen" aussagebezogen, denn das IKS soll ja eine bestimmte Abschluss-Aussage stützen, aber im Vordergrund steht

die Analyse des Systems. Dieser Zusammenhang muss deshalb hier erwähnt werden, weil anderenfalls die Verbindung der Arbeitsschritte und damit die *Verknüpfung* der Arbeitspapiere nicht deutlich genug zum Ausdruck kommt. Wenn das Ergebnis einer Systemprüfung aus der Sicht des Abschlussprüfers „unbefriedigend" ist, dann wird er weitere (also „ergänzende" aussagebezogene) Prüfungshandlungen nachschieben, um sein Prüfungsziel zu erreichen.

(PS 300 TZ 18)
Anhand von aussagebezogenen Prüfungshandlungen hat der Abschlussprüfer Prüfungsnachweise zu gewinnen, die eine hinreichende Sicherheit darüber verschaffen, ob die in der Rechnungslegung enthaltenen Angaben ... nicht wesentlich falsche Aussagen enthalten.
Es wird an dieser Stelle nicht deutlich genug herausgearbeitet, dass die Prüfungshandlung dazu dient, den Nachweis zu führen, dass eine *bestimmte* Aussage des Managements, die sich auf die Vollständigkeit, das Eigentum, den Bestand, die Bewertung, den Ausweis oder die Genauigkeit beziehen kann, zutrifft, oder dazu dient, den *Verdacht* zu erhärten, dass eine bestimmte Aussage falsch ist. ISA 500 TZ 14 : „Ordinarily, audit evidence is obtained regarding each financial statement assertion. Audit evidence regarding one assertion, for example, existence of inventory, will not compensate for failure to obtain audit evidence regarding another, for example, valuation. The nature, timing and extent of substantive procedures will vary depending on the assertions."

(PS 300 TZ 25)
Da die Zielsetzung der Abschlussprüfung keine lückenlose Prüfung erfordert, wird der Abschlussprüfer die Einzelfallprüfungen regelmäßig auf der Basis von Stichproben vornehmen. ...
Es muss klargestellt werden, dass sich die Einzelfallprüfung nach dem Business Understanding richtet, d.h. dass das mit der Prüfungshandlung verfolgte Ziel aus dem Verständnis der Geschäfts- und Kontrolltätigkeit abzuleiten ist. Jeder Prüfer muss genau wissen, *warum* er eine bestimmte Prüfungshandlung durchführt. Die im PS erwähnte Thematik der Stichprobe hat hier nur sekundäre Bedeutung, weil gar kein Zweifel darüber bestehen darf, welche Auswahl zu treffen ist, denn diese richtet sich nach klaren *Prüfungszielen*.

(PS 400 TZ 11)
Der Bestätigungsvermerk beinhaltet ausschließlich ein auf die Rechnungslegung bezogenes Gesamturteil des Abschlussprüfers, sofern der Bestätigungsvermerk nicht aufgrund gesetzlicher Vorschriften nach Bundes- oder Landesrecht zu erweitern ist.
Es ist Aufgabe der Rechnungslegung, unter Beachtung der Grundsätze ordnungsmäßiger Buchführung ein den tatsächlichen Verhältnissen entsprechendes Bild der Vermögens-, Finanz- und Ertragslage zu vermitteln. Der Abschlussprüfer kann sich also nicht – den PS 230 des IDW in grober Weise *vernachlässigend* - mit dem Argument exkulpieren, er habe umfangreiche Abstimmungen (Bilanz mit G+V, Hauptbuch mit Nebenbüchern etc.) durchgeführt, die Ermittlung zahlreicher Jahresabschlussposten nachgerechnet, und es sei ausreichend, auf dieser Basis sein Prüfungsurteil abzugeben.

(PS 400 TZ 30)
Zur Beschreibung des Umfangs (der Prüfung) gehört der Hinweis, dass der Abschlussprüfer die Prüfung so geplant und durchgeführt hat, dass mit hinreichender Sicherheit beurteilt werden kann, ob die Rechnungslegung frei von wesentlichen Mängeln ist ...
Bei der Planung der Abschlussprüfung (die das *gannze* Jahr umfassen sollte, weil nur so eine regelmäßige Kommunikation mit dem Unternehmen möglich ist) muss bereits berücksichtigt werden, dass auf diese im Bestätigungsvermerk Bezug genommen werden muss.

(PS 400 TZ 31)
Des Weiteren ist der Umfang der Prüfung durch folgende Hinweise zu beschreiben :
- *die Berücksichtigung der Kenntnisse über die Geschäftstätigkeit ... sowie Erwartungen über mögliche Fehler bei der Festlegung der einzelnen Prüfungshandlungen*
- *die Beurteilung der Wirksamkeit des rechnungslegungsbezogenen internen Kontrollsystems....*
- *die Beurteilung der bei der Rechnungslegung angewandten Grundsätze*
- *die Beurteilung der wesentlichen in die Rechnungslegung eingeflossenen Einschätzungen der gesetzlichen Vertreter sowie*
- *die Würdigung der Gesamtdarstellung des Jahresabschlusses – wie sie sich aus dem Zusammenwirken von Bilanz, Gewinn- und Verlustrechnung und Anhang unter Beachtung der Grundsätze ordnungsmäßiger Buchführung ergibt – und des Lageberichtes durch den Abschlussprüfer.*
Je solider die Kenntnisse über die Geschäftstätigkeit sowie das wirtschaftliche und rechtliche Umfeld des Unternehmens sind, um so *präziser* werden die Formulierungen im Bestätigungsvermerk sein. Sie sind dann auch Bestandteil vertrauensbildender Maßnahmen gegenüber dem Aufsichtsrat. Die in TZ 31 erwähnten

2 Die Prüfungsstandards des IDW

„Hinweise" entsprechen der *Leitfunktion* des Business Understanding (Korridoreffekt), die über den Erwerb von Kenntnissen über die Geschäftstätigkeit, die Identifikation und Beurteilung von Risiken, die Beurteilung des internen Kontrollsystems und der Einschätzungen der gesetzlichen Vertreter bis hin zur Gesamtwürdigung des Jahresabschlusses reicht.

(PS 400 TZ 38)
Der Abschlussprüfer beurteilt, ob das geprüfte Unternehmen die maßgeblichen Rechnungslegungsgrundsätze beachtet hat. Rechnungslegungsgrundsätze sind alle unmittelbar und mittelbar für die Rechnungslegung geltenden gesetzlichen Vorschriften einschließlich der Grundsätze ordnungsmäßiger Buchführung ...
Bei der Vorstellung von Aufgaben des Wirtschaftsprüfers muss auch auf die Grundsätze ordnungsmäßiger Buchführung (GoB) Bezug genommen werden. Die GoB bilden ein wichtiges *Medium* zwischen Business Understanding und Jahresabschluss. Zu den *GoB* gehören: Richtigkeit, Klarheit, Vollständigkeit, Stetigkeit, Abgrenzung der Zeit und der Sache nach, Realisationsprinzip, Imparitätsprinzip, Vorsichtsprinzip. (Schema nach U. Leffson siehe Kapitel III.2.3.2.)

(PS 400 TZ 42)
Mit dem uneingeschränkten Bestätigungsvermerk trifft der Abschlussprüfer die positive Gesamtaussage, dass die Prüfung zu keinen Einwendungen geführt hat ...
Wenn bestätigt wird, dass der Jahresabschluss unter Beachtung der GoB ein den tatsächlichen Verhältnissen entsprechendes Bild vermittelt, dann ist dies ohne eine solide *Kenntnis* der Geschäftstätigkeit und des wirtschaftlichen und rechtlichen Umfeldes der Unternehmung nicht möglich.

(PS 400 TZ 46)
Für ein Prüfungsurteil mit uneingeschränkt positiver Gesamtaussage wird die folgende Formulierung empfohlen:
– Meine / Unsere Prüfung hat zu keinen Einwendungen geführt. Nach meiner / unserer Überzeugung vermittelt der Jahresabschluss unter Beachtung der Grundsätze ordnungsmäßiger Buchführung ein den tatsächlichen Verhältnissen entsprechendes Bild der Vermögens-, Finanz- und Ertragslage der Gesellschaft. Der Lagebericht gibt insgesamt eine zutreffende Vorstellung von der Lage der Gesellschaft und stellt die Risiken der künftigen Entwicklung zutreffend dar.
Wir haben im Kapitel über die Eigenverantwortlichkeit des Abschlussprüfers auch deshalb eine Reihe von Textstellen aufgelistet, die das Urteil des Abschlussprüfers behandeln, um hier darauf zurückgreifen zu können. Wenn der Abschlussprüfer erklärt, „überzeugt" zu sein, dann gibt er damit auch zu erkennen, dass er auf der Basis vieler „Teil-Urteile" berechtigt ist, nunmehr auch sein eigenes *Gesamturteil* abgeben zu können. Am Verbund der Teil-Urteile muss er sich ggf. messen lassen. Die „bejahende" und „versichernde" Aufgabe des Bestätigungsvermerkes, der in seinem Kern ein „analytisches" Urteil darstellt, wird an der obigen Formulierung besonders deutlich.

(PS 450 TZ 53)
Es empfiehlt sich, darauf hinzuweisen, dass die gesetzlichen Vertreter für die Rechnungslegung und die dem Abschlussprüfer gemachten Angaben die Verantwortung tragen.
Aus dem Hinweis, dass die gesetzlichen Vertreter die Verantwortung tragen, darf der Abschlussprüfer unter gar keinen Umständen den Schluss ziehen, dass seine *Pflichterfüllung* dadurch in irgendeiner Form eingeschränkt ist.

(PS 450 TZ 56)
Die Beschreibung des Prüfungsumfangs muss so ausführlich sein, dass es dem Aufsichtsgremium möglich ist, Konsequenzen für die eigene Überwachungsaufgabe zu ziehen. Daher hat der Abschlussprüfer die Grundzüge seines jeweiligen Prüfungsvorgehens darzustellen.
Es dürfte für die Beziehungen „Aufsichtsrat / WP" von entscheidender Bedeutung sein, wenn der Aufsichtsrat erkennt, dass sich der Abschlussprüfer aufgrund seiner *umfassenden* Kenntnisse der Geschäfts- und Kontrolltätigkeit des Unternehmens mit den wesentlichen Belangen des Jahresabschlusses und des Lageberichtes auseinandergesetzt hat. Wenn sich das Unternehmen z.B. verstärkt den Anlagen- und Systemgeschäft gewidmet hat, wird sein besonderes Augenmerk der Einhaltung des Realisationsprinzips gelten. Wurde das traditionelle Produktgeschäft durch umfangreiche Dienstleistungsaktivitäten ergänzt, wird er besondere Perspektiven der Auftragskosten (ihrer Erfassung, Aktivierung und Abrechnung) vorzutragen wissen.

(PS 450 TZ 57)
Zu den berichtspflichtigen Prüfungsinhalten gehören die zugrunde gelegte Prüfungsstrategie sowie je nach den Verhältnissen der im Einzelnen durchgeführten Prüfung z.B.
– die ... Prüfungsschwerpunkte
– die Prüfung des rechnungslegungsbezogenen internen Kontrollsystems und deren Auswirkungen auf Art und Umfang der aussagebezogenen Prüfungshandlungen ...

Es ist wichtig, dem Aufsichtsrat oder der Gesellschafterversammlung klar zu machen, dass eine risikoorientierte Abschlussprüfung aus *3 Phasen* besteht (der Strategie-Analyse, der Prozess-Analyse und den verbleibenden Prüfungshandlungen einschließlich Berichterstattung). Schildert man darüber hinaus den „Korridor", in dem sich der Abschlussprüfer bewegt, wird man großes Verständnis dafür finden, wenn man erklärt, dass das genau der „Weg zum hinreichend sicheren Prüfungsurteil" ist. (siehe Abb. 2)

(PS 460 TZ 7)
Die Arbeitspapiere sollen vor allem folgende Zwecke erfüllen :
- Unterstützung bei der Planung und Durchführung der Abschlussprüfung
- Unterstützung bei der Überwachung der Prüfungstätigkeit
- Dokumentation der Prüfungsnachweise zur Stützung der Prüfungsaussagen im Prüfungsbericht und im Bestätigungsvermerk ...
Es wird hier nicht deutlich genug herausgearbeitet, dass das Gesamturteil, das der Abschlussprüfer abzugeben hat, in entscheidender Weise auf bestimmten Unterlagen beruht. Es hängt also davon ob, ob die *Prüfungsnachweise* wirklich ausreichend und angemessen sind und nicht nur „scheinbar" das Prüfungsurteil stützen. (ISA 500 TZ 2 : „The auditor should obtain sufficient appropriate audit evidence to be able to draw reasonable conclusions on which to base the audit opinion.")

2.4 Terminologische Spannungen

Gemessen am umfangreichen Reglement der Prüfungsstandards fallen ihre *Schwächen* kaum ins Gewicht. Sie sollen aber aufgezeigt werden, damit vor allem die junge Generation von vornherein aufgeklärt ist und bestimmten Prüfungsstandards mit der richtigen Einstellung begegnet.

2.4.1 Sprachbarrieren
Die Schwächen einiger Prüfungsstandards sind darauf zurückzuführen, dass man sich aus guter Absicht an die International Standards on Auditing (ISA) anlehnen wollte, bei diesem Versuch aber – und das ist keineswegs überraschend – aus sprachlichen Gründen gescheitert ist.

2.4.1.1 Zur Qualität von Prüfungsnachweisen
Im PS 300 wird unter TZ 10 ausgeführt (Hervorh.d.d.Verf.) :

„Der Abschlussprüfer wird sich im Regelfall auf Prüfungsnachweise verlassen müssen, selbst wenn diese *eher überzeugend als zwingend* sind. Deshalb wird der Abschlussprüfer häufig Prüfungsnachweise aus verschiedenen Quellen und unterschiedlicher Art einholen, um dieselbe Aussage in der Rechnungslegung zu stützen."

Diese Interpretation teile ich nicht ! Auch dann nicht, wenn das IDW in PS 200 durch Querverweis auf PS 300 einschränkend darauf hinweist, dass der Abschlussprüfer in solchen Fällen verpflichtet ist, Prüfungsnachweise aus verschiedenen Quellen und unterschiedlicher Art einzuholen, um dieselbe Aussage in der Rechnungslegung zu stützen. Wenn Prüfungsnachweise nicht zwingend sind, verlieren sie ihre entscheidende Qualifikation! Nach meiner Einschätzung sind problematische Passagen in den Prüfungsstandards des IDW durch eine missglückte Übersetzung entstanden. Die obige Formulierung ist ungenau, weil sie das eigentliche Problem nicht trifft. Im ISA 500 TZ 7 wird nämlich etwas völlig anderes zum Ausdruck gebracht :

2 Die Prüfungsstandards des IDW

"Ordinarily, the auditor finds it necessary to rely on audit evidence that is persuasive rather than conclusive and often will seek audit evidence from different sources or of a different nature to support the same assertion."

Wie ist das zu verstehen ? Im Normalfall wird der Abschlussprüfer auf einen Prüfungsnachweis „angewiesen" sein, der mehr *„überredend"* als *„schlüssig"* ist, und wird (aus diesem Bewusstsein heraus) nach Prüfungsnachweisen aus anderen Quellen oder von anderer Art suchen, die die gleiche Aussage stützen. Der eine Prüfungsnachweis bedarf also der *Ergänzung* durch einen anderen. Erst in diesem Zusammenspiel werden beide „zwingend".

Man muss ein gutes Lexikon zur Hand nehmen, um wirklich zu verstehen, was mit der Formulierung „audit evidence that is *persuasive rather than conclusive*" wirklich gemeint ist. (Auch Vertreter des angelsächsischen Sprachraumes empfinden diese Formulierung als kompliziert.) Das Adjektiv „persuasive" bedeutet u.a. „beredsam" (z.B. bei einem Verkäufer!). Der Ausdruck : „He said persuavely" will zum Ausdruck bringen : „Seine Überredungskunst einsetzend sagte er". Der Begriff hat nämlich seine Wurzeln im lateinischen Verbum „persuadere", das im Kern „überreden" bedeutet. Und es ist höchst interessant, dass das Substantiv zu „persuadere", das Wort „persuasio" im Langenscheidts Taschenwörterbuch neben Überredung und Überzeugung auch mit „Glaube, Meinung, Vorurteil" übersetzt wird.

Jetzt kommen wir dem Problem *„persuasive rather than conclusive"* schon näher. Wir bilden uns nur ein, überzeugt zu sein, weil wir etwas als *plausibel* empfinden, und merken nicht, dass wir im Grunde nur „überredet" wurden, uns eine bestimmte Meinung zu eigen zu machen. „Plausibel" beruht auf dem lateinischen Begriff „plausus" (Beifallklatschen) und bedeutet so viel wie „beifallswert". Damit wird also treffend eine Reaktion geschildert, die aus dem Augenblick heraus geboren wurde und die Gefahr mit sich bringt, dass man – von einer Stimmung abhängig – gar nicht merkt, dass ein Prüfungsnachweis nicht die letzte Beweiskraft besitzt. Und häufig verfehlt auch der Einfluss des betörenden Gedankens : „Es wird schon stimmen", nicht seine Wirkung.

Um wirklich „überzeugt" zu sein, müssen wir also über eine „subjektive Empfindung" hinausgehen und eine bestimmte *Aussage* nach mehreren Seiten hin absichern bzw. sie von neutralen und fachlich versierten Personen bestätigen lassen. Erst dann wird das Ergebnis „zwingend" sein, weil es auf eine „objektive Basis" verlagert wird und nicht mehr durch weitere Informationen aus den Angeln gehoben werden kann. Es „sitzt fest", und deshalb können wir uns auch wirklich darauf verlassen. *VA BENE !*

Genau das will uns ISA 500 aber vermitteln ! Es kommt also auf den Zusammenhang an, in dem die Worte verwendet werden. Nach meinem Verständnis charakterisiert *„rely"* eine Situation, die eine gewisse *Abhängigkeit und Verlegenheit* des Abschlussprüfers zum Ausdruck bringt. In der Schwierigkeit, einen bestimmten *Sachverhalt ins Deutsche zu übertragen*, zeichnet sich eine besondere Problematik ab : Mit der Globalisierung ist lediglich eine Verbreitung des „Common English" verbunden. Wer sich dieser Sprache bedient, ist im Regelfall mit ihren *Geheimnissen* nicht vertraut und wird daher nicht in der Lage sein, ihre Bestandteile bis zu ihren *Wurzeln* zurückzuverfolgen. Darauf hat Hans-Joachim Meyer in treffender Weise hingewiesen :

"Gewiß ist es möglich, dass jemand eine andere Sprache wirklich zu beherrschen lernt. Aber gerade wer sich dieses Ziel setzt, wird sich um so mehr mühen, jene Normen zu verinnerlichen und getreulich zu verfolgen, die ihm die neue Sprachgemeinschaft aufgibt. Und diese Sprachgemeinschaft ist immer zugleich eine Kulturgemeinschaft. Will der Nichtmuttersprachler aber nicht nur Gast sein, sondern an der ständigen Weiterentwicklung der Sprache selbst teilhaben, dann muß er sich ganz für die neue Sprache entscheiden. Denn nur wenige können tatsächlich mit ihrer ganzen Persönlichkeit in mehr als einer Sprache voll und gleichberechtigt zu Hause sein. ... Von großer Bedeutung ist ... eine weitverbreitete, zuverlässige Kompetenz im Lesen und verstehenden Hören anspruchsvoller Texte in anderen Sprachen, was nicht gelingen kann, ohne daß man deren geistige Hintergründe und Voraussetzungen versteht." [325]

Was geschieht denn regelmäßig im Tagesgeschäft des Abschlussprüfers ? Den vom Mandanten angeforderten Unterlagen fehlt es immer wieder an der notwendigen Präzision. Dies kann auf verschiedene Ursachen zurückzuführen sein :
- der Abschlussprüfer hat *nicht exakt* angegeben, welche Unterlagen er benötigt;
- der zuständige Sachbearbeiter hatte *keine Zeit*, präzise Unterlagen zu erstellen oder
- er gibt *bewusst* Unterlagen heraus, aus denen *nicht alle geforderten Details* hervorgehen ; er versucht aber in jedem Fall, Bedenken des Abschlussprüfers „mit vielen Worten" zu *zerstreuen.*

Worin liegt dann die *Gefahr* ? Man neigt möglicherweise dazu, unvollständige Unterlagen zu akzeptieren, weil man die Gegenseite nicht *verärgern*, nicht den Eindruck erwecken will, dass man *übertrieben genau* ist oder nicht zugeben will, dass man nicht exakt gesagt hat, was man eigentlich will. Es besteht also die Gefahr, dass man der *Überredungskunst* des Mandanten erliegt.

Der Abschlussprüfer hat die Aufgabe, sich ausreichende und angemessene Prüfungsnachweise zu verschaffen. Wenn er das nicht tut, dann leistet er schlechte Arbeit ! Das bedeutet aber nicht – und so wird es vom IDW formuliert – dass der Abschlussprüfer sich im Regelfall auf Prüfungsnachweise verlässt, die „eher überzeugend als zwingend sind". Der Prüfungsstandard wird der *Verlegenheitssituation* des Abschlussprüfers leider nicht gerecht.

2.4.1.2 Zur kritischen Grundhaltung
Zur kritischen Grundhaltung führt das IDW in seinem PS 200 TZ 17 aus (Hervorh. d.d.Verf.) :

„Die Abschlussprüfung ist mit einer *kritischen Grundhaltung* zu planen und durchzuführen; die erlangten Prüfungsnachweise sind kritisch zu würdigen. Der Abschlussprüfer muss sich stets darüber im Klaren sein, dass Umstände (Fehler, Täuschungen, Vermögensschädigungen oder sonstige Gesetzesverstöße) existieren können, aufgrund derer der Jahresabschluss und der Lagebericht wesentliche falsche Aussagen enthalten. Er kann daher nicht ohne weiteres im Vertrauen auf die Glaubwürdigkeit der gesetzlichen Vertreter bspw. von der Richtigkeit ihrer Auskünfte ausgehen, sondern muss sich diese belegen lassen und die Überzeugungskraft dieser Nachweise würdigen."

---

[325] H.J. Meyer : dEUtsch ?, in : FAZ 5.1.05, Nr. 3, S. 6

Es ist auffällig, dass das IDW an dieser Stelle nicht von „Skepsis" spricht, sondern die Formulierung „kritische Grundhaltung" bevorzugt. Darunter leidet allerdings die Präzision des Textes. In der parallelen Ausführung des ISA 200 wird bewusst von *„attitude of professional skepticism"* gesprochen. Hier wird in TZ 6 – die notwendige Einstellung des Abschlussprüfers viel treffender schildernd – ausgeführt :

„The auditor should plan and perform the audit with an attitude of professional skepticism recognizing that circumstances may exist which cause the financial statements to be materially misstated. For example, the auditor would ordinarily expect to find evidence to support management representations and not assume they are necessarily correct."

Aus der Sicht der ISA ist mit der „attitude of professional skepticism" gemeint : The auditor neither assumes that „management is dishonest" nor assumes „unquestioned honesty." Die Arbeitsbedingungen der Wirtschaftsprüfer haben sich in den vergangenen Jahren deutlich verschlechtert. Dies ist hauptsächlich auf den zunehmenden *Honorardruck*, auf eine steigende *Komplexität* der Geschäftsvorfälle, auf die rückläufigen *Erträge* zahlreicher Unternehmen und – damit eng zusammenhängend – auf eine Verselbständigung unternehmerischer Budgets zurückzuführen.

Unter diesen Voraussetzungen muss der beruflichen *Skepsis* ein hoher Stellenwert eingeräumt werden, nämlich der Überzeugung, dass die *Ehrlichkeit* und *Ehrenhaftigkeit* des Managements keineswegs über jeden Zweifel erhaben ist. Zur begrifflichen Klarstellung und zur Erläuterung, was im Grunde mit „Skepsis" gemeint ist, sei auf die Definition im Brockhaus-Lexikon verwiesen :

> *„**Skepsis** : Zweifel, kritische Zurückhaltung im Urteil ;*
> ***skeptisch** : zweifelnd, in Frage stellend, zum Zweifel neigend.*
> *In der Philosophie bezeichnet Skepsis die Erkenntnismethode, die die Geltung von Wahrheitsansprüchen bis in ihre Grundsätze durch Infragestellen prüft und prinzipiell nicht nach dem Gesichtspunkt der Autorität (sic et non), sondern nach dem des Kritizismus verfährt. Diese methodische Skepsis, die vor I. Kant besonders von R. Descartes vertreten wurde, soll als Erkenntnisprinzip über den Zweifel zu einer gesicherten Wahrheit führen."* [326]

Bei einer Gegenüberstellung von „kritischer Grundhaltung" und „Skepsis" wird deutlich, dass die „Skepsis" innerhalb der sprachlichen Hierarchie auf einer *höheren* Ebene angesiedelt ist als die „kritische Grundhaltung". Während die „kritische Grundhaltung" sozusagen die typische Haltung des Abschlussprüfers symbolisiert, eine Haltung, die deutlich macht, dass man bestimmten *Abschlussaussagen* nicht so ohne Weiteres Glauben schenkt, will „Skepsis" zum Ausdruck bringen, dass man – durch bestimmte Erkenntnisse, Hinweise oder Vorfälle gewarnt – seine Prüfungshandlungen anpasst oder sogar ausweitet, weil man von (einem erheblichen) Misstrauen erfüllt ist. Dabei darf sich der Abschlussprüfer auch nicht durch die forsche Bemerkung : „Diese Informationen werden Sie doch wohl nicht in Zweifel ziehen." eines auf Autorität pochenden Mandanten unter Druck setzen lassen.

Wenn der Abschlussprüfer (immer noch) Bedenken hat, muss er – im Bewusstsein seiner *Eigenverantwortlichkeit* - auf der Vorlage weiterführender Unterlagen bestehen. Das ist dann *seine Variante des „sic et non"*.

---

326 17. Auflage 1973, S. 484

"An attitude of professional skepticism means the auditor makes a critical assessment, with a questioning mind, of the validity of audit evidence obtained and is alert to audit evidence that contradicts or brings into question the reliability of documents or managements representations. For example, an attitude of professional scepticism is necessary throughout the audit process for the auditor to reduce the risk of overlooking suspicious circumstances, of overgeneralizing when drawing conclusions from audit observations, and of using faulty assumptions in determining the nature, timing and extent of the audit procedures and evaluating the results thereof." [327]

Dass sich hinter bestimmten Begriffen oft auch eine bestimmte *Denkweise* verbirgt, die mit der deutschen nicht unbedingt übereinstimmen muss, ist auch darin zu erkennen, dass sich im Englischen mit „attitude" hier mehr ein *„way of thinking"* verbindet als ein *„way of standing"*, während dem deutschen Begriff „Grund-Haltung" im vorliegenden Fall mehr Statisches als Dynamisches anhaftet.

Unabhängig von Statik und Dynamik lässt sich die sprachliche Hierarchie, in der wir uns bewegen, vielleicht an folgender Tabelle deutlich machen :

Grad der Zustimmung	Einstellung
ablehnend	einwendend
skeptisch	zweifelnd
skeptisch	sichernd
skeptisch	verdächtigend
kritisch	fragend
kritisch	überlegend
kritisch	überrascht
offen	unbelastet

Damit entspricht die oberste Zeile dem § 322 Abs. 4 HGB (Hervorh.d.d.Verf.) :

„ Sind *Einwendungen* zu erheben, so hat der Abschlussprüfer seine Erklärung ... einzuschränken ... oder zu versagen ... Die Versagung ist in dem Vermerk, der nicht mehr als Bestätigungsvermerk zu bezeichnen ist, aufzunehmen. Die Einschränkung oder Versagung ist zu begründen."

Die Tabelle bringt aber auch das zum Ausdruck, was im Katalog der beruflichen Verpflichtungen des Wirtschaftsprüfers mit *Gewissenhaftigkeit* gekennzeichnet wird, nämlich die „gegenüber Belastungen noch durchhaltende Fähigkeit des Charakters" [328], *sein Prüfungsziel* mit allem Nachdruck zu verfolgen.

---

327 Appendix 3 zu ISA 240 (The auditor's responsibility to consider fraud and error in the audit of financial statements), ersetzt Paragraph 6 in ISA 200 (Objective and general principles governing an audit of financial statements), in : ISAs, a.a.O. S. 222
328 Stichwort „Haltung" ,in : Brockhaus 8.Bd. (1969), S. 97

2.4.1.3 Zu den aussagebezogenen Prüfungshandlungen

Der Begriff „aussagebezogene Prüfungshandlungen" beruht auf dem angelsächsischen Begriff „*Substantive Procedures*". ISA 500 liefert dazu unter TZ 6 die folgende Definition (Hervorh. d.d.Verf.) :

„*Substantive procedures* means tests performed to obtain audit evidence to detect material misstatements in the financial statements and are of two types :
(a) tests of details of transactions and balances and
(b) analytical procedures."

Was ist auffällig an dieser Definition ? Sie bringt zum Ausdruck, dass bestimmte Prüfungshandlungen mit dem *Ziel* durchgeführt werden, *Fehler* im Jahresabschluss zu entdecken. Man sucht also nicht nach Beweisen, dass die Abschlussaussagen des Mandanten zutreffen, sondern im Gegenteil, man will ihn *überführen, dass er Unrecht hat !* In diesem Zusammenhang muss man wissen, dass im Angelsächsischen das Adjektiv „substantive" in Verbindung mit dem Hauptwort „evidence" (Nachweis) und „argument" (Beweis) verwendet wird, also u.a. „stichhaltig" bedeutet. Interessanterweise sind aus der Sicht von ISA 500 „Substantive Procedures" also Prüfungshandlungen, die auf der Suche nach „stichhaltigen Beweisen" dafür durchgeführt werden, dass die Aussage des Mandanten *nicht* stimmt.

Nach meiner Meinung ist die Verwendung von „*detect*" in der obigen Erläuterung ein klassischer Beweis für die kritische oder möglicherweise sogar *skeptische* Einstellung des Abschlussprüfers. Wer *kritisch* oder *skeptisch* ist, der möchte am liebsten den Beweis dafür liefern, dass er mit seinem *Verdacht, „die Aussage ist falsch",* Recht hat. Insofern trifft ISA den Nagel auf den Kopf, indem die Definition der „Substantive Procedures" die *Stoßrichtung* und den eigentlichen *Zweck* der Prüfungshandlung ganz klar vorgibt. Das kommt aber in der deutschen Fassung „aussagebezogene Prüfungshandlungen" überhaupt nicht zum Ausdruck.

Eine vernünftige Übersetzung für „substantive" gibt es wohl nicht. Die Unsicherheit, die hinter der deutschen Fassung steht, ist aus zwei Gründen heraus deutlich zu erkennen: Erstens ist der Begriff „aussagebezogen" doppelzüngig. Was will er eigentlich erfassen, die *Prüfungs-*Aussage des Abschlussprüfers (also seinen Bestätigungsvermerk) oder die *Abschluss-*Aussage des Managements ? Er will in erster Linie das „Statement" des Managements erfassen, also die Aussagen, die den *Jahresabschluss* betreffen. Mittelbar berührt sie aber auch die Prüfungsaussage, denn die Arbeit des Abschlussprüfers muss präzise sein und Prüfungsnachweise erbringen, die seinen Bestätigungsvermerk stützen.

Zweitens hat „aussagebezogen" sozusagen die Nachfolge von „ergebnisorientiert" angetreten. Mit diesem Begriff hat man gelegentlich gearbeitet. [329] Da er aber in seiner Bedeutung relativ einseitig ist, sich also hauptsächlich dann anbietet, wenn „Bilanzpolitik" im Mittelpunkt des Interesses steht, hat man ihn bald wieder fallenlassen.

2.4.2 Pädagogische Aspekte

2.4.2.1 Logik zwischen Prüfungsziel und Prüfungsstrategie

Zur Prüfungsstrategie führt das IDW in PS 240 aus :
„Die Prüfungsstrategie umfasst die Grundsatzentscheidungen des Abschlussprüfers über

---

329 Vgl. J. Schindler : Prüfungsnormen, a.a.O. S. 158

die prinzipielle Richtung des bei der jeweiligen Abschlussprüfung einzuschlagenden Weges. Sie muss in der Beschreibung des Ansatzes der Prüfung und dem erwarteten Ausmaß der Prüfungshandlungen ausreichend detailliert sein, um aus ihr ein Prüfungsprogramm erstellen zu können. Umfang und Inhalt der Prüfungsstrategie können in Abhängigkeit von der Größe des zu prüfenden Unternehmens, der Komplexität der Prüfung und der vom Abschlussprüfer gewählten Prüfungsmethode und -technologie variieren. Sofern in einer Wirtschaftsprüferpraxis entsprechende generelle Anweisungen vorliegen, kann es genügen, aufgrund (bestimmter ; lt. TZ 15) Aspekte im Rahmen der Prüfungsstrategie Prüfungsgebiete mit hohem, mittlerem und niedrigem Prüfungsrisiko festzulegen." (TZ 14)

Die Beziehung zwischen „Prüfungsziel" und „Prüfungsstrategie" kommt in diesem Passus nicht deutlich genug zum Ausdruck ! Wenn eine Prüfungsstrategie lediglich auf dem *allgemeinen* Prüfungsziel, die Verlässlichkeit der in Jahresbschluss und Lagebericht enthaltenen Informationen zu bestätigen, beruht, dann geht bei dieser Betrachtungsweise die Struktur der Prüfungsziele verloren. Es muss klar gestellt werden, dass sich der Abschlussprüfer (möglicherweise bereits bei der Analyse der Geschäftstätigkeit) ganz *bestimmte Prüfungsziele* setzen muss, Prüfungsziele, die exakt auf die *Abschlussaussagen* des Mandanten gemünzt sind. (Auswahl aus **VEBBAG**) Wenn er also z.B. erfährt, dass sich der Mandant verstärkt dem sogenannten *Anlagengeschäft* zugewendet hat, wird er mit Sicherheit das Prüfungsziel „Bestand" (Existenz) von Forderungen und Umsätzen mehr beachten als dies bislang beim reinen Liefergeschäft nötig war. Um dieses Ziel zu erreichen, muss er sich ausreichende und angemessene *Prüfungsnachweise* beschaffen, die belegen, dass die Aussage des Mandanten : „Den gebuchten Forderungen und Umsätzen liegen vertragsgemäß durchgeführte Lieferungen und Leistungen zugrunde" zutrifft. Es ist dann Inhalt der *„Prüfungsstrategie"* festzulegen, auf welchem Wege und mit welchen *Mitteln* (Einsatz einer bestimmten *Prüfungstechnik* : Auswahl aus **VA BENE** !) das sachgerecht entwickelte *Prüfungsziel* erreicht werden soll.

Es ist unbedingt erforderlich, das *generelle* Ziel einer Abschlussprüfung, die Verlässlichkeit von Informationen zu bestätigen, immer wieder *aufzufächern*, damit die *Struktur* und *Gewichtung* von Prüfungszielen sichtbar wird. Wenn Prüfungsprogramme diese *Fächerfunktion* nicht übernehmen, ist nicht erkennbar, dass mit Prüfungszielen Abschlussaussagen abgedeckt werden sollen. Die *Gewichtung* von Prüfungszielen symbolisiert die Schwerpunkte einer Abschlussprüfung. Davon wird sich im Übrigen auch die *Qualitätskontrolle* überzeugen.

2.4.2.2 Anwendungskomfort

Die *Identifikation* mit den Prüfungsstandards, die in ihrer Bedeutung nicht zu unterschätzen sind, fällt aus mehreren Gründen schwer.

(1) Prüfungsstandards bedürfen einer kontinuierlichen Anpassung. Diese muss der internationalen Weiterentwicklung von Normen und Veränderungen im wirtschaftlichen Geschehen Rechnung tragen. *Änderungen* der Standards werden aber im Gegensatz zu einer allgemeinen Gepflogenheit – z.B. durch Balkenmarkierung am Rande einer Seite – vom IDW *nicht* kenntlich gemacht, so dass man im Grunde Satz für Satz vergleichen muss, um herauszufinden, an welchen Stellen sich Neues oder wo sich Ergänzungen niedergeschlagen haben. Wer unter den Berufsangehörigen hat für einen solchen Vergleich und ggf. die Übertragung von Notizen und farbigen Unterstreichungen auf eine Austauschseite Zeit und Geduld ?

(2) Es muss vor allem der jungen Generation die Möglichkeit gegeben werden, sich in einem *Stichwortregister* schnell zu informieren. Wichtige Begriffe (z.B. „Kontrolle" und hier die Unter-

scheidung zwischen „aufdeckenden" und „vorbeugenden" Kontrollen, Prüfungsaussagen, Prüfungsfeststellungen, Prüfungshemmnis, Prüfungsrisiko) fehlen, so dass man sehr schnell das Interesse verliert, den umfangreichen, rd. 800 Seiten umfassenden Band der „IDW Prüfungsstandards / IDW Stellungnahmen zur Rechnungslegung" zur Hand zu nehmen. Der damit verbundene Entfremdungseffekt ist nicht zu unterschätzen ! *Entfremdung* haben die Prüfungsstandards aber nicht verdient !

(3) Prüfungsstandards müssen insbesondere der heranwachsenden Generation *einfache Begriffe* liefern, die man sich leicht *merken* und z.B. bei Gesprächen mit dem Mandanten im Sinne eines *sicheren* Auftretens gut *verwenden* kann. Viele in den Standards gebrauchten *Begriffe* sind aber so *kompliziert*, dass sie eher abschreckend als einladend wirken, z.B. :

Internes Kontrollsystem (PS 260 TZ 5)
„Unter einem internen Kontrollsystem werden die von der Unternehmensleitung im Unternehmen eingeführten Grundsätze, Verfahren und Maßnahmen (Regelungen) verstanden, die gerichtet sind auf die organisatorische Umsetzung der Entscheidungen der Unternehmensleitung
– zur Sicherung der Wirksamkeit und Wirtschaftlichkeit der Geschäftstätigkeit (hierzu gehört auch der Schutz des Vermögens, einschließlich der Verhinderung und Aufdeckung von Vermögensschädigungen),
– zur Ordnungsmäßigkeit und Verlässlichkeit der internen und externen Rechnungslegung sowie
– zur Einhaltung der für das Unternehmen maßgeblichen rechtlichen Vorschriften."

Risikobeurteilungen (PS 260 TZ 46)
Dazu sind alle wesentlichen Regelungen zu beurteilen, die auf die Feststellung und Analyse von für die Rechnungslegung relevanten Risiken gerichtet sind, um zu verstehen, wie die Unternehmensleitung zu Risikobeurteilungen kommt und wie sie über die *Einrichtung* von organisatorischen Regelungen zur Abwendung oder Begrenzung möglicher Auswirkungen dieser Risiken entscheidet.

Prüfungsnachweis (PS 300 TZ 6)
Prüfungsnachweise sind Informationen insbesondere aus Originalunterlagen, Handelsbüchern und sonst erforderlichen Aufzeichnungen (vgl. § 239 HGB), zu denen buchhalterische Aufzeichnungen und sonstige dem Jahresabschluss und Lagebericht zugrunde liegenden Unterlagen gehören, sowie aus anderen Quellen, welche die in der Buchführung, im Jahresabschluss und Lagebericht (Rechnungslegung) enthaltenen Angaben stützen.

Wenn man die von den Prüfungsstandards präsentierten Definitionen als *nicht komfortabel* empfindet, wird man sie während der Tagesarbeit (für Zwecke der Argumentation oder der Berichterstattung) auch nicht verwenden. Auch dadurch findet eine *Entfremdung* statt. Im Falle des „Prüfungsnachweises" ist die vom ISA 500 (Audit Evidence) in TZ 4 verwendete Definition viel einprägsamer : „'Audit evidence' means the information obtained by the auditor in arriving at the conclusions on which the audit opinion is based." Eine solche Erläuterung reicht zunächst einmal aus. Vielleicht ist der Gesprächspartner oder Empfänger eines Berichtes bereits mit einer ganz knappen Formel zufrieden. Wenn man will, kann man dann aber noch eine Ergänzung nachschieben: „Audit evidence will comprise source documents and accounting records underlying the financial statements and corroborating information from other sources." Prüfungsstandards müssen auch die Eigenschaften eines *„Vade mecum"* besitzen, wenn sie sich auf breiter Front durchsetzen sollen.

2.4.2.3 Abstraktion
Man darf sich nicht wundern, wenn insbesondere die junge Generation gewisse *Berührungsängste* verspürt, wenn es um die Prüfungsstandards geht. Diese sind z.T. auf einem so hohen Abstraktionsgrad formuliert, dass sich z.B. Studenten oder Prüfungsassistenten kaum oder gar nichts darunter vorstellen können :

- Was sind „Aussagen" in einem Jahresabschluss ? (PS 200 TZ 17)
- Was sind „Prüfungsaussagen" ? (PS 200 TZ 24)
- Was sind „Geschäftsrisiken" ? (PS 230 TZ 2)
- Was sind „entscheidungserhebliche Sachverhalte" ? (PS 250 TZ 4)
- Was bedeutet Wesentlichkeit im Sinne eines „Grenzwertes" ? (PS 250 TZ 7)
- Was sind „organisatorische Sicherungsmaßnahmen" ? (PS 260 TZ 6)
- Was sind „aussagebezogene Prüfungshandlungen" ? (PS 300 TZ 18)
- Was sind „prüfungsrelevante Daten" im Zusammenhang mit „analytischen Prüfungshandlungen" ? (PS 312 TZ 5)

Man muss die junge Generation *behutsam* an schwierige Aufgaben heranführen. Das setzt aber voraus, dass bereits an der *Basis* (und dazu gehören auch die Prüfungsstandards) in ausreichendem Umfang mit kurzen, aber *einprägsamen* Beispielen gearbeitet wird, an die man sich bei der *praktischen* Tagesarbeit erinnern kann. Man muss der jungen Generation in ausreichendem Maße „Bilder" vermitteln, um sie langfristig für unseren Beruf zu gewinnen ! *Abstrakte Formulierungen* geraten schnell in Vergessenheit, *anschauliche Beispiele* vergisst man nicht !

2.4.2.4 Abschirmungen

Prüfungsstandards verlieren an *Strenge*, wenn man *wiederholt* die Verantwortung des Abschlussprüfers dadurch „entlastet", dass man auf

- die Grenzen der bei einer Abschlussprüfung zu ziehenden Erkenntnismöglichkeiten (PS 200 TZ 25 und PS 210 TZ 19)
- „die Tatsache, dass in den meisten Fällen die Prüfungsnachweise *eher überzeugend* als zwingend sind" (PS 200 TZ 26 und PS 300 TZ 10) und darauf hinweist, dass die
- die *Verantwortung* der gesetzlichen Vertreter für die ordnungsmäßige Erstellung des Jahresabschlusses (PS 200 TZ 31 und PS 210 TZ 8) hinweist.

Zu häufige *Relativitätsbetrachtungen* führen unseren Berufsstand nicht aus der Krise ! Nur wenn sich der Abschlussprüfer stets seiner *eigenen* Verantwortung bewusst ist (und diese sollte durch die in Kapitel VI. 2.1.2. dargestellten *Anforderungen* an seine Urteilskraft zum Ausdruck gebracht werden), wird er *seinen „Rahmen der Erkenntnismöglichkeiten"* (PS 201 TZ 11) *sehr weit* spannen und sich nicht auf die Position eines „in Stichproben Erfahrenen" und „auf die Angaben der Geschäftsführung Vertrauenden" zurückziehen.

Seit Inkrafttreten des PS 230 hat das Arbeiten mit Stichproben ohnehin an Bedeutung verloren! Der *weite* Rahmen wird maßgeblich durch PS 230 gespannt. Ihn kann der Abschlussprüfer nicht nach eigenem Gutdünken verkleinern. An dessen *strengem* Maßstab wird er letztlich gemessen. Wenn er diesen Rahmen jedoch im ursprünglichen Sinne des Wortes als „Stütze" empfindet, wird er ihn nicht als Belastung, sondern eher als *Bereicherung* empfinden.

2.5 Stichwortregister

Das vom IDW herausgegebene Stichwortregister ist in Anbetracht des langen Katalogs von Prüfungsstandards unzureichend. Wir liefern deshalb in Anlage 53 ein umfangreiches Verzeichnis, das dem Abschlussprüfer und seinen Mitarbeitern helfen soll, sich schnell – auch über den ganz engen Bereich eines Standards hinaus – zu informieren.

3 Der Einsatz spezieller Prüfungsprogramme zur Absicherung von Prüfungsaussagen

In bestimmten Bereichen der Wirtschaft trifft der Abschlussprüfer auf Geschäftsvorfälle mit hoher Komplexität. Er benötigt in der Regel einige Jahre, um die Unternehmen wirklich kennenlernen und ein solides Verständnis für ihre inhärenten Risiken und Kontrollrisiken gewinnen zu können. Das industrielle Anlagengeschäft (z.B. der Bau eines Kraftwerks oder die Herstellung einer Gasverflüssigungsanlage) und das Bau- bzw. Bauträgergeschäft (z.B. der Bau eines Tunnels oder die Errichtung und der Verkauf eines Gewerbezentrums) gehören zu den Branchen, in denen die Vielschichtigkeit der zu behandelnden Themen zu einer *gravierenden* Erhöhung des Prüfungsrisikos führt. Im *Bewusstsein* dieses Risikos, seiner *Aufgabe*, über den Umfang seiner Arbeit schriftlich zu berichten, und seiner *Verpflichtung*, seine Aussagen über das Prüfungsergebnis mit hinreichender Sicherheit treffen zu müssen, ist der Abschlussprüfer in besonderer Weise gezwungen, sich mit den *Eigenarten* dieser Geschäfte auseinanderzusetzen und eine Vorstellung davon zu gewinnen, wie die Risiken auf der *Unternehmens*-Ebene einerseits und auf der *Prozess*-Ebene andererseits behandelt werden. Wo liegen die wesentlichen Risiken?

Auf Unternehmensebene

- Der Wettbewerb erzwingt in der Regel eine knappe Auftragskalkulation, in der zu wenig Platz für „Unvorhergesehenes" ist.
- Ehrgeizige Wachstumsziele verführen die Unternehmensleitung, auch Aufträge mit ungewohnter Technologie oder aus Ländern anzunehmen, in denen sie nur über unzureichendes Know how verfügt.

Auf Prozessebene

- Auswahl und Überwachung von Subunternehmern sind mangelhaft. Die Auswahl wird vom Kostendruck bestimmt, die Überwachung leidet unter Personalknappheit. Dies gilt sinngemäß auch für Partner in einem Konsortium.
- Es fehlt insgesamt an einem wirksamen Projekt-Controlling, das – unter besonderer Berücksichtigung des 4-Augenprinzips – von der Auftragsannahme bis zur Übergabe der Anlage reicht.

Es ist insbesondere die hohe *Komplexität* von Geschäften, auf die wir bereits am Anfang dieses Buches aufmerksam gemacht haben, die den Einsatz von speziellen Prüfungsprogrammen in vielen Fällen unbedingt erforderlich macht. Generelle Anweisungen, die lediglich Prüfungsgebiete mit hohem, mittlerem und niedrigem Prüfungsrisiko markieren, haben nicht die nötige Ausstrahlung, um den Prüfungspfad dergestalt „auszuleuchten", dass Hindernisse und Fallen rechtzeitig und vollständig zu erkennen sind. (siehe Abb. 2)

Eine „schwierige Strömung" (um das Bild aus der Nautik erneut aufzugreifen) wird man nur dann bewältigen können, wenn man über eine „Seekarte" mit Angaben über die Tiefenverhältnisse, Sandbänke, Riffen, Klippen, Wracks verfügt. Angaben über die „Himmelsrichtung" alleine mindern das Prüfungsrisiko nicht. Wer im Rahmen einer Qualitätsprüfung keine „Seekarten" vorweisen kann, wird wohl kaum an einem ernsthaften Monitum vorbeikommen.

Die Entwicklung spezieller Prüfungsprogramme, in denen sich die Erfahrung mit einem Unternehmen und seiner Branche in verdichteter Form niederschlägt, kostet viel Zeit. Auch diese ist in der Prüfungsplanung in angemessener Form zu berücksichtigen. (siehe auch PS 240 TZ 8) Im Übrigen ist die Qualität der *Verdichtung* immer auch ein *Gradmesser* für die Eigenverantwortlichkeit des Abschlussprüfers.

3.1 Das industrielle Anlagengeschäft

Bereits Mitte der 90er-Jahre wurden insbesondere aus der Arbeitsgemeinschaft Großanlagenbau im „Verband Deutscher Maschinen- und Anlagenbau" Stimmen laut, die darauf hingewiesen haben, dass sich die Geschäftsrisiken insgesamt erhöht haben. [330] Welche Eigenarten kennzeichnen diese Geschäfte?

- Das Auslandsgeschäft nimmt zu und in ihm der lokale Anteil der Wertschöpfung.
- Der Kern des Auftrages sieht vor, dass die Anlage schlüsselfertig zu übergeben ist.
  Der General-Unternehmer übernimmt die Grundlagentechnik und vergibt wesentliche Details (Entwicklung und Lieferung von Komponenten) an Zulieferanten.
- Die Strenge der Garantievereinbarungen über Lieferzeit, Leistung, Verfügbarkeit und Wirkungsgrad hat deutlich zugenommen.

Die als Anlage 54 beigefügte Checkliste enthält einen Fragenkatalog, der dazu dienen soll, „schwierige Strömungen" zu überstehen.

---

330 Vgl. o.V.: Anlagenbauer werden zunehmend zu Risikomanagern, in : FAZ 3.4.97, Nr. 77, S. 23

3.2 Das Bau- und Bauträgergeschäft

Bau-Unternehmen haben sich in den vergangenen Jahren mehr und mehr zu „Logistik-Unternehmen" entwickelt, die ihre Aufträge, Bauwerke zu errichten, im Wesentlichen dadurch erfüllen, dass sie wesentliche Gewerke an Sub-Unternehmer vergeben. Die Logistik besteht in der Auswahl, vertraglichen Regelung und Überwachung dieser Sub-Unternehmer.

In der Anlage 55 sind Fragen und Hinweise enthalten, die sich insbesondere mit Risiken für eine Fehlaussage im Jahresabschluss beschäftigen. Diese Risiken betreffen die:

Angebotserstellung

Baudurchführung
- Kalkulation des Baustellenergebnisses
- Erfassung wesentlicher Auftragsdaten
- Leistungsmeldungen
- Kosten- und Leistungsrechnung
- Jahresabschluss

Auftragsabrechnung
- Abnahmeprotokoll
- Wertberichtigungen
- Rückstellungen

Die dort behandelten Themen gelten sinngemäß auch für das Bauträgergeschäft. Während im „reinen" Baugeschäft allerdings eine Gesellschaft nur für die *Errichtung* des Bauwerkes zuständig ist, gesellt sich beim Bauträgergeschäft noch das *Vermarktungsrisiko* zum Strauß der unternehmerischen Probleme hinzu. In der Anlage 7 wird eine Checkliste vorgestellt, an der sich der Abschlussprüfer bei der Bearbeitung von Bauträgerprojekten orientieren kann.

4 Digitale Arbeitshilfen

4.1 Phasen der Abschlussprüfung

Für die einzelnen Phasen der Abschlussprüfung bieten wir Arbeitshilfen an, die dazu dienen, das zu prüfende Unternehmen zu *durchleuchten*, Geschäftsvorfälle und Geschäftsrisiken *sichtbar* zu machen, die zuständigen Kontrollstellen zu *identifizieren*, die Arbeitsweise der Kontrollen zu *beschreiben*, Prüfungsziele zu *formulieren* und diese in Prüfungsprogramme zu *übernehmen*, in denen Art und Umfang von Prüfungshandlungen zu *dokumentieren* und das Ergebnis der Prüfung (nach dem Grad der Erreichung der Prüfungsziele) *festzustellen* sind.

Phase	Dokument
Analyse der Geschäftstätigkeit	**KoBu-Doc I (Knowledge of Business-Document)** Erfassung von Unternehmens- und Marktdaten (Anlage 17) **KoBu-Doc II (Knowledge of Business-Document)** Darstellung der Geschäftsvorfälle und ihres Einflusses auf den Jahresabschluss (Anlage 18) **KoRi-Doc (Knowledge of Risks-Document)** Erfassung der Geschäftsrisiken und ihres Einflusses auf den Jahresabschluss und Identifikation der Kontrollstellen (Anlage 20)
Analyse der Internen Kontrollen	**KoCo-Doc (Knowledge of Controls-Document)** Beschreibung der Geschäftsvorfälle und der Risiken auf Prozess-Ebene, ihres Einflusses auf den Jahresabschluss, der zuständigen Kontrollen und die Formulierung von Prüfungszielen (Anlage 24) **KoP-Doc (Knowledge of Program-Document)** Übernahme der Prüfungsziele, Einschätzung des Risikos der wesentlichen Fehlaussage, Beschreibung der Prüfungshandlungen und des Prüfungsergebnisses (Anlage 44)
Verbleibende aussagebezogene Prüfungshandlungen	**KoP-Doc (Knowledge of Program-Document)** Siehe oben. **KoDi-Doc (Knowledge of Differences-Document)** Erfassung und Analyse der Prüfungsdifferenzen (Anlage 47)

4.2 Prüfung von Jahresabschlussposten

Die *strategische* Konzeption der Leitfäden wurde bereits im Kapitel III. 1.2.2. erläutert. Dabei wurde neben der Funktion des Deckblattes und den allgemeinen Aufgaben eines Prüfungsprogramms insbesondere aus der *Sicht des Prüfungsassistenten* auf die Bedeutung der individuellen Zeitplanung, auf die Schrittfolge und auf die Ausrichtung der Prüfungshandlungen an den Prüfungszielen hingewiesen.

Im Zusammenhang mit der Prüfung der einzelnen Jahresabschlussposten werden *Prüfungskonzepte* im Allgemeinen und beispielhafte *Prüfungshandlungen* im Besonderen vorgestellt, um dem Prüfer Planung und Durchführung seiner Arbeiten mit dem Ziel zu erleichtern, ihn innerhalb des „beleuchteten Korridors" (siehe Abbildung 2) halten und ihm damit das notwendige Gefühl der Sicherheit geben zu können.

Sachanlagen : Wegweiser, Schrittfolge (Die 4-Kapitel-These), Prüfungshandlungen nach Prüfungszielen, Prüfung der Abgänge (getrennt nach Prüfungszielen), Prüfung bei angespannter Ertragslage, Prüfung von Eingangsrechnungen (siehe Kapitel III. 3.4)

Vorräte : Wegweiser, Schrittfolge (Die 4-Kapitel-These), Prüfungshandlungen nach Prüfungszielen, Prüfung bei angespannter Ertragslage, Prüfung von Eingangsrechnungen, Inventurbeobachtung (Frage nach den Prüfungszielen) und Kriterien für die Gliederung einer Inventurliste (siehe Kapitel III. 4.3 und III. 4.4)

Forderungen : Wegweiser, Schrittfolge (Die 4-Kapitel-These), Prüfungshandlungen nach Prüfungszielen, Prüfung bei angespannter Ertragslage, Prüfung von Ausgangsrechnungen, Kriterien für die Gliederung einer Saldenliste (siehe Kapitel III. 2.4)

Verbindlichkeiten : Wegweiser, Schrittfolge (Die 4-Kapitel-These), Prüfungshandlungen nach Prüfungszielen, Prüfungshandlungen bei angespannter Ertragslage, Prüfung von Eingangsrechnungen (siehe Kapitel III. 5.3 und III. 5.4)

5 Kontrollfragen

Um Wissen testen, Zusammenhänge rekapitulieren und Technik anwenden zu können, werden in Anlage 56 einige Kontrollfragen vorgestellt. Es hat sich bewährt, sich diese Fragen in Ruhe durch den Kopf gehen zu lassen, eine präzise Antwort zu formulieren und ihren Inhalt mit dem ausgedruckten Text zu vergleichen.

Im Übrigen wird auf das folgende Kapitel VII. 1 (Knotenpunkte) und auf die Anlage 52 verwiesen, in der – eine ganze Reihe von Überlegungen zusammenfassend – noch einmal wesentliche Begriffe erläutert werden.

VII Zusammenfassung : Stationen und Leitgedanken

1 Knotenpunkte

In den vorangegangenen Kapiteln sind eine Reihe von Aspekten dargestellt, Sachverhalte analysiert und die besonderen *Anforderungen* an die Arbeit des Abschlussprüfers vorgestellt worden. Die nachfolgenden Gedanken und Appelle, die die Essenz der einzelnen Kapitel bilden, dienen der Rekapitulation und sollen es dem Leser ermöglichen, von dort aus die einzelnen Überlegungen zurückverfolgen und sich die *Quellen* der Argumentation in Erinnerung rufen zu können.

1.1 Das Prüfungskonzept

Prüfungsrisiko
Für den Abschlussprüfer besteht das *entscheidende Risiko* darin, dass er ein uneingeschränktes Testat zu einem Jahresabschluss gibt, der in wesentlichen Belangen falsch ist, „materially misstated", wie die Angelsachsen sagen würden. (S. 17)

Ausgesetztsein
Die Anfälligkeit von Bilanzpositionen für wesentliche Fehlaussagen ist entweder darauf zurückzuführen, dass sie aufgrund ihrer Marktnähe wertbeeinflussenden Impulsen ausgesetzt sind oder sie beruht darauf, dass sie sich aufgrund ihrer Natur dafür eignen, durch Abläufe oder Eingriffe (durch interne Prozesse also) geprägt, verzerrt oder in anderer Weise beeinflusst zu werden, so dass unter bestimmten Bedingungen *Zweifel* darüber bestehen können, ob sie existieren, zutreffend nominiert und exakt ermittelt wurden oder ob man nicht Teile überhaupt ganz vergessen hat. (S. 22)

Der Reifeprozess
„Business Understanding" charakterisiert einen kontinuierlichen *Reifeprozess*, in dessen Verlauf man sich Kenntnisse über das Geschäft im Allgemeinen und über sich in Art und Umfang ständig verändernde Geschäftsvorfälle im Besonderen aneignen muss und an dessen (allerdings immer nur vorläufigen Ende) die *Fähigkeit* steht, ein Unternehmen in personeller, kaufmännischer und technischer Hinsicht so einzuordnen, dass man sich ein *Urteil* über die Qualität seines Jahresabschlusses erlauben kann. (S. 36)

Verbindliche Reihenfolge
Wir beginnen mit der Analyse der *Geschäftstätigkeit*. Es folgt die Analyse der unternehmerischen *Kontrollen* und in der dritten und letzten Phase führen wir *restliche* Prüfungshandlungen durch, die zur Vervollständigung unserer Prüfungsnachweise bzw. für besondere Erläuterungen erforderlich sind. Anschließend erstellen wir unseren Prüfungsbericht. Diese *Reihenfolge ist zwingend !* (S. 37)

Der Fächer
In Anbetracht seiner Verpflichtung, die Verlässlichkeit der in Jahresabschluss und Lagebericht enthaltenen Informationen zu bestätigen, ist der Abschlussprüfer gezwungen, den *Inhalt* des *generellen* Prüfungsziels sichtbar zu machen. Diese – auf die Abschlussaussagen

des Managements ausgerichtete – Aufgabe bedeutet, dass sich durch Fächerung ein Ordnungsrahmen bildet, in dem *individuelle* Prüfungsziele in der Absicht verfolgt werden, ausreichende und angemessene *Nachweise* dafür zu bekommen, dass die Aussagen zur **V**ollständigkeit, zum **E**igentum, zum **B**estand, zur **B**ewertung, zum **A**usweis und zur **G**enauigkeit zutreffen. (S. 49)

Die Gedankenfolge
Immer lautet die logische Kette: *Ziele – Strategien – Risiken* ! (S. 39)

Dauerhafte Verbindung
Versuchen Sie bei Ihrer Arbeit stets, eine *Verbindung zur Analyse der Geschäftstätigkeit* herzustellen, damit Sie in dem von mir skizzierten Korridor bleiben. Wenn Sie keine Verbindung herstellen können, ist Ihre Arbeit sinnlos geworden, und Sie laufen unter dem Aspekt des Prüfungsrisikos Gefahr, *schwerwiegende Fehler* zu begehen. (S. 54)

Questioning mind
Seien Sie *risikobewusst* und auf der Hut vor Risiken ! Lassen Sie sich nicht durch *scheinbar* klare und eindeutige Informationen beeindrucken. Verfolgen Sie die Dinge in Ruhe weiter, bis Sie wirklich sicher sind, dass bestimmte Abschlussaussagen zutreffen. Bevor Sie zu einer Schlussfolgerung kommen, fragen Sie bitte immer erfahrenere Kollegen um Rat! (S. 64)

Planung und Kontrolle
Denken Sie daran, dass Ihre Arbeit gut *strukturiert* sein muss. Das erreichen Sie dadurch, dass Sie Ihre Arbeit persönlich planen und auch persönlich überprüfen, d.h. Ihre Arbeit muss immer von einer Planungs- und von einer Kontrollphase flankiert sein! (S. 64)

Ausdrucksweise
Wenn Sie der Geschäftleitung oder Mitarbeitern des Mandanten bestimmte Zusammenhänge erläutern müssen, dann bedienen Sie sich bitte einer *einfachen Sprache* ! Sie haben es sehr oft mit reinen Praktikern zu tun und nicht mit Akademikern. Sie werden nur dann wirklich ernst genommen, wenn Sie verständliche und einprägsame Worte verwenden ! (S. 106)

Facharbeit
Die richtliniengesteuerte *Formulierung* von Prüfungszielen bestimmt die Qualität der Facharbeit und schafft die notwendigen Voraussetzungen für die Absolvierung der Qualitätskontrolle. (S. 122)

Behutsamkeit
Bevor Sie Prüfungsfeststellungen formulieren, vergewissern Sie sich bitte, ob Sie den Sachverhalt richtig *verstanden* haben! Es kommt immer wieder zu Verstimmungen, wenn Zusammenhänge nicht korrekt dargelegt werden, wenn wir also – für den Mandanten überraschend – Fehler anprangern, die de facto gar nicht existieren! (S. 136)

Vorbereitung eines Gesprächs
Wer sachdienliche Fragen stellt, gibt zu erkennen, dass er sich sorgfältig auf das Gespräch vorbereitet hat. Eine gute Vorbereitung stellt sicher, dass Sie als jemand akzeptiert werden, der konzentriert zur Sache kommt, gründlich ist, viel weiß, kurz: professionell auftritt. (S. 144)

Umgang mit Praktikern
Denken Sie immer daran, dass Ihre Gesprächspartner oft reine Praktiker sind. Treten Sie im Zweifel nicht als Theoretiker oder Wissenschaftler auf. Sie laufen also z.B. Gefahr, missverstanden zu werden, wenn Sie von „Prozess-Analyse" sprechen. Schildern Sie mit einfachen

Worten, dass Sie die internen Abläufe und Kontrolle kennenlernen wollen, um den Jahresabschluss besser zu verstehen. (S. 146)

Umgeleitete Konflikte
Stellen Sie sich auch auf Konflikte ein, die die Psychologen als *umgeleitete Konflikte* bezeichnen. Menschen, die unter Druck stehen, müssen „Luft ablassen". Sie suchen sich u.U. die erst beste Gelegenheit, um Mitmenschen anzugreifen. Sie beweisen sich damit die Stärke, die sie an einer anderen Front entweder verloren oder noch nie besessen haben. Auch der Abschlussprüfer muss damit rechnen, Zielscheibe eines umgeleiteten Konfliktes zu werden! (S. 149)

Wirksames Zuhören
Es gibt Gelegenheiten, da bildet man sich ein, genau zu wissen, was der Gesprächspartner sagen wird, und darauf verzichten zu können, ihm *genau* zuzuhören. Nachher stellt man dann fest, dass man das gehört hat, was man hören *wollte*, dass man aber in Wahrheit gar nicht zugehört hat! (S. 151)

Bestimmtheit
Man kann die Dinge auf eine einfache Formel bringen und sagen: Seien Sie höflich, aber *bestimmt!* „Bestimmt" zu sein, bedeutet, sich seiner Rechte bewusst zu sein und die Kraft zu haben, für sie einzutreten, ohne die Positionen anderer zu verletzen. (S. 152)

Zielvorstellung
Man kann den Begriff „*Prüfungsziel*" noch besser verstehen, wenn man auf den angelsächsischen Begriff „*audit objective*" zurückgreift. Wenn man diesen Begriff ins Deutsche übersetzt, dann muss man wissen, dass es sich bei „objective" nicht einfach nur um ein Ziel, sondern um eine sehr „präzise" Zielvorstellung handelt. Es ist daher kein Zufall, wenn man unter „objective" im militärischen Bereich ein „Angriffsziel" versteht. Es passt daher sehr gut ins Bild, wenn man sagt: „Der Abschlussprüfer nimmt eine bestimmte *Abschlussaussage* des Mandanten aufs Korn." (S. 161)

Kritische Einstellung
Kritisch ist die *Einstellung* des Abschlussprüfers (in vielen Fällen sollte man wohl besser von *skeptischer* Haltung sprechen!), *nicht* sein Ziel! Wäre es wirklich kritisch, dann müsste er doch an den Abbruch der Arbeiten denken, je näher er seinem Ziel kommt. Weil aber seine Einstellung kritisch ist, wird er dass Erreichen seines Zieles unter allen Umständen anstreben und darauf vorbereitet sein, wie er mit den daraus gewonnenen Erkenntnissen umgeht. (*Beurteilung* der Prüfungsergebnisse). Die gewissenhafte und eigenverantwortliche Fortsetzung der Prüfungsarbeit steht also im Mittelpunkt der Überlegungen, nicht die Gefahr einer vorzeitigen Beendigung! (S. 163)

Absicherung
Fragen Sie im Zweifel immer den Prüfungsleiter, ob die vorliegenden Prüfungsnachweise *wirklich* überzeugend sind! (S. 166)

Grenzen der Delegation
Vertrauen ist im Kontext handelsrechtlicher Bestimmungen *nicht delegierbar*. Aufsichtsrat oder Gesellschafterversammlung bringen dem Abschlussprüfer ihr Vertrauen entgegen, und dieses enthält im Kern die Erwartung, dass sich dieser ausreichende und angemessene Nachweise dafür verschafft, dass bestimmte Aussagen des Managements zutreffen oder nicht. (S. 169)

1 Knotenpunkte

Zwingende Informationen
Prüfungsnachweise sind *zwingende* Informationen, die den Abschlussprüfer aufklären, ob er seine Prüfungsziele erreicht hat. Sie erlauben ihm, i.d.R. *uneingeschränkt* bestätigen zu können, dass die Abschlussaussagen des Managements zutreffen. Die Abschlussaussagen betreffen: Die **V**ollständigkeit, das **E**igentum, den **B**estand, die **B**ewertung, den **A**usweis und die **G**enauigkeit. (S. 171)

Ansprüche
Einen Prüfungsnachweis zu besitzen, bedeutet grundsätzlich nicht, nur auf simple Abstimm- oder Rechenvorgänge hindeuten zu können (Sachkonto mit Hauptbuchkonto verglichen, Abschreibungen nachgerechnet), sondern eine Arbeit mit Prüfungshandlungen dokumentiert zu haben, die über mehrere Stufen in einen *logischen* Zusammenhang eingebunden ist und in der Regel zu dem Ergebnis führt, dass bestimmte *Abschlussaussagen* des Mandanten stimmen oder nicht ! (S. 171)

„Sic et non"
Geben Sie sich nicht mit ganz allgemeinen Erklärungen zufrieden. Bleiben Sie ruhig, aber hartnäckig, wenn es heißt: „Lassen Sie das mal unsere Sorge sein! Wir verstehen unser Geschäft besser als Sie!" Denken Sie daran, *bestimmt* zu sein, und seien Sie sich immer der Tatsache bewusst, dass Sie *Rechte* haben, die Sie zwar mit Höflichkeit, aber mit *Nachdruck* verfolgen müssen ! (S. 173)

Überredungskünste
Man kommt dem Problem „*persuasive rather than conclusive*" näher, wenn man an Folgendes denkt: Oft bilden wir uns nur ein, „überzeugt" zu sein und merken nicht, dass wir im Grunde genommen „überredet" wurden, etwas als plausibel zu empfinden. „Plausibel" geht aber auf das Lateinische zurück und bedeutet soviel wie „beifallswert". Damit wird also treffend eine Reaktion geschildert, die aus dem Augenblick heraus geboren wurde und die Gefahr mit sich bringt, dass man – von einer Stimmung abhängig – gar nicht merkt, dass einem Prüfungsnachweis die *letzte* Beweiskraft fehlt. (S. 181)

Der Weg zur gesicherten Wahrheit
Die „*methodische Skepsis*" soll über den Zweifel zu einer *gesicherten* Wahrheit führen." (S. 183)

Skeptizismus und Dogmatismus
„Der Sinn der *skeptischen Geisteshaltung* wird besonders deutlich, wenn man an den Gegensatz desselben, nämlich den Dogmatismus, denkt. Der Skeptizismus hat keinen Sinn, wenn er sich nicht auf ein dogmatisches, d.h. *behauptendes* System bezieht." (S. 184)

Der Irrglaube
Bilden Sie sich nicht ein, Sie könnten *nach* Beendigung der Prüfung und *nach* Auslieferung des Prüfungsberichtes Ihre Arbeitspapiere noch so auf Vordermann bringen, dass es Ihnen gelingt, wesentliche Schwachstellen der Prüfung, die in der Regel in der *Dokumentation* liegen, zu beseitigen. (S. 189)

Das Bekenntnis
Wenn wir die Pflicht haben, uns ein *eigenes Urteil* zu bilden, dann müssen wir dieses Urteil auch klar formulieren! Fehlt ein klares Urteil, setzen wir uns der Gefahr aus, dass wir beschuldigt werden, nicht ordnungsgemäß geprüft zu haben. Wer keine Farbe bekennt, hat keine gute Übersicht ! (S. 199)

Die Verknüpfung
Aus dem KoBu-Doc entwickeln wir die *Geschäftsrisiken*. KoRi-Doc weist uns den Weg zu den maßgeblichen *Kontrollen*. Über die Beurteilung der internen Kontrollen führt uns der Weg zu den *Prüfungszielen*, die im KoCo-Doc erstmalig (wenn auch gedanklich schon längst vorbereitet) formuliert werden. Das KoP-Doc übernimmt diese sachgerecht entwickelten Prüfungsziele und setzt sie in entsprechende *Prüfungshandlungen* zu dem alleinigen Zweck um, ausreichende und angemessene *Prüfungsnachweise* dafür zu bekommen, dass bestimmte Abschlussaussagen des Mandanten stimmen. Diese Systematik ist *zwingend*. (S. 201)

Erinnerungen an Johannes Kepler
Die Arbeitspapiere bewegen sich in *Elipsen*, in deren einen *Brennpunkt* der Jahresabschluss steht. (S. 202)

Schwerfälligkeit
Standard-Prüfprogrammen haftet immer etwas Schwerfälliges und Unbeholfenes an, Eigenschaften, die nicht dazu beitragen, den Mandanten von der Qualität einer Abschlussprüfung wirklich zu überzeugen, vor allem auch deshalb nicht, weil die Gefahr besteht, dass Prüfungsnachweise unter diesen Voraussetzungen nur *scheinbar* angemessen sind. (S. 204)

Die Herrschaft
In ihrer aufgefächerten Form (**VEBBAG**) bilden die Prüfungsziele – in der Strategieanalyse bereits nominiert und in der Prozessanalyse bestätigt und formuliert – das *beherrschende* Element des Prüfungskonzeptes. (S. 206)

Der Verdacht
Wer „skeptisch" ist, der möchte am liebsten den Beweis dafür liefern, dass er mit seinem Verdacht, *„die Aussage ist falsch"*, Recht hat. Insofern trifft der ISA den Nagel auf den Kopf, in dem er mit seiner Terminologie der „Substantive Procedures" die *Stoßrichtung* der Prüfungshandlungen ganz klar vorgibt. (S. 210)

Die Rangordnung
Ich halte die Auffassung, analytische Prüfungshandlungen grundsätzlich zu bevorzugen, für nicht akzeptabel. (S. 216)

Vorlaufzeiten
Wir müssen unseren Mandanten eine ausreichende *Vorlaufzeit* geben (das ist im Übrigen auch eine Frage der Höflichkeit), damit sie in der Lage sind, ihre Fachbereiche entsprechend zu instruieren. Denn diese sind es ja, die für uns *Sonderauswertungen* machen sollen, und das können sie in aller Regel nur mit gezielter Unterstützung der DV-Abteilung. (S. 218)

Informationssymmetrie
Informationssymmetrie ist nur gewährleistet, wenn der Prüfungsleiter die Ergebnisse seiner Aufklärungsarbeit, die bei *Beginn* der Prüfung vorliegen, im *Verlaufe* der Arbeiten erweitert werden und bei *Beendigung* des Auftrages die Berichterstattung prägen, dem Team zeitnah zur Verfügung stellt. (S. 283)

Querverbindungen
Prüfungsassistenten sind aufgerufen, mitzudenken, Querverbindungen zu anderen Jahresabschlussposten herzustellen (Vogelperspektive!) und mit ihren Team-Kollegen in eine fruchtbare Diskussion einzutreten, die die Abschlussprüfung voranbringt. (S. 344)

Ursachenforschung
Man vermisst als kritischer Betrachter den *Mut* der Autoren, die einfache Frage zu stellen, wo die Gründe dafür liegen, dass Prüfer in Deutschland, Europa und in Übersee *Bilanzmanipulationen* entweder zu spät oder gar nicht festgestellt haben und die sich nunmehr wegen der Abgabe falscher Testate verantworten müssen. (S. 391)

Umgangsstile
Man darf das *Prüfungsrisiko* weder unterschätzen, noch dramatisieren. Man unterschätzt es, wenn man z.B. die Komplexität von Prüfungsaufträgen herunterstuft und man dramatisiert es, wenn man dem „Top Management Fraud" unter dem Einfluss gravierender Einzelfälle eine zu hohe Bedeutung beimisst. (S. 403)

Leitgedanken
Prüfungsstandards können dem Abschlussprüfer nur einen fachlichen Rahmen vermitteln, in dem er sich bewegen soll. Es handelt sich um allgemeine Anweisungen, die eine bestimmte Richtung vorgeben. Für Sonderfälle sind sie naturgemäß *nicht* geeignet. Der Abschlussprüfer ist also aufgefordert – unter Wahrung des *Gehaltes* der Prüfungsstandards – *eigene* Wege zu gehen, wenn die besonderen Umstände dies erfordern. (S. 417)

Quod erat demonstrandum
Die *Wahrung des Gehaltes der Prüfungsstandards* ist in den Arbeitspapieren *angemessen* zu *dokumentieren*, deren jeweils letzter Satz (dem Mathematiker bekannt) dann lauten müsste: „Quod erat demonstrandum." (S. 417)

Der rote Faden
Der rote Faden in den Prüfungsstandards, der nicht nur die *formale Strenge* einer Richtlinie, sondern insbesondere den *moralischen Gehalt* von Appellen erkennen lässt, besteht in der regelmäßig wiederkehrenden Aufforderung an den Abschlussprüfer, sich *selbst* ein Urteil zu bilden, und in dem Hinweis, dass nach einer langen Kette von Prüfungshandlungen und damit verbundenen *Teil*-Erkenntnissen ein ausgewogenes *Gesamturteil* in Form der Erteilung, Einschränkung oder Versagung eines Bestätigungsvermerkes stehen muss. (S. 417)

Deklarationen
Es soll Aufgabe dieser *konzentrierten Darstellung* sein, die enorme *Verantwortung* sichtbar zu machen, die mit der Arbeit des Abschlussprüfers verbunden ist, und aufzuzeigen, *warum* das Prüfungsurteil als Deklarationssatz mit bedeutendem Inhalt zurecht beim Adressaten eine *hohe* Erwartungshaltung auslöst. Sie zwingt den Abschlussprüfer gleichzeitig, darüber nachzudenken, welche Arbeiten er an seine Mitarbeiter *delegieren darf* und welche er sich selbst vorbehalten muss. (S. 418)

Vollständigkeitskontrolle
Die häufig erwähnte Eigenverantwortlichkeit dirigiert die permanente Verpflichtung zum „Urteil". Mit der Lokalisierung *wesentlicher* Themen, die allzu leicht im breiten Spektrum vielfältiger (in ihrer individuellen Weiterentwicklung nur schwer verfolgbarer Standards) untergehen, ist dann auch der Vorteil verbunden, sich schnell orientieren und sozusagen im Rahmen einer Vollständigkeitskontrolle überprüfen zu können, ob die Urteilsbildung *insgesamt* auf einer *sicheren* Basis steht. (S. 418)

Das Patronat
Die entscheidende Aufgabe der Prüfungsstandards besteht darin, zu *verhindern*, dass der Abschlussprüfer ein falsches Testat gibt, d.h. einen uneingeschränkten Bestätigungsvermerk für einen Jahresabschluss erteilt, der in wesentlichen Belangen falsch ist. (materially misstated) (S. 432)

Der Rahmen
Nur wenn sich der Abschlussprüfer stets seiner *eigenen* Verantwortung bewusst ist, wird er *seinen* „Rahmen der Erkenntnismöglichkeiten" *sehr weit* spannen und sich nicht auf die Position zurückziehen, mehr als Stichproben könne man nicht machen und im Übrigen müsse man auf die Angaben der Geschäftsleitung vertrauen. (S. 446)

Maßstäbe
Der weite Rahmen der Erkenntnismöglichkeiten wird durch PS 230 gespannt. Ihn kann der Abschlussprüfer nicht nach eigenem Gutdünken verkleinern. An *seinen* strengen Maßstäben wird er letztlich gemessen. (S. 446)

1.2 Die Strategie-Analyse

Anfälligkeit
Nur wenn man sich mit den *Eigenarten* der einzelnen Geschäfte auseinandersetzt, wird man auch die *Fehleranfälligkeit* bestimmter Jahresabschlussposten beurteilen und Maßnahmen ergreifen können, die sicherstellen, dass man wesentliche Fehlaussagen im Jahresabschluss mit *hinreichender* Sicherheit erkennen kann ! (S. 27)

Neue Einflüsse
Veränderungen kennzeichnen in zunehmendem Maße das Bild unserer Wirtschaft. Mit ihnen müssen der Abschlussprüfer und sein Team vertraut sein, damit sie neue *Einflüsse* auf den Jahresabschluss rechtzeitig erkennen können. (S. 42)

Versäumnisse
Sie können eine Prüfung *nicht mehr korrigieren*, wenn Sie sich *zu spät* mit den geschäftlichen Details Ihres Mandanten beschäftigen ! (S. 43)

Der Eröffnungszug
Mit der Skizzierung von Geschäftsvorfällen und Risiken, sozusagen einem *„Eröffnungszug" prüferischer Tätigkeit*, werden nicht nur Konturen eines Unternehmens sichtbar, sondern es lassen sich auch in einem ersten Schritt mögliche *Problemfelder* eines Jahresabschlusses abstecken. Der *Zeitpunkt* dieser Skizzierung bestimmt entscheidend die Qualität einer Abschlussprüfung. (S. 43)

Der Strudel
Die Gefahr ist groß, dass man ohne Leitlinie bereits früh in den *Strudel* buchhalterischer Zwänge und der Vielfalt ihrer (häufig belanglosen) Nachbuchungen gerät und dann den wesentlichen Themen nicht mehr die erforderliche Aufmerksamkeit widmen kann. (S. 45)

Form und Erkenntniswert
Bei einem uneingeschränkten Bestätigungsvermerk handelt es sich um eine Erklärung, die – gemessen an der *Form* – eine bejahende, besondere, unbedingte und versichernde Funk-

1 Knotenpunkte

tion hat und – gemessen am *Erkenntniswert* – im Gegensatz zu einer reinen Erläuterung zum Ausdruck bringt, dass hier eine analytische Aufgabe zu erfüllen war. (S. 52)

Einheit
Man muss Ziele und Strategien als unternehmerische *Einheit* sehen, weil aus dieser heraus ein Maßnahmenbündel entwickelt wird. Die damit verbundenen Aktivitäten – geplant und durchgeführt in bestimmten Bereichen des Unternehmens, d.h. auf den *Prozess-Ebenen* – schlagen sich im Jahresabschluss nieder. Aus diesem Grunde verwenden die Angelsachsen auch den Terminus „Financial Statement Implications". (S. 70)

Wegweiser
Die im KoBu-Doc niedergelegten Informationen sind der *Wegweiser* für die Jahresabschlussprüfung ! (S. 72)

Die Frage nach den Geschäftsvorfällen
Für jedes Unternehmen (für jede Institution oder Organisation, denn auch diese können Gegenstand einer Prüfung sein) gilt die Frage, welche Geschäftsvorfälle *prägen* den Jahresabschluss ? (S. 81)

Druck
Es sind in der Regel die Gesellschafter, Aufsichtsräte, Banken und Analysten, die das Management *unter Druck setzen*, weil man sich ihnen gegenüber frühzeitig gebunden und erklärt hat, bestimmte *Ziele* (sei es ein bestimmtes Ergebnis, sei es ein bestimmter Umsatz) erreichen, möglicherweise sogar überschreiten zu können ! (S. 86)

Eintrittskarten
Die Analyse der Geschäftstätigkeit liefert sozusagen die *Eintrittskarten* für die Prozess-Analyse. Wenn die Eintrittskarten den falschen Namen tragen, sitzen wir in der falschen Vorstellung ! (S. 99)

Spurensuche
Man muss sich als Abschlussprüfer eine Vorstellung davon machen, welches *Instrumentarium* die Geschäftsleitung einsetzen wird, um die gesetzten *Ziele* – „koste es, was es wolle" – zu erreichen. (S. 112)

Aufklärung
Mit der *Aufklärungsarbeit* des Prüfers ist die Aufgabe verbunden, diejenigen „Behauptungen" des Mandanten in den Mittelpunkt seiner Arbeit zu stellen, die dem Jahresabschluss das *Gepräge* geben. (S. 221)

Die Verfassung
Die Schwerpunkte einer Prüfung richten sich regelmäßig danach, in welcher wirtschaftlichen *Verfassung* sich das zu prüfende Unternehmen befindet. Die Formulierung bestimmter *Prüfungsziele* hängt in der Regel – ganz einfach gesagt – davon ab, ob es einem Unternehmen gut oder schlecht geht. (S. 226)

Verlagerungen
Mit der Hinwendung zum *Dienstleistungsgeschäft* kommt der Erfassung, Bewertung und dem Ausweis von *unfertigen Leistungen* bzw. der Abrechnung fertiger Leistungen an den Kunden (Umsatz- und Gewinnrealisation) zunehmende Bedeutung zu. (S. 297)

Das Milieu
Hinter „*Environment*" verbirgt sich ein wirtschaftliches „*Milieu*", in dem Gesellschafter, Aufsichtsräte, Analysten, Banken, Gewerkschaften und vielleicht auch die Medien ihre eigenen Interessen verfolgen und in dem sich die Geschäftsführung – auch ihre persönlichen Ziele verfolgend, die durchaus materieller Natur sein können – unter *heterogenen* Bedingungen behaupten muss. (S. 349)

Das letzte Glied
Man muss verstehen, dass *Bilanzpolitik* auch dazu dient, den Jahresabschluss „unter allen Umständen" so zu gestalten, dass er mit der *Zielsetzung* des Unternehmens und der damit verbundenen *Strategie* in Einklang steht, also das *letzte Glied* in der erkennbaren Kette „Ziele-Strategien-Risiken" bildet. Man muss wissen, dass Bilanzpolitik immer als *Dogma*, d.h. als *behauptendes* System, auftritt und sehr häufig nur als *Maßnahmenbündel* wirkt, weil es durch die Strapazierung einer einzigen Bilanzposition in der Regel nicht gelingt, das geplante Ergebnis zu erreichen. Man darf schließlich nicht verkennen, dass Bilanzpolitik sich immer wieder auch dadurch auszeichnet, dass Grundsätze ordnungsmäßiger Buchführung *bewusst* nicht beachtet werden. (S. 368)

Täuschungsmanöver
Es ist Aufgabe des Abschlussprüfers zu verhindern, dass eine *Krise* von der Geschäftsleitung „*überspielt*" wird und den Aufsichtsorganen wertvolle Zeit zur Ergreifung von Gegenmaßnahmen verloren geht. Wenn seine *Prüfungsfeststellungen* den bilanzpolitischen Maßnahmenkatalog aufdecken, wird das Ergebnis seiner Arbeit als wertvoller Beitrag im Rahmen eines „erweiterten Früherkennungssystems" aufgefasst werden und die Beziehungen „Aufsichtsrat / Wirtschaftsprüfer" nachhaltig stärken. (S. 372)

Teamgeist
Jedes Mitglied eines Prüfungsteams hat die Aufgabe, den *Lagebericht* sorgfältig zu studieren und sich – unter besonderer Berücksichtigung seines Aufgabengebietes – Gedanken darüber zu machen, ob die Informationen, die im Lagebericht enthalten sind, den Grundsätzen der *Vollständigkeit*, *Genauigkeit* und *Richtigkeit* entsprechen und ob die dort getroffenen Einschätzungen von einer *realistischen* Betrachtungsweise geprägt sind. (S. 381)

Erleichterung
Die Erfahrung zeigt, dass Leitungs- und Überwachungsorgane sehr wohl Interesse daran haben, dass sich der Abschlussprüfer mit der Vielfalt von Geschäften und den korrespondierenden Kontrollen beschäftigt. Man spürt geradezu eine gewisse *Erleichterung*, wenn man zum Ausdruck bringt, sich stärker als bisher von der engen *buchhalterisch* geprägten Betrachtungsweise lösen und sich mehr *strategischen* Aspekten zuwenden zu wollen. (S. 389)

1.3 Die Prozess-Analyse

Verständnis
Nur wenn wir die *Kontrollen* wirklich verstanden haben – und Verständnis bedeutet, die *Eigenart* und *Effektivität* der Kontrollen beurteilen zu können – sind wir auch in der Lage, die restlichen Arbeiten sachgerecht planen und durchführen zu können ! (S. 30)

1 Knotenpunkte

Keine Ausnahme
Unsere Aufgabe besteht darin, *Nachweise* dafür zu bekommen, dass die Kontrollen korrekt arbeiten, d.h. wir müssen uns davon überzeugen, dass *„alle Aussagen"* des Mandanten stimmen! (S. 49)

Die Entwicklungsgeschichte
Jedes Element einer Bilanzposition hat sozusagen eine *Entwicklungsgeschichte* hinter sich, d.h. es hat in der Regel vor und nach dem Eintritt in das Unternehmen eine Reihe von Meilensteinen, mit anderen Worten „Kontrollstellen", passieren müssen, die in den jeweiligen Geschäftsprozessen installiert sind! (S. 76)

Annäherung
Wir *nähern* uns dem Jahresabschluss über die *Prozesse*! (S. 78)

Die Gesamtschau
Es ist wichtig zu verstehen, dass eine *prozessorientierte* Betrachtungsweise das *gesamte* Unternehmen erfassen muss und nicht nur die Bereiche des Finanz- und Rechnungswesens. (S. 80)

Isolation
Es wäre *leichtsinnig*, aus funktionierenden Kontrollen im Verkaufsprozess den Schluss zu ziehen, dass die Kontrollen in den anderen Prozessen ebenso zuverlässig arbeiten! Auch hier droht die Gefahr zu sagen: „Es wird schon stimmen!" (S. 104)

Der genetische Code
Wenn wir uns als Abschlussprüfer zuerst mit der Geschäftstätigkeit des Unternehmens und anschließend mit seinen Kontrollen beschäftigen, dann sind wir mit den einzelnen Jahresabschlussposten *vertraut*, weil wir ihren *genetischen Code* kennen. Nur unter dieser Voraussetzung ist das von uns verlangte *Urteil* über die *Qualität* des Jahresabschlusses überhaupt möglich! (S. 104)

Fragezeichen
Wenn wir nicht wissen, was im Unternehmen zwischen Auftragserteilung und Geldeingang geschieht, wenn wir also zwischen beiden Begebenheiten eine *Reihe von Fragezeichen* setzen müssen, wie können wir dann die *Solidität* von Zahlen bestätigen? Mit einer Einstellung: „Es wird schon stimmen" sorgen wir nicht für *Verlässlichkeit* und *Glaubhaftigkeit*! (S. 105)

Seriosität
Nur mit Hilfe eines *wirksamen* Internen Kontrollsystems ist der Mandant seriöserweise in der Lage zu behaupten, dass sich *alle* Geschäftsvorfälle und *alle* Geschäftsrisiken im Jahresabschluss *richtig* niedergeschlagen haben! (S. 108)

Okavango
Ich habe deshalb vom *OKAVANGO-Phänomen* gesprochen, weil wir als Abschlussprüfer nachvollziehen müssen, ob der Fluss (der Informationsfluss) auch *tatsächlich* das Meer (den Jahresabschluss) erreicht. (S. 111)

Maßstäbe
Jedes Unternehmen arbeitet mit *Leistungskennziffern*! (S. 116)

Vehikel
Indem nämlich die Erfahrung mit Kennziffern die gewissenhafte Beurteilung von Leistungswerten erst möglich macht, wird sie zugleich zum Vehikel für die *skeptische Haltung* des

Abschlussprüfers, wenn sein Unternehmensbild nicht mit der „behaupteten" Performance des Managements in Einklang zu bringen ist ! (S. 117)

Hoffnungen
Der *schlechte* Abschlussprüfer hört nach dem Design-Test bereits auf, d.h. er glaubt das, was man ihm erzählt, ohne sich von der Arbeitsweise der Kontrollen tatsächlich zu überzeugen. Wer sagt: *„Es wird schon stimmen"*, verfügt nur über *Hoffnungen*, aber nicht über aussagefähige Prüfungsnachweise ! (S. 126)

Deckungskapazität
Die Zeit, die dem Abschlussprüfer zur Verfügung steht, ist begrenzt. Auf der Suche nach Kontrollen, die bestimmte Aussagen des Mandanten stützen, muss er sich von wirtschaftlichen Überlegungen leiten lassen. Er wird also diejenigen *Kontrollen* auswählen, die die *meisten Aussagen* abdecken ! (S. 127)

Die Übernahme
Es zeichnet die *Logik unserer Arbeitspapiere* aus, dass die im KoCo-Doc formulierten *Prüfungsziele* direkt in das *Prüfungsprogramm* übernommen werden. Dadurch wird vermieden, dass wir einen streng vorgezeichneten *Prüfungspfad* (unseren von der Leitfunktion ausgeleuchteten Korridor) verlassen und uns mit unwesentlichen Themen beschäftigen ! (S. 132)

Vorauseilende Gedanken
Es muss klar sein, dass sich der Abschlussprüfer (in vorauseilenden Gedanken möglicherweise bereits bei der Analyse der Geschäftstätigkeit) ganz bestimmte *Prüfungsziele* setzen muss, Prüfungsziele, die *exakt* auf die Abschlussaussagen des Mandanten gemünzt sind. Einer „Prüfungsstrategie", die diesen Zusammenhang nicht erkennen lässt, fehlt das belebende Element. (S. 220)

Konturen
Durch eine *Gesamtschau* bekommt ein Unternehmen diejenigen Konturen, die wir kennen müssen, um uns an vernünftige *Prüfungsziele* herantasten und um sie im *Gleichgewicht* mit anderen Prüfungszielen halten zu können. (S. 283)

1.4 Verbleibende Prüfungshandlungen und Berichterstattung

Einspruch
Man spricht immer dann von einer *Prüfungsdifferenz*, wenn man auf einen Fehler gestoßen und mit einer Abschlussaussage des Mandanten *nicht einverstanden* ist. Hier können alle Buchstaben aus **VEBBAG** eine Rolle spielen ! (S. 185)

Nachbuchungsbedarf
Der Mandant muss *entscheiden*, welche Beträge nachzubuchen sind. Der Abschlussprüfer muss *beurteilen*, ob Beträge, die nicht nachgebucht wurden, als wesentlich gelten. (S. 187)

Ausweispräferenzen
Man darf die Bedeutung von *Ausweiskorrekturen* nicht unterschätzen ! Es kann doch sein, dass ein Mandant Beziehungen zu verbundenen Unternehmen nicht offen legen will und eine Verpflichtung aus dem Liefer- und Leistungsverkehr als Verbindlichkeit aus Lieferungen und Leistungen ausweist und nicht - wie vorgeschrieben - als eine Verbindlichkeit gegenüber *verbundenen* Unternehmen. (S. 187)

Überleitung
Wenn sich eine Bilanzposition durch Nachbuchungen ändert, muss die Entwicklung aus dem *Deckblatt* hervorgehen. Man beginnt also beim *ursprünglichen* Stand der Position und bildet dann unter Einbeziehung der Nachbuchungen eine *Überleitung* zum endgültigen Stand, der dann mit der *aktuellen* Fassung der Bilanz abzustimmen ist. (S. 195)

Geheimnisse
Verbleibende Prüfungshandlungen sind insbesondere dann erforderlich, wenn sich im Rahmen der Abschlussprüfung herausstellt, dass der Mandant aus Budgetgründen *Bilanzpolitik* betrieben hat und der Abschlussprüfer herausfinden muss, auf welchen Prüffeldern dies geschehen ist. (Freiwillig wird ein Mandant in der Regel darüber nicht berichten !) (S. 207)

Gleichgültigkeit
Wer die *Geschäftstätigkeit* des Mandanten versteht, wird *Eingangsrechnungen* (z.B. Lieferant, Art, Zeitpunkt und Umfang der Bezüge) und *Ausgangsrechnungen* (z.B. Kunde, Art, Zeitpunkt und Umfang der Lieferungen) mit ganz anderen Augen betrachten, als derjenige, der – vom „inneren Gehalt" bestimmter Geschäftsvorfälle völlig unbeeindruckt – nur den Rechnungsbetrag mit einer Offene-Posten-Liste vergleicht, eine Übereinstimmung feststellt, diese Position abhakt und zur nächsten Rechnung übergeht. (Das Übrige wird ja dann schon stimmen !) (S. 228)

Überraschungen
Planen Sie Ihre Zeit so, dass Sie die formellen Aspekte (wie Angaben in der Anlagenkartei, Anlagenspiegel, Umbuchungen etc.) nicht vernachlässigen, dass Sie aber ausreichend Zeit haben für die wirklich *wichtigen* Dinge! Wenn Sie erst während der Prüfung auf *bedeutende Themen* stoßen, die Sie bei vernünftiger Planung *schon vorher* hätten erkennen können, fehlt Ihnen in der Regel die notwendige Zeit, um sich *angemessen* mit ihnen beschäftigen zu können. (S. 280)

Der Reiz der Nähe
Inventurüberwachungen haben einen ungewöhnlichen Reiz, weil man mit Menschen *sprechen*, Maschinen *kennenlernen* und *Ware anfassen* kann. Eine bessere Gelegenheit, ganz nahe am betrieblichen Geschehen zu sein, gibt es nicht ! (S. 310)

Reiseroute
Die *Inventurbeobachtung* ist im Übrigen auch ein Zeichen dafür, dass wir uns den Vorräten über den „*Prozess* des Inventarisierens" nähern. Nur auf diese Weise lernen wir die *Eigenarten* einer Bilanzposition kennen, insbesondere weil wir die einmalige Gelegenheit haben, die Vorräte anfassen und spüren zu können, welche „Reise" sie bereits hinter sich haben. (S. 313)

Bedrohliche Hebel
Eine *Ausweitung der Prüfung* kann zu erheblichen Zeitproblemen bei den verbleibenden Prüfungshandlungen führen und muss rechtzeitig mit dem Prüfungsleiter bzw. mit der Geschäftsleitung des Mandanten abgestimmt sein. Sie setzt in jedem Fall ein erhebliches Knowhow voraus, weil man sich auch mit *externen* Einflüssen auseinandersetzen und ein Gespür dafür entwickeln muss, an welchen Stellen des Jahresabschlusses der Mandant die *Hebel* für eine Ergebnisverbesserung angesetzt haben könnte. (S. 314)

Ungewissheiten
Es hat sich bewährt, Fragen, die sich aus dem Verständnis der Geschäftstätigkeit ergeben,

schriftlich zu formulieren und sie dann mit dem Mandanten zu besprechen. In der Regel geben *Fragenkataloge* dieser Art dann den Anstoß, um neue und weitergehende Aspekte zu diskutieren. Diese Aspekte liegen dann u.U. auf dem viel schwierigeren Feld der *ungewissen* Verbindlichkeiten, für die nach § 249 HGB Rückstellungen zu bilden sind. (S. 355)

Erwartungen
Die Grundregel für die *Anfertigung eines Schriftstückes* lautet: Versetze Dich als Schreibender in die *Lage des Lesers* ! (S. 383)

2 Zwölf Thesen zur risikoorientierten Jahresabschlussprüfung

(1) Die Jahresabschlussprüfung erfolgt – in der Absicht das *Prüfungsrisiko* so klein wie möglich zu halten – in **drei Phasen** : in der Analyse der Geschäftstätigkeit, in der Analyse der Kontrolltätigkeit und in den verbleibenden aussagebezogenen Prüfungshandlungen einschließlich Berichterstattung. Um die Anfälligkeit von Bilanzpositionen für wesentliche Fehlaussagen (rechtzeitig) zu erkennen, ist diese Reihenfolge zwingend. Das vom Prinzip der *Wesentlichkeit* geprägte Zusammenspiel zwischen Prüfungsziel, Prüfungstechnik und Prüfungsnachweis bestimmt die *Richtung* einer Abschlussprüfung.

(2) Die in den drei Phasen mit Hilfe überzeugender Informationen gewonnenen Erkenntnisse sind in den **Arbeitspapieren** niederzulegen, um den *Nachweis* zu führen, dass das im Bestätigungsvermerk formulierte Gesamturteil in eigenverantwortlicher und gewissenhafter Weise gebildet wurde. Die strenge Beachtung der Phasenfolge und die Logik ihrer Verknüpfung gewährleisten die *Ökonomie* dieses Sicherheitskonzeptes.

(3) In der Analyse der Geschäftstätigkeit werden – unter besonderer Berücksichtigung der Unternehmensziele und der Unternehmensstrategie – die *Eigenarten* der Geschäftsvorfälle und der Geschäftsrisiken identifiziert und im Rahmen einer gewissenhaften, zeitraubenden Aufklärungsarbeit ihr Einfluss auf den Jahresabschluss bestimmt. Die daraus resultierende **Leitfunktion** des Business Understanding gilt für die *gesamte* Abschlussprüfung, die sowohl eine *sachliche* als auch eine *zeitliche* Dimension hat. Eine Prüfung ist nicht mehr zu korrigieren, wenn man sich zu spät mit den geschäftlichen *Details* des Unternehmens beschäftigt.

(4) Die Analyse der Kontrolltätigkeit besteht aus **zwei Stufen** : aus dem *Design-Test* und dem nachfolgenden *Funktionstest*. Sie sind in der *Prüfungsplanung* entsprechend zu berücksichtigen. Es ist *unzulässig*, aufgrund von positiven Erkenntnissen aus dem Design-Test auf den Funktionstest zu verzichten.

(5) In der Analyse der Kontrolltätigkeit werden – die identifizierten Geschäftsvorfälle und Geschäftsrisiken aufgreifend – Prozess-Ziele identifiziert, Risiken auf Prozess-Ebene bestimmt, die dazu bestehenden Kontrollen geprüft und die daraus folgenden notwendigen **Prüfungsziele** festgelegt. Diese Schrittfolge beruht u.a. auf der Erkenntnis, dass jede Jahresabschlussposition ihre Entstehungsgeschichte (ihre *genetische* Prägung) hat, die der Abschlussprüfer kennen muss, um seine Arbeiten sachgerecht und wirtschaftlich durchführen zu können. Wir *nähern* uns also einer Jahresabschlussposition über diejenigen Prozesse, die das unternehmerische Geschehen bestimmen. Dabei spielt die wirtschaftliche *Verfassung*, in der sich das Unternehmen befindet, eine wesentliche Rolle. Es hat sich bewährt, die bei der Verfolgung von Prüfungszielen aufgetretenen Probleme in Fragebögen mit der Absicht zu verdichten, diese zur Ausnutzung des Know-how bei Folgeprüfungen (ggf. in modifizierter Form)

verwenden zu können.

(6) Auf der Basis der direkt in das **Prüfungsprogramm** übernommenen *Prüfungsziele* erfolgt die Festlegung der Prüfungshandlungen. Die beschafften Prüfungsnachweise werden abschließend vorgestellt und gewürdigt. Der dauerhafte Einsatz von *Standard-Prüfprogrammen*, die nur unzureichend die Eigenarten des Unternehmens widerspiegeln, erhöht das Prüfungsrisiko und widerspricht dem oben erwähnten Sicherheitskonzept.

(7) In den Prüfungszielen kommt die eindeutige Absicht zum Ausdruck, im Bewusstsein des **Prüfungsrisikos** einen *ausreichenden* und *angemessenen* Nachweis dafür zu bekommen, dass die Abschlussaussagen des Managements zur **V**ollständigkeit, zum **E**igentum, zum **B**estand, zur **B**ewertung, zum **A**usweis und zur **G**enauigkeit (**VEBBAG**-Struktur) zutreffen. VEBBAG lautet dann auch konsequenterweise die Gruppe der Prüfungsziele. Ihre testatsgerichtete Gewichtung bildet ein wesentliches Element der Facharbeit. Sind Prüfungsziele aufgrund von komplexen Zusammenhängen *entscheidend* und *schwerwiegend*, ist im Hinblick auf die gebotene Skepsis besondere *Erfahrung* verlangt.

(8) **Prüfungsnachweise** – charakterisiert durch ihre Eigenschaften „ausreichend" und „angemessen" – sind *zwingende* Informationen, die den Abschlussprüfer zu dem *eigenen* Urteil führen, seine Prüfungsziele erreicht zu haben und damit i.d.R. uneingeschränkt bestätigen zu können, dass die wesentlichen Abschlussaussagen des Managements zutreffen. Bei der Interpretation der Prüfungsnachweise ist die Problematik der „*Scheingenauigkeit*" gewissenhaft zu beachten.

(9) Die Beschaffung der Prüfungsnachweise erfolgt mit Hilfe einer bestimmten **Prüfungstechnik**. Diese verfügt über das folgende *Instrumentarium* : **V**ergleich, **A**ugenscheinnahme, **B**efragung, **B**estätigung, **B**eobachtung, **E**insichtnahme, **N**achrechnen und (aus Vorsichtsgründen ein 2. Mal) **E**insichtnahme. (kurz : VA BENE). Die Gewinnung aussagekräftiger Prüfungsnachweise ist vom Einsatz der Prüfungstechnik abhängig. Es ist Aufgabe des Abschlussprüfers, bei der Verfolgung von Prüfungszielen die Wirkungskraft der einzelnen Instrumente einzuschätzen und deren Kombination anforderungsgerecht von Fall zu Fall festzulegen.

(10) Auf dem (manchmal langen) Weg zu den Prüfungsnachweisen ist vom Abschlussprüfer und seinem Team eine Reihe von Gesprächen zu führen, die im Hinblick auf die Stellung des Gesprächspartners und auf die Art der zu stellenden Fragen sorgfältig *vorzubereiten* ist. Während eines Gespräches gilt immer der Grundsatz der **Bestimmtheit**. Damit wird zum Ausdruck gebracht, dass man als Gesprächspartner Rechte hat, die man mit *Höflichkeit* und *Nachdruck* verfolgen muss. Mit dem Begriff der „Bestimmtheit" wird auch die Erwartung verbunden, dass der Abschlussprüfer und sein Team jeder Zeit in der Lage sein müssen, ihr *Prüfungskonzept* „kurz und bündig" zu erläutern.

(11) Bei den verbleibenden Prüfungshandlungen ist unter besonderer Berücksichtigung des „Financial Reporting Environment", das ein besonderes wirtschaftliches „Milieu" repräsentiert, die Problematik der *Bilanzpolitik* angemessen zu berücksichtigen. Der *Prüfungsbericht* ist unter Beachtung der **Wesentlichkeit** auf die in den drei Phasen gewonnenen Erkenntnisse einzustellen.

(12) Der **Bestätigungsvermerk** - als *Gesamturteil* die Erkenntnisse aus den drei Phasen der Abschlussprüfung *gewissenhaft* auslotend - erfolgt insbesondere im Bewusstsein seiner vertrauensbildenden Funktion bei Geschäftsleitung, Aufsichtsorganen, Gesellschaftern und weiteren Interessenten *innerhalb* und *außerhalb* des Unternehmens. Struktur, Tiefe und Dauer dieser Beziehungen dimensionieren die Berufung des Abschlussprüfers.

Mit den 12 Thesen verfolgte der Verfasser nicht nur den Zweck, die *Charakteristika* einer risikoorientierten Jahresabschlussprüfung aus der Sicht eines Praktikers darzustellen, sondern er wollte damit auch einen Beitrag zur Weiterentwicklung der Prüfungstheorie liefern und deutlich machen, dass es nur weniger Argumente bedarf, um die *Logik* eines Prüfungskonzeptes sichtbar zu machen. Ein wesentlicher Fortschritt wird allerdings nur zu erzielen sein, wenn man sich im Interesse der heranwachsenden Generation von Wirtschaftsprüfern stärker mit *pädagogischen Aspekten* auseinandersetzt und darauf verzichtet, regelungs-, spiel- und metatheoretische Analysen zu sehr in den Vordergrund von Betrachtungen zu rücken.

Unserem Berufsstand wird es nur dann gelingen, sein weiterhin hohes Ansehen auf Dauer zu erhalten, wenn er sich eines in der Praxis *verständlichen Instrumentariums* bedient. Mit hochkomplexen Gleichungen in Risikomodellen wird man weder die Berufsangehörigen begeistern, noch die zu prüfenden Unternehmen beeindrucken können.

Anlage 1 — Komplexitätsgrade unternehmerischer Betätigung
(Dargestellt an Eintragungen im Handelsregister)

1. Tannenparadies GmbH, Berlin
(Königstr. 27, 12105 Berlin)

G e g e n s t a n d des Unternehmens: Der Groß- und Einzelhandel mit Weihnachtsbäumen und Tannengrün, Weihnachtsbaumzubehör, insbesondere Weihnachtsbaumständer sowie Aufstellung und Dekoration von Weihnachtsbäumen sowie Lizenzvergaben.

S t a m m k a p i t a l: 25.000 Euro.

G e s c h ä f t s f ü h r e r: Burkhard Brand, geb. 31.8.1957 Ballrechten-Dottingen.

Gesellschaft mit beschränkter Haftung.

Amtsgericht Berlin-Charlottenburg : HRB 89614 – 29. Juli 2003

(Entnommen den Amtlichen Bekanntmachungen der FAZ vom 6.8.2003)

2. MBC Medical Bio Care Deutschland Vertriebs GmbH, Berlin
(Reinhardtstr. 15, 10177 Berlin)

G e g e n s t a n d des Unternehmens: Der Vertrieb von ärztlichen Instrumenten und Apparaten sowohl für den ärztlichen als auch kosmetischen Bereich, der Vertrieb von Mitteln zur Körper- und Schönheitspflege, insbesondere auch der Vertrieb der Geräte der Firma Medical Bio Care Nordic AB in Lona Knapes Gata 5, SE-421 32 Västra Frölunda, Schweden.

S t a m m k a p i t a l: 25.000 Euro.

G e s c h ä f t s f ü h r e r: Ilse Schirm, geb. 6.1.1950 Rostock, Peter Gallus, geb. 26.12.1967 Berlin.

Gesellschaft mit beschränkter Haftung.

Amtsgericht Berlin-Charlottenburg : HRB 89601 – 28. Juli 2003

(Entnommen den Amtlichen Bekanntmachungen der FAZ vom 6.8.2003)

3. SPANAIR, S.A., Sucursale en Alemania, Frankfurt am Main
Zweigniederlassung der SPANAIR S.A. mit Sitz in Palma de Mallorca, Spanien

(Friedrich-Ebert-Anlage 18, 60325 Frankfurt)

G e g e n s t a n d des Unternehmens: Jede Art von Lufttransport auf regulären und nicht regulären Routen (Charter) wie z.B. der reguläre und nicht reguläre gewerbliche Transport von Passagieren, Gepäck, Post, Waren und Fracht jeder Form, Kategorie und Klasse im In- und Ausland, wobei nur die Grenzen gelten, die ihr aufgrund der Gesetze, Abkommen, Konzessionen, Lizenzen, Genehmigungen und Autorisationen, solange diese für sie gelten, auferlegt werden.

Insbesondere gehören hierzu die folgenden T ä t i g k e i t e n:

a) Kauf, Verkauf, Vermietung (als Vermieterin und als Mieterin) von Flugzeugen, Motoren, Geräten und anderen Bestandteilen.

b) Gründung und Betreibung von Zentren zur Wartung, Überprüfung und Reparatur von Flugzeugen der eigenen Flotte bzw. Dritter.

c) Ausbildung und Schulung des technischen Hilfs-, Wartungs- und Verwaltungspersonals für die eigene Gesellschaft bzw. für Dritte.

d) Technische, gewerbliche und verwaltungsmäßige Hilfs- und Unterstützungsleistungen für ihren eigenen Geschäftsbetrieb oder zugunsten von Dritten, wobei unter Dienstleistungen ausdrücklich jede Art von Unterstützung der Betreiber, Flugzeuge, Besatzungen, Passagiere, Flugsteige, des Gepäcks, der Fracht und der Post fällt.

e) Gründung und Betreibung von Catering-, Reinigungs- und ähnlichen Diensten, die mit der externen und gewerblichen Wartung der eigenen Flugzeuge zusammenhängen.

f) Förderung, Verkauf und Betreuung der eigenen Kunden bzw. der Kunden Dritter, die durch letztere vertreten werden.

g) Jede andere Tätigkeit gewerblicher oder finanzieller Art im Rahmen von Krediten, Bürgschaften, Sicherheiten, einschließlich Hypotheken und Verpfändungen, die sich zu den Zwecken, die in den vorstehenden Absätzen ausdrücklich und implizit genannt werden, als notwendig oder angemessen erweisen könnten.

Die Mittel, die Organisation und die Anlagen der Gesellschaft können mit Hilfe der für den Lufttransport üblichen Verträge Dritten zur Verfügung gestellt werden:

- die typischen Tätigkeiten eines jeden großen Touroperators, die über Reisebüros oder direkt angeboten und vertrieben werden,

- der Besitz, der Bau und die Nutzung von Immobilien.

Die Tätigkeiten, die den Gesellschaftszweck bilden, können von der Gesellschaft vollständig, teilweise oder indirekt durch Untervergabe an Dritte bzw. mit Hilfe einer Beteiligung an anderen Gesellschaften mit einem identischen oder analogen Gesellschaftszweck ausgeübt werden.

Alle jene Aktivitäten, für deren Ausübung das Gesetz besondere Voraussetzungen fordert, die diese Niederlassung nicht erfüllt, sind ausgeschlossen.

G r u n d k a p i t a l: 66.844.710, 48 Euro

V o r s t a n d s m i t g l i e d e r: Gonzalo Pascual Arias, geb. 18.12.1942, Madrid/Spanien ; Loergen Lindegaard, geb. 7.10.1948, Stockholm/Schweden ; Gerardo Diaz Ferran, geb. 27.12.1942, Madrid/Spanien ; Gunnar Reitan, geb. 21.9.1954, Asker/Norwegen ; Fernando Borrachero Rivas, geb. 30.5.1936, Madrid/Spanien ; Lars Lindgren, geb. 26.8.1950, Stockholm/Schweden.

Ständiger Vertreter gem. § 13 e Abs. 2 Ziffer 3 HGB: Finn Thaulow, geb. 17.5.1952 , Palma de Mallorca (Islas Baleares) / Spanien

Aktengesellschaft nach spanischem Recht, eingetragen im Register der Stadt Palma de Mallorca auf Blatt 46 des Registerbandes 646, Band 562 des Gesellschaftsregisters auf Seite 14447.

Amtsgericht Frankfurt am Main : HRB 56978 – 11. Juni 2003

(Entnommen den Amtlichen Bekanntmachungen der FAZ vom 25.6.2003)

4. LONG LIFE TECHNOLOGIES LIMITED

Zweigniederlassung der unter der Firma LONG LIFE TECHNOLOGIES LIMITED in Birmingham, Großbritannien bestehenden Hauptniederlassung (Companies House Cardiff, Company No. 4 993 436)

(Fidicinstr. 1, 10965 Berlin)

G e g e n s t a n d d e r G e s e l l s c h a f t

- Die Abwicklung von Geschäften als allgemeine Handelsgesellschaft.

- Die Abwicklung jeglicher Geschäfte oder Handel, die nach bestem Wissen und Gewissen und Ermessen der Geschäftsführung durch die Ausführung für die Gesellschaft vorteilhaft sein können.

- Die Beschaffung von Grundstücken, Gebäuden, Grunddienstbarkeiten, Rechten, Privilegien, Konzessionen, Patenten, Patentrechten, Lizenzen, Geheimverfahren, Warenzeichen, Designs, Fertigungsanlagen, Fabrikanlagen, gehandelten Aktien und beweglichem sowie unbeweglichem Eigentum jeglicher Art, das für die Zwecke von oder in Verbindung mit der Tätigkeit des Unternehmens als notwendig oder nützlich erachtet wird, durch Kauf, Leasing, Tausch, Miete, Pacht oder in sonstiger Form sowie das Halten dieser Werte als Grundbesitz oder mit Zins.

- Der Aufbau, die Änderung oder Wartung von Gebäuden, Produktions-, Fertigungs- oder Fabrikanlagen, die für die Geschäftstätigkeit der Gesellschaft erforderlich oder vorteilhaft sind sowie die Mitwirkung und/oder Förderung beim/des Aufbaus sowie der Änderung oder Wartung der o.a. Objekte.

- Der Erwerb durch Zeichnung oder in sonstiger Weise sowie das Halten, Verkaufen, Handeln oder anderweitiges Veräußern von Anteilen, Aktien, Wertpapieren, Schuldverschreibungen, Anleihekapital und anderen Sicherheiten jedweder Art, die von jedem registrierten Handelsunternehmen weltweit besichert werden sowie von Schuldverschreibungen, Anleihekapital und anderen Sicherheiten jeglicher Art, die von örtlichen, regionalen, bundesstaatlichen oder anderweitigen Behörden entweder am Heimatort oder auswärts besichert werden sowie dieselben unter Vorbehalt oder in sonstiger Weise zu zeichnen und die Ausübung und Durchsetzung sämtlicher mit ihrem Besitz in Zusammenhang stehender Rechte und Berechtigungen, die durch den Eigentumserwerb übertragen wurden.

- Kapital in Form eines Darlehens oder als Einlage/Hinterlegung in die Gesellschaft einzubringen entweder ohne Sicherheit oder gesichert durch Schuldverschreibungen, Anleihekapital (unkündbar oder kündbar), Hypothek oder sonstige Sicherheiten, die der Geschäftstätigkeit oder dem Besitz der Gesellschaft (einschließlich nicht eingefordertem Einlagekapital) belastet werden, sowie generelles Handeln als Bankier.

- Die Gewährleistung von Unterstützung und/oder Sicherung mit oder ohne Ausgabe von Schuldverschreibungen, Anleihekapital, Rentenanleihen, Hypotheken, Belastungen, Obligationen, Zinsen, Dividenden, Sicherheiten, Geldern oder Anteilen oder der Erfüllung von Verträgen oder Verpflichtungen eines jeglichen Unternehmens/einer jeglichen Person, und insbesondere/im einzelnen (jedoch ohne Beeinträchtigung hinsichtlich der Geltung des zuvor Gesagten) eines jeden Unternehmens, welches bis auf weiteres gemäß Definition in Abschnitt 736 und 736 (A) des Gesetzes über Kapitalgesellschaften von 1985 und dessen Erweiterung/Optimierung durch das Gesetz von 1989 ein Unternehmen der Holding oder eine Zweigstelle derselben gemäß Definition des genannten Abschnitts darstellt oder anderweitig mit der Gesellschaft geschäftlich verbunden ist, sowie die Gewährung von Entschädigungen, Versicherungsschutz und Bürgschaften jeglicher Art, auch durch Sicherheitsleistung wie bereits zuvor gesagt, entweder mit oder ohne Hypotheken und sonstige Belastungen/Besicherungen der Gesellschaft oder des gesamten oder partiellen gegenwärtigen oder künftigen beweglichen und unbeweglichen Vermögens und der Aktiva, der Ausgabe von Schuldverschreibungen, Anleihekapitals und daneben die zusätzliche Sicherung sämtlicher Sicherheiten der Gesellschaft durch einen Treuhandvertrag oder eine andere Zusicherung sowie der Eintritt in eine Partnerschaft oder Poolvereinbarung mit (einer) beliebigen Person/en, Unternehmen oder Gesellschaften.

- Das Beleihen von Geldern mit oder ohne Sicherheit sowie die Investition von Geldern der Gesellschaft zu Bedingungen, die die Gesellschaft bewilligen kann, die Gewährleistung von Dividenden, Zinsen und Kapital der Gesellschaftsanteile, des Bestandes oder der Sicherheiten eines Unternehmens, dessen Gesellschafter die Gesellschaft ist oder an dem sie in sonstiger Form beteiligt ist, und die allgemein nach dem Ermessen der Geschäftsführer als geeignet erscheinen.

- Das Beantragen, Erwerben oder anderweitige Beschaffen, Nutzen und Halten von Patenten, Lizenzen, Konzessionen, Urheberrechten u.ä., Übertragen von Rechten zur Nutzung und Veröffentlichung von Geheimnissen/Vertraulichkeiten oder sonstigen Informationen sowie die Nutzung, Ausrüstung, Entwicklung oder Gewährung von Lizenzen in Bezug auf die Eigentumsrechte und die so erworbenen Informationen.

- Die Beteiligung an der Bildung und Gestaltung, Ausübung, Verwaltung, Überwachung und Kontrolle der Geschäftstätigkeit und der Abläufe einer jeglichen Gesellschaft oder eines jeglichen Unternehmens und für diesen Zweck Ernennung und Dotierung von Geschäftsführern, Wirtschaftsprüfern, Beratern und sonstigen Fachkräften oder Anwälten.

- Die Beschäftigung von Fachkräften, Beratern und Analysten/Gutachtern zur Untersuchung und Überprüfung der Bedingungen, Aussichten, des Werts, der Merkmale und der Umstände jeglicher Gesellschaftsangelegenheiten und -tätigkeiten sowie allgemein sämtlicher Vermögenswerte, jeglichen Eigentums und aller Rechte.

- Das Errichten, Umwandeln/Fördern und Mitwirken beim Aufbau oder der Umwandlung einer jeglichen weiteren Gesellschaft, zu dessen Zielen der komplette oder partielle Erwerb oder die Übernahme der Aktiva oder Passiva dieser Gesellschaft gehört oder deren Umwandlung direkt oder indirekt die Ziele oder Interessen dieses Unternehmens voranbringen soll, sowie der Erwerb, das Halten, Veräußern von Anteilen, Bestand oder Sicherheiten, die von einer solchen Gesellschaft ausgegeben wurden oder sonstige Verbindlichkeiten einer solchen Gesellschaft.

- Das Ausstellen, Akzeptieren und Begeben von Wechseln, Eigenwechseln oder anderen begebbaren Dokumenten.

- Die Investition von und Handel mit dem Kapital der Gesellschaft, das nicht unmittelbar für die Umsetzung des Geschäftszweckes der Gesellschaft erforderlich ist und auf derartige Anlagen und in derartiger Weise, welche die Gesellschaft genehmigt.

- Die Vergütung für von der Gesellschaft erworbene/s Vermögen, Grundeigentum oder Rechte entweder in bar oder durch vollständige oder teilweise Zahlung, auch durch Anteile, mit oder ohne vorrangige oder nachrangige Rechte oder Sonderrechte oder Einschränkungen hinsichtlich der dividendenmäßigen Kapitalrückzahlung, des Stimmrechts oder in sonstiger Weise, sowie durch jegliche Sicherheiten, zu deren Ausgabe die Gesellschaft ermächtigt ist, teils auf die eine Art, teils auf eine andere, jedoch allgemein zu den Bedingungen, die die Gesellschaft festgelegt hat.

- Die Annahme von Zahlungen für Grundeigentum, Vermögen oder Rechte, die von der Gesellschaft veräußert wurden oder worüber in sonstiger Weise verfügt wurde, entweder in bar, durch Ratenzahlung oder in sonstiger Weise oder in vollen oder Teil-Anteilen der Gesellschaft oder des Bestands an Geschäftsanteilen, mit oder ohne Vorzugs-, nachrangigen- oder Sonderrechten oder Einschränkungen hinsichtlich der Ausschüttung von Dividenden, der Rückzahlung von Kapital, Stimmrecht oder in sonstiger Weise sowie in Schuldverschreibungen oder Hypotheken oder anderen Sicherheiten eines Unternehmens oder Konzerns oder teils auf die eine Art, teils auf eine andere, allgemein gemäß den von der Gesellschaft bestimmten Bedingungen, sowie auch das Halten, Veräußern oder sonstiges Verfügen von derart erworbenen Anteilen oder Sicherheiten.

- Vereinbarungen zur Kooperation oder Fusion oder zur Begründung einer Partnerschaft sowie eine Vereinbarung zur Gewinnverteilung, einer Interessengemeinschaft, sowie gegenseitige Zugeständnisse oder Zusammenarbeit mit Gesellschaften, Unternehmen oder Personen, welche Geschäftsbereiche realisieren oder planen, die in die Ziele dieser Gesellschaft fallen oder die so ausgeführt werden, dass sie dieser Gesellschaft direkt oder indirekt von Vorteil sind.

- Der Kauf oder sonstige Erwerb, vollständige oder partielle Übernahme des Geschäftsbereiches, des Vermögens, des Grundbesitzes, der Aktiva und Passiva und/oder Transaktionen von Personen, Gesellschaften oder Unternehmen, sofern dies dazu geeignet ist, die Ziele der Gesellschaft zu begünstigen, deren Interessen zu fördern oder der Erwerb des Eigentums zur Erreichung des Zweckes und der Ziele dieser Gesellschaft dienlich und geeignet ist.

- Bis auf weiteres ist die Gesellschaft dazu berechtigt, die vorgenannten erworbenen bzw. übernommenen Unternehmen, deren Eigentum/Grundbesitz und aller sonstigen Aktiva zu veräußern und zu verwerten, auszutauschen, zu vermieten, zu lizensieren, Gewinne zu verteilen, Lizenzen, Nutzungs- oder sonstige Rechte zu erteilen, damit zu handeln oder in sonstiger Weise darüber zu verfügen, zu den Beträgen/Erlösen, die die Gesellschaft für angemessen hält.

- Die Gesellschaft hat für das Wohlergehen von derzeitigen oder ehemaligen Mitarbeitern des Unternehmens, für die Auszahlung von Renten, Gratifikationen, Abfindungen und Tantiemen an derzeitige oder ehemalige leitende Angestellte und Mitarbeiter der Gesellschaft oder ihrer Rechtsvorgänger sowie an deren Angehörige Sorge zu tragen und die Einrichtung und den Unterhalt bzw. die Zustimmung zu Einrichtung und Unterhalt von Treuhandvermögen, Fonds und Stiftungen (mit oder ohne Beitragspflicht) für die Auszahlung von Renten oder sonstigen finanziellen Leistungen für o.a. Personen oder ihre Angehörigen zu gewähren und dazu beizutragen.

- Die Verteilung der verteilbaren Aktiva des Gesellschaftsvermögens als Barauszahlung an die Gesellschafter, jedoch in der Form, dass das Kapital der Gesellschaft nicht vermindert wird, es sei denn, dass dies vom Gesetzgeber so bestimmt ist.

- Die Gesellschaft ist dazu berechtigt, weltweit die Ausführung der o.a. beschlossenen und genehmigten Maßnahmen allein oder in Gemeinschaft, als Kommissionär, Treuhänder oder Stellvertreter für andere oder auch durch Kommissionäre, Treuhänder oder Stellvertreter dementsprechend durchzuführen.

- Weiterhin ist sie ermächtigt zur Durchführung aller sonstigen Maßnahmen, die den vorstehenden Bestimmungen zufolge für die Gesellschaft und ihre Ziele dienlich sind.

G e g e n s t a n d d e r Z w e i g n i e d e r l a s s u n g

- Die Abwicklung von Geschäften als allgemeine Handelsgesellschaft

- Die Abwicklung jeglicher Geschäfte oder Handel, die nach bestem Wissen und Gewissen und Ermessen der Geschäftsführung durch die Ausführung für die Gesellschaft vorteilhaft sein können.

S t a m m - b z w. G r u n d k a p i t a l : 100 GBP

V e r t r e t u n g s r e g e l u n g : Die Gesellschaft hat einen oder mehrere Geschäftsführer. Ist ein Geschäftsführer bestellt, so vertritt er die Gesellschaft allein. Sind mehrere Geschäftsführer bestellt, wird die Gesellschaft durch sämtliche Geschäftsführer vertreten.

Geschäftsführer : Pfeil, Torsten, geb. 18.4.1972, Berlin ; mit der Befugnis, die Gesellschaft allein zu vertreten. Prokura : Pfeil, Torsten, geb. 18.4.1972, Berlin ; Ständiger Vertreter für die Tätigkeit der Zweigniederlassung ; mit der Befugnis zur Einzelvertretung.

R e c h t s f o r m ausl. Rechts; Gesellschaft mit beschränkter Haftung nach britischem Recht, Rechtsbereich England und Wales (private company limited by shares) ;
G e s e l l s c h a f t s v e r t r a g vom 11.2.2003; mit Änderung vom 22.6.2004
Amtsgericht Berlin-Charlottenburg HRB 94874 B – 16. November 2004
(Entnommen den Amtlichen Mitteilungen der FAZ vom 24. November 2004)

Anlage 2   „**Mode wechselt im Takt von Monaten.**"
(Konturen eines Textilunternehmens)

Mit Uwe Schröder und Michael Rosenblat, den Vorständen der Tom Tailor AG, Hamburg sprach Axel Schnorbus.

(Das FAZ-Unternehmergespräch vom 22. Juli 2002 [1])

Im Showroom von Tom Tailor, im Hamburger Stadtteil Niendorf, herrscht manchmal noch abends reger Betrieb. Händler aus aller Welt finden sich hier ein, begutachten die neuen Kollektionen, verhandeln über Konditionen. Gerade laufen parallel Gespräche mit einem Händler aus Dubais schönster Einkaufsstrasse sowie mit einem Unternehmer aus Kiew, der in der Ukraine vier Bekleidungsläden besitzt – natürlich Tom Tailor Stores, wie Uwe Schröder und Michael Rosenblat versichern.

Absatzprobleme sind für die beiden Vorstände und Anteilseigner ein Fremdwort, und die massiven Schwierigkeiten der Bekleidungsbranche sind ihnen wohlbekannt, doch in ihrem Hause kein Thema. „Es gibt keine Branchenkonjunkturen mehr, sondern nur noch Firmenkonjunkturen", sagt Rosenblat, und selbstbewusst fügt sein älterer Kollege hinzu, dass man eben zu dem guten Dutzend weltweit tätiger Bekleidungsunternehmer zähle, die Erfolg haben.

Erfolg ist für die beiden Kollegen und Freunde ein „ständiger Prozess". Schröder ist seit Gründung des Unternehmens vor genau vierzig Jahren dabei. Seit 1965 ist er in der Führung. 1991 konnte er den jüngeren Kollegen überzeugen, die Arbeit bei der Tochtergesellschaft in New York aufzugeben und an die Elbe zu kommen. Braungebrannt, in modisch-legeren dunkelblauen Anzügen, die Hemden in zartrosa Tönen gehalten, wirken sie entspannt, stets zu einem Späßchen aufgelegt. Beide sind sie Liebhaber schnittiger Oldtimer-Sportwagen, beide Fans von Ibiza, beide sind sie leidenschaftliche Väter mit jeweils vier Kindern. Und beide verfallen sie nur zu gern in den branchenüblichen Modeslang – englische Substantiva, die mit deutschen Verben verbunden werden.

Internationalität ist eines ihrer Erfolgsrezepte. In den vergangenen fünf Jahren ist der Umsatz jährlich um jeweils 29 % auf zuletzt 307 Millionen Euro gestiegen und soll dieses Jahr nochmals um ein Fünftel wachsen. 600 Mitarbeiter in aller Welt sind für sie tätig. Der Exportanteil liegt inzwischen bei 45 %. Als weitere Schlüssel zum Erfolg werten sie schnelles und flexibles Handeln, ein gutes Händchen für Mode und deren Trends, einen Riecher für den „richtigen" Preis, ein partnerschaftliches Verhältnis zum Handel und schließlich die Pflege der Marke. Anfangs wurden Herrenhemden aus Fernost importiert, erinnert sich Schröder. Daraus ist bis 1979 ein komplettes Angebot für sportliche Bekleidung geworden, zuerst für Herren, dann für Jugendliche, seit 1999 auch für Frauen und seit neuestem sogar für Kleinkinder. Das Angebot reicht vom T-Shirt bis zum Sakko, vom Pullover bis zum Kleid und vom Gürtel über Parfüm bis zum Reisegepäck. Seit 1979 setzen sie allein auf die Marke „Tom Tailor", die behutsam den Zeitläufen angepasst wird.

Mode ist ein schnelllebiges Geschäft. Vor allem die Damenmode. „Trends wechseln nicht mehr im Rhythmus der Jahreszeiten, sondern im Takt von Monaten und Wochen", sagt Rosenblat. Als er nach Hamburg kam, gab es eine Frühjahrs- und eine Herbstkollektion. Heute werden 27 Kollektionen entwickelt, jeweils fünf für Herren, Jugendliche und Kleinkinder und zwölf für Damen. Vor zehn Jahren hatte die Fertigung 180 Tage Vorlauf, heute sind es nur noch 60, in der Damenoberbekleidung oft sogar nur noch 45 Tage. In dieser Zeit muss die Ware produziert sein, um sie dann in weiteren zehn Tagen in die Geschäfte zu bringen. „Wer dies nicht schafft, verliert den Anschluss", unterstreicht Rosenblat. Die eigenen Fertigungen in Fernost hat man daher schon längst aufgegeben, weil sie dem Unternehmen die Flexibilität geraubt hätten. Man lässt daher heute nach eigenen Vorgaben in der Türkei, Italien, Griechenland, Portugal und größere Fertigungsmengen in Fernost produzieren. Eigene Büros vor Ort überwachen die Fertigung und sorgen für die Qualitätssicherung.

In keiner anderen Branche ist ständig so viel in Bewegung. Da bleibt keine Zeit für langatmige Studien.

Marktforschung findet viel mehr „draußen auf der Straße" statt. Entscheidungen müssen sofort fallen. Wer zaudert, wer zu lange abwägt, den bestraft der Markt. Schröder und Rosenblat verlassen sich auf ihr Modegespür. Ein Team von 60 Mitarbeitern – Designer, Schneider, Textilingenieure und Graphiker – entwirft in Hamburg neue Kollektionen. „Trendscouts" aus den wichtigsten Modemetropolen versorgen sie ständig mit neuen Informationen. Aufmerksam wird verfolgt, wie sich die „Szene" in Tokio, London, Paris, New York, aber auch im Hamburger Schanzenviertel kleidet, was Popstars, Schauspieler oder Sportler tragen, eben weil sich viele Jugendliche mit deren Lebensstil identifizieren. Man durchblättert die einschlägigen Zeitschriften, und auch zwei riesige Fernsehschirme in den Designerbüros sollen Anregungen bringen.

Gute Mode müsse nicht teuer sein, sagt Schröder. Man befindet sich mit seinen Kollektionen in der mittleren Preislage, vergleicht sich mit Wettbewerbern wie Hennes & Mauritz, Zara, Mango, Esprit oder S. Oliver und betrachtet als Fundament des Erfolgs die gute Partnerschaft zum Einzelhandel – „und weil dieser Geld mit uns verdient, wachsen auch wir." Tom Tailors Kreationen sind in rund 30.000 Geschäften in mehr als 80 Ländern vertreten, beim traditionellen Bekleidungseinzelhandel und bei Boutiquen ebenso wie in den großen Bekleidungsketten und den Warenhäusern. Darunter befinden sich 760 (Deutschland 360) eigens für Tom Tailor reservierte Verkaufsflächen (Shop-in-the-shops und Stores). Beide Versionen werden nach Vorgaben Tom Tailors aber auf Kosten des Händlers einheitlich gestaltet. Rund ein Viertel des Umsatzes entfällt inzwischen auf diese „kontrollierten" Verkaufstypen, im Ausland sind es sogar 50 Prozent. Bis Ende des Jahres sollen weitere 200 Shop-in-the-Shops und Stores entstehen, davon 120 in Deutschland. Als neue Variante sind eigene Geschäfte geplant, in Deutschland sind vier bis fünf im Gespräch – ein „nicht unerhebliches Risiko", räumt Schröder ein, weil das Investitionsvolumen (2002: 18 Millionen Euro) erheblich steige.

Das rasante Wachstum der vergangenen Jahre wurde gut verkraftet, und für das kommende Jahr fühlt man sich gerüstet. Man arbeitet mit Bankkrediten, verweist andererseits auf eine solide finanzielle Ausstattung (Eigenkapitalquote : 35 Prozent) und eine Nettoumsatzrendite, die immerhin „zwischen 4 und 5 Prozent" liegt. Trotz aller Entscheidungsfreudigkeit sind Schröder und Rosenblat vorsichtige Kaufleute geblieben. Alle Geschäfte werden kreditversichert, und in einige Länder wird nur gegen unwiderrufliches Akkreditiv, am besten sogar gegen Bares ausgeliefert.

Zur Person

Michael Rosenblat

Geboren 1954 in Düsseldorf, ging im Jahr 1979 nach New York. Nach einem Marketingstudium wurde er in der amerikanischen Metropole als Textilimporteur tätig.

Danach arbeitete er mehr als zehn Jahre als Geschäftsführer von International Design in New York, einem Gemeinschaftsunternehmen mit Tom Tailor.

Seit 1991 ist er Geschäftsführer in Hamburg. An der AG sind neben Schröder und dessen Bruder Werner der Unternehmensgründer Pünjer, Rosenblat sowie ein stiller Gesellschafter beteiligt.

Uwe Schröder

Der Textilkaufmann Uwe Schröder, geboren im Jahre 1941 in Hamburg, hat seine berufliche Laufbahn bei der Firma Henke & Co. begonnen, die 1962 in Hamburg von Hans-Heinrich Pünjer als Importunternehmen gegründet worden war.

1965 rückte er in die Geschäftsführung auf, 1971 wurde er neben Pünjer persönlich haftender Gesellschafter. 1989 wurde die Henke & C0. in die Tom Tailor Sportswear Handels GmbH umgewandelt. 1999 wurde aus dem Unternehmen eine AG. Schröder fungiert seitdem als Vorstandsvorsitzender.

---

1 © *Alle Rechte vorbehalten. Frankfurter Allgemeine Zeitung GmbH, Frankfurt. Zur Verfügung gestellt vom Frankfurter Allgemeine Archiv.*

Anlage 3 „Wir suchen ein neues Geschäftsfeld."
(Konturen eines industriellen Mischkonzerns)

Mit Ernst J. Wortberg, dem Vorstandsvorsitzenden der L. Possehl & Co. mbH
sprach Axel Schnorbus

(Das FAZ-Unternehmergespräch vom 10. Juni 2003 [1])

Die Wende ist geschafft. Das Lübecker Traditionsunternehmen verdient wieder Geld, und Ernst J. Wortberg zieht Bilanz: Das volatile Halbleitergeschäft, im Jahr 2001 drastisch eingebrochen, hat sich im Verlaufe des Vorjahres wieder gefangen, und da die meisten anderen Bereiche trotz Dollar-Schwäche und Wirtschaftsflaute besser gelaufen waren, haben sich das Vorsteuerergebnis um 34 (28 nach minus 6) Millionen Euro und mit ihm der Mittelzufluss und die Eigenkapitalquote wieder erholt. Wortberg beurteilt die weitere Entwicklung allerdings als „vorsichtiger Kaufmann."

Von seinem ganzen Habitus könnte der großgewachsene Mann als traditionsbewusster Hanseat durchgehen, obwohl er im Ruhrgebiet aufgewachsen ist. Er fühlt sich wohl in der Hansestadt an der Ostsee. Von seinem Büro in der Beckergasse, wo das Unternehmen seit mehr als 150 Jahren residiert, blickt er auf die Lübecker Altstadt.

Als Chef eines weltweit tätigen Konzerns vermittelt er kaum den Eindruck eines knallharten Managers, eher eines bedachten, sorgfältig abwägenden Kaufmanns. Er selbst versteht sich als Familienmensch. Von seinen vier Kindern lebt eine dreizehnjährige Nachzüglerin noch bei den Wortbergs in Pogeez am Ratzeburger See.

Eine Prognose für das laufende Jahr fällt ihm nicht leicht. Eine klare Entwicklung – weder zu einer deutlichen Erholung hin noch zu einer Abschwächung – kann er nicht ausmachen. Die anhaltende Dollarschwäche bereitet weiter Sorgen, zumal der Konzern viele Geschäfte in dieser Währung abwickelt. Ob das Ergebnis in diesem Jahr gehalten werden kann, hängt somit entscheidend von der Elektroniksparte ab. Diese ist freilich nur zu einem Sechstel am Konzernumsatz (Mrd. € 1,076) beteiligt.

Das 1847 von Ludwig Possehl als Eisen-, Blech- und Steinkohlenhandlung gegründete Unternehmen handelt auch mit mineralischen Rohstoffen (Umsatzanteil: 28,2 %), mit Stahl (22,8) und in Schleswig-Holstein zudem mit Autos der Marken BMW und Opel (13,6). Man ist in der Edelmetallverarbeitung (13,2) und im Spezialbau (4,1) tätig, der die Oberflächenbeschichtung für Start- und Landebahnen liefert, und betreibt schließlich als Dienstleister (1) die Befrachtung von Seeschiffen sowie die Versicherungsmaklerei – ein kleiner, aber „sehr lukrativer" Bereich.

Mit diesem breiten Betätigungsfeld, das sich weder ergänzt, noch Synergien erzeugt, spricht die Possehl-Gruppe allen gängigen Managementlehren hohn. Wortberg gesteht, ein nicht gerade modernes Konzept zu verfolgen. Aber die Betätigung auf so höchst unterschiedlichen Feldern verringere das Risiko, und die Geschichte zeige schließlich, dass man damit nicht schlecht gefahren sei. Eine Rechtfertigung für dieses Geschäftsmodell leitet er auch aus der Satzung der 1919 gegründeten gemeinnützigen Possehl-Stiftung ab, der alleinigen Inhaberin des Unternehmens. Diese habe vorgeschrieben, das Betätigungsfeld nicht zu eng zu fassen, und gerade die Vielseitigkeit hatte ihn gereizt, 1997 vom Ruhrgebiet an die Ostsee zu wechseln. Daneben war er vom Stiftungskonzept fasziniert.

Vom Börsengeschehen und seinen oft kurzatmigen, manchmal sogar kurzsichtigen Wendungen unabhängig zu sein, empfindet er durchaus als angenehm. Wie bei einem inhabergeführten Unternehmen ist die Geschäftspolitik auch bei einer Stiftung auf Langfristigkeit, gleichsam Nachhaltigkeit angelegt. Und dass die ausgeschüttete Dividende nicht anonymen Aktionären zufließt oder in irgendwelchen Konzernkassen landet, sondern wohltätigen Zwecken dient, motiviert nicht ihn, sondern auch viele seiner Mitarbeiter, und zwar bis nach China hin. Das Management der dortigen Elektronik-Tochtergesellschaft, so hat er bei Gesprächen und Besuchen festgestellt, identifiziere sich stark mit dem Stiftungsgedanken.

Letztlich komme es aber darauf an, wie die sieben Geschäftsfelder geführt werden, unterstreicht er. In der Beckergasse ist die Holding mit 50 Mitarbeitern angesiedelt, die restlichen 4.250 Mitarbeiter – davon mehr als die Hälfte im Ausland – arbeiten in den Konzerngesellschaften mit jeweils einer Führungsgesellschaft. Für den Stahlhandel ist dies beispielsweise die börsennotierte Deag in Berlin, für die Edelmetallverarbeitung die Heimerle & Meule GmbH in Pforzheim, für die Elektronik die in Holland ansässige Possehl Electronics NV.

Diese betreiben das operative Geschäft, sind für ihr Ergebnis verantwortlich, während sich die Konzernzentrale in Lübeck als strategische Management-Holding versteht.

Das Beteiligungs-Portefeuille ist ohnehin ständig im Fluss. Man stößt Beteiligungen ab und versucht, auf Wachstumskurs befindliche weiter zu stärken oder neue, in vielversprechenden Märkten tätige zu erwerben. So wurden in den letzten Jahren der Geschäftsbereich Sanitär- und Heizungshandel sowie eine Mehrheitsbeteiligung an der Baustoffhandels-Union verkauft und die Hüttenwerke Kayser AG, ein bedeutender Kupferproduzent, an die Norddeutsche Affinerie abgegeben, um sich im Gegenzug eine zehnprozentige Beteiligung an der größten Kupferhütte Europas zu sichern. Dieses Engagement wird ebenso wie die Beteiligung an der Südchemie (10%) in der Possehl-Beteiligungsverwaltung geführt.

Die Aktivitäten im Rohstoffhandel wurden dagegen weiter ausgebaut. Hier besitzt Possehl ohnehin eine führende Stellung bei der Versorgung der Feuerfest-Industrie mit mineralischen Rohstoffen. Über die neugegründete GeoCrete BV im holländischen Schiedam wird zudem ein neu entwickelter Zusatzstoff vertrieben, mit dem sich kontaminierte Böden weitgehend stabilisieren lassen.

Der Bereich Edelmetallverarbeitung, ein Lieferant der Schmuck- und Dentalindustrie, hat die Heraeus Edelmetall-Halbzeug GmbH in Pforzheim übernommen, der Geschäftsbereich Spezialbau sich weiter internationalisiert und der Stahlhandel jetzt auch in den Niederlanden Fuß gefasst.

Stahlhandel ist ein schwieriges Geschäft. Im abgelaufenen Jahr hat er als einziger Bereich mit Verlust abgeschlossen. Auch das laufende Jahr wird schwierig. Überkapazitäten drücken auf den Markt. Hinzu kommt, dass Possehl in Nord- und Ostdeutschland überrepräsentiert ist. „Wir beobachten den Markt sehr sorgfältig," sagt Wortberg und hält damit das Schicksal dieses Bereiches offen.

Die weitere Expansion soll mit „Augenmaß" vorangetrieben werden. Da man mit der Finanzierung nicht auf den Kapitalmarkt zugreifen kann und die Bankschulden möglichst niedrig halten will, muss sich der Konzern aus eigener Kraft finanzieren.

Die Eigenkapitalquote von 37 % empfindet Wortberg als beruhigend, die Untergrenze sieht er bei 30 %.

Rund 150 Millionen Euro stehen für eine zusätzliche Kapitalbindung bereit. „Wir haben finanziellen Spielraum für neue Aktivitäten." Denn man ist durchaus auf der Suche nach einem neuen Geschäftsfeld im Produktionsbereich. „Die Fühler haben wir schon ausgestreckt." Es muss nicht unbedingt eine Aktivität sein, die das bestehende Portefeuille ergänzt, aber sie „muss zu uns passen."

Zur Person

Geboren 1944 in Kassel, Abitur am altsprachlichen Landfermann-Gymnasium in Duisburg. Studium der Eisenhüttenkunde an der Technischen Hochschule Aachen mit anschließendem wirtschaftswissenschaftlichem Aufbaustudium. 1971 Promotion, danach Trainee-Programm in der amerikanischen Eisen- und Stahlindustrie. Leitende Tätigkeiten unter anderem bei Hoesch. Dann bis 1990 Vorstandsmitglied bei Rhenus und Vorstandsvorsitzender der Rhenus-Weichelt. Anschließend fünf Jahre im Vorstand bei Glunz. Seit 1997 bei Possehl in Lübeck, wo er auch zahlreiche Ehrenämter übernommen hat.

---

1 © *Alle Rechte vorbehalten. Frankfurter Allgemeine Zeitung GmbH, Frankfurt. Zur Verfügung gestellt vom Frankfurter Allgemeine Archiv.*

Anlage 4	**„Wir sind nicht mehr der Anbieter nur für die unteren Einkommensklassen."**
	(Konturen eines Schuh-Einzelhandelsunternehmens)

Mit Heinz-Horst und Heinrich Deichmann, den Inhabern der Essener Deichmann-Gruppe, sprach Brigitte Koch.

(Das FAZ-Unternehmergespräch vom 31. März 2003 [1])

„Wir wollen in einer breiten Bevölkerungsschicht modische Qualitätsschuhe zu günstigen Preisen anbieten." Diese Strategie, die der Vater Heinz-Horst Deichmann Mitte der fünfziger Jahre bei seiner Übernahme des damals kleinen elterlichen Schuhhandelsbetriebes formuliert hat, ist aktuell wie eh und je, bestätigt der Sohn Heinrich Deichmann im Gespräch mit dieser Zeitung.

Seit vier Jahren führt er Europas größtes Schuheinzelhandelsunternehmen, zu dem in Deutschland neben Deichmann auch die Kette „Roland" gehört. Sein Vater, der seine heutige Position als die eines aktiven Aufsichtsratsvorsitzenden umschreibt, hält zwar nach wie vor engen Kontakt zum Geschäft, besucht Filialen und Produzenten. Doch nimmt er sich heute viel mehr Zeit für seine zahlreichen missionarischen und sozial-karitativen Projekte und Reisen in die dritte Welt.

Auch eine zweite, das tiefe Bekenntnis zum christlichen Glauben widerspiegelnde Unternehmensleitlinie der in diesem Jahr 90 Jahre alten Deichmann-Gruppe hat seit Jahrzehnten Bestand : „Das Unternehmen hat den Auftrag, den Menschen zu dienen." Dienen will Deichmann den Kunden, den Mitarbeitern und bedürftigen Menschen, die auf Hilfe anderer angewiesen sind, so erläutert der Senior. Unsere Mitarbeiter profitieren beispielsweise von diversen zusätzlichen Sozialleistungen wie einer Betriebsrente, einer Unterstützungskasse für in Not Geratene, Gesundheitswochen in der Schweiz oder die jährlichen Jubilarsfeiern."

Wie kommen solche hehren Ziele im rauen Wirtschaftsalltag an? „Ich könnte mir denken, dass das bei manchen ein gewisses Stirnrunzeln auslöst", räumt er schmunzelnd ein und versichert zugleich, dass Deichmann aber eigentlich eine völlig normale Firma sei. „Nur dass die Nachhaltigkeit, nicht der schnelle Profit die Maxime ist."

Bei aller Expansion, die die Handelsgruppe in den zurückliegenden Jahren betrieben habe, sei Wachstum nie Selbstzweck gewesen. Ein profitabel wachsendes Unternehmen könne seiner sozialen und gesellschaftlichen Verantwortung allerdings besser gerecht werden, stellt der promovierte Orthopäde, der sich als junger Mann letztlich gegen den Medizinerberuf und für das Unternehmertum entschieden hat, fest.

„Ein gesundes Unternehmen benötigt Wachstum", bekräftigt denn auch der Sohn. „Wenn wir in den nächsten Jahren jeweils zwischen fünf und zehn Prozent zulegen können, bin ich zufrieden." Organisches Wachstum hat für ihn grundsätzlich Priorität vor größeren Akquisitionen, denn Deichmann möchte nach seinen Worten die Expansion auch in der Zukunft aus eigener Kraft finanzieren. „Mit Börsenplänen haben wir uns nie beschäftigt, und wir wollen auch weiterhin Familienunternehmen bleiben", versichert der Deichmann-Chef, der das Unternehmen in dritter Generation führt.

Die weiteren Expansionsschritte des europäischen Marktführers werden vor allem im Ausland erfolgen. Eine Stoßrichtung ist Ost-Europa, wie der junge Deichmann-Chef sagt. Nach Polen und Ungarn sollen in diesem Jahr erste Filialen in Tschechien hinzukommen. Er will nicht ausschließen, dass mittelfristig der Markteintritt in Russland folgen wird. Relativ jung ist das Engagement in Belgien und Großbritannien.

Die Internationalisierung der Deichmann-Gruppe begann vor genau dreißig Jahren mit dem Erwerb der Schweizer Schuhhandelskette „Dosenbach". Mitte der achtziger Jahre folgte der Sprung nach Amerika, wo die Handelsgruppe heute mit den beiden Ketten „Rack Room Shoes" und „Off Broadway" in insgesamt mehr als 340 Filialen rund 550 Millionen Euro umsetzt. Eine erste Filiale, die den Namen Deichmann trägt, wurde soeben in Las Vegas eröffnet. „Das ist ein Test, denn wir wollen Deichmann zur globalen Marke machen."

Deichmann verkauft mittlerweile in zehn Ländern Schuhe ; im vergangenen Jahr waren es alles in allem ungefähr 78 Millionen Paar. Fast die Hälfte des Umsatzes der Gruppe von zuletzt 2,2 Milliarden Euro stammt aus dem Ausland, größter Einzelmarkt für den Schuhhersteller ist Nordamerika. Für ein Handelsunternehmen ist dieser Auslandsanteil beträchtlich, wie Deichmann mit gewissem Stolz hervorhebt. Im vergangenen Jahr, in dem der gesamte deutsche Schuhhandel ein Minus von etwa zehn Prozent verkraften musste, hat denn auch allein das Auslandsgeschäft für den Zuwachs von insgesamt 2,4 % gesorgt.

In Deutschland gibt es nach seinen Worten zwar noch den einen oder anderen weißen Fleck. Hier sollen aber die Strukturverbesserung und Modernisierung des vorhandenen Filialnetzes im Vordergrund stehen. „Wir forcieren den Filialumbau, denn in den neu gestalteten Läden mit moderner Warenpräsentation erzielen wir erfreuliche Zuwachsraten." Deichmann verweist auf den deutlichen Imagewandel, den die Schuhkette in den letzten Jahren erfahren hat. „Wir sind schon längst nicht mehr nur der Anbieter für die unteren Einkommensklassen." Durch die Betonung der Dachmarke einerseits und die Etablierung starker zielgruppenspezifischer Eigenmarken andererseits sei es gelungen, Deichmann zu einer Einzelhandelsmarke mit einem Bekanntheitsgrad von 90 % zu machen. Die Kunden, die sich bei Deichmann mit jugendlich-modischen Schuhen der Marke ‚Graceland', Bequemschuhen der Marke ‚Medicus' oder Sportschuhen der Marke ‚Victory' eindecken, entsprechen nach seinen Erläuterungen heute dem soziodemographischen Durchschnitt der deutschen Bevölkerung. Das hätten aktuelle Markstudien ergeben.

Im Gegensatz zu den klassischen Schuheinzelhändlern, die Herstellermarken verkaufen, hat sich Deichmann in den zurückliegenden Jahren zunehmend zu einem sogenannten vertikalen Handelsunternehmen entwickelt, das sämtliche Stufen vom Design, über die Produktion bis hin zum Verkauf kontrolliert. Damit ist das Unternehmen in seiner Struktur mit Bekleidungsketten wie H & M (Henness & Mauritz) oder Zara vergleichbar. Der Verzicht auf teure Zwischenstufen erklärt nach den Ausführungen des Deichmann-Chefs unter anderem das vergleichsweise niedrige Preisniveau, das der derzeit in Deutschland vorherrschenden Schnäppchenmentalität offensichtlich entgegenkommt.

'Die Preissensibilität der Kunden hat dramatisch zugenommen, dadurch sind Händler wie wir begünstigt.' Sein Bestreben ist, das gesamte Sortiment im Jubiläumsjahr 2003 im Durchschnitt um zehn Prozent zu ermäßigen. 'Wir wollen die Vorteile der Wechselkursentwicklung und der Vertikalisierung weitergeben.'

Die Deichmann-Schuhe werden aus rund 40 Ländern importiert. Wichtiges Produktionsland ist Indien, wo ein Arbeitsschwerpunkt des von dem Vater geförderten Missionswerk „Wort & Tat" liegt.

Als vor zwei Jahren Gerüchte aufkamen, Deichmann lasse unter gesundheitsschädlichen Bedingungen in Asien produzieren, hat das Unternehmen schnell reagiert und mit dem „Code of Conduct" Sicherheitsstandards und Verhaltensmaßregeln für die Produzenten aufgestellt.

Erst kürzlich hat Heinz-Horst Deichmann den Bundespräsidenten Johannes Rau bei dessen Staatsbesuch des Subkontinents begleitet. Von dort hat der leidenschaftliche Schuheinkäufer ('Ich habe in meinem Leben so viele Schuhe eingekauft wie kein Zweiter auf der Welt.') ein neues Modellpaar im feinsten Business-Stil mitgebracht, das er derzeit persönlich Probe trägt. 'Rahmengenähte Schuhe, demnächst bei Deichmann zu haben.'

Zur Person

Heinz-Horst Deichmann

Jahrgang 1926, formte nach dem Krieg aus einer kleinen Essener Schuhmacherei sukzessive Europas größte Schuhhandelskette. Studierte zunächst Medizin, wäre auch gern Missionsarzt geworden, entschied sich dann aber für das elterliche Geschäft. Die Liste seiner Titel ist ebenso lang wie die seiner Auszeichnungen: Unter anderem ist er Honorarprofessor an der Ben-Gurion-Universität und Honorarkonsul von Indien.

Er erhielt das Bundesverdienstkreuz und den deutschen Gründerpreis. Im Gespräch zitiert er oft die Bibel.

Heinrich Deichmann

Jahrgang 1962, hat sich frühzeitig auf seine Aufgaben im Unternehmen vorbereitet. Nach dem Abitur und dem Wehrdienst als Sanitäter hat er Betriebswirtschaft in Köln studiert. Parallel dazu ein „studium generale" mit den Fächern Geschichtswissenschaft, Philosophie und Theologie. Es folgen ausländische Praktika in Unternehmen.

Seit 1989 geschäftsführender Gesellschafter des Unternehmens. Steht voll hinter den Idealen seines Vaters, konzentriert sein eigenes Pensum allerdings auf das Tagesgeschäft.

---

1 © Alle Rechte vorbehalten. Frankfurter Allgemeine Zeitung GmbH, Frankfurt. Zur Verfügung gestellt vom Frankfurter Allgemeine Archiv.

Anlage 5 „Wir können es uns nicht leisten, das Mittelmaß zu pflegen."
(Konturen eines Möbelherstellers)

Mit Markus Benz, Vorstand und Mitinhaber des Möbelherstellers Walter Knoll, sprach Susanne Preuß.

(Das FAZ-Unternehmergespräch vom 7. April 2003 [1])

Mit einem Umsatz von 30 Millionen Euro ist die Walter Knoll AG & Co. KG, Herrenberg, ein Unternehmen, von dem man nicht von vornherein annehmen würde, dass es weltweit bekannt wäre. Doch in der internationalen Design-Community hat der Name Knoll einen guten Klang. „Wir gehören bereits zu den weltweit wichtigsten Anbietern von Designer-Möbeln und wollen diese Position weiter ausbauen", sagt selbstbewusst Markus Benz, der die Firma vor zehn Jahren zusammen mit seiner Mutter Hilde Benz gekauft hat. „Walter Knoll war in die Jahre gekommen", erinnert sich Benz heute, „doch der Name war unbeschadet."

Das älteste Polstermöbel-Unternehmen Deutschlands, 1865 von Wilhelm Knoll, dem königlichen Hoflieferanten für das württembergische Königshaus gegründet, hatte stets ausgefeilte Handwerkskunst gepflegt und immer mit den besten Materialien gearbeitet. Wirtschaftlich hatte das Unternehmen allerdings die Zeichen der Zeit verkannt. Die Produktpalette sei zu breit gewesen und die Fertigungstiefe zu groß, schildert Benz die Gründe für den wirtschaftlichen Niedergang des Unternehmens.

Unter seiner Regie wurde einiges geändert. Am Stammsitz Herrenberg und in der kleinen Fabrik in Mötzingen (beides im Kreis Böblingen) wird heute für die Knoll-Möbel einiges zugekauft, nur der Zuschnitt und das Nähen der Bezüge sowie die Polsterung geschehen in der eigenen Fertigung. Es habe keinen Sinn, beispielsweise selbst die Gestelle herzustellen, denn im Vordergrund stehe schließlich das Design: Da brauche man mal geschäumte Gestelle, mal diese, mal jene Metallteile – und entsprechend vergibt Knoll die Aufträge an unterschiedlich spezialisierte Zulieferer.

Neben dem Design gehört zu den wichtigsten Kompetenzen des schwäbischen Möbelherstellers die Vermarktung der Produkte. Etwa die Hälfte des Umsatzes erzielt Walter Knoll mit Sitz- und Polstermöbeln für den Wohnbereich. Deutlich diffiziler aber gestaltet sich der Absatz im Objektbereich, wo es um die Ausstattung feiner Hotels oder nobler Kreuzfahrtschiffe, um die Einrichtung der VIP-Lounges von Stadien oder von Flughäfen geht. Da ist es nicht immer einfach, an die Informationen über Ausschreibungen heranzukommen.

Auch Markus Benz möchte am liebsten gar nicht über zukünftige Projekte sprechen, weil er fürchtet, dass er dann die Konkurrenz anlocken könnte. Lieber spricht er von Projekten, die bereits realisiert sind: die Parlamentarier-Lobbies und die Restaurants im Reichstag in Berlin, des Seegerichtshof in Hamburg, die Zentrale der Arag-Versicherung in Düsseldorf und des Kosmetik-Konzerns Shiseido in Tokio, die Köln-Arena und das Gottlieb-Daimler-Stadion in Stuttgart. Für die Zukunft recherchiert das Herrenberger-Unternehmen beispielsweise, wann und wo Stadien für Weltmeisterschaften ausgebaut werden. Da bieten sich Chancen.

Der Preis ist bei der Entscheidung für einen Hersteller selten das Kriterium, sonst könnte Walter Knoll nicht mithalten. „Es geht immer darum, dass man wertbildende Faktoren präsentieren muss", fasst Firmenchef Markus Benz all das zusammen, was seine Möbel zu Designer-Möbeln macht. „Wir können es uns nicht leisten, das Mittelmaß zu pflegen." Die Zusammenarbeit mit internationalen Designern und Architekten, wie etwa Norman Foster, gehört dazu. Aber auch Extravaganz zählt. Für eine Geschäftsbank im arabischen Emirat Dubai hat Walter Knoll ein Sofa mit elf Metern Durchmesser entworfen – ein Hingucker, der dem Unternehmen manchen Folgeauftrag bescheren könnte.

Das internationale Geschäft ist in seinen Augen ohnehin der wichtigste Wachstumstreiber der nächsten Jahre. Während Walter Knoll vor zehn Jahren, als er die Firma übernommen habe, nur sechs Prozent des Umsatzes im Ausland erzielt habe, werde der Anteil in diesem Jahr deutlich über dreißig Prozent liegen, erwartet er – Tendenz stark steigend. „Limits gibt es nicht", sagt Benz, wohl wissend, dass der Markt in Deutschland eng und gerade im zurückliegenden Jahr wieder einmal um 10 Prozent geschrumpft ist. Zudem sieht er im Auslandsgeschäft geringe Risiken. Die Kunst bestehe darin, geeignete Handelspartner zu finden, und in diesem Punkt nimmt Markus Benz gern das Heft selbst in die Hand. „In neue Märkte reise ich immer persönlich, um den Partner kennen zu lernen und auch den Wettbewerb einschätzen zu können." Benz' nächste Reise führt ihn nach Asien, wo vor allem in Hongkong und China schon gute Anfänge gemacht wurden. Große Lizenzpartner hat Walter Knoll zudem in Nordamerika und Australien.

Das Wachstum zu finanzieren, fällt dem Familienunternehmen nicht schwer: „Im operativen Geschäft arbeiten wir ganz ohne Bankkredite", sagt Markus Benz sogar. Falls doch einmal Geld benötigt würde, sieht er keine Probleme. „Mit einer Eigenkapitalquote von 35 Prozent einschließlich Gesellschafterdarlehen fühlen wir uns gut gewappnet." Strikt halte man sich zudem daran, nur profitables Wachstum zu suchen, was in den vergangenen Jahren auch stets gelungen sei. Vier Jahre nach der Übernahme sei die Gewinnwende gelungen, seit 1998 verbuche Walter Knoll Gewinne. Die Umsatzrendite sei zwar nicht berauschend, liege aber im Durchschnitt der Branche, skizziert Benz die wirtschaftliche Lage des Unternehmens.

In diesem Jahr rechnet er mit einem deutlich höheren Ergebnis als im Vorjahr, nicht weil die konjunkturellen Umstände dies erwarten ließen, sondern weil im vergangenen Jahr kräftig investiert wurde: Allein zwei große Messen (die Orgatec und die Internationale Möbelmesse in Köln) und in diesem Zusammenhang die Vorstellung von 15 neuen Produkten haben erhebliche Mittel verschlungen. Doch allein diese Produktoffensive könnte nach Benz' Einschätzung ausreichen, den Umsatz in diesem Jahr im zweistelligen Prozentbereich zu steigern, nachdem er im vergangenen Jahr um 2,5 Prozent auf 30,5 Millionen Euro gesunken ist.

Von Krisenstimmung ist jedenfalls, ganz im Gegensatz zur übrigen Branche, bei Walter Knoll nichts zu spüren. Markus Benz hat dafür eine verblüffend einfache Erklärung: „Wir vermeiden die Krise, indem wir kräftig investieren in Märkte, Produkte und unsere Organisation."

Zur Person

Jede Generation brauche ihren eigenen Acker, meint Markus Benz. Er weiß, wovon er spricht: Als Sohn von Rolf Benz, dem Gründer des gleichnamigen Polstermöbelherstellers, ist ihm die berufliche Abnabelung nicht leichtgemacht worden. Doch seit der Übernahme von Walter Knoll vor zehn Jahren hat er sich als Unternehmer bewiesen. Die Liebe zum schönen Wohnen hat der 42jährige zwar mit der Muttermilch eingesogen, studiert hat er aber dennoch Jura – eine Ausbildung, die ihm bei seinen komplexen Aufgaben als Unternehmer durchaus hilft. Seine Freizeit verbringt er mit Frau und zwei Kindern.

---

1 © Alle Rechte vorbehalten. Frankfurter Allgemeine Zeitung GmbH, Frankfurt. Zur Verfügung gestellt vom Frankfurter Allgemeine Archiv.

Anlage 6 „Fair gibt's nicht im Geschäftsleben."
(Konturen einer Brauerei)

Mit Günter Kollmar, dem Vorsitzenden des Beirates der Oettinger Brauerei GmbH, Oettingen / Bayern, sprach Hendrik Kafsack.

(Das FAZ-Unternehmergespräch vom 16. Dezember 2002 [1])

Das Wort „Billigbier" mag Günter Kollmar gar nicht. „Es gibt kein Billig-Bier", sagt der Inhaber der bayerischen Oettinger-Brauerei. „Unsere Produkte gehören von der Qualität her immer zu den besseren." Billig ist das Bier von Oettinger dennoch. Zwischen 5 und 5,10 Euro kostet eine Kiste im Handel – „ohne dass wir bei der Umwandlung zum Euro einen Cent erhöht haben," sagt Kollmar. Mit dem billigen Bier ist die Brauerei stetig gewachsen – seit Kollmar 1970 mit der Expansion über den regionalen Markt hinaus begann.

„Damals haben wir nur einige tausend Hektoliter gebraut", erinnert sich Kollmar. Inzwischen sind es mehr als drei Millionen Hektoliter. Der Anstieg gelang Oettinger vor allem, weil das Unternehmen in Deutschland auf dem Markt für „Billigbier" praktisch allein agiert. In der „Preiseingangsstufe", wie Kollmar das Segment nennt, gebe es allenfalls regionale Konkurrenten wie Traugott Simon von Brau & Brunnen. „Und mit Premium-Marken wie Hasseröder und regionalem Konsumbier wie Binding konkurrieren wir nur indirekt." Im Gegenteil: Mit Krombacher, Holsten und Binding haben die Oettinger sogar strategische Allianzen im Vertrieb abgeschlossen. Für Krombacher füllt das Unternehmen die Dosen ab.

Damit Oettinger in der „Preiseingangsstufe" anbieten kann, müssen die Kosten stimmen. Hocheffiziente Produktionsstätten und ein eigener Direktvertrieb – „das ist beinahe das ganze Geheimnis", sagt Kollmar. Durch den Direktvertrieb mit mehr als 100 eigenen Lastkraftwagen habe Oettinger zwei bis drei Zwischenhandelsstufen ausgeschaltet. Allein dadurch werde je Kiste rd. 0,75 Euro gespart. „Außerdem produzieren wir 0,5 Millionen Hektoliter Limonade, um die Auslastung des Vertriebs zu erhöhen", sagt Kollmar. Zudem spart Oettinger an der Werbung. „Unsere Werbung steht beim Verbraucher auf dem Tisch," ist die Devise. Eine Agentur beschäftigt Oettinger nicht. Zum Vergleich: Brauereien wie Warsteiner oder Becks geben im Jahr rund 30 Millionen Euro für die Werbung aus. Ein Fehler, findet Kollmar. „Wir wollen unsere Kunden nicht mit Werbung stören, wenn es im Fernsehen gerade spannend wird."

Oettinger setzt auf den Einzelhandel. Inzwischen beliefert das Unternehmen alle Lebensmittelketten von Aldi bis Metro. „Wir müssen nicht über die Gastronomie bekannt werden", erklärt Kollmar. Im Gegenteil: „Wenn wir Bier für 2,50 Euro in einer Kneipe anbieten würden, hätten wir ein Glaubwürdigkeitsproblem – wo ein Kasten kaum mehr kostet." In Oettingen beliefert die Brauerei die Gaststätten natürlich dennoch.

„Für andere Brauereien ist dieser Weg oft keine Alternative", gibt der Brauer zu. „Denen steht die Familientradition im Weg." Kollmar selbst stammt zwar aus einer Brauer-Familie, übernahm die Oettinger-Brauerei jedoch erst 1956. Heute wird das Unternehmen von seinem Sohn gemeinsam mit zwei Geschäftsführern geführt. Eigentümer ist Kollmar nach wie vor. Die übrigen Anteile halten Frau und Sohn. „Ich mache morgens vor dem Spiegel Gesellschafterversammlung", sagt der Generalbevollmächtigte.

Der Preisanstieg bei den Lebensmitteln ist Oettinger ebenfalls zugute gekommen wie den Discountern Aldi oder Lidl. Auch die Einführung des Dosenpfandes – Oettinger füllt inzwischen rund 30% der Produktion in Dosen ab – sieht Kollmar gelassen, aber nicht ruhig. Wenn er über die Pläne der Regierung spricht, spart er nicht mit Kraftausdrücken. Auf die eigene Produktion werde sich das Pfand jedoch positiv auswirken, sagt Kollmar. „Schließlich werden sich die Leute dann noch stärker auf billige Marken konzentrieren."

Im Jahre 1999 gelang Oettinger der Sprung vom zwölften auf den vierten Platz in der Rangliste des deutschen Bierabsatzes. Den Platz hat das Unternehmen auch im Vorjahr gehalten. Rund 3 Millionen Hektoliter Bier setzte das Unternehmen 2001 ab. Das waren immerhin 7,2 % mehr als im Vorjahr. Und das in einer Zeit, in der die vor Oettinger liegenden Marken Krombacher, Warsteiner und Bittburger weniger Bier absetzten als zuvor, nickt Kollmar zufrieden. Der Umsatz von Oettinger stieg in den vergangenen vier Jahren durchschnittlich um 20 % und liegt im Jahr 2002 bei rund 220 Millionen Euro.

Der Weg dorthin war keineswegs gradlinig. „Es gab schwere Querschläge," sagt Kollmar. „Aber die Toten werden erst nach der Schlacht gezählt." Gerade hat Oettinger eine Schlacht gegen Brau & Brunnen gewonnen. Die Dortmunder hatten es den Bayern verbieten wollen, das von ihnen in den ostdeutschen Städten Gotha oder Dessow gebraute Bier unter der Marke „Original Oettinger" zu vertreiben. Dem Verbraucher werde suggeriert, dass das Bier in Oettingen gebraut worden sei. Der Bundesgerichtshof entschied im Frühjahr zugunsten von Oettinger. „Nun wollen wir Schadensersatz", sagt Kollmar. Übel kann er den Dortmundern ihr Verhalten nicht nehmen. „Fair gibt's eben nicht im Geschäftsleben", sagt Kollmar.

Die Expansion von Oettinger soll nach dem Sieg vor Gericht weitergehen. 2003 soll die Produktion an den vier Standorten Oettingen, Schwerin, Dessow und Gotha – „nur im Westen fehlt uns noch eine Braustätte" – auf 4,5 Millionen Hektoliter steigen. Derzeit baut das Unternehmen am Standort Oettingen eine weitere Braustätte für rund 25 Millionen Euro. „Größtenteils selbst finanziert", sagt Kollmar.

Ob die Familienbrauerei die Umsatzrendite von derzeit 6,4 % - „das ist mehr als Warsteiner hat" – halten kann, mag auch der dynamische Brauer nicht beschwören. Der Bierverbrauch in Deutschland sinkt seit Jahren. Kollmar glaubt nicht, dass sich das ändert: „Der Verbrauch je Kopf wird bald von (rd.110 auf rd. 90) Liter zurückgehen." Die Ursache ist für Kollmar klar: „Zum einen gibt es in Deutschland immer mehr Einwohner, die aus anderen Kulturkreisen stammen, und zum anderen haben sich die Trinkgewohnheiten der Deutschen geändert." Selbst die Bayern trinken heute Caipirinha und Mojito. „Die gehen nicht mehr Abend für Abend in die Gaststätte, sondern zum Chinesen und Italiener", stellt Kollmar nüchtern fest. „Wenn ich zum Italiener gehe, trinke ich auch kein Bier, sondern Pinot Grigio."

Oettinger setzt deshalb auf den Export. „Der Markt im Inland ist nicht mehr steigerungsfähig", sagt Kollmar. 350.000 Hektoliter werden exportiert. Die internationale Bedeutung der Marke Oettinger müsse und werde wachsen. Dazu werde auch die Ost-Erweiterung der Europäischen Union beitragen. Mit jedem Lidl-Markt in Tschechien wachse der Exportanteil von Oettinger. „Wir folgen schlicht unseren Kunden."

Auch dem Trend zu Biermischgetränken ist Oettinger gefolgt. „Natürlich machen wir inzwischen Bier mit Cola", sagt Kollmar. Obwohl Oettinger spät anfing, Biermischgetränke zu produzieren, ist das Unternehmen inzwischen die Nummer Fünf im Markt. „Das ist der Grund, warum wir so verhasst sind bei der Konkurrenz", sagt Kollmar. Grund dafür will Kollmar der Konkurrenz auch künftig geben. In sechs Jahren soll der Anteil in dem stark umkämpften und durch Übernahmen geprägten Markt auf 10 % steigen. Dass Oettinger wie Becks oder Gilde von Interbrew oder einem anderen Unternehmen übernommen wird, ist nach Auskunft von Kollmar ausgeschlossen. „Die waren alle hier und begeistert – aber wir bleiben unabhängig."

Zur Person

Das Leben des 65 Jahre alten Mittelfranken war und ist dem Bier gewidmet. Nur der Bundeswehrdienst unterbrach den steten Weg vom Studium zum Diplom-Braumeister in Weihenstephan über ein kurzes Praktikum in den elterlichen Betrieb. Mit 25 Jahren langte der zweifache Vater dort an, wurde mit 27 Prokurist und mit 29 Alleininhaber. Vor drei Jahren übergab er die Führung des Unternehmens an seinen Sohn : „Man sollte nicht mehr vorneweg gehen und die anderen aufhalten, wenn man zu langsam geworden ist." Die Kontrolle aber hat der ältere Kollmar noch lange nicht aufgegeben.

---

1 © Alle Rechte vorbehalten. Frankfurter Allgemeine Zeitung GmbH, Frankfurt. Zur Verfügung gestellt vom Frankfurter Allgemeine Archiv.

Anlage 7	Zu den Risiken einer Bauträger-Unternehmung Checkliste für Projekte

A. Grundstücke

I. Zugänge

1. Lassen sich die AK (Grundstückskosten) aus den notariellen Kaufverträgen nachvollziehen ?

2. Wurde beim Erwerb eines Grundstückes mit dem Verkäufer eine Vereinbarung getroffen, dass

a. der Kaufpreis anzupassen ist, wenn sich die GFZ vom Zeitpunkt des Erwerbes durch den Mandanten bis zum Zeitpunkt der Vermarktung des Grundstückes durch den Mandanten in einem bestimmten Umfang geändert hat ?

b. der Kaufpreis anzupassen ist, wenn Teile des vom Mandanten erworbenen Grundstückes (nachträglich) in einen Bebauungsplan einbezogen werden?

c. an einen Dritten, der das Geschäft über den Erwerb eines Grundstückes durch den Mandanten vermittelt hat, eine Provision zu zahlen ist ?

d. der Mandant als Entgelt (neben einer Barzahlung) an den Verkäufer eine Bauleistung zu erbringen hat und ist der Wert dieser Leistung als Bestandteil der AK für das Grundstück aktiviert?

3. Sind Anschaffungsnebenkosten aktiviert ?

Handelt es sich bei den Leistungen von Gutachtern, Rechtsanwälten etc. u.U. um aktivierungspflichtige Aufwendungen?

4. Sind Bestandteile der AK auch Sonderkosten für Dekontaminierung ? (Problematik der verlustfreien Bewertung !)

II. Abgänge

1. Wenn vom Mandanten Teilflächen (WEG) verkauft werden, ist dann als Kostenabgang der anteilige Betrag gebucht, der sich durch die Multiplikation des WEG-Anteils mit den Gesamt-AK ergibt?

2. Wenn vom Mandanten Häuser (RH) verkauft werden, ist es vertretbar, als Kostenabgang den Anteil zu buchen, der sich als Quotient aus den verkauften Häusern zur Gesamtzahl der erstellten Häuser ergibt?

Anlage 7

B. Gebäude

I. Anschaffungs- und Herstellungskosten

1. Handelt es sich bei den AK um aktivierungsfähige Kosten?
2. Sind die AK einem Projekt (identifizierbar durch eine Projekt-Nr.) und innerhalb eines Projektes einem Gebäude eindeutig zurechenbar?
3. Sind die aufgelaufenen Kosten durch Abschlagsrechnungen (geleistete Anzahlungen) oder durch Schlussrechnungen belegt?
4. Ist die Vollständigkeit der AK (z.B. Anschlußkosten für Gas) anhand der Unterlagen nachvollziehbar?
5. Ist die Vollständigkeit der AK durch die Bildung von Rückstellungen in den Fällen sichergestellt, in denen Schlussrechnungen von Handwerkerfirmen oder Kommunen (Erschließung) noch fehlen?
6. Ist die Vollständigkeit der AK in den Fällen sichergestellt, in denen zunächst ein Garantieeinbehalt vorgenommen wurde (d.h. die Rechnung ist z.B. nur zu 95% bezahlt) und bei Vorlage einer Bürgschaftserklärung der Restbetrag nachbezahlt wird?
7. Ist aus den Rechnungen erkennbar, daß noch (zukünftige) Verpflichtungen bestehen, die ggf. passiviert werden müssen?
8. Wenn sich die Kosten auf mehrere Teilprojekte beziehen (z.B. auf Standardleistung einerseits und GU-Vertrag andererseits), sind dann die Kosten den einzelnen Projekten richtig zugeordnet?
9. Stimmen die Daten lt. Projektordner hinsichtlich Grundstücksbezeichnung und Umfang der Bebauung (EH, ETW, TG) mit den notariellen Verträgen überein?

II. Verlustfreie Bewertung

1. Legt die Relation AK/HK zu (erwartetem) Verkaufserlös die Annahme nahe, dass es sich hierbei um ein Verlustprojekt handelt? (Aus bestimmten internen Unterlagen ist i.d.R. erkennbar, mit welchem Rohertrag bebaute Grundstücke bislang verkauft worden sind.)
2. Wenn sich aus den Unterlagen ergibt, dass ein Teil der ETW/EH bereits seit längerer Zeit im Bestand ist (hohe Verweildauer bebauter Grundstücke), ist dann ggf. eine Abwertung der AK/HK auf den niedrigeren beizulegenden Wert erforderlich?
3. Ergeben sich aus der Kalkulation Anhaltspunkte dafür, dass es sich um ein Verlustprojekt handelt? (Die geplanten Verkaufspreise für ETW bzw. EH werden voraussichtlich nicht erzielbar sein und die Erlöse werden die Selbstkosten nicht decken.)
4. Zur Problematik der Aktivierung von Dekontaminierungskosten vgl. Punkt A I.4.

III. Abgänge

1. Wenn Teilflächen (nach Maßgabe des WEG) verkauft werden, ist dann der Kostenabgang lt. WEG-Quote nachvollziehbar?
2. Ist die Annahme, daß die WEG-Quote auch dem Anteil an den Baukosten und Baunebenkosten entspricht, realistisch?

C. Rückstellungen

1. Hat es bei der Anschaffung von Grundstücken mit dem Verkäufer Vereinbarungen gegeben, daß der Kaufpreis anzupassen ist, wenn sich bis zum Zeitpunkt der Vermarktung durch den Mandanten z.B. die GFZ verändert hat, sind dann entsprechende Rückstellungen gebildet worden, wenn der Mandant bereits Verkäufe (Übergaben von ETW/EH) getätigt hat?
2. Wenn die Abnahme von EH/ETW durch den Käufer stattgefunden und dieser in einem Abnahmeprotokoll auf (kleinere) Mängel hingewiesen hat, sind dann für die Kosten der Mängelbeseitigung entsprechende Rück-

stellungen erforderlich und gebildet? (In der Regel können die Kosten an Subunternehmer weiterbelastet werden.)

3. Wenn Bauvorhaben fertiggestellt sind, stehen in einigen Fällen die Schlussrechnungen von Handwerkern (Bau) oder Kommunen (Erschließung) noch aus. Sind für die ausstehenden Rechnungen Rückstellungen gebildet und lassen sich diese anhand der Bauverträge (einschl. evtl. Nachträge), der Zahlungspläne und der Abschlagsrechnungen nachvollziehen?

4. In den notariellen Verträgen (Mandant tritt als Verkäufer auf) ist i.d.R. festgelegt, daß der Mandant die Kosten für die Löschung noch eingetragener Grundschulden übernimmt. Sind für diese Kosten entsprechende Rückstellungen gebildet, wenn die Löschung bis zum 31.12. noch nicht erfolgt ist?

5. Die Rechnungen von Handwerkerfirmen werden vom Mandanten geprüft. Dabei werden häufig Abstriche gemacht, die zu einer Ermäßigung des Rechnungsbetrages führen. Gibt es gravierende Fälle, in denen Kürzungen vorgenommen wurden, mit denen der Lieferant nicht einverstanden ist und in denen eine entsprechende bilanzielle Vorsorge erforderlich ist?

6. Wenn der Mandant ein Grundstück (z.B. EH oder ETW) verkauft hat, hat dann ein Dritter einen Provisionsanspruch?

7. Die Garantiezeit läuft in der Regel 5 Jahre (vgl. dazu den Standardtext der notariellen Verträge), und es geschieht regelmäßig, dass Eigentümer (manchmal vertreten durch die Hausverwaltung) unmittelbar vor Ablauf der Verjährungsfrist noch mit Ansprüchen an den Mandanten herantreten. Bestanden solche Ansprüche zum Bilanzstichtag und sind dafür Rückstellungen gebildet?

8. Es werden z.T. Grundstücke schon verkauft, auch wenn noch keine Übergabe stattgefunden hat. Auch in diesen Fällen sind die Verträge auf Besonderheiten (z.B. Fertigstellungstermine und ggf. Verzugsstrafen) durchzusehen.

9. Der Mandant rechnet in der Regel nach Übergabe des Bauprojektes ab. Sind Rückstellungen für fehlenden Aufwand gebildet, wenn zwar die Gesamtleistung abgerechnet wurde, aber (unwesentliche) Teilleistungen (z.B. Außenanlagen) noch zu erbringen sind?

D. Umsatz- und Gewinnrealisation

1. Entspricht der Zeitpunkt der Realisation den Vereinbarungen in den notariellen Verträgen?

Beim Verkauf eines Grundstückes ist der Zeitpunkt der Übergabe an den Käufer von Bedeutung für die Gewinnrealisation. Dabei sind verschiedene Vereinbarungen denkbar: Nutzen und Lasten gehen über

a. mit dem Datum, das im notariellen Vertrag fixiert ist;
b. mit der Eintragung einer Auflassungsvormerkung für den Käufer;
c. mit dem Eingang des Kaufpreises beim Mandanten.
Wurden diese Kriterien beachtet?

2. Wenn in den Kaufverträgen ein Rücktrittsrecht vereinbart wurde und die Voraussetzungen für die Ausübung dieses Rechts bis zum Jahresende erfüllt sind, muss dann eine entsprechende bilanzielle Vorsorge gebildet werden, wenn damit zu rechnen ist, dass der Kunde von seinem Recht Gebrauch machen wird?

3. Wenn bei der Bezahlung des Kaufpreises Verzögerungen eintreten, beruhen diese dann darauf, dass der Kunde Mängel geltend gemacht hat, die beim Mandanten eine entsprechende bilanzielle Vorsorge nach sich ziehen müssten?

Ist ggf. die Umsatz- und Gewinnrealisation rückgängig zu machen, weil der Mandant entgegen ursprünglicher Annahmen noch nicht vertragsgemäß geleistet hat?

4. Wenn der Mandant den Kauf eines Grundstücks durch einen Dritten vermittelt hat, hat er i.d.R. einen Provisionsanspruch. Ist der damit verbundene Ertrag im JA berücksichtigt?

E. Finanzierung

1. Wenn im notariellen Vertrag (Mandant tritt als Verkäufer auf) einzelne Kaufpreisraten festgelegt sind, lassen sich dann die offenen Forderungen des Mandanten an den Kunden mit dieser Ratenvereinbarung abstimmen?

2. Hat es Zahlungsverzögerungen gegeben und worauf sind diese ggf. zurückzuführen?

3. Sind die vor Eigentumsübergang vom Käufer geleisteten Vorauszahlungen beim Mandanten als ‚erhaltene Anzahlungen' passiviert?

4. Wenn von einer Handwerkerfirma noch keine Schlussrechnung vorgelegt wurde (weil die Arbeiter noch nicht beendet sind), sind die vom Mandanten geleisteten Vorauszahlungen dann aus den Unterlagen nachvollziehbar?

5. Wenn der Mandant bei der Bezahlung von Rechnungen (z.B. Bau- und Erschließungskosten) die Möglichkeit wahrnimmt, unter Abzug von Skonto zu bezahlen, werden dann die Skonti als Kürzung der AK/HK behandelt oder ertragswirksam gebucht?

6. Wenn der Mandant von den Lieferantenrechnungen nur Teilbeträge bezahlt, weil er von seinem Recht Gebrauch macht, einen Sicherheitseinbehalt vorzunehmen, ist die Höhe dieser Einbehalte und ihre Restlaufzeit dann aus den Unterlagen ersichtlich? (Anhang: Laufzeit von Verbindlichkeiten!)

F. Sonstiges

Enthalten die 'sonstigen betrieblichen Aufwendungen' Posten, die im Zusammenhang mit 'abgebrochenen Projekten' (begonnen, aber nicht weiter verfolgt) entstanden sind?

Bestehen Risiken aus abgebrochenen Projekten, die bilanziell noch nicht angemessen berücksichtigt wurden?

Komponenten von Geschäftsmodellen (Externe und interne Einflussfaktoren auf den Jahresabschluss)
Anlage 8 / 1   „Autohaus"
(Modelltheoretische Aspekte)

Thema	Einfluss auf den Jahresabschluss	
	Position Beispiele	Aussage Beispiele
Altfahrzeugverordnung	Forderungen / Verbindlichkeiten	Bestand, Bewertung, Ausweis
Auslieferungen	Forderungen L+L	Bestand
	Vorräte	Bestand, Bewertung
Autobanken	Forderungen / Verbindlichkeiten	Bestand, Bewertung, Ausweis
Automeile	Sachanlagen	Bewertung
Beschwerdemanagement	Rückstellungen	Vollständigkeit, Bewertung
Farbskala	Vorräte	Bewertung
Finanzierungsprogramme	Verbindlichkeiten	Bestand, Ausweis
Gruppenfreistellungs VO	Forderungen / Verbindlichkeiten	Bestand, Bewertung, Ausweis
Händlerauftritt	Sachanlagen	Bewertung
	Verbindlichkeiten (Erhaltungsaufwand)	Vollständigkeit
Händlerentlohnung	Forderungen	Bestand
Händlerkategorien	Sachanlagen	Bewertung
	Vorräte	Bewertung
Händlerverträge	Forderungen / Verbindlichkeiten	Bestand, Bewertung, Ausweis
Kaufanreize	Forderungen	Genauigkeit
	Vorräte	Bewertung
Kauferlebnis	Sachanlagen	Bewertung
Kundenorientierung	Sachanlagen	Bewertung
	Vorräte	Bewertung
Leistungsbeurteilung	Vorräte	Bewertung
Margen	Forderungen	Genauigkeit
	Vorräte	Bewertung
Markteintritt	Sachanlagen	Bewertung
	Vorräte	Bewertung
Modellzyklen	Vorräte	Bewertung
Plattformstrategie	Vorräte	Bewertung
Preis- / Leistungsverhältnis	Vorräte	Bewertung
Rabatte	Forderungen	Genauigkeit
Rückrufaktion	Forderungen / Verbindlichkeiten	Bestand, Bewertung, Ausweis
Service	Vorräte	Bestand, Bewertung, Ausweis
Servicepaket	Forderungen	Genauigkeit
Standortanalyse	Sachanlagen	Bewertung
Themenhändler	Sachanlagen	Bewertung
	Vorräte	Bewertung

Hinweise zu einzelnen Themen

Es ist alleiniger Zweck der Hinweise, den Abschlussprüfer und sein Team für bestimmte Themen zu sensibilisieren. Die im Einzelnen geschilderten Sachverhalte können sich in der Zwischenzeit wieder verändert haben. Das ändert aber nichts an der Notwendigkeit, den Themenkatalog ständig zu aktualisieren und dann systematisch abzuarbeiten, um sicherzugehen, dass keine wesentlichen Aspekte vergessen wurden. Insofern hat auch der Abschlussprüfer selbst ein Vollständigkeitsproblem.

Im Übrigen soll der Themenkatalog auch deutlich machen, wie wichtig es ist, sich einer Bilanzposition über Geschäftsprozesse zu nähern. Er gibt dem Abschlussprüfer außerdem die Möglichkeit, sich zu vergewissern, ob er sich wirklich die richtigen Prüfungsziele gesetzt hat. Dieser Gedanke wird insbesondere dann zum Tragen kommen, wenn er feststellt, dass sich das Geschäftsmodell in wesentlichen Bereichen geändert hat. [1]

Auslieferungen
Die Zahl der Auslieferungen an Kunden stellt sowohl für den Hersteller als auch für den Händler eine wichtige Kennziffer dar. Hat sich die Geschäftsleitung frühzeitig festgelegt, eine bestimmte Zahl von Autos zu verkaufen (Absatzzielmarken), wird sie alles unternehmen, um das gesteckte Ziel zu erreichen. (Mengenkomponente der Geschäftspolitik). Dabei sind auch besondere Koppelungsgeschäfte dergestalt denkbar, dass einem Händler nur unter der Voraussetzung Wagen einer neuen Modellreihe verkauft werden, wenn er bereit ist, auch noch ältere Typen abzunehmen.

Automeile
Mit einer neuen Art der Produktpräsentation versucht eine ganze Kette von Autohäusern, den Kunden mit einem günstigen Standort, umfangreichem Angebot und exklusiver Atmosphäre zu umwerben. „Das Layout der Automeile erinnert an ein Messegelände aus einem Guss mit getrennter Verkehrsführung für Autos und Fußgänger, großen Parkplätzen, einem zentralen Platz und einer (schlüssigen) Architektur.... Ein Fußgänger-Boulevard durchzieht das Gelände. Auf der einen Seite der Flaniermeile befinden sich die Ausstellungsgebäude für die Neuwagen, auf der anderen Seite werden die Gebrauchtfahrzeuge angeboten. Eine Straße durchzieht ringförmig die 10 Hektar des neuen Teils der Automeile, insgesamt ist das Areal 15 Hektar groß." (o.V.: Eine Automeile aus einem Guß, in: FAZ 9.7.04, Nr. 157, S. 47)

Farbskala
Wer die Bewertung eines Fahrzeugbestandes beurteilen will, muss darüber informiert sein, welche Farben die Autofahrer bevorzugen. Ladenhüter können sich auch dadurch ergeben, dass die Farbe ausgefallen und nicht mehr „modern" ist. Fast 90% aller Neufahrzeuge wurden in 2003 in Silber, Dunkelblau oder Schwarz gebaut und verkauft. (vgl. W.R. Cramer: Silberne Hoch-Zeit, in: FAZ 10.9.03, Nr. 210, S. B 2)

Händlerauftritt
Wie aus den Anmerkungen zur „Automeile" zu erkennen, wird sich der Markt in den nächsten Jahren stark verändern. Nach einer Studie der Unternehmensberatung Accenture wird im Jahre 2010 eine völlig veränderte Marktstruktur bestehen. „Neue Marktteilnehmer werden Megadealer, Powershopping-Provider, Themenhändler (Betriebe, die nur Minivans oder Geländewagen anbieten ...), Discount-Shops oder virtuelle Marktplätze sein." (o.V.: Der Kraftfahrzeughandel soll 40 Prozent seines Ertrages verlieren, in: FAZ 28.4.01, Nr. 99, S. 59)

Kundenorientierung
Wesentlicher Gegenstand einer langfristigen Unternehmenspolitik muss die Kundenorientierung sein In einer Untersuchung kommt das Institut für marktorientierte Unternehmensführung an der Universität Mannheim in Zusammenarbeit mit dem Zentralverband des Deutschen Kraftfahrzeughandels allerdings zu dem Ergebnis, dass dem Kunden im allgemeinen nicht die erforderliche Beachtung geschenkt wird. „Kundenorientierung umfasst aus Sicht der Mannheimer Forscher dabei unter anderem das Verhalten von Mitarbeitern und Führungskräften, professionelles Beschwerdemanagement und ein Management der Kundenbeziehungen (Customer Relationship Management, CRM)." (o.V.: Der Autokunde ist noch lange nicht König, in: FAZ 8.9.03, Nr. 208, S. 19)

In diesem Zusammenhang ist es im Hinblick auf das Autohaus WELOS von besonderem Interesse, dass Toyota laut einer Studie des ADAC, die in Zusammenarbeit mit dem Center Automotive Research (CAR) von Ferdinand Dudenhöfer der Fachhochschule Gelsenkirchen durchgeführt wurde, in der Liste der Kundenzufriedenheit an erster Stelle steht. (vgl. o.V.: Volkswagen ist in der Kundenzufriedenheit das Schlusslicht, in: FAZ 25.11.04, Nr. 276, S. 22)

Damit erscheint das Ziel dieses japanischen Herstellers, bis zum Jahre 2010 die internationale Marktführerschaft zu erreichen, in einem besonderen Licht. (vgl. o.V.: Toyota hat ein weiteres Rekordjahr im Visier, in: FAZ 12.5.04, Nr. 110, S. 17)

Leistungsbeurteilung
Im Rahmen der Produktstrategie müssen neben den rationalen Produkteigenschaften auch die „weichen Faktoren" berücksichtigt werden. Der Wert eines Fahrzeugbestandes richtet sich also nach einem ganzen Bündel von Faktoren. Neben den rein technischen Aspekten geben den Ausschlag „vielmehr die Faktoren wie Marke, Positionierung, Design, Kundennutzen und der Preis – für jeden Kunden auf individueller Ebene." (B. Ebel/ M.B. Hofer: Der Kunde bestimmt den Autowert (Aufweichung der Segmente), in: FAZ 15.12.03, Nr. 291, S. 20)

Margen
In Anbetracht der im Durchschnitt unter 1 % liegenden Umsatzrendite muss es das Ziele der Autohändler sein, die Margen zu erhöhen. „Eine Chance, die Erträge zu steigern, ergibt sich aus der Optimierung des so-

genannten 'Transaction-Pricing'. Hier geht es um die Reduktion der Nachlässe, die sich in Rabatten, Aktionen, Paketen, Finanzierungen und Zahlungsmodi verbergen. Diese Preisnachlässe liegen heute bei 10-15 Prozent vom Neuwagenpreis. Margenschonende Nachlässe wie Servicepakete oder Zubehör statt Barrabatte sind ein Beispiel für intelligente Incentives mit Kundennutzen." (A. Joas: Nicht nur eine Debatte um satte Rabatte, in: FAZ 10.9.03, Nr. 210, S. B 10)

Für den Abschlussprüfer stellt sich angesichts von „Paketen" natürlich die Frage, ob alle kostenlosen Lieferungen und Leistungen auch vollständig im Jahresabschluss verarbeitet wurden. Will er Tendenzen kommentieren, muss er sicher sein, dass die Margenentwicklung von der betriebswirtschaftlichen Ergebnisrechnung korrekt abgebildet wird. (vgl. M. Schweitzer: Rückgrat Kostenrechnung, in: FAZ 24.9.01, Nr. 222, S. 31)

Jeder Themenkatalog formt ein bestimmtes Geschäftsmodell. Dieses bildet den Rahmen für die Arbeit des Abschlussprüfers.

„The strategic-systems auditor assesses the validity of the client's financial statements having first constructed a mental model of the client via the process of knowledge creation and synthesis. Through mental simulation the strategic-systems auditor forms independent propositions about the client's ability to execute on a number of strategic and process dimensions, and draws upon his knowledge of accounting to transform these propositions into expectations about financial presentation."

„The business model aids the auditor in his efforts to ensure that the proper degree of consideration is given to significant client business risks and their implication for audit risk. In addition, the business modelling framework assists the auditor's synthesis of information about relevant economic activities occurring at different systems levels into an integrated, whole-system mental representation of the organisation and its environment." [2]

---

1 Vgl. H. Schmidt : Innovationen gehören ins Pflichtenheft jedes Managers, in : FAZ 19.8.04, Nr. 192, S. 13
2 Arricale/Bell/Solomon/Wessels : Strategic-Systems Auditing, a.a.O. S. 19 und 21

Komponenten von Geschäftsmodellen (Externe und interne Einflussfaktoren auf den Jahresabschluss)
Anlage 8 / 2 „Brauerei"
(Modelltheoretische Aspekte)

Themen Beispiele	Einfluss auf den Jahresabschluss	
	Position Beispiele	Aussage Beispiele
Beteiligungen	Anteile / Beteiligungen	Bewertung, Ausweis
Darlehen	Finanzanlagen	Bewertung
Demographie	Sachanlagen	Bewertung
Dosenpfand	Sachanlagen	Bewertung
Gebindeform	Sachanlagen	Bewertung
Konsumverhalten	Sachanlagen	Bewertung
Konzentration	Sachanlagen	Bewertung
Kooperation	Forderungen / Verbindlichkeiten	Bestand, Bewertung, Ausweis
Marktstruktur	Sachanlagen	Bewertung
Preispolitik	Forderungen	Genauigkeit
Preiswettbewerb	Forderungen	Genauigkeit
	Vorräte	Bewertung
Produktpalette	Vorräte	Bewertung
Überkapazitäten	Sachanlagen	Bewertung
	Vorräte	Bewertung
Vertriebslogistik	Sachanlagen	Bestand, Bewertung
	Forderungen	Bestand
	Rückstellungen	Vollständigkeit
Vertriebswege	Forderungen	Bewertung, Genauigkeit

Hinweise zu einzelnen Themen
Es ist alleiniger Zweck der Hinweise, den Abschlussprüfer und sein Team für bestimmte Themen zu sensibilisieren. Die im Einzelnen geschilderten Sachverhalte können sich in der Zwischenzeit wieder verändert haben. Das ändert aber nichts an der Notwendigkeit, den Themenkatalog ständig zu aktualisieren und dann systematisch abzuarbeiten, um sicherzugehen, dass keine wesentlichen Aspekte vergessen wurden. Insofern hat auch der Abschlussprüfer selbst ein Vollständigkeitsproblem.

Im Übrigen soll der Themenkatalog auch deutlich machen, wie wichtig es ist, sich einer Bilanzposition über Geschäftsprozesse zu nähern. Er gibt dem Abschlussprüfer außerdem die Möglichkeit, sich zu vergewissern, ob er sich wirklich die richtigen Prüfungsziele gesetzt hat. Dieser Gedanke wird immer dann zum Tragen kommen, wenn er feststellt, dass sich das Geschäftsmodell in wesentlichen Bereichen geändert hat. [1]

Beteiligungen
Den Strukturveränderungen und Konzentrationstendenzen versuchen Unternehmen u.a. dadurch zu begegnen, dass sie im Rahmen einer besonderen Form der Kooperation eine gemeinsame Beteiligung eingehen. „Die drei in Deutschland führenden Brauereien Warsteiner, Krombacher und Bitburger haben ein gemeinsames Unternehmen gegründet, dessen Zweck es ist, Beteiligungen im Getränkefachgroßhandel zu erwerben. Die neue Premium-Getränke-Distribution GmbH mit Sitz in Köln soll den drei Brauereien den Absatzweg über den Fachhandel sichern." (o.V.: Warsteiner, Krombacher und Bitburger kaufen ihre Fachgroßhändler, in: FAZ 17.10.01, Nr. 241, S. 26)

Demographische Entwicklung
Nicht nur die zunehmende Konzentration verursacht vor allem dem Mittelstand Sorgen. „Druck übt auf die Branche die demographische Entwicklung aus. 'Ältere Menschen trinken immer weniger, jüngere mehr, und wir haben in Deutschland eben immer mehr ältere Menschen', heißt es dazu beim Brauer-Bund. In Deutschland verkaufen rd. 1.280 Brauereien etwa 105 Millionen Hektoliter Bier im Jahr. Der Pro-Kopf-Verbrauch an Bier wird nach Meinung von Fachleuten in den kommenden Jahren aber von heute 121 Liter auf weniger als 100 Liter sinken." (o.V.: Die Ausländer erobern den deutschen Biermarkt, in: FAZ 21.1.04, Nr. 17, S. 15)

Gebindeform
Nach einer anfänglichen Zurückhaltung, Bierflaschen in veredeltem Polyester (PET) zu verwenden, setzt sich diese Gebindeform vor allem bei den großen Konzernen immer mehr durch. Vorreiter war die zur dänischen Carlsberg gehörende Hamburger Holsten-Brauerei. „Als die Flaschen am Markt immer mehr nachgefragt wurden, nahmen die Hamburger ... gut 20 Millionen Euro in die Hand und erwarben in den vergangenen anderthalb Jahren drei spezielle PET-Abfüllanlagen. Diese haben den Vorteil, dass beispielsweise das Lidl-Logo direkt auf die Flasche aufgepresst werden kann." (o.V.: Bier aus der Plastikflasche wird salonfähig, in: FAZ 1.11.04, Nr. 255, S. 14)

Konzentration
Die bereits in vollem Gang befindliche Konzentration wird sich auch weiterhin fortsetzen. „Zwei Drittel der klassischen Brauereien werden bis zum Jahr 2015 vom deutschen Markt verschwinden. Von den rd. 530 Brauereien, die heute mehr als 5000 Hektoliter Bier im Jahr brauen, werden kaum mehr als 190 Betriebe überleben. Zu diesem Urteil kommt die Wirtschaftsprüfungsgesellschaft Ernst & Young in ihrem gemeinsam mit Branchenexperten erstellten Studie 'Brauereien 2015: Wege aus der Krise'. Viele Brauereien mittlerer Größe werden ganz aufgeben oder sich zu größeren konkurrenzfähigen Einheiten zusammenschließen." (o.V.: Viele mittlere Brauereien sind nicht überlebensfähig, in: FAZ 17.5.03, Nr. 114, S.14)

Marktstruktur
Nachdem die dänische Carlsberg-Brauerei Holsten übernommen hat, liegt sie nach einer Statistik der FAZ auf Platz zwei hinter der belgischen Gruppe Interbrew, die mit ihren Marken Beck's und Diebels Marktführer in Deutschland ist. Nach Ansicht des Deutschen Brauer-Bundes ist „mit den Übernahmen der jüngsten Vergangenheit der Konsolidierungsdruck noch nicht vom Markt genommen worden. Konsolidierung sei aber nicht gleichbedeutend mit Konzentration, denn für kleine und mittlere Brauereien böten sich noch viele Möglichkeiten zur Kooperation." (o.V.: Die Ausländer erobern den deutschen Biermarkt, in: FAZ 21.1.04, Nr. 17, S. 15) Der gleichen Quelle ist folgende Rangordnung im Bierausstoß in der BRD (in Millionen Hektolitern (2002) zu entnehmen: Interbrew einschl. Spaten (15,8), Holsten (9,8), Radeberger ohne Stuttgarter Hofbräu (8,8), Brau und Brunnen (7,2), Warsteiner (5,7), Bitburger (5,1), Krombacher (4,9), Bayerische Brauereiholding (Schörghuber-Gruppe) (4,7), Oettinger (4,0), Karlsberg (3,8).

Preiswettbewerb
Im Zuge des Erwerbs der Brauerei Fürstenberg durch die Getränkegruppe Brau Holding International der Münchner Schörghuber-Gruppe und des niederländischen Konzerns Heineken wurde berichtet: „Obwohl

(Fürstenberg) Gewinne erziele, sei ein starker Partner notwendig. Der Bierkonsum in Deutschland sinke weiter. Im Gegensatz zum Mittelstand könnten Konzerne Preiskämpfe mit Handelsrabatten und Aktionen für Verbraucher besser verkraften...." (o.V.: Brau Holding greift nach Traditionsbrauerei Fürstenberg, in: FAZ 6.10.04, Nr. 233, S. 18)

Produktpalette
Im Rahmen des zunehmenden Wettbewerbs ist Kreativität und Durchhaltevermögen beim Einsatz des absatzpolitischen Instrumentariums gefragt. „Die Veltins-Brauerei wird nach Angaben des für Marketing und Vertrieb zuständigen Geschäftsführers Volker Kuhl an ihrer Hochpreispolitik festhalten und dabei auch Mengenverluste in Kauf nehmen. Einen rückläufigen Bierausstoß werde man durch den Ausbau der Produktpalette ausgleichen.... Als Alternativen zum Bier nannte (das Unternehmen) die bereits erfolgreich auf dem Markt gebrachten Biermixgetränke." (o.V.: Eines der besten Jahre für Veltins, in: FAZ 27.2.03, Nr. 49, S. 15)

Vertriebswege
Die Badische Staatsbrauerei Rothaus hat im Jahre 2003 auf das Kreditrisiko im Gastronomiebereich hingewiesen: „Die Ewigkeitsregel der Bierbranche 'eine Biermarke werde in der Gastronomie gemacht', gilt nicht für Rothaus. Der Gastronomie-Anteil liegt unter 10 Prozent. Viele Brauereien haben durch Insolvenzen in der Gastronomie, die sie vielfach komplett ausstatten und oft zinslos finanzieren, viel Geld verloren ..., Rothaus nicht. Ein Drittel des Rothaus-Absatzes wird über Edeka, Rewe und Metro vertrieben, der Rest über 400 Großhändler." (o.V.: „Biermischgetränke sind ein Anschlag auf die deutsche Bierkultur", in: FAZ 3.7.03, Nr. 151, S. 16)

Überkapazitäten
Zur Problematik einer unbefriedigenden Nachfrage wurde über die Radeberger Gruppe in 2004 berichtet: „Die Gründe für den sinkenden Bierabsatz sind vielfältig. Ein genereller Trend vor allem in der Jugend weg vom Bier wird verstärkt durch das gegenüber 2003 schlechtere Wetter. Aber auch durch die Einführung des Dosenpfandes hat Radeberger 220.000 Hektoliter Absatz verloren, dem nur ein Zuwachs von 35.000 Hektolitern in Mehrwegflaschen gegenüberstand. .... Viele Unternehmen versuchten zunächst, durch Billigbier ihre Kapazitäten auszulasten. 'Die Überkapazitäten am Markt gehören aber abgebaut, statt sie über Billigbier auszulasten', ist (Radeberger) überzeugt. (Mit dem Hinweis) 'da können wir als Marktführer uns unserer Verantwortung für die Hygiene des Marktes nicht entziehen', kündigte (man) Kapazitätsanpassungen bei Radeberger an." (o.V.: „Die Absatzentwicklung tut richtig weh", in: FAZ 27.5.04, Nr. 122, S. 18)

Vertriebslogistik
Die Binding-Brauerei beschäftigte sich im Jahre 2002 mit einer Umstellung der Firma auf den Namen Radeberger. „Wichtiger Bestandteil der Neuausrichtung ist ein höherer Zentralisierungsgrad. Damit ist zum Beispiel ein gemeinsamer Sortiments- und Markenauftritt oder eine zentrale Steuerung für Vertrieb, Produktion oder Logistik gemeint." (o.V.: Der Binding-Konzern nennt sich künftig Radeberger, in: FAZ 10.5.02, Nr. 107, S.22)

Jeder Themenkatalog formt ein bestimmtes Geschäftsmodell. Dieses bildet den Rahmen für die Arbeit des Abschlussprüfers.

„The strategic-systems auditor assesses the validity of the client's financial statements having first constructed a mental model of the client via the process of knowledge creation and synthesis. Through mental simulation the strategic-systems auditor forms independent propositions about the client's ability to execute on a number of strategic and process dimensions, and draws upon his knowledge of accounting to transform these propositions into expectations about financial presentation."

„The business model aids the auditor in his efforts to ensure that the proper degree of consideration is given to significant client business risks and their implication for audit risk. In addition, the business modelling framework assists the auditor's synthesis of information about relevant economic activities occurring at different systems levels into an integrated, whole-system mental representation of the organisation and its environment." [2]

---

1 Vgl. H. Schmidt: Innovationen gehören ins Pflichtenheft jedes Managers, in: FAZ 19.8.04, Nr. 192, S. 13
2 Arricale/Bell/Solomon/Wessels: Strategic-Systems Auditing, a.a.O. S. 19 und 21

Komponenten von Geschäftsmodellen (Externe und interne Einflussfaktoren auf den Jahresabschluss)
Anlage 8 / 3 „Möbelhersteller"
(Modelltheoretische Aspekte)

Themen Beispiele	Einfluss auf den Jahresabschluss	
	Position Beispiele	Aussage Beispiele
Export	Forderungen L+L	Bestand, Bewertung
Konkurrenz	Sachanlagen	Bewertung
	Vorräte	Bewertung
Markenbewußtsein	Vorräte	Bewertung
Modellpolitik	Vorräte	Bewertung
Möbelmesse	Verbindlichkeiten	Vollständigkeit
Objektgeschäft	Forderungen	Bewertung
	Vorräte	Bewertung
	Verbindlichkeiten L+L	Vollständigkeit
Präsentationen	Verbindlichkeiten	Vollständigkeit
Preiswettbewerb	Forderungen	Genauigkeit
	Vorräte	Bewertung
Produktionsabläufe	Vorräte	Bewertung
	Sachanlagen	Bewertung
Produktivität	Sachanlagen	Bewertung
	Vorräte	Bewertung
Sortimentsstruktur	Vorräte	Bewertung
Teilevielfalt	Vorräte	Bestand, Bewertung
Zuliefernetz	Vorräte	Bestand, Bewertung
	Verbindlichkeiten L+L	Vollständigkeit

Hinweise zu einzelnen Themen
Es ist alleiniger Zweck der Hinweise, den Abschlussprüfer und sein Team für bestimmte Themen zu sensibilisieren. Die im Einzelnen geschilderten Sachverhalte können sich in der Zwischenzeit wieder verändert haben. Das ändert aber nichts an der Notwendigkeit, den Themenkatalog ständig zu aktualisieren und dann systematisch abzuarbeiten, um sicherzugehen, dass keine wesentlichen Aspekte vergessen wurden. Insofern hat auch der Abschlussprüfer selbst ein Vollständigkeitsproblem.

Im Übrigen soll der Themenkatalog auch deutlich machen, wie wichtig es ist, sich einer Bilanzposition über Geschäftsprozesse zu nähern. Er gibt dem Abschlussprüfer außerdem die Möglichkeit, sich zu vergewissern, ob er sich wirklich die richtigen Prüfungsziele gesetzt hat. Dieser Gedanke wird insbesondere dann zum Tragen kommen, wenn er feststellt, dass sich das Geschäftsmodell in wesentlichen Bereichen geändert hat. [1)]

Export
Die deutsche Möbelindustrie setzt verstärkt ihre Hoffnungen auf den Export, insbesondere nach Osteuropa. „Der Export ist schon seit Jahren eine wichtige Stütze für die Branche – angesichts eines schrumpfenden Inlandsmarktes. Rund ein Viertel der deutschen Produktion wird ins Ausland verkauft, der größte Teil davon nach Westeuropa. Für die Zukunft richten sich die Blicke jedoch gen Osten. 'Osteuropa ist neben Asien die Region mit der stärksten Dynamik und vom Volumen her viel bedeutsamer', sagt Dirk-Uwe Klaas, Hauptgeschäftsführer des Verbands der Deutschen Möbelindustrie (VDM)." (o.V. Goldene Möbel kommen bei russischen Käufern gut an, in: FAZ 20.1.04, Nr. 16, S. 14)

Konkurrenz
Der Wettbewerb erfährt durch Aktivitäten spezieller Investoren eine neue Dynamik. So wurde kürzlich aus Italien berichtet: „Derzeit werden Designer- und Markenmöbel in wachsendem Maße imitiert. Dies macht für manche Firmen das Überleben schwer. Mehrere Branchenunternehmen wurden von Private-Equity-Gesellschaften (Charme, Opera) übernommen, die mit radikalen Sparprogrammen die finanziell angeschlagenen Unternehmen wieder neu ausrichten wollen." (o.V.: Mehr Imitate von Designerstühlen", in: FAZ 3.1.05, Nr. 1, S. 15)

Produktivität
Aufgrund der hohen Arbeitsintensität spielen die Lohnkosten weiterhin eine große Rolle. Der Verbesserung der Produktivität gilt deshalb das besondere Augenmerk. So wurde z.B. über die Hülsta-Werke berichtet: „Das Unternehmen hat sich gegen den Weg vieler anderer Hersteller entschieden, die Produktion ins Ausland zu verlagern. Statt dessen setzt Hülsta darauf, die Produktivität zu steigern: Bis vor einigen Jahren gab es in jedem Werk vom Furnier bis zum Vertrieb alle Produktionsstufen – Größenvorteile konnten so nicht genutzt werden. Inzwischen wurden die Zuliefererfunktionen, wie etwa die Furnierfertigung, in fünf unternehmenseigenen Zuliefererbetrieben zusammengefasst, die als Profit-Center geführt werden. Die Fertigungstiefe in den Hauptwerken sank, die Produktivität hingegen stieg."(o.V.: Das stille Sterben der deutschen Möbelproduktion", in: FAZ 16.6.03, Nr. 137, S. 16)

Produktpolitik
Den Unternehmen der Möbelindustrie war es weitgehend gelungen, den Wettbewerb mit Tiefstpreisen zu stoppen. So berichtete Dirk-Uwe Klaas, Hauptgeschäftsführer des Verbands der Deutschen Möbelindustrie (VDM) Anfang 2004: „'Zur Zeit beobachten wir keine weiter sinkende Tendenz bei den Preisen'. Statt dessen stellten Hersteller und Händler mittlerweile Qualität und Nutzwert ihrer Produkte wieder stärker in den Vordergrund. 'Die Präsentation in den Ausstellungsräumen der Händler ist besser geworden', sagt Klaas. Zudem seien die in der Vergangenheit oft langen Lieferzeiten der Hersteller verkürzt worden." (o.V.: Kölner Messe soll den Möbelherstellern die Wende bringen, in: FAZ 19.1.04, Nr. 15, S. 14)

Teilevielfalt
In Anbetracht des schwierigen konjunkturellen Umfeldes versuchen die Unternehmen Kosten zu sparen. „In der hohen Automatisation der Produktion sieht Michael Stiehl, geschäftsführender Gesellschafter der Rauch GmbH & Co, den einzigen Weg, mit dem mehr als 100 Jahre alten Unternehmen trotz hoher Lohnkosten im baden-württembergischen Städtchen Freudenberg (Main-Tauber-Kreis) zu bleiben. ... Die Rauch-Gruppe ... setzt auf schlanke Prozesse und hohes Kostenbewusstsein. So achten schon die Designer auf möglichst einfache Produktionsabläufe, die Teilevielfalt wurde reduziert." (o.V.: „Wir kriegen immer weniger Geld für unsere Möbel", in: FAZ 21.6.04, Nr. 141, S. 16)

Zuliefernetz
Von „Kartell", dem italienischen Hersteller von Möbeln und Accessoires aus Kunststoff, in dessen Wachstumsstrategie unabhängige Markengeschäfte (Kartell-Flagshipstores) eine wesentliche Rolle spielten, wurde u.a. berichtet: „ 'Mit jedem der sechs bis acht Produkte, die wir jedes Jahr neu herausbringen, gehen wir natürlich ein hohes Risiko ein', sagt (der Geschäftsführer Claudio) Luti. Denn produziert wird nicht auf Bestellung, sondern im voraus auf Lager. Das derzeit erfolgreichste Produkt, ein Stuhl, verkauft sich rund 150.000 mal im Jahr. Ähnlich wie andere italienische Mittelständler arbeitet Kartell mit einem breiten Netzwerk von Zulieferern, die selbst wiederum über wichtiges Know-how verfügen - 'das italienische System', wie es Luti selbst nennt." (o.V.: Designer Möbel aus der Maschine, in: FAZ 5.11.01, Nr. 257, S. 20)

Jeder Themenkatalog formt ein bestimmtes Geschäftsmodell. Dieses bildet den Rahmen für die Arbeit des Abschlussprüfers.

„The strategic-systems auditor assesses the validity of the client's financial statements having first constructed a mental model of the client via the process of knowledge creation and synthesis. Through mental simulation the strategic-systems auditor forms independent propositions about the client's ability to execute on a number of strategic and process dimensions, and draws upon his knowledge of accounting to transform these propositions into expectations about financial presentation."

„The business model aids the auditor in his efforts to ensure that the proper degree of consideration is given to significant client business risks and their implication for audit risk. In addition, the business modelling framework assists the auditor's synthesis of information about relevant economic activities occurring at different systems levels into an integrated, whole-system mental representation of the organisation and its environment." [2]

---

1 Vgl. H. Schmidt : Innovationen gehören ins Pflichtenheft jedes Managers, in : FAZ 19.8.04, Nr. 192, S. 13
2 Arricale/Bell/Solomon/Wessels : Strategic-Systems Auditing, a.a.O. S. 19 und 21

Anlage 8/4

Komponenten von Geschäftsmodellen (Externe und interne Einflussfaktoren auf den Jahresabschluss)
Anlage 8 / 4 „Schuheinzelhandel"
(Modelltheoretische Aspekte)

Themen Beispiele	Einfluss auf den Jahresabschluss	
	Position Beispiele	Aussage Beispiele
Auslandsengagement	Vorräte	Bewertung
	Verbindlichkeiten	Vollständigkeit, Bewertung
	Beteiligungen	Bewertung
Billigimporte	Vorräte	Bewertung
	Verbindlichkeiten	Vollständigkeit, Bewertung, Ausweis
Category Management	Vorräte	Bewertung
Dachmarken	Vorräte	Bewertung
Eigenmarken	Vorräte	Bewertung
Einkaufserlebnis	Sachanlagen	Vollständigkeit (Herstellungsaufwand)
		Bewertung
Fassadengestaltung	Sachanlagen	Vollständigkeit (Herstellungsaufwand)
		Bewertung
Fertigung im Ausland	Vorräte	Bewertung
	Verbindlichkeiten	Vollständigkeit, Bewertung
Filialumbau	Sachanlagen	Bewertung
	Verbindlichkeiten L+L	Vollständigkeit (Erhaltungsaufwand)
Flächenexpansion	Sachanlagen	Bewertung
Ladengeschäfte	Sachanlagen	
	Verbindlichkeiten	Vollständigkeit (Erhaltungsaufwand)
Lizenzen	Immat. Vermögensgegenstände	Bestand, Bewertung
Markeninszenierung	Sachanlagen	Bewertung
	Verbindlichkeiten L+L	Vollständigkeit (Werbeaufwand)
Markenrechte	Immat. Vermögensgegenstände	Bewertung
Preissensibilität	Vorräte	Bewertung
Vertikalisierung	Vorräte	Bewertung

Hinweise zu einzelnen Themen
Es ist alleiniger Zweck der Hinweise, den Abschlussprüfer und sein Team für bestimmte Themen zu sensibilisieren. Die im Einzelnen geschilderten Sachverhalte können sich in der Zwischenzeit wieder verändert haben. Das ändert aber nichts an der Notwendigkeit, den Themenkatalog ständig zu aktualisieren und dann systematisch abzuarbeiten, um sicherzugehen, dass keine wesentlichen Aspekte vergessen wurden. Insofern hat auch der Abschlussprüfer selbst ein Vollständigkeitsproblem.

Im Übrigen soll der Themenkatalog auch deutlich machen, wie wichtig es ist, sich einer Bilanzposition über Geschäftsprozesse zu nähern. Er gibt dem Abschlussprüfer außerdem die Möglichkeit, sich zu vergewissern, ob er sich wirklich die richtigen Prüfungsziele gesetzt hat. Dieser Gedanke wird insbesondere dann zum Tragen kommen, wenn er feststellt, dass sich das Geschäftsmodell in wesentlichen Bereichen geändert hat.[1]

Billigimporte
Den asiatischen Herstellern ist es zwischenzeitlich gelungen, auch gute Qualitäten zu niedrigen Preisen anzubieten. Dies hat u.a. die italienische Schuhindustrie getroffen, von der berichtet wurde: „Was die einzelnen Branchen betrifft, so wurde ... erstmals auch ein empfindlicher Rückgang der 'Schuhe aus echtem Leder' verzeichnet. Diese waren und sind immer noch das Rückgrat der italienischen Schuhexporte, nachdem sie knapp 90 Prozent aller wertmäßigen Ausfuhren und rund zwei Drittel der mengenmäßigen Lieferungen bestreiten. Auch in diesem Sektor gewinnen nicht nur spanische, sondern auch chinesische Schuhe, deren Qualität laufend zunimmt, an Bedeutung." (o.V.: Italiens Schuhindustrie befindet sich auf Zehnjahrestief, in: FAZ 29.9.03, Nr. 226, S. 17)

Category Management
Im Vertriebsbereich ist man (allerdings noch viel zu langsam) darum bemüht, Sortimente nach bestimmten Kundenwünschen zu präsentieren und die Einzelhandelsläden danach auszurichten. Zu Schuhen passen z.B. Pflegemittel, Schnürsenkel und Socken. „Handel und Hersteller überlegen gemeinsam, welche Bedürfnisse die Verbraucher haben, ordnen diese bestimmten Kategorien zu und bieten innerhalb dieser Kategorie ein übersichtliches Angebot an Artikeln. So kann auf einer vorgegebenen Regalfläche die Wertschöpfung optimiert werden." (S. Preuss: Gebt dem Kunden, was der Kunde will, in: FAZ 15.12.03, Nr. 291, S. 20) Ein vom Abschlussprüfer zu untersuchendes Warenwirtschaftssystem müsste diesen Zusammenhang sichtbar machen und einen Abschreibungsbedarf rechtzeitig signalisieren.

„'Die Händler stecken ... mehr Energie in die Optimierung der Einkaufskonditionen als in die Betrachtung etwa darüber, welche Preisabstände zwischen einzelnen Angeboten sinnvoll sind und welche Mischung aus Marken und private Labels in bestimmten Bereichen angebracht ist,' (erklärt Thomas Tochtermann, der bei der Unternehmensberatung McKinsey die Konsumgütersparte leitet.) Genau diese Ergebnisse liefert aber der Category-Management-Prozeß, bei dem die Kenntnisse und Kompetenzen von Herstellern und Händlern zusammengeführt werden." (S. Preuss: s.o. a.a.O.)

Das Denken in "Verbundeffekten" wird durch das Category Management naturgemäß stark gefördert. Die Unternehmensberatung Mercer Management Consulting hat darauf hingewiesen, dass viele Händler nicht über das erforderliche Datenspektrum verfügen, um ihre Sortimente sinnvoll gestalten zu können. „Die Qualität der Kundendaten und deren Nutzung sowie die eingesetzten Bewertungskennzahlen ließen stark zu wünschen übrig.... Beispielsweise gebe es kaum verlässliche Daten über Verbundeffekte innerhalb und zwischen den einzelnen Warengruppen." (o.V.: Der Handel braucht neue Strategien, in: FAZ 3.3.03, Nr. 52, S. 19)

Demographie
Im Allgemeinen leidet der Handel nicht nur unter der sparsamen Haushaltsführung der Kunden. „Bei Schuhen kommt zur ...Kaufzurückhaltung und zum Preisverfall durch Wettbewerbsdruck und Konkurrenz aus chinesischen Fabriken noch hinzu, dass das Segment Kinderschuhe als Folge der rückläufigen Geburtenzahlen seit Jahren schrumpft." (G. Giersberg: Zwei Großinsolvenzen überschatten die Schuhmesse GDS (Die Branche leidet unter Preisdruck, Kaufzurückhaltung und der Demographie), in: FAZ 16.9.04, Nr. 216, S. 18)

Flächenexpansion
Wir haben auch davon gesprochen, dass der Abschlussprüfer mit denjenigen Kennzahlen vertraut sein muss, die in einer bestimmten Branche Anwendung finden, und darauf hingewiesen, dass es insbesondere die Veränderung von Kennzahlen ist, die auf Stärken und Schwächen eines Unternehmens hindeuten. Christoph Rohe, Sprecher der Geschäftsführung und Partner der internationalen Unternehmensberatung Kurt Salmon Associates (KSA) hat auf folgendes hingewiesen: „Die Stagnation der Einzelhandelsumsätze und die gleichzeitige Flächenexpansion führen zu einem dramatischen Rückgang der Produktivität. Der Einzelhandelsumsatz stieg zwischen 1993 und 2000 nur um insgesamt 1,6 Prozent, im gleichen Zeitraum wuchs die Einzelhandelsfläche um 17,1 Prozent. Dadurch nahm die Flächenproduktivität um 13,2 Prozent von durchschnittlich 8.110 DM je Quadratmeter auf 7.040 DM je Quadratmeter ab." (Christoph Rohe: Blindes Kopieren erfolgreicher Rezepte hilft dem Handel nicht, in: FAZ 14.1.02, Nr. 11, S. 22)

Ladengeschäfte
Das interne Kontrollsystem muss sich auch mit der Frage beschäftigen, ob die bisherigen Standorte noch attraktiv sind oder ob man sich zur Sicherung der Existenzgrundlagen nach neuen Standorten umsehen muss. „Der Hang zur grünen Wiese weit draußen vor der Stadt, der vielen Innenstadtgeschäften große Sorge bereitet, ist zwar gestoppt, aber jetzt entstehen zunehmend große Einkaufszentren – ihre Zahl hat sich seit 1990 auf 340 mehr als verdreifacht – in Stadtnähe oder gar am Rand der Innenstädte. Auch das entzieht den traditionellen Innenstadtgeschäften die Kunden. Viele Fußgängerzonen ... bluten inzwischen aus." (G. Giersberg: Auf dem Weg zu neuen Quellen, in: FAZ 6.12.03, Nr. 284, S. 12)

Preissensibilität
Das konjunkturbedingte Preisbewusstsein der Verbraucher veranlasst immer mehr Hersteller, ihre Produktion ins Ausland zu verlagern. „Nach Angaben des Bundesverbandes des Deutschen Schuheinzelhandels nimmt die Preissensibilität der Kunden immer stärker zu. Bei Herrenschuhen seien Preise von mehr als 99 Euro nur mit Mühe zu erzielen. So gingen mittlerweile auch die Hersteller mit ihren Einstandspreisen nach unten, was die Produktionsverlagerung nach Asien oder Osteuropa beschleunige." (o.V.: Schuhhersteller verlagern zunehmend Produktion ins Ausland", in: FAZ 16.9.03, Nr. 215, S. 21) Andererseits darf Preispolitik auch nicht den Eindruck erwecken, niedrige Preise symbolisierten schlechte Qualität. Der Geschäftsführer der Wortmann Schuh-Holding KG, Wolfgang Illers „sieht die Strategie Wortmanns bestätigt: Die Konzentration auf

das mittlere Preissegment. (Durchschnittspreis: 50 Euro). Die häufig vertretene These, wonach der Handel zunehmend von Discountern beherrscht werde, kann er daher nicht nachvollziehen. Die Verbraucher wollten eben keine 'extrem billigen Schlappen' haben, betonte er. Andererseits verlören die Anbieter von Luxusschuhen unentwegt Marktanteile." (o.V.: Wortmann auf Rekordjagd, in: FAZ 12.11.04, Nr. 265, S. 19)

Vertikalisierung
Die Deichmann-Gruppe zeigte sich im Jahre 2003 mit der Ergebnisentwicklung sehr zufrieden. Die Gesellschaft begründete diesen Trend „zum einen mit der fortschreitenden Vertikalisierung, also der Kollektionsentwicklung in eigener Regie unter Ausschaltung des Zwischenhandels ... (und zum anderen haben) die starke Kostendisziplin und die wegen des starken Euro verbilligten Importe zum Ergebnisplus beigetragen." (o.V.: Deichmann wächst gegen den Trend, in: FAZ 18.9.03, Nr. 217, S. 19)

Jeder Themenkatalog formt ein bestimmtes Geschäftsmodell. Dieses bildet den Rahmen für die Arbeit des Abschlussprüfers.

„The strategic-systems auditor assesses the validity of the client's financial statements having first constructed a mental model of the client via the process of knowledge creation and synthesis. Through mental simulation the strategic-systems auditor forms independent propositions about the client's ability to execute on a number of strategic and process dimensions, and draws upon his knowledge of accounting to transform these propositions into expectations about financial presentation."

„The business model aids the auditor in his efforts to ensure that the proper degree of consideration is given to significant client business risks and their implication for audit risk. In addition, the business modelling framework assists the auditor's synthesis of information about relevant economic activities occurring at different systems levels into an integrated, whole-system mental representation of the organisation and its environment." [2]

---

[1] Vgl. H. Schmidt : Innovationen gehören ins Pflichtenheft jedes Managers, in : FAZ 19.8.04, Nr. 192, S. 13
[2] Arricale/Bell/Solomon/Wessels : Strategic-Systems Auditing, a.a.O. S. 19 und 21

Komponenten von Geschäftsmodellen (Externe und interne Einflussfaktoren auf den Jahresabschluss)
Anlage 8 / 5   „Hersteller modischer Bekleidung"
(Modelltheoretische Aspekte)

Themen Beispiele	Einfluss auf den Jahresabschluss		
	Position Beispiele		Aussage Beispiele
Auftragsbestand	Vorräte		Bewertung
Ausbildung	Verbindlichkeiten		Vollständigkeit (sonstige betr. Aufwendungen)
Belegschaftsabbau	Verbindlichkeiten		Vollständigkeit (Lohn- und Gehaltsaufwand)
Bezugsquellen	Vorräte		Bewertung
	Verbindlichkeiten L+L		Vollständigkeit, Ausweis
Dachmarken	Vorräte		Bewertung
	Verbindlichkeiten		Vollständigkeit (Werbeaufwand)
Diversifizierung	Vorräte		Bewertung
Eigenfertigung	Vorräte		Bewertung
Export	Forderungen		Bestand, Bewertung, Ausweis
Fertigung im Ausland	Vorräte		Bewertung, Ausweis
	Verbindlichkeiten L+L		Vollständigkeit
Flächenbewirtschaftung	Vorräte		Bewertung
	Sachanlagen		Bewertung
Kollektionen	Vorräte		Bewertung
Kooperationen	Vorräte		Bewertung
	Verbindlichkeiten L+L		Vollständigkeit
Ladengeschäfte	Sachanlagen		Bestand (Herstellungsaufwand)
			Bewertung
	Verbindlichkeiten L+L		Vollständigkeit (Mietaufwand)
Ladenbestückung	Vorräte		Bewertung
Liefertreue	Rückstellungen		Vollständigkeit, Bewertung
	Vorräte		Bewertung
Lizenzgeschäft	Forderungen		Bestand, Bewertung, Ausweis
	Verbindlichkeiten L+L		Vollständigkeit
Logistik	Verbindlichkeiten L+L		Vollständigkeit (Aufwand)
Markenpolitik	Vorräte		Bewertung
	Verbindlichkeiten L+L		Vollständigkeit (Werbeaufwand)
Marktstruktur	Sachanlagen		Bewertung
	Vorräte		Bewertung
Modemesse	Verbindlichkeiten L+L		Vollständigkeit
Modetrend	Vorräte		Bewertung
Preiswettbewerb	Forderungen		Genauigkeit
	Vorräte		Bewertung
Rabatte	Forderungen L+L		Genauigkeit
Restrukturierung	Verbindlichkeiten		Vollständigkeit
Rohstoffverknappung	Vorräte		Bewertung
	Rückstellungen		Vollständigkeit, Bewertung
Rücklieferungen	Forderungen		Bestand
	Vorräte		Bewertung
Shop in the shop	Sachanlagen		Bestand (Herstellungsaufwand)
			Bewertung
Sortimentsstraffung	Vorräte		Bewertung
Termingeschäfte	Forderungen		Bewertung
	Verbindlichkeiten		Bewertung
Vertriebswege	Forderungen		Bewertung
Vorbestellungen	Vorräte		Bewertung

Hinweise zu einzelnen Themen
Es ist alleiniger Zweck der Hinweise, den Abschlussprüfer und sein Team für bestimmte Themen zu sensibilisieren. Die im Einzelnen geschilderten Sachverhalte können sich in der Zwischenzeit wieder verändert haben. Das ändert aber nichts an der Notwendigkeit, den Themenkatalog ständig zu aktualisieren und dann systematisch abzuarbeiten, um sicherzugehen, dass keine wesentlichen Aspekte vergessen wurden. Insofern hat auch der Abschlussprüfer selbst ein Vollständigkeitsproblem.

Im Übrigen soll der Themenkatalog auch deutlich machen, wie wichtig es ist, sich einer Bilanzposition über Geschäftsprozesse zu nähern. Er gibt dem Abschlussprüfer außerdem die Möglichkeit, sich zu vergewissern, ob er sich wirklich die richtigen Prüfungsziele gesetzt hat. Dieser Gedanke wird insbesondere dann zum Tragen kommen, wenn er feststellt, dass sich das Geschäftsmodell in wesentlichen Bereichen geändert hat.[1]

Dachmarken
Um sich einer veränderten Marktlage anpassen zu können, müssen neue Variationen im Einsatz des absatzpolitischen Instrumentariums entwickelt werden. Über das Unternehmen C & A, das sich in 2002 intensiv mit der Schließung unrentabler Läden, der Modernisierung von Modehäusern, der Überarbeitung der Kollektion und der Verbesserung der Warensteuerung beschäftigt hat, wurde darüber hinaus berichtet: „Außerdem stellt C & A gegenüber dem Verbraucher nun wieder das Preis-Leistungsverhältnis in den Vordergrund, nachdem zuvor versucht wurde, über gehobene Ware und Allianzen mit Modedesignern wie Karl Lagerfeld oder Yves St. Laurent anspruchsvollere Kunden anzulocken. Statt Eigenmarken wie Yessica oder Westbury zu bewerben, setzt C & A wieder auf eine reine Dachmarken-Kampagne." (o.V.: Mit der Strategie niedriger Preise hat C & A wieder Erfolg, in: FAZ 25.6.02, Nr. 144, S. 16). Es dürfte angesichts dieses Maßnahmenkataloges u.a. auch Aufgabe des Abschlussprüfers sein, herauszufinden, ob aus den Verträgen mit den Modedesignern noch Verpflichtungen bestehen und ob ggf. noch bestehende Vorräte aus Eigenmarken überhaupt noch (kostendeckend) verkauft werden können.

Eigenfertigung
Das konjunkturelle Umfeld erzwingt besondere Maßnahmen auch für die Produktion. So wurde z.B. von Hugo Boss im Jahre 2003 berichtet: „Als eine der wichtigsten Aufgaben in diesem Jahr bezeichnet der Unternehmenschef die Integration der bisherigen Lizenzen für Wäsche, Socken und Strickwaren. Diese Produkte, die bisher teilweise von Markenartiklern hergestellt (Schiesser, Falke) und über die Boss-Organisation vertrieben werden, will der schwäbische Konzern künftig in Eigenverantwortung produzieren." (o.V.: Boss trotz Gewinneinbruch optimistisch, in: FAZ 2.5.03, Nr. 101, S. 17)

Kollektionen
1. Wie groß die Risiken sein können, wenn sich ein Hersteller zu einer neuen Kollektion entschließt, wurde in 2002 bei Hugo Boss sichtbar. „Während die Damenmode im zweiten Jahr nach der Markteinführung ein Umsatz von 55 Millionen Euro erzielen sollte, wurde 2001 nur Ware für 48,5 Millionen Euro verkauft. ... Von 18 Millionen Euro Abschreibungen auf Fertigware entfielen nach Darstellung (des Finanzvorstandes) allein 8 Millionen Euro auf die Damenkollektion – ein Sechstel des Umsatzes dieser Sparte." (o.V.: Damenmode wird zur Belastung für Hugo Boss, in: FAZ 28.3.02, Nr. 74, S. 21)

2. Boss hat zu erkennen gegeben, dass es mit der so genannten Markenidentität eine besondere Bewandtnis hat. Dazu bemerkte Bruno Sälzer, der Vorstandsvorsitzende von Boss: „ 'Wir werden von Kollektion zu Kollektion schlauer und erkennen: Was will die Frau von Boss?' Neuerdings findet die Kundin auch Schuhe und Taschen mit dem Boss-Label in den Geschäften. Wie bei den textilen Stücken konkurriert die Marke auch bei den Lederwaren mit Gucci, Prada, Ferragamo & Co, ist aber erschwinglicher. 'Ohne eigene Identität bei Schuhen und Taschen zu haben, können wir keine eigene Identität als Frauenmarke aufbauen', erläutert Sälzer die strategische Bedeutung dieses neuen Angebotes, das auf den ersten Blick nicht zum Kerngeschäft des Bekleidungsherstellers zu gehören scheint: Weitaus stärker als bei den Männern seien in der Damenmode die Accessoires stilbildend, weshalb sie 'extrem wichtig' für den Erfolg von Boss Women seien. Langfristig könnte der Umsatz mit solchen Accessoires sogar ein Drittel des Umsatzes ausmachen, meint Sälzer." (S. Preuß: „Wir werden von Kollektion zu Kollektion besser" (Das FAZ-Gespräch mit Bruno Sälzer, dem Vorstandsvorsitzenden der Hugo Boss AG), in: FAZ 11.3.05, Nr. 59, S. 18) An diesem Beispiel wird besonders deutlich, dass sich ein Abschlussprüfer kein Urteil über den Wert von Vorräten bilden kann, wenn er die Identitätsstrategie des Vorstandes nicht kennt. Nur unter dieser Voraussetzung wird er auf den Gedanken kommen, dass es in einem Warenwirtschaftssystem, das der Kontrolle der Vorräte dient, einen Komplementärsfaktor geben muss, durch den Textilien mit Accessoires verbunden werden. Folgt man der in diesem Handbuch entwickelten Terminologie, so muss diese Problematik bereits im KoBu-Doc niedergelegt sein, damit man bei der Prüfung der Vorräte darauf zurückgreifen kann. (Leitfunktion des Business Understanding!)

Ladenbestückung
Preiswettbewerb und Rabattaktionen können sich negativ auf das Bild einer Marke auswirken. In diesem Zusammenhang hatte sich z.B. Escada auf einen besonderen Lieferrhythmus eingestellt. „Aus Kosten-, aber auch aus Imagegründen hat (das Unternehmen) die Bestände in den Läden stark reduziert, nach dem Vorbild von Hermès oder Chanel. So soll erreicht werden, dass nie reduzierte Ware in den Läden hängt. Statt dessen werden die Läden nun alle vier bis sechs Wochen neu bestückt, um schneller auf Modewechsel reagieren zu können. Derzeit machen diese Nachschübe ('Fashin-fill-ins') nur 2 Prozent des Umsatzes der Stammkollektion aus, in zwei Jahren sollen es 15 Prozent sein." (A. Maier: „Ich attackiere voll mit meiner jungen Vertriebsmannschaft", in: FAZ 14.9.02, Nr. 214, S. 16)

Ladengeschäfte
1. Eine interessante Möglichkeit, der konjunkturell bedingten Nachfrageschwäche zu begegnen, besteht in der Neugestaltung der Ladengeschäfte und in der Eröffnung von Segmentgeschäften. Bei C & A „soll das laufende Modernisierungsprogramm für die 185 Vollsortimentshäuser in (2003) abgeschlossen und die Expansion mittels neuer Spezialsortimente forciert werden. Jahr für Jahr will C & A 50 'Kid Stores' eröffnen. ... Im April ist in Lindau die 'C & A Women'-Filiale eröffnet worden, die sich an modisch interessierte, preisbewusste Frauen wendet. ... 150 Millionen Euro will sich C & A die Modernisierung von noch 40 Neusortimentern und den Aufbau von Spezialgeschäften kosten lassen." (o.V.: Der Erfolg steigert den Expansionshunger von C & A, in: FAZ 3.6.03, Nr. 127, S. 3)

2. Ein Indikator für die Entwicklung der Nachfrage, des Umsatzes und des Ergebnisses können auch konzerneigene Läden sein. So wurde z.B. über die Hugo Boss AG im Frühjahr 2005 berichtet: „Besonders kräftige Zuwächse von jeweils 30 Prozent erwartet (der Boss-Chef Bruno) Sälzer für die selbst betriebenen Boss Shops und für die Damenmodesparte. Die 97 konzerneigenen Geschäfte erzielen 8 Prozent des Umsatzes, ein Wert, der nach der Zielsetzung des Konzernchefs in den nächsten Jahren deutlich steigen soll. Je nachdem, wann und wo gute Standorte verfügbar seien, könnten jährlich 15 eigene Boss-Shops dazu kommen, zudem noch einmal 30 bis 40 Geschäfte von Franchisenehmern." (o.V.: Hugo Boss erwartet kräftiges Wachstum, in: FAZ 31.3.05, Nr. 74, S. 18

Liefertreue
Es muss auch Gegenstand eines Risikomanagementsystems sein, bei der Auswahl und Überwachung von Lieferanten bzw. von Produktionsstandorten auf die Einhaltung von Terminen zu achten. Wer den niedrigen Produktionskosten im Ausland einen zu hohen Stellenwert beimisst, könnte höchst unangenehme Überraschungen erleben, wenn er feststellen muss, dass er seinen fachlichen Verpflichtungen dem Markt gegenüber nicht erfüllen kann. So hat z.B. der Vorsitzende des Verbandes für die französische Damen-Bekleidungsindustrie Jean-Pierre Mocho davor gewarnt, „zu große Stücke auf China zu geben, wo westliche Betriebe schnell Enttäuschungen erleben könnten. Zu Beginn der diesjährigen (Pariser Modemesse) 'Prêt à Porter' hätten viele Aussteller ohne Kollektionen dagestanden, weil die Lieferungen verspätet ankamen, berichtet er. Zudem würden große Abnehmer wie die Handelskette Zara heute immer kürzere Zyklen fordern – teilweise drei Wochen zwischen Bestellung und Auslieferung, und das zehn-, zwölfmal im Jahr. Dies spreche dafür, einen Teil der Produktion in Frankreich oder Europa zu halten, denn nur hierzulande seien solche Ansprüche zu befriedigen. 'Man kann nicht kreativ sein, wenn man nicht in der Nähe der Kunden ist', sagt Mocho. Deutschland habe den Fehler gemacht, 'seine Industrie zu schnell aufzugeben.'" (o.V.: Die Modebranche ist im Umbruch, in: FAZ 1.2.05, Nr. 26, S. 16)

Lizenzgeschäft
Im Zuge einer weltweiten Expansion ist für große Unternehmen der Aufbau eigener Läden nicht unbedingt die ultima ratio. Dies gilt z.B. für Esprit. „In den Vereinigten Staaten, wo unter der Marke Esprit bisher hauptsächlich Mode für junge Menschen zwischen 15 und 25 Jahren verkauft wurde, soll die Kundenzielgruppe auch altersmäßig nach oben ausgebaut werden. Dabei kann sich (Esprit) vorstellen, die insgesamt neun Esprit-Produktlinien sowie die Lizenzen für Uhren, Schmuck oder Parfum jeweils exklusiv an verschiedene Handelspartner zu vergeben. In Amerika soll dabei größtenteils die gleiche Kollektion wie in Europa verkauft werden." (S. Krömer: „Warum soll Esprit nicht mit Gap kooperieren?" (Das Unternehmergespräch mit Heinz Krogner, dem Chef des Bekleidungsherstellers Esprit Europe), in: FAZ 8.4.02, Nr. 81, S. 19)

Logistik
Ist die Nachfrage groß, muss der Hersteller in der Lage sein, den Handel kurzfristig mit Nachschub zu bedienen. „Neben der starken Marke gewinnt ... logistische Kompetenz verstärkt an Bedeutung. Vertikale Anbieter wie H & M, Zara oder auch S.Oliver, die von Design über Produktion bis zum Verkauf alles aus einer Hand bieten, machen dies mit Lieferrhythmen im Wochen- und Tagestakt vor." (S. Krömer: Teure Mode hat nicht immer Konjunktur, in: FAZ 5.2.02, Nr. 30, S. 13) Je komplexer die Logistik-Aktivitäten werden, um so eher sind Unter-

nehmen geneigt, logistische Leistungen auszugliedern. „Der Spediteur wird zunehmend zum Logistik-Dienstleister. Gleichzeitig verändert sich das logistische Umfeld, beispielsweise in Form der Atomisierung der Sendungen aufgrund kürzerer Erfassungs- und Gesamtdurchlaufzeiten der Aufträge sowie der Anwendung verbrauchsorientierter Anlieferkonzepte." (H. Wildemann: Logistik – Koordination von Wertschöpfungsaktivitäten, in: FAZ 3.9.01, Nr. 204, S. 27)

Marktstruktur
Die Beschäftigtenzahl in der deutschen Bekleidungsindustrie ist in rd. 30 Jahren von ca. 384.600 (1970) auf rd. 49.150 (2003) zurückgegangen. Die Rangliste der größten deutschen Bekleidungslieferanten zeigt in Mio € Umsatz für 2003 folgendes Bild: Adidas-Salomon (2.222), Esprit Europe (1.360), Hugo Boss (1.009), Multiline Textil (871), S. Oliver Group (700), Escada-Gruppe (621), JCK Holding (426), Steilmann-Gruppe (412), CBR Holding (400), Tom Tailor (385). (o.V.: „Die Stimmung ist nicht nur gut, sie ist euphorisch", in: FAZ 1.2.05, Nr. 26, S. 16)

Modetrend
Für die Beurteilung des Modersikos ist insbesondere die Frage von Bedeutung, ob es starke lokale Unterschiede in der Beurteilung eines Designs gibt, oder ob sich eine bestimmte Einstellung weltweit auf einem gleichen Niveau einpendelt. Zu einem interessanten Ergebnis kam hier eine Branchenuntersuchung zum Thema Mode, Marken, Märkte von der Unternehmensberatung Ernst & Young und dem F.A.Z.-Institut. „Die Globalisierung führt dazu, dass sich die Kundenwünsche auch in der Modewelt immer weiter annähern. ... So verkauft beispielsweise der schwedische Modekonzern Hennes & Mauritz in seinen Filialen rund um den Globus größtenteils ein identisches Sortiment. Zugeständnisse an lokale Präferenzen werden zwar auch gemacht, doch nur zu einem geringen Grad." (o.V.: Die Modebranche sucht Sicherheit bei starken Marken, in: FAZ 8.7.02, Nr. 155, S. 17) Wenn sich Kundenwünsche weltweit annähern und Verkaufsstellen weltweit mit einem ähnlichen Design konfrontiert werden, dann nimmt das Moderisiko sprunghaft zu. (vgl. o.V.: Trotz hoher Verluste bleibt Jean Pascale optimistisch. (Falsche Einschätzung des Modetrends und zu schnelle Expansion....), in: FAZ 20.4.01, Nr. 92, S 19) Unter diesem Aspekt spielt die Kennzahl „Vorbestellungen" (s.u.) als „Frühwarnindikator" eine besondere Rolle. Bei der Beurteilung des Markt- und Modetrends wird man auch internationale Strömungen zu berücksichtigen haben, die z.B. auch von Italien wesentlich bestimmt werden. (vgl. o.V.: Italiens Modeunternehmen wachsen deutlich langsamer, in: FAZ 2.4.03, Nr. 78, S. 19 und eine dort veröffentlichte Umsatzstatistik der Mailänder Unternehmensberatung Pambianco mit Vergleichszahlen des Vorjahres)

Vertriebswege
Die Dynamik im Einzelhandel ist u.a. auch dadurch gekennzeichnet, dass die vertikal strukturierten Händler wie Hennes & Mauritz und die Discount-Unternehmen wie Aldi und Lidl im Textil-Einzelhandel den Ton angeben. „Textilien und Bekleidung werden offensichtlich zunehmend in Nicht-Fachgeschäften, in eigentlich mehr auf Lebensmittel spezialisierten Läden, gekauft." (o.V.: Klassische Textilhändler verlieren, in: FAZ 2.9.04, Nr. 204, S. 16) Dem erwähnten Artikel, der sich auf eine Umsatzstatistik der Fachzeitschrift „Textilwirtschaft" beruft, ist zu entnehmen, dass Aldi bereits an Nr. 6 und Tschibo auf Nr. 8 der Rangliste stehen.

Vorbestellungen
Es wurde schon mehrfach darauf hingewiesen, dass der Abschlussprüfer mit bestimmten Kennziffern vertraut sein muss, um geschäftliche Entwicklungen richtig einschätzen zu können. Die sogenannten „Vorbestellungen" gehören dazu. Nach dem unbefriedigenden Start mit seiner Damenkollektion berichtete dann die Hugo Boss AG im Herbst 2003, sie sei sicher, 'die Wende bei der Damenmode geschafft' zu haben. „Bei den Vorbestellungen für die Saison Frühjahr/Sommer 2004 sei der Umsatz um 18 Prozent auf rund 24 Millionen Euro gesteigert worden. 'Wir hatten in der ersten Jahreshälfte mit Boss Women einen Verlust von 3 Millionen Euro verbucht, und dabei wird es bis zum Jahresende bleiben', sagte (Boss). Das sei relativ klar einzuschätzen, weil die Vorbestellungen bereits 80 Prozent des Umsatzes ausmachten und die Kosten weitgehend bekannt seien." (o.V.: „Wir haben die Wende bei der Damenmode geschafft", in: FAZ 9.10.03, Nr. 234, S. 16) In einem solchen Fall wird es u.a. Aufgabe des Abschlussprüfers sein, sich davon zu überzeugen, ob diese Prognose auch tatsächlich eingetreten ist. Anderenfalls wird er nicht in der Lage sein, die Lagebeurteilung des Vorstandes richtig einzuschätzen.

Wettbewerb
Die Europäische Kommission hat eine Arbeitsgruppe gebildet, in der die Auswirkungen des für Anfang 2005 zu erwartenden Wegfalls „der mengenmäßigen Beschränkungen bei der Einfuhr von Textil- und Bekleidungswaren" erörtert werden sollen. „Die besten Chancen, sich auf dem Weltmarkt zu behaupten, sieht die Arbeitsgruppe in einer noch stärkeren Konzentration auf Spitzenqualität. Die Zukunft der stark mittelständisch geprägten Branche hänge besonders von Anstrengungen bei Aus- und Weiterbildung, Entwicklung neuer Produkte, Herstellungsverfahren und Vermarktungsstrategien ab." (o.V.: Konzentration auf Spitzen-

qualität, in: FAZ 13.7.04, Nr. 160, S. 17) Wie aus dem Artikel ebenso hervorgeht, soll die Problematik der starken Ausfuhren aus China „im sogenannten Textildialog, einem europäisch-chinesischen Fachgremium, zur Sprache" gebracht werden.

Jeder Themenkatalog formt ein bestimmtes Geschäftsmodell. Dieses bildet den Rahmen für die Arbeit des Abschlussprüfers.

„The strategic-systems auditor assesses the validity of the client's financial statements having first constructed a mental model of the client via the process of knowledge creation and synthesis. Through mental simulation the strategic-systems auditor forms independent propositions about the client's ability to execute on a number of strategic and process dimensions, and draws upon his knowledge of accounting to transform these propositions into expectations about financial presentation."

„The business model aids the auditor in his efforts to ensure that the proper degree of consideration is given to significant client business risks and their implication for audit risk. In addition, the business modelling framework assists the auditor's synthesis of information about relevant economic activities occurring at different systems levels into an integrated, whole-system mental representation of the organisation and its environment." [2]

---

1 Vgl. H. Schmidt : Innovationen gehören ins Pflichtenheft jedes Managers, in : FAZ 19.8.04, Nr. 192, S. 13
2 Arricale/Bell/Solomon/Wessels : Strategic-Systems Auditing, a.a.O. S. 19 und 21

Unternehmensziele

Anlage 9 / 1   Zum Planungshorizont und Spektrum, zur Größenordnung und Problematik der dadurch geweckten Erwartungen

---

1. Ziel-Setzung und Ziel-Erreichung

Unternehmensziele sind – in positiver und in negativer Hinsicht - Ausdruck für Ertragskraft und Substanz von Unternehmen. Diese Ziele sind sehr vielschichtig und werden durch eine Reihe von Faktoren beeinflusst. Diese Faktoren können im Innenbereich des Unternehmens liegen (Unternehmensleitungen setzten sich manchmal selbst öffentlich unter Druck), aber auch in seinem weiteren Umfeld zu suchen sein.

Wer in der Wirtschaftspresse veröffentlichte Unternehmensziele studiert, begreift sehr schnell, wie sehr sie Ausdruck für Seriosität und Vorsicht, aber auch Symbol für Realitätsverlust und Leichtsinn sein können. Der Abschlussprüfer muss ein Verständnis für diese Ziele gewinnen, insbesondere Kenntnis von ihrer Größe haben, und muss herausfinden, vor welchem wirtschaftlichen Hintergrund sie entstanden sind. Nur exakte Angaben über die Höhe versetzen ihn in die Lage, vernünftige Fragen zu stellen, sachgerechte Prüfungsziele zu formulieren und entsprechende Prüfungshandlungen durchzuführen. Dabei spielt die Frage eine große Rolle, welche „Maßnahmen" die Geschäftsleitung treffen wird, wenn sich abzeichnet, dass das Unternehmen ein bestimmtes Ziel (das z.B. der Öffentlichkeit bereits frühzeitig signalisiert wurde) nicht erreichen kann oder aller Voraussicht nach übertreffen wird. (Problematik des „Reporting Environment") Die Formulierung von Prüfungszielen hängt nämlich auch davon ab, in welchem Umfang ein Unternehmen seine Ziele (angeblich !) erreicht hat.

Die Geschäftsleitung mag „Tendenzen", d.h. Ziel-Richtungen nach außen bekannt geben, nach innen werden aber im Regelfall klare Vorgaben gemacht, die einem kleinen Kreis, z.B. dem Aufsichtsrat, wohl bekannt sind. Nur wenn der Abschlussprüfer in diesen kleinen Kreis eingebunden ist, ist er in der Lage, seinen Arbeiten in eigenverantwortlicher und gewissenhafter Weise nachzugehen.

Es ist eine wesentliche Aufgabe im Rahmen der Analyse der Geschäftstätigkeit (der ersten Phase einer Abschlussprüfung), eindeutige Angaben über die Ziele des Unternehmens zu bekommen, die naturgemäß auf die unteren Ebenen, die Prozess-Ebenen, ausstrahlen. Eine bestimmte Zielsetzung gehört zu den Merkmalen des Unternehmens. Nur wer die Unternehmensziele versteht, kann auch die Unternehmensstrategien begreifen. Werden Strategien mit Zielen verwechselt, werden die Weichen für Prüfungshandlungen schon frühzeitig falsch gestellt.

2. Einordnung von monetären Zielen in das Spektrum von Umsatzrenditen

Man kann Unternehmensziele nur dann richtig beurteilen, wenn man sie am allgemeinen Spektrum nach Möglichkeit am Branchendurchschnitt misst. Erst der Vergleich ermöglicht einen Eindruck, der aus der Sicht eines Abschlussprüfers bis zur Skepsis reichen wird, wenn er sich das Erreichen eines bestimmten Zieles nicht vorstellen kann. Voraussetzung für eine Einschätzung ist immer, dass er mit bestimmten Zahlen vertraut ist. Wir bringen nachfolgend eine kleine Tabelle, aus der (nach einer Veröffentlichung der FAZ [1]) die höchsten Umsatzrenditen der Jahre 2003 und 2002 zu entnehmen sind. Sie soll gleichzeitig dazu dienen, die nachfolgende große Aufstellung über allgemeine Unternehmensziele richtig einordnen zu können.

Nr.	Unternehmen	Umsatz-Rendite in %	
		2003	2002
1.	Aventis Pharma Deutschland	16,0	8,8
2.	SAP AG	15,4	6,9
3.	Altana AG	12,6	12,4
4.	Roche Deutschland Holding AG	10,9	
5.	Dr. Ing. h.c. F. Porsche AG	10,1	9,5
6.	E ON AG	10,0	7,7
7.	Clariant GmbH	10,0	
8.	Schering AG	9,2	17,3
9.	Tschibo Holding AG	9,1	
10.	MobilCom	9,1	
11.	Axa Konzern AG	9,1	
12.	Fielmann AG	8,6	8,8

3. Aus der Wirtschaftspresse entnommene Unternehmensziele

Die nachfolgende Tabelle, die keinen Anspruch auf Aktualität erhebt, weil sich in der Zwischenzeit die wirtschaftliche Entwicklung und mit ihr auch die Unternehmensziele geändert haben können, soll dem Leser lediglich ein Gefühl für die große Dynamik vermitteln, die von bestimmten Zielen ausgeht und derer sich der Abschlussprüfer bewusst sein muss, wenn er seiner Arbeit selbst sachgerechte „Ziele" (seine Prüfungsziele) zugrundelegen will.

Die Übersicht soll aber auch deutlich machen, wie breit das Spektrum von Kennziffern ist, welcher Erläuterung eine Kennziffer bedarf, damit man sie richtig versteht und wie groß die Verlockung für Manager sein kann, von einer Kennziffer auf die andere überzugehen, um die „Performance" in einem besseren Licht erscheinen zu lassen.

---

1 Zahlen für 2003 aus FAZ vom 6.7.04, für 2002 aus FAZ vom 8.7.03

Unternehmensziele

Anlage 9 / 2   Beispiele aus verschiedenen Branchen

500   Anlage 9/2

Unternehmen	Branche	Planungszeit	Umsatz 1'0 = 1 Million 1"0 = 1 Milliarde	Jahresübersch.	Gewinn vor St.	Kap.Verz.	Ebit % v.U.	Ebita-Marge % vom Ums.	Betr.Erg. % vom Ums.	Umsatz-Rendite %	Marktanteil %	Leistung Absatz	Auslands-Umsatz %
Adidas	Sportartikel	2001-2003		270'0 € (182'0)									
Akzo Nobel	Chemie	mittelfristig											
Boehinger	Pharma	2001-2006				17,0 (15,4)			16 % (14,6)				
Degussa	Spezialchemie	2002-2004				14,0 (9,2)		20,0 (16,8)					
Deichmann	Schuhe	mittelfristig	Zuwachs 5-10%p.a.										
Eon	Energie	2003-2006				10,5							
Escada	Mode	2002-2010	1" € (500' 0 €)										
Frisenius	Kabi	mittelfristig					15 (10)						
	FMC	mittelfristig					15 (14)						
Gardena	Bewässerungstech.	2004-2006					11 (7)						
Infineon	Chips	2005-2008									Chips 22,5 (17,5)		
	Speicher-Chips	2003-2008									China 40 (9)		
Interlübke	Möbel	2001-2005									50		
Linde	Gase und Stapler	2002-2004						17 (15,2)		8,0 (5,8)			
Löwe	Unterhaltungselekt.	2003								5,0 (2001:1,3)			
MAN	Nutzfahr.-u. Maschin.	2003-2005				15 (2001:7,5)				5,0 (3,7)			
MG Techno.	Anlag.-u. Masch.bau	mittelfristig											
Metro	Handelskonzern	2001-2003											
Oettinger Brau	Bier	2004										4,5 (3,0) Mill.H	50 (1997:5)
Peugeot Citroen	Auto-Markt (BRD)	2002-2003	1"0 (2001: 587'0)								6,5 (5,4)		
Puma	Sportartikel	mittelfristig											50 (2003:33)
Rauch	Möbel	2001-2005	4" 0 € (3" 1)		250'0 € (78'0)								
Rüttgers	Industriekonzern	2002-2005	650'0 € (500'0)										
Sartorius	Biotechnologie	2005/06						18 (15)					
Schering	Pharma	2002/03					11 bis 13						
Siemens	Automat.+Antrieb	2002/03					7 bis 9						
	Gebäudetechnik	2002/03					10 bis 13						
	Energieerzeugung	2002/03					5 bis 7						
	Energieübertragung	2002/03					5 bis 6						
	Verkehrstechnik	2002/03					11 bis 13						
	Auto-Tech. (VDO)	2002/03					10 bis 11						
	Osram	2002/03					8 bis 11						
	Netzwerke	2002/04					8 bis 11						
	Mobilfunk	2002/04					5 bis 6						
	IT-Dienstleistungen	2002/04					7 bis 9						
	Siemens Dematic	2002/04					4 bis 6						
	Industriedienstleist.	2002/04											
Telekom	Telekommunikation	2004				8,5							
Toyota	Automobil	2003-2010										Eur: 1,2 (0,8)Mill.	
Villeroy & Boch	Fliesen, Keramik	2004-2006				12 (2002: 4,6)							
Wella	Kosmetik	2002-2005	5"4 (3"2)							3,0 (1,7)			
Weller	Automobilhandel	2002-2006										30.000 KFz (17.000)	

Der Wert in der Klammer ist der Ist-Wert im Zeitpunkt der Planung.

Anlage 10 Risiken

1. Das Stufen-Modell

Für den Abschlussprüfer, der Kenntnisse über die Geschäftstätigkeit sowie das wirtschaftliche und rechtliche Umfeld des Unternehmens gewinnen muss, gilt immer die logische Kette: Unternehmens-Ziele/Unternehmens-Strategien/Unternehmens-Risiken.

Die Risikobetrachtung erfolgt auf zwei Stufen, und zwar auf der Unternehmens-Ebene und auf der Abteilungs-Ebene, d.h. auf einer Stufe, die der Geschäftsleitung untergeordnet ist. Diese wird deshalb auch als Prozess-Ebene bezeichnet. Dabei gilt die folgende Gesetzmäßigkeit: Da die einzelnen Abteilungen einen individuellen Beitrag zur Erreichung der Unternehmens-Ziele leisten sollen, müssen sie ihre eigenen Teil-Ziele (Prozess-Ziele) verfolgen. Diese Ziele können durch spezifische Risiken (Risiken auf Prozess-Ebene genannt) beeinträchtigt oder vereitelt werden. Unternehmerische Kontrollen dienen also konsequenterweise dazu, den Einfluss dieser Risiken, die ihre Wurzeln in den allgemeinen Geschäftsrisiken haben, wenn auch nicht völlig auszuschalten, so doch sinnvoll zu begrenzen.

Eine besondere Problematik besteht darin, wenn Risiken auf Prozess-Ebene mit Kontroll-Risiken verwechselt werden. So hat z.B. das auf der Unternehmens-Ebene angesiedelte „Kreditrisiko" auf der Prozess-Ebene „Verkauf" die Ausprägung „Risiko von Verlusten an Forderungen aus L+L". Dieses spezifische Kreditrisiko wird von der konjunktur- und branchenabhängigen Zahlungsfähigkeit der Kunden bestimmt. Das Kontroll-Risiko auf Prozess-Ebene besteht darin, dass das Kriterium der Kreditfähigkeit bei Auswahl und Überwachung der Kunden nicht sorgfältig genug beachtet wird. Werden beide Risiken verwechselt, fehlt den Prüfungshandlungen des Abschlussprüfers die erforderliche Präzision, weil er nicht erkennt, dass sein Katalog von Risiken auf Prozess-Ebene unvollständig ist. Was nützt es z.B. dem Abschlussprüfer, wenn er Schwachstellen im Credit-Controlling entdeckt, aber ein Währungsrisiko übersieht, weil er es auf dieser Ebene gar nicht vermutet.

2. Das Element „Risiko": Substanz und Facetten

Je nachdem, wie man Risiken „dreht und wendet", erscheinen sie in einem anderen Licht. Es ist Aufgabe des Abschlussprüfers, Risiken insgesamt unter die Lupe zu nehmen und nicht nur diejenige „Fläche" zu betrachten, die ihm vom Management „geschliffen" präsentiert wird. Die Risiken, denen ein Unternehmen ausgesetzt ist, sind umfangreich, heterogen und komplex. Der unter Punkt 3 aufgelistete Katalog verfolgt den Zweck, die vielfach bereits erwähnte logische Kette „Ziele/Strategien/Risiken" anhand von Beispielen verständlich und den „Überraschungseffekt" für Unternehmer und für Wirtschaftsprüfer deutlich zu machen, der dann eintritt, wenn sich Risiken „wie aus heiterem Himmel" konkretisieren. Die gängigen Ausreden: „Damit war nun wirklich nicht zu rechnen" bzw. „Wir haben uns darauf verlassen, was uns von der Geschäftsleitung berichtet wurde", sind nicht überzeugend.

Es ist kaum zu glauben, dass Unternehmensvertreter – z.B. erhebliche Verluste im Auslandsgeschäft beklagend – vor die Öffentlichkeit treten und erklären, sie hätten im Rahmen eines Joint Venture in Russland die Sacheinlagen von Partnern überschätzt, zu wenig englisch sprachiges Personal bereitgestellt, den zeitlichen Ablauf behördlicher Genehmigungen zu optimistisch geplant oder in China übersehen, dass es Gesetze gibt, die die „Haftung von lokalen Transportunternehmen" begrenzen, so dass Ersatzansprüche wegen der Beschädigung wertvoller Maschinen nicht in dem erhofften Umfang geltend gemacht werden konnten. [1] Der Verdacht, dass die Risikomanagementsysteme der Unternehmen bei Weitem nicht soweit fortgeschritten sind, wie man im Zusammenhang mit dem KonTraG erwarten durfte, wird durch diese Beispiele eindrucksvoll bestätigt. [2]

Die Risikostruktur eines Unternehmens muss ständig überwacht werden. Neue Risiken kommen hinzu, alte entfallen. Die Prioritätenliste kann sich von Jahr zu Jahr ändern. Es ist Aufgabe des Abschlussprüfers, die Risikoliste des Unternehmens gewissenhaft zu studieren, diese mit seinen eigenen Vorstellungen abzugleichen und sich Gedanken darüber zu machen, wie das Controlling mit Risiken umgeht. [3] Auf diese Weise ergibt sich geradezu automatisch eine Prüfung des Risikomanagementsystems und eine hervorragende Basis für die Kommunikation mit dem Aufsichtsrat. [4]

Dem Abschlussprüfer soll die Risikoliste Gelegenheit geben, sich – z.B. im Rahmen der Planung (sei es nun für die Prüfung insgesamt, für ein Gespräch mit der Geschäftsleitung oder für eine Diskussion in den Fach-Abteilungen) zu vergewissern, ob er wirklich an alles gedacht hat. Er sollte – das Spannungsverhältnis „Chance- Risiko" stets beachtend – dennoch keine Hemmungen haben, einen ganzen Strauß von Risiken sachgerecht zu präsentieren, weil er nur auf diese Weise die Gelegenheit hat, seine Gesprächspartner offiziell mit bestimmten Themen zu konfrontieren. Er kann dann auch in seinen Arbeitspapieren, die Vorbereitung und Verlauf der Prüfung dokumentieren müssen, den Nachweis führen, dass zu einem bestimmten Zeitpunkt, an einen bestimmten Ort und mit einem fest umrissenen Kreis von verantwortlichen Personen bestimmte Risiken und ihr Einfluss auf den Jahresabschluss besprochen wurden. Auf diese Gespräche, die immer auch die in einem Unternehmen herrschende Risikokultur widerspiegeln, kann er sich dann jederzeit berufen. [5]

Der Prüfungsassistent soll rechtzeitig lernen, von bestimmten Stichworten aus die Brücke zum Jahresabschluss zu schlagen. So wird er z.B. bei „Innovationen" die Frage stellen, welchen Einfluss sie auf den „Alterungsprozess" von Vorräten haben und sich überlegen, in welchem Umfang Wertberichtigungen gebildet bzw. aufgestockt werden müssen. Im Zusammenhang mit „Preisrisiken" wird ihm z.B. die Frage durch den Kopf gehen, ob Buchwerte überhaupt noch aufrechterhalten werden können oder nach Maßgabe des Niederstwertprinzips zu reduzieren sind. Dabei wird er auch bald feststellen, wie wichtig es ist, frühzeitig ein Verständnis für Stärken und Schwächen eines Unternehmens zu gewinnen. („to obtain an understanding")

Im Übrigen sei daran erinnert, dass Abschlussprüfer in den vergangenen Jahrzehnten nur selten durch den „normalen Gang" von Routinegeschäften in Verlegenheit gebracht wurden, sondern nur dadurch ihren guten Ruf aufs Spiel gesetzt haben, dass sie nur unzureichend auf „Sonderfälle" vorbereitet und häufig zu gutgläubig waren.

3. Der Risikokatalog

Es sei mit Nachdruck betont, dass der nachfolgende Katalog von Risiken lediglich Vorfälle und juristische Sachverhalte skizziert bzw. Tendenzen nachzeichnet und dass daher auch keine Garantie dafür übernommen werden kann, dass die entsprechenden Rahmenbedingungen unverändert geblieben sind. Die Risikoliste, eingebunden in wirtschaftliche und juristische Zusammenhänge, dient allein dazu, den Abschlussprüfer und sein Team für bestimmte Probleme zu sensibilisieren und ihm die Möglichkeit zu geben, sich nicht nur als kritischer Gesprächspartner, sondern auch als Ratgeber zu profilieren. Nicht umsonst hat das IDW in seinem Prüfungsstandard Nr. 230 (TZ 6) den Dienstleistungsgedanken besonders hervorgehoben. So könnte z.B. eine Diskussion über „Länderrisiken" die Frage auslösen, ob die gebildeten Wertberichtigungen ausreichend sind bzw. ob es nicht zweckmäßig ist, den Versicherungsschutz auszudehnen. Bei dieser Gelegenheit wird dann auch erneut deutlich werden, dass man sich Bilanzpositionen über Geschäftsprozesse nähern muss.

Abhängigkeit von Großkunden

1. Es sind insbesondere diejenigen Unternehmen einer schwierigen Situation ausgesetzt, die als Zulieferbetriebe für die Automobilindustrie arbeiten. Sie stehen nicht nur unter einem extremen Preisdruck ihrer Kunden, die z.B. die Vergabe von Aufträgen mit der Zusicherung sukzessiver Preisreduzierungen verbinden, sondern sehen sich zugleich auf dem Beschaffungsmarkt z.B. für Elektronikteile (Heizgeräte) oder für Edelstahl (Abgastechnik) oligopolistischen Strukturen gegenüber, die Anpassungsprozesse in der Preisgestaltung deutlich erschweren. (vgl. o.V: „Eberspächer beklagt Lieferantenoligopole", in: FAZ 12.5.01, Nr. 110, S. 20). Führt dies zu sinkenden Margen, fühlen sich Rating-Agenturen u.U. veranlasst, ihre Einschätzung der Unternehmensentwicklung nach unten zu korrigieren, was wiederum zu höheren Finanzierungskosten führen kann.

2. Unternehmen der öffentlichen Hand (z.B. die Deutsche Bahn) sind für Zulieferbetriebe besonders schwer auszuloten. Sie müssen immer wieder damit rechnen, dass dieser Großkunde eine Reihe von Investitionen verschiebt. Von dieser liquiditäts- oder ergebnispolitischen Entscheidung können der Kauf von Fahrzeugen, die Sanierung des Schienen- und Brückennetzes, die Ausbesserung von Tunneln und die Inanspruchnahme von Beratungsleistungen betroffen sein. (vgl. o.V: „Bahn erwägt Aufschub geplanter Investitionen", in: FAZ 11.9.03, Nr. 211, S. 19) Besonders schwierig wird die Situation, wenn Zahlungsziele willkürlich gestreckt und Lieferanten in ihrer Liquidität bedroht werden. (vgl. o.V: Die deutsche Bahn gefährdet die Existenz von Lieferanten, in: FAZ 24.10.04, Nr. 252, S. 14) Unsicherheiten dieser Art dürfen z.B. in Lageberichten nicht unerwähnt bleiben.

Abhängigkeit von Absatzmärkten

Wer die Chancen und Risiken der zukünftigen Entwicklung richtig einschätzen will, muss sich z.B. Rechenschaft darüber ablegen, was es bedeutet, wenn das Asiengeschäft eines Unternehmens (z.B. ein Hersteller von Maschinen zur Produktion von optischen Speichermedien) einen Umsatzanteil von ca. 50 % aufweist. Hier sind u.U. Teilmärkte (Hongkong, Taiwan etc.) zu analysieren (vgl. o.V: „Trüber Ausblick für Singulus", in: FAZ 31.3.01, Nr. 77, S. 18)

Ablauf von Patenten
Für die Beurteilung der zukünftigen Entwicklung (insbesondere von Unternehmen der Pharmaindustrie) spielt das Zeitraster, in dem Patente ablaufen, möglicherweise verlängert werden können und neue zu erwarten sind, eine entscheidende Rolle. (vgl. R. Lindner: Anlehnungsbedarf in der Pharmaindustrie, in: FAZ 16.7.02, Nr. 162, S. 9) Dabei darf auch nicht die Frage ausgeklammert werden, ob die Produktion (noch) patentgeschützter Medikamente weiterhin aufrechterhalten werden kann. Mit dem Ablauf von Patenten sind u.U. Anpassungsmaßnahmen verbunden, die den Kauf von Vermarktungsrechten, den Erwerb von Lizenzen oder das Eingehen von Forschungs-Allianzen betreffen.

Akquisitionen
1. Risiken können sich auf die Zusammenführung betrieblicher Bereiche und ihre Integration in eine neue unternehmerische Einheit beziehen oder darin bestehen, dass (und dies gilt z.B. für die Pharmaindustrie) Forschungs- und Kooperationsabkommen, die ein übernommenes Unternehmen mit Dritten geschlossen hat, u.U. neu verhandelt werden müssen. (vgl. o.V: Aventis warnt vor Fusionsrisiken, in: FAZ 14.2.04, Nr. 38, S. 15) Es ist auffällig, wie oft Geschäftsführer darüber klagen, dass sich der Integrationsprozess viel länger hingezogen und einen viel größeren Aufwand beansprucht hat als geplant. (siehe dazu auch das Stichwort „Integration") Zur Problematik „unkontrolliert expandierender Unternehmen" schreibt z.B. J. Hauschildt: „In unkontrolliert expandierenden Unternehmen liegt bei forciertem externen Wachstum durch Firmenakquisitionen ein eklatanter Mangel an Eigenkapital vor. Es treten Probleme im Rechnungswesen sowie bei Führung und Organisation auf. Die zugekauften Unternehmen lassen sich nicht in die gewachsene Organisation und das vorhandene Informationssystem eingliedern. Vermeintliche „Schnäppchen" erweisen sich als echte Flops. Auch dieser Krisentyp lässt sich aus den Jahresabschlüssen erkennen." („Krise, Krisendiagnose und Krisenmanagement", in: FAZ 30.4.01, Nr. 100, S. 31)

2. Der Abschlussprüfer ist aufgefordert, sich in regelmäßigen Abständen über die Ertragslage von Beteiligungsunternehmen zu informieren. Dies gilt insbesondere dann, wenn das von der Geschäftsführung lautstark als „Perlenketten-Strategie" propagierte Anlagenkonzept dazu scheinbar keinen Anlass gibt. (vgl. o.V: General Electric macht Ernst mit seiner Offensive in Europa, in: FAZ 29.4.02, Nr. 99, S. 19)

3. Wenn über Akquisitionen berichtet wird, entsteht leicht der Eindruck, dass der Erwerb eines Unternehmens aus einer Position der Stärke erfolgt. Bernhard Scheuble (Merck KGaA) hat im Jahre 2002 bei einem Gespräch erklärt: „'Eine Akquisition ist für sich gesehen immer ein Zeichen von Schwäche', meint er. Das gelte jedenfalls dann, wenn es bei dem Zukauf nur um Wachstum gehe und nicht um die Erschließung eines neuen Kompetenzgebiets – beispielsweise den Zukauf von Spezialisten für ein neues Krankheitsgebiet." (R. Lindner: „Akquisitionen sind ein Zeichen von Schwäche" (Gespräch mit Bernhard Scheuble, dem Vorsitzenden der Geschäftsleitung des Darmstädter Pharma- und Chemiekonzerns Merck), in: FAZ 23.7.02, Nr. 168, S. 12)

Anpassungsbedarf
Mit einem starken Wachstum kann das Risiko verbunden sein, dass zuviel Kapital dem Produktions- und Vertriebsbereich zur Verfügung gestellt und der Aufbau eines Internen Kontrollsystems, u.a. gekennzeichnet durch Liquiditäts-, Ergebnis- und Planungsrechnungen, vernachlässigt wird. Bestandteil eines ordentlichen Kontrollsystems ist auch eine leistungsfähige EDV. (vgl. o.V: Die Gretchenfrage der Informationstechnologie, in: FAZ 8.10.04, Nr. 235, S. 18)

Auslagerungen
Unternehmensstrategien sind schon seit Jahren durch Auslagerungsprozesse gekennzeichnet. So hat z.B. die Automobilindustrie immer mehr Entwicklungsleistungen nach außen verlagert und ist damit das Risiko eingegangen, dass die eigenen Ingenieure zu „Projektmanagern" degradiert werden, weil eine Know How-Konzentration, z.B. in den Bereichen: Elektronik, Komfort, Kommunikation, Sicherheit und Umwelt außerhalb des Unternehmens stattfindet. Die Beurteilung von Risiken der künftigen Entwicklung enthält durch die zunehmende Komplexität eines steigenden Wertschöpfungsanteils der Zulieferindustrie einen besonderen Akzent. Die Auslagerung bezieht sich aber auch auf die Wertschöpfung selbst. Porsche hat über das Problem berichtet, dass man in besonderer Weise von (z.T. ertragsschwachen) Zulieferern abhängig sei. So betrage die Fertigungstiefe bei dem „Cayenne" nur 10 %. (vgl. o.V: Porsche erwartet im neuen Jahr noch höheren Gewinn, in: FAZ 5.12.02, Nr. 283, S. 14)

Auslandsengagements
1. Es ist keine Seltenheit, dass Unternehmen die Risiken unterschätzen, die mit Projekten oder mit der Gründung eines Unternehmens im Ausland bzw. mit der Beteiligung an einem ausländischen Unternehmen verbunden sind. (vgl. o.V: In China lauern viele Risiken, in: FAZ 14.6.04, Nr. 135, S. 23). Die Anforderungen an das Interne Kontrollsystem sind vielschichtig und können nur näherungsweise mit den folgenden Fragen

umschrieben werden:

— Welche Informationen enthalten Marktanalysen, die im Vorfeld des Auslandsengagements durchgeführt wurden, und in welcher Weise hat der Vorstand darauf reagiert?
— Deckt sich die darin aufgelistete Struktur von Chancen und Risiken mit einem Arbeitspapier, das dem Aufsichtsrat zum Beschluss vorgelegt wurde?
— Wie wird – insbesondere für Asien – das Problem der Rechtssicherheit beurteilt bzw. welche Anzeichen für Rechtsunsicherheit gibt es?
— Welche Erfahrungen gibt es mit der örtlichen Bürokratie?
— Werden im Rahmen des lokalen Projektmanagements psychologisch bedingte Widerstände – insbesondere verursacht durch kulturelle Unterschiede – erwartet? Bestehen ausreichende Erfahrung in der Leitung eines internationalen Teams und Kenntnisse des lokalen Lieferantenmarktes?
— Wie ist der Zahlungsplan gestaltet, der den (sukzessiven) Erwerb von Anteilen regelt?
— Wie lauten die lokalen Bestimmungen des zivilen bzw. öffentlichen Rechts zum Eigentumserwerb?
— Welchem Reglement unterliegt die interne und externe Berichterstattung?
— Wie ist die Prüfung des Jahresabschlusses geregelt?
— Welche Rechte und Pflichten haben die Vertragsparteien nach Maßgabe eines „Joint Venture Contract"? Wie sind insbesondere Thesaurierungsverpflichtungen geregelt?
— Wird der Aufwand zur Überwindung der Sprachbarrieren richtig eingeschätzt?

Fragt man deutsche Wirtschaftsprüfer nach ihrem Berufsrisiko, dann erfährt man regelmäßig, es sei allein das „Ausland" gewesen, das ihnen ernsthafte (z.T. sogar existenzielle) Probleme bereitet habe. Es kann daher nicht nachdrücklich genug darauf hingewiesen werden, dass man Auslandsgeschäften besondere Beachtung schenken muss, um Risiken frühzeitig zu erkennen. (vgl. K. Macharzina/J.H. Fisch: Das internationale Management wird immer komplexer, in: FAZ 7.5.01, Nr. 105, S. 30)

2. Eine Umfrage der Deutschen Bank unter Großunternehmen des Dax-30 hat ergeben, dass man zwar weiterhin in China investieren wolle, aber große Geduld im Hinblick auf zu erzielende Gewinne mitbringen müsse. „Fast zeitgleich mit der Veröffentlichung der Studie hat die britische Bewertungsagentur Fitch Ratings ihre Einstufung Chinas zwar bestätigt, zugleich aber vor hohen kurzfristigen Risiken gewarnt, die aus steigendem Inflationsdruck und einem nicht nachhaltigen Wachstum von Kreditvergabe und Investitionen erwachsen." „Die Eintrittshürden auf dem chinesischen Markt bleiben hoch. Die Beobachter der Deutschen Bank verweisen auf den starken Wettbewerb in China, hohe Markt-Eintrittskosten und eine geringe Strategiesicherheit, verbunden mit mangelnder Transparenz." (o.V: Deutsche Konzerne investieren weiter kräftig in China, in: FAZ 1.9.04, Nr. 203, S. 11)

3. Sind Risiken auszuloten, sollte sich der Abschlussprüfer auch daran erinnern, dass es beim Bundesverband der Deutschen Industrie Ausschüsse gibt (z.B. einen China-Ausschuss), der aus Mitgliedern mit langjährigen Erfahrungen verfügt bzw. Personen, die zwischenzeitlich ausgeschieden sind, benennen kann. (vgl. W. Sturbeck: Anlagenbauer SMS fühlt sich in Peking schon lange zu Hause, in: FAZ 4.8.04, Nr. 179, S. 16) In diesem Zusammenhang wird dann auch die Frage eine Rolle spielen, in wie weit man von den chinesischen Behörden einen Schutz des Privateigentums erwarten kann. (vgl. o.V: China schützt Privateigentum – auf dem Papier, in: FAZ 19.3.04, Nr. 67, S. 14)

Bestandsverantwortung
1. Im Zusammenhang mit einem neuen Handelskonzept übernehmen Hersteller modischer Textilwaren selbst die Verantwortung für das Angebot auf einer bestimmten Verkaufsfläche des Einzelhandels. Im Gegenzug muss der Handel allerdings akzeptieren, dass seine Marge sinkt. Wesentliches Kennzeichen des neuen Handelskonzeptes ist die Lieferung monatlich wechselnder Kollektionen, bei denen die Farbe eine besondere Rolle spielen kann. Damit erhält die Altersstruktur der Vorräte einen neuen Akzent. (vgl. o.V: Mustang setzt auf ein neues Handelskonzept, in: FAZ 19.9.02, Nr. 218, S. 21)

2. Für Automobilhersteller können sich Bestandrisiken durch neue Vertriebsformen ergeben, wenn z.B. Premium-Modelle in einem Agentursystem verkauft werden und der Hersteller dem Händler dadurch das Lagerrisiko abnimmt. (vgl. o.V: Die Zahl der VW-Händler wird abnehmen, in: FAZ 16.9.02, Nr. 215, S. 18)

Bestellverhalten
In bestimmten Branchen (z.B. elektronische Komponenten für den Mobilfunk) zeichnet sich die Nachfrageentwicklung durch starke zyklische Schwankungen aus. (vgl. o.V: Der Vorstand von Epcos senkt zum dritten Mal die Prognose, in: FAZ 4.5.01, Nr. 103, S. 16). Dadurch wird die Investitionsplanung außerordentlich erschwert. Obwohl die Hersteller große Anstrengungen unternehmen, sich durch neue Produkte von diesem

Einfluss zu befreien, werden sie immer wieder mit einer „völlig unerwarteten Wende" im Bestellverhalten ihrer Kunden konfrontiert. Das mag auch damit zusammenhängen, dass Unternehmer „chancenorientiert" der Meinung sind, Konjunkturzyklen klassischer Prägung gehörten der Vergangenheit an. (vgl. M. Heise: Die Wiederkehr des Konjunkturzyklus, in: FAZ 21.9.02, Nr. 220, S. 13)

Beteiligungen
Teil der Jahresabschlussprüfung ist u.a. auch die Prüfung des Internen Kontrollsystems (IKS). Hier kommt es nicht nur darauf an zu fragen, ob die Anschaffungskosten von Anteilen vollständig bilanziert und richtig ausgewiesen sind, ob Ausschüttungen zeitlich und fachlich richtig behandelt werden, sondern auch (z.B. durch die Ermittlung von „Risikoklassen"; vgl. J. Baetge: Die moderne Bilanzanalyse, in: FAZ 19.11.01, Nr. 269, S. 25) sich danach zu erkundigen, in welcher Weise die kritischen Erfolgsfaktoren der Beteiligungen analysiert werden und in welcher Weise unter Steuerungs- und Überwachungsgesichtspunkten darüber berichtet wird. Es sind häufig die Fehlentwicklungen, die nicht früh genug erkannt werden und die zu spät Abschreibungen oder Stützungsmaßnahmen nach sich ziehen. „Risikomanagement dient zuallererst der Identifizierung von Risiken in einzelnen Beteiligungen einerseits sowie in den prozessualen Abläufen der Beteiligungsgesellschaft andererseits." (M. Castedello/R. Davidson: Die Beteiligungen im Griff, in: FAZ 31.3.04, Nr. 76, S. 24)

Bevölkerungsstruktur
Mit der Veränderung der Bevölkerungsstruktur ergeben sich für Unternehmen besondere Herausforderungen. Neue Kulturkreise und die zunehmende Veralterung sind hier die entscheidenden Faktoren. Die Unternehmen müssen „die Erosion unserer gesellschaftlichen und sozialpolitischen Grundlagen" (U. Di Fabio: Am demographischen Abgrund, in: FAZ 12.10.02, Nr. 237, S. 7) rechtzeitig erkennen, sich an einen veränderten Bedarf anpassen und das Produktspektrum entsprechend ausrichten. Dies zwingt zu Investitionen in neue Märkte. Typisch für diese Entwicklung ist das Angebot „altengerechter" Güter und Dienstleistungen im Bereich der Auto-Industrie (Sicherheit), im Gesundheitssektor (Vorsorge) und in der Touristik (Luxus). (vgl. o.V: Breitere Tasten auf dem Handy. (Altengerechte Güter und Werbung), in: FAZ 19.9.03, Nr. 218, S. 14) Verlage müssen sich z.B. darauf einstellen, dass „der Schulbuchmarkt aus demographischen Gründen weiter schrumpfen wird. (vgl. o.V.: Der Klett-Verlag steht in Österreich vor einem Berg Arbeit, in: FAZ 9.5.03, Nr. 107, S. 17) Neue Konzepte erfordern i.d.R. auch neue Verträge. Können die alten Verträge (entschädigungslos) gekündigt werden?

Bußgeld
Die nationale und internationale Wirtschaft ist durch Bußgeldverfahren insbesondere in der Zement-, Pharma- und Chip-Industrie aufgeschreckt worden. Die hier zu erwartenden bzw. bereits getätigten Zahlungen sind in der Regel beachtlich und für den Jahresabschluss wesentlich. (vgl. o.V: Infineon zahlt in Amerika hohe Geldstrafe, in : FAZ 17.9.04, Nr. 217, S. 19) Der Fall Infineon ist insofern überraschend, als man zunächst der Auffassung war, eine Rückstellung zum 30.9.03 in Höhe von 28 Millionen Euro sei ausreichend (vgl. o.V.: Infineon stellt nach Quartalsgewinn gute Jahre in Aussicht, in: FAZ 11.11.03, Nr. 262, S. 17), dann aber im folgenden Geschäftsjahr zu der Erkenntnis kam, es sei strategisch besser, sich mit dem amerikanischen Justizministerium auf eine Strafzahlung von 131 Millionen Euro (zu zahlen in gleichen Raten bis 2009) zu einigen. (vgl. den o.a. Artikel vom 17.9.04) Bei schwebenden Verfahren stellt sich für den Abschlussprüfer das Problem, das Risiko rechtzeitig zu erkennen und wenn es „entdeckt" ist, sich Zeitreserven zu schaffen und ausreichende und angemessene Nachweise dafür zu bekommen, dass die Höhe der gebildeten Rückstellungen einer vernünftigen kaufmännischen Beurteilung entspricht. (vgl. o.V: Prozessrisiken verhageln Infineon das Quartalsergebnis, in: FAZ 21.7.04, Nr. 167, S. 13)

Einkauf
1. Wenn man sich als Abschlussprüfer für die Ziele eines Unternehmens interessiert, dann wird man bald feststellen, dass das Zielsystem konsequenterweise alle Bereiche des Unternehmens erfasst. „Eine notwendige, aber längst keine hinreichende Bedingung für Erfolg im Einkauf ist das Vorhandensein einer Einkaufsstrategie und klar formulierter Einkaufsziele." (o.V: Qualität der Einkaufsabteilungen schwankt stark, in: FAZ 25.8.03, Nr. 196, S. 17) Folgt man einer Studie über die Qualität von Einkaufsabteilungen (erstellt von Cell Consulting in Zusammenarbeit mit der Universität St. Gallen), dann erzielen diejenigen Unternehmen besonders gute Noten, die „Kennzahlen zur Steuerung des Einkaufs" entwickelt haben und sich auf „Schwerpunktlieferanten" konzentrieren. Der Abschlussprüfer muss mit bestimmten Kennzahlen vertraut sein, um im Einzelfall z.B. aus verspäteten oder mangelhaften Lieferungen Rückschlüsse ziehen zu können.

2. Das Interne Kontrollsystem muss sich auch mit den Unwägbarkeiten auf den Beschaffungsmärkten auseinandersetzen. In diesem Zusammenhang meldete die FAZ über die Entwicklung auf dem Kakao-Markt: „Der Kakao-Preis ist volatil geworden, seit sich Investmentfonds für diesen Rohstoff interessieren. Deren An-

lageentscheidungen richten sich kaum nach den klassischen Preisbildungsfaktoren wie Witterung, Angebot und Nachfrage oder politische Verhältnisse in den Erzeugerländern. Die Hamburger Händler sprechen von einer wachsenden 'Spekulationsanfälligkeit', die sich schon dadurch zeige, dass die Ausschläge zwischen Höchst- und Tiefstkursen immer größer werden. Ein weiterer Unsicherheitsfaktor ist die politische Lage an der Elfenbeinküste." (o.V: Der Kakaopreis ist volatil geworden, in: FAZ 2.8.04, Nr. 177, S. 13)

3. Im Rahmen von Sparprogrammen verlassen Unternehmen manchmal ihre traditionellen Lieferanten und sichern sich die Zusammenarbeit mit billigeren Herstellern in Asien. Über den britischen Warenhauskonzern Marks & Spencer hieß es in diesem Zusammenhang: „(Vorstandschef) Holms hatte im vergangenen Jahr die Verträge mit langjährigen Hauslieferanten aus Großbritannien gekündigt und sich statt dessen Zulieferungen von Billig-Produzenten aus Asien gesichert. Die veränderte Einkaufspolitik entlastete den Kostenapparat des britischen Einzelhändlers um 35 Millionen Pfund." (o.V: Marks & Spencer kappt 1.000 Stellen bis 2006, in: FAZ 3.4.04, Nr. 80, S. 17) In einem solchen Fall müssen dann die Kennzahlen den Nachweis erbringen, dass mit den Billig-Produkten keine Qualitätseinbußen, wachsende Reklamationen und Abwanderung von Kunden verbunden sind.

Entwicklungszeiten
Mit der Verkürzung von Entwicklungszeiten sind zweifellos große Risiken verbunden. Es ist daher kein Zufall, dass Vermarktungsstops in der Pharma-Branche in neuer Zeit eine unrühmliche Rolle spielen, in einem Bereich, in dem die „Verkürzung" aus Wettbewerbsgründen immer wieder propagiert wird. (vgl. R. Lindner: „Wir sehen uns nicht als Spinne im Netz" (Gespräch mit dem Sprecher der Unternehmensleitung von Boehringer Ingelheim), in: FAZ 23.1.01, Nr. 18, S. 21)

Gewährleistung
1. Um die besonderen Herausforderungen für den Abschlussprüfer zu skizzieren, sei auf eine Meldung aus dem VW-Konzern im Jahre 2003 verwiesen, in der es hieß: „Die Rückstellungen für Gewährleistungen mussten um 13,2 Prozent auf 4,4 Milliarden Euro erhöht werden, nachdem es bei einigen Modellen technische Schwierigkeiten mit 'vereisten Motoren' und Zündspulen gegeben hatte." (o.V: VW tröstet mit hohen Erwartungen über das schlechte Ergebnis hinweg", in: FAZ 12.3.03, Nr. 60, S. 15) Es kann nicht nachdrücklich genug betont werden, dass sich der Abschlussprüfer auf die Prüfung deutlich gestiegener Gewährleistungen rechtzeitig einstellen muss (zeitliche Dimension der Abschlussprüfung) und nicht von einer Meldung dieser Art bei Beginn seiner Arbeiten überrascht werden darf.

2. Der Abschlussprüfer muss mit neuen Rahmenbedingungen seiner Mandanten vertraut sein. Diese erhalten regelmäßig dadurch einen besonderen Akzent, dass sich bestimmte Rechtsgrundlagen – u.U. maßgebend beeinflusst durch die EU – ändern. Dazu gehören z.B. verlängerte Gewährleistungsfristen. (vgl. o.V: VW hält Prognose trotz eines schlechten Quartals, in: FAZ 31.10.02, Nr. 253, S. 14) In diesem Zusammenhang wird es nicht ausreichen, wenn den neuen Bestimmungen erst dann Rechnung getragen wird, wenn sie in Kraft getreten sind, sondern man wird sich mit ihnen schon im Vorfeld – insbesondere für die Berichterstattung im Lagebericht – gewissenhaft auseinandersetzen müssen.

3. Mit der Übernahme von kapitalintensiven Entwicklungs- und Produktionsverfahren gehen die Unternehmen der Autozulieferindustrie auch in zunehmendem Maße Gewährleistungsrisiken ein, ein Umstand, der die Lage dieser Unternehmen immer mehr bedroht. (vgl. o.V: Ein Drittel der Automobilzulieferer ist bedroht, in: FAZ 22.7.02, Nr. 167, S. 19)

Haftungsfreistellungserklärungen
Es ist in diesem Handbuch immer wieder darauf hingewiesen worden, dass man sich als Abschlussprüfer einer Bilanzposition über Geschäftsprozesse nähern muss. Wer die Geschäftsprozesse, ihre Eigenarten und ihr Volumen, nicht versteht, kann z.B. auch nicht beurteilen, ob eine Bilanzposition vollständig ist. (vgl. o.V: „Bilanzskandal" in Berlin, in: FAZ 30.5.01, Nr. 124, S. 21) Wenn man z. B. nicht weiß, dass es im Immobiliengeschäft Freistellungserklärungen geben kann, durch die eine Obergesellschaft die Komplementäre von Objektgesellschaften von der Haftung freistellt, wird u.U. nicht merken, dass die Rückstellungen der Obergesellschaft unvollständig sind und dass ihr Jahresabschluss ggf. in wesentlichen Belangen falsch ist (materially misstated). (vgl. o.V: Die Krise bei der Bankgesellschaft Berlin spitzt sich zu, in: FAZ 8.3.01, Nr. 57, S. 21)

Haftungsrisiken
Es gehört für die Unternehmen zum Alltagsgeschäft, sich über das allgemeine und besondere Gewährleistungsrisiko Gedanken zu machen und dieses – nach Maßgabe von Erfahrungswerten und entsprechender Formeln – durch die Bildung von pauschalen oder individuellen Rückstellungen im Jahresabschluss zu berücksichtigen. Der Abschlussprüfer hat dann lediglich die Aufgabe, die Aktualität von Erfahrungswerten

nachzuvollziehen und die Anwendung bestimmter Formeln (in ihrer Systematik und mathematischer Genauigkeit) zu überprüfen. Wesentlich schwieriger wird es allerdings, wenn Menschen aufgrund von mangelhaften Produkten zu Schaden kommen und den zuständigen Hersteller verklagen. (vgl. R. Lindner: Risikobranche Pharma, in: FAZ 10.8.01, Nr. 184, S. 13) Hier haben in den vergangenen Jahren insbesondere die Pharmaindustrie und die Medizintechnik mit höchst komplexen Themen auf sich aufmerksam gemacht. Es sei an den Fall „Lipobay" (Bayer AG) erinnert, wo die zuständigen Stellen möglicherweise erhebliche Probleme hatten, das Ausmaß des Schadens (das cholesterinsenkende Mittel stand im Verdacht, Muskelschwäche mit Todesfolge auszulösen) zu ermitteln und abzuschätzen, ob die bestehende Produkthaftpflichtversicherung ausreichen würde, alle Kosten zu decken. (vgl. o.V: Bayer wartet auf das Gerichtsurteil, in: FAZ 15.3.03, Nr. 63, S. 14) Man stelle sich die Situation eines Abschlussprüfers vor, der u.a. beurteilen muss, ob der Jahresabschluss ein den tatsächlichen Verhältnissen entsprechendes Bild der Vermögens-, Finanz- und Ertragslage vermittelt. Er benötigt ausreichende und angemessene Nachweise dafür, dass die Aussage des Managements „Die Rückstellungen sind vollständig ermittelt und in ihrer Höhe korrekt", zutrifft. Er muss sich mit den Besonderheiten ausländischer Rechtssysteme und den Kosten von Rechtsstreitigkeiten beschäftigen, sich darüber Gedanken machen, welche Auswirkungen ähnlich gelagerter Fälle (z.B. die Sulzer-Medica Problematik fehlerhafter Hüftgelenk- und Knieimplantate) auf das laufende Verfahren haben könnten (vgl. o.V: Das Implantate-Debakel wird Sulzer-Medica auf Jahre belasten, in: FAZ 16.8.01, Nr. 189, S. 18) und sich durch das Studium von Verträgen Gewissheit über Art und Umfang des Versicherungsschutzes verschaffen. Es darf bezweifelt werden, ob er dazu ohne Einschaltung von Experten in der Lage ist.

Innovation
1. Der Abschlussprüfer muss sich mit der Problematik beschäftigen, dass der Fortschritt mehr in massiven Umbrüchen als in einer kontinuierlichen Entwicklung zum Ausdruck kommt. Beispiele aus der Spielzeugbranche (Lego kooperiert mit Microsoft), aus dem Kameramarkt (digitale Photographie), aus dem Beschichtungsgewerbe (berührungsloses Verzinken), aus dem Bereich der elektronischen Komponenten (neue Chip-Architektur) und aus der Informationstechnik (Multimedia-Server) mögen dies anschaulich belegen. vgl. o.V: Der Umsatz in der Photobranche wird neu verteilt, in: FAZ 29.9.04, Nr. 227, S.22: „Mit der Digitalisierung der Fotografie wurde ... die über Jahrzehnte festgefügte Wertschöpfungskette der Branche vollständig verändert und aufgebrochen." vgl. o.V: SMS Demag entwickelt das berührungslose Verzinken von Stahlblechen, in: FAZ 17.9.04, Nr. 217, S. 22; vgl. o.V: Die Cebit gibt das Startsignal für den Aufschwung in der Informationstechnik, in: FAZ 15.3.04, Nr. 63, S. 27: „Die Konvergenz der Systeme gipfelt dann in sogenannten Mulimedia-Servern. Auf diesen Rechnern, die künftig im Wohnzimmer stehen sollen, werden alle Filme, Musikdateien und Bilder gespeichert und auf den Fernsehschirm oder die Musikanlage übertragen."

2. Manche Entwicklungen deuten sich vorsichtig an, andere werden so gar offiziell propagiert. So ließ es z.B. im Zusammenhang mit den Plänen von Microsoft, in den Mobilfunkmarkt einzusteigen, im Jahre 2002: „Das Mobiltelefon der Zukunft wird zum persönlichen Assistenten, zum Abspielgerät für Musik, zum Fotoapparat und zum Terminplaner. Computerspiele werden ebenso gespeichert sein wie das persönliche Adressbuch und der Routenplaner, der den Nutzer sicher durch fremde Städte führt. Vor allem die schnelle Datenübertragung auf der Basis von UMTS soll das alles ermöglichen." (J. Winkelhage: Microsoft steht vor der Eroberung des Mobilfunkmarktes, in: FAZ 24.10.02, Nr. 247, S. 20) Der technologische Wandel ist stark in der Automobilindustrie ausgeprägt. Hier sind es insbesondere die Zulieferunternehmen, die die Garanten für Innovationen geworden sind. (vgl. o.V.: Wichtige Innovationen entwickeln längst die Zulieferer, in: FAZ 3.5.03, Nr. 102, S. 45)

3. Innovative und nüchtern kalkulierende Unternehmer sind sich ihrer Risiken jederzeit bewusst. Die FAZ hat W.D. Bopst, den Vorsitzenden der Geschäftsleitung der Osram GmbH zu seinen Vorstellungen befragt und dabei folgendes erfahren: „Kostenführerschaft, Ausbau des Weltgeschäftes, die Konzentration auf das Kerngeschäft Licht und Innovation (sind) die wesentlichen Gründe für die gute Entwicklung. Auf die Frage nach Zielkonflikten antwortet (Bopst) ohne zu zögern: 'Innovation hat Vorfahrt'. Den Eindruck, ein solides Unternehmen wie Osram scheue Risiken, versucht Bopst zu zerstreuen. 'Wenn wir keine Flops riskieren, gibt es keine Innovation.' Der Chef von Osram beziffert die Quote der Misserfolge mit 2 Prozent." (J. Herr: Leuchtdioden so klein wie ein Sandkorn, in: FAZ 25.8.04, Nr. 197, S. 12)

4. Mit Innovationen ist immer auch die Frage verbunden, in welcher Weise sie den Wertansatz von Vorräten beeinflussen. (Erinnern Sie sich bitte an unsere Überlegungen zur Anfälligkeit von Bilanzpositionen!) In diesem Zusammenhang kann es auch von Interesse sein, darüber nachzudenken, um welchen Typus von Innovation es sich im Einzelfall handelt, denn davon wird möglicherweise auch der Grad der Anfälligkeit abhängen. Meyer/ Westermann berichten über eine Untersuchung von Kim und Mauborgne in mehr als 30 internationalen Unternehmen. Nach „Auswertung von 100 Neueinführungen lassen sich drei Typen von Innova-

tionen ausmachen. Die erste Gruppe bilden die 'Me-Too-Innovationen'. Sie bezeichnen Nachahmerprodukte, die ausschließlich Kopien von bereits existierenden Angeboten darstellen. Die nächste Gruppe sind 'Value-Improvement-Innovationen', die auf bereits bestehenden Angeboten aufbauen und diese graduell verbessern. Nur der dritte Innovationstyp schließlich verkörpert echte Innovationen: die Kategorie der Innovationen mit völlig neuen Nutzendimensionen. Nur durch die Entwicklung und Einführung dieser Gattung 'Value Innovation' kann der Wert und somit die Attraktivität des Angebots ... entscheidend verbessert werden. Lediglich 14 Prozent der ausgewerteten Neueinführungen entsprechen dabei diesem Typ der Value Innovation, doch sie generieren 61 Prozent der dabei insgesamt erwirtschafteten zusätzlichen Gewinne." (J. Meyer/V. Westermann: Mit Nichtkunden echte Innovationen entdecken, in: FAZ 21.2.05, Nr. 43, S. 22)

5. Die von Robert Nieschlag bereits in den 60er Jahren des vorigen Jahrhunderts dargestellte „Dynamik der Betriebsformen im Handel" ist in eine neue Dimension hineingewachsen. Sie zeichnet sich durch eine Ausdehnung der vertikal strukturierten Ketten (vgl. o.V.: Klassische Textilhändler verlieren, in: FAZ 2.9.04, Nr. 204, S. 16) und eine auf Preisniveau und Bequemlichkeit basierende Expansion der Discounter zu Lasten des traditionellen Einzelhandels aus. (vgl. o.V: Discounter haben nicht nur beim Preis Vorteile, in: FAZ 18.2.04, Nr. 41, S.18) Wie dem o.a. Artikel weiterhin zu entnehmen ist, ist der Bruttoertrag pro qm, das Ebit in Prozent vom Umsatz, der Kapitalumschlag und die Kapitalrendite vor Steuern bei Aldi und Lidl ein Vielfaches eines durchschnittlichen Supermarktes. Mit Kennzahlen dieser Art muss der Abschlussprüfer vertraut sein, um die Einschätzung von Chancen und Risiken der zukünftigen Entwicklung richtig beurteilen zu können.

Insolvenzrisiko
Die auf Sanierung spezialisierte Unternehmensberatung Alix Partners haben 140 Betriebe der Autozulieferindustrie „in Amerika, Europa und Asien auf ihre finanzielle und operative Leistungsfähigkeit überprüft, darunter auch 25 deutsche Betriebe. 'Die deutschen Zulieferer wachsen schneller als ihre internationalen Wettbewerber und ihre Gewinne sind noch überdurchschnittlich.', sagt Vinzenz Schwegmann von Alix Partners, der Autor der Studie. 'Aber sie sinken dramatisch.' ... Würden – so Schwegmann – international angewandte Frühindikatoren für ein Insolvenzrisiko zugrundegelegt, stünden drei Viertel der Deutschen auf der Frühwarnliste." (o.V.: Spitzenposition der deutschen Autozulieferer gefährdet, in: FAZ 19.4.04, Nr. 91, S. 18) Interessanterweise hat das Bilanzrechtsreformgesetz die Thematik der „Indikatoren" aufgegriffen. (Siehe § 289 Abs. 1 Satz 3 HGB)

Insolvenzschutz
Zum Thema „Geschäfte mit Auslandsfirmen können teuer werden" schreibt G. Bernsau (Fachanwalt für Insolvenz- und Steuerrecht in Frankfurt): „Seit der Entscheidung 'Inspire Art' des EuGH steht fest, dass Gesellschaften aus dem EU-Ausland ihren Sitz ohne Verlust der Rechtspersönlichkeit in die Bundesrepublik verlegen können. ... Eine englische Limited kann schon mit geringem finanziellen und zeitlichen Aufwand gegründet werden. Es gibt nach englischem Recht keine Mindestkapitalausstattung, so dass das Gründungskapital – anders als nach dem strengen deutschen GmbH-Gesetz – mit wenigen Euro erbracht werden kann." (in: FAZ 9.6.04, Nr. 132, S. 25)

Integration
1. Bestimmte Wachstumsstrategien lassen sich häufig nur durch Akquisitionen verwirklichen. Dabei wird regelmäßig der Aufwand unterschätzt, der durch die Integration neuer Geschäftsfelder und des entsprechenden Personals erforderlich ist.

a. Als die Thiel Logistik AG im Jahre 2002 einen Gewinneinbruch erläutern musste, verwies sie auf ein Integrationsproblem. „Als Gründe für den Gewinneinbruch nannte Günter Thiel, daß sich die Integrationskosten für die erst im Januar für rund 70 bis 80 Millionen Euro erworbene Speditionsgruppe Birkart von anfänglich veranschlagten 10 bis 15 Millionen Euro mehr als verdoppeln würden. Die Zusammenlegung von Standorten und die Integration der Computersysteme habe sich unerwartet schwierig erwiesen." (o.V.: Thiel entscheidet erst im August über Sonderprüfung, in: FAZ 16.7.02, Nr. 162, S. 13)

b. Wird ein Unternehmen übernommen, muss im vorhinein sorgfältig geprüft werden, welche Widerstände zu erwarten sind. Widerstände ergeben sich u.a. dann, wenn mit einer Integration auch eine Sanierung verbunden ist. So wurde z.B. von der spanischen Hotel-Kette NH, die die deutschen Astron-Hotels übernommen hatte, in 2004 berichtet: „(Eric) van Kessel (Geschäftsführer der deutschen NH-Tochtergesellschaft) räumte ein, dass NH noch an einigen Leasing-Verträgen für ehemalige Astron-Hotels zu knabbern hat, die aus heutiger Sicht überhöht seien. 'Es ist kein Geheimnis, daß wir gerne einige Hotels abgegeben hätten, die wegen der hohen Mieten kaum rentabel zu führen sind', sagte von Kessel. Das sei aber wegen der vertraglichen Bindungen bei den betroffenen Hotels nicht möglich gewesen. Weiterhin räumte er ein, dass NH noch mit einem 'Astron-Abschlag'zu kämpfen hat, also noch daran zu arbeiten hat, die früher besonders niedrigen Preise der Astron-Hotels auf das höhere NH-Niveau zu hieven. Um dies zu erreichen, hat NH die deutschen

Hotels gründlich saniert ..." (o.V: Integration der Astron-Hotels ist schwieriger als erwartet", in: FAZ 22.11.04, Nr. 273, S. 17)

2. Sind Wachstumsstrategien übereilt, gibt die Geschäftsführung dem Druck des Marktes zu früh nach, „das Geld von der Börse für Akquisitionen auszugeben", kann es zu Störungen im wirtschaftlichen Gleichgewicht kommen. (vgl. o.V: Das starke Wachstum war ungesund, in: FAZ 5.2.03, Nr. 30, S. 16)

3. Es ist unverkennbar, dass man der „Geschwindigkeit" einen immer größeren Stellenwert einräumt: Entwicklungen müssen „schnell" zu einem erfolgreichen Produkt führen, Jahresabschlüsse müssen „schnell" erstellt und möglichst früh veröffentlicht werden, Fusionen müssen „schnell" vorangetrieben werden. Bei Zusammenschlüssen von Unternehmen, die häufig unterschiedliche Kulturen repräsentieren, findet die Fusion „auf der Linie" statt. (W. Sturbeck: „Ich kenne keine andere so schnell vorangetriebene Sparkassenfusion", in: FAZ 1.11.04, Nr. 255, S. 14) Dabei wird aber möglicherweise übersehen, dass Bereichs- und Abteilungsleiter mit der Aufgabe des Zusammenführens und Gestaltens überfordert sind und dadurch das Erreichen nunmehr „gemeinsamer" Ziele gefährdet ist.

4. Wer ein anderes Unternehmen übernimmt, muss sich rechtzeitig und sorgfältig darüber informieren, durch welches lokale Know-how die Marktstellung des Übernommenen geprägt war. Diesen Umstand hat z.B. Hewlett-Packard offenbar übersehen. Wie man der FAZ entnehmen konnte, waren „die unerwartet aufgetretenen Schwierigkeiten ... im Kontext des Zusammenschlusses mit dem ehemaligen texanischen Wettbewerber Compaq zu sehen. In Europa sei das Rabattsystem von Compaq und HP gegenüber den Partnern zu schnell zentralisiert worden. Inzwischen hat HP eingesehen: 'Dabei wurde lokales Know-how zu schnell abgebaut; so etwas lernt aber letztlich jedes Unternehmen im Zuge der Globalisierung.' Angesichts solcher Feststellungen dürfe auch nicht vergessen werden, dass die Zusammenführung der beiden Unternehmen Compaq und Hewlett-Packard mit sehr ehrgeizigen Zielen verknüpft gewesen sei und HP auf diesem Wege schon ein großes Stück zurückgelegt habe." (o.V: „HP wird in Deutschland schneller wachsen als der Markt", in: FAZ 15.9.04, Nr. 215, S. 16)

Konjunkturzyklus
In der Wachstumseuphorie der 90er Jahre hatte man das Zyklusphänomen zwar nicht völlig vergessen, war aber auf breiter Front der Meinung, dass der Konjunkturzyklus sowohl durch die starken Auftriebskräfte als auch durch stabilisierende Maßnahmen der Geldpolitik überwunden sei. Diese Auffassung erwies sich als falsch. „Aufgrund des hohen Kapazitätswachstums in den späten neunziger Jahren reichten schon ein bis zwei Jahre mit schwächeren Absatzsteigerungen aus, um eine deutliche Unterauslastung, also im eigentlichen Sinne eine Rezession zu erzeugen. In der Industrie gab es ein geradezu klassisches Rezessionsmuster mit einem deutlichen Rückgang der Industrieproduktion und der Kapazitätsauslastung. In einzelnen Branchen, zum Beispiel in der Informations- und Kommunikationstechnologie, war der Einbruch sogar noch stärker als in früheren Abschwungphasen." (M. Heise: Die Wiederkehr des Konjunkturzyklus, in: FAZ 21.9.02, Nr. 220, S. 13)

Kreditrisiko
Bei der Prüfung von inhärenten Risiken und von Kontrollrisiken muss der Abschlussprüfer sich auch für die Frage interessieren, welche Entwicklungen sich bei den Kreditversicherern abzeichnen und welche Konsequenzen das zu prüfende Unternehmen daraus gezogen hat. „In der Kreditversicherung sind die Preise in den vergangenen zwei Jahren um durchschnittlich rund 10 Prozent gestiegen. Schwerer als die Prämienerhöhung wiegt für Kunden, dass die Versicherer die Bedingungen verschärft und bei gleichen Prämien höhere Selbstbehalte durchgesetzt haben." (Hinzukommt, dass mehr Risiken von der Deckung ausgeschlossen wurden) (siehe o.V: Kreditversicherungen bleiben kostspielig, in: FAZ 19.7.04, Nr. 165, S. 16)

Siehe auch Stichwort „Länderrisiko".

Kundenbeschwerden
Marktuntersuchungen haben ergeben, dass in rezessiven Zeiten die Qualität des Beschwerdemanagements unter Sparmaßnahmen leidet. „Eigentlich sollte es sich bereits herumgesprochen haben: Es ist deutlich kostengünstiger, einen alten Kunden durch überlegte Behandlung (Customer Care) zu binden, als einen neuen zu gewinnen. Trotzdem werden Beschwerden und Reklamationen nicht konsequent unter diesem Gesichtspunkt abgewickelt." (o.V: Reklamationen sind keine Nebensache, in: FAZ 24.3.03, Nr. 70, S. 28) Forschungsarbeiten an der Katholischen Universität Eichstätt haben ergeben, dass viele Unternehmen auf Kundenzufriedenheitsanalysen verzichten. „Nur einem Teil der Unternehmen ist bekannt, wie viele Kunden tagtäglich wegen Unzufriedenheit abwandern und welche Umsätze damit verloren gehen. In noch weniger Unternehmen machen sich Controller die Mühe, abzuschätzen, wie hoch die Umsätze und Gewinne sind, die dem Unternehmen dadurch erhalten bleiben, dass ein Beschwerdemanagement unzufriedene Kunden wieder zufrieden stellt und deren Abwanderung zum Wettbewerber verhindert." (Quelle: s.o.)

Länderrisiken

1. Wesentlicher Bestandteil einer Wachstumsstrategie ist häufig auch die Ausdehnung des Auslandsgeschäftes. Viele Unternehmen betreten damit Neuland, einen Bereich, in dem sie weder Erfahrungen mit den lokalen Märkten, noch mit der finanziellen Stabilität dortiger Kunden haben. Kaufleuten ist der Begriff „Delkredere-Risiko" schon von jeher ein Begriff. Er fand schon früh Eingang in die Wirtschaftsliteratur. So lautete z.B. im Jahre 1967 eine Erläuterung im Dr. Gablers Wirtschaftslexikon: „Delkredererisiko, Inkassorisiko: Das Wagnis der Einbringlichkeit von Forderungen, besonders hoch im Außenhandel wegen der unterschiedlichen Rechtsverhältnisse in den verschiedenen Ländern."

2. Wenn Unternehmen u.a. deshalb die Insolvenz droht, weil ausländische Kunden nicht oder verspätet zahlen, dann sind die zuständigen Geschäftsführungen nicht ausreichend informiert, schlecht beraten oder einfach leichtsinnig. Wie soll man sonst die Nachricht interpretieren, dass ein Unternehmen „durch Zahlungsverzögerungen aus Großaufträgen der Gesundheitsbehörden Kenias und Brasilien" in eine Liquiditätskrise gerät. (vgl. o.V: Condomi droht die Insolvenz, in: FAZ 29.11.03, Nr. 278, S. 12) Es ist Aufgabe des Internen Kontrollsystems, nicht nur die Kreditwürdigkeit der Kunden festzustellen und zu überwachen, sondern auch die Geschäftsleitung über die wirtschaftliche und finanzielle Verfassung derjenigen Länder zu informieren, in denen die Kunden ihren Sitz haben.

3. Den international tätigen Banken folgend, die die „Verfügbarkeit und die Qualität der finanziellen und wirtschaftlichen Informationen über Schuldnerländer" verbessern wollten (o.V: Internationale Banken schaffen „Frühwarnsystem", in: FAZ 13.1.83 ; vgl. auch o.V: Die Dresdner Bank wappnet sich für Länderrisiken, in: FAZ 3.4.85, Nr. 79, S. 15), haben exportorientierte Groß-Unternehmen schon sehr früh begonnen, aus Länderanalysen Grundsätze zur Bewertung von Forderungen an ausländische Kunden zu entwickeln. In Abhängigkeit von den identifizierten Risiken wird dann daraus u.U. die Notwendigkeit abgeleitet, bestimmte Forderungen durch dafür zuständige Gesellschaften versichern zu lassen. (Es sei an das im Zusammenhang mit der Behandlung von Risiken entwickelte Kürzel VART erinnert: Dabei steht das T für „Transformieren" und besagt, dass ein Risiko - z.B. auf eine Versicherungsgesellschaft - übertragen wurde.) „Die staatlichen Exportkreditgarantien ('Hermesdeckungen'), mit denen der Bund deutsche Exporteure vor Zahlungsausfällen sichert, müssen zunehmend für wirtschaftliche Schäden eintreten. Bund und betroffene Unternehmen werden dadurch ungleich stärker getroffen, als wenn politische Schäden zu regulieren wären. Darauf hat jetzt die Euler Hermes Kreditversicherung ... hingewiesen. Die Tochtergesellschaft der Allianz-Gruppe ist vom Bund gemeinsam mit der PwC Deutsche Revision AG mit dem Management der Exportkreditgarantien – seit 1949 ein Instrument der Außenwirtschaftsförderung – beauftragt. Während bis 1997 der überwiegende Teil der Schäden politische Ursachen (Devisenmangel, Unruhen, Zahlungsverbote) hatte, sind es heute wirtschaftliche, wie die Nichtzahlung oder die Insolvenz des Kunden." (o.V: Schlechte Zahler machen Hermes zunehmend zu schaffen, in: FAZ 16.10.04, Nr. 242, S. 17)

4. Ein Länderrisiko als Indikator der Schuldentilgungskraft ist immer Ausdruck für die finanzielle Stabilität oder Labilität eines Landes. Als treffendes Beispiel kann Brasilien dienen, das in 2002 noch von „einem extrem gestiegenen Länderrisiko" gekennzeichnet war (J. Oehrlein: Südamerika bebt, in: FAZ 28.6.02, Nr. 147, S. 1) und über das nunmehr berichtet wird, dass „der Indikator für das Kreditrisiko ... auf den niedrigsten Stand seit 1997" gesunken ist. (C. Moses: Revolutionen gibt es nur in der Agrartechnik (Länderbericht Brasilien), in: FAZ 10.1.05, Nr. 7, S. 14)

Liquiditätsengpass

1. Um die Qualität von Forderungen aus Lieferungen und Leistungen beurteilen zu können, muss man auch mit den wirtschaftlichen Rahmenbedingungen der Kunden vertraut sein. In diesem Zusammenhang hat D. Klingenberg als Präsident des Verbandes Deutscher Maschinen- und Anlagenbauer einmal auf folgendes hingewiesen : Bei „vielen Banken (sei) die Entscheidung gefällt worden, sich aus dem Geschäft mit dem Mittelstand zurückzuziehen. Und das in einer Zeit schlechter Konjunktur ... . Bei einem Anspringen der Konjunktur komme es dann für schwach kapitalisierte Unternehmen zum Liquiditätsengpass. 'Das ist der gefährlichste Moment.'" (o.V.: Maschinen- und Anlagenbau wächst erst 2004 wieder, in: FAZ 21.12.02, Nr. 297, S. 12)

2. Man darf sich nicht blenden lassen! Unternehmen erwecken gelegentlich den Eindruck, als sei ihre Entwicklung besonders dynamisch. Diese Dynamik bezieht sich u.U. aber nur auf das stark wachsende Geschäftsvolumen (aus der Sicht des Lieferanten: auf steigende Umsätze), nicht dagegen auf die finanzielle Stabilität. Controller sind also gut beraten, ihre Zustimmung zu einer Ausweitung des Kreditlimits an strenge Bedingungen zu knüpfen. (vgl. P. Horvath: Der Controller – Navigator der Führung, in: FAZ 28.5.01, Nr. 122, S. 33).

3. Wenn von „Blendung" gesprochen wird, dann ist damit auch der Abschlussprüfer selbst gemeint. Ist es nicht seine Aufgabe, in jedem Fall auch den Finanzplan eines Unternehmens zu prüfen, auch wenn dafür nach Maßgabe eines „glänzenden Jahresergebnisses" scheinbar kein Bedarf besteht? Auch für dieses Thema ist Zeit einzuplanen, da die Arbeit nicht in der Untersuchung von Aufwand und Ertrag, sondern in der Analyse von zukünftigen Einnahmen und Ausgaben und eventuell zu schließenden Deckungslücken besteht. Die Buchung von Aufwand und Ertrag ist in erster Linie eine Frage der Ordnungsmäßigkeit, der Zeitpunkt von Einnahmen und Ausgaben mehr eine Frage der Erwartungen. Wenn ein Kunde Ende Dezember eine Rechnung mit einem Zahlungsziel von einem Monat erhält, dann bedarf es sorgfältiger Recherchen, ob er diese Rechnung auch fristgerecht bezahlen wird. Es reicht also nicht, die auf der Rechnung vermerkte Fälligkeit mit dem erwarteten Zahlungseingang im Finanzplan einer Cash-Flow-Rechnung zu vergleichen. Das Instrumentarium der Prüfungstechnik (VA BENE) ist in solchen Fällen voll auszuschöpfen und der simple „Vergleich" durch Befragung, Bestätigung, Einsichtnahme und Nachrechnen sachgerecht zu ergänzen. Wenn die Rechnung eines Sub-Unternehmers Ende Januar fällig wird, dann ist möglicherweise gar nicht sichergestellt, dass sie fristgerecht bezahlt werden kann, wenn eine Bank die Verlängerung eines Kontokorrentkredites an Voraussetzungen knüpft, die (noch) nicht erfüllt sind. (vgl. o.V: Mit vollen Auftragsbüchern in die Insolvenz, in: FAZ 14.9.04, Nr. 214, S. 12)

Markteinführung
1. Es gehört zu den Merkmalen eines zunehmenden Wettbewerbs, wenn Unternehmen sich darum bemühen, ihren „Wettbewerbern die Markteinführung neuer Produkte schwerzumachen." So wird z.B. von dem amerikanischen Pharmahersteller Pfizer berichtet, man habe vor einigen Jahren eine Klage gegen Bayer und andere Konzerne eingereicht mit der Behauptung, „das Bayer Potenzmittel Levitra ... beruhe auf dem von Pfizer entdeckten Wirkprinzip von Viagra. Das verletze ein ... in Amerika ausgestelltes neues Patent für Viagra, auch wenn Levitra eine andere chemische Zusammensetzung habe." (R .Lindner: Die Politik hat die deutsche Pharmaindustrie zerstört, in: FAZ 23.11.02, Nr. 273, S. 15) Folgt man den Pressemitteilungen, so ist es insbesondere die Pharmaindustrie, bei der sich Zulassungsprozesse verzögern und bei der sich Aspekte, die die zukünftige Entwicklung eines Unternehmens bestimmen, wesentlich verändern können. Darüber muss der Abschlussprüfer rechtzeitig informiert sein. So wurde z.B. über Schering berichtet, dass sich die Markteinführung des Krebsmittels Bonefos in den USA, die für Februar 2005 geplant war, verzögern wird, weil die FDA „statt das Brustkrebsmedikament zu genehmigen ... dem Unternehmen nur einen Einwilligungsbescheid (Approval Letter) erteilt" hat. „In dem Bescheid zeigt sich die Zulassungsstelle grundsätzlich bereit, die Arznei zur Vermarktung freizugeben, macht das aber von weiteren Bedingungen abhängig." (o.V: Schering leidet unter verzögerter Markteinführung eines Krebsmittels, in: FAZ 8.1.05, Nr. 6, S. 15)

2. Wesentlicher Bestandteil des Managementprozesses in einem Unternehmen ist die Beobachtung des Marktes und der Konkurrenten. Aus der Einschätzung und Prognose der Nachfrage werden Ziele und die entsprechenden Strategien abgeleitet. Fehleinschätzungen können dazu führen, dass der Marktanteil sinkt. So wurde z.B. über die Loewe AG im Jahre 2003 berichtet: „In Europa sei der Marktanteil leicht gesunken, da Loewe erst spät im mittleren Preissegment ein Fernsehgerät mit planer Bildröhre (Real-flat-Technik) auf den Markt gebracht habe." (o.V.: Loewe setzt große Hoffnungen in die Funkausstellung, in: FAZ 21.1.03, Nr. 17, S. 16).

Ein ähnlicher „Verzögerungsfall" ereignete sich bei der Leica Camera AG, die im Jahre 2002 berichtete: Man habe „im vergangenen Geschäftsjahr keine digitale Kompaktkamera im Programm" gehabt. „Die Kooperation mit Fuji war beendet worden; die mit dem neuen Partner Matsushita entwickelten neuen Modelle kamen aber erst Februar 2002 auf den Markt." (o.V: Leica rutscht wieder in die Verlustzone, in: FAZ 26.7.02, Nr. 171, S. 17)

3. Man muss sich als Abschlussprüfer einen Eindruck davon verschaffen, ob ein Unternehmen mit seinem Produktportfolio erfolgreich und mit der Einführung neuer Produkte im Plan ist. In diesem Zusammenhang wurde z.B. über Intel im Jahre 2004 berichtet: „Das Unternehmen, das sonst für seine makellosen Entwicklungs- und Produktionsprozesse bekannt ist, hat sich eine ungewöhnliche Serie von Missgeschicken geleistet. Die Einführung von neuen Produkten verzögerte sich oder wurde gestrichen. ... Die vereinzelten Ausrutscher bringen Intel nicht ins Wanken, sie weisen aber auf die tieferliegenden Schwierigkeiten hin: Intel hat ein Innovationsproblem, und davon wird das Unternehmen gleich doppelt getroffen. Auf der einen Seite ist Intel anfällig für Attacken von Wettbewerbern in seinen traditionellen Geschäften. Auf der anderen Seite kommt das Unternehmen mit der Erschließung von neuen zukunftsträchtigen Märkten nicht schnell genug voran." (R. Lindner: Innovationsnöte bei Intel, in: FAZ 19.11.04, Nr. 271, S. 15)

4. Wenn man über „Markteinführung" spricht, dann muss man auch die Kosten erwähnen, die mit einem solchen komplexen Vorgang verbunden sind. Diese Kosten haben in bestimmten Branchen mittlerweile eine

Größenordnung erreicht, die für Jahresabschlüsse wesentlich sind. (vgl. o.V: Bayer lehnt eine Aufspaltung in mehrere Gesellschaften ab, in: FAZ 28.4.01, Nr. 99, S. 17) Dem Gesichtspunkt der „vollständigen Erfassung" von Aufwendungen kommt also in diesen Falle eine ganz besondere Bedeutung zu. Das gilt in gleichem Umfang für den Abschlussprüfer, der über ausreichende und angemessene Nachweise darüber verfügen muss, dass die Aussage des Managements: „Die Aufwendungen sind vollständig erfasst", zutrifft. (VEB-BAG)

Markteinbruch
1. Wenn über Marktentwicklungen gesprochen wird, dann treffen gelegentlich ganz unterschiedliche Meinungen aufeinander. So wurde z.B. 2002 im Zeitungsgewerbe ein Streit über die Frage ausgefochten, worauf der „dramatische Einbruch im Anzeigengeschäft" zurückzuführen sei. Während der Bundesverband Deutscher Zeitungsverleger die Entwicklung auf die konjunkturelle Flaute zurückführte, brachte A. Aris, Beraterin in der Media-Practice der Unternehmensberatung McKinsey, Folgendes zum Ausdruck: „Die Unternehmen setzen mehr und mehr auf Direktmarketing und Below-the-Line-Maßnahmen, wogegen die klassische Werbung in Zeitungen und Zeitschriften tendenziell zurückgefahren wird." (R. Nöcker: Tiefe Einschnitte in der Zeitungsbranche, in: FAZ 27.6.02, Nr. 146, S. 26) Es sei in diesem Zusammenhang an unsere Überlegungen zur „Überzeugungskraft" von Prüfungsnachweisen und an das dort geschilderte Problem erinnert, schnell etwas als „plausibel" zu empfinden, obwohl eine bestimmte Aussage näheren Überprüfungen nicht standhält.

2. Eine außergewöhnliche Entwicklung ist auch in der Musikbranche zu beobachten. „Ratlos verfolgen die Musikkonzerne seit der Jahrtausendwende das Schrumpfen ihres Marktes. Die fünf großen Konzerne – Vivendi-Universal, Sony, EMI, AOL Time Warner und Bertelsmann – haben kein schlüssiges Konzept gefunden, um die Erosion ihres Geschäftes einzudämmen. Als Ursache für den eigenen Niedergang prangert die Branche seit drei Jahren den kostenlosen Musiktausch im Internet und das Selbstbrennen von CDs an. ... Es ist verständlich, dass die Musikunternehmen darauf pochen, geistiges Eigentum wie Musik müsse auch im Internet geschützt werden. Doch ist dies allein nicht die richtige Antwort auf die neuen Herausforderungen. Die Entwicklungen der vergangenen Jahre lehren, dass sich geistiges Eigentum im Internet nur eingeschränkt schützen lässt. Den Erfolg der Tauschbörsen mag man bedauern, verschwinden werden sie jedoch nicht." (M. Theurer: Die Musikbranche verspielt ihre Zukunft, in: FAZ 22.2.03, Nr. 45, S. 11)

3. Die Software-Branche berichtete in 2002 über schwierige Veränderungen des Marktes. „Bei den bisher vielfach als nahezu sakrosankt angesehenen Margen müssen Abstriche gemacht werden und auch Vertragsbestandteile wie Wartung und Service werden Gegenstand von zähen Verhandlungen. Darüber klagen nicht nur Branchenprimus SAP, sondern auch Wettbewerber wie Siebel, i2, Peoplesoft, J.D. Edwards oder Oracle. Sie haben in den vergangenen Monaten ebenso wie die Informationstechnik-Dienstleister erfahren müssen, dass Verhandlungen über neue Verträge außerordentlich zäh laufen, bereits beschlossene Projekte verschoben, gestreckt oder überhaupt abgesagt werden." (o.V: Kein Licht am Horizont des Software-Marktes, in: FAZ 13.7.02, Nr. 160, S. 12).

Marktöffnung
Aus dem Bereich der Zuckerwirtschaft verlautete: „Brasilien und Argentinien wollen vor der Welthandelsorganisation (WTO) gegen die Abschottung des EU-Marktes klagen. In der laufenden Welthandelsrunde verlangt die WTO bereits, die Zuckerzölle binnen fünf Jahren um 60 Prozent zu senken. Das geht auch der Kommission zu weit. 'Wenn dieser Vorschlag zum Tragen kommt, ist die EU-Zuckermarktordnung am Ende. Es bliebe nichts davon übrig', sagte Agrarkommissar Franz Fischler. ... Dass die Marktordnung die Stürme in der WTO nicht gänzlich unbeschadet überstehen wird, ist auch der Zuckerwirtschaft klar. Dort sucht man bereits nach Alternativen für die möglicherweise wegbrechenden Märkte. 'Die Unternehmen sondieren die Chancen von Bioethanol', sagte Dieter Langendorf, Hauptgeschäftsführer der Wirtschaftlichen Vereinigung Zucker (WVZ). In Verbindung mit der Mineralölsteuerbefreiung für nachwachsende Rohstoffe könne der aus der Zuckerrübe gewonnene Agraralkohol ein zweites Standbein bilden." (H. Bünder: Die Zuckerindustrie kämpft für die Planwirtschaft, in: FAZ 4.3.03, Nr. 53, S. 19)

Mietgarantie
In der Immobilienwirtschaft geben Bauträgergesellschaften aus vertriebspolitischen Gründen gelegentlich dem Käufer eines Objektes Mietgarantien, d.h. man erklärt sich bereit, dem Käufer ggf. die Differenz zwischen der erzielten Miete und der garantierten Miete für einen fest umrissenen Zeitraum zu erstatten. Für Zwecke der Bilanzierung muss also für die Dauer der Mietgarantie geschätzt werden, ob und ggf. in welcher Höhe den Verkäufer eine Verpflichtung trifft. Diese Schätzung setzt eine solide Marktkenntnis und sorgfältige Prognosen voraus. Es ist dann Aufgabe des Abschlussprüfers, zu dieser Schätzung Stellung zu nehmen. Er muss sich intensiv mit der Lage der Grundstücke beschäftigen und der Frage nachgehen, über welche Informationen die Geschäftsleitung verfügt, um die zukünftigen Mieten nach vernünftiger kaufmännischer Entwicklung ein-

schätzen zu können. Mit welchen Unterlagen hat das Management gearbeitet? Welche (i.d.R. von Dritten aufgestellte) Prognosen liegen den Schätzungen zugrunde? Wurden Daten zur Infrastruktur und zur Demographie sachgerecht ausgewertet? (vgl. Chr. Harriehausen: Intelligente Lagekarten für die Immobilienwelt (Geographische Informationssysteme helfen bei Marktanalysen), in: FAZ 10.8.01, Nr. 184, S. 51) Voraussetzung für das Urteil des Abschlussprüfers ist eine gewissenhafte Arbeit. In diesem Zusammenhang ist die Meldung der FAZ über die Agiv Real Estate AG vom Dezember 2004 von Interesse, in der es u.a. heißt: „Zu den Altlasten gehören umfängliche Mietgarantien. Unter anderem hatte die Agiv im Jahre 1996 das Bauunternehmen Wayss & Freytag an die holländische Beton Groep verkauft und dabei hohe Verpflichtungen aus Mietgarantien übernommen." (o.V: Das Schicksal der Agiv hängt an einem seidenen Faden, in: FAZ 14.12.04, Nr. 292, S. 14)

Moderisiko
1. Dem Leser ist bereits deutlich geworden, dass mit der Mode u.U. ein „schnelllebiges Geschäft" verbunden ist und dass Trends u.U. „nicht mehr im Rhythmus der Jahreszeiten, sondern im Takt von Monaten und Wochen" wechseln. (siehe Anlage 2). Besondere Anforderungen werden an Hersteller gestellt, die ihre Marke zu einer Lifestyle-Marke entwickeln wollen und deshalb in der Lage sein müssen, auf neue Modetrends schnell zu reagieren. So wurde z.B. über die Puma AG, die „das Potential der Marke ausschöpfen und Puma zur begehrtesten Sport-Lifestyle-Marke der Welt" entwickeln will, berichtet: „Die Expansion der Marke bedeutet (nach den Worten des Vorstandsvorsitzenden Jochen Zeitz) aber nicht nur Wachstum, sondern unter anderem auch eine Verbesserung von Marketing und Vertrieb sowie ein schnelleres Reagieren auf Modetrends mit neuen Produkten." (o.V.: Puma sieht das Wachstum der Marke noch längst nicht ausgeschöpft, in: FAZ 4.10.02, Nr. 230, S. 17)

2. „Skeptiker und Wettbewerber wie Adidas-Salomon halten es dagegen für gefährlich, sich als Sportartikelhersteller auf das Segment der Schuhe und Textilien zu konzentrieren, die nicht zum Sport getragen werden. Die Marke werde dadurch verwässert und der Anbieter begebe sich in eine große Abhängigkeit von Modetrends." (J. Herr: „Unser Geschäft läuft zur Zeit auf allen Zylindern" (Das FAZ-Gespräch mit Jochen Zeitz, dem Vorstandsvorsitzenden des Sportartikelherstellers Puma), in: FAZ 31.5.02, Nr. 123, S. 16).

Nachfolge
Mittelständische Unternehmen belastet häufig das Nachfolgeproblem. „Das Institut für Mittelstandsforschung (IFM) in Bonn rechnet damit, dass in Deutschland rund 355.000 Familienunternehmen in den kommenden fünf Jahren vor einem Eigentümerwechsel stehen. Allein im Jahr 2002 wurden rund 71.000 Familienunternehmen an neue Eigentümer übertragen, schätzt das IFM. In weniger als der Hälfte scheidet der bisherige Eigentümer aus Altersgründen aus. In diesen Fällen besteht die Möglichkeit, die Nachfolge zu planen. In den übrigen Fällen bricht das Nachfolgeproblem kurzfristig über das Unternehmen herein – etwa, weil der bisherige Inhaber plötzlich stirbt, erkrankt oder wegen Streitigkeiten in der Familie kurzfristig aus dem Unternehmen ausscheidet." (R. Nöcker: Der deutsche Mittelstand hat ernste Nachwuchssorgen, in: FAZ 16.12.03, Nr. 292, S. 14)

Nachrüstung
In Zeiten einer angespannten Marktlage kann es für einen Hersteller ein besonderes Werbeargument sein, seinen Kunden – im Zuge des technischen Fortschrittes – kostenlose Nachrüstungen seiner Produkte anzubieten. Der Umsatz einer Periode ist also mit dem Risiko verbunden, dass Erlöse (zukünftig) mit entsprechenden Aufwendungen belastet werden. Der Abschlussprüfer muss sich in diesen Fällen vergewissern, welche Rechte und Pflichten bei Unternehmen und Kunden bestehen. Es versteht sich von selbst, dass er dies nur kann, wenn er die entsprechenden Kaufverträge studiert hat (Einsichtnahme) und ihren Einfluss auf den Jahresabschluss beurteilen kann.

Objektgeschäft
Objektgeschäfte werden in sehr heterogenen Branchen betrieben, die völlig unterschiedlichen Konjunkturen unterliegen. So wurde z.B. im Jahre 2001 über die WMF AG berichtet: „Kräftig hat vor allem das Objektgeschäft mit Großkunden zugelegt, auf das 30 Prozent des Umsatzes entfallen. Hier sind es ... die Kaffeemaschinen für Großverbraucher gewesen, die sich besonders hoher Nachfrage erfreuen. 'Mit mehr als 1000 Kaffeemaschinen auf Kreuzfahrtschiffen sind wir in diesem Bereich Weltmarktführer'. ... Aber auch in der internationalen Spitzenhotellerie habe man große Ausschreibungen gewonnen. Da komme WMF die zunehmende Konzentration im Hotelmarkt zugute. Größere Ketten würden mehr zentral und international ausschreiben." (o.V: WMF hat ihr Umsatzziel erreicht, in: FAZ 16.2.01, Nr. 40, S. 22) Über ähnliche Aspekte berichtete der Möbelhersteller Walter Knoll: „Etwa die Hälfte des Umsatzes erzielt (man) mit Sitz- und Polstermöbeln für den Wohnbereich. Deutlich diffiziler gestaltet sich aber der Absatz im Objektbereich, wo es um die Ausstattung feiner Hotels oder nobler Kreuzfahrtschiffe, um die Einrichtung der VIP-Lounges von Stadien oder von Flughäfen geht. Da ist es nicht immer einfach, an die Informationen über Ausschreibungen heran-

zukommen." (S. Preuß: „Wir können es uns nicht leisten, das Mittelmaß zu pflegen" (Gespräch mit Markus Benz, dem Vorstand und Mitinhaber des Möbelherstellers Walter Knoll), in: FAZ 7.4.03, Nr. 82, S. 18)

Patentschutz
1. Bestandteil von Wachstumsstrategien sind auch Auslandsengagements, die sich z.T. im Aufbau von „internationalen Fertigungsnetzwerken" niederschlagen. So wurde z.B. vom Erntemaschinenhersteller Claas berichtet: „In diesem Jahr hat Claas schon das zuvor gemeinsam mit Caterpillar betriebene Werk für Mähdrescher in den Vereinigten Staaten übernommen und in Indien eine Fabrik für Reismähdrescher. In diesen Regionen will Claas deutlich zulegen, wenn das auch in Nordamerika nur über einen Verdrängungswettbewerb möglich sei. In Asien gilt nur gegenüber China eine gewisse Zurückhaltung, weil Claas dort schlechte Erfahrungen mit dem Schutz von Patenten gemacht hat." (o.V: Claas baut ein internationales Fertigungsnetzwerk auf, in: FAZ 25.10.02, Nr. 248, S. 21)

2. Die Position eines Unternehmens im Wettbewerb und die Stabilität seiner Ertragslage kann u.a. auch daran gemessen werden, wie lange der Patentschutz für die umsatzstärksten Produkte noch währt. Als Beispiel sei der amerikanische Pharmakonzern Pfizer erwähnt, von dem 2002 berichtet wurde, dass „elf der insgesamt zwölf umsatzstärksten Produkte bis 2010 Patenschutz genießen." (o.V.: Pfizer kauft Pharmacia für 60 Milliarden Dollar, in: FAZ 16.7.02, Nr. 162, S. 12)

Personalengpass
Umsatz- und Ergebnisprognosen müssen u.a. auch in Einklang mit den personellen Kapazitäten auf Vorstands- und Mitarbeiterebene gebracht werden.

1. Zu den Problemen, die die Hugo Boss AG vor einiger Zeit mit ihrer neuen Kollektion „Boss Women" hatte, sei an folgende Notiz erinnert: „Bis vor kurzem hatte Boss bestritten, dass die Damenkollektion die Erwartungen nicht erfülle. Sowohl der Abgang des für die Damenmode zuständigen Vorstandsmitglieds Massimo Suppancig im März wie auch die Kündigung der Chefdesignerin Grit Seymour war mit anderen Argumenten begründet worden. Dem Vernehmen nach gab es erhebliche Probleme bei der Auslieferung der bestellten Ware, was Händler entsprechend verärgert haben dürfte." (o.V: Boss Damenkollektion enttäuscht, in: FAZ 6.9.01, Nr. 207, S. 19)

2. Über die „Sennheiser electronic GmbH & Co. KG" war berichtet worden: „Das Ergebnis werde ... voraussichtlich schwächer wachsen, weil überproportionale Personalkostenzuwächse erwartet werden. Die Belegschaft soll aufgestockt werden, wofür hohe Anwerbekosten entstünden. Sennheiser beschäftigt insgesamt 1.300 Mitarbeiter in Deutschland, Irland und Amerika, knapp 200 mehr als im Vorjahr. Seit Jahren klagt die Geschäftsführung trotz der hohen regionalen Arbeitslosigkeit über Schwierigkeiten, offene Stellen besetzen zu können." (o.V: Sennheiser verdoppelt das Ergebnis, in: FAZ 18.6.01, Nr. 138, S. 23)

3. Manager, denen der Aufsichtsrat ein umfangreiches Pflichtenheft mit auf den Weg gegeben hat, neigen gelegentlich dazu, Schwachstellen im Unternehmen mit der Marktentwicklung, den politischen Rahmenbedingungen oder mit dem unkommentmäßigen Verhalten der Konkurrenz zu erklären. Bei näherer Betrachtung stellt sich dann allerdings heraus, dass man versäumt hat, die Unternehmensstrategie sinnvoll mit der Personalstrategie zu verbinden und rechtzeitig die folgenden Fragen zu behandeln: „Inwiefern stellen 'neue' innovative Geschäftsfelder – vor dem Hintergrund einer traditionell gewachsenen Unternehmenskultur – zentrale Herausforderungen für das Personalmanagement dar? Ist die Personalfunktion eine entscheidende, treibende Kraft, um die Leistungsfähigkeit des Unternehmens in Veränderungsprozessen zu stabilisieren und darüber hinaus schrittweise, in Einklang mit der Strategieentwicklung, auszubauen? Verfügt die Personalfunktion aktuell über das richtige Set von Kompetenzen und das richtige Dienstleistungsprofil, um sich im Unternehmen als anerkannter Dienstleister zu etablieren? Sind die aktuellen Denk- und Verhaltensmuster in der Personalfunktion geeignet, die stets richtige Balance zwischen Unternehmens-, Mitarbeiter- und Prozessorientierung zu finden?" (M. Ernst/H. Üpping: Verknüpfung von Unternehmens- und Personalstrategie, in: FAZ 3.2.03, Nr. 28, S. 24) Wenn der Abschlussprüfer über Prüfungsdifferenzen und ihre Ursache nachdenkt, muss er sehr wohl ein Gespür dafür haben, ob Personalarbeit „lediglich als Reparaturbetrieb für die Linie" (s.o.) verstanden wird und ob er mit weiteren Fehlern auf anderen Feldern rechnen muss.

Planung
In ihrem bemerkenswerten Beitrag „Die sieben Fallstricke der Planung" weisen A. Crux und A. Schwilling u.a. auf folgende Probleme hin: „Systeme zur Frühaufklärung fehlen, zu geringe Wettbewerbsorientierung, massive Lücken bei der Quantifizierung von Strategiemaßnahmen, Wertmanagement unzureichend verankert, strategische Mittelfrist- und operative Planung unzureichend verzahnt, keine wirksame Kontrolle der Umsetzung." (in: FAZ 23.6.03, Nr. 142, S. 20) Man findet die Brücke zu unseren Überlegungen über Leistungskennziffern, wenn man am angegebenen Ort des weiteren liest : „Um die Auswirkungen einer Strategie auf

das Geschäftsergebnis und den Unternehmenswert abschätzen und letztlich eine optimale Strategie definieren zu können, ist das Management auf eine Quantifizierung zwingend angewiesen."

Preisabsprachen
1. Dieses Stichwort wird hauptsächlich deshalb hier aufgeführt, um anhand einer hoch komplexen Materie das Entdeckungsrisiko des Abschlussprüfers sichtbar zu machen. Preisabsprachen finden hinter geschlossenen Türen und unter strenger Geheimhaltung statt. In der Regel ist es Ziel der Preisabsprachen, sich auf einem durch Überkapazitäten und extreme Preisschwankungen gekennzeichneten Markt Vorteile zu verschaffen. Die Beteiligten sind sich der Illegalität ihres Verhaltens natürlich bewusst, und niemand würde auf die Idee kommen, für eventuelle Bußgelder Rückstellungen zu bilden. Solange Verstöße gegen Wettbewerbsbestimmungen nicht publik geworden sind, hat der Abschlussprüfer kaum eine Chance, fehlende Rückstellungen zu erkennen, es sei denn, er stößt auf eine Vielzahl von (bewusst gelegten) auffälligen Reserven, die deshalb gebildet wurden, um sie im Falle einer Bußgeldzahlung auflösen zu können, so dass sich per Saldo das Jahresergebnis nicht verändern würde. Hat der Abschlussprüfer einen Verdacht, dass es Preisabsprachen gegeben hat, sollte er dieses Thema bei der Geschäftsleitung offiziell ansprechen und sich schriftlich bestätigen lassen, dass es keine Preisabsprachen gegeben hat. Solchermaßen unter Druck gesetzt, ist es nicht auszuschließen, dass eine „Phalanx" aufgebrochen und die Problematik offengelegt wird. Schwierig bleibt allerdings die Frage, wie man das Bußgeldrisiko im Jahresabschluss berücksichtigt. Wird der Abschlussprüfer von der Mitteilung überrascht, dass Behörden ermitteln bzw. bereits einen Bußgeldbescheid erlassen haben, stellt sich die Frage nach der Angemessenheit einer Rückstellung. Viele Szenarien sind hier vorstellbar. Es wird ein Verschulden zugegeben, aber die Höhe der Strafe in Abrede gestellt. Es wird ein Verschulden bestritten und jedwede Zahlung abgelehnt. In anbetracht der vielschichtigen Elemente, die die Basis eines Bußgeldbescheides bestimmen, dürfte es für den Abschlussprüfer sehr schwierig, wenn nicht sogar unmöglich sein, ausreichende und angemessene Nachweise dafür zu bekommen, dass die Aussage der Geschäftsführung: „Die Rückstellungen sind vollständig und in ihrer Höhe korrekt", zutrifft. Um die Komplexität einer solchen Situation zu verstehen, sei an eine Auseinandersetzung zwischen dem Kartellamt und verschiedenen Unternehmen der Zementindustrie erinnert. Ein Teil der Beschuldigten beteiligte sich selbst an den Ermittlungen (auf ihn entfiel eine relativ kleine Strafe), ein Teil gab zu, bei den Absprachen mitgewirkt zu haben, hatte aber Rechtsmittel gegen den Bescheid eingelegt und ein weiterer Teil bestritt jede Beteiligung. Letzterer wandte sogar ein: „In dem fünfjährigen Beobachtungszeitraum hätten die Zementpreise jeweils niedriger gelegen als in allen anderen westeuropäischen Märkten, zum Teil sogar erheblich. Außerdem habe das Kartellamt nicht beachtet, dass die betroffenen Anbieter jeweils auch im Wettbewerb mit mittelständischen sowie grenznahen ausländischen Wettbewerbern gestanden hätten, so dass sie die Preise rein theoretisch nicht aus eigener Kraft in dem behaupteten Maße hätten anheben können." (o.V: Zementhersteller werfen Kartellamt Mangel an Beweisen vor, in: FAZ 5.9.03, Nr. 206, S. 16)

2. Mit der Änderung des Kartellrechtes haben sich die Marktbedingungen entscheidend geändert. „Die bisher geltende Anmeldepflicht von Kartellen wird ersetzt durch die sogenannte Legalausnahme. Mit anderen Worten: Galt bisher ein Kartell als verboten, solange es nicht von den Kartellbehörden erlaubt wurde, ist es jetzt umgekehrt: Jedes Kartell, das nicht – nachhinein – verboten und geahndet wird, gilt als erlaubt." (W. Mussler: „Wir müssen Kartelle verschärft ahnden" (Gespräch mit Ulf Böge, dem Präsidenten des Bundeskartellamtes), in: FAZ 25.8.03, Nr. 196, S. 11) „Diese Änderungen sind wettbewerbspolitisch hoch riskant. Eine System der Legalausnahme ist einem Anmeldesystem unterlegen: Erstens erfahren die Kartellbehörden nichts mehr. Zweitens fehlt jede Transparenz für betroffene Dritte, Konkurrenten, Zulieferer und Abnehmer einschließlich Verbraucher. Drittens kann eine Selbstveranlagung durch die Unternehmen oder ihre Anwälte das öffentliche Interesse am Schutz des Wettbewerbs nicht gewährleisten." (W. Möschel: Der Schutz des Wettbewerbs, in: FAZ 15.11.03, Nr. 266, S. 13)

Preisrisiken
1. In der Textilbranche (Jeansstoff „Denim") wurde vor einiger Zeit über folgenden interessanten Zusammenhang berichtet: „Preistreibend wirken sich neben der teilweise dramatischen Rohstoffverknappung durch Kapazitätsengpässe in den Webereien auch die hohen Baumwollpreise und ein hoher Dollarkurs aus. Hinzu kommt, dass die heute verwendeten höheren Stoffqualitäten sowie die teilweise aufwendige Veredelung die Produktionszeiten verlängern. Die Nachfragesituation wird noch dadurch verschärft, dass nicht auf Jeans spezialisierte Bekleidungshersteller den Denim-Anteil in ihrer Kollektion erhöht haben. So kommen beispielsweise S. Oliver und Tom Tailor auch mit einer Denim-Kollektion auf den Markt." (S. Krömer: Denim spielt in der Mode wieder eine Hauptrolle, in: FAZ 20.4.01, Nr. 92, S. 24) Man sollte auf dieses Beispiel verweisen, wenn man jemandem erklären will, was die sorgfältige „Analyse der Geschäftstätigkeit" für die Qualität einer Abschlussprüfung bedeutet!

2. Bestimmte Branchen zeichnen sich durch extreme Schwankungen der Verkaufspreise aus. So berichtete z.b. die Infineon Technology AG im April 2002: Sie „habe im vergangenen Quartal einen Durchschnittspreis für einen 128-Megabit-Chip von 4,45 Dollar erzielt. Im Abschnitt zuvor seien es 2,20 Dollar gewesen. Gleichzeitig habe das Unternehmen seine Vollkosten je Einheit von 5,50 auf 4,90 Dollar gesenkt." (o.V.: Höhere Preise für Speicherchips drücken den Infineon-Verlust, in: FAZ 24.4.02, Nr. 95, S. 16)

3. Dramatische Preisentwicklungen wurden auch im ersten Quartal 2005 aus Japan gemeldet. Zum verschärften Wettbewerb wurde ausgeführt: „Angesichts steter Innovationen sind die Produktzyklen heute deutlich kürzer als noch vor drei Jahren. Darüber hinaus gibt es riesige Überkapazitäten. Daher haben Unternehmen aus Korea, Taiwan und auch China in den vergangenen Wochen eine Preissenkungsrunde nach der anderen eingeleitet. Damit haben sich die Endverbraucherpreise für DVD-Rekorder und Flachbildschirme nahezu halbiert – mit der Folge, dass sich japanische Firmen wie Pioneer und Sanyo mittlerweile in der Verlustzone bewegen." (St. Finsterbusch: Fehlschaltungen in Japans Elektronikfirmen, in: FAZ 24.3.05, Nr. 70, S. 20

4. Wenn Unternehmensleitungen Wettbewerber beobachten, dann müssen sie auch damit rechnen, dass diese versuchen werden, sich durch Sonderaktionen Vorteile zu verschaffen. So berichtete z.B. die Bosch-Siemens-Hausgeräte GmbH im Jahre 2003, der Handel habe deswegen weniger Geräte verkauft, weil „der Versender Quelle zur Feier seines 75 Jahre dauernden Bestehens 'hohe zweistellige Prozentsätze' Rabatt bot". (o.V.: Bosch Siemens Hausgeräte hofft auf das zweite Halbjahr, in: FAZ 22.5.03, Nr. 118, S. 17)

Preiswettbewerb
Eine Reihe von Branchen zeichnet sich durch einen zunehmenden Preiswettbewerb aus. Neben der Chip-Branche seien die Bereiche Konsumelektronik, KfZ- und Pharma-Handel als Beispiele erwähnt. Der Abschlussprüfer muss sich ein Bild davon machen, ob und ggf. in welchem Umfang sich ein Unternehmen am Preiswettbewerb beteiligt. (vgl. o.V.: „Der Preiskampf ist existenzgefährdend", in: FAZ 12.7.02, Nr. 159, S. 18) Dabei ist es von besonderer Bedeutung herauszufinden, wie groß die Differenz zwischen Listenpreis und dem tatsächlich vom Kunden bezahlten Preis geworden ist. (Genauigkeit der Forderungen) Das betriebliche Rechnungswesen muss u.a. darüber Auskunft geben, welche Entwicklung der „Rohertrag insgesamt" und „Margen im einzelnen" genommen haben. (vgl. P. Horvath: Der Controller-Navigator der Führung, in: FAZ 28.5.01, Nr. 122, S. 33) Wenn der Abschlussprüfer über die Ertragslage des Unternehmens berichtet, muss er beurteilen können, ob die Aussagen des Managements zutreffen. Das gilt dann u.U. auch für die Frage, ob der „Grundsatz der verlustfreien Bewertung" bei den Vorräten beachtet wurde.

Produktionsverzögerungen
Wesentlicher Bestandteil eines Projektmanagements ist der Zeitpunkt, in dem ein neues Produkt auf den Markt kommen soll. Darauf werden eine Reihe von Abteilungen, insbesondere der Vertrieb, rechtzeitig eingestellt. Eine falsche Weichenstellung muss also durch vielfältige Kontrolle und entsprechende Berichterstattung vermieden werden. Um so mehr ist man überrascht, wenn Unternehmen (wie z.B. Sony im Jahre 2001) über empfindliche Produktionsverzögerungen berichten. „Der führende japanische Elektronikkonzern musste im dritten Quartal des laufenden Geschäftsjahres 2000/01 (31. März) erneut einen Gewinnrückgang verzeichnen. Wie das Unternehmen berichtet, ist der Betriebsgewinn in der Gruppe im dritten Quartal um 11 Prozent ... gefallen. Der wesentliche Grund dafür liegt zum einen in den Produktionsverzögerungen der Spielkonsole Playstation 2 während der wichtigen Weihnachtssaison. Zum anderen hat sich der hohe Yen auf den Ertrag negativ ausgewirkt." (o.V.: Sonys Gewinn fällt im dritten Quartal, in: FAZ 26.1.01, Nr. 22, S. 18)

Produktlebenszyklus
Die Attraktivität eines Produktes muss ständig beobachtet werden. Über Umsatz und Ertrag hinaus ist regelmäßig festzustellen, an welcher Stelle seines Lebenszyklusses es steht und ob die „geplante" Position noch der „aktuellen" Lage entspricht. „Product Lifecycle Management (PLM) besteht aus verschiedenen Komponenten, die in sinnvoller Koexistenz und klar definierten Kooperationen verwendet werden. Dafür haben sich drei Sichtweisen als nützlich erwiesen: die Produktsicht, die Prozess- und Organisationssicht sowie die Daten- und Informationssicht, wobei diese eingebettet sind in das Wissen um das Produkt sowie über seine Entstehungs- und Nutzungsprozesse." (vgl. S. Vajna: Produktlebenszyklus-Management, in: FAZ 27.1.03, Nr. 22, S. 24) Die Produktsicht beinhaltet auch die Notwendigkeit, mit Forschung und Entwicklung (z.B. auch durch Zusammenarbeit mit Universitäten oder selbständigen Instituten) immer auf der Höhe der Zeit zu sein. Als Beispiele seien genannt: Institut für Kraftfahrwesen an der RWTH Aachen (vgl. o.V.: Der Anteil der Kunststoffe im Automobil wird immer größer, in: FAZ 23.4.01, Nr. 94, S. 25), das Frankfurter Institut für Halbleiterphysik (vgl. o.V.: Chiphersteller investierten 12 Milliarden DM in Ostdeutschland, in: FAZ 9.2.01, Nr. 34, S. 22) oder das Fraunhofer Institut für System- und Innovationsforschung. (vgl. o.V.: Mit Betreibermodellen neue Märkte erschließen, in: FAZ 21.7.03, Nr. 166, S. 19) Wenn Unternehmen diese Perspektive vernachlässigen, laufen

sie Gefahr, von den Wettbewerbern überholt zu werden. So wurde z.B. von Lucent Technologies Inc. im Jahre 2001 berichtet: „Die immer ehrgeizigeren, kurzfristigen Ziele haben offenbar jedoch ausschließlich zu einer Explosion der Kosten geführt. Zur gleichen Zeit musste (man) erkennen, einen Produktzyklus in der Glasfasertechnik gleichsam verschlafen zu haben. Das Unternehmen hat deshalb erhebliche Marktanteile an den kanadischen Rivalen Nortel Networks verloren". (o.V.: Lucent setzt 10.000 Mitarbeiter vor die Tür, in: FAZ 25.1.01, Nr. 21, S. 23) Erfolgreiche Unternehmen beherrschen neben der Produktsicht auch die Prozess- und Organisationssicht. So war man z.B. bei BMW „zuversichtlich, dass die 'Dynamik – getrieben von den Modellzyklen – zunimmt'. Wichtig für den Konzern ist vor allem der Verkaufsbeginn der fünften Generation der Fünfer-Reihe im Juli". (o.V.: Trotz Gewinnrückgang behält der BMW-Vorstand seine Zuversicht, in: FAZ 9.5.03, Nr. 107, S. 14)

Projektmanagement
1. Wachstumsprozesse werden durch die Entwicklung neuer Produkte wesentlich bestimmt. Es ist Aufgabe eines Projektmanagements die einzelnen Phasen z.B. Initialphase (mit Pflichtenheft), Konzeptphase, Entwicklungsphase (mit Tests) und Marktreife kritisch zu überwachen. Die Geschäftsleitung sollte über den Stand des Projektes regelmäßig informiert werden. Werden die Produkte verkauft, muss ein hohes Maß an Sicherheit dafür bestehen, dass sie die an sie gestellten Anforderungen erfüllen. Erhebliche Risiken werden eingegangen, wenn z.B. Fahrzeuge unter viel zu großem Zeitdruck entwickelt werden, die Testphase zu kurz ist und mit Mängeln behaftete Produkte zu früh an den Kunden ausgeliefert werden. (vgl. J. Ritter: Von Panne zu Panne, in: FAZ 12.8.04, Nr. 186, S. 16) Da es Aufgabe des Abschlussprüfers ist, sich mit dem Internen Kontrollsystem auseinanderzusetzen, wird er sich auch über die Ergebnisse der einzelnen Phasen informieren müssen, um beurteilen zu können, ob Gewährleistungsrückstellungen erforderlich sind und ob Störungen im Phasenverlauf – ggf. in welcher Höhe - das Jahresergebnis beeinflusst haben.

2. Erhebliche Probleme können auch dann entstehen, wenn sich ein Unternehmen entschließt, vom „Geschäft mit Standard-Produkten" zu einem „Geschäft mit hohem Komplexitätsgrad" überzugehen. So wurde z.B. über die Dürr AG, die in 2004 außerplanmäßige Aufwendungen zwischen 12 und 14 Millionen Euro meldete, berichtet: „Der größere Teil der unerwarteten Belastungen in Höhe von etwa 7 bis 8 Millionen Euro entfällt auf eine Montage-Linie in einem nordamerikanischen Autowerk. ... Die amerikanische Gesellschaft Dürr Production Systems sei bisher auf einfache Montagegeräte für Autofabriken spezialisiert gewesen, sagte der Dürr-Vorstandschef. Bei diesem Projekt aber handele es sich um komplexe Endmontage-Produkte, deren technische Umsetzung unerwartet schwierig geworden sei." (o.V.: Gravierende Projektfehler bringen Dürr ins Schleudern, in: FAZ 6.11.04, Nr. 260, S. 19)

3. Komplexität muss nicht unbedingt technische Ursachen haben. Sie kann auch dann entstehen, wenn sich ein Unternehmen auf dem Nahrungsmittelsektor bewegt und hier u.U. mit lebensmittelrechtlichen Bestimmungen konfrontiert wird. Über die Einführung eines „stillen Wassers" durch Coca Cola in Großbritannien (geplanter Pionier-Markt für Europa) wurde berichtet: „Die Premiere im britischen Markt missriet gründlich. Zunächst löste Coca-Cola landesweit Negativ-Schlagzeilen aus, als bekannt wurde, dass für die Herstellung von 'Dasani' pures Leitungswasser verwendet wird. Dann meldeten Lebensmittel-Chemiker gesundheitliche Bedenken an. Danach weist die im Londoner Vorort abgefüllte Cola-Neuheit eine überdurchschnittlich hohe Konzentration von Brom auf – eine Zutat, die bei dauerhaftem Konsum krebsfördernd sein kann." Die gesamte Produktion wurde daraufhin aus dem Markt genommen. (vgl. o.V.: Fehlstart des stillen Wassers von Coca-Cola, in: FAZ 26.3.04, Nr. 73, S. 18)

4. „Der Markt für Projektmanagement wächst in Deutschland jährlich im zweistelligen Bereich. Missverständnisse, uneinheitliche Prozesse, chaotische Organisationsformen und kulturelle Schwierigkeiten führen dazu, dass internationale Projekte scheitern." Till H. Balser, Geschäftsführer der Münchner Managementberatung Tiba erklärt dazu : 'Nur Produkte zu exportieren, macht keinen Sinn. Die großen Maschinen müssen im Ausland zusammengebaut werden, und die Projektleiter arbeiten dann beim Endkunden.' ... Der Mitarbeiter muss ein internationales Team führen und einen fremden Lieferantenmarkt kennenlernen. Da sitzt der Lieferant beispielsweise in den Vereinigten Staaten und der Kunde in China." (U. Kals: Teambesprechung halten manche für Esoterik, in: FAZ 5.5.03, Nr. 103, S. 23)

5. In der deutschen Bau-Industrie versucht Hochtief, Komplexität durch ein neues Vertragsmodell (Prefair) abzubauen. Danach „werden die Geschäfte in zwei Phasen eingeteilt. 'Der Baukonzern wird schon vor der eigentlichen Bauphase in das Projekt eingebunden', sagt (der Vorstandsvorsitzende Hans-Peter) Keitel. Als Partner von Bauherr und Planer werde das Bauprojekt arrangiert. Das Unternehmen habe dadurch die Gegenheit, schon früh die Abläufe zu optimieren. Das bedeute jedoch nicht, dass man vorab den Zuschlag für das Projekt erhalte, betont Keitel. Nach der ersten Phase könnten und sollten die Partner überlegen, ob sie das Projekt gemeinsam fortführen wollen. Vor allem aber benenne Hochtief, wenn das Projekt weitgehend entwi-

ckelt sei, einen Preis und verpflichte sich, diesen einzuhalten. Damit entfiele der stete Streit um die sogenannten Nachträge, Forderungen der Baukonzerne für nachträgliche Änderungen des Projekts." (o.V.: Mit neuen Vertragsmodellen gegen den Abschwung (Hochtief-Vorstandsvorsitzender Hans-Peter Keitel fordert Präqualifikationsverfahren und setzt auf „gläserne Taschen"), in: FAZ 4.10.02, Nr. 230, S. 19)

6. Langfristige Auftragsfertigung stellt an die Kalkulation besonders hohe Anforderungen. Unter anderem müssen Beschaffungs- bzw. Fertigungszeiten und der Verlauf der Lohn- und Materialkosten unter besonderer Berücksichtigung von Subunternehmerforderungen sorgfältig geplant und ihre Entwicklung durch regelmäßige Soll-Ist-Vergleiche ständig überwacht werden. Eine besondere Problematik entsteht dann, wenn man mit dem Kunden einen festen Preis ausgehandelt hat und über keine „preispolitische Manövriermasse" mehr verfügt. In diesem Zusammenhanf wurde z.B. über die ABB Ltd. im Jahre 2002 berichtet: „Bei zwei Festpreis-Kontrakten für petrochemische Anlagen gab es wegen Fehlkalkulationen einen Verlust, so dass man Abschreibungen vornehmen musste." (o.V.: ABB-Aktie stürzt nach schlechtem Halbjahres-Ergebnis ab, in: FAZ 25.7.02, Nr. 170, S. 12) Das „Entdeckungsrisiko" des Abschlussprüfers lässt sich anhand von Projekten und dem damit verbundenen Internen Kontrollsystem besonders verdeutlichen. Werden (von Kalkulationsfehlern verursachte) „Mehrkosten" aktiviert, die an den Kunden nicht abgerechnet werden können, muss der Wertansatz der Vorräte (Unverrechnete Lieferungen und Leistungen) rechtzeitig korrigiert werden. Geschieht dies nicht, enthält der Jahresabschluss u.U. eine wesentliche Fehlaussage, weil der Wert der Vorräte überhöht ist.

7. Wer neue Produkte auf den Markt bringen will, muss rechtzeitig darauf achten, dass zwischen dem „technischen Niveau", das man erreichen will, und den „Kosten" eine vernünftige Relation besteht. Steht die „High-Tech-Philosophy" zu sehr im Vordergrund, besteht die Gefahr, dass die Technik „steht", aber nur zu einem nicht mehr akzeptablen Preis verkauft werden kann. Diese Überlegung ausnutzend, arbeitet man z.B. bei Bosch seit Kurzem mit dem Begriff der „Entfeinerung". „Es sei eine Frage des Bewusstseins, ob man nur die Innovation im Blick habe oder von vornherein auch die Kosten. Das Thema beschränkt sich indes nicht auf Billigstautos. Auch im Qualitätssegment wird nicht mehr automatisch das Machbare gemacht. Leidvolle Erfahrungen haben bei Bosch den Blick für diese Denkweise geschärft. Nachdem der Großauftrag für ein mit allen Schikanen ausgestattetes Blaupunkt-Navigationssystem verlorenging, weil das Projekt aus dem Ruder gelaufen war, wurde in einer Art Gegenreaktion in ganz einfaches System entwickelt, das mittlerweile sehr erfolgreich die Märkte erobert." (J. Dunsch/S. Preuß: „Billigautos mit Bosch – das ist wie Intel inside" (Das FAZ-Gespräch mit Franz Fehrenbach, dem Vorsitzenden der Geschäftsführung des Automobilzulieferers Bosch), in: FAZ 18.11.04, Nr. 270, S. 14)

8. In der Regel werden im Projektgeschäft mehrere Aufträge parallel zueinander bearbeitet. Im Rahmen des deutschen HGB gilt dann immer noch der Grundsatz der Einzelbewertung, so dass die Frage von Bedeutung ist, ob es neben Aufträgen, die mit Gewinn abschließen werden, auch solche gibt, die (aus welchen Gründen auch immer) zu Verlusten führen werden und ob hier bei den Vorräten unter dem Gesichtspunkten der verlustfreien Bewertung entsprechende Abschläge erforderlich sind. Im Übrigen lässt auch die Relation von gewinnträchtigen und verlustträchtigen Aufträgen Rückschlüsse auf das Wachstum einer Gesellschaft zu. (vgl. R. Lindner: „Die Konjunktur interessiert mich nicht" (Das FAZ-Gespräch mit Andrew Robertson, dem CEO der amerikanischen Werbeagentur BBDO), in: FAZ 2.12.04, Nr. 282, S. 16)

9. Im Zusammenhang mit einem Sturmschaden (ein 120 Kilogramm schweres Fensterelement hatte sich im 19. Stock eines Hochhauses gelöst und flog gegen das 7. Stockwerk eines gegenüberliegenden Hauses) wurde über das Projektmanagement bei Hochtief berichtet: „Im Zuge der Restrukturierung das lange verlustreichen europäischen Hochbaugeschäftes hat Hochtief das Risikomanagement erheblich verbessert. Das zahlt sich nun aus. Spezielle Risiken – wie in diesem Fall das Subunternehmer- und Versicherungsmanagement – werden von Spezialisten bearbeitet. So wird die Auswahl von Nachunternehmern nicht mehr einem Niederlassungsleiter überlassen, um die Gefahr einer regionalen Vetternwirtschaft gar nicht erst aufkommen zu lassen. Eine zentrale Abteilung überprüft die Kandidaten auf ihre technischen Fähigkeiten und wirtschaftliche Stärke." (o.V.: Aus einer fliegenden Fensterscheibe wird ein Millionenschaden, in: FAZ 26.1.05, Nr. 21, S. 16)

10. Welche Brücke gibt es nun ganz konkret zwischen einer Projektsteuerung (z.B. im industriellen Anlagengeschäft) und dem Jahresabschluss? Ist das entsprechende Kontrollsystem mangelhaft, ist nicht auszuschließen, dass (beispielhafte Aufzählung): die als unverrechnete Lieferungen und Leistungen (UL) ausgewiesenen Vorräte nicht aktivierbare Bestandteile enthalten, die für das Projekt A ausgewiesenen UL sich in Wirklichkeit auf das Projekt B beziehen, Vorräte Bestandteile enthalten, die durch den Absatzpreis nicht gedeckt sind, an Lieferanten geleistete Anzahlungen mit dem Nominalwert bewertet werden, obwohl es bei ihm Anzeichen für eine Liquiditätskrise gibt, Subunternehmer berechtigterweise Nachträge stellen werden, die

nicht an den Kunden weiterverrechnet werden können und deshalb ein Auftragsverlust droht, Leistungen zu einem Zeitpunkt an den Kunden abgerechnet, d.h. Umsatz und Gewinn realisiert werden, in dem das Unternehmen seine Verpflichtungen aus dem Werkvertrag noch nicht vollständig erfüllt hat, Forderungen aus Lieferungen und Leistungen zum Nominalwert ausgewiesen werden, obwohl (z.B. aus regelmäßig verspätet eingehenden Abschlagszahlungen) auf Liquiditätsprobleme des Kunden geschlossen werden kann.

Rechtsunsicherheit
1. Das Institut der Wirtschaftsprüfer hat nicht ohne Grund den Titel seines Prüfungsstandards Nr. 230 („Kenntnisse über die Geschäftstätigkeit sowie das wirtschaftliche und rechtliche Umfeld des zu prüfenden Unternehmens im Rahmen der Abschlussprüfung") so breit gefasst. Es sind gerade die im Ausland tätigen Unternehmen, die über „Rechtsunsicherheit" klagen. So musste sich die Viessmann Heating Technology in Peking mit dem Problem auseinandersetzen, dass das Fahrzeug eines Speditionsunternehmens, das Heizungskessel geladen hatte, mit einem Betonbogen kollidierte, weil der Fahrer die Höhe einer Brücke falsch eingeschätzt hatte. Die Annahme, dass der Transportunternehmer oder dessen Versicherungsgesellschaft den Schaden voll ersetzen würde, war falsch. „'Wie sich herausstellte, gibt es in China ein Gesetz, dass die Haftung von lokalen Transportunternehmen auf 40.000 Yuan (rd. Euro 4.000) begrenzt' ... . Die Kessel hatten jedoch einen Wert von einigen hunderttausend Euro. (o.V.: Deutsche Investoren in China haben es nicht leicht, in: FAZ 6.10.03, Nr. 231, S. 15) Es ist bemerkenswert, dass der zuständige Geschäftsführer in diesem Fall von „Rechtsunsicherheit" sprach. Rechtsunsicherheit lag aber genau betrachtet gar nicht vor. Hätte er sich erkundigt, wie die chinesischen Bestimmungen lauten, wäre er voll informiert und in der Lage gewesen, seinen eigenen Versicherungsschutz entsprechend zu ergänzen.

2. Im Pharmabereich gibt die so genannte „Special 301 Watchlist" der USA möglicherweise einen Einblick in die Länder, „in denen intellektuelle Eigentumsrechte nicht ausreichend geschützt werden." [(o.V.: Emirate wollen Medikamente in Deutschland herstellen. (Vereinigte Staaten beklagen Patentrechtsverletzungen bei Arzneiwaren.), in: FAZ 18.6.01, Nr. 138, S. 31)]

3. Unsicherheiten über die Rechtslage lassen sich im Übrigen auch dadurch beseitigen, dass Rechtsanwälte (die firmeninterne Rechtsabteilung oder externe Kanzleien) rechtzeitig in ein Projekt eingeschaltet werden. (vgl. M. Henning: Kostenstelle Rechtsabteilung, in: FAZ 19.5.03, Nr. 115, S. 26)

Restrukturierung
Untersuchungen haben ergeben, dass man mit Prognosen über Restrukturierungsprojekte sehr vorsichtig sein muss. Die Management Consulting Group in München (MCGM) hat „vier verschiedene Restrukturierungstypen mit unterschiedlichen Konsequenzen" herausgearbeitet. „Nur ein knappes Drittel aller Restrukturierungsprojekte verdient das Prädikat erfolgreich. Als 'Erfolg' kann eine Restrukturierung nur bezeichnet werden, wenn ein deutlicher Ergebnissprung auch dauerhaft und nachhaltig erreicht wurde. Jedes fünfte Restrukturierungsprojekt fällt in die Kategorie 'Slow Motion'. Nur geringe Ergebnisverbesserungen stehen hier einer vergleichsweise hohen Nachhaltigkeit der Maßnahmen gegenüber. Trotzdem folgt jeder fünften Slow-Motion-Restrukturierung früher oder später die Insolvenz. In 40 Prozent aller Restrukturierungsprojekte handelte es sich um 'Blender'. Hohe Ergebnisverbesserungen wurden zunächst durch die Restrukturierung erreicht, aber nach kurzer Zeit schon wieder eingebüßt. Jeder dritten Blender-Restrukturierung folgt früher oder später die Insolvenz. Jedes zehnte Restrukturierungsprojekt ist ein 'Fehlschlag', weist nur eine verhältnismäßig geringe Ergebnissteigerung auf und besitzt nur eine geringe Nachhaltigkeit der durchgeführten Maßnahmen. Wenn ein Unternehmen innerhalb von zwei Jahren unter vergleichbaren Rahmenbedingungen erneut restrukturiert werden muss, ist die Bezeichnung 'Fehlschlag' durchaus angebracht. Zwei Drittel der fehlgeschlagenen Restrukturierungen folgt früher oder später die Insolvenz." (O. Marx: Trotz Restrukturierung Insolvenz, in: FAZ 10.2.03, Nr. 34, S. 17) Um Restrukturierungskonzepte realisieren zu können, müssen u.U. neue Geschäftsprozesse installiert werden, die ihrerseits neue Geschäftsvorfälle auslösen. Insgesamt bewegt sich das Unternehmen dann in einem neuen Umfeld, mit dem neue Risiken verbunden sein können. Beide – Geschäftsvorfälle und Risiken – beeinflussen (in bisher unbekannter Weise) den Jahresabschluss. Im übrigen eignet sich die oben skizzierte Unsicherheit über den Erfolg von Restrukturierungsmaßnahmen besonders gut dafür, an unsere Überlegungen zur beruflichen „Skepsis" und zur „Überzeugungskraft von nicht stichhaltigen Informationen" zu erinnern.

Rohstoffersatz
Der Unternehmer muss damit rechnen, dass alte Rohstoffe durch neue ersetzt werden (müssen), und es ist keineswegs sicher, dass er sich dann noch seiner bisherigen Beschaffungswege bedienen kann. Wer als Produzent Rohstoffe verarbeitet, muss sein Konstruktionskonzept u.U. in Frage stellen, wenn der Markt die Verwendung neuer Rohstoffe fordert. Interessant war ein Bericht im Jahre 2001 über den südkoreanischen Konzern Samsung. Dieser hatte mitgeteilt, „er habe ein Verfahren entwickelt, bei dem Palladium im Zuge der

Herstellung von Mikrochips durch Kupfer ersetzt werden könne, und zwar mit einer um das Dreifache höheren Effizienz." (o.V.: Kupfer könnte Palladium ersetzen, in: FAZ 7.5.01, Nr. 105, S. 34).

In der Automobilindustrie wird damit gerechnet, dass der Anteil der Kunststoffe im Auto immer größer werden wird. „In der präzisen Einstellbarkeit der Materialeigenschaften sieht Ludwig Vollrad, Geschäftsführer der VDI-Gesellschaft 'Kunststofftechnik', eine der wesentlichen Stärken der vielfältigen Kunststoffbauarten, die unterschiedlichste Einsatzmöglichkeiten vom Airbag über das Zahnradpumpenrädchen in der Kraftstoffzuleitung bis zum Stoßfänger oder aerodynamischen Unterboden ermöglichen. ... Der nächste Entwicklungsschritt in der Evolution der Kunststofftechnik für Kraftfahrzeuge sollen sogenannte Konstruktionsmodule sein, bei denen verschiedene Komponenten nicht mehr nur montiert, sondern von vornherein ins Bauteil hineinkonstruiert werden. Kunststoffe eignen sich ideal zur Integration unterschiedlicher Funktionen in einem Bauteil." (o.V.: Der Anteil der Kunststoffe im Automobil wird immer größer, in: FAZ 23.4.01, Nr. 94, S. 25)

Rohstoffknappheit
Mit einem unerwartet auftretenden Rohstoffmangel können weitreichende Konsequenzen verbunden sein. So wurde z.B. Ende 2004 aus Japan berichtet, dass die dortige Auto-Branche infolge des Stahlmangels vor erheblichen Problemen stand. (vgl. o.V.: Stahlmangel plagt Japans Autobauer, in: FAZ 3.12.04, Nr. 283, S. 14) Sie ergaben sich nicht nur dadurch, dass mit der zeitweisen Stilllegung der Produktion Gewinneinbußen zu erwarten waren, sondern zeichneten sich auch dadurch aus, dass man sich gezwungen sah, sich nach neuen Stahllieferanten umzusehen mit allen damit evtl. verbundenen Problemen der Qualität und Liefertreue.

Rohstoffverteuerung
1. Preiserhöhungen bei Rostoffen können insbesondere auf steigende Währungskurse und auf Rohstoffknappheit zurückzuführen sein. Die Rohstoffknappheit kann mehrere Gründe haben: Sie beruht (bei unveränderter Kapazität der Produzenten) auf einer steigenden Nachfrage nach Produkten, in denen der Rohstoff enthalten ist, oder sie hängt mit einer bewussten Verknappung zusammen, die durch Hersteller z.B. aus politischen Gründen verursacht wurde. Mit Hilfe der Kenntnisse über die Geschäftstätigkeit müssen die Gründe für Preiserhöhungen offengelegt und in den entsprechenden Arbeitspapieren dokumentiert werden. Nur auf dieser Basis kann der Abschlussprüfer dann u.a. die folgenden sachgerechten Fragen stellen: Wenn Rohstoffe auf Basis einer fremden Währung eingekauft werden, sind die Einkäufe dann durch Devisentermingeschäfte gesichert? Wenn ein Wechsel zu einem anderen Lieferanten stattgefunden hat, erfüllt dieser dann in gleicher Weise die Bedingungen für Menge, Qualität und Zeit? Sind (verbindliche) Verkaufstermine des Herstellers durch Lieferverzögerungen bei Rohstoffen gefährdet?

2. Die Automobilindustrie musste sich in 2004 nicht nur mit einer schwachen Nachfrage und dem damit verbundenen Preiswettbewerb auseinandersetzen. „Auf der Kostenseite führen ... auch die rapide gestiegenen Preise für Rohstoffe und Rohmaterialien wie Öl, Kautschuk, Stahl oder Aluminium zu erheblichen, ungeplanten Zusatzbelastungen." (o.V.: Autohersteller spüren die hohen Rohstoffpreise, in: FAZ 13.9.04, Nr. 213, S. 16)

3. Auf die Trendverstärker „Dollarkurs" und „Spekulation" hat K. Papon hingewiesen: „Ein Trendverstärker des Rohstoffbooms ist der schwache Dollar. An den Terminbörsen werden Rohstoffe fast ausschließlich auf Dollar-Basis gehandelt. Werten nationale Währungen zum Dollar auf, wie zuletzt der Euro federt dies den Preisanstieg ab. Den Dollar-Raum hingegen trifft er mit aller Macht. Auf den Rohstoffmärkten tummeln sich zudem, angelockt von den stark schwankenden Preisen, auch Spekulanten. Diese Marktteilnehmer nutzen Trends und verstärken sie. Stimmen, die vor spekulativen Übertreibungen warnen, kommen nicht von ungefähr." (K. Papon: Die Hausse der Rohstoffe, in: FAZ 8.3.05, Nr. 56, S. 11)

Rückrufaktionen
1. „Was immer der Grund sein mag, gilt ein Produkt nicht mehr als verkehrsfähig, droht Gefahr: Gesundheitsbehörden und Ministerien sind wie nie zuvor befugt, in das Nervenzentrum eines Unternehmens einzugreifen. Das Produktsicherungsgesetz verpflichtet die Unternehmen, die Verbraucher vor den Gefahren zu warnen, die durch das in Verkehr gebrachte Produkt bestehen." (J.H. Trauboth: Gefahr in Verzug (Wenn Produkte zurückgerufen werden müssen, ist gutes Krisenmanagement gefragt), in: FAZ 25.6.03, Nr. 144, S. B 6)

2. Wird über Rückrufaktionen gesprochen, dann denkt man in erster Linie an die Automobilindustrie, weil man sich an Aktionen dieser Art bereits gewöhnt hat. Es fehlt aber möglicherweise noch eine Sensibilität für die Feststellung, dass die Mängel an Fahrzeugen zunehmen. So hat das Kraftfahrbundesamt (KBA) festgestellt, dass die Zahl der Rückrufaktionen bei Fahrzeugen in Deutschland in der Zeit von 1997 bis 2003 von 58 auf 144 zugenommen hat. (vgl. o.V.: Mängel an Fahrzeugen nehmen zu, in FAZ 30.12.03, Nr. 302, S. 14 und eine dort publizierte Graphik des KBA) „Modellzyklen werden kürzer. Die Produktion wird schneller und

kurzfristiger geändert. Hinzu kommt die stärkere Vernetzung von Einzelteilen im System Auto. Es müssen wesentlich mehr Varianten getestet werden, was heutzutage oftmals durch Simulationen, weniger durch tatsächliche Fahrtests erfolgt. Erhöhtes Fehlerrisiko entsteht auch durch die erforderliche Abstimmung zwischen dem Hersteller und seinen Zulieferern. ... Rückrufe belasten die Kassen der Unternehmen, die für solche Fälle obligatorisch mit Rückstellungen vorgesorgt haben. Der deutsche Reifenhersteller Continental muss 20 Millionen Euro aufwenden. Für BMW kostet der Siebener Rückruf „nur" 3,4 Millionen Euro, für den X5 und den Mini noch einmal 6,3 Millionen Euro. Schlimmer als der materielle Schaden kann der Imageschaden sein. Die Hersteller beschreiten einen Grat. Sollen sie frühzeitig zu einer freiwilligen und vorsorglichen Maßnahme greifen, obwohl die Mängel nicht unmittelbar die Verkehrssicherheit gefährden? Das beeinträchtigt das Ansehen der Marke. Oder sollen sie solange warten, bis tatsächlich das Sicherheitsproblem erwiesen ist. Dann allerdings laufen sie Gefahr hoher Regreßforderungen, weil sie nicht frühzeitig den Mangel behoben haben." (R. Köhn: Hersteller rufen Autos im Wochentakt zurück, in: FAZ 21.8.02, Nr. 193, S. 22)

3. Auch Adidas-Salomon musste sich in 2004 mit der hier besprochenen Problematik auseinandersetzen: „Für einen kleinen Makel sorgte ... der Rückruf eines Basketballschuhs in den Vereinigten Staaten – ein Novum in der Unternehmensgeschichte. Bei dem Modell könne sich die Sohle lösen, teilte Adidas-Salomon mit. Die Belastungen dadurch liegen aber nach Unternehmensangaben lediglich bei 5 Millionen bis 10 Millionen Dollar. Analysten sprachen gleichwohl von einem peinlichen Imageschaden ... ." (o.V.: Die Rückschläge von Karstadt-Quelle treffen auch Adidas-Salomon, in: FAZ 4.11.04, Nr. 258, S. 21)

Standortbedingungen
1. Standortbedingungen müssen ständig überdacht und immer wieder analysiert werden. (vgl. o.V.: Falsche Standortwahl häufig Ursache von Unternehmenskrisen, in: FAZ 23.6.03, Nr. 142, S. 19). Dies gilt sowohl für die Industrie als auch für den Handel. Wir haben bei der Risikoanalyse des Autohauses WELOS deshalb auch bewusst die Standortfrage mit in unsere Entscheidungsmatrix aufgenommen und darauf hingewiesen, dass durch die Entwicklung sogenannter „Automeilen", einer attraktiven Kombination zwischen Fachmarktzentrum und Erlebnispark, ein völlig neuer Wettbewerbsfaktor entstanden ist, der die Standortqualität und damit verbundene Investitionen traditioneller Autohäuser mit Sicherheit nicht unberührt lassen wird. (vgl. o.V.: Nischenprodukt für Investoren, in: FAZ 9.7.04, Nr. 157, S. 46)

2. Die Solidität von Standortanalysen wird immer von einer sinnvollen Kombination aus Konjunktur- und Strukturprognose bestimmt. „Denn das Entwicklungspotential einer Region bzw. Stadt (ist) abhängig von der globalen und gesamtwirtschaftlichen Entwicklung (Konjunkturprognose), der Entwicklung der einzelnen Branchen in einem Land sowie der regionalen Wirtschaftsstruktur und Demografie (Strukturprognose)" (o.V.: Zyklus- und Strukturprognosen helfen Investoren, in: FAZ 26.9.03, Nr. 224, S. V 13)

3. Eine Studie der Unternehmensberatung Ernst & Young Real Estate GmbH, Berlin deutet auf ein neues Verständnis des Risikomanagementsystems hin. „Die schwere Immobilienkrise (hat) die Branche so stark erschüttert, dass auf den Führungsetagen der Anlageinstitute, der Projektentwickler, Immobiliengesellschaften und Finanzinstitute kaum noch jemand am Sinn eines systematischen Risikomanagementsystems zweifelt. ... Seit die kontinuierliche Wertentwicklung von Immobilien in Frage gestellt wird und Unternehmen reihenweise in die Insolvenz fallen, sehen die Manager das Risikomanagement nicht mehr als ein bürokratisches Hilfsmittel der Wirtschaftsprüfer an, sondern als ein Steuerungsinstrument für eine nachhaltig erfolgreiche Unternehmensentscheidung." (o.V.: Die Branche entdeckt das Risikomanagement, in: FAZ 19.11.04, Nr. 271, S. 45)

4. Die Qualität eines Risikomanagements kann wesentlich verbessert werden, wenn man sich eines Datensystems bedient, das in der Lage ist, Auskunft über die Qualität eines Grundstückes zu geben. „Da der Wert einer Immobilie maßgeblich durch ihre Lage bestimmt wird, sind Aussagen über geographische Gegebenheiten von entscheidender Bedeutung. Diese Überlegung ist die Grundlage für den Einsatz von Geographischen Informationssystemen (GIS) in der Immobilienbranche, denn mit (ihrer) Hilfe lassen sich die Lage der Immobilie sowie Daten zur Infrastruktur, ökonomische und demographische Informationen direkt auf einer Karte anzeigen." (G. Harriehausen: Intelligente Lagekarten für die Immobilienwelt (Geographische Informationssysteme helfen bei Marktanalysen), in: FAZ 10.8.01, Nr. 184, S. 51) Für den Abschlussprüfer ist es von unschätzbarer Bedeutung, wenn er auf externe Unterlagen zurückgreifen kann und damit in die Lage versetzt wird, sich die Qualität der ihm vom Unternehmen präsentierten Daten durch Befragung bestätigen zu lassen. Die Einsichtnahme in Dokumente des Unternehmens bedarf also einer Ergänzung durch eine Befragung Dritter, um ihre eigentliche Wirkung zu entfalten. In diesem Zusammenhang sei auch auf ein Informationssystem hingewiesen, das vom Immobilienkonzern Jones LaSalle entwickelt und über das in der FAZ im Jahre 2002 unter Hinweis auf das Stichwort „Radar" berichtet wurde. „Dahinter verbirgt sich eine der größten europäi-

schen Datenbanken mit den maßgeblichen Informationen für 400 Städte und 40 Schlüsselmärkte und zwar abrufbereit über Internet, mit quartalsweise aktualisierten Daten für gewerbliche Nutzungen und auf Knopfdruck in Form von Diagrammen und Tabellen in allen gängigen Sprachen und Währungen." (J. Friedemann: „Ein Radarschirm für die Immobilienmärkte, in: FAZ 12.7.02, Nr. 159, S. 49) In der Schweiz wurde ein Index für Wohnimmobilien entwickelt, der dazu beitragen soll, „Chancen und Risiken regionaler Märkte abzuschätzen. Dieser erste 'Swiss Real Estate Index' – SRX – beruht auf der Erfassung von Einflussgrößen der vergangenen 25 Jahre für 26 schweizerische Wohnungsmärkte. ... Mit Hilfe der BAK Konjunkturforschung Basel wird (ein) Szenario auf die regionalen Wirtschaftsstrukturen der Kantone heruntergebrochen, um konkrete Rendite- und Risikokennzahlen für Aussagen über das jeweilige Marktpotential zu erhalten." (o.V.: Schweizer Index für Wohnimmobilien, in: FAZ 19.4.02, Nr. 91, S. 57)

Systemgeschäft
1. Veränderungen kennzeichnen in zunehmendem Maße das Bild unserer Wirtschaft. Mit ihnen müssen der Abschlussprüfer und sein Team vertraut sein, damit sie neue Einflüsse auf den Jahresabschluss („financial statement implications") rechtzeitig erkennen und einschätzen können. „Geschäftsprozesse von Unternehmen sind durch einen tiefgreifenden Wandel gekennzeichnet: Statt wie früher Produkte zu bauen und zu vertreiben, den Preis nach Maßgabe von Kosten und Wettbewerbsintensität zu ermitteln, bestimmen mehr und mehr Systemgeschäfte und Servicekonzepte die unternehmerische Wirklichkeit". (W.Lück: Coopetition: Kooperationsstrategie für den Mittelstand, in: FAZ 30.6.03, Nr. 148, S. 22) Das Interesse an dieser Entwicklung ist so groß, dass sich sogar die Schmalenbach-Gesellschaft bereits vor einigen Jahren aufgerufen fühlte, sich insbesondere mit der Abkehr der Unternehmen „vom klassischen Geschäft hin zum System- und Servicegeschäft" zu beschäftigen. (o.V.: Schmalenbach-Gesellschaft will sich öffnen, in: FAZ 9.3.01, Nr. 58, S. 14)

2. Ein gutes Beispiel für die Bedeutung des Systemgeschäftes bietet die Heizungsbranche : „Da die Effektivität einer Heizungsanlage nicht allein von der Wirkungsweise des Kessels abhängt, sondern dafür wesentlich das Zusammenspiel aller beteiligten Komponenten verantwortlich ist, achten die Heiztechnik-Anbieter immer stärker darauf, in sich geschlossene Systeme anzubieten. Dies hat den Vorteil, dass Kessel, Brenner, Regelung und Pumpen optimal aufeinander abgestimmt sind. Das Anbieten von kompletten Systemen wird auch deshalb wichtiger, da immer häufiger konventionelle Heizungsanlagen mit Sonnenkollektoranlagen und Wärmepumpen kombiniert werden." (o.V.: Die Brennwerttechnik beherrscht den Heizungsmarkt, in: FAZ 28.3.01, Nr. 74, S. 25) Wer die Forderungen aus Lieferungen und Leistungen eines Heiztechnik-Anbieters prüft, darf sich also nicht damit begnügen, anhand einer Rechnung festzustellen, ob ein Heizkessel geliefert wurde, sondern er muss sich anhand des Vertrages vergewissern, ob ein reines Liefer- oder ein Systemgeschäft vorliegt. Wurde vereinbart, eine funktionsfähige „Kombination von Heizung und Wärmepumpe" zu installieren, würde die reine Lieferung des Kessels noch nicht den Grund dafür liefern, anteiligen Umsatz und Gewinn zu realisieren.

Umweltpolitik
1. Die Umweltpolitik in Deutschland bzw. innerhalb der EU bereitet einer Reihe von Unternehmen erhebliche Probleme.

a. Auf die Frage: „Welche Risiken sehen Sie für die BASF"? antwortete der damals noch designierte Vorstandsvorsitzende Jürgen Hambrecht: „Wir sind stark in Europa. Das entscheidende Risiko ist hier das politische Umfeld, insbesondere das Chemikalienhandbuch und der Emissionshandel. Die EU setzt das Kyoto-Instrument 'Emissionshandel' so um, als sei Europa die Insel der Seligen und rundherum wären keine Wettbewerber. Die EU-Pläne in ihrer gegenwärtigen Form sind eine immense Belastung. Und dazu kommen in Deutschland noch weitere Belastungen, zum Beispiel aus der Neufassung des Gesetzes über erneuerbare Energien." (M. Roth: „Die BASF muß näher an die Kunden und profitabler werden", in: FAZ 14.4.03, Nr. 88, S. 18)

b. Das Dosenpfand hat die Bierbranche nicht unbeeindruckt gelassen. Über die Radeberger-Gruppe wurde u.a. berichtet: „Die zum Oetker-Konzern gehörende Radeberger-Gruppe ist vom Pflichtpfand auf Bier in Dosen hart getroffen worden. Der Umsatz mit Bier in Einwegflaschen und Einwegdosen ist um 70 Prozent eingebrochen. Die Radeberger-Gruppe (Biermarken: Radeberger, Schöfferhofer, Clausthaler, Binding, Henninger, Berliner Kindl, Kröstitzer, DAB und Allgäuer sowie das Mineralwasser Selters) ist davon besonders stark betroffen, weil sie mit einem Umsatzanteil von 30 Prozent stärker auf Einweg gesetzt hatte als der Markt (20 Prozent). Noch im abgelaufenen Jahr hat Radeberger in Dortmund in eine Dosenabfüllanlage investiert. Jetzt ist die dortige Braustätte in ihrer Existenz gefährdet, weil sich der Absatz auf 2 Millionen Hektoliter halbiert hat. ... 'Wir müssen 100 Arbeitsplätze abbauen', kündigte Ulrich Kallmeyer, Vorstandsvorsitzender der Radeberger AG, an. Außerdem würden 250 Mitarbeiter vom Brautarif in den Erfrischungsgetränketarif umgestellt, Kostenbereiche ausgelagert, Arbeitszeiten flexibler gestaltet und Investitionen in die Gastronomie gekürzt." (o.V.: Trittins Erfolg trifft Radeberger hart, in: FAZ 27.5.03, Nr. 122, S. 14) Der Leser möge sich an die Definition des Risikos erinnern: „Jede unternehmerische Betätigung ist aufgrund der Unsicherheit künftiger Entwicklungen mit Chancen und Risiken verbunden. Unter Risiko ist allgemein die Möglichkeit ungünstiger künftiger Entwicklungen zu verstehen." (IDW PS 340, TZ 3) Das Radeberger-Beispiel ist besonders gut geeignet, um sich eine Vorstellung davon zu machen, in welch massiver Weise der Jahresabschluss von einem sich konkretisierenden Risiko und den entsprechenden unternehmerischen Anpassungsmaßnahmen getroffen werden kann.

2. Die Umweltpolitik der EU kommt auch darin zum Ausdruck, dass die Europäische Kommission in ihrem „Strategiedokument zur integrierten Produktpolitik" bestimmte Produkte und die entsprechenden Hersteller hervorhebt. In diesem als „Grünbuch" bezeichneten Dokument werden Instrumente vorgestellt, derer man sich in Zukunft verstärkt bedienen will: „Ökonomische Instrumente, Produzentenverantwortung, Umweltzeichen, Umweltdeklaration, Öffentliche Beschaffung, Produktinformation, Normen, Neue Konzepte, Unterstützende Instrumente". (o.V.: Freie Fahrt für „grüne" Unternehmen, in: FAZ 13.2.01, Nr. 37, S. 37)

Unterbesetzung

Von einem wirksamen Internen Kontrollsystem kann erst dann gesprochen werden, wenn ausreichende personelle Kapazitäten in Einkauf, Herstellung, Verwaltung und Vertrieb vorhanden sind. Der Abschlussprüfer hat die Aufgabe, sich von diesen Voraussetzungen zu überzeugen. Pressenotizen ist regelmäßig zu entnehmen, dass bestimmte Bereiche zu spät dem starken Wachstum des Unternehmens angepasst wurden.

1. Die FAZ berichtete am 22.2.03 über die ComRoad AG (Lizenzgeber bei Telematik-Lösungen für Navigation bzw. Information und Vertrieb von Telematik-Endgeräten für Autos), die dem Vorwurf von „Geschäften mit nicht existierenden Partnern in Asien" ausgesetzt war. „Vorstandsvorsitzender Schnabel sprach von einem möglichen Bedarf für Sonderabschreibungen und Wertberichtigungen und gab eine 'Anhäufung von Einzelproblemen und viele Fehler' zu. So seien im Vertrieb zu wenige Mitarbeiter beschäftigt. Der Sprecher berichtete, ein Leiter des Rechnungswesens beginne im März seine Arbeit. Bisher hätten Schnabel und ein Steuerberater diese Arbeit erledigt, das Unternehmen sei aber in eine neue Größe gewachsen." (o.V.: Comroad gesteht Management-Fehler ein, in: FAZ 22.2.02, Nr. 45, S.20)

2. In einem Artikel, der sich mit spektakulären Unternehmenszusammenbrüchen beschäftigte, hatte es im Jahre 2000 über die am Neuen Markt gehandelte „Team-Work Information Management AG" geheißen: „Das Unternehmen konnte seinem Wachstum organisatorisch nicht standhalten und hatte vor lauter Wachstumseuphorie den Aufbau arbeitsfähiger Strukturen vergessen." (G. Giersberg: Fehlspekulationen, Betrug und schlechtes Management, in: FAZ 21.12.00, Nr. 297, S. 20)

3. Um das Phänomen der Unterbesetzung, das die Ursache für Fehler im Einkauf (Lieferantenüberwachung), Verwaltung (Transparenz des Rechnungswesens), Produktion (Qualitätskontrolle) und Vertrieb (Bonitätsprüfung) sein kann, richtig zu verstehen, muss man wissen, dass man beim Personalmanagement unterschiedliche „Qualitäten" unterscheiden kann. Nach Ernst/Uepping lassen sich „in Abhängigkeit der Bestimmungsfaktoren 'Aktivitätsniveau' und 'zeitliche Nutzenwirkung' idealtypisch vier Reifegrade identifizieren: Stufe (a): Personalarbeit als Administrationsaufgabe, Stufe (b): Personalarbeit als Stabsaufgabe, Stufe (c): Personalarbeit als 'Reparaturbetrieb' für die Linie, Stufe (d): strategiegeleitetes und integriertes Personalmanagement." (M. Ernst/H. Uepping: Verknüpfung von Unternehmens- und Personalstrategie, in: FAZ 3.2.03, Nr. 28, S. 24) Wird der Abschlussprüfer nicht besondere Schwerpunkte legen, wenn er weiß, dass in dem von ihm geprüften Unternehmen Personalarbeit auf breiter Front als „Reparaturbetrieb für die Linie" gilt? Wird er die Anfälligkeit bestimmter Jahresabschlussposten für wesentliche Fehlaussagen nicht ganz anders einschätzen, wenn er der Auffassung ist, dass das Unternehmen ein „strategiegeleitetes und integriertes Personalmanagement" betreibt? Wird sich nicht in jedem Fall sein Konzept bewähren, sich einer Bilanzposition über die Prozesse zu nähern?

Unterdeckung

Schließt ein Unternehmen im Rahmen seiner Risikosteuerung einen Vertrag mit einer Versicherungsgesellschaft ab, dann gelten hier häufig besondere Bedingungen. Diese können sich u.a. darauf erstrecken, dass der Versicherungsgeber nur bis zu einem bestimmten Maximalbetrag haftet oder der Versicherungsnehmer einen bestimmten Selbstbehalt akzeptieren muss. (vgl. A. Maier: Neue Risikoszenarien stellen Konzerne vor große Aufgaben, in: FAZ 5.2.04, Nr. 30, S. 18) Treten Schäden auf, muss umgehend geklärt werden, ob und in welcher Höhe ein Versicherungsschutz besteht und in welcher Höhe ggf. eine bilanzielle Vorsorge bei dem Versicherungsnehmer zu treffen ist. In solchen Fällen ist der Abschlussprüfer besonders gefordert, weil er sich nicht nur mit den Details des Versicherungsvertrages vertraut machen, sondern auch die Höhe des (ermittelten) Schadens beurteilen muss. Hier gelten also die einzelnen Elemente der Prüfungstechnik (VA BE-

NE) mit besonderer Dringlichkeit: Befragung von Experten, Einsichtnahme in einen Vertrag (und ggf. in seine Nachträge), Nachrechnen bestimmter Kalkulationen.

Verhandlungen
Werden im Rahmen internationaler Verhandlungen bestimmte Aspekte nicht gebührend berücksichtigt, besteht die Gefahr, dass Projekte und Kooperationen scheitern. Es sind insbesondere zu beachten: die Bedeutung des Sozialstatus der beteiligten Personen, der Inhalt von Begriffen und eine eindeutige Terminologie. Letzteres erfordert die Wahl eines erstklassigen Übersetzers. „Auch Fehler im konzeptionellen Teil eines Vertrages können verheerende Folgen haben. Was heißt beispielsweise in einem Lizenzvertrag, der Lizenznehmer komme in den Genuss der Produkttechnik sowie sämtlicher Verbesserungsentwicklungen? Ein amerikanischer Reifenhersteller erteilte z.B. einem indischen Produzenten eine Lizenz für die Reifenfertigung mit einer Laufzeit von zehn Jahren. Nach fünf Jahren entwickelten die Amerikaner einen Reifen, mit dem man noch rd. 100 km zurücklegen kann, wenn die Luft entwichen ist. Die Inder pochten nun darauf, dass es sich hierbei um eine Weiterentwicklung des lizensierten Produktes handelt, die Amerikaner waren anderer Auffassung." (o.V.: Breites Wissen über die andere Seite ist das A und O, in: FAZ 6.1.03, Nr. 4, S. 19)

Vermarktungsstopp
1. Sieht sich ein Unternehmen gezwungen, ein Produkt aus dem Markt zu nehmen (wie z.B. die Bayer AG das Medikament „Lipobay"), dann sind damit eine Reihe sehr komplexer Konsequenzen verbunden. Sie beziehen sich in erster Linie auf die Haftungsrisiken (s.o.), aber auch auf Vorräte innerhalb der gesamten Produktionskette. Besondere Aspekte können dann entstehen, wenn zwischen zwei Unternehmen eine Vermarktungskooperation besteht und aus dieser heraus gegenseitige Rechte und Pflichten geklärt werden müssen.

2. Nach Bayer ist es nun zu einem neuen spektakulären Vermarktungsstop bei Merck & Co (USA) gekommen. „Für Merck setzt sich mit dem Vioxx-Rückzug eine Serie von Misserfolgen fort. Im vergangenen Jahr hat das Unternehmen zahlreiche Rückschläge bei der Entwicklung neuer Medikamente erlitten. So wurden die klinischen Tests für ein Mittel zur Behandlung von Depressionen und ein Diabetes-Medikament eingestellt. Beide Mittel befanden sich in der dritten und letzten Phase der klinischen Erprobung an Patienten und nahe an der Markteinführung." (o.V.: Dramatischer Rückschlag für die Merck-Aktie, in: FAZ 1.10.04, Nr. 229, S. 15)

Vertriebsverträge
1. Vertriebsverträge können zu den wesentlichen Bestandteilen eines Geschäftsmodelles gehören. Dies gilt u.a. für Autohändler, die sich im Zusammenhang mit der sogenannten Gruppenfreistellungsverordnung der EU in 2003 mit neuen Bedingungen auseinandersetzen mussten. Diese bezogen sich insbesondere auf die Laufzeit und auf mit dieser verbundenen „Individualabsprachen bei hohen Investments". (vgl. o.V.: Unsicherheit erzwingt neue Verträge, in: FAZ 10.5.03, Nr. 108, S. 49)

2. Mit dem Entschluss, auf das Massengeschäft zugunsten eines Premiumsegmentes zu verzichten, sind deshalb erhebliche Risiken verbunden, weil man Gefahr läuft, sein Händlernetz auszudünnen und Umsätze zu verlieren. Andererseits bringt die Favorisierung des Massengeschäftes die Gefahr eines intensiven Preiswettbewerbs mit sich. In diesem Zusammenhang wurde über Bang & Olufsen (B & O), den dänischen Hersteller von hochkarätigen Fernsehgeräten und Audioanlagen, in 2003 berichtet: „Mit dem neuen Konzept hat B & O in Deutschland 160 von 220 Fachhändler als Verkaufsstelle verloren. (Die Geschäftsleitung) hatte genau mit dieser Zahl gerechnet. Die Produkte der Dänen darf nur noch verkaufen, wer das gesamte Sortiment von B & O in einem Laden (Shop in the Shop) mit einer vorgegebenen Einrichtung anbietet und für den Umbau sofort 5.000 Euro bezahlt. Alle Händler, die auch Billiggeräte verkaufen und den Kampf gegen Ketten wie Media Markt oder Saturn aufnehmen, kommen für Bang & Olufsen nicht mehr in Frage." (vgl. o.V.: Exklusive Klänge aus Dänemark, in: FAZ 25.8.03, Nr. 196, S. 14)

Vorleistungen
1. Das schon mehrfach erwähnte Systemgeschäft spielt insbesondere in der Autozulieferindustrie eine zunehmende Rolle. So wurde z.B. in 2004 über die ZF Friedrichshafen berichtet: „ZF (ist es) gelungen, ein Produktfolio aufzubauen, das eine deutliche Ausweitung des Systemgeschäftes erlaube. Bis zum Jahre 2012 soll der Anteil solcher Lieferungen von derzeit 30 Prozent auf 50 Prozent des Umsatzes steigen. Die Weichen dafür werden am langen Vorlaufzeit in der Branche jetzt gestellt. Damit reagiert ZF auf den Trend der Autohersteller, nicht mehr Einzelteile zu bestellen und selbst zusammenzubauen, sonder fertig montierte Baugruppen zu ordern, vor allem für kleinere Serien. ... Aber auch bei Volumenmodellen ist ZF im Geschäft. Seit der Ford-Limousine Five Hundred und der Geländewagen Ford Freestyle in diesem September in Serie gegangen sind, liefert ZF aus dem Ford Supplier Park aus Chicago komplette Achssysteme. Ford plant eine Produktion von 290.000 Fahrzeugen im Jahr. Über die gesamte Laufzeit des Liefervertrages wird mit 2 Millio-

nen gerechnet. Eine schöne Chance für einen Zulieferer – aber auch ein Risiko. Floppen die Modelle, bleibt ZF auf einem Teil der Vorleistungen sitzen. Solche Abhängigkeiten haben ZF in der Vergangenheit schon viel Geld gekostet. (S. Preuß: „Wir brauchen mindestens 5 Prozent Wachstum jährlich." (Gespräch mit dem Vorstandsvorsitzenden der ZF-Friedrichshafen AG), in: FAZ 5.11.04, Nr. 259, S. 23)

2. Wie schon mehrfach betont, vergeben die Automobilhersteller immer größere Aufträge an Dritte. Dabei werden „Teile nicht nur im Auftrag produziert, vielmehr leiste(t) der Zulieferer auch die Entwicklung, der Prototypbau, den Werkzeugbau und letztlich die eigentliche Serienproduktion. Das Problem für die Zulieferer besteht (darin), dass sie die Vorlaufkosten, zum Beispiel für die Entwicklung, oft erst über die Stückzahlen abrechnen (können)." (o.V.: Neue Großprojekte für Allgaier, in: FAZ 28.1.03, Nr. 23, S. 16)

Währungsrisiko
Unternehmen, die ein hohes Einkaufsvolumen in fremder Währung haben oder exportorientiert sind, müssen ihre Kalkulationen auf Basis bestimmter Wechselkurse vornehmen. Verändern sich diese Kurse, können Aufwendungen zunehmen bzw. Erträge zurückgehen. (vgl. o.V.: Exporteure zahlen die Zeche der Aufwertung, in: FAZ 13.5.03, Nr. 110, S. 17) Es ist gute Übung, zwecks Stabilisierung der Kalkulationsgrundlagen entsprechende Währungstermingeschäfte abzuschließen. (vgl. o.V.: BMW-Vorstand bekräftigt Prognose, in: FAZ 8.8.03, Nr. 182, S. 14) Der Anteil von Sicherungsgeschäften am jeweiligen Gesamtvolumen ist abhängig von der individuellen Strategie. Insofern wäre die Auskunft eines Vertriebsmannes: „Wir sichern unsere Geschäfte", nur die halbe Wahrheit. (vgl. o.V.: Zu 75% abgesichert, in: FAZ 13.5.03, Nr. 110, S. 17) Unternehmen, die ihre Exporte – sei es aus Kostengründen oder aus Gründen fehlender Deckungsmöglichkeiten – nicht absichern, laufen Gefahr, erhebliche Währungsverluste zu erleiden. So wurde z.B. vor einigen Jahren vom amerikanischen Konsumgüterhersteller Procter & Gamble berichtet, er habe „erheblich unter der Abwertung der türkischen Lira" gelitten. (o.V.: P & G leidet unter Abwertung in der Türkei, in: FAZ 27.2.01, Nr. 49, S. 29) Gelegentlich wird auch von einer „natürlichen Absicherung" gesprochen, die dann besteht, wenn man „ein bisschen mehr" auf Dollarbasis einkauft als verkauft. (J.Ritter: „Wir wollen Continental wetterfester machen." Das FAZ-Gespräch mit Manfred Wennemer, dem Vorstandsvorsitzenden des Reifenherstellers und Automobilzulieferers, in: FAZ 10.12.04, Nr. 289, S. 16)

Witterung
Eine Reihe von Branchen ist in elementarer Weise vom Wetter abhängig. Dazu gehören u.a. die Landwirtschaft, die Lebensmittel- bzw. Getränkeindustrie und der Textilhandel. So wurde z.B. über das deutlich rückläufige Jahresergebnis per 30.9.00 der H&M Hennes & Mauritz AB, Stockholm folgendermaßen berichtet: „Gründe für die schlechten Zahlen sind nach Unternehmensangaben der 'ungewöhnlich warme Herbst , der Preisnachlässe bei Winterkleidung, Leder- und Wollartikel notwendig gemacht habe. Schon die Umsätze im Frühjahr und im Sommer hätten darunter gelitten, dass die Kollektionen zu viel hochmodische Bekleidung enthielten. Preissenkungen belasten das Ergebnis im vergangenen Jahr mit 600 Millionen Kronen." (o.V.: Der Gewinn von Hennes & Mauritz bricht um 16 % ein, in: FAZ 26.1.01, Nr. 22, S. 16) Zur Marktlage bei Traktoren berichtete im Herbst 2003 „Fendt": ‚Die Nachfrage ist hierzulande zur Zeit äußerst bescheiden', sagte Herrmann Merschroth, Vertriebsgeschäftsführer des Unternehmens, das seit 1997 zum amerikanischen Landmaschinenkonzern Agco gehört, in der Jahrespressekonferenz. Zunächst hatten in diesem Jahr die deutschen Landwirte in einigen Regionen durch Frost Probleme bekommen, dann verursachte die extreme Trockenheit im Sommer erhebliche Ernte- und Einkommenseinbußen. Der Ertrag an Getreide sank um 16 Prozent." (o.V.: Der trockene Sommer verdirbt den Herstellern von Traktoren das Geschäft, in: FAZ 8.10.03, Nr. 233, S. 19)

Zulassung
Das Problem der Zulassung stellt sich für eine Reihe von Branchen, z.B. für die Fensterherstellung, für die Kraftfahrzeugindustrie, für das Schaustellergewerbe und insbesondere für die Pharmaindustrie.

1. Die nationalen Institute setzen den Antragstellern z.T. erhebliche Widerstände entgegen. Bei der amerikanischen Food and Drug Administration (FDA genannt) reicht die Bandbreite von der Weigerung, überhaupt einen Antrag anzunehmen, über eine langdauernde Prüfung bis hin zur Ablehnung einer Zulassung.

Für Unternehmen, die fest mit einer Zulassung gerechnet haben, ist eine Ablehnung folgenschwer, wenn sie ihre Strategie und ihre interne und externe Berichterstattung bereits auf die Einführung des neuen Produktes eingestellt haben. Besondere Probleme entstehen dann, wenn man aus einer sicheren Erwartung heraus bereits Investitionsentscheidungen getroffen hat. So lehnte es die FDA z.B. im Jahre 2002 ab, „auch nur den Antrag des New Yorker Unternehmens Imclone anzunehmen, den Verkauf des Krebsmedikamentes Erbitux zu genehmigen. Erbitux hatte als so sicherer Kassenschlager gegolten, dass Bristol-Myers Squibb im September vergangenen Jahres 2 Milliarden Dollar für die Vertriebsrechte bezahlt hat." (o.V.: Biotechnikbranche sucht ihr Heil in der Zusammenarbeit mit Pharmakonzernen, in: FAZ 6.6.02, Nr. 128, S. 22) Wenn sich ein Abschlussprüfer also über „die voraussichtliche Entwicklung mit ihren wesentlichen Chancen und Risiken" ein Bild machen will (siehe § 289 Abs.1. S.4 HGB i.V.m. §§ 317 Abs. 2 S. 2 und 322 Abs. 6 S. 2 HGB), dann muss er mit diesen Besonderheiten vertraut sein, weil er sonst nicht in der Lage ist, Prognosen des Vorstandes richtig einzuschätzen.

2. Verfolgt man die Krisen großer Pharmakonzerne, so ist festzustellen, „dass selbst mit einer hohen Marge und entsprechenden Forschungsinvestitionen noch nicht garantiert ist, dass aus Labors auch hoffnungsvolle Neuentwicklungen kommen. Das ist das Dilemma der Pharmaindustrie: Die Erfahrung zeigt, dass nicht einmal jedes zehnte Projekt, das die Testphase der Tierversuche (die sogenannte Präklinik) erreicht, überhaupt zum Endverbraucher gelangt. Grund sind die innerhalb der klinischen Tests (den sogenannten Phasen I bis III) zu nehmenden Hürden, also Anforderungen an die Sicherheit, Verträglichkeit und Wirksamkeit einer Arznei. Am Ende bestimmen dann die Zulassungsbehörden, von denen die wichtigste die amerikanische FDA ist, ob und für welche Anwendungen das Projekt auf den Markt kommt." (o.V.: Hohe Margen, hohes Risiko, ständiger Erfolgsdruck, in: FAZ 2.10.04, Nr. 230, S. 16)

---

1 Vgl. o.V.: „Continental zahlt Lehrgeld in Russland", in : FAZ 8.10.04, Nr. 235, S. 15 und o.V.: „Deutsche Investoren in China haben es nicht leicht", in : FAZ 6.10.03, Nr. 231, S. 15
2 vgl. auch: W. Gehrke: Das Pflichtenheft des Risikomanagementsystem, in : FAZ 28.4. 03, Nr. 98, S.26
3 Vgl. W. Lück: Risikomanagementsysteme und Überwachungssysteme einrichten, in : FAZ 23.1.99, Nr. 19, S. 30
4 Vgl. H.J. Jacob / W. Schoppen: Grundsätze der Corporate Governance, in : FAZ 9.8.04, Nr. 183, S. 16
5 Vgl. O. Bungartz: Eine Risikokultur schaffen, in : FAZ 6.9.04, Nr. 207, S. 22

Anlage 11   Die Bedeutung von Geschäftsvorfällen
(Dargestellt am Beispiel eines Bau-Unternehmens)

Die Bedeutung eines Geschäftsvorfalles kann bestimmt werden durch ...	Thema: Verkauf von Gebäuden
eine große **Anzahl** von Geschäftsvorfällen während des Geschäftsjahres	Im Laufe eines Jahres wird eine Reihe von Gebäuden fertiggestellt und an den Bauherren **abgerechnet**, d.h. es wird eine Schlussrechnung geschrieben (diese muss mit erhaltenen Anzahlungen verrechnet werden) und es werden Umsatz und Gewinn realisiert.
den **Umfang** eines bestimmten Geschäftsvorfalles	Ein großes Bauprojekt wird während des Geschäftsjahres an den Bauherren **abgerechnet**. In der Bilanz sind dann noch ggf. eine große Forderung und entsprechende Verbindlichkeiten aus Lieferungen und Leistungen enthalten.
die Notwendigkeit, Geschäftsvorfälle richtig zu **klassifizieren**.	Forderungen/Verbindlichkeiten gegenüber Dritten und gegenüber verbundenen Unternehmen sind in **separaten** Bilanzpositionen auszuweisen. Im Anhang sind anzugeben: die Aufgliederung nach Tätigkeitsbereichen (z.B. Wohnbau, Industriebau, Tiefbau) und nach geographisch bestimmten Märkten.
Grundsätze für die **Prüfung** von Geschäftsvorfällen	Der Abschlussprüfer hat u.a. zu untersuchen, ob zurecht Umsatz und Gewinn realisiert wurden. Er muss also prüfen, ob der Mandant die Leistung ordnungsgemäß erbracht hat. Dazu benötigt er ein vom Kunden oder von dessen Vertreter (z.B. Architekt) unterschriebenes **Abnahmeprotokoll** (oder ein gleichwertiges Dokument). Es ist außerdem zu prüfen, ob die bis zur Auftragsabrechnung aktivierten Vorräte vollständig ausgebucht und ob Verbindlichkeiten für von Lieferanten bzw. Subunternehmern noch nicht berechnete Lieferungen und Leistungen vollständig passiviert wurden.
das **Interesse** bestimmter Gruppen an diesen Geschäftsvorfällen	Die mit dem Unternehmen in verschiedener Weise liierten Personen und Institutionen werden daran interessiert sein zu erfahren, welche (Groß-)Projekte im In-und Ausland abgerechnet und welche betriebswirtschaftlichen **Ergebnisse** dabei erzielt wurden. Dies gilt in gleicher Weise für Projekte, die im Alten Jahr (noch) nicht fertiggestellt werden konnten, aber dann im Neuen Jahr abgerechnet wurden. Im Hinblick auf eine ordnungsgemäße Abgrenzung könnte dann auch die Frage von Bedeutung sein, warum ein bestimmtes Projekt entgegen aller Erwartung doch noch bis zum Geschäftsjahresende abgerechnet werden konnte.
branchenindividuelle Regelungen zu den Geschäftsvorfällen	Es gibt in der Bau-Branche bestimmte Regeln, die u.a. Folgendes festlegen: 1. den **Zeitpunkt** für die Umsatzlegung und die Gewinnrealisation 2. die Voraussetzungen für die sogenannte „**Teilgewinn**-Realisierung" (Zerlegung eines Hauptauftrages in Teilaufträge und ihre separate Abrechnung) 3. die Berücksichtigung von **Nachträgen**, d.h. von Bauleistungen, die ursprünglich nicht verabredet waren, aber im Zuge des Baufortschrittes angeordnet oder aus anderen Gründen erforderlich wurden.
seine Eignung, in **Kennzahlen** einbezogen zu werden.	Kennzahlen können sich auf Bauleistungen bzw. Umsätze im **In- und Ausland** beziehen. Sie können außerdem Bauleistungen betreffen, die in eigener Regie, unter Mitwirkung von **Sub-Unternehmern** oder im Rahmen von **Arbeitsgemeinschaften** vorgenommen wurden.

Anlage 12   **Länderbericht „Brasilien"** [1)]
(Revolutionen gibt es nur in der Agrartechnik)

Der Pragmatismus des sozialistischen Präsidenten Lula läßt die Wirtschaft aufblühen.
Von Carl Moses

(FAZ 10. Januar 2005)

Kilometer um Kilometer fährt Italmar Locks seine Felder ab. Auf beiden Seiten der roten Erdpiste sieht man nichts als grüne Sojapflanzen, so weit das Auge reicht. Hier im Buschland des Mato Grosso, zwei- bis dreitausend Kilometer von den großen Metropolen wie Rio oder Sao Paulo entfernt, blüht die Wirtschaft mehr als irgendwo sonst in Brasilien. Locks ist Farmmanager der Gruppe André Maggi, des größten Sojabohnenproduzenten der Welt. „Es hat gerade noch rechtzeitig geregnet", sagt der ansonsten eher wortkarge Mann. Die Pflanzen stehen gut.

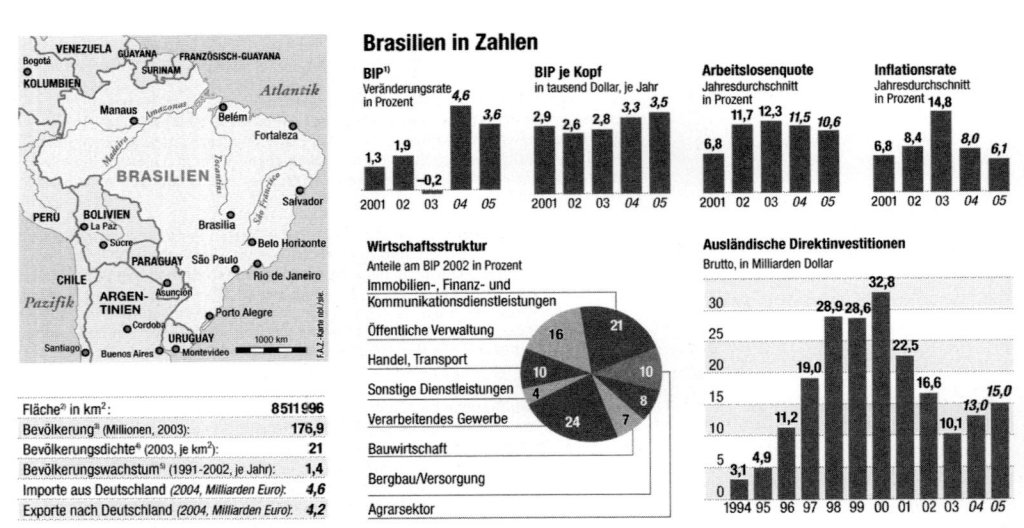

Brasilien in Zahlen

BIP [1)] Veränderungsrate in Prozent: 1,3 (2001), 1,9 (02), −0,2 (03), 4,6 (04), 3,6 (05)

BIP je Kopf in tausend Dollar, je Jahr: 2,9 (2001), 2,6 (02), 2,8 (03), 3,3 (04), 3,5 (05)

Arbeitslosenquote Jahresdurchschnitt in Prozent: 6,8 (2001), 11,7 (02), 12,3 (03), 11,5 (04), 10,6 (05)

Inflationsrate Jahresdurchschnitt in Prozent: 6,8 (2001), 8,4 (02), 14,8 (03), 8,0 (04), 6,1 (05)

Wirtschaftsstruktur Anteile am BIP 2002 in Prozent:
- Immobilien-, Finanz- und Kommunikationsdienstleistungen: 21
- Öffentliche Verwaltung: 16
- Handel, Transport: 10
- Sonstige Dienstleistungen: 4
- Verarbeitendes Gewerbe: 24
- Bauwirtschaft: 7
- Bergbau/Versorgung: 8
- Agrarsektor: 10

Ausländische Direktinvestitionen Brutto, in Milliarden Dollar: 3,1 (1994), 4,9 (95), 11,2 (96), 19,0 (97), 28,9 (98), 28,6 (99), 32,8 (00), 22,5 (01), 16,6 (02), 10,1 (03), 13,0 (04), 15,0 (05)

Fläche[a] in km²:	8511996
Bevölkerung[a] (Millionen, 2003):	176,9
Bevölkerungsdichte[e] (2003, je km²):	21
Bevölkerungswachstum[a] (1991-2002, je Jahr):	1,4
Importe aus Deutschland (2004, Milliarden Euro):	4,6
Exporte nach Deutschland (2004, Milliarden Euro):	4,2

Alle kursiv geschriebenen Angaben für 2004 und 2005 sind Schätzungen, bzw. Prognosen. 1) Reales Bruttoinlandsprodukt, Veränderungsrate gegenüber dem Vorjahr. Auf Basis der Landeswährung. 2) Deutschland: 357022 km². 3) Deutschland: 82,5. 4) Deutschland: 231 je km². 5) Deutschland: 0,3.   Quellen: IBGE; WHO; ITU; F.A.Z.-Institut/F.A.Z.-Grafik Niebel

Nach klimabedingten Ernteeinbußen im Vorjahr kann Brasilien 2005 voraussichtlich wieder eine neue Rekordernte einfahren: 134 Millionen Tonnen Getreide und Ölsaaten werden erwartet. Auch der Rückgang der Sojapreise in den vergangenen Monaten wird dem Mengenwachstum des hochproduktiven Anbaus in Brasilien keinen Abbruch tun. Nicht nur bei Soja, auch bei Fleisch, Orangensaft, Zuckerrohr und Kaffee ist Brasilien Weltmarktführer.

Wie kaum ein anderes Unternehmen repräsentiert die Maggi-Gruppe den Boom des brasilianischen Hinterlandes. Ende der siebziger Jahre war die Maggi-Familie auf der Suche nach Expansionsmöglichkeiten aus dem fruchtbaren Süden Brasiliens in den eher kargen Certosa, Brasiliens „Mittleren Westen" gezogen. Der Soja-Anbau schien dort kaum möglich, doch Maggi entwickelte zusammen mit einigen anderen Pionieren angepasstes Saatgut. Der Boden braucht eine Menge Dünger, doch das Land war und ist spottbillig. Heute produziert Maggi auf seiner eigener Ackerfläche, die mit rund 150.000 Hektar etwa der Fläche von Berlin und Hamburg zusammen entspricht, fast 600.000 Tonnen Soja. Mit eigenen Lagerkapazitäten und eigener Logistik machte sich Maggi zudem von den multinationalen Aufkäufern unabhängig. Statt über die weit entfernten Seehäfen des Südens verschifft Maggi die Ernte über den Madeira-Fluss erst 1.100 Kilometer zum Amazonas und dann bis zum Kunden in Übersee.

Das Potential ist noch riesig. Der „Mittlere Westen" Brasiliens ist wesentlich größer als die gleichnamige Kornkammer der Vereinigten Staaten. Und nur ein kleiner Bruchteil wird bisher bewirtschaftet. Das einzige, was die Expansion bremst, ist der Mangel an Straßen und anderer Infrastruktur. Die wird von privaten Unternehmen zum Teil auf eigene Rechnung gebaut. Maggi betreibt eigene Häfen und Stromkraftwerke. Ganze Städte wurden in zehn Jahren aus dem Boden gestampft.

Der Widerstand von Umweltschützern gegen die Ausweitung des Anbaus im Certosa, der bedrohlich in Richtung Amazonasland voranschreitet, trifft auf eine geschlossene Front in Wirtschaft und Politik. Blair Maggi, Oberhaupt der Maggi-Familie, ist seit zwei Jahren Gouverneur des riesigen Bundesstaates Mato Grosso. Mit ihm kann man über alles reden – nur nicht über ein Stoppen der Sojaexpansion. Auch Staatspräsident Lula hat dem Umweltschutz bisher wenig Aufmerksamkeit geschenkt. Rasches Wirtschaftswachstum genießt allemal eine höhere Priorität. Doch selbst ohne große Ausweitung der Anbauflächen würde sich das Wachstum fortsetzen. Viel wichtiger ist der Anstieg der Produktivität. In den letzten drei Jahren stiegen die Erntemengen um fast 50 Prozent, während die Flächen lediglich um 15 Prozent ausgedehnt wurden. Verbessertes Saatgut, reichlich Agrarchemie und der kostengünstige Anbau in Direktsaat ohne aufwendige Bodenbearbeitung machten das möglich, erklärt Chris Ward von der privaten Forschungsstiftung Fundacao Mato Grosso. Im tropischen Klima wird alles schnell reif. Zwei Ernten pro Jahr sind üblich. Nach der Sojaernte wird gleich noch Baumwolle ausgesät.

Selbst der Umweltschutz wird für Brasiliens Politiker und Unternehmer letztlich interessant, wenn man damit Geld verdienen kann. Das internationale Kyoto-Protokoll zum Klimaschutz, das jetzt in Kraft tritt, liefert dafür Chancen. Brasilien ist nicht nur reich an sauberen Energiequellen wie Wasser- und Windkraft, es bietet auch eine ganze Reihe von rasch nachwachsenden Rohstoffen für die Produktion von Brennstoffen. Mit Investitionen auf diesem Gebiet können Unternehmen aus den Industrieländern Emissionsrechte erwerben und zu Hause verwerten.

Ein besonders großes Potential sehen Fachleute in der Verarbeitung von Zuckerrohr zu Ethanol für den Antrieb von Autos. „Bis 2010 dürften weltweit etwa vier Prozent des Benzinverbrauchs durch Ethanol ersetzt werden. Damit wird sich der Weltbedarf auf über 60 Milliarden Liter Ethanol pro Jahr verdreifachen", kalkuliert Jaime Fingerhut vom Zuckerforschungszentrum CTC. Seit den siebziger Jahren hat Brasilien entsprechende Technologien erforscht und gefördert, zunächst mit staatlichen Subventionen. Inzwischen sind sie marktfähig – und international führend. Vor knapp zwei Jahren brachte Volkswagen do Brasil das erste Fahrzeug mit einem Flex-Fuel-Motor auf den Markt. Der von Bosch entwickelte Motor kann mit jedem Gemisch aus Alkohol oder Benzin betrieben werden. Sein Vorteil: Der Kunde kann den wesentlich billigeren Alkoholtreibstoff tanken, bleibt aber nicht liegen, wenn gerade mal keine entsprechend ausgerüstete Tankstelle in der Nähe ist. Der flexible Motor ist ein Renner, andere Hersteller zogen nach. Schon im vergangenen Jahr hatte jedes vierte neugekaufte Auto in Brasilien einen Fuel-Flex-Motor.

Bei allem Wachstum der Agrarwirtschaft – 2004 war das Jahr der Industrie. Nach drei mageren Jahren hat der Ausstoß 2004 um etwa 8 Prozent zugenommen. In Schlüsselindustrien wie Stahl und Chemie sind die Kapazitäten voll ausgelastet. Hohe Investitionen sind unterwegs. „Lula und sein Finanzminister Antonio Palocci haben phantastische Arbeit geleistet", bewertet der Stahlunternehmer Jorge Gerdau Johannpeter die Zwischenbilanz zur Halbzeit von Lulas Amtsperiode (2003-2006). „Heute wächst die Wirtschaft auf einer gesunden Basis, ohne manipulierte Wechselkurse oder andere artifizielle Maßnahmen", so Gerdau.

Wie andere Unternehmer und Investoren konstatiert Gerdau „etwas überrascht", daß die von vielen befürchtete sozialistische Revolution ausgeblieben ist. Vielmehr wurde Brasilien zum Musterschüler des Internationalen Währungsfonds (IWF). Die Aktienkurse haben sich unter Lula in Dollar verdreifacht. Der Indikator für das Kreditrisiko sank auf den niedrigsten Stand seit 1997. Doch auf Dauer ist diese positive Entwicklung längst nicht gesichert. Das gute globale Umfeld mit starkem Wachstum, hohen Rohstoffpreisen und niedrigen Zinsen hat Brasilien sehr geholfen. Wenn der Wind an den Weltmärkten demnächst drehen sollte, wäre Brasilien zwar weniger verwundbar als vor einigen Jahren. Ein Leistungsbilanzüberschuss von 2 Prozent des BIP macht das Land weniger abhängig von ausländischen Kapitalzuflüssen. Doch eine längere Durststrecke könnte Brasilien auch heute schwer verkraften. Die Verschuldungsquote des Staates liegt mit 52 Prozent des BIP immer noch deutlich höher als Mitte der neunziger Jahre (damals 33 Prozent des BIP). Die Realzinsen gehören weiterhin zu den höchsten der Welt, der Staat muß ein Fünftel seiner Steuereinnahmen für Zinsen aufwenden. Die Wirtschaft stöhnt unter der für ein Schwellenland hohen Steuerlast, die unter Lula weiter zugenommen hat.

Zudem ist die Infrastruktur in einem schlechten Zustand. Der Staat hat kein Geld, und die Rahmenbedingungen für private Investitionen in Energie und Verkehr werden nur langsam klarer. Immerhin hat Lula zum

Jahresende endlich das Gesetz für öffentlich-private Partnerschaften (PPP) durch das Parlament gebracht. Private Investitionen können auf dieser Basis Straßen, Häfen und Eisenbahnen bauen und einen Teil der Kosten auf bis zu 35 Jahre verteilt beim Staat in Rechnung stellen. Doch das wird nur einen Teil des Investitionsstaues beseitigen. Die Verabschiedung des PPP-Gesetzes zeigt, dass Lula im Parlament trotz des Auseinanderbröckelns seiner labilen Regierungskoalition noch Mehrheiten finden kann. Dennoch mussten umfassende Reformen des Arbeits- und Steuerrechts auf die lange Bank geschoben werden. Dieser Reformstau und die genannten Kapazitätsengpässe sind wesentliche Gründe, warum sich das Wachstumstempo vorerst wieder auf 3,5 bis 4 Prozent reduzieren dürfte.

---

1 © Alle Rechte vorbehalten. Frankfurter Allgemeine Zeitung GmbH, Frankfurt. Zur Verfügung gestellt vom Frankfurter Allgemeine Archiv.

Anlage 13 Erfassung von Unternehmens- und Marktdaten
Relevante Aspekte im Zusammenhang mit den Kenntnissen über die Geschäftstätigkeit (nach Maßgabe von PS 230)

A. Das Unternehmen (The Entity) [1)]

I. Lage und Entwicklung des Unternehmens

1. Basisdaten

2. Analyse von für die Vermögens-, Finanz- und Ertragslage bedeutenden Einflussfaktoren (Trends) (Ggf. Hinweise auf den vorjährigen Prüfungsbericht)

II. Eigentümerstruktur, Führung und Überwachung

1. Gesellschaft (er)
a. Gesellschaftsrechtliche Organisationsform einschl. vollzogener oder geplanter Veränderungen, z.B. privat-rechtlich, öffentlich-rechtlich, mit weiterer Präzisierung
b. Eigentümer und nahe stehende Unternehmen oder Personen, z.B. Inländer, Ausländer, Mehrheitsbesitz, Streubesitz, Beteiligung der öffentlichen Hand, Konzernzugehörigkeit

2. Leitung
a. Geschäftsführendes Organ: Zusammensetzung, Reputation und Erfahrungen, Unabhängigkeit und Kontrolle der nachgeordneten Führungsebenen, Sitzungshäufigkeit, Existenz einer Unternehmensphilosophie und -politik, Risikoeinstellung, Wechsel externer Berater.
b. Ziele und Strategien (u.b.B. der Unternehmensphilosophie)
c. Erfolgsabhängige Vergütungssysteme
d. Einflüsse auf die Berichterstattung des Unternehmens, insbesondere auf Jahresabschluss und Lagebericht (Problematik des Financial Reporting Environment)

3. Kontrolle
a. Organisationsstruktur
b. Kontrollbewusstsein und -umfeld
c. Projektmanagement
d. Managementinformationssystem
e. Eingesetze Informationstechnologie
f. Nachgeordnete Führungsebenen: Reputation und Erfahrung, Fluktuation, Besetzung von Schlüsselpositionen im Finanz- und Rechnungswesen und Stellung dieser Personen im Unternehmen, besondere Entlohnungssysteme (z.B. gewinnabhängige Bonuspläne), Verwendung von Prognoserechnungen und Budgetierungssystemen, belastende Einflüsse (z.B. Arbeitsüberlastung, Dominanz einzelner Personen, zu enge Berichtsterminierung)
g. Interne Revision
h. Aufsichtsorgan und ggf. Bilanzausschuss

III. Geschäftstätigkeiten

1. Art der Geschäftstätigkeit (z.B. produzierendes Gewerbe, Großhandel, Finanzdienstleister, Import/Export)
2. Produkte, Dienstleistungen und Absatzmärkte (z.B. Großkunden, bedeutsame Verträge, Zahlungsbedingungen, Gewinnspannen, Marktanteil, Wettbewerber, Preis- und Rabattpolitik, Marketingstrategie, Ruf der Produkte, Garantien, Auftragsbestand, Markttrends, Bedeutung des Auslandsgeschäftes, Produktionsprozess, Übergang zum System- und Servicegeschäft)
3. Beschaffungsmarkt (z.B. wichtige Zulieferer, langfristige Beschaffungskontrakte, besondere Beschaffungsrisiken, Zahlungsbedingungen, Bedeutung des Imports, besondere Zulieferungsverfahren wie just in time, Supply Chain Management)
4. Produktions-, Vertriebs- und Verwaltungsstandorte
5. Forschung und Entwicklung
6. Personalbereich, ggf. differenziert nach Standorten (z.B. Lohn- und Gehaltsniveau, Tarifverträge, Versorgungszusagen, arbeitsrechtliche Vorschriften)
7. Finanzierungsstruktur und -möglichkeiten, z.B. Finanzierungsquellen und -arten (einschließlich Änderungen im Zeitablauf) : Banken, Kapitalmarkt, Gesellschafter, Innenfinanzierung, Eigenkapital, Fremdkapital
8. Eingesetzte Informationstechnologie einschließlich geplanter Änderungen
9. Rechtlicher Rahmen: bedeutsame rechtliche Anforderungen, Charakteristika des Gesetzgebungsverfahrens (auch im Rahmen der EU!) und hieraus resultierende Einflüsse, Besteuerung, besondere Rechnungslegungs- und Berichterstattungspflichten, Anforderungen an die Berichterstattung des Abschlussprüfers, Schutzvorschriften für die Adressaten von Jahresabschluss und Lagebericht.
10. Kooperationen und Allianzen
11. Vollzogene oder geplante Beteiligungserwerbe und -veräußerungen
12. Integration erworbener Beteiligungen
13. Umstrukturierungen (z.B. Verschmelzungen, Stilllegung von Unternehmensteilen)
14. Fremdwährungstransaktionen und auf Fremdwährung lautende Vermögenswerte und Verpflichtungen einschl. Sicherungsgeschäfte, ggf. nach Währungen differenziert.
15. Patente, Lizenzen, Franchiseverträge
16. Ausnutzung von Fördermitteln
17. Outsourcing (z.B. Buchhaltung)

IV. Geschäftsvorfälle (Wesentliche Guppen)

Der Einfluss wesentlicher Geschäftsvorfälle auf den Jahresabschluss (Positionen und Aussagen zur Rechnungslegung) wird in einem besonderen Dokument (KoBu-Doc II) dargestellt.

B. Branche (The Industry – important conditions affecting the client's business)
Wichtige Umstände, die die Geschäftstätigkeit und das wirtschaftliche Umfeld des Mandanten beeinflussen.
1. Wettbewerbs- und Marktverhältnisse
2. Besondere Aspekte der Branchenkonjunktur in den für das Unternehmen relevanten Märkten (z.B. Branchenumsatz, Rentabilität, Produktionsleistung, Preis- und Lohnentwicklung, saisonale Schwankungen)
3. Veränderungen der Produktionstechnologie einschließlich Veränderungsgeschwindigkeit
4. Phase im Produktlebenszyklus
5. Besondere Branchenrisiken (z.B. hohe Bedeutung innovativer Technologien, Abhängigkeit von Änderungen des modischen Geschmacks, niedrige Markteintrittsbarrieren)
6. Wachstums- oder Schrumpfungsbranche
7. Ungünstige Bedingungen (z.B. Rückgang der Nachfrage, Überkapazitäten, starker Preisdruck)
8. Position des Unternehmens in der Branche (z.B. Marktanteil, gewählte Marktstrategie)
9. Besondere Bilanzierungsvorschriften und -probleme (s.o. Financial Reporting Environment)
10. Besondere rechtliche Rahmenbedingungen (z.B. Umwelterfordernisse und -probleme)
11. Sonstige Besonderheiten (z.B. Tarifverträge, Finanzierungsmöglichkeiten und -usancen, Energieversorgung)

C. Gesamtwirtschaftliche Rahmenbedingungen (General economic factors)
1. Konunkturelle Situation (z.B. Rezession, Wachstum)
2. Zinsniveau und Kapitalmarktsituation

3. Geldwertentwicklung
4. Wirtschaftspolitische Maßnahmen, z.B. Geldpolitik (EZB), Haushaltspolitik, Steuerpolitik, subventionspolitische Maßnahmen, sozial- und arbeitsmarktpolitische Maßnahmen)
5. Wechselkurse, Beschränkungen des Kapitalverkehrs

---

1 Die englischen Begriffe wurden dem ISA 310 (Knowledge of the Business – Matters to Consider) entnommen.

Anlage 14 Geschäftsfelder
Spektrum, Heterogenität, Marktposition und Parallelität von Produktbereichen

1. Dynamik und Spannungen

Die Übersicht über Geschäftsfelder (GF) – unter Punkt 2 beispielhaft dargestellt - soll den Abschlussprüfer veranlassen, über bestimmte Zusammenhänge nachzudenken und ggf. gezielte Fragen zu stellen, auf die er in eigenverantwortlicher Durchführung seiner Arbeit entsprechende Antworten finden muss. Dabei ist zu beachten, dass die Prüfungs-Ziele letztlich aus den Standard-Dokumenten zur Analyse der Geschäfts- und Kontrolltätigkeit (KoBU-Doc / KoRi-Doc und KoCo-Doc) abzuleiten sind und dass bei der Verfolgung dieser Ziele (VEBBAG) ein sachgerechter Einsatz des Instrumentariums der Prüfungs-Technik (VA BENE) zum Einsatz kommen muss.

Die folgenden Fragen erheben keinen Anspruch auf Vollständigkeit und sind nach Maßgabe betrieblicher Eigenarten zu ergänzen.

Bestand
1. Durch welche Geschäftsvorfälle sind die einzelnen GF gekennzeichnet, welche Veränderungen haben sich seit der letzten Prüfung ergeben und in welcher Weise prägen die Geschäftsvorfälle den Jahresabschluss?

2. Welchen Risiken sind die GF ausgesetzt, welche Maßnahmen hat das Unternehmen getroffen, um diesen Risiken angemessen zu begegnen und wie wirken sich die (restlichen) Risiken auf den Jahresabschluss aus?

3. Wenn Wettbewerber gleiche oder ähnliche GF betreiben, welchen Einfluss haben diese GF auf die Entwicklung des Unternehmens?

4. Werden einzelne GF durch günstige Verrechnungspreise für zentrale Dienste (Personal, Material, Kapital) im Wege der Quersubventionierung durch die (Konzern)-Zentrale gestützt und wie wirkt sich ggf. diese Unterstützung auf das GF-Ergebnis aus?

Schaffung neuer Geschäftsfelder
1. Wurden seit der letzten Prüfung neue GF geschaffen durch:

- Aufteilung bestehender Geschäftsfelder,
- Kauf von Vermögensgegenständen und entsprechenden Verbindlichkeiten,
- Erwerb von Beteiligungen,
- die Übernahme einer Geschäftsführungsbefugnis zur Leitung fremder GF,
- weitere Maßnahmen und
- in welcher Weise haben diese Maßnahmen den Jahresabschluss beeinflusst?

2. Welche Ziele verfolgt das Unternehmen mit der Schaffung neuer GF und welche Strategien sollen zur Erreichung dieser Ziele eingesetzt werden?

3. Welche Konsequenzen ergeben sich u.U. aus einer misslungenen Integration?

4. Welche Risiken sind mit der Schaffung neuer GF verbunden und wie wirken sich diese auf den Jahresabschluss aus?

5. Welche Maßnahmen sind oder waren zur Integration neuer GF erforderlich, welche Aufwendungen waren mit dieser Integration verbunden und welche Aufwendungen sind noch zu erwarten?

Anlage 14

6. Mit welchen Kennziffern misst das Unternehmen die Integration neuer GF und welche Rückschlüsse sind für die Abschlussprüfung aus der Entwicklung dieser Kennziffern zu ziehen?

Trennung von bestehenden Geschäftsfeldern
1. Von welchen GF hat sich das Unternehmen getrennt, sei es durch Verkauf oder durch Schließung?
2. Welches Ergebnis (Ertrag minus Aufwand) wurde durch den Verkauf erzielt und wie wurde dieses Ergebnis im Jahresabschluss ausgewiesen (als ordentliches oder als außerordentliches Ergebnis)?
3. Sind alle mit dem Verkauf verbundenen Aufwendungen (z.B. Abfindungszahlungen für nicht mehr benötigtes Personal, Vorfälligkeitsentschädigungen für das GF finanzierende Banken, Demontage- und Transportkosten für verkaufte Sachanlagen etc.) berücksichtigt?
4. Wenn ein GF verkauft wurde, welche Garantien hat das verkaufende Unternehmen gegenüber dem Erwerber übernommen? Lösen diese Garantien ggf. die Bildung von Rückstellungen aus?

2. Katalog von Geschäftsfeldern

Anlagen- und Maschinenbau
Ferrostahl: Anlagenbau (Contracting), Maschinen/Systeme, Stahlhandel/Logistik
Linde: Gas und Engineering (Anlagenbau), Material Handling (Gabelstapler)
Voith: Antriebstechnik, Filze für Papierproduktion, Papiermaschinen

Antriebs- und Steuerungstechnik
Bosch-Rexroth: Automationstechnik, Mobilhydraulik

Aromageschäft
Symrise: Aromachemikalien, Aromengeschäft, Kosmetik, Parfumerie

Automobilindustrie
Daimler-Chrysler: Personenwagen, Nutzfahrzeuge

Autozulieferindustrie
Continental: Bremssysteme, Fahrwerkskomponenten, Fahrzeugelektronik, Reifen
Edscha: Betätigungssysteme, Cabrio-Dachsysteme, Lastwagen-Schiebeverdecke, Scharniersysteme

Bau-Dienstleistung
G+H-Montage: Hochbau (Fassadenbau, Innenausbau), Isolierung (Hochtemperatur, Schall, Wärme), Schiffsausbau

Bildtechnik
Agfa-Gevaert: Bildsysteme (Konsumentenbereich), Graphische Systeme, Laborgerätegeschäft, Technische Bildsysteme

Carbon- und Graphitprodukte
SGL Carbon: Composites, Fasern, Graphitelektroden, Korrosionsschutz, Spezialgraphite

Chemie
Akzo Nobel: Chemie, Farben und Lacke, Pharmaka
BASF: Chemikalien, Kunststoffe, Pflanzenschutz und Ernährung, Öl und Gas, Veredelungsprodukte
Bayer: Chemie, Gesundheit, Landwirtschaft, Polymere
Bayer Crop Science: Bio- und Pflanzenschutz), chemischer Pflanzenschutz), Gartenpflege
Beiersdorf: Klebebänder (Tesa), Kosmetik, Medizinische Wundversorgung (Hansaplast)
Celanese: Anwendungsbereiche (Zulieferer für den Automobil-, Beschichtungs- und den Konsumbereich), Basischemie
Ciba Spezial: Haushaltschemikalien, Kunststoffadditive, Oberflächenschutz, Textilchemikalien, Wasser- und Papierbehandlung
Degussa: Gesundheit und Ernährung, Spezialkunststoffe

Merck: Labordistribution, Laborprodukte, Pharma (Diabetes, Krebs), Spezialchemie (Flüssigkristalle, Pigmente)

Computer
Compaq: Netzwerkrechner (Server), Personal-Computer, Speicher-Computer
IBM: Computer, Drucker, Finanzdienste, Global Services, Halbleiter, Software

Druckmaschinen
Heidelberger: Farb-Digital-Druckmaschinen, Schwarz-Weiß-Druckmaschinen
König & Bauer: Bogen-Offsetmaschinen, Rollenmaschinen
MAN Roland: Bogen-Offset-Druckmaschinen, Digital-Drucksysteme, Rollendruckmaschinen

Einzelhandel
Karstadt-Quelle: Immobilien, Services, Stationärer Handel, Versandhandel
Metro: Cash & Carry Märkte, Elektronik-Märkte „Media/Saturn", Extra-Verbrauchermärkte, Kaufhof-Warenhäuser, Praktiker-Baumärkte

Elektronik
Epcos: Ferrite, Kondensatoren, Oberflächenwellenfilter
Philips: Beleuchtungstechnik, Elektrohaushaltsgeräte, Halbleiter, Konsumelektronik, Medizintechnik
Samsung: Haushaltsgeräte, Mobiltelefone, Speicherchips
Siemens: Automation & Drives (A&D), Siemens Automotives (AT), Siemens Building Technologies (SBT), Siemens Business Services (SBS), Information and Communication Mobile (ICM), Information and Communication Network (ICN), Medical Solutions (Med), Power Generations (PG), Siemens Production and Logistic Services (PL), Industrial Solutions and Services, Osram, Power Transmission and Distribution (PTD), Transportation Systems (TS)

Energie
RWE: Gas, Strom, Wasser (früher auch Umweltdienstleistungen)

Erntemaschinen
Claas: Fertigungstechnik (für KfZ-Hersteller, Flugzeuge), Erntemaschinen

Flugzeugtriebwerke
MTU: Militärgeschäft, Zivilgeschäfte, für beide Felder: Instandhaltungsgeschäft

Gesundheitswesen
Fresenius: Ernährungs- und Infusionstherapie, Dialyse, Krankenhaus-Dienstleistungen

Getriebe
ZF-Friedrichshafen: Achsen, Fahrwerkskomponenten, Getriebe

Glas
Gerresheimer Glas: Kosmetik, Labor, Pharma, Spezialbehälter, Standardbehälter
Schott Glas: Geräteoptik und Mikrolithographie, Optik und Optoelektronik, Pharmaverpackung und Röhren

Graphit
SGL Carbon: Korrosionsschutz, Neue Graphitanwendungen, SGL Technologies (Hochleistungsbremsscheiben)

Haarkosmetik
Wella: Friseur, Kosmetik/Duft, Retail

Halbleiter
Infineon: Automobil- und Industrieelektronik, Drahtgebundene Kommunikation, Mobile Kommunikation, Speicherprodukte

Haushaltsgeräte
Electrolux: AEG (leistungsorientierte Kunden), Electrolux (Design-Orientierung), Zanussi (Orientierung am Preis-Leistungsverh.)

Heimelektronik
Sony: Elektronik, Film, Musik, Spiele

Heizungstechnik
Buderus (Bosch): Edelstahl, Guss, Heizungen
Junkers (Bosch): Bodenstehende Gas- und Ölheizkessel, Hängende Gas-Wasser-Thermen
Vaillant: Aluleitern, Aluminiumteile, Baumaterialien (u.a. Rohrsysteme), Heiztechnik

Hotel
Accor-Gruppe: Dienstleistungen, Hotels, Spielkasinos, Reiseunternehmen

Industriekonzerne
ABB: Automationstechnik, Gebäudetechnik, Energietechnik
Freudenberg: Bausysteme, Dichtungs- und Schwingungstechnik, Haushaltsprodukte, Spezialitäten, Vliesstoffe
MAN: Autobusse, Dieselmotoren, Nutzfahrzeuge, Turbomaschinen
Linde: Anlagenbau, Fördertechnik, Technische Gase (früher auch Kältetechnik)
Possehl: Autohandel, Dienstleistungen (Befrachtung, Makler), Edelmetallverarbeitung, Handel mit mineralischen Stoffen, Stahlhandel, Spezialbau (Beschichtungen)
Saarberg: Bergbautechnik, Energie, Gummi, Umwelt
Thyssen Krupp: Stahl (Aufzüge, Automobilzulieferung, Dienstleistungen, Industriegüter), Maschinenbau, Rohstoffe, Systemtechnik

Internet-Kommunikation
Hewlett Packard: E-Services Lösungen, Internetfähige Endgeräte, IT-Infrastruktur

Keramik / Fliesen
Viieroy & Boch: Badmöbel, Keramik für Bad und Küche, Porzellan

Konsumgüter und Chemie
Henkel: Kleb- und Dichtstoffe, Kosmetik und Körperpflege, Wasch- und Reinigungsmittel

Kosmetik
Cody: Hochpreissegment (Lancaster-Gruppe), Massenmarkt (Cody Beauty)
L'Oreal : Haarpflege, Körperpflege, Kosmetik
Wella: Consumer (Verkauf über den Einzelhandel), Friseur, Kosmetik und Duft

Lebensmittel
Nestlé: Babynahrung, Gefrorene Fertiggerichte, Milchpulver, Mineralwasser, Lösliche(r) Kaffee und Schokolade
Zentis: Fruchtzubereitung (Industriegeschäft), Konfitüren und süße Cremes, Süßwaren

Markenartikel
Beiersdorf: Klebstoffe/Klebebänder, Kosmetik (Cosmed), Medical (Pflaster)

Maschinenbau
IWKA: Anlagentechnik, Produktionstechnik, Prozesstechnik, Verpackungstechnik

Medien
Bertelsmann: Bertelsmann Music Group, Bertelsmann-Springer, Gruner+Jahr, Endkundengeschäft (Direct Group), Industrie+Dienstleistungen (B-Arvato), Random House, RTL-Group

Metallwaren
WMF: Bestecke, Kaffeemaschinen, Objektgeschäft (Verkauf an Großabnehmer und professionelle Anwender)

Mode
Hugo Boss: Damen- und Herrenkollektion (Boss Man, Boss Women), Edelmarke (Baldessarini), Jugend-Kollektion (Hugo), Lizenzen (Schuhe und Parfüm)
Escada: Accessoires, Markenkleidung, Lizenzen
Strenesse: Accessoires-Linien, Duft-Linie, Herren-Kollektion, Jeans Kollektion, Strenesse Gabriele Strehle

Optotechnik
Jenoptik: Gebäude-Dienstleistungen (Clean Systems), Klimaanlagen, Reinraumsysteme, Optoelektronische Systeme (Photonics)
Zeiss: Halbleitertechnik, Industrielle Messtechnik, Medizintechnik, Optisch elektronische Geräte

Pharma
Altana: Chemie-Sparte, Pharma-Sparte
Schering: Diagnostika, Hormonprodukte (Frau), Spezialtherapeutika

Phototechnik
Agfa: Consumer-Imaging, Graphische Systeme

Reiseführer
Mair Du Mont: Elektronische Medien, Kartographie, Reiseführer

Rüstung
Rheinmetall: Automotive, Electronics, Defense

Software
SAP: Produzierende Industrie, Dienstleistungsunternehmen, Finanzdienstleistungen + öffentlicher Sektor

Spielzeug
Ravensburger: Bücher, Gesellschaftsspiele, Puzzle

Telekommunikation
Alcatel: Ausrüstungen für Festnetze, Ausrüstungen für Mobiltelefone, Bahnsteuerungs- und Verkehrstechnik, Private Kommunikation
Nokia: Mobiltelefone, Netzwerke

Unterhaltungselektronik
Sony: Elektronik, Filme, Finanzdienstleistungen, Musik, Spiele

Verkehrstechnik
Vossloh: Bahninfrastruktur, Bahntechnik, Dieselloks

Verpackung
Thimm: Consulting, Display, Print, Service, Verpackung

Werkzeugmaschinen
Gildemeister: Lasertechnik, Spanabhebende Werkzeugmaschinen

Zucker
Südzucker: Spezialitäten (Zucker-Austauschstoffe, Zusatzstoffe), Zuckergeschäft

Der Katalog erhebt keinen Anspruch auf Vollständigkeit. Er ist lediglich eine Moment-Aufnahme, die u.U. schon eine längere Zeit zurückliegt. Seine Informationsfunktion tritt deshalb hinter seiner pädagogischen Aufgabe zurück. Der Abschlussprüfer und sein Team sollen sich der Tatsache bewusst werden, wie groß die Dynamik innerhalb einzelner Geschäftsfelder sein kann und mit welchen wirtschaftlichen Spannungen zwischen Geschäftsfeldern man rechnen muss, mit Spannungen, die sich u.U. durch einen unternehmerischen Kraftakt (häufig „Besinnung auf das Kerngeschäft" genannt) entladen. Dass eine solche Entladung u.U. einen wesentlichen Einfluss auf den Jahresabschluss hat, darf an dieser Stelle nicht unerwähnt bleiben. Außerdem ist es nicht uninteressant, sich Gedanken darüber zu machen, in welcher Struktur die Vorräte der einzelnen Unternehmen wohl präsentiert werden.

Der Katalog soll den Abschlussprüfer darüber hinaus darin erinnern, wie wichtig es ist, dass er seine Kenntnisse über die Geschäftstätigkeit und das wirtschaftliche und rechtliche Umfeld des Unternehmens ständig aktualisiert, um in der Lage zu sein, dessen Stärken und Schwächen in der Auseinandersetzung mit den Wettbewerbern rechtzeitig zu erkennen (PEST-Analyse), und zu begreifen, dass System- und Dienstleistungsgeschäfte an Bedeutung gewonnen haben.

Im Übrigen kann man über Geschäftsfelder nicht sinnvoll sprechen, wenn man sie nicht in das unternehmerische Koordinatenkreuz von Zielen und Strategien einbinden kann. Man wird ihren Einfluss auf den Jahresabschluss nur verstehen, wenn es gelingt, in den vier Feldern (Wachstum, Stabilisierung, Reduktion und Trennung) diejenigen Geschäfts- und Kontrollrisiken zu kennzeichnen, die für die unterschiedlichen Phasen typisch sind. Und es ist kein Zufall, dass wir damit erneut auf das Gebot treffen, ein Verständnis für die Eigenarten eines Unternehmens zu gewinnen, „to obtain a knowledge", wie es die ISA 310 immer wieder mit großem Nachdruck fordern. „In performing an audit of the financial statements, the auditor should have or obtain a knowledge of the business sufficient to enable the auditor to identify and understand the events, transactions and practices that, in the auditor's judgement, may have a significant effect on the financial statements or on the examination or audit report. For example, such knowledge is used by the auditor in assessing inherent risk and control risks and in determining the nature, timing and extent of audit procedures." (TZ 2)

Das Studium von Geschäftsfeldern kann auch deshalb von Interesse sein, um Informationen, die man vom Management eines Unternehmens erhalten hat, abzusichern. Wenn z.B. Epcos den Rohstoff „Tantal" verwendet, könnte es von großer Bedeutung sein, sich zu erkundigen, wie der Hersteller bzw. Verwender dieses Stoffes (H.C. Starck) die Marktlage unter langfristigen Gesichtspunkten beurteilt. Etwas Ähnliches gilt für den Sektor des Gesundheitswesens und die dort agierenden Unternehmen Fresenius und Amgen, Gesellschaften, die beide Dialyse-Geräte herstellen und vertreiben.

Anlage 15	**Allianzen und Kooperationen**
	Zur prozessualen, grenzüberschreitenden und komplexen Bedeutung der Zusammenarbeit zwischen Unternehmen

1. Dynamik und Spannungen

Die Vielschichtigkeit von Allianzen und Kooperationen wird unter Punkt 2 im Einzelnen dargestellt. Ihr besonderes betriebswirtschaftliches Gewicht – geprägt von einem sich ständigen verschärfenden Wettbewerb – soll aber vorher anhand einiger Beispiele verdeutlicht werden.

a. Über die Warsteiner Brauerei Hans Cramer KG wurde berichtet: „Dem Geschäftsführer schweben strategische Allianzen in Europa mit jenen selbständigen Privatbrauereien vor, die ebenfalls nicht ihre Marken an die Braukonzerne verkaufen wollen. Mit der türkischen Efes-Getränkegruppe wurde vor wenigen Wochen ein Abkommen über den Vertrieb und die Produktion von Warsteiner in Russland geschlossen. Und in Frankreich arbeitet Warsteiner in der Distribution mit Scottish & Newcastle (Kronenbourg) zusammen." [1]

b. Bestimmte Unternehmen werden durch die besondere Innovationsdynamik geradezu gezwungen, strategische Allianzen einzugehen. Die Infineon Technologies AG veröffentlichte im Jahre 2002 (noch unter der Ägide von Ulrich Schumacher und der Herausgeberschaft von Herrmann Simon – Vorsitzender der Geschäftsführung von Simon, Kucher & Partners) in deutscher und in englischer Sprache einen Artikel, in dem die Strategie einer Gesellschaft vorgestellt wurde, die durch die Ausgliederung aus dem Siemens-Konzern entstanden war. Der Artikel behandelt: „Neue Wachstumschancen durch Unabhängigkeit, Die Chance der Krise: flexibler, schneller und effizienter zu werden, Rasante Innovationsdynamik, Systemlösungen gehört die Zukunft, Technologie- und Kostenführer Infineon und Strategische Allianzen: Mit Partnern gemeinsam zum Erfolg." [2] Wir zitieren aus dem letzten Kapitel: " 'Strategic Alliances: Success through Partnerships': In the long run, leadership in technology, system solutions and costs cannot be achieved alone. Our industry is simply too-capital-intensive – 35% of our revenue is invested today into plants, research and development. Risk sharing and common exploitation of growth opportunities in research and development with market leaders like Cisco, Ericsson, IBM, Nokia, Sony or Toshiba is becoming more crucial. The same can be said for chip production. A new semiconductor factory costs nowadays at least 2 billion euros – with increasing tendency. No single manufacturer can afford such investment alone and for long. Consequently, we have entered into strategic production alliances with Taiwanese manufacturers like ProMOS, Winbond and Nanya. By consistently taking advantage of its independence, Infineon has transformed itself from the Siemens semiconductor division into one of the worldwide leaders in chip manufacturing."

c. Häufig entstehen neue Modelle erst unter dem Druck nachlassender Erträge. So wird in der deutschen Baubranche z.B. eine Vertragsvariante unter der Bezeichnung „Bau-Team" praktiziert. „Dabei wird das Bauvorhaben nicht nur vom Bauherrn, dem Architekten und Projektsteuerer begleitet, sondern auch von den ausführenden Unternehmen, und zwar von der Entstehungsphase der Planung bis zur Übergabe des fertigen Bauwerkes." [3]

d. Eine Besonderheit in der Zusammenarbeit zwischen Unternehmen, mit der man zunächst gar nicht rechnet und die man deshalb auch leicht übersieht (denkt man da nicht unwillkürlich an das Entdeckungsrisiko?), kann auch darin bestehen, dass mit branchenfremden Partnern zusammengearbeitet wird. So wurde z.B. über den Philips Konzern, der unter der Leitung von Gottfried H. Dutiné ein konzernübergreifendes globales Marketing aufgebaut hat, berichtet: „Dutiné selbst ist eigentlich kein reiner Marketingexperte, sondern kommt von der Produktseite, die allerdings sehr konsumnah geprägt ist und ihn somit sensibel macht. Nicht umsonst unterstehen ihm die Geschäftsbereiche Licht, Unterhaltungselektronik und Hausgeräte, die rund 35 Prozent des Konzernumsatzes von rd. 35 Milliarden Euro auf sich vereinen. Dutiné ist fest davon überzeugt, dass durch neue Geschäftsmodelle selbst bei Alltagsprodukten wie dem Rasierer oder der Kaffeemaschine neue Faszination und damit Kaufinteresse geweckt werden kann. Ein gutes Instrument dafür sind Allianzen mit branchenfremden Partnern. Mit dem amerikanischen Sportmodehersteller Nike bieten die Niederländer Sport- und Fitnesskleidung mit tragbaren MP3-Playern oder Radio an. In den Vereinigten Staaten sind sie damit sehr erfolgreich. Nun kommen sie damit nach Europa. Für den Philips-Vorstand ist dies ein perfektes Beispiel, wie zwei Unternehmen mit total unterschiedlichen Produkten und Kulturen gemeinsam eine Marke pflegen (Co-Branding)." [4]

e. Über Allianzen und Kooperationen wird nicht nur in Großunternehmen nachgedacht. Auch der Mittelstand hat dieses Konzept zur Sicherung der Ertragslage aufgegriffen. „`Im Verbund können die Ressourcen optimal eingesetzt werden`", beschreibt Dieter Henkel, Vorstand der auf Beratung kleinerer und mittlerer Unternehmen spezialisierten Vossenkuhl Management Training (VMT) AG, die Vorteile einer Zusammenarbeit. Die Einsicht, dass das Ganze mehr ist als die Summe seiner Teile, machten sich auch die Unternehmenschefs mehrerer Metallbaubetriebe aus dem Norden zu eigen. Unter Mitwirkung der VMT knüpften Schraad Metallbau, Soetebeer Metallbau und Metallbau Fischer vor einigen Jahren ein mustergültiges Netzwerk und erleben seitdem eine neue Blütezeit. Von Fenstern und Fassaden über Brandschutz bis zur Integration von Solarzellen deckt der im vergangenen Jahr als beste Kooperation ausgezeichnete Metallverbund seither die komplette Produktpalette ab. Durch das Zusammenspiel hat sich die Auslastung der fünf Betriebe wesentlich verbessert, größere Aufträge werden an Land gezogen und trotz der Krise am Bau konnten alle Unternehmen ihre Kosten bei gleichzeitig dicker gewordenen Auftragsbüchern senken. Mit Umsatzrenditen zwischen 5 und 8 Prozent heben sich die Partnerfirmen des Netzwerkes zudem vom Branchenschnitt (2 bis 3 Prozent) ab." [5]

f. Die Übersicht über Allianzen und Kooperationen – unter Punkt 2 beispielhaft dargestellt - soll den Abschlussprüfer veranlassen, über bestimmte Zusammenhänge nachzudenken und ggf. gezielte Fragen zu stellen, auf die er in eigenverantwortlicher Durchführung seiner Arbeit entsprechende Antworten finden muss. Dabei ist zu beachten, dass die Prüfungs-Ziele letztlich aus den Standard-Dokumenten zur Analyse der Geschäfts- und Kontrolltätigkeit (KoBu-Doc / KoRi-Doc / KoCo-Doc) abzuleiten sind und dass bei der Verfolgung dieser Ziele (VEBBAG) ein sachgerechter Einsatz des Instrumentariums der Prüfungs-Technik (VA BENE) zum Einsatz kommen muss.

Die folgenden Fragen erheben keinen Anspruch auf Vollständigkeit und sind nach Maßgabe betrieblicher Eigenarten zu ergänzen.

I. Bestand
1. Welche Ziele verfolgt das Unternehmen mit der Zusammenarbeit und welche Strategien sollen zur Erreichung dieser Ziele eingesetzt werden ?
2. Welche Rechte und Pflichten sind für das Unternehmen mit der Zusammenarbeit verbunden und in welcher Weise wirken sich diese auf den Jahresabschluss aus ?
Wie ist insbesondere das Recht geregelt, die Zusammenarbeit mit dem Kooperationspartner beenden zu können ?

Anlage 15

3. Welche Risiken sind mit der Zusammenarbeit verbunden und wie wirken sich diese Risiken auf den Jahresabschluss aus?
4. Sind insbesondere alle mit der Zusammenarbeit verbundenen Erträge bzw. Aufwendungen und alle sonstigen finanziellen Verpflichtungen vollständig im Jahresabschluss erfasst und richtig ausgewiesen?
5. Sind alle im Rahmen der Kooperation hergestellten Produkte und absolvierten Leistungen als solche erfasst, korrekt bewertet und richtig ausgewiesen?

II. Veränderungen
Welche Veränderungen haben sich bei den Allianzen und Kooperationen seit der letzten Prüfung ergeben und wie wirken sich diese Veränderungen auf den Jahresabschluss aus?

III. Sonstige Aspekte
Gibt es Anhaltspunkte dafür, dass sich ein Partner mit dem Gedanken trägt, sich aus einer Kooperation zurückzuziehen? 6)
Welche Auswirkungen würden sich daraus für die zukünftige Entwicklung ergeben?
(Risiken und Chancen!)

2. Beispiele
Die folgende Tabelle erhebt keinen Anspruch auf Vollständigkeit und unbedingte Aktualität. Ihre Informationsfunktion tritt hinter ihrer pädagogischen Aufgabe zurück. Der Leser soll angehalten werden, sich Gedanken darüber zu machen, wie die Zusammenarbeit, die hier naturgemäß nur stichwortartig skizziert werden kann, im einzelnen aussehen und welchen Einfluss sie auf den Jahresabschluss der Partner haben könnte.

Unternehmen	Branche	Partner	Gegenstand der Zusammenarbeit	
Adidas	Sportartikel	Yohji Yamamota	Design	Hochpreisige Schuhe
BASF	Chemie	Procter & Gamble	F & E	Waschmittelzusätze
BMW	Automobile	Brilliance China Autom.	Herstellung	3er-Reihe
Boehringer	Pharma	Pfizer	Vermarktung	Atemwegspräparat
Buderus	Heizungsbau	International Fuel Cells	Entwickl. u. Vermarktung	Brennstoffzelle
Daimler-Chrysler	Automobile	Mitsubishi, Hyundai	Nutzfahrzeuge	Motoren
		Hyundai	Herstellung	4-Zyl. Reihen-Benzin-Mot.
Deutz	Motoren	Volvo	Herstellung	Schnelle Dieselmotoren
General Motors	Automobile	Ford	Herstellung	6-Gang Automatik-Getriebe
Hornbach	Baumarkt	Kingfisher	Gemeinsamer Einkauf	Günstige Eink.konditionen
Karstadt	Einzelhandel	Ergo, Dt. Telekom	Gem. Finanzdienste	Karten- und Rabattsysteme
Linde	Anlagenbau	BOC	Herstellung	Luftzerlegungsanlagen
Lego	Spielzeug	Microsoft	Produktentwicklung	Spielekonsole Xbox
Metro	Einzelhandel	Jinjiang (China)	Einzelhandel	Verkauf
		Marubeni (Japan)	Einzelhandel	Verkauf
Mineralbrunnen	Getränke	Karlsberg	Vertrieb	Wasser u. Süßgetränke
Morphosys	Biotechnik	Boehringer Ingelheim	F & E	Therapeutische Antikörper
Obi	Baumarkt	Haier (China)	Einzelhandel	Bau- und Handwerkerartikel
Oettinger	Brauerei	Krombacher	Herstellung	Abfüllung von Dosenbier
PSA Peugeot	Automobil	Ford, BMW, Fiat	Herstellung	Motoren u. Komponenten
Roche	Pharma	Chugai	Beteiligung	Chugai / Nippon Roche
RWE	Energie	Vaillant	F & E	Brennstoffzelle
SAP	Software	Hewlett-Packard	Vertrieb Mittelstandspaket „Business One"	Standard-Software
Schering	Pharma	Morphosys	F & E	Antikörper, In-Vivo-Diagn.
Warsteiner	Brauerei	Krombacher/Bittburger	Beteiligungs-Holding	Fachgroßhandel
		Efes (Türkei)	Herst. u. Vertrieb in Rußland	Bier
		Scottish & Newcastle	Distribution (France)	Bier

Der besondere Reiz dieser Tabelle liegt darin, dass sie die Vorteile einer prozessorientierten Betrachtungsweise offen legt. Sie lässt aber auch erkennen, dass die „Beobachtung der Wettbewerber" (eine in Kapitel II 1.1.2 beschriebene Managementfunktion) auch die Frage umfasst, welche Allianzen und Kooperationen geschlossen wurden und was die jeweilige Zusammenarbeit zum Gegenstand hat. (siehe Thema „Brennstoffzelle")

---

1 o.V.: Warsteiner sucht strategische Allianzen in Europa, in : FAZ 21.11.02, Nr. 271, S. 16
2 U. Schumacher: Strategie nach dem Spin-off – das Beispiel Infineon (Strategy after the Spin-off : The Infineon Case), in : FAZ 2.11.02, Nr. 255, S. 55
3 Chr. Harriehausen: Hochtief erprobt Kooperationen am Bau, in : FAZ 31.1.03, Nr. 26, S. 45
4 R. Köhn: Philips baut ein konzernübergreifendes globales Marketing auf, in : FAZ 18.11.02, Nr. 268, S. 21
5 o.V. : Großunternehmen mit der Flexibilität eines Mittelständlers, in : FAZ 24.2.03, Nr. 46, S. 19
6 Vgl. o.V.: Siemens überlegt Rückzug aus Kooperation mit Voith, in : FAZ 12.2.05, Nr. 36, S. 16

Anlage 16 „Das Minus im deutschen Autohandel macht mich nicht nervös."
(Konturen eines Autohauses)

Mit Burkhard Weller, dem geschäftsführenden Inhaber der Weller-Gruppe,
sprach Boris Schmidt.

(Das FAZ-Unternehmergespräch vom 2. Juni 2003 [1])

Er gehört zu den schillernden Figuren in der deutschen Automobilhandels-Branche: Burkhard Weller. Während allgemein über eine andauernde Flaute sowohl bei den Neu- als auch bei den Gebrauchtwagen geklagt wird, reiht der Osnabrücker einen Erfolg an den anderen. 20 Autohäuser gehören inzwischen zu seiner Gruppe, dazu die Motena GmbH, die über das Internet junge Gebrauchtwagen vertreibt.

Im vergangenen Jahr wurden knapp 313 Millionen Euro umgesetzt und dabei ein Jahresüberschuss von 5,1 Millionen Euro erzielt. Zusammen mit den Gebrauchtwagen verkauften die Weller-Betriebe im Jahr 2002 knapp 17.000 Fahrzeuge (davon 5.000 Neuwagen).

Für 2006 hat Weller das ehrgeizige Ziel ausgegeben, 30.000 Autos im Jahr abzusetzen und dabei drei Prozent Umsatzrendite zu erwirtschaften. Dazu beitragen sollen die VW/Audi-Betriebe von „Ludewig & Bechheim" (fünf Standorte, 50 Millionen Euro Umsatz), die im April übernommen worden sind. Außerdem werden bald in Bielefeld und Bremen zwei neue Toyota-Betriebe eröffnet. Weitere Übernahmen von BMW-Händlern schließt Weller nicht aus. Außerdem möchte er seinem Marken-Portfolio noch Peugeot beifügen, dann sei man komplett. Bisher beschränken sich Wellers Aktivitäten auf Nord- und Ostdeutschland, der Süden sei aber im Kommen, konkret geht es um ein Projekt in Reutlingen.

Der Erfolg des Neunundvierzigjährigen ist vielen nicht geheuer, doch Weller hat keine Gewinnformel für den Autoverkauf in schlechten Zeiten. Er sagt schlicht: „Arbeit und nochmals Arbeit, das führt zum Erfolg." Aus einem Toyota-Betrieb, den er im März 1979 in Osnabrück eröffnete, schuf er eine Autohaus-Gruppe, die offenbar keine Grenzen mehr kennt. Angefangen hat er mit einer Bürohilfskraft und einem Kraftfahrzeugmeister; schon 1979 verkaufte er 126 Autos, den ersten, einen Toyota-Corolla, noch am Eröffnungstag. Etwas Startkapital hatte Weller gespart, außerdem half Klaus Hellmann, der bis heute als stiller Teilhaber („im wahrsten Sinne des Wortes") die Hälfte der Gruppe besitzt.

Als Weller 1985 mit seinem ersten Betrieb an den jetzigen Standort wechselte, veranstaltete er eine Riesenparty. „Jetzt ist er völlig ausgeflippt, haben damals viele Leute gedacht", erzählt Weller heute. Dabei habe er nur damals das geboten, was auch heute noch sein Erfolgscredo sei: eine automobile Erlebniswelt. Das, was heute von vielen Marketing-Strategen als das A und O erachtet wird, hat Weller offenbar als einer der ersten erkannt. „Autohäuser waren einfach zu verstaubt", sagt er, „ich habe mich schon damals an Kaufhäusern orientiert. Die sind immer voll, und nicht deshalb, weil es dort billiger ist, sondern weil ein Erlebnis geboten wird." Ganz in diesem Sinne schreckt Weller auch vor ungewöhnlichen Aktivitäten nicht zurück. So hatte er zum Beispiel an einem Wochenende in seinem Autohaus einen Zirkus zu Gast. („Hat nur 3.000 DM gekostet; billiger kann Öffentlichkeitsarbeit kaum sein."). Oder er machte aus der Eröffnung seines Betriebes in

Leipzig eine Mega-Fete mit 6.700 Teilnehmern. „Zugegeben, dafür waren 750.000 DM eine Riesensumme, aber die Kunden haben noch Wochen und Monate über das Fest gesprochen. Heute ist der Standort Leipzig mit 60.000 qm von der Fläche her der größte Weller-Betrieb. Das Toyota-Lexus-Haus ist doppelt so groß wie das Stammhaus in Osnabrück.

Doch bei und mit Weller kann man nicht nur feiern, der Kunde darf auch gute Leistungen erwarten. Weller reklamiert für sich, schon 1979 erkannt zu haben, dass im Service die Zukunft der Auto-Branche liegt „Damals war ich praktisch dazu gezwungen. Die Toyotas der siebziger Jahre boten ja nichts; sie waren technisch veraltet und optisch langweilig, aber sie waren unkaputtbar." Wellers gute Arbeit dokumentiert sich heute in einem lokalen Toyota-Marktanteil von rd. 6,5% in Osnabrück; das ist mehr als doppelt so viel wie im Bundesdurchschnitt. Bei Toyota-Deutschland wurde man schnell auf den jungen, erfolgreichen Mann aufmerksam, der 1985 die beiden ersten Betriebe dazugekauft hatte und schon nach anderthalb Jahren in Osnabrück alleine war, obwohl zwei Autohändler vor ihm mit Toyota-Verträgen bedacht worden waren. Es war der damalige Toyota-Präsident, der Weller ermutigt hatte, sich in Leipzig zu engagieren. Dieser Betrieb hat unlängst bei einem Werkstättenvergleich der Zeitschrift „Auto-Bild" mit der Note 2 als bester Betrieb im Test abgeschnitten. „Sehen Sie", sagt Weller nicht ohne Stolz, „das ist gute Arbeit, und da dreimal anonym getestet wurde, sicher kein Zufall."

Der passionierte Segler (schon seit seiner Kindheit) verlangt sehr viel von seinen Mitarbeitern, versteht es aber auch, sie zu motivieren. Die Methoden, die Weller dabei anwendet, dürften Wehklagen bei den Gewerkschaften auslösen, doch der Erfolg spricht für ihn. Jeder Mitarbeiter der Weller-Gruppe kann sich eine Erfolgsprämie verdienen, auch der Buchhalter, wenn dieser es beispielsweise schafft, rechtzeitig Forderungen einzutreiben, oder dafür sorgt, daß bei Rechnungen an das Unternehmen kein Skonto verpasst wird. In der Werkstatt berechnen die Wellerschen Autohäuser immer stets den Stundensatz, den das Werk für eine Reparatur vorsieht. Sind es drei Stunden und der Mechaniker braucht 30 Minuten weniger, bekommt er eine halbe Stunde gutgeschrieben. „Wenn es optimal läuft, arbeitet er acht Stunden und bekommt zehn bezahlt."

Mechaniker können bei Weller auf 3.500 Euro im Monat kommen. Mitarbeiter, die mit schnellem und schludrigem Arbeiten Vorteile erzielen wollen, begegnet der Chef mit einem einfachen Mittel: Wird deshalb Nacharbeit fällig, wird sie dem Stundenkonto wieder abgezogen. Das alles lässt einen enormen Leistungsdruck vermuten, zumal die einzelnen Weller-Filialen in der Hauszeitung auch noch mit einem Ranking bedacht werden, damit jeder sehen könne, was sein Betrieb zum Wachstum der Gruppe beitrage. Doch Weller wiegelt ab. Er pflege eine hohe interne Firmenkultur, zu der es unter anderem gehöre, dass keine persönliche Kritik per E-Mail oder SMS versandt werden darf. „Das Gespräch darf niemals auf der Strecke bleiben." Neben den zusätzlichen monetären Reizen, die Weller seinen Mitarbeitern bietet, sind es Incentives, die das Arbeiten attraktiv machen sollen. Für dieses Jahr hat er 30 Formel 1-Reisen gebucht. Welche Abteilung antritt und dann schließlich gewonnen hat, wird gleichfalls in der Mitarbeiterzeitung berichtet.

Die hohe Unternehmenskultur, die sich Weller ganz groß auf seine Fahne geschrieben hat, hat er freilich nicht erfunden, sondern einst selbst erlebt als junger Verkäufer beim Schraubenhersteller Würth. [2] ‚Diese Firma hat wahnsinnig Spaß gemacht. Ich habe sie damals nur verlassen, weil mir der Aufstieg nicht schnell genug ging. Auch Würth ist es bis heute gelungen, trotz vervielfachter Umsätze und Mitarbeiterzahl nichts vom hohen Gut Firmenkultur preiszugeben." Für Weller zählt dazu neben dem persönlichen Umgang und den direkten Vorteilen eine ansprechende Arbeitsumgebung. „Der Mitarbeiter muss sich in seinem Büro wohl fühlen. Ist alles auf hohem Niveau, verhält er sich auch anders." Er selbst ist dabei Vorbild, stets leger, aber sehr vornehm und schick gekleidet, spürt man ihm den Erfolg nahezu an.

Ohne Zweifel hat Weller mit seinen Aktivitäten und Akquisitionen auch Glück gehabt. „Bisher ist es uns immer gelungen, übernommene Betriebe wieder in die Erfolgsspur zu bringen. Nicht sofort, aber spätestens nach 12-14 Monaten." Mittlerweile zahlen sich auch Synergieeffekte aus, durch die gemeinsame Buchhaltung und ähnliches. Zwar stünde jeder Betrieb für sich, aber kein Filialleiter müsse sich um Kredite kümmern, sondern könne sich ganz auf das Verkaufen konzentrieren.

Die momentane Flaute in deutschen Autohandel lässt Weller nahezu kalt. „Das allgemeine Minus im Autohandel macht mich nicht nervös", sagt er. „Die Automobilbranche verkauft in Deutschland im Jahr immer noch deutlich mehr als drei Millionen Neuwagen. Das wird immer vergessen. Wenn ich hier in Osnabrück im Jahr statt 1.000 nur 973 Autos verkaufe (der Neuwagenmarkt war 2002 mit 3,7 % im Minus), gefährdet das unsere Position kaum." Über das allgemeine Minus zu sprechen, sei bei den Führungskräften seiner Gruppe verpönt. „Es wird nach vorne geschaut und nicht zurück. Wer sich mit der allgemein schlechten Lage beschäftigt, fällt schnell in Lethargie." Und die kann Weller in seinem schnell wachsenden Imperium nicht gebrauchen.

Zur Person
Burkhard Weller wurde 1954 im westfälischen Herford geboren. Sein Vater war Automobil-Verkäufer und wollte, dass der Sohn Kraftfahrzeug-Mechaniker lernt. Nach drei Monaten in einem Opel-Autohaus in Bielefeld wurde aber auf eine kaufmännische Lehre im selben Betrieb umgesattelt. Nach Abschluss der Lehre wurde Weller Außendienstler bei der Schraubenfabrik Würth. Diese Zeit prägt ihn bis heute. Im März 1979 macht er sich mit einem Toyota-Autohaus selbständig. Seit 1985 expandiert Weller über Osnabrück hinaus. Heute gehören 20 Häuser zur Gruppe, weitere sollen folgen.

---

1 © Alle Rechte vorbehalten. Frankfurter Allgemeine Zeitung GmbH, Frankfurt. Zur Verfügung gestellt vom Frankfurter Allgemeine Archiv.
2 Vgl. o.V. : Namen & Nachrichten : Der Mäzen im Süden (Reinhold Würth), in : FAZ 29.11.03, Nr. 278, S. 15

Anlage 17 Erfassung von Unternehmens- und Marktdaten
(KoBu-Doc I)

„WELOS"

Themenkatalog	Erläuterungen
A. Das Unternehmen (The Entity) *I. Lage und Entwicklung des Unternehmens* 1. Basisdaten	Entwicklung einer Autohausgruppe aus einem in 1979 in O. eröffneten Toyota-Betrieb. Deutlich über dem Bundesdurchschnitt liegender lokaler Toyota-Anteil von 6,5%. Zur Zeit Betrieb von 20 Autohäusern. In 2002: Absatz von rd. 17.000 Fahrzeugen (davon 5.000 Neuwagen). Umsatz rd. Mio € 313, Jahresüberschuss rd. Mio € 5,1, Umsatzrendite 1,7%. Neuwagenmarkt in 2002 mit 3,2% im Minus. M-GmbH vertreibt junge Gebrauchtwagen über das Internet. Im April 2003 wurden die VW/Audi-Betriebe („L & B") (fünf Standorte, Mio € 50 Umsatz) übernommen. Regionale Schwerpunkte: Nord- und Ostdeutschland. Standort L. mit 60.000 qm der größte WELOS-Betrieb.
2. Analyse von für die Vermögens-, Finanz- und Ertragslage bedeutenden Einflussfaktoren (Trends) (Ggf. Hinweis auf den vorjährigen Prüfungsbericht)	Erfolgsfaktoren: Schaffung einer automobilen Erlebniswelt. Starke Betonung des Service-Gedankens. Ungewöhnliche Marketing-Aktionen.
II. Eigentümerstruktur, Führung und Überwachung 1. Gesellschaft(er) a. Gesellschaftsrechtliche Organisationsform einschließlich vollzogener oder geplanter Veränderungen (z.B. privat- oder öffentlich rechtlich) ggf. mit weiteren Präzisierungen. b. Eigentümer und nahe stehende Unternehmen oder Personen (z.B. Inländer, Ausländer, Mehrheitsbesitz, Streubesitz, Beteiligung der öffentlichen Hand, Konzernzugehörigkeit) 2. Leitung a. Geschäftsführendes Organ (Zusammensetzung, Reputation und Erfahrungen, Unabhängigkeit und Kontrolle der nachgeordneten Führungsebenen, Sitzungshäufigkeit, Existenz einer Unternehmensphilosophie und -politik, Risikoeinstellung, Wechsel externer Berater) b. Ziele und Strategien	 B.W. K.H. (Stiller Teilhaber) Hohe Firmenkultur, geprägt durch die persönlichen Erfahrungen des B.W. in seiner Ausbildungsstätte (Schraubenhersteller Würth) Automobile Erlebniswelt, Dienst am Kunden. Ziele für 2006: Absatz von 30.000 Fahrzeugen, Umsatzrendite von 3%. Strategie: Eröffnung von zwei Toyota-Betrieben in B. und in B. Ergänzung des Sortimentes durch Peugeot. Verstärkung der Verkaufsaktivitäten im Süden. Schnelle Integration der übernommenen Betriebe. Übernahme weiterer BMW-Händler im Gespräch. „Im Service liegt die Zukunft der Auto-Branche." Hohe Unternehmenskultur. Besondere Anforderungen an die Mitarbeiter.

Themenkatalog	Erläuterungen
c. Erfolgsabhängige Vergütungssysteme	Erfolgsprämien in Werkstatt und Verwaltung. Incentives in Form von Reisen.
d. Einflüsse auf die Berichterstattung des Unternehmens, insbesondere auf Jahresabschluss und Lagebericht. Problematik des „Financial Reporting Environment": Branchenspezifische Bilanzierungsmethoden und die Kontinuität ihrer Anwendung, Budgetbindung des Managements gegenüber Stakeholdern (Banken, Analysten etc.)	Es ist offen geblieben, welche Bindungen an den stillen Teilhaber bestehen.
3. Kontrolle a. Organisationsstruktur b. Kontrollbewusstsein und -umfeld	Ranking-System für die einzelnen WELOS-Filialen. Strenge Kontrolle der übernommenen Betriebe. Strenges Cash-Management sowohl im Einkauf als auch im Verkauf.
c. Projektmanagement	(In Anbetracht des o.a. Ranking-Systems ist es durchaus möglich, dass insbesondere die übernommenen Autohäuser vorübergehend im Rahmen eines Projektmanagements geführt werden.)
d. Management-Informationssystem e. Eingesetzte Informationstechnologie f. Nachgeordnete Führungsebenen (Reputation und Erfahrung, Fluktuation, Besetzung von Schlüsselpositionen im Finanz- und Rechnungswesen und Stellung dieser Personen im Unternehmen, besondere Entlohnungssysteme (z.B. gewinnabhängige Bonuspläne), Verwendung von Prognoserechnungen und Budgetierungssystemen, belastende Einflüsse, z.B. Arbeitsüberlastung, Dominanz einzelner Personen, zu enge Berichtsterminierung. g. Interne Revision h. Aufsichtsorgan und ggf. Bilanzausschuss	Absatz- und Ergebnisprognosen (auch für die übernommenen Autohäuser) Hoher Leistungsdruck auf den Mitarbeitern
III. Geschäftstätigkeiten 1. Art der Geschäftstätigkeit, z.B. produzierendes Gewerbe, Groß- bz. Einzelhandel, Finanzdienstleister, Import/Export 2. Produkte, Dienstleistungen und Absatzmärkte, z.B. Großkunden, bedeutsame Verträge, Zahlungsbedingungen, Gewinnspannen, Marktanteil, Wettbewerber, Preis- und Rabattpolitik, Marketingstrategie, Ruf der Produkte, Garantien, Auftragsbestand, Markttrends, Bedeutung des Auslandsgeschäftes, Produktionsprozess, Übergang zum System- und Servicegeschäft.	Einzelhandel mit Kraftfahrzeugen (Neu- und Gebrauchtwagen) einschließlich Service. Wesentliche Marken: Toyota, VW, Audi, BMW. Beim Werkstättenvergleich (durchgeführt von der Zeitschrift Auto-Bild) erhielt der WELOS-Betrieb in L. mit der Note 2 die beste Wertung. Ausgefallene Öffentlichkeitsarbeit in Form von exotischen Shows und großen Einladungen.
3. Beschaffungsmarkt, z.B. wichtige Zulieferer, langfristige Beschaffungskontrakte, besondere Beschaffungsrisiken, Zahlungsbedingungen, Bedeutung des Imports, besondere Zulieferungsverfahren wie just in time, Supply Chain Management Vorräte	Wichtige Zulieferer: Die großen KfZ-Hersteller, insbesondere Toyota. Besondere Kontakte zu Toyota-Deutschland. Neuwagen, Gebrauchtwagen, Ersatzteile, unverrechnete Leistungen (z.B. in der Werkstatt)
4. Produktions-, Vertriebs- und Verwaltungsstandorte	Hauptsitz in O. Autohäuser an verschiedenen Standorten, größter WELOS-Betrieb: Toyota-Lexus-Haus in L.
5. Forschung und Entwicklung 6. Personalbereich ggf. differenziert nach Standorten, z.B. Lohn- und Gehaltsniveau, Tarifverträge, Versorgungszusagen, arbeitsrechtliche Vorschriften	Offene Gesprächsrunde. Hoher Leistungsdruck, Erfolgsprämien, Firmenkultur, Motivation
7. Finanzierungsstruktur und -möglichkeiten, z.B. Finanzierungsquellen und -arten einschließlich Änderungen im Zeitablauf: Banken, Kapitalmarkt, Gesellschafter, Innenfinanzierung, Eigenkapital, Fremdkapital. 8. Eingesetzte Informationstechnologie einschließlich geplanter Änderungen 9. Rechtlicher Rahmen (bedeutsame rechtliche Anforderungen, Charakteristika des Gesetzgebungsverfahrens und hieraus resultierende Einflüsse, Besteuerung, besondere Rechnungslegungs- und Berichterstattungspflichten, Anforderungen an die Berichterstattung des Abschlussprüfers, Schutzvorschriften für die Adressaten von Jahresabschluss und Lagebericht. 10. Kooperationen und Allianzen	Einfluss durch die stille Teilhaberschaft von K.H.
11. Vollzogene oder geplante Beteiligungserwerbe bzw. Beteiligungsveräußerungen	Erwerb von VW/Audi Betrieben in 2003; Übernahme von BMW-Händlern im Gespräch.
12. Integration erworbener Beteiligungen	Nach bisheriger Erfahrung Umsetzung der Erfolgsstrategie in 12-14 Monaten.

Themenkatalog	Erläuterungen
13. Umstrukturierungen, z.B. Verschmelzungen, Stilllegung von Unternehmensteilen 14. Fremdwährungstransaktionen und auf Fremdwährung lautende Vermögenswerte und Verpflichtungen einschließlich Sicherungsgeschäfte, ggf. nach Währungen getrennt. 15. Patente, Lizenzen, Franchiseverträge 16. Outsourcing (z.B. der Buchhaltung) *IV. Geschäftsvorfälle (Wesentliche Gruppen)*	Der Einfluss der wesentlichen Geschäftsvorfälle auf den Jahresabschluss (Position und Aussage zur Rechnungslegung) ist im KoBu-Doc II dargestellt. (Anlage 18)
B. Branche (The Industry) Wichtige Umstände, die die Geschäftstätigkeit und das wirtschaftliche Umfeld des Mandanten beeinflussen. 1. Wettbewerbs- und Marktverhältnisse	Erhöhter Preis- und Rabattwettbewerb. Durch das Aufkommen so genannter „Auto-Meilen" (besondere Form der Erlebnisparks) hat sich die Wettbewerbssituation weiter verschärft.
2. Besondere Aspekte der Branchenkonjunktur in den für das Unternehmen relevanten Märkten, z.B. Branchenumsatz, Rentabilität, Produktionsleistung, Preis- und Lohnentwicklung, saisonale Schwankungen) 3. Veränderung der Produktionstechnologie einschließlich der Veränderungsgeschwindigkeit 4. Phase im Produktlebenszyklus 5. Besondere Branchenrisiken, z.B. hohe Bedeutung innovativer Technologien, Abhängigkeit von Änderungen des modischen Geschmacks, niedrige Markteintrittsbarrieren 6. Wachstums- oder Schrumpfungsbranche 7. Ungünstige Bedingungen (Rückgang der Nachfrage, Überkapazitäten, starker Preisdruck) 8. Position des Unternehmens in der Branche, z.B. Marktanteil, gewählte Marktstrategie 9. Besondere Bilanzierungsvorschriften und -probleme (siehe dazu die Ausführungen zum „Reporting Financial Environment" und die Übersicht über die Bestimmungsfaktoren für die Bedeutung von Geschäftsvorfällen) 10. Besondere rechtliche Rahmenbedingungen, z.B. Umwelterfordernisse und Umweltprobleme 11. Sonstige Besonderheiten, z.B. Tarifverträge, Finanzierungsmöglichkeiten und -usancen, Energieversorgung	Zurückhaltende Nachfrage sowohl bei Neu- als auch bei Gebrauchtfahrzeugen Hoher Rabattwettbewerb als Auswirkung der Kaufzurückhaltung der Kunden Ausgeprägter Rabattwettbewerb, Ausweitung der Kaufanreize Überdurchschnittliches Wachstum, günstige Ertragslage Besondere Bedingungen können aus der engen Partnerschaft mit Toyota entstehen.
C. Gesamtwirtschaftliche Rahmenbedingungen 1. Konjunkturelle Situation, z.B. Rezession, Wachstum 2. Zinsniveau 3. Geldentwertung	Die BRD pendelt zwischen Rezession, Stagnation und minimalem Wachstum. Niedriges Zinsniveau Geringe Inflationsrate
4. Wirtschaftspolitische Maßnahmen (Geldpolitik, Haushaltspolitik, Steuerpolitik, subventionspolitische Maßnahmen, sozial- und arbeitsmarktpolitische Maßnahmen) 5. Wechselkurse, Beschränkungen des Kapitalverkehrs	Die EZB bemüht sich erfolgreich um die Geldwertstabilität. Die Haushaltspolitik kollidiert regelmäßig mit dem Vertrag von Maastricht.

Anlage 18   Geschäftsvorfälle und ihr Einfluss auf den Jahresabschluss
KoBu-Doc II

„WELOS"

Gruppe wesentlicher Geschäftsvorfälle	Einfluss auf den Jahresabschluss		Lokalisierung der unternehmerischen Kontrolle
	Position	Aussagen zur Rechnungslegung	Geschäftsprozess
Verkauf (PkW)	Forderungen L+L / Umsatzerlöse Aufwendungen für bezogen. Waren / Vorräte Guthaben bei Kreditinstituten	V, B, G V, B, G V, B, G	Vertrieb (Auftragsabwicklung)
Aufbau und Einrichtung eigener Autohäuser - Erwerb von Grundstücken - Errichtung von Gebäuden - Ausstattung der Gebäude	Sachanlagen (Grundstücke) Sachanlagen (Gebäude) Sachanlagen (Betriebs- u. Geschäftsausstatt.) Verbindlichkeiten L+L Verbindlichkeiten geg. Kreditinstituten	V, B, G V, B, G V, B, G V, B, G V, B, G	Investition und Finanzierung
Erwerb fremder Autohäuser	Anteile an verb. Untern. / Beteiligungen Ausleihungen Verbindlichkeiten L+L Verbindlichkeiten geg. Kreditinstituten	V, B, G V, B, G V, B, G V, B, G	Investition und Finanzierung
Kauf von PKW	Vorräte Verbindlichkeiten L+L Verbindlichkeiten geg. Kreditinstituten	V, B, G V, B, G V, B, G	Einkauf (Materialwirtschaft)
Service - Inspektionen - Reparaturen - Ausleihungen (Vorführ-Kfz)	Vorräte (UL) / Material- u. Personalaufwand Vorräte (UL) / Material- u. Personalaufwand Vorräte	V, B, G V, B, G V, B, G	Vertrieb (Auftragsabwicklung)
Einstellung, Beschäftigung und Entlassung von Personal	Sonst. Verbindlichkeiten / Personalaufwand Verbindlichkeiten geg. Kreditinstituten Pensionsrückstellungen / Personalaufwand	V, B, G V, B, G V, B, G	Personalwirtschaft
Marketing-Aktionen	Sonstige betr. Aufwand / Verbindlichkeiten Verbindlichkeiten geg. Kreditinstituten	V, B, G V, B, G	Vertrieb (Marketing)

Anlage 19   Der persönliche Eindruck
Einschätzungen und Beurteilungen

Der Abschlussprüfer gewinnt seine Eindrücke durch Begegnungen mit Menschen, durch das Studium von Dokumenten und durch die Betrachtung von Sachen. Mit dieser Aussage werden bereits Konturen der Prüfungstechnik sichtbar.

1. Die Einschätzung von Menschen
Seit einigen Jahren erscheinen in der Frankfurter Allgemeine Zeitung (FAZ) Artikel, mit denen Persönlichkeiten und die von ihnen geleiteten Unternehmen der Öffentlichkeit vorgestellt werden. Da diese Beiträge auf Gesprächen beruhen, die Journalisten der FAZ mit Managern geführt haben, tragen die Artikel auch den Titel: „Das Unternehmergespräch" oder „Das FAZ-Gespräch". Der Verfasser hat sich intensiv mit diesen Reihen beschäftigt und dabei festgestellt, dass sie in hervorragender Weise geeignet sind, deutlich zu machen, wie stark Gesellschaften von Unternehmern – ihren Zielen, ihren Strategien und ihrer Risikobeurteilung - geprägt werden, und dass im Grunde nur ganz wenige Informationen – in einem persönlichen Gespräch gewonnen – ausreichen, um sich eine erste Vorstellung von den Feldern zu machen, auf denen sich Menschen und Unternehmen bewegen.

Es ist besonders interessant, festzustellen, dass man beim Studium der Artikel sehr schnell beginnt, die Gesprächssituation auf die Arbeitswelt des Abschlussprüfers zu übertragen (man muss lernen, Gespräche zu führen!), die einzelnen Informationen über Produkte, Kunden, Wettbewerber, Länder und Ergebnisse auf einen Jahresabschluss zu beziehen (der hier zwar nur am Rande zur Diskussion steht, aber dessen Konturen doch ganz deutlich sichtbar werden) und zu versuchen, die Unternehmer selbst nach ihren Prinzipien und nach ihren Fähigkeiten, nach ihrer Markteinschätzung und nach ihrer Menschenführung zu beurteilen, kurz: sie auf ihre Qualität hin auszuloten (und Qualität beinhaltet auch Seriosität), und sich Gedanken darüber zu machen, in welcher Weise eine (auch gesellschaftsrechtlich geprägte) Umgebung ihr Verhalten beeinflusst und welchen Stellenwert ein Jahresabschluss für sie hat.

Die oben erwähnten Artikelreihen lassen erkennen, dass es sehr kompliziert ist, Persönlichkeiten – plakativ beschrieben als

- der „Bodenständige" (Wendelin Wedekind/Porsche) [1],
- der „Durchstarter" (Wulf Bernotat/Eon) [2],
- der „Langläufer" (Ullrich Lehner/Henkel-Gruppe) [3],
- der „unerschütterliche Optimist" (Gerhard Pegam/Epcos) [4],
- der „Sparsame" (Adolph Merckle/Merckle-Gruppe) [5],
- der „Teamarbeiter" (Gerard Kleisterlee/Philips) [6],
- der „junge Wilde" (Franz Fehrenbach/Bosch) [7] oder
- der „Zahlenmensch" (Ulf Schneider/Fresenius)

richtig einzuordnen und eine Antwort auf die Frage zu finden, in welcher Weise Herkunft und Fachkenntnis ihre Einstellung zum Jahresabschluss bestimmen. Es ist vorrangige Aufgabe des Abschlussprüfers, diese Einstellung frühzeitig „einzuschätzen".

Im Rahmen des in diesem Handbuch vorgestellten Prüfungskonzeptes, das genaue Kenntnisse über die Geschäftstätigkeit sowie das wirtschaftliche und rechtliche Umfeld des zu prüfenden Unternehmens verlangt, muss der Abschlussprüfer (mehr als dies früher der Fall war) Kontakte zu Personen auf allen Ebenen der Unternehmenshierarchie suchen und die dort gewonnen Erfahrungen im Rahmen einer Teamarbeit verwerten. Dabei gehört es zu den existenziellen Tugenden eines Wirtschaftsprüfers, festzulegen, wann Vertrauen möglich und wann Skepsis geboten ist. Absolute Sicherheit wird es auch hier nicht geben. Insofern ist die vom IDW immer wieder propagierte „kritische Grundhaltung" stets zu bewahren.

2. Die Beurteilung von Sachen, Vorgängen und Dokumenten

Neben dem persönlichen Eindruck von Personen muss sich der Abschlussprüfer auch „vor Ort" einen persönlichen Eindruck von Sachen und von betrieblichen Abläufen verschaffen, in die sie integriert sind. Vor allem junge Mitarbeiter können sich oft keine Vorstellung davon machen, welche Eindrücke dann entstehen, wenn man unmittelbar vor den Dingen steht, vor Gegenständen, die sich zunächst nur in „leeren" Zahlen niedergeschlagen haben. Mengen und Werte, die sie später im Jahresabschluss wiederfinden, müssen mit den Kategorien übereinstimmen, über die sie sich vor Ort eine eigene Meinung gebildet haben. Hier spielen

- der *Zustand* von Gebäuden und Maschinen,
- die *Reibungslosigkeit* technischer Prozesse,
- die *Größenordnung* und *Verfassung* von Anlagen,
- die *Vollständigkeit, Beschaffenheit und Reifegrade* von Vorräten, aber auch
- das *Eigentum* an diesen Gegenständen

eine wesentliche Rolle. (Abschlussaussagen und Prüfungsziele : VEBBAG !)

Der Eindruck von Sachen wird durch Gespräche mit den verantwortlichen Personen wesentlich verstärkt. Auch unter diesem Aspekt ergibt sich für den Abschlussprüfer die Notwendigkeit, den betrieblichen Kontakt zu den handelnden Personen regelmäßig herzustellen.

---

1 S. Preuß: „Ohne Konkurrenz ist man doch auf einer einsamen Insel." (Das FAZ-Gespräch mit Wendelin Wiedekind, dem Vorstandsvorsitzenden der Dr.Ing. h.c. F.Porsche AG), in : FAZ 25.11.03, Nr. 274, S. 14
2 B. Koch / W. Sturbeck: „Anders als einige Wettbewerber haben wir uns mit unseren Investitionen nicht verausgabt." (Das FAZ-Gespräch mit Wulf Bernotat, dem Vorstandsvorsitzenden des Eon-Konzerns), in : FAZ 1.10.03, Nr. 238, S.16
3 B. Koch: "Wie in einer guten Ehe sollten die Partner freiwillig zusammenkommen." (Das FAZ-Gespräch mit Ulrich Lehner, dem Vorsitzenden der Geschäftsführung der Henkel KGaA), in : FAZ 9.3.04, Nr. 58, S. 14

4 J. Herr: *"2003 wird vielleicht nur moderat besser."* (Das FAZ-Gespräch mit Gerhard Pegam, dem Vorstandsvorsitzenden des Bauelementeherstellers Epcos), in : FAZ 9.10.02, Nr. 234, S. 15
5 S. Preuss / M. Roth: *„Analysten und Ratingagenturen halten Vorstände vom Arbeiten ab."* (Das FAZ-Gespräch mit Adolf Merckle, dem Heidelcement-Großaktionär und Eigentümer von Ratiopharm und Phönix Pharmahandel), in : FAZ 17.2.04, Nr. 40, S. 13)
6 R. Köhn: *„Auf unserer Agenda steht jetzt das Wachstum."* (Das FAZ-Gespräch mit Gerard Kleisterlee, dem Chief Executive Officer von Philips), in : FAZ 23.3.04, Nr. 70, S. 17
7 S. Preuss: *„Wir stehen vor einer neuen Stufe der Globalisierung."* (Das FAZ-Gespräch mit Franz Fehrenbach, dem Vorsitzenden der Geschäftsführung der Robert Bosch GmbH), in : FAZ 18.10.03, Nr. 242, S. 15

Anlage 20 — Geschäftsrisiken und ihr Einfluss auf den Jahresabschluss
(KoRi-Doc)

„WELOS"

Art	Relevanz Bj.	Geschäftsrisiko Einfluss auf den Jahresabschluss		Lokalisierung der unternehmerischen Kontrolle Geschäftsprozess
		JA-Position	Aussagen zur RL	
Abhängigkeit von Toyota				
- Kündigung des Vertriebsvertrages	nein			Vertrieb
- Margenverlust (Bruttospanne)	ja	Vorräte	Genauigkeit	Einkauf
- Margenverlust (Präsentation)	ja	Sachanlagen	Vollständigkeit	Invest. / Finanz.
Ertragspotential der übernommenen Autohäuser				
- personelle und technische Schwächen	ja	Anteile / Beteil.	Bewertung	Invest. / Finanz.
- Zuschüsse		Rückstellungen	Vollständ./Bewertg.	
Finanzkraft (mangelnde Kreditfähigkeit zur Finanzierung des Wachstums)	ja	Verb. Kreditinstit. Verbindlichkeiten	Vollständigkeit Vollständigkeit	Invest. / Finanz. Invest. / Finanz.
Gewährleistung	ja	Rückstellungen	Vollständigkeit, Wert	Werkstatt / RW
Kreditgewährung (Risiko von Forderungsverlusten)	ja	Forderungen L+L	Bewertung	Credit-Controlling
Nachfrage nach PKW				
- Markenbindung: Nachlassende Qualität der Autos	ja	Vorräte Rückstellungen	Bewertung Vollständigkeit, Wert	Verkauf Verkauf, RW
- Veränderungen bei Typen, Design, und Technologien	ja	Vorräte	Bewertung	Verkauf
- Preisbewusstsein der Käufer				
- Trend zum Kleinwagen und zu Billigmarken	ja	Vorräte	Bewertung	Verkauf
- Rabattaktionen und kostenlose Sonderleistungen	ja	Vorräte Forderungen	Bewertung Genauigkeit	Verkauf Verkauf / RW / BH
Wettbewerbslandschaft (Megadealer, Themenhändler, Automeilen, Leasing-Gesellschaften, Internet-Marktpl.)	ja	Vorräte	Bewertung	Verkauf
Standortbedingungen (Einfluss der Kommunalpolitik auf die Wohn- und Gewerbestruktur)	nein			Invest. / Finanz.
Personal (mangelhafte Ausbildung und hohe Fluktuation)	nein			Personal-Abtlg.
Politik (Gravierende Erhöhung der Benzinpreise, EU-Richtlinien zum KfZ-Vertrieb)	nein			Vertrieb
Währungskurse (Verluste bei Ein- oder Verkauf von PKW und Komponenten)	nein			Verkauf/Einkauf/RW

Anlage 21 **Abwicklungsstufen**
(Kontrollkategorien im Verkaufsprozess „WELOS")

Vorgang (beispielhafte Aufzählung)	Art
Auftragseingang bei WELOS	
Auftragserfassung	
Prüfung des für Tecno gültigen Netto-Preises	Abstimmung
Kontrolle der Bonität des Kunden Tecno	Befragung
Auftragsfreigabe	Genehmigung
Bestellung des für Tecno bestimmten PKW bei der BMW AG	Ermächtigung
Auftragsbestätigung durch BMW und Abgleich mit den Tecno-Auftragsdaten	Abstimmung
Erstellung der für Tecno bestimmten Auftragsbestätigung	
Kontrolle der Auftragsbestätigung und Freigabe durch die WELOS-Verkaufsleitung	Genehmigung
Versand der Auftragsbestätigung an Tecno	
Aktualisierung des Auftragsbestandes (Auftragszugang bei WELOS) und GF-Vorlage	Durchsicht
Kontrolle der Lieferzeit (Abgleich mit BMW-internen Daten)	Überwachung
Anlieferung des für Tecno bestimmten BMW und Kontrolle der Lieferdaten	Durchsicht
Eingang der Lieferantenrechnung (BMW) und Prüfung der Daten (Grundpreis, Rabatt, Bonus)	Durchsicht
Buchung des Lagerzugangs anhand des kontrollierten Lagerscheines	Zugangsberechtigung
Autorisierte Buchung der Lieferantenrechnung	Zugangsberechtigung
Abgleich der erhaltenen Lieferscheine mit den gebuchten Lieferantenrechnungen	Abstimmung
Einbeziehung der gebuchten Verbindlichkeit in die Fälligkeitsstruktur der Verbindl. L+L	
Erstellung eines für Tecno bestimmten Lieferscheines und Aushändigung des Wagens	Übergabe
Erstellung einer an Tecno gerichteten Rechnung und Kontrolle d.d. WELOS-Verkaufs-Abtlg.	Abstimmung
Vergleich der von WELOS erstellten Lieferscheine mit den Ausgangs-Rechnungen	Abstimmung
Versand der Rechnung an Tecno	
Autorisierte Buchung der durch die Verkaufsleitung kontrollierten Rechnung an Tecno	Zugangsberechtigung
Vergleich der von WELOS versandten und gebuchten Rechnungen	Abstimmung
Einbeziehung der an Tecno gerichteten Rechnung in die Fälligkeitsstruktur der Forderungen	
Autorisierte Buchung des Lagerabgangs anhand des für Tecno bestimmten Lieferscheines	Zugangsberechtigung
Aktualisierung des Auftragsbestandes (Auftragsabgang bei WELOS)	
Kontrolle der offenen Forderung an Tecno, ggf. Saldenbestätigung und ggf. Mahnung	Überwachung
Zahlung des Rechnungsbetrages durch Tecno (per Banküberweisung)	
Vergleich des Geldeingangs mit dem Rechnungsbetrag	Abstimmung
Autorisierte Ausbuchung der Forderung an Tecno und Einbuchung des Geldeingangs	Zugangsberechtigung
Autorisierte Zahlung der BMW-Lieferantenrechnung (per Banküberweisung)	Funktionstrennung
Autorisierte Ausbuchung der Lieferantenverbindlichkeit und Kreditierung des Bankkontos	Zugangsberechtigung

Anlage 22, 23

Anlage 22   Stützung von Abschlussaussagen durch wirksame Kontrollen
(Verkaufsprozess „WELOS")

Vorgang (beispielhafte Aufzählung)	Forderungen	Vorräte	Verbindlichkeiten
Auftragseingang bei WELOS			
Auftragserfassung			
Prüfung des für Tecno gültigen Nettopreises			
Kontrolle der Bonität des Kunden Tecno	Bewertung		
Auftragfreigabe			
Bestellung des für Tecno bestimmten PKW bei BMW			
Auftragsbestätigung durch BMW und Datenabgleich (Tecno)			
Erstellung der für Tecno bestimmten Auftragsbestätigung			
Kontrolle der Auftr.best. und Freigabe d.d. Verkaufsleitung			
Versand der Auftragsbestätigung an Tecno			
Aktualisierung des Auftragsbestandes (Zugang) bei WELOS			
Kontrolle der Lieferzeit (Abgleich mit BMW-Daten)			
Anlieferung des für Tecno bestimmten BMW (Kontrolle)			Bestand
Eingang der Lieferantenrechnung (BMW) und Kontrolle			Genauigkeit
Buchung des Lagerzugangs anhand des Lagerscheines			
Autorisierte Buchung der Lieferantenrechnung			Eigentum, Ausweis
Abgleich der erhalt. Liefersch. m.d. Liefer.rechnungen			Vollständigkeit
Einbeziehung der gebucht. Verb. in die Fälligkeitsstruktur			
Erstellung eines Lieferscheines und Übergabe an Tecno	Bestand		
Erstellung einer Rechnung f. Tecno und Kontrolle	Genauigkeit		
Vergleich der Lieferscheine mit den Ausgangs-Rechnungen	Vollständigkeit		
Versand der Rechnung an Tecno			
Buchung der kontrollierten Rechnung an Tecno	Ausweis		
Vergleich der versandten und gebuchten Ausg.-Rechnungen	Vollständigkeit		
Einbeziehung der Rechnung i.d. Fälligkeitsliste (Forderung)			
Buchung des Lagerabgangs anhand des Lieferscheines			
Aktualisierung des Auftragsbestandes (Abgang) bei WELOS			
Kontrolle der offenen Forderung an Tecno	Bewertung		
Zahlung des Rechnungsbetrages durch Tecno			
Vergleich des Geldeingangs mit dem Rechnungsbetrag			
Ausbuchung der Forderung und Buchung des Geldeingangs			
Autorisierte Zahlung der BMW-Lieferantenrechnung			Bestand
Autorisierte Ausbuchung der Lieferantenverbindlichkeit			

Anlage 23   Kennzahlen
Zu branchentypischen Maßstäben für Geschäftsentwicklung, Leistung und Erfolg

1. Die Bedeutung von Leistungskennziffern

Um die Bedeutung von Leistungskennziffern für den Abschlussprüfer richtig zu verstehen, muss man sich Folgendes verdeutlichen: Die Geschäftsführung formuliert bestimmte Unternehmensziele (z.B. Umsatzwachstum, Verbesserung des Jahresergebnisses, Erhöhung der Eigenkapitalrentabilität, Schuldenabbau etc.). In diesem Zusammenhang werden die einzelnen Unternehmensbereiche (z.B. Geschäftsfelder) bzw. Abteilungen (z.B. Einkauf, Vertrieb) aufgefordert, ihre spezifischen Beiträge zur Erreichung der Unternehmensziele zu leisten. Es werden ihnen also individuelle Ziele (Ziele auf Prozess-Ebene) vorgegeben. Dabei wird es auch von Bedeutung sein, ob und ggf. in welchem Umfang so genannte Quersubventionen gestattet sind oder nicht.[1]

Die Geschäftsführung hat ein fundamentales Interesse daran, zu kontrollieren, in welchem Umfang diese Prozess-Ziele erreicht wurden, und mittels einer Abweichungsanalyse zu erfahren, aus welchen Gründen vorgegebene Werte überschritten oder unterschritten wurden. Sie muss diese Gründe kennen, weil sie Maßnahmen treffen wird, um Abteilungen „auf Kurs" zu halten (auch Budgetüberschreitungen können gelegentlich ein Problem darstellen!), und weil sie sich ihrerseits gegenüber bestimmten Aufsichtsgremien rechtfertigen muss.

Damit die Kontrolle wirksam ist, werden Maßstäbe entwickelt. Diese Maßstäbe finden in der Regel in Leistungskennziffern ihren Niederschlag. Veränderungen dieser Kennziffern und ihre Darstellung im Zeitablauf eignen sich in besonderer Weise, um „Leistungen" zum Ausdruck zu bringen, aber auch um „Fehlentwicklungen" zu signalisieren. Dies gilt hauptsächlich für das interne Berichtswesen, aber auch (bei sensiblen Daten sicherlich in eingeschränkter Form) für das externe Reporting.

Im Allgemeinen sind bekannt:

Der Abschlussprüfer muss wissen, mit welchen Kennziffern im Unternehmen gearbeitet wird. Ihre Entwicklung symbolisiert Stärken oder Schwächen einzelner Bereiche, sie kann aber auch signalisieren, wo und aus welchen Gründen die Geschäftsführung vermutlich „Anpassungsmaßnahmen" treffen wird. Diese Maßnahmen können auch Ausdruck für „Bilanzpolitik" sein. (Problematik des so genannten "Financial Reporting Environment".)

Bereich	Kennziffer
Vertrieb	Bruttomargen
Einkauf	Anteil mangelhafter Bezüge
Herstellung	Ausschuss
Forschung und Entwicklung	Anteil marktfähiger Produkte
Credit-Controlling	Umfang der Forderungsverluste

2. Kennzahlen (Beispiele aus der Praxis)

Themen Beispiele	Position Beispiele	Aussage Beispiele
Allgemein	Kennzahlen im Controlling: Termintreue, Reklamationen, Durchlaufzeiten	Allgemein
Auslieferungen	Auslieferungen von Kraftfahrzeugen an die Händler	Automobilindustrie
Alter der Produkte	Umsatzanteil von Produkten, die unter ... Jahre alt sind.	Allgemein
Auftragsgröße	Prozent der Aufträge mit einem Volumen von über ... €	Software
Auslastung	Auslastung der Produktion	Allgemein
Ausstoß	Verwertbarer Anteil des Chipausstoßes	Chip-Industrie
Belegung	Durchschnittliche Zimmerbelegung	Hotel
Bestellvolumen	Durchschnittliches monatliches Bestellvolumen	Triebwerkskomponenten
Book-to-bill-ratio	Verhältnis von Auftragseingang zu Umsatz	Allgemein
Entwicklungszeiten	Entwicklungszeiten für neue Produkte	Allgemein
Externe Dienstleistungen	Anteil externer Dienstleistungen am Forschungsbudget	Pharma-Industrie
Flächenproduktivität	Umsatz pro qm Verkaufsfläche	Einzelhandel
Forschung u. Entwicklung	Anteil der F & E am Umsatz	Allgemein
Gewinnschwelle	Fertigungsvolumen, bis die Gewinnschwelle erreicht wird.	Verkehrstechnik
IT-Kosten	IT-Kosten in Prozent vom Umsatz	Allgemein
Kundenzahl	Kundenzahl pro Standort	Einzelhandel
Liefertreue	Produktions- und Liefergeschwindigkeit	Optische Industrie
Margen	Operative Marge	Allgemein
	Spezialkennziffern	
Marketing-Kosten	Anteil der Kosten für Marketing und Vertrieb am Umsatz	Pharma-Industrie
	Anteil von Werbung, Sponsoring, Messeauftritten und verkaufsbegleitenden Maßnahmen	Elektronik
Markterreichung	Anteil von Substanzen, die in die vorklinische Prüfung gehen und den Markt erreichen	Pharma-Industrie
Patentschutz	X % der umsatzstärksten Produkte haben bis zum Jahre 2xxx Patentschutz	Pharma-Industrie
Synergien	Realisierung von Einsparpotentialen und Zusatzerträgen aus Fusionen	Allgemein
Technischer Vorsprung	Die im Markt befindlichen Produkte haben einen technischen Vorsprung von x Jahren	Allgemein
Umsatz	Pro Produktgruppe	Allgemein
	Pro Standort	Einzelhandel
Vorbestellungen	X % der Vorbestellungen werden zu Umsatz	Textilindustrie
Wertschöpfung	Wertschöpfungsanteil der Zulieferindustrie	Automobilindustrie

Allgemeines

In einer (allerdings schon einige Jahre zurückliegenden) Studie hat das Fraunhofer Institut für Systemtechnik und Innovationsforschung untersucht, welche Kennzahlen im Controlling verwendet werden. Dabei ergab sich unter Berücksichtigung von Mehrfachantworten das folgende Bild (in Prozenten): Termintreue (50), Kundenreklamation (44), Umsatz (43), Qualitätskennzifffern (41), Output/Stück (37), Vorgabezeit (34), Durchlaufzeit (30), Rüstzeiten (20), Maschinenverfügbarkeit (19), Wertschöpfung (15).

Die Studie macht darauf aufmerksam, dass viele Unternehmen dazu neigen, „an traditionellen Systemen des Controlling und der Kostenrechnung" festzuhalten. Damit seien drei „schwerwiegende Probleme" verbunden. „(Erstens) Kostenrechnungssysteme, die Gemeinkostenzuschläge mit mehreren hundert Prozent nach dem 'Gießkannenprinzip' verteilen und so dezentrale Initiativen zu einer geringeren Inanspruchnahme von 'Overhead-Kosten' nicht honorierten. Zweitens vernachlässige das traditionelle Controlling strategisch wichtige, externe Zielgrößen der Märkte (Time to Market). Schließlich fehlten den dezentralen Organisationseinheiten auch noch geeignete Kennzahlen zur Selbststeuerung (Termintreue, Durchlaufzeiten), da die herkömmlichen Controllingsysteme zu einseitig auf monetäre Werte fixiert seien." (o.V.: Wenn Gemeinkostenzuschläge mit der „Gießkanne" verteilt werden, in: FAZ 28.2.00, Nr. 49, S. 34) Der Abschlussprüfer, der eine bestimmte „Performance" beurteilen muss, wenn er z.B. zu bestimmten Äußerungen der Geschäftsleitung im Lagebericht Stellung nimmt, muss sich dieser Probleme bewusst sein und ggf. auf neue Formulierungen drängen, wenn „Aussagen" missverständlich formuliert sind. „Aussagen" prägen also nicht nur den Jahresabschluss, sondern auch den Lagebericht. (VEBBAG und VA BENE).

Auftragsgröße

Mitte 2003 wurde über SAP berichtet: „(Vorstandssprecher Henning) Kagermann beklagte außerdem, dass die durchschnittliche Größe der Aufträge weiter sinkt. Vor einem Jahr hätten noch 42 Prozent der Projekte einen Umfang von mehr als drei Millionen Euro gehabt, mittlerweile sei dieser Wert auf 27 Prozent gesunken." (o.V.: SAP macht im Quartal weniger Umsatz und mehr Gewinn, in: FAZ 18.7.03, Nr. 164, S. 14) Der Abschlussprüfer wird Tendenzen dieser Art zum Anlass nehmen, nicht nur ausgewiesene Margen einer besonderen Kontrolle zu unterziehen (VA BENE), sondern sich auch Gedanken darüber zu machen, ob der Grundsatz der verlustfreien Bewertung bei den Vorräten konsequent beachtet wird (VEBBAG).

Bestellvolumen

Während das eine Unternehmen von „Auftragsgröße" spricht, gehört beim anderen Unternehmen (vermutlich im Rahmen einer branchentypischen und gewachsenen Terminologie) das „durchschnittliche monatliche Bestellvolumen" zur Gruppe wichtiger Kennzahlen. So wurde z.B. im März 2002 von der MTU Aero Engines GmbH, München berichtet: „Vor allem im Geschäftszweig `Zivile Neubeschaffung´ hatte MTU in den vergangenen Monaten zu kämpfen. So ging das durchschnittliche monatliche Bestellvolumen in den Monaten September bis Dezember auf 60 Millionen Euro zurück. Bis Ende August hatte MTU noch Auftragseingänge von 125 Millionen im Monat registrieren können." (o.V.: MTU rechnet nach Rekordjahr mit einem Umsatzrückgang, in: FAZ 8.3.02, Nr. 57, S. 20) Wenn der Vorstand eines Unternehmens von einer solchen Entwicklung spricht und gleichzeitig andeutet, dass das Umsatzvolumen auf ein bestimmtes Niveau sinken wird, dann wird es im Rahmen der Jahresabschlussprüfung Aufgabe des Abschlussprüfers sein zu beurteilen, ob der „ausgewiesene" Umsatz mit der skizzierten Geschäftsentwicklung „in Einklang steht." (VA BENE)

Book-to-Bill-Ratio

Als Ende 2003 Prognosen über die Marktentwicklung von Druckmaschinen angestellt wurden, wurde u.a auch über die Lage bei „HeidelDruck" berichtet: „Weltmarktführer Heidelberger Druckmaschinen hat beim Auftragseingang die 'magische Marke' (Vorstandschef Bernhard Schreier) von einer Milliarde Euro im zweiten Quartal überschritten. Das ist zwar rund ein Drittel weniger als vor zwei Jahren, aber trotzdem eine nicht zu verachtende Größenordnung. Auch der Quartalsumsatz legte zu. Ein gutes Zeichen: Die sogenannte Book-to-Bill-Ratio – das Verhältnis von Auftragseingang zu Umsatz – ist bei den Heidelbergern größer als eins. Und das schon zwei Quartale hintereinander. Erst die nächsten Monate werden allerdings zeigen, ob sich diese Entwicklung stabilisiert, heißt es aus Heidelberg." (o.V.: Druckmaschinenhersteller sehen Anzeichen für eine Verbesserung, in: FAZ 17.11.03, Nr. 267, S. 16) Mit der Neufassung des § 289 HGB, der vorschreibt, dass in eine Analyse „die für die Geschäftstätigkeit bedeutsamsten finanziellen Leistungsindikatoren einzubeziehen" sind, ist auch der Abschlussprüfer stärker gefordert, weil er nicht nur die Ermittlung der Indikatoren prüfen, sondern auch beurteilen muss, ob das präsentierte „Netz" von Indikatoren in sich schlüssig ist (VA BENE).

Entwicklungszeiten

Wenn ein Unternehmen mit einem verstärkten Wettbewerb konfrontiert wird, dann versucht es u.U. auch, durch eine Verkürzung der „Entwicklungszeiten" verlorenes Terrain zurückzugewinnen. Da diese Kategorie vorrangig in technischen Bereichen Anwendung findet, ist man überrascht, wenn auch Unternehmen der Sportartikelbranche in diesen Dimensionen denken. So wurde z.B. in 2001 über Adidas berichtet: „Neben der Wende in Amerika steht bei Adidas in diesem Jahr die interne Kostensenkung im Vordergrund. Die operativen Kosten sollen weiter gesenkt, der Lagerbestand abgebaut und die Entwicklungszeit neuer Produkte von 18 auf neun Monate halbiert werden." (o.V.: Adidas will den Umsatzeinbruch in Nordamerika stoppen, in: FAZ 9.3.01, Nr. 58, S. 19) Dieses Beispiel zeigt, wie wichtig es für einen Abschlussprüfer ist, sich mit den in einem Unternehmen verwendeten Kennzahlen zu beschäftigen (VA BENE) Man spürt aber auch zugleich, dass man Kennzahlen immer im Verbund sehen muss. Interessant wäre es doch zu erfahren, wie sich eine Verkürzung der Entwicklungszeiten auf die Qualität der Produkte und ihre Attraktivität am Markt ausgewirkt hat (VEBBAG).

Externe Dienstleistungen
Nehmen externe Dienstleistungen zu (z.B. der Anteil an einem Pharma-Forschungsbudget), dann wird man der Frage, ob alle Leistungen bis zum Bilanzstichtag abgerechnet wurden, besondere Aufmerksamkeit schenken müssen. (vgl. auch das Kapitel III. 5.3.2. „Die Suche nach ungebuchten Verbindlichkeiten"; VEBBAG)

Flächenproduktivität
Jedes Unternehmen muss sich gegen den Markteintritt der Konkurrenz zur Wehr setzen. So wurde z.B. über die Globus Holding Ende 2003 berichtet: „ Im eigenen Unternehmen setzt Globus stärker auf Verantwortung vor Ort. Alle Mitarbeiter haben künftig die Möglichkeit, Entscheidungen bis zu einem Wert von 500 Euro zu treffen, ohne eine Führungskraft zu fragen. Damit werde Globus dezentraler, Produktivität und Effizienz sollen steigen. In den vergangenen beiden Jahren wurden 150 Arbeitsplätze vor allem im zentralen Vertrieb und in der Marktforschung abgebaut. `Wir haben auch weniger Führungskräfte´, sagt Konzernchef Bruch. In den wichtigsten Branchenkennzahlen wie den Umsatz pro Standort, der Kundenzahl pro Standort oder in der Flächenproduktivität erzielt Globus nach eigenen Angaben Spitzenwerte. Im deutschen Kundenmonitor, der im September herausgegeben wurde, belegt das Unternehmen zum zehnten Mal in Folge die Spitzenposition in der Kategorie Großfläche." (o.V.: Globus wappnet sich gegen die Expansion von Kaufland, in: FAZ 1.12.03, Nr. 279, S. 16) Man hat als Leser kein Störgefühl, wenn ein Journalist schreibt : „ ...erzielt Globus nach eigenen Angaben Spitzenwerte ...". Es wäre aber mit dem Grundsatz der Gewissenhaftigkeit nicht zu vereinbaren, wenn ein Abschlussprüfer – wichtige Kennzahlen des Unternehmens beurteilend – auf diese in seinem Prüfungsbericht Bezug nimmt, ohne sie geprüft zu haben (VA BENE).

Gewinnschwelle
Im Zusammenhang mit Restrukturierungen wurde über die Vossloh AG berichtet: „Besonders betroffen von den beabsichtigten Restrukturierungsmaßnahmen ist die elektrohydraulische Diesellokomotivfertigung in Kiel. Bisher lag die Gewinnschwelle bei einer Fertigung von 82 Loks. Nach einem Programm zur Senkung des Personalaufwands um rund 30 Millionen Euro soll die Gewinnschwelle bei 62 Loks erreicht werden." (o.V.: Vossloh spricht von einer Wachstumsdelle im Jahr 2005, in: FAZ 10.12.04, Nr. 289, S. 20) Sollte das Planziel erreicht werden und die Geschäftsleitung darüber berichten, wird sich der Abschlussprüfer davon überzeugen müssen, ob diese „Aussage" zutrifft, denn es handelt sich hier zweifellos um einen „entscheidungserheblichen Sachverhalt". (vgl. PS 250 TZ 4)

Liefertreue
Mit der Erkenntnis, dass der „Schlüssel zum Erfolg – nicht zuletzt dank Internet und Kundendatenbanken – im „One-to-one-Marketing", also im Verkauf individualisierter Produkte" liegt, hat Rodenstock vor einigen Jahren für die sogenannten „Rezeptgläser" ein „Supply-Chain-Management-Projekt" aufgelegt. „Die Planungsprozesse wurden dabei komplett überarbeitet, die Logistikprozesse optimiert, und es wurde ein Online-Bestellsystem für die Augenoptiker eingerichtet, was den gesamten Bestell- und Herstellungsprozess erheblich beschleunigt hat." Ein wichtiges Ergebnis des Projektes war: „Die Liefertreue – der Anteil der Gläser, die innerhalb von drei Tagen beim Kunden sind – wurde von 83 Prozent vor zwei Jahren auf heute 95 Prozent gesteigert." (o.V.: Damit der Kunde schnell wieder klar sieht. (Supply Chain Management bei Rodenstock/Fertigung individueller Gleitsichtgläser als Herausforderung für das Management der Logistikkette), in: FAZ 10.6.02, Nr. 131, S.22) Ohne dass dies von Rodenstock expressis verbis erwähnt wurde, ist damit zu rechnen, dass mit einer verbesserten Liefertreue „ceteris paribus" auch eine Erhöhung des Cash Flow verbunden war. Ein Abschlussprüfer würde sich jedenfalls diese Betrachtungsweise zu eigen machen und nach Zahlen suchen, die diese Einschätzung bestätigen (VA BENE).

Margen
1. Die Berichterstattung über die Margenentwicklung steht in manchen Branchen regelmäßig im Mittelpunkt des Interesses. Dies war z.B. bei SAP Anfang 2004 der Fall, als man davon sprach, dass sich bei einem rückläufigen Umsatz die operative Marge von 23 Prozent (2002) auf etwa 27 Prozent (2003) erhöhen würde. „Der Anstieg kommt durch Kostensenkungen zustande. ... Es werden unter anderem weniger Fremdaufträge für Softwareentwicklung vergeben, die Zahl der Lieferanten ist gesunken, der Einkauf wurde globalisiert und

zentralisiert. Bei den Vertriebskosten machen sich geringere Boni aufgrund der schwächeren Umsätze bemerkbar." (o.V.: Höchste Marge für SAP seit fünf Jahren, in: FAZ 14.1.04, Nr. 11, S. 14) Dieses Beispiel ist deshalb von besonderem Interesse, weil es deutlich macht, wie viel Zeit ein Abschlussprüfer aufwenden muss, um beurteilen zu können, dass ein ganzes Zahlenbündel korrekt ermittelt wurde. (VA BENE). Angesichts der Bedeutung dieser Zahlen wird er sich doch nicht mit dem Gedanken zufrieden geben können: „Es wird schon stimmen." Im Gegenteil: Seine Recherchen werden möglicherweise sogar von einer erheblichen Portion Skepsis begleitet, wenn er hören muss, dass die erwähnten betriebswirtschaftlichen Erfolge „bei rückläufigem Umsatz" erzielt wurden (VEBBAG).

2. Ein Abschlussprüfer ist immer dann gefordert, wenn die Geschäftsleitung mit Kennzahlen aufwartet, um – aus welchen Gründen auch immer – mit einer besonderen „Performance" zu glänzen. Wird ihm z.B. eine „pro-forma-operative Marge" präsentiert, eine Marge „ohne Berücksichtigung von Vergütungsprogrammen auf Aktienbasis und Akquisitionsaufwendungen" (vgl. o.V.: SAP macht im Quartal weniger Umsatz und mehr Gewinn, in: FAZ 18.7.03, Nr. 164, S. 14), wird er sorgfältig zu prüfen haben, ob diese Angabe betriebswirtschaftlich sinnvoll ist, wie diese Kennziffer sich in die Reihe bisheriger Zahlen einordnen läßt und ob es nicht geboten ist, eine „bereinigte" Ziffer zu entwickeln, um die „neue" Kennzahl mit der „traditionellen" Kennzahl im Interesse der Berichtsadressaten vergleichen zu können. (VA BENE)

Marketing-Kosten
Marketing-Kosten schwanken in Abhängigkeit von der vertriebspolitischen Strategie. (Erinnern Sie sich bitte an die bereits mehrfach erwähnte Gedankenkette „Ziele/Strategien/Risiken"!) So wurde z.B. Anfang 2001 über Novartis berichtet: „Die Marge wäre sogar um zwei Punkte gefallen, wenn man nicht Währungsgewinne aus der Dollar-Aufwertung ... in das Marketing hätte leiten können. Mit dem zusätzlichen Geld in Marketing und Vertrieb hat sich dieser Kostenblock auf 30% des Pharmaumsatzes erhöht. Er ist damit bereits doppelt so hoch wie der Aufwand für Forschung und Entwicklung." (o.V.: Pharma-Konzern Novartis hat Schwächephase überwunden, in: FAZ 16.2.01, Nr. 40, S. 18)

Über den niederländischen Philips-Konzern mit seinen (damals) fünf Produktdivisionen (Licht, Konsumelektronik, Hausgeräte, Halbleiter und Medizintechnik) wurde Ende 2002 berichtet: „Für Werbung, Sponsoring, Messeauftritte und verkaufsbegleitende Maßnahmen gibt der Konzern jährlich etwa 1 Milliarde Euro aus, rund 3% des Umsatzes. Dabei kann die Quote für konsumnahe Produkte auf 5 bis 10 Prozent steigen, während sie für den Industrie- und Geschäftskundenbereich geringer ausfällt." (R. Köhn: Philips baut ein konzernübergreifendes, globales Marketing auf, in: FAZ 18.11.02, Nr. 268, S. 21)

Wenn der Abschlussprüfer mit Kennzahlen dieser Art richtig umgehen kann, dann würde er doch ein Störgefühl entwickeln, wenn bei Novartis „unerwartet" eine Quote von 25% „auftreten" würde (VA BENE) oder wenn man bei Philips behaupten würde, man hätte die entsprechenden Kosten auf 2,7% senken können. In einem solchen Fall müsste er doch den Nachweis führen, dass die Aussage des Managements: „Die Marketing-Kosten sind vollständig erfasst", stimmt. (Suche nach ungebuchten Verbindlichkeiten: VEBBAG).

Markterreichung
Auf den starken Anstieg der Kosten für ein erfolgreich am Markt eingeführtes Medikament (sie „liegen nach den neuesten Daten der Unternehmensberatung Bain & Company im Durchschnitt der Jahre 2000 bis 2002 bei 1,7 Milliarden Dollar") „hat die Branche bisher vor allem mit Fusionen reagiert, deren Ziel es stets war, Größenvorteile zu schaffen. ... Das Modell war in der Vergangenheit zwar sehr erfolgreich, funktioniert aber nicht mehr: Nach Analysen von Bain wird das Modell, gemessen an den heutigen Forschungs- und Entwicklungsaufwendungen, den Erfolgsquoten und den zu erwartenden Vermarktungsmöglichkeiten, über die Produktlebensdauer nur noch fünf Prozent Rendite auf das eingesetzte Kapital liefern, was um sieben Prozentpunkte unter den risikoadjustierten Kapitalkosten der Pharmabranche liegt. `Nur eine von sieben Neueinführungen wird mindestens ihre Kapitalkosten von 12 Prozent erwirtschaften. In der Vergangenheit war das jede dritte´, sagt (Direktor und Bain-Partner Jochen) Duelli. Hinzu kommt, dass nur eine von 13 Substanzen, die in die vorklinische Prüfung gehen, den Markt überhaupt erreicht." (o.V.: Abschied von der Blockbuster-Lotterie, in: FAZ 8.12.03, Nr. 285, Seite 18) Wenn der Abschlussprüfer nach Maßgabe des neu gefassten § 322 HGB auch darauf einzugehen hat, „ob im Lagebericht die Chancen und Risiken der zukünftigen Entwicklung zutreffend dargestellt sind", wird er diese Problematik nicht unberücksichtigt lassen können (VA BENE).

Patentschutz
Im Zusammenhang mit der (damals) geplanten Übernahme der Pharmacia Corp. durch Pfizer Inc. (Pfizer) wurde im Juli 2002 über Pfizer berichtet: „ `Die Kombination mit Pharmacia sichert uns weltweit die Stärke unserer Kernkompetenz bei der Entwicklung und Vermarktung von neuen Medikamenten´, begründet Henry

McKinnel, Vorstandschef von Pfizer, die Transaktion. Das gemeinsame Budget für Forschung und Entwicklung würde sich auf mehr als 7 Milliarden Dollar belaufen. Pharmakonzerne stehen generell unter starkem Druck seitens der Anbieter von billigeren Generika. Zudem drängt die amerikanische Regierung auf niedrigere Medikamentenpreise. ... Mit der Übernahme hofft Pfizer auf anhaltendes Umsatzwachstum, weil elf der insgesamt zwölf umsatzstärksten Produkte bis 2010 Patentschutz genießen." (o.V.: Pfizer kauft Pharmacia für 60 Milliarden Dollar, in: FAZ 16.7.02, Nr. 162, S. 12) Was kann ein Abschlussprüfer, der eine Aussage über den Anteil patentgeschützter Medikamente beurteilen muss, tun? Er benötigt ausreichende und angemessne Nachweise darüber, dass diese Aussage, die möglicherweise eine zentrale Rolle in einem Lagebericht (Geschäftsbericht) spielt, stimmt. Bestandteil seiner Arbeitspapiere werden also neben geprüften Umsatzstatistiken Kopien von Dokumenten des Patentamtes sein, nachdem er persönlich die Originalunterlagen eingesehen hat. (VA BENE). Man könnte es mit dem Grundsatz der Gewissenhaftigkeit nicht in Einklang bringen, wenn in den Arbeitspapieren lediglich stehen würde: „Nach Angaben der Geschäftsleitung" sind elf der insgesamt zwölf umsatzstärksten Medikamente bis 2010 patentgeschützt.

Synergien
Geschäftsleitungen wollen den Nachweis führen, in welchem Umfang Synergien aus Fusionen realisiert wurden bzw. noch realisiert werden können. In diesem Zusammenhang wurde z.B. über die zum 1. Januar 2004 in der BBT Thermotechnik GmbH, Wetzlar zusammengefassten Einheiten „Buderus Heiztechnik" und die „Bosch Thermotechnik" berichtet: „ 'Wir gehen davon aus, daß ab 2006 in der Summe die Synergien positiv sind', beschreibt (der Vorsitzende des Bereichsvorstandes Thermotechnik der Robert Bosch GmbH Joachim) Berner die Ziele. Die Synergien sollen zunächst vor allem aus dem Einkauf und aus Zusatzumsätzen von Buderus im Ausland kommen. Hier ist der Nutzen der Fusion am schnellsten sichtbar." ... „Bis 2012 sind im neuen Unternehmen Synergien im oberen zweistelligen Millionenbereich zu heben', gibt Berner das langfristige Ziel vor. Ausgangspunkt ist die Pro-forma-Rechnung für 2003, wonach die BBT Thermotechnik mit ihren 10.428 Mitarbeitern 2,057 Milliarden Euro umgesetzt hat, davon 52 Prozent im Ausland. Dieser Anteil soll steigen. Vor allem der Umsatz außerhalb Europas, bisher bescheidene 4 Prozent, soll langfristig deutlich auf 30 Prozent des Umsatzes erhöht werden." (G. Giersberg: Die Schwestern Buderus und Junkers (Das schwierige Management von Fusionen), in: FAZ 6.7.04, Nr. 154, S. U 4) Wenn sich der Abschlussprüfer gezwungen sieht, zu Synergien Stellung zu nehmen, weil die Geschäftsleitung diese zum Gegenstand von Betrachtungen im Lagebericht gemacht hat, dann muss er über ausreichende und angemessene Nachweise verfügen, die die Aussage der Geschäftsleitung stützen. Übernimmt er ein spezifisches Zahlenwerk in seinen Bericht, dann muß dieses geprüft sein. Mit einer solchen Prüfung könnte ein „zusätzlicher" Zeitaufwand verbunden sein, der im Rahmen der Prüfungsplanung zu berücksichtigen ist.

Technischer Vorsprung
Die meisten Kennzahlen sind für den Abschlussprüfer relativ leicht nachvollziehbar, auch wenn er dafür im einen oder anderen Fall mehr Zeit aufwenden muss als erwartet. Sehr schwierig wird es aber, wenn er sich mit einer Aussage der Geschäftsleitung konfrontiert sieht, das Unternehmen habe auf bestimmten Gebieten einen technischen Vorsprung von so und soviel Jahren. Wie soll er z.B. die Aussage eines Vorstandsvorsitzenden: „SGL hat bei abriebarmen Carbon-Keramik-Bremsscheiben mit einer Lebensleistung von 300.000 Kilometern einen technischen Vorsprung von mindestens zwei Jahren" werten? (vgl. o.V.: SGL Carbon steigt in die Bremsscheiben-Fertigung ein, in: FAZ 21.3.01, Nr. 68, S. 21) Würde er auf diese Aussage in seinem Prüfungsbericht Bezug nehmen, ohne sie in Anbetracht ihrer technischen Dimension beurteilen zu können, müsste er den Zusatz „nach Angaben der Geschäftsleitung" verwenden. Verfügt er über detaillierte Branchenkenntnisse, wird er auf Unterlagen zurückgreifen können, die die Aussagen der Geschäftsleitung stützen oder nicht. Hat er Bedenken, wird er seinen Zweifel äußern müssen, weil die Berichtsadressaten andernfalls ein Bild vermittelt bekämen, das sich möglicherweise nicht mit der Wirklichkeit deckt.

Vorbestellungen
Es wurde schon mehrfach darauf hingewiesen, dass der Abschlussprüfer mit bestimmten Kennziffern vertraut sein muss, um geschäftliche Entwicklungen richtig einschätzen zu können. Die so genannten „Vorbestellungen" gehören dazu. Nach dem unbefriedigenden Start mit ihrer Damenkollektion berichtete die Hugo Boss AG im Herbst 2003, sie sei sicher, 'die Wende bei der Damenmode geschafft' zu haben. „Bei den Vorbestellungen für die Saison Frühjahr/Sommer 2004 sei der Umsatz um 18 Prozent auf rund 24 Millionen Euro gesteigert worden. 'Wir hatten in der ersten Jahreshälfte mit Boss Women einen Verlust von 3 Millionen Euro verbucht, und dabei wird es bis zum Jahresende bleiben', sagte (Boss). Das sei relativ klar einzuschätzen, weil die Vorbestellungen bereits 80 Prozent des Umsatzes ausmachten und die Kosten weitgehend bekannt seien." (o.V.: „Wir haben die Wende bei der Damenmode geschafft", in: FAZ 9.10.03, Nr. 234, S. 16) In einem solchen Fall wird es u.a. Aufgabe des Abschlussprüfers sein, sich davon zu überzeugen, ob diese Prognose auch tatsäch-

lich eingetreten ist. Anderenfalls wird er nicht in der Lage sein, die Lagebeurteilung des Vorstandes richtig einzuschätzen. (VA BENE)

Wertschöpfung
Der Anteil der Wertschöpfung, der z.B. auf den Autoproduzenten entfällt, hat in den vergangenen Jahren weiter abgenommen. Bereits Ende 2002 wurde über diese Tendenz berichtet: „Nur noch 30 bis 40 Prozent der Wertschöpfung entfallen beim Bau eines Personenwagens auf den Autoproduzenten, der freilich noch 67 Prozent der Entwicklung leistet. Nach einer Studie von Roland Berger wird sich der schon jetzt dominierende Wertschöpfungsanteil der Zulieferindustrie in diesem Jahrzehnt noch auf bis zu 80 Prozent erhöhen. Parallel soll sich auch der Entwicklungsschwerpunkt auf die Zulieferer verlagern." (o.V.: Der Absatz bereitet Thyssen Krupp Automotive keine Sorge, in: FAZ 22.11.02, Nr. 272, S. 18) Aus der Riege der Automobilhersteller sind in der Zwischenzeit allerdings warnende Stimmen zu hören, die erklären, man dürfe den Prozess des Outsourcing auch nicht zu weit treiben und vor allem die eigenen Ingenieure nicht zu „Projektverwaltern" degradieren. Unabhängig davon, wie sich einzelne Tendenzen entwickeln, besteht die besondere Herausforderung an den Abschlussprüfer darin festzustellen, ob im Jahresabschluss Abrechnungen von Zulieferern vollständig und richtig erfasst sind (VEBBAG).

---

1 So wurde z.B. kürzlich über MAN berichtet: „Der neue Vorstandsvorsitzende Hakan Samuelsson beginnt seine Aufgabe mit einem klaren Konzept für MAN. ... Den Segmenten wird mehr Verantwortung für ihr Geschäft übertragen. Die Konzernzentrale richtet der Schwede auf drei wesentliche Aufgaben aus: die Steuerung der Sparten, das Controlling und die Entwicklung von Führungskräften. ... Quersubventionen zwischen den fünf Sparten (Nutzfahrzeuge, Industriedienstleistungen, Dieselmotoren, Turbomaschinen und Druckmaschinen) will der Vorstandschef nicht mehr dulden. Ein schwaches Segment müsse sich schnell verbessern. `Nach ein bis zwei Jahren müssen wir uns selbstkritisch fragen, ob wir genauso gut wie die Wettbewerber sind, und auch den Mut haben, über Konsequenzen zu diskutieren." (o.V.: Samuelsson macht MAN härtere Vorgaben. (Der neue Vorstandschef will keine Quersubventionen der Geschäftsfelder mehr dulden.), in : FAZ 18.2.05, Nr. 41, S. 17)

Anlage 24: Unternehmerische Kontrollen und ihr Einfluss auf den Jahresabschluss (KoCo-Doc „WELOS")

Kapitel	Beschreibung (Kurzfassung)	Einfluss auf den JA	Kontroll-Themen	Prüfungs-Posit	Ziele (Aussage)
I. Memory Box					
1. Geschäftsvorfälle	**Verkauf** und Service				V
	Aufbau (Autohäuser)				E
	Kauf von PKW und Komponenten				Bs
	Beschäftigung von Personal				Bw
	Marketing-Aktionen				A
					G
2. Geschäftsrisiken	Abhängigkeit (Toyota)				
	Ertragspotential (Autohäuser)				
	Finanzkraft				
	Gewährleistung				
	Kreditgewährung				
	Nachfrage nach PKW				
	Personal, Politik, Standort, Wettbewerb, Währung				
II. Ausrichtung und Verlauf des Geschäftsprozesses					
1. Ziele	Absatzsteigerung, Margenverbesserung, Cash-Flow-Erhöhung, Verhinderung von Forderungsverlusten, Erstellung exakter Vertriebsstatistiken				
2. Arbeitsdaten, -inhalt und -ergebnis					
a. Erforderliche Infos	Auftrag, Kundenbonität, Zahlungskonditionen, Lieferzeit				
b. Tätigkeiten	Vorführung, Angebot, Vertragsabschluss				
c. Produkt	Auftragsbestätigung, Auslieferung, Rechnung, Vertriebsstatistik				
3. Leistungskennziffern als Maßstab für den Erfolg	Absatz, Margen, Forderungsverluste, Verweildauer (Forderungen), Lieferzeiten, Reklamationen				
4. Informationstechnologie	DV-Programme, Erstellung abschlussrelevanter Zahlen, Vernetzung von Dateien (z.B. Buchhaltung/Vertrieb)				
III. Gegenstand des Geschäftsprozesses					
1. Art des Geschäftsvorfalles	Neuwagen-Verkauf	Forder./Ums. (V,Bs,G)	Liefersch./Übergabe Forderungsermittlg.	Forderungen Forderungen	Bestand Genauigkeit
		Vorr./Mat.(V,Bs,G)	Materialeinsatz	Vorräte	Vollständigkeit
2. Risiken auf Prozess-Ebene	Forderungsverluste	Forderungen L+L (Bw)	Bonitätsprüfung Überwachung Ford. Abschluss Versicher. Buchung von WB	Forderungen	Bewertung
	Preisrisiken	Vorräte (Bw)	Marktpreisentwicklg.	Vorräte	Bewertung
IV. Prüfungsfeststellungen					
1. Prüfungsbericht					
2. Management Letter					

Anlage 25 Risiken auf Prozess-Ebene
(Prüffeldspezifische Risiken im Verkaufsprozess „WELOS")

Geschäftsrisiko	Für die Kontrolle zuständiger Geschäftsprozess			
	Einkauf/Personal	Investition/Finanzierung	Steuer/Recht	Vertrieb
Abhängigkeit (Toyota)				Kündigung des Vertriebsvertrages Margenverluste - geringere Spanne - höherer Aufwand für Präsentationen
Ertragspotential der übernommenen Autohäuser		Personelle und technische Schwachstellen		
Finanzkraft		Mangelnde Kreditfähigkeit zur Finanzierung des Wachstums		
Gewährleistung				Personelle und technische Schwachstellen im Werkstattbereich
Kreditgewährung				Forderungsverluste im Neuwagen- und Gebrauchtwagengeschäft
Nachfrage nach PKW				Markenbindung - Nachlassende Qualität der Autos - Veränderungen bei Typen, Design und Technologie Preisbewußtsein - Trend zum Kleinwagen - Rabattaktionen und kostenlose Sonderleistungen Standortbedingungen (Einfluss der Kommunalpolitik auf die Wohn- und Gewerbestruktur) Wettbewerbslandschaft (Trend zu Megadealern, Themenhändlern, Auto-Meilen, Internet-Marktplätzen)
Personal	Mangelhafte Ausbildung und hohe Fluktuation			
Politik			EU-Richtlinien zum KfZ-Vertrieb	Gravierende Erhöhung der Benzinpreise
Währungskurse	Währungsverluste			Währungsverluste

Anlage 26/A1 Unternehmerische Kontrollen und ihr Einfluss auf den Jahresabschluss
Einkauf von Rohstoffen und Komponenten (WAKON)

Phase	Kontrollen (Beispielhafte Aufzählung)
Bedarfsmeldung	Kontrolle durch den Einkauf (u.b.B. des Lagerbestandes und von Sicherheitsreserven)
Vergleich von Angeboten und Auftragserteilung	Einholung von Vergleichsangeboten u.b.B. von Preis, Qualität und Lieferzeit Vor Auftragserteilung an einen neuen Lieferanten Einholung von Auskünften über: Qualität, Zuverlässigkeit, Anpassungsfähigkeit. Bestellung nach Maßgabe individueller Einkaufslimits Abstimmung der Liefertermine mit den Vertriebsterminen
Auftrags-Anlage im System	Abgleich der Auftragsbestätigung mit Bestellung Eingabe von Änderungen (Menge, Lieferzeit etc.) im System
Warenannahme und Qualitätskontrolle **Risiko auf Prozess-Ebene:** **Qualitätsmängel**	Erfassung jeder Lieferung unter lfd. Nr., Abgleich der Lieferung mit Lieferschein Kontrolle der zugesagten Eigenschaften. Bei Mängeln: Abweichungsbericht.
Buchung Warenzugang	Abgleich der Lieferung mit Auftrag
Rechnungseingang und Buchung	Abgleich mit Auftrag und Auftragsbestätigung Erfassung in Rechnungseingangsdatei Vergabe der lfd. Nr. Angabe der Kontierung
Zahlungsverkehr	Zahlliste Abgleich Zahllaufsaldo mit Rechnungssaldo Zahlungsfreigabe durch zwei Berechtigte
Kontoauszug und Buchung	Zuordnung der Überweisungen zum Kreditorenkonto
OP-Liste	Durchsicht u.a. im Hinblick auf Höhe, Fälligkeiten, Währungs-KZ
Lieferantenüberwachungssystem	Datenerfassung u.b.B. der Einhaltung von Lieferzeiten, der bestellten Mengen und der verlangten Qualität.

Auch diese Übersicht soll zeigen, wie wichtig es ist, sich einer Bilanzposition über den Geschäftsprozess zu nähern. Wie sollen wir z.B. beurteilen, ob die Vorräte richtig *bewertet* sind, wenn wir nicht wissen, dass Bestellungen an Einkaufslimits gebunden sind (Bezüge unterliegen einer fachlichen Prüfung) und dass die Ware einer eingehenden Qualitätskontrolle unterzogen wird? (VE**B**BAG) Worauf stützen wir unsere Meinung, dass die Verbindlichkeiten *bestehen*, wenn wir uns nicht davon überzeugt haben, dass die Buchung nach Maßgabe eines kontrollierten Wareneingangs erfolgte? (VE**B**BAG)

Würden wir nicht als *Prüfungsziel* wählen, ausreichende und angemessene Nachweise dafür zu bekommen, dass die Vorräte richtig **b**ewertet sind, wenn wir nach der Prüfung der internen Kontrollen den Eindruck gewonnen haben, dass zwar die Aussagen zur **V**ollständigkeit, zum **B**estand, zum **A**usweis und zur **G**enauigkeit zutreffen, dass aber in anbetracht einer mangelhaften Wareneingangskontrolle erhebliche Zweifel an der richtigen **B**ewertung der Vorräte bestehen?

Anlage 26/A2 Unternehmerische Kontrollen und ihr Einfluss auf den Jahresabschluss
KoCo-Doc „Einkauf" (WAKON)

Kapitel	Beschreibung (Kurzfassung)	Einfluss auf den JA	Kontroll-Themen		Prüfungsziele
I. Memory Box					
1. Geschäftsvorfälle	**Einkauf** von Rohstoffen				V
	Verkauf von Möbeln im				E
	- Wohnbereich, - Objektbereich				Bs
	Marketing-Aktionen (Messen, Agenturen)				Bw
	Beschaffung/Rückzahl. (Kapital)				A
	Erwerb von Anlagen				G
	Einstellung und Verwaltung von Personal				
2. Geschäftsrisiken	Modeabhängigkeit				
	Marktanteilsgewinne (Wettbew.)				
	Konjunkturbedingter Nachfragerückgang				
	im: - Liefergeschäft (Einkommen)				
	- Objektgeschäft (Invest.kürzg.)				
	Kreditgewährung (Ford.verluste)				
	Unzureichende Finanzkraft				
	Politische Entwicklungen (Ausland)				
II. Ausrichtung und Verlauf des Geschäftsprozesses					
1. Ziele	Pünktliche Eindeckung mit bedarfs- gerechtem Material hoher Qualität				
2. Arbeitsdaten, -inhalt und -ergebnis					
a. Erforderliche Infos	Bedarfsmeldung, Lieferantenliste, Preisliste (mit Sonderkonditionen)				
b. Tätigkeiten	Prüfung und Auswahl der Lieferanten (Kriterien: Liefertreue, Anpassungs- fähigkeit, Preiswürdigkeit etc.) Verhand- lungen über Konditionen (Preise, Mengen, Qualitäten, Termine), Prüfung der Angebote, Bestellung, Prüfung der Rechnungen, Überwachung der Lieferanten				
c. Produkt	Arbeitsanweisungen, Lieferanten- beurteilungssystem (Ranking), Bestellungen, Rechnungsprüfung, Freigabe der Zahlungen				
3. Leistungskennziffern als Maßstab für den Erfolg	Anteil mangelhafter bzw. verspäteter Waren an den Gesamtbezügen, Art und Umfang ausgehandelter Sonder- konditionen, Anteil des E-Commerce an den Gesamtbezügen, Skontoerträge				
4. Informationstechnologie	SAP R 3 (mit genauer Spezifikation zwecks Kenntlichmachung der für den JA wesentlichen Module)				
III. Gegenstand des Geschäftsprozesses					
1. Art des Geschäftsvorfalles	**Rohstoffeinkauf**	Vorräte/Verb.	Ausstehn. Rechng. Sachl. Richtigk.	Verb.L+L Verb.L+L	V Bs
2. Risiken auf Prozess-Ebene	Lieferengpässe Qualitätsmängel, Währungsverluste	Rückstellg. (V) Vorräte (Bw) Verbindl.(Bw)	Vertriebsterm., Eing.- kontrolle, Umbewertg., Devis.termingesch.	Rückstellg. Vorräte Verb. L+L	V, Bw Bw Bw
IV. Prüfungsfeststellungen					
1. Prüfungsbericht					
2. Management Letter					

Anlage 26/B1 Unternehmerische Kontrollen und ihr Einfluss auf den Jahresabschluss
Herstellung und Verkauf von Getränken (BRATO)

Phase	Kontrollen (Beispielhafte Aufzählung)
Erstellung der Produktionspläne	Abstimmung der Absatzpläne mit der Fertigungsplanung
Bereitstellung von Fertigungs- und Abfüllkapazitäten	Berücksichtigung von Reservekapazitäten u.b.B. der zu erwartenden Witterungsbedingungen
Sicherstellung der Beschaffungswege	Abstimmung der Fertigungsplanung mit den Terminen der Rohstofflieferanten Einplanung von Sicherheitsbeständen
Getränkeherstellung **Risiko auf Prozess-Ebene :** **Verstoß gegen lebensmittelrechtliche Bestimmungen**	Laufende Qualitätsanalysen und Protokollierung der Ergebnisse (ggf. u.b.B. öffentlicher Auflagen) Sicherstellung der Rückverfolgungsmöglichkeit der verwendeten Einsatzstoffe (z.B. Wasser, Rohstoffe) Wahl der Losgrößen unter Abwägung der Fixkosten und der Reichweiten von Lagerbeständen.
Getränkeabfüllung	Kontrolle von Behältern und Flaschen auf gesundheitsschädliche Substanzen (z.B. Restlauge, Splitter)
Bereitstellung der Vertriebslogistik	Abstimmung des geplanten Absatzmengen mit der Fuhrpark-Kapazität

„Die konkrete Gestaltung der Produktion obliegt dem Produktionsmanagement. Um (sein) Aufgabenspektrum ... systematisch aufzuspalten, wird einerseits zwischen strategischem, taktischem und operativem Produktionsmanagement und andererseits zwischen Produkt- und Programmgestaltung, Potentialgestaltung und Prozessgestaltung unterschieden. ... Auf Basis des zur Verfügung stehenden Potentials ist es Aufgabe der Prozessgestaltung, die innerbetriebliche Standortplanung (Layoutplanung), Terminplanung (Durchlauf- und Kapazitätsterminierung) und Reihenfolgeplanung) vorzunehmen." [1]

Für die Nahrungsmittel- und Getränkeindustrie ist wesentliche Voraussetzung für eine erfolgreiche Prozessgestaltung ein „hoher Ausbildungstand der Beschäftigten". Es ist deshalb kein Zufall, dass – von der Praxis unterstützt - in der Betriebswirtschaftslehre auf diesen Umstand immer wieder mit großem Nachdruck hingewiesen wird. [2] Es treten regelmäßig Engpässe auf, wenn es nicht gelingt, in ausreichendem Maße besonders qualifiziertes, technisch gut ausgebildetes Personal einzustellen.

Auch diese Überlegungen sollen zeigen, wie wichtig es ist, sich einer Bilanzposition über den Geschäftsprozess zu nähern. Wie sollen wir z.B. beurteilen, ob die Vorräte richtig *bewertet* sind, wenn wir nicht wissen, in welcher Art und in welchem Umfang der Produktions- und Abfüllprozess auf die Einhaltung von lebensmittelrechtlichen Bestimmungen hin überwacht wird? (VEBBAG) Würden wir nicht als *Prüfungsziel* wählen, ausreichende und angemessene Nachweise dafür zu bekommen, dass die Vorräte richtig bewertet sind, wenn wir nach Prüfung der internen Kontrollen den Eindruck gewonnen haben, dass zwar die Aussagen zur Vollständigkeit, zum Bestand, zum Ausweis und zur Genauigkeit zutreffen, dass aber in anbetracht mehrfacher Verstöße gegen lebensmittelrechtliche Bestimmungen erhebliche Zweifel an der richtigen Bewertung der Vorräte bestehen ? (Bei drohenden Rückrufaktionen wäre es dann die Bewertung der Forderungen, die im Mittelpunkt des Interesses stünde.)

(vgl. dazu auch unter dem Stichwort „Projektmanagement" in der Anlage 10 „Risiken" das missglückte Coca-Cola Projekt „Dasani")

---

1 H. Corsten : Produktion ist mehr als die Gestaltung von Prozessen, in : FAZ 21.5.01, Nr. 117, S. 30
2 K.P. Kistner : Neuere Entwicklungen in der Produktionsplanung, in : FAZ 22.10.01, Nr. 245, S. 29

Anlage 26/B2

Anlage 26/B2 Unternehmerische Kontrollen und ihr Einfluss auf den Jahresabschluss
KoCo-Doc „Produktion" (BRATO)

Kapitel	Beschreibung (Kurzfassung)	Einfluss auf den JA	Kontroll-Themen	Prüfungsziele
I. Memory Box				
1. Geschäftsvorfälle	**Herstellung** und Verkauf von Bier, Biermischgetränken und Limonade für den inländ. und ausländ. Markt (Einzelhandel, Gaststätten etc.) Erwerb von Sach- und Finanzanlagen Erwerb von Rohstoffen, Erwerb von Ein- weg- und Mehrwegfl., Beschaffung von Energie, Einstellung von Personal (ggf. Überbrückung von Spitzenbelastungen)			V E Bs Bw A G
2. Geschäftsrisiken	Konzentr.prozess (nat./intern.), Wandel d. Trinkgewohnh., Gesundheits- und Um- weltpolitik, Verlust von Großkunden, Kre- ditris., Finanzierungsrisiken (Wachstum), Abwanderung von Fachkräften, Missern- ten (z.B. Hopfen), die Politik der Billig- marke gefährdende Kostensteigerungen			
II. Ausrichtung und Verlauf des Geschäftsprozesses				
1. Ziele	Getränkeherstellung in vom Markt nach- gefragter Menge unter Einhaltung int. und ext. Qualitätsstandards und bei Wah- rung niedriger Herstellungskosten Erreichung der geplanten Absatzzahlen			
2. Arbeitsdaten, -inhalt und -ergebnis a. Erforderliche Infos	Bestellrhythmen der Großkunden (u.b.B. nation. u. internat. Urlaubs- und Feier- tage), Absatz- und Produktionspläne, Prognosen von Mafo-Instituten über den Getränkeabsatz, verfügbare Werkskapa- zitäten u.b.B. der Instandhaltungszeiten, lebensmittelrechtliche Bestimmungen			
b. Tätigkeiten	Abstimmung d. Einkaufs- u. Produktions- daten, Auflegen der Chargen, Qualitäts- kontrollen, Überwachung der Endtermine			
c. Produkt	Bereitstellung absatzfähiger Getränke, ggf. in palettierten Losgrößen			
3. Leistungskennziffern als Maßstab für den Erfolg	Ausstoß in Hektolitern, Anzahl der Betriebsunterbrechungen, Anzahl der Reklamationen, Fehlzeiten (Personal)			
4. Informationstechnologie	DV-Programme z. Koordination von Ein- kaufs- und Produktionsplänen, Soll-Ist- Abweichungen i. d. chem. Zusammenset- zung, Ausstoß nach Typen und Zeiten, Ermittlung der Herstellungskosten			
III. Gegenstand des Geschäftsprozesses				
1. Art des Geschäftsvorfalles	**Herstellung** und Absatz (Getränke)	Vorräte/Umsatz	Bereitstellung Lieferung	Vorräte Forderung	A Bs
2. Risiken auf Prozess-Ebene	Mangelhafte Produktion, techn. bedingter Masch.stillstand, Kapazitätsengpässe (Masch./Pers.) Produktionsverbot (öff.rechtl.)	Vorräte (Bw) Rückstellg. (V,Bw) Rückstellg. (V,Bw) Vorräte (Bw)	Qualitätskontrolle Instandhaltung Fertigungsplanung Qualitätskontrolle	Vorräte Rückstellung. Rückstellung. Vorräte	Bw V, Bw V, Bw Bw
IV. Prüfungsfeststellungen 1. Prüfungsbericht 2. Management Letter				

Anlage 26/C1 Unternehmerische Kontrollen und ihr Einfluss auf den Jahresabschluss
Erwerb, Anmietung und Betreibung von Verkaufsgeschäften (DEICES)

Phase	Kontrollen (Beispielhafte Aufzählung)
Standortanalyse	Dem Erwerb von Grundstücken bzw. der Anmietung von Ladenflächen gehen umfangreiche Standortanalysen voraus. In diesen Analysen, die von externen, vom Einzelhandelsverband empfohlenen Gutachtern durchgeführt werden, sind u.a. Gegenstand der Betrachtung: Wettbewerbssituation, städtebauliche Entwicklung, Parkmöglichkeiten, Kaufkraft, geplante Industrieansiedlungen, Entwicklung der Arbeitslosigkeit.
Erwerb / Anmietung	Kauf- bzw. Mietverträge bedürfen ab einer bestimmten Größenordnung der Genehmigung des Beirates der Gesellschafter.
Risiko auf Prozess-Ebene : **Umsatzrückgang aufgrund von Standortnachteilen**	Überwachung der Geschäftstätigkeit: Umsatz- und Ergebnisentwicklung der einzelnen Läden werden anhand von Kennziffern kontrolliert. Positive und negative Abweichungen vom Soll werden schriftlich erläutert. Bei diesen Abweichungsanalysen werden auch diejenigen Aspekte berücksichtigt, die bei der ursprünglichen Standortanalyse im Mittelpunkt des Interesses standen. Die erwähnten Kennziffern werden auch mit denjenigen verglichen, die vom Einzelhandelsverband als Durchschnittswerte veröffentlicht werden. Dazu gehören u.a.: Umsatz pro qm Verkaufsfläche, Umsatz pro Beschäftigten.
Instandhaltungs- und Renovierungsaktivitäten	Für die einzelnen Läden bestehen individuelle Instandhaltungs- und Renovierungspläne. Größeren Renovierungen gehen Tests voraus, bei denen Pilotbetriebe Umfragen bei Kunden durchführen, um neuen Trends bei Kaufgewohnheiten und einem veränderten Geschmack beim Kauferlebnis rechtzeitig auf die Spur zu kommen.[1] In den genannten Plänen wird festgelegt, was als Erhaltungs- und was als Herstellungsaufwand zu gelten hat.

Auch diese Übersicht soll zeigen, wie wichtig es ist, sich einer Bilanzposition über den Geschäftsprozess zu nähern. Wie sollen wir z.B. beurteilen, ob Grundstücke richtig *bewertet* sind, wenn wir nicht wissen, dass dem Erwerb bzw. der Anmietung von Grundstücken umfangreiche Standortanalysen vorausgehen und dass diese Analysen ständig aktualisiert werden? (VEB**B**AG)

Würden wir nicht als *Prüfungsziel* wählen, ausreichende und angemessene Nachweise dafür zu bekommen, dass die Grundstücke richtig **b**ewertet sind, wenn wir nach der Prüfung der internen Kontrollen den Eindruck gewonnen haben, dass zwar die Aussagen zur **V**ollständigkeit, zum **E**igentum, zum **B**estand, zum **A**usweis und zur **G**enauigkeit zutreffen, dass aber in anbetracht mangelhafter (u.U. sogar fehlender) Standortanalysen erhebliche Zweifel an der richtigen **B**ewertung der Grundstücke bestehen ?

---

1 Vgl. o.V. : Neue Wege für den Einzelhandel, in : FAZ 23.2.04, Nr. 45, S. 18

Anlage 26/C2 Unternehmerische Kontrollen und ihr Einfluss auf den Jahresabschluss
KoCo-Doc „Anlagenmanagement" (DEICES)

Kapitel	Beschreibung (Kurzfassung)	Einfluss auf den JA	Kontroll-Themen	Prüfungsziele
I. Memory Box				
1. Geschäftsvorfälle	**Erwerb und Verwaltung von Ladengeschäften** Erwerb von Beteiligungen (In- u. Ausland) Verkauf u. Import von Schuhen, Einrichtung v. Läden, Einstell. Personal, Soziale Aktivitäten, Anmietung von Verk.räumen			V E Bs Bw A G
2. Geschäftsrisiken	Kommunalpolitik (Standorte), neue Kauferlebnisse, Einkommensrückgang, Konkurrenz (Billigprodukte), Beschaffungsmärkte (intern.) Verlust erfahrenen Personals			
II. Ausrichtung und Verlauf des Geschäftsprozesses				
1. Ziele	Nachfragegerechte Immobilie Attraktive Ladeneinrichtung Sachgerechte Abschreibungen			
2. Arbeitsdaten, -inhalt und -ergebnis				
a. Erforderliche Infos	Erschließungsvorhaben, Bebauungspläne, Messeangebote, Betriebsvergleiche			
b. Tätigkeiten	Standortanalysen, Instandhaltg. (Pläne, Ausführ.), Produktivitätsanalysen			
c. Produkt	Immobilienberichte, Gutachten (Invest.vorbereitg.), Afa-Listen			
3. Leistungskennziffern als Maßstab für den Erfolg	Umsatz pro qm Verkaufsfläche Lagerumschlagshäufigkeiten Verzinsung des invest.Kapitals			
4. Informationstechnologie	Einheitl. Programm zur Ermittlung von Kennzahlen, Standardisierte Berichte zur Wirtschaftlichkeit, Instandhaltungen und Umbauten			
III. Gegenstand des Geschäftsprozesses				
1. Art des Geschäftsvorfalles	**Erwerb, Errichtung bzw. Anmietung von Läden**	Grundstück (Bs) Gebäude (V, Bs) BGA (V, Bs)	Notar. Vertrag (Off.) Rechnung (Off.) Rechnung	Grundstück Gebäude BGA	Bs V, Bs V, Bs
2. Risiken auf Prozess-Ebene	Umsatzrückgang aufgrund von - Standortnachteilen - unmoderner Ladeneinrichtung	Grundst./Geb. (Bw) BGA (Bw)	Kennzahlen und Auswertung v. kommunalpolitischen Plänen	Grundst./Geb. BGA	Bw Bw
IV. Prüfungsfeststellungen				
1. Prüfungsbericht				
2. Management Letter				

Anlage 26/D1 Unternehmerische Kontrollen und ihr Einfluss auf den Jahresabschluss
Einstellung, Betreuung und Überwachung der Designer (TAIHAM)

Phase	Kontrollen (Beispielhafte Aufzählung)
Anforderungen	Die Personalsuche erfolgt aufgrund eines mit der Geschäftsleitung abgestimmten Anforderungskataloges, der u.a. vorsieht : Solide Ausbildung (z.B. auf einer Modeschule, die „Disziplin, Farbgefühl, Flexibilität, Neugierde, Ausdauer und Risikobereitschaft" vermittelt 1), internationale Erfahrung, Markterfolge, Auszeichnungen und ggf. ein ausgeprägtes Markenbewußtsein, in dem der Gedanke eine Rolle spielt, dass „auch angesichts konjunktureller Schwankungen ... eine starke Marke auf lange Sicht der einzige Garant für Wachstum und Rendite" ist. 2)
Einstellung **Risiko auf Prozess-Ebene : Einstellung unqualifizierter Mitarbeiter**	Die Einstellung erfolgt u.b.B. von Zeugnissen, Referenzen und eines ausführlichen Vorstellungsgespräches. Die eingeholten Referenzen sind Bestandteil der Personalakte.
Motivation	Für Designer gilt ein spezielles Bonus-System, das sowohl umsatz- als auch ergebnisabhängig ist. Der Besuch internationaler Messen und Modenschauen gehört zum Standardprogramm der Designer.
Beurteilung	Erfolge und Misserfolge von Designs werden regelmäßig analysiert. Die damit verbundenen Auswertungen bilden eine wesentliche Grundlage für die Leistungsbeurteilung und die Karriereplanung. 3)

Die Übersicht zeigt, wie wichtig es ist, wenn wir uns einer Bilanzposition über den Geschäftsprozess nähern. Wie sollen wir uns ein Urteil über die *Qualität von Kollektionen,* d.h. über die (voraussichtliche) Marktgängigkeit modischer Ware bilden, wenn wir gar nicht wissen, wer für das Design verantwortlich ist und welche Maßstäbe bei der Auswahl von Designern angewandt werden? (VE**B**BAG) Welche Fragen sollen wir zu den Personalrückstellungen formulieren, wenn uns gar nicht bewusst ist, dass für die Gruppe der Designer ein besonderes Bonus-System gilt ? (VE**B**BAG) ?

Würden wir nicht als *Prüfungsziel* wählen, ausreichende und angemessene Nachweise dafür zu bekommen, dass die Vorräte richtig **b**ewertet sind, wenn wir nach der Prüfung der internen Kontrollen den Eindruck gewonnen haben, dass zwar die Aussagen zur **V**ollständigkeit, zum **E**igentum, zum **B**estand und zum **A**usweis zutreffen, dass aber in anbetracht wiederholter Misserfolge im Design erhebliche *Zweifel* an der Marktgängigkeit von Kollektionen bestehen ?

---

1 St. Geiger : Farbgefühl, Flexibilität und Risikobereitschaft (Ausbildung in der Modebranche), in :
FAZ 15.5.04, Nr. 113, S. 58
2 S. Krömer : Teure Mode hat nicht immer Konjunktur, in : FAZ 5.2.02, Nr. 30, S. 13
3 Nach den Erfahrungen des Personalberatungsunternehmens Towers Perrin kommt im Kriterienkatalog („Warum Mitarbeiter kommen, bleiben und gehen") dem „Arbeitsumfeld, den Weiterentwicklungsmöglichkeiten, der Unternehmenskultur und den Aufstiegs- und Karrierechancen" die größte Bedeutung zu." (vgl. o.V.: Die Kunst, die Besten zu halten, in : FAZ 19.1.05, Nr. 15, S. 16)

Anlage 26/D2 Unternehmerische Kontrollen und ihr Einfluss auf den Jahresabschluss
KoCo-Doc „Personal/Designer" (TAIHAM)

Kapitel	Beschreibung (Kurzfassung)	Einfluss auf den JA	Kontroll-Themen		Prüfungsziele
I. Memory Box					
1. Geschäftsvorfälle	**Einstellung** u. Verwaltung von Personal (u.a. Designer), Verkauf von Damen-, Herren- und Kindermode an inl. u. ausl. Kunden, Einkauf von Textilien (im wes. hergestellt in ausl. Fabriken), Beschaffung von Sachanlagen, Beschaffung von Eigen- und Fremdkapital				V E Bs Bw A G
2. Geschäftsrisiken	Moderisiko Qualitätsrisiko (ausl. Fertigung) Kreditrisiko (Individual- und Länderrisiko) Standortrisiko (Verkaufsläden)				
II. Ausrichtung und Verlauf des Geschäftsprozesses					
1. Ziele	Mitarbeiter mit hoher Kompetenz, Motivation u. Loyalität, Aus- u. Fortbildung, Laufbahnförderung durch Mitarbeitergespräche, Pünktliche Auszahlung der Löhne und Gehälter, Vollständiger und genauer Ausweis des Personalaufwandes, Korrekte Berechnung der LSt- und Sozialversicherungsbeiträge				
2. Arbeitsdaten, -inhalt und -ergebnis					
a. Erforderliche Infos	Stellenbeschreibungen, Bedarfsmeldungen, Beurteilungen, Tarif- und Arbeitsverträge, Betriebsvereinbarungen, Gesetze und Richtlinien, Arbeitszeiten				
b. Tätigkeiten	Personalsuche, Einstellung, Beurteilung, Entlassungen, Pensionierungen, Lohn- und Gehaltsabrechnung				
c. Produkt	Monatl. Lohn- und Gehaltsabrechnung, Zeugnisse, Prämien- u. Tantiemeberechnungen, versicher.mathem. Gutachten				
3. Leistungskennziffern als Maßstab für den Erfolg	Fluktuation, Markterfolge der Designer, Personalaufwand im Verhältnis zur Gesamtleistung				
III. Gegenstand des Geschäftsprozesses					
1. Art des Geschäftsvorfalles	**Einstellung z.B. von Designern** Pensionszusage	Pers.aufw. (V,G) Rückst. (V,Bs)	Lohn- u.Gehaltsabr. Basisdaten	Pers.aufw. Rückstellg.	V, G V, Bs
2. Risiken auf Prozess-Ebene	Mangelhafte Kompetenz Fehlende Bindung an die Ug.	Vorräte (Bw) Umsätze/Ergebn.	Einstellungsverfahren Mitarbeitergespräche Förderung, Einkünfte	Vorräte Ums./Ergeb.	Bw
IV. Prüfungsfeststellungen					
1. Prüfungsbericht					
2. Management Letter					

Anlage 27 **Schwachstellen im Internen Kontrollsystem**
Mangelhafte Überwachung, insbesondere ein fehlendes Projekt-Controlling
als wesentliche Verlustursachen

Presseberichte über hohe Verluste im operativen Geschäft bzw. über enorme Vermögensschäden aufgrund betrügerischer Machenschaften legen die Frage nach, wie ernst das Interne Kontrollsystem eigentlich genommen wird. Es gibt vermutlich Unternehmen, in denen man der Internen Kontrolle als „System der Vermögenssicherung" immer noch nicht die Bedeutung beimisst, die ihr zukommen muss. Die Gründe dafür sind vielschichtig und könnten darauf beruhen, dass der Vorstand :

- die mit dem KonTraG eingetretene Gesetzesänderung nicht oder zu wenig genutzt hat, um Aufbau- und Ablauforganisation im Internen Kontrollsystem zu verbessern;
- aus einer gewissen Selbstüberschätzung heraus glaubt, seine Überwachungstätigkeit sei ausreichend;
- an tiefer gehenden Analysen deshalb kein Interesse hat, weil er fürchtet, belastende Ergebnisse bestimmter Recherchen könnten seine eigene Position gefährden;
- die Kapazitäten der Innenrevision aus Kostengründen gedrosselt hat oder
- vom Aufsichtsrat nicht in der Weise überwacht wird, wie es § 111 AktG vorsieht.

Die Gründe könnten aber auch darin liegen, dass die zuständigen Abschlussprüfer der Analyse des Internen Kontrollsystems nicht die gebührende Aufmerksamkeit geschenkt haben. (Eine Checkliste zur Qualität des IKS im Rahmen industrieller Anlagengeschäfte wird als Anlage 54 dem Leser zur Verfügung gestellt.)

Die Komplexität von Geschäftsvorfällen und Computersystemen hat in den vergangenen Jahren deutlich zugenommen. Aus den von der Wirtschaftspresse berichteten Fällen kann entnommen werden, dass die Kapazität der zuständigen Kontrollstellen zu spät an diese Entwicklung angepasst wurde.

Welche Probleme wurden in jüngster Zeit diskutiert ?

- Mangelhafte Überwachung ausländischer Kunden (Westdeutsche Landesbank) [1]
- Fehleinschätzungen von Produkthaftungen (Goodyear) [2]
- Hohe Abschreibungen mangels Realisierbarkeit von Nachtragsforderungen (ABB) [3]
- Sicherheitslücken in EDV-Systemen (Adecco) [4]
- Fehleinschätzung eines Portfolios (Münchner Rück) [5]

Fälle dieser Art zeigen, dass es immer wieder die Auslandsgeschäfte sind, deren Risiken deutlich unterschätzt werden. In diesem Zusammenhang sei insbesondere an den Fall der Westdeutschen Landesbank erinnert, bei der offenbar viel zu spät erkannt wurde, dass bei einem englischen Schuldner (einer Leasing-Gesellschaft) durch „schrumpfende Vertragserneuerungen die für die Rückzahlung eines Kredites erforderlichen Einnahmeströme spärlicher wurden". (Quelle: s.o.) Aus dem Bericht der FAZ ist ebenfalls zu entnehmen, dass die WestLB diesen Fall zum Anlass genommen hat, sich von ihrem Abschlussprüfer Price Waterhouse Coopers zu trennen.

Ein besonderes Problem taucht dann auf, wenn die Regeln des IKS durch die Geschäftsführung gezielt ausgehebelt werden und versucht wird, die Auswirkung einer solchen Maßnahme nur einem Arbeits- oder Systemfehler anzulasten. Die Analyse von Prüfungsdifferenzen wird in diesen Fällen außerordentlich schwierig. Dies kann auch daran liegen, dass Prüfungsnachweise nur scheinbar angemessen sind.

---

1 o.V. : Bankenaufsicht sieht schwere Versäumnisse der WestLB, in : FAZ 23.6.03, Nr. 142, S. 15
2 o.V. : Goodyear korrigiert Bilanzierungsfehler, in : FAZ 14.4.04, Nr. 87, S. 15
3 o.V. : Deutsche ABB erwartet auch 2003 einen Verlust, in : FAZ 29.3.03, Nr. 75, S. 17
4 o.V. : Finanzchef von Adecco tritt zurück, in : FAZ 17.1.04, Nr. 14, S. 11
5 o.V. : Münchner Rück deckt bei American Re neue Risiken auf, in : FAZ 11.7.02, Nr. 158, S. 16

Anlage 28 Abwicklungsstufen
(Kontrollkategorien im Verkaufsprozess „WELOS")

Vorgang (beispielhafte Aufzählung)	Art
Auftragseingang bei WELOS	
Auftragserfassung	
Prüfung des für Tecno gültigen Netto-Preises	Nettopreis
Kontrolle der Bonität des Kunden Tecno	Bonität
Auftragsfreigabe	Auftragsannahme
Bestellung des für Tecno bestimmten PKW bei der BMW AG	
Auftragsbestätigung durch BMW und Abgleich mit den Tecno-Auftragsdaten	Auftragsdaten
Erstellung der für Tecno bestimmten Auftragsbestätigung	
Kontrolle der Auftragsbestätigung und Freigabe durch die WELOS-Verkaufsleitung	Auftragsbestätigung
Versand der Auftragsbestätigung an Tecno	
Aktualisierung des Auftragsbestandes (Auftragszugang bei WELOS) und GF-Vorlage	
Kontrolle der Lieferzeit (Abgleich mit BMW-internen Daten)	Lieferzeit
Anlieferung des für Tecno bestimmten BMW und Kontrolle der Lieferdaten	Wareneingang
Eingang der Lieferantenrechnung (BMW) und Prüfung der Daten (Grundpreis, Rabatt, Bonus)	Lieferanten-Rechnung
Buchung des Lagerzugangs anhand des kontrollierten Lagerscheines	
Autorisierte Buchung der Lieferantenrechnung	
Abgleich der erhaltenen Lieferscheine mit den gebuchten Lieferantenrechnungen	Lieferscheine/Rechnungen
Einbeziehung der gebuchten Verbindlichkeit in die Fälligkeitsstruktur der Verbindl. L+L	
Erstellung eines für Tecno bestimmten Lieferscheines und Aushändigung des Wagens	
Erstellung einer an Tecno gerichteten Rechnung und Kontrolle d.d. WELOS-Verkaufs-Abtlg.	Ausgangsrechnung
Vergleich der von WELOS erstellten Lieferscheine mit den Ausgangs-Rechnungen	Liefersch./Rechnungen
Versand der Rechnung an Tecno	
Autorisierte Buchung der durch die Verkaufsleitung kontrollierten Rechnung an Tecno	
Vergleich der von WELOS versandten und gebuchten Rechnungen	Ausgangsrechnungen
Einbeziehung der an Tecno gerichteten Rechnung in die Fälligkeitsstruktur der Forderungen	Kreditvolumen
Autorisierte Buchung des Lagerabgangs anhand des für Tecno bestimmten Lieferscheines	
Aktualisierung des Auftragsbestandes (Auftragsabgang bei WELOS)	
Kontrolle der offenen Forderung an Tecno, ggf. Saldenbestätigung und ggf. Mahnung	Kreditvolumen
Zahlung des Rechnungsbetrages durch Tecno (per Banküberweisung)	
Vergleich des Geldeingangs mit dem Rechnungsbetrag	Geldeingang
Autorisierte Ausbuchung der Forderung an Tecno und Einbuchung des Geldeingangs	
Autorisierte Zahlung der BMW-Lieferantenrechnung (per Banküberweisung)	Lieferrechnung
Autorisierte Ausbuchung der Lieferantenverbindlichkeit und Kreditierung des Bankkontos	

Anlage 29 **Vorbeugende und aufdeckende Kontrollen**
(Verkaufsprozess „WELOS")

Vorgang (beispielhafte Aufzählung)	Kontrolle vorbeugend	Kontrolle aufdeckend
Auftragseingang bei WELOS		
Auftragserfassung		
Prüfung des für Tecno gültigen Netto-Preises		Nettopreis
Kontrolle der Bonität des Kunden Tecno	Bonität	
Auftragsfreigabe	Auftragsan.	
Bestellung des für Tecno bestimmten PKW bei der BMW AG		
Auftragsbestätigung durch BMW und Abgleich mit den Tecno-Auftragsdaten		Auftragsdaten
Erstellung der für Tecno bestimmten Auftragsbestätigung		
Kontrolle der Auftragsbestätigung und Freigabe durch die WELOS-Verkaufsleitung		Auftragsbestät.
Versand der Auftragsbestätigung an Tecno		
Aktualisierung des Auftragsbestandes (Auftragszugang bei WELOS) und GF-Vorlage		
Kontrolle der Lieferzeit (Abgleich mit BMW-internen Daten)		Lieferzeit
Anlieferung des für Tecno bestimmten BMW und Kontrolle der Lieferdaten		Wareneingang
Eingang der Lieferantenrechnung (BMW) und Prüfung der Daten (Grundpreis, Rabatt, Bonus)		Lieferanten-Rechn.
Buchung des Lagerzugangs anhand des kontrollierten Lagerscheines		
Autorisierte Buchung der Lieferantenrechnung		
Abgleich der erhaltenen Lieferscheine mit den gebuchten Lieferantenrechnungen		Liefersch./Rechn.
Einbeziehung der gebuchten Verbindlichkeit in die Fälligkeitsstruktur der Verbindl. L+L		
Erstellung eines für Tecno bestimmten Lieferscheines und Aushändigung des Wagens		
Erstellung einer an Tecno gerichteten Rechnung und Kontrolle d.d. WELOS-Verkaufs-Abtlg.		Ausgangsrechnung
Vergleich der von WELOS erstellten Lieferscheine mit den Ausgangs-Rechnungen		Ausgangsrechnung
Versand der Rechnung an Tecno		
Autorisierte Buchung der durch die Verkaufsleitung kontrollierten Rechnung an Tecno		
Vergleich der von WELOS versandten und gebuchten Rechnungen		Ausgangsrechnung
Einbeziehung der an Tecno gerichteten Rechnung in die Fälligkeitsstruktur der Forderungen		
Autorisierte Buchung des Lagerabgangs anhand des für Tecno bestimmten Lieferscheines		
Aktualisierung des Auftragsbestandes (Auftragsabgang bei WELOS)		
Kontrolle der offenen Forderung an Tecno, ggf. Saldenbestätigung und ggf. Mahnung		Kreditvolumen
Zahlung des Rechnungsbetrages durch Tecno (per Banküberweisung)		
Vergleich des Geldeingangs mit dem Rechnungsbetrag		Geldeingang
Autorisierte Ausbuchung der Forderung an Tecno und Einbuchung des Geldeingangs		
Autorisierte Zahlung der BMW-Lieferantenrechnung (per Banküberweisung)	Lieferrechn.	
Autorisierte Ausbuchung der Lieferantenverbindlichkeit und Kreditierung des Bankkontos		

Anlage 30 **Der Korridoreffekt**
Leitgedanken bei der Prüfung der Forderungen L+L

Doc	Inhalt	Thema	Inhalt	Thema	Inhalt	Thema
KoP					Prüfungs-Ziel Pr.-Programm Pr.-Nachweis	Bestand Auslieferung Lieferschein Protokoll
KoCo			Prozess-Ziel Aussage Kontrolle Prüfungs-Ziel	Absatz-Steigerung Bestand (VEBBAG) Auftragsabwicklung Bestand (VEBBAG)		
KoBu	Untern.-Ziel Geschäftsvorfall Geschäftsprozess	Wachstum PKW-Verkauf Auftr.abwicklung				

Anlage 31 Branchentypische Jahresabschlussthemen
Auswertung der Unternehmergespräche

Branche	Unternehmen		Themen des JA
	Firma	Gegenstand	Fiktive Beispiele
Autozulieferer	Kirchhoff Automotive	Herstellung von Auto-Komponenten	Bewertung von Werkzeugen, verursachungsgerechte Zuordnung der Herstellungskosten, Behandlung von Währungs- und Kreditrisiken, Erfassung von Sonderkonditionen im Ein- und Verkauf
Bauwirtschaft	Ardex	Bauchemie	Bewertung der Beteiligungen, Erfassung u. Bewertung von Serviceleistungen, Abschreibungen auf Vorräte
Getränkeindustrie	Karlsberg Brauerei	Bier, Mischgetränke, Mineralwasser	Bewertung der Beteiligungen, Bewertung der Sachanlagen
Haushaltsgeräte	Jura Elektroapparate	Espressomaschinen	Bewertung der Forderungen L+L, Bewert. d. Vorräte, Vollständigkeit u. Bewertung d. Verbindlichkeiten L+L
Heizungen	Viessmann-Werke	Geräte für unterschiedliche Energieträger	Bewertung der Vorräte, Bewertung des Auslandsengagements
Lebensmittel	H & E Reinert	Fleisch- und Wurstwaren	Bewertung der Beteiligungen, Bewertung und Genauigkeit der Forderungen L-L, Rückstellungen aus der Vertriebslogistik?
	Franz Zentis	Fruchtzubereitung, Konfitüre, Marzipan	Bewertung der Forderungen L+L, Vollständigket der Verbindlichkeiten L+L, Bewertung des Joint Venture
Maschinenbau	Körber AG	Tabak-, Papier- und Schleifmaschinen	Behandlung von Währungs- und Kreditrisiken, Bewertung des China-Engagements
Spedition	Fiege-Gruppe	Kontraktlogistik	Erfassung und Bewertung von Serviceleistungen, Einhaltung des Realisationsprinzips, Bewertung der Forderungen L+L, Rückstellungen für Vertragsstrafen?
Süßwaren	Lambertz-Gruppe	Printen, Lebkuchen, Gebäck	Bewertung der Beteiligungen, Bewertung und Genauigkeit der Forderungen, Bewertung der Vorräte
Textilindustrie	Gardeur AG	Damen- und Herrenhosen	Bewertung der Forderungen L+L, Bewertung der Vorräte, Vollständigkeit der Rückstellungen (Vertriebslogistik, Erfolgsgarantien etc.)
Unterhaltungs-Elektronik	Pro-Markt	Elektronikgeräte (TV, PC etc.)	Sonderabschreibungen auf Sachanlagen, verlustfreie Bewertung d. Vorräte, Vollständigkeit und Bewertung der Rückstellungen, Going-Concern-Prämisse

Anlage 32 Branchentypische Querverbindungen

Branche	Unternehmen	Fragestellung und Branchenverweis
Lebensmittelindustrie	Zentis	Verfügt das Unternehmen über moderne bioanalytische Kontrollverfahren? Wie schützt sich – unter Controllinggesichtspunkten – dass Unternehmen vor der Verarbeitung verunreinigter Lebensmittel ? (vgl. Laborbetreiber „Eurofins Scientific")
Maschinenbau	Körber	In der Pharmabranche spielen Verpackungen zum Schutz fälschungssicherer Präparate eine wachsende Rolle. Hat Körber die dafür notwendige Technologie?
Textilwirtschaft	Tom Tailor	Wurde die Durchführung logistischer Arbeiten (z.B. die Zustellung von Kollektionen an Händler) an Dritte vergeben und wenn ja, wie erfolgt die Abrechnung und buchhalterische Erfassung dieser Leistungen? (vgl. Logistikunternehmen „Fiege")

Anlage 33 Maßnahmenkatalog innerhalb des Internen Kontrollsystems

Bereich	Maßnahmen (Beispiele)

Risikobeurteilung durch das Management	**I. Vermögen schützen**
	1. Festlegung von Wertgrenzen (z.B. Einkaufslimit, Kreditlimit)
	2. Einholung von Sicherheiten (z.B. Bürgschaften, Grundpfandrechte)
	3. Abschluss von Devisentermingeschäften
	
	II. Einhaltung der Geschäftspolitik garantieren
	1. Einführung von Bewertungssystemen
	   - bei Abschreibungen (z.B. für Vorräte und Forderungen)
	   - bei Rückstellungen (z.B. für drohende Verluste)
	2. Ausschluss von Geschäftsgebieten
	3. Abschluss von Devisentermingeschäften
	4. Schaffung einer Projektorganisation
	5. Auswahl und Überwachung der Lieferanten
	6. Festlegung genehmigungspflichtiger Geschäfte
	7. Einrichtung von Kontrollorganen
	8. Durchführung von Markt- und Standortanalysen
	9. Abschluss von Versicherungsverträgen
	   (z.B. Betriebsunterbrechung, Feuer, Haftpflicht, Forderungsausfall)
	
	III. Sicherheit von Abrechnungsdaten gewährleisten
	1. Aufstellung von Jahresabschlussrichtlinien
	2. Schutz gespeicherter Daten
	3. Zugriffskontrollen bei DV-Systemen

Kontrollumfeld	Funktionstrennung Fähigkeiten und Ausbildung des Personals Philosophie und Arbeitsweise des Managements

Informations- und Kommunikationssystem	**I. Interne Berichterstattung**
	   (unter besonderer Berücksichtigung bestimmter Kennzahlensysteme)
	1. Finanzbuchhaltung
	2. Betriebsbuchhaltung
	3. Quartals- und Jahresabschluss
	   (ggf. unter besonderer Berücksichtigung eines Konzern-Package)
	4. Segment-Berichterstattung
	5. Lagebericht
	II. Externe Berichterstattung
	1. Quartals- und Jahresabschluss
	2. Segment-Berichterstattung
	3. Lagebericht
	4. Geschäftsbericht

Spezielle Kontrollen	**Verkaufszyklus** (z.B. Kreditlimits, Einholung von Sicherheiten) **Einkaufszyklus** (z.B. Einkaufslimits, Auswahl der Lieferanten)
Grundlegende Kontrollen	Überwachungstätigkeit durch das Management - Aufbau-Organisation (z.B. Marktkonformität) - Ablauf-Organisation (z.B. Wirksamkeit einer Projekt-Organisation) **Allgemeine DV-Kontrollen** (z.B. Verknüpfungen zwischen Bilanz und G+V, Plausibilitätsprüfungen, Fehlerprotokolle) **Interne Revision**

Anlage 34 **Aktuelle betriebswirtschaftliche Themen**
Wege zum Gesprächspartner des Abschlussprüfers

1. Ergänzende Aspekte im Rahmen von Mandantengesprächen zur Beschaffung von Informationen

Damit es dem Abschlussprüfer gelingt, sich die erforderlichen „Kenntnisse über die Geschäftstätigkeit sowie das wirtschaftliche und rechtliche Umfeld des zu prüfenden Unternehmens im Rahmen der Abschlussprüfung" (Titel des IDW-Prüfungsstandards Nr. 230) anzueignen, muss er eine Vielzahl von Gesprächen (nicht nur auf der Ebene der Geschäftsleitung) führen. Seine Arbeit wird also auch von menschlichen, besser gesagt von sozialen Komponenten geprägt, und man sollte darüber nachdenken, ob der Titel des o.a. PS nicht noch durch das Adjektiv „sozial" ergänzt werden sollte. (Das wirtschaftliche, rechtliche und soziale Umfeld des Unternehmens.)

Der Abschlussprüfer, der neuen Prüfungskonzepten gegenüber aufgeschlossen ist, muss sich auf die (möglicherweise zunächst ungewohnte) Nähe zu den verantwortlichen Personen einstellen (das gilt natürlich auch vice versa) und muss versuchen, möglichst schnell einen vertrauensvollen Zugang zu Managern und Sachbearbeitern zu finden. Dies wird ihm so eher und um so besser gelingen, je mehr er es versteht, sich in die Arbeits- und Gedankenwelt seiner Gesprächspartner hineinzuversetzen. Wenn er zu erkennen geben kann, dass er über seine engen, abschlussbezogenen Fragen hinaus auch an aktuellen betriebswirtschaftlichen Themen des Unternehmens interessiert und darum bemüht ist, Denkanstöße zu geben, werden die Gespräche intensiver und für beide Parteien auf Dauer auch fruchtbarer sein.

Vertreter des Mandanten können vom Branchen-Know-how des Abschlussprüfers profitieren. Er selbst muss sich der Möglichkeit bewusst sein, auf dieser Plattform Eigenarten der Hierarchie kennenlernen und „Spannungszustände" auf informellen Wege frühzeitig erfahren zu können. Damit steigen die Chancen, sich häufiger zu treffen, und die Bereitschaft wird zunehmen, die Arbeit des Abschlussprüfers weniger als Prüfung und mehr als Dienstleistung zu begreifen. (Siehe PS 230 TZ 6) Unter diesem „sozialen" Aspekt erhält der Gedanke, dass eine Abschlussprüfung im Grunde eine Veranstaltung sein muss, die das gesamte Jahr umfasst, einen ganz besonderen Akzent. (Siehe dazu auch das Kapitel II. 5.3.2. „Die zeitliche Dimension: Die Abschlussprüfung als permanente Aufgabe".)

2. Beispiele

Stellungnahmen zu kaufmännischen Themen
(Relevante Aspekte im Zusammenhang mit den Kenntnissen über die Geschäftstätigkeit und das wirtschaftliche und rechtliche Umfeld des Unternehmens ; Anhang zu TZ 15 im PS 230)

Bereich (Prozess	Thema	Untertitel	Autoren
	Die moderne Bilanzanalyse	Künstliche Neuronale Netz-Analyse am Beispiel eines Automobilherstellers	J.Baetge/S.Matena
	Controller: Navigator der Führung	Stand u. Entwicklungstrends: Von der Kostensenkung zur strateg. Steuerung	P.Horváth
	Coopetition: Kooperationsstrategie für den Mittelstand	Ein erfolgreicher Beitrag zur langfristigen Existenzsicherung kleiner und mittlerer Unternehmen	M.Henke / W.Lück
	Gesellschaftsrecht: Familienrecht der Unternehmen	Vielfältige Ursachen für Gesellschafterstreitigkeiten	H.J.Rotberg
	Krise, Krisendiagnose und Krisenmanagement	Die wichtigsten Erscheinungsformen und Ursachen einer Unternehmenskrise	J.Hauschildt
	Abschied vom klassischen Mittelstand	In der deutschen Wirtschaft vollzieht sich schon seit den siebziger Jahren ein fundamentaler Umbruch	H.Berghoff
	Die Organisation	Ein dynamischer Prozess, weil Technologien und Märkte sich verändern.	A.Picot
	Der Umgang mit unternehmerischen Risiken	Die neue Disziplin Chancenmanagement	W.Lück
Anlagenmanagement	Die Beteiligungen im Griff	Investitionsentscheidungen / Wertorientiertes Beteiligungscontrolling / Fundierte Konzepte zur Portfoliosteuerung	M.Castedello R.Davidson
Finanzierung	Die stille Revolution in der Finanzierung	Bei den Unternehmen vollzieht sich ein entscheidender Wandel / Basel II : Eine Chance für die Unternehmen	H.Lohneß
Personalmanagement	Verknüpfung von Unternehmens- und Personalstrategie	Vier Reifegrade des Personalmanagements	M.Ernst H.Uepping
Produktion	Produktion ist mehr als die Gestaltung von Prozessen	Die konkrete Gestaltung der Produktion obliegt dem Produktionsmanagement.	H.Corsten
Vertrieb	Der Preis ist ein Qualitätssignal	Über markenorientierte Unternehmensführung	B.Sidler / H.Meyer
	Produktlebenszyklus-Management	Ein Verfahren für die Individualisierung von Produkten u. Dienstleistungen	S.Vajna

Anlage 35	Eintragungen im Handelsregister
	Informationen über das wirtschaftliche und rechtliche Umfeld von Unternehmen

1. Firma, Sitz, Gegenstand, Leitungs- und Eigentumsverhältnisse als Anhaltspunkte für Geschäftsvorfälle und Geschäftsrisiken

Da der Abschlussprüfer verpflichtet ist, sich Kenntnisse über das wirtschaftliche und rechtliche Umfeld des zu prüfenden Unternehmens anzueignen (wobei ein paar Informationen – kurzfristig eingeholt - nicht ausreichen, da er mit dem Betätigungsfeld des Unternehmens „vertraut" sein muss!), sollte er möglichst früh auch die Eintragungen im Handelsregister lesen. Sie geben u.a. Auskunft über Firma, Sitz, Gegenstand, Geschäftsführung und den Gesellschafterkreis.

Obwohl die Eintragungen im Handelsregister nur einen Rahmen abstecken und die Bedeutung von Geschäften bzw. das Gewicht eines Gesellschaftereinflusses noch nicht erkennen lassen, kann sich der Abschlussprüfer sehr wohl eine erste Vorstellung von den Eigenarten des Unternehmens verschaffen. Er wird auch in der Lage sein, sich bereits in einem sehr frühen Stadium Gedanken über wesentliche Geschäftsvorfälle und wesentliche Geschäftsrisiken zu machen. Diese können sich z.B. auf unternehmerische Aktivitäten im Ausland, auf Systemgeschäfte, auf die Problematik eines vielschichtigen Warenkorbes, auf den Sitz der Gesellschaft und auf die Kommunikation z.B. zwischen weit von einander entfernt wohnenden Geschäftsführern oder Gesellschaftern (ggf. unterschiedlicher Nationalität) beziehen. Darüber hinaus ist es interessant festzustellen, dass in vielen Fällen der Gegenstand eines Unternehmens „einfach" klingt, aber bei näherer Betrachtung „Feinheiten" offenbart, die ihren Niederschlag in einem Jahresabschluss finden müssen.

Vergleicht man die Eintragungen im Handelsregister von „geschäftsverwandten" Gesellschaften, so kann man in der offiziellen Fassung „breite" oder „schmale" Betätigungsfelder erkennen und damit die Möglichkeit verbinden, bei sich bietender Gelegenheit exakte Fragen zu stellen, um das ganze Ausmaß der Geschäftstätigkeit und ihrer wirtschaftlichen und rechtlichen Konsequenzen abschätzen zu können. Darüber hinaus wird man sich wohl auch die Frage stellen dürfen, ob nicht der Gegenstand eines Unternehmens und der Stil einer Eintragung im Handelsregister bereits Rückschlüsse auf das Format der handelnden Personen, ihre Zielsetzung und ihre mögliche Einstellung zu einem Jahresabschluss zulassen.

Spezifische Informationen über das Unternehmen prägen das Problembewusstsein des Abschlussprüfers. Er ist auf diese Weise bereits „eingestimmt", wenn er die ersten Gespräche mit der Geschäftsleitung und den Sachbearbeitern des zu prüfenden Unternehmens führt. „Vorkenntnisse" über die Geschäftstätigkeit des Unternehmens zu besitzen, bedeutet, in der Lage zu sein, mit Interesse zuhören, sachgerechte Fragen stellen und einen schnellen und zugleich vertrauensbildenden Zugang zum Gesprächspartner finden zu können. Es bedeutet aber auch, „überrascht" zu sein, wenn man auf Umstände trifft, die man nicht erwartet hat. [1)]
Überraschungen – häufig besondere Skepsis auslösend - können zu neue Fragen führen und die Prüfungsarbeiten mit besonderen Akzenten versehen.

Die Hinweise auf Handelsregistereintragungen aus verschiedenen Branchen sollen dem Leser helfen:
- ein Gefühl für Komplexitätsgrade und dem damit verbundenen Umfang des Prüfungsrisikos zu entwickeln,
- mit Unternehmensstrukturen vertraut zu werden und zu lernen, Geschäftsvorfälle und Geschäftsrisiken sowohl im Produktions- als auch im Dienstleistungssektor zu formulieren,
- eine Vorstellung darüber zu entwickeln, in welcher Weise diese Geschäftsvorfälle und Geschäftsrisiken einen Jahresabschluss (vermutlich) beeinflussen werden und
- über vertiefende Querverbindungen auf Fragen zu stoßen, die bei der Prüfung anderer Mandanten von Interesse sein könnten.

Kluge Fragestellungen zeichnen den gut informierten und gewissenhaften Abschlussprüfer aus.
Ein Kennzeichen wäre zum Beispiel, wenn er sich z.B. bei
- BRATO nach biologischen, chemischen oder physikalischen Analysen
- DEICES nach Geschäftsbeziehungen zu Orthopädiewerkstätten,
- TAIHAM nach der Erstellung logistischer Lösungen (durch Dritte)
- WELOS nach Beratungsleistungen für Standortplanung

erkundigen würde.

2. Eintragungen im Handelsregister
Auszüge aus den Veröffentlichungen der „Amtlichen Bekanntmachungen" in der FAZ, im Wesentlichen den Gegenstand des Unternehmens betreffend.

Altbausanierung
Sanierungsgesellschaft mbH, 10967 Berlin
Alle Bauleistungen im Zusammenhang mit der Sanierung von Altbauten
(Amtsgericht Berlin-Charlottenburg HRB 89 727) (8/03)

Analysen
Analytiklabor Pfeiffer GmbH, 98724 Neuhaus am Rennweg
Biologische, chemische und physikalische Analysen im Bereich der Umweltmedien Boden, Wasser und Luft sowie Prüfung.
(Amtsgericht Meiningen HRB 6360) (7/03)

Aufzugsanlagen
DAT Deutsche Aufzugstechnik GmbH, 13507 Berlin
Beratung und Entwicklung und Planung von Aufzugsanlagen jeglicher Art sowie deren Verkauf und Errichtung. Weiterer Gegenstand des Unternehmens ist die Wartung, Instandhaltung, Reparatur, Betreuung, Verbesserung und Modernisierung von bestehenden Aufzugsanlagen, Förderanlagen und Rolltoren sowie Hebezeugen aller Art.
(Amtsgericht Berlin-Charlottenburg HRB 89 529) (7/03)

Baumaterial
technofibre GmbH, 10117 Berlin
Forschung, Entwicklung, Herstellung, Verarbeitung und Vertrieb von Dämmstoffen jeglicher Art für Wärme- und Schalldämmung sowie den Hochtemperaturbereich, Produktion jeglicher Art für die Verstärkung und Armierung von Kunststoffen, Verkleidungsteilen für Fahrzeuge sowie Asbestsubstituten, Bauchemikalien, Baustoffen, Geräten, Hilfsmitteln und ähnlichen Stoffen.
(Amtsgericht Berlin-Charlottenburg HRB 88 763) (5/03)

Beratung
HIS Hamburger Immobilienservice GmbH, 29462 Wustrow
Beratung für Standortplanung von Einzelhandels-Unternehmen, Kommunen und sonstigen Investoren und für die Wohnungswirtschaft sowie Verwaltung und Management von Gewerbeimmobilien und Einkaufszentren, Energie-Management, Verwaltung eigenen und fremden Vermögens, Handel mit bzw. Erbringung von Dienstleistungen aller Art soweit keine Genehmigungspflicht besteht sowie alle Tätigkeiten nach § 34 c GewO.
(Amtsgericht Dannenberg 15 HRB 2238) (7/03)

Betonwerk
DW Imbau GmbH, 98633 Walldorf
Betrieb eines Betonwerkes sowie die industrielle Herstellung von Betonteilen für Bauprodukte und deren Vertrieb und Handel, sowie der Erwerb, die Verwaltung und Veräußerung von Beteiligungen.
(Amtsgericht Meiningen HRB 6355) (7/03)

Elekronik
MediMax Electronic Dresden GmbH, Dresden
Handel mit elektronischen Geräten, insbesondere der Handel mit Gegenständen der Unterhaltungs- und Kommunikationselektronik, Fotoartikel, Tonträgern, PC/Multimedia und entsprechendem Zubehör sowie die Vermarktung von Diensten in den vorstehend aufgeführten Bereichen, des weiteren die Vermarktung von Strom, Gas und Wasser.
(Amtsgericht Dresden HRB 21 906) (8/03)

Filmproduktion
Der nackte Affe Filmproduktion GmbH, 10553 Berlin
Ideen, Stoffe, Drehbücher, Film- und TV-Projekte aller Art, Shows, literarische Werke, Hörspiele, Bücher zu und über Film, Videoclips, interaktive Werke, Computer gestützte Werke, Merchandising- und Marketingkonzepte zu entwickeln, zu erwerben, zu verwalten und zu verwerten; Beratung, Besetzung und Vertretung von allen kreativ bei Film und Fernsehen Beschäftigten, Beratung und kreative Begleitung von Firmen, Personen bei Projekten aus der Film- und Fernsehbranche im weitesten Sinne; Herstellung und Verwertung von audiovisuellen Werken jeder Art für eigene Rechnung, für Dritte oder gemeinsam mit Dritten, auch durch Einbringung und/oder Vermittlung von Rechten, Stoffen, Büchern, Personal und/oder Know-how.
Die Gesellschaft ist zu allen Geschäften und Maßnahmen berechtigt, die zur Erreichung des Geschäftszweckes notwendig und nützlich erscheinen. Sie kann mit Dritten, die ähnliche Zwecke verfolgen, in jeder Form kooperieren, einschließlich der verantwortlichen Vertretung solcher Dritter gegenüber anderen Firmen und Personen. Die Gesellschaft kann ihre Leistungen auf eigene Rechnung oder gegen Entgelt erbringen, sie kann sich auch mit solchen Leistungen an Projekten Dritter beteiligen.
(Amtsgericht Berlin-Charlottenburg HRB 78 266) (12/00)

Handel und Immobilien
Sardegna Handelsgesellschaft mbH, Koblenz
Der Handel mit vornehmlich italienischen Waren, insbesondere Granit, Marmor und Kork, die Vermittlung von in- und ausländischen Immobilien jeder Art zum Erwerb oder zur Anmietung, der Erwerb von Immobilien im In- und Ausland, insbesondere in Zwangsversteigerungen, und zur Weiterveräußerung, die Verwaltung von Immobilien, die Vermietung und Verpachtung von Immobilien, die Vermittlung der Finanzierung und Versicherung für Immobilien, die Übernahme ähnlicher Dienstleistungen im vorgeschriebenen Zusammenhang.
(Amtsgericht Koblenz 5 HRB 6803) (5/03)

Handel mit Maschinen und Energie
Helios International Trading GmbH, 10719 Berlin
Handel – einschließlich des Im- und Exports – mit Waren aller Art, insbesondere mit Maschinenbauprodukten, Produkten der Metallurgie, Erdöl, Gas sowie Produkten der Erdöl-, Gas- und Rohstoffverarbeitung. Die Gesellschaft schließt zu diesem Zwecke Handelsgeschäfte mit Partnern im In- und Ausland ab, auch in Form von Kompensationsgeschäften. Die Gesellschaft erbringt auch entgeltliche Dienst-, Vermittlungs- und Beratungsleistungen im Zusammenhang mit bestehenden oder anzubahnenden internationalen Handelsbeziehungen für die öffentliche Hand und Unternehmen im In- und Ausland. Die Gesellschaft übernimmt es insbesondere, Unternehmen und die öffentliche Hand bei der Anbahnung und Durchführung internationaler Handelsbeziehungen zu unterstützen, zu beraten oder zu begleiten oder für diese internationale Handels- und Kompensationsgeschäfte zu vermitteln. (Amtsgericht Berlin-Charlottenburg HRB 88 794) (5/03)

Ingenieurleistungen
build.ing. Ingenieurgesellschaft für Projektmanagement mbH, 60323 Frankfurt am Main
Die Erbringung von Ingenieur- und Architektendienstleistungen sowie die Projektentwicklung, das Projektmanagement, die Projektsteuerung und das Facility Management.
(Amtsgericht Frankfurt am Main HRB 57 080) (7/03)

Industriegüter und Projektgeschäfte
BURUS Projektentwicklungs GmbH, 12527 Berlin
Die Investitionsdurchführung und Betreibung eines Portcenters in St. Petersburg (Russland); Im- und Export von Industrieanlagen, Gewerbebetrieben, Waren des täglichen Bedarfs, Baumaterialien, Erdölprodukten, Metallwaren (keine Waffen oder waffenähnliche Gegenstände) und Luxusgüter.
(Amtsgericht Berlin-Charlottenburg HRB 88 840) (5/03)

Keramische Erzeugnisse
Herbst GmbH, Dürrröhrsdorf-Dittersbach
Herstellung und Vertrieb von keramischen Erzeugnissen incl. Forschung und Entwicklung von technischer und Hochleistungskeramik in allen Formen.
(Amtsgericht Dresden HRB 21 964) (8/03)

KfZ-Vermietung
Enterprise Autovermietung Deutschland GmbH, 65760 Eschborn
Die Vermietung von Kraftfahrzeugen sowie der An- und Verkauf von Neu- und Gebrauchtwagen.
Stammkapital: DM 850.000
Geschäftsführer: William W. Synder, geb. 5.2.51, Creve Coeur, Missouri/USA.
Einzelprokura...: Jack Cope, geb. 2.8.62, Düsseldorf; Todd Moore, geb.24.9.63, Kronberg; Robert Grote, geb.15.4.64, Böblingen; Christopher Sean Rigg, geb.11.5.70, Düsseldorf; Todd W. Dixon, geb.9.10.72, Martinsried; Eustach von Wulffen, geb.22.7.71, Frankfurt/M.; Tobias Bouillon, geb.31.8.72, Wilhelmshaven.
(Amtsgericht Frankfurt am Main HRB 56 981) (6/03)

Kohle
TEGERA Industriekohle GmbH, 60325 Frankfurt am Main
Handel mit Industriekohle
(Amtsgericht Frankfurt am Main HRB 57 199) (8/03)

Landschaftsbau, regenerative Energien
SLB Dr. Sauer & Sohn Landschaftsbau GmbH, Lohsa
Melioration, Rekultivierung, Erbringung forstlicher und landwirtschaftlicher Dienstleistungen, Ausführungen von Spezialleistungen des Deponiebaus, des Gewässerbaus und der Gewässerpflege, Errichtung und der Betrieb von Anlagen zur Erzeugung regenerativer Energien (Wind, Biomasse, Sonne).
(Amtsgericht Dresden HRB 21 789) (6/03)

Lebensmittel
Nestlé Nutrition GmbH, 60528 Frankfurt am Main
Herstellung und Vertrieb von Waren aller Art, vorzugsweise von Lebensmitteln unter den eingetragenen Marken „Nestle" und „Alete". Die Gesellschaft kann ihre Tätigkeit auch im Namen eines Organschaftsverhältnisses betreiben.
Stammkapital: 52.000 €.
Geschäftsführer: Bernt-Dietrich Exner, geb.15.7.44, Neukeferloh; Robert Aderbauer, geb.14.6.60, Kirchheim; Uwe Blechschmidt, geb.8.4.41, Dreieich; Henricus van der Loo, geb.4.1.61, La Tour de Teilz/Schweiz; Prof. Dr. Ferdinand Haschke, geb.16.9.48, Grünwald. (Amtsgericht Frankfurt am Main HRB 56 979) (6/03)

Maschinenbau
BAT Bohr- und Anlagentechnik GmbH, 36460 Dietlas
Entwicklung, Herstellung und internationaler Vertrieb von Maschinen für den Bergbau, die Aufbereitungs- und Natursteinindustrie. Eingeschlossen ist der Handel mit Ersatzteilen, Montageleistungen, Instandsetzungen und Generalüberholungen sowie Service und Schulungsleistungen sowie allgemeine Leistungen für den Maschinenbau.
(Amtsgericht Meiningen HRB 6353) (7/03)

Musik
O-Ton Vertriebsgesellschaft für Tonträger mbH, 10707 Berlin
Groß- und Einzelhandel mit Schallplatten und mit anderen Tonträgern. Gegenstand des Unternehmens ist weiter die Beteiligung an anderen Unternehmen, insbesondere die Übernahme der Rechtsstellung einer persönlich haftenden Gesellschafterin in Kommanditgesellschaften.

Orthopädie
"Hans Sachs" Dresden GmbH Orthopädieschuhtechnik, Dresden
Herstellung, Vertrieb und Service von orthopädischen Schuhen, Prothesen, Bandagen und orthopädischen Hilfsmitteln jeder Art, Führung eines orthopädischen Fachhandels einschließlich des Verkaufs und des Versands von orthopädischer Handelsware, Erbringung von Fußpflegeleistungen, Entwicklung, Herstellung und Vertrieb von orthopädie- und rehatechnischen Hilfsmitteln.
(Amtsgericht Dresden HRB 21 854) (7/03)

Schmuck
CW Schmuck GmbH, 10789 Berlin
Schmuck- Groß- und Einzelhandel, der An- und Verkauf von Gold- und Silberwaren, der Handel mit Diamanten sowie alle Tätigkeiten, die der Gesellschaft dienlich sind.
(Amtsgericht Berlin-Charlottenburg HRB 89 397) (7/03)

Software und Telekommunikationsgeräte
Research in Motion Deutschland GmbH, 10117 Berlin
Import, Vertrieb und Verkauf von Software und Telekommunikationsgeräten sowie alle damit in Verbindung stehenden Dienstleistungen.
Stammkapital: 25.000 €
Geschäftsführer: Nicole Liebera, geb. 7.6.69, München; Charles Bernard Meyer, geb.30.1.59, Berks/United Kingdom; James Laurence Ballsillie, geb. 3.2.54, Waterloo, Ontario/Kanada; Larry F. Conlee, geb. 11.9.47, Waterloo, Ontario/Kanada; Dennis Gustav Kavelmann, geb.11.11.70, Waterloo, Ontario/Kanada.
(Amtsgericht Berlin-Charlottenburg HRB 88 761) (5/03)

Spedition
Jofra Spedition-Transporte-Lagerei und Logistik GmbH, 13401 Berlin
Die Durchführung von Speditionstransporten mit eigenen Fahrzeugen, die Vermittlung von Speditionsleistungen für fremde Frachtführer, die Abwicklung und Einlagerung von Leergut, die Erstellung von logistischen Lösungen, die Vermietung von Speditionsgütern aller Art.
(Amtsgericht Berin-Charlottenburg HRB 89 005) (6/03)

Theater
Hexenkessel und Strand GmbH, 10117 Berlin
Die Produktion von Theaterveranstaltungen, der Betrieb einer oder mehrerer Theater-Spielstätten, der Betrieb eines Tournee-Theaters mit eigenen und fremden Produktionen, der Betrieb von Jugend- und Freizeitstätten.
(Amtsgericht Berlin-Charlottenburg HRB 89 688) (8/03)

Transporte
Nordisk Transport Rail GmbH, 12681 Berlin
Der Kauf von Transportkapazitäten im Bahngüterverkehr, Lastwagengüterverkehr, Seetransport und jeder anderen Form des Transports von Gütern sowie der Verkauf dieser Transportkapazitäten. Zudem die Vermakelung von Transportkapazitäten und das Erbringen von Transport- sowie Logistikdienstleistungen jeglicher Art.
(Amtsgericht Berlin-Charlottenburg HRB 89 700) (8/03)

Tonstudio
AS Sound Productions Gesellschaft für Acoustic Identify mbH, 60314 Frankfurt am Main
Das Betreiben eines Tonstudios für Komposition, Filmvertonung, Funk- und Musikproduktion sowie Synchronisation.
(Amtsgericht Frankfurt am Main HRB 56 966) (6/03)

Überprüfung
Km-Check.de GmbH, 12207 Berlin
Überprüfung von Tachometern auf Manipulationen.
(Amtsgericht Berlin-Charlottenburg HRB 89 710) (8/03)

Vermögensverwaltung
HERKULES Fünfundachtzigste Verwaltungsgesellschaft mbH, 60329 Frankfurt am Main
Die Verwaltung eigenen Vermögens sowie jegliche Tätigkeiten, die dem Zweck förderlich sind.
(Amtsgericht Frankfurt am Main HRB 51 172) (1/01)

"Schleiereule" Vermögensverwaltung GmbH, 14050 Berlin
Die Beteiligung als persönlich haftende Gesellschafterin an der LUNI Productions GmbH & Co KG, vormals UNI Filmproduktion Deutschland GmbH & Co KG und ggf. weiterer Kommanditgesellschaften (nachfolgend gemeinschaftlich „KG" genannt); die Führung der Geschäfte der KG; die Entwicklung, Produktion, Co-Produktion, Verwertung, Vermarktung und der Vertrieb/ Lizensierung von Kino- und Fernsehproduktionen und anderen audiovisuellen Produkten jeglicher Art in eigenem und in fremdem Namen; das Eingehen von Beteiligungen zu diesem Zweck nebst allen vernünftigerweise damit verbundenen Tätigkeiten, ausgenommen sind Geschäfte im Sinne von § 34 c GewO und Bankgeschäfte.
Geschäftsführer: Helmut Pütz, geb.14.2.48, Gräfelfing; Ralf Kirberg, geb.16.7.39, Pöcking; Moritz Bormann, geb.16.4.55, Malibu, California/USA; Marc Palotay, geb. 17.2.50, Simi Valley, California/USA; Michael John Brodie, geb. 18.12.37, Buckinghamshire/Großbritannien.
(Amtsgericht Berlin-Charlottenburg HRB 69 707) (12/00)

3. Fragen zur Geschäftstätigkeit

„In performing an audit of financial statements, the auditor should have or obtain a knowledge of the business sufficient to enable the auditor to identify and understand the events, transactions and practices that, in the auditors judgement, may have a significant effect on the financial statements or on the examination or audit report. For example, such knowledge is used by the auditor in assessing inherent and control risk and in determining the nature, timing and extent of audit procedures." [2]

Die folgenden Fragen müssten von einem Abschlussprüfer vor dem Hintergrund von ISA 310 sorgfältig durchdacht werden:

- Welche Ziele und Strategien verfolgt ein Unternehmer, der ein PortCenter in St. Petersburg betreibt ? Wie beurteilt und behandelt er die damit verbundenen Risiken (z.B. das Währungsrisiko) ? Müssen (ggf. in größerem Umfang) Transportkapazitäten zugekauft werden ?
- Welche Geschäftsvorfälle und Geschäftsrisiken kennzeichnen den Unternehmensbereich „Vermarktung von Strom, Gas und Wasser" ?
- Auf welchem Geschäftsfeld werden Kompensationsgeschäfte getätigt, welche Risiken sind mit ihnen verbunden und in welchen Jahresabschlussposten schlagen sich diese Geschäfte nieder ?
- Welche geschäftlichen Eigenarten kennzeichnen den Erwerb von Grundstücken im Rahmen einer Zwangsversteigerung ?
- Welche Umweltauflagen muss ein Betonwerk erfüllen ?
- Nach welchen Gesichtspunkten sind die Anschaffungs- und Herstellungskosten von Theaterveranstaltungen abzuschreiben ?
- Welche Möglichkeiten gibt es, das Wartungsgeschäft bei Aufzügen zu versichern ?
- Wie werden die Chancen und Risiken für den Verkauf von Bergbau-Maschinen auf nationalen und internationalen Märkten beurteilt ?
- Welche Zahlungsströme werden durch den Kauf von Transportkapazitäten ausgelöst ?
- Auf welcher Basis ist ein sicherer Niederstwerttest bei Diamanten möglich ?
- Welche Geschäftsvorfälle sind mit der Verwertung von Ideen verbunden ?
- Welche zuverlässigen Materialwirtschaftssysteme gibt es für die Überwachung von Tonträger-Beständen ?
- Welche Fachkenntnisse sind bei Baumaterialien im Hochtemperaturbereich erforderlich ?
- Welche inhärenten Risiken sind mit der Sanierung von Altbauten verbunden ?
- Welche Voraussetzungen müssen erfüllt sein, damit Kosten der Objektplanung aktiviert werden dürfen ?
- Welche Qualitätskontrollen sind bei der Herstellung von Hochleistungskeramik erforderlich ?
- Welche Art von Vorräten darf man bei einem Tonstudio erwarten ?
- Auf welcher vertraglichen Basis erfolgen Erstellung und Abrechnung logistischer Lösungen ?
- Welche Geschäftsvorfälle, die die Jahresabschlüsse „vorausgehender" Vermögensverwaltungsgesellschaften (Nr. 1-Nr.84) beeinflusst haben, strahlen auch auf die Gesellschaft Nr. 85 aus ?
- Welche Kundengruppen (im Inland und im Ausland) prägen in der heutigen Zeit den Handel mit Industriekohle?
- Welche inhärenten Risiken sind mit einem Deponiebau verbunden ?

---

1 Welche Gedanken gehen wohl einem Abschlussprüfer durch den Kopf, nachdem er festgestellt hat, dass ein Unternehmen sich nicht nur mit dem Handel von Geräten der Unterhaltungs- und Kommunikationselektronik, sondern auch mit der Vermarktung von Strom, Gas und Wasser beschäftigt?
2 ISA 310 (Knowledge of the Business, TZ 2)

Anlage 36 Der Einfluss von Gesetzgebung und Rechtsprechung
Der zunehmende Bedeutung des rechtlichen Umfeldes der Unternehmung

Das IDW hat mit Recht seinem Prüfungsstandard Nr. 230 den Titel gegeben: „Kenntnisse über die Geschäftstätigkeit sowie das wirtschaftliche und rechtliche Umfeld des Unternehmens." Das Institut hat damit sehr deutlich gemacht, dass es insbesondere die juristischen Aspekte sind (sei es nun das Privatrecht oder das öffentliche Recht), die die Unternehmen und damit auch der Abschlussprüfer berücksichtigen müssen.

Über den bisherigen Themenkatalog hinaus, gewinnen – durch die EU stark beeinflusste Bestimmungen -

- zum Umweltschutz,
- zur Kartellbildung und
- zur Vertriebspolitik

eine zunehmende Bedeutung. Diese sind um so schwerwiegender, als die in jüngster Zeit von der EU verhängten bzw. angedrohten Bußgelder eine Größenordnung erreicht haben, die in den meisten Fällen nicht mehr als unwesentlich bezeichnet werden können.

Da die erwähnten Bestimmungen sich auf sehr komplexe Zusammenhänge beziehen, es selbst für Fachleute immer schwieriger wird, den Ausgang von Verfahren abzuschätzen und die Unternehmen verständlicherweise mit Prognosen sehr zurückhaltend sind (nicht zuletzt deshalb, weil sie ihre Planzahlen nicht durch hohe Rückstellungen gefährden wollen), steigt das Prüfungsrisiko des Abschlussprüfers in nicht zu unterschätzender Weise an. Es sind gerade diese sehr komplexen Themen, die an die Eigenverantwortlichkeit und Gewissenhaftigkeit des Abschlussprüfers höchste Anforderungen stellen. Diesen kann man nicht allein mit dem Hinweis gerecht werden, man habe sich informiert und müsse sich im übrigen auf das „größere Fachwissen" der Geschäftsführung und ihrer Berater verlassen. Auch in solch extremen Situationen – denken Sie z.B. an ein Prozessrisiko in den USA - ist das „eigene Urteil" des Abschlussprüfers gefragt !

Anlage 37 Externe Informationsquellen – Stütze für die Qualität von Prüfungsnachweisen

1. Datenbeschaffung

Prüfungsnachweise müssen nach Maßgabe nationaler und internationaler Standards „ausreichend" und „angemessen" sein, „sufficient and appropriate", wie die Formulierung in ISA 500 lautet.

Es sind durchaus Fälle denkbar, in denen der Abschlussprüfer – getragen von einer professionellen Skepsis – Bedenken hat, ob die ihm vorgelegten Prüfungsnachweise wirklich angemessen sind. Wenn er sich z.B. im überaus komplexen Markt der Speicherchips nicht sicher ist, wie sich die Nachfrage nach diesen Produkten entwickeln wird und er den Prognosen der Geschäftsleitung nicht traut, dann muss er sich rechtzeitig darauf vorbereiten, die Meinung von Experten einzuholen, um in der Lage zu sein, die von der Geschäftsleitung durchgeführten wesentlichen Abschreibungen auf Vorräte (und Fertigungseinrichtungen) wegen nachhaltig gesunkener Marktpreise beurteilen zu können.

Wenn er sich z.B. im Immobiliensektor nicht sicher ist, wie sich Mieterträge langfristig entwickeln werden, er also Bedenken hat, ob die im Rahmen einer Mietgarantie für ein Gewerbeprojekt gebildeten wesentlichen Rückstellungen angemessen sind, dann muss er wissen, an welche externen Fachleute er sich wenden kann, um die ihm vorgelegten Prognosen u.a. im Hinblick auf kommunale Entwicklungen, Bevölkerungs- und Einkommensstruktur auf Angemessenheit überprüfen zu lassen.

Es versteht sich von selbst, dass er über ein solides Grundwissen verfügen muss, weil er ansonsten die externen Auskünfte gar nicht gewichten kann. Es ist auch selbstverständlich, dass die Befragung externer Fachleute eher selten ist. Doch es muss andererseits auch Klarheit darüber bestehen, dass der Abschlussprüfer zu einer solchen Befragung verpflichtet ist, wenn er sich selbst kein unabhängiges Urteil zutraut. Folgt er dem Grundsatz der Eigenverantwortlichkeit, ist er davor gefeit, sich auf den einfachen, aber völlig falscher Standpunkt zu stellen: „Es wird schon stimmen, was der Vorstand mir erklärt."

Aus seiner Eigenverantwortung heraus wird er den Weg einer externen Befragung auch dann gehen müssen, wenn zu erwarten ist, dass damit Zeit und Kosten verbunden sind.

Könnte nicht auch Skepsis dadurch entstehen, dass sich das Management auf Untersuchungen einer externen Quelle beruft, die der Abschlussprüfer gar nicht kennt?

Die im folgenden erwähnten Quellen (Kleiner Katalog von Beispielen aus der Wirtschaftspresse : Ämter, Agenturen, Arbeitsgemeinschaften, Ausschüsse, Lehrstühle, Institute, Stiftungen, Verbände und Zentren) kann der Abschlussprüfer im Ernstfall anzapfen, um sich die Zuverlässigkeit von Daten bestätigen zu lassen. Dabei soll nicht verschwiegen werden, dass Art und Umfang dieser Quellen nur einen kleinen Ausschnitt aus der wirtschaftlichen Vielfalt darstellen, und es ist nicht auszuschließen, dass sich Stellenbezeichnungen und Sitz in der Zwischenzeit geändert haben.

2. Nachweise externer Quellen

Afrika
IWF – World Economic Outlook

Arbeits- und Produktionsformen
Fraunhofer-Institut „Systemtechnik und Innovationsforschung", Karlsruhe

Asien
Asien-Europa-Stiftung (Asef), Singapur

Außenwirtschaft
Bundesagentur für Außenwirtschaft (bfai), Köln

Automobilindustrie
CAR Center of Automotive Research
Institut für Automobilmarktforschung
Institut für Automobilwirtschaft
Institut für Kraftfahrwesen an der RWTH Aachen
VDI-Gesellschaft „Kunststofftechnik"
Zentralverband Deutsches Kraftfahrzeuggewerbe (ZDK)

Bauelemente
Fachverband Bauelemente der Elektronik im ZVEI
Marktforschungsagentur „International Data Corp." (IDC)

Bautechnik
Deutsches Institut für Bautechnik (DBIT)

Bauwesen
Ständiger Ausschuss „Bauwesen" bei der EU-Kommission

Bauwirtschaft
Institut für Städtebau, Wohnungswirtschaft und Bausparwesen, Bonn
Zentralverband des deutschen Baugewerbes (ZDB)

Chiphandel
Ce Consumer Electronic AG, München

Chipherstellung
Branchenverband „World Semiconductor Trade Statistics " (WSTS)
Frankfurter Institut für Halbleiterphysik
Verband der Halbleiter-Hersteller (Semiconductor Industry Association / SIA)

Computer
Allensbacher Computer- und Technik Analyse (Acta)

Controlling
Lehrstuhl für Controlling an der wissenschaftlichen Hochschule für Unternehmensführung, Vallendar

Einzelhandel
Hauptverband des deutschen Einzelhandels (HDE)
Bundesarbeitsgemeinschaft der Mittel- und Großbetriebe des Einzelhandels (BAG)

Energiewirtschaft
Fachverband für Energie-Marketing und -Anwendung (HEA) beim VDEW

Fenster
Dachverband der europäischen Fenster- und Fassadenverbände (Euro-Windoor)

Getränke
Verband Deutscher Mineralbrunnen, Bonn

Immobilienwirtschaft
Bundesarbeitsgemeinschaft der deutschen Immobilienwirtschaft
Immobilienmakler- und Beratungsgesellschaft Müller International, Frankfurt/M.
Immobilienwirtschaftliches Forschungsinstitut Bulwien AG, München
Stiftungslehrstuhl Grundstücks- und Wohnungswirtschaft (Universität Leipzig)

Informationstechnik und Telekommunikation
Branchenverband „Bitcom"

Innovationsforschung
Fraunhofer Institut „Systemforschung- und Innovationsforschung" (Isi)

Japan
EU-Japan-Zentrum für industrielle Zusammenarbeit, Brüssel und Tokio

Kakaomarkt
American Cacao Research Institut

Konsumelektronik
Gesellschaft für Unterhaltungs- und Kommunikationselektronik (gfu)

Markenanalysen
Werbeagentur „Young & Rubicam"
(Untersuchungsreihe „Brand Asset Valuators")

Marktforschung
Marktforschungsinstitut „Marketing Systems"

Maschinen- und Anlagenbau
VDMA-Vertretung in Brüssel (insbesondere Mittelstandsvertretung)

Medizintechnik
Spectaris: Deutscher Industrieverband für optische, medizinische und mechatronische Technologien, Köln

Mittelstand
Kreditanstalt für Wiederaufbau: KfW-Indikator für die Mittelstandskonjunktur

Mobilfunk
Deutsches Institut für Urbanistik (DiFu), Berlin (Gutachten zur Problematik neuer Sendeanlagen),
Tech-Consult, Kassel (Marktforschung, Marktspiegel, Händlerbefragung)

Müllbehandlung
Fraunhofer Institut für Umwelt-, Sicherheits- und Energietechnik

Nutzfahrzeuge
Prognose-Institut DRI-Wefa
Verband der Importeure von Kraftfahrzeugen (VDK)

Pharmaindustrie
EMEA: Europäische Agentur für die Beurteilung von Arzneimitteln
„Special 301 Watchlist" (USA)
(Länder ohne ausreichenden Schutz von Eigentumsrechten)

Start- und Risikokapital
EU: Förderung für kleinere und mittlere Unternehmen für Startkapital

Speditionsgewerbe
Bundesamt für Güterverkehr (BGA)

Systemforschung
Fraunhofer Institut „System- und Innovationsforschung", Karlsruhe

Textileinzelhandel
Bundesverband des Deutschen Textileinzelhandels

Textilforschung
Euratex, Brüssel

Textilwirtschaft
GfK (Gesellschaft für Konsumforschung), Nürnberg
(Textilmarktforschung, Analysen des GfK-Haushaltspanels)

Unternehmensführung
Institut für Marktorientierte Unternehmensführung (IMU)
(Universität Mannheim)

Wassersport
Bundesverband Wassersportwirtschaft (BWSV)

Welthandel
WTO (World Trade Organisation): Annual Report

Werbung
AC Nielsen Werbeforschung

Zeitungsbranche
Bundesverband deutscher Zeitungsverleger (BDZV)

Zementindustrie
Bundesverband der deutschen Zementindustrie

Anlage 38 Länderbericht „Indien" [1)]
Neues Selbstbewusstsein auf noch dürrem Acker

Trotz großer Fortschritte in den Metropolen: Noch prägen Landwirtschaft und Armut die größte Demokratie der Welt.

Von Christoph Hein

(FAZ 13. April 2004)

Gautam Maini trägt das Lächeln eines Haifischs: „Wir wollen im Ausland zukaufen, und wir werden es", sagt der junge Erbe eines Maschinenbauunternehmens im südindischen Bangalore. „Dann werden wir die Produktion hierher verlagern. So fallen im Westen zwar Arbeitsplätze weg, aber wenigstens die Firmen bleiben erhalten. Andernfalls bleibt ihnen angesichts des internationalen Lohngefälles ja eh nur die Pleite."

Der Geschäftsführer der Maini Precision Products steht für die junge Generation der Inder: gut ausgebildet, weltgewandt, selbstbewusst, zielstrebig. Menschen wie Maini muß die Hindupartei Bharatiya Janata Party (BJP), die Ministerpräsident Atal Behari Vajpayee in den Wahlkampf führt, im Sinn gehabt haben, als sie den Slogan „Shining India" plakatierte. Maini und seine Studienkollegen, die als Softwareentwickler schon in jungen Jahren ein Vielfaches der Gehälter ihrer Väter verdienen, haben bewirkt, dass sich die Mieten in Bangalore oder Bombay in fünf Jahren verdreifachten. Maini empfängt die Wahlwerbung als SMS über sein Mobiltelefon. Er und seine Freunde sind die heimischen Anleger, die vom Börsenboom in Bombay profitierten. Sie können die Rupie im Ausland nutzen, die auf dem stärksten Stand seit gut vier Jahren ist. Sie parken ihre Wagen vor dem Tendulkars in Bombay, um unter Neonlicht und Technoklängen Indiens Sieg im Kricket gegen den Rivalen Pakistan zu begießen. Sie sind es, die dafür sorgen, dass mehr als 70 Prozent der Kreditkarten Indiens an Bewohner der vier größten Städte ausgegeben werden.

Die junge indische Mittelklasse, die schätzungsweise gerade einmal 150 Millionen Menschen umfasst, verdeckt allzu leicht das wahre Indien. Das nämlich ist ein bäuerliches Entwicklungsland – genauso wie das benachbarte China. 64 Prozent der indischen Arbeitskräfte sind in der Landwirtschaft beschäftigt. Dort liegt das durchschnittliche Jahreseinkommen nur bei 12.000 Rupien (228 Euro).

Der Glanz der Spiegelfassaden in der Wirtschaftsmetropole Bombay oder dem Softwarezentrum Bangalore täuscht. Denn auch Investoren wird – trotz aller Reformen der vergangenen Jahre – immer noch alles abverlangt. Die Infrastruktur – sei es das Telefonnetz, seien es Autobahnen, der Schienenverkehr oder die Stromversorgung – hat sich verbessert, ist aber immer noch bestimmt von Mangel und Improvisation.

Beispiel Strom: Dessen Produktion muss innerhalb von zehn Jahren verdoppelt werden. Vierzig Prozent der Energie gehen zwischen Erzeuger und Verbraucher verloren – durch marode Leitungen, vor allem aber durch Stromdiebstahl. Die Privatisierung schleppt sich in allen Bereichen dahin und ringt mit Widerständen. Entlassungen sind in der Industrie nur schwer möglich und nur auf Umwegen zu erreichen. Dies wäre genug für ein Lastenheft jedweder Regierung dieser Erde, doch Indien steht vor drei grundlegenden Herausforderungen, mit denen es sich über Jahrzehnte wird auseinandersetzen müssen: Die hohe Arbeitslosigkeit birgt bei wachsenden Ansprüchen ein Potential sozialer Spannungen. Die Staatsverschuldung ist zu hoch, Investitionen müssen über Kredite finanziert werden. Und schließlich klafft die Schere zwischen den reichen und den armen Bundesländern immer weiter auf.

So karg der Acker wirkt, aus dem heraus das neue Indien wachsen will: aus ihm erwächst zumindest ein neues Bewusstsein. „Indien versucht, sich neu zu erfinden", sagt Kiran Mazumdar-Shaw. Sie ist die Vorzeigefrau des jungen Indien, hat mit Biocon das führende Biotechnologie-Unternehmen des Landes gegründet, das weltweit Erfolge feiert. Noch sind Unternehmen wie Biocon Einzelfälle. Das aber werde sich ändern, sagt Mazumdar: „Sie dürfen die jungen Unternehmen hier nicht isoliert betrachten. Wir sind Multiplikatoren, verändern das Gesicht unseres Landes und seinen Auftritt." Ihre Vision: den Aufbau Indiens durch erste Entwicklungsinseln vorantreiben, daraus ein Infrastrukturnetz knüpfen, schließlich den Wohlstand verteilen.

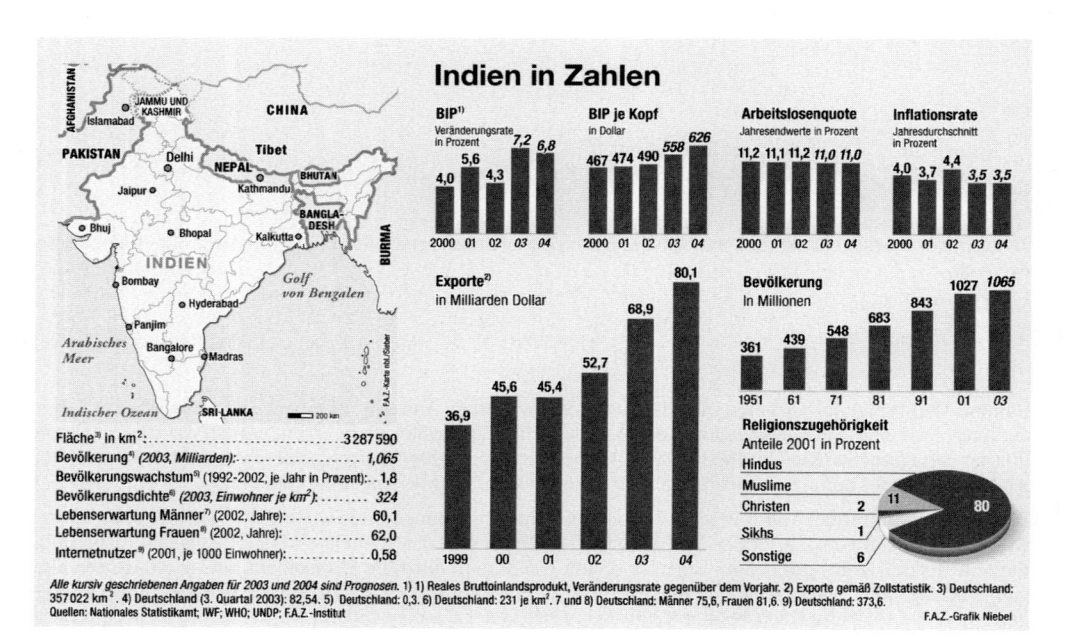

Indien in Zahlen

BIP[1] Veränderungsrate in Prozent
2000: 5,6 | 01: 4,0 | 02: 4,3 | 03: 7,2 | 04: 6,8

BIP je Kopf in Dollar
2000: 467 | 01: 474 | 02: 490 | 03: 558 | 04: 626

Arbeitslosenquote Jahresendwerte in Prozent
2000: 11,2 | 01: 11,1 | 02: 11,2 | 03: 11,0 | 04: 11,0

Inflationsrate Jahresdurchschnitt in Prozent
2000: 4,0 | 01: 3,7 | 02: 4,4 | 03: 3,5 | 04: 3,5

Exporte[2] in Milliarden Dollar
1999: 36,9 | 00: 45,6 | 01: 45,4 | 02: 52,7 | 03: 68,9 | 04: 80,1

Bevölkerung in Millionen
1951: 361 | 61: 439 | 71: 548 | 81: 683 | 91: 843 | 01: 1027 | 03: 1065

Religionszugehörigkeit Anteile 2001 in Prozent
Hindus: 80 | Muslime: 11 | Christen: 2 | Sikhs: 1 | Sonstige: 6

Fläche[3] in km²: 3 287 590
Bevölkerung[4] (2003, Milliarden): 1,065
Bevölkerungswachstum[5] (1992-2002, je Jahr in Prozent): 1,8
Bevölkerungsdichte[6] (2003, Einwohner je km²): 324
Lebenserwartung Männer[7] (2002, Jahre): 60,1
Lebenserwartung Frauen[8] (2002, Jahre): 62,0
Internetnutzer[9] (2001, je 1000 Einwohner): 0,58

Alle kursiv geschriebenen Angaben für 2003 und 2004 sind Prognosen. 1) 1) Reales Bruttoinlandsprodukt, Veränderungsrate gegenüber dem Vorjahr. 2) Exporte gemäß Zollstatistik. 3) Deutschland: 357 022 km². 4) Deutschland (3. Quartal 2003): 82,54. 5) Deutschland: 0,3. 6) Deutschland: 231 je km². 7 und 8) Deutschland: Männer 75,6, Frauen 81,6. 9) Deutschland: 373,6.
Quellen: Nationales Statistikamt; IWF; WHO; UNDP; F.A.Z.-Institut

F.A.Z.-Grafik Niebel

Erste Etappen auf diesem Weg sind genommen: Der Aufschwung Indiens misst sich in Straßenkilometern und Zolltarifen. 13 Milliarden Dollar hat die Asiatische Entwicklungsbank bereitgestellt, um ein Autobahnnetz über das Land zu verteilen. Der Einfuhrzoll fiel von 150 Prozent 1992 auf durchschnittlich 18 Prozent im vergangenen Fiskaljahr (31. März). Vereinzelte Privatisierungen, etwa von Häfen, werden auf Flugplätze und Versorger ausgedehnt. Vierzehn Sonderwirtschaftszonen kopieren das Modell China. Die ausländischen Unternehmen, die sich durch alle Schwierigkeiten hindurch auf Indien einließen, verdienen heute gutes Geld – allein die Automobilindustrie wuchs im vergangenen Jahr um 37 Prozent.

Fast unbemerkt von der Öffentlichkeit hat Indien gerade einen eigenen Entwicklungsfonds aufgelegt, um in ärmeren Ländern als Geber aufzutreten. Die Auslandsreserven Indiens, die 1991 gerade einmal die Einfuhren für sechs Monate deckten, reichen nun 30 Monate. Die Exporte legen Jahr für Jahr im Schnitt um 11 Prozent zu. Zwar liegt Indien gegenüber der entwickelten chinesischen Ostküste mindestens eine Entwicklungsdekade zurück. Doch kann es auf eine recht gute Industriestruktur und solidere Banken verweisen. Während China bereits große Erfolge vorweist, steht Indien erst am Beginn eines Aufschwungs. Voraussetzung für ein nachhaltiges Wachstum aber ist die weitere Öffnung des Landes, auch nach der Wahl. Beide – sowohl Vajpayee wie seine Gegenspielerin Sonia Gandhi – versprechen dies, und auch westliche Diplomaten in Neu-Delhi schenken ihnen Glauben.

Es zeichnet sich ab, dass diese Wahl über Wirtschaftsfragen gewonnen werden wird. So hat die amtierende Regierungskoalition unter Vajpayee soeben versprochen, dass bei einem erneuten Wahlsieg das Wirtschaftswachstum in den kommenden fünf Jahren bei durchschnittlich 8 bis 10 Prozent liege und die Armut in Indien bis zum Jahre 2015 ausgerottet werde. Dieser Ehrgeiz indes liefe ins Leere, flammten die Feindseligkeiten mit dem muslimischen Nachbarland Pakistan erneut auf. Für den Mann auf der Straße ist das Kricket-Turnier, in beiden Ländern mehr Aufmerksamkeit gewidmet wird als in England einem Fußballspiel gegen Deutschland, der vorläufige Höhepunkt der Friedensbemühung. „Früher haben wir aufeinander geschossen, jetzt spielen wir gegeneinander", sagt der 79 Jahre alte Vajpayee. Und fügt dann an: „Ich glaube nicht, dass es zu einem weiteren Krieg kommen wird."

Weniger spektakulär, aber von gleichem Gewicht wie die vorsichtige Annäherung der beiden Atommächte ist die Aussöhnung mit China. In Indien herrscht seit dem verlorenen Krieg 1962 und aufgrund der wirtschaftlichen Überlegenheit des Nachbarn im Nordosten eine gewisse China-Phobie vor. Zwar wird sie überdeckt von dem selbstbewussten Herabschauen der indischen Demokraten auf die chinesischen Kommunisten, doch fürchtet jeder indische Geschäftsmann die Überschwemmung des eigenen Marktes mit Billigprodukten aus dem Reich der Mitte. Geopolitisch hat China seine Vormachtstellung in Asien auch deshalb errungen, weil Indien dem nichts entgegensetzte. Dessen Doktrin, sich selber genug zu sein, hat ihm den Anspruch auf eine regionale Führungsrolle geraubt, den China nur zu gerne erfüllt. Erst allmählich beginnt sich Indien seines Potentials bewusst zu werden : Unter dem vorsichtigen Beifall Südostasiens – das sich als Scharnier einen zweiten Partner gut vorstellen kann, es sich aber keinesfalls mit China verderben darf – versucht Indien, eine stärkere Rolle in den asiatischen Bündnissen zu übernehmen. Zusätzlich bemüht es sich endlich, Südasien auf der Grundlage seiner Aussöhnung mit Pakistan zusammenzuführen.

Angesichts des Aufschwungs, der Reformen und der Hoffnungen gerät leicht in Vergessenheit, was die Initialzündung für den landesweit beschworenen „Feel good factor" war: der Regen. Der Monsun fiel im vergangenen Jahr wesentlich stärker aus als in den dürren Vorjahren. Die Bauern hatten deshalb bessere Ernten, können ihre Kredite zurückzahlen, behalten Geld für ein wenig Konsum in der Tasche. So gewinnt die Forderung von Finanzminister Jaswant Sing Gewicht, eine zweite „grüne Revolution" beginnen zu wollen. Die Bedeutung des Regens erlaubt Zynikern und Oppositionellen Rückschlüsse auf das wirkliche Gewicht der Regierung im Reformprozess: „Es war nicht Vajpayee, Vishnu hat uns geholfen", sagen sie.

---

1 © Alle Rechte vorbehalten. Frankfurter Allgemeine Zeitung GmbH, Frankfurt. Zur Verfügung gestellt vom Frankfurter Allgemeine Archiv.

Anlage 39   Länderbericht „China" [1]
                     Zum Wachstum verdammt

Schröders fünfter Besuch im Wirtschaftswunderland täuscht über die Gefahren hinweg.

Von Christoph Hein

(FAZ 1. Dezember 2003)

Herr Li hatte einen undankbaren Job, war der Prügelknabe. Bis heute. Nun aber wird alles besser, denn Li Deshui, Leiter des chinesischen Nationalen Büros für Statistik, darf endlich so, wie er schon lange will: „Wir werden unsere Bemühungen verstärken, die Statistiken verlässlicher, transparenter und der internationalen Praxis entsprechend zu erstellen", sagte Li vor wenigen Tagen. Und er freute sich.

Bislang galt gerade und besonders in China der Wahlspruch, dass nichts so gut gefälscht sei, wie die Statistik. Der addierte Energieverbrauch der Provinzen zum Beispiel ergab nie die Summe, die Peking für die gesamte Volksrepublik verkündete. Wie überhaupt sollten Daten in diesem riesigen Entwicklungsland erhoben werden ? Und wurde nicht jeder Provinzkommunist belohnt, sobald er eine noch so kleine Steigerungsrate für seinen Bezirk vermelden konnte? Das Wachstum des Bruttoinlandsproduktes (BIP) - von regelmäßig 7 bis 8 Prozent – lag das nicht mindestens ein bis zwei Punkte zu hoch?

[Grafik: „China in Zahlen" – Karte Chinas und Statistiken zu BIP, BIP je Kopf, Wirtschaftswachstum, Wirtschaftsstruktur und Außenwirtschaft, Quellen: F.A.Z.-Institut, Statistisches Bundesamt, Nationales Chinesisches Büro für Statistik, IWF]

Neues Denken ist verlangt. China ist wahrscheinlich noch stärker gewachsen, als die offizielle Zahl von 8 Prozent für das Jahr 2002 angibt. Zweifel mehren sich auch daran, ob denn die 8,5 Prozent für dieses Jahr hoch genug geschätzt sind. So haben die Analysten der Investmentbank Goldman Sachs ihre Vorhersage für Chinas Wachstum in diesem Jahr gerade von 8,1 Prozent auf 8,7 Prozent angehoben, für das kommende Jahr auf 9,5 Prozent nach 8,4 Prozent. Dabei stellen sie sich den aufkommenden Sorgen klar entgegen: „Aus unserer Sicht ist China nicht nur nicht überhitzt, sondern wird seinen steilen Aufstieg wahrscheinlich viel länger und stärker fortsetzen, als die meisten Menschen kurz- und mittelfristig erwarten." Damit stellen sie sich unter anderem gegen die Ansicht ihrer Konkurrenz von Morgan Stanley. Deren Asien Chef Andy Xie Guozhong spricht von einem „scharfen Einbruch, der vorausliegt", Chefvolkswirt Stephen Roach immerhin von einer bevorstehenden „Verlangsamung des Wachstums der chinesischen Wirtschaft". Liegen Analysten so über Kreuz, ist Vorsicht gemeinhin das oberste Gebot.

Nichts wäre besser als ein lang anhaltendes, gleichmäßiges, hohes Wachstum. Es gäbe der Volksrepublik die Zeit, die sie benötigen wird, um mit der Fülle ihrer Probleme fertig zu werden. Die Direktoren des Internationalen Währungsfonds schreiben in ihrem Ende November vorgelegten Bericht: Steigende Arbeitslosigkeit und die wachsende Kluft zwischen ländlichen und städtischen Einkommen sind drückende Probleme. Viel bleibt auch zu tun, um ein stabiles und wettbewerbsfähiges Bankensystem zu schaffen." Dies sind die nicht zu unterschätzenden, aber alt bekannten Probleme Chinas.

Nun birgt aber das rasante Wachstum ein neues Risiko: das der Überhitzung. Die IWF-Direktoren formulieren es noch gewohnt zurückhaltend: „Wir fordern ein stärkeres Gegensteuern gegen das ausufernde Kreditwachstum und die möglichen Überinvestitionen in einigen Sektoren der Volkswirtschaft." De facto zeigen sich die Überinvestitionen von der Automobil- über die Baustoff- und Stahlbranche bis zur Chemie. Die Anlageinvestitionen wuchsen in der ersten Jahreshälfte 2003 mit 31 Prozent dreimal so schnell wie im ganzen Jahr 2000, das Konsumwachstum hingegen stellte sich in den Vergleichsjahren von 8,8 auf 10,1 Prozent. Die Geldmenge M2 wuchs in den ersten neun Monaten des Jahres um 21 Prozent, gut 4 Prozentpunkte schneller als von Januar bis September 2002.

Die Ausleihungen chinesischer Banken an Dritte wachsen unterdessen im Jahresvergleich um 50 Prozent – mehr als doppelt so schnell wie im Vorjahr. Diese Kreditblase dürfte zu einer Immobilienblase führen Der ohnehin unter der Bürde notleidender Kredite gedrückte Bankensektor kann aber nichts weniger gebrauchen als eine weitere Zunahme uneinbringlicher Forderungen. So mehren sich die innerchinesischen Stimmen, die auf eine Verlangsamung des Wachstums dringen. Mal warnen Politiker auch ausländische Konzerne vor weiteren Investitionen in den Automobilsektor, mal setzt die Zentralbank People's Bank of China unerwartet Zeichen. Im August kündigte sie an, von September an die Reserve-Verpflichtungen der Banken von 6 auf 7 Prozent heraufzusetzen, um so die Hürde für Kreditvergaben zu erhöhen.

Einmal mehr versucht China den Drahtseilakt. Eine plötzliche Abkühlung wäre inzwischen für ganz Asien destabilisierend. Denn nach seinem Beitritt zur Welthandelsorganisation WTO gewinnt China parallel zu seinem mit großem Geschick gesteigerten politischen Einfluss in der Region auch schnell wachsenden wirtschaftlichen Einfluss. Auf formaler Ebene spiegelt sich dies in den verstärkten Bemühungen, eine Führungsrolle in den vorhandenen und geplanten Wirtschaftsbündnissen mit den südostasiatischen Nachbarn und sogar Indien zu übernehmen. Diese passen sich nur zu gerne an. Haben sie doch erkannt, dass China nicht nur aufgrund billigerer Exporte eine Gefahr, sondern aufgrund der hohen Nachfrage auch eine Chance sein kann. Die weit verbreitete Unzufriedenheit mit dem dominanten Auftreten der Amerikaner tut ein übriges, um Südostasien näher an seinen „natürlichen Partner" China heranrücken zu lassen.

In Zahlen zeigt sich dies an den Steigerungsraten der Ausfuhren der Nachbarstaaten in die Volksrepublik: Im September überrundete China erstmals Amerika als wichtigsten Exportpartner Südkoreas. 41 Prozent ihres Exportwachstums verdankt Asiens viertgrößte Volkswirtschaft China. Das gleiche Bild in Japan: 42 Prozent der Steigerungsrate gehen auf das Konto Chinas, sein Anteil macht inzwischen 10 Prozent der Gesamtausfuhren der zweitgrößten Volkswirtschaft der Erde aus. Bei Australien (7 Prozent Anteil der Gesamtausfuhren) und Taiwan (22) steht China für 37 Prozent des Exportwachstums, bei Hongkong (34) für 31, bei Singapur (5) für 19 Prozent. Addiert führt Japan heute erstmals mehr Waren nach Festlandchina, Hongkong und Taiwan aus als nach Amerika. Doch auch die Ausfuhren von Amerika (plus 19 Prozent) und Europa (20) nach China sind – von geringerer Basis aus – enorm gewachsen. Unter dem Strich hat China dank eines Importwachstums von 40 Prozent in den ersten 10 Monaten nun Japan als bislang drittgrößten Importeur der Welt überholt.

So wächst eine völlig neue, unterschätzte Abhängigkeit: China besitzt nun das Potential, Japans Wirtschaft, Asiens Wirtschaft und damit die Weltwirtschaft zu destabilisieren. Das Risiko liegt weniger, als allgemein vermutet wird, in den großen Exporten zu Billigtarifen. Riskanter ist die wachsende Abhängigkeit der Region und allmählich auch der übrigen Welt von Chinas Importkraft. „Wenn Chinas Wachstum sich abkühlt, könnte die japanische Wirtschaft abermals auf den Boden der Tatsachen zurückgeworfen werden", sagt Morgan-Stanley-Volkswirt Roach.

Auf dieser Grundlage finden viele Beobachter es riskant, dass die amerikanische Regierung als Antwort auf ihren innenpolitischen Vorwahldruck mit den Chinesen spielt. Denn eine immer wieder geforderte Aufwertung, ja Freigabe des Yuan führte nicht zu mehr Arbeitsplätzen in Amerika, sondern zu einem Export- und daraus folgende zu einem Importproblem für China und damit für Gesamtasien. Ein drohender Handelskrieg schadete im Endeffekt nur Amerika selber. Die Hoffnung, die in China herrscht: Bush und seine Mannschaft wissen um die Probleme, müssen aber im eigenen Vorwahlkampf etwas Wind machen – ohne hinter den Kulissen auf drastische Änderungen zu dringen. Nur so lässt sich die relativ milde Reaktion der Chinesen auf die neuerliche Attacke aus Amerika, das Verhängen von Einfuhrbarrieren für Chinas Textilien, erklären.

---

1 © Alle Rechte vorbehalten. Frankfurter Allgemeine Zeitung GmbH, Frankfurt. Zur Verfügung gestellt vom Frankfurter Allgemeine Archiv.

Anlage 40 Länderbericht „Türkei" [1)]
Aussicht auf EU-Beitritt beflügelt die Wirtschaft

Der starke Aufschwung fußt aber auch auf erfolgreichen Reformen und einem stabilen Finanzsektor.

Von Rainer Hermann

(FAZ 13.9.04)

Im vergangenen Jahr ist das türkische Bruttoinlandsprodukt um 5,8 Prozent gewachsen, und für 2004 haben die türkischen Ökonomen ihre Wachstumsprognose auf über 6 Prozent nach oben korrigiert. Von Dauer wird dieser Boom nicht sein, und bereits heute gefällt nicht allen das Tempo. Zu den Mahnern gehört der Gouverneur der Zentralbank, Süreyya Serdengecti. Ihm wäre das Einschwenken auf einen vernünftigen Wachstumstrend lieber als die aktuellen hohen Zuwachsraten. Für verfrüht hält es auch Markus Slevogt, Repräsentant der Deutschen Bank in der Türkei, von einer nachhaltigen wirtschaftlichen Entwicklung zu sprechen. Das könne aber bereits in zwei oder drei Jahren der Fall sein, wenn sich die Wirtschaft auf einem steten Wachstumspfad eingependelt habe, erwartet er.

Eine solche Verstetigung wäre im Vergleich zur Achterbahnfahrt der Konjunktur des vergangenen Jahrzehnts eine Revolution. Mit vielen anderen ist sich Slevogt darin einig, dass die von Regierung und Zentralbank ergriffenen Maßnahmen in diese Richtung arbeiten. Die Zentralbank, die seit 2001 von der Politik unabhängig ist, dämmt mit ihrem Instrument der Zinspolitik die Inflation weiter ein, um so eine Voraussetzung für eine stetige wirtschaftliche Entwicklung zu schaffen. Bereits seit fünf Monaten pendelt die Inflationsrate um nur noch 10 Prozent, das ist das geringste Niveau seit dreißig Jahren. Im kommenden Jahr soll die Geldentwertung weiter auf 8 Prozent sinken.

Weil sich die Zentralbank ihrer Sache so sicher ist, hat sie am vergangenen Mittwoch, dem 8. September, den Leitzins überraschend von 22 Prozent auf 20 Prozent zurückgenommen. Während der Krise des Jahres 2001 war er einmal sogar auf den Spitzenwert von 7200 Prozent geklettert. Mit dem Rückgang der Zinsen ist es für Private und Unternehmen immer weniger attraktiv, Staatsanleihen zu erwerben. Die Unternehmen investieren wieder in ihre Produktionsanlagen, was höhere Renditen abwirft als alternative Anlagemöglichkeiten. Parallel führen auch die Banken den Anteil der Staatsanleihen an ihren Aktiva zurück, und für die freiwerdenden Mittel suchen sie nun Kunden der Privatwirtschaft. ‚Zudem steigen sie immer stärker in Kommissionsgeschäfte ein, für die die ausländischen Banken das Gewußt-wie ins Land bringen´, sagt Slevogt. Die ausländischen Banken bringen effiziente Abläufe mit, wie sie in Europa und Nordamerika gang und gäbe sind, etwa zur Vergabe eines Konsumentenkredites. Noch sei die Restrukturierung der Bankenbranche nicht abgeschlossen, aber man sei bereits weit gekommen. Schwachpunkte wie das Risikomanagement und die Eigenkapitalausstattung wurden beseitigt, und in der Branche sind die harten Richtlinien von Basel II bereits ein Thema. Den halben Weg von der Bewältigung der Krise von 2001 bis zu Basel II habe die Branche bereits zurückgelegt, würdigt der Banker die erzielten Fortschritte.

Bei der Krise von 2001 hatte der Einlagensicherungsfonds eine Bank nach der anderen übernehmen müssen. Denn der freie Fall der Türkischen Lira hatte, gekoppelt mit dem steilen Zinsanstieg, einen Neubewertungsbedarf bei Aktiva und Passiva geschaffen, den viele Banken nicht überlebt haben. Noch heute drücken den Einlagensicherungsfonds aus den damaligen Übernahmen Schulden von 25 Milliarden Dollar. Eine Wiederholung der Krise wird heute indes ausgeschlossen. Nicht nur ist die Zentralbank unabhängig. Auch wurde ebenfalls von der Politik unabhängige Bankenaufsicht geschaffen.

Zur Rettung war 2001 der Internationale Währungsfonds (IWF) gekommen, und mit dem will die türkische Regierung bei Konsultationen, die am 20. September beginnen, über eine Fortsetzung des bestehenden Beistandsabkommens sprechen. Die Einzelheiten des neuen Programms für den Zeitraum von 2005 bis 2007 können bereits im Oktober bekanntgegeben werden. Beide Seiten haben ein Interesse an einer weiteren Zusammenarbeit.

Ein zweiter Anker könnte vom Dezember an mit der EU hinzukommen. Die türkischen Märkte haben in ihren Preisen bereits eine positive Entscheidung des EU-Gipfeltreffens in Den Haag zur Aufnahme von Beitrittsverhandlungen mit der Türkei vorweggenommen, sagt Slevogt. Und Marc Landau, Geschäftsführer der Deutsch-Türkischen Industrie- und Handelskammer zu Istanbul, beobachtet, dass die große Mehrzahl der deutschen Unternehmen in der Türkei eine EU-Mitgliedschaft der Türkei begrüßen würde. Davon versprechen sie sich eine weitere Anpassung der türkischen Wirtschaftsgesetzgebung an die der EU und damit eine Verbesserung ihrer operativen Bedingungen. ‚Die Unternehmen wollen aber nicht einfach nur eine Freihandelszone, sondern eine Erweiterung des Binnenmarktes um die Türkei´, sagt Landau.

Erfolgreich sind die deutschen Unternehmen bereits heute. Im ersten Halbjahr 2004 stiegen die deutschen Lieferungen in die Türkei gegenüber der Vorjahresperiode um 50 Prozent auf 6 Milliarden Euro. Landau erwartet, dass das bilaterale Handelsvolumen, das seit 2001 jährlich um 2 Milliarden Euro zugelegt hat, in diesem Jahr den Rhythmus beibehält und so die Marke von 18 Milliarden Euro erreicht, selbst wenn die Regierung plangemäß die Verbraucherkredite verteuern sollte.

Nichts hält Landau von der Befürchtung, dass die türkische Wirtschaft dem Wettbewerbsdruck der EU nicht standhalten könne. Bereits als 1996 die Zollunion mit der EU in Kraft getreten sei, hätten sich derartige Szenarien nicht erfüllt. Eine Konkurswelle hatte es wohl in der Krise 2001 gegeben, nicht aber als Folge der Zollunion. Statt dessen beobachtet Landau eine stetige Verbesserung der Qualität der türkischen Produkte. Jedes Dritte in Deutschland verkaufte Fernsehgerät, einschließlich der technologisch anspruchsvollen LCD- und Plasmabildschirme, stammt bereits aus einem türkischen Werk. Investoren wie Bosch produzieren 90 Prozent ihrer türkischen Fertigung für den Export, große Nutzfahrzeughersteller verlegen ihre Produktion in die Türkei, und die Qualität der Fabrik von Toyota in Adapazari übertrifft laut einer konzerninternen Untersuchung die der Werke in Japan.

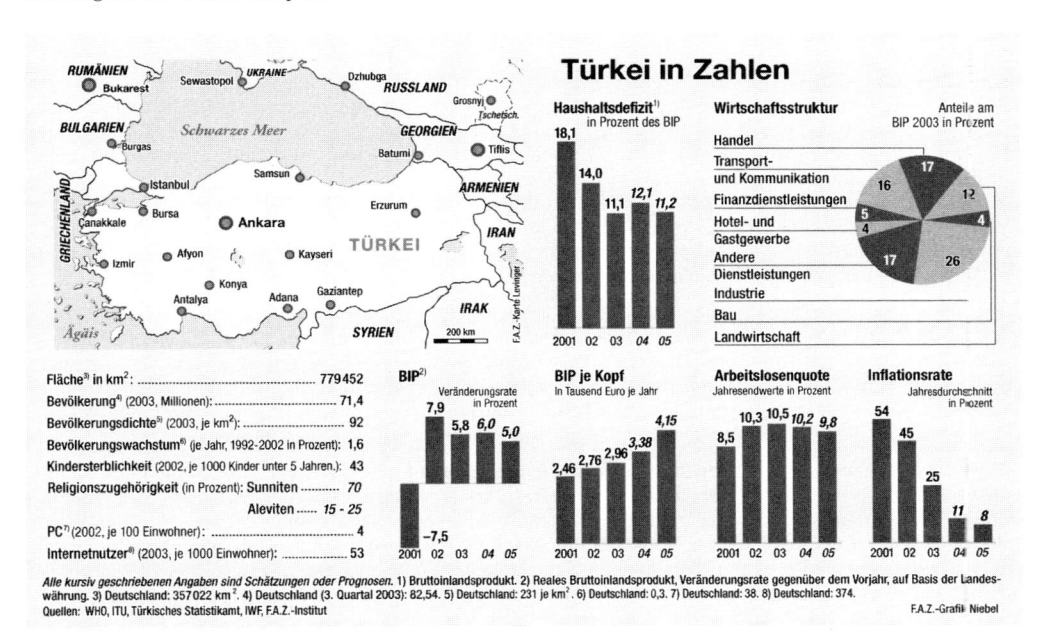

Es liegt daher auf der Hand, dass die Türkei als wichtigste Auswirkung einer Aufnahme von Beitrittsverhandlungen auf einen Anstieg der ausländischen Direktinvestitionen setzt. Noch erreichen sie gerade ein halbes Prozent am Bruttoinlandsprodukt. Internationale Investmentbanken halten einen Anstieg auf drei bis vier Prozent indessen für realistisch. Bis etwa 2020 könnten ausländische Unternehmen mit einem Lohnkostenvorteil rechnen, prognostizieren internationale Bevölkerungsforscher. Bis dahin rechnen sie mit einem Anstieg der türkischen Bevölkerung von gegenwärtig 70 Millionen auf 90 Millionen bis 95 Millionen. Bei diesem Niveau werde sich die Bevölkerungszahl dann aber stabilisieren. Einen Migrationsdruck schließen die meisten Beobachter jedoch aus. Denn in dem Maße, wie die Industrialisierung anatolischer Provinzstädte wie Gaziantep und Denizli, wie Kayseri und Kahramanmaras anhalte, würde die Bevölkerung, deren Zuwachsrate bereits deutlich abgeflacht ist und bei noch höchstens 1,6 Prozent im Jahr liegt, in ihrer unmittelbaren Heimat Arbeit finden.

Nicht wenige dieser 'anatolischen Tiger' sind mit der Textilindustrie, dem wichtigsten Devisenbringer des Landes, gewachsen. Dieser Branche ist wiederholt das Ende vorausgesagt worden. Immer hat sie aber auf Qualität gesetzt und dafür auch kräftig investiert. Als nächster Wachstumszweig identifiziert Landau die Branchen Computer und Informationstechnologie. Lange seien türkische Unternehmen auf der Cebit nur Besucher gewesen, heute sind sie Aussteller, sagt er. Die Grundlage für weiteres Wachstum ist vorhanden. Um so mehr, als die Wirtschaftspolitik berechenbar und verantwortungsbewußt geworden ist.

---

1 © Alle Rechte vorbehalten. Frankfurter Allgemeine Zeitung GmbH, Frankfurt. Zur Verfügung gestellt vom Frankfurter Allgemeine Archiv.

Anlage 41 Länderbericht „Tschechische Republik" [1)]
Konsequente Beseitigung eines fiskalpolitischen Sündenfalls

Der Reformkurs erleichtert den Weg in die EU / Favorit ausländischer Investoren.

Von Carola Kaps

(FAZ 10. November 2003)

Die Privatwirtschaft applaudiert der Regierung, ebenso tun es die Finanzmärkte, die zwischen der Bonität deutscher und tschechischer Anleihen kaum noch einen Unterschied machen. Noch schwingt in der Zustimmung aber eine gewisse Zurückhaltung mit. Denn ob es die Regierung tatsächlich ernst mit den Reformen meint, wird sich erst an der zweiten Reformstufe ablesen lassen, die frühestens im Frühherbst nächsten Jahres der Öffentlichkeit vorgestellt werden wird. „Zu diesem Zeitpunkt brauchen wir eine grundlegende Vereinfachung des Steuersystems, den Beginn einer umfassenden Rentenreform sowie die Reform des Gesundheitswesens, denn idealerweise sollten diese Reformschritte schon im Haushalt 2005 ihren Niederschlag finden", erläutern die Notenbankdirektoren Peter Stepanek und Michaela Erbenova im Gespräch mit dieser Zeitung.

Die beiden Währungsfachleute, die seit Jahren vergeblich Reformen angemahnt haben, sind diesmal zuversichtlich. Zwar halten sie das derzeitige Bündel aus Steuererhöhungen und eher bescheidenen Ausgabenkürzungen noch für unzureichend, immerhin gebe es aber erste konkrete Anzeichen dafür, dass die Regierung den Ernst der Stunde erkannt habe. So signalisiere sie die Entscheidung, den Inflationsausgleich für die Renten stark zu reduzieren (bisher galt voller Inflationsausgleich plus zwei Drittel der Reallohnsteigerung) und gleichzeitig die Fehlanreize beim Krankengeld zu beseitigen; ein echtes Umdenken.

„Wenn die Regierung die verschiedenen Reformstufen wie geplant durchzieht und das Wachstum in der EU wieder anspringt, wird Tschechien im Jahre 2006 hervorragend dastehen", meint Professor Jiri Pehe. Der Politikwissenschaftler, der von „kühnen" Reformen spricht, ist auch der Meinung, Ministerpräsident Vladimir Spidla werde trotz hauchdünner Mehrheit in Parlament und Senat siegen. Spidla setze zwar seine politische Karriere aufs Spiel, denn der überzeugte Sozialdemokrat habe ungeachtet zahlreicher Kritiker in der eigenen Partei mit seinem Ja zur Reform alle seine Wahlversprechen über Bord geworfen. Gleichwohl gebe es in der Regierungskoalition keine Alternative zu Spidla. Auch die Gewerkschaften hätten nicht die Kraft, Spidla aus dem Sattel zu heben. Und wer - wie etwa Präsident Vaclav Klaus – meine, die Maßnahmen seien viel zu bescheiden, sie verdienten den Namen Reform nicht, verkenne Spidla und seine Entschlossenheit, Tschechien auf den richtigen Reformkurs zu bringen, betont Pehe.

Die Wende hin zu grundlegenden Reformen und einer ausgewogenen Binnenwirtschaftspolitik, an deren Ende letztlich der Eintritt in die Euro-Zone stehen wird, hat die Regierung Spidla theoretisch schon im Spätsommer mit ihrer Unterschrift unter die gemeinsam mit der Notenbank verfasste Euro-Strategie vollzogen. Im letzten Abschnitt heißt es dort, die Tschechische Republik werde voraussichtlich in den Jahren 2009/10 Mitglied der Euro-Zone werden, vorausgesetzt, die Maastricht-Kriterien seien erfüllt, die öffentlichen Finanzen erfolgreich konsolidiert, das Niveau der realen Konvergenz sei zufriedenstellend und der Fortschritt bei den strukturellen Reformen garantiere eine ausreichende wirtschaftliche Annäherung der konjunkturellen Entwicklung an die übrigen Mitgliedstaaten der EU.

Die vielen Wenn und Aber bedeuteten nichts anderes, als dass Tschechien ohne umfassenden strukturellen Umbau nie über das derzeitige Wachstumspotential von maximal 3 Prozent hinauskommen werde, erläutert der Ökonom Pavel Sobisek. Mehr noch: Ohne Strukturreformen könne es weder einen raschen Aufholprozess noch die wirtschaftliche Annäherung an die alten EU-Mitglieder geben. Dies habe Spidla erkannt.

Für Tschechiens Weg in die EU bedeutet die konsequente Beseitigung des fiskalpolitischen Schandflecks eine wesentliche Erleichterung. Gleichwohl ist die EU-Kommission in ihrem letzten Fortschrittsbericht mit dem Stand der Vorbereitungen für den EU-Beitritt am 1. Mai nächsten Jahres noch lange nicht zufrieden; die Liste der aufgeführten Defizite ist lang, Nachbesserungen und Korrekturen werden in fast allen Tätigkeitsfeldern der Regierung angefordert. Wie überall hapert es vor allem an der Qualität der Verwaltung, der Agenturen für den Empfang der Brüsseler Regionalhilfen und der Nahrungsmittelstandards.

Dennoch muss sich Tschechien im Vergleich zu anderen Beitrittsländern keineswegs verstecken. Der Aufbau der demokratischen und marktwirtschaftlichen Institutionen ist weit fortgeschritten, auch in der Justizreform geht es langsam, aber sicher voran, selbst in Sachen Korruptionsbekämpfung werden die Gerichte hin und wieder tätig. Die Wiedergewinnung der öffentlichen Ehrlichkeit und des allgemeinen Unrechtsbewusstseins komme die Tatsache zugute, dass Tschechien mit Spidla einen absolut ehrlichen Ministerpräsidenten habe, der unantastbar sei, heißt es in ausländischen Wirtschaftskreisen.

Ausländische Investoren, die Tschechien dank seiner zentralen Lage, guten Infrastruktur und der Leistungsbereitschaft seiner qualifizierten Facharbeiter zu ihrem Lieblingsstandort erkoren und allein im letzten Jahr 9,9 Milliarden Euro investiert haben, schätzen auch die Bereitschaft der Regierung, auf ihre Klagen und Verbesserungsvorschläge einzugehen. So ist nicht nur ein modernes Konkursgesetz auf den Weg gebracht, auch das öffentliche Beschaffungsnetz wird jetzt den EU-Richtlinien angepasst.

Die gerade verabschiedete Novelle zum Investitionsgesetz bringe neue Förderrichtlinien, die den Standort ungeachtet steigender Löhne weiterhin attraktiv machen, sagt Investitionsberater Hanu Rohan von der RCBC Czech Business Consulting in Köln. Dazu trägt auch die tschechische Investitionsagentur Czechinvest bei, die inzwischen den Neid aller Nachbarländer erregt, da nur sie dem Anspruch gerecht wird, für den Investor tatsächlich ein „One Stopp Office" zu sein. Die Tatsache, dass der südkoreanische Automobilhersteller Hyundai mit großer Wahrscheinlichkeit in Tschechien für 1,3 Milliarden Euro eine neue Produktionsstätte für eine Jahresproduktion von 300.000 Autos bauen wird, spricht für die Professionalität der tschechischen Investitionsagentur, die sich gegen die heftige Konkurrenz der Ungarn und Slowaken durchgesetzt zu haben scheint.

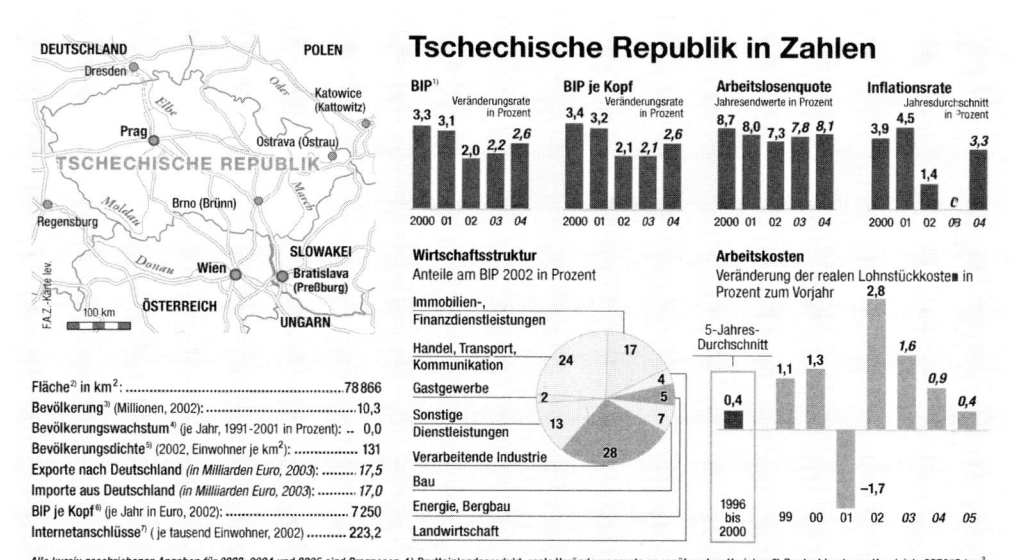

Es spricht aber auch für den Standort Tschechien als eines der führenden Zentren der europäischen Automobilproduktion. Um das zur Volkswagen-Gruppe gehörende Skoda-Werk, in das der deutsche Hersteller inzwischen über 2 Milliarden Euro investiert hat, ranken sich mittlerweile Tausende von Zulieferfirmen, die ihrerseits neue Investitionen anziehen. In fast allen Regionen gibt es öffentlich geförderte Industriezonen, die inzwischen auch die mittelständischen Betriebe aus der EU mit subventionierten Grundstücken und Büroflächen, aber auch der Bereitschaft zur gezielten Arbeitskräfteausbildung locken.

Ausländische Investoren werden auch deshalb umworben, weil sie die beste Hoffnung für die Schaffung neuer Arbeitsplätze sind. 154 Unternehmen mit ausländischer Kapitalbeteiligung haben sich gegenüber der Regierung verpflichtet, bis 2005 45.000 neue Arbeitsplätze zu schaffen. Da jedoch noch elf staatliche Großbetriebe privatisiert werden müssen – darunter Filetstücke wie Czech Telekom, der Energiekonzern CEZ und die Ölgesellschaft Unipetrol – wächst die Angst vor der Freisetzung und einem merklichen Anstieg der Arbeitslosigkeit. Auch deshalb will die Regierung mit Hilfe der Osteuropabank die Klein- und Mittelbetriebe fördern und Mittelständler aus der EU zur Investition in Tschechien bewegen.

---

1 © Alle Rechte vorbehalten. Frankfurter Allgemeine Zeitung GmbH, Frankfurt. Zur Verfügung gestellt vom Frankfurter Allgemeine Archiv.

Anlage 42/1   Auszug aus dem Generalunternehmervertrag
(vom 10. August 2002)

§ 1 Die Vertragspartner
Zwischen dem Hotel „Burdsch Al Arab" (Auftraggeber), vertreten durch den geschäftsführenden Direktor Kim Do Wung, und der WAKON AG (Auftragnehmer), vertreten durch den Vorstandssprecher Heinrich Müller, wird ein Vertrag geschlossen.

§ 2 Gegenstand des Vertrages
Gegenstand des Vertrages ist die Lieferung, Aufstellung und komplette Einrichtung der Innenausstattung des Hotels „Burdsch Al Arab" mit Teppichen, Möbeln, Leuchten und Tapeten. (Einrichtungsprojekt)

§ 3 Generalunternehmerschaft
Der Auftragnehmer ist als Generalunternehmer verantwortlich für die Planung, die Organisation, den Einsatz und die Koordination der mit dem Vertragsgegenstand verbundenen Arbeiten, insbesondere für die Koordination der (vom Auftraggeber genehmigten) Subunternehmer.
Der Auftragnehmer ist verpflichtet, seine Subunternehmer vertraglich zu binden und entsprechend zu überwachen.

§ 5 Fertigstellungstermin
Das unter § 2 genannte Einrichtungsprojekt ist bis zum 30. Mai 2003 fertig zu stellen. Die dort spezifizierte Innenausstattung ist an diesem Tag der Hotelleitung zu übergeben. Die Übergabe ist durch die zuständigen Projektleiter zu protokollieren.

§ 8 Überwachung des Projektfortschritts
Die für das Projekt festgelegten Meilensteine sind von den Projektleitungen in enger Zusammenarbeit mit der Innenarchitektin zu überwachen. Über die mindestens einmal im Monat durchzuführenden Besprechungen ist ein Protokoll anzufertigen.

§ 11 Anforderung von Abschlagszahlungen
Der Auftragnehmer ist berechtigt, nach Maßgabe des Projektfortschrittes, insbesondere nach erfolgter Lieferung von Einrichtungsgegenständen, entsprechende Abschlagszahlungen vom Auftraggeber anzufordern. Die Berechtigung für diese Anforderung ist durch Lieferscheine, Arbeitsaufzeichnungen und ähnliche Dokumente nachzuweisen.

§ 14 Projektabrechnung
Die Abrechnung des Projektes als Ganzes erfolgt im Rahmen einer Schlussrechnung. Voraussetzung für die Schlussrechnung ist die einvernehmliche Abnahme aller in diesem Vertrag genannten Arbeiten.
Teilabrechnungen sind – von den in § 11 erwähnten Abschlagszahlungen abgesehen – unzulässig.

§ 16 Sicherheitseinbehalte
Der Auftraggeber ist berechtigt, einen Sicherheitsabschlag von 10 % bei allen angeforderten Zahlungen vorzunehmen. Werden vom Auftraggeber während einer Frist von 6 Monaten nach Erteilung der Schlussrechnung keine Einwendungen erhoben, werden alle Sicherheitseinbehalte zur Zahlung fällig.

Anlage 42/2 Einrichtungsprojekt „Burdsch Al Arab"
Auszug aus dem Besprechungsprotokoll vom 30. Mai 2003

Teilnehmer:

Jennifer Baker (Innenarchtitektin)
Kim Do Wung (CEO, Burdsch Al Arab)
Mark Hamilton (Project-Manager, Burdsch Al Arab)
Roland Meyer (Projekt-Leiter WAKON)

Die beteiligten Partner stellten fest, dass der in § 5 des Generalunternehmervertrages festgelegte Fertigstellungstermin (30.Mai 2003) für die Arbeiten zur Innenausstattung des Hotels nicht eingehalten werden kann. Es wird nunmehr als neuer Termin der 30.Oktober 2003 bestimmt.

Unterschriften
J. Baker   K.D. Wung

M. Hamilton   R. Meyer

Anlage 42/3

WAKON AG
Akilindastr. 28
82166 Gräfelfing

Hotel „Burdsch Al Arab"   25. Juni 2003
Att.: Mr. Kim Do Wung
Chief Executive Officer

25 Golf Lane

Dubai

Vertrag vom 10. August 2002
Projekt-Nr. 6 / 02
Kunden-Nr. 168
Re-Nr. 225

Sehr geehrter Herr Wung,

wir haben in der Zwischenzeit die für die Hotel-Halle, die Bar und die zwei Restaurants bestimmten Designer-Möbel ausgeliefert und erlauben uns daher in Rechnung zu stellen:

Bereich	Preis €
Sky-Bar	25.000
Main Lounge	50.000
Golf-Restaurant	75.000
Sky-Restaurant	100.000
Total	250.000

Bitte überweisen Sie diesen Betrag auf das u.a. Konto.
Für das uns entgegengebrachte Vertrauen dürfen wir uns sehr herzlich bedanken und hoffen auf eine weitere harmonische Zusammenarbeit.
Mit freundlichen Grüßen

WAKON AG
Müller   Meyer

Bankverbindung: Stadtsparkasse München 16 12 40 (BLZ 123 456 78)

Anlage 42/4   Länderbericht „Dubai" [1]
Pionier und Tabubrecher der arabischen Welt

Extravagante Projekte und eine kluge, liberale Wirtschaftspolitik.

Von Rainer Hermann

(FAZ : 22. September 2003)

Dubai ist ein Gewinner. Andere arabische Staaten und Emirate geraten selbstverschuldet in eine Krise und bald in die nächste. Nicht Dubai. Das liberale Emirat am Golf erkennt Geschäftschancen, und es nutzt sie. Eine goldene Nase hat sich Dubai auch im letzten Irak-Krieg verdient. Sein Hafen Dschebel Ali war der Umschlagsplatz für den amerikanischen Nachschub. Dort wird nun nahezu dasselbe Volumen an Containern umgeschlagen wie im Hamburger Hafen. Auf Hochtouren haben die Raffinerien für den Irak und für die Koalitionstruppen gearbeitet, und die Baumaschinen aus dem Emirat waren die ersten, die im Irak nach Saddam eingesetzt worden sind.

Der Wohlstand Dubais ist nicht auf Öl gebaut. Das „schwarze Gold" versiegt in Dubai schneller als in Saudi-Arabien, schneller als im Irak und im Iran. Nur noch zehn Prozent trägt das Öl zur Wirtschaftsleistung Dubais bei, und seine Bedeutung nimmt weiter ab. Im Jahr 2010 soll es weniger als 1 Prozent sein. Das Emirat hat aber vorgesorgt. Über Jahrhunderte war es eines der regionalen Zentren des arabischen Handels mit Indien und mit China gewesen, mit Persien und mit Ostafrika. An diese Tradition knüpfen seine Händler heute an. In der Gegenwart kommt der Tourismus hinzu und die Jahrestagung der Bretton-Woods-Institute soll das Tor zum lukrativen Konferenztourismus öffnen.

Dubai hat gezeigt, dass die Petrodollars am besten im eigenen Land investiert werden und dass man mit einer klugen, liberalen Politik die Diversifizierung einer ölabhängigen Wirtschaft am weitesten vorantreibt – und am erfolgreichsten. Immer schneller dreht sich das Rad der Projekte, und sie werden immer phantastischer. Eines der Erkennungszeichen Dubais ist das Hotel „Burdsch Al Arab", der „Turm der Araber". Wie das gespannte Segel eines Schiffs steht es hoch vor der Küste Dubais und zeigt mit seiner orientalischen Opulenz, was Luxus ist. Eine Steigerung ist möglich. Vorhaben mit einem Investitionsvolumen von 8 Milliarden Dollar sind angelaufen und werden neue Wahrzeichen aus dem Wüstenboden wachsen lassen. Oder aus dem

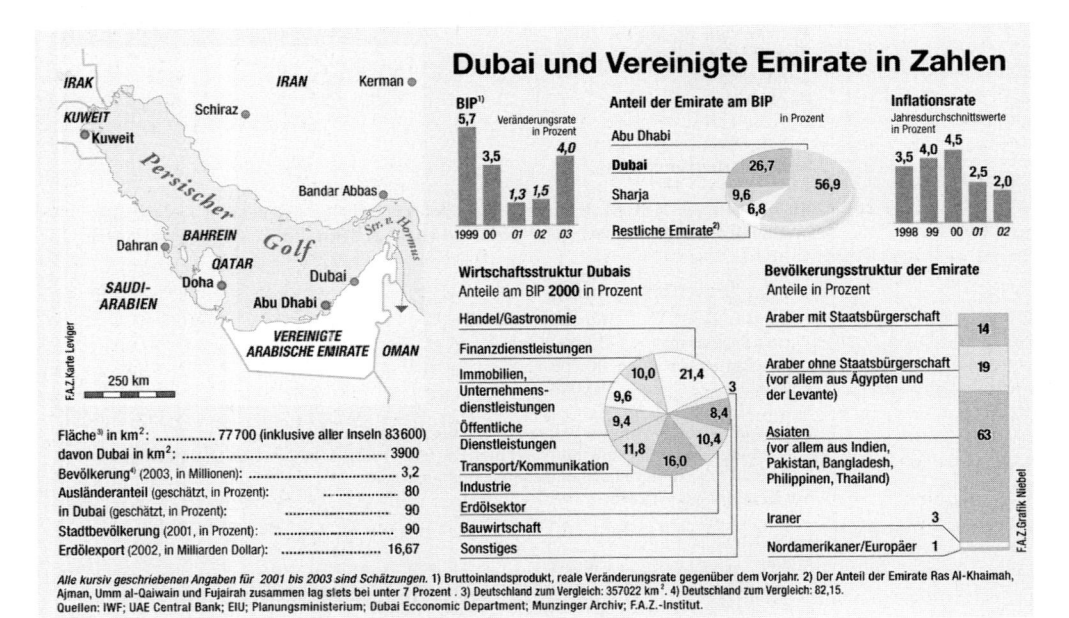

Wasser : Zwei Inseln werden vor der Küste in Form von Palmen aufgeschüttet ; die erste Hälfte der 4.000 Luxusvillen auf ihnen ist bereits verkauft. Mittelfristig ist eine weitere Gruppe von 200 Inseln mit Luxusvillen geplant, die den Umriss einer Weltkarte darstellen werden. Zuvor soll aus dem Land der „Burdsch Dubai", der „Turm Dubais", in den Himmel wachsen, 560 Meter hoch und damit höher als die Petronas Towers in Kuala Lumpur und höher als das geplante World Financial Center in Schanghai.

Das Feuerwerk der extravaganten Ideen ist damit längst nicht verpufft. Ein kubisches Tor wie La Defence in Paris soll das Wahrzeichen des neu entstehenden „Dubai International Financial Center" werden, und im Stadtteil Dschumaira Beach entstehen für 1,4 Milliarden Dollar 38 Türme mit 3.000 Wohnungen. Damit alle die, die dann in Dubai wohnen werden, die beste medizinische Versorgung in der arabischen Welt bekommen, soll bis 2010 die „Medizinstadt" entstehen, mit vierzig Kliniken und Spezialabors ; Kostenpunkt 1,8 Mrd. Dollar.

Der Flughafen, bereits der größte der arabischen Welt, wird für 450 Millionen Dollar weiter ausgebaut. Mit einem Aufwand von 1,1 Mrd. Dollar soll zudem die Kapazität des Hafens Dschebel Ali in vier Phasen auf 22 Millionen TEU (Container zum Äquivalent von 20 Fuß) vervierfacht werden.

Das sind große Projekte, und mit eigenem Geld allein sind sie nicht zu machen. Zu seinen eigenen Möglichkeiten hat Dubai aber zwei weitere Geldquellen aufgetan. Zum einen war es mit interessanten Projekten präsent gewesen, als viele Araber begonnen hatten, nach dem 11. September 2001 Gelder aus den Vereinigten Staaten abzuziehen. Vor allem Kuweitis, aber auch Saudis haben auf der Palmeninsel teure Immobilien erworben. Zum anderen hat Dubai als erster Standort in der arabischen Welt seinen Immobilienmarkt nichtarabischen Käufern geöffnet. Das zieht Investoren aus der ganzen Welt an, aus Fernost ebenso wie aus Großbritannien.

„Hotel Burdsch AL Arab" (Foto: Mauritius)

Zumindest innerhalb der arabischen Welt brummt die Baubranche nirgendwo wie in Dubai. Mit den Projekten wachsen die einheimischen Baufirmen. In den neunziger Jahren waren sie bereits bei einem Auftragsvolumen von 40 Millionen Dollar an ihre Grenzen gestoßen. Heute sind für sie auch Aufträge von 125 Millionen Dollar kein Problem mehr. Zement, Beton und Stahl sind aber längst knapp geworden.

Mit all diesen Projekten festigt Dubai seine Position als Drehscheibe einer Region, die bereits weit über die arabische Welt hinausreicht, die bis nach Zentralasien ausstrahlt und nach Ostafrika. Dubai ist nicht bloß ein Umschlagsplatz für Waren, sondern zunehmend auch ein Zentrum für Dienstleistungen. In einer neuen „Internet City" ist Siemens der größte Mieter, und immer mehr arabische Medien, die bisher gerne aus London berichtet haben, lassen sich in der „Media City" von Dubai nieder. Hochqualifizierte Entsandte kommen hierher an den Creek, aus Indien und aus Pakistan, aus der arabischen Welt und aus Europa. Damit sie Dubai nicht weiter als Sprungbrett für eine Tätigkeit in Nordamerika benutzen, schafft Dubai nun die Voraussetzungen, um sie dauerhaft an das Emirat zu binden.

Im Tourismus ist Dubai bereits erfolgreich. Im vergangenen Jahr hatten die Einnahmen aus dem Fremdenverkehr die Öleinnahmen bereits um das Doppelte übertroffen. 4,5 Millionen Touristen waren 2002 nach Dubai gekommen, 25 Prozent mehr als im Vorjahr. Die Regierung des Emirats erwartet in diesem Jahr einen weiteren Anstieg auf 5,2 Millionen Besucher, im Jahre 2010 sollen es 15 Millionen sein. Deshalb wird der Flughafen ausgebaut, und deshalb investieren die „Emirates Airlines", die Fluggesellschaft des Emirats, in den Ausbau ihrer Flotte. Im Juni haben die „Emirates" für 19 Mrd. Dollar 41 neue Airbusse geordert. Damit verdoppeln sie die Zahl ihrer Langstreckenflugzeuge. Die Gesellschaft, die bereits mehrfach als beste Fluglinie der Welt ausgezeichnet worden ist, hat sich einen Namen gemacht, dann zu bestellen, wenn sich andere zurückhalten. Das war bereits nach dem 11. September 2001 der Fall gewesen, als sie für 15 Milliarden 31 Flugzeuge erworben hatte.

Dubai ist eine Erfolgsgeschichte. Aber mit einigen schwarzen Flecken. Auf der einen Seite hat das Emirat der Idee von Freizonen in der arabischen Welt zum Durchbruch verholfen. Längst haben andere Länder die Idee seiner Freizone kopiert, aus der 3.000 internationale Unternehmen zoll- und steuerfrei und auch ohne Verwaltungsaufwand ihre Produkte in einem Umkreis um Dubai verteilen, in dem 1,5 Millionen Konsumenten leben und der für Dubai das Hinterland ist wie für Hongkong China. Ebenfalls eine Freizone ist die „Internet City", das gleiche ist nun auch für das „Internationale Finanzzentrum" geplant. Es soll eine Lücke schließen, die die strategischen Planer Dubais zwischen Hongkong und London vermuten. Große europäische Banken haben offenbar bereits genügend Platz in diesem Finanzzentrum reservieren lassen.

Dubai ist liberal, und es ist wirtschaftsfreundlich. An die Privatisierung seiner Versorgungsleistungen denkt das Emirat aber nicht. Hoch hat die Messlatte dafür vielmehr Abu Dhabi gelegt: Die Hauptstadt der Vereinigten Arabischen Emirate ist mit der Privatisierung schon weit vorangeschritten. Dabei könnte sich Abu Dhabi diese Unternehmen durchaus im Eigenbesitz leisten. Denn unter seinem Boden liegen 90 Prozent der Ölvorkommen der Föderation, in der Dubai nur das zweitgrößte Emirat mit den zweitgrößten Ölreserven ist. In Abu Dhabi soll das Öl bei Beibehaltung der heutigen Fördermenge weitere hundert Jahre reichen. Trotzdem gehen in der Hauptstadt die Kraftwerke und die Betriebe der Wasserversorgung, auch die Telekommunikation und das Gesundheitswesen nacheinander in Privatbesitz. Nicht jedoch in Dubai. „Wir folgen dem Trend aus Abu Dhabi nicht", heißt es in Dubai schlicht.

Abu Dhabi und Dubai, das ist die alte Geschichte einer alten Rivalität. Das Emirat Abu Dhabi stellt das Staatsoberhaupt der Föderation, Dubai dessen Stellvertreter. Abu Dhabi lebt weiter von seinen Ölvorkommen, die weltweit nur von denen Saudi Arabiens und des Iraks übertroffen werden. Dubai investiert in neue Prestigeobjekte, Abu Dhabi aber in den Ausbau seiner Öl- und seiner Gasindustrie – gegenwärtig für 6 Milliarden Dollar. Abu Dhabi war immer etwas arabischer, Dubai dafür immer etwas kosmopolitischer.

Gemeinsam machen die zwei Emirate aber die Vereinigten Arabischen Emirate stark. Aufgrund der Dynamik der beiden soll die Wirtschaft der Föderation in den kommenden Jahren im Durchschnitt mehr als 4 Prozent wachsen, prognostiziert der Internationale Währungsfonds.

Das Leben ändert sich rasch am Golf. Mit einem Blick auf Dubai mahnt der lebensweise Präsident der Föderation: „Wer in der Wüste zu schnell rennt, kann auf Schlangen und Skorpione treten."

---

1 © Alle Rechte vorbehalten. Frankfurter Allgemeine Zeitung GmbH, Frankfurt. Zur Verfügung gestellt vom Frankfurter Allgemeine Archiv.

Anlage 43/1 Die Wegweiserfunktion der Pflichtdokumente
KoBu-Doc I (WAKON)

Themenkatalog	Erläuterungen
A. Das Unternehmen (The Entity) *I. Lage und Entwicklung des Unternehmens* 1. Basisdaten	Erwerb aller Anteile an WAKON Ende des 20. Jhdt. durch M.B. und seine Mutter H. WAKON - ein traditionsreiches Polsterunternehmen und bekannt für ausgefeilte Handwerkskunst - wurde von W.K., einem süddeutschen Hoflieferanten, gegründet. Umsatz (2002): Mio € 30,5. Die Umsatzrendite liegt nach Angaben von M.B. im Branchendurchschnitt. Die Hälfte des Umsatzes wird mit Sitz- und Polstermöbeln für den Wohnbereich erzielt, die andere Hälfte durch das so genannte Objektgeschäft, das die Ausstattung von Luxus-Hotels, Kreuzfahrtschiffen und VIP-Lounges von Flughäfen, Stadien oder Parlamenten zum Gegenstand hat.
2. Analyse von für die Vermögens-, Finanz- und Ertragslage bedeutenden Einflussfaktoren (Trends) (Ggf. Hinweis auf den vorjährigen Prüfungsbericht)	Nach Angaben von M.B. gehört WAKON mittlerweile zu den weltweit führenden Anbietern von Designer-Möbeln. Dies setzt Zusammenarbeit mit internationalen Designern und Architekten voraus. Das Auslandsgeschäft nimmt an Bedeutung zu: Während der Auslandsanteil am Umsatz 1993 noch bei 6% lag, rechnet B. für 2003 mit einem Anteil von deutlich über 30%. B. sucht persönliche Kontakte zu Handelspartnern. Seine Besuche im Ausland dienen auch dazu, den dortigen Wettbewerb einschätzen zu können. In der BRD werden nur noch die Bezüge zugeschnitten und genäht sowie die Polsterung vorgenommen. Der Rest (z.B. Gestelle und Metallteile) wird von unterschiedlich spezialisierten Lieferanten zugekauft.
II. Eigentümerstruktur, Führung und Überwachung 1. Gesellschaft(er) a. Gesellschaftsrechtliche Organisationsform einschließlich vollzogener oder geplanter Veränderungen (z.B. privat- oder öffentlich rechtlich) ggf. mit weiteren Präzisierungen.	AG & Co KG
b. Eigentümer und nahe stehende Unternehmen oder Personen (z.B. Inländer, Ausländer, Mehrheitsbesitz, Streubesitz, Beteiligung der öffentlichen Hand, Konzernzugehörigkeit) 2. Leitung	M.B. und seine Mutter H.
a. Geschäftsführendes Organ (Zusammensetzung, Reputation und Erfahrungen, Unabhängigkeit und Kontrolle der nachgeordneten Führungsebenen, Sitzungshäufigkeit, Existenz einer Unternehmensphilosophie und -politik, Risikoeinstellung, Wechsel externer Berater)	Vorstand: M.B. (42 Jahre alt) als Sohn des Polstermöbelherstellers R.B. in der Branche aufgewachsen. Jurist, verheiratet, zwei Kinder. B. hat das veraltete Unternehmen WAKON durch eine Reduzierung der Produkte und Verkürzung der Fertigungstiefe saniert und die Absatzmärkte ausgebaut. Bedingt durch die persönlichen Analysen und Kontakte sieht B. im Auslandsgeschäft keine besonderen Risiken.
b. Ziele und Strategien	Durch Produktinnovationen (auch auf großen Messen präsentiert) soll das Wachstum forciert, das Auslandsgeschäft erweitert und das Jahresergebnis verbessert werden. B. schließt nicht aus, den Umsatz in 2003 im zweistelligen Prozentbereich steigern zu können. Er rechnet in 2003 mit einem Auslandsanteil am Umsatz von deutlich über 30%. Er erwartet in Anbetracht hoher Investitionen in 15 neue Produkte und beachtlicher Marketingmaßnahmen für 2003 ein deutlich verbessertes Ergebnis. B. legt Wert auf die Feststellung, nur profitables Wachstum zu suchen.
c. Erfolgsabhängige Vergütungssysteme	
d. Einflüsse auf die Berichterstattung des Unternehmens, insbesondere auf Jahresabschluss und Lagebericht. Problematik des „Financial Reporting Environment": Branchenspezifische Bilanzierungsmethoden und die Kontinuität ihrer Anwendung, Budgetbindung des Managements gegenüber Stakeholdern (Banken, Analysten etc.)	Möglicherweise hoher Erwartungsdruck durch die Mitgesellschafterin H.B. aufgrund der angekündigten Geschäftsausweitung und Ergebnisverbesserung. Das könnte insbesondere vor dem Hintergrund der Fall sein, dass der Umsatz in 2002 in Höhe von 2,5% auf Mio € 30,5 gesunken ist.

Themenkatalog	Erläuterungen
3. Kontrolle a. Organisationsstruktur b. Kontrollbewusstsein und -umfeld c. Projektmanagement d. Management-Informationssystem e. Eingesetzte Informationstechnologie f. Nachgeordnete Führungsebenen (Reputation und Erfahrung, Fluktuation, Besetzung von Schlüsselpositionen im Finanz- und Rechnungswesen und Stellung dieser Personen im Unternehmen, besondere Entlohnungssysteme (z.B. gewinnabhängige Bonuspläne), Verwendung von Prognoserechnungen und Budgetierungssystemen, belastende Einflüsse, z.B. Arbeitsüberlastung, Dominanz einzelner Personen, zu enge Berichtsterminierung. g. Interne Revision h. Aufsichtsorgan und ggf. Bilanzausschuss	 Evtl. im Objektgeschäft
III. Geschäftstätigkeiten 1. Art der Geschäftstätigkeit, z.B. produzierendes Gewerbe, Groß- bz. Einzelhandel, Finanzdienstleister, Import/Export 2. Produkte, Dienstleistungen und Absatzmärkte, z.B. Großkunden, bedeutsame Verträge, Zahlungsbedingungen, Gewinnspannen, Marktanteil, Wettbewerber, Preis- und Rabattpolitik, Marketingstrategie, Ruf der Produkte, Garantien, Auftragsbestand, Markttrends, Bedeutung des Auslandsgeschäftes, Produktionsprozess, Übergang zum System- und Servicegeschäft.	Herstellung und Vertrieb von Möbeln für den Inlands- und für den Auslandsmarkt. Sitz- und Polstermöbel für den Wohnbereich. Ausgeprägtes Objektgeschäft für die Ausstattung von Luxushotels, Kreuzfahrtschiffen und VIP-Lounges für Stadien, Flughäfen und Parlamente. WAKON nimmt für sich in Anspruch, einer der weltweit wichtigsten Hersteller von Designer-Möbeln zu sein. Neben dem schrumpfenden Inlandsmarkt werden auch stark wachsende Auslandsmärkte bedient. Der Preis ist nach Ansicht von Herrn B. nicht das entscheidende Kriterium für den Kauf, sondern der "wertbildende Faktor", der durch die Möbel geschaffen wird.
3. Beschaffungsmarkt, z.B. wichtige Zulieferer, langfristige Beschaffungskontrakte, besondere Beschaffungsrisiken, Zahlungsbedingungen, Bedeutung des Imports, besondere Zulieferungsverfahren wie just in time, Supply Chain Management Vorräte	WAKON verfügt über ein Netz unterschiedlich spezialisierter Lieferanten, die für Gestelle, Metallteile etc. zuständig sind.
4. Produktions-, Vertriebs- und Verwaltungsstandorte	Fertigungsstätten liegen in H. und in M.
5. Forschung und Entwicklung 6. Personalbereich ggf. differenziert nach Standorten, z.B. Lohn- und Gehaltsniveau, Tarifverträge, Versorgungszusagen, arbeitsrechtliche Vorschriften	
7. Finanzierungsstruktur und -möglichkeiten, z.B. Finanzierungsquellen und -arten einschließlich Änderungen im Zeitablauf: Banken, Kapitalmarkt, Gesellschafter, Innenfinanzierung, Eigenkapital, Fremdkapital. 8. Eingesetzte Informationstechnologie einschließlich geplanter Änderungen 9. Rechtlicher Rahmen (bedeutsame rechtliche Anforderungen, Charakteristika des Gesetzgebungsverfahrens und hieraus resultierende Einflüsse, Besteuerung, besondere Rechnungslegungs- und Berichterstattungspflichten, Anforderungen an die Berichterstattung des Abschlussprüfers, Schutzvorschriften für die Adressaten von Jahresabschluss und Lagebericht.	Die Eigenkapitalquote (einschließlich Gesellschafterdarlehen) liegt bei 35%. Im operativen Geschäft wird ohne Bankkredite gearbeitet.
10. Kooperationen und Allianzen	Internationale Kooperationen mit Designern und Architekten.
11. Vollzogene oder geplante Beteiligungserwerbe bzw. Beteiligungsveräußerungen 12. Integration erworbener Beteiligungen 13. Umstrukturierungen, z.B. Verschmelzungen, Stilllegung von Unternehmensteilen 14. Fremdwährungstransaktionen und auf Fremdwährung lautende Vermögenswerte und Verpflichtungen einschließlich Sicherungsgeschäfte, ggf. nach Währungen getrennt. 15. Patente, Lizenzen, Franchiseverträge 16. Outsourcing (z.B. der Buchhaltung)	

Anlage 43/1

Themenkatalog	Erläuterungen
IV. Geschäftsvorfälle (Wesentliche Gruppen)	Der Einfluss der wesentlichen Geschäftsvorfälle auf den Jahresabschluss (Position und Aussage zur Rechnungslegung) ist im KoBu-Doc II dargestellt. (Anlage 43 / 2)
B. Branche (The Industry) Wichtige Umstände, die die Geschäftstätigkeit und das wirtschaftliche Umfeld des Mandanten beeinflussen. 1. Wettbewerbs- und Marktverhältnisse	Der Inlandsmarkt schrumpft (in 2002 um 10%) Wachstumstreiber sind die Auslandsmärkte. In 2003 erwartet WAKON einen Anteil des Auslands am Gesamtumsatz von über 30%.
2. Besondere Aspekte der Branchenkonjunktur in den für das Unternehmen relevanten Märkten, z.B. Branchenumsatz, Rentabilität, Produktionsleistung, Preis- und Lohnentwicklung, saisonale Schwankungen	Interlübke plante in 2001 mittelfristig eine Umsatzrendite von 5%.
3. Veränderung der Produktionstechnologie einschließlich der Veränderungsgeschwindigkeit 4. Phase im Produktlebenszyklus 5. Besondere Branchenrisiken, z.B. hohe Bedeutung innovativer Technologien, Abhängigkeit von Änderungen des modischen Geschmacks, niedrige Markteintrittsbarrieren 6. Wachstums- oder Schrumpfungsbranche 7. Ungünstige Bedingungen (Rückgang der Nachfrage, Überkapazitäten, starker Preisdruck) 8. Position des Unternehmens in der Branche, z.B. Marktanteil, gewählte Marktstrategie 9. Besondere Bilanzierungsvorschriften und -probleme (siehe dazu die Ausführungen zum „Reporting Financial Environment" und die Übersicht über die Bestimmungsfaktoren für die Bedeutung von Geschäftsvorfällen) 10. Besondere rechtliche Rahmenbedingungen, z.B. Umwelterfordernisse und Umweltprobleme 11. Sonstige Besonderheiten, z.B. Tarifverträge, Finanzierungsmöglichkeiten und -usancen, Energieversorgung	Risiko des rasch wechselnden Geschmacks (Formen, Material, Farben) und rückläufigen Investitionsverhaltens in Folge konjunktureller Schwankungen Die Möbelbranche befindet sich insgesamt in einem Schrumpfungsprozess. Die Marktnische, in der sich WAKON bewegt, bildet dazu offenbar eine Ausnahme. WAKON nimmt für sich in Anspruch, zu den weltweit wichtigsten Herstellern von Designer-Möbeln zu gehören.
C. Gesamtwirtschaftliche Rahmenbedingungen 1. Konjunkturelle Situation, z.B. Rezession, Wachstum	Die BRD pendelt zwischen Rezession, Stagnation und minimalem Wachstum
2. Zinsniveau	Niedriges Zinsniveau
3. Geldentwertung	Geringe Inflationsrate
4. Wirtschaftspolitische Maßnahmen (Geldpolitik, Haushaltspolitik, Steuerpolitik, subventionspolitische Maßnahmen, sozial- und arbeitsmarktpolitische Maßnahmen) 5. Wechselkurse, Beschränkungen des Kapitalverkehrs	Sparmaßnahmen des Bundes und der Kommunen.

Anlage 43/2 Die Wegweiserfunktion der Pflichtdokumente
KoBu-Doc II (WAKON)

Gruppen wesentlicher Geschäftsvorfälle	Einfluss auf den Jahresabschluss (Beispielhafte Aufzählung)		Lokalisierung der unternehmerischen Kontrolle
	Position	Aussagen zur RL	Geschäftsprozess
Verkauf von Möbeln:		VEBBAG	
- für den Wohnbereich	Umsätze/Forderungen, Materialaufwand		Vertrieb, Credit-Controlling Einkauf, Materialwirtschaft
- für den Objektbereich	Umsätze/Forderungen Materialaufwand		
Einkauf von Vorräten	Vorräte/Verbindlichkeiten	VEBBAG	Einkauf, Materialwirtschaft
Einkauf von Dienstleistungen	Vorräte/Verbindlichkeiten	VEBBAG	Einkauf, Materialwirtschaft
Marketing-Maßnahmen	Sonst. betr. Aufw./Verb.	VEBBAG	Vertrieb, Einkauf
Beschaffung und Rückzahlung von Kapital	Verbindlichkeiten - geg. Gesellschaftern - geg. Kreditinstituten	VEBBAG VEBBAG	Investition und Finanzierung
Erwerb von Gegenständen des Anlagevermögens	Sach- und Finanzanlagen Abschreibungen	VEBBAG	Investition und Finanzierung
Einstellung, Verwaltung und ggf. Entlassung von Personal	Personalaufwand Pensionsrückstellungen Sonstige Verbindlichkeiten	VEBBAG VEBBAG VEBBAG	Personalverwaltung

Anlage 43/3 Die Wegweiserfunktion der Pflichtdokumente
KoRi-Doc (WAKON)

Art	Relevanz Bj.	Geschäftsrisiko Einfluss auf den Jahresabschluss		Lokalisierung der unternehmerischen Kontrolle
		JA-Position	Aussagen zur RL	Geschäftsprozess
Nachfrageveränderungen - Modeabhängigkeit der Designer-Möbel	ja	Umsätze Vorräte	 Bw	Vertrieb
- Einfluss der internat. Konkurrenz (z.B. Italien)	ja	Umsätze Vorräte	 Bw	Mat.wirtschaft/Vertrieb
- konjunkturbedingter Nachfragerückgang	ja	Umsätze Vorräte	 Bw	
(Liefergeschäft: rückläufige Einkommen) (Objektgeschäft: Sparsame Haushaltsführung der öffentlichen Kassen bzw. Investitionskürzungen bei Transport- und anderen Unternehmen)				
Kreditgewährung Risiko von Forderungsverlusten (insbesondere im Auslandsgeschäft)	ja	Forderungen	Bw	Vertrieb Credit-Controlling
Finanzkraft Das Wachstum im Ausland kann mit eigenen Mitteln nicht mehr finanziert werden.	ja	Umsätze Forderungen Verbindlicheiten	 V	Finanzierung
Politische Entwicklungen Das für das Wachstum wichtige Auslandsgeschäft kann durch politische Einflüsse (Krieg, Blockademaßnahmen, Finanzlage des Staates etc) wesentlich beeinflusst werden.	ja	Ums./Ford. Forderungen Vorräte	Bs/Bw Bw Bw	Vertrieb Projekt-Controlling Materialwirtschaft

Anlage 44 Programm für die Prüfung der Forderungen L+L (Objektgeschäft Ausland)
KoP-Doc „Bewertung" (WAKON)

Prüfungsziel (Begründung)	Einschätzung des Risikos der wesentlichen Fehlaussage	Art und Umfang der Prüfungshandlungen	Prüfungsergebnis
Die Geschäftsleitung sieht im Auslandsgeschäft keine besonderen Risiken. Dies ist u.a. darauf zurückzuführen, dass der Vorstand sich – nach seinen Angaben – vor Ort einen persönlichen Eindruck verschafft. Da das Auslandsgeschäft und die damit im JA ausgewiesenen Forderungen für den Einblick in die VFE-Lage von WAKON von besonderer Bedeutung ist, spielt die richtige Bewertung der Forderungen eine wesentliche Rolle. Art und Umfang von Auslandsgeschäften müssen außerdem unter dem Gesichtspunkt gesehen werden, dass der Vorstand möglicherweise unter einem starken Budgetdruck steht und unter Vernachlässigung von **Bonitätsaspekten** ein großes Interesse daran haben könnte, ein bestimmtes Umsatzvolumen (verbunden mit einer entsprechenden Verbesserung des Jahresergebnisses) zu erreichen. Mit der Komplexität ausländischer Objektgeschäfte sind sowohl unter technischen als auch unter wirtschaftlichen Gesichtspunkten große Risiken verbunden.	Aufgrund der Tatsache, dass die Geschäftsleitung (überraschenderweise) Risiken im Auslandsgeschäft als gering einstuft, bislang auf eine Kreditversicherung verzichtet hat und auch noch nicht über ein wirksames Projekt-Controlling verfügt, werden die internen Kontrollen als mangelhaft bezeichnet und das Risiko der wesentlichen Fehlaussage als **hoch** eingestuft.	Vor dem Hintergrund der nebenstehenden Einschätzung können ausreichende und angemessene Prüfungsnachweise nur durch die folgenden **Einzelfallprüfungen** gewonnen werden: Eigenart der Objektgeschäfte: - Einsichtnahme in Ausgangsrechnungen, Protokolle, Dokumente Bonität der Kunden: - Einsichtnahme in Unterlagen über: Zahlungsverhalten, Korresondenz und Mahnverfahren - Befragung von: Sachbearbeitern, Geschäftsleitung, Wirtschaftsexperten - Bestätigungen durch Ministerien, Banken, Versicherungsgesellschaften	

Anlage 45 Programm für die Prüfung der Sonstigen Rückstellungen (Gewährleistungsrisiken)
KoP-Doc „Vollständigkeit" (Immo)

Prüfungsziel (Begründung)	Einschätzung des Risikos der wesentl. Fehlaussage	Art u. Umfang d. Prüfungshandlungen	Prüfungsergebnis
Wir bewegen uns im Prozess „Hausverwaltung" und hier im Bereich (Sub-Prozess) der „Rechtsstreitigkeiten". Der Käufer der im Jahre 2001 verkauften Wohnanlage vertritt die Auffassung, er sei arglistig getäuscht worden, weil sich im nachhinein herausgestellt habe, dass eine Reihe von Kesseln sanierungsbedürftig gewesen und die Hausverwaltung des Käufers „aus Treu und Glauben" verpflichtet gewesen sei, den Käufer auf diesen Umstand hinzuweisen. Obwohl in 2002 die erwähnten Reklamationen des Käufers eintrafen, hat der Mandant zum 31.12.02 keine Rückstellung gebildet, da er der Meinung war, dass dem Anspruch des Käufers jede Grundlage fehlt. Es besteht u.E. ein erhebliches Risiko, dass ein evtl. angerufenes Gericht dem Kläger aus „culpa in contrahendo" Recht gibt und der Mandant zur Zahlung eines entsprechenden Schadensersatzes verurteilt wird.	**Hoch** Das Prüfungsziel „Vollständigkeit" ist schwerwiegend, weil die Bilanzposition „Sonstige Rückstellungen" bedingt durch die Komplexität des Baugeschäftes und aufgrund von Schwachstellen im Internen Kontrollsystem ein erhebliches Risiko der wesentlichen Fehlaussage beinhaltet. Die Beurteilung der Notwendigkeit und der Angemessenheit prüferische Erfahrung voraussetzt und zu erwarten ist, dass die Erlangung ausreichender und angemessener Prüfungsnachweise mit (u.U. erheblichen zeitlichen und technischen) Schwierigkeiten verbunden sein wird.	In Abstimmung mit dem Vorstand und der Fachabteilung des Mandanten: Beschaffung und Auswertung von **Immissionsprotokollen** des für die Wohnanlage zuständigen Bezirksschornsteinfegers. Es waren diejenigen Protokolle auszuwerten, die als letzte vor dem Verkauf der Wohnanlage erstellt wurden.	Die Position „Sonstige Rückstellungen" enthielt keine Vorsorge für eine zu erwartende gerichtliche Auseinandersetzung über die Berechtigung eines Schadensersatzanspruches wegen des Sanierungsbedarfes von Heizungskesseln in der im Jahre 2001 verkauften Wohnanlage. Auf Basis der von uns angeforderten und ausgewerteten Protokolle des zuständigen Schornsteinfegers wurde eine Reihe von Kesseln identifiziert, bei der zum Zeitpunkt des Verkaufes die **kritischen Immissionswerte überschritten** waren. Die erwarteten Sanierungskosten für diese Kessel, die voraussichtlich zum Gegenstand eines Gerichtsverfahrens gemacht werden, wurden fachmännisch geschätzt. Wir waren der Ansicht, dass in dieser Höhe eine Rückstellung zu bilden ist und haben die von uns festgestellte **Prüfungsdifferenz (T € 200)** dem Vorstand vorgetragen. Dieser war in Anbetracht unserer Prüfungsnachweise bereit, in dieser Höhe eine **Rückstellung** nachzubuchen.

Anlage 46 Der Katalog der Prüfungstechnik
Das Instrumentarium „VA BENE"

Um einen sachgerechten Eindruck zu „gewinnen" (es sei auch hier wieder an die ISA erinnert, die grundsätzlich von „obtain" sprechen !), bedienen sich der Abschlussprüfer und sein Team eines bestimmten Instrumentariums, das wir kurz mit „VA BENE" umschreiben. Diese von uns gewählte Kurzform trägt nicht nur dazu bei, dass man dieses Werkzeug schnell rekapitulieren kann, sondern bringt auch in Anlehnung an das Italienische („Es passt.") zum Ausdruck, dass der Einsatz eines bestimmten Instrumentes dem Prüfungsziel (Auswahl aus VEBBAG) und dem dadurch ausgeleuchteten Sachverhalt genau entsprechen muss. Dies ist auch logisch, weil nur ein „angemessenes" Instrument dazu beitragen kann, einen „angemessenen" Prüfungsnachweis zu beschaffen.

Gezielte Anwendung von Prüfungstechnik führt immer zu einer besonderen „Nähe" (die man im Übrigen auch für die Einschätzung von Menschen benötigt), ohne die eine Urteilsbildung nicht möglich ist. Dies wird dann besonders deutlich, wenn man sich vergegenwärtigt, welche Maßnahmen im Einzelnen mit Prüfungstechnik verbunden sind. Durch den folgenden Maßnahmenkatalog soll erneut betont werden, wie wichtig es ist, wenn sich der Abschlussprüfer durch das sorgfältige Studium von Unterlagen (also durch die Einsichtnahme in Dokumente) von einem bestimmten Sachverhalt überzeugt und nicht einfach nur auf Informationen vertraut, die ihm der Mandant geliefert hat.

Durch das unmittelbare und sehr nahe Aufeinandertreffen mit Menschen entstehen Eindrücke von Persönlichkeiten, die auf ihrer Fachkenntnis, ihrer Herkunft und auf ihrem Verhalten beruhen, und die die Einstellung (Vertrauen oder Skepsis) des Abschlussprüfers maßgeblich bestimmen.

Man muss sich also regelmäßig ein Bild von Menschen machen und sich rechtzeitig die Frage stellen, ob diese in der Lage sind, Dokumente gewissenhaft zu erarbeiten bzw. verantwortungsbewusst an der Erstellung eines Jahresabschlusses mitzuwirken.

Im Rahmen des in diesem Handbuch vorgestellten Prüfungskonzeptes, das genaue Kenntnisse über die Geschäftstätigkeit sowie das wirtschaftliche und rechtliche Umfeld des zu prüfenden Unternehmens verlangt, muss der Abschlussprüfer (mehr als dies früher der Fall war) Kontakte zu Personen auf allen Ebenen der Unternehmenshierarchie suchen und die dort gewonnenen Erfahrungen im Rahmen einer Teamarbeit verwerten. Neben dem persönlichen Eindruck von Personen muss sich der Abschlussprüfer auch „vor Ort" einen persönlichen Eindruck von Sachen und von den betrieblichen Abläufen verschaffen, in die sie integriert sind. Hier spielen der Zustand von Gebäuden und Maschinen, die Reibungslosigkeit technischer Prozesse, die Größenordnung und Verfassung von Anlagen, die Vollständigkeit und Beschaffenheit von Vorräten, aber auch das Eigentum an diesen Gegenständen eine wesentliche Rolle. (Abschlussaussagen und Prüfungsziele: VEBBAG !)

Der Eindruck von Sachen wird durch Gespräche mit den verantwortlichen Personen wesentlich verstärkt. Auch unter diesem Aspekt ergibt sich für den Abschlussprüfer die Notwendigkeit, den betrieblichen Kontakt zu den handelnden Personen selbst herzustellen. Dies wird natürlich nicht gelingen, wenn er zu oft junge und unerfahrene Assistenten an die Front schickt.

Prüfungstechnik (VA BENE)		Maßnahmen (Beispiele)
Vergleich		von Bilanz- und G+V-Zahlen mit denen des Vorjahres von Bilanzzahlen mit denen einer Inventur- bzw. Saldenliste von offiziellen Zahlen der G+V mit denen einer internen Ergebnisrechnung von Zahlen der G+V mit Budgetwerten von Abschlusszahlen des Mandanten mit denen eines Betriebsvergleiches von Abschlusszahlen des Mandanten mit denen der Konkurrenz
Augenscheinnahme		Vorhandensein und Betrieb einer Maschine Vorhandensein und Qualität von Lagerbeständen Fertigungsgrad von Produkten Baufortschritt bei Gebäuden Qualität eines Grundstückes (z.B. : Nachbarschaft, Immissionen, Geschäfte, Verkehr)
Befragung	intern	der Geschäftsleitung (z.B. über wesentliche Ereignisse des lfd. Geschäftsjahres) des Bereiches Rechnungswesen (z.B. über Bilanzierungs- und Bewertungsmethoden) der Rechtsabteilung (z.B. über den Stand gerichtlicher Verfahren)
	extern	von Instituten (z.B. zur wirtschaftlichen und technischen Entwicklung) von Experten des Außenhandels (z.B. zur Finanzlage bestimmter Länder) von Maklern (z.B. zur Preisentwicklung von Grundstücken)
Beobachtung		der körperlichen Aufnahme (z.B. von Vorräten und Maschinen) der Qualitätskontrolle (im Rahmen der Fertigung)
Bestätigung		von Kunden oder Lieferanten (z.B. Saldenbestätigungen) von Banken (z.B. über den Stand von Konten und den Umfang der Geschäftsbeziehung) von Rechtsanwälten (z.B. über den Stand laufender Verfahren) von öffentlichen Stellen (z.B. Wirtschaftsministerium über Schuldentilgungsfähigkeit) von Lagerverwaltern (z.B. über eingelagerte Ware) von Wirtschaftsprüfern (z.B. über Bilanzzahlen von konsolidierten Gesellschaften)
Einsichtnahme	intern	in wesentliche Verträge (z.B. Verkauf, Einkauf, Personal, Kreditinstitute) in Gesellschaftsverträge bzw. Satzungen (z.B. wg. Rücklagenbildung, Bilanzierung) in Protokolle (z.B. von Gesellschafterversammlungen und Vorstandssitzungen) in Abnahmeprotokolle (z.B. bei Projektgeschäften) in Konten (z.B. des Hauptbuches oder von Nebenbüchern) in Listen (z.B. Saldenlisten, Inventurlisten, Vertriebsstatistiken) in Arbeitsanweisungen in Ablaufdiagramme in Abschlussrichtlinien
	extern	in Bebauungspläne von Gemeinden in das Grundbuch
Nachrechnen		der Ermittlung eines Bestandswertes (z.B. von Vorräten, Forderungen, Sachanlagen) der Ermittlung einer Gewährleistungsrückstellung der Ermittlung eines Verkaufspreises
Einsichtnahme		aus Gründen der Sicherheit ggf. ein 2. Mal (z.B. in notarielle Verträge)

Anlage 47   Prüfungsdifferenzen
(KoDi-Doc „Immo" und „Alpha One")

ArbPap.	Beschreibung	Jahresergebnis		Aktiv-Posten		Passiv-Posten	
		Soll	Haben	Soll €	Haben €	Soll €	Haben €
	Immobiliengesellschaft Rückstellungen für Gewährleistungen wegen der **Sanierung von Heizkesseln** in der im Vj. verkauften Wohnanlage wurden nicht gebildet. Nach den uns vorliegenden Berechnungen (im wesentlichen eines externen Dritten) wird sich ein Aufwand von € 200.000 ergeben. In dieser Höhe muss voraussichtlich der Käufer der Wohnanlage **entschädigt** werden. Erforderliche Buchung: Per „Sonst. betr. Aufwend." An „Sonst. Rückstellungen" (wg. Gewährleistungen)	200.000					200.000
	Alpha One Die wegen einer von der Gesellschaft in den USA erwarteten PKW-Rückrufaktion gebildete **Rückstellung** für Gewährleistungen war **deutlich überhöht,** weil der größte Teil der mit der Rückrufaktion verbundenenen Kosten im Rahmen einer Produkthaftpflichtversicherung übernommen werden wird. Alpha One war von der falschen Annahme ausgegangen, dass die Versicherungsgesellschaft die Kosten nicht tragen wird, weil keine Personenschäden aufgetreten sind. Nach dem Wortlaut des Vertrages werden aber auch schon Kosten übernommen, die zur *Verhütung* von Personenschäden entstehen. Erforderliche Buchung: Per „Sonst. Rückstellungen" An „Sonst.betr. Aufwendg." (Die Habenbuchung beruht auf einer Stornierung der im Bj. gebildeten Rückstellung.)		2.300.000			2.300.000	

Anlage 48   Kriterien für die Qualität von Arbeitspapieren
Hinweise auf mögliche Schwachstellen

I. Kenntnisse über die Geschäftstätigkeit
(Knowledge of Business : KoBu-Doc)

1. Konkrete Angaben und deutliche Brücke zum Jahresabschluss und Lagebericht.
Die Pflichtdokumente (insbesondere dasjenige, das die Kenntnisse über die Geschäftstätigkeit aufnimmt) dienen als Wegweiser für die Abschlussprüfung! Wir müssen die Informationen so aufbereiten, daß wir sie gezielt bei unserer Arbeit verwenden können. Eine Aussage z.B. darüber, daß der Gegenstand einer Baugesellschaft „alle Arbeiten abdeckt, die im Rahmen der Bauwirtschaft ausgeführt werden können", mag juris-

tisch exakt sein, ist aber für unsere Zwecke unzureichend, weil man diese Information nicht für die Entwicklung eines Prüfprogramms verwenden kann. Wenn z.B. Gegenstand unserer Betrachtung ein Konzernunternehmen ist, dann müssen die einzelnen Ebenen (Tochtergesellschaft/Konzernobergesellschaft) streng voneinander getrennt werden.

Alle Informationen über den Mandanten müssen unmittelbar oder mittelbar mit Jahresabschluss/Lagebericht in Verbindung gebracht werden können. Die Angaben im KoBu-Doc sind so zu gestalten, dass man sich eine klare Vorstellung davon machen kann, womit sich der Mandant beschäftigt. Der Leser ist mit der Branche und ihrer aktuellen Entwicklung nicht unbedingt so gut vertraut wie der Prüfer vor Ort, so dass bei der Verwendung von Fachausdrücken (ggf. mit technischen Akzenten) Vorsicht geboten ist.

Wir müssen uns bei der Beschreibung des Geschäftes einer exakten Sprache bedienen, weil wir ansonsten nicht in der Lage sein werden, die wesentlichen Geschäftsvorfälle unmissverständlich (unter Beachtung der betrieblichen Eigenarten) zu formulieren. Die Angaben müssen einen ersten Eindruck über die Ertragslage, die Größe des Geschäftes und die Geschäftsstruktur vermitteln. Die Erläuterungen werden um so präziser sein, je intensiver wir uns in diesem Stadium der Analyse bereits an interne Daten (z.B. Angaben im Geschäftsbericht) anlehnen und dabei auch Vorjahreszahlen verwenden können.

Beim Studium des KoBu-Doc (und dies ist aus den Unterlagen zum „Autohaus WELOS" und zum „Möbelhersteller WAKON" sehr schnell zu erkennen!) werden bereits die ersten Weichen für die Prüfung einzelner Jahresabschlussposten gestellt !

2. Formulierung der eigenen (nicht der kritiklos übernommenen fremden) Meinung
Es besteht kein Zweifel darüber, dass insbesondere die Bearbeitung des KoBu-Doc höchste Anforderungen an den Abschlußprüfer stellt. Die Aussagen, die wir hier treffen, müssen unsere eigene Meinung widerspiegeln. Wir müssen von bestimmten Zusammenhängen überzeugt sein! Nur wenn diese Voraussetzung erfüllt ist, können wir eine sachgerechte und unabhängige Arbeit leisten.

In diesem Zusammenhang sind also Aussagen wie: „Nach Angaben des Mandanten hat dieser sich eine Spitzenstellung im Markt erobert", unter allen Umständen zu vermeiden. Wir benötigen Unterlagen, die diese Aussage stützen. Gesetzt den Fall, die „behauptete Spitzenstellung" liegt gar nicht vor, dann würden wir doch im Rahmen unserer Prüfungen von falschen Voraussetzungen ausgehen. Es ist ja gerade die Aufgabe der Pflichtdokumente, dieses zu verhindern !

3. Erkennbarer Zusammenhang zwischen Unternehmenszielen und Unternehmensstrategien
Die logische Kette lautet immer: Ziele, Maßnahmen, Risiken. Der Unternehmer setzt sich bestimmte Ziele (Wachstum, Ergebnisverbesserung, Marktführerschaft etc.) Um diese Ziele zu erreichen, trifft er (im Rahmen einer Strategie) bestimmte Maßnahmen. (Entwicklung neuer Produkte, Ausdehnung des Auslandsgeschäftes, Kostensenkung, Neuordnung des Lieferantenkreises, Umstrukturierung des Vertriebs etc.) Es gibt bestimmte Einflussfaktoren (Risiken), die das Erreichen dieser Ziele beeinträchtigen oder ganz verhindern können.

4. Präzise Darstellung der Unternehmensziele
Der Mandant setzt sich bestimmte Ziele (s.o.). In der Regel werden diese Ziele exakt formuliert, d.h. also angegeben, in welcher Höhe der Umsatz wachsen, das Ergebnis verbessert, die Rendite verändert oder der Marktanteil ausgeweitet werden soll. Bestimmte Zahlen - ggf. dem Aufsichtsrat gegenüber bindend (!) formuliert: z.B. Ebit, Ebita, Eric - müssen wir kennen, um uns daraus ein Bild von der zukünftigen Entwicklung machen zu können. Nur wenn wir mit exakten Zahlen arbeiten, sind wir auch in der Lage einzuschätzen, was die Geschäftsleitung unternehmen könnte, wenn sich herausstellt, daß sie die prognostizierten Werte nicht erreicht oder aller Voraussicht nach übererfüllen wird. (Problematik der Bilanzpolitik !)

Es mag im Einzelfall schwierig sein, die Geschäftsleitung zu bewegen, uns ihre Ziele offenzulegen. Dies ändert aber nichts an der Notwendigkeit, diese Ziele in ihrer ganz konkreten Ausprägung zu kennen. Pauschale Aussagen (z.B. Ausrichtung auf den Turnaround, profitables Umsatzwachstum, Optimierung der Fertigung, angemessene Entlohnung etc.) sind unbrauchbar, weil sie keine Rückschlüsse auf die wirklichen Ziele zulassen. Auch eine Zielangabe „Systematisches Wachstum" mit der korrespondierenden Angabe, dass dieses Ziel mit Hilfe des „Qualitätsmanagements" erreicht werden soll, ist für unsere Belange kaum zu verwenden, weil wir uns keine Vorstellung davon machen können, welche konkreten Maßnahmen denn nun eigentlich zu erwarten sind und in welcher Weise sie sich aller Voraussicht nach im Jahresabschluss niederschlagen werden.

Ziele des Unternehmens und Ziele des Abschlussprüfers sind durchaus miteinander verbunden! Je detaillierter die Angaben im KoBu-Doc sind, desto eher sind wir in der Lage, Querverbindungen zum Jahresabschluß herzustellen und im Vorfeld bereits Prüfungsziele zu formulieren.

5. Exakte Trennung von unternehmerischen Zielen und strategischen Maßnahmen
Wenn wir von „Unternehmenszielen" sprechen, sind zunächst die übergeordneten (primären) Unternehmensziele gemeint. Bevor wir also Ziele im KoBu-Doc formulieren, müssen wir sie in die Zielhierarchie richtig einordnen. So ist z.B. die „Kostenreduzierung" mehr eine Maßnahme zur Ergebnisverbesserung als ein Ziel im übergeordneten Sinne. Man wird auch die „Verbesserung der Mitarbeiterausbildung", die „Stärkung der Kundenbindung" und die „Steigerung der Servicequalität" eher in einen Maßnahmenkatalog (z.B. für ein geplantes Wachstum) aufnehmen müssen, als sie im Zusammenhang mit primären Unternehmenszielen zu nennen.

6. Geordneter Überblick über die Geschäftstätigkeit
Wir wollen wissen, wo die Schwerpunkte der Geschäftstätigkeit liegen, wollen über die Umsatzstruktur und ihre Veränderungen gegenüber dem Vorjahr informiert sein und sind interessiert daran zu erfahren, wie sich die betriebswirtschaftlichen Ergebnisse der einzelnen Aktivitäten entwickelt haben. Alle Informationen über den Mandanten müssen unmittelbar oder mittelbar mit Jahresabschluss/Lagebericht in Verbindung gebracht werden können. Beim Studium des KoBu-Doc werden bereits die ersten Weichen für die Prüfung einzelner Jahresabschlussposten gestellt.

7. Schilderung von Verfassung und Entwicklung des Marktes
Die Geschäftspolitik des Mandanten wird sich an der Entwicklung des Marktes orientieren. Es ist daher erforderlich, im KoBu-Doc auch die Lage des Marktes und seine Veränderungen zu beschreiben. Je besser wir den Markt und die Faktoren, die ihn beeinflussen, verstehen (bei einem Unternehmen, das viele Branchen beliefert, ein höchst kompliziertes Unterfangen!), um so eher sind wir auch fähig, das zu begreifen, was mit „Geschäftsrisiken" im strategischen Sinne gemeint ist. Auch hier helfen uns nur präzise Angaben. So ist z.B. die Erwähnung „ausländischer Kunden" ohne Beschreibung ihrer Rolle (Stellung, Kapazitäten etc.) unzureichend. Hier wird sichtbar, wie umfangreich die Informationen sind, die wir benötigen. Aber je mehr wir wissen, desto effektiver werden wir auch arbeiten können. Dabei ist „Effektivität" auch in dem Sinne zu verstehen, dass wir unsere Arbeit durchaus auch als „Dienstleistung" werten dürfen, als eine Leistung, die regelmäßig über die reine Abschlussprüfung hinausgeht. Es ist also kein Zufall, wenn auch das IDW diesen Dienstleistungsaspekt mit Nachdruck betont.

8. Angabe des vollständigen Leistungsspektrums
Ein solides „Business Understanding" muss dazu führen, dass wir rechtzeitig über das volle Leistungsspektrum informiert sind. Hier ergeben sich z.B. Fragen danach, ob der Mandant neben dem reinen Liefergeschäft nunmehr auch ein Anlagengeschäft (Systemgeschäft) betreibt oder ob er – ebenfalls zu Diversifizierungszwecken – verstärkt in das Beratungsgeschäft eingestiegen ist. Nur wenn wir diese Veränderungen kennen, können wir unsere Prüfung danach ausrichten und gezielte Fragen z.B. zum Zeitpunkt der Umsatz- und Gewinnrealisation und zur Aktivierung von Anschaffungs- und Herstellungskosten stellen. Die Kenntnisse über das Leistungsspektrum sind immer dann von besonderer Bedeutung, wenn das Unternehmen seine Geschäftsfelder erweitert oder sich – in Besinnung auf das sogenannte Kerngeschäft – von Geschäftsfeldern oder Betriebsteilen trennt. Hier ergeben sich dann u.U. gravierende Einflüsse auf den Jahresabschluss!

9. Organisation der Geschäftsleitung
Um die Strategien zu verstehen, muss deutlich werden, wie das Unternehmen (z.B. Verantwortungsbereiche des Vorstandes, Geschäftsfelder etc) organisiert und gegliedert ist. Nur wenn man diese Kenntnisse besitzt, kann man auch nachvollziehen, wie sich die auf der Unternehmens-Ebene formulierten Ziele auf die unteren Ebenen (Prozess-Ebenen) auswirken. Ziele auf Prozess-Ebene haben ihre Wurzeln auf der Unternehmens-Ebene! Der Prozess-Erfolg (der Grad der Erreichung der Prozess-Ziele) wird von der Unternehmensleitung anhand von Leistungskennziffern kontrolliert.

10. Besonderheiten der einheitlichen Leitung
Wesentliche Geschäftsrisiken und wesentliche Geschäftsvorfälle bekommen einen besonderen Akzent, wenn der Mandant als Konzernunternehmen in einen größeren Verbund eingegliedert ist. Es ist darzulegen, welcher unternehmerischer Rahmen dem Mandanten von der Konzernleitung gewährt wird, welche Ziele vorgegeben sind und welchem Kontrollmechanismus das Konzernunternehmen unterliegt. (Die Dokumentation eines Risikomanagementsystems dürfte hierüber Auskunft geben!) In diesem Zusammenhang spielt auch die Frage eine Rolle, durch welche Elemente sich die interne Berichterstattung (Konzern-Package) auszeichnet. (Spartenergebnisrechnungen, Planungsrechnungen, Kennzahlen etc.) Die Spartenergebnisrechnungen benötigen wir u.a. für die Prüfung der Vorräte, Forderungen und Rückstellungen, die Planungsrechnungen u.a. auch für den Lagebericht.

Anlage 48

11. Einflüsse auf die externe Berichterstattung
Hier ist darüber zu berichten, ob und in welcher Weise sich der Mandant branchenüblicher Bewertungsmethoden bedient. (Wie werden z.B. bei einem Bau-Unternehmen „vom Bauherrn noch nicht genehmigte Nachträge" behandelt und wie lauten die Regeln über „Teil-Abrechnungen" ?) Des Weiteren ist von Bedeutung, ob es Jahresabschlussrichtlinien gibt, worin die Besonderheiten dieser Richtlinien (z.B. Abschreibungen und Rückstellungen betreffend) liegen und ob es im Vergleich zum Vorjahr Änderungen dieser Richtlinien gegeben hat. Liegen Änderungen vor, müssen wir wissen, welchen Einfluß sie auf den Jahresabschluss haben! Außerdem ist darüber zu berichten (und hier kommt die eigentliche Problematik des nach ISA 310 formulierten „Reporting Environment" zum Tragen), ob es Anhaltspunkte dafür gibt, dass das Management ein wesentliches Interesse daran haben könnte, Bilanzpolitik „in besonderer Art" zu betreiben. Bilanzpolitik kann legal, sie kann aber auch illegal sein! Die Betrugsfälle der vergangenen Monate verleihen dieser Feststellung eine ganz besondere Bedeutung!

II. Kenntnisse über die Geschäftsrisiken
(Knowledge of Risks : KoRi-Doc)

1. Präzision bei der Nennung von Risiken
Entscheidende Voraussetzung für einen möglichst vollständigen Katalog wesentlicher Geschäftsrisiken ist ein solides „Business Understanding". Es muss das Unternehmen selbst und die Branchen, in denen es tätig ist, erfassen und darüber hinaus auch branchenübergreifende Themen einbeziehen. Je geringer das „Business Understanding" ausgeprägt ist, desto unpräziser wird die Darstellung von Risiken sein. Die Exaktheit unserer Prüfungsziele ist jedoch von der Exaktheit des Risikokataloges abhängig. Wenn also KoBu-Doc und KoRi-Doc (erhebliche) Schwachstellen aufweisen, werden wir unsere Prüfungshandlungen - sei es im Rahmen der Analyse unternehmerischer Kontrollen oder bei den restlichen aussagebezogenen Prüfungshandlungen – auch nicht sachgerecht durchführen können.

Bei der Suche und Identifikation von Risiken müssen wir uns immer von der logischen Kette: „Unternehmens-Ziele / strategisch orientierte Maßnahmen / Geschäftsrisiken" leiten lassen. Diese Logik müsste dann auch verhindern, daß im Katalog der Risiken z.B. die „Bewertung von Unternehmensanteilen" oder die „Bildung von Rückstellungen" auftauchen. Bilanzielle Maßnahmen sind keine Geschäftsrisiken an sich, sondern höchstens die Auswirkung dieser Risiken. Wir verbessern das KoRi-Doc auch nicht, wenn wir (möglicherweise eigenen Vermutungen folgend !?) ganz allgemeine (und fast auf jedes Unternehmen zutreffende) Formulierungen verwenden und als Geschäftsrisiken z.B. die „Konjunkturabhängigkeit" oder den „Konkurrenzdruck" angeben.

2. Genaue Bezeichnung der Geschäftsprozesse
Es ist u.a. Aufgabe der Analyse der Geschäftstätigkeit herauszufinden, welche Geschäftsprozesse (z.B. Einkauf, Verkauf, Forschung & Entwicklung, Herstellung, Finanzierung, Personalwesen) auf den zu prüfenden Jahresabschluss einen wesentlichen Einfluss haben. Dabei ist insbesondere zu berücksichtigen, dass dieser Einfluss von Jahr zu Jahr wechseln kann. Bestimmte Geschäftsfälle können an Bedeutung verloren, bestimmte Geschäftsrisiken, die an Prozess-Ebene behandelt werden müssen, können an Bedeutung gewonnen haben. Auf diese Veränderungen müssen wir uns rechtzeitig einstellen! Ohne eine genaue Bezeichnung der Geschäftsprozesse werden wir nicht in der Lage sein, elementare Abläufe zu identifizieren und sie auf ihre Qualität hin zu untersuchen. Wenn die Bezeichnung fehlt, verliert das KoRi-Doc einen wesentlichen Teil seiner Steuerungsfunktion !

III. Kenntnisse über die Kontrollen
(Knowledge of Controls : KoCo-Doc)

1. Genaue Bezeichnung des Pflichtdokumentes
Die Pflichtdokumente sind Wegweiser für die Abschlussprüfung! Die genaue Bezeichnung des KoCo-Doc dient der Identifizierung eines bestimmten Prozesses. Es muss also z.B. im KfZ-Handel klar werden, ob man sich im Verkaufs- oder im Servicebereich bewegt oder es muss im Bankengeschäft deutlich werden, ob man das nationale bzw. internationale Firmengeschäft oder das Privatkundengeschäft behandelt.

2. Zusammenfassung der Geschäftsrisiken und der Geschäftsvorfälle
Den Analysen der unternehmerischen Kontrollen wird – sozusagen in einer Memory Box - eine Zusammenfassung der wesentlichen Geschäftsrisiken und der wesentlichen Geschäftsvorfälle vorangestellt. Diese Memory Box dient dazu, sich (noch einmal) Rechenschaft darüber zu geben, ob das Business Understanding

ausreichend, die Einschätzung von Risiken angemessen und die Kenntnis über Geschäftsvorfälle vollständig und sachgerecht sind. Eine solche Zusammenfassung ist also Bestandteil unseres eigenen IKS!

Wenn man die Bedeutung eines Geschäftsprozesses am Inhalt dieser Memory Box misst, dann wird deutlich, ob ein von uns ausgewählter Prozess auch wirklich den Stellenwert verdient, den man ihm mit der Auswahl beimessen wollte. Insofern hat die Zusammenfassung eine wichtige Steuerungs- und Kontrollfunktion. Diese könnte z.B. beim „Autohaus WELOS" dazu führen, dass wir unser Augenmerk verstärkt auf die Bewertung der bebauten Grundstücke legen (Investitionsschwerpunkt Leipzig?), da wir diesen – aus welchen Gründen auch immer – bislang noch nicht die notwendige Aufmerksamkeit geschenkt haben. Mit der Eröffnung von „Automeilen" (Fachmarktzentren für PKWs) könnte dieses Thema völlig unerwartet eine besondere Bedeutung bekommen. Es wäre leichtfertig, durch Verzicht auf eine Zusammenfassung sich einer solchen Selbst-Kontrolle zu entziehen. Dies gilt auch dann, wenn sich allgemeine Geschäftsrisiken und Risiken auf Prozess-Ebene weitestgehend decken.

In die Memory Box sind neben den wesentlichen Geschäftsrisiken auch die wesentlichen Geschäftsvorfälle einzubeziehen. Diese sind so darzustellen, daß die Charakteristika des unternehmerischen Umfeldes und die betrieblichen Eigenarten sichtbar werden, d.h. es ist u.a. anzugeben, was eingekauft und was verkauft wird. So reicht es z.B. nicht aus, bei einem Baumwolle verarbeitenden Textilunternehmen lediglich den Einkauf von „Rohstoffen" als Geschäftsvorfall zu bezeichnen. Wir wollen wissen, aus welchen Ländern die Baumwolle stammt und welche Qualitäten sie aufweist. (Nach diesen Kriterien könnte man dann auch eine Inventurliste aufbereiten lassen!)

Es ist darauf zu achten, daß bei der Angabe von Geschäftsvorfällen der Leistungsaustausch erkennbar ist, ein Leistungsaustausch, der immer unternehmensspezifische Züge trägt. Erst durch die Schaffung eines solchen Detaillierungsgrades wird die Besonderheit von Risiken und Geschäftsvorfällen sichtbar, und nur unter diesen Voraussetzungen kann die Qualität von Kontrollen überhaupt beurteilt werden.

3. Geschäftsvorfälle als Ausdruck eines Leistungsaustausches
Geschäftsvorfälle sind – und so lautet auch die Terminologe von ISA 310 – Transaktionen, die – in der Regel auf Basis bestimmter Verträge - einen Leistungsaustausch mit Dritten bedeuten. So gehören z.B. zu den wesentlichen Geschäftsvorfällen bei der Brauerei BRATO der Verkauf von Bier (innerhalb dieser Gruppe der Verkauf bestimmter Sorten) und beim „Möbelhersteller WAKON" - objektbezogen – der Verkauf von Designer-Möbeln.

Geschäftsvorfälle haben buchhalterische Konsequenzen, durch die z.B. beim Liefergeschäft mit der Buchung von Forderungen und Umsätzen auch die Buchung eines Materialaufwandes und eines Lagerabganges verbunden ist und die gebuchten Forderungen nach einer gewissen Zeit vom Geldeingang abgelöst werden. Interne Überwachungsvorgänge (z.B. die Bonitätsbeurteilung von Kunden im Rahmen der Geschäftsanbahnung) sind dagegen keine Geschäftsvorfälle, sondern Bestandteile des IKS. Diese sind im KoCo-Doc unter der Rubrik „Kontrollen" entsprechend zu beschreiben.

4. Beschreibung der Prozess-Ziele
Auf der Basis der Unternehmens-Ziele legt die Geschäftsleitung fest, welche Ziele auf den einzelnen betrieblichen Ebenen (Prozess-Ziele) erreicht werden sollen. Diese Ziele sind aus den übergeordneten Unternehmenszielen abgeleitet. Wenn also ein übergeordnetes Unternehmens-Ziel lautet, den Jahresüberschuss (in einem bestimmten Umfang) zu erhöhen (dies muß dann im KoBu-Doc unter Punkt „Ziele" erwähnt sein!), dann würde z.B. ein Prozess-Ziel im Rahmen des Kredit-Controlling (Vertrieb) darin bestehen, Forderungsverluste so gering wie möglich zu halten. Diese Ziele, d.h. also die Prozess-Ziele, sind genau zu beschreiben, und zwar so, dass auch ein Leser des KoCo-Doc, der mit den technischen Details nicht so vertraut ist wie der Bearbeiter, sich eine klare Vorstellung davon machen kann. (Effektivität einer Nachschau!)

Wenn uns der Mandant Ziele nennt, die nur unscharf gefaßt sind (und möglicherweise ist dies Absicht, um eine vertiefende Analyse durch den Abschlussprüfer zu verhindern!), dann müssen wir uns diese Ziele präzisieren lassen. Nur wenn wir die Prozess-Ziele genau kennen, können wir auch danach fragen, welchen Maßstab der Unternehmer verwendet, um den Erfolg seiner Arbeit (die Wirksamkeit seiner Kontrollen) zu messen. Dazu verwendet er Kennzahlen (Leistungskennziffern), die von Unternehmen zu Unternehmen – in vielen Fällen historisch gewachsen – unterschiedliche Bezeichnungen tragen, die gelegentlich – weil unscharf gefasst – ihren eigentlichen Zweck verbergen. Man darf sich in keinem Fall mit der Antwort zufrieden geben: „Mit Kennziffern arbeiten wir nicht. Wir sind Praktiker und keine Akademiker!" Eine solche Antwort könnte auch darauf beruhen, dass wir unser Anliegen, bestimmte Maßstäbe kennenzulernen, nicht richtig vorgetragen haben. Wenn wir uns zu wissenschaftlich (zu akademisch!) ausdrücken, laufen wir Gefahr, Widerstände aufzubauen und Gespräche mit Zündstoff zu versehen, die uns mehr schaden als nützen.

Jedes Unternehmen arbeitet mit Kennzahlen. Wir müssen nur den richtigen Weg wählen, um sie zu finden.

5. Beschreibung der Leistungskennziffern

Jeder Unternehmer arbeitet mit Leistungskennziffern! Auch wenn er diese nicht schriftlich niedergelegt hat, verwendet er Maßstäbe, um den Erfolg (oder Misserfolg) seiner Arbeit (Wirksamkeit seiner Kontrollen) zu messen. Es liegt also ein fundamentales Missverständnis vor, wenn man sich mit der Aussage des Mandanten: „Leistungskennziffern haben wir nicht !" zufrieden gibt. Erhalten wir eine solche Antwort, dann haben wir entweder falsch gefragt und unseren Gesprächspartner mit der Verwendung des Begriffes „Leistungskennziffer" irritiert, oder wir wurden bewußt oder unbewußt falsch informiert. (Der Mandant hat ggf. ein Interesse daran zu verhindern, daß wir uns mit einer bestimmten Materie intensiver beschäftigen!) Wir müssen die Leistungskennziffern kennen, um sie ggf. im Rahmen unserer Abschlussprüfung verwenden zu können. Die Formulierung von Prüfungszielen richtet sich u.U. entscheidend nach der Veränderung von Kennzahlen. (Was werden wir z.B. tun, wenn sich die Reklamationen von Kunden im Vergleich zum Vorjahr deutlich erhöht haben?) Hier wird also die Verknüpfung der Arbeitspapiere (Verbindung vom KoCo-Doc zum KoP-Doc) besonders deutlich !

Leistungskennziffern gibt es auf allen betrieblichen Ebenen:
Einkauf : Umfang bzw. Anteil der fehlerhaften Lieferungen am Gesamteinkauf;
Verkauf : Umfang bzw. Anteil der verspäteten Lieferungen am Gesamtabsatz;
Verwaltung : Umfang der Forderungs- bzw. der Währungsverluste;
F+E : Umfang bzw. Anteil der nicht genehmigten Präparate (Pharma).

Der Katalog von Leistungskennziffern ist ein wesentlicher Bestandteil des IKS eines Unternehmens. Die Entwicklung der Leistungskennziffern – und diese müssen wir kennen, um unsere Prüfungsziele danach auszurichten – signalisiert, an welchen Stellen des Unternehmens Risiken zu- oder abgenommen haben bzw. im Vergleich zum Vorjahr unverändert sind. Wenn z.B. der Anteil der verspäteten Lieferungen im Vertrieb zugenommen hat, können wir uns durch eine Analyse der Ursachen ein Urteil darüber bilden, in welchem Umfang bilanzielle Vorsorgen (z.B. Rückstellungen für Verzugsstrafen) erforderlich sind und ob der Mandant diesem (neuen) Sachverhalt Rechnung getragen hat. Leistungskennziffern dürfen nicht mit Einflussfaktoren verwechselt werden, die den wirtschaftlichen Erfolg oder Misserfolg eines Prozesses bestimmen. Mit diesen Faktoren sind alle besonderen Eigenarten, Bestandteile und Voraussetzungen des IKS gemeint, die erfüllt sein müssen, damit ein Prozess, d.h. ein betrieblicher Ablauf, seinen Zweck erreichen kann. Es ist allerdings überaus hilfreich, wenn man sich den Leistungskennziffern über diese Erfolgsfaktoren nähert. So kann man z.B. die Leistungskennziffer „Bruttomarge" viel besser verstehen, wenn man sich mit den Erlösbedingungen am Markt bzw. mit der Qualität der Preispolitik genauer beschäftigt.

6. Beschreibung des Arbeitsinhaltes und des Arbeitsergebnisses

Man muss sich mit einem Prozess auseinandersetzen, um ihn genau beschreiben zu können !
Mit Schlagworten können wir den Ablauf eines Prozesses nicht charakterisieren, weil diese nicht genau erkennen lassen, welche Informationen (Belege, Dokumente) in den Prozess einfließen, durch welche (Kontroll-) Arbeiten sich der Prozess auszeichnet (so kann man sich z.B. unter dem Begriff „kompetenzgerechte Genehmigung" oder „systemseitige Erfassung" nur wenig vorstellen) und welche Unterlagen der Prozess aus seiner Obhut entlässt. Unschärfen sind in der Regel darauf zurückzuführen, dass wir nicht genau recherchiert haben oder uns einfach nur auf Vermutungen verlassen. („So müsste es eigentlich sein!") Je genauer wir die Elemente beschreiben, um so mehr steigen unsere Chancen, die Qualität der Kontrollen sachgerecht untersuchen und beurteilen zu können. Und ein Urteil wird ja schließlich von uns verlangt !

7. Aufgabenbeschreibung von DV-Programmen

Auch hier gilt der wichtige Hinweis, daß die Pflichtdokumente einen Wegweiser für die Jahresabschlussprüfung bilden sollen. Es reicht also nicht aus, unter Verwendung dv-technischer Begriffe (z.B. SAP/R 3) nur Bezeichnung und Hersteller von Programmen zu nennen. Es muss erwähnt werden, welche (für die Bilanzierung wichtigen) Aufgaben diese Programme zu erfüllen haben und in welcher Weise diese der Kontrolle dienen bzw. bei der Kontrolle berücksichtigt werden. Nur auf dieser Basis können wir unsere Prüfungsziele ausrichten !

8. Risiken auf Prozessebene

Hier sind unter Beachtung der allgemeinen Geschäftsrisiken (KoRi-Doc!) nunmehr die prüffeldspezifischen Risiken zu beschreiben. Dabei ist es durchaus möglich, dass sich die Risiken auf Unternehmens-Ebene mit den Risiken auf Prozess-Ebene decken. In jedem Fall müssen die spezifischen Prozess-Risiken aus den allgemeinen Geschäftsrisiken abzuleiten sein. Voraussetzung für die Kenntnis von Prozess-Risiken ist ein solides Business Understanding und immer auch ein sorgfältig geplantes Gespräch mit den Fachleuten vor Ort.

Wenn z.B. für einen Anlagenbauer das „Projekt-Risiko" zu den allgemeinen Geschäftsrisiken gehört, dann muss man wissen, dass das „Subunternehmerrisiko" einen wesentlichen Bestandteil der Prozess-Risiken bildet. Man verkennt die Zusammenhänge, wenn man z.B. die „Missachtung von Internen Vorschriften" als Prozess-Risiko bezeichnet. Die Missachtung von Vorschriften kann dazu führen, daß Prozess-Risiken übersehen oder nicht angemessen genug behandelt werden, von einem Prozess-Risiko im eigentlichen Sinne kann aber gar keine Rede sein.

Ein ganz besonderer Aspekt ergibt sich immer dann, wenn das zu prüfende Unternehmen ein Konzern-Unternehmen (z.B. Tochtergesellschaft) ist. In diesen interessanten Fällen ist ein „allgemeines Geschäftsrisiko" der Tochtergesellschaft (aus der Sicht der Konzernzentrale) ein „Prozess-Risiko". Man kann dieses Prozess-Risiko erst dann richtig verstehen, wenn man es mit den „allgemeinen Geschäftsrisiken" des Konzerns konfrontiert und darüber nachdenkt, welche Wurzeln dieses Risiko auf Konzernebene eigentlich hat. So ist z.B. das „allgemeine Geschäftsrisiko" des Autohauses WELOS, die Abhängigkeit von Toyota, aus der Sicht der europäischen bzw. japanischen Konzernzentrale ein Prozess-Risiko „Bindung von Vertriebspartnern". Um also das Geschäftsrisiko von WELOS beurteilen zu können, muss man es gedanklich auf die Ebene des Toyota-Konzerns „hochschleusen" und auf dieser Plattform analysieren.

9. Beschreibung der Kontrollen
Das Pflichtdokument „Knowledge of Controls" (KoCo-Doc) dient nicht dazu, dem Leser nur einen allgemeinen Überblick über die Kontrollen zu verschaffen. Die einzelnen Kontrollen müssen genau beschrieben werden. Das KoCo-Doc ist das entscheidende Dokument, aus dem Art und Umfang von Kontrollen hervorgehen. Nur durch eine sorgfältige Beschreibung ist sichergestellt, daß sich auch derjenige, der die Prozessaufnahme nicht durchgeführt hat, ein Urteil über die Qualität der Kontrollen bilden kann und (z.B. im Folgejahr) in die Lage versetzt wird, diese Kontrollen oder Teile davon (unter Berücksichtigung von ggf. in der Zwischenzeit eingetretenen Veränderungen) sachgerecht und in vertretbarer Zeit prüfen zu können. Bei der Erläuterung von Kontrollen kommt es in erster Linie darauf an, diejenigen Kontrollen sichtbar zu machen, die garantieren, dass die VEBBAG-Aussage des Mandanten zutrifft. Es sei darauf hingewiesen, dass solche (im Rahmen von Systemprüfungen erfolgenden) Beschreibungen Zeit kosten und dass diese Zeit geplant werden muss. (Problematik der individuellen Zeitplanung !)

10. Angabe der Prüfungsziele
Eine detaillierte Beschreibung der Kontrollen ist auch deshalb erforderlich, weil wir auf dieser Basis die Schwerpunkte der weiteren Prüfung planen und unsere Prüfungsziele festlegen. Die Auswahl der Prüfungsziele (Auswahl aus VEBBAG) ist abhängig von der Qualität der rechnungslegungsbezogenen internen Kontrollen. Hier muss man sich den folgenden Zusammenhang verdeutlichen: Da die Aussage des Mandanten für alle Jahresabschluss-Positionen „VEBBAG" lautet, sind wir verpflichtet, den Wahrheitsgehalt dieser Aussage zu untersuchen, d.h. wir müssen grundsätzlich alle Kriterien, die vom Kürzel „VEBBAG" erfasst werden, prüfen.

Im Idealfall werden wir aufgrund unserer Analysen feststellen können, daß die Qualität des IKS die VEBBAG-Aussage des Mandanten stützt. Die Verfolgung bestimmter Prüfungsziele wäre dann nicht mehr erforderlich. Im Regelfall wird es aber so sein, dass wir im Rahmen unserer Analyse nicht bei allen VEBBAG-Kriterien einen guten Eindruck gewinnen, also teilweise Bedenken haben, ob die Aussage des Mandanten stimmt, und wir uns entschließen (müssen), bei dem einen oder anderen Kriterium (z.B. V oder B) weitere Prüfungen durchzuführen; dies können vertiefende Arbeiten zum „Funktionstest" oder „restliche aussagebezogene Prüfungshandlungen" sein. Wenn also von uns verlangt wird, im KoCo-Doc „Prüfungsziele" zu nennen, dann wird erwartet, daß wir hier eine gezielte Auswahl aus VEBBAG treffen. Es widerspricht geradezu der Logik unseres Prüfungsansatzes, an dieser Stelle des Pflichtdokumentes „alle" Prüfungsziele, also „VEBBAG" gesamt aufzuführen, denn es zeichnet unser Konzept aus, dass Prüfungsziele nicht zufällig, sondern nach Maßgabe der Internen Kontrollen bewusst ausgewählt werden.

Mit der Festlegung der Prüfungsziele ist eine wesentliche Aufgabe des Pflichtdokumentes „KoCo-Doc" erfüllt. Die Prüfungsziele, die hier formuliert werden, werden direkt in die entsprechenden Prüfungsprogramme übernommen. (Verknüpfung der Arbeitspapiere !) Wenn wir bei der Festlegung von Prüfungszielen nicht die notwendige Präzision erreichen (diese fehlte möglicherweise bereits im KoBu-Doc und im KoRi-Doc!), werden unsere Prüfungshandlungen auch nicht die notwendige Effektivität haben.

IV. Kenntnisse über das Prüfungsprogramm
(Knowledge of Programme : KoP-Doc)

1. Einschätzung des Risikos der wesentlichen Fehlaussage
Es zeichnet ein risikoorientiertes Prüfungskonzept aus, dass wir immer wieder begründen müssen, warum wir bestimmte Entscheidungen getroffen haben. Das Prüfungskonzept enthält also auch Elemente unseres eigenen IKS. Wir müssen also unser „Business Understanding" überprüfen und unter Hinweis auf das unternehmerische Umfeld und die betrieblichen Eigenarten darlegen, wie wir das Risiko einer wesentlichen Fehlaussage einschätzen und warum wir ein bestimmtes Prüfungsziel ausgewählt haben.

Die Pflichtdokumente erfüllen nur dann ihre Funktion als Wegweiser für die Abschlussprüfung, wenn wir alle Angaben innerhalb der Arbeitspapiere präzise formulieren. Im Zusammenhang mit einer Prozessbeschreibung bei WAKON reicht es z.B. nicht aus, nur vom „Möbelvertrieb" zu sprechen. Wir wollen genau wissen, was hergestellt wird (z.B. Designer-Möbel für das ausländische Objektgeschäft), um uns ein Urteil über die betrieblichen Zusammenhänge bilden zu können und um ggf. in der Lage zu sein, weitere Prüfungsziele ins Auge zu fassen. Dies gilt sinngemäß auch für die Beschreibung von Risiken auf Prozess-Ebene. Wenn wir als allgemeines Geschäftsrisiko bei WAKON u.a. auch das Kreditrisiko angegeben haben, dann muss deutlich werden, dass WAKON im Objekt-Vertrieb Ausland das Prozess-Risiko „Forderungsverluste bei ausländischen Kunden" in den Griff bekommen muss. Nur wenn wir die Risiken kennen (von der Unternehmens-Ebene auf die Prozess-Ebene heruntergeschleust) und die Qualität der internen Kontrollen beurteilen können, sind wir auch in der Lage, Prüfungsziele genau zu formulieren und daraus die entsprechenden Prüfungshandlungen abzuleiten.

2. Gewicht der Prüfungsziele
Aus der Begründung für die Auswahl eines Prüfungszieles sollte hervorgehen, welches Gewicht es hat und welche Aspekte bei seiner Verfolgung zu beachten sind. Hier ist insbesondere eine umfangreiche Information der Teammitglieder und ein reger Gedankenaustausch innerhalb des Teams von großer Bedeutung. Dies gilt hauptsächlich dann, wenn wesentliche (entscheidende und schwerwiegende) Prüfungsziele zu verfolgen sind. (Es sei an dieser Stelle an die Diskussion über die „critical audit objectives" erinnert.)

3. Erreichung der Prüfungsziele
Allgemeine Formulierungen wie „Die Umsätze sind in Ordnung" oder „Die Vorräte scheinen richtig bewertet zu sein", lassen nicht erkennen, auf welche Prüfungsnachweise (audit evidence) sich der Prüfer stützt. Die Tatsache, dass bei Formulierungen dieser Art Prüfungsziele überhaupt nicht erwähnt werden, deutet darauf hin, dass der Prüfer nicht genau wusste, was er eigentlich prüfen sollte. So müsste z.B. die Formulierung bei Geschäftsvorfällen (z.B. Liefergeschäft mit ausländischen Kunden) lauten: „Die Aussage des Mandanten, dass die Umsätze mit ausländischen Kunden vollständig sind, tatsächlich stattgefunden haben und genau ermittelt wurden, trifft zu." (VEBBAG)

Eine präzise Formulierung ist auch deshalb von großer Bedeutung, da eine Zusammenfassung dieser Art auch dazu dient, denjenigen, der die Arbeitspapiere kontrolliert (WP-Nachschau), schnell und sachgerecht zu informieren und ggf. in die Lage zu versetzen, gezielt eine Ausweitung bzw. Vertiefung der Prüfungsarbeiten anzuordnen.

Anlage 49 Das Deckblatt
Identifikation, Genehmigung, Dokumentation und Kontrolle

PRÜFPROGRAMM für das Prüffeld

Mandant

Stichtag 31.12.200x   **Arbeitspapier-Nr.**

Genehmigung des Prüfprogramms und Nachschau

Funktion	Name	Zeichen	Datum
Prüfer			
Prüfungsleiter vor Ort			
Berichtskritik/AP-Kritik			

Arbeitspapiere — Inhaltsverzeichnis

Arbeitspapiere	Inhaltsverzeichnis
Beurteilung des Risikos der wesentlichen Fehlaussage	1.....
Prüfprogramm	100 bis
Berichtsseiten/Zusammenfassung der Bilanzposition	200 bis
Feststellungen	300 bis
Hinweise	400 bis
Dokumentation	500 bis
Sonstige Arbeitspapiere	600 bis

Prüfungsergebnisse

Prüfung des IKS   AP-Nr.: ....   ☐ ohne Beanstandung
                                              ☐ Beanstandungen
Prüfungsergebnis   AP-Nr.: ....   ☐ unwesentlich
                                              ☐ wesentlich
Beanstandungen   AP-Nr.: ....   ☐ • mit Prüfungsleiter/-in besprochen
                  AP-Nr.: ....   ☐ • mit Mandant besprochen
                  AP-Nr.: ....   ☐ • Hinweis für Management Letter
                  AP-Nr.: ....   ☐ • Prüfungsberichtsrelevant
                  AP-Nr.: ....   ☐ • Testatsrelevant

Nach einer Idee von WP/StB Michael Gschrei, München

Anlage 50 **Programm für die Prüfung der Forderungen L+L**
KoP-Doc „Bewertung" (TAIHAM)

Prüfungsziel (Begründung)	Einschätzung des Risikos der wesentl. Fehlaussage	Art und Umfang der Prüfungshandlungen	Prüfungsergebnis
Aus der Analyse der Geschäftstätigkeit ergab sich, dass TAIHAM nicht nur große Bekleidungsketten, sondern auch den traditionellen Bekleidungseinzelhandel beliefert. Wie der Wirtschaftspresse zu entnehmen ist, ist letzterer durch das negative Konsumklima stark belastet und in seiner **Existenz** bedroht. Der Werthaltigkeit der Forderungen gegenüber dem Mittelstand ist daher besondere Aufmerksamkeit zu widmen. Darüber hinaus sind die so genannten **Länderrisiken** (z.B. Brasilien) zu beachten.	**mittel-hoch** Die Aussage „B" (zweites B innerhalb VEBBAG) ist für uns auch deshalb von Bedeutung, weil wir bei der Prüfung des IKS festgestellt haben, dass TAIHAM der **Kreditprüfung** nicht mehr einen solchen Stellenwert wie früher einräumt. (Großzügige Ausweitung der Kreditlimits)	Die Prüfungshandlungen sind im Einzelnen auf Seite 243 aufgelistet.	*Stellungnahme* zu den ggf. bereits erfolgten bilanziellen Vorsorgemaßnahmen bzw. Hinweis, dass (zusätzliche) Wertkorrekturen erforderlich sind. Analyse von evtl. vorhandenen Prüfungsdifferenzen. *Aussage*, ob das **Prüfungsziel** (ausreichende und angemessene Nachweise dafür zu bekommen, dass die Forderungen L+L - insbesondere an Kunden mit Sitz im Ausland - den gesetzlicher Bestimmungen entsprechend richtig bewertet sind) erreicht wurde. Die Problematik der **Scheingenauigkeit** von Prüfungsnachweisen ist zu beachten.

Anlage 51 Die Verknüpfung der Arbeitspapiere · Gesamtschau der Kontrolldokumente
KoCo-Docs „BRATO"

KoCo-Doc	Geschäftsrisiken	Geschäftsvorfälle	Prozess-Ziele	Erfolgsfaktoren	Leistungskennziff.	Risiken (Prozess-Ebene)
Vertrieb	Wetterabhängigkeit Wettbewerb - Preis - Marktführerschaft Substitution Gesundheitspolitik	Verkauf von Bier, Limonade, Mischgetränken Sonderaktionen (Rücknahme v. Überbeständen, Einräumung von vom Standard abweichenden Konditionen)	Einhaltung von: - Bestellmenge - Preis - Qualität - Lieferzeit	Zuverlässigkeit der: - Lagerverfügbarkeit - Preisdatei - Qualitätskontrollen - Vertriebslogistik Kreditwürdigkeitsprüf. Zeitnahe Rechn.stellung Wirksames Mahnwesen	Auftragsabwicklung Reklamationen Rücklieferungen Forderungsverluste	Sinkende Margen Kapazitätsengpässe Rückläufiger Absatz
Investitionen	Wetterabhängigkeit Wettbewerb - Preis - Marktführerschaft Substitution Gesundheitspolitik	Erwerb, Verkauf und Abstoßung v. Anlagen u. Grundstücken, Aufnahme und Tilgung von Krediten, Gewährung grundpfandrechtlicher Sicherheiten	Erweiterung Funktionalität Elastizität	Technisches Know-how Kapital Planung Abstimmung d. Anlagen	Mengenausstoß Marktanteil Durchlaufzeiten Reklamationen Planungssicherheit Störfälle	Fehlende Kapaz.reserven Fehlende Fertigungselastizität Gefährdung der Rentabilität
Personal	Wetterabhängigkeit Wettbewerb - Preis - Marktführerschaft Substitution Gesundheitspolitik	Einstellung von Personal Verwaltung von Personal Vereinbarung von Sonderzahlungen Zusage einer Altersversorg. Entlass. und Abfindungen	Kompetenz Leistungsgerechte und pünktliche Bezahlung Förderung Altersvorsorge	Stellenbeschreibungen Personalsuche Personalauswahl Personalförderung Absicherung im Alter Pünktl. Lohn- u. Geh.zahlung	Besetzungszeiten Fluktuation Krankheitstage Mitarbeiterzufriedenheit Verspätungen Verzögerungen	Fehlendes Know-how Fehlende Kapazitäten Mangelnde Kreativität Mangelnde Firmenbindg.
Produktion	Wetterabhängigkeit Wettbewerb - Preis - Marktführerschaft Substitution Gesundheitspolitik	Just in time-Bezüge Kurzfristige Einstellung von Personal Kurzfristige Bezüge v. Energie	Marktgerechte Produkte Optimierung der Durchlaufzeiten	Produktionsplanung Qualitätskontrollen	Reklamationen Rückrufaktionen Beanstandungen Wirkungsgrad (Anlagen)	Fehlende Kapazitätsreserven Fehlende Fertigungselastizität
Einkauf	Wetterabhängigkeit Wettbewerb - Preis - Marktführerschaft Substitution Gesundheitspolitik	Bezug von Rohstoffen Bezug von Energie Bezug von Leistungen	Bereitstellung von Vorräten Vermeidung unsauberer Stoffe	Korrekter Bestandsausweis Verhinderung von Schwund Zuverlässigkeit der Lieferanten	Mangelhafte Bezüge Verspätete Bezüge Inventurdifferenzen Schwund	Fehlende Einkaufselastizität Mangelnde Zuverlässigkeit und Kreativität der Lieferanten

Anlage 52	Erläuterungen wesentlicher Begriffe
	Spezifika einer risikoorientierten Abschlussprüfung

Abschlussaussagen
Die Geschäftsleitung des Mandanten trifft bestimmte Aussagen bzw. sie stellt Behauptungen auf. Sie behauptet nämlich (VEBBAG-Aussage), dass alle Positionen des Jahresabschlusses vollständig sind (V), dem Unternehmen im Sinne des Eigentums (rechtlich und wirtschaftlich) zuzuordnen sind (E), bestehen, d.h. wirklich existieren (B), richtig bewertet wurden (B), korrekt ausgewiesen (A) und genau ermittelt sind (G). Der Abschlussprüfer setzt sich entsprechende Ziele, die konsequenterweise auch auf VEBBAG lauten, um herauszufinden, ob diese Abschlussaussagen zutreffen oder nicht. (Siehe auch Stichwort „Prüfungsziele")

Adressaten
Gemeint sind in erster Linie die Adressaten des Bestätigungsvermerkes und des Prüfungsberichtes. (Siehe dazu im Einzelnen die PS 200 (TZ 8, 15) und PS 250 (TZ 4)

Analyse der Geschäftstätigkeit
Die Analyse der Geschäftstätigkeit dient als 1. Phase einer Jahresabschlussprüfung im Wesentlichen dazu, vor dem Hintergrund von Unternehmenszielen und korrespondierenden Strategien die Eigenarten einer Unternehmung, d.h. ihre Geschäftsvorfälle und ihre Geschäftsrisiken kennen zu lernen und herauszufinden, welchen Einfluss diese auf den Jahresabschluss haben.

Analyse der Kontrolltätigkeit
Nach Abschluss der Analyse der Geschäftstätigkeit mündet der Prüfungspfad in die Analyse der Kontrolltätigkeit. Hier besteht die Aufgabe des Abschlussprüfers darin, auf der Basis identifizierter und dokumentierter Geschäftsvorfälle und Geschäftsrisiken zu verstehen, wie betriebliche Abläufe (Prozesse) arbeiten, die Eigenarten von Risiken auf Prozessebene zu erkennen und zu begreifen, wie diese aus den allgemeinen Geschäftsrisiken abgeleitet wurden, ein Verständnis für die Geschäftskontrollen zu gewinnen und zu verstehen, welche Restrisiken der Jahresabschluss dann noch enthält und die Qualität der Kontrollen (Geschäftskontrollen und Jahresabschlusskontrollen) zu prüfen.

Analytische Prüfungshandlungen
Analytische Prüfungshandlungen sind Plausibilitätsprüfungen, die drei Stufen umfassen: Vorhersage, Vergleich und ggf. Analyse von Abweichungen.

Anfälligkeit
Siehe „Fehleranfälligkeit"

Angemessene Prüfungsnachweise
„Angemessen" ist ein qualitatives Merkmal und weist darauf hin, dass Informationen sachdienlich (im Sinne von „relevant") und zuverlässig (im Sinne von „vertrauenswürdig" und „seriös") sein müssen. (Indirekt wird damit also auch auf die Gefahr der Scheingenauigkeit hingewiesen.) Die Bedeutung der Angemessenheit wird einem erst dann richtig klar, wenn man sich immer wieder verdeutlicht, dass der Abschlussprüfer sein Urteil – und als Gesamturteil wird es der Bestätigungsvermerk sein! – auf die Qualität der Prüfungsnachweise stützt.

Angemessenheit
Der Begriff wird u.a. verwendet im Zusammenhang mit der Beurteilung der „Angemessenheit" von Bilanzierungs- und Bewertungsmethoden (PS 230 TZ 7) und der „Angemessenheit" von Prüfungsnachweisen. (s.o.)

Aufbauprüfung
Im Zusammenhang mit der Prüfung des Internen Kontrollsystems und als Vorstufe zur „Funktionsprüfung" (=Ablaufprüfung) verwendeter Begriff. (Siehe dazu PS 260 TZ 31)

Aufdeckende Kontrollen
Aufdeckende Kontrollen sind Kontrollen, die im Rahmen von Geschäftsprozessen begangene Fehler entdecken und korrigieren sollen.

Augenscheinnahme
Wesentlicher Bestandteil des Instrumentariums der Prüfungstechnik, das mit dem Kürzel „VA BENE" gekennzeichnet wird. Die In-Augenscheinnahme findet – unter besonderer Berücksichtigung eines bestimmten Prüfungszieles – im wesentlichen Anwendung bei den sogenannten Einzelfallprüfungen, die ihrerseits (nach ISA) zu den „substantive procedures" gehören.

Ausreichende Prüfungsnachweise
Prüfungsnachweise müssen ausreichend und angemessen sein. („sufficient and appropriate") Mit "ausreichend" ist das Mengengerüst (Quantität) gemeint, d.h. der Umfang der zur Verfügung stehenden Daten. Im Gegensatz dazu betrifft „appropriate" die Qualität der Daten.

Aussagebezogene Prüfungshandlungen
Deutsche Übersetzung des angelsächsischen Terminus „substantive procedures". (Eine der ursprünglichen Übersetzungen lautete: „Ergebnisorientierte Prüfungshandlungen.") Sie umfassen die analytischen Prüfungshandlungen und die Einzelfallprüfungen, die mit dem Ziel (Prüfungsziel!) durchgeführt werden, ausreichende und angemessene Nachweise dafür zu bekommen, dass bestimmte „Aussagen" (VEBBAG!) des Mandanten stimmen. (siehe Kapitel VI. 2.4.1.3)

Aussagefähigkeit
Mit diesem Begriff wird u.a. auf das Risiko hingewiesen, dass Prüfungsnachweise nur scheinbar genau sind. Es kann Informationen geben, die man als „plausibel" empfindet und die man deshalb (vorschnell!) als „Prüfungsnachweis" akzeptiert, obwohl die Informationen falsch oder nicht stichhaltig sind. (Siehe Kapitel VI. 2.4.1.1.)

Aussagen
Damit sind nach der Terminologie des IDW im Grunde genommen entweder die „Abschluss-Aussagen" des Managements oder die „Prüfungs-Aussagen" des Abschlussprüfers gemeint.

Ausweis
Dieser Begriff repräsentiert das „A" im Kürzel VEBBAG und betrifft die Aussage des Mandanten, dass alle Jahresabschlussposten richtig ausgewiesen sind. (z.B. die Ausage: „Forderungen gegenüber verbundenen Unternehmen" sind nur in dieser Position und nicht auch in der Position „Forderungen aus Lieferungen und Leistungen" enthalten.

Befragung
Wesentlicher Bestandteil des Instrumentariums der Prüfungstechnik, das mit dem Kürzel „VA BENE" gekennzeichnet wird. Die Befragung kann – unter besonderer Berücksichtigung eines bestimmten Prüfungszieles – sowohl bei Systemprüfungen als auch bei Einzelfallprüfungen („substantive procedures") Anwendung finden.

Beobachtung
Dieser Vorgang wird durch den Buchstaben „B" im Kürzel VA BENE angesprochen. Damit ist ein Teil des Instrumentariums der Prüfungstechnik gemeint (Vergleich, Augenscheinnahme, Befragung, Beobachtung, Bestätigung, Einsichtnahme, Nachrechnen und (ggf. aus Gründen der Vorsicht ein 2. Mal) Einsichtnahme.

Bestätigung
Wesentlicher Bestandteil des Instrumentariums der Prüfungstechnik, das mit dem Kürzel „VA BENE" gekennzeichnet wird. Bestätigungen werden – unter besonderer Berücksichtigung eines bestimmten Prüfungszieles – im Rahmen von so genannten Einzelfallprüfungen eingeholt, die ihrerseits (nach ISA) zu den „substantive procedures" gehören. (Siehe auch die Ausführungen zur „Verlässlichkeit".)

Berufspflichten
In der Wirtschaftsprüferordnung (WPO) bzw. in der Berufssatzung der Wirtschaftsprüferkammer (WPK) niedergelegt: u..a. Unabhängigkeit, Unbefangenheit, Unparteilichkeit, Verschwiegenheit, Gewissenhaftigkeit, Eigenverantwortlichkeit, Berufswürdiges Verhalten.

Bestand
Aussage zum Jahresabschluss: Posten der Aktiv- oder der Passivseite bzw. im Anhang angegebene Positionen bestehen (existieren) am Bilanzstichtag. Gebuchte Geschäftsvorfälle haben sich in der Berichtsperiode ereignet. Beim „Bestand" handelt es sich um eine wesentliche Komponente des Kürzels „VEBBAG", das in komprimierter Form sowohl die Abschlussaussagen des Mandanten als auch die korrespondierenden Prüfungsziele des Abschlussprüfers beschreibt. Wenn man nach dem „Bestand" fragt, dann will man wissen, ob sich das, was gebucht wurde, auch tatsächlich ereignet hat. Wenn man nach der „Vollständigkeit" fragt, (V in **V**EBBAG) dann interessiert man sich dafür, ob alles das, was sich ereignet hat, auch wirklich gebucht wurde.

Bestätigungsvermerk
Beim Bestätigungsvermerk handelt es sich um ein vom Abschlussprüfer abzugebendes Urteil, im Falle eines uneingeschränkten Bestätigungsvermerkes um eine Erklärung, die - gemessen an der *Form* - eine „bejahende" (Qualität), „besondere" (Quantität), „unbedingte" (Relation) und „versichernde" (Modalität) Funk-

tion hat und die – gemessen am *Erkenntniswert* – im Gegensatz zu einer reinen Erläuterung zum Ausdruck bringt, dass hier eine „analytische Aufgabe" zu erfüllen war. (Siehe § 322 HGB)

Bestimmtheit
Bei einem Interview sind aus der Sicht des Interviewers drei Eckpunkte zu beachten: der Inhalt des Gespräches, der Zugang zur Person und die Beziehung zum Gesprächspartner. Was die Beziehung zum Gesprächspartner angeht, kann man die Dinge auf einen Nenner bringen und sagen: Man muss höflich, aber bestimmt sein.

Beurteilung
Es ist ein zentrales Anliegen des IDW, in seinen Prüfungsstandards immer wieder auf ein besonderes Kennzeichen der Arbeit des Abschlussprüfers hinzuweisen, auf seine Verpflichtung nämlich, bestimmte Sachverhalte, Bewertungen, Ausweise, Prognosen etc. zu beurteilen, um daraus ein Gesamturteil zu formen, das schließlich dann den Bestätigungsvermerk bildet. (siehe Kapitel VI. 2.1.2)

Bewertung
Der Begriff „Bewertung" markiert insbesondere das zweite „B" im Kürzel VEBBAG, das eine Zusammenfassung der Abschlussaussagen des Mandanten darstellt. Die Abschlussaussage lautet, dass alle Aktiva und Passiva „richtig", d.h. unter Berücksichtigung der zu beachtenden Gesetze und Richtlinien „angemessen" bewertet sind.

Bilanzierungs- und Bewertungsmethoden
Zu den beiden Begriffen wird im Beck'schen Bilanzkommentar (5. Aufl. 2003) unter § 284 TZ 86 erklärt: „Ist nach herrschender Meinung unter einer Bewertungsmethode ein planmäßiges Verfahren zur Ermittlung eines Wertansatzes zu verstehen, so ist als Bilanzierungsmethode das planmäßige Vorgehen anzusehen, um einen Posten in der Bilanz anzusetzen. Dieses Vorgehen umfasst mithin die Entscheidung über die Bilanzierung dem Grunde nach ... und im Rahmen der GoB in bestimmten Fällen auch hinsichtlich des Zeitpunktes der Bilanzierung. ... Die Bilanzierungsmethoden bestehen mithin in der Ausübung von Ansatzvorschriften und von Bilanzierungswahlrechten. Dazu gehört auch die Inanspruchnahme von Bilanzierungshilfen ... ".

(Besondere) Bilanzierungsvorschriften
Hiermit können z.B. in der Bauindustrie Regelungen gemeint sein, die die Behandlung von Nachträgen betreffen (aufgrund von zusätzlichen Leistungen nachträglich an den Bauherren herangetragene Ansprüche) oder die sich auf die Teil-Abrechnung von selbständigen Einheiten beziehen.

Business Understanding
„Business Understanding" charakterisiert einen kontinuierlichen Reifeprozess, in dessen Verlauf man sich Kenntnisse aneignet und an dessen (allerdings immer nur vorläufigen) Ende die Fähigkeit steht, ein Unternehmen in personeller, kaufmännischer und technischer Hinsicht so einzuordnen, dass man sich ein Urteil über die Qualität seines Jahresabschlusses bilden kann.

Datenbasis
PS 314: „Neben Prüfungsnachweisen, die aus unternehmensinternen Quellen erlangt werden, kann der Abschlussprüfer auch Nachweise aus externen Quellen heranziehen (vgl. IDW PS 300, TZ 35 f.). So können bspw. bei der Prüfung von Abschreibungen auf einen überalterten Warenbestand, die im Hinblick auf die verlustfreie Bewertung vorgenommen werden, für die Prüfung der der Schätzung zugrunde liegenden Datenbasis sowohl unternehmensinterne Daten als auch Nachweise externer Quellen verwendet werden." (TZ 14)

Eigentum
Mit diesem Begriff wird der Buchstabe „E" im Kürzel VEBBAG angesprochen. Damit ist die Aussage des Mandanten gemeint, dass alle Aktiva dem Unternehmen (im rechtlichen bzw. wirtschaftlichen Sinne) gehören und dass die Passiva die Verpflichtungen des Unternehmens wiedergeben.

Eigenverantwortlichkeit
Der Wirtschaftsprüfer hat sein Handeln in eigener Verantwortung zu bestimmen, sich selbst ein Urteil zu bilden und seine Entscheidungen selbst zu treffen. (WP HdB 200 A TZ 289) Es ist auffällig, aber konsequent, wenn das IDW in jeder Vorbemerkung zu einem Prüfungsstandard (PS oder EPS) die Formulierung verwendet: „unbeschadet ihrer Eigenverantwortlichkeit" (vgl. Kapitel VI. 2.1.1).

Einfluss auf den Jahresabschluss
Zweck der Analyse der Geschäftstätigkeit ist es, diejenigen Geschäftsvorfälle und Geschäftsrisiken zu identifizieren, die einen wesentlichen Einfluss auf den Jahresabschluss haben. Geschäftsrisiken bzw. solche Risi-

ken, die trotz entsprechender „Abwehrmaßnahmen" (z.B. der Abschluss eines Kreditsicherungsvertrages) noch übrig bleiben, veranlassen die Geschäftsleitung zu entsprechenden Einschätzungen (z.B. individuelle und pauschale Wertberichtigungen auf Forderungen) bzw. zu bestimmten Äußerungen im Rahmen der Berichterstattung über die Geschäftsentwicklung. (z.B. Ergebnisbelastung des Auslandsgeschäftes durch Länderrisiken). Wesentlichen Abschlussaussagen des Mandanten entsprechen in der VEBBAG-Struktur wesentliche Prüfungsziele des Abschlussprüfers.

Einschätzung des Risikos der wesentlichen Fehlaussage
Die Kenntnisse über die Geschäftstätigkeit führen uns zu den speziellen Stellen unternehmerischer Kontrollen. Im Rahmen der Aufbauprüfung gewinnen wir einen (vorläufigen) Eindruck über die Qualität dieser Kontrollen, setzen unsere Prüfungsziele und schätzen vor diesem Hintergrund das Risiko einer wesentlichen Fehlaussage ein. Damit ist dann auch die „Stoßrichtung" für den Funktionstest bzw. die sich noch anschließenden verbleibenden Prüfungshandlungen bestimmt.

Einsichtnahme
Die Einsichtnahme (in Konten, Belege und Dokumente) stellt ein wesentliches Element der Prüfungstechnik dar, die hier mit dem Kürzel „VA BENE" umschrieben wird. (Buchstabe „E")

Eintrittswahrscheinlichkeit
Wenn wir uns im Rahmen der Analyse der Geschäftstätigkeit u.a. mit den Geschäftsrisiken des Mandanten beschäftigen, dann spielen hier zwei Gesichtspunkte eine Rolle: Wir müssen ein Verständnis dafür gewinnen, ob ein Geschäftsrisiko „bedeutend" ist und wir müssen einschätzen, ob es einen „Einfluss" auf den zu prüfenden Jahresabschluss hat und damit unsere Prüfung berührt. Die „Bedeutung" eines Geschäftsrisikos wird von der Eintrittswahrscheinlichkeit und von der Wirkung eines Ereignisses bestimmt. (Siehe PS 260 TZ 47 und PS 340 (TZ 10)

Einzelfallprüfungen
Einzelfallprüfungen, analytische Prüfungshandlungen oder eine Kombination von beiden bilden zusammen die Gruppe der aussagebezogenen Prüfungshandlungen. („Substantive Procedures") Dazu heißt es in ISA 520 TZ 10: „The auditor's reliance on substantive procedures to reduce the detection risk relating to specific financial statement assertions may derived from tests of detail, from analytical procedures, or from a combination of both. The decision about which procedures to use to achieve a particular audit objective is based on the auditor's judgement about the expected effectiveness and efficiency of the available procedures in reducing detection risk for specific financial statement assertions." Die „substantive procedures" haben oftmals die Aufgabe, anhand von Einzelfällen den „endgültigen" Beweis zu liefern, dass eine bestimmte Aussage des Mandanten (Teil von VEBBAG) zutrifft oder nicht.Insofern stehen die Begriffe „substantive procedures" und „audit evidence" in einer besonders engen Beziehung zueinander. (Siehe Kapitel VI. 2.4.1.3)

Entdeckungsrisiko
Das Entdeckungsrisiko ist das Risiko des Abschlussprüfers, dass er mit seinen Prüfungshandlungen nicht diejenigen (wesentlichen) Fehler im Jahresabschluss entdeckt, die vom Internen Kontrollrisiko übersehen wurden. Das Entdeckungsrisiko bildet zusammen mit dem Fehlerrisiko das Prüfungsrisiko des Abschlussprüfers. (IDW PS 260 TZ 24)

Erfolgsfaktoren
Den einzelnen Geschäftsprozessen (Einkauf, Verkauf etc.) werden von der Geschäftsleitung bestimmte Ziele vorgegeben (z.B. dem Verkauf: Erhöhung des Cash Flow). Um den Verkauf zu kontrollieren, muss es Maßstäbe geben, die den Erfolg oder Misserfolg dieses Unternehmensbereiches messen. Dies könnte z.B. die Leistungskennziffer „Verweildauer von Forderungen" (debtors days) sein. Um das vorgegebene Ziel erreichen zu können, müssen also bestimmte Voraussetzungen erfüllt sein, damit z.B. die Verweildauer der Forderungen gesenkt wird. Eine dieser Voraussetzungen ist eine ordentliche Überwachung der Forderungen verbunden mit einem intakten Mahnwesen (Kredit-Kontrolle). Die ordentliche Überwachung der Forderungen gehört damit zu den finanziellen „Erfolgsfaktoren" des Verkaufs.

Ermessensausübung
Im PS 230 TZ 7 weist das IDW u.a. auf Folgendes hin: „Die Kenntnisse über die Geschäftstätigkeit sowie das wirtschaftliche und rechtliche Umfeld des Unternehmens bilden den Bezugsrahmen für eine pflichtgemäße Ermessensausübung des Abschlussprüfers im Verlauf der gesamten Abschlussprüfung."

Fehler
Dieser Begriff spielt für den Abschlussprüfer in zweifacher Weise eine Rolle: Er muss erstens eine Vorstellung davon haben, aus welchen Gründen Fehler innerhalb der Rechnungslegung eines Unternehmens auftreten kön-

nen, und sich zweitens darüber im Klaren sein, worauf eigene Fehler möglicherweise zurückzuführen sind. (Siehe auch PS 260 TZ 11 und Kapitel I. 2.2.1)

Fehleranfälligkeit
Der Begriff beschreibt das Risiko, dass Posten des Jahresabschlusses (u.U. auch des Lageberichtes) aufgrund ungünstiger externer oder interner Umstände – bewusst oder unbewusst – eine falsche Aussage enthalten. Eine Aussage kann im Einzelnen die Vollständigkeit, das Eigentum, den Bestand, die Bewertung, den Ausweis und die Genauigkeit oder ein ganzes Bündel dieser VEBBAG-Elemente enthalten. Zur Problematik der „susceptibility to misstatement" siehe Kapitel I. 2.2.2.1

Fehlerrisiko
Das Fehlerrisiko, das als Komponenten das inhärente Risiko und das Kontrollrisiko enthält, bildet zusammen mit dem Entdeckungsrisiko das Prüfungsrisiko des Abschlussprüfers. (IDW PS 260 TZ 24)

Funktionsprüfung
Test, der die Funktionsfähigkeit von Kontrollen (operating effectiveness) prüft und der grundsätzlich im Anschluss an den Design-Test (Aufbau-Prüfung) durchgeführt wird. Beide Tests sind Bestandteil der 2. Phase der Abschlussprüfung: Prüfen der unternehmerischen Kontrollen. (Vgl. PS 260 in TZ 67) Unsere „verbleibenden" Prüfungshandlungen richten sich dann nach dem Ergebnis des Funktionstests. Das bedeutet aber auch, dass wir auf einen Funktionstest verzichten können, wenn uns der Design-Test signalisiert, dass das Unternehmen über gar kein wirksames IKS verfügt.

Genauigkeit
Aussage zum Jahresabschluss: Einzelheiten der Aktiva und Passiva bzw. der darin verarbeiteten Geschäftsvorfälle sind richtig erfasst und verarbeitet unter besonderer Berücksichtigung der Geschäftsperiode, des Geschäftspartners, der Menge und des Preises. Dies gilt entsprechend für die Berichterstattung. Der Begriff der Genauigkeit wird durch das G im Kürzel VEBBAG angesprochen.

Gesamtaussage
Dieser Begriff bezieht sich sowohl auf die Aussage des Jahresabschlusses, wie sie sich bei „ganzheitlicher" Betrachtung ergibt, als auch auf die Aussage des Abschlussprüfers, die er „ganzheitlich" als Bestätigungsvermerk formuliert.

Gesamturteil
Der PS 400 des IDW führt in TZ 8 zum Gesamturteil u.a. aus: „Der Bestätigungsvermerk enthält ein klar und schriftlich zu formulierendes Gesamturteil über das Ergebnis der nach geltenden Berufsgrundsätzen pflichtgemäß durchgeführten Prüfung. Verantwortlich beurteilt wird die Übereinstimmung der Buchführung, des Jahresabschlusses und des Lageberichtes mit den jeweiligen für das geprüfte Unternehmen geltenden Vorschriften. Der Bestätigungsvermerk beinhaltet somit u.a. eine Beurteilung, ob die wirtschaftliche Lage sowie die Risiken der künftigen Entwicklung im Jahresabschluss und im Lagebericht unter Berücksichtigung der für das geprüfte Unternehmen geltenden Vorschriften zutreffend abgebildet wurden." (Siehe Kapitel V. 2.1.4)

Geschäftskontrollen
Innerhalb der Geschäftsprozesse sind – den Richtlinien der Geschäftsführung folgend – Kontrollen eingebaut, deren Aufgabe darin besteht, Geschäftsvorfälle (transactions) ordnungsgemäß abzuwickeln und Geschäftsrisiken beherrschbar zu machen. Trotz Einbaus von Kontrollen bleibt häufig ein Restrisiko, das durch geeignete Maßnahmen kontrolliert werden muss und im Jahresabschluss entsprechend abgebildet ist. Die Prüfung der Kontrollen ist also eng mit der Frage verbunden, was trotz der Kontrollen noch an Risiken übrig bleibt. Nur eine sorgfältige Prüfung stellt sicher, dass man ein Restrisiko überhaupt erkennt. So können z.B. in einem Kreditversicherungsvertrag ein Selbstbehalt vereinbart oder bestimmte Kunden bzw. Länder ausgeklammert sein. Mit der Aussage des Mandanten, meine Forderungen sind zum Nominalwert „richtig" bewertet, weil ich eine Kreditversicherung habe (VEBBAG), ist also noch gar nichts bewiesen. Erst die Einsichtnahme in den Versicherungsvertrag (VA BENE) bringt hier den endgültigen Nachweis.

Geschäftsprozesse
Geschäftsprozesse sind strukturierte Abläufe in allen Bereichen der Unternehmung. Sie behandeln im wesentlichen Geschäftsvorfälle und Geschäftsrisiken, und haben – im Rahmen bestimmter Kontrollen - auch den Auftrag, dafür Sorge zu tragen, dass diese korrekt (im Sinne der VEBBAG-Aussage) im Jahresabschluss abgebildet werden. Ein wesentlicher Teil der Analyse der Geschäftstätigkeit besteht darin, herauszufinden, in welchen Prozessen Geschäftsvorfälle initiiert und bearbeitet bzw. Geschäftsrisiken behandelt werden. Man kann als Abschlussprüfer die Qualität eines Jahresabschlusses erst dann richtig beurteilen, wenn man pro-

zessorientiert arbeitet, d.h. sich zunächst vergewissert, welche Kontrollen eine Jahresabschlussposition durchlaufen hat, bevor man sich für ihre einzelnen Elemente (z.B. eine bestimmte Forderung im Debitoren-Kontokorrent) interessiert.

Geschäftsrisiko
Unter einem (wesentlichen) Geschäftsrisiko versteht man die Möglichkeit, dass ein Ereignis die Fähigkeit des Unternehmens, seine Ziele zu erreichen bzw. seine Strategien erfolgreich umzusetzen, ganz oder teilweise beeinträchtigt.

Geschäftsvorfälle
Geschäftsvorfälle sind i.d.R. Ereignisse, die einen Leistungs- und Werteaustausch zwischen dem Unternehmen und einem Dritten bewirken (z.B. Einkauf von Rohstoffen, Einstellung von Personal, Erwerb von Beteiligungen, Verkauf von Produkten), Buchungen auslösen und auf diese Weise Eingang in den Jahresabschluss finden (müssen). Wesentliche Teile der Aussagen zum Jahresabschluss betreffen im Hinblick auf die Vollständigkeit, den Bestand und die Genauigkeit die Behandlung von Geschäftsvorfällen (VEBBAG).

Geschätzte Werte
Dazu heißt es in PS 314 TZ 1: „Geschätzte Werte sind ein notwendiger Bestandteil der in der Verantwortung der Unternehmensleitung liegenden Rechnungslegung (Buchführung, Jahresabschluss und Lagebericht), um sämtliche Geschäftsvorfälle abbilden zu können. Geschätzte Werte sind Näherungswerte, die immer dann Eingang in die Rechnungslegung finden, wenn eine exakte Ermittlung nicht möglich ist."

Gewissenhaftigkeit
Wirtschaftsprüfer (WP) sind „bei der Durchführung ihrer Aufgaben an das Gesetz gebunden und haben die für die Berufsausübung geltenden Bestimmungen sowie die gesetzlichen Regeln zu beachten ... . Mandate dürfen nur übernommen werden, wenn der WP über die dafür erforderliche Sachkunde und die für die Bearbeitung erforderliche Zeit verfügt." (WP HdB 2000, A, TZ 280)

Grenzwert
Dieser Begriff wird gelegentlich im Zusammenhang mit dem Begriff der „Wesentlichkeit" verwendet. Der Abschlussprüfer wird eine ganz konkrete Vorstellung davon haben, was er als Grenzwerte definiert, wenn er z.B. Umsätze, Jahresergebnis, Abschreibungen oder Rückstellungen prüft. Wenn er feststellt, dass ein (wachsendes oder schrumpfendes) Unternehmen bestimmte Grenzen nicht, noch nicht oder gerade überschritten hat, dann wird er diese Grenze als „kritisch" ansehen und die damit verbundenen Werte mit besonderer Sorgfalt, insbesondere unter dem Aspekt „ausreichender und angemessener Prüfungsnachweise", prüfen.

Grundsätze ordnungsmäßiger Buchführung
Im HGB weitestgehend expressis verbis kodifizierte Prinzipien der Rechenschaftslegung: Abgrenzung der Zeit und der Sache nach, Imparitätsprinzip, Klarheit, Realisationsprinzip, Richtigkeit, Stetigkeit, Vollständigkeit, Vorsichtsprinzip. (vgl. Kapitel III. 2.3.2)

Grundsätze risikoorientierter Abschlussprüfung
Wir legen unsere Kenntnisse über die Geschäftstätigkeit und unser Wissen über die Geschäftsvorfälle und ihren Einfluss auf den Jahresabschluss im KoBu-Doc nieder. Aus dem KoBu-Doc entwickeln wir die Geschäftsrisiken. KoRi-Doc weist uns den Weg zu den maßgeblichen Kontrollstellen. Über die Beurteilung der Internen Kontrollen führt uns der Weg zu den Prüfungszielen, die im KoCo-Doc erstmalig (wenn auch gedanklich schon längst vorbereitet) formuliert werden. Das KoP-Doc übernimmt diese sachgerecht entwickelten Prüfungsziele und setzt sie in entsprechende Prüfungshandlungen zu dem alleinigen Zweck um, ausreichende und angemessene Prüfungsnachweise dafür zu bekommen, dass bestimmte Abschlussaussagen des Managements stimmen. (vgl. auch die 12. Thesen in Kapitel VII.2)

Grundsatzfragen
Grundsatzfragen können behandeln: Ermittlung der Wertberichtigungen auf Forderungen an Kunden mit Sitz im Ausland, Beachtung des Niederstwertprinzips bei dv-geführten Beständen, Bewertung von Nachträgen im Baugeschäft etc.

Imparitätsprinzip
Das Imparitätsprinzip (IP) legt fest, dass bestimmte Aufwendungen (noch) dem alten Geschäftsjahr zuzuordnen sind. (Die Notwendigkeit, z.B. Rückstellungen zu bilden oder Währungsforderungen auf den niedrigeren Stichtagskurs abzuwerten, richtet sich nach dem IP.) Die beiden Prinzipien „Realisationsprinzip" und „Imparitätsprinzip" regeln also völlig unterschiedliche Sachverhalte, so dass die so genannte „imparitätische Definition" des Realisationsprinzips (unrealisierte Verluste sind auszuweisen, unrealisierte Gewinne jedoch nicht) wenig sinnvoll ist. (Argumentation nach U. Leffson: GoB.)

Inaugenscheinnahme
Siehe „Augenscheinnahme"

Information und Kommunikation
Wesentliche Komponenten des internen Kontrollsystems (IKS), das im Übrigen aus den Komponenten: Kontrollumfeld, Risikobeurteilungen, Kontrollaktivitäten und der Überwachung des IKS besteht. (vgl. PS 260 TZ 19)

Informationsbeschaffung
Kenntnisse über die Geschäftstätigkeit sowie das wirtschaftliche und rechtliche Umfeld können aus verschiedenen Quellen gewonnen werden, z.B. durch: Datensammlung des WP (Broschüre zum Business Understanding, Checkliste, vorangegangene Strategie- und Planungsmemoranden), Gespräche mit dem Mandanten und Mandantenunterlagen (auf Geschäftsführungs- und Abteilungsebene), Öffentlich zugängliche Informationen (Wirtschaftspresse, Analysen von Banken und Forschungsinstituten) und Gespräche mit neutralen Branchen- und Rechtsexperten (vgl. auch PS 230 TZ 14)

Inhärentes Risiko
Als inhärentes Risiko wird das Risiko bezeichnet, dass gewollt oder ungewollt im Abschluss signifikante Fehlaussagen auftreten; dabei bleibt die Wirksamkeit der Internen Kontrollen, die solche Fehler verhüten bzw. entdecken und korrigieren sollen, außer Betracht. Das IDW versteht unter dem inhärenten Risiko die Anfälligkeit eines Prüffeldes für das Auftreten von Fehlern. (PS 260 TZ 24) Der Begriff „Anfälligkeit" signalisiert auch die Gefahr von Bilanzmanipulationen. ISA 400 erklärt zum inhärenten Risiko: „The susceptibility of an account balance or class of transactions to misstatement that could be material ... " (Zur Problematik der „susceptibility to misstatement" siehe Kapitel I. 2.2.2.1)

Internes Kontrollsystem
Es ist Aufgabe des Internen Kontrollsystems (nach AICPA): das Vermögen zu schützen, die Sicherheit von Abrechnungsdaten zu gewährleisten und die Einhaltung der Geschäftspolitik zu garantieren. (Siehe Kapitel II. 2.2.1)

Interview-Technik
Bei einem Interview (der Abschlussprüfer ist in der Regel der Interviewer!) sind zu beachten: Die Eckpfeiler (Inhalt des Gespräches, Zugang zur Person, Beziehung zum Gesprächspartner), das Procedere (Man muss zuerst das Problem schildern, das man hat. Dann muss man zum Ausdruck bringen, was einen bewegt und schließlich muss man seine Wünsche vortragen.) Immer gilt die hohe Bedeutung des Zuhörens.

Kontrollaktivitäten
Dieser Begriff umschreibt Abläufe im Unternehmen und Prüfungsarbeiten des Abschlussprüfers. Zu den Abläufen im Unternehmen erläutert PS 260 in TZ 18: „Kontrollaktivitäten sind Grundsätze und Verfahren, die sicherstellen sollen, dass die Entscheidungen der Unternehmensleitung beachtet werden. Sie tragen dazu bei, dass notwendige Maßnahmen getroffen werden, um den Unternehmensrisiken zu begegnen." Die Kontrollaktivitäten des Abschlussprüfers betreffen insbesondere die Aufbauprüfung und die Ablaufprüfung im Rahmen der Prüfung des internen Kontrollsystems.

Kontrollbewußtsein
Eine die Haltung der Unternehmensleitung und der Mitarbeiter charakterisierende Eigenart, die das sogenannte Kontrollumfeld wesentlich bestimmt. (Zu weiteren Einzelheiten siehe die Erläuterung zum „Kontrollumfeld".)

Kontrollrisiko
Das Kontrollrisiko stellt die Gefahr dar, dass Fehler im Jahresabschluss bzw. im Lagebericht vom Internen Kontrollsystem nicht verhindert bzw. nicht aufgedeckt und nicht korrigiert werden. Das Kontrollrisiko bildet zusammen mit dem inhärenten Risiko das Fehlerrisiko. (IDW PS 260 TZ 24)

Kontrollumfeld
PS 260 zählt in TZ 15 das Kontrollumfeld neben den Risikobeurteilungen, den Kontrollaktivitäten, der Information und Kommunikation und der Überwachung zu den wesentlichen Komponenten des Internen Kontrollsystems. Zur Problematik von Schwachstellen im IKS vgl. Anlage 27.

Kritische Grundhaltung (siehe Skepsis)

Kritisches Prüfungsziel (siehe Prüfungsziel)

Leistungskennziffern
Um die Bedeutung von Leistungskennziffern für den Abschlussprüfer richtig zu verstehen, muss man sich folgenden Zusammenhang verdeutlichen: Die Geschäftsführung formuliert bestimmte Unternehmensziele (z.B. Umsatzwachstum, Verbesserung des Jahresergebnisses, Erhöhung der Eigenkapitalrentabilität, Schuldenabbau etc.). In diesem Zusammenhang werden die einzelnen Unternehmensbereiche (z.B. Geschäftsfelder) bzw. Abteilungen (z.B. Einkauf, Vertrieb) aufgefordert, ihre spezifischen Beiträge zur Erreichung der Unternehmensziele zu leisten. Es werden ihnen also individuelle Ziele (Ziele auf Prozess-Ebene) vorgegeben. Die Geschäftsführung hat nun ein fundamentales Interesse daran, zu kontrollieren, in welchem Umfang diese Prozess-Ziele erreicht wurden, und mittels einer Abweichungsanalyse zu erfahren, aus welchen Gründen vorgegebene Werte überschritten oder unterschritten wurden. Sie muss diese Gründe kennen, weil sie Maßnahmen treffen wird, um Abteilungen „auf Kurs" zu halten (auch Budgetüberschreitungen können gelegentlich ein Problem darstellen!), und weil sie sich ihrerseits gegenüber bestimmten Aufsichtsgremien rechtfertigen muss. Damit die Kontrolle wirksam ist, werden Maßstäbe entwickelt. Diese Maßstäbe finden sehr häufig in sogenannten Leistungskennziffern ihren Niederschlag. Veränderungen dieser Kennziffern und ihre Darstellung im Zeitablauf eignen sich in besonderer Weise, um „Leistung" zum Ausdruck zu bringen. Dies gilt hauptsächlich für das interne Berichtswesen, aber auch (bei sensiblen Daten sicherlich in eingeschränkter Form) für die externe Berichterstattung.

Der Abschlussprüfer muss wissen, mit welchen Kennziffern im Unternehmen gearbeitet wird. Ihre Entwicklung symbolisiert Stärken oder Schwächen einzelner Bereiche, sie kann aber auch signalisieren, wo und aus welchen Gründen die Geschäftsführung „Anpassungsmaßnahmen" treffen wird. Diese Maßnahmen können auch Ausdruck für „Bilanzpolitik" sein. (Problematik des sogenannten „Reporting Environment".) Leistungskennziffern dürfen nicht mit Erfolgsfaktoren verwechselt werden!

Leitfunktion
Mit dem Begriff „Leitfunktion des Business Understanding" soll zum Ausdruck gebracht werden, dass jede Prüfungshandlung, die sich an die Analyse der Geschäftstätigkeit anschließt, von den dort gewonnenen Erkenntnissen geprägt ist. Alle Arbeiten im Rahmen der Analyse der Kontrolltätigkeit bzw. im Rahmen restlicher Prüfungshandlungen müssen auf die Kenntnisse über die Geschäftstätigkeit (das Knowledge of Business) zurückzuführen sein.

Nachrechnen
Wesentlicher Bestandteil des Instrumentariums der Prüfungstechnik, das mit dem Kürzel „VA BENE" gekennzeichnet wird. Nachrechnen findet – unter besonderer Berücksichtigung eines bestimmten Prüfungszieles – i.d.R. Anwendung bei den sogenannten Einzelfallprüfungen, die ihrerseits (nach ISA) zu den „substantive procedures" gehören. Das Nachrechnen schließt Parallel- und Kontrollrechnungen des Abschlussprüfers ein.

Niederstwertprinzip
Das Niederstwertprinzip ist eine spezielle Variante des Imparitätsprinzips (IP). Wenn man also z.B. Vorräte auf den niedrigeren Marktwert abwertet, dann folgt man nur der Regel des IP, dass bestimmte Aufwendungen noch dem alten Geschäftsjahr zuzuordnen sind. (Zur Stellung des IP im System der GoB siehe Kapitel III. 2.3.2)

Okavango-Phänomen
Okavango: Der Fluss, der nie das Meer erreicht. Das Wasser des Okavango-Flusses bildet im Landesinneren von Botswana ein großes Delta und versickert dort. Dieses geologische Phänomen soll als Symbol für die den WP interessierende Frage dienen, ob alle rechnungslegungsrelevanten Daten und Informationen auch wirklich den Jahresabschluss erreichen oder vorher (gewollt oder ungewollt) im Unternehmen „versickern".

Problembewusstsein
Das Problembewusstsein ist in einen Rahmen eingebettet, der gemeinhin als Kontrollumfeld bezeichnet wird. Dazu erklärt der PS 260 in TZ 16: „Das Kontrollumfeld stellt ... den Rahmen dar, innerhalb dessen die Grundsätze, Verfahren und Maßnahmen eingeführt und angewendet werden. Es ist geprägt durch die Grundeinstellungen, das Problembewusstsein und das Verhalten der Unternehmensleitung in bezug auf das interne Kontrollsystem."

Prozessorientierte Betrachtungsweise
Man kann als Abschlussprüfer die Qualität eines Jahresabschlusses erst dann richtig beurteilen, wenn man prozessorientiert arbeitet. Wir beginnen also z.B. die Prüfung von Forderungen nicht damit, dass wir den Entwurf eines Jahresabschlusses bzw. eine vorläufige Summen- und Saldenliste zur Hand nehmen und mittels einer Debitorenliste die Prüfung starten, sondern wir fragen uns zuerst, welche „Prozesse" (der Auftragsabwicklung und der Bewertung) im Unternehmen ablaufen und welche Kontrollen die einzelnen Elemente nach

Art und Umfang absolvieren mussten, bis sie im Jahresabschluss gelandet sind. Wir werden nur dann mit einer Jahresabschlussposition vertraut sein, wenn wir ihren „genetischen Code" kennen !

Prozess-Ziele
Den einzelnen Stellen (Bereiche/Abteilungen) werden von der Unternehmungsleitung Ziele (Prozess-Ziele) vorgegeben. Je nachdem, in welcher Höhe, diese Ziele erreicht werden, können die Stellen einen Beitrag zur Erreichung der Unternehmens-Ziele leisten.

Prüffeldspezifische Risiken
Aus den allgemeinen Geschäftsrisiken (auf höchster Ebene zu identifizieren und zu analysieren) werden die einzelnen Elemente herausgeschält und von der Geschäftsleitung zur Behandlung an untergeordnete Stellen delegiert. Diese prüffeldspezifischen Risiken (Risiken auf Prozess-Ebene also) werden von Fachabteilungen mit dem Ziel bearbeitet, den Einfluss der Risiken (z.B. das Kredit-Risiko bei Forderungen) – wenn auch nicht völlig auszuschalten – dann aber zumindest durch geeignete Maßnahmen (z.B. durch Abschluss von Versicherungsverträgen) zu reduzieren. Bei der Diskussion über prüffeldspezifische Risiken ist zu beachten, dass diese Risiken nicht mit Kontrollrisiken verwechselt werden dürfen. Wenn man sich z.B. mit dem Kreditrisiko (Gefahr von Forderungsverlusten) beschäftigt, dann sind das „Überschreiten von Kreditlinien" oder die „fehlerhafte Erstellung von Überwachungslisten" keine prüffeldspezifischen Risiken, sondern Risiken, die darin bestehen, dass das Interne Kontrollsystem diese Fehler nicht verhindert bzw. nicht entdeckt. Wenn man „Risiko auf Prozess-Ebene" mit „Kontroll-Risiko" verwechselt, besteht die Gefahr, dass man überhaupt nicht merkt, wenn ein interessantes Risiko auf Prozess-Ebene unerkannt bleibt und dort gar nicht behandelt wird. Wenn z.B. das „Kredit-Risiko" auf Unternehmens-Ebene nicht „expressis verbis" angesprochen wird, dann besteht die Gefahr, dass auf der Prozess-Ebene „Vertrieb" für das „Länder-Risiko" kein Problembewusstsein besteht und man der Meinung ist, dieses Risiko mit einer einfachen Pauschalwertberichtigung auf Forderungen gegen ausländische Kunden „behandeln" zu können.

Das IDW hat die Unterscheidung zwischen Risiken auf Unternehmensebene und Risiken auf Prozess-Ebene auch im Auge, wenn es in PS 260 TZ 29 von der „prüffeldspezifischen Beurteilung der inhärenten Risiken" spricht.

Prüfungsaussagen
Man kann die Zusammenhänge und die Gesetzmäßigkeiten einer Abschlussprüfung nur verstehen, wenn man sich der Tatsache bewusst ist, dass der Mandant in seinem Jahresabschluss bestimmte Aussagen trifft (Behauptungen aufstellt!) und der Abschlussprüfer die Aufgabe hat, dazu Stellung zu nehmen, ob diese Aussagen (VEBBAG) zutreffen oder nicht. Die Prüfungsaussagen des Abschlussprüfers bilden dann gewissermaßen das Pendant zu den Abschlussaussagen des Managements.

Prüfungsdifferenzen
Prüfungsfeststellungen, die zum Ausdruck bringen, dass der Abschlussprüfer mit dem Betrag, dem Ausweis, der Gruppierung oder mit der Art der Offenlegung nicht übereinstimmt. Es gehört zu den wesentlichen Aufgaben des Abschlussprüfers, die Fehler, die zu den Differenzen geführt haben, zu analysieren, und die Gründe für diese Fehler herauszufinden. (Siehe dazu auch die Wegweiser, die den Kapiteln über die Prüfung von Jahresabschlussposten vorangestellt wurden.)

Prüfungsergebnis
Obwohl der Abschlussprüfer im Rahmen seiner Arbeit eine Vielzahl von Ergebnissen erzielt (ausreichende und angemessene Prüfungsnachweise aufgrund sachgerecht formulierter Prüfungsziele) und dementsprechend auch eine Reihe von Teilurteilen fällen muss, bezeichnet der Begriff des Prüfungsurteils in erster Linie das Gesamturteil, das am Ende der Prüfung auszusprechen ist und den Kern des Bestätigungsvermerkes bildet. Siehe auch das Stichwort „Bestätigungsvermerk".

Prüfungsfeststellungen
PS 300: „Der Abschlussprüfer hat durch geeignete Prüfungshandlungen ausreichende und angemessene Prüfungsnachweise einzuholen, die es ermöglichen, zu begründeten Schlussfolgerungen (Prüfungsfeststellungen) zu gelangen, um darauf aufbauend mit hinreichender Sicherheit die geforderten Prüfungsaussagen ... treffen zu können." (TZ 6) Prüfungsaussagen ergeben sich hauptsächlich dann, wenn der Abschlussprüfer erklärt, ob er mit den Abschlussaussagen des Mandanten einverstanden ist oder nicht. Prüfungsfeststellungen können Prüfungsdifferenzen zum Inhalt haben, die deutlich machen, dass bestimmte Abschlussaussagen nicht zutreffen.

Prüfungsgrundsätze
Das IDW erläutert im PS 201 TZ 22 den Zusammenhang wie folgt: „Die deutschen Prüfungsgrundsätze um-

fassen als Prüfungsnormen alle unmittelbar und mittelbar für die Abschlussprüfung geltenden gesetzlichen Vorschriften und als sonstige Prüfungsgrundsätze insbesondere die IDW Prüfungsstandards und die IDW Prüfungshinweise. Zu den sonstigen Prüfungsgrundsätzen zählt auch die Gemeinsame Stellungnahme der WPK und des IDW : Zur Qualitätssicherung in der Wirtschaftsprüferpraxis." Das IDW macht darüber hinaus noch darauf aufmerksam, dass „berufliche" und „fachliche" Grundsätze zu unterscheiden sind. (TZ 25)

Prüfungshemmnis
Der Begriff kennzeichnet eine Situation, in der der Abschlussprüfer (noch) nicht über ausreichende und angemessene Prüfungsnachweise verfügt, die ihn in die Lage versetzen, zu beurteilen, ob eine oder mehrere Abschlussaussagen des Mandanten stimmen oder nicht. Gelingt es nicht, die fehlenden Prüfungsnachweise zu wesentlichen Aussagen zu beschaffen, wird der Abschlussprüfer den Bestätigungsvermerk einschränken oder versagen. (vgl. dazu PS 400 TZ 50 und den durch das Bilanzrechtsreformgesetz neu gefassten § 322 HGB)

Prüfungskonzept
Jahresabschluss und Lagebericht sind Spiegelbild von Geschäftsvorfällen, die in den einzelnen Bereichen des Unternehmens stattfinden, und von Geschäftsrisiken, denen diese Bereiche ausgesetzt sind. Geschäftsvorfälle müssen ordnungsgemäß abgewickelt, Geschäftsrisiken muss angemessen Rechnung getragen werden. Dies setzt Ziele und kontrollierte Abläufe voraus, die auch dazu dienen, die unterschiedlichen Elemente vollständig und korrekt in Jahresabschluss und Lagebericht abzubilden. Unser Prüfungskonzept beruht also auf der Erwartung, dass durch Geschäftsvorfälle und Geschäftsrisiken geschaffene Daten eine Reihe von Kontrollen durchlaufen haben, bis sie endlich an den einzelnen Stellen des Jahresabschlusses bzw. des Lageberichtes ihren Niederschlag finden. Diesen Weg, der auch ein unregelmäßiger sein kann, müssen wir kennen, um Jahresabschluss und Lagebericht – ihre Zusammensetzung und ihr Ergebnis – in der Weise beurteilen zu können, wie sie der Gesetzgeber vorschreibt. Die Pflicht zum Urteil bedeutet aber zugleich auch die Notwendigkeit, sich über den Inhalt derjenigen Daten eine Meinung zu bilden, die auf ihrem Weg angehalten oder vergessen wurden und denen der Zutritt zu Jahresabschluss oder Lagebericht in unzulässiger Weise verwehrt wurde. Auch dies kann Auswirkungen auf den Bestätigungsvermerk des Abschlussprüfers haben.

Prüfungsnachweise
Wenn der Mandant behauptet, dass alle Posten des Jahresabschlusses und Lageberichtes vollständig sind, dem Unternehmen rechtlich und wirtschaftlich zugerechnet werden können (Eigentum), bestehen (existieren), richtig bewertet und ausgewiesen sind und genau ermittelt wurden, wenn er also eine VEBBAG-Aussage trifft und der Abschlussprüfer entsprechende Prüfungsziele formuliert, dann sind ausreichende und angemessene Prüfungsnachweise diejenigen (durch Dokumente und Belege untermauerten) Informationen, die den Abschlussprüfer überzeugen, dass die Aussagen des Mandanten zu den Jahresabschlusspositionen und zum Lagebericht korrekt sind oder nicht und ihn veranlassen, sein Prüfungsurteil auf diese Nachweise stützen zu können. Die Beschaffung von Prüfungsnachweisen erfolgt durch sachgerechten Einsatz des Instrumentariums der Prüfungstechnik. Zur Problematik der "audit evidence" siehe auch die Erläuterungen zur „Skepsis".

Prüfungspfad
Es gibt einen klaren Pfad, der bei der Analyse der Geschäftstätigkeit beginnt und bei den aussagebezogenen (restlichen) Prüfungsarbeiten endet. (siehe dazu auch das Schaubild zur „Leitfunktion des Business Understanding", das einen Korridor zeigt.) Im Rahmen der Analyse der Geschäftstätigkeit wird u.a. festgelegt, welche Geschäftsvorfälle bzw. welche Geschäftsrisiken, die sich in Art und Gewicht von Jahr zu Jahr ändern können, den Jahresabschluss prägen und in welchen Geschäftsprozessen sie behandelt werden. (1. Wegweiser) Die Analyse der Kontrolltätigkeit hat den Zweck, herauszufinden, welche Vorgaben einem Geschäftsprozess von der Geschäftsleitung gemacht wurden, welche Kontrollen in ihm eingerichtet sind, um spezielle Risiken zu erkennen und zu bearbeiten und welche Prüfungsziele sich der Abschlussprüfer setzen muss. (2. Wegweiser) Von dem Urteil des Abschlussprüfers über die Qualität des Internen Kontrollsystems hängt es dann schließlich ab, in welchem Umfang zusätzliche aussagebezogene Prüfungshandlungen erforderlich sind, um die erforderlichen Prüfungsnachweise zur Stützung der VEBBAG-Aussage zu erlangen. (3. Wegweiser) Wenn bei den abschließenden aussagebezogenen Prüfungshandlungen nicht zu erkennen ist, dass sie ihre Triebkraft im Grunde genommen der Analyse der Geschäftstätigkeit und den sich daraus ergebenden Erkenntnissen verdanken, dann macht eine solche Arbeit keinen Sinn. Sie erhöht im übrigen auch das Prüfungsrisiko, weil wertvolle Zeit mit Arbeiten vergeudet wird, die keine Wurzeln haben und die daher ins Leere gehen.

Prüfungsprogramm
Das Prüfungsprogramm legt auf der Basis bestimmter Prüfungsziele - sachgerecht aus der Kenntnis der Geschäfts- und Kontrolltätigkeit des Mandanten abgeleitet - fest, welche Prüfungshandlungen durchzuführen sind,

um die notwendigen Prüfungsnachweise erlangen zu können. Dabei wird (sozusagen in unmittelbarer Nähe zum Prüfungsziel) gleichzeitig zum Ausdruck gebracht, wie hoch das Risiko einer wesentlichen Fehlaussage eingeschätzt wird. Das Prüfungsprogramm enthält auch – unter besonderer Berücksichtigung des Einsatzes einer bestimmten Prüfungstechnik (VA BENE) - eine ausdrückliche Feststellung des Abschlussprüfers, ob die Prüfungsziele erreicht, d.h. Prüfungsnachweise erlangt wurden, die die VEBBAG-Aussage des Mandanten (Aussagen zur Vollständigkeit, zum Eigentum, zum Bestand, zur Bewertung, zum Ausweis und zur Genauigkeit) überzeugend bestätigen.

Prüfungsrelevante Daten
Das IDW verwendet diesen Begriff in PS 312 TZ 5 im Zusammenhang mit der Erläuterung der „analytischen Prüfungshandlungen". Bei diesen handelt es sich um „Plausibilitätsprüfungen von Verhältniszahlen und Trends, durch die Beziehungen von prüfungsrelevanten Daten eines Unternehmens zu anderen Daten aufgezeigt sowie auffällige Abweichungen festgestellt werden." Ein „prüfungsrelevantes" Datum sind z.B. die Umsätze. Wenn diese z.B. um einen bestimmten Prozentsatz gestiegen sind, wird der Abschlussprüfer ggf. auch eine entsprechende Veränderung beim Rohertrag oder beim Jahresergebnis erwarten. Ist diese Veränderung z.B. „unerklärlich" niedrig, wird er entsprechende Prüfungen vornehmen, um die Gründe für eine solche „Abweichung" herauszufinden.

Prüfungsrisiko
Das Prüfungsrisiko besteht darin, dass der Abschlussprüfer einen uneingeschränkten Bestätigungsvermerk auf einen Jahresabschluss erteilt, der in wesentlichen Belangen falsch ist. Das Prüfungsrisiko setzt sich zusammen aus dem Fehlerrisiko und dem Entdeckungsrisiko. Das Fehlerrisiko seinerseits enthält als Komponenten das inhärente Risiko und das Kontrollrisiko.

Prüfungsstandards
Vom IDW formulierte Richtlinien, die zu einer Reihe wichtiger und die Arbeit des Abschlussprüfers prägenden Themen die jeweilige Berufsauffassung zum Ausdruck bringen. Die Prüfungsstandards stehen in enger Beziehung zu den International Standards of Auditing (ISA). Es ist zweckmäßig, den Wortlaut auch dieser Standards gelegentlich nachzulesen, weil sie die Problematik bestimmter Themen (unabhängig von den unterschiedlichen Rechtskreisen) z.T. treffender darstellen als dies in der deutschen Version geschieht.

Prüfungsstrategie
Der Abschlussprüfer setzt sich (möglicherweise bereits bei der Analyse der Geschäftstätigkeit) ganz bestimmte Prüfungsziele, Ziele, die exakt auf die Abschlussaussagen des Mandanten gemünzt sind. (Auswahl aus VEBBAG !) Wenn er also z.B. erfährt, dass sich der Mandant verstärkt dem sogenannten Systemgeschäft zugewendet hat, wird er mit Sicherheit das Prüfungsziel „Bestand" (Existenz) von Forderungen und Umsätzen mehr beachten als dies bislang beim reinen Liefergeschäft nötig war. Um dieses Ziel zu erreichen, muss er sich ausreichende und angemessene Prüfungsnachweise beschaffen, die belegen, dass die Aussage des Mandanten: „Den gebuchten Forderungen und Umsätzen liegen vertragsgemäß durchgeführte Lieferungen und Leistungen zugrunde", zutrifft. Es ist dann Inhalt der „Prüfungsstrategie" festzulegen, auf welchem Wege und mit welchen Mitteln (Einsatz einer bestimmten Prüfungstechnik: Auswahl aus VA BENE !) das sachgerecht entwickelte Prüfungsziel erreicht werden soll.

Prüfungstechnik
Prüfungstechnik ist ein Instrumentarium – eingesetzt im Rahmen eines bestimmten Prüfungsprogramms -, dessen gezielter Einsatz sicherstellen soll, dass sachgerecht und wirtschaftlich nach entsprechenden Prüfungsnachweisen gesucht wird. Dieses Instrumentarium umfasst (Kürzel „VA BENE"): den Vergleich, die Augenscheinnahme, die Befragung, die Beobachtung, die Bestätigung, die Einsichtnahme, das Nachrechnen und erneut (aus Vorsichtsgründen ein 2.Mal) die Einsichtnahme.

Es zeichnet eine ordnungsgemäße Abschlussprüfung aus, dass sowohl die Prüfungsziele als auch der Einsatz der Prüfungstechnik sachgerecht aus der Kenntnis der Geschäfts- und Kontrolltätigkeit des Mandanten abgeleitet werden. Jeder Schritt der Prüfungstätigkeit ist also in eine Logik eingebunden, deren Wurzeln bereits bei der Analyse der Geschäftstätigkeit gelegt werden. Das Kürzel (VA BENE) wurde auch deshalb gewählt, weil es – aus dem Italienischen abgeleitet („Es passt !") – zum Ausdruck bringen soll, dass ein bestimmtes Instrument am besten geeignet ist, um einen bestimmten Prüfungsnachweis zu beschaffen.

Prüfungsurteil
Siehe Stichwort „Bestätigungsvermerk"
Das Gesamturteil des Abschlussprüfers in Form des Bestätigungsvermerkes ergibt sich auf der Grundlage einer zusammenfassenden Betrachtung aller „Teil-Urteile", die vom Abschlussprüfer während seiner Prüfung zu treffen sind, und die u.a. die Beurteilung der Geschäftsrisiken, der Qualität des IKS und der Prüfungsnachweise

enthalten. Im Kapitel VI.2.1.2 wird dargestellt, auf welche Themen sich die Beurteilung im Einzelnen bezieht.

Prüfungsziele
Der Mandant trifft bestimmte Aussagen zum Jahresabschluss. Er behauptet, dass alle Positionen vollständig sind (V), dem Unternehmen (unter Eigentumsgesichtspunkten) rechtlich bzw. wirtschaftlich zugeordnet werden können (E), bestehen (B), richtig bewertet wurden (B), korrekt ausgewiesen sind (A) und genau ermittelt wurden (G). Dieser VEBBAG-Aussage entsprechen die Prüfungsziele – unter besonderer Berücksichtigung der Wesentlichkeit sachgerecht aus der Kenntnis der Geschäfts- und Kontrolltätigkeit des Mandanten abgeleitet und in die Prüfungsprogramme übernommen – die festlegen, dass ausreichende und angemessene Nachweise (ISA 500 TZ 2: „sufficient and appropriate audit evidence") dafür zu erbringen sind, dass die VEBBAG-Aussage des Mandanten zutrifft. Die Gewichtung der Prüfungsziele, der Weg, auf dem man sie erreicht hat (VA BENE) bzw. die Tatsache, dass man keine Prüfungsnachweise erhalten hat, sind in den Arbeitspapieren zu dokumentieren. (Bedeutendes Thema für die Qualitätskontrolle!)

Man trifft gelegentlich auch auf den Begriff „kritisches Prüfungsziel". Das Adjektiv „kritisch" lässt sich im Deutschen mit einer Reihe von Substantiven verbinden. So gibt es z.B. eine „kritische Höhe" (bezeichnet in der Luftfahrt die Höhe über dem Flughafengelände, bei der, wenn keine Erdsicht besteht, ein Schlechtwetteranflug abgebrochen werden muss) oder eine „kritische Drehzahl" (bezeichnet einen Zustand eines rotierenden Teiles, bei dem Querschwingungen mit anschließendem Systembruch auftreten können) Ein „kritisches Prüfungsziel" gibt es jedoch nicht! Diese missglückte Wortbildung ist vermutlich auf eine schlechte Übersetzung des angelsächsischen Begriffes „critical audit objective" zurückzuführen. Dieser Begriff soll zum Ausdruck bringen, dass das gewählte Prüfungsziel „entscheidend" und „schwerwiegend" ist. („Entscheidend" ist in der Nähe von „crucial" angesiedelt und „schwerwiegend" trägt Elemente von „dangerous" in sich.) „Entscheidend" bedeutet, dass man in Anbetracht des Risikos einer wesentlichen Fehlaussage qualifizierte Prüfungsnachweise in dem Bewusstsein benötigt, dass diese eine besondere Stütze des Bestätigungsvermerkes sein werden. „Schwerwiegend" bedeutet, dass man das Prüfungsziel nur dann erreichen kann, wenn man als Abschlussprüfer über das nötige Maß an beruflicher Erfahrung verfügt, weil man ansonsten Gefahr läuft, fehlgeleitet zu werden. Nur mit Hilfe dieser Erfahrung wird der Abschlussprüfer in der Lage sein, angemessene (auf Personen und Sachen vernünftig zugeschnittene) Prüfungshandlungen zu planen und sich nicht durch Schwierigkeiten beeindrucken zu lassen, die bei der Durchführung dieser Arbeiten zu erwarten sind. „Kritisch" ist die Einstellung des Abschlussprüfers (in vielen Fällen sollte man wohl besser von „skeptischer" Haltung sprechen!), nicht sein Ziel. Wäre es wirklich „kritisch", dann müsste er doch an den „Abbruch" der Arbeiten denken, je näher er seinem Ziel kommt. Weil aber seine Einstellung kritisch ist, wird er das Erreichen seines Zieles unter allen Umständen anstreben und darauf vorbereitet sein, wie er mit den daraus gewonnenen Erkenntnissen umgeht. (Beurteilung der Prüfungsergebnisse) Die gewissenhafte und eigenverantwortliche Fortsetzung der Prüfungsarbeit steht also im Mittelpunkt der Überlegungen, nicht die Gefahr einer vorzeitigen Beendigung.

Realisationsprinzip
Das Realisationsprinzip legt den Zeitpunkt fest, an dem Vermögensgegenstände nicht mehr mit den Anschaffungs- bzw. Herstellungskosten, sondern mit dem (höheren) Marktwert zu bewerten sind. (Beispiel „Verkauf von Produkten": Aufgrund des Kaufvertrages findet ein Wertsprung vom Herstellungskostenniveau der Vorräte zum Kundenpreisniveau der Forderungen statt.) (Argumentation nach U. Leffson: Grundsätze ordnungsmäßiger Buchführung.) Zur Ableitung der GoB siehe Kapitel III. 2.3.2.

Relevanz
Der Begriff wird u.a. im Zusammenhang mit der Qualität von Prüfungsnachweisen verwendet. Prüfungsnachweise müssen „ausreichend" und „angemessen" sein. Dabei bezieht sich „angemessen" auf die „Zuverlässigkeit" und auf die „Relevanz". Wenn ein Unternehmen z.B. Forderungen an ausländische Kunden ohne Berücksichtigung des so genannten Länderrisikos bewertet, dann fehlt den Bewertungsdaten die notwendige Relevanz.

Risiken auf Prozessebene
Im Rahmen der Analyse der Geschäftstätigkeit müssen wir ein Verständnis für die wesentlichen Geschäftsrisiken gewinnen und herausfinden, in welchen Geschäftsprozessen sie behandelt werden. Es ist die Eigenart von Geschäftsrisiken, dass sie unterschiedliche „Ausprägungen" haben. So kann z.B. das „Kreditrisiko" die Ausprägung „Risiko bei Darlehensforderungen" und „Risiko bei Forderungen aus L+L" haben (letzteres mit der weiteren Unterteilung in „Inland und Ausland") oder das Risiko „Verfall der Absatzpreise" kann die Ausprägungen „Verluste bei Vorräten" und „Verluste bei Sachanlagen" aufweisen. Da die Risiken auf Prozess-Ebene die allgemeinen Geschäftsrisiken widerspiegeln (von Fall zu Fall sogar mit ihnen identisch sind), be-

schäftigen wir uns im Rahmen der Analyse der Kontrolltätigkeit nur mit solchen Risiken auf Prozess-Ebene, bei denen eine Verbindung zu den allgemeinen Geschäftsrisiken besteht, mit Risiken also, die dort ihre Wurzeln haben. Ist unsere Analyse der Geschäftstätigkeit und der Risikostruktur des Unternehmens also ungenau (hauptsächlich wegen eines mangelhaften „Business Understanding"), desto mehr besteht die Gefahr, dass wir uns in den einzelnen Prüffeldern, d.h. also auf Prozess-Ebene, entweder mit Risiken befassen, die nach Maßgabe der wirtschaftlichen Entwicklung des Unternehmens nicht mehr von besonderer Bedeutung sind, oder dass wir sogar neue und bedeutende Risiken ganz übersehen.

Das Herausschälen von Prozess-Risiken (prüffeldspezifische Risiken) aus den allgemeinen Geschäftsrisiken ist darüber hinaus auch deshalb von Bedeutung, weil die Gefahr besteht, dass Risiken auf Prozess-Ebene mit Kontroll-Risiken verwechselt werden. So ist z.B. das Risiko, dass Forderungen aus L+L nicht ordnungsgemäß überwacht werden, kein Risiko auf Prozess-Ebene, sondern ein Kontroll-Risiko auf der Ebene des Verkaufs.

Ein ganz besonderer Aspekt bei den Risiken auf Prozess-Ebene ergibt sich dann, wenn wir ein Unternehmen prüfen, das unmittelbar (z.B. Tochtergesellschaft) oder mittelbar (z.B. selbständiges Handelshaus) in einen Konzern eingebunden ist. (Beispiel : Autohaus WELOS mit starken Bindungen an Toyota.) In solchen Fällen müssen wir uns auch an den Zielen und Strategien des Konzerns orientieren (z.B. an den Zielen, die sich Toyota für Europa in den nächsten Jahren gesetzt hat.), weil diese sich auch auf das Geschäftsgebahren seiner Partner im In- und Ausland auswirken werden. Wenn also das Autohaus WELOS bestimmte Absatzziele formuliert, dann werden diese (zumindest in Telbereichen) mit hoher Wahrscheinlichkeit auch von den Zielvorstellungen der Toyota-Zentrale (Europa) beeinflusst sein. Das Erreichen dieser Ziele kann durch vielfältige Risiken beeinträchtigt werden. Wir werden diese Risiken aber nur dann richtig verstehen, wenn wir sie nicht nur als „Geschäftsrisiken von WELOS", sondern auch als Risiken auf Prozess-Ebene von Toyota interpretieren. Damit bekommt die Fokussierung unserer Arbeit einen ungewöhnlichen, aber sehr wichtigen Akzent.

Risiko
Die Prüfungsstandards des IDW nehmen sowohl zum „Risiko an sich" als auch zur „Vielzahl von Risiken" Stellung, mit der sich das Unternehmen auseinandersetzen muss. Zum Risiko an sich erläutert PS 340 in TZ 3: „Jede unternehmerische Betätigung ist aufgrund der Unsicherheit künftiger Entwicklungen mit Chancen und Risiken verbunden. Unter Risiko ist allgemein die Möglichkeit ungünstiger künftiger Entwicklungen zu verstehen." Zur Vielzahl von Risiken (und hier lässt sich schon eine Brücke zu den Risiken auf Prozess-Ebene schlagen) wird in PS 260 TZ 17 u.a. ausgeführt: „Unternehmen sind einer Vielzahl von Risiken ausgesetzt, die die Erreichung der Unternehmensziele in Übereinstimmung mit der von der Unternehmensleitung festgelegten Geschäftsstrategie gefährden können. Bei diesen Unternehmensrisiken kann es sich z B. um finanzielle, rechtliche, leistungswirtschaftliche oder strategische Risiken handeln. ..." Zum Katalog von Risiken vgl. die Anlage : 10.

Risikoanalyse
Es ist Aufgabe des Abschlussprüfers, im Rahmen der Analyse der Geschäftstätigkeit ein Verständnis für die Geschäftsrisiken zu gewinnen (die ISA weisen immer wieder mit ihrer Formulierung: „Obtain an understanding" darauf hin!) und ihren Einfluss auf den Jahresabschluss abzuschätzen. Die Risikoanalyse findet ihre Fortsetzung bei der Analyse der Kontrolltätigkeit, bei der es u.a. darum geht, herauszufinden, welche Ausprägung die allgemeinen Geschäftsrisiken auf unteren Ebenen (den Prozess-Ebenen) gefunden haben. (siehe: Risiken auf Prozess-Ebene.)

Risikobeurteilungen
Zur Beurteilung von Risiken führt der PS 260 in TZ 17 aus: „Unternehmen sind einer Vielzahl von Risiken ausgesetzt, die die Erreichung der Unternehmensziele in Übereinstimmung mit der von der Unternehmensleitung festgelegten Geschäftsstrategie gefährden können. Bei diesen Unternehmensrisiken kann es sich um finanzielle, rechtliche, leistungswirtschaftliche oder strategische Risiken handeln. Durch Risikobeurteilungen werden solche Risiken erkannt und analysiert. Sorgfältige Risikobeurteilungen sind die Grundlage für die Entscheidungen der Unternehmensleitung über den Umgang mit den Risiken unternehmerischer Betätigung." (Der Umgang geschieht auf Prozess-Ebene ! Anm. d.Verf.)

Rückgriff auf Prüfungsziele
Es zeichnet die Logik der Arbeitspapiere aus, dass diese eng miteinander verknüpft sind. In der Schlussphase der Analyse der Kontrolltätigkeit formulieren wir die Prüfungsziele (vgl. KoCo-Doc „WELOS"), die aufgrund unserer Kenntnisse der Geschäftstätigkeit und unseres (vorläufigen) Urteils über die Qualität der internen Kontrollen sachgerecht entwickelt wurden. Die auf diese Weise konzipierten Prüfungsziele werden „direkt und unverändert" in das Prüfungsprogramm übernommen (vgl. KoP-Doc „WELOS") und stehen dort in einer „strategischen Nähe" zur Einschätzung des Risikos der wesentlichen Fehlaussage.

(Entscheidungserhebliche) Sachverhalte

Dieser Begriff wird im PS 250 TZ 4 verwendet: „Durch die Berücksichtigung des Kriteriums der Wesentlichkeit in der Abschlussprüfung erfolgt eine Konzentration auf entscheidungserhebliche Sachverhalte." „Entscheidungserheblich" kann sowohl die Position des Abschlussadressaten als auch die Position des Abschlussprüfers betreffen. Wenn das Unternehmen eine bestimmte Umsatz- oder Ergebnisgrenze überschritten hat (ein Vorgang, der u.U. schon frühzeitig von der Geschäftsleitung „annonciert" wurde), dann muss der Abschlussprüfer damit rechnen, dass die Abschlussadressaten bestimmte Entscheidungen von diesem Ereignis abhängig machen. Er ist demgemäß aufgefordert, sorgfältig der Frage nachzugehen, ob die Grenze im normalen Gang der Geschäfte überschritten wurde oder ob dies nur mit besonderen (legalen oder illegalen) Mitteln möglich war.

Die Prüfungsziele des Abschlussprüfers richten sich immer nach den Abschlussaussagen des Managements. Wenn dieses z.B. im Rahmen neuer Anlagen- und Systemgeschäfte die Aussage trifft (die Behauptung aufstellt), dass zurecht Umsatz- und Gewinn realisiert wurden, dann benötigt der Abschlussprüfer ausreichende und angemessene Nachweise dafür, dass diese Aussage stimmt. Für ihn ist also die Entscheidung wichtig, ein ganz bestimmtes Prüfungsziel (den Bestand von Forderungen) mit Nachdruck zu verfolgen.

Schätzungen

Dazu heißt es im PS 314 in TZ 5 u.a.: „Schätzungen beinhalten ... Unsicherheiten bei der Bewertung bereits eingetretener oder erst in der Zukunft wahrscheinlich eintretender Ereignisse. Bei geschätzten Werten besteht deshalb ein erhöhtes Risiko falscher Angaben (fehlerhafte oder vorschriftswidrig unterlassene Angaben in der Rechnungslegung.") Und in TZ 9 wird ausgeführt: „Der Abschlussprüfer hat sich ausreichende und angemessene Prüfungsnachweise der geschätzten Werte in der Rechnungslegung zu verschaffen. ... Dabei ist zu beurteilen, ob geschätzte Werte unter den jeweiligen Umständen plausibel sind und - sofern erforderlich - in angemessener Weise erläutert wurden. Nachweise, die geschätzte Werte belegen, sind häufig schwieriger zu erhalten und haben weniger Aussagekraft als Nachweise, die andere Werte in der Rechnungslegung belegen."

Sicherheit

Das IDW verwendet in seinen Prüfungsstandards regelmäßig den Begriff der „hinreichenden Sicherheit." Beispiele: „Eine Abschlussprüfung ist darauf auszurichten, dass die Prüfungsaussagen mit hinreichender Sicherheit getroffen werden können. Das Konzept der hinreichenden Sicherheit bezieht sich auf die für diese Beurteilung erforderliche Gewinnung von Prüfungsnachweisen und somit auf die gesamte Prüfung." (PS 200, TZ 24)

(Organisatorische) Sicherungsmaßnahmen

Das IDW verwendet diesen Begriff im PS 260 TZ 6 bei der Erläuterung des „internen Überwachungssystems", das sowohl prozessintegrierte als auch prozessunabhängige Überwachungsmaßnahmen umfasst. Nach dieser Terminologie beinhalten die prozessintegrierten Kontrollen auch „organisatorische Sicherungsmaßnahmen". Hierbei handelt es sich um automatische Einrichtungen, die z.B. verhindern, dass der Auftrag eines Kunden trotz Überschreitung eines Kreditlimits akzeptiert wird, Waren trotz Überschreitung eines Einkaufslimits bestellt werden oder Buchungen trotz Überschreitung einer Plausibilitätsgrenze akzeptiert werden.

Skepsis

Zur kritischen Grundhaltung führt das IDW in seinem PS 200 TZ 17 aus: „Die Abschlussprüfung ist mit einer kritischen Grundhaltung zu planen und durchzuführen; die erlangten Prüfungsnachweise sind kritisch zu würdigen. Der Abschlussprüfer muss sich stets darüber im Klaren sein, dass Umstände (Fehler, Täuschungen, Vermögensschädigungen oder sonstige Gesetzesverstöße) existieren können, aufgrund derer der Jahresabschluss und der Lagebericht wesentliche falsche Aussagen enthalten. Er kann daher nicht ohne weiteres im Vertrauen auf die Glaubwürdigkeit der gesetzlichen Vertreter bspw. von der Richtigkeit ihrer Auskünfte ausgehen, sondern muss sich diese belegen lassen und die Überzeugungskraft dieser Nachweise würdigen." Es ist auffällig, dass das IDW an dieser Stelle nicht von „Skepsis" spricht, sondern die Formulierung „kritische Grundhaltung" bevorzugt. Darunter leidet allerdings die Präzision des Textes. In der parallelen Ausführung der ISA 200 wird bewusst von „attitude of professional skepticism" gesprochen. Hier wird in TZ 6 - die notwendige Einstellung des Abschlussprüfers viel treffender schildernd - ausgeführt: "The auditor should plan and perform the audit with an attitude of professional skepticism recognizing that circumstances may exist which cause the financial statements to be materially misstated. For example, the auditor would ordinarily expect to find evidence to support management representations and not assume they are necessarily correct."

Die Arbeitsbedingungen der Wirtschaftsprüfer haben sich in den vergangenen Jahren deutlich verschlechtert. Dies ist hauptsächlich auf den zunehmenden Honorardruck, auf eine steigende Komplexität der Geschäftsvorfälle, auf die rückläufigen Erträge zahlreicher Unternehmen und auf eine Verselbständigung unternehmerischer Budgets zurückzuführen. Unter diesen Voraussetzungen muss der beruflichen Skepsis – ein Begriff, der in der sprachlichen Hierarchie höher angesiedelt ist als der Begriff der „kritischen Grundhaltung" – ein hoher Stellenwert eingeräumt werden. (Siehe Kapitel II. 5.1.3)

Systematik der Prüfungsphasen
Die Kenntnisse über die Geschäftstätigkeit führen uns (Leitfunktion des Business Understanding) zu den speziellen Stellen unternehmerischer Kontrollen. Im Rahmen der Aufbauprüfung gewinnen wir einen (vorläufigen) Eindruck über die Qualität der Kontrollen, setzen unsere Prüfungsziele und schätzen vor diesem Hintergrund das Risiko einer wesentlichen Fehlaussage ein. Damit ist dann auch die „Stoßrichtung" für den Funktionstest bzw. die sich noch anschließenden verbleibenden Prüfungshandlungen bestimmt.

Systemgeschäft
Es ist in der nationalen und internationalen Wirtschaft ein deutlicher Trend zum Systemgeschäft (auch Anlagen- oder Objektgeschäft genannt) zu erkennen. Gegenstand eines Vertrages ist also nicht mehr die Lieferung eines einzelnen Produktes (Liefergeschäft), sondern die Bereitstellung eines Werkes, in dem verschiedene Teile zu einem funktionsfähigen Ganzen zusammengefasst werden und das als solches vom Auftraggeber i.d.R. (protokollarisch) abgenommen werden muss, bevor der Auftragnehmer berechtigt ist, Umsatz und Gewinn zu realisieren. Bei Systemgeschäften arbeitet der Auftragnehmer u.U. als General-Unternehmer, der die Aufgabe hat, Sub-Unternehmer zu beschäftigen und zu überwachen.

Teamarbeit
Voraussetzungen für eine effektive Teamarbeit sind im wesentlichen: Aktiv zuhören, Sichtweisen akzeptieren, die nicht die eigenen sind, offene und faire Kommunikation pflegen, unter Druck zusammen an einem Strick ziehen, nach Lösungen Ausschau halten und nicht nach Problemen suchen, Dinge bestimmen und energisch angehen, Erfahrung und Wissen teilen, sich gegenseitig helfen, innerhalb klarer Zeitgrenzen arbeiten, andere motivieren, für Rückkopplung sorgen.

Überzeugungskraft
Begriff, der regelmäßig im Zusammenhang mit der Qualität von Arbeitspapieren verwendet wird. Dazu erklärt der PS 300: „Die Überzeugungskraft der Prüfungsnachweise steigt, wenn sie mit anderen Prüfungsnachweisen aus anderen Quellen oder anderer Art übereinstimmen. Dementsprechend kann der Abschlussprüfer die Prüfungsfeststellungen mit höherer Sicherheit treffen. ..." (TZ 37). Die Würdigung von Prüfungsnachweisen muss auch unter dem Aspekt der Scheingenauigkeit erfolgen.

Umfeld der Berichterstattung
Äußere Einflüsse z.B. Banken und Analysten, die auf das Management Druck ausüben können, Berichte über den Geschäftsverlauf so zu gestalten, dass diese den Erwartungen entsprechen. Diese Erwartungen werden regelmäßig dadurch ausgelöst, dass Geschäftsleitungen schon sehr früh ihre Ziele (Umsatz, Ergebnis, Schuldenabbau etc.) formulieren. Diese im KoBu-Doc zu erfassende Problematik gewinnt eine immer größere Bedeutung für die Arbeit des Abschlussprüfers, insbesondere für die Auswahl seiner Prüfungsziele.

Zur Thematik des „Reporting Environment" wird in ISA 310 App. C. 4. ausgeführt: „External influences which affect management in the preparation of the financial statements." Dieses "affect" kann im äußersten Fall auch dazu führen, dass sich das Management entschließt, den Jahresabschluss zu manipulieren !

Unabhängigkeit
„Unter Unabhängigkeit versteht § 2 der Berufssatzung der Wirtschaftsprüferkammer die Freiheit von Bindungen, die die berufliche Entscheidungsfreiheit beeinträchtigen oder beeinträchtigen können, weshalb sie das Eingehen solcher Bindungen verbietet." (WP HdB 2000, A, TZ 229)

Unbefangenheit
„Die Funktion des Abschlussprüfers verlangt, dass der WP bei seinen Feststellungen, Beurteilungen und Entscheidungen frei von Einflüssen, Bindungen und Rücksichten ist, und zwar gleichgültig, ob sie persönlicher, wirtschaftlicher oder rechtlicher Natur sind. Er muss alles vermeiden, was bei objektiver Betrachtung Misstrauen in seine unabhängige und neutrale Stellung begründet." (WP HdB 2000, A, TZ 234)

Unparteilichkeit
„Unparteilichkeit ist ein Gebot, das vom WP in seiner Funktion als Prüfer oder Gutachter unbedingte Neutralität verlangt. Auch wenn er dabei widerstreitenden Interessen ausgesetzt ist, darf er einzelnen Interessen nicht verpflichtet sein." (WP HdB 2000, A, TZ 257)

Unternehmensziele
Es ist Aufgabe der Geschäftsführung, dem Unternehmen konkrete Ziele vorzugeben. Diese Ziele können das Jahresergebnis, das Betriebsergebnis, die Kapitalverzinsung, die Kapitalstruktur etc. betreffen. Um Unternehmensziele erreichen zu können, müssen Unternehmensstrategien festgelegt werden, mit denen ganz konkrete Maßnahmen verbunden sind. Maßnahmen wirken sich auf den Jahresabschluss aus. Strategien beeinflussen Prognosen. Risiken bergen die Gefahr des Misslingens in sich. Der Abschlussprüfer muss die logische Kette: Ziele, Strategien, Risiken kennen, um seine Arbeit sachgerecht planen und durchführen zu können und muss Vorsicht walten lassen, damit Strategien nicht mit Zielen verwechselt werden. Außerdem ist darauf zu achten, dass Unternehmens-Ziele nur dann erreicht werden können, wenn alle Glieder (alle Abteilungen, alle Bereiche) ihren speziellen Beitrag dazu leisten. Dies setzt voraus, dass ihnen eigene Ziele (Prozess-Ziele) vorgegeben sind, deren Erreichen wiederum von speziellen Risiken (Risiken auf Prozess-Ebene) beeinträchtigt werden kann.

Unternehmensstrategie
Siehe Unternehmensziele

Vergleich
Wesentlicher Bestandteil des Instrumentariums der Prüfungstechnik, das mit dem Kürzel „VA BENE" gekennzeichnet wird. Ein Vergleich findet – unter besonderer Berücksichtigung eines bestimmten Prüfungszieles – i.d.R. Anwendung bei den sogenannten Einzelfallprüfungen, die ihrerseits (nach ISA) zu den „substantive procedures" gehören.

Verknüpfung von Arbeitspapieren
Ein risikoorientiertes Prüfungskonzept ist so aufgebaut, dass die einzelnen Dokumente (KoBu-Doc, KoRi-Doc, KoCo-Doc, KoP-Doc und KoDi-Doc) systematisch entwickelt werden. Der Erwerb von Kenntnissen der Geschäftstätigkeit (als kontinuierlicher Prozess) ermöglicht die Identifikation und Analyse von Geschäftsvorfällen und Geschäftsrisiken. Dieses Wissen lenkt unsere Arbeit unter besonderer Berücksichtigung der Wesentlichkeit zu den unternehmerischen Kontrollen und veranlasst uns, im Bewusstsein sachgerecht entwickelter Prüfungsziele die Qualität dieser Kontrollen zu untersuchen. In Abhängigkeit vom Ergebnis dieser Tests werden sich mehr oder minder umfangreiche (restliche) Prüfungshandlungen ergeben, um die notwendigen Prüfungsnachweise zur Stützung der Abschlussaussagen des Mandanten (VEBBAG) zu bekommen. Aussagebezogene Prüfungshandlungen müssen sich immer aus der Kenntnis der Geschäftstätigkeit ableiten lassen. Nur aus dieser Quelle erhalten sie letztlich ihren eigentlichen Sinn.

Verlässlichkeit
Der Begriff wird regelmäßig im Zusammenhang mit der Qualität von Prüfungsnachweisen gebraucht. So wird z.B. im PS 300 TZ 27 zum Thema „Einsichtnahme in Unterlagen" erklärt: „Die anhand der Einsichtnahme in Unterlagen des Unternehmens erlangten Prüfungsnachweise sind unterschiedlich verlässlich. Die Verlässlichkeit hängt von der Art und Herkunft der eingesehenen Unterlagen sowie von der Wirksamkeit der in den zugrunde liegenden Informationsverarbeitungsvorgängen eingerichteten internen Kontrollen ab."

Verschwiegenheit
„Die Pflicht zur Verschwiegenheit bildet das Fundament für das Vertrauen, das dem WP entgegengebracht wird. Ohne dieses Vertrauen wäre die Erfüllung der beruflichen Aufgaben, vor allem in kritischen Phasen, nicht möglich. Verschwiegenheit ist zeitlich unbegrenzt und gegenüber jedermann, auch gegenüber Berufskollegen, zu bewahren." (WP HdB 2000, A, TZ 259 / 263)

Vollständigkeit
Aussage zur Vollständigkeit: „Es gibt keine Aktiva und Passiva bzw. Geschäftsvorfälle, die nicht bilanziert sind bzw. über die nicht durch entsprechende Offenlegung berichtet wurde." Die Vollständigkeit (Anfangsbuchstabe „V") bildet einen wesentlichen Bestandteil im Kürzel „VEBBAG", das in komprimierter Form sowohl die Abschlussaussagen des Mandanten als auch die korrespondierenden Prüfungsziele des Abschlussprüfers beschreibt. Wenn man nach der „Vollständigkeit" fragt, dann will man wissen, ob alles das, was sich ereignet hat, auch gebucht wurde. Wenn man nach dem „Bestand" (erstes B in VEBBAG) fragt, dann interessiert man sich dafür, ob das, was gebucht wurde, auch tatsächlich stattgefunden hat.

Vorbeugende Kontrollen
Vorbeugende Kontrollen sind etabliert, um zu verhindern, dass Fehler überhaupt begangen werden. (z.B. die vor der Aufnahme von Geschäftsbeziehungen durchgeführte Kreditwürdigkeitsprüfung).

Wertschöpfungsprozess
Wertschöpfungsprozesse sind für die Entwicklung, die Herstellung und den Verkauf von Produkten und

Dienstleistungen zuständig. Im Wertschöpfungsprozess wird die Ertragskraft des Unternehmens gestaltet. Ihm gilt demgemäß auch unsere besondere Aufmerksamkeit.

Wesentliche Fehlaussage
Eine wesentliche Fehlaussage beruht entweder darauf, dass ein Jahresabschluss bestimmte Informationen gar nicht enthält oder sie ist darauf zurückzuführen, dass die im Jahresabschluss getroffenen Aussagen (z.B. zur Bewertung) falsch sind, so dass in beiden Fällen der Leser des Jahresabschlusses in seinen Entscheidungen beeinflusst werden könnte, wenn er von diesen Fehlern Kenntnis hätte.

Wesentlichkeit
„Der Grundsatz der Wesentlichkeit in der Abschlussprüfung besagt, dass die Prüfung des Jahresabschlusses und des Lageberichtes ... darauf auszurichten ist, mit hinreichender Sicherheit falsche Angaben aufzudecken, die auf Unrichtigkeiten oder Verstöße zurückzuführen sind und die wegen ihrer Größenordnung oder Bedeutung einen Einfluss auf den Aussagewert der Rechnungslegung für die Abschlussadressaten haben. Durch die Berücksichtigung des Kriteriums der Wesentlichkeit in der Abschlussprüfung erfolgt eine Konzentration auf entscheidungserhebliche Sachverhalte." (IDW PS 250 TZ 4)

Ziel einer Abschlussprüfung
„Durch die Abschlussprüfung soll die Verlässlichkeit der in Jahresabschluss und Lagebericht enthaltenen Informationen bestätigt und insoweit deren Glaubhaftigkeit erhöht werden. Die Verlässlichkeit dieser Informationen schließt auch deren Ordnungsmäßigkeit ein, da diese von den Adressaten bei ihrer Interpretation mit herangezogen wird. Die Adressaten des Bestätigungsvermerkes und sowie die Adressaten des Prüfungsberichtes, insbesondere die Aufsichtsorgane, können die Ergebnisse der Abschlussprüfung bei ihren Entscheidungen berücksichtigen. ..." (PS 200 TZ 8)

Ziele
Drei Arten von Zielen spielen bei der Arbeit des Abschlussprüfers eine Rolle:
1. Das berufsethische Ziel (Dieses wird aus den Berufsgrundsätzen abgeleitet und besteht darin, einen Bestätigungsvermerk abzugeben, auf den Verlass ist. 2. Das arbeitsstrategische Ziel (Um diese Sicherheit zu erreichen, muss er sich zunächst mit den Zielen beschäftigen, die ihm beim Mandanten - auf Unternehmens-Ebene und auf Prozess-Ebene - vorgestellt werden und die er kennen muss, um die Qualität von Internen Kontrollen beurteilen und daraus seine Prüfungsziele ableiten zu können.) 3. Das arbeitstaktische Ziel (Hat er sich auf dieser Basis ein Urteil gebildet, entwickelt er bestimmte Prüfungsprogramme, die – von bestimmten Prüfungszielen gesteuert – dazu dienen, ausreichende und angemessene Nachweise dafür zu bekommen, dass die Abschlussaussagen des Mandanten - zur Vollständigkeit, zum Eigentum, zum Bestand, zur Bewertung, zum Ausweis und zur Genauigkeit - stimmen.)

Zuhören
Wirksames Zuhören bedeutet, dass wir in der Lage sind, die Informationen genau aufzunehmen und die darin enthaltenen Botschaften richtig zu interpretieren. Je mehr wir verstehen, desto besser können wir auch damit umgehen. Es gibt Gelegenheiten, da glaubt man, genau zu wissen, was der Gesprächspartner sagen wird, und verzichtet darauf, ihm zuzuhören. Nachher stellt man dann fest, dass man das gehört hat, was man hören wollte, dass man aber in Wahrheit die gesprochenen Worte gar nicht aufgenommen hat.

Zweifel
Es liegt in der Natur der Sache, dass der Abschlussprüfer gelegentlich Zweifel hat, ob die vom Mandanten im Jahresabschluss getroffenen Aussagen richtig sind. Er wird dann unter besonderer Beachtung des berufsüblichen Grundsatzes der Gewissenhaftigkeit seine Arbeit ausdehnen, um die entsprechenden Prüfungsnachweise zu bekommen. Zu dieser Problematik erklärt der PS 300 unter TZ 38: „Wenn bei der Beurteilung einer wesentlichen Aussage in der Rechnungslegung Zweifel bestehen, wird der Abschlussprüfer versuchen, ausreichende und angemessene Prüfungsnachweise zu erlangen, um solche Zweifel zu zerstreuen. ..." Lassen sich die Zweifel nicht beseitigen, wird der Abschlussprüfer keinen uneingeschränkten Bestätigungsvermerk erteilen können.

Anlage 53 Verzeichnis und Quelle wichtiger Stichworte in den Prüfungsstandards des IDW

Begriff	Thema	PS	TZ
Abschlussprüfung	Verlässlichkeit von Informationen in JA/LB ist zu bestätigen	200	8
Analytische Prüfungshdlg.	Ergänzungen zu den analytischen Prüfungshandlungen	260	75
	APH zur Gruppe der aussagebezogenen PH gehörend	300	21
	APH sind Plausibilitätsbeurteilungen	300	22
Anfälligkeit	Anfälligkeit eines Prüffeldes f.d. Auftreten von Fehlern	260	24
Angaben	A. in der RL sind Aussagen i.S. von Erklärungen und Einsch.	300	7
Angemessenheit	Beurteilung der A. von Bilanz. u. Bewertungsmethoden	230	7
Arbeitspapiere	Für Form und Inhalt maßgebende Kriterien	460	14, 18
	Voraussetzung für Klarheit und Übersichtlichkeit	460	15
	Planungsunterlagen als wesentlicher Bestandteil der A.	240	28
	Effiziente Gestaltung durch Standardisierung	460	16
	Gewährleistung der Vertraulichkeit	460	23
	Wesentliche Zwecke der Arbeitspapiere	460	7
Aufbauprüfung	Prüfung der Wirksamkeit des IKS	260	31
	Orientierung an der Ausgestaltung des IKS	260	41
Aufgliederung	Aufgliederung und ausreichende Erläuterung von JA-Posten	200	10
	Aufgliederung von Abschlussposten (Informationsbedarf)	450	97
Aufklärungen	Aufklärungen und Nachweise der gesetzlichen Vertreter	200	10
Auftragsverhältnis	Gesetzlich oder vertraglich bedingte Besonderheiten	240	17
Auskunftspflicht	Unzureichende Erfüllung der A.- und Nachweispflicht	400	56
Aussagen	Prüfungsaussagen im Bestätigungsvermerk	200	11
	Aussagen in der Rechnungslegung	300	7
	Einholung von Prüfungsnachweisen	300	35
Aussagebezogene PH	Ersetzung der Funktionsprüfung durch aussagebezogene PH	260	33
	Prüfungsnachweise d. a. PH (hohes Kontrollrisiko)	260	64
	Art der aussagebezogenen Prüfungshandlungen	260	75
	Funktionsprüfungen des IKS als aussagebezogene PH	260	77
	Gewinnung von Prüfungsnachweisen	300	18
Aussagefähigkeit	Begrenzung der Aussagefähigkeit von Prüfungsnachweisen	200	28
Ausschaltung	Ausschaltung des IKS durch ges. Vertreter oder Mitarbeiter	260	11
Ausstrahlungswirkung	A. der aktienrechtlichen Regelung (§ 91 Abs. 2 AktG)	450	107
Außergewöhnl. Umstände	Fassung des Best.vermerkes zur Kenntlichmachung a.Umst.	400	18
	Hinweise im Prüf. bericht auf besondere Pr.handlungen	400	33
Beanstandungen	Wesentliche Beanstandungen geg. Teile des Jahresabschlusses	400	50
Berichterstattung	B. als Gegenstand der Kontrollaktivitäten der Ug.	260	52
	B. im Prüfungsbericht über wesentliche (behobene) Mängel	260	81
Berichtsanforderungen	Gegenstand einer risikoorientierten Prüfungsstrategie	240	17
Bescheinigung	Bei Pr. mit abweichendem Gegenstand oder geringerem Umf.	400	5
Beschreibung	Von Art und Umfang der Prüfung im Bestätigungsvermerk	400	28-31
Bestätigungen	Einholung von B. als Pr.handlung bei Einzelfallprüfungen	300	26, 31
	Verlässlichkeit von Bestätigungen	302	8, 9
Bestätigungsvermerk	Aufgabe (Zusammenfassung in einer Beurteilung)	400	2
	Datierung (mit Abschluss der Prüfung)	400	81
	Erteilung (erst nach Abschluss der Prüfung)	400	14
	Formen (Prüfungsurteil in einer von drei Formen)	400	41
	Formulierung der Vermerke (Bestätigung, Versagung)	400	117 f.
	Inhalt (Ergebnis der Jahresabschlussprüfung)	400	8, 22
	Offenlegung (Pflichten des Abschlussprüfers)	400	16
	Prüfungsaussagen im Bestätigungsvermerk	200	11
	Versagung (bei wesentlichen Schwächen im IKS)	260	81
	Überschrift (Kennzeichnung des Vermerkes)	400	19
	Unterzeichnung (Eigenhändige WP-Unterschrift)	400	84
	Widerruf (Falsche Voraussetzung f. d. Bestätigungsvermerk)	400	111
Bestandsgefährdung	Darstellung im Bestätigungsvermerk	400	77
Betriebsprozesse	Kenntnisse über Betriebsprozesse als Gegenstand der Planung	240	16
Beurteilung	Stellungnahme zur B. der Lage d.d. gesetzlichen Vertreter	200	10
	Beurteilung der Kontrollrisiken durch den Abschlussprüfer	260	64, 65
Beurteilungsspielräume	B. als Gegenstand der Beschäftigung mit inhärenten Risiken	260	29
	Beurteilungsspielräume als Gegenstand der Berichterstattung	400	33
Beurteilungszeitpunkt	Datum des Bestätigungsvermerks	400	81
Bewertung	Bewertung als Gegenstand der Kontrollaktivitäten im U.	260	52
	„Richtige Bewertung" als Aussage der Rechnungslegung	300	7
Bewertungsvorschriften	B. als Gegenstand von Ausführungen im Prüfungsbericht	450	67

Anlage 53

Begriff	Thema	PS	TZ
Bezugsgröße	Maßstab für die Einschränkung des Bestätigungsvermerks	400	51
Bilanz./Bewert.methoden	B. als Gegenstand der risikoorientierten Prüfungsstrategie	240	17
Bilanzpolitik	B. als Gegenstand der Beurteilung inhärenter Risiken	260	28
Branchenentwicklung	B. als Gegenstand der Beurteilung inhärenter Risiken	260	28
Branchenrisiken	Technologie, Mode, niedrige Markteintrittsbarriere	230	15
Buchführung	Buchführung als Gegenstand der Prüfungsaussagen	200	10, 12
Buchführungsmängel	B. als Grund f.d. Einschränkung des Bestätigungsvermerkes	400	54
	Buchführungsmängel als Gegenstand des Prüfungsberichtes	450	55
Buchführungsunterlagen	Richtigkeit und Vollständigkeit der Buchführungsunterlagen	260	8
	Buchführungsunterlagen als Teil des Rechnungslegungssystems	260	57
Darstellung	Darstellung und Berichterstattung (Kontrollaktivitäten im U.)	260	52
	D. und Berichterstattung (Aussagen i.d. Rechnungslegung)	300	7
Dienstleistung	D. des Unternehmens: Kenntnisse über die Geschäftstätigkeit	230	15
	Verständnis der Geschäftstätigkeit: Grundlage f.d. D. des WP	230	6
Diversifikation	Diversifikation als Aspekt für die Ausgestaltung des IKS	260	13
Dokumentation	Dokumentation der Planung	240	1, 28-32
	Wesentlichkeit bei Schlussfolgerungen aus Nachweisen	250	24
	Kenntnisse vom IKS und entsprechende Prüfungshandlungen	260	79
Durchsicht	Durchsicht von Unterlagen (Aufbauprüfung des IKS)	260	61
	Durchsicht von Nachweisen (Funktionsprüfung)	260	67
	D. von Unterlagen zu Ereignissen nach dem Stichtag	314	12
EDV-Systeme	Ursachen für Unternehmensrisiken	260	48
Eigentum	Eigentum als Gegenstand von Kontrollaktivitäten	260	52
Eigenverantwortlichkeit	Verpflichtung zur gewissenhaften Prüfung	200	2
	Art und Umfang der erforderlichen Prüfungshandlungen	200	18
Einflussfaktoren	Unterschiedliche Einflussfaktoren auf das Fehlerrisiko	260	40
Einholen von Bestätig.	Beschränkung beim E. (Prüfungshemmnisse)	400	56
Einleitender Abschnitt	E. zum Bestätigungsvermerk	400	24
Einschätzungen	Beurteilung von E. (Beschreibung des Prüfungsumfangs)	400	31
Einschränkung	E. des Bestätigungsvermerkes	400	50-54, 58
Einsichtnahme	E. in die Berichte der Internen Revision (Funktionsprüfung)	260	67
Eintritt	Erfassung von Ereignissen/Geschäftsvorfällen nach deren E.	260	52
	Aussagen (Rechnungslegung) zum Eintritt eines Ereignisses	300	7
Einwendungen	Einwendungen bei Vorliegen wesentlicher Beanstandungen	400	15
Einzelfallprüfungen	E. als Ergänzung zu analytischen Prüfungshandlungen	260	75
	Aussagebezogene Prüfungshandlungen als Einzelfallprüfung	300	23, 24
Entdeckungsrisiko	Entdeckungsrisiko als Bestandteil des Prüfungsrisikos	260	24
	Beziehungen zwischen Entdeckungsrisiko und Fehlerrisiko	260	74
	Einschränkung des Best.vermerkes, wenn E. nicht reduzierbar	260	78
	Prüfungsstrategie: Festlegung des annehmbaren Entdeck.risik.	240	20
Ereignisse	Planung: Auswirkung von Ereignissen auf den Jahresabschluss	240	16
	E. nach dem Stichtag: Prüfungsnachweis für geschätzte Werte	314	25
Erfassung	Richtige Erfassung von Geschäftsvorfällen als „Aussage"	300	7
Erfolgsquellenanalyse	E. durch den Abschlussprüfer (Information für die Adressaten)	450	100
Ergebnisbereinigung	Auswirkungen von Sondermaßnahmen	450	97
Erklärung	Erklärung des WP, ob der JA korrekt aufgestellt wurde	200	11
Erläuterung	Ausreichende Erläuterung der Posten des Jahresabschlusses	200	10
	Erläuterung der Bilanz.- u. Bewertungsmethoden (Wahlrechte)	450	78
Ermessen	Ausübung des E. zur Erlangung von Prüfungsnachweisen	300	11
Ermessensausübung	Kenntnisse von der Geschäftstätigkeit als Bezugsrahmen f. E.	230	7
Ermessensentscheidung	Schätzungen beinhalten E. und Unsicherheiten	314	5
Ermessensspielräume	Berichterstattung üb. die Ausübung von Ermessensspielräumen	450	85
Ermittlungsverfahren	Hinzuziehung von Sachverständigen bei komplizierten E.	314	11
Erstellung	Arbeitspapiere als Grundlage für die E. des Prüfungsberichtes	460	7
Erteilung	Voraussetzung für die Erteilung des Bestätigungsvermerkes	400	14
Fehlaussagen	Einschätzung der Gefahr wesentlicher Fehlaussagen	240	17
Fehleinschätzung	F., die außerhalb einer akzeptierten Bandbreite liegt	314	28
Fehlleistungen	Menschliche F., die die Funktion des IKS gefährden	260	11
Fehler	Kenntnisse des IKS, um Arten von Fehlern festzustellen	260	40
Fehleranfälligkeit	Aspekte bei der Beurteilung inhärenter Risiken	260	29
Fehlerrisiko	Festlegung von Prüfungshandlungen u.b.B. des erwarteten F.	240	20
	Fehlerrisiko + Entdeckungsrisiko = Prüfungsrisiko	260	24
Folgeprüfungen	Beurteilung wichtiger Sachverhalte bei Folgeprüfungen	240	13
	Funktion der Arbeitspapiere : u.a. Unterstützung bei F.	460	7
	Für den Fall der F. : Einführung einer Dauerakte	460	19
Fortbestand	Erkennung von den F. des U. gefährdenden Entwicklungen	260	10
Fortführung	Beurteilung, ob von der Fortführung des U. auszugehen ist	240	17
Führung	Prüfungsplanung: Erfahrung in der Führung von Mitarbeitern	240	20

Begriff	Thema	PS	TZ
Führungsstil	Das Kontrollumfeld wird u.a. bestimmt durch den Führungsstil	260	16
Funktionstrennung	Bestandteil der Kontrollaktivitäten: u.a. Funktionstrennung	260	51
Funktionsprüfung	Zur Prüfung der Wirksamkeit des IKS u.a. Funktionsprüfung	260	31, 64, 67
Genauigkeit	Kontrollaktivitäten sind u.a. auch auf die G. ausgerichtet	260	52
Genehmigung	Genehmigung als wes. Bestandteil der Kontrollaktivitäten	260	51
Gesamtaussage	Uneingeschränkter Bestätigungsvermerk = positive G.	400	42
	Gesamtschau der einzelnen Teile des JA = Gesamtaussage	450	72
Gesamtdarstellung	Beschreibung des Prüfungsumfangs: Würdigung der G. des JA	400	31
Gesamteindruck	Für die Entwicklung einer Prüfungsstrategie: G. des IKS	240	17
Gesamtplanung	Sachgerechte Gesamtplanung aller Aufträge der WP-Praxis	240	10, 25-26
Gesamturteil	Bestätigungsvermerk als G. über das Ergebnis der Prüfung	400	8, 9, 11
Gesamtwürdigung	G. von Nachweisen (aus System- und aussagebezogenen Prüfg.)	240	34
Geschäftsentwicklung	Beurteilung der inhär. Risiken auf Unternehmens-Ebene: G.	260	28
Geschäftspraktiken	Geschäftspraktiken sind in die Prüfungsplanung einzubeziehen	240	16
Geschäftstätigkeit	Beurteilung der inhärenten Risiken auf U-Ebene: G.	260	28
	Veränderungen in der G. als Ursache für Unternehmensrisiken	260	48
Geschäftsvorfälle	IKS dient u.a. der korrekten Erfassung von Geschäftsvorfällen	260	8
	Betriebl. Informationssystem liefert Informationen über G.	260	57
	IKS anfällig für die falsche Bearbeit. nicht routinemäßiger G.	260	11, 29
Geschätzte Werte	Geschätzte Werte: notwendiger Bestandteil der Rechnungslegung	314	1
Gewichtung	Prüfungsstrategie: Mögl. Wechsel i.d. G. von Prüfungsgebieten	240	17
	G. der Einzelergebnisse vor Abgabe eines Gesamturteils	400	9
Gewissenhaftigkeit	G. als wesentlicher Bestandteil der beruflichen Grundsätze	201	25
	G. in der Berichterstattung des Abschlussprüfers	450	9
Gliederung	Übersichtliche G. als Voraussetzung eines klaren Berichtes	450	12
Grenzen	G. der aus einer Prüfung zu ziehenden Erkenntnismöglichkeiten	200	26
Grundsatzentscheidung	Prüfungsstrategie umfasst die G. über die Richtung einer Prüfung	240	14
Grundsätze	Umfang der Prüfung: Beurteilung der Rechnungslegungs-Grunds.	400	31
	Umfang der Prüfung: G. der Planung und der Durchführung	400	30
Grundsatzfragen	Dokumentation der relevanten Tatsachen i.d. Arbeitspapieren	460	13
Hierarchieebene	Ebene in der Ug., auf der geschätzte Werte geprüft werden	314	22
Hinreichende Sicherheit	Prüfung: H. dass Abschluss frei von wesentlichen Fehlaussagen	400	30
	Prüfungsaussagen müssen mit H. getroffen werden	200	24
Internes Kontrollsystem	Prüfung: Auf der Grundlage von Kenntnissen des IKS	200	20
	Begriff und Aufgaben	260	5, 6
	Voraussetzung für die Prüfungsstrategie: Kenntnisse des IKS	240	17
	Beschreibung des Umfangs der Prüfung: Beurteilung des IKS	400	31
	Maßgebend f. Form u. Inhalt der Arbeitspapiere: IKS-Qualität	460	14
Information u. Komm.	Information und Kommunikation als Komponenten des IKS	260	15
Informationstechnologie	Geschäftsaktivitäten der zu prüfenden Unternehmung	230	15
	Prüfungsstrategie: Einfluss der I. auf die Abschlussprüfung	240	17
Inhärentes Risiko	Inhärentes Risiko als Bestandteil des Fehlerrisikos	260	24
	Beurteilung der I. auf Unternehmens-Ebene und prüffeldspezifisch	260	27
	Prüfungsstrategie: Abschätzung des I. und des Kontrollrisikos	240	17
Integrität	Kontrollumfeld wird u.a. bestimmt von der Integrität im U.	260	16
Interessen	Risiken verursacht u.U. durch finanzielle I. der U.leitung	260	48
Interne Revision	I. als Bestandteil des IKS (prozessunabhängige Institution)	260	6
Inventuren	Inventuren als Teil des IKS	260	8
Jahresabschlussprüfung	Gegenstand der Jahresabschlussprüfung	200	12
Kapazität	Planung der ausreichenden zeitlichen und personellen Kapazität	240	10
Kenntnisse	Pr.handlungen auf der Grundlage der K. über die Gesch.tätigkeit	200	20
	Prüfungsstrategie: Ausreichende K. über das zu prüfende U.	240	16, 17
	Prüfung von Schätzungen auf d. Grundlage von K. des U.	314	19
	Umfang der Prüfung auf der Basis von K. des U.	400	31
Kennziffern	Bedeutsame K. über die finanzielle Leistungskraft	230	15
	Angaben üb. bedeutsame K. als Bestandteil der Arbeitspapiere	460	18
Kompetenz	Kontrollumfeld wird bestimmt durch die fachliche K. im U.	260	16
	Pr.strategie: Zu beachten u.a. die sachliche u. rechtliche K.	240	17
Komplexität	Spezif. Beurteil. der inhär. Risiken.: K. der Geschäftsvorfälle	260	29
	Für die Ausgestaltung des IKS maßgebend. u.a.: Komplexität	260	13
	Für Form u. Inhalt der ArbPap maßgebend u.a. K. des U.	460	14
	Umfang der Prüfungsplanung abhängig von der K. des U.	240	12
Kontaktaufnahme	Prüfungshemmnis: K. die verweigerte K. mit Anwälten der Ug.	400	56
Kontinuität	Prüfungsprogramm: Personelle Planung: K. in der Besetzung	240	20
Kontrollaktivitäten	Komponente des IKS u.a.: die K. bei Steuerung und Überwach.	260	15
	Ausrichtung der K. im Internen Kontrollsystem	260	52

… Anlage 53

Begriff	Thema	PS	TZ
Kontrollbewusstsein	Unternehmensspezifische Merkmale	230	15
	Prüfungsstrategie: Beurteilung des K. der gesetzlichen Vertreter	240	17
Kontrollrisiko	Fehlerrisiken beinhalten inhärente Risiken und Kontrollrisiken	260	24
	Prüfungsstrategie: Abschätzung des inhärenten Risikos und des K.	240	17
Kontrollstruktur	Prüfungsstrategie: Verständnis für das IKS (K.)	240	17
Kontrollumfeld	Kenntnisse über die Geschäftstätigkeit des zu prüfenden Ug.	230	15
	Komponente des IKS ist u.a. das Kontrollumfeld	260	15
	Bei Aufbauprüfung des IKS: Beurteilung des K. im U.	260	44
Koordination	Prüfungsstrategie: K. , Leitung, Überwachung, Nachschau	240	17
Lagebeurteilung	Lagebeurteilung durch die gesetzlichen Vertreter	450	28
	Lagebeurteilung durch die Berichtsadressaten	450	29
Laufende Arbeitspapiere	Unterteilung der Arbeitspapiere in Dauerakten und lfd. ArbPap	460	19, 21
Leistungsfähigkeit	Prüfungsstrategie: Kenntnisse über die finanzielle L. des U.	240	17
Leistungskraft	Analyse von für die VFE-Lage bedeutsamen Faktoren	230	15
Leitung	Prüfungsstrategie: Koordination, L., Überwachung., Nachschau	240	17
Management Letter	M. kein Teilbericht des Prüfungsberichtes	450	17
Mangel	M. als Vorauss. für einen eingeschränkten Bestätigungsvermerk	400	51
Mathematische Richtigkeit	Prüfung der M. bei Berechnungsverfahren	314	20
Merkmale	Pr.stratege: Bedeutende M. des zu prüfenden Unternehmens	240	17
Missbrauch	Potentielle Schwächen des IKS: M. der Verantwortung	260	11
Mitarbeitereinsatz	Planung der Prüfung: M. muss koordiniert werden	240	8
Mitarbeiterinformation	Sicherstellung eines ausreichenden Kenntnisstandes	230	13
Nachprüfbarkeit	Prüfungshemmnis: u.a. die mangelnde N. von Geschäftsvorfällen	400	56
Nachschau	Prüfungsstrategie: Koordination, Leitung, Überwachung, N.	240	17
Nachtragsprüfung	N. nur durch den bestellten Abschlussprüfer zulässig	400	105
Nachvollzug	Nachweise bei Funktionsprüfungen: u.a. N. von Kontrollen	260	67
Nachweise	Prüfungsaussage, dass die erforderlichen N. erbracht wurden	200	10
Nähe	Prüfungshandlungen in zeitlicher N. zum Abschlussstichtag	260	76
Personalpolitik	Kontrollumfeld wird u.a. bestimmt durch die Grundzüge der P.	260	16
Planung	Prüfung ist mit einer kritischen Grundhaltung zu planen	200	17
Planungsprozess	Die Planung ist als kontinuierlicher Prozess zu gestalten	240	21
Plausibilitätsprüfung	Analytische Prüfungshandlungen sind P. von Zahlen und Trends	300	22
Positivbefund	Eingeschränkter Best.vermerk: P. zu wesentlichen Teilen möglich	400	50
Problembewusstsein	Kontrollumfeld wird u.a. geprägt durch das Problembewusstsein	260	16
Problemfelder	Sorgfältige Planung soll Erkennen von P. sicherstellen	240	8
Prüffelder	Prüfprogramm: Aufteilung der Prüfungsgebiete in Teilbereiche	240	19
	Grundsatz der Wesentlichkeit gilt auch bei der Pr. von P.	250	12
	Bei Ausgestaltung des Prüfungsansatzes: Bestimmung der P.	260	37
Prüfungsansatz	Prüfungsstrategie u.a. Beschreibung des Ansatzes der Prüfung	240	14
	Ausgestaltung des Prüfungsansatzes	260	37
Prüfungsanweisungen	Das Prüfungsprogramm beinhaltet die P. an die Mitarbeiter	240	18
Prüfungsauftrag	Prüfungsplanung: zeitgerechte Bearbeitung des Prüfungsauftrages	240	8
Prüfungsaussagen	Aussagen über das Prüfungsergebnis mit hinreichender Sicherheit	200	9
	P. erhöhen die Verlässlichkeit der Rechnungslegung	200	15
	Frage, ob P. im Bericht oder im Bestätig.vermerk zu treffen sind	250	20
	Ausrichtung der Prüfung: P. mit hinreichender Sicherheit treffen	260	23
Prüfungsbereitschaft	Prüfungsprogramm: Terminierung der Tätigkeiten u.b.B. der P.	240	20
Prüfungsbericht	Bestimmte Prüfungsaussagen werden im P. getroffen	200	10
	Inhalt und Aufgabe des Prüfungsberichtes	450	1
	Grundsätze für die Erstellung des Prüfungsberichtes	450	8-20
	Für Form und Inhalt der Arbeitspapiere ist u.a. der P. maßgeblich	460	14
Prüfungsergebnis	Bestätigungsvermerk fasst das P. in einer Beurteilung zusammen	400	2
	Erstprüfung: Das P. der Vorprüfung ist zu beachten	240	24
Prüfungsfeststellungen	Aggregation der Prüfungsfeststellungen	300	7
	Wege, um zu Prüfungsfeststellungen zu gelangen	300	12
	Einzelergebnisse aufgrund eigener Prüfungen des Prüfers	400	9
	Arbeitspapiere müssen auch die Prüfungsfeststellungen stützen	460	9
Prüfungsgebiete	Prüfungsstrategie: Welche P. sind potenziell mit Fehlern behaftet	240	15
	Ermessensausübung bei der Festlegung von Prüfungsgebieten	230	7
Prüfungsgrundsätze	Fachliche Prüfungsgrundsätze. : Kodifizierung	201	27
	Prüfungsstrategie: Auswirkungen neuer oder geänderter P.	240	17
Prüfungshandlungen	Grundlagen für die Bestimmung von Prüfungshandlungen	200	20
	Prüfungshandlungen im Rahmen der Aufbauprüfung des IKS	260	51, 63
	Planung von Prüfungshandlungen	240	7
	Prüfungsstrategie: Art, zeitlicher Ablauf und Ausmaß der P.	240	17
	Festlegung von Prüfungshandlungen für die einzelnen Prüffelder	240	19

Begriff	Thema	PS	TZ
Prüfungshemmnisse	Teile der Rechnungslegung können nicht beurteilt werden	400	50
	Beispielhafte Aufzählung von Prüfungshemmnissen	400	56
Prüfungsinhalte	Beispielhafte Aufzählung der berichtspflichtigen Prüfungsinhalte	450	57
Prüfungsnachweise	Die erlangten Prüfungsnachweise sind kritisch zu würdigen.	200	17
	Grenzen der Erkenntnismöglichkeiten: Falsche Prüfungsnachweise	200	26
	Voraussetzung für die Beurteilung des IKS: Qualität der P.	260	69
	P. als Voraussetzung. für begründete Schlussfolgerungen	300	6
	Prüfungsnachweise müssen ausreichend und angemessen sein.	300	8, 9
	Grad der Verlässlichkeit von Prüfungsnachweisen	300	36
	P. in bes. Fällen (Vorräte, Debitoren, Gerichtsverfahren etc.)	300	39-44
	Geschäftsvorfälle und Ereignisse im neuen GJ können P. sein	314	25
	Arbeitspapiere dienen u.a. der Dokumentation der P.	460	7
Prüfungsplanung	Aufgaben der Prüfungsplanung	240	7-13
	Einschätzung der Wesentlichkeit bei der Prüfungsplanung	250	18
	Verständnisses für das IKS im Rahmen der Prüfungsplanung	260	38
	Zur Beschreibung des Umfangs der Prüfung gehört die P.	400	30
Prüfungsprogramm	Planung umfasst die Entwicklung der Prüfungsstrategie und des P.	240	11
	Erstellung des P.: Aufteilung der Prüfgebiete in Prüffelder	240	19
	Entwicklung des P.: Beschäftigung mit Kontrollaktivitäten	260	55
Prüfungsrisiko	Hinreichende Sicherheit bedeutet keine absolute Sicherheit	200	25
	Entwicklung einer Prüfungsstrategie: u.a. Identifikation des P.	240	15
	Auswirkungen der Wesentlichkeit auf das Prüfungsrisiko	250	1
	Prüfung ist darauf auszurichten, das P. klein zu halten	260	23
	P.: Fehlerrisiko und Entdeckungsrisiko	260	24
Prüfungsschwerpunkte	Prüfungsplanung muss auch die P. festlegen	240	9
	Behandlung der P. im Rahmen der Berichterstattung	450	37
Prüfungssicherheit	Eine mangelnde P. gehört zu den Prüfungshemmnissen	400	56
Prüfungsstandards	P. sind die vom IDW festgestellten GoA	201	28
Prüfungsteam	Besetzung des P. (Personelle Planung, Prüfungsprogramm)	240	20
Prüfungsstrategie	Prüfungsplanung umfasst die P. und das Prüfungsprogramm	240	11
	P. umfasst die Grundsatzentscheidung über die Richtung der Prüfg.	240	14
	P.: Identifikation und Analyse der Risikofaktoren	240	15
	Aspekte zur Entwicklung einer risikoorientierten P.	240	17
	Zur Dokumentation der Entwicklung einer Prüfungsstrategie	240	29
	P.: Beschäftigung mit den wesentlichen Kontrollaktivitäten	260	55
Prüfungsumfang	Aspekte für die Beschreibung des Umfangs der Prüfung	400	31
	Bei der Erläuterung des P.: Nennung der Prüfungsgrundsätze	450	55
Prüfungsurteil	Abschlussprüfer treffen das P. aufgrund pflichtgemäßer Prüfung	400	37, 39
	Das P. ist in vorgeschriebenen Formen auszudrücken	400	41
	Für Form und Inhalt der Arbeitspapiere ist u.a. das P. maßgeblich	460	14
Prüfungsziel	P.: Prüfungsaussagen müssen hinreichend sicher sein	200	9
	Das Prüfungsprogramm beschreibt die Prüfungsziele je Prüffeld	240	19
	Sachliche Planung umfasst u.a. die Vorgabe wesentlicher P.	240	20
Qualifikation	Die personelle Planung umfasst u.a. die Q. der Mitarbeiter	240	20
Qualitätssicherung	Die Arbeitspapiere dienen u.a. als Grundlage für die Q.	460	7
Quellen	Prüfungsnachweise aus unterschiedlichen Quellen	314	14
Rechnungslegungsprozess	Voraussetzungen, um die Organisation des R. kennenzulernen	260	57
Rechtsstreitigkeiten	Schätzung der Auswirkung von R.: Kontakt mit Anwälten	314	15
Regressfälle	Arbeitspapiere dienen u.a. der Sicherung des Nachweises in R.	460	7
Richtigkeit	Kontrollaktivitäten in der Rechnungslegung.: Kontrolle der R.	260	51
Risiken	Best.vermerk: u.a. Aussage zu den bestandsgefährdenden Risiken	200	11
Risikobeurteilung	Die R. ist Komponente des internen Kontrollsystems	260	15
	R.: Welche Risiken gefährden die Zielerreichung?	260	17, 49
	Der Prüfer muss beurteilen, ob die R. angemessen ist	260	46
Risikoeinschätzung	Entwicklung einer Prüfungsstrategie: Aspekte der R.	240	17
Risikoeinstellung	Risikoeinstellung des geschäftsführenden Organs	230	15
Risikofaktoren	Zur Entwicklung der Prüfungsstrategie sind die R. zu identifizieren	240	15
Risikofrüherkenn..system	Bezugsrahmen für die Beurteilung des R.	230	7
	Risikomanagementsystem ist Teilbereich des IKS	260	10
	Konsequenzen (für den Bericht) aus festgestellten Mängeln im R.	260	81
Sachverständige	Prüfungsstrategie: Koordination: Heranziehung von S.	240	17
Schlussfolgerungen	S. auf der Grundlage der erlangten Prüfungsnachweise	200	27
	Beachtung der Wesentlichkeit ist bei Sch. zu dokumentieren	250	24
	In den ArbPap u.a. die S. aus Nachweisen zu dokumentieren	460	12
Schriftverkehr	Als Inhalt der ArbPap u.a. Kopien des S. über die JA-Prüfung	460	18
Schwachstellen	Konsequenzen aus der Feststellung von S. im IKS	260	81
Schwierigkeitsgrad	Umfang der Planung hängt u.a. vom S. der Prüfung ab.	240	12
	Pr. von Berechn.verfahren abhängig vom S. von Schätzungen	314	20

Begriff	Thema	PS	TZ
Schutzvorschriften	Rechtlicher Rahmen: S. für die Adressaten von JA/LB	230	15
Sicherheit	Die Prüfungsaussagen sind mit hinreichender S. zu treffen	200	24
	S. (Pr.aussagen) wird auch d. Ermessensentscheidungen beeinflusst	200	27
Sicherung	IKS: u.a. S. der Wirksamkeit der Geschäftstätigkeit	260	5
	Kontrollaktivitäten: S. von Vermögenswerten/Aufzeichnungen	260	51
Sicherungsmaßnahmen	Überwachungssystem: u.a. prozessintegrierte organisatorische S.	260	6
Sorgfalt	Pr.handlungen sind mit der erforderlichen S. zu bestimmen	200	21
Standards	Beurteilung der inhär. Risiken auf Unternehmens-Ebene: Neue St.	260	28
Stetigkeitsgrundsatz	Durchbrechungen der Ansatz- u. Bewertungsstetigkeit (Anhang)	450	89
Steuerungssystem	IKS: Steuerungssystem und Überwachungssystem	260	6
Systemprüfung	Pr.nachweise: Kombination von S. und aussagebezogenen PH	300	14
	Durch S.: Nachweis über Design und Wirksamkeit des IKS	300	15-16
	S. ermöglichen eine wirtschaftliche Durchführung der Prüfung	300	17
Täuschung	Prüfungsstrategie: Gefahr der wesentlichen Fehlaussage durch T.	240	17
	T. sind bewusst falsche Angaben im JA und ggf. LB	210	7
Technologien	Ursachen von Unternehmens-Risiken: Einsatz neuer Technologien	260	48
Terminierung	Prüfungsprogramm: Zeitliche Planung: T. der Prüfarbeiten	240	20
Übersichtlichkeit	Die Arbeitspapiere sind klar und übersichtlich zu führen	460	10
Überwachung	Prüfungsstrategie: Koordination, Leitung, Ü. und Nachschau	240	17
	Personelle Planung: Erfahrung in der Führung und Ü.	240	20
	Komponenten des IKS: u.a. Überwachung	260	15
	Wesentliche Maßnahmen zur Überwachung sind zu beurteilen.	260	59
	Zwecke der Arbeitspapiere: u.a. Unterstützung bei der Ü.	460	7
Überwachungssystem	IKS: Steuerungssystem und Überwachungssystem	260	6
Überwachungstätigkeit	Das Kontrollumfeld betrifft auch die Ü. durch den Aufsichtsrat	260	16
	Adressaten des Prüfungsberichtes: Ausrichtung ihrer Ü.	450	74
Überzeugungskraft	Die Überzeugungskraft der Nachweise ist zu würdigen	200	17
	Ü. der Nachweise steigt bei Übereinstimmung mit anderen Quellen	300	37
Umgehung	Ziele des IKS sind gefährdet bei U. oder Ausschaltung	260	11
Umkehreffekte	U., die sich aus der Änderung von Bewertungsgrundlagen ergeben	450	92
Unabhängigkeit	Geschäftsführendes Organ: U. und Kontrolle unterer Ebenen	250	13
	U. der Mitarbeiter des WP gegenüber dem Mandanten	240	20
Unregelmäßigkeiten	Berichtspflicht bei festgestellten Unregelmäßigkeiten	450	42-44
Unrichtigkeiten	Aussagen im Prüfungsbericht betreffen auch festgestellte U.	200	10
	Wesentlichkeit: Auf U. beruhende Fehler sind zu entdecken	250	4
	Keine Negativerklärung, wenn keine U. festgestellt wurden	450	43
Unternehmenskultur	Das Kontrollumfeld wird auch durch die U. bestimmt.	260	16
Unternehmensrisiken	Prüfungsstrategie: U. und Prüfungsrisiken sind zu identifizieren	240	15
Unternehmenswachstum	Unternehmensrisiken können auch resultieren aus zu schnell. U.	260	48
Unterschlagung	Prüffeldspezifische Beurteilung der inhär. Risiken: Gefahr von U.	260	29
Unterzeichnung	U. und Vorlage des Prüfungsberichts	450	114-117
Unwirksamkeit	Ziele des IKS sind gefährdet bei zeitweiser U. des IKS	260	11
Verantwortlichkeit	Abschlussprüfer sind für die Prüfungsaussagen verantwortlich	200	29
	Uneingeschränkte V. der ges. Vertreter für die Rechnungslegung	200	31
Verantwortung	Einleitender Abschnitt: Abgrenzung der V. des Abschlussprüfers	400	25
	Gesetzliche Vertreter tragen die V. für den JA und die Auskünfte	450	53
Verfügbarkeit	Prüfungsprogramm: Personelle Planung: V. der Mitarbeiter	240	20
Verlässlichkeit	Abschlussprüfer bestätigen die V. der in JA/LB enthalt. Infos	200	8
	Größere Anzahl von Nachweisen kann geringere V. kompenser.	300	8
	V. hängt von Art u. Herkunft der eingesehenen Unterlagen ab	300	27, 36
		302	8-9
	Nachweise über die V. der verwendeten Schätzverfahren	314	21
Vermögensgegenstände	IKS: Sicherstellen, dass V. im JA zutreffend dargestellt sind	260	8
Versagung	Schwächen im IKS: Voraussetzung für eine V. des Best.vermerkes	260	81
Versagungsvermerk	Versag. eines Bestätigungsvermerkes ist mit V. zu überschreiben.	400	19
Verstöße	Aussagen im Prüfungsbericht, die sich auf V. beziehen	200	10
	Wesentlichkeit: Fehler, die auf V. beruhen, sind zu erkennen	250	4
	Konsequenzen von V. gegen gesetzl. oder vertragl. Bestimmungen	400	55
	V. sind (bewusst) falsche Angaben im JA/LB.	450	46
Verzicht	Ziele des IKS sind u.U. gefährdet durch V. auf Maßnahmen	260	11
Vollständigkeit	Kontrollaktivitäten beziehen sich auch auf die V.	260	51-52
	Aussagen in der Rechnungslegung betreffen auch die V.	300	7
	Prüfungsbericht: Hinweis auf die eingeholte V-Erklärung	450	59
Vollständigkeitserklärung	Aussagen in der Rechnungslegung betreffen auch das V.	300	7
Vorhandensein	Konsequenzen aus einem nicht geprüften V.	400	45
Vorjahresabschluss	Konsequenzen bei fehlender oder mangelhafter Korrektur der V.	400	52
Vorjahresmängel			
Vorangestellte Berichterst.	Stellungnahme zur Lagebeurteilung in der V.	450	28

Begriff	Thema	PS	TZ
Vorprüfung	Ergänzung der in einer V. gewonnenen Erkenntnisse über d. IKS	260	71
Vorverlagerung	Systemprüfungen ermöglichen eine V. von Prüfungshandlungen	300	17
Wahl	Prüfungsbericht: Angaben zur W. und zum Auftrag	450	23
Wesentliche Mängel	Beschreibung der Prüfung: Ziel, wesentliche Mängel festzustellen	400	30
Wesentlichkeit	W.: Es erfolgt eine Konzentr. auf entscheidungserhebl. Sachverh.	250	4
	Bemessung der W. nach der Reaktion der Adressaten	250	8
Wesentl.einschätzung	Risiko- und W. im Rahmen der Entw. einer Prüfungsstrategie	240	17
Wesentlichkeitsgrade	Für die Feststellung von Fehlern Bestimmung von W.	260	25
Wesentlichkeitsgrenze	Kenntnisse über die Geschäftstätigkeit: Festlegung von W.	230	7
	Prüfungsstrategie: (vorläufige) Bestimmung einer W.	240	17
Wesentlichk.überlegungen	Art, Umfang und Ablauf der Prüfung sind abhängig von W.	260	63
Wirtschaftlichkeit	Planung der Prüfung hat Grundsatz der W. zu beachten	240	8
	Bei der Beschaffung von Prüfungsnachweisen W. beachten	300	13
Würdigung	Beschreibung des Umfangs der Prüfung: W. der Darstellung des JA	400	31
Zeitlicher Ablauf	Prüfungsplanung: Berücksichtigung des zeitlichen Ablaufs	240	9
Zeitreserven	Bei der Prüfungsplanung sind Z. vorzusehen.	240	26
Ziele	Zielorientierung der Abschlussprüfung	300	3
	Z. der Prüfung: Mit hinreichender Sicherheit Aussagen treffen	300	9
Zuordnung	Kontrollumfeld u.a. bestimmt d.d. Z. von Weisungsrechten	260	16
	Aussagen i.d. Rechnungslegung betreffen u.a. die Z. des Eigentums	300	7
Zusammenfassung	Im Bestätigungsvermerk u.a. Z. des Prüfungsergebnisses	200	11

Anlage 54   **Zur Qualität des Internen Kontrollsystems**
                     Checkliste zur Bearbeitung industrieller Anlagengeschäfte

A. Ablauforganisation
I. Standardverträge
1. Ist in Internen Richtlinien festgelegt, wie die Abwicklung eines Auftrages
(vom Angebot bis zum Geldeingang) zu erfolgen hat ?
2. Ist das Vier-Augen-Prinzip auf allen Stufen des Geschäftes zwingend vorgesehen ?

II. Ausnahmeregelungen
Gibt es Sonderfälle, in denen vom normalen Ablauf abgewichen werden muss, weil z.B.
- hohe technische Risiken (neue Technologie) oder
- besondere Vereinbarungen mit dem Kunden (Local Content, Zusatzhaftung)
zusätzliche Überlegungen erforderlich machen ?

Besondere Umstände können z.B. darin bestehen, daß der Kunde verlangt, dass
- nach Maßgabe von ‚Local-Content-Bestimmungen' ein hoher Anteil der Arbeit im Ausland zu verrichten ist,
- die Subunternehmer von ihm bestimmt werden,
- der Hersteller auch die Folgekosten (z.B. bei einem Stillstand der Anlage) zu übernehmen hat oder
- der Hersteller auch als Betreiber der Anlage auftritt.

B. Stufen der Abwicklung
I. Angebotsphase
1. Wer ist für die Erstellung des Angebotes zuständig ?
2. Gibt es eine Projektleitung, die
- die Informationen aus den einzelnen Bereichen (insbesondere Einkauf und Produktion) zusammenfasst ?
- das Angebot kontrolliert und diese Kontrolle dokumentiert ?
3. In welcher Weise ist die Geschäftsleitung in die Kontrolle des Angebotes eingebunden ?
Ist diese noch auf eine Genehmigung durch eine übergeordnete Stelle (z.B. Vorstand des Unternehmensbereiches) angewiesen ?

II. Hereinnahme des Auftrages
1. Weicht die Auftragssumme vom Angebotspreis ab? Worauf ist eine solche Abweichung zurückzuführen: Auf eine Veränderung beim Leistungsvolumen und/oder auf Preisnachlässe?
2. Wenn geplant ist, dass der Auftrag sowohl durch Eigenleistungen als auch durch Fremdleistungen (Subunternehmer) durchgeführt werden soll, wird sich infolge der Abweichung die Relation Eigen/Fremd wesentlich verändern und welche Konsequenzen ergeben sich daraus für die Auftragsabwicklung? Welche Konsequenzen (z.B. für die Qualität) ergeben sich insbesondere dann, wenn der Anteil der Sub-Unternehmer an der Gesamtleistung zunimmt?
3. Welchen Einfluss hat die Abweichung der Auftragssumme vom Angebotspreis auf das geplante Auftragsergebnis (Reduzierung des Gewinns/Erhöhung des Verlustes)?
4. Hat die Geschäftsleitung und/oder die Projektleitung der Abweichung zugestimmt und wie ist diese Zustimmung dokumentiert?

III. Berücksichtigung wesentlicher Auftragsdaten
1. Preis
Handelt es sich um einen Festpreis, d.h. wird der Kunde nach Abnahme die im Vertrag festgelegte Summe zahlen, oder sind Preisabweichungen möglich?
Sind Preisgleitklauseln vereinbart und wann treten höhere Preise in Kraft?

2. Auftragssumme
Die Auftragssumme kann sich im Zeitablauf ändern und zwar durch:
- Hinzurechnungen oder Kürzungen im Leistungsvolumen (u.U. auch durch Ausübung von Optionen)
- Preisgleitklauseln
- Teilabrechnungen

Werden diese Veränderungen dokumentiert?
Werden diese Veränderungen u.a. berücksichtigt bei der
- Fortschreibung der Auftragskalkulation
- Ermittlung des Auftragsbestandes

3. Bauzeit
a. Welche Lieferzeit(en) sind im Vertrag (Generalunternehmervertrag, Bauvertrag) vereinbart?
Gibt es im Rahmen der Zeitüberwachung Soll/Ist-Vergleiche und wie werden diese (z.B. von der Projektleitung) dokumentiert?
b. Welche Sanktionen (z.B. Verzugs- und Vertragsstrafen) treten in Kraft, wenn Liefertermine nicht eingehalten werden können?
c. Ist sichergestellt, dass z.B. die Projektleitung das Rechnungswesen rechtzeitig darüber informiert, dass Verzugsstrafen drohen und dass ggf. entsprechende Rückstellungen gebildet werden können?

4. Auftragskalkulation
a. Gibt es eine Fortschreibung der Auftragskalkulation?
Wie wird diese Fortschreibung (z.B. Soll/Ist-Vergleich) kontrolliert und wie wird diese Kontrolle dokumentiert?
b. Wie werden die an Subunternehmer (SU) vergebenen Aufträge in die Fortschreibung einbezogen? Wie werden die SU (z.B. unter dem Gesichtspunkt einer Konsortialhaftung) überwacht hinsichtlich ihrer
- technischen Leistungsfähigkeit (Einhaltung der vorgegebenen Standards)?
- Finanzkraft (Überlebensfähigkeit)?

und wie wird das Ergebnis der Überwachungen dokumentiert?
c. Gibt es ggf. eine Übersicht (Vergabeliste), in der die ursprünglich kalkulierten Kosten der SU mit den wahrscheinlich eintretenden Kosten verglichen, Gewinne und Verluste ermittelt und das Netto-Ergebnis aus Vergaben von Arbeiten an SU dargestellt werden?
d. Enthält die Kalkulation ‚Reserven', um insbesondere das SU-Risiko abzudecken?
e. Wie ist die Geschäftsleitung in Dokumentation und Kontrolle der Auftragskalkulation und ihrer Fortschreibung eingebunden?

5. Sicherheiten
a. Vom Auftraggeber zu stellende Sicherheiten
aa. Welche Sicherheiten (Bankbürgschaft, Konzernbürgschaft) muss der Kunde nach Maßgabe des Vertrages leisten?

ab. Wird (z.B. von der Projektleitung) kontrolliert, dass
- der Kunde die vereinbarten Sicherheiten geleistet hat ?
- mit den Arbeiten nicht vor Sicherheitsleistung begonnen wird ?
- sich die Qualität der Sicherheiten während der Bauzeit nicht wesentlich verschlechtert hat?
ac. Hat sich die Geschäftsleitung eine ausdrückliche Genehmigung für den Fall vorbehalten, daß auf Sicherheiten verzichtet wird?
b. Vom Subunternehmer zu stellende Sicherheiten
ba. Welche Sicherheiten (z.B. Vertragserfüllungsbürgschaften) muss der SU leisten ?
bb. Wer kontrolliert Höhe und Angemessenheit der Sicherheiten ?
c. Vom Hersteller zu gewährende Sicherheiten
a. Welche Sicherheiten (z.B. Vertragserfüllungsbürgschaften) muss der Hersteller leisten ?
b. Welche Kosten sind mit diesen Sicherheiten verbunden und sind diese im JA berücksichtigt ?

6. Vom Kunden zu leistende Abschlagszahlungen
a. Entsprechen die Anzahlungen des Kunden (in der Regel ‚stage payments upon agreed milestones') den vertraglichen Vereinbarungen ? (Milestones bilden grundsätzlich nicht die Voraussetzung für eine Teilabrechnung !)
b. Ist sichergestellt, daß die beim Auftragnehmer aufgelaufenen Kosten (weitestgehend) durch erhaltene Anzahlungen abgedeckt sind ?
c. Wie sind ggf. große Differenzen zwischen erhaltenen Anzahlungen und aufgelaufenen Kosten zu erklären ?
Sind wesentliche Differenzen (AK/HK sind größer als die erhaltenen Anzahlungen) durch die vom Kunden gewährten Sicherheiten abgedeckt ?
d. Wie ist sichergestellt, daß bei einer Vielzahl von Aufträgen die erhaltenen Anzahlungen dem richtigen Projekt zugeordnet werden ? (Bei falscher Zuordnung können wesentliche Ungleichgewichte in der Finanzierung eines Projektes nicht direkt festgestellt werden. Ungleichgewichte sind u.U. Anzeichen für ein Verlustgeschäft.)

IV. Projektorganisation
1. Erfahrungswerte
Über welche Erfahrung verfügt die Projektleitung im nationalen und insbesondere im internationalen Projektgeschäft ?
Welche Kommentare gibt es zur Abwicklung und zum betriebswirtschaftlichen Ergebnis der letzten großen Projekte ?

2. Örtliche Kooperation
Sind für das internationale Projektgeschäft ausreichende Vorkehrungen dafür getroffen, dass vor Ort die Kooperation mit dem Endkunden und den örtlichen Lieferanten (Sprache, Beachtung kultureller Unterschiede) funktioniert ?

3. Berichtswesen
Wie ist das Berichtswesen organisiert ?
Lässt die Korrespondenz mit der örtlichen Projektleitung erkennen, dass sich das Projekt in einem Engpass mit dem Risiko eines Verlustgeschäftes befindet ?

V. Abrechnung
1. Zeitpunkt
Welche Vereinbarungen wurden mit dem Kunden über den Zeitpunkt der Auftragsabrechnung (Umsatzlegung) getroffen ?
Welche Kriterien (Leistung, Verfügbarkeit, Wirkungsgrad etc.) müssen erfüllt sein, damit der Kunde die Abnahme erklären kann (erklären muß) ?

2. Teilabrechnungen
Wenn nach Maßgabe des Vertrages eine Teilabrechnung möglich ist, entsprechen die Kriterien für die Teilabrechnung den (vom WP akzeptierten) Abschlussrichtlinien des Mandanten ?

3. Nachträge
Entspricht der Umsatzwert den vertraglichen Vereinbarungen mit dem Kunden ?

Wird ein höherer Betrag abgerechnet als mit dem Kunden ursprünglich vereinbart, ist dann der Überhang (Nachtrag) ausdrücklich durch den Kunden genehmigt?
Wenn ein Nachtrag noch nicht genehmigt ist, sind dann entsprechende Wertberichtigungen gebildet?
Welche Internen Richtlinien gibt es zur Abrechnung von Nachträgen und haben sich diese Richtlinien seit der letzten Abschlussprüfung geändert?

4. Vollständigkeit des Materialaufwandes
Wenn Umsatz gelegt wird (Voll- oder zulässige Teilabrechnung), ist dann die Vollständigkeit des Materialaufwandes sichergestellt?
Wie wird insbesondere der Nachweis geführt, dass alle Aufwendungen für SU vollständig erfasst sind?
Gibt es z.B. eine Liste, in der je SU dargestellt wird:
SU-Auftragswert abzüglich bereits geleistete Abschlagszahlungen = noch zu erwartende Kosten?
Sind bei den noch zu erwartenden Kosten Nachträge, die der SU angemeldet hat oder anmelden wird, angemessen berücksichtigt?

5. Gewährleistung
Gibt es Anhaltspunkte dafür, daß eine individuelle Rückstellung für ein Sonderrisiko zu bilden ist (Projektleitung befragen)
oder ist es ausreichend, wenn lediglich eine pauschale Rückstellung für Gewährleistungen gebildet wird?

Anlage 55/1   Die Logistik eines Bau-Unternehmens und ihre Bedeutung für die Jahresabschlussprüfung

A. Grundsätzliche Hinweise
I. Logistik
Ein Bauunternehmen ist in der Regel ein „logistisches Unternehmen", das seine Aufträge, ein „Bauwerk" zu errichten, im wesentlichen durch die Vergabe von Arbeiten an Subunternehmer (SU) ausführt. Die „Logistik" besteht in der Auswahl, vertraglichen Regelung und Überwachung der SU. Wenn Gewinne erwirtschaftet werden (im reinen Baugeschäft heute ein eher seltener Fall), dann geschieht dies meistens durch Gewinne aus der Vergabe von Arbeiten an SU. (Vergabegewinne).

II. Vertragsdaten
Vor der Prüfung von Bilanz- und G+V-Positionen müssen die wesentlichen Daten des Bauvertrages festgestellt werden. Dies gilt sinngemäß auch für die Verträge mit SU. Da dem Bauvertrag Verhandlungen vorausgehen, ist festzustellen, in welchem Umfang und aus welchen Gründen der Mandant gegenüber dem Bauherren „Zugeständnisse" gemacht hat. Hier spielen „Preisnachlässe" ggf. eine wesentliche (kritische) Rolle.

B. Risiken für eine Fehlaussage im Jahresabschluß
I. Risiken aus der Kostenkalkulation
1. Wesentliche Annahmen im Mengengerüst (Massen) und Wertgerüst (z.B. Stundensätze) können falsch sein. (Einfluss auf die Rückstellungen für drohende Verluste.) Es ist wichtig, bei der Prüfung der Auftragsabwicklung danach zu fragen, ob Kalkulationsfehler bekannt geworden sind. Es kann ggf. zweckmäßig sein, diejenigen Unterlagen anzufordern, die für die Bearbeitung von Formblättern (z.B. „Ergebnisentwicklung von Baustellen") verwendet werden.

2. Das „effektive" Ergebnis aus der Vergabe von Arbeiten an SU kann wesentlich von dem „geplanten" Ergebnis abweichen. Anhand einer „Vergabeliste" müsste ein Soll/Ist-Vergleich möglich sein. Aus einer solchen Liste geht u.U. hervor: Der mit dem Bauherren für ein Gewerk „ausgehandelte" Preis, der für einen SU „geplante Vergabepreis" und der mit dem SU „verabredete Vergabepreis".

3. Die Marktsituation ist u.a. auch dadurch erschwert worden, dass Bauunternehmen immer häufiger gezwungen sind, ihre Angebote auf der Basis sogenannter „Funktionalausschreibungen" vorzunehmen. Diese Funktionalausschreibungen können in der Regel erst zu einem späteren Zeitpunkt in Leistungspakete zerlegt werden, die ihrerseits zur Grundlage von Aufträgen zu machen sind, die an SU vergeben werden. Dadurch hat das Risiko von Kalkulationsfehlern bzw. von Kalkulationsabweichungen zugenommen.

II. Risiken aus der Auftragsdurchführung

1. SU sind ggf. nicht in der Lage, ihre Aufgaben ordnungsgemäß zu erfüllen. Der Mandant muß in diesen Fällen die Arbeiten in Eigenregie durchführen (i.d.R. zu wesentlich höheren Kosten) oder unter Inkaufnahme höherer Preise an einen anderen SU weiterleiten.

2. Störfälle bei der Auftragsabwicklung müssen gezielt bei den Bauleitern abgefragt werden:

- Wenn Partner in einer Arge in Konkurs gehen, muss der Mandant für die Verpflichtungen der Arge-Partner einstehen, deren Aufgaben übernehmen und ggf. für einen eingetretenen Schaden haften.
- Wenn auf einer Baustelle ausländische Arbeitnehmer beschäftigt sind, dann besteht das Risiko, dass deren Aufenthaltsgenehmigung nicht verlängert wird und der Mandant ersatzweise deutsche (d.h. teurere) Arbeiter einsetzen muss.
- Der in einer „Projektliste" aufgeführte Auftragswert geht über den Wert hinaus, der bislang mit dem Bauherren vereinbart wurde. Der bilanzielle Niederstwerttest (Vergleich HK/Leistungswert) führt dann zu einem falschen Ergebnis, wenn der „Leistungswert" falsch ist, d.h. nicht dem Auftragswert entspricht.
- Der mit dem Bauherren vereinbarte Fertigstellungstermin für ein Bauwerk kann aus vom Mandanten zu vertretenden Gründen nicht eingehalten werden. Es droht eine Vertragsstrafe.
- Es ist u.U. nicht abschließend geklärt, in welchem Umfang „Nachträge", die vom Bauherren noch nicht (schriftlich) genehmigt sind, im Rahmen des Jahresabschlusses berücksichtigt werden können.

III. Risiken aus der Vertragsgestaltung

1. Mit dem Kunden wurde keine Verabredung über „Sicherheiten" getroffen. Die nicht durch Anzahlungen gedeckten Vorräte/Forderungen müssen ggf. abgeschrieben werden.

2. Wenn mit dem Bauherren ein Festpreis vereinbart wurde, mit dem/den SU aber nicht (d.h. diese sind berechtigt „nach Aufmaß abzurechnen"), dann können sich aus dem Auftrag Verluste ergeben. (negatives Vergabeergebnis !)

3. Der Mandant hat ggf. im Rahmen eines Auftrages eine Vermietungsgarantie abgegeben. Hier sind u.U. Rückstellungen erforderlich.

IV. Risiken aus mangelhafter Kommunikation

1. Es ist nicht auszuschließen, daß der Arge-Partner, der nicht für die Auftragskalkulation zuständig ist, über das erwartete Baustellenergebnis (Arge-Ergebnis) nicht oder nur unzureichend informiert ist. Anteilige Arge-Verluste werden dann nicht oder nur fehlerhaft beim Mandanten über Rückstellungen berücksichtigt.

2. Die Arge-Abschlüsse können (wesentliche) Fehler enthalten. Werden diese beim Mandanten nicht entdeckt, werden negative Arge-Ergebnisse zu spät übernommen.

3. Risiken aus der Vertragsgestaltung mit SU (Problematik der Aufmaß-Abrechnung) werden zu spät erkannt. (s.o.)

4. Wenn Mitarbeiter des Mandanten freigestellt werden, aber ihre Bezüge noch eine gewisse Zeit weitererhalten, dann müssen dafür Rückstellungen gebildet werden.

V. Risiken aus mangelhafter Organisation

1. Projekte werden mit Kosten belastet, die sie nicht verursacht haben.

2. Mit dem Abbau kfm. Personals sind u.U. Risiken in der Auftragsabwicklung verbunden:

- Kontrolle der Sicherheiten
- Dokumentation der Vergabeergebnisse
- Überwachung von Forderungen
- Umfang der zu übernehmenden Arge-Ergebnisse

C. Schwierigkeiten bei der Erlangung von Prüfungsnachweisen

1. Rückstellungen können grob geschätzt sein, ohne dass detaillierte Berechnungsunterlagen vorliegen. Wir müssen auf verbesserten Unterlagen bestehen, damit wir uns ein eigenes Urteil über die Angemessenheit der Rückstellungen bilden können.

2. Die Problematik einer mangelhaften Dokumentation von Rückstellungen kann auch bei Argen zutreffen. Es ist unsere Aufgabe, uns davon zu überzeugen, daß im Arge-Abschluß die Rückstellungen vollständig und richtig gebildet sind.

3. Es gilt die Regel, dass Aufträge erst dann abgerechnet werden dürfen, wenn der Bauherr die Abnahme erklärt hat. Liegt ein Abnahmeprotokoll nicht vor, benötigen wir einen ähnlichen Nachweis dafür, daß Umsatz- und Gewinnrealisation zu Recht erfolgt sind.

4. Es ist nicht auszuschließen, dass der Mandant zwar eine Angebotskalkulation, aber noch keine Betriebskalkulation, in die die Vergabeergebnisse einfließen, erstellt hat. Hier benötigen wir eine schriftliche Stellungnahme des Bauleiters (mit Erläuterungen), dass der Auftrag voraussichtlich nicht mit einem Verlust abschließen wird. Über die Qualität der Erläuterungen müssen wir uns ein Urteil bilden, weil wir uns nicht blind auf die Stellungnahme verlassen dürfen! Wenn es sich um einen großen Auftrag handelt, sind die wesentlichen (von uns geprüften) Kalkulationsdaten ggf. im Prüfungsbericht oder in einem Management-Letter zu erwähnen, um sicherzustellen, dass alle Überwachungsorgane ordnungsgemäß informiert sind. Die Problematik einer fehlenden „Betriebskalkulation" spielt bei den oben erwähnten „Funktionalausschreibungen" eine besondere Rolle!

5. Wenn der Mandant vom Bauherren keine Sicherheiten erhalten hat, müssen wir überprüfen, ob die Zahlungsfähigkeit des Bauherren sichergestellt ist.

Anlage 55/2   Risiken bei der Abwicklung von Bau-Aufträgen

A. Angebotserstellung
Kalkulation des Angebotspreises (AP)

Verfahrensspezifische Risiken	Probleme für das Rechnungswesen	Anforderungen an den Abschlussprüfer	Kriterien für die Qualität des IKS
1. Der AP wird u.U. pauschal kalkuliert (z.B. anhand von Erfahrungswerten der Vergangenheit) und nicht unter Beachtung leistungsspezifischer Details (LV-Orientierung). Wird pauschal kalkuliert (z.B. €/m 3-umbauter Raum), ist nicht auszuschließen, dass die Ist-Kosten deutlich über den Plan-Kosten liegen. Der Mandant muss – wenn ein Festpreis angeboten wurde – die Differenz tragen.	1. Ist das betriebliche RW so ausgestattet und die Überwachung der Baustelle techn. u. kfm. so organisiert, dass Kalkulationsfehler rechtzeitig erkannt und hochgerechnet werden? Wie ist das Meldewesen über Kalkulationsfehler organisiert? Ist sichergestellt, dass Rückstellungen gemeldet werden, wenn zu erwarten ist, dass eine Baustelle voraussichtlich mit Verlust abschließen wird?	1. Kalkulationsfehler werden u.U. erst nach geraumer Zeit sichtbar (z.B. wenn die Kosten- und Leistungsrechnung (KLR) Verluste ausweist. Unter der Voraussetzung, dass der Bauherr den Auftrag erteilt hat, muss die Zuverlässigkeit der Angebotskalkulation regelmäßig durch Gespräche mit der Bauleitung vom APr eingeschätzt werden.	1. Anlage zur Auftragsmeldung: Weicht die Angebotssumme von der Auftragssumme ab, muss in einer Überleitung der Unterschiedsbetrag erläutert werden. Hier haben „Preisnachlässe" eine besondere Bedeutung!
2. Die Leistungsaufteilung „Eigen/Fremd" wird u.U. nur sehr pauschal geplant und die Marktlage betr. der Qualität der Sub-Unternehmer (SU) überschätzt. Das Risiko besteht darin, dass der Eigenanteil u.U. wesentlich höher sein wird und damit Kostenüberschreitungen eintreten, die zu einem Baustellenverlust führen können.	2. Wenn sich die Relation „Eigenleistung/Fremdleistung" aufgrund von Planungsfehlern zu Lasten der teureren Eigenleistung verschiebt, wird dann die Kalkulation (rechtzeitig) angepasst und ggf. ein Rückstellungsbedarf gemeldet, wenn sich ein Baustellenverlust abzeichnet?	2. Veränderungen in der Leistungsstruktur werden u.U. erst nach geraumer Zeit sichtbar (z.B. wenn die KLR Verluste oder deutliche Planabweichungen aufweist. Auswirkungen einer (deutlich) veränderten Leistungsstruktur auf das geplante Baustellenergebnis müssen daher rechtzeitig durch Gespräche mit der Bauleitung vom APr eingeschätzt werden.	2. Wenn der Mandant ein Kontrollgremium zur Überwachung von Baustellen eingerichtet hat (z.B. Gespräche zwischen NL-Leitung, kfm. Leitung und Bauleitung, gelegentlich auch Baustellenführungsgespräche genannt), dann sollten über Inhalt und Ergebnis dieser Gespräche Protokolle bestehen, die der APr einsehen muss, um Lage und Entwicklung einer Baustelle einschätzen zu können. Aus diesen Unterlagen geht u.U. auch hervor, welcher Unterlagen (z.B. DV-Auswertungen) sich der Mandant bedient.

B. Baudurchführung
1. Kalkulation des Baustellenergebnisses

Verfahrensspezifische Risiken	Probleme für das Rechnungswesen	Anforderungen an den Abschlussprüfer	Kriterien für die Qualität des IKS
Es ist u.U. unsicher, ob die geplanten Kosten (insbesondere von SU-Leistungen) erreicht werden können oder ob möglicherweise Kostenüberschreitungen eintreten. Es ist also nicht auszuschließen, dass bei einer Baustelle Verluste aus der Vergabe von Arbeiten an SU Vergabegwinne per Saldo überkompensieren, so dass die Baustelle insgesamt mit einem Verlust abschließen wird.	Werden die Ergebnisse der Vergabe von Arbeiten an SU rechtzeitig ermittelt und im Rahmen einer Vergabeliste der Saldo der Vergabeergebnisse zeitnah dargestellt? Kann anhand der Vergabeliste insbesondere festgestellt werden, dass aus der bereits durchgeführten Vergabe eines bestimmten Leistungsvolumens (%-Satz der insgesamt geplanten Vergabe) ein bestimmtes Vergabeergebnis erzielt wurde? Ist sichergestellt, dass ein entsprechender Rückstellungsbedarf gemeldet wird, wenn mit einem baustellenspezifischen Verlustsaldo aus Vergabegewinnen und Vergabeverlusten zu rechnen ist?	Ist sichergestellt, dass Soll-Ist-Abweichungen bei Vergabeergebnissen dargestellt und als Grundlage für Ergebnisprognosen verwendet werden? Eine Gegenüberstellung von Soll-Ist-Abweichungen ist mit dem Bauleiter zu besprechen. Über dieses Gespräch sollte ein Protokoll angefertigt werden!	Wird die Institution von Soll-Ist-Abweichungen bei Vergabeergebnissen als Grundlage für Hochrechnungen (zu erwartendes Baustellenergebnis) verwendet? Nach welchen Kriterien erfolgen Auswahl und Überwachung der SU?

II. Erfassung wesentlicher Auftragsdaten

Verfahrensspezifische Risiken	Probleme für das Rechnungswesen	Anforderungen an den Abschlussprüfer	Kriterien für die Qualität des IKS
1. Auftragssumme Die Auftragssumme kann sich durch Hinzurechnungen und/oder Kürzungen während der Auftragsdurchführung ändern. Veränderungen beeinflussen u.U. auch das geplante Baustellenergebnis.	Werden Veränderungen in der Auftragssumme rechtzeitig gemeldet und in die entsprechenden bwl. Auswertungen (z.B. in die KLR) eingearbeitet? Die Angabe über den Auftragsbestand muss richtig sein!	Ist die in den bwl. Auswertungen genannte Auftragssumme mit dem Bauvertrag und ggf. mit seinen Modifikationen abstimmbar?	Die Auftragssumme (lt. Auftragsmeldung) und ihre Veränderungen (lt. Leistungsmeldung) beruhen auf Vereinbarungen mit dem Bauherrn. Sie müssen entsprechend dokumentiert sein.
2. Vertragstyp **a. Bauherr** In vielen Fällen wird mit dem Bauherren ein Festpreis vereinbart, d.h. Kostenerhöhungen gehen im Zweifel zu Lasten des Mandanten.	Kostenüberschreitungen können zu Baustellenverlusten führen. Welches Meldewesen besteht in diesem Zusammenhang?	Es ist zu prüfen, was als „fest" gilt: der Gesamtpreis oder nur die „Einzelpreise" bei „flexiblem" Aufmaß (Qualität der Prüfungsnachweise)! Die monatlichen Leistungsmeldungen dürfen nur abrechenbare Leistungen enthalten. Auf noch nicht (schriftlich) genehmigte Nachträge sind ggf. Wertberichtigungen zu bilden.	Wird in den internen Unterlagen (z.B. in den Protokollen über die Baustellenführungsgespräche) auf die Festpreisproblematik Bezug genommen? Diese Problematik umfasst i.d.R. auch die Durchsetzbarkeit von Nachträgen.
b. Sub-Unternehmer Die Baustellenplanung kann u.U. dadurch erheblich beeinträchtigt werden, dass SU berechtigt sind, nach Aufmaß abzurechnen.	Es ist Aufgabe des RW, Risiken aus SU-Verträgen rechtzeitig zu erkennen.	Risiken aus SU-Verträgen müssen anhand der so genannten Vergabelisten identifiziert werden.	In den Vergabelisten müssen Hinweise auf Abrechnungsrisiken enthalten sein. (Recht auf Abrechnung nach Aufmaß).

Anlage 55/2   641

Verfahrensspezifische Risiken	Probleme für das Rechnungswesen	Anforderungen an den Abschlussprüfer	Kriterien für die Qualität des IKS
3. Bauzeit In Abhängigkeit von Eigenarten der Baustelle, insbesondere aber in Abhängigkeit von der Koordination der SU, kann es zu zeitlichen Verzögerungen bei de Fertigstellung des Bauvorhabens kommen. Der Mandat könnte geneigt sein, Verzögerungen dem Bauherrn anzulasten und auf eine bilanzielle Vorsorge zu verzichten. Hat der Mandant die Verzögerungen zu vertreten, besteht u.U. das Risiko einer Vertragsstrafe?	Werden zeitliche Verzögerungen von der Bau-Leitung rechtzeitig erkannt und (der NL-Leitung) gemeldet? Enthält diese Meldung auch Hinweise auf die Verwirkung einer Vertragsstrafe?	Aus bwl. Auswertung, insbesondere aus KLR, sind zeitliche Verzögerungen i.d.R. nicht erkennbar, es sein denn, dass die monatlichen Leistungswerte auffällig niedrig sind. In besonderen Übersichten ist die geplante Bauzeit u.U. erwähnt, so dass aus dem Vergleich der Auftragssumme mit dem Auftragsbestand auf evtl. Verzögerungen geschlossen werden kann.	Die Bauleitung plant i.c.R. ein monatliches Leistungsvolumen und ermittelt Abweichungen. Wie werden diese Abweichungen in der internen Berichterstattung behandelt?
4. Sicherheiten Der Bauherr ist i.d.R. verpflichtet, Sicherheiten z.B. in Form von Bürgschaften zu stellen. Welches Procedere ist vorgeschrieben, wenn auf die Einholung von Sicherheiten verzichtet wird?	Fehlen Sicherheiten, unterliegt die Differenz zwischen den bereits erhaltenen Abschlagszahlungen und dem Leistungswert einem Kreditrisiko, dem durch die Bildung einer Wertberichtigung Rechnung zu tragen ist. Wer prüft die Qualität der Sicherheiten? Wer ermittelt ggf. die Höhe einer individuellen WB?	Der Apr. muss die Tatsache einschätzen, dass auf Sicherheiten verzichtet wurde. (Erwähnung im Pr.-Bericht?) Liegen Sicherheiten vor, ist deren Qualität ggf. u.b.B. externer Auskünfte zu beurteilen.	Im Zuge der Auftragsmeldung sollten Art und Umfang von Sicherheiten genannt werden. Der Verzicht auf Sicherheiten ist zu begründen.
5. Zahlungsmodalitäten Abschlagszahlungen werden u.U. verspätet angefordert, so dass ein Überhang des Leistungswertes über die Anzahlungen (vertragswidrig) zu hoch ist.	Überwachung des Leistungsfortschritts und Überprüfung der angeforderten Abschlagszahlungen.	Verzögerungen bei der Anforderung von Abschlagszahlungen können auch auf Leistungsstörungen zurück zu führen sein. Diese Störungen können WB auf Leistungswerte und Rückstellungen (Drohverluste, Vertragsstrafen) erforderlich machen.	Abstimmung des Baufortschrittes mit dem Zahlungsplan.

III. Leistungsmeldungen

Verfahrensspezifische Risiken	Probleme für das Rechnungswesen	Anforderungen an den Abschlussprüfer	Kriterien für die Qualität des IKS
1. Gebuchte Erlöse Wenn „Teil-Leistungen" abgerechnet werden, dann ist nicht auszuschließen, dass eine solche Abrechnung gegen das Realisationsprinzip verstößt.	Handelt es sich de jure um abrechenbare Teil-Leistungen? Wie lauten die bauvertraglichen Regelungen über „Teil-Abrechnungen"? Werden so genannte „stage payments upon agreed milestones" im Sinne der GoB richtig interpretiert, d.h. wird ordnungsgemäß zwischen „ergebnisneutralen" Abschlagszahlungen und „ergebniswirksamer" Umsatzbuchung (Teil-Abrechnung) unterschieden?	Bei größeren „Teil-Abrechnungen" ist zu prüfen, ob diese mit dem Realisationsprinzip in Einklang stehen und welche Regelungen im Bauvertrag enthalten sind. Welches Brutto-Ergebnis ist mit einer (größeren) Teil-Abrechnung verbunden? (Grundsatz der Wesentlichkeit!) In welcher Relation steht das „Teil-Ergebnis" zum geplanten „Gesamtergebnis" einer Baustelle?	Wie lauten die internen Richtlinien über „Teil-Abrechnungen"? Wurden größere Teil-Abrechnungen (von der NL-Leitung) genehmigt?
2. Abschlagszahlungen Der Umfang von angeforderten Abschlagszahlungen entspricht i.d.R. dem Leistungsfortschritt. „Zahlungsverzögerungen" können auf „Leistungsstörungen" zurückzuführen sein. Sie können aber auch auf Liquiditätsproblemen des Bauherrn beruhen.	Werden Zahlungsverzögerungen von der Bauleitung rechtzeitig analysiert und werden ggf. bilanzielle Vorsorgen getroffen?	Entsprechen die „erhaltenen Anzahlungen" dem bauvertraglichen Zahlungsplan? Deuten größere Differenzen zwischen Leistungswert und Anzahlungen auf besondere Risiken hin? (Vertragsstrafen wg. Leistungsstörungen, Kreditrisiken).	Abstimmung des Baufortschritts mit dem bauvertraglichen Zahlungsplan.
3. Unverrechnete L+L Wenn Leistungen noch nicht „abgerechnet" wurden (sei es über eine normale Umsatzbuchung oder über Abschlagszahlungen) dann ist regelmäßig zu prüfen, ob die Relation „Leistungswert/Verrechnungswert" plausibel ist oder ein deutl. Überhang des Leistungswertes über den Verrechnungswert auf Probleme hindeutet, die möglicherweise in Leistungsstörungen oder in noch nicht genehmigten Nachträgen zu suchen sind.	Werden deutliche Überhänge der Gesamtleistung über den verrechneten Wert regelmäßig analysiert und ggf. Korrekturbuchungen (z.B. in Form von WB auf Nachträge) veranlasst?	Sind fehlende Verrechnungen von Leistungen ein Kennzeichen von Leistungsstörungen?	Abstimmung des Baufortschritts mit den eingegangenen Zahlungen (Hinweis auf bauvertraglichen Zahlungsplan).
4. Wert-/Leist.berichtigung Es treten gelegentlich Fälle auf, in denen Bestandteil der Leistung Nachträge sind, die vom Bauherrn noch nicht (schriftlich) genehmigt wurden. Dieser Sachverhalt ist u.U. weder aus der Leistungsmeldung noch aus der KLR ersichtlich und kann zu erheblichen Fehlinterpretationen führen.	Wird die Leistungsstruktur regelmäßig auf noch nicht (schriftlich) genehmigte Nachträge untersucht?	Die Problematik noch nicht genehmigter Nachträge muss mit der Bauleitung und ggf. auch mit der Leitung (der zuständigen NL) besprochen werden. Wenn noch keine Genehmigung vorliegt, gibt es dann gleichwertige Dokumente, die eine Aktivierung von Nachträgen stützen? Im Sinne einer „audit evidence" ist die Qualität dieser Dokumente zu würdigen. Kommentar im Prüfungsbericht?	Überwachung der Leistungsstruktur durch die Ober-Bauleitung.
Werden während der Bauzeit Liquiditätsprobleme des Bauherrn erkennbar, sind auf den durch Abschlagszahlungen nicht gedeckten Teil des Leistungswertes ggf. WB zu bilden. Hierbei spielt die Qualität der Sicherheiten eine wesentliche Rolle.	Neben dem Bauleiter ist es auch Aufgabe des RW, das Zahlungsverhalten des Bauherrn zu überwachen.	Die (möglicherweise veränderte) Qualität der vom Bauherrn gewährten Sicherheiten ist zu überprüfen. (Zeitliche Dimension der JAP) Es ist ebenfalls zu analysieren, ob sich das bisherige Zahlungsverhalten am Baufortschritt orientiert.	Überwachung des Zahlungsverhaltens und ggf. rechtzeitige Anordnung eines Baustopps.

Verfahrensspezifische Risiken	Probleme für das Rechnungswesen	Anforderungen an den Abschlussprüfer	Kriterien für die Qualität des IKS
5. Auftragsbestand Wie unter B. II. 1 ausgeführt, muss der aktuelle Auftragsbestand aus den internen Unterlagen des Mandanten jederzeit hervorgehen. Nachträgl. Veränderungen d. Leistungsvolumens (Hinzurechnungen u. Kürzungen) machen eine exakte Fortschreibung d. Auftragsbestandes erforderlich.	Veränderungen im Leistungsvolumen müssen in alle bwl. Auswertungen zeitnah eingearbeitet werden, um eine korrekte Analyse des Bauvorhabens zu ermöglichen.	Nachvollzug aller seit Abschluss des Bauvertrages eingetretenen Veränderungen des Auftragswertes und ihres Einflusses auf das geplante Baustellenergebnis (im Rahmen einer Systemprüfung oder einer aussagebezogenen Pr-Handlung).	Institutionalisierung eines Meldewesens zu rechtzeitigen Erfassung aller seit Abschluss des Bauvertrages eingetretenen Veränderungen des Auftragswertes in den einzelnen bwl. Auswertungen zur Lage und (voraussichtlichen) Entwicklung der Baustelle.

IV. Kosten- und Leistungsrechnung

Verfahrensspezifische Risiken	Probleme für das Rechnungswesen	Anforderungen an den Abschlussprüfer	Kriterien für die Qualität des IKS
1. Aufgrund zeitl. Verzög. werden die Daten d. letzten (ggf. korrigierten) Leistungsmeldung u.U. nicht mehr in der KLR verarbeitet, so dass deren Werte kein repräsentatives Bild mehr vermitteln.	1. Das in der KLR ausgewiesene Baustellenergebnis ist ggf. nicht (mehr) aktuell. Das kann zu zeitlichen Problemen bei der Ergebnisplanung führen.	1. Die Werte der aktuellen Leistungsmeldung sind mit der KLR abzustimmen.	1. Verknüpfung der Leistungsmeldung mit der KLR. Genehmigung wesentlicher Korrekturen der Leistungsmeldung durch die (NL-) Leitung.
2. Während der Bauzeit in der KLR ausgewiesene Verluste können (müssen aber nicht) als Zeichen für einen Verlustauftrag gewertet werden.	2. Sind die in der KLR ausgewiesenen Ergebnisse (Verluste) bereits repräsentativ für den Gesamtauftrag, so dass für den nächsten Abschluss mit der Bildung einer Drohverlustrückstellung zu rechnen ist?	2. In der KLR ausgewies. (Zwischen-)Verluste müssen zum Anlass genommen werden, eine ggf. aktualisierte Auftragskalk. einzusehen. In Zweifelsfäll. ist (von der NL-Leitung) eine Progn. über die Entwickl. der Baustelle anzufordern.	2. Außerplanm. Zwischenverluste müssen zum Gegenstand von Baustellenführungsgesprächen gemacht werden. Ergebnisprognosen und Art/Umfang von Anpassungsmaßnahmen sind entsprechend zu dokumentieren.
3. Um eine möglichst exakte Abgrenzung von Kosten und Leistung durchzuführen, müssen für fehlende SU-Rechnungen Rückstellungen gebildet werden. Sind die geschätzten SU-Aufwendungen zu gering (weil z.B. geforderte Nachträge nicht beachtet wurden oder weil unberücksichtigt bleibt, dass bestimmte SU berechtigt sind, nach Aufmaß abzurechnen), ist das ausgewiesene Baustellenergebnis falsch (zu gut). Werden Rückstell. für SU-Abrechnungen am Monatsende gebildet und zu Beginn des Folgemonats (in Erwartung der effektiven Abrechnung) wieder aufgelöst, dann muss zum Ende des Folgemonats eine Neubildung erfolgen, wenn die SU-Abrechnung weiterhin aussteht.	3. Die Abgrenzung wird von den Bauleitern durchgeführt, d.h. auch sie sind zuständig für eine korrekte Abgrenzung von SU-Leistungen und SU-Kosten. Das RW wird sich i.d.R. auch für die SU-Problematik verantwortlich fühlen. Der Prozess von Bildung-Auflösung-Neubildung von Rückstellungen für SU-Abrechnungen muss vom RW überwacht werden.	3. Es wird u.a. Aufgabe des APr sein, unter Mitwirkung der Bauleiter anhand der Vergabelisten nachzuvollziehen, dass die SU-Abgrenzung korrekt erfolgte. Dazu ist es auch erforderlich, in die mit den SU abgeschlossenen Bauverträge Einsicht zu nehmen, um nachvollziehen zu können, welche Mengen die SU zu welchen Preisen abrechnen dürfen. Der Prozess von Bildung-Auflösung und Neubildung von Rückstellungen muss vom APr (z.B. innerhalb einer Systemprüfung) unter Hinzuziehung der Bauleiter anhand der Vergabelisten nachvollzogen werden.	3. Im IKS muss festgelegt sein, wie Vereinbarungen mit den SU zu dokumentieren und außerplanmäßige Abweichungen bei SU-Leistungen zu melden sind. Der Prozess von Bildung-Auflösung und Neubildung von Rückstellungen für SU-Abrechnungen muss unter Hinweis auf die Vergabemodalitäten in den internen Richtlinien geregelt sein.
4. Daten der KLR sind dann verzerrt, wenn auf Veranlass. d. Bauleitung entgegen den besteh. internen Richtlinien in der KLR bilanzielle Vorsorgen z.B. in Form von Drohverlustrückstell. getroffen werden.	4. Die Einhaltung der internen Richtlinien muss vom RW überwacht werden.	4. Auffällige Veränderungen in der Kosten- und Leistungsstruktur müssen vom APr unter Hinzuziehung der Bauleiter analysiert werden.	4. Es muss in den internen Richtlinien eindeutig niedergelegt sein, welche Rückstellungen in der KLR gebucht werden dürfen und welche Vorsorgen der Finanzbuchhaltung vorbehalten sind

V. Jahresabschluss

Verfahrensspezifische Risiken	Probleme für das Rechnungswesen	Anforderungen an den Abschlussprüfer	Kriterien für die Qualität des IKS
1. Die Bauleitungen sind verpflichtet, anhand aktueller KLR und fortgeschriebener Baustellenkalkulationen das Baustellenergebnis hochzurechnen und zu erwartende Verluste zu melden. Bei diesen Hochrechnungen spielen die zu erwartenden SU-Abrechnungen u.U. eine entscheidende Rolle.	1. Es ist Aufgabe des RW, diese Meldungen einer Plausibilitätsprüfung zu unterziehen und ggf. von den Bauleitern ergänzende Unterlagen anzufordern.	1. Es ist Aufgabe des Apr, anhand der ihm vorliegenden Unterlagen (bisherige Ergebnisentwicklung, Baustellenkalkulation, Vergabeliste, SU-Vertrag etc.) die Hochrechnungen des Baustellenergebnisses ggf. unter Hinzuziehung der Bauleiter zu beurteilen. In Zweifelsfällen ist die NL-Leitung in die Befragungen einzubinden. Über diese i.d.R. wichtigen Gespräche ist ein Protokoll anzufertigen.	1. Verfügt das Unternehmen über ein Risikomanagementsystem, sind die daraus gewonnenen Erkenntnisse bei den Ergebnisprognosen zu berücksichtigen.
2. Die zum Bilanzstichtag aufgelaufenen HK sind zunächst als Vorräte (nicht abgerechnete Bauten) aktiviert. Die aktivierten Kosten werden dann mit dem Leistungswert verglichen und der jeweils niedrigere wird in den JA eingestellt. (Anwendung des Niederstwertprinzips) Eine besondere Problematik besteht darin, unter welchen Voraussetzungen Nachträge in den Leistungswert einbezogen werden dürfen. Enthält der Leistungswert unzulässigerweise Nachträge, würde das Niederstwertprinzip ausgehebelt.	2. Es ist Aufgabe des RW, die Ermittlung des Leistungswertes zu überwachen. Dabei ist die Realisierbarkeit von Nachträgen anhand interner Dokumente einzuschätzen.	2. Die Beurteilung noch nicht (schriftlich) genehmigter Nachträge stellt hohe Anforderungen an den APr. Es sind in ausreichendem Umfang Nachweise erforderlich, die den Schluss zulassen, dass mit einer Genehmigung ernsthaft zu rechnen ist. Der APr muss wissen, in welcher Höhe in den Vorräten (auch im Vergleich zum Vj.) noch nicht genehmigte Nachträge enthalten sind. (Angabe im Pr.-Bericht ?) Hat sich der Katalog aktivierungspflichtiger HK im Vergleich zum Vj. geändert? (In welcher Höhe hat die Änderung ggf. das Jahresergebnis beeinflusst?)	2. In den internen Richtlinien muss eindeutig festgelegt sein, unter welchen Voraussetzungen Nachträge aktiviert werden dürfen. Die internen Richtlinien müssen einen Katalog der zu aktivierenden Kosten enthalten. Es ist möglich, dass eine Geschäftsordnung für den Vorstand vorsieht, dass Änderungen in den Bilanzierungsmethoden vom Aufsichtsrat zu genehmigen sind.
3. Rechnungen (Bezüge) müssen den einzelnen Baustellen genau zugerechnet werden können. Die Zuordnung erfolgt i.d.R. durch die Bauleiter, deren Aufgabe u.U. auch darin besteht, ein bestimmtes Kostenvolumen im Rahmen eines Sammeleinkaufs auf mehrere Baustellen aufzuteilen. Solange kein Bauauftrag vorliegt, ist eine Zuordnung, d.h. Aktivierung unter den nicht abgerechneten Bauten unzulässig.	3. Es ist Aufgabe des RW, die korrekte Zuordnung von Kosten zu den einzelnen Baustellen zu überwachen. Der Bereich RW muss überprüfen, ob der Eröffnung einer Baustellen-Nr. auch ein konkreter Bauauftrag zugrundeliegt.	3. Obwohl die Problematik der „verlustfreien Bewertung" im Mittelpunkt der Arbeit des APr steht, wird er nach pflichtgemäßem Ermessen entscheiden müssen, mit welcher Intensität er die richtige Zuordnung von Kosten zu den einzelnen Baustellen prüfen muss. Der Grad wird davon abhängen, in welchem Umfang er Manipulationen der Vorräte zu befürchten hat. Der APr muss sich von der Zuverlässigkeit des Verfahrens zur Eröffnung einer Baustellen-Nr. überzeugen.	3. Das IKS muss sicherstellen, dass eine eindeutige Zuordnung von Kosten zu den einzelnen Baustellen möglich ist. Die Voraussetzungen für die Eröffnung einer Baustellen-Nr. sind in den internen Richtlinien zu regeln.
4. Für Baustellen, die bereits im Vj. abgeschlossen wurden, für die aber noch nachlaufende Kosten (i.d.R. Gewährleistungsarbeiten) anfallen, sind Rückstellungen zu bilden.	4. Es ist Aufgabe des RW, dafür Sorge zu tragen, dass die Entwicklung von Rückstellungen je Baustelle im Jahresverlauf verfolgt werden kann.	4. Der APr muss die Entwicklung der Rückstellungen verfolgen und auf Basis von Rückstellungsanträgen Vollständigkeit und Wert der einzelnen Rückstellungen beurteilen.	4. Die Struktur der dv-gestützten Dokumentation über die Entwicklung der baustellenspezifischen Rückstellungen ist in den internen Richtlinien zu regeln.

C. Auftragsabrechnung

Verfahrensspezifische Risiken	Probleme für das Rechnungswesen	Anforderungen an den Abschlussprüfer	Kriterien für die Qualität des IKS
1. Abnahmeprotokoll Voraussetzung für die Erstellung einer Schlussrechnung an den Bauherrn ist ein (i.d.R. von dessen Bevollmächtigten unterschriebenes) Abnahmeprotokoll, in dem unter Hinweis auf noch durchzuführende geringfügige Arbeiten (Restarbeiten und/oder Mängelbeseitigung) bestätigt wird, dass das Bauvorhaben vertragsgemäß erstellt wurde. Liegt ein solches Abnahmeprotokoll nicht vor, ist aber das Bauwerk nach Ansicht des Mandanten gleichwohl fertiggestellt und daher abrechenbar, muss von der Bauleitung ein Ersatzdokument erstellt werden, aus dem die Abrechenbarkeit ersichtlich ist.	Voraussetzung für die Umsatzlegung und Gewinnrealisation ist ein Abnahmeprotokoll. Fehlt dieses, weil der Bauherr erst nach Durchführung aller (auch noch so kleiner) Restarbeiten bereit ist, ein Protokoll zu unterschreiben, muss RW für ein adäquates Ersatzdokument sorgen.	Fehlt ein offizielles Abnahmeprotokoll, muss der APr die Qualität von Ersatzdokumenten beurteilen. Er musste bei der Planung seiner Arbeiten berücksichtigen, welche Baustellen voraussichtl. noch im „alten GJ" abgerechnet werden. Die größeren Baustellen sind dann zum Jahresende in Augenschein zu nehmen (dazu eignen sich auch Termine zur Inventurüberwachung), damit man im „neuen GJ" im Rahmen der JAP beurteilen kann, ob die Abrechnung eines Bauvorhabens mit Umsatz- und Gewinnrealisation „noch im alten GJ" möglich war. Nur auf diese Weise ist sichergestellt, dass der APr Abrechnungen für offensichtl. noch nicht abrechnungsreife Leistungen erkennt und ggf. auf eine Stornierung der entsprechenden Buchungen drängen kann.	Das Abnahmeverfahren ist in den internen Richtlinien zu regeln. Wesentliche Bestandteile von Ersatzdokumenten (die nur als Ausnahme gelten dürfen) sind festzulegen.
2. Wertberichtigungen **a. Forderungen L+L (Bj-Jahr)** Häufig werden mit d. Schlussrechn. auch Leistungen in Rechnung gestellt, die im Rahmen von Nachtragsverhandlungen vom Bauherren noch nicht (endgültig/vollständig) genehmigt wurden. Der Mandant muss einschätzen, in welcher Höhe er nach vernünftiger kfm. Beurteilung eine Genehmigung erwarten kann. Nachtragsbestandteile, die voaussichtlich nicht akzeptiert werden, müssen wertberichtigt werden. Zum Kreditrisiko s.o. Punkt B. III.4	Die Bildung von WB auf nicht genehmigte Nachträge ist i.d.R. wesentlicher Bestandteil der Bilanzpolitik. Die von der Bauleitung eingereichten Vorschläge werden zunächst von RW analysiert, ggf. korrigiert und dann der Geschäftsleitung vorgelegt. Dort fällt dann die Entscheidung, die u.U. vom Budget wesentlich bestimmt wird.	Der APr muss die Abrechnung insges. und die darin enthaltenen „offenen" Nachtragsbestandteile prüfen. Für ihn wird es i.d.R. wichtiger sein, den Umfang der fehlenden WB zu entdecken als sich Gedanken über zu hohe WB zu machen. Über in diesem Zusammenhang mit dem Mandanten geführte Gespräche ist ein Protokoll anzufertigen. Es könnte von Bedeutung sein, dessen Inhalt mit den Gesprächsteiln. abzustimmen. Wenn der Mandant die Methode zur Aktivierung von Nachträgen geändert hat, vom wem wurde diese Änderung veranlasst? Von der Konzernzentrale? Ggf. mit welcher Begründung?	In den internen Richtlinien sollte auch geregelt sein, wie noch nicht genehmigte Nachträge bilanziell zu behandeln sind. Dies gilt insbesondere für den Fall, dass die Geschäftsleitung entschieden hat, die Methode zur Aktivierung von Nachträgen zu ändern.
b. Forderungen L+L (Vj.) Forderungen aus Vorjahren, die vom Bauherren immer noch nicht anerkannt wurden (i.d.R. laufen dann bereits gerichtliche Verfahren) sind ohne Mitwirkung der beratenden Rechtsanwälte nicht zu beurteilen.	Aufstockung oder Auflösung von WB können i.d.R. nur nach Maßgabe einer Meinungsäußerung juristischer Fachleute erfolgen.	Der APr wird die Angemessenheit von WB nur auf Basis einer gutachterlichen Stellungnahme beurteilen können. Stützt sich der Mandant (mögl.weise aus Kostengründen) auf ein weit zurückliegendes Gutachten, muss der APr entscheiden, ob ein neues Gutachten benötigt. Dies muss er rechtzeitig erbitten.	

noch C. Auftragsabrechnung

Verfahrensspezifische Risiken	Probleme für das Rechnungswesen	Anforderungen an den Abschlussprüfer	Kriterien für die Qualität des IKS
3. Rückstellungen **a. nachlaufende Kosten** Für nachlaufende Kosten, insbesondere für individuelle Gewährleistungsarbeiten sind Rückstellungen zu bilden (Imparitätsprinzip). Bauleitungen könnten zusammen mit der ggf. zuständigen NL-Leitung ein Interesse daran haben, an sich notwendige Rückstellungen (aus Budgetgründen) in das Folgejahr zu verlagern.	Es ist Aufgabe des RW, die von der Bauleitung beantragten Rückstellungen ggf. unter Verwendung der Abnahmeprotokolle und unter Befragung der zuständigen Techniker einer Plausibilitätsprüfung zu unterziehen. Dabei sind ggf. auch Ereignisse im „neuen GJ" zu beachten.	Da der APr zur Prüfung von Umsatz- und Gewinnrealisation ohnehin die Abnahmeprotokolle benötigt, kann er diese auch für die Prüfung der Rückstellungen für nachlaufende Kosten verwenden. Unter dem Gesichtspunkt eines „subsequent event reviews" wird er auch der Frage nachgehen müssen, ob der Bauherr im „neuen GJ" Einwendungen erhoben hat, die im JA für das „alte GJ" durch zusätzl. Rückstellungen berücksichtigt werden müssen.	Das Verfahren zur Beantragung von Rückstellungen für nachlaufende Kosten und zur Fortschreibung dieser Rückstellungen in den Folgejahren (Anfangsbestand, Verbrauch, Auflösung, Neubildung, Endbestand) ist in den internen Richtlinien festzulegen.
	Rückstellungsanträge sind u.U. nicht präzise genug formuliert (Angaben zum Mengengerüst: qm, cbm, Std. etc), Angaben zum Wertgerüst: Preise für den Einsatz von Material, Personal, Dienstleistungen etc.), so dass zusätzliche Recherchen erforderlich sind. Es ist Aufgabe des RW, auf eine möglichst hohe Präzision von Rückstellungsanträgen hinzuwirken.	Der APr. muss sich über die Vollständigkeit und Angemessenheit ein eigenes Urteil bilden. Voraussetzung dafür sind detail. Rückstellungsanträge, damit - (auch zu einem späteren Zeitpunkt) nachvollzogen werden kann, von welchen techn. und kfm. Prämissen zu einem bestimmten Zeitpunkt ausgegangen wurde. Dieser Umstand ist für die Qualität der Arbeitspapiere von besonderer Bedeutung.	In den internen Richtlinien sollte festgehalten sein, welche Angaben (zu techn. und kfm. Details) in den Rückstellungsanträgen enthalten sein müssen.
b. Sub-Unternehmer Wenn SU nach Aufmaß abrechnen können, dann ist nicht auszuschließen, dass diese vertraglichen Vereinbarungen zu außerplanmäßigen Belastungen führen können. die - wenn der Mandant gegenüber dem Bauherrn durch einen Festpreisvertrag gebunden ist - das erwartete Baustellenergebnis wesentlich beeinflussen können. Dieser Einfluss kann so stark sein, dass eine Baustelle im Gegensatz zur ursprünglichen Planung nicht mit Gewinn, sondern mit Verlust abschließt. Da die Margen bei Bauaufträgen häufig knapp kalkuliert sind, kann bereits eine relativ kleine Kostenüberschreitung bei SU eine Baustelle in die Verlustzone bringen. Aus den bereits erwähnten Budgetgründen könnte der Mandant ein Interesse daran haben, eine an sich notwendige Rückstellung nur teilweise oder überhaupt nicht zu bilden.	Mit der Überwachung von Baustellenergebnissen ist für das RW auch die Aufgabe verbunden, Rechte und Pflichten von SU zu analysieren. Dazu gehört auch, rechtzeitig zu erfahren, wenn außerplanmäßige Forderungen von SU drohen, die ggf. durch entsprechende Rückstellungen bilanziell abgefangen werden müssen.	Die Analyse der Abrechnungsmodalitäten bei SU gehört zu den entscheidenden Aufgaben des APr. Er muss rechtzeitig erkennen, dass bei „ergebnissensiblen" Baustellen außerplanmäßige Forderungen von SU drohen. Die Vergabelisten geben hier u.U. schon frühzeitig Auskunft. Im Prüfungsprogramm muss eine Anweisung enthalten sein, der Abrechnung nach Aufmaß besondere Aufmerksamkeit zu widmen.	Das Recht, nach Aufmaß abrechnen zu können, muss in den Vergabelisten vermerkt sein, damit diejenigen, die mit diesen Listen arbeiten (und dazu gehört auch der APr), sich rechtzeitig nach dem Verlauf von SU-Arbeiten erkundigen und entsprechende Konsequenzen für Berichterstattung und Bilanzierung ziehen können. Ein Risikomanagementsystem muss auf diese Problematik eingestellt sein.

Anlage 55/3 Zur Bewertung halbfertiger Bauten bei Bauunternehmen

I. Aktivierung von Herstellungskosten (HK)

1. Vergewissern Sie sich, unter welchen Voraussetzungen HK überhaupt aktiviert werden. Erfolgt eine Aktivierung nur dann, wenn ein Bauauftrag bereits vorliegt ? Diese Voraussetzung müßte dann anhand des Vertrages geprüft werden ?

2. Lassen Sie sich erläutern, auf welcher der drei möglichen Bewertungsstufen des HGB die HK stehen:
- Einzelkosten
- Einzelkosten plus angemessene betriebliche GK
- Einzelkosten plus angemessene betriebliche GK plus allgemeine Verwaltungs-GK
Vertriebskosten dürfen nicht aktiviert werden !

Es müßte einen von der Geschäftsführung festgelegten Katalog von Kosten geben, die zu aktivieren sind. Wurden diese Regelungen eingehalten? Hat es im Vergleich zum Vorjahr Änderungen in den Bewertungsrichtlinien gegeben ?
Wie ist sichergestellt, dass HK dem richtigen Bauauftrag zugeordnet werden ?

II. Verlustfreie Bewertung

Im Regelfall werden die aktivierten HK mit dem sogenannten Leistungswert verglichen und es wird der jeweils niedrigere der beiden Werte für die Bilanzierung herangezogen. Der Leistungswert ist ein bautechnischer, kein buchhalterischer Wert. Er ergibt sich als Produkt aus dem bereits erbrachten Bauvolumen und den dazugehörigen (mit dem Bauherren abschließend ausgehandelten) Preisen lt. Bauvertrag/Leistungsverzeichnis.

Die richtige Ermittlung des Leistungswertes setzt ein gutes IKS und fachkundige Bauleiter voraus. Wir müssen die Ermittlung der Leistungswerte in Einzelfällen nachvollziehen, um sicher zu sein, dass richtig bewertet wurde, d.h. dass keine Abschreibungen vergessen wurden! Möglicherweise ist ein Leistungswert deshalb „überhöht", weil hier bereits ein vom Bauherren noch nicht (schriftlich) genehmigter Nachtrag eingerechnet wurde. (Würde man diesen „fiktiven" Nachtrag herausrechnen, wäre der Leistungswert möglicherweise kleiner als die HK, so dass abgewertet werden müßte!)

Bestandteil der HK sind u.U. auch Leistungen von Subunternehmern (SU). Hier ist sorgfältig zu prüfen, ob die „ursprünglich geplanten" Kosten von SU den „voraussichtlich anfallenden" Kosten entsprechen und ob ein zu erwartender Mehraufwand von SU an den Bauherren abgerechnet werden kann oder vom Mandanten getragen werden muss. Im letzteren Fall könnte ein Mehraufwand zu einem Auftragsverlust führen, der bei der Bewertung zu berücksichtigen ist.

Die sogenannte „Vergabeliste" (Vergleich zwischen kalkuliertem Preis für ein Gewerk und effektivem Preis laut Vergabe von Arbeiten an SU) gibt Auskunft darüber, ob hier möglicherweise ein Vergabeverlust droht. Ein einzelner Vergabeverlust ist solange unproblematisch, solange er mit Vergabegewinnen aus anderen Gewerken (beim gleichen Bauwerk) verrechnet werden kann.

Anlage 56 Kontroll- und Wiederholungsfragen

1. Zwei WPs unterhalten sich über ein Prüfungsprogramm: Während der eine den Begriff „aussagebezogene Prüfungshandlungen" verwendet, spricht der andere regelmäßig von „ergebnisorientierten Prüfungshandlungen". Gibt es hier einen Unterschied ?
Es gibt keinen Unterschied! Beide Begriffe lassen sich auf den angelsächsischen Begriff „substantive procedures" zurückführen. Damit sind Prüfungshandlungen gemeint, die gezielt der Frage nachgehen, ob eine bestimmte Aussage des Mandanten zum Jahresabschluss zutrifft oder nicht. (Zur Terminologie siehe Kapitel VI. 2.4.1.3)

2. Aus welchen Komponenten besteht das sogenannte Prüfungsrisiko?
Aus dem Fehler- und dem Entdeckungsrisiko. Das Fehlerrisiko setzt sich seinerseits aus dem inhärenten Risiko und dem Kontrollrisiko zusammen.

3. Erklären Sie, was das inhärente Risiko bedeutet!
Mit dem inhärenten Risiko wird die Anfälligkeit eines Prüffeldes, d.h. einer Jahresabschluss-Position oder einer Gruppe von Geschäftsvorfällen für das Auftreten signifikanter Fehler bezeichnet, ohne Berücksichtigung des Internen Kontrollsystems.

4. Wenn man inhärente Risiken und Kontrollrisiken identifiziert und in den Arbeitspapieren dokumentiert, worauf muss man dann bei der Identifikation der inhärenten Risiken besonders achten?
Man muss sich bei der Identifikation des inhärenten Risikos (IR) genau überlegen, ob es auch wirklich ein IR ist oder ob es sich in Wahrheit nicht um ein Kontrollrisiko (KR) handelt. Diese strenge Trennung zwischen IR und KR ist für den Fortgang der Prüfung (Auswahl von Internen Kontrollen) von entscheidender Bedeutung! Interne Kontrollen sind in erster Linie auf der Prozess-Ebene etabliert. Dort – also unterhalb der Ebene der Geschäftsleitung – werden diejenigen Risiken „verfolgt", die man ihr „von oben" vorgegeben hat. Es ist deshalb ein großer Unterschied, ob eine interne Kontrolle deshalb mangelhaft arbeitet, weil die mit ihr betrauten Systeme (Personen und IT) unzuverlässig sind und deshalb einen Fehler im Jahresabschluss nicht finden oder ob ein Fehler deshalb nicht auffällt, weil ein bestimmtes Risiko unbekannt ist. Entdeckt der Abschlussprüfer einen Fehler, der durch die interne Kontrolle hindurchgeschlüpft ist, wird er bei der Analyse von Prüfungsdifferenzen sehr wohl unterscheiden müssen, worauf dieser zurückzuführen ist. Ein bislang unbekanntes Risiko lässt ganz andere Schlüsse zu, als die mangelhafte Verfolgung bekannter Risiken.

5. In PS 230 wird unter TZ 5 auch von „Ereignissen" gesprochen. Wenn Sie das Einzelhandelsunternehmen „DEICES" als Beispiel nehmen, was ist damit gemeint, und welchen Einfluss haben „Ereignisse" auf den Jahresabschluss?

Ereignisse	Einfluss auf den Jahresabschluss	Aussage (VEBBAG)
1. Vier Jahreszeiten	Vorräte	Bewertung (Bw)
2. Schulanfang	Vorräte	Bewertung (Bw)
3. Expansion (Ost-Europa)	Sachanlagen	Bewertung (Bw)
	Ford. / Verb. geg. verb. Untern.	Vollständigkeit (V), Bestand (B), Ausweis (A)
4. Engpässe (Beschaffung)	Lagebericht (Risikodarstellung)	Vollständigkeit (V)

Wir nehmen an, dass ein Engpass dadurch aufgetreten ist, dass ein Lieferant in Calcutta / Indien seinen vertraglichen Verpflichtungen krankheitsbedingt nicht nachkommen konnte und unterstellen, dass DEICES einen Schadensersatzanspruch in Höhe von 100.000 € aktiviert hat. Wenn Sie bei Ihrer Prüfung der „Sonstigen Vermögensgegenstände" auf einen solchen Posten stoßen, wie gehen Sie dann weiter vor? (Bitte den Prüfungspfad skizzieren!)

Man wird DEICES zuerst fragen müssen, welchen Einkaufsvertrag er mit dem Lieferanten geschlossen hat. Diesen Vertrag erbitten wir im Original und lassen uns dann davon eine Kopie aushändigen. Wir studieren diesen Vertrag in allen Einzelheiten (ist er in einer fremden Sprache gehalten, die wir nicht beherrschen, benötigen wir eine autorisierte Übersetzung!), um nachzuvollziehen, ob die unter den „Sonstigen Vermögensgegenständen" erfolgte Aktivierung eines Schadensersatzanspruches gerechtfertigt ist. Eine sehr sorgfältige Prüfung des Vertrages ist u.a. auch deshalb erforderlich, weil in ihm möglicherweise geregelt ist, dass der Hersteller in Calcutta dann keinen Schadensersatz leisten muss, wenn er die Verzögerung z.B. wegen höherer Gewalt (vis major) nicht zu vertreten hat. Liegt ein Fall von höherer Gewalt vor, wäre die Aktivierung unzulässig und der Posten müsste „ergebniswirksam" ausgebucht werden, so dass sich ein bislang ausgewiesener Jahresüberschuss je nach Höhe des Postens u.U. erheblich reduzieren würde. Sollte es unklar sein, ob ein Fall höherer Gewalt vorliegt (der Mandant wird im Zweifel immer zu seinen Gunsten argumentieren!), müsste sich ein im internationalen Vertragsrecht erfahrener Rechtsanwalt dazu äußern. Diese Rolle müsste ein "externer" Anwalt übernehmen, weil der Hausanwalt des Mandanten möglicherweise „pro domo" spricht. An diesem Fall, dessen Lösung u.U. mehrere Tage in Anspruch nehmen kann (Zeitreserven?), wird im Übrigen deutlich, dass man eine Prüfung sorgfältig planen und deshalb bereits zu Beginn der Prüfung über schwierige Themen informiert sein muss, um frühzeitig eine Lösung parat zu haben. Anderenfalls wird man vom großen Zeitdruck („Bitte beeilen Sie sich, der Aufsichtsrat will Ihren Bericht haben!") hinweggefegt. Übrig bleibt dann nur noch der nicht akzeptable Gedanke: „Es wird schon stimmen."

6. Formulieren Sie das Prüfungsziel für die Bewertung von Forderungen aus L+L !
Ausreichende und angemessene Nachweise dafür zu bekommen, dass die Aussage des Mandanten „Die Forderungen aus Lieferungen und Leistungen sind den gesetzlichen Bestimmungen entsprechend richtig bewertet", zutrifft.

7. Wir haben auch über das Umfeld der Geschäftsleitung, das sogenannte „Reporting Environment" (wie es die ISA nennen) gesprochen. Wo liegt für den Abschlussprüfer das Problem dieses Umfeldes ?
Ein besonderer Aspekt dieses Umfeldes sind die Bedingungen, unter denen eine Geschäftsleitung einen Jahresabschluss erstellt. Es häufen sich in der nationalen und internationalen Wirtschaft die Fälle, in denen sich die Geschäftsführung im Verlaufe eines Jahres schon sehr früh auf bestimmte Ziele (Erhöhung des Jahresüberschusses, Schuldentilgung, Ausweitung des Auslandsgeschäftes etc.) gegenüber den einzelnen Interessengruppen (Gesellschafter, Aufsichtsrat, Beirat, Analysten, Presse etc.) festlegt und dadurch regelmäßig unter einen solchen Budget-Druck gerät, der sie zwingt, den Jahresabschluss so zu „trimmen", dass er die Zahlen aufweist, die er laut Prognose auch ausweisen soll. Der Abschlussprüfer hat dann die enorm schwierige Aufgabe, herauszufinden, welche Bilanzpositionen in welchem Umfang das Opfer dieser „Trimmaktion" (häufig „Bilanzmanipulation"!) geworden sind. (Siehe dazu auch die Überlegungen zur „susceptibility to misstatement" in Kapitel I. 2.2.2.1.)

8. Der Abschlussprüfer wird sich für ganz bestimmte Interne Kontrollen interessieren. Wie trifft er seine Auswahl ?
Das KoBu-Doc II, das sich auch mit den Geschäftsvorfällen und ihrem Einfluss auf den Jahresabschluss beschäftigt, zeigt auch die Kontrollstellen auf, die im Unternehmen für die einzelnen Aufgaben zuständig sind. So ist z.B. bei WELOS der Vertriebsprozess u.a. für den Verkauf von PKW und der Prozess „Investition und Finanzierung" u.a. für den Aufbau und die Einrichtung neuer Autohäuser zuständig. Der Einfluss der einzelnen Geschäftsvorfälle auf den Jahresabschluss kann von Jahr zu Jahr wechseln. Von der Stärke des Einflusses wird es der Abschlussprüfer abhängig machen, welche Kontrollen er im Rahmen der Abschlussprüfung auf ihre Funktionsfähigkeit hin untersucht. Hier muss es sich um bedeutende Kontrollen handeln, denn es ist nicht sinnvoll, sich mit Kontrollen zu beschäftigen, die für Geschäftsvorfälle zuständig sind, deren Einfluss auf den Jahresabschluss (u.U. vorübergehend) gering ist. Hat der Abschlussprüfer mehrere Kontrollen zur Auswahl, wird er diejenigen bevorzugen, die möglichst viele Abschlussaussagen abdecken. (Orientierung an der Deckungskapazität von Kontrollen).

9. Sie treffen am Montag Morgen auf dem Weg zum Prüferzimmer das für Vertrieb zuständige Vorstandsmitglied im Aufzug. Er freut sich, Sie zu sehen, bittet Sie in sein Büro, erklärt Ihnen, er habe gehört, dass sich die Prüfer auch für das Interne Kontrollsystem interessieren und bittet Sie, ihm kurz zu erklären, was er sich eigentlich unter einem solchen System vorstellen müsse. Er wolle in der nächsten Vorstandssitzung nicht mit Unwissen glänzen. Was sagen Sie ihm ?
Die wesentliche Aufgabe des IKS besteht darin (Definition laut AICPA): das Vermögen zu schützen („Geld verschleudert man nicht !), die Sicherheit von Abrechnungsdaten zu gewährleisten („Unsere Zahlen müssen stimmen !") und die Einhaltung der Geschäftspolitik zu garantieren. („Der Vorstand entscheidet, wo es lang geht !")

10. Wenn Sie einem Bekannten, der sich für das VEBBAG-Phänomen interessiert, den Unterschied zwischen V (= Vollständigkeit) und B (= Bestand) erläutern müssten, wie würden Sie ihm das mit einfachen Worten erklären ?
Im Zusammenhang mit der Vollständigkeit (V) interessieren wir uns für die Frage, ob das, was sich ereignet hat, auch wirklich gebucht wurde. Im Zusammenhang mit dem Bestand (B) fragen wir, ob sich das, was gebucht wurde, auch wirklich ereignet hat. (Problematik von Scheingeschäften!)

11. Wir haben auch ein bestimmtes Pflichtdokument besprochen. Weil sich dieses mit Kontrollen beschäftigt, haben wir es Kontroll-Dokument (kurz: KoCo-Doc) genannt. Welche entscheidende Konsequenz müssen wir aus diesem Dokument ziehen ?
In ihm fixieren wir (schriftlich im Rahmen unserer Pflicht-Dokumente zum ersten Mal, gedanklich wahrscheinlich schon viel früher !?) Prüfungsziele. Eine oder mehrere Aussagen (aus VEBBAG) werden wir nach Maßgabe der Leitfunktion des Business Understanding und unserer Einschätzung des IKS im Zuge unserer (verbleibenden) Prüfungshandlungen mit dem Ziel verfolgen, ausreichende und angemessene Nachweise dafür zu bekommen, dass die Aussagen (Behauptungen !?) des Mandanten stimmen.

12. Wie müssen wir die sogenannten Prozess-Ziele in das Ziel-System einer Unternehmung einordnen ? Erläutern Sie dies am Beispiel des Vertriebs !
Auf der Ebene der Geschäftsführung werden z.B. Ziele formuliert wie: Umsatzsteigerung oder Ergebnisver-

besserung (Erhöhung der Umsatzrendite von 1,7 % auf 3,0 % !) Der Vertrieb (also die Prozess-Ebene!) muss einen wesentlichen Beitrag zur Erreichung dieser Ziele leisten. Dies kann er nur schaffen, wenn er sich an typischen Zielen wie z.B. der Verbesserung der Bruttomargen orientiert.

13. Welche Anforderungen werden an einen Prüfungsnachweis gestellt ?
Prüfungsnachweise müssen ausreichend und angemessen sein. „Ausreichend" ist ein quantitatives, „angemessen" ein qualitatives Merkmal. Hinsichtlich der Menge müssen wir überlegen, wie viel Unterlagen wir einsehen müssen. Das richtet sich danach, welche Bedeutung wir einer Bilanzposition nach Maßgabe unserer Kenntnisse über die Geschäftstätigkeit beimessen. In diesem Zusammenhang hatten wir auch über die „Wertigkeit" von Informationen gesprochen, die in einem Dokument enthalten sind, und auf die Problematik „einwertiger" Informationen hingewiesen. Hinsichtlich der Qualität müssen wir sehr genau darüber nachdenken, ob der Nachweis auch wirklich die Abschlussaussage des Mandanten stützt. (Gefahr der Schein-Genauigkeit!)

14. Welche Aufgabe hat der Abschlussprüfer, nachdem Prüfungsdifferenzen ermittelt wurden ?
Es ist wesentlicher Bestandteil der Prüfungshandlungen, die Prüfungsdifferenzen, die in einer zentralen Stelle der Arbeitspapiere dokumentiert sein müssen (KoDi-Doc), zu analysieren, um herauszufinden, worauf sie zurückzuführen sind. Es können unbewusste Arbeitsfehler sein (beruhend auf geringer Sorgfalt, Missverständnissen oder falscher Information) oder Fehler, die bewusst im Rahmen einer (illegalen?) Bilanzpolitik begangen wurden. Es ist von größter Bedeutung, frühzeitig festzustellen, ob der Mandant (u.U. in großem Umfang) Bilanzpolitik betrieben hat.

15. Denken Sie einmal an die Prüfungsplanung: Wie können wir – was die Vorbereitung von Unterlagen durch den Mandanten betrifft – unsere Kenntnisse über die Geschäftstätigkeit zur Rationalisierung und Effektivitätssteigerung sinnvoll einsetzen ?
Wir müssen uns rechtzeitig (2-3 Monate vor Beginn der Abschlussprüfung) überlegen, um welche Unterlagen wir den Mandanten bitten wollen. Diese Aufbereitung muss sich mit unseren Prüfungszielen decken. Wenn wir uns – um bei dem Beispiel des Schuh-Einzelhändlers DEICES zu bleiben – als Prüfungsziel setzen, ausreichende und angemessene Nachweise dafür zu bekommen, dass die Aussage des Managements: „Die Vorräte (= das Schuh-Lager) sind nach Maßgabe der gesetzlichen Bestimmungen richtig bewertet", dann könnten wir DEICES bitten, uns das Lager nach den einzelnen Träger-Gruppen (z.B. Damen-, Herren- und Kinderschuhe) und innerhalb dieser Gruppen nach Kollektionen zu ordnen. Darüber hinaus könnten wir ihn bitten, uns zu dieser so strukturierten Inventurliste die entsprechenden Lagerumschlagskennziffern oder Lagerreichweiten zu liefern. Sollte DEICES ähnliche, ebenso aussagekräftige Sortierungen haben, die er uns bislang – aus welchen Gründen auch immer – noch nicht zur Verfügung gestellt hat (vielleicht war es ihm ganz recht, dass sich der Abschlussprüfer bislang mit einer traditionellen „Feld- Wald- und Wiesenliste" zufrieden gegeben hat), dann müssten wir ihn bitten, uns diese Sortierungen zur Verfügung zu stellen.

16. Erinnern Sie sich bitte an den „Fall Dubai". Wir hatten festgestellt, dass noch keine Forderung in Höhe von € 250.000 bestand. WAKON handelte nämlich als General-Unternehmer und war nicht berechtigt, die Teil-Lieferung der Möbel, die nur eine Komponente des Dubai-Projektes ausmachten, zum Anlass zu nehmen, bereits Umsatz zu buchen und Gewinn zu realisieren. (Verstoß gegen das aus dem Anschaffungskostenprinzip abgeleitete Realisationsprinzip!) Skizzieren Sie bitte den weiteren Gang der Prüfung, nachdem der Umsatz storniert worden ist !
Nehmen wir der Einfachheit halber an, dass die AK/HK der Vorräte € 200.000 betragen, dann ist zu prüfen, ob WAKON diesen Wert realisieren kann. Da es keine erhaltenen Anzahlungen gibt, mit denen man den Bilanzwert der Vorräte (= Unverrechnete Lieferungen und Leistungen, denn die Möbel wurden bereits dem Kunden übergeben) verrechnen kann, ist die Bonität des Kunden zu prüfen. Hier sind wir auf Informationen angewiesen, die uns das Credit-Controlling von WAKON zur Verfügung stellen kann. Sind diese Informationen nicht sehr aussagekräftig (möglicherweise hat der Vorstand das IKS mit dem Hinweis übersprungen „Ich weiß genau, an wen wir liefern dürfen, da ich mir die Kunden vor Ort sehr genau ansehe", brauchen wir entsprechende Nachweise, die die Werthaltigkeit der Vorräte untermauern. Hier kommen in Frage: Bürgschaften von Institutionen oder Privatpersonen, Informationen über die Finanzkraft (erteilt von Banken oder sonstigen Experten), veröffentlichte Jahresabschlüsse, Erfahrungen aus vorausgegangenen Geschäften oder den Nachweis des Zahlungseingangs im Neuen Geschäftsjahr. Liegen Bürgschaften vor, ist auch deren Qualität zu prüfen. Handelt es sich z.B. um eine Bankbürgschaft, müssten wir Auskünfte von Experten, z.B. der Weltbank oder der WTO einholen. Daran ist zu erkennen, dass wir u.U. einen langen Weg gehen müssen, bis wir „ausreichende und angemessene Nachweise" dafür bekommen, dass die Aussage von WAKON: „Die Vorräte sind nach Maßgabe der gesetzlichen Vorschriften richtig bewertet", stimmt. Sind wir der Meinung, dass es keine Nachweise gibt, müssen wir den Bestätigungsvermerk ggf. einschränken !

17. Denken Sie an ein Gespräch mit einem Vertreter des Mandanten. Welche Arten von Fragen können Sie stellen? Bringen Sie Beispiele aus der Prüfung der Vorratsbewertung bei WELOS.
Es gibt offene, geschlossene, sondierende und vielschichtige Fragen.
Offene Frage: „Nach welchem Inventurverfahren nehmen Sie Ihre Vorräte auf? Geschlossene Frage: „Sind die Anschaffungskosten der Ersatzteile vollständig erfasst?" Sondierende Frage: „Wenn ich an Ihre Werkstatt denke, dann gibt es dort eine Reihe von Leistungen, z.B. Inspektionen, Reparaturen, Umrüstungen etc. Welchen Katalog von Leistungen unterscheiden Sie und wie bewerten Sie diese Leistungen für die Zwecke eines Zwischen- oder Jahresabschlusses?" Vielschichtige Frage: „Ist es kompliziert, die Anschaffungskosten zu ermitteln (welche Komponenten gibt es da eigentlich?), müssen Sie sowohl Neuwagen als auch Gebrauchtwagen abschreiben, und was mir da noch einfällt, wie organisieren Sie eigentlich Ihre Werkstatt-Inventur?"
(Zu weiteren Einzelheiten, insbesondere zur Problematik geschlossener Fragen, siehe Kapitel II. 3.2.2)

18. Wenn Sie dem Mandanten unser Prüfungskonzept erläutern sollen (und das kann ja auch ganz unvorbereitet geschehen), welche Aspekte tragen Sie ihm dann vor?
Jahresabschluss und Lagebericht sind Spiegelbilder von Geschäftsvorfällen, die in den einzelnen Bereichen des Unternehmens stattfinden, und von Geschäftsrisiken, denen diese Bereiche ausgesetzt sind. Geschäftsvorfälle müssen ordnungsgemäß abgewickelt, Geschäftsrisiken muss angemessen Rechnung getragen werden. Dies setzt Ziele und kontrollierte Abläufe voraus, die auch dazu dienen, die unterschiedlichen Elemente vollständig und korrekt im Jahresabschluss abzubilden. Unser Prüfungskonzept beruht also auf der Erwartung, dass durch Geschäftsvorfälle und Geschäftsrisiken geschaffene Daten eine Reihe von Kontrollen durchlaufen haben, bis sie endlich an den einzelnen Stellen des Jahresabschlusses bzw. Lageberichtes ihren Niederschlag finden. Diesen Weg, der auch ein unrechtmäßiger sein kann, müssen wir kennen, um Jahresabschluss und Lagebericht – ihre Zusammensetzung und ihr Ergebnis – in der Weise beurteilen zu können, wie sie der Gesetzgeber vorschreibt. Die Pflicht zum Urteil bedeutet aber zugleich die Notwendigkeit, sich über den Inhalt derjenigen Daten eine Meinung zu bilden, die auf ihrem Weg angehalten oder vergessen wurden und denen der Zutritt zu Jahresabschluss oder Lagebericht in unzulässiger Weise verwehrt wurde. Auch dies kann Auswirkungen auf den Bestätigungsvermerk des Abschlussprüfers haben.

19. Wenn Sie an unsere Prüfungstechnik „VA BENE" denken, welches Element dieser Buchstabenkombination hat – wenn man einmal eine Gewichtung wagen will – eine besondere Bedeutung und warum?
Das „E" im Sinne der Einsichtnahme. Nur das sorgfältige Studium von Unterlagen ermöglicht es dem Abschlussprüfer, einen Sachverhalt richtig zu beurteilen. Wenn der Mandant weiß, dass sich der Abschlussprüfer durch Einsichtnahme in wichtige Dokumente sein eigenes Urteil bildet, wird er eher davor zurückschrecken, Zahlen zu manipulieren, als wenn er davon ausgehen kann, dass sich der Abschlussprüfer mit Plausibilitätsprüfungen begnügt. Versäumnisse bei der Einsichtnahme haben m.E. die schwerwiegenden Täuschungen der vergangenen Jahre begünstigt.

20. Wenn ein Mandant behauptet, eine überfällige Forderung sei werthaltig und – ohne Vorlage weiterer Unterlagen – darauf verweist, der Kunde habe bislang immer (wenn auch verspätet) gezahlt, welche Prüfungshandlungen sind dann u.a. erforderlich, um die Werthaltigkeit der Forderung beurteilen zu können?
Wir haben gelernt, dass sich der Abschlussprüfer selbst ein Urteil bilden muss. Es ist daher selbstverständlich, dass wir uns mit der Auskunft der Geschäftsleitung nicht zufrieden geben können. Unser Gesprächspartner behauptet, dass die im Jahresabschluss präsentierten Forderungen richtig bewertet sind. Unsere Aufgabe besteht deshalb darin, ausreichende und angemessene Nachweise dafür zu finden, dass seine Aussage zutrifft. An Prüfungshandlungen sind denkbar: Um einen Eindruck darüber zu gewinnen, wie sich das Zahlungsverhalten des Kunden in den vergangenen Monaten entwickelt hat, muss anhand von Zahlen der Buchhaltung rekonstruiert werden, welche Umsätze getätigt wurden und in welcher Weise der Kunde seinen Verpflichtungen (Einhaltung der Zahlungskonditionen) nachgekommen ist. Die Analyse der Zahlungsströme könnte z.B. zu dem Ergebnis kommen, dass die Zahlungsziele durch den Kunden (unzulässigerweise) immer weiter überschritten wurden oder dass das Umsatzvolumen kontinuierlich gestiegen ist oder der Kunde plötzlich in Liquiditätsschwierigkeiten gekommen ist. Haben sich die Forderungen gegenüber dem Kunden (deutlich) erhöht, erscheint die Aussage der Geschäftsleitung (der Kunde habe bislang immer gezahlt) insofern in einem ganz neuen Licht, als die Frage gestellt werden muss, ob der Kunde unter den neuen Bedingungen immer noch in der Lage ist, seinen Zahlungsverpflichtungen nachzukommen. Weitere Einzelheiten wird man möglicherweise durch die Einsichtnahme in Verträge und in den Schriftverkehr mit dem Kunden (dazu gehört auch die Saldenbestätigungsaktion) erfahren können. Weitere Informationen können bei Auskunfteien und beim Amtsgericht (Veröffentlichter Jahresabschluss, Einleitung eines Insolvenzverfahrens) eingeholt oder durch das Studium der lokalen Wirtschaftspresse gewonnen werden. Alle im Rahmen unserer Recherchen erhaltenen Informa-

tionen müssen zusammengetragen und ausgewertet werden, damit wir uns ein klares Urteil bilden können. Drei Möglichkeiten sind hier denkbar: (1) Wir verfügen über ausreichende und angemessene Unterlagen, sind also mit dem Mandanten der Meinung, dass der Kunde seinen Verpflichtungen in vollem Umfang nachkommen wird. (2) Unsere Unterlagen signalisieren, dass der Kunde in erheblichen Zahlungsschwierigkeiten ist und nach unserer Einschätzung der Mandant seine Forderung nicht in vollem Umfang realisieren kann. Wir sind also der Meinung, dass die Gesellschaft zu Unrecht behauptet, die Forderung sei werthaltig. In diesem Fall werden wir auf einer Wertberichtigung bestehen. (3) Weigert sich der Mandant eine Wertberichtigung zu bilden und ist das Fehlen dieser Wertberichtigung wesentlich, dann werden wir den Bestätigungsvermerk (ceteris paribus) einschränken müssen.

21. Der Terminus „genetischer Code einer Bilanzposition" ist zwar kein Terminus Technicus, hat aber einen gewissen prüfungstechnischen Charme. Wie kann man diesen Begriff unter dem Gesichtspunkt einer prozessorientierten Betrachtungsweise erläutern ?
Wenn ein gut organisiertes Unternehmen seinen Jahresabschluss vorlegt, dann kann es mit Recht Folgendes erklären: Jede Abschlussposition besteht aus einer Vielzahl von Elementen; jedes Element hat als Glied eines Prozesses eine Entstehungsgeschichte hinter sich; jede Entstehungsgeschichte ist durch Kontrollen geprägt und kennzeichnet man diese Kontrollen, erhält man einen „genetischen Code". Bis eine Position im Jahresabschluss landet (oder auch nicht, weil sie vorher im Unternehmen versickert: Okavango-Phänomen!), hat sie eine Reihe von Bearbeitungs- und Kontrollvorgängen hinter sich. Die Kontrollen können umfangreich, aber auch klein sein. Es ist ein großer Unterschied, ob man weiß, welche Kontrollstellen eine Position bereits passiert hat und ob man sich auf die „Qualität" einer Position (im Sinne der VEBBAG-Aussage) verlassen kann oder ob man ohne genaue Kenntnisse der „Entstehungs- und Entwicklungsgeschichte" einer Bilanzposition ihre Prüfung durchführt und damit - streng genommen – orientierungslos arbeitet.

22. Wenn wir im Rahmen der Untersuchung unternehmerischer Kontrollen auf „Ziele" stoßen, um welche Ziele handelt es sich dabei ?
Um Prozess-Ziele. Jedem Prozess, d.h. einem betrieblichen Ablauf, werden von der Unternehmensleitung „Ziele" vorgegeben. Dem Vertrieb z.B. die Erreichung bestimmter Bruttomargen, dem Einkauf z.B. die Beschaffung fehlerfreier Rohstoffe, der Produktion z.B. die Reduzierung des Ausschusses. Die Erreichung dieser Ziele wird durch bestimmte Maßstäbe (Leistungskennziffern) gemessen. Diese muss der Abschlussprüfer kennen, weil sie - auch den Jahresabschluss beeinflussend - positive oder negative Entwicklungstendenzen zum Ausdruck bringen.

23. Welche Gesichtspunkte müssen Sie bei Ihrer persönlichen Zeitplanung für die Prüfung einer Jahresabschlussposition (z.B. der Rohstoffe) beachten ?
Erstens das „generelle" (vom Prüfungsleiter vorgegebene) Zeitbudget und zweitens Ihr „individuelles Zeitbudget". Letzteres muss neben der Bearbeitung der 4 Kapitel auch die Dokumentation der Prüfungshandlungen umfassen !

24. Es gibt eine Menge von Fehlern, die bei der Führung von Arbeitspapieren begangen werden können: Nennen Sie einige davon !
Prüfungsziele und Prüfungshandlungen werden nicht genannt, d.h. die Arbeitsbasis ist nicht erkennbar. Prüfungsfeststellungen lassen sich nicht aus den Arbeitspapieren herleiten. Der Prüfungsbericht ist nicht mit den Arbeitspapieren abstimmbar. Wahlloses Sammeln und Ablegen von Unterlagen. Ins Leere gehende oder sogar fehlende Referenzierungen.

25. Erläutern Sie anhand eines Beispieles die Verknüpfung der Arbeitspapiere ?
Eine Verknüpfung wird durch die Leitfunktion des Business Understanding hergestellt. Erkenntnisse, die in der 1. Phase der Abschlussprüfung (Analyse der Geschäftstätigkeit) gewonnen werden, führen u.a. dazu, dass man bestimmte Kontrollen auswählt. In der 2. Phase (Analyse der unternehmerischen Kontrollen) wird die Qualität dieser Kontrollen untersucht, und in der 3. Phase (verbleibende Prüfungshandlungen und Berichterstattung) werden Arbeiten durchgeführt, um abschließende Prüfungsnachweise dafür zu bekommen, dass bestimmte Abschlussaussagen des Mandanten (z.B. zum Bestand oder zur Bewertung) zutreffen. Wenn man z.B. im Rahmen der 1. Phase erfahren hat, dass der Mandant sein Auslandsgeschäft erweitert hat, wird man sich in der 2. Phase u.a. dafür interessieren, wie der Mandant das Ausfall-Risiko von Forderungen gegen ausländische Kunden behandelt und wird in der 3. Phase ggf. im Rahmen von Einzelfallprüfungen untersuchen, ob neben pauschalen Wertberichtigungen Einzelwertberichtigungen auf Forderungen erforderlich sind.

26. Bei den ersten beiden Phasen einer Abschlussprüfung handelt es sich um die „Analyse der Geschäftstätigkeit" und die „Analyse der unternehmerischen Kontrollen". Worin besteht – vereinfacht ausgedrückt – der Unterschied zwischen diesen beiden Phasen?
Mit Hilfe der Analyse der Geschäftstätigkeit versuchen wir, den Inhalt eines Jahresabschlusses zu verstehen. Die Analyse der unternehmerischen Kontrollen soll uns helfen, die Qualität eines Jahresabschlusses zu begreifen.

27. Der Abschlussprüfer ist vor betrügerischen Machenschaften nicht gefeit. Was kann er aber u.a. tun, um das Risiko unerkannter Bilanzmanipulationen so gering wie möglich zu halten?
Er muss sich konsequent an das drei Stufen-Schema der Abschlussprüfung halten und für alle Aussagen des Mandanten ausreichende und angemessene Prüfungsnachweise beschaffen. Immer dann, wenn der Mandant weiß, dass der Abschlussprüfer gewillt ist, den Dingen auf den Grund zu gehen und sich nicht mit mündlichen Aussagen zufrieden zu geben, wird er sich reiflich überlegen, ob er es sich leisten kann, eine Bilanz zu manipulieren.

28. Schildern Sie die wichtigsten Aspekte der „Wesentlichkeit" (im Angelsächsischen „Materiality" genannt), die immer dann zu berücksichtigen sind, wenn entschieden werden muss, ob wir als Abschlussprüfer eine ergebniswirksame Nachbuchung verlangen müssen.
Es geht hauptsächlich um die Frage, ob sich eine „wesentliche Veränderung" des ausgewiesenen Jahresergebnisses (Jahresüberschuss oder Jahresfehlbetrag) einstellen würde, wenn eine Nachbuchung (adjustment) durchgeführt würde. Neben dem Jahresergebnis gibt es aber u.U. noch einen weiteren Maßstab, und dieser wird von der Bilanzposition selbst geliefert. Hier gilt es die Frage zu beantworten, welchen Einfluss eine Nachbuchung auf die Bilanzposition ausüben würde. Dies wäre z.B. dann der Fall sein, wenn eine Wertberichtigung auf Forderungen an ausländische Kunden vorgenommen werden müsste. Hier könnte die Geschäftsführung ein fundamentales Interesse daran haben, eine Wertberichtigung zu verhindern, weil sie sonst in einen Erklärungsnotstand z.B. gegenüber dem Aufsichtsrat, geraten würde, wenn sie das Auslandsgeschäft ihm gegenüber als besonders profitabel hingestellt hat.

29. Wenn man darüber spricht, wie der Unternehmer sich gegenüber Geschäftsrisiken verhält, dann gibt es verschiedene Aspekte, die hier zu berücksichtigen sind. Welche?
V: Man vermeidet bestimmte Geschäfte und setzt sich damit bestimmten Risiken gar nicht (mehr) aus. A: Man akzeptiert Risiken, weil mit bestimmten Geschäften auch Chancen verbunden sind. R: Man reduziert Risiken, in dem man ein wirksames internes Kontrolsytem etabliert. T: Man überträgt (transformiert) Risiken auf einen Dritten, z.B. auf eine Versicherungsgesellschaft. (Kürzel: VART)

30. Warum ist es sinnvoll, „Geschäftsvorfälle" mit „Geschäftsprozessen" einerseits und „Bilanzpositionen" mit „Geschäftsvorfällen" andererseits in Verbindung zu bringen?
Wenn wir Geschäftsvorfälle z.B. den Verkauf von Neuwagen dem Geschäftsprozess „Vertrieb" zuordnen, dann können wir den Charakter (Herkunft, Entwicklungsgeschichte, Zielrichtung) dieses Geschäftsvorfalles besser verstehen. Wir sind in der Lage, Querverbindungen (u.a. buchhalterischer Art) dergestalt herzustellen, dass mit einer Umsatzbuchung (Forderungen an Umsatz) auch eine entsprechende Aufwandsbuchung (Aufwand für bezogene Waren an Vorräte) verbunden sein muss. Auf die Tatsache, dass für Buchungen dieser Art der Grundsatz der Vollständigkeit gilt (V aus VEBBAG) sei ergänzend hingewiesen. Wenn wir die Bilanzposition (z.B. Forderungen) dem Geschäftsvorfall „Neuwagenverkauf" zuordnen, dann können wir besser verstehen, welchem Impuls die Forderung ihre Entstehung verdankt. Es erleichtert dann auch die Beantwortung der Frage, ob die gebuchten Forderungen auch wirklich existieren. (Erstes B aus VEBBAG für Bestand).

Literaturverzeichnis

1. Prüfungsstandards

a. IDW Prüfungsstandards / IDW Stellungnahmen zur Rechnungslegung
IDW Verlag Düsseldorf 2004 (Stand Oktober 2004)

Analytische Prüfungshandlungen (PS 312)
Arbeitspapiere des Abschlussprüfers (PS 460)
Grundsätze für die ordnungsmäßige Erteilung von Bestätigungsvermerken bei der Abschlussprüfung (PS 400)
Grundsätze ordnungsmäßiger Berichterstattung bei Abschlussprüfungen (PS 450)
Bestätigungen Dritter (PS 302)
Auswirkungen des Deutschen Corporate Governance Kodex auf die Abschlussprüfung (PS 345)
Die Beurteilung der Fortführung der Unternehmenstätigkeit im Rahmen der Abschlussprüfung (PS 270)
Kenntnisse über die Geschäftstätigkeit sowie das wirtschaftliche und rechtliche Umfeld des zu prüfenden Unternehmens im Rahmen der Abschlussprüfung (PS 230)
Die Prüfung von geschätzten Werten in der Rechnungslegung (PS 314)
Abschlussprüfung bei Einsatz von Informationstechnologie (PS 330)
Das interne Kontrollsystem im Rahmen der Abschlussprüfung (PS 260)
Beziehungen zu nahe stehenden Personen im Rahmen der Abschlussprüfung (PS 255)
Grundsätze der Planung von Abschlussprüfungen (PS 240)
Prüfungsnachweise im Rahmen der Abschlussprüfung (PS 300)
Die Durchführung von Qualitätskontrollen in der Wirtschaftsprüferpraxis (PS 140)
Rechnungslegungs- und Prüfungsgrundsätze für die Abschlussprüfung (PS 201)
Die Prüfung des Risikofrüherkennungssystems nach § 317 Abs. 4 HGB (PS 340)
Die Aufdeckung von Unregelmäßigkeiten im Rahmen der Abschlussprüfung (PS 210)
Prüfung der Vorratsinventur (PS 301)
Wesentlichkeit im Rahmen der Abschlussprüfung (PS 250)
Ziele und allgemeine Grundsätze der Durchführung von Abschlussprüfungen (PS 200)

b. International Standards on Auditing (ISAs)
Internationale Prüfungsgrundsätze: Autorisierte Übersetzung der Verlautbarungen der IFAC, Stand Juni 2002, Schäffer-Poeschel Verlag, Stuttgart 2003

Knowledge of the Business (ISA 310)
Documentation (ISA 230)
Assurance Engagements (ISA 100)
Audit of Accounting Estimates (ISA 540)
Audit Evidence (ISA 500)
The Auditor's Responsibility to Consider Fraud and Error in an Audit of Financial Statements (ISA 240)
Audit Materiality (ISA 320)
Objective and General Principles Governing an Audit of Financial Statements (ISA 200)
Planning (ISA 300)
The Auditor's Report on Financial Statements (ISA 700)
Risk Assessment and Internal Control (ISA 400)

2. Bücher

Dobler, M.: Risikoberichterstattung (Eine ökonomische Analyse), Peter Lang Europäischer Verlag der Wissenschaften, Frankfurt/M. 2004
Institut der Wirtschaftsprüfer: Bilanzrechtsreformgesetz / Bilanzkontrollgesetz (BilReG / BilKoG), IDW Verlag 2005
Kallwass, W.: Privatrecht für Wirtschafts- und Sozialwissenschaftler 8. Aufl., Verlag E. Thiemonds Porz am Rhein, 1975

Krommes, W.: Das Verhalten der Unternehmung in der Rezession
   (Die Bedeutung der wachstumsorientierten Konjunkturtheorie für die Absatztheorie),
   Duncker & Humblot Berlin 1972
Leffson, U.: Grundsätze ordnungsmäßiger Buchführung, 4. Aufl. IDW-Verlag, Düsseldorf 1976
Niemann, W.: Jahresabschlussprüfung (Arbeitshilfen-Prüfungstechnik-Erläuterungen), C.H. Beck Verlag,
   München 2002
Marten, K.U. / Quick, R. / Ruhnke, K.: Wirtschaftsprüfung, 2. Aufl. Schäffer-Poeschel-Verlag,
   Stuttgart 2003.
Tinbergen, J. / Polak, J.J.: The Dynamics of Business Cycles, Chicago 1950
Weisbach, Chr.-R.: Professionelle Gesprächsführung 6.Aufl., Deutscher Taschenbuchverlag, München 2003

3. Lexika und ähnliche Nachschlagewerke

Brockhaus Enzyklopädie 17. Aufl., F.A. Brockhaus Wiesbaden, 1966-1976
Dr. Gabler's Wirtschaftslexikon 7. Aufl., Betriebswirtschaftlicher Verlag Dr. Th.Gabler, Wiesbaden 1967
Langenscheidts Taschenwörterbuch der lateinischen und deutschen Sprache, Langenscheidt KG
   Verlagsbuchhandlung, Berlin-Schöneberg 1954
Meyers Konversations-Lexikon 4. Aufl., Verlag des Bibliographischen Instituts,
   Leipzig und Wien 1889-1890
PONS Wörterbuch für Schule und Studium 3. Aufl., Ernst Klett Verlag, Stuttgart-Düsseldorf-Leipzig 1998
WP-Handbuch 2000, IDW Verlag, Düsseldorf 2000

4. Beiträge in Handwörterbüchern, Kommentaren und Sammelbänden

a. Handwörterbuch der Rechnungslegung und Prüfung
3. Aufl., Schäffer-Poeschel Verlag, Stuttgart 2002

Baetge, J. / Thiele, St.: Prüfungstheorie, Sp. 1899-1908
Ballwieser, W.: Prüfungslehre, Sp. 1825-1831
Bischof, St.: Arbeitspapiere, Sp. 96-101
Dörner, D.: Risikoorientierter Prüfungsansatz, Sp. 1744-1762
Hömberg, R.: Internes Kontrollsystem, Sp. 1228-1237
Lenz, H.R.: Prüfungstheorie: Verhaltensorientierter Ansatz, Sp. 1924-1938
Lindgens, U.: Qualitätsmanagement, Sp. 1951-1960
Marten, K.U. / Köhler, A.G.: Erwartungslücke, Sp. 703-712
Niehus, R.J.: Prüfungsqualität, Sp. 1862-1872
Peemüller, V.H.: Eigenverantwortlichkeit, Sp. 611-618
Sieben, G. / Russ, W.: Organisation von Prüfungsgesellschaften, Sp. 1790-1798
Wiedmann, H.: Risikomanagement der Prüfungsgesellschaft, Sp. 2057-2071

b. Theorie und Praxis der Wirtschaftsprüfung
Abschlussprüfung – Interne Revision – Kommunale Rechnungsprüfung
   Erich Schmidt Verlag, Berlin 1997
Schindler, J.: Internationale Prüfungsnormen aus der Sicht einer internationalen Wirtschaftsprüfungs-
   gesellschaft, S. 153-166
Simon-Heckroth, E.: Risikoorientierte Abschlussprüfung, S. 61-70
Podiums- und Plenardiskussion, S. 231-248
Weißenberger, B.E.: Kundenbindung und Vertrauen in der Beziehung zwischen Wirtschaftsprüfer und
   Mandant: Eine informationsökonomische Analyse, S. 71-95

c. Theorie und Praxis der Wirtschaftsprüfung II
Wirtschaftsprüfung und ökonomische Theorie – Prüfungsmarkt – Prüfungsmethoden – Urteilsbildung
   2. Symposium der KPMG/Universität Potsdam zur Theorie und Praxis der Wirtschaftsprüfung am
   9. und 10. Oktober 1998 in Potsdam (Hrsg. Martin Richter) Erich Schmidt Verlag, Berlin 1999
Arricale, J.W. / T.B. Bell / I. Solomon / S. Wessels: Strategic-Systems Auditing: Systems Viability and
   Knowledge Acquisition, S. 11-34
Hömberg, R.: Zur Urteilsbildung in der Abschlussprüfung, S. 235-262

Lindgens, U.: Der Markt für Prüfungsleistungen – Anmerkungen aus Sicht der Praxis, S. 167-176
Richter, M.: Konzeptioneller Bezugsrahmen für eine realwissenschaftliche Theorie betriebswirtschaftlicher Prüfungen, S. 263-305

d. Theorie und Praxis der Wirtschaftsprüfung III
Entwicklungstendenzen – Corporate Governance – E-Commerce
3. Symposion der KPMG/Universität Potsdam zur Theorie und Praxis der Wirtschaftsprüfung
(Hrsg. Martin Richter) Erich Schmidt Verlag, Berlin 2002
Richter, M.: Prüfungen als wissenschaftliche Untersuchungsprozesse (Zur wissenschaftlichen und berufspraktischen Bedeutung des meßtheoretischen Ansatzes von Klaus von Wysocki) S. 13-50
Hachmeister, D.: Ökonomische Analyse der Governance Struktur von Prüfungsgesellschaften, S. 133-159

e. Beck'scher Bilanzkommentar
5. Aufl., C.H. Beck Verlag, München 2003

Ellrott, H. : § 289 HGB (Lagebericht), TZ 35
Förschle/Küster: § 317 HGB (Gegenstand und Umfang der Prüfung), TZ 56

5. Beiträge in Mitteilungen, Zeitschriften und Zeitungen

Albach, H.: Betriebswirtschaftslehre als Orientierungs- und Entscheidungslehre,
  in: FAZ 12.3.01, Nr.60, S. 32
Althauser, U.: Die Ziele zuerst, in: FAZ 6.6.01, Nr. 129, S. B 2
Backhaus, K.: Jeder Kunde ist anders, in : FAZ 28.1.02, Nr. 23, S. 26
Baetge, J.: Die moderne Bilanzanalyse, in : FAZ 19.11.01, Nr. 269, S. 25
Baetge, J. / Heidemann, Chr.: Acht Forderungen an die Wirtschaftsprüfung, in: FAZ 15.7.02, Nr. 161, S. 20
Berghoff, H.: Abschied vom klassischen Mittelstand, in: FAZ 5.2.05, Nr. 30, S. 15
Bernsau, G.: Geschäfte mit Auslandsfirmen können teuer werden, in: FAZ 9.6.04, Nr. 132, S. 25
Bitz, M.: Die Entscheidungslogik und ihre Grenzen, in: FAZ 14.1.02, Nr. 11, S. 23
Buchheim, R.: Im Lagebericht wird jetzt mehr nach vorne geschaut, in: FAZ 7.3.05, Nr. 55, S. 22
Bünder, H.: Die Zuckerindustrie kämpft für die Planwirtschaft, in: FAZ 4.3.03, Nr. 53, S. 19
Bungartz, O.: Eine Risikokultur schaffen, in: FAZ 6.9.04, Nr. 207, S. 22
Castedello ‚M. / Davidson, R.: Die Beteiligungen im Griff, in: FAZ 31.3.04, Nr. 76, S. 24
Corsten, H.: Produktion ist mehr als die Gestaltung von Prozessen, in: FAZ 21.5.01, Nr. 117, S. 30
Cramer, W.R.: Silberne Hoch-Zeit, in: FAZ 10.9.03, Nr. 210, S. 32
Crux, A. / Schwilling, A.: Die sieben Fallstricke der Planung, in: FAZ 23.6.03, Nr. 142, S. 20
Dahrendorf, R.: Wirtschaftlicher Erfolg und soziale Wirkung, in: FAZ 24.12.04, Nr. 301, S. 13
Di Fabio, U.: Am demographischen Abgrund, in: FAZ 12.10.02, Nr. 237, S. 7
Dunsch, J./ Preuss, S.: „Billigstautos mit Bosch – das ist wie Intel inside"
  (Das FAZ-Gespräch mit Franz Fehrenbach, dem Vorsitzenden der Geschäftsführung des Automobilzulieferers Bosch), in: FAZ 18.11.04, Nr. 270, S. 14
Ebel, B. / Hofer, M.B.: Der Kunde bestimmt den Autowert (Aufweichung der Segmente),
  in: FAZ 15.12.03, Nr. 291, S. 20
Eichen von der, St.F. / Stahl, H.K.: Brauchen wir ein neues Management?, in: FAZ 29.12.03, S. 18
Ernst, M. / Uepping, H.: Verknüpfung von Unternehmens- und Personalstrategie,
  in: FAZ 3.2.03, Nr. 28, S. 24
Finsterbusch, St.: Fehlschaltungen in Japans Elektronikfirmen, in: FAZ 24.3.05, Nr. 70, S. 20
Friedemann,J.: Ein Radarschirm für die Immobilienmärkte, in: FAZ 12.7.02, Nr. 159, S. 49
Gauly, Th.: Warum Ethik kein Luxus ist, in: FAZ 21.6.04, Nr. 141, S. 20
Gehrke, W.: Das Pflichtenheft des Risikomanagements, in: FAZ 28.4.03, Nr. 98, S. 26
Geiger, St.: Farbgefühl, Flexibilität und Risikobereitschaft (Ausbildung in der Modebranche),
  in: FAZ 15.5.04, Nr. 113, S. 58
Giersberg, G.: Zwei Großinsolvenzen überschatten die Schuhmesse GDS (Die Branche leidet unter Preisdruck, Kaufzurückhaltung und der Demographie), in: FAZ 16.9.04, Nr. 216, S. 18
Giersberg, G.: Die Schwestern Buderus und Junkers (Das schwierige Management von Fusionen),
  in: FAZ 6.7.04, Nr. 154, S. U 4
Giersberg, G.: „Organisches Wachstum ist langfristig der erfolgreichere Weg." (Das Unternehmergespräch mit Martin Viessmann, dem Inhaber der Viessmann-Werke), in: FAZ 28.6.04, Nr. 147, S. 14

Giersberg, G.: „Qualität kommt von Quälen." (Das Unternehmergespräch mit Michael Bassier und Thomas Kindler, Gesellschafter der Agentur Bassier, Bergmann & Kindler) in: FAZ 19.4.04, Nr. 91, S. 16
Giersberg, G.: Auf dem Weg zu neuen Quellen, in: FAZ 6.12.03, Nr. 284, S. 12
Giersberg, G.: „Markenartikel geraten immer mehr unter Preisdruck." (Das Unternehmergespräch mit Hermann Bühlbecker, dem Alleingesellschafter der Unternehmensgruppe Lambertz), in: FAZ 27.10.03, Nr. 249, S. 14
Giersberg, G.: Fehlspekulationen, Betrug und schlechtes Management, in: FAZ 21.12.00, Nr. 297, S. 20
Hahn, D.: Die Unternehmensplanung bleibt eine zentrale Führungsaufgabe, in: FAZ 21.1.02, Nr. 17, S 26
Harriehausen, Chr.: Hochtief erprobt Kooperationen am Bau, in: FAZ 31.1.03, Nr. 26, S. 45
Harriehausen, Chr.: Intelligente Lagekarten für die Immobilienwelt (Geographische Informationssysteme helfen bei Marktanalysen), in: FAZ 10.8.01, Nr. 184, S. 51
Hauschildt, J.: Krise, Krisendiagnose und Krisenmanagement, in: FAZ 30.4.01, Nr. 100, S. 31
Hein, Chr.: Neues Selbstbewusstsein auf noch dürrem Acker (Länderbericht Indien), in: FAZ 13.4.04, Nr. 86, S. 14
Hein, Chr.: Zum Wachstum verdammt (Länderbericht China), in: FAZ 1.12.03, Nr. 279, S. 10
Heise, M.: Die Wiederkehr des Konjunkturzyklus, in: FAZ 21.9.02, Nr. 220, S. 13
Henke, M. / Lück, W.: Coopetition – Kooperationsstrategie für den Mittelstand, in: FAZ 30.6.03, Nr. 148, S. 22
Henning, M.: Kostenstelle Rechtsabteilung, in: FAZ 19.5.03, Nr. 115, S. 26
Herr, J.: Leuchtdioden so klein wie ein Sandkorn, in: FAZ 25.8.04, Nr. 197, S. 12
Herr, J.: Siemens' Stärken und Schwächen, in: FAZ 23.4.03, Nr. 94, S. 13
Herr, J.: „2003 wird vielleicht nur moderat besser." (Das FAZ-Gespräch mit Gerhard Pegam, dem Vorstandsvorsitzenden des Bauelementeherstellers Epcos), in: FAZ 9.10.02, Nr. 234, S. 15
Herr, J.: „Ich rechne damit, als aktionärsfeindlich kritisiert zu werden" (Gespräch mit Karl-Hermann Baumann, dem Vorsitzenden des Aufsichtsrats der Siemens AG), in: FAZ 3.8.02, Nr. 178, S. 12
Herr, J.: „Unser Geschäft läuft zur Zeit auf allen Zylindern" (Das FAZ-Gespräch mit Jochen Zeitz, dem Vorstandsvorsitzenden des Sportartikelherstellers Puma), in: FAZ 31.5.02, Nr. 123, S. 16
Hermann, R.: Aussicht auf EU-Beitritt beflügelt die Wirtschaft (Länderbericht Türkei), in: FAZ 13.9.04, Nr. 213, S. 12
Hermann, R.: Pionier und Tabubrecher der arabischen Welt (Länderbericht Dubai), in: FAZ 22.9.03, Nr. 220, S. 14
Hornung, K.H. / Mayer, J.H. / Wurl, H.J.: Richtig steuern und führen, in: FAZ 14.10.02, Nr. 238, S. 26
Horvath, P.: Der Controller: Navigator der Führung, in: FAZ 28.5.01, Nr. 122, S. 33
Jacob, H.J. / Schoppen, W.: Grundsätze der Corporate Governance, in: FAZ 9.8.04, Nr. 183, S. 16
Jahn, J.: Doppelstrategie gegen Bilanzfälscher, in: FAZ 24.1.04, Nr. 20, S. 11
Jahn, J.: Ohne Prüferwechsel geht es nicht, in: FAZ 3.7.02, Nr. 151, S. 11
Joas, A.: Nicht nur eine Debatte um satte Rabatte, in : FAZ 10.9.03, Nr. 210, S. B 10
Kafsack, H.: „Fair gibt's nicht im Geschäftsleben" (Das Unternehmergespräch mit Günther Kollmar, dem Vorsitzenden des Beirates der Oettinger Brauerei) , in : FAZ 16.12.02, Nr. 292, S. 17
Kaldor, N.: Relations entre croissance économique et les fluctuations cycliques, in: Economie appliqué, 1954, Nr. 1-2, S. 53
Kals, U.: Teambesprechung halten manche für Esoterik, in: FAZ 5.5.03, Nr. 103, S. 23
Kaps, C.: Konsequente Beseitigung eines fiskalpolitischen Sündenfalls (Länderbericht Tschechische Republik), in: FAZ 10.11.03, Nr. 261, S. 12
Kirchner, Chr.: Die Dynamik des Wettbewerbs, in : FAZ 8.1.05, Nr. 6, S. 13
Kirchner, H. / J.M. Leimeister: Informationen sinnvoll nutzen, in: FAZ 5.11.01, Nr. 257, S. 29
Kistner, K.P.: Neuere Entwicklungen in der Produktionsplanung, in: FAZ 22.10.01, Nr. 245, S. 29
Knop, C.: Unternehmen auf der Suche nach den relevanten Daten, in: FAZ 24.4.04, Nr. 96, S. 20
Knuppertz, Th.: Geschäftsprozessmanagement – ein Erfolgshebel, in: FAZ 11.10.04, Nr. 237, S. 18
Koch, B.: „Wie in einer guten Ehe sollten die Partner freiwillig zusammenkommen." (Das FAZ-Gespräch mit Ulrich Lehner, dem Vorsitzenden der Geschäftsführung der Henkel KGaA), in: FAZ 9.3.04, Nr. 58, S. 14
Koch, B.: „Wir tun eine Menge, um den Motor Mode in Schwung zu halten." (Das Unternehmergespräch mit Manfred Kronen, dem Geschäftsführer der Igedo Internationale Modemesse Kronen GmbH & Co), in: FAZ 6.10.03, Nr. 231, S. 12
Koch, B. / Sturbeck, W.: „Anders als einige Wettbewerber haben wir uns mit unseren Investitionen nicht verausgabt." (Das FAZ-Gespräch mit Wulf Bernotat, dem Vorstandsvorsitzenden des Eon-Konzerns), in: FAZ 1.10.03, Nr. 228, S. 16

Koch, B.: „Unser ausgeprägtes Markendenken war der richtige Weg." (Das Unternehmergespräch mit Ewald Reinert, dem Vorsitzenden der Geschäftsführung der Westfälischen Privat-Fleischerei Reinert), in: FAZ 23.6.03, Nr. 142, S. 17

Koch, B.: „Wir sind nicht mehr der Anbieter nur für die unteren Einkommensklassen." (Das Unternehmergespräch mit Heinz-Horst Deichmann und Heinrich Deichmann, den Inhabern der Essener Deichmann-Gruppe), in: FAZ 31.3.03, Nr. 76, S. 18

Koch, B.: „Die Fruchtzubereitung verlangt viel Know-how." (Das Unternehmergespräch mit Karl-Heinz Johnen, dem Geschäftsführer der Franz Zentis GmbH & Co), in: FAZ 17.3.03, Nr. 64, S. 17

Koch, B.: „Wir geben den Händlern sogar eine Erfolgsgarantie." (Das Unternehmergespräch mit Günter Roesner, dem Alleinvorstand des Bekleidungsherstellers Gardeur), in: FAZ 24.9.01, Nr. 222, S. 20

Koehler, B.: Rechnen mit dem Unvorhergesehenen, in: FAZ 13.12.03, Nr. 280, S. 15

Köhn, R.: Vorboten einer Autokrise, in: FAZ 4.9.04, Nr. 206, S. 13

Köhn, R.: „Auf unserer Agenda steht jetzt das Wachstum." (Das FAZ-Gespräch mit Gerard Kleisterlee, dem Chief Executive Officer von Philips), in: FAZ 23.3.04, Nr. 70, S. 17

Köhn, R.: Philips baut ein konzernübergreifendes, globales Marketing auf, in: FAZ 18.11.02, Nr. 268, S. 21

Köhn, R.: Hersteller rufen Autos im Wochentakt zurück, in: FAZ 21.8.02, Nr. 193, S. 22

Köhn, R.: „Bei den Autokonzernen ist ein Knick in der Logik" (Das Unternehmergespräch mit Arndt Kirchhoff, dem geschäftsführenden Gesellschafter von Kirchhoff Automotive), in: FAZ 29.7.02, Nr. 173, S. 14

Krömer, S.: „Warum soll Esprit nicht mit Gap kooperieren?" (Das Unternehmergespräch mit Heinz Krogner, dem Chef des Bekleidungsherstellers Esprit Europe), in: FAZ 8.4.02, Nr. 81, S. 19

Krömer, S.: Teure Mode hat nicht immer Konjunktur, in: FAZ 5.2.02, Nr. 30, S. 13

Krömer, S.: Denim spielt in der Mode wieder eine Hauptrolle, in : FAZ 20.4.01, Nr. 92, S. 24

Küting, K.H.: Die Treuhänder des Kapitalmarktes, in: FAZ 25.11.02, Nr. 274, S. 24

Küting, K.H.: Das deutsche Prüfungswesen in der Kritik, in: FAZ 23.2.00, Nr. 45, S. 23

Küting, K.H. / Heiden, M.: Rechnungslegung und Wirtschaftsprüfung in der neuen Ökonomie, in: FAZ 11.2.02, Nr. 35, S. 27

Küting, K.H. / Wirth, J.: Paradigmenwechsel in der Bilanzanalyse, in: FAZ 17.1.05, Nr. 13, S. 18

Lauszus, D. / Moscho, Chr.: Gewinnorientierung – eine Frage des Marktumfeldes?, in: FAZ 10.1.05, Nr. 7, S. 22

Limbach, J.: Ich liebe meine Sprache (Englisch ist ein Muß, Deutsch ist ein Plus: Plädoyer für eine aktive deutsche Sprachpolitik – im Inland wie im Ausland), in: FAZ 8.2.05, Nr. 32, S. 36

Lindner, R.: „Die Konjunktur interessiert mich nicht" (Das FAZ-Gespräch mit Andrew Robertson, dem CEO der amerikanischen Werbeagentur BBDO), in: FAZ 2.12.04, Nr. 282, S. 16

Lindner, R.: Innovationsnöte bei Intel, in: FAZ 19.11.04, Nr. 271, S. 15

Lindner, R.: Die Politik hat die deutsche Pharmaindustrie zerstört, in: FAZ 23.11.02, Nr. 273, S. 15

Lindner, R.: „Akquisitionen sind ein Zeichen von Schwäche" (Gespräch mit Bernhard Scheuble, dem Vorsitzenden der Geschäftsleitung des Darmstädter Pharma- und Chemiekonzerns), in: FAZ 23.7.02, Nr. 168, S. 12)

Lindner, R.: Anlehnungsbedarf in der Pharmaindustrie, in: FAZ 16.7.02, Nr. 162, S. 9

Lindner, R.: Risikobranche Pharma, in: FAZ 10.8.01, Nr. 184, S. 13

Lindner, R.: „Wir sehen uns nicht als Spinne im Netz." (Das Unternehmergespräch mit Rolf Krebs, dem Sprecher der Unternehmensleitung von Boehringer Ingelheim), in: FAZ 22.1.01, Nr. 18, S. 21

Lohneiß, H.: Die stille Revolution in der Finanzierung, in: FAZ 3.6.02, Nr. 125, S. 25

Lück, W. / Heinke, M.: Coopetition-Kooperationsstrategie für den Mittelstand, in: FAZ 30.6.03, Nr. 148, S. 22

Lück, W.: Der Umgang mit unternehmerischen Risiken, in: FAZ 4.2.02, Nr. 29, S. 23

Lück, W.: Risikomanagementsysteme und Überwachungssysteme einrichten, in: FAZ 23.1.99, Nr. 19, S. 30

Macharzina, K. / Fisch, J.H.: Das internationale Management wird immer komplexer, in: FAZ 7.5.01, Nr. 105, S. 30

Maier, A.: Neue Risikoszenarien stellen Konzerne vor große Aufgaben, in: FAZ 5.2.04, Nr. 30, S. 18

Maier, A.: „Ich attackiere voll mit meiner jungen Vertriebsmannschaft", in: FAZ 14.9.02, Nr. 214, S. 16

Marx, O.: Trotz Restrukturierung Insolvenz, in: FAZ 10.2.03, Nr. 34, S. 17

Mertens, P.: Information – die Ressource der Zukunft, in: FAZ 20.8.01, Nr. 192, S. 25

Meyer, H.J.: dEUtsch?, in: FAZ 5.1.05, Nr. 3, S. 6

Meyer, J. / Westermann, V.: Mit Nichtkunden echte Innovationen entdecken, in: FAZ 21.2.05, Nr. 43, S. 22

Möschel, W.: Der Schutz des Wettbewerbs, in: FAZ 15.11.03, Nr. 266, S. 13

Moses, C.: Revolutionen gibt es nur in der Agrartechnik (Länderbericht Brasilien),
    in: FAZ 10.1.05, Nr. 7, S. 14
Mrusek, K.: Erste Dämpfer auf hohem Niveau (Länderbericht Schweiz), in: FAZ 20.12.04, Nr. 297, S. 12
Mrusek, K.: „Qualität ist für uns wichtiger als Swissness" (Das FAZ-Gespräch mit Ernst Tanner, dem
    Konzernchef des Schokoladenherstellers Lindt & Sprüngli), in: FAZ 9.12.04, Nr. 288, S. 18
Mrusek, K.: „Der schnelle Wandel der deutschen Kaffeekultur hat uns überrascht."
    (Das Unternehmergespräch mit Emanuel Probst, dem Chef des Espressomaschinen-Herstellers Jura),
    in: FAZ 15.7.02, Nr. 161, S. 16
Mussler, W.: „Wir müssen Kartelle verschärft ahnden" (Gespräch mit Ulf Böge, dem Präsidenten des
    Bundeskartellamtes), in: FAZ 25.8.03, Nr. 196, S. 11
Mussler, W.: Unter der Last der Lizenzkosten (Die Zukunftschiffre UMTS), in: FAZ 28.3.02, Nr. 74, S. 17
Naumann, K.P.: Die Wirtschaftsprüfung unter modernen Kapitalmarktbedingungen,
    in: FAZ 26.8.02, Nr. 197, S. 20
Noack, H.Chr.: Exklusive Betreuung für die zahlungskräftigsten Passagiere, in: FAZ 18.11.04, Nr. 270, S. 22
Nöcker, R.: Der deutsche Mittelstand hat Nachwuchssorgen, in: FAZ 16.12.03, Nr. 292, S. 14
Nöcker, R.: Tiefe Einschnitte in der Zeitungsbranche, in: FAZ 27.6.02, Nr. 146, S. 26
Oehrlein, J.: Südamerika bebt, in: FAZ 28.6.02, Nr. 147, S. 1
Papon, K.: Die Hausse der Rohstoffe, in: FAZ 8.3.05, Nr. 56, S. 11
Picot, A.: Die Organisation (Ein dynamischer Prozess, weil Technologien und Märkte sich verändern),
    in: FAZ 18.2.02, Nr. 41, S. 29
Piller, J.: Die Fehler von Kontrolleuren und Banken, in: FAZ 9.1.04, Nr. 7, S. 11
Preuß, S.: „Wir werden von Kollektion zu Kollektion besser." (Das FAZ-Gespräch mit Bruno Sälzer, dem
    Vorstandsvorsitzenden der Hugo Boss AG), in: FAZ 11.3.05, Nr. 59, S. 18
Preuß, S.: „Die größte Herausforderung ist die Integration von DuMont" (Das FAZ-Unternehmergespräch
    mit Stephanie Mair-Huydts und Frank Mair, den geschäftsführenden Gesellschaftern von Mair DuMont),
    in: FAZ 10.1.05, Nr. 7, S. 20
Preuß, S.: „Wir brauchen mindestens 5 Prozent Wachstum jährlich" (Gespräch mit Siegfried Goll, dem
    Vorstandsvorsitzenden der ZF Friedrichshafen AG), in: FAZ 5.11.04, Nr. 259, S. 23
Preuß S. / Roth, M.: „Analysten und Ratingagenturen halten Vorstände vom Arbeiten ab"
    (Das FAZ-Gespräch mit Adolf Merckle, dem Heidelcement-Großaktionär und Eigentümer von
    Ratiopharm und Phönix Pharmahandel), in: FAZ 17.2.04, Nr. 40, S. 13
Preuß, S.: Gebt dem Kunden, was des Kunden ist, in: FAZ 15.12.03, Nr. 291, S. 20
Preuß, S.: „Ohne Konkurrenz ist man doch nur auf einer einsamen Insel." (Das FAZ-Gespräch mit Wendelin
    Wiedekind, dem Vorstandsvorsitzenden der Dr.Ing.h.c. F. Porsche AG), in: FAZ 25.11.03, Nr. 274, S. 14
Preuß, S.: „Wir stehen vor einer neuen Stufe der Globalisierung." (Das FAZ-Gespräch mit Franz Fehrenbach, dem Vorsitzenden der Geschäftsführung der Robert Bosch GmbH), in: FAZ 18.10.03, Nr. 242, S. 15
Preuß, S.: „Wir können es uns nicht leisten, das Mittelmaß zu pflegen." (Das Unternehmergespräch mit
    Markus Benz, dem Vorstand und Mitinhaber des Möbelherstellers Walter Knoll),
    in: FAZ 7.4.03, Nr. 82, S. 18
Psotta, M.: Mit kleinsten Zusatzpartikeln werden Möbel kratzfest und Duschen sauber,
    in: FAZ 26.8.04, Nr. 198, S. 12
Rauchhaus, R. / Sieler, C.: Anforderungen des Sarbanes-Oxley-Gesetzes, in: FAZ 15.11.04, Nr. 267, S. 21
Ritter, J.: „Wir wollen Continental wetterfester machen." (Das FAZ-Gespräch mit Manfred Wennemer, dem
    Vorstandsvorsitzenden des Reifenherstellers und Automobilzulieferers), in: FAZ 10.12.04, Nr. 289, S. 16
Ritter, J.: „Wir sind offen für strategische Allianzen." (Das Unternehmergespräch mit Jan B. Berentzen, dem
    Vorstandssprecher der Berentzen-Gruppe), in: FAZ 11.10.04, Nr. 237, S. 16
Ritter, J.: Von Panne zu Panne, in: FAZ 12.8.04, Nr. 186, S. 16
Ritter, J.: „Wir wollen die Preise von Saturn und Media-Markt unterbieten." (Das Unternehmergespräch mit
    Michael Wegert, dem geschäftsführenden Gesellschafter der Pro-Markt Handels GmbH),
    in: FAZ 19.5.03, Nr. 115, S. 21
Ritter, J.: Betrug wie bei Enron ist in Deutschland schwieriger. (Gespräch mit Harald Wiedmann, dem
    Vorstandssprecher der KPMG Deutschland), in: FAZ 19.2.02, Nr. 42, S. 16
Roeser, M.: „Wir haben auch in Krisenzeiten guten Zuspruch." (Das Unternehmergespräch mit Hugo Fiege,
    dem geschäftsführenden Gesellschafter der Fiege-Gruppe), in: FAZ 3.3.03, Nr. 52, S. 16
Rohe, Chr.: Blindes Kopieren erfolgreicher Rezepte hilft dem Handel nicht, in: FAZ 14.1.02, Nr. 11, S. 22
Rotberg, H.J.: Gesellschaftsrecht – das Familienrecht der Unternehmen. (Vielfältige Ursachen für Gesellschafterstreitigkeiten / Wie kann der Gesellschafterfrieden bewahrt werden?),
    in: FAZ 15.9.03, Nr. 214, S. 20

Roth, M.: „Ein echter Schutz vor dem Patentklau ist ein höheres Innovationstempo",
in: FAZ 13.9.04, Nr. 213, S. 14
Roth, M.: „Ich brauche keine Zuschüsse, ich brauche Freiheiten" (Das FAZ-Gespräch mit Henning Kagermann, dem Vorstandsvorsitzenden des Softwarekonzerns SAP), in: FAZ 5.5.04, Nr. 104, S. 17
Roth, M.: „Dem Pils droht das gleiche Schicksal wie Export-Bier." (Das Unternehmergespräch mit Richard Weber, dem geschäftsführenden Gesellschafter der Karlsberg-Brauerei), in: FAZ 9.2.04, Nr. 33, S. 14
Roth, M.: Die BASF muß näher an die Kunden und profitabler werden, in: FAZ 14.4.03, Nr. 88, S. 18
Sahner,F. / Schulte-Groß, H. / Clauß, C.: Das System der Qualitätskontrolle im Berufsstand der Wirtschaftsprüfer und vereidigten Buchprüfer, in: Wirtschaftsprüferkammer-Mitteilungen, Sonderheft April 2001, S. 6
Scharrenbroch, Chr.: „Eine Übernahme von 200 bis 300 Millionen Euro ist drin."
(Das Unternehmergespräch mit Dieter Gundlach, dem Vorsitzenden der Geschäftsführung der Ardex GmbH), in: FAZ 6.9.04, Nr. 207, S. 18
Scheer, A.W. / Th. Feld / S. Zang: Vitamin C für Unternehmen – Collaborative Business,
in: FAZ 4.3.02, Nr. 53, S. 25
Schmidt, B.: „Das Minus im deutschen Autohandel macht mich nicht nervös." (Das Unternehmergespräch mit Burkhard Weller, dem geschäftsführenden Inhaber der Weller-Gruppe), in: FAZ 2.6.03, Nr. 126, S. 16
Schmidt, H.: Innovationen gehören ins Pflichtenheft jedes Managers, in : FAZ 19.8.04, Nr. 192, S.13
Schmidt, M. / Kaiser, S.: Öffentliche Aufsicht über Abschlussprüfer, in : WPK Magazin (Mitteilungen der Wirtschaftsprüferkammer) 3/2004, S. 39
Schneider, E. / Prieß, F.: Kundenevaluierung als Bonitätskriterium, in: FAZ 2.2.04, Nr. 27, S. 22
Schnorbusch, A.: „Wir suchen ein neues Geschäftsfeld." (Das Unternehmergespräch mit Ernst J. Wortberg, dem Vorstandsvorsitzenden der Possehl-Gruppe), in: FAZ 10.6.03, Nr. 132, S. 18
Schnorbusch, A.: „Unabhängigkeit ist unser höchstes Gut." (Das Unternehmergespräch mit Werner Redeker, dem Vorstandsvorsitzenden der Körber AG), in: FAZ 14.4.03, Nr. 88, S. 20
Schnorbusch, A.: „Mode wechselt im Takt von Monaten" (Das Unternehmergespräch mit Uwe Schröder und Michael Rosenblat, den Vorstandsmitgliedern der Tom Tailor AG), in: FAZ 22.7.02, Nr. 167, S. 15
Schumacher, U.: Strategie nach dem Spin-off – Das Beispiel Infineon (Strategy after the spin-off: The Infineon Case), in: FAZ 2.11.02, Nr. 255, S. 55
Schweitzer, M.: Rückgrat Kostenrechnung, in: FAZ 24.9.01, Nr. 222, S. 31
Sebastian, K.H. / Maessen, A.: Preis professionell, in : FAZ 20.10.03, nr. 243, S.22
Seiser, M.: „Wichtig ist Controlling, Controlling und nochmals Controlling" (Das Unternehmergespräch mit Mirko Kovats, dem Vorstandsvorsitzenden der A-Tec Industries), in: FAZ 21.2.05, Nr. 43, S. 18
Seiser, M.: „Möbel werden verramscht wie Waschmittel."
(Das Unternehmergespräch mit Toni Gschwandtner, dem Geschäftsführer der Voglauer Möbel Ges.m.b.H., Abtenau), in: FAZ 15.12.03, Nr. 291, S. 17
Selcher, F.W.: Wirtschaftsprüfung – der Kampf mit der Erwartungslücke, in: FAZ 18.6.01, Nr. 138, S. 34
Sidler, B. / Meyer, H.: „Der Preis ist ein Qualitätssignal", in: FAZ 25.6.03, Nr. 144, S. B3
Simon, H. / Sebastian, K.H.: Ertragsteigerung – eine wenig genutzte Chance,
in: FAZ 28.10.02, Nr. 250, S. 28
Stauss, B.: Professionelles Dienstleistungsmarketing, in: FAZ 7.1.02, Nr. 5, S. 21
Stegmann, C.: Geeignete Risikosteuerungsprozesse schnell aufbauen, in: FAZ 13.12.04, Nr. 291, S. 20
Sturbeck, W.: „Ich kenne keine so schnell vorangetriebene Sparkassenfusion" (Das Unternehmergespräch mit den Vorstandsvorsitzenden der Sparkasse Köln (Gustav Adolf Schröder) und Bonn (Michael Kranz),
in: FAZ 1.11.04, Nr. 255, S. 14
Sturbeck, W.: Anlagenbauer SMS fühlt sich in Peking schon lange zu Hause, in: FAZ 4.8.04, Nr. 179, S. 16
Theurer, M.: Die Musikbranche verspielt ihre Zukunft, in: FAZ 22.2.03, Nr. 45, S. 11
Tigges, C.: Wachsende Sorgen über den Export von Arbeitsplätzen
(Länderbericht Vereinigte Staaten von Amerika), in: FAZ 7.2.05, Nr. 31, S. 12
Ullrich, C.: Warum ist „richtig schreiben" Unternehmenssache?, in: FAZ 6.12.03, Nr. 284, S. 55
Vajna, S.: Produktlebenszyklusmanagement, in: FAZ 27.1.03, Nr. 22, S. 24
Vieweg, O.: Mit Entscheidungsoptionen führen, in: FAZ 24.11.03, Nr. 273, S. 22
Voosen, J.: Chancen statt Bedrohungen (Gespräch mit Holger Hildebrandt, dem Hauptgeschäftsführer des Bundesverbandes Materialwirtschaft, Einkauf und Logistik e.V., Frankfurt), in: FAZ 3.11.04, Nr. 257, S. B 3
Wiedmann, H.: Wirtschaftsprüfer werden Finanzberichterstatter in Echtzeit, in: FAZ 10.12.01, Nr. 287, S. 25
Wildemann, H.: Logistik – Koordination von Wertschöpfungsaktivitäten, in: FAZ 3.9.01, Nr. 204, S. 27
Winkelhage, J.: Microsoft steht vor der Eroberung des Mobilfunkmarktes, in: FAZ 24.10.02, Nr. 247, S. 20

Literaturverzeichnis

o.V.: Hugo Boss erwartet kräftiges Wachstum, in: FAZ 31.3.05, Nr. 74, S. 18
- Samuelsson macht MAN härtere Vorgaben. (Der neue Vorstandchef will keine Quersubventionen der Geschäftsfelder mehr dulden.), in: FAZ 18.2.05, Nr. 41, S. 17
- Siemens überlegt Rückzug aus Kooperation mit Bosch, in: FAZ 12.2.05, Nr. 36, S. 16
- Es droht Streit um die Folgekosten der Bosch-Panne, in: FAZ 7.2.05, Nr. 31, S. 15
- „Die Stimmung ist nicht nur gut, sie ist euphorisch", in: FAZ 1.2.05, Nr. 26, S. 16
- Die Modebranche ist im Umbruch, in: FAZ 1.2.05, Nr. 26, S 16
- Im Einzelhandel gibt es dynamische Anbieter, in: FAZ 28.1.05, Nr. 23, S. 47
- Aus einer fliegenden Fensterscheibe wird ein Millionenschaden, in: FAZ 26.1.05, Nr. 21, S. 16
- Schering leidet unter verzögerter Markteinführung eines Krebsmittels, in: FAZ 8.1.05, Nr. 6, S. 15
- Mehr Imitate von Designerstühlen, in: FAZ 3.1.05, Nr. 1, S. 15
- Das Schicksal der Agiv hängt an einem seidenen Faden, in: FAZ 14.12.04, Nr. 292, S. 14
- Vossloh spricht von einer Wachstumsdelle in 2005, in: FAZ 10.12.04, Nr. 289, S. 20
- Zeiss stärkt das Geschäft mit Brillengläsern, in: FAZ 7.12.04, Nr. 286, S. 15
- Stahlmangel plagt Japans Autobauer, in: FAZ 3.12.04, Nr. 283, S. 14
- „Basel II als Ursache für die Kreditklemme ist mehr Mythos als Fakt", in: FAZ 2.12.04, Nr. 282, S. 16
- Die Pleitewelle ebbt auch 2005 nicht ab, in : FAZ 1.12.04, Nr. 281, S. 18
- Volkswagen ist in der Kundenzufriedenheit das Schlusslicht, in: FAZ 25.11.04, Nr. 276, S. 22
- Die Wirtschaftsprüfung PWC ist wieder auf Wachstumskurs, in : FAZ 25.11.04, Nr. 276, S. 20
- WCM steht vor Strategiewechsel, in: FAZ 24.11.04, Nr. 275, S. 16
- Integration der Astron-Hotels ist schwieriger als erwartet, in: FAZ 22.11.04, Nr. 273, S. 17
- Die Branche entdeckt das Risikomanagement, in: FAZ 19.11.04, Nr. 271, S. 45
- Wortmann auf Rekordjagd, in: FAZ 12.11.04, Nr. 265, S. 19
- Gravierende Projektfehler bringen Dürr ins Schleudern, in: FAZ 6.11.04, Nr. 260, S. 19
- Die Rückschläge von Karstadt treffen auch Adidas-Salomon, in: FAZ 4.11.04, Nr. 258, S. 21
- „Beim Outsourcing geht es nicht nur um Kostensenkung", in: FAZ 1.11.04, Nr. 255, S. 15
- Bier aus der Plastikflasche wird salonfähig, in: FAZ 1.11.04, Nr. 255, S. 19
- Unilever überprüft die langfristigen Ziele, in: FAZ 28.10.04, Nr. 252, S. 19
- Die Deutsche Bahn gefährdet die Existenz von Lieferanten, in: FAZ 28.10.04, Nr. 252, S. 14
- Nestlé kann die Schwäche in Europa ausgleichen, in: FAZ 22.10.04, Nr. 247, S. 20
- Möbel für das „nonterritoriale Büro", in: FAZ 20.10.04, Nr. 245, S. 18
- Schlechte Zahler machen Hermes zunehmend zu schaffen, in: FAZ 16.10.04, Nr. 242, S. 17
- Nokia zahlt hohen Preis für Steigerung des Marktanteils, in: FAZ 15.10.04, Nr. 241, S. 18
- Continental zahlt Lehrgeld in Russland, in: FAZ 8.10.04, Nr. 235, S. 15
- Die Gretchenfrage der Informationstechnologie, in: FAZ 8.10.04, Nr. 235, S. 18
- Brau Holding greift nach Traditionsbrauerei Fürstenberg, in: FAZ 6.10.04, Nr. 233, S. 18
- Hohe Margen, hohes Risiko, ständiger Ertragsdruck, in: FAZ 2.10.04, Nr. 230, S. 16
- Dramatischer Rückschlag für die Merck-Aktie, in: FAZ 1.10.04, Nr. 229, S. 15
- Der Umsatz in der Foto-Branche wird neu verteilt, in: FAZ 29.9.04, Nr. 227, S. 22
- Infineon zahlt in Amerika hohe Geldstrafe, in: FAZ 17.9.04, Nr. 217, S. 19
- SMS Demag entwickelt das berührungslose Verzinken von Stahlblechen, in: FAZ 17.9.04, Nr. 217, S. 22
- „HP wird in Deutschland schneller wachsen als der Markt", in: FAZ 15.9.04, Nr. 215, S. 16
- Mit vollen Auftragsbüchern in die Insolvenz, in: FAZ 14.9.04, Nr. 214, S. 12
- Autohersteller spüren die hohen Rohstoffpreise, in: FAZ 13.9.04, Nr. 213, S. 16
- Nachholbedarf beim Working Capital, in: FAZ 6.9.04, Nr. 207, S. 22
- Die Kunst der Beharrlichkeit, in : FAZ 2.9.04, Nr. 204, S. 18
- Klassische Textilhändler verlieren, in: FAZ 2.9.04, Nr. 204, S. 16
- Deutsche Konzerne investieren weiter kräftig in China, in: FAZ 1.9.04, Nr. 203, S. 11
- Celesio bindet Apotheker an sich, in: FAZ 17.8.04, Nr. 190, S. 14
- Auslagerung von Geschäftsprozessen, in: FAZ 9.8.04, Nr. 183, S. 16
- „Der passende Mitarbeiter zur richtigen Zeit", in : FAZ 4.8.04, Nr. 179, S. 14
- Massive Kritik am früheren Vorstand, in: FAZ 4.8.04, Nr. 179, S. 12
- Der Kakao-Preis ist volatil geworden, in: FAZ 2.8.04, Nr. 177, S. 13
- Prozessrisiken verhageln Infineon das Quartalsergebnis, in: FAZ 21.7.04, Nr. 167, S. 13
- Kreditversicherungen bleiben kostspielig, in: FAZ 19.7.04, Nr. 165, S. 16
- Konzentration auf Spitzenqualität, in: FAZ 13.7.04, Nr. 160, S. 17
- Eine Automeile aus einem Guß, in: FAZ 9.7.04, Nr. 157, S. 47
- Nischenprodukte für Investoren, in: FAZ 9.7.04, Nr. 157, S. 46

- Oetker investiert in der Konsumgüterflaute soviel wie nie zuvor, in: FAZ 7.7.04, Nr. 155, S. 15
- Eric senkt die Erfolgsquote, in: FAZ 6.7.04, Nr. 154, S. U 5
- Großkooperation im Baustoffhandel, in : FAZ 6.7.04, Nr. 154, S. 15
- Der Philips-Konzern verkleinert seine Lieferantenbasis, in: FAZ 22.6.04, Nr. 142, S. 17
- „Wir kriegen immer weniger Geld für unsere Möbel", in: FAZ 21.6.04, Nr. 141, S. 16
- Chinas Drahtseilakt zur Abkühlung der Konjunktur, in: FAZ 17.6.04, Nr. 138, S. 14
- In China lauern viele Risiken, in: FAZ 14.6.04, Nr. 135, S. 23
- Toyota arbeitet sich in Deutschland systematisch vor, in: FAZ 27.5.04, Nr. 122, S. 22
- „Die Absatzentwicklung tut richtig weh", in: FAZ 27.5.04, Nr. 122, S. 18
- Umsatz ohne Ertrag bei Gardena, in: FAZ 15.5.04, Nr. 113, S.17
- Tchibo wächst in Umsatz und Ertrag weiter zweistellig, in: FAZ 14.5.04, Nr. 112, S. 21
- Toyota hat ein weiteres Rekordjahr im Visier, in: FAZ 12.5.04, Nr. 110, S. 17
- Spitzenposition der deutschen Autozulieferer gefährdet, in: FAZ 19.4.04, Nr. 91, S. 18
- Goodyear korrigiert Bilanzierungsfehler, in: FAZ 14.4.04, Nr. 87, S. 15
- Marks & Spencer kappt 1000 Stellen bis 2006, in: FAZ 3.4.04, Nr. 80, S. 17
- Fehlstart des stillen Wassers von Coca-Cola, in: FAZ 26.3.04, Nr. 73, S. 18
- Metro erhöht abermals die Meßlatte für Umsatz und Ergebnis, in: FAZ 25.3.04, Nr. 72, S. 18
- China schützt Privateigentum – auf dem Papier, in: FAZ 19.3.04, Nr. 67, S. 14
- Die Cebit gibt das Startsignal für den Aufschwung in der Informationstechnik, in: FAZ 15.3.04, Nr. 63, S. 27
- „Wir haben eine gesunde Kriegskasse" (Der neue Chef von Heraeus, Helmut Eschwey, will das Produktportfolio des Unternehmens erweitern), in: FAZ 8.3.04, Nr. 57, S. 18
- Neue Wege für den Einzelhandel, in: FAZ 23.2.04, Nr. 45, S. 18
- Discounter haben nicht nur beim Preis Vorteile, in: FAZ 18.2.04, Nr. 41, S. 18
- Aventis warnt vor Fusionsrisiken, in: FAZ 14.2.04, Nr. 38, S. 15
- „Fehler in dieser Größenordnung darf es bei den Buchprüfern nicht geben", in: FAZ 28.1.04, Nr. 23, S. 10
- Die Ausländer erobern den deutschen Biermarkt, in: FAZ 21.1.04, Nr. 17, S. 15
- Goldene Möbel kommen bei russischen Käufern gut an, in: FAZ 20.1.04, Nr. 16, S. 14
- Die Kunst, die Besten zu halten, in: FAZ 19.1.04, Nr. 15, S. 16
- Kölner Messe soll den Möbelherstellern die Wende bringen, in: FAZ 19.1.04, Nr. 15, S. 14
- Finanzchef von Adecco tritt zurück, in: FAZ 17.1.04, Nr. 14, S. 11
- Höchste Marge für SAP seit fünf Jahren, in: FAZ 14.1.04, Nr. 11, S. 14
- „Mängel an Fahrzeugen nehmen zu", in: FAZ 30.12.03, Nr. 302, S. 14
- Abschied von der Blockbuster-Lotterie, in: FAZ 8.12.03, Nr. 285, S. 18
- Worauf sich Unternehmen in der Zukunft konzentrieren, in: FAZ 1.12.03, Nr. 279, S. 18
- Globus wappnet sich gegen die Expansion von Kaufland, in: FAZ 1.12.03, Nr. 279, S. 16
- Namen & Nachrichten: Der Mäzen im Süden (Reinhold Würth), in: FAZ 29.11.03, Nr. 278, S. 15
- Condomi droht die Insolvenz, in: FAZ 29.11.03, Nr. 278, S. 12
- Nach dem Schuldenabbau setzt die Telekom wieder auf Wachstum, in: FAZ 14.11.03, Nr. 265, S. 17
- Dienstleistungen bringen Bilfinger Berger in diesem Jahr das Wachstum, in: FAZ 14.10.03, Nr. 238, S. 20
- „Wir haben die Wende bei der Damenmode geschafft", in: FAZ 9.10.03, Nr. 234, S. 16
- Der trockene Sommer verdirbt den Herstellern von Traktoren das Geschäft, in: FAZ 8.10.03, Nr. 233, S. 19
- Deutsche Investoren in China haben es nicht leicht, in: FAZ 6.10.03, Nr. 231, S. 15
- Italiens Schuhindustrie befindet sich auf Zehnjahrestief, in: FAZ 29.9.03, Nr. 226, S. 17
- Zyklus- und Strukturprognosen helfen Investoren, in: FAZ 26.9.03, Nr. 224, S. V 13
- Breitere Tasten auf dem Handy. / Altengerechte Güter und Werbung, in: FAZ 19.9.03, Nr. 218, S. 14
- Deichmann wächst gegen den Trend, in: FAZ 18.9.03, Nr. 217, S. 19
- Schuhhersteller verlagern zunehmend Produktion ins Ausland, in: FAZ 16.9.03, Nr. 215, S. 21
- Bahn erwägt Aufschub von Investitionen, in: FAZ 11.9.03, Nr. 211, S. 19
- Der Autokunde ist noch lange nicht König, in: FAZ 8.9.03. Nr. 208, S. 19
- Zementhersteller werfen Kartellamt Mangel an Beweisen vor, in: FAZ 5.9.03, Nr. 206, S. 16
- Qualität der Einkaufsabteilungen schwankt stark, in: FAZ 25.8.03, Nr. 196, S. 17
- Exklusive Klänge aus Dänemark, in : FAZ 25.8.03, Nr. 196, S. 14
- Deutschland steckt in der Rezession, in: FAZ 15.8.03, Nr. 188, S. 11
- BMW-Vorstand bekräftigt Prognose, in: FAZ 8.8.03, Nr. 182, S. 14
- Warum heißt gute Führung vor allem gute Kommunikation? (Gespräch mit Jochen Kienbaum, Kienbaum Consultants International GmbH), in: FAZ 26.7.03, Nr. 171, S. 47
- AOL stellt sich auf weitere Bilanzkorrektur ein, in: FAZ 24.7.03, Nr. 169, S. 17

- Mit Betreibermodellen neue Märkte erschließen, in: FAZ 21.7.03, Nr. 166, S. 19
- SAP macht im Quartal weniger Umsatz und mehr Gewinn, in: FAZ 18.7.03, Nr. 164, S. 14
- „Biermischgetränke sind ein Anschlag auf die deutsche Bierkultur", in: FAZ 3.7.03, Nr. 151, S. 16
- Höherer Bilanz-Schaden bei Ahold, in: FAZ 2.7.03, Nr. 150, S. 16
- Bilanztricksereien in bedrängter Alstom, in: FAZ 1.7.03, Nr. 149, S. 17
- Refugium-Vorstand vor Gericht, in: FAZ 28.6.03, Nr. 147, S. 18
- Gefahr in Verzug. (Wenn Produkte zurückgerufen werden müssen, ist gutes Krisenmanagement gefragt), in: FAZ 25.6.03, Nr. 144, S. B 6
- Falsche Standortwahl häufig Ursache für Unternehmenskrisen, in: FAZ 23.6.03, Nr. 142, S. 19
- Bankenaufsicht sieht schwere Versäumnisse der WestLB, in: FAZ 23.6.03, Nr. 142, S. 15
- Das Krisenmanagement geift, in: FAZ 18.6.03, Nr. 139, S. 14
- Die Aufzugsbranche kämpft um jedes Projekt, in: FAZ 17.6.03, Nr. 138, S. 16
- Das stille Sterben der deutschen Möbelproduktion, in: FAZ 16.6.03, Nr. 137, S. 16
- Mehr Risiken als Chancen bei den Herstellern von Nahrungs- und Genussmitteln, in: FAZ 13.6.03, Nr. 135, S. 20
- Haftbefehl gegen Alexander Falk, in: FAZ 7.6.03, Nr. 131, S. 17
- Der Erfolg steigert den Expansionshunger von C & A, in: FAZ 3.6.03, Nr. 127, S. 16
- Trittins Erfolg trifft Radeberger hart, in: FAZ 27.5.03, Nr. 122, S. 14
- Bosch-Siemens-Hausgeräte hofft auf das zweite Halbjahr, in : FAZ 22.5.03, Nr. 118, S. 17
- Viele mittlere Brauereien sind nicht überlebensfähig, in: FZ 17.5.03, Nr. 114, S. 14
- Zu 75 % abgesichert, in : FAZ 13.5.03, Nr. 110, S. 17
- Exporteure zahlen die Zeche der Aufwertung, in: FAZ 13.5.03, Nr. 110, S. 17
- Unsicherheit erzwingt neue Verträge, in: FAZ 10.5.03, Nr. 108, S. 49
- Der Klett-Verlag steht in Österreich vor einem Berg von Arbeit, in: FAZ 9.5.03, Nr. 107, S. 17
- Trotz Gewinnrückgang behält der BMW-Vorstand seine Zuversicht, in: FAZ 9.5.03, Nr. 107, S. 14
- Wichtige Innovationen entwickeln längst die Zulieferer, in: FAZ 3.5.03, Nr. 102, S. 45
- Boss trotz Gewinneinbruch optimistisch, in: FAZ 2.5.03, Nr. 101, S. 17
- Preisverfall der Speicherchips wirft Infineon weit zurück, in: FAZ 23.4.03, Nr. 94, S. 16
- Italiens Modeunternehmen wachsen deutlich langsamer, in: FAZ 2.4.03, Nr. 78, S. 19
- Deutsche ABB erwartet auch 2003 einen Verlust, in: FAZ 29.3.03, Nr. 75, S. 17
- Reklamationen sind keine Nebensache, in: FAZ 24.3.03, Nr. 70, S. 28
- Bayer wartet auf das Gerichtsurteil, in: FAZ 15.3.03, Nr. 63, S. 14
- SGL hat kritische Zeit hinter sich, in: FAZ 14.3.03, Nr. 62, S. 17
- VW tröstet mit hohen Erwartungen über das schlechte Ergebnis hinweg, in : FAZ 12.3.03, Nr. 60, S. 15
- Bristol-Myers korrigiert Bilanzen, in: FAZ 11.3.03, Nr. 59, S. 19
- Der Handel braucht neue Strategien, in: FAZ 3.3.03, Nr. 52, S. 19
- Kmart-Insolvenz wird zum Betrugsfall, in: FAZ 28.2.03, Nr. 50, S. 19
- Eines der besten Jahre für Veltins, in: FAZ 27.2.03, Nr. 49, S. 15
- Bilanzskandal in Amerika stürzt Ahold in ein tiefe Krise, in: FAZ 25.2.03, Nr. 47, S. 15
- Großunternehmen mit der Flexibiltät eines Mittelständlers, in : FAZ 24.2.03, Nr. 46, S. 19
- Wirtschaftsprüfer müssen mit Betrug durch Vorstände rechnen, in: FAZ 12.2.03, Nr. 36, S. 19
- Bilanzexperte attestiert den Haffa-Brüdern Fehler, in: FAZ 7.2.03, Nr. 32, S. 17
- Das starke Wachstum war ungesund, in: FAZ 5.2.03, Nr. 30, S. 16
- Neue Großprojekte für Allgaier, in: FAZ 28.1.03, Nr. 23, S. 16
- Loewe setzt große Hoffnungen in die Funkausstellung, in : FAZ 21.1.03, Nr. 17, S. 16
- Breites Wissen über die andere Seite ist das A und O, in : FAZ 6.1.03, Nr. 4, S. 19
- Maschinen- und Anlagenbau wächst erst 2004 wieder, in: FAZ 21.12.02, Nr. 297, S. 12
- Porsche erwartet im neuen Jahr noch höheren Gewinn, in: FAZ 5.12.02, Nr. 283, S. 14
- Der Absatz bereitet Thyssen Krupp Automotive keine Sorge, in: FAZ 22.11.02, Nr. 272, S. 18
- Warsteiner sucht strategische Allianzen in Europa, in: FAZ 21.11.02, Nr. 271, S. 16
- Vaillant arbeitet an der Integration der britischen Hepworth-Gruppe, in: FAZ 5.11.02, Nr. 257, S. 22
- VW hält Prognose trotz eines schlechten Quartals, in: FAZ 31.10.02, Nr. 253, S. 14
- Claas baut ein internationales Fertigungsnetzwerk auf, in: FAZ 25.10.02, Nr. 248, S. 21
- Mit neuen Vertragsmodellen gegen den Abschwung (Hochtief-Vorstandsvorsitzender Hans-Peter Keitel fordert Präqualifikationsverfahren und setzt auf „gläserne Taschen"), in: FAZ 4.10.02, Nr. 230, S. 19
- Puma sieht das Potential der Marke noch längst nicht erschöpft, in: FAZ 4.10.02, Nr. 230, S. 17
- Mustang setzt auf neues Handelskonzept, in: FAZ 19.9.02, Nr. 218, S. 21
- Qwest gesteht Bilanzfehler in Milliardenhöhe, in: FAZ 30.7.02, Nr. 174, S. 11

- Leica rutscht wieder in die Verlustzone, in : FAZ 26.7.02, Nr. 171, S. 17
- ABB-Aktie stürzt nach schlechtem Halbjahres-Ergebnis ab, in: FAZ 25.7.02, Nr. 170, S. 12
- Die Börse bestraft Boss hart für die gesenkten Prognosen, in: FAZ 23.7.02, Nr. 168, S. 12
- Ein Drittel der Autozulieferer ist bedroht, in: FAZ 22.7.02, Nr. 167, S. 19
- Thiel entscheidet erst im August über Sonderprüfung, in: FAZ 16.7.02, Nr. 162, S. 13
- Pfiizer kauft Pharmacia für 60 Milliarden Dollar, in: FAZ 16.7.02, Nr. 162, S.12
- „Der Preiskampf ist existenzgefährdend", in: FAZ 12.7.02, Nr. 159, S. 18
- Münchner Rück deckt bei American Re neue Risiken auf, in: FAZ 11.7.02, Nr. 158, S. 16
- Merck & Co sorgt mit Umsatzbuchungen für Unmut, in: FAZ 9.7.02, Nr. 156, S. 14
- Die Modebranche sucht Sicherheit bei starken Marken, in: FAZ 8.7.02, Nr. 155, S. 17
- Bilanzskandal bei Xerox größer als angenommen, in: FAZ 29.6.02, Nr. 148, S. 14
- SEC verklagt Worldcom wegen Betrugs, in: FAZ 28.6.02, Nr. 147, S. 18
- Massiver Bilanzbetrug bei Worldcom, in: FAZ 27.6.02, Nr. 146, S. 17
- Mit der Strategie niedriger Preise hat C & A wieder Erfolg, in: FAZ 25.6.02, Nr. 144, S. 16
- Damit der Kunde schnell wieder klar sieht (Supply Chain Management bei Rodenstock / Fertigung individueller Gleitsichtgläser als Herausforderung für das Management der Logistikkette), in: FAZ 10.6.02, Nr. 131, S. 22
- Biotechnikbranche sucht ihr Heil in der Zusammenarbeit mit Pharmakonzernen, in: FAZ 6.6.02, Nr. 128, S. 22
- Neuer Energieskandal in Amerika, in : FAZ 15.5.02, Nr. 111, S. 23
- Der Binding-Konzern nennt sich künftig Radeberger, in: FAZ 10.5.02, Nr. 107, S. 22
- General Electric macht Ernst mit seiner Offensive in Europa, in: FAZ 29.4.02, Nr. 99, S. 19
- Höhere Preise für Speicherchips drücken den Infineon-Verlust, in : FAZ 24.4.02, Nr. 95, S. 16
- Schweizer Index für Wohnimmobilien, in: FAZ 19.4.02, Nr. 91, S. 57
- KPMG : Keine Versäumnisse bei Comroad, in: FAZ 12.4.02, Nr. 85, S. 17
- Damenmode wird zur Belastung von Hugo Boss, in: FAZ 28.3.02, Nr. 74, S. 21
- MTU rechnet nach Rekordjahr mit einem Umsatzrückgang, in: FAZ 8.3.02, Nr. 57, S. 20
- Comroad gesteht Managementfehler ein, in: FAZ 22.2.02, Nr. 45, S. 20
- Flowtex-Gründer zu vielen Jahren Haft verurteilt, in: FAZ 19.12.01, Nr. 295, S. 13
- Voith steigt stärker ins Dienstleistungsgeschäft ein, in : FAZ 7.12.01, Nr. 285, S. 22
- Biodata machte sich zum Opfer seiner Wachstumshektik, in: FAZ 26.11.01, Nr. 275, S. 21
- Designer-Möbel aus der Maschine, in: FAZ 5.11.01, Nr. 257, S. 20
- Der Gewürzhersteller Wiberg bietet mehr Dienstleistungen an, in: FAZ 24.10.01, Nr. 247, S. 30
- Warsteiner, Krombacher und Bitburger kaufen ihre Fachgroßhändler, in: FAZ 17.10.01, Nr. 241, S. 26
- Schmider legt umfassendes Geständnis ab, in: FAZ 28.9.01, Nr. 226, S. 31
- Der Flowtex-Krimi, in: FAZ 24.9.01, Nr. 222, S. 23
- Boss-Damenkollektion enttäuscht, in: FAZ 6.9.01, Nr. 207, S. 19
- Das Implantate-Debakel wird Sulzer-Medica auf Jahre belasten, in: FAZ 16.8.01, Nr. 189, S. 18
- Emirate wollen Medikamente in Deutschland herstellen. (Vereinigte Staaten beklagen Patentrechtsverletzungen bei Arzneiwaren), in: FAZ 18.6.01, Nr. 138, S. 31
- Sennheimer verdoppelt das Ergebnis, in: FAZ 18.6.01, Nr. 138, S. 23
- „Bilanzskandal" in Berlin", in: FAZ 30.5.01, Nr. 124, S. 21
- Eberspächer beklagt Lieferantenoligopole, in: FAZ 12.5.01, Nr. 110, S. 20
- Kupfer könnte Palladium ersetzen, in: FAZ 7.5.01, Nr. 105, S. 34
- Der Vorstand von Epcos senkt zum dritten Mal die Prognose, in: FAZ 4.5.01, Nr. 103, S. 16
- Vom Produzenten zum produzierenden Dienstleister, in: FAZ 30.4.01, Nr. 100, S. 29
- Der Kraftfahrzeughandel soll 40 Prozent seines Ertrages verlieren, in: FAZ 28.4.01, Nr. 99, S. 59
- Bayer lehnt eine Aufspaltung in mehrere Gesellschaften ab, in: FAZ 28.4.01, Nr. 99, S. 17
- Der Anteil der Kunststoffe im Automobil wird immer größer, in: FAZ 23.4.01, Nr. 94, S. 25
- Trotz hoher Verluste bleibt Jean Pascale optimistisch. (Falsche Einschätzung des Modetrends und zu schnelle Expansion...), in: FAZ 20.4.01, Nr. 92, S. 19
- Gildemeister will international wachsen, in: FAZ 6.4.01, Nr. 82, S. 22
- Trüber Ausblick für Singulus, in: FAZ 31.3.01, Nr. 77, S. 18
- Die Brennwerttechnik beherrscht im Heizungsmarkt, in: FAZ 28.3.01, Nr. 74, S. 25
- SGL Carbon steigt in die Bremsscheiben-Fertigung ein, in: FAZ 21.3.01, Nr. 68, S. 21
- Adidas will den Umsatzeinbruch in Nordamerika stoppen, in: FAZ 9.3.01, Nr. 58, S. 19
- Schmalenbach-Gesellschaft will sich öffnen, in: FAZ 9.3.01, Nr. 58, S. 14
- Die Krise bei der Bankgesellschaft Berlin spitzt sich zu, in: FAZ 8.3.01, Nr. 57, S. 21

Literaturverzeichnis

- P & G leidet unter Abwertung in der Türkei, in: FAZ 27.2.01, Nr. 49, S. 29
- WMF hat ihr Umsatzziel erreicht, in: FAZ 16.2.01, Nr. 40, S. 22
- Pharmakonzern Novartis hat Schwächephase überwunden, in: FAZ 16.2.01, Nr. 40, S. 18
- Freie Fahrt für „grüne" Unternehmen", in: FAZ 13.2.01, Nr. 37, S. 37
- Chiphersteller investierten 12 Milliarden DM in Ostdeutschland, in: FAZ 9.2.01, Nr. 34, S. 22
- Sonys Gewinn fällt im dritten Quartal, in : FAZ 26.1.01, Nr. 22, S. 18
- Der Gewinn von Hennes & Mauritz bricht um 16 % ein, in: FAZ 26.1.01, Nr. 22, S. 16
- Lucent setzt 10.000 Mitarbeiter vor die Tür, in: FAZ 25.1.01, Nr. 21, S. 23
- Wenn Gemeinkostenzuschläge mit der „Gießkanne" verteilt werden, in: FAZ 28.2.00, Nr. 49, S. 34
- Spekulationsblase durch Bilanzkosmetik, in: FAZ 10.8.99, Nr. 183, S. 12
- Anlagenbauer werden zunehmend zu Risikomanagern, in: FAZ 3.4.97, Nr. 77, S. 23
- Die Dresdner Bank wappnet sich für Länderrisiken, in: FAZ 3.4.85, Nr. 79, S. 15
- Internationale Banken schaffen „Frühwarnsystem", in: FAZ 13.1.83, Nr. 20, S. 6

Stichwortregister (Siehe auch Anlage 53)

Abfindung 367
Abgänge (Sachanlagen) 275, 291
Abgrenzung der Zeit und Sache nach
- GoB 235
- Prüfung 359
Abgrenzungsprüfung
- Forderungen L+L 250
Abhängigkeit
- Absatzmärkten 502
- Geschäftsrisiko 90, 547, 557
- Großkunden 502
Ablauf von Patenten 503
Abnehmer 40
Abschließende Arbeiten 37
Abschlussaussagen
- Behauptungen 102
- Gegenstand einer risikoorientierten Abschlussprüfung 33, 611
- Kontrollen zur Sicherung von A. 102, 549
- Verantwortung für die Korrektheit von A. 76
Abschlussprüferaufsichtsgesetz 404
Abschlussprüferaufsichtskommission 404
Abschlussprüfung
- Gegenstand 4
- gesetzliche Vorschriften 4
- IDW-Prüfungsstandards (s.u.)
- Phasen 30, 35
- Projekt 38, 63
- Roter Faden 153
- Zeitliche Dimension 201, 203
- Zweck 3, 425, 627
Abschlussrelevante Daten 66
Abschreibungen
- außerplanmäßige A. 29, 367
- Sachanlagen 275, 278
Abschreibungsbeginn 286, 293
Abschreibungskriterien 327
Abstimmung 254, 286, 330, 359
Abwicklungsstufen 548, 567
Adressaten
- Bestätigungsvermerk 3
- Prüfungsbericht 3
Aktivierungswahlrecht / -pflicht 318
Akquisitionen 503
Aktenvermerke
- Risikomanagement 386
- Verhältnis „Schreiber/Leser" 382
Allianzen- und Kooperationen 537
Analyse der Geschäftstätigkeit
- Aufklärungsarbeit 43
- Behandlung in den Prüfungsstandards 428
- Eigenarten 38, 66

- Element einer risikoorientierten Abschlussprüfung 33, 611
- Impulsgeber einer Leitfunktion 37
- Wesentlichkeit 99
Analyse der internen Kontrollen
- Behandlung in den Prüfungsstandards 428
- Element einer risikoorientierten Abschlussprüfung 33, 98, 611
- Verstärker einer Leitfunktion 37
Analyse der Feststellungen 37
Analysten 86
Analytische Prüfungshandlungen
- Begriff und Beispiele 211
- Eignung 215
- Element der Leitfunktion 37
- Kennzeichen 214, 611
Andere aktivierte Eigenleistungen 278
Anfälligkeit
- Bilanzpositionen 18, 22
- Forderungen aus L+L 19
- Sachanlagen 20
- Vorräte 21
Anhang
- Fragenkatalog 374 ff
- Positionsbezogene Themen 242, 278, 326, 351
Anknüpfungspunkte 145, 389
Ankündigung 370
Anlagengeschäft 19, 377
Anlagen im Bau 21, 286
Anlagenmanagement
- Bilanzmanipulation 367
- Wegweiser 266
Anlagenzugangsliste 286
Anlagevermögen 33, 242, 278, 326, 351
Anpassungsbedarf 503
Anzahlungen 298, 367
Arbeitsbedingungen 24
Arbeitsfehler 19
Arbeitsrahmen
- Forderungen 252
- Sachanlagen 284
- Verbindlichkeiten 357
- Vorräte 328
Arbeitspapiere
- Bedeutung 189
- Begriff 190
- Dauerakte 191
- Deckblätter 194
- Fokussierung 203, 380
- Laufende Arbeitspapiere 192
- Logik 132
- Nachschau 197
- Qualitätskriterien 199 f, 600 ff

- Referenzierung 192, 194 f
- Sachliche Dimension 199
- Sicherungs- und Schutzfunktion 204
- Verknüpfung von A. 132, 164, 201, 242, 278, 326, 351, 610, 626
- Überarbeitung 88
- Überbau 242, 278, 326, 351
- Zeitliche Dimension 201

Audit Evidence 170, 221
Audit Objective 161
Aufdeckende Kontrollen 128
Aufgliederung
- Umsatzerlöse 242
- Verbindlichkeiten 351

Aufklärungsarbeit 43, 210
Aufmerksamkeit 65
Auftrag 65
Auftragsabrechnung 367
Auftragsabwicklung
- Eigenart des Geschäftes 231
- Fragezeichen 104
- Steuerungsfunktion der Pflichtdokumente 113
- Stufen 101, 232

Auftragsbestand 131, 309
Auftragsgröße 551
Augenscheinnahme
- A aus VA BENE 142
- Maßnahmen 599

Ausgangsrechnung 131
Ausgleichsforderung 26
Auslagerung 503
Auslandsengagement 17, 503
Ausrichtung des Unternehmens
- Element der Leitfunktion 37
- Komponente des Innenlebens 83

Ausrichtung der Prüfung 135
Aussagebezogene Prüfungshandlungen
- Behandlung in den Prüfungsstandards 429
- Inhalt und strategische Bedeutung 209

Aussagefähigkeit 612
Ausweis
- das A aus VEBBAG 103
- Prüfungstechnik 257, 261, 288, 292, 333, 348, 359, 360, 364

Baubranche
- Abwicklung von Bauaufträgen 639
- Logistik 637

Bedrohung
- Jahresabschluss 33
- Konkurrenten 40

Beeindruckbarkeit 19
Befragung
- B aus VA BENE 142
- Maßnahmen 599
- Prüfungstechnik 245

Behauptung 370, 424
Belegflusspläne 130

Beobachtung
- Zweites B aus VA BENE 142
- Maßnahmen 599
- Prüfungstechnik 309

Berichterstattung
- Behandlung in den Prüfungsstandards 431
- Element einer risikoorientierten Abschlussprüfung 33
- Vorbereitung 387

Berufsaufsicht 11
Berufsbild 6
Berufsgerichtsbarkeit 11
Berufspflichten 6
Berufsrecht 5
Beschaffungsmarkt 543, 594
Besorgnis der Befangenheit 7
Bestätigung
- Drittes B aus VA BENE 142
- Maßnahmen 599

Bestätigungsvermerk
- abschließendes Urteil 51
- Ausdruck einer analytischen Aufgabe 52
- Behandlung in den Prüfungsstandards 431
- Ergebnis der Jahresabschlussprüfung 15
- Gesamturteil 104
- Neufassung durch das Bilanzrechtsreformgesetz 52

Bestand
- Erstes B aus VEBBAG 103
- Bestand von Verbindlichkeiten 179
- Prüfungstechnik 256, 259, 287, 291, 306, 332, 336, 360, 364

Bestandsliste 286
Bestandsrisiko 309
Bestandsveränderung 326
Bestandsverantwortung 504
Bestellverhalten 504
Bestellvolumen 551
Bestimmtheit 153
Beteiligungen 17, 505
Betriebswirtschaft
- Mandantengespräche 571
- PEST-Analyse 39

Beurteilung 33, 37
Beurteilungsspielräume 56
Bevölkerungsstruktur 505
Bewertung
- das zweite B aus VEBBAG 103
- Prüfungstechnik 245, 256, 260, 288, 290, 292, 306, 313, 333, 334-336, 348, 360, 364

Bewertungsgrenzen 318
Bezugsquelle 317
Bilanz 242, 253, 278, 285, 326, 330, 351, 358
Bilanzierungsmethoden
- Anhang 242, 278, 326, 351
- Ausübung 87
- Eigenarten 87
- Kontinuität 87

Bilanzkontrollgesetz 404
Bilanzmanipulation
- Beispiele 399
- Problematik 366 ff
- Schutz vor B. 653
- Zugriff auf Geschäftsvorfälle 81
Bilanzpolitik
- Herausforderungen für den Abschlussprüfer 369 ff
- Szenario 367
Bilanzposition
- Entwicklungsgeschichte 76
- genetischer Code 103
- Stellung im Jahresabschluss 253, 285, 330, 358
- Zusammensetzung 194 f
Bilanzrechtsreformgesetz 404
Bonität 113, 567, 597
Book-to-Bill-Ratio 551
Branche
- Entwicklung 36, 544, 595
- Faktoren 56
- Jahresabschlussthemen 242, 278, 326, 351, 569
- Querverbindungen 569
Bruttomarge 115
Buchhalterische Zwänge 45
Buchungssystematik 76, 79
Budgetdruck 87, 114
Bußgeld 505
Business-Intelligance-Programme 118
Business-Process-Outsourcing 118
Business Understanding
- Korridoreffekt 133
- Terminologie 36

Checklisten
- allgemein 139
- Anlagengeschäft 634
- Bauträgergeschäft 480
Class of transactions 18, 19
Credit Controlling
- Prüfungsnachweise 222
- System 129
Critical Audit Objectives 162

Darlehen 344
Datenbasis 613
Datensammlung des WP 137
Dauerakte 191
Debitorenkontokorrent 129
Deckblätter 194
Design-Test 126
Detailtests 31
Dienstleistungen
- Abschlussprüfer 55
- Unternehmen 76, 552
Dienstleistungsgeschäft 377
Dokumentation
- Arbeitspapiere 189

- Behandlung in den Prüfungsstandards 430
Durchdringung 65
DV-Systeme 23

Eigenkapital 33, 242, 278, 326, 351
Eigentum
- E aus VEBBAG 103
- Prüfungstechnik 255, 259, 287, 291, 306, 332, 347,
Eigenverantwortlichkeit 10, 12, 31
Eigenverantwortung 11
Einfluss auf den Jahresabschluss
- Bestimmung der Prüfungsziele 135
- Beurteilung von Risiken 92, 113, 121
- Gegenstand eines Pflichtdokumentes 81
- Komponente einer Leitfunktion 37
Eingriff in den Jahresabschluss 86
Einkauf
- Geschäftsprozess 340, 363
- Geschäftsrisiko 505
Einkommensentwicklung 25, 28
Einschätzungen 37, 545
Einsichtnahme
- E aus VA BENE 142
- Maßnahmen 599
- Prüfungstechnik 175, 179, 276, 314, 355
Eintrittswahrscheinlichkeit 614
Einzelfallprüfungen
- Dokumentation 219
- Element der Leitfunktion 37
- Planung 218
- Prüfungstechnik und Postenauswahl 216
Einzelwertberichtigung 239
Empfänglichkeit 19
Entdeckungsrisiko
- Beispiele 29
- Bestandteil des Prüfungsrisikos 18
- Element einer risikoorientierten Abschlussprüfung 33
Entscheidungserhebliche Sachverhalte 624
Entwicklungszeiten 506, 551
Erfolgsfaktoren 614
Ergebnisrechnung 377
Ereignisse 38, 648
Erklärungen
- Abschlussprüfer 124
- Management 370
Ermessensausübung 614
Ertragspotential 547, 557
Erwartungsdruck 86
Erwartungshaltung 116
Existenz
- Bestand 48
- Bonitätsrisiko 609
Existenzgefährdung 33, 609
Facharbeit 34

Fälligkeitsstruktur (Forderungen) 131
Fehlaussage
- Einschätzung des Risikos einer wesentlichen F. 597, 607, 609
- Prüfungsrisiko 17, 18, 30
Fehleinschätzung 28
Fehler
- Auftritt von Fehlern 18, 32
- Fehler des Abschlussprüfers 17
- Gefährdung von Zielen des IKS 136
- Systemfehler 249
- Typen 185
Fehleranfälligkeit 26, 56
Fehleranalyse 186
Fehlerbehandlung 135
Fehlerbewusstsein 186, 231, 242, 266, 278, 295, 326, 340, 351
Fehlerquelle 152
Fehlerrisiko
- Bestandteil des Prüfungsrisikos 18
- Element einer risikoorientierten Abschlussprüfung 33
Fertige Erzeugnisse 298
Feststellungen 37
Financial Reporting Environment 85, 603, 649
Financial Statement Implications 70, 556, 558-565
Finanzierung 76
Finanzierungsrisiken 43, 547
Finanzkraft 547, 557
Finanzverwaltung 14
Five Forces Analyse 39
Flächenproduktivität 552
Fokussierung
- Arbeitspapiere 203
- Prüfungsziele 175, 179, 210, 245, 276, 309, 314, 355
Forderungen L+L
- Abgrenzungsprüfung 250
- Anfälligkeit 19
- Fallstudie (Ausland) 149
- Habensalden 251
- Inhalt 232
- Jahresabschlussposition 33, 242
- Kriterien für die Gliederung einer Saldenliste 263
- Prägung 232
- Prüfung bei angespannter Ertragslage 258
- Prüfung des Bestandes 234
- Prüfung der Bewertung 237, 651
- Prüfung von Ausgangsrechnungen 262
- Prüfungshandlungen nach Prüfungszielen 255
- Prüfungsprogramm 243, 597, 609
- Regelungen im HGB 232
- Saldenbestätigung 246
- Schrittfolge 254
- Überbau von Arbeitspapieren 242
- Wegweiser 231
- Wertberichtigungen 238

Forderungsverluste 115
Funktionalausschreibung 24
Funktionstest 31, 126, 615
Funktionstrennung 129

Geldpolitik 39, 532
Geleistete Anzahlungen 298
Genauigkeit
- G aus VEBBAG 103
- Prüfungshandlungen 258, 261, 289, 292, 306, 333, 348, 361, 364
Genetischer Code 652
Gepflogenheiten 38
Gesamtwirtschaft 36, 544, 595
Geschäftsbewusstsein 231, 242, 266, 278, 295, 326, 340, 351
Geschäftsentwicklung 25, 56
Geschäftsergebnis 377
Geschäftsfelder 532
Geschäftskontrollen 615
Geschäftsleitung (KoBu-Doc) 602
Geschäftsmodelle
- Autohaus 484
- Brauerei 486
- Möbelhersteller 489
- Schuheinzelhandel 491
- Textil-Unternehmen 494
Geschäftsprozesse
- Arten 76
- Bestimmung der Prüfungsziele 135
- Brücke zur Buchungssystematik 79, 653
- Darstellung in den Arbeitspapieren 603
- Gegenstand von Analysen 37, 67, 72, 74
Geschäftsrisiken
- Ausstrahlung 282
- Beispiele 90
- Bestimmung der Prüfungsziele 135
- Gegenstand von Analysen 37, 67, 377
- Risikokatalog 501
Geschäftstätigkeit
- Darstellung im Handelsregister 576
- Erläuterung in den Arbeitspapieren 602
- inhärentes Risiko 25, 56,
Geschäftsstruktur 72
Geschäftsvorfälle
- Bedeutung 41, 75, 377, 527
- Beispiele 75
- Bestimmung der Prüfungsziele 135
- Bestimmungsfaktoren 35
- Darstellung in den Arbeitspapieren 604
- Einfluss auf den Jahresabschluss 545
- Gegenstand von Analysen 37, 38, 68, 74
- Heterogenität 282
- Geschätzte Werte 616
Geschlossene Fragen 147
Gesellschafter 14, 530
Gesetzgebung 577

Gesetzliche Vorschriften
- Einhaltung der g.V. 4
- Neue Vorschriften 404
- Verstoß gegen die g.V. 32
Gespräche
- Bestimmtheit 152
- Beziehung zu einer Person 146
- Gegenstand und Inhalt 143
- Typologie der Fragen 147
- Unternehmergespräche 73
- Zugang zu einer Person 144
Gewährleistung 97, 174, 547, 557, 600
Gewinnschwelle 552
Gewissenhaftigkeit 7
Glaubhaftigkeit 3, 35
Glaubwürdigkeit 32
Grenzwert 616
Grundbuch 271
Grundsatzfragen 616
Grundsätze
- siehe auch Prüfungsstandards
Grundsätze ordnungsmäßiger Buchführung 235
Gruppeninteresse
- Geschäftsvorfälle 75
- Zuverlässigkeit des Jahresabschlusses 14
Gutgläubigkeit 19

Habensalden (Forderungen L+L) 251
Handelsbilanz 235
Haftungsfreistellungserklärung 506
Haftungsrisiken 506
Handelsregistereintragung
- Gegenstand des Unternehmens 8, 573
- Pädagogische Aspekte 572, 576
Herstellungs- und Erhaltungsaufwand 213, 286, 344
Hinreichende Sicherheit 37

IDW-Prüfungsstandards
- Abschlussprüfung bei Einsatz von Informationstechnologie 416
- Analytische Prüfungshandlungen 416
- Arbeitspapiere des Abschlussprüfers 416, 420, 427, 430, 438
- Bestätigungen Dritter 415
- Beziehungen zu nahe stehenden Personen im Rahmen der Abschlussprüfung 415
- Das interne Kontrollsystem im Rahmen der Abschlussprüfung 415, 419, 426-430
- Die Beurteilung der Fortführung der Unternehmenstätigkeit im Rahmen der Abschlussprüfung 415
- Die Prüfung von geschätzten Werten in der Rechnungslegung 416, 420, 427-430
- Grundsätze der Planung von Abschlussprüfungen 415, 419, 428, 435
- Grundsätze für die ordnungsmäßige Erteilung von Bestätigungsvermerken bei Abschlussprüfungen 416, 420, 427, 431, 436
- Grundsätze ordnungsmäßiger Berichterstattung bei Abschlussprüfungen 416, 420, 430, 432, 437
- Kenntnisse über die Geschäftstätigkeit und das wirtschaftliche und rechtliche Umfeld des zu prüfenden Unternehmens im Rahmen der Abschlussprüfung 414, 419, 426, 428, 429, 431, 435
- Prüfung der Vorratsinventur 415
- Prüfungsnachweise im Rahmen der Abschlussprüfung 415, 419, 426, 429, 435
- Rechnungslegungs- und Prüfungsgrundsätze für die Abschlussprüfung 414, 425, 434
- Wesentlichkeit im Rahmen der Abschlussprüfung 415, 419, 426-428, 430
- Ziele und allgemeine Grundsätze der Durchführung von Abschlussprüfungen 414, 419, 425, 427, 428, 431, 434
- Zur Aufdeckung von Unregelmäßigkeiten im Rahmen der Abschlussprüfung 390, 414
Imparitätsprinzip
- GoB 235
- Problematik 616
Inbetriebnahme 367
Information und Kommunikation 617
Informationsaufgabe des Abschlussprüfers 282
Informationsbeschaffung
- kontinuierlicher Prozess 73
- strukturierter Prozess 154, 175, 179, 245, 276, 309, 314, 355
Informationsgewinnung 37
Informationsinstrument 235
Informationsniveau 63
Informationssymmetrie 283
Informationstechnologie
- Einsatz 85
- Merkmale des Unternehmens 76,
- Perspektiven 118
- Stellung innerhalb der Pflichtdokumente 119
Informationsquellen
- allgemein 137
- externe I. 577
Informationsvermittlung 235
Inhärente Risiken
- Begriff 18
- Beispiele 25, 26, 297
- Einflussfaktoren 23
- Elemente einer risikoorientierten Abschlussprüfung 33
- Unternehmensebene 56
Innenleben einer Unternehmung 82
Innovation 507
Innovationstempo 70
Insolvenz 238
Insolvenzrisiko 508
Insolvenzschutz 508
Integrität 25, 56

Stichwortverzeichnis 671

Internes Kontrollsystem
- Aufbauprüfung 273
- Aufgabe 105, 377
- Beispiele 106, 639
- Maßnahmenkatalog 570
- Missbrauch 136
- Qualität (Anlagengeschäft) 634
- Schwachstellen 566
- Sicherung von Abschlussaussagen 108
- Umgehung 136
- Unwirksamkeit 136
- Verzicht 136
Interview-Technik 617
Inventur
- Begriff und Arten 300
- Inventurbeobachtung 304
- Inventurrichtlinien 303
- Planung 303
- Prozess-Ziele 302
Investitionen
- Durchführung 274 f
- Kontrolle 274 f
- Management 267
- Planung 273
Investitionsplanung 273, 275
Irrtum 19
ISA
- Audit materiality 433
- Audit evidence 433
- Audit of accounting estimates 433
- Documentation 433
- Knowledge of the business 433
- Risk assessment and internal control 433
- The auditor's responsibility to consider fraud and error in an audit of financial statements 432
- Objective and general principles governing an audit of financial statements 432
- Planning 433
ISA-Transformation 423

Jahresabschluss 202, 242, 278, 326, 351, 377, 380
Jahresabschlussprüfung 464
Jahresbonus 367
Jahresüberschuss / Jahresfehlbetrag 242, 278, 326, 351

Kenntnisse über die Geschäftstätigkeit
- Bedeutung mangelhafter K. 134
- Beschaffung der K. als permanente Aufgabe 202 f
- Beschaffung der K. als primäre Aufgabe 74
- IDW-Prüfungsstandard (s.o.)
- Umfang 99
- Wegweiser für die Abschlussprüfung 93
Kennzahlen
- Beispiele 550
- Geschäftsvorfälle 75
Kernpartnerbestimmung 70
Key Performance Indicators 116

Klarheit (GoB) 235
Klassifikation 75
Know how-Transfer 344
Knowledge of
- Business 37
- Controlls 37
- Differencies 37
- Programs 37
Knowledge of Business-Document
- Einbindung in die Systematik der Arbeitspapiere 281
- KoBu-Doc I 67, 530, 542, 593
- KoBu-Doc II 81, 545, 596
Knowledge of Controls-Document
- KoCo-Docs nach Prozessen 123, 281, 610
- KoCo-Doc (Einkauf) 558 f
- KoCo-Doc (Herstellung) 560 f
- KoCo-Doc (Anlagenmanagement) 562 f
- KoCo-Doc (Personal/Designer) 564 f
- Struktur 120, 556
- Zweck 649
Knowledge of Differencies-Document 185, 231
Knowledge of Programme-Document
- Aufbau 132
- Einbindung in die Systematik der Arbeitspapiere 132, 281
- KoBu-Doc als Impulsgeber 246
Knowledge of Risks-Document
- Einbindung in die Systematik der Arbeitspapiere 281
- Inhalt 547, 596
- Struktur 95,
Körperliche Inventur 301
Kollektionsrisiko 43, 494 f
Kompetenz 23, 25
Komplexität
- Aspekte 163
- Geschäftsvorfälle 26, 56
- Gewichtung der Prüfungsziele nach Maßgabe der K. 163
- inhärentes Risiko 23
- Paragraph 289 HGB 16
- unternehmerischer Betätigung 8, 16, 17, 24
Komplexitätsgrade 163, 467
Komponenten des Geschäftes 71
Konjunkturentwicklung 23
Konjunkturzyklus 509
Konkurrenz 25, 28, 56
Konsumentenverhalten 39
Kontaktpflege 63
Kontrollbewusstsein 231, 242, 266, 278, 295, 326, 340, 351
Kontrollen
- Arten 30, 127
- Auswahl 649
- Deckungskapazität 127
- Einfluss auf den Jahresabschluss 558-565
- Lokalisierung 547, 596

- Teil eines Geschäftsprozesses 37
- vorbeugend/aufdeckend 568
Kontrollgefüge 282
Kontrollkategorien 567
Kontrollmatrix 130
Kontrollrisiko
- Beispiele 28
- Bestandteil des Prüfungsrisikos 18
- Element einer risikoorientierten Abschlussprüfung 33
Kontrollstelle
- Auswahl 108
- Weg zur K. 113
Kontrolltätigkeiten 123
Korridoreffekt 568
Kostenstruktur 24
Kontrollstufen 130
Kontrollumfeld 617
Korridoreffekt des Business Understanding 133
Kostenrechnung 318, 377
Kostenstruktur 24
Kreditgewährung 557
Kreditinstitute 14
Kreditkontrolle 28
Kreditlimit 129, 264
Kreditorenkontokorrent 344
Kreditprüfung 609
Kreditrisiko
- Liefergeschäft 43
- Objektgeschäft 154, 509
Kreditversicherung
- VART 121
- Vertrag 240
Kritische Grundhaltung 32, 617
Kritisches Prüfungsziel 617
Kundenbeschwerden 509
Kurssicherung 293

Länderberichte
- Brasilien 62, 528
- China 145, 581
- Dubai 150, 590
- Indien 145, 579
- Tschechische Republik 145, 586
- Türkei 145, 584
Länderdelkredere-Sätze 240
Länderrating 245
Länderrisiko 510
Lagebericht
- Fokussierung der Arbeitspapiere 380
- Kenntnisse über die Geschäftstätigkeit 376
- Vorgänge nach Schluss des Geschäftsjahres 381
Lagermanagement 295
Lagerumschlagshäufigkeit 28
Latente Zahlungsverpflichtung 27
Laufende Arbeitspapiere 192
Lead Schedules 194
Leitfunktion

- Business Understanding 37
- Pflichtdokumente 109
Leistungskennziffern
- Bedeutung für den Abschlussprüfer 115, 618
- Darstellung in den Arbeitspapieren 605
- Erfassung im Pflichtdokument 556, 559, 561, 563, 565
Leistungsspektrum (KoBu-Doc) 602
Leitfäden
- Deckblatt 224
- Fragen zum Anhang 229
- Kriterien für die Gliederung von Salden- und Inventurlisten 229
- Planungsgrundlagen 224
- Prüfung bei angespannter Ertragslage 228
- Prüfung nach Maßgabe der Ertragslage 226
- Prüfung von Eingangs- und Ausgangsrechnungen 228
- Prüfungshandlungen nach Prüfungszielen 227
- Schrittfolge 227
Leitfunktion des Business Understanding 35, 53, 123, 323
Leitung 76
Lernkurven 24
Lieferanten
- Überwachung 293, 337, 365, 558
- Verhandlungsstärke 40
Liefergeschäft 19, 263, 293, 337, 365, 377
Lieferschein 131
Liefertermin 263
Liefertreue 552
Lieferzeiten 115
Liquidität 293
Liquiditätsengpass 510

Mahnkennziffer 264
Managementprozess 100
Mandantenunterlagen 140
Märkte 55, 528, 579, 581, 584, 586, 590
Margen 552
Markenbindung 547
Marketing-Kosten 553
Marktanalyse 276
Markt- und Unternehmensdaten 530, 542, 593
Markteinbruch 512
Markteinführung 511
Markterreichung 553
Marktöffnung 512
Marktstudie 28
Marktveränderungen 34
Marktverhältnisse 68
Materiality 653
Materialaufwand 326
Materialwirtschaft
- Bilanzmanipulation 367
- Wegweiser 295
Medien 14
Meinung (Abschlussprüfer) 601

Mietgarantie 512
Misstatement 18
Mitarbeiter 14
Moderisiko 497, 513
Nachbuchungen
- Arten 187
- Deckblatt 195
- Entdeckungsrisiko 29
Nachfolge 513
Nachrechnen
- N aus VA BENE 142, 618
- Maßnahmen 599
Nachrüstung 263, 513
Nachschau 197
Nachträge 9
Nachweise
- siehe Prüfungsnachweise
Niederstwertprinzip 315, 618
Nominalwert 254, 359
Nutzungsdauer 29, 286

Oberflächenbeschichtung 27
Objektgeschäft 25, 28, 513
Obtaining the Knowledge 36
Offene Fragen 147
Okavango-Phänomen 46 f
Ordnungsmäßigkeit
- Buchführung 4
- Informationen 3
- Prüfungsstandards (siehe IDW)

Pädagogik 443
Patentschutz 514, 553
Pauschalwertberichtigung 239
Permanente Inventur 301
Personalwirtschaft
- Bilanzmanipulation 367
- Rahmenprozess 78
- Vollständigkeit (Aufwand) 363
Personalengpass 514
PEST-Analyse 39
Personal 76
Pflichtdokumente
- KoBu- Doc 67
- KoCo-Doc 120
- KoDi-Doc 185
- KoP-Doc 132
- KoRi-Doc 95
- Leitfunktion 109
Planung 514
Plausibilitätsprüfung 31, 356
Politik 25, 39
Postenauswahl 248
Präsentation 154, 649
Preisabsprachen 515
Preisbewusstsein (Kunde) 91, 547
Preispositionierung 70
Preisrisiken 320, 515

Preiswettbewerb 516
Problembewusstsein 618
Produktionsverzögerungen 516
Produktivitätsentwicklung 24
Produkte 71, 76
Produktentscheidung 28
Produktlebenszyklus 516
Produktspektrum 17
Professional Skepticism 183
Programmbewusstsein 231, 242, 266, 278, 295,
326, 340, 351
Projekte (Checkliste) 27, 480
Projektkalkulation 9, 640
Projektlaufzeit 293
Projektmanagement 517
Projektstruktur 28, 639
Protokoll (Prüfungsnachweis) 175, 222, 279
Prozess
- Eingriff 112
- Kennzeichen 110
Prozess-Analyse
- Inhalt 100
- Knotenpunkte 450
- Verknüpfung der Prüffelder 281
- Wegweiser 231, 266, 295, 340
Prozessorientierung
- Autohaus 79
- Buchhaltung 100
- Konjunkturorientierung 354
- Leitfunktion 37, 618
Prozessrisiken
- Beispiele 123, 559, 561, 563, 565
- Bestimmung der Prüfungsziele 135
- Element einer Leitfunktion 37
- Darstellung in den Arbeitspapieren 605
- Gesamtschau der Kontrolldokumente 610
Prozessverrichtungen 114
Prozessziele
- Beispiele 123, 559, 561, 563, 565
- Bestimmung der Prüfungsziele 135
- Element der Leitfunktion 37
- Darstellung in den Arbeitspapieren 604
- Objektgeschäft 154
- PKW-Verkauf 111
- Rolle der P. 282
- Zielsystem 649
Prüffeld 18
Prüffeldspezifische Risiken 56, 122, 619
Prüfstelle für Rechnungslegung 404
Prüfung
- Begriff 1
- Wesen 2
Prüfungsauftrag 16
Prüfungsarbeiten (Reglement) 32
Prüfungsassistenten
- Anforderungen 63, 223
- Arbeitsrahmen 253
- Aufmerksamkeit 65

- Auftrag 65
- Leitfäden 224 ff
- Leitlinie für die P. 65
- Rat 65
- Reglement 65
- Studium von Prüfungsstandards des IDW 54
- Teamarbeit 62

Prüfungsaussagen 37, 124, 619

Prüfungsbericht
- Abschnitte 405 ff
- Bestätigungsvermerk: Elemente eines Urteils 409, 431

Prüfungsdauer 34

Prüfungsdifferenzen
- Analyse 600
- Begriff 185
- Dokumentation 185, 600
- Nachbuchungen 187
- Risikobeurteilung 23, 650
- Wesentlichkeit 187

Prüfungsergebnis 197, 597, 609, 619

Prüfungsfeststellungen
- Aggregation von P. 187, 631
- Erklärung des Abschlussprüfers 124, 619
- Pflichtdokument 556

Prüfungsgrundsätze 619

Prüfungshandlungen
- angespannte Ertragslage 258, 289, 334, 361
- aussagebezogene P. 209, 648, 650
- Dokumentation 132, 597
- ergebnisorientierte P. 443, 647
- Komponenten einer Leitfunktion 37
- Prüfungsziele 255, 286, 331, 359
- P. im System der Prüfungstechnik 175, 179, 245, 276, 309, 314, 355
- Wegweiser 231, 266, 295, 340

Prüfungshemmnis 620

Prüfungsintensität 34

Prüfungskonzept
- Einbindung der Assistenten 63
- Erläuterung 651
- Knotenpunkte 452
- Logik 122
- risikoorientiertes P. 464, 620
- Vermittlung 156

Prüfungskorrektur 43

Prüfungsnachweise
- Anforderungen 171, 176
- Angemessenheit 172, 180, 277
- Ausschöpfung der Prüfungstechnik 174, 620
- Begriff 168
- Behandlung in den Prüfungsstandards 429
- Bestandteil der Facharbeit 24, 27
- Branchentypische P. 222
- Element der Leitfunktion 37
- Einrichtungsprojekt „Bursch Al Arab" 588 ff
- Externe Informationsquellen 577
- Produkt einer Leitfunktion 37
- Sachdienlichkeit 172
- Scheingenauigkeit 177
- Zuverlässigkeit 173
- Zweifel 177

Prüfungspfad 37, 54, 283, 620

Prüfungsphasen
- Elemente der Leitfunktion 37
- Eigenarten 464
- Unterschiede 653

Prüfungsplanung
- Budgetüberschreitung wg. mangelhafter P. 219
- Element einer Leitfunktion 37
- Facharbeit 34
- Formulierung wesentlicher Prüfungsziele 163, 277
- Sonderauswertungen 218, 280, 650
- Vorlaufzeit 218, 280

Prüfungsprogramm
- Aufgabe 158, 620
- Begriff 132
- Bestandteil der Facharbeit 31, 34
- Deckblatt 608
- Element der Leitfunktion 37
- Einsatz 132, 154, 175, 179, 245, 276, 309, 314, 355
- Entwicklung 131, 157
- Forderungen L+L 243, 609
- Logik verknüpfter Prüfungshandlungen 133, 465
- Reglement 157
- Sonstige Rückstellungen 598
- Spezialprogramme 447
- Struktur 132
- Verknüpfung von Arbeitspapieren 164

Prüfungsprozess
. Einheit 464
- Konflikthandhabungsprozess 188
- Kontinuierlicher Prozess 73

Prüfungsrelevante Daten 621

Prüfungsrisiko
- Bedeutung 73
- Begriff 17
- Behandlung in den Prüfungsstandards 427
- Beispiele 134
- Element der Risikoorientierung 33
- Komponenten 18

Prüfungsstandards
- Eigenverantwortlichkeit des Abschlussprüfers 414
- Einordnung von Textstellen in das Arbeitsspektrum 425
- IDW- Prüfungsstandards (s.o.)
- International Standards on Auditing (siehe ISA)
- ISA-Transformation 423, 439, 441, 443
- Kommentare zu Textstellen 434
- Pädagogische Aspekte 443
- Qualitätskontrolle 421
- Terminologische Spannungen 438
- „Urteil" und „beurteilen" als Kernbegriffe 417

Prüfungsstrategie 220, 621
Prüfungsteam
- Einsatz 34
- Information 282
- Prüfung des Lageberichtes 381
- Risikobeurteilung 89
- Rolle der Assistenten 63
- Vogelperspektive 283
- Vorbereitung der Berichterstattung 387
Prüfungstechnik
- VA BENE 142, 621
- Katalog der Maßnahmen 599
Prüfungsurteil
- Bestätigungsvermerk 409, 621
- Element der Leitfunktion 37
- Erklärung 124
- Neufassung des § 322 HGB 410
Prüfungsziel
- Auswahl und Formulierung 50, 165, 222, 244, 277
- Bedeutung 206, 464
- Begriff 161
- Begründung 609
- Bekenntnis zum P. 198, 231, 266, 295, 340
- Darstellung in den Arbeitspapieren 606, 607
- Dokumentation 164
- Element der Leitfunktion 37
- Einsatz 154, 175, 179, 245, 276, 309, 314, 355
- Element der Risikoorientierung 33, 37
- Entscheidende und schwerwiegende P. 162
- Entwicklung 120, 135, 158
- Fassung und Gewicht 161
- Generelles P. 49
- Gesamtschau 283
- Pendant zu Abschlussaussagen 49
- Prüfungsergebnis 197 f
- Prüfungshandlungen nach P. 255, 286, 331, 359
- Prüfungsstrategie und P. 220
- Zielstruktur 49
- Zusammenfassung von P. 166

Qualitätskontrolle 12, 421
Qualitätssicherung 12

Rahmenprozess 77 ff, 100
Rat
- externe Informationsquelle 577
- Zweites R aus RADARR 65
Realisationsprinzip
- GoB 235,
- Problematik 299, 622
Rechnung (Einsichtnahme) 314
Rechnungsabgrenzung 33
Rechnungslegung 4
Rechnungswesen 639
Rechtsunsicherheit 519
Referenzierung 192
Regierung 14

Regressfälle 34, 203
Reichweitenabschreibung 367
Reklamationen 115
Relevanz 622
Restrukturierung 519
Richtigkeit (GoB) 235
Richtschnur 65
Richtung einer Abschlussprüfung 65, 464
Risiken
- Darstellung in den Arbeitspapieren 603
- Geschäfts- und Kontrollrisiken 501
- Prozess-Ebene 122, 239, 556, 557, 558, 560, 562, 564, 622
- R. einer Bauträger-Unternehmung 480
- verfahrensspezifische R. (Bau-Unternehmung) 639
Risiko
- Begriff 88
- Begriffspaar „Chance und Risiko" 89
- einer wesentlichen Fehlaussage 30, 31, 159
Risikoanalyse 623
Risikobeurteilung 18, 94, 623
Risikobehandlung 121
Risikobewusstsein 231, 242, 266, 278, 295, 326, 340, 351
Risikoeinfluss 90
Risikoeinstellung 653
Risikoidentifikation
- Entscheidungsmatrix 92
- Prüfungsgegenstand 88
Risikomanagement 386
- Behandlung in den nationalen und internationalen Prüfungsstandards 432
- Führung der Arbeitspapiere 198
Risikoorientierte Abschlussprüfung 35
Roh-, Hilfs- und Betriebsstoffe 296
Rohstoffersatz 519
Rohstoffknappheit 520
Rohstoffverteuerung 520
Rückgaberecht 263
Rückrufaktion 178, 520
Rückstellungen
- drohende Verluste 29
- Gewährleistung 174, 367
- Prüfungsdifferenz 600
- Verzugsstrafe 367
- wesentlicher Bestandteil der Passivseite 33

Sachanlagen
- Anfälligkeit 20
- Arbeitsrahmen 284
- Aufbauprüfung des IKS 273
- Ausrichtung der Prüfungshandlungen 279
- Geschäftsvorfälle 272
- Grundbuch 271
- Jahresabschlussposition 33, 278
- Prägung 272
- Prozess-Analyse 275

- Prüfung bei angespannter Ertragslage 289
- Prüfung der Bewertung 276
- Prüfungshandlungen nach Prüfungszielen 286
- Prüfung von Abgängen 291
- Prüfung von Eingangsrechnungen 292
- Regelungen im HGB 267
- Schrittfolge 286
- Verknüpfung der Prüffelder 281
- Verwaltung 274
- Wegweiser 266
Saldenbestätigung
- Aktion 129, 246
- Postenauswahl 248
Saldendifferenzen 129
Schätzungen 23, 239, 624
Scheingenauigkeit 177, 609
Schuldenabbau 39
Segmente des Business Understanding 66
Selbstkosten 29
Servicevertrag 222
Sicherheit 15, 624
Sicherheitskonzept 464
Sicherungsmaßnahmen 624
Signifikanz 23
Skepsis 39, 183, 624
Software 23
Sondierende Fragen 148
Sonderauswertungen 218
Sonstige betriebliche Aufwendungen 351
Sparprogramm 70
Spezialbau 27
Spezialprogramme
- Bau- und Bauträgergeschäft 449
- Industrielles Anlagengeschäft 448
Stakeholder 23
Standortanalysen 9, 222
Standortbedingungen 91, 521, 547
Stetigkeit (GoB) 235
Steuerung 83
Steuerungsprozess 77 ff
Strategic Systems Auditing 36
Strategie-Analyse
- Knotenpunkte) 458
- Verknüpfung der Prüffelder 281
- Wegweiser 231, 266, 295, 340
Strategie- und Planungsmemorandum 139
Susceptibility 19
Synergien 554
Systematik
- Arbeitspapiere 132, 164, 201, 610
- Buchungen 79
- Prüfungsphasen 625, 464
Systemfehler 248
Systemgeschäft 377, 522, 625
Systemprüfung 125

Tantieme-Zahlung 367
Täuschung
- Begriff 390
- Problematik 32
Teamarbeit 62, 283, 381
Technischer Vorsprung 554
Technologische Veränderungen 39, 507, 544
Test von Kontrollen
- Prüfungsgegenstand 125
- Zwei-Stufen-Theorie 126
Thesen zur risikoorientierten Abschlussprüfung 464
Transaktionen 78
Transparenz 9
Trinkgewohnheiten 25, 28

Überfällige Forderungen 651
Überwachung (Forderungen) 131
Übersetzung 424, 439, 441, 443,
Überzeugungskraft 32, 625
Umfeld (Bilanzierung und Berichterstattung) 82, 625

Umlaufvermögen 33, 242, 326,
Umsatz- und Gewinnrealisation
- Bauträgergeschäft 26
- Realisationsprinzip 235, 367
Umsatzerlöse (Aufgliederung) 242
Umsatzstruktur 70, 244
Umsatzwachstum 39
Umschlagshäufigkeit 327
Umweltpolitik 522
Unabhängigkeit 6
Unbefangenheit 7
Unfertige Erzeugnisse
- Bau-Unternehmung 647
- Bilanz 296
Unfertige Leistungen 296
Ungewöhnliche Geschäfte 56
Unparteilichkeit 7
Unregelmäßigkeiten
- Aktuelle Fälle 391
- Aufdeckung 390
- Problematik des Fehlverhaltens 399
Unterbesetzung 523
Unterdeckung 523
Unternehmensbilder 55, 467, 471, 473, 475, 477, 478, 540
Unternehmensentwicklung 68
Unternehmenslage 68
Unternehmensspezifische Merkmale 36
Unternehmensrisiko 18, 45
Unternehmensstrategie
- Beispiele 70
- Gegenstand von Analysen 39, 67, 68

Unternehmensziele
- Beispiele 70, 499, 500
- Erfassung 542, 593, 601
- Gegenstand von Analysen 37, 39, 45, 68, 626
- Formulierung 69, 601
- Meilenstein 113
- U. und Prozess-Ziele 111
- Zeitachse 87
- Zielhierarchie 39
Unternehmergespräche 55, 471, 473, 475, 477, 478, 540
Unverrechnete Lieferungen und Leistungen 299, 344
Urteil
- Bestätigungsvermerk als Gesamt-Urteil 104, 409
- Urteile des Abschlussprüfers 417
Using the Knowledge 36

VA BENE
- Anwendung 142, 175, 179, 245, 276, 309, 314, 355
- Element der Risikoorientierung 33
- Prioritäten 651
- Struktur 142
VART 121
VEBBAG
- Abschlussaussagen und Prüfungsziele 109
- Anwendung 154, 175, 179, 245, 276, 309, 314, 355
- Auffächerung des generellen Prüfungszieles 49
- Element der Risikoorientierung 33
- Sicherung von Abschlussaussagen 107
Verantwortung
- für die Korrektheit von Abschlussaussagen 76
- für den Jahresabschluss 15
Verbesserungsvorschläge 47
Verbindlichkeiten L+L
- Arbeitsrahmen 357
- Fragenkatalog zum IKS (VEBBAG-Struktur) 344
- Inhalt 341
- Jahresabschlussposition 33, 351
- Prägung 342
- Prüfung bei angespannter Ertragslage 361
- Prüfung von Eingangsrechnungen 365
- Prüfungshandlungen nach Prüfungszielen 359
- Querverbindungen 343
- Regelungen im HGB 340
- Schrittfolge 359
- Suche nach ungebuchten Verbindlichkeiten 349, 352
- Wegweiser 340
Verbleibende aussagebezogene Prüfungshandlungen
- Abhängigkeit vom Funktionstest im IKS 160
- Analytische Prüfungshandlungen 211

- Einbindung in die Systematik der Arbeitspapiere 281
- Einsatz 207
- Einzelfallprüfungen 216
- Element einer risikoorientierten Abschlussprüfung 33
- Knotenpunkte 462
- Produkt einer Leitfunktion 37
- Stellung im Phasenverlauf 51, 207
- Substantive Procedures 209
- Themenkatalog 208
- Verknüpfung der Prüffelder 281
- Wegweiser 231, 266, 295, 340
Verbundene Unternehmen 187, 348
Verdachtsmomente 117
Vergleich
- V aus VA BENE 142
- Maßnahmen 254, 286, 330, 359, 599
Vergütungsansprüche 24
Verhandlungen 524
Verknüpfung
- Arbeitspapiere 132, 164, 201, 610, 626
- Prüfungshandlungen 37
Verlässlichkeit 3, 35, 626
Vermarktungsstopp 524
Vermögensschädigung 2
Verschwiegenheit 7
Vertikalstruktur 28
Vertrag (Einsichtnahme) 179, 355
Vertrauen 13
Vertrieb 362
Vertriebslogistik 39
Vertriebsverträge 524
Verweildauer (Forderungen) 111, 115
Verzicht auf IKS-Maßnahme 136
Vielschichtige Fragen 148
Vogelperspektive 283
Vollständigkeit
- GoB 235
- V aus VEBBAG 103
- Prüfungstechnik 175, 255, 259, 286, 291, 331, 359, 362,
Vorbestellungen 554
Vorbeugende Kontrolle 127
Vorjahreswert 286
Vorlaufzeit 218
Vorleistungen 367, 524
Vorräte
- Abschreibungen 327, 367
- Anfälligkeit 21
- Arbeitsrahmen 328
- Fertige Erzeugnisse 298
- Geleistete Anzahlungen 298
- Inhalt 295
- Inventur 300

- Jahresabschlussposition 33, 326
- Kennzahlen 327
- Kriterien für die Strukturierung einer Inventurliste 338
- Prägung 299
- Prüfung bei angespannter Ertragslage 334
- Prüfung der Vorratsbewertung 309, 313
- Prüfung von Eingangsrechnungen 336
- Prüfungshandlungen nach Prüfungszielen 331
- Regelungen im HGB 295
- Roh-, Hilfs- und Betriebsstoffe 296
- Schrittfolge 330
- unfertige Erzeugnisse 296
- unfertige Leistungen 296
- Wegweiser 295
- Werkvertrag 299
Vorratsbewertung
- Anschaffungs- und Herstellungskosten 313
- Kostenarten-, -stellen- und -trägerrechnung 318 f
- Wertberichtigungen (Abschreibungen) 320
Vorsichtsprinzip (GoB) 235

Währungsrisiko 525, 547, 557
Wahrscheinlichkeit 37
Wegweiser für die Abschlussprüfung
- Kenntnisse über die Geschäftstätigkeit 93
- Prüfung von Jahresabschlussposten 231, 266, 295, 340
- Rolle der Pflichtdokumente 72
Wertberichtigungen auf Forderungen L+L
- Buchung von W. 240
- Einzelwertberichtigungen 238, 367
- Entdeckungsrisiko 29
- Länderdelkredere-Sätze 240
- Pauschalwertberichtigungen 239, 385
Wertberichtigungen auf Vorräte
- Entdeckungsrisiko 29
- Plattformstrategie 323
- Preis-, Mengen- und technische Risiken 320
- Reichweitenabwertung 327, 367

Werkvertrag 154, 299
Wertschöpfung 555
Wertschöpfungsprozess 77 ff, 100, 626
Wesentliche Fehlaussagen
- Begriff 627
- im Kontext einer risikoorientierten Abschlussprüfung 33
Wesentlichkeit
- Auswahl von Prüfungszielen 50
- Bestandteil einer risikoorientierten Abschlussprüfung 33
- Fragen zur W. 231, 266, 295, 340
- Nachbuchungen 653
- Sinn 40, 627
Wettbewerbslandschaft 547
Wirtschaftsprüfungsplanungs-Gesetz 202
Witterung 525
Wettbewerb 77
Working Capital 113

Zahlungsaufschub 238
Zahlungskonditionen 263, 293, 337, 365
Zahlungsverzug 238
Zeitliche Dimension 204
Zeitmanagement 388
Zeitplanung 225, 652
Ziele
- Arbeitsspektrum des Abschlussprüfers 627
- Unternehmens-, Prozess- und Prüfungsziele 131
Zugänge (Sachanlagen) 275
Zuhören
- Arten des 151
- Bedeutung 144
Zulassung 525
Zuordnung 286, 634
Zusammenarbeit 25, 28
Zustimmung 442
Zweifel 184, 627
Zyklische Nachfrageentwicklung 23